I0041683

[671]

M. Petitot

12

CATALOGUE

DES

95

ACTES DE FRANÇOIS Iᴱᴿ

Salle de travail

D
7
(7)

D
381

1°F
490

ACADÉMIE DES SCIENCES MORALES ET POLITIQUES

COLLECTION DES ORDONNANCES DES ROIS DE FRANCE

CATALOGUE

DES

ACTES DE FRANÇOIS IER

TOME SEPTIÈME

SECOND SUPPLÉMENT. — ACTES NON DATÉS

DÉPOT LÉGAL
Seine
237
1897

PARIS
IMPRIMERIE NATIONALE

DÉCEMBRE 1896

CATALOGUE

DES

ACTES DE FRANÇOIS Iᴱᴿ.

1515-1547.

SECOND SUPPLÉMENT.

1515. — Pâques, le 8 avril.

23198. Déclaration de l'hommage fait entre les mains du roi par Aimery de Rochechouart, seigneur de Mortemart, pour les seigneuries de Tonnay-Charente, « Fontaines de Burle », Landes et Puy-Garreau (comté de Saintonge, châtellenie de Saint-Jean-d'Angély), à lui cédées par François, vicomte de Rochechouart. Paris, 4 janvier 1514.

> *Expéd. orig. Arch. nat., P. 555², cote 557.*

23199. Confirmation des officiers de la Cour des Aides de Normandie en leurs offices. Paris, 7 janvier 1514.

> *Enreg. à ladite Cour, le 18 janvier 1515 n. s. Arch. de la Seine-Inférieure, Expéd. de la Cour des Aides, registre de 1515, fol. 15 v°. 2 pages.*
> *Vérif. par les généraux des finances, le 27 janvier suivant. Ibid., fol. 16 v°.*

23200. Confirmation de Nicolas Le Court en son office

1515.

4 janvier.

7 janvier.

7 janvier.

IMPRIMERIE NATIONALE.

d'élu en l'élection de Bernay. Paris, 7 janvier   1515.
1514.

> *Enreg. à la Cour des Aides de Normandie, le*
> *21 juillet 1524. Arch. de la Seine-Inférieure, Mé-*
> *moriaux, 1ᵉʳ vol., fol. 206. 4 pages.*

23201. Confirmation de Henri Le Pelletier en son office   7 janvier.
d'élu en l'élection de Gisors. Paris, 7 janvier
1514.

> *Vérif. par Thomas Bohier, général des finances de*
> *Normandie, le 25 mars, et par la Cour des Aides de*
> *Normandie, le 19 décembre suivant. Arch. de la*
> *Seine-Inférieure, Expéd. de la Cour des Aides, re-*
> *gistre de 1515, fol. 544. (Mention.)*

23202. Confirmation de Roger Le Preux en son office   7 janvier.
de contrôleur du grenier à sel de Caudebec.
Paris, 7 janvier 1514.

> *Vérif. à la Cour des Aides de Normandie, le*
> *14 mars 1516 n. s. Arch. de la Seine-Inférieure,*
> *Expéd. de la Cour des Aides, registre de 1516,*
> *fol. 160 vᵒ. (Mention.)*

23203. Confirmation des président, maîtres et secré-   7 janvier.
taires rationaux de la Chambre des Comptes
d'Aix en leurs offices. Paris, 7 janvier 1514.

> *Enreg. à la Chambre des Comptes d'Aix. Arch.*
> *des Bouches-du-Rhône, B. 22 (Griff.), fol. 261.*
> *1 page 1/2.*
> *Copie du XVIᵉ siècle. Arch. des Bouches-du-*
> *Rhône, B. reg. 231, fol. 8. 2 pages 1/2.*

23204. Confirmation des présidents, conseillers, avocat   7 janvier.
et procureur du roi, avocat et procureur des
pauvres, greffiers criminel et civil et huissiers du Parlement de Provence. Paris, 7 janvier 1514.

> *Enreg. à la Chambre des Comptes d'Aix. Arch.*
> *des Bouches-du-Rhône, B. 22 (Griff.), fol. 265.*
> *2 pages.*

23205. Confirmation d'Ottobon Spinola en l'office de   7 janvier.
trésorier et receveur général en Provence.
Paris, 7 janvier 1514.

> *Enreg. à la Chambre des Comptes d'Aix. Arch.*
> *des Bouches-du-Rhône, B. 22 (Griff.), fol. 269.*
> *1 page.*

23206. Confirmation de Jean de Poitiers, seigneur de Saint-Vallier, conseiller et chambellan du roi, en son office de capitaine de la tour de Saint-Jean, à Marseille. Paris, 7 janvier 1514.

1515.
7 janvier.

> *Enreg. à la Chambre des Comptes d'Aix. Arch. des Bouches-du-Rhône, B. 25 (Cigni), fol. 239.*
> 1 page.

23207. Confirmation de Julien de Pérussi en l'office de visiteur des gabelles royales de Provence. Paris, 7 janvier 1514.

7 janvier.

> *Enreg. à la Chambre des Comptes d'Aix. Arch. des Bouches-du-Rhône, B. 25 (Cigni), fol. 249 v°.*
> 1 page 1/2.

23208. Confirmation de Jacques Geoffroy en l'office de notaire à Toulon. Paris, 7 janvier 1514.

7 janvier.

> *Enreg. à la Chambre des Comptes d'Aix. Arch. des Bouches-du-Rhône, B. 25 (Cigni), fol. 253.*
> 1 page.

23209. Confirmation de Laurent Rodulphi en son office de capitaine de la tour de Bouc, en la vicomté de l'île de Martigues. Paris, 7 janvier 1514.

7 janvier.

> *Enreg. à la Chambre des Comptes d'Aix. Arch. des Bouches-du-Rhône, B. 25 (Cigni), fol. 233 v°.*
> 1 page.

23210. Confirmation de Nicolas de Citrano en l'office de tablier de la cour royale ordinaire d'Aix. Paris, 7 janvier 1514.

7 janvier.

> *Enreg. à la Chambre des Comptes d'Aix. Arch. des Bouches-du-Rhône, B. 32 (Scorpionis), fol. 196.*
> 1 page.

23211. Confirmation de la réduction du droit de quinzième accordée à Honorat de La Tour, dit « Levrau », pour le mas du Val de Mouriès, sis en la juridiction des Baux en Provence. Paris, 7 janvier 1514.

7 janvier.

> *Enreg. à la Chambre des Comptes d'Aix. Arch. des Bouches-du-Rhône, B. 26 (Magdal.), fol. 364 v°.* 1 page 1/2.
> *Copie du xvie siècle. Arch. des Bouches-du-Rhône, B. reg. 1246, fol. 27 v°.*

1.

23212. Confirmation de François Jarente en l'office de président de la Chambre rigoureuse et des Raisons à Aix en Provence. Paris, 7 janvier 1514.

Enreg. à la Chambre des Comptes d'Aix. Arch. des Bouches-du-Rhône, B. 26 (Magdal.), fol. 344. 2 pages.

1515.
7 janvier.

23213. Confirmation de Georges, Paul et Honoré de Belcodeins en leur office de notaire de l'un des tabliers de la cour des premières appellations de Provence. Paris, 7 janvier 1514.

Enreg. à la Chambre des Comptes d'Aix. Arch. des Bouches-du-Rhône, B. 26 (Magdal.), fol. 278. 1 page 1/2.

7 janvier.

23214. Confirmation de Pierre Alberti en son office de greffier du ressort et supplications de la Chambre des Raisons d'Aix en Provence. Paris, 7 janvier 1514.

Enreg. à la Chambre des Comptes d'Aix. Arch. des Bouches-du-Rhône, B. 25 (Cigni), fol. 225. 1 page.

7 janvier.

23215. Confirmation de Pierre Alberti en l'office de greffier et tablier royal de la Seyne[-sur-Mer], en Provence. Paris, 7 janvier 1514.

Enreg. à la Chambre des Comptes d'Aix. Arch. des Bouches-du-Rhône, B. 25 (Cigni), fol. 226. 1 page.

7 janvier.

23216. Confirmation de Gaspard Laurens en son office de clavaire de Marseille. Paris, 7 janvier 1514.

Enreg. à la Chambre des Comptes d'Aix. Arch. des Bouches-du-Rhône, B. 25 (Cigni), fol. 227. 1 page.

7 janvier.

23217. Confirmation de Hugolin de Ruspo en son office de juge des premières appellations et nullités en Provence. Paris, 7 janvier 1514.

Enreg. à la Chambre des Comptes d'Aix. Arch. des Bouches-du-Rhône, B. 25 (Cigni), fol. 229. 1 page.

7 janvier.

23218. Confirmation de Philippe Aymini (*aliàs* Emini) en son office de capitaine, garde et concierge

7 janvier.

du château et de la place de Tarascon en
Provence. Paris, 7 janvier 1514.

1515.

> *Enreg. à la Chambre des Comptes d'Aix. Arch.*
> *des Bouches-du-Rhône, B. 25 (Cigni), fol. 231.*
> 1 page.

23219. Confirmation de Jean Chauvet en l'office de
clavaire de la ville d'Arles. Paris, 7 janvier
1514.

7 janvier.

> *Enreg. à la Chambre des Comptes d'Aix. Arch.*
> *des Bouches-du-Rhône, B. 25 (Cigni), fol. 243.*
> 1/2 page.

23220. Confirmation de Jean de Julliani en l'office de
notaire de la Chambre des Raisons d'Aix en
Provence. Paris, 7 janvier 1514.

7 janvier.

> *Enreg. à la Chambre des Comptes d'Aix. Arch.*
> *des Bouches-du-Rhône, B. 25 (Cigni), fol. 254 v°.*
> 1 page.

23221. Confirmation de Claude Barbacho en son office
de contrôleur du grenier à sel d'Hyères. Paris,
7 janvier 1514.

7 janvier.

> *Enreg. à la Chambre des Comptes d'Aix. Arch.*
> *des Bouches-du-Rhône, B. 25 (Cigni), fol. 275 v°.*
> 1 page.

23222. Confirmation de Honorat Silve en l'office de
greffier et tablier de la Chambre rigoureuse
et des Raisons d'Aix en Provence. Paris, 7 janvier 1514.

7 janvier.

> *Enreg. à la Chambre des Comptes d'Aix. Arch.*
> *des Bouches-du-Rhône, B. 25 (Cigni), fol. 280 v°.*
> 1 page.

23223. Confirmation de Huguet Espiart en l'office de
grènetier du grenier à sel d'Hyères. Paris,
7 janvier 1514.

7 janvier.

> *Enreg. à la Chambre des Comptes d'Aix. Arch.*
> *des Bouches-du-Rhône, B. 25 (Cigni), fol. 305.*
> 1 page 1/2.

23224. Don à Louis d'Orléans, duc de Longueville,
gouverneur du Dauphiné, de 4,000 ducats
briançonnais, en récompense de ses services.
7 janvier 1514.

7 janvier.

> *Bibl. nat., ms. lat. 10963. (Mention.)*

23225. Provisions pour Louis Borelli de l'office de
scelleur au Parlement de Provence, vacant
par la résignation faite en sa faveur par Mathurin Montet. Paris, 9 janvier 1514.

1515.
9 janvier.

*Enreg. à la Chambre des Comptes d'Aix. Arch.
des Bouches-du-Rhône, B. 25 (Cigni), fol. 244, et
B. 32 (Scorp.), fol. 180. 1 page.*

23226. Confirmation de Jean de Brion en son office
de concierge du jardin du roi à Aix en Provence. Paris, 12 janvier 1514.

12 janvier.

*Enreg. à la Chambre des Comptes d'Aix. Arch.
des Bouches-du-Rhône, B. 26 (Magdal.), fol. 21.
1 page.*

23227. Confirmation de Cristophe d'Actino en son
office de garde du grenier à sel de Notre-
Dame-de-la-Mer en Provence. Paris, 12 janvier 1515 (sic).

12 janvier.

*Enreg. à la Chambre des Comptes d'Aix. Arch.
des Bouches-du-Rhône, B. 26 (Magdal.), fol. 96 v°.
1 page.*

23228. Provisions de l'office de gouverneur et bailli de
Péronne, Montdidier et Roye en faveur du
s^r de Pienne. Paris, 14 janvier 1514.

14 janvier.

*Bibl. nat., coll. de Picardie, vol. 132, p. 424.
(Mention.)*

23229. Mandement à la Chambre des Comptes de Dijon
de passer aux comptes de Jean Sapin, receveur général de Bourgogne, la somme de
29,250 livres tournois ou 15,000 écus d'or,
qu'il avait payée aux avoyers, conseillers et
gouverneurs des cantons des « Hautes Alle-
magnes, appelés Suisses », pour la rançon de
René d'Anjou, s^r de Mézières, d'Imbert de
Villeneuve, premier président du Parlement
de Bourgogne, de Jehannin Noé, Philibert
Godran et Bénigne Serre, bourgeois de Dijon, emmenés comme otages par les Suisses,
en 1513, quand ils levèrent le siège de ladite
ville de Dijon; et depuis retenus prisonniers,
le traité conclu alors n'ayant pas été ratifié par
le roi. Ladite somme avait été ordonnée pour

26 janvier.

cet effet audit Sapin par lettres de Louis XII
données à Beauvais, le 27 octobre 1514, et
les officiers des cantons qui l'avaient reçue
avaient refusé d'en bailler quittance. Reims,
26 janvier 1514.

> Comptes de Jean Sapin. Arch. de la Côte-d'Or,
> B. 1828, fol. 275. (Mention.)

23230. Lettres instituant René, bâtard de Savoie, comte
de Villars et de Tende, comme lieutenant
général du roi, grand sénéchal et gouverneur
de Provence. Reims, 26 janvier 1514.

> Enreg. à la Chambre des Comptes d'Aix. Arch.
> des Bouches-du-Rhône, B. 25. (Cigni), fol. 246 v°.
> 1 page.

23231. Lettres portant que Mathurin Gaillart et Étienne
de Morvilliers, auditeurs à la Chambre des
Comptes de Blois, recevront, comme les autres auditeurs, la somme de 150 livres tournois par an. 26 janvier 1514.

> Enreg. à la Chambre des Comptes de Blois, le
> 26 novembre 1515. Bibl. nat., ms. Moreau 406,
> fol. 367 v°. (Mention.)

23232. Confirmation des privilèges accordés aux consuls et aux habitants d'Agen par Raymond,
comte de Toulouse, en 1221, par Philippe
de Valois en 1340, par Charles V en 1369,
et par Louis XII en 1499. Paris, janvier
1514.

> Original. Arch. de la ville d'Agen (Lot-et-Ga-
> ronne), AA. 16.

23233. Confirmation des privilèges et prérogatives accordés par les comtes de Provence aux prédécesseurs de Louis de Villeneuve, marquis
de Trans, et d'Honorée de Berre, sa femme,
qui leur avaient été confirmés déjà par
Charles VIII et en dernier lieu par Louis XII,
par lettres datées de Paris, juillet 1498. Paris,
janvier 1514.

> Enreg. à la Chambre des Comptes d'Aix. Arch.
> des Bouches-du-Rhône, B. 25 (Cigni), fol. 270.
> 2 pages.

1515.

26 janvier.

26 janvier.

Janvier.

Janvier.

23234. Lettres d'anoblissement en faveur d'Étienne Boyer. Janvier 1514.

1515.
Janvier.

> *Enreg. à la Chambre des Comptes de Paris*, anc. reg. 11, fol. 85.
> *Bibl. de l'Arsenal*, ms. 4903, p. 119. (*Mention.*)

23235. Lettres d'anoblissement en faveur de Charles de Seliers, du diocèse de Lisieux. Janvier 1514.

Janvier.

> *Enreg. à la Chambre des Comptes de Paris*, anc. reg. 12, fol. 85.
> *Bibl. de l'Arsenal*, ms. 4903, p. 123. (*Mention.*)

23236. Provisions pour Nicolas Le Vallois, écuyer, de l'office de garde des sceaux aux obligations en la vicomté de Caen. Compiègne, 5 février 1514.

5 février.

> *Bibl. nat.*, ms. lat. 10066, fol. 210 v°. (*Mention.*)

23237. Provisions pour Jeannot de Fieux de l'office, auquel il n'avait pas encore été pourvu, de capitaine et garde des nouveaux arsenaux que Louis XII a fait construire à côté du port de Marseille, pour la sûreté des galères. Compiègne, 6 février 1514.

6 février.

> *Enreg. à la Chambre des Comptes d'Aix. Arch. des Bouches-du-Rhône, B. 25 (Cigni)*, fol. 271. 1 page.

23238. Déclaration de l'hommage de Jean Gallet, fils aîné et principal héritier de feu Françoise de Lousme, pour les droits par lui perçus à Saintes, et pour la terre de Rançanne, dans la seigneurie dudit Saintes. Paris, 10 février 1514.

10 février.

> *Expéd. orig. Arch. nat.*, P. 555², cote 558 bis.

23239. Confirmation en faveur de René, bâtard de Savoie, de tous les privilèges dont avaient joui ses prédécesseurs dans l'office de grand sénéchal, gouverneur et lieutenant général du roi en Provence par terre et par mer. Paris, 11 février 1514.

11 février.

> *Imp.* Honoré Bouche, *Histoire chronologique de Provence*. Aix, 1664, in-fol., t. II, p. 104. (*Mention.*)

23240. Déclaration de l'hommage de Jean Cottereau pour la seigneurie de la Borde-Blanche et pour divers biens sis à Montlivault et à Cour-sur-Loire, au comté de Blois. 11 février 1514.

1515.
11 février.

Anc. arch. de la Chambre des Comptes de Blois, lay. B. Arch. nat., P. 1479, fol. 53. (Mention.)

23241. Déclaration de l'hommage d'Étienne Petit, secrétaire du roi, maître des comptes, trésorier de l'ordre de Saint-Michel, pour les droits seigneuriaux lui appartenant à Montblanc, Tourbes, Servian, Vulros, Saint-Thibéry, Pézénas, Conas et aux environs (sénéchaussée de Carcassonne, viguerie de Béziers). Paris, 11 février 1514.

11 février.

Expéd. orig. Arch. nat., P. 555², cote 559 bis.

23242. Déclaration de l'hommage d'Étienne Petit pour les seigneuries de Maraussan et de Ville-neuve-la-Requi, aujourd'hui Villenouvette (sénéchaussée de Carcassonne, viguerie de Béziers). Paris, 11 février 1514.

11 février.

Expéd. orig. Arch. nat., P. 555², cote 562.

23243. Déclaration de l'hommage d'Étienne Petit pour la seigneurie de Perdiguier (sénéchaussée de Carcassonne, viguerie de Béziers). Paris, 11 février 1514.

11 février.

Expéd. orig. Arch. nat., P. 555², cote 561 bis.

23244. Déclaration de l'hommage d'Étienne Petit pour la seigneurie de Saint-Nazaire de Ladarez (sénéchaussée de Carcassonne, viguerie de Béziers). Paris, 11 février 1514.

11 février.

Expéd. orig. Arch. nat., P. 555², cote 560 bis.

23245. Déclaration de l'hommage d'Étienne Petit pour les droits seigneuriaux lui appartenant, à cause de Saint-Nazaire, à Roujan et à Aigues-Vives (sénéchaussée de Carcassonne, viguerie de Béziers). Paris, 11 février 1514.

11 février.

Expéd. orig. Arch. nat., P. 555², cote 561.

23246. Déclaration de l'hommage d'Étienne Petit pour les droits d'usage lui appartenant, à cause de

11 février.

IMPRIMERIE NATIONALE.

sa seigneurie de Saint-Nazaire, à Roquebrun, à Laurenque et à Aigues-Vives (sénéchaussée de Carcassonne, viguerie de Béziers). Paris, 11 février 1514.

1515.

Expéd. orig. Arch. nat., P. 555², côte 560.

23247. Déclaration de l'hommage de Clinet de Lanc pour la seigneurie de Belhade (duché de Guyenne, sénéchaussée des Lannes). Paris, 13 février 1514.

13 février.

Expéd. orig. Arch. nat., P. 555², cote 562 bis.

23248. Lettres de réception du serment de fidélité de Louis d'Oreille pour le temporel de l'évêché de Cominges. Paris, 15 février 1514.

15 février.

Expéd. orig. Arch. nat., P. 555², cote 563 bis.

23249. Lettres confirmant les privilèges des habitants de Corbie. Paris, 16 février 1514.

16 février.

Copie. Bibl. nat., coll. de Picardie, vol. 53, fol. 422. 1 page 1/2.

23250. Lettres portant assignation à Jean Journée, receveur et payeur des gages des officiers du Parlement de Dijon, d'une somme de 3,225 livres tournois sur la recette générale de Bourgogne, pour employer à son office pendant la présente année. Paris, 16 février 1514.

16 février.

Comptes de Jean Sapin, receveur général de Bourgogne. Arch. de la Côte-d'Or, B. 1828, fol. 140 v°. (Mention.)

23251. Déclaration de l'hommage rendu par Jacques de Chourses, protonotaire du Saint-Siège, au nom et comme tuteur des enfants mineurs de feu Pierre de Chourses, seigneur de Malicorne, et de Jacqueline de La Chapelle, pour une rente de 17 livres 10 sous sur le grand fief d'Aunis (gouvernement de la Rochelle). Paris, 17 février 1514.

17 février.

Expéd. orig. Arch. nat., P. 555², cote 564.

23252. Déclaration de l'hommage rendu par Jacques de Chourses, protonotaire du Saint-Siège, au nom et comme tuteur des enfants mineurs de Pierre de Chourses, pour la seigneurie de Faye

17 février.

(sénéchaussée de Poitou, châtellenie de Saint-
Maixent). Paris, 17 février 1514.

> *Expéd. orig. Arch. nat., P. 555², cote 564 bis,*

23253. Déclaration de l'hommage rendu par François
de Mortemer, écuyer, au nom de Françoise
d'Aubeterre, sa mère, pour la seigneurie
d'Ozillac, au comté de Saintonge. Paris,
17 février 1514.

> *Expéd. orig. Arch. nat., P. 555², cote 565.*

23254. Déclaration de l'hommage de Hardi d'Appelvoisin pour une rente de 40 livres sur le
bailliage du grand fief d'Aunis, lui appartenant, à cause d'Hélène d'Appelvoisin, sa
femme. Paris, 19 février 1514.

> *Expéd. orig. Arch. nat., P. 555², cote 566.*

23255. Lettres de réception du serment de fidélité de
Jacques de Saint-Gelais pour le temporel de
l'évêché d'Uzès. Paris, 19 février 1514.

> *Expéd. orig. Arch. nat., P. 555², cote 567.*

23256. Déclaration de l'hommage rendu par Louis de
Ruffineau, écuyer, au nom de Pierre Langlois, tuteur de René et d'Anne Joubert, pour
la seigneurie de la Laisse d'Andilly (gouvernement de la Rochelle). Paris, 19 février
1514.

> *Expéd. orig. Arch. nat., P. 555², cote 567 bis.*

23257. Déclaration de l'hommage rendu par Claude
Jouffroy, au nom de Marie Surgon, sa mère,
pour la seigneurie de Dompierre-en-Aunis,
mouvant du château de la Rochelle. Paris,
19 février 1514.

> *Expéd. orig. Arch. nat., P. 555², cote 558.*

23258. Déclaration fixant les attributions de René, bâtard de Savoie, comte de Tende, comme
grand sénéchal et lieutenant général en Provence. Paris, 20 février 1514.

> *Enreg. à la Chambre des Comptes d'Aix. Arch.
> des Bouches-du-Rhône, B. 25 (Cigni), fol. 245 v°.
> 2 pages.*

1515.

17 février.

17 février.

19 février.

19 février.

19 février.

19 février.

20 février.

2.

23259. Déclaration de l'hommage de Raoul Hurault
pour la dîme de « Muzebelin » [1] (comté de
Blois). 21 février 1514.

Anc. arch. de la Chambre des Comptes de Blois,
lay. M. Arch. nat., P. 1479, fol. 243 v°. (Mention.)

1515.
21 février.

23260. Déclaration de l'hommage de Raoul Hurault
pour la dîme de Sérigny. 21 février 1514.

Anc. arch. de la Chambre des Comptes de Blois,
lay. S. Arch. nat., P. 1479, fol. 374 v°. (Mention.)

21 février.

23261. Déclaration de l'hommage de Louis du Monteil, écuyer, pour les fiefs par lui possédés
dans la châtellenie de Tournon (sénéchaussée
d'Agenais). Paris, 26 février 1514.

Expéd. orig. Arch. nat., P. 555², cote 570.

26 février.

23262. Déclaration de l'hommage de Jean Brémont,
écuyer, maître d'hôtel ordinaire du roi, pour
la seigneurie de Balanzac, mouvant du château de Saintes. Paris, 27 février 1514.

Expéd. orig. Arch. nat., P. 555², cote 568 bis.

27 février.

23263. Confirmation des lettres de Louis XII (4 novembre 1511) portant octroi, pour huit ans,
aux habitants de Vernon, de 4 livres par
muid et de 20 deniers de crue par minot de
sel vendu au grenier dudit lieu, pour employer aux travaux de fortification de leur
ville. Paris, 28 février 1514.

Enreg. à la Cour des Aides de Normandie, le
15 février 1516 n. s. Arch. de la Seine-Inférieure,
Expéd. de la Cour des Aides, registre de 1516,
fol. 82. 1 page.

28 février.

23264. Déclaration de l'hommage de Raymond de Castelpers, chevalier, l'un des cent gentilshommes de l'hôtel, pour les droits lui appartenant dans les seigneuries de Burlats et du
Bès (sénéchaussée de Carcassonne, comté de
Castres), et celle de Viviers (sénéchaussée de
Toulouse, jugerie de Villelongue). Paris,
28 février 1514.

Expéd. orig. Arch. nat., P. 555², cote 569 bis.

28 février.

[1] Paroisse de Cour-Cheverny. (*Arch. nat., P. 1479, fol. 214 v°.*)

23265. Lettres de réception du serment de fidélité d'Antoine de Chabannes pour le temporel de l'évêché du Puy. Paris, 28 février 1514.   1515. 28 février.

Expéd. orig. Arch. nat., P. 555², cote 570 bis.

23266. Mandement pour l'exécution de lettres obtenues du feu roi par Menaut de Martory, évêque de Tarbes. Paris, 28 février 1514.   28 février.

Expéd. orig. Arch. nat., P. 555², cote 571.

23267. Confirmation des dons, fondations, revenus, privilèges et franchises accordés par les comtes de Provence et les rois de France aux religieux de Saint-Maximin et de la Sainte-Baume en Provence, où repose le corps de sainte Marie-Madeleine, qui y est morte. Paris, février 1514.   Février.

Enreg. à la Chambre des Comptes d'Aix. Arch. des Bouches-du-Rhône, B. 25 (Cigni), fol. 241 v°. 1 page 1/2.

23268. Mandement au Parlement de Provence pour la ratification d'un échange de pâturages fait entre la ville de Saint-Maximin et celle d'Ollières en Provence. Paris, 1er mars 1514.   1er mars.

Enreg. à la Chambre des Comptes d'Aix. Arch. des Bouches-du-Rhône, B. 28 (Pacis), fol. 515. 3 pages.

23269. Lettres confirmant le don du revenu de la terre et seigneurie d'Aignay-le-Duc, fait par Louis XII à Jean de Baissey, gruyer de Bourgogne. Paris, 3 mars 1514.   3 mars.

Comptes de Jean Sapin, receveur général de Bourgogne. Arch. de la Côte-d'Or, B. 1828, fol. 61 et 211. (Mentions.)

23270. Confirmation des provisions de l'office de trésorier du duché de Milan, donnée en faveur de Jean Grolier. 3 mars 1514.   3 mars.

Vérif. à la Chambre des Comptes de Paris, le 26 juin 1515, anc. mém. Z, fol. 91. Arch. nat., PP. 119, p. 18. (Mention.)
Bibl. de Rouen, ms. Leber 5870, t. XIV, fol. 46 v°. (Mention.)

23271. Don à Jean Noé, Philibert Godran et Bénigne   3 mars.

Serre, bourgeois de Dijon, d'une somme de 900 écus soleil, valant chacun 40 sous, en compensation des frais qu'ils ont dû supporter pendant le temps qu'ils ont été retenus comme otages en Suisse. Paris, 3 mars 1514.

Extrait des comptes de Jean Sapin, receveur général de Bourgogne. Bibl. de Troyes, n° 333, t. II, p. 988. (Mention.)

1515.

23272. Déclaration de l'hommage de François Joubert, chevalier, lieutenant général du gouverneur de la Rochelle, pour la seigneurie « de l'Annère et du Puylicet[1] », mouvant du château de la Rochelle. Paris, 4 mars 1514.

4 mars.

Expéd. orig. Arch. nat., P. 555², cote 571 bis.

23273. Mandement à Jean Sapin, receveur général de Bourgogne, de bailler à Jean Saumaire, commis au payement des édifices et réparations des châteaux de Dijon, Beaune et Auxonne, la somme de 6,000 livres tournois pour employer au fait de sa commission, durant la présente année. Paris, 6 mars 1514.

6 mars.

Comptes de Jean Sapin. Arch. de la Côte-d'Or, B. 1828, fol. 144 v°. (Mention.)

23274. Lettres de réception du serment de fidélité de Jean de Lustrac pour le temporel de l'abbaye bénédictine de Saint-Maurin (sénéchaussée d'Agenais). Paris, 8 mars 1514.

8 mars.

Expéd. orig. Arch. nat., P. 555², cote 572 bis.

23275. Déclaration de l'hommage de Jean de la Chambre, chevalier, pour les seigneuries de Villeneuve-la-Comtesse, Belleville, Dœuil, Boisserolles et la Cigogne, mouvant de la tour de Maubergeon à Poitiers. Paris, 11 mars 1514.

11 mars.

Expéd. orig. Arch. nat., P. 555², cote 573 bis.

23276. Déclaration de l'hommage de Jean de la Chambre pour la seigneurie de Mouton,

11 mars.

[1] L'Anneau et Pied-Lizet (Carte de l'État-Major), près de Sérigny, village dépendant d'Andilly-les-Marais (Charente-Inférieure).

mouvant de la tour de Maubergeon à Poitiers. Paris, 11 mars 1514. .... 1515.

Expéd. orig. Arch. nat., P. 555², côte 573.

23277. Déclaration de l'hommage de Jean Cottereau, ... 11 mars. chevalier, seigneur de Maintenon, pour la seigneurie de « Vauperreux ». (comté de Blois). 11 mars 1514.

Anc. arch. de la Chambre des Comptes de Blois, lay. V. Arch. nat., P. 1479, fol. 436. (Mention.)

23278. Déclaration de l'hommage de Bertrand de Lus- .... 12 mars. trac, chevalier, pour les seigneuries de Lustrac, Montmarès et autres sises au duché de Guyenne, dans les sénéchaussées d'Agenais et de Quercy. Paris, 12 mars 1514.

Expéd. orig. Arch. nat., P. 555², côte 574.

23279. Lettres de relief d'adresse et de surannation .... 16 mars. pour la vérification à la Cour des Aides de Normandie et à l'élection d'Arques des lettres de Louis XII (Blois, janvier 1502 n. s.), portant anoblissement de Pierre La Gouge, fourrier ordinaire de la reine. Paris, 16 mars 1514.

Enreg. à ladite Cour. Arch. de la Seine-Inférieure, Expéd. de la Cour des Aides, reg. de 1515, fol. 218 v°. 1 page 1/4.

23280. Déclaration de l'hommage de Pierre de Mont- .... 17 mars. pezat, dit Carbon, écuyer, l'un des cent gentilshommes de l'hôtel, pour les seigneuries de Tajan et de Villemur (sénéchaussée d'Armagnac), « la maison de la Salle » (sénéchaussée de Toulouse) et la seigneurie de Saint-Martory (comté de Comminges). Paris, 17 mars 1514.

Expéd. orig. Arch. nat., P. 555², côte 575.

23281. Déclaration de l'hommage de Jacques, seigneur .... 17 mars. de Crussol, pour les seigneuries de Lévy (Lévy-Saint-Nom, prévôté de Paris), de Florensac (sénéchaussée de Carcassonne) et la vicomté d'Uzès (sénéchaussée de Beaucaire). Paris, 17 mars 1514.

Expéd. orig. Arch. nat., P. 555², côte 575 bis.

23282. Mandement au général des finances de Provence de faire payer annuellement, par le trésorier général dudit pays, aux religieux du couvent de Saint-Maximin et de la Sainte-Baume la somme de 120 livres tournois, à eux assignée par le roi René, comte de Provence, pour la fondation d'une messe quotidienne, le roi désirant entretenir ladite fondation à cause de la dévotion qu'il a envers la glorieuse Marie-Madeleine qui, durant plus de trente ans, « fit sa pénitence audit lieu ». Paris, 18 mars 1514. 1515. 18 mars.

> *Enreg. à la Chambre des Comptes d'Aix. Arch. des Bouches-du-Rhône, B. 25 (Cigni), fol. 241.* 1 page.

23283. Lettres accordant à Simon de Beausoleil délai d'un an pour prêter le serment de fidélité dû au roi à cause du temporel de l'évêché de Lavaur. Paris, 20 mars 1514. 20 mars.

> *Expéd. orig. Arch. nat., P. 555², cote 576.*

23284. Lettres abandonnant à Julien de Pérussi, visiteur des gabelles royales en Provence, le quart des droits qu'il aurait dû payer au roi à raison de l'acquisition par lui faite de la seigneurie de Lauris, mouvant du comté de Provence. Paris, 24 mars 1514. 24 mars.

> *Enreg. à la Chambre des Comptes d'Aix. Arch. des Bouches-du-Rhône, B. 26 (Magdal.), fol. 99.* 1 page.

23285. Lettres de réception du serment de fidélité d'Antoine d'Estaing, évêque d'Angoulême, pour le temporel du chapitre cathédral de Lyon. Paris, 27 mars 1514. 27 mars.

> *Enreg. à la Chambre des Comptes de Paris, le 7 mai 1515.*
> *Copie du XVII⁰ siècle, par Menant. Bibl. de Rouen, ms. Leber 5870, t. XV, fol. 49. 1 page 1/3.*

23286. Déclaration de l'hommage lige de Bertrand de Savallan, écuyer, pour les seigneuries de Boissède, Mirambeau et Castelnau, au comté de Cominges. Paris, 28 mars 1514. 28 mars.

> *Expéd. orig. Arch. nat., P. 555², cote 576 bis.*

23287. Déclaration de l'hommage de Robert Gédoin pour la seigneurie de la Haye en Sologne [1] (comté de Blois). 31 mars 1514.

1515.
31 mars.

> *Anc. arch. de la Chambre des Comptes de Blois, lay. H. Arch. nat., P. 1479, fol. 161 v°. (Mention.)*

23288. Lettres confirmant les privilèges précédemment octroyés aux habitants de la ville d'Angoulême. Paris, mars 1514.

Mars.

> *Original. Arch. de la ville d'Angoulême (Charente), AA 1, n° 13.*
> *Enreg. au Bureau des finances et à l'Élection d'Angoulême, les 25 février et 15 mars 1516. Ibid., AA 1, n°° 14, 15.*

23289. Confirmation des privilèges de la ville de Caen. Paris, mars 1514.

Mars.

> *Original. Arch. municip. de Caen, AA, n° 7.*
> *Enreg. à la Cour des Aides de Normandie, le 23 avril 1518. Arch. de la Seine-Inférieure, Expéd. de la Cour des Aides, reg. de 1518, fol. 153. 1 page 1/2.*
> *Vidimus du bailli de Caen du 21 novembre 1516. Arch. municip. de Caen, AA, n° 7.*
> *Copie collationnée des notaires royaux de Caen, du 23 janvier 1547. Arch. municip. de Caen, AA, n° 7.*

23290. Lettres portant renonciation du roi, en faveur du bâtard de Savoie, au droit de retour sur les seigneuries de Marignane et de Gignac en Provence, qu'il avait en cas de vente desdites seigneuries ou faute d'héritiers mâles dans la descendance de feu Jean Cossé, auquel elles avaient été données par le roi René. Paris, mars 1514.

Mars.

> *Enreg. à la Chambre des Comptes d'Aix. Arch. des Bouches-du-Rhône, B. 26 (Magdal.), fol. 438. 2 pages 1/2.*

23291. Confirmation pour Jean Gombert, sr de Dromont, du don fait par Charles VIII à son père, Antoine Gombert, et que Louis XII lui avait déjà confirmé, de la justice et des

Mars.

---

[1] Commune de Tour (Loir-et-Cher), à 1 kilomètre de ce village. (Cf. Arch. nat., 1479, fol. 158 v°.)

IMPRIMERIE NATIONALE.

droits de régale en sa seigneurie de Dro- 1515.
mont. Paris, mars 1514.

Enreg. à la Chambre des Comptes d'Aix. Arch.
des Bouches-du-Rhône, B. 25 (Cygni), fol. 278 v°.
2 pages.

23292. Don à Ottobone Spinola, receveur général du 2 avril.
roi en Provence, et à Baptina de Lorca, sa
femme, d'une somme de 5,000 livres tournois. Paris, 2 avril 1514.

Enreg. à la Chambre des Comptes d'Aix. Arch.
des Bouches-du-Rhône, B. 26 (Magdal.), fol. 102.
1 page.

23293. Lettres de réception du serment de fidélité de 2 avril.
Michel Briçonnet pour le temporel de l'évêché
de Nîmes. Paris, 2 avril 1514.

Expéd. orig. Arch. nat., P. 555², cote 577.

23294. Lettres portant renvoi devant les conseillers 3 avril.
du Trésor d'un procès pendant au bailliage
de Mantes, entre le chapitre de Notre-Dame
de Paris et le procureur du roi, au sujet de la
saisie par ce dernier de plusieurs îles de la
Seine, voisines d'Épône. Paris, 3 avril 1514.

Original. Arch. nat., S. 248.

23295. Confirmation des lettres de Louis XII portant 4 avril.
exemption de tailles, aides, guet et subsides
en faveur de Louis Le Masurier, chevalier,
pour ses services en Italie, Hainaut et Artois.
Paris, 4 avril 1514.

Vérif. le 5 mai suivant à la Cour des Aides de
Normandie. Arch. de la Seine-Inférieure, Expéd. de
la Cour des Aides, reg. de 1515, fol. 203 v°. (Men-
tion.)

23296. Confirmation des privilèges de l'Université de Avril.
Caen. Paris, avril 1514 [1].

Enreg. à la Cour des Aides de Normandie, les
5 juin 1516 et 7 mai 1518. Arch. de la Seine-In-
férieure, Expéd. de la Cour des Aides, reg. de 1516,
fol. 321; reg. de 1518, fol. 179 v°. 1 page.
Bibl. nat., ms. lat. 10066, fol. 60. (Mention.)

[1] La deuxième des copies indiquées ci-après porte le millésime de
1515, 1re année du règne. D'après ce texte, l'acte aurait donc été donné
après Pâques.

23297. Confirmation des privilèges accordés par les rois de France au prieuré de Notre-Dame de la Saussaye, près Villejuif. Paris, avril 1514.

Original. Arch. de Seine-et-Oise, série D, fonds de Saint-Cyr.

1515.
Avril.

23298. Déclaration de l'hommage de Louis de Bourbon pour la principauté de la Roche-sur-Yon. Paris, 11 avril 1515.

Expéd. orig. Arch. nat., P. 555², cote 586.

11 avril.

23299. Confirmation de Raphaël Rostaing en l'office de grènetier du grenier à sel de Toulon. Paris, 12 avril 1515.

Enreg. à la Chambre des Comptes d'Aix. Arch. des Bouches-du-Rhône, B. 26 (Magdal.), fol. 182. 1 page.

12 avril.

23300. Lettres portant autorisation à Augustin de Grimaldi, évêque de Grasse, abbé de Saint-Honorat de Lérins, d'adjoindre au couvent de Lérins des religieux de la congrégation de Sainte-Justine, dans le but de réformer l'irrégularité de conduite dudit couvent. Paris, 14 avril 1515.

Privilèges et statuts du monastère de Saint-Honorat de Lérins. Arch. des Bouches-du-Rhône, B. reg. 1414, fol. 15 v° et 23 v°. 3 pages 1/2.

14 avril.

23301. Déclaration de l'hommage lige de Jean de Vernoy, bourgeois de Toulouse, pour la seigneurie de Villeneuve-le-Comtal, mouvant du comté de Lauraguais. Paris, 15 avril 1515.

Expéd. orig. Arch. nat., P. 555², cote 586 bis.

15 avril.

23302. Lettres conférant à François Anselme la possession de la seigneurie de Saignon, au bailliage d'Apt, moyennant une rente annuelle de 25 ou 30 livres à la cour royale. Paris, 16 avril 1515.

Copie du xvi° siècle. Arch. des Bouches-du-Rhône, B. reg. 1230, fol. 1 v°. 2 pages.

16 avril.

23303. Déclaration de l'hommage de Jean de Foix, écuyer, pour la vicomté de Conserans et autres fiefs mouvant du comté de Toulouse,

18 avril.

3.

à lui échus par suite du décès de Roger de
Foix, son oncle. Paris, 18 avril 1515.

1515.

Expéd. orig. Arch. nat., P. 555², cote 587.

23304. Déclaration de l'hommage de Jean de Foix,
écuyer, pour les baronnies de Sauviac, Mo-
nestrol, et leurs dépendances, sises dans la
sénéchaussée de Guyenne et à lui échues par
suite du décès de son père. Paris, 18 avril
1515.

18 avril.

Expéd. orig. Arch. nat., P. 555², cote 588.

23305. Provisions pour Jean Olivier de l'office de notaire de l'un des quatre tabliers de la Chambre
des Raisons d'Aix, vacant par la résignation de son père, Christophe Olivier. Paris,
19 avril 1515.

19 avril.

*Enreg. à la Chambre des Comptes d'Aix. Arch.
des Bouches-du-Rhône, B. 25 (Cigni), fol. 264 v°.
1 page.*

23306. Lettres de naturalité pour Christophe Catain,
avec droit de posséder des bénéfices en Provence jusqu'à la valeur de 200 écus d'or soleil de revenu, en considération des services
rendus à Louis XII par François Catain, conseiller et maître d'hôtel du roi. Paris, 20 avril
1515.

20 avril.

*Enreg. à la Chambre des Comptes d'Aix. Arch.
des Bouches-du-Rhône, B. 25 (Cigni), fol. 237 v°.
1 page.*

23307. Confirmation du don fait pour dix ans, le 18 novembre 1514, par Louis XII à Hugues Fournier, premier président du Parlement de
Bourgogne, d'une somme annuelle de 150 livres tournois, outre les gages et droits de son
office. Paris, 21 avril 1515.

21 avril.

*Comptes de Jean Sapin, receveur général de Bour-
gogne. Arch. de la Côte-d'Or, B. 1828, fol. 202.
(Mention.)*

23308. Confirmation du don fait par le feu roi, pour
dix ans commençant le 1er janvier 1515 n. s.,
à Francisque de Medula, conseiller au Parlement de Dijon, d'une somme annuelle de

21 avril.

100 livres tournois, outre les gages de son office. Paris, 21 avril 1515.

Comptes de Jean Sapin, receveur général de Bourgogne. Arch. de la Côte-d'Or, B. 1828, fol. 203. (Mention.)

1515.

23309. Déclaration de l'hommage de Bertrand de Boysse, l'un des cent gentilshommes de l'hôtel, pour les seigneuries de Roquépine, Beaumont, Coignac (sénéchaussée de Périgord), Villeréal et Castillonès (sénéchaussée d'Agenais). Paris, 21 avril 1515.

21 avril.

Expéd. orig. Arch. nat., P. 555², cote 587 bis.

23310. Confirmation pour dix ans de la franchise et exemption, octroyée par le feu roi aux habitants du comté de Charolais, des deniers auxquels ils pourraient être imposés pour leur quote-part des aides accordées au roi par les États du duché de Bourgogne, ladite confirmation faite à la requête de Charles, archiduc d'Autriche, prince d'Espagne, et de la duchesse douairière de Savoie. Paris, 23 avril 1515.

23 avril.

Comptes de Jean Sapin, receveur général de Bourgogne. Arch. de la Côte-d'Or, B. 1828, fol. 118. (Mention.)

23311. Lettres portant assignation à Jean Saumaire, commis au payement des édifices et réparations des châteaux de Dijon, Beaune et Auxonne, d'une somme de 4,000 livres sur la recette de Bourgogne, pour employer à des réparations ordonnées par M. de La Trémoïlle, gouverneur du duché. Paris, 23 avril 1515.

23 avril.

Comptes de Jean Sapin, receveur général de Bourgogne. Arch. de la Côte-d'Or, B. 1828, fol. 145. (Mention.)

23312. Mandement au bailli de Melun de donner mainlevée, aux trésorier et chanoines de la Sainte-Chapelle à Paris, de leur fief de la Salle sis à Féricy en Brie, saisi pour faute de devoir féodal, et particulièrement parce qu'ils n'avaient présenté aucun homme dudit fief au

24 avril.

ban et arrière-ban, lors de la descente des
Suisses en Bourgogne et des Anglais en Picardie. Paris, 24 avril 1515.

1515.

Arch. nat., S* 972⁴, reg. non folioté. (Mention.)

23313. Lettres de réception du serment de fidélité, fait
entre les mains du chancelier, par Denis de
Tourettes, écuyer, au nom de Jean de Tourettes, son frère, pour le temporel du prieuré
de Saint-Savinien, au diocèse de Saintes.
Paris, 26 avril 1515.

26 avril.

Original. Arch. nat., P. 555², cote 589.

23314. Déclaration de l'hommage rendu par Denis de
Tourettes, écuyer, au nom d'Arnaud de Tourettes, président au Parlement de Bordeaux,
son père, pour la seigneurie de Pisany, mouvant du duché de Guyenne. Paris, 26 avril
1515.

26 avril.

Original. Arch. nat., P. 555², cote 590.

23315. Déclaration de l'hommage d'Emond de Souc-
ques, sʳ de Surgères, pour la seigneurie
de Saint-Félix (sénéchaussée de Saintonge,
châtellenie de Saint-Jean-d'Angély). Paris,
27 avril 1515.

27 avril.

Original. Arch. nat., P. 555², cote 591.

23316. Lettres de garde-gardienne accordées aux religieuses de l'Hôtel-Dieu de Pontoise. Paris,
avril 1515.

Avril.

*Original scellé. Arch. de l'Hôtel-Dieu de Pon-
toise, B. 135.*

23317. Don à René, bâtard de Savoie, grand sénéchal
de Provence, de tous les profits revenant au
roi du fait des naufrages et prises sur les côtes
de Provence. Montpipeau, 19 mai 1515.

19 mai.

*Enreg. à la Chambre des Comptes d'Aix. Arch.
des Bouches-du-Rhône, B. 28 (Pacis), fol. 40 v°.
1 page 1/2.*

23318. Don à André d'Andréa d'une pension de
200 livres tournois, en considération des
services qu'il a rendus à Louis XII, d'abord
comme homme d'armes sous le commande-

20 mai.

ment du maréchal de Chabannes, puis à la
tête de cinq cents hommes de pied, lors de
la dernière expédition contre le royaume de
Naples. Montpipeau, 20 mai 1515.

1515.

> *Enreg. à la Chambre des Comptes d'Aix. Arch.
> des Bouches-du-Rhône, B. 25 (Cigni), fol. 282.
> 2 pages.*

23319. Déclaration de l'hommage de Jean de Moulins
pour la justice d'Archangé [1], au comté de
Blois. 21 mai 1515.

21 mai.

> *Anc. arch. de la Chambre des Comptes de Blois,
> lay. A. Arch. nat., P. 1479, fol. 13. (Mention.)*

23320. Déclaration de l'hommage de Joachim Louault
pour la seigneurie « des Grands Maisons »
(comté de Blois). 22 mai 1515.

22 mai.

> *Anc. arch. de la Chambre des Comptes de Blois,
> lay. G. Arch. nat., P. 1479, fol. 145 v°, 152 v° et
> 153. (Mentions.)*

23321. Déclaration de l'hommage de Jean de L'Érable
pour la seigneurie de Villiers-le-Blot [2], au
comté de Blois. 23 mai 1515.

23 mai.

> *Anc. arch. de la Chambre des Comptes de Blois,
> lay. V. Arch. nat., P. 1479, fol. 436. (Mention.)*

23322. Déclaration de l'hommage rendu par Pierre
Habert, tant pour lui qu'au nom de ses frères
et sœurs, pour son lieu des Châtelliers, sis à
Neuvy (comté de Blois). 25 mai 1515.

25 mai.

> *Anc. arch. de la Chambre des Comptes de Blois,
> lay. C. Arch. nat., P. 1479, fol. 95. (Mention.)*

23323. Lettres permettant à Jean Sapin, receveur général de Bourgogne, de retenir sur sa recette
1,000 livres tournois en remboursement de
cette somme qu'il avait prêtée au roi et mise
entre les mains de Philibert Babou, commis
au payement de l'extraordinaire des guerres.
Blois, 26 mai 1515.

26 mai.

> *Comptes dudit Jean Sapin. Arch. de la Côte-d'Or,
> B. 1828, fol. 147 v°. (Mention.)*

[1] Commune de Neuvy, Loir-et-Cher.
[2] Le hameau de Villiers sis à Roches (Loir-et-Cher), à deux kilo-
mètres de ce village, est appelé *Villiers-le-Blot* sur la carte de Cassini.

23324. Lettres portant remise à René Matheron, Jean
Durand, Louis Capuci, Jacques de la Roche
et Honorat Silve, procureurs de Provence,
de l'amende de 400 livres tournois prononcée
contre chacun d'eux par le Parlement d'Aix,
pour avoir remontré à la cour qu'en vertu des
privilèges accordés aux habitants de la Provence, elle ne devait pas s'occuper des matières concernant la police des villes. Blois,
28 mai 1515.

> *Enreg. à la Chambre des Comptes d'Aix. Arch.*
> *des Bouches-du-Rhône, B. 25 (Cigni), fol. 300.*
> 1 page 1/2.

1515.
28 mai.

23325. Déclaration de l'hommage de Vidal Chappel,
prieur commendataire de Saint-Martin de
Marsac, membre dépendant de l'abbaye de
la Chaise-Dieu, pour la justice dudit prieuré,
mouvant du pont de Saintes. Blois, 1er juin
1515.

> *Original. Arch. nat., P. 555², cote 592 bis.*

1er juin.

23326. Déclaration de l'hommage de Mathurin Avrain
pour une censive sise à Nouan-sur-Loire,
lieux dits « le Clos-Saint-Ladre et Torchebeuf »
(comté de Blois). 2 juin 1515.

> *Anc. arch. de la Chambre des Comptes de Blois,*
> *lay. N. Arch. nat., P. 1479, fol. 254 v°. (Mention.)*

2 juin.

23327. Déclaration de l'hommage de Raoul Hurault
pour la seigneurie du Pressoir, sise à Cheverny. 4 juin 1515.

> *Anc. arch. de la Chambre des Comptes de Blois,*
> *lay. P. Arch. nat., P. 1479, fol. 285. (Mention.)*

4 juin.

23328. Déclaration de l'hommage d'Antoine de Montbron, écuyer, pour la principauté de Mor-
tagne-sur-Gironde. Amboise, 5 juin 1515.

> *Original. Arch. nat., P. 555², cote 593.*

5 juin.

23329. Confirmation de Claude Aimery en l'office
de garde du port de Marseille. Amboise,
8 juin 1515.

> *Enreg. à la Chambre des Comptes d'Aix. Arch.*
> *des Bouches-du-Rhône, B. 25 (Cigni), fol. 284 v°,*
> *et B. 26 (Magdal.), fol. 116. 1 page.*

8 juin.

23330. Déclaration de l'hommage rendu entre les mains du roi par René, bâtard de Savoie, pour le comté de Tende, la baronnie de Cipières, les seigneuries de Villeneuve et de la Garde, etc., mouvant du comté de Provence. Amboise, 12 juin 1515.

1515.
12 juin.

Enreg. à la Chambre des Comptes d'Aix. Arch. des Bouches-du-Rhône, B. 30 (Homag.), fol. 114 v°. 1 page.

23331. Lettres commettant Raymond Phelypeaux à tenir les comptes et à faire le payement des édifices du château du roi à Blois. 17 juin 1515.

17 juin.

Mentionné dans des lettres postérieures non datées. Bibl. nat., ms. fr. 14368, fol. 160 v°.

23332. Déclaration de l'hommage de Catherine Armand, veuve de Gilles de Vallade, pour la seigneurie de Saint-Georges, dans la prévôté de Saintes. Amboise, 28 juin 1515.

28 juin.

Original. Arch. nat., P. 555², cote 593 bis.

23333. Confirmation des privilèges accordés aux comtes de Tende par les comtes de Provence. Amboise, juin 1515.

Juin.

Enreg. à la Chambre des Comptes d'Aix. Arch. des Bouches-du-Rhône, B. 28 (Pacis), fol. 43. 2 pages.

23334. Déclaration de l'hommage rendu par Nicolas Fillol, seigneur d'Herbault [1], au nom de Guyonne Foyal, sa fille, veuve de Vincent de la Pralière, pour la seigneurie de l'Ile-Marin [2] et la métairie de la Chauvinière [3], au comté de Blois. 2 juillet 1515.

2 juillet.

Anc. arch. de la Chambre des Comptes de Blois, lay. L. Arch. nat., P. 1479, fol. 182. (Mention.)

23335. Lettres portant convocation du ban et de l'arrière-ban du bailliage d'Amiens. Romorantin, 3 juillet 1515.

3 juillet.

Bibl. nat., coll. de Picardie, vol. 112 bis, fol. 2. (Mention.)

[1] Commune de Neuvy, Loir-et-Cher.
[2] Idem.
[3] Idem.

23336. Lettres portant remise aux hommes de corps
du comté de Blois, en la garde de Beauce,
de la somme de 200 livres tournois sur ce
qu'ils doivent au roi de la taille de dix années à cause de leur servitude. 8 juillet 1515.

> *Tailles du comté de Blois, n° 19. Bibl. nat.,
> ms. Moreau 405, fol. 190 v°. (Mention.)*

1515.
8 juillet.

23337. Provisions pour René Matheron, sr de Peynier,
des offices de viguier d'Arles et de Tarascon,
à exercer alternativement, chacun durant une
année, vacants par la résignation faite en sa
faveur par Louis de Stainville, sénéchal de
Barrois. Lyon, 16 juillet 1515.

> *Enreg. à la Chambre des Comptes d'Aix. Arch.
> des Bouches-du-Rhône, B. 29 (Sagitt.), fol. 260 v°.
> 1 page.*

16 juillet.

23338. Déclaration de l'hommage de M. de La Trémoïlle, premier chambellan du roi, pour le
comté de Benon et les seigneuries de Marennes et de l'île de Ré, au gouvernement de
la Rochelle. Lyon, 18 juillet 1515.

> *Original. Arch. nat., P. 555², cote 601.*

18 juillet.

23339. Lettres portant suspension jusqu'à nouvel ordre de l'approvisionnement des greniers et
chambres à sel du royaume. Lyon, 20 juillet
1515.

> *Vérif. par les généraux des finances, le 25 du
> même mois.
> Enreg. à la Cour des Aides de Normandie, le
> 9 août suivant. Arch. de la Seine-Inférieure, Expéd.
> de la Cour des Aides, reg. de 1515, fol. 359 v°.
> 2 pages 1/3.*

20 juillet.

23340. Commission de lieutenant général en Normandie, en l'absence du duc d'Alençon, pour
Georges d'Amboise, archevêque de Rouen.
21 juillet 1515.

> *Vérif. au Parl. de Rouen, le 1er août 1515.
> Expéd. de l'arrêt d'entérinement. Arch. de la Seine-
> Inférieure, G. 1142.*

21 juillet.

23341. Mandement à Jean Sapin, receveur général de
Bourgogne, de payer comptant à Jacques de

25 juillet.

Dinteville, s⁷ des Chênets et de Commarien,
la somme de 687 livres 10 sous tournois,
montant du revenu pour un an des domaine,
aides et grenier à sel de Bar-sur-Seine, dont le
roi lui a fait don. Lyon, 25 juillet 1515.

1515.

Comptes de Jean Sapin. Arch. de la Côte-d'Or,
B. 1828, fol. 212. (Mention.)

23342. Prorogation pour dix ans de l'octroi concédé
par Louis XII (Blois, 26 avril 1505), aux
habitants de Rouen, de divers impôts sur les
boissons et le hareng, Lyon, 26 juillet 1515.

26 juillet.

Original. Arch. commun. de Rouen, tiroir 149,
n° 1.
Copie collat. du 5 avril 1547 n. s., par Coefier,
secrétaire du roi. Arch. commun. de Rouen, tiroir
150 bis, n° 1.

23343. Confirmation des privilèges de la ville de Rouen.
Lyon, juillet 1515.

Juillet.

Enreg. au Parl. de Rouen, le 3 décembre 1521.
Original. Arch. commun. de Rouen, tiroir 1,
n° 3, pièce 1.
Copie collat. du 2 août 1542. Arch. commun. de
Rouen, tiroir 9, n° 16, fol. 8 v°. 2 pages.
Copie collat. du xvi siècle. Bibl. de l'Arsenal à
Paris, ms. 3895, fol. 77. 2 pages 1/2.

23344. Confirmation de trois foires franches à Rouen,
celle du pardon Saint-Romain, celle de la
Purification de la Vierge et celle de la Pente-
côte, ces deux dernières ayant chacune une
durée de quinze jours. Lyon, juillet 1515.

Juillet.

Copie du xvii siècle. Bibl. nat., ms. lat. 10057,
fol. 77. 3 pages.

23345. Confirmation des privilèges accordés par
Louis XII, en même temps que des lettres
d'anoblissement, aux frères Louis et Guillaume Marc, demeurant au château de Salon
en Provence. Lyon, juillet 1515.

Juillet.

Enreg. à la Chambre des Comptes d'Aix. Arch.
des Bouches-du-Rhône, B. 25 (Cigni), fol. 277.
1 page.

23346. Ratification par le roi de l'accord intervenu entre René, bâtard de Savoye, comte de Tende,

Juillet.

4.

et sa femme, d'une part, Antoine et Jean Lascaris agissant aussi au nom d'Honorat Lascaris, d'autre part, au sujet de la possession du comté de Tende. Lyon, juillet 1515. — 1515.

Enreg. à la Chambre des Comptes d'Aix. Arch. des Bouches-du-Rhône, B. 26 (Magdal.), fol. 386. 2 pages.

23347. Lettres de la régente portant provisions pour Ottobone Spinola, receveur général des finances en Provence, de l'office de garde des sceaux du roi audit comté, vacant par la mort d'Aimery d'Andréa. Amboise, 4 septembre 1515. — 4 septembre.

Enreg. à la Chambre des Comptes d'Aix. Arch. des Bouches-du-Rhône, B. 25 (Cigni), fol. 271. 2 pages.

23348. Provisions pour Balthazar Jarente, docteur ès droits, de l'office de président et maître rational en la Chambre des Comptes d'Aix, vacant par le décès d'Aimery d'Andréa. Du camp de « Turbic » (s. d. Turbigo), 4 septembre 1515. — 4 septembre.

Enreg. à la Chambre des Comptes d'Aix. Arch. des Bouches-du-Rhône, B. 25 (Cigni), fol. 318 v°. 1 page.

23349. Provisions par la régente d'un office d'élu en l'élection de Caudebec, en faveur de Pierre Douchet, sur la résignation faite à son profit par Jean de Maromme. Amboise, 15 septembre 1515. — 15 septembre.

Enreg. à la Cour des Aides de Normandie, le 28 du même mois. Arch. de la Seine-Inférieure, Expéd. de la Cour des Aides, reg. de 1515, fol. 399. 1 page 1/3.

23350. Lettres donnant pouvoir à Antoine Du Prat, chancelier, pour traiter avec les ambassadeurs du pape Léon X. Du camp, près de « Cherval » (Chiaravalle [1]), 17 septembre 1515. — 17 septembre.

Copie du xviiie siècle. Bibl. nat., ms. lat. 12802, fol. 100. 2 pages.

[1] Abbazia di Chiaravalle Milanese.

23351. Lettres portant assignation sur la recette générale de Dauphiné à Honoré de Bonne, seigneur de la Rochette, gouverneur de Château-Dauphin, de la somme de 1,000 livres tournois. 27 septembre 1515.

> *Bibl. nat., ms. lat. 10963. (Mention.)*

1515.
27 septembre.

23352. Lettres portant assignation sur la recette générale de Bourgogne de la somme de 4,000 livres à rembourser à Jacques Hurault, seigneur de Bueil, pour pareille somme qu'il a prêtée au roi, à Pavie. Pavie, 28 septembre 1515.

> *Extrait des comptes de Jean Sapin, receveur général de Bourgogne. Bibl. de Troyes, n° 333, t. II, p. 987. (Mention.)*
> *Bibl. nat., coll. de Bourgogne, vol. 100, p. 401. (Mention.)*

28 septembre.

23353. Mandement à Jean Sapin, receveur général de Bourgogne, de bailler 14,000 livres tournois à Philibert Babou, commis au payement de l'extraordinaire des guerres, pour employer au fait de sa commission. Pavie, 28 septembre 1515.

> *Comptes dudit Sapin. Arch. de la Côte-d'Or, B. 1828, fol. 149. (Mention.)*

28 septembre.

23354. Déclaration de l'hommage de Guillaume de Burlé, le jeune, sr de la Mothe, ayant droit de Guillaume Challinot et de Louise Reyne, sa femme, pour la prévôté de Saint-Sulpice, près Saujon, mouvant du château de Saintes. Amboise, 1er octobre 1515.

> *Original. Arch. nat., P. 555², cote 597 bis.*

1er octobre.

23355. Don à frère Bernardin des Baux, maître d'hôtel ordinaire du roi, en considération des services qu'il a rendus au roi et à son prédécesseur, notamment sur mer, du jardin du roi à Marseille ainsi que des édifices qui en dépendent, avec le consentement de Basque d'Horongno et de Jeanne, sa femme, qui en ont joui longtemps par don des comtes de Provence. Milan, 21 octobre 1515.

> *Enreg. à la Chambre des Comptes d'Aix. Arch.*

21 octobre.

des Bouches-du-Rhône, B. 25 (*Cigni*), fol. 314.
1 page.

1515.

23356. Lettres attribuant une pension de 300 livres à Bénigne Berbisey, jadis écuyer ordinaire du feu roi Louis XII. Milan, 24 octobre 1515.

24 octobre.

Bibl. nat., coll. de Bourgogne, vol. 100, p. 404. (*Mention.*)
Bibl. de Troyes, n° 333, t. II, p. 988. (*Mention.*)

23357. Prorogation jusqu'à la Saint-Jean 1516 du délai précédemment accordé (n° 15827) à Nicolas, comte de Salm, pour rendre hommage des seigneuries de Greux et Maxey. Vigevano, 7 novembre 1515.

7 novembre.

Original scellé. Anc. Trésor des Chartes de Lorraine, lay. Ruppes II, n° 93. *Arch. de Meurthe-et-Moselle*, B. 886, n° 93.

23358. Provisions par la régente en faveur de Bertrand Laurens de l'office d'archivaire d'Aix en Provence, vacant par la résignation faite en sa faveur par Jacques Sélin. Moulins, 8 novembre 1515.

8 novembre.

Enreg. à la Chambre des Comptes d'Aix. Arch. des Bouches-du-Rhône, B. 26 (*Magdal.*), fol. 114.
1 page.

23359. Confirmation par la régente du bail fait par les rationaux et archivaires du comté de Provence à Jean La Garde, dit « Gasquet », de deux tabliers au palais du roi à Aix. Lyon, 23 novembre 1515.

23 novembre.

Enreg. à la Chambre des Comptes d'Aix. Arch. des Bouches-du-Rhône, B. 21 (*Magdal.*), fol. 132 v°.
1 page.

23360. Lettres d'anoblissement en faveur de Jean Guitard, licencié en droit, de Loubressac dans la sénéchaussée de Limoges. Novembre 1515.

Novembre.

Enreg. à la Chambre des Comptes de Paris, anc. reg. 11, fol. 190.
Bibl. de l'Arsenal à Paris, ms. 4903, p. 121. (*Mention.*)

23361. Lettres de réception du serment de fidélité du

14 décembre.

cardinal de Médicis pour le temporel de l'archevêché de Narbonne. Bologne, 14 décembre 1515.

Original. Arch. nat., P. 555², cote 600.

23362. Déclaration de l'hommage de Jean Séguier, conseiller au Parlement de Toulouse, pour la seigneurie de Bonloc au comté de Toulouse. Milan, 27 décembre 1515.

27 décembre.

Original. Arch. nat., P. 555², cote 600 bis.

23363. Lettres permettant à Fouquet Olivier d'exercer les fonctions de conseiller de la maison commune de la ville d'Arles, faculté dont il avait été privé par le Parlement d'Aix, à la suite d'un procès criminel. Aix, 30 décembre 1515.

30 décembre.

Enreg. à la Chambre des Comptes d'Aix. Arch. des Bouches-du-Rhône, B. 26 (Magdal.), fol. 109. 2 pages 1/2.

23364. Provisions de l'office de bailli de Rouen en faveur de Jean de La Barre, maître de la garde-robe du roi, sur la résignation faite à son profit par M. de Saint-Vallier, précédemment pourvu par François Ier dudit office, en remplacement de Charles de Rochechouart, seigneur de Montpipeau, décédé. Milan, 31 décembre 1515.

31 décembre.

Enreg. au Parl. de Rouen, le 11 mars 1516 n. s. Copie collat. du 21 novembre 1602, d'après les registres dudit Parlement. Arch. commun. de Rouen, tiroir 34, n° 1. 5 pages.

23365. Lettres d'anoblissement en faveur d'Élie Gentils, seigneur du Mas, habitant Saint-Yrieix en Limousin. Décembre 1515.

Décembre.

Enreg. à la Chambre des Comptes de Paris, anc. reg. 11, fol. 185. Bibl. de l'Arsenal à Paris, ms. 4903, p. 120. (Mention.)

1516. — Pâques, le 28 mars.

1516.

23366. Lettres de réception du serment de fidélité des habitants de Savone, représentés par leurs

5 janvier.

syndics et procureurs Battista Bressano et Leonardo Sacco. Milan, 5 janvier 1515.

Original. Arch. de Savone (Italie).

23367. Provisions pour Paul Ferrier de l'office de clavaire et receveur de la baronnie de Martigues, vacant par le décès de Jean de Varie. Marseille, 6 janvier 1515.

6 janvier.

Enreg. à la Chambre des Comptes d'Aix. Arch. des Bouches-du-Rhône, B. 26 (Magdal.), fol. 17. 1 page.

23368. Lettres de la régente portant que les religieux des quatre ordres mendiants de Saint-François, Saint-Augustin, Notre-Dame-des-Carmes et Saint-Dominique d'Aix en Provence recevront annuellement du trésorier général dudit pays une somme s'élevant, pour chaque couvent, à trois onces d'or, soit quinze florins petits, en exécution du testament du roi René, comte de Provence. Marseille, 6 janvier 1515.

6 janvier.

Enreg. à la Chambre des Comptes d'Aix. Arch. des Bouches-du-Rhône, B. 26 (Magdal.), fol. 138 v°, 2 pages 1/2, et fol. 322 v°. 2 pages.

23369. Confirmation par la régente des privilèges de la ville d'Arles pour ce qui concerne la juridiction en première instance. Aix, 8 janvier 1515.

8 janvier.

Enreg. à la Chambre des Comptes d'Aix. Arch. des Bouches-du-Rhône, B. 24 (Drac.), fol. 400. 3 pages.

23370. Confirmation par la régente des privilèges et droits accordés par Louis XII aux juifs de Provence convertis au christianisme. Aix, 9 janvier 1515.

9 janvier.

Enreg. à la Chambre des Comptes d'Aix. Arch. des Bouches-du-Rhône, B. 26 (Magdal.), fol. 405. 2 pages.

23371. Lettres de la reine Claude instituant, en vertu de ses prérogatives, à l'occasion de son joyeux avènement, Rostan de Greules comme mon-

10 janvier.

nayeur en la Monnaie d'Aix. Aix, 10 janvier 1515.

Enreg. à la Chambre des Comptes d'Aix. Arch. des Bouches-du-Rhône, B. 25 (Cigni), fol. 338 v°.
1 page.

1516.

23372. Provisions par la régente à Pelagio de Canobia de l'office de grènetier du grenier à sel de Fréjus, vacant par la résignation de Jean Lemère, dit « Castille ». Aix, 11 janvier 1515.

Enreg. à la Chambre des Comptes d'Aix. Arch. des Bouches-du-Rhône, B. 25 (Cigni), fol. 320 v°.
1 page.

11 janvier.

23373. Provisions pour Renaldo Vento de l'office de garde du « tercenal » de la ville de Marseille, vacant par la résignation faite en sa faveur par François Albertinelli. Marseille, 23 janvier 1515.

Enreg. à la Chambre des Comptes d'Aix. Arch. des Bouches-du-Rhône, B. 26 (Magdal.), fol 97 v°.
1 page.

23 janvier.

23374. Lettres permettant à Honorat Penchinart, habitant d'Aix, dont la famille est originaire de Milan, et à ses successeurs, de jouir des privilèges de noblesse et des armes auxquelles ils ont droit. Aix, 27 janvier 1515.

Enreg. à la Chambre des Comptes d'Aix. Arch. des Bouches-du-Rhône, B. 25 (Cigni), fol. 354.
1 page.

27 janvier.

23375. Déclaration de l'hommage rendu par Jean Paynet, procureur au Grand Conseil, au nom de François de Lomagne, écuyer, malade, pour la seigneurie de Montagnac et autres, mouvant du duché de Guyenne. Aix, 28 janvier 1515.

Expéd. orig. Arch. nat., P. 555², cote 584.

28 janvier.

23376. Mandement à la Chambre des Comptes d'Aix de recevoir Pelagio de Canobia à exercer provisoirement l'office de grènetier du grenier à sel de Fréjus, dont il a été pourvu par la régente, jusqu'à ce qu'il puisse prêter un serment régulier entre les mains du général des

29 janvier.

IMPRIMERIE NATIONALE.

finances, Henri Bohier, lequel est absent « en
pays loingtain ». Aix, 29 janvier 1515.

> *Enreg. à la Chambre des Comptes d'Aix. Arch.*
> *des Bouches-du-Rhône, B. 25 (Cigni), fol. 321.*
> 1 page.

23377. Lettres de sauvegarde pour Perceval Guyois,
qui se dit menacé par Balthazar de Synvenne,
s^r de Lacoste, au diocèse d'Apt, et par ses parents et serviteurs. Aix, 29 janvier 1515.

> *Enreg. à la Chambre des Comptes d'Aix. Arch.*
> *des Bouches-du-Rhône, B. 25 (Cigni), fol. 363 v°.*
> 1 page.

23378. Lettres d'anoblissement en faveur de Jean Or-
tigue, habitant d'Apt. Salon-de-Crau, janvier
1515.

> *Enreg. à la Chambre des Comptes d'Aix. Arch.*
> *des Bouches-du-Rhône, B. 26 (Magdal.), fol. 60.*
> 2 pages.

23379. Lettres d'anoblissement pour Antoine Rousset,
l'aîné, fils de feu Amédée Rousset, habitant
Salon en Provence. Salon-de-Crau, janvier
1515.

> *Enreg. à la Chambre des Comptes d'Aix. Arch.*
> *des Bouches-du-Rhône, B. 25 (Cigni), fol. 323 v°.*
> 2 pages.

23380. Confirmation des privilèges des tisserands et
cardeurs de laine de la ville d'Aix en Provence. Aix, janvier 1515.

> *Enreg. à la Chambre des Comptes d'Aix. Arch.*
> *des Bouches-du-Rhône, B. 26 (Magdal.), fol. 151 v°.*
> 1 page 1/2.

23381. Lettres de légitimation pour Balthazar, Jean,
Hélaine et Madeleine de Villeneuve, enfants
naturels de François de Villeneuve, s^r du Puget. Aix, janvier 1515.

> *Enreg. à la Chambre des Comptes d'Aix. Arch.*
> *des Bouches-du-Rhône, B. 28 (Pacis), fol. 165 v°.*
> 1 page 1/2.

23382. Lettres de légitimation pour Jean Olivier, fils
naturel de Jean Olivier et d'une femme ma-

riée, en faveur des services qu'il a rendus
au roi sur mer. Aix, janvier 1515.

1516.

*Enreg. à la Chambre des Comptes d'Aix. Arch.
des Bouches-du-Rhône, B. 25 (Cigni), fol. 358.
1 page 1/2.*

23383. Lettres constatant le serment fait par le roi sur
les saints Évangiles, à l'exemple de ses prédécesseurs, de conserver aux habitants d'Arles
les privilèges qui leur ont été confirmés en
février 1515 n. s. Tarascon, 4 février 1515.

4 février.

*Enreg. à la Chambre des Comptes d'Aix. Arch.
des Bouches-du-Rhône, B. 27 (Turtur), fol. 299 v°.
1 page.*

23384. Lettres d'investiture du comté de Bobbio et
autres fiefs du Milanais en faveur de Francisco de San-Severino, chevalier. Milan, 6 février 1515.

6 février.

*Bibl. nat., Nouv. acq. lat., ms. 1277, fol. 22
et 24. (Mentions.)*

23385. Lettres de réception du serment de fidélité de
Jean Nicolaï pour le temporel de l'évêché
d'Apt. Tournon[1], 6 février 1515.

6 février.

*Enreg. à la Chambre des Comptes d'Aix. Arch.
des Bouches-du-Rhône, B. 30 (Homag.), fol. 111 v°.
1 page.*

23386. Confirmation pour Jean de Pontevès, sʳ de
Cotignac, de l'exemption de deux feux pour
les biens qu'il possède à Moustiers-Sainte-
Marie], accordée à ses prédécesseurs et à lui
par René de Sicile et Charles VIII. Avignon,
6 février 1515.

6 février.

*Enreg. à la Chambre des Comptes d'Aix. Arch.
des Bouches-du-Rhône, B. 26 (Magdal.), fol. 135 v°.
1 page 1/2.*

23387. Lettres de sauvegarde en faveur de Perceval
Guyois, demeurant à Lacoste en Provence, et
d'Antoinette, sa femme, que Balthazar de
Synvenne, seigneur dudit lieu, a frustrés de
la jouissance des biens à eux légués par feu

7 février.

[1] *Sic.* Il faudrait sans doute « Tarascon ».

5.

— 36 —

Jean Romain et sa femme. Avignon, 7 février
1515.

> *Enreg. à la Chambre des Comptes d'Aix. Arch.*
> *des Bouches-du-Rhône,* B. 25 *(Cigni),* fol. 364.
> 1 page.

1516.

23388. Lettres confirmant au couvent des Jacobins
d'Aix en Provence la rente annuelle de
300 livres qui lui a été léguée par Charles
d'Anjou. Avignon, 9 février 1515.

> *Enreg. à la Chambre des Comptes d'Aix. Arch.*
> *des Bouches-du-Rhône,* B. 25 *(Cigni),* fol. 367 v°.
> 2 pages.

9 février.

23389. Déclaration de l'hommage d'Adrien de Montbron, chevalier, pour la baronnie d'Archiac
et la seigneurie de Saint-Maigrin, mouvant
du pont de Saintes. Avignon, 9 février 1515.

> *Expéd. orig. Arch. nat.,* P. 555², cote 585.

9 février.

23390. Lettres de sauvegarde en faveur des habitants
de Banon en Provence, que les seigneurs
dudit lieu voudraient, à tort, obliger à s'acquitter de certains droits, devoirs et servi-
tudes. Avignon, 15 février 1515.

> *Enreg. à la Chambre des Comptes d'Aix. Arch.*
> *des Bouches-du-Rhône,* B. 25 *(Cigni),* fol. 355 v°.
> 1 page 1/2.

15 février.

23391. Provisions de l'office de grènetier de Caudebec
en faveur de Michel Chuppe, sur la résignation faite à son profit par Guyot du Refuge,
valet tranchant ordinaire du roi, qui avait été
pourvu dudit office à la suite du décès de
Jean Le Sergent. La Guillotière-lès-Lyon,
28 février 1515.

> *Enreg. à la Cour des Aides de Normandie, le*
> *29 octobre 1516. Arch. de la Seine-Inférieure,*
> *Expéd. de la Cour des Aides,* reg. de 1516, fol. 483.
> 1 page.

28 février.

23392. Lettres d'anoblissement pour Antoine Rousset,
le jeune, fils de Bertrand Rousset, habitant
Salon-de-Crau en Provence. Salon-de-Crau,
février 1515.

> *Enreg. à la Chambre des Comptes d'Aix. Arch.*

Février.

des Bouches-du-Rhône, B. 25 (*Cigni*), fol. 322 v°. 1516.
1 page 1/2.

23393. Lettres d'anoblissement pour Louis Meyran,   Février.
d'Arles, accordées à la prière de l'archevêque
dudit lieu. Arles, février 1515.

> Enreg. à la Chambre des Comptes d'Aix. Arch.
> des Bouches-du-Rhône, B. 25 (*Cigni*), fol. 330 v°.
> 2 pages.

23394. Confirmation des privilèges des habitants du   Février.
château de « Salses » (Sausses), situé dans les
montagnes au diocèse de Glandèves. Tarascon, février 1515.

> Enreg. à la Chambre des Comptes d'Aix. Arch.
> des Bouches-du-Rhône, B. 26 (*Magdal.*), fol. 158 v°.
> 1 page 1/2.

23395. Lettres d'anoblissement pour Jean de Lyon,   Février.
habitant Orgon en Provence, maître d'hôtel
de la reine, qui a servi longtemps les reines
de Sicile, comtesses de Provence. Tarascon,
février 1515.

> Enreg. à la Chambre des Comptes d'Aix. Arch.
> des Bouches-du-Rhône, B. 25 (*Cigni*), fol. 337.
> 2 pages.

23396. Confirmation des privilèges et exemptions ac-   Février.
cordés aux prédécesseurs de Balthazar de
Saulle, sr d'Eyguières, et d'Hélène Hugolène,
sa femme, ou à eux-mêmes, par les rois de
Sicile, comtes de Provence. Avignon, février
1515.

> Enreg. à la Chambre des Comptes d'Aix. Arch.
> des Bouches-du-Rhône, B. 26 (*Magdal.*), fol. 118 v°.
> 1 page 1/2.

23397. Création de deux foires annuelles et d'un mar-   Février.
ché hebdomadaire à la Tour-d'Aigues en Pro-
vence. Avignon, février 1515.

> Enreg. à la Chambre des Comptes d'Aix. Arch.
> des Bouches-du-Rhône, B. 26 (*Magdal.*), fol. 123.
> 1 page 1/2.

23398. Lettres d'anoblissement pour Jacques Guillot,   Février.

natif d'Arles en Provence. Avignon, février 1516.
1515.

> *Enreg, à la Chambre des Comptes d'Aix. Arch.*
> *des Bouches-du-Rhône, B. 26 (Magdal.), fol. 312.*
> *2 pages.*

23399 Lettres de légitimation pour Jeannette Vincent, Février.
fille naturelle d'Antoine Vincent. Avignon,
février 1515.

> *Enreg. à la Chambre des Comptes d'Aix. Arch.*
> *des Bouches-du-Rhône, B. 25 (Cigni), fol. 341.*
> *1 page 1/2.*

23400. Don à Marguerite de France, duchesse d'Alen- 1er mars.
çon, des restes dus par Antoine Boileau, re-
ceveur ordinaire de Nîmes, tant sur les
comptes de Guillaume, son père, que sur les
siens. 1er mars 1515.

> *Enreg. à la Chambre des Comptes de Paris, anc.*
> *mém. Z, fol. 237. Arch. nat., PP. 119, p. 371.*
> *(Mention.)*
> *Bibl. de Rouen, ms. Leber 5870, t. XIV,*
> *fol. 46 v°. (Mention.)*

23401. Don au vicomte, au maire et aux habitants de 8 mars.
Dijon d'une somme de 25,000 livres tour-
nois, payable en dix années, pour les indemniser de l'incendie de leurs faubourgs qui eut
lieu lors du siège fait par les Suisses, sous le
règne du feu roi Louis XII, à condition
qu'ils emploieront cette somme aux dépenses
de fortifications de leur ville. 8 mars 1515.

> *Comptes d'Antoine Le Maçon, receveur général*
> *de Bourgogne. Arch. de la Côte-d'Or, B. 1841,*
> *fol. 117 v°. (Mention.)*

23402. Don à Girard de Vienne, sr de Ruffey, l'un des 13 mars.
deux chevaliers du Parlement de Dijon,
d'une somme annuelle de 500 livres tournois à prendre sur les exploits et amendes
dudit Parlement. Lyon, 13 mars 1515.

> *Extrait des comptes de Jean Sapin, receveur gé-*
> *néral de Bourgogne. Bibl. de Troyes, n° 333, t. II,*
> *p. 986. (Mention.)*
> *Bibl. nat., coll. de Bourgogne, vol. 100, p. 401.*
> *(Mention.)*

23403. Lettres de don aux habitants de Beaune de
100 livres tournois par an, pendant dix ans à
partir du 1ᵉʳ octobre 1514; en confirmation
et continuation d'un semblable octroi qu'ils
avaient obtenu de Louis XII, pour employer
aux réparations et fortifications de leur ville.
Lyon, 19 mars 1515.

> *Comptes de Bénigne Serre, receveur général de
> Bourgogne. Arch. de la Côte-d'Or, B. 1829,
> fol. 309; B. 1830-1831, fol. 262 v°. (Mentions.)*

1516.
19 mars.

23404. Confirmation, nonobstant l'édit de réunion du
domaine, du don fait à Jacques Galiot de
Genouilhac de la seigneurie de Montrichard.
Lyon, 18 avril 1516.

> *Enreg. à la Chambre des Comptes de Paris, le
> mardi 28 avril 1516, anc. mém. Z, fol. 231 v°.
> Arch. nat., PP. 119, p. 36. (Mention.)
> Bibl. de Rouen, ms. Leber 5870, t. II, fol. 127.
> (Mention.)*

18 avril.

23405. Lettres établissant en Bourgogne un prévôt
des maréchaux, un lieutenant et six archers.
Crémieu, 7 mai 1516.

> *Extrait des comptes de Jean Sapin, receveur gé-
> néral de Bourgogne. Bibl. de Troyes, n° 333, t. II,
> p. 990. (Mention.)
> Bibl. nat., coll. de Bourgogne, vol. 100, p. 402.
> (Mention.)*

7 mai.

23406. Édit portant création de deux offices de prévôt
des maréchaux en Picardie, l'un en deçà de
la Somme, l'autre au delà, du côté de l'Artois.
Crémieu, 10 mai 1516.

> *Bibl. nat., coll. de Picardie, t. 95, p. 312.
> (Mention.)*

10 mai.

23407. Provisions pour Antoine de Soissons, écuyer,
de l'office de prévôt des maréchaux en Picardie, au delà de la Somme. 10 mai 1516.

> *Bibl. nat., coll. de Picardie, vol. 112 bis,
> fol. 156 bis v°. (Mention.)*

10 mai.

23408. Provisions de l'office de contrôleur du grenier
à sel de Gisors en faveur de Jean Bertaut,

17 mai.

au lieu d'Édouard Adam, décédé. Crémieu, 17 mai 1516.

> *Vérif. à la Cour des Aides de Normandie, le 7 août 1516. Arch. de la Seine-Inférieure, Expéd. de la Cour des Aides, reg. de 1516, fol. 430 v°. (Mention.)*

1516.

23409. Lettres portant nomination de Lautrec, maréchal de France, comme lieutenant général du roi dans le Milanais, en remplacement du connétable de Bourbon. Crémieu, mai 1517 (corr. 1516).

> *Copie. Bibl. nat., ms. fr. 5500, fol. 279 v°.*

Mai.

23410. Provisions pour Robert de La Marck de l'office de capitaine de la compagnie des Cent-Suisses de la garde du roi. La Tour-du-Pin, 9 juin 1516.

> *Imp. Pinard, Chronologie historique militaire. Paris, 1760-1778, in-4°, t. II, p. 225. (Mention.)*

9 juin.

23411. Provisions pour Bergeret Le Long, écuyer, sr de Marconville, de l'office de prévôt des maréchaux aux gouvernement et prévôté de Paris et dans la partie de la Picardie située en deçà de la Somme. 10 juin 1516.

> *Bibl. nat., coll. de Picardie, vol. 112 bis, fol. 135. (Mention.)*

10 juin.

23412. Commission aux gens de la justice du Trésor à Paris, donnée à la requête de l'abbé et des religieux de Saint-Denis en France, pour examiner les titres des terres et seigneuries de Belle-Assise, Voulangis et autres appartenant à ladite abbaye, aux bailliage et prévôté de Brie-Comte-Robert, saisies par les officiers du dit lieu, sous prétexte qu'on ne leur avait pas fait apparoir de l'amortissement desdites terres données par les rois à l'abbaye de Saint-Denis. 27 juin 1516.

> *Arch. nat., LL. 1194, fol. 217. (Mention.)*

27 juin.

23413. Mandement à Bénigne Serre, receveur général de Bourgogne, de rembourser à Jean de Poupet, évêque de Chalon, la somme de 900 livres tournois qu'il avait prêtée au roi,

7 juillet.

pour subvenir aux dépenses de la guerre. 1516.
Lyon, 7 juillet 1516.

*Comptes de Bénigne Serre. Arch. de la Côte-d'Or,
B. 1829, fol. 225. (Mention.)*

23414. Mandement à Henri Bohier, général des finances   8 juillet.
en Provence, de faire payer par le receveur
général des finances dudit pays, Ottobone
Spinola, et des deniers de sa recette, à René
Matheron, Jean Durand, Louis Capuci, Jacques de la Roche et Honorat Silve, procureurs en Provence, 1,000 livres tournois à
partager également entre eux, ladite somme
représentant la moitié de l'amende à laquelle
ils ont été condamnés par le Parlement d'Aix
et dont le roi leur a fait remise le 28 mai 1515
(n° 23324). Lyon, 8 juillet 1516.

*Enreg. à la Chambre des Comptes d'Aix. Arch.
des Bouches-du-Rhône, B. 26 (Magdal.), fol. 108,
1 page.*

23415. Don à Ottobone Spinola, receveur général du   8 juillet.
roi en Provence, et à Baptima de Larca, sa
femme, du jardin du roi à Aix. Lyon, 8 juillet
1516.

*Enreg. à la Chambre des Comptes d'Aix. Arch.
des Bouches-du-Rhône, B. 26 (Magdal.), fol. 69,
1 page.*

23416. Provisions pour Jean Lori de l'office de grè-   12 juillet.
netier au grenier à sel de Fréjus, vacant par
le décès de Pelagio de Canobia. Tarare,
12 juillet 1516.

*Enreg. à la Chambre des Comptes d'Aix. Arch.
des Bouches-du-Rhône, B. 26 (Magdal.), fol. 62 v°.
1 page.*

23417. Déclaration de l'hommage rendu par Louis   12 août.
Bouyer, au nom de Pierre d'Angliers, che-
valier, seigneur dudit lieu, pour une rente
annuelle de 82 livres sur la recette de la
Rochelle et du grand fief d'Aunis. Tours,
12 août 1516.

Original. Arch. nat., P. 555², cote 596.

23418. Commission à Bénigne Bouesseau, sr de Barjon,   4 septembre.

conseiller maître à la Chambre des Comptes
de Dijon, de se transporter, le 1ᵉʳ octobre
suivant, à Charolles et de s'y concerter avec
Hugues Marmier, maître des requêtes du roi
catholique, pour procéder à l'évaluation et
délivrance des places, terres et seigneuries
mouvant du comté de Bourgogne, qui appartenaient à la duchesse de Longueville et étaient
détenues et occupées contre sa volonté, ainsi
que de celles que la duchesse douairière de
Savoie était obligée de lui bailler en compensation, suivant un article du traité de Noyon.
Amboise, 4 septembre 1516.

1516.

> *Comptes de Bénigne Serre, receveur général de
> Bourgogne. Arch. de la Côte-d'Or, B. 1829,
> fol. 42 v°. (Mention.)*
> *Comptes de Guy Milletot, receveur général de
> Bourgogne. Ibid., B. 1839, fol. 18. (Mention.)*
> *Comptes d'Antoine Le Maçon. Ibid., B. 1841,
> fol. 36 v°. (Mention.)*

23419. Déclaration de l'hommage de Jean de La Tour,
écuyer, sʳ de Romettes, pour les seigneuries
de la Roche et de Fontquerée [1], mouvant du
château de Saintes. Amboise, 5 septembre
1516.

5 septembre.

> *Original. Arch. nat., P. 555², cote 610.*

23420. Commission à Robert de Bapaume, président,
et à Mathieu Pascal, conseiller au Parlement
de Rouen, pour la levée, dans le diocèse de
Rouen, de la décime accordée par le Pape.
7 septembre 1516.

7 septembre.

> *Copie du XVIIᵉ siècle. Arch. de la Seine-Inférieure,
> G. 5658, fol. 1. 1 page 1/2.*

23421. Lettres de réception du serment de fidélité
d'Anne de Rohan, tante du roi, pour le temporel de l'abbaye de Notre-Dame-hors-les-Murs
de Saintes. Amboise, 19 septembre 1516.

19 septembre.

> *Original. Arch. nat., P. 555², cote 613 bis.*

[1] Paroisse de Saint-Porchaire, Charente-Inférieure. (Arch. nat.,
P. 555², cotes 610 bis et 611.)

23422. Traité d'alliance entre François Ier et les cantons suisses. 3o septembre 1516.

> Copie du xvii° siècle. Bibl. de la ville de Bourg (Ain), ms. de S. Guichenon, t. II, fol. 234.

1516.
3o septembre.

23423. Lettres d'anoblissement en faveur de François Tissart, contrôleur général de l'artillerie, et de Philibert, son frère, général des finances de Bretagne. Septembre 1516.

> Enreg. à la Chambre des Comptes de Paris, anc. reg. 11, fol. 290.
> Bibl. de l'Arsenal à Paris, ms. 4903, p. 122. (Mention.)

Septembre.

23424. Lettres portant renonciation en faveur du roi d'Espagne, à l'occasion du mariage de celui-ci avec Louise de France, de l'aide et de la composition que le roi levait précédemment en Artois. Paris, 8 octobre 1516.

> Copie collat. du xviii° siècle. Bibl. nat., ms. Moreau 433, fol. 1. 7 pages.

8 octobre.

23425. Déclaration de l'hommage de Jacques Rivière, conseiller au Parlement de Toulouse, pour la seigneurie et justice de Tournefeuille, au comté de Toulouse. Paris, 9 octobre 1516.

> Original. Arch. nat., P. 555², cote 614 bis.

9 octobre.

23426. Déclaration de l'hommage de Jean Chauderier, chevalier, pour la seigneurie de Nieul, mouvant du château de Saintes. Paris, 14 octobre 1516.

> Original. Arch. nat., P. 555², cote 615.

14 octobre.

23427. Lettres portant ratification du bail fait pour dix ans par les généraux des finances à Pierre Le Clerc, marchand demeurant à Rouen, de la fourniture du grenier à sel de Verneuil et des chambres à sel en dépendant. Paris, 16 octobre 1516.

> Enreg. à la Cour des Aides de Normandie, le 13 décembre 1516. Arch. de la Seine-Inférieure, Expéd. de la Cour des Aides, reg. de 1516, fol. 559. 4 pages 1/2.

16 octobre.

23428. Lettres accordant au roi d'Espagne, comte de

18 octobre.

6.

Flandres et d'Artois, en considération de son
mariage avec Louise de France, le droit
exclusif de présenter à la nomination du roi
les titulaires aux offices de receveur, greffier
et sergent des aides en Artois. Paris, 18 octobre 1516.

*Copie collat. du xviiie siècle. Bibl. nat.,
ms. Moreau 418, fol. 208. 6 pages.*

23429. Lettres d'amortissement en faveur des trésorier
et chanoines de la Sainte-Chapelle, de leurs
droits de justice haute, moyenne et basse, fiefs,
arrière-fiefs et autres devoirs à Féricy en Brie.
Paris, octobre 1516.

Arch. nat., S 972², dernier feuillet. (Mention.)*

23430. Déclaration de l'hommage de Pierre de Rohan
pour la baronnie de Frontenay (sénéchaussée
de Saintonge, châtellenie de Saint-Jean-d'Angély). Amboise, 2 novembre 1516.

Original. Arch. nat., P. 555², cote 616.

23431. Provisions de l'office de premier huissier de la
Cour des Aides de Normandie en faveur de
Jean de La Salle, au lieu de Pierre Griffon,
décédé. Amboise, 6 novembre 1516.

*Enreg. à la Cour des Aides de Normandie, le
2 décembre 1516. Arch. de la Seine-Inférieure,
Expéd. de la Cour des Aides, reg. de 1516,
fol. 437. 3/4 de page.*

23432. Lettres portant concession pour dix ans aux
habitants de Rouen de la fourniture du grenier à sel dudit lieu. Amboise, 18 novembre
1516.

*Arch. commun. de Rouen, U. 1, fol. 198. (Men-
tion.)*

23433. Déclaration de l'hommage de Méry Potin pour
le fief de Pezé, au comté de Blois. 27 novembre 1516.

*Anc. arch. de la Chambre des Comptes de Blois,
lay. P. Arch. nat., P. 1479, fol. 285. (Mention.)*

23434. Déclaration de l'hommage rendu par Méry
Potin, au nom de Marguerite du Refuge,

Right margin dates:
1516.
Octobre.
2 novembre.
6 novembre.
18 novembre.
27 novembre.
27 novembre.

veuve d'Abel de Mailly, sa tante, et de Jeanne
du Refuge, sa mère, héritières de feu Jean
du Refuge, leur frère, pour le fief du quartier
de Blois, la justice de Conon.[1], la seigneurie
de la Marpaudière[2] et la dîme des Tresseaux[3], au comté de Blois. 27 novembre
1516.

1516.

> Anc. arch. de la Chambre des Comptes de Blois,
> lay. Q. Arch. nat., P. 1479, fol. 330 v°. (Men-
> tion.)

23435. Provisions de l'office de premier huissier de la
Cour des Aides de Normandie en faveur d'Antoine Le Grand, au lieu de Pierre Griffon,
décédé. Amboise, 4 décembre 1516.

4 décembre.

> Enreg. à ladite Cour, le 22 décembre suivant.
> Arch. de la Seine-Inférieure, Expéd. de la Cour des
> Aides, reg. de 1516, fol. 599. 1 page 1/4.

23436. Déclaration de l'hommage de Louise de Coëtivy, veuve de Charles de La Trémoïlle, prince
de Talmont, pour la seigneurie de Rochefort,
mouvant du château de la Rochelle. Amboise, 14 décembre 1516.

14 décembre.

> Original. Arch. nat., P. 555², cote 617 bis.

23437. Déclaration de l'hommage de Louise de Coëtivy pour la baronnie de Soubise, mouvant
du château de Saint-Jean-d'Angély. Amboise,
14 décembre 1516.

14 décembre.

> Original. Arch. nat., P. 555², cote 621.

23438. Déclaration de l'hommage de Louise de Coëtivy pour le comté de Taillebourg, mouvant
du château de Saint-Jean-d'Angély. Amboise,
14 décembre 1516.

14 décembre.

> Original. Arch. nat., P. 555², cote 618.

23439. Déclaration de l'hommage de Louise de Coëtivy pour une rente de 50 livres sur le do-

14 décembre.

[1] Commune de Cellettes (Loir-et-Cher), à 1,200 mètres de cette localité.
[2] Paroisse de Cellettes. (Arch. nat., P. 1479, fol. 190 v°.)
[3] Commune d'Averdon.

maine de Saintonge. Amboise, 14 décembre 1516.

Original. Arch. nat., P. 555², cote 620.

23440. Déclaration de l'hommage de Jean Chasteigner, écuyer, pour la seigneurie de la Salle [1] (gouvernement de la Rochelle, bailliage du grand fief d'Aunis). Amboise, 14 décembre 1516.

14 décembre.

Original. Arch. nat., P. 555², cote 624.

1517. — Pâques, le 13 avril.

1517.

23441. Lettres de réception du serment de fidélité de Philippe de Montmorency pour le temporel de l'évêché de Limoges. Amboise, 2 janvier 1516.

2 janvier.

Original. Arch. nat., P. 555², cote 603 *bis*.

23442. Provisions pour François de Gribaudis de l'office d'huissier en la Chambre des Comptes et archives d'Aix, vacant par la résignation faite en sa faveur par Salvador Plumali. Paris, 26 janvier 1516.

26 janvier.

Enreg. à la Chambre des Comptes d'Aix. Arch. des Bouches-du-Rhône, B. 26 (*Magdal.*), fol. 231 v°. 1 page.

23443. Lettres de réception du serment de fidélité de Robert de Cockborn pour le temporel de l'abbaye de Quarante, au diocèse de Narbonne. Paris, 26 janvier 1516.

26 janvier.

Original. Arch. nat., P. 555², cote 604.

23444. Lettres de réception du serment de fidélité de Pierre de Senneterre pour le temporel du prieuré de Sainte-Gemme en Saintonge, dépendant de l'abbaye de la Chaise-Dieu. Paris, 26 janvier 1516.

26 janvier.

Original. Arch. nat., P. 555², cote 604 *bis*.

23445. Lettres portant exemption des droits de gabelle

31 janvier.

[1] Paroisse d'Aytré, Charente-Inférieure. (*Arch. nat.*, P.555², cote 625.)

en faveur des religieuses de l'Ave-Maria, de
l'ordre de Sainte-Claire, à Paris. 31 janvier
1516.

*Arch. nat., S. 4642, Invent. des titres de l'Ave-
Maria, 4° sac. (Mention.)*

1517.

23446. Lettres d'anoblissement en faveur de Jean Morelet. Janvier 1516.

*Enreg. à la Chambre des Comptes de Paris,
anc. reg. 11, fol. 144.
Bibl. de l'Arsenal à Paris, ms. 4903, p. 120.
(Mention.)*

Janvier.

23447. Provisions de l'office d'avocat du roi en l'élection d'Alençon, du Perche « et terre françoise », en faveur de Georges Thibault, écuyer,
licencié ès lois, au lieu de Guillaume Le
Cornû, décédé. Paris, 13 février 1516.

*Enreg. à la Cour des Aides de Normandie, le
12 mars 1517 n. s. Arch. de la Seine-Inférieure,
Expéd. de la Cour des Aides, reg. de 1517, fol. 84.
1 page.*

13 février.

23448. Provisions de l'office de contrôleur des deniers
communs de la ville d'Évreux en faveur de
Guillaume Mignart. Paris, 18 février 1516.

*Enreg. au Parl. de Rouen, le 7 mai 1517. Arch.
de la Cour à Rouen, reg. du Parl. pour avril-mai
1517.*

18 février.

23449. Confirmation des privilèges et exemptions dont
jouissaient de temps immémorial les ancêtres
des frères Raymond, François et Jean Perre.
Paris, 23 février 1516.

*Enreg. à la Chambre des Comptes d'Aix. Arch.
des Bouches-du-Rhône, B. 35 (Solis), fol. 239.
3 pages.*

23 février.

23450. Don à Anne d'Alençon, marquise de Montferrat,
des seigneuries de Pacy, Ezy et Nonancourt
en Normandie. 28 février 1516.

*Vérifié à la Chambre des Comptes de Paris, anc.
mém. Z, fol. 280 v°. Arch. nat., PP. 119, p. 43.
(Mention.)
Bibl. de Rouen, ms. Leber 5870, t. XIV, fol. 47.
(Mention.)*

28 février.

23451. Lettres d'anoblissement en faveur de Jacques
Chambon, licencié ès lois, juge du Vivarais.
Février 1516.

> *Enreg. à la Chambre des Comptes de Paris,*
> anc. reg. 11, fol. 221.
> *Bibl. de l'Arsenal à Paris, ms. 4903, p. 121.*
> (*Mention.*)

23452. Déclaration de l'hommage de Louis Le Roy,
chevalier, capitaine des archers de la garde,
pour la seigneurie de Chavigny (sénéchaussée
de Poitou, châtellenie de Loudun). Paris,
2 mars 1516.

> *Expéd. orig. Arch. nat., P. 351, cote 74.*

23453. Provisions pour Jacques Ruffi, notaire d'Hyères,
de l'office de notaire et greffier ordinaire de
la cour du roi à Toulon, vacant par la mort
du sieur Gaufredi. Paris, 4 mars 1516.

> *Enreg. à la Chambre des Comptes d'Aix. Arch.*
> *des Bouches-du-Rhône, B. 26 (Magdal.), fol. 170 v°.*
> 1 page.

23454. Lettres de réception du serment de fidélité de
Jean de Reilhac (*aliàs* Rilhac), pour le tem-
porel de l'abbaye de Saint-Jean-d'Angély.
Paris, 4 mars 1516.

> *Original. Arch. nat., P. 555², cote 607 bis.*

23455. Déclaration portant que les procès concernant
les aides, deniers communs et octrois de la
ville de Honfleur seront jugés en première
instance par le capitaine dudit lieu, et en
appel et dernier ressort par la Cour des Aides
de Normandie. Paris, 6 mars 1516.

> *Enreg. à ladite Cour, le 9 mars 1517 n. s. Arch.*
> *de la Seine-Inférieure, Expéd. de la Cour des Aides,*
> reg. de 1517, fol. 75 v°. 3 pages 1/2.

23456. Provisions pour Pierre Filioli (Filleul), archevêque d'Aix, de l'office de garde des sceaux
du pays de Provence, retiré, moyennant compensation, à Ottobone Spinola, qui en avait
été pourvu, malgré son inexpérience, par la
régente et qui excerce l'office de trésorier

1517.
Février.

2 mars.

4 mars.

4 mars.

6 mars.

11 mars.

dudit pays et le regestre de la chancellerie.
Bois de Vincennes, 11 mars 1516.

1517.

> *Enreg. à la Chambre des Comptes d'Aix. Arch.*
> *des Bouches-du-Rhône, B. 26 (Magdal.), fol. 146 v°.*
> 2 pages.

23457. Lettres de relief de surannation de la déclaration d'hommage du sr de La Trémoïlle,
rendu le 18 juillet 1515 (n° 23338), pour
le comté de Benon. Paris, 17 mars 1516.

17 mars.

> *Original. Arch. nat., P. 555², cote 601 bis.*

23458. Mandement à la Chambre des Comptes de
Paris de procéder, nonobstant la réunion du
domaine, à la vérification des lettres de don
de l'hôtel Saint-Paul à Jacques Galyot de
Genouilhac (n° 558). Vincennes, 18 mars
1516.

18 mars.

> *Enreg. à la Chambre des Comptes de Paris, anc.*
> *mém. 2 A, fol. 35. Arch. nat., PP. 119, p. 1.*
> *(Mention.)*
> *Bibl. de Rouen, ms. Leber 5870, t. XIV, fol. 106.*
> *(Mention.)*

23459. Déclaration de l'hommage de Jacques de Pas
pour son hôtel du Rougeou, sis à Fresnes au
comté de Blois. 23 mars 1516.

23 mars.

> *Anc. arch. de la Chambre des Comptes de Blois,*
> *lay. R. Arch. nat., P. 1479, fol. 358. (Mention.)*

23460. Lettres confirmant au duc de Savoie le droit
accordé pour Louis XI de toucher deux
pour cent sur la valeur des marchandises
portées sur des navires français, qui passent
dans ses États à leur retour d'Orient ou au
départ de France. Paris, 24 mars 1516.

24 mars.

> *Texte latin. Copie extraite des registres du Parl.*
> *de Provence. Bibl. nat., coll. des 500 Colbert,*
> *vol. 317 (non folioté). 2 pages 1/2.*

23461. Provisions pour Antoine Donati de l'office de
procureur général au Parlement de Provence,
vacant par la promotion de François Guérin
à l'office de premier conseiller en la même

24 mars.

cour. Villeneuve-Saint-Georges, 24 mars 1517.
1516.

*Enreg. à la Chambre des Comptes d'Aix. Arch.
des Bouches-du-Rhône, B. 26 (Magdal.), fol. 179 v°.
1 page 1/2.*

23462. Lettres confirmant la concession faite à Jean   28 mars...
Lelièvre, marchand et bourgeois de Paris,
du droit de fournir le grenier à sel de Dreux
pendant six ans. 28 mars 1516.

*Minutier Delafon, notaire à Paris, liasse 4,
fol. 311. (Mention.)*

23463. Lettres d'anoblissement en faveur de Louis   Mars.
Dupuis, licencié ès lois, juge du duché de
Châtellerault. Mars 1516.

*Enreg. à la Chambre des Comptes de Paris,
anc. reg. F1, fol. 135.*
*Bibl. de l'Arsenal à Paris, ms. 4903, p. 120.
(Mention.)*

23464. Provisions pour Antoine Boïcelli de l'office   4 avril.
de l'un des quatre tabliers de la cour des premières appellations en Provence, vacant par
la résignation faite en sa faveur par Jean Boïcelli, son père. Paris, 4 avril 1516.

*Enreg. à la Chambre des Comptes d'Aix. Arch.
des Bouches-du-Rhône, B. 26 (Magdal.), fol. 176.
1 page.*

23465. Mandement au bailli d'Amiens de publier dans   7 avril.
son bailliage la défense de blasphémer, de
jurer, de se donner au diable, de jouer aux
quilles et autres jeux de hasard, sous diverses
peines pécuniaires ou corporelles. Saint-Maur-
les-Fossés, 7 avril 1516.

*Bibl. nat., coll. de Picardie, vol. 112 bis,
fol. 2 v°. (Mention.)*

23466. Don à Bénigne de Cirey d'une pension de   7 avril.
50 livres, en considération des pertes qu'il a
subies au moment du siège de Dijon par les
Suisses. Saint-Maur-les-Fossés, 7 avril 1516.

*Bibl. nat., coll. de Bourgogne, vol. 100, p. 406.
(Mention.)*
*Bibl. de Troyes, n° 333, t. II, p. 1005. (Men-
tion.)*

23467. Déclaration de l'hommage de Gaston de Foix, comte de Candalle, pour les comtés d'Astarac et de Lavaur, les vicomtés de Lomagne et d'Auvillars, les terres basses d'Albigeois et de Castrois (sénéchaussée de Toulouse), le captalat de Buch et les droits de naufrages en dépendant, la vicomté de Castillon, le comté de Benauges, la seigneurie de Cadillac, les péages des seigneuries de l'Isle-Saint-Georges, Podensac, Castelnau de Médoc, Sémignan et celui de Pépolin, à Bordeaux, ainsi que divers droits dans ladite ville, la seigneurie de Langon, les péages de la seigneurie de Pommiers, les seigneuries de Cussac, Listrac, etc., et la baronnie de Bonnegarde (duché de Guyenne). Paris, 14 avril 1517.

Expéd. orig. Arch. nat., P. 555², coté 629.

1517.
14 avril.

23468. Commission pour contraindre Jean Forget et Louis de Lorne, commissaires établis au régime et gouvernement du fief de Romaine, entre Ozoir-la-Ferrière et Lésigny, à rendre compte à Dreux Budé, seigneur d'Yerres, des fruits dudit fief par eux perçus depuis la saisie qu'ils en ont faite à la requête dudit Budé. Paris, 17 avril 1517.

Original. Arch. de Seine-et-Oise, A. 1272.

17 avril.

23469. Provisions d'un office de conseiller lai au Parlement de Rouen en faveur de François de Bordeaux, au lieu de Jean Charpentier, décédé. Paris, 22 avril 1517.

Enreg. au Parl. de Rouen, le 18 mai 1517. Arch. de la Cour à Rouen, reg. du Parl. pour avril-mai 1517.

22 avril

23470. Provisions pour Pierre de Marçay de l'office de trésorier et receveur général des finances en Provence, duquel le roi suspend Ottobone Spinola. Paris, 23 avril 1517.

Enreg. à la Chambre des Comptes d'Aix. Arch. des Bouches-du-Rhône, B. 26 (Magdal.), fol. 169 v°. 1 page.

23 avril.

23471. Provisions de l'office nouvellement créé d'en-

30 avril.

7.

quêteur-examinateur en la ville et vicomté de
Caen, en faveur de Jean Fresnel, licencié ès
lois. Paris, 30 avril 1517.

*Enreg. au Parl. de Rouen, le 19 mai 1517. Arch.
de la Cour à Rouen, reg. du Parl. pour avril-mai
1517.*

1517.

23472. Lettres de réception du serment de fidélité de
Thomas Du Prat pour le temporel de l'évêché
de Clermont. Paris, 18 mai 1517.

Original. Arch. nat., P. 555², cote 632.

18 mai.

23473. Confirmation en faveur de Barthélemy Capel,
de Marseille, de la possession de la seigneurie
d'Istres et de la tour des Entressens en la
vicomté de Martigues. Compiègne, mai 1517.

*Enreg. à la Chambre des Comptes d'Aix. Arch.
des Bouches-du-Rhône, B. 26 (Magdal.), fol. 177 v°.
2 pages.*

Mai.

23474. Confirmation des statuts et styles de la Cour
rigoureuse de la Chambre des Raisons d'Aix.
Compiègne, 1er juin 1517.

*Enreg. à la Chambre des Comptes d'Aix. Arch.
des Bouches-du-Rhône, B. 28 (Pacis), fol. 429 v°.
3 pages.*

1er juin.

23475. Provisions pour Louis Borelli de l'office de secrétaire rational et archivaire de la Chambre
des Comptes et des Archives d'Aix, vacant
par la résignation faite en sa faveur par Bertrand Laurens. Compiègne, 1er juin 1517.

*Enreg. à la Chambre des Comptes d'Aix. Arch.
des Bouches-du-Rhône, B. 26 (Magdal.), fol. 222.
1 page.*

1er juin.

23476. Déclaration de l'hommage de Gilles Bretinaud,
praticien en cour laie, pair et bourgeois de
la Rochelle, et d'Antoine de Montbron, pour
la seigneurie de Fronsac en Aunis (gouvernement de la Rochelle). Paris, 7 juin 1517.

Original. Arch. nat., P. 555², cote 634.

7 juin.

23477. Lettres ordonnant l'exécution des lettres d'abolition précédemment octroyées à Galéas Visconti et approuvées par le Sénat de Milan,

16 juin.

nonobstant l'opposition des agents du fisc. 1517.
Milan, 16 juin 1517.

*Texte latin: Copie. Bibl. nat., fonds Brienne,
vol. 6, fol. 297. 2 pages 1/2.*

23478. Lettres confirmant les privilèges de l'abbaye de   Juin.
Saint-Pierre de Corbie. Amiens, juin 1517.

*Copie. Bibl. nat., coll. de Picardie, vol. 53,
fol. 424.*

23479. Déclaration de l'hommage rendu par Antoi-   1er août.
nette de Clermont, au nom de Charles de
Vesc, baron de Grimaud, pour les baronnies
de Grimaud et de Châteaurenard, les seigneuries de Collobrières et de Boulbon, mouvant du comté de Provence. Rouen, 1er août
1517.

*Enreg. à la Chambre des Comptes d'Aix. Arch.
des Bouches-du-Rhône, B. 30 (Homag.), fol. 118.*

23480. Provisions pour Bertrand Laurens de l'office   7 août.
de concierge de la maison du roi à Marseille
et gardien des munitions et pièces d'artillerie
de la marine en ladite ville. Rouen, 7 août
1517.

*Enreg. à la Chambre des Comptes d'Aix. Arch.
des Bouches-du-Rhône, B. 26 (Magdal.), fol. 219.
1 page.*

23481. Provisions de l'office de receveur des amendes   8 août.
de la Cour des Aides de Normandie en faveur
de Robert Barate, sur la résignation faite à
son profit par Jacques Doureux. Rouen,
8 août 1517.

*Enreg. à ladite Cour, le 17. Arch. de la Seine-
Inférieure, Expéd. de la Cour des Aides, reg. de
1517, fol. 288. 1 page 1/2.*

23482. Traité passé entre le roi de France et Joachim,   15 août.
électeur de Brandebourg, touchant le ma-
riage de leurs enfants. 15 août 1517.

Imp. Riedel, Codex Brandenburgensis, c. III.

23483. Lettres supprimant le contrôle exercé sur le   16 août.
maniement des deniers de la ville de Dieppe
par le sénéchal et le bailli de l'archevêque de

Rouen audit lieu, et portant que les procès 1517.
concernant les impositions et subsides de ladite ville seront jugés, en première instance,
par le capitaine, et en appel et dernier ressort,
par la Cour des Aides de Normandie. Rouen,
16 août 1517.

*Enreg. le 20 à ladite Cour. Arch. de la Seine-
Inférieure, Exped. de la Cour des Aides, reg. de
1517, fol. 289 v°. 3 pages.*

23484. Confirmation de la rente annuelle, jadis assignée 16 août.
par Charles V au chapitre cathédral de Rouen,
de deux muids de sel sur le grenier de ladite
ville. Rouen, 16 août 1517.

*Vérif. par les généraux des finances, le 28 août,
par la Chambre des Comptes, le 20 décembre 1517,
et par la Cour des Aides de Normandie, le 8 janvier
1521 n. s.
Original. Arch. de la Seine-Inférieure, G. 3696.
Imp. Charte du roy Louis XII..., portant donation de deux muids de sel aux doyen, chanoines et
chapitre de l'église de Rouen... Pièce de 16 pages
in-fol., p. 8.*

23485. Mandement aux généraux des finances de faire 16 août.
payer 5,000 livres sur les 13,500 dues à
Prégent de Bidoux, prieur de Saint-Gilles,
pour la solde de ses quatre galères, du 30 novembre 1516 au 1ᵉʳ mai 1517. Rouen,
16 août 1517.

*Original. Dépôt général de la Marine, Biblio-
thèque, A. 87, 1ᵉʳ vol., n° 15.*

23486. Lettres apportant diverses modifications, appli- 18 août.
cables dans la généralité de Normandie, à
l'ordonnance du 30 juin précédent (n° 695).
Rouen, 18 août 1517.

*Enreg. à la Cour des Aides de Normandie. Arch.
de la Seine-Inférieure, Exped. de la Cour des Aides,
reg. de 1517, fol. 334 v°. 6 pages.*

23487. Déclaration portant que, contrairement à la 30 août.
teneur des lettres du 16 août 1517 (n° 23483),
la connaissance des procès relatifs aux deniers
communs de la ville de Dieppe doit appartenir en dernier ressort au Parlement de

— 55 —

Rouen, et non pas à la Cour des Aides de
Normandie. Pont-Saint-Ouen, 30 août 1517.

1517.

Enreg. au Parl. de Rouen, le 27 novembre 1517.
Arch. de la Cour à Rouen, reg. du Parl. pour no-
vembre-décembre 1517. 1 page 1/2.

23488. Don à Antoine du Marbrier du fief Brunet, sis
à Andainville en Vimeux, provenant de la
confiscation de feu Pierre du Marbrier, grènetier de Neufchâtel-en-Bray, son père, condamné à mort et exécuté par sentence de la
Cour des Aides de Normandie. Rouen, août
1517.

Août.

Vérif. à la Chambre des Comptes de Paris, le
17 janvier 1518 n. s., anc. mém. 2 A, fol. 122 v°.
Arch. nat., PP. 119, p. 18. (Mention.)
Enreg. à la Cour des Aides de Normandie, le
15 avril 1518. Arch. de la Seine-Inférieure, Expéd.
de la Cour des Aides, reg. de 1518, fol. 135.
1 page 1/2.

23489. Lettres d'anoblissement en faveur de Jean de
Bonshons, seigneur d'Antoigné. Août 1517.

Août.

Enreg. à la Chambre des Comptes de Paris,
anc. reg. 11, fol. 130.
Bibl. de l'Arsenal à Paris, ms. 4903, p. 120.
(Mention.)

23490. Lettres d'anoblissement en faveur de Pierre
Le Clerc, normand. Août 1517.

Août.

Enreg. à la Chambre des Comptes de Paris,
anc. reg. 11, fol. 134.
Bibl. de l'Arsenal à Paris, ms. 4903, p. 120.
(Mention.)

23491. Lettres de réception du serment de fidélité de
Simon de Beausoleil pour le temporel de l'é-
vêché de Lavaur. Gaillon, 4 septembre 1517.

4 septembre.

Original. Arch. nat., P. 555², cote 637.

23492. Lettres d'évocation devant le Grand conseil
d'un différend entre le prieur de Roquebrus-
sanne en Provence et les habitants dudit lieu,
et d'un autre relatif à la reddition des comptes
par les syndics. Gaillon, 5 septembre 1517.

5 septembre.

Enreg. à la Chambre des Comptes d'Aix. Arch.
des Bouches-du-Rhône, B. 26 (Magdal.), fol. 187.
6 pages.

23493. Commission à Jean Le Veneur, évêque de
Lisieux, Guillaume Briçonnet, évêque de
Meaux, Jean Brinon, premier président au
Parlement de Rouen, et Eustache Luillier,
maître des comptes à Paris, pour prononcer
dans les six mois sur les réclamations des
États de Normandie, fondées sur la Charte
aux Normands, à l'encontre des commissaires
sur le fait des francs-fiefs et nouveaux acquêts.
Évreux, 11 septembre 1517.

1517.
11 septembre.

> *Vidimus du Châtelet, en date du 28 janvier*
> *1518 n. s. Arch. commun. de Rouen, tiroir 245,*
> *n° 5.*

23494. Mandement au bailli d'Amiens de faire publier
dans son bailliage l'ordre à toutes les villes et
communautés et à tous les officiers de sa juridiction de lui présenter dans le délai de
quinze jours les lettres de privilèges, exemptions et provisions qu'ils étaient tenus de sol-
liciter du roi; faute de ce faire, ils seraient
déchus de tous droits sur ces privilèges et
offices, sauf à en obtenir confirmation dans
les deux mois. Évreux, 14 septembre 1517.

14 septembre.

> *Bibl. nat., coll. de Picardie, vol. 112 bis,*
> *fol. 2 v°. (Mention.)*

23495. Lettres d'anoblissement de Gabriel Le Forestier,
roi d'armes du titre de Normandie, issu de la
maison écossaise de « Castrefaz », en considération des services par lui rendus aux rois
Louis XI, Charles VIII et Louis XII, « en plusieurs journées, batailles, rencontres, assaulx,
sommacions de villes, places et chasteaulx, et
en plusieurs voyages et embassades où il a
esté envoyé en divers royaulmes, nations et
pays loingtains ». Beaumont-le-Roger, septembre 1517.

Septembre.

> *Enreg. à la Cour des Aides de Normandie, le*
> *30 mars 1519 n. s. Arch. de la Seine-Inférieure,*
> *Expéd. de la Cour des Aides, reg. de 1519,*
> *fol. 124 v°. 2 pages.*
> *Enreg. à la Chambre des Comptes de Paris, le*
> *18 décembre 1518, anc. reg. 11, fol. 162.*
> *Bibl. de l'Arsenal à Paris, ms. 4903, p. 120.*
> *(Mention.)*

23496. Lettres portant que le roi se rend garant de
l'exécution de la trève conclue à Utrecht, le
17 septembre précédent, entre le duc de
Gueldres et le prince d'Espagne, et s'engage
à se déclarer contre celui des deux qui vien-
drait à enfreindre les conditions de ce traité.
Argentan, 10 octobre 1517.

> *Copie du XVIIIe siècle. Bibl. nat., ms. Moreau
> 494, fol. 621. 7 pages.*

1517.
10 octobre.

23497. Provisions pour Aymé Imbert d'un office de
conseiller lai au Parlement de Provence, vacant par la résignation faite en sa faveur par
Bertrand Rostaing. Argentan, 11 octobre
1517.

> *Enreg. à la Chambre des Comptes d'Aix. Arch.
> des Bouches-du-Rhône, B. 26 (Magdal.), fol. 259 v°.
> 1 page 1/2.*

11 octobre.

23498. Lettres donnant pour quatre ans à Philippe
Besson le bail de la maîtrise de la Monnaie
d'Aix, à laquelle il n'avait pas été pourvu depuis la réouverture de ladite Monnaie. Argentan, 18 octobre 1517.

> *Enreg. à la Chambre des Comptes d'Aix. Arch.
> des Bouches-du-Rhône, B. 26 (Magdal.), fol. 340 v°.
> 1 page.*

18 octobre.

23499. Lettres d'anoblissement en faveur de Jacques,
Christophe et Jean d'Alençon. Octobre 1517.

> *Enreg. à la Chambre des Comptes de Paris,
> anc. reg. 12, fol. 337.
> Bibl. de l'Arsenal à Paris, ms. 4903, p. 123.
> (Mention.)*

Octobre.

23500. Lettres d'anoblissement en faveur de Jean de
La Chassagne, seigneur de Châtelus, bordelais. Novembre 1517.

> *Enreg. à la Chambre des Comptes de Paris,
> anc. reg. 11, fol. 350.
> Bibl. de l'Arsenal à Paris, ms. 4903, p. 122.
> (Mention.)*

Novembre.

23501. Lettres portant que François, seigneur de Pons,
a fait au roi l'hommage qu'il lui devait à
cause des seigneuries de Pons et dépendances, l'île d'Oléron, Marenne, Arvert,

4 décembre.

Royan, Mornac, Blaye, la vicomté de Tu- 1517.
renne, Ribérac, Bergerac, etc. Tours, 4 décembre 1517.

> *Copie collat. à Saintes, le 20 mai 1520. Arch.*
> *nat., suppl. du Trésor des Chartes, J. 866, n° 6.*

23502. Provisions de l'office d'enquêteur-examinateur   4 décembre.
aux sièges de Pont-Audemer et de Pont-Authou
(bailliage de Rouen), en faveur de Jean d'Elbeuf. Le Plessis-lès-Tours, 4 décembre 1517.

> *Enreg. au Parl. de Rouen, le 9 janvier 1518 n. s.*
> *Arch. de la Cour à Rouen, reg. secret du Parl. pour*
> *1518, fol. 1. 2 pages.*

23503. Provisions d'un office de conseiller clerc au Par-   4 décembre.
lement de Rouen en faveur de Nicole de Quiè-
vremont, licencié ès droits, fils de Louis de
Quièvremont, conseiller en ladite cour, sur la
résignation faite à son profit par Jean d'Argouges. Le Plessis-lès-Tours, 4 décembre
1517.

> *Enreg. à ladite Cour, le 14. Arch. de la Cour à*
> *Rouen, reg. du Parl. pour novembre-décembre*
> *1517. 4 pages.*

23504. Mandement au receveur général de Bourgogne   16 décembre.
de délivrer à Lambert Meigret, commis au
payement de l'extraordinaire des guerres, la
somme de 3,750 livres tournois pour employer au fait de sa commission. Amboise,
16 décembre 1517.

> *Comptes de Bénigne Serre, receveur général de*
> *Bourgogne. Arch. de la Côte-d'Or, B. 1829,*
> *fol. 218 v°. (Mention.)*

23505. Déclaration de l'hommage de René de Bretagne   17 décembre.
pour la châtellenie de Fouras, au gouverne-
ment de la Rochelle. Amboise, 17 décembre
1517.

> *Expéd. orig. Arch. nat., P. 555², cote 639.*

23506. Déclaration portant que les lettres du 7 janvier   22 décembre.
1515 n. s. (n° 23211), données en faveur de
Louis de La Tour, auquel elles attribuent par
erreur le prénom de son père, Honorat, de-

vront néanmoins être considérées comme valables. Amboise, 22 décembre 1517.

> *Enreg. à la Chambre des Comptes d'Aix. Arch. des Bouches-du-Rhône*, B. 26 (*Magdal.*), fol. 369 v°.
> 1 page.
> *Copie du xvie siècle. Arch. des Bouches-du-Rhône*, B. reg. 1246, fol. 29 v°.

23507. Déclaration de l'hommage de Rodrigue Boucher pour le lieu de Villaines sis à Chemery (comté de Blois). 30 décembre 1517.

> *Anc. arch. de la Chambre des Comptes de Blois*, lay. V. *Arch. nat.*, P. 1479, fol. 435 v°. (*Mention.*)

1518. — Pâques, le 4 avril.

23508. Mandement à Bénigne Serre, receveur général de Bourgogne, de rembourser à Georges de La Trémoïlle, s^r de Jonvelle, chambellan du roi, la somme de 2,025 livres tournois ou 1,000 écus soleil qu'il a prêtés à François Ier, pour subvenir au payement des deniers dus aux Ligues de Suisse. Amboise, 11 janvier 1517.

> *Comptes de Bénigne Serre. Arch. de la Côte-d'Or*, B. 1829, fol. 226 v°. (*Mention.*)

23509. Commission à Jean Robineau pour payer les dépenses nécessaires à l'entretien de la flotte. 17 janvier 1517.

> *Bibl. de l'Arsenal*, ms. 2436, fol. 484. (*Mention.*)

23510. Mandement à Henri Bohier, général des finances de Provence, de faire payer à Ottobone Spinola 500 écus soleil, à prendre sur les biens, échus au roi par droit d'aubaine, de feu Jean Courcelles, dit « de Cluny ». Amboise, 18 janvier 1517 [1].

> *Enreg. à la Chambre des Comptes d'Aix. Arch. des Bouches-du-Rhône*, B. 26 (*Magdal.*), fol. 305 v°.
> 1 page.

---

[1] Il est probable que cette date est erronée et que ce mandement fut donné le 28 janvier suivant, en même temps que deux autres lettres concernant le même personnage.

Marginal dates:
1517.
30 décembre.

1518.
11 janvier.
17 janvier.
18 janvier.

23511. Lettres portant prorogation jusqu'à Pâques 1518 du délai assigné, par les lettres du 11 septembre 1517 (n° 23493), aux commissaires chargés de prononcer sur les réclamations des États de Normandie. Amboise, 19 janvier 1517.

1518.
19 janvier.

> *Vidimus du Châtelet, en date du 28 janvier 1518 n. s. Arch. commun. de Rouen, tiroir 245, n° 5.*

23512. Don à Ottobone Spinola, en compensation de l'office de garde des sceaux de Provence qui lui est enlevé, et à Baptina de Larca, sa femme, des revenus, péages et coutumes de la ville de Castellane en Provence. Amboise, 28 janvier 1517.

28 janvier.

> *Enreg. à la Chambre des Comptes d'Aix. Arch. des Bouches-du-Rhône, B. 26 (Magdal.), fol. 295. 2 pages.*

23513. Lettres réintégrant Ottobone Spinola en la jouissance de son office de trésorier et receveur général des finances en Provence. Amboise, 28 janvier 1517.

28 janvier.

> *Enreg. à la Chambre des Comptes d'Aix. Arch. des Bouches-du-Rhône, B. 26 (Magdal.), fol. 239. 1 page 1/2.*

23514. Confirmation des lettres patentes d'octobre 1357, restituant aux habitants de Vitry en Perthois le droit de nommer le gouverneur de la maladrerie du lieu et de disposer, s'il y a lieu, de ses revenus. Amboise, janvier 1517.

Janvier.

> *Arch. dép. de la Marne, série E, liasse 1012.*

23515. Lettres d'anoblissement en faveur de Guibert Jariel, contrôleur général des finances ordinaires et extraordinaires du duché de Milan. Janvier 1517.

Janvier.

> *Enreg. à la Chambre des Comptes de Paris, anc. reg. 11, fol. 211.*
> *Bibl. de l'Arsenal à Paris, ms. 4903, p. 121. (Mention.)*

23516. Lettres de naturalité en faveur d'Agnès Delacourt, femme de Lucas Des Oches, marchand

Janvier.

sellier et bourgeois de Paris, originaire d'Ar-
tres près Valenciennes. Amboise, janvier
1517.

> *Enreg. à la Chambre des Comptes de Paris, le
> 24 février suivant, et publiées au Châtelet, le 5 août
> 1518.*
> *Archives de M* Delafon, notaire à Paris.*

1518.

23517. Confirmation des privilèges des habitants de
Saint-Raphaël près de Fréjus. Amboise, février
1517.

> *Enreg. à la Chambre des Comptes d'Aix. Arch.
> des Bouches-du-Rhône, B. 26 (Magdal.), fol. 304.*
> 1 page.

Février.

23518. Lettres portant renonciation du roi, en faveur
du bâtard de Savoie, au droit de retour qu'il
avait sur les seigneuries de Marignane et de
Gignac en Provence, à défaut d'héritiers
mâles dans la descendance d'Antoine Varey,
de la famille de Cossé. Amboise, février
1517.

> *Enreg. à la Chambre des Comptes d'Aix. Arch.
> des Bouches-du-Rhône, B. 26 (Magdal.), fol. 396.*
> 3 pages 1/2.

Février.

23519. Lettres d'anoblissement de Pierre, fils de feu
Alain Avoine, de Bayeux, et de Robert et
Pierre, fils de feu Pierre Avoine, conformément aux lettres de Louis XI (Bourgueil,
août 1469), données en faveur de leursdits
pères. Amboise, février 1517.

> *Vérif. à la Chambre des Comptes de Paris, le
> 28 août (anc. reg. 11), et à l'élection de Bayeux,
> le 7 décembre 1518.*
> *Enreg. à la Cour des Aides de Normandie, le
> 13 mai 1519. Arch. de la Seine-Inférieure, Expéd.
> de la Cour des Aides, reg. de 1519, fol. 199.*
> 2 pages 1/3.
> *Bibl. de l'Arsenal à Paris, ms. 4903, p. 120.*
> (Mention.)

Février.

23520. Déclaration autorisant les habitants de Rouen
à nommer des commis pour la perception de
l'impôt, à eux affermé pour cinq ans, du
huitième sur les boissons vendues en détail
dans leur ville et sa banlieue, à la charge

8 mars.

pour lesdits commis de prêter serment à la
Cour des Aides de Normandie. Amboise,
8 mars 1517.

1518.

*Enreg. à ladite Cour, le 7 mai 1518. Arch. de la
Seine-Inférieure, Expéd. de la Cour des Aides,
reg. de 1518, fol. 173 v°. 2 pages 1/2.*

23521. Lettres portant que les religieuses de Poissy
seront payées annuellement, pendant dix ans,
sur la recette du travers de Vernon, d'une
somme de 2,000 livres tournois, faisant partie
de la rente de 2,800 livres dont la totalité
leur était assignée précédemment sur la vicomté de Gisors. Amboise, 19 mars 1517.

19 mars.

*Arch. de Seine-et-Oise, série H, fonds de Poissy,
Invent. des titres de rentes sur le domaine, chapitre
intitulé : Titres d'Andely et Vernon, cote 28,
pièce 22. (Mention.)*

23522. Provisions pour Antoine Thomas de l'office de
contrôleur du grenier à sel de Toulon, vacant
par la résignation faite en sa faveur par son
frère, Louis Thomas. Amboise, 20 mars
1517.

20 mars.

*Enreg. à la Chambre des Comptes d'Aix. Arch.
des Bouches-du-Rhône, B. 26 (Magdal.), fol. 262.
1 page.*

23523. Édit portant révocation des aliénations du
domaine faites en Provence par les prédécesseurs du roi. Amboise, 22 mars 1517.

22 mars.

*Original. Arch. des Bouches-du-Rhône, B. car-
ton 3296, pièce n° 3.
Enreg. à la Chambre des Comptes d'Aix. Arch.
des Bouches-du-Rhône, B. 31 (Salam.), fol. 82.
2 pages. B. 22 (Scorp.), fol. 279. 3 pages 1/2.*

23524. Déclaration de foi et hommage de Philippe de
Suze, chevalier, l'un des cent gentilshommes
de l'hôtel, commandés par le sr de Saint-
Vallier, pour la seigneurie du Coudray en
Beauce, mouvant d'Yèvre-le-Châtel. Amboise,
26 mars 1517.

26 mars.

*Original. Arch. nat., Chambre des Comptes de
Paris, P. 10, n° 3431.*

23525. Lettres ordonnant la levée sur plusieurs villes de Picardie, pour être employées aux réparations des fortifications des villes frontières, de diverses sommes, savoir : pour Amiens, 1,500 livres tournois; Beauvais, 1,500 livres; Laon, 500 livres; Senlis, 300 livres; Compiègne, 400 livres. Amboise, 29 mars 1517.

1518.
29 mars.

Copie. Bibl. nat., coll. de Picardie, vol. 267, fol. 262. 1 page.

23526. Déclaration de l'hommage de Girard Sevin pour la seigneurie de la Lambardière[1], au comté de Blois. 13 avril 1518.

13 avril.

Anc. arch. de la Chambre des Comptes de Blois, lay. L. Arch. nat., P. 1479, fol. 182 v°. (Mention.)

23527. Provisions pour Barthélemy Rieu de l'office de secrétaire du Parlement de Provence, vacant par la mort de Jacques Richelmi. Amboise, 14 avril 1518.

14 avril.

Enreg. à la Chambre des Comptes d'Aix. Arch. des Bouches-du-Rhône, B. 26 (Magdal.), fol. 264. 1 page.

23528. Mandement à Bénigne Serre, receveur général de Bourgogne, de délivrer à Morelet de Museau et à Jean de Poncher, trésoriers des guerres, la somme de 1,000 livres tournois, pour employer au fait de leurs offices. Amboise, 18 avril 1518.

18 avril.

Comptes de Bénigne Serre. Arch. de la Côte-d'Or, B. 1829, fol. 222 et 228 v°. (Mentions.)

23529. Déclaration de l'hommage rendu par Jean Odinet, au nom de Philiberte de Savoie, duchesse de Nemours, pour la vicomté de Bridiers et la seigneurie de Fleix (sénéchaussée de Poitou, châtellenie de Montmorillon). Amboise, 23 avril 1518.

23 avril.

Expéd. orig. Arch. nat., P. 555², cote 643.

23530. Lettres portant assignation sur la recette générale de Bourgogne à Jean Saumaire, commis

28 avril.

[1] Paroisse de Tour. *(Arch. nat., P. 1479, fol. 168.)*

au payement des édifices et réparations des
châteaux de Dijon, Beaune, Auxonne et autres
places du pays, d'une somme de 6,000 livres
pour employer au fait de sa commission pendant l'année 1518. Amboise, 28 avril 1518.

*Comptes de Bénigne Serre, receveur général de
Bourgogne. Arch. de la Côte-d'Or, B. 1829,
fol. 217 vº. (Mention.)*

1518.

23531. Déclaration de l'hommage rendu par Barthélemy Robin, avocat général au Parlement de
Toulouse, au nom de Jean de Chambert,
seigneur de Rustiques, pour les seigneuries
de Bizanet (vicomté de Narbonne) et de
« Vimes » (pays de Mirepoix) dans la sénéchaussée de Carcassonne. Amboise, 3 mai
1518.

Expéd. orig. Arch. nat., P. 555², cote 645.

3 mai.

23532. Déclaration de l'hommage de Raymond de Châteaupers, baron de Panat, vicomte de Peyre-
brune, pour les deux tiers de la seigneurie de
Burlats, le tiers de celle de Cambonnet et
les onze douzièmes de celle du Bez. Amboise,
3 mai 1518.

Expéd. orig. Arch. nat., P. 555², cote 646.

3 mai.

23533. Lettres autorisant l'établissement d'un canal
maritime à Pont-Audemer. 8 mai 1518.

*Mentionnées dans un mémoire du XVIIIᵉ siècle sur
la navigation de la Risle. Arch. nat., F¹⁴ 1207.*

8 mai.

23534. Ratification par le roi des lettres de Laurent
de Médicis, duc d'Urbin, et de Madeleine de
Boulogne, par lesquelles ils déchargent le
duc d'Albany, leur frère, de la tutelle et administration des biens à eux venus par la
mort de leurs parents, Jean de Boulogne et
Jeanne de Bourbon. Amboise, 11 mai 1518.

*Original. Arch. nat., Titres du château de Mer-
curol, J. 1141, nº 5.*

11 mai.

23535. Déclaration de l'hommage d'Auger de Pardail-
han, protonotaire du Saint-Siège, pour le
prieuré de Monsempron et la seigneurie de

11 mai.

Mondoulens (sénéchaussée d'Agenais). Amboise, 11 mai 1518.

> *Expéd. orig. Arch. nat.*, P. 555², cote 647.

23536. Lettres accordant en faveur du cardinal de Bourbon, abbé de Saint-Valery, mainlevée des revenus de ladite abbaye saisis précédemment au profit du roi. Amboise, 17 mai 1518.

> *Bibl. nat.*, coll. de Picardie, vol. 112 *bis*, fol. 2 v°. (*Mention.*)

23537. Provisions de l'office de premier huissier à la Cour des Aides de Normandie, en faveur de Jacques Dessuslamare, sur la résignation faite à son profit par Antoine Le Grant. Amboise, 20 mai 1518.

> *Enreg. le 31 à ladite Cour. Arch. de la Seine-Inférieure, Expéd. de la Cour des Aides*, reg. de 1518, fol. 201 v°. 1 page 1/2.

23538. Déclaration exemptant de la révocation générale faite par le roi des aliénations de son domaine en Provence, le don fait à Ottobone Spinola et à Baptime de Larca, sa femme, du jardin du roi à Aix. Chinon, 23 mai 1518.

> *Enreg. à la Chambre des Comptes d'Aix. Arch. des Bouches-du-Rhône*, B. 22 (*Scorp.*), fol 281 v°. 1 page 1/2.

23539. Lettres portant confirmation des privilèges de la ville de Beaune. Amboise, mai 1518.

> *Arch. municip. de Beaune (Côte-d'Or)*, AA, d'après un invent. ms. aux *Arch. nat.*, F. 89064. (*Mention.*)

23540. Lettres portant exemption en faveur des marchands écossais de l'impôt de 12 deniers par livre prélevé à Dieppe sur les marchandises étrangères. Amboise, mai 1518.

> *Vérif. à la Chambre des Comptes de Paris, le 5, et par les trésoriers de France, le 10 octobre suivant*, anc. mém. 2 A, fol. 230 v°. *Arch. nat.*, PP. 119, p. 31. (*Mention.*)

Marginal dates (right column): 1518. / 17 mai. / 20 mai. / 23 mai. / Mai. / Mai.

IMPRIMERIE NATIONALE.

Enreg. en juillet 1553 à la Cour des Aides de Normandie. Arch. de la Seine-Inférieure, Mémoriaux, 3ᵉ vol., fol. 333. 1 page 1/2.

1518.

23541. Provisions d'un office d'élu en l'élection de Valognes en faveur de Geoffroy Le Bas, écuyer, seigneur de Bourlande et de Regneville, ci-devant verdier des forêts à Valognes, sur la résignation faite à son profit par Jean de Bavent, écuyer, seigneur de Pierreville. Turpenay, 1ᵉʳ juin 1518.

1ᵉʳ juin.

> *Vérif. le 12 par les généraux des finances.*
> *Enreg. à la Cour des Aides de Normandie, le 5 janvier 1521 n. s. Arch. de la Seine-Inférieure, Expéd. de la Cour des Aides, reg. de 1520, fol. 452. 1 page 1/2.*

23542. Lettres accordant délai d'un an à Charles, fils mineur de feu Jean de Tilly, chevalier, et de Françoise Ladvocat, et à sadite mère, pour rendre hommage et bailler aveu de la seigneurie de Blaru, au bailliage de Mantes. Angers, 10 juin 1518.

10 juin.

> *Original scellé. Arch. de Seine-et-Oise, E. 3249.*

23543. Mandement à Raoul Hurault, chevalier, général des finances en Bourgogne, de faire payer par le receveur général dudit pays à Claude Patarin, conseiller au Parlement de Dijon, la somme de 220 livres tournois en dédommagement de ses frais de deux voyages pour le service du roi, le premier de Dijon à Mâcon, en septembre 1516, le second de Dijon à Amboise, en janvier 1517. Angers, 25 juin 1518.

25 juin.

> *Comptes de Bénigne Serra, receveur général de Bourgogne. Arch. de la Côte-d'Or, B. 1829, fol. 305. (Mention.)*

23544. Don à Jean Arbaud, conseiller et maître rational en la Chambre des Comptes d'Aix, du lieu de Peyrolles, en Provence, échu au roi par droit d'aubaine. Angers, juin 1518.

Juin.

> *Enreg. à la Chambre des Comptes d'Aix. Arch. des Bouches-du-Rhône, B. 28 (Pacis), fol. 335. 2 pages.*

23545. Lettres d'anoblissement en faveur de Jean Dur-
vie, seigneur de Sotteville. Juin 1518.

Enreg. à la Chambre des Comptes de Paris, anc.
reg. 11, fol. 158.
Bibl. de l'Arsenal à Paris, ms. 4903, p. 120.
(*Mention.*)

23546. Lettres d'exemption en faveur des habitants de
Saint-Riquier, pendant une période de huit
années, qui finira le 31 décembre 1526, portant qu'ils ne payeront chaque année plus de
200 livres tournois pour les tailles, aides,
impositions et subventions quelconques mises
sur le royaume. 9 juillet 1518.

Bibl. nat., ms. fr. 14368, fol. 71. (*Mention.*)

23547. Provisions pour Étienne Grault, à la requête
du bâtard de Savoie, de l'office de greffier au
Parlement de Provence, vacant par le décès
d'Antoine Malbequi. Le Verger, 19 juillet
1518.

Enreg. à la Chambre des Comptes d'Aix. Arch.
des Bouches-du-Rhône, B. 26 (*Magdal.*), fol 341.
1/2 page.

23548. Don viager à Anne de Resve, premier huissier
de la chambre, de l'hôtel des Lions, sis à
Paris, près l'église Saint-Paul. Angers, 28 juillet 1518.

Enreg. à la Chambre des Comptes de Paris, le
2 décembre 1522, anc. mém., 2 C, fol. 67 [1].
Arch. nat., PP. 119, p. 10. (*Mention.*)
*Copie du XVII° siècle, par Menant. Bibl. de
Rouen*, ms. Leber 5870, t. XII, fol. 115. 1 page 1/2.

23549. Lettres ordonnant aux gens d'église de la châtellenie de Corbeil de présenter, les 11 et
12 août, audit lieu, en l'hôtel *du Coq et du
Cygne*, par-devant François Boucher, commissaire sur le fait des francs-fiefs et nouveaux

---

[1] Le même mémorial renfermait (fol. 181 v°) des lettres portant
remise audit Anne de Resve de la rente de 15 livres par an qu'il devait
payer à la recette ordinaire de Paris, par ordre de la Chambre des
Comptes. (Mention donnée, sans indication de date, par le même manuscrit, fol. 115 v°.)

Marginal dates: 1518. Juin. / 9 juillet. / 19 juillet. / 28 juillet. / 28 juillet.

acquêts, la déclaration de leur temporel. 28 juillet 1518.

Expéd. authentique sur papier, signé Mynard. Arch. de Seine-et-Oise, série H, fonds des Vaux-de-Cernay, 41ᵉ carton.

1518.

23550. Déclaration de l'hommage rendu par Louis de Sodeilles, écuyer, archer de la garde, au nom de Renée Palmare, sa tante, veuve de Mathurin de L'Espinasse, pour la seigneurie de « Feysac et Savolet » (sénéchaussée de Limousin). Nantes, 19 août 1518.

19 août.

Expéd. orig. Arch. nat., P. 555², cote 651.

23551. Lettres ordonnant l'exécution de l'arrêt du Grand conseil, en date du 29 mars 1517, sur le différend entre l'évêque de Fréjus et les habitants de Fréjus et de Fayence, au sujet du droit de régale. Nantes, 7 septembre 1518.

7 septembre.

Copie du xvıᵉ siècle. Arch. des Bouches-du-Rhône, B. reg. 1233, fol. 17. 1 page 1/2.

23552. Provisions pour Emmanuel Béraudin de l'office de receveur des deniers provenant de l'enregistrement et du sceau au Parlement de Provence, et de registreur en la même cour, ledit office vacant par la mort d'Ottobone Spinola. Lesneven, 21 septembre 1518.

21 septembre.

Enreg. à la Chambre des Comptes d'Aix. Arch. des Bouches-du-Rhône, B. 26 (Magdal.), fol. 320. 1 page.

23553. Provisions pour Nicolas, marquis de Céva, d'un office de conseiller du roi au Parlement de Provence, vacant par le décès de Toussaint de Coriolis. Dol, 6 octobre 1518.

6 octobre.

Enreg. à la Chambre des Comptes d'Aix. Arch. des Bouches-du-Rhône, B. 26 (Magdal.), fol. 454 v°. 1 page.

23554. Provisions pour Pierre d'Arles, sʳ de Beaumont, de l'office de trésorier et receveur général des finances en Provence, vacant par

24 octobre.

le décès d'Ottobone Spinola. Beaugé, 24 octobre 1518.

Enreg. à la Chambre des Comptes d'Aix. Arch. des Bouches-du-Rhône, B. 26 (Magdal.), fol. 339 v°. 1 page 1/2.

1518.

23555. Lettres d'anoblissement en faveur d'Aubry Le Riche, seigneur de Manneville. Novembre 1518.

Enreg. à la Chambre des Comptes de Paris, anc. reg. 11, fol. 232. Bibl. de l'Arsenal à Paris, ms. 4903, p. 121. (Mention.)

Novembre.

23556. Mandement à Bénigne Serre, receveur général des finances de Bourgogne, de payer à Claude de Salins, s' de Vincelles, bailli de Charolais, la somme de 600 livres tournois dont le roi lui a fait don sur la recette des exploits et amendes du Parlement de Dijon. Paris, 19 décembre 1518.

Comptes de Bénigne Serre. Arch. de la Côte-d'Or, B. 1829, fol. 306. (Mention.)

19 décembre.

23557. Lettres de don à Jean Du Mex, s' d'Aubigny, l'un des cent gentilshommes de l'hôtel du roi, d'une somme de 600 livres tournois en récompense de ses services, sur la recette des exploits et amendes du Parlement de Dijon. Paris, 29 décembre 1518.

Comptes de Bénigne Serre, receveur général de Bourgogne. Arch. de la Côte-d'Or, B. 1829, fol. 310 v°. (Mention.)

29 décembre.

23558. Lettres d'anoblissement en faveur de Louis Burgensis. Décembre 1518.

Enreg. à la Chambre des Comptes de Paris, anc. reg. 11, fol. 197. Bibl. de l'Arsenal à Paris, ms. 4903, p. 121. (Mention.)

Décembre.

23559. Lettres de committimus en faveur de René de Batarnay, petit-fils de M. du Bouchage. 1518, 4° année du règne (4 avril-31 décembre).

Projet d'expédition. Bibl. nat., ms. fr. 4658, fol. 13.

1518.

1519. — Pâques, le 24 avril.

23560. Lettres mandant à Octavien Fregose, comte de
Sainte-Agathe, lieutenant du roi, gouverneur
des cités de Gênes et de Savone, que, suivant
la demande faite par Amerio Sacco, les habitants de Savone sont exempts du payement
de la contribution des galères de Gênes. Paris,
5 janvier 1518.

5 janvier.

Original. Arch. de Savone (Italie).

23561. Lettres de relief d'adresse pour la vérification
par les généraux des finances des lettres du
mois de mai 1518 (n° 23540) en faveur des
marchands écossais. Paris, 17 janvier 1518.

17 janvier.

*Vérif. par lesdits généraux, le 3 février 1519 n. s.
Enreg. en juillet 1553 à la Cour des Aides de
Normandie, Arch. de la Seine-Inférieure, Mémo-
riaux, 3° vol., fol. 334 v°. 1 page.*

23562. Déclaration de l'hommage de Jean de La Palu,
chevalier, pour la seigneurie de Brassac,
partie de celle du Bez[-de-Belfourte], et diverses rentes à Roquefère, Burlats, Roquecourbe (comté de Castres), Puy-Laurens,
Semalens, Saint-Germain[-des-Prés], Cam-
bon, Lescout, Soual, Labreguière et la Fraisse.
Paris, 19 janvier 1518.

19 janvier.

Expéd. orig. Arch. nat., P. 555², cote 640.

23563. Lettres de réception du serment de fidélité prêté
entre les mains du chancelier par Pierre de
Nillac, pour le prieuré de Saint-Pierre de
Vertheuil. Paris, 29 janvier 1518.

29 janvier.

Expéd. orig. Arch. nat., P. 555², cote 642.

23564. Déclaration confirmative du don fait à Louise
de Savoie de la terre et seigneurie d'Amboise et du revenu de la chambre à sel de
ladite ville. Janvier 1518.

Janvier.

Enreg. à la Chambre des Comptes de Paris, anc.

mém. 2 A, fol. 248. *Arch. nat.*, PP. 119, p. 35.
(*Mention.*)
> *Bibl. de Rouen,* ms. Leber 5870, t. XIV,
> fol. 48. (*Mention.*)

1519.

23565. Lettres d'anoblissement en faveur de Jean
Caron, grènetier du grenier à sel de Roye,
fils de feu Jean Caron et de Marguerite
Formé. Janvier 1518.
> *Enreg. à la Chambre des Comptes de Paris,*
> anc. reg. 11, fol. 202.
> *Bibl. de l'Arsenal à Paris,* ms. 4903, p. 121.
> (*Mention.*)

Janvier.

23566. Commission à la Cour des Aides de Normandie
pour contraindre les habitants de la généralité
de Normandie à s'approvisionner aux greniers
à sel. Paris, 8 février 1518.
> *Enreg. à ladite Cour, le 11 mars 1519 n. s. Arch.*
> *de la Seine-Inférieure, Expéd. de la Cour des Aides,*
> reg. de 1519, fol. 83 v°. 1 page 1/2.

8 février.

23567. Lettres de don à Thibaut de Gand, écuyer, de
la somme de 240 livres tournois pour les
soins qu'il donne à la vénerie du roi, sous
M. Du Bois, payable par Bénigne Serre,
receveur général de Bourgogne. Paris, 11 février 1518.
> *Comptes de Bénigne Serre. Arch. de la Côte-d'Or,*
> B. 1829, fol. 308 v°. (*Mention.*)

11 février.

23568. Lettres portant assignation en faveur de Lambert Meigret, commis au payement de l'extraordinaire des guerres, de la somme de
3,000 livres tournois prêtée au roi par
Georges de La Trémoïlle, et qui sera employée au fait de sa commission. Paris, 27 février 1518.
> *Comptes de Bénigne Serre, receveur général de*
> *Bourgogne. Arch. de la Côte-d'Or,* B. 1831,
> fol. 180 v°. (*Mention.*)

27 février.

23569. Déclaration de l'hommage de Guy Le Pelé pour
la seigneurie de Villemansy, sise à Saint-
Denis-sur-Loire. 27 février 1518.
> *Anc. arch. de la Chambre des Comptes de Blois,*
> lay. V. *Arch. nat.*, P. 1479, fol. 409 v°. (*Mention.*)

27 février.

23570. Lettres d'amortissement, en faveur de l'église des Innocents à Paris, d'une maison sise rue Saint-Honoré près la croix du Trahoir et d'une rente données à ladite église par les héritiers de feu Jean Legendre, trésorier des guerres, pour la fondation d'une messe quotidienne pour le repos de l'âme du défunt. Paris, février 1518.

1519.
Février.

Copie du xvie siècle. Arch. nat., S. 100.

23571. Provisions pour Antoine Silvi de l'office de greffier de la Chambre des Raisons d'Aix, vacant par la résignation faite en sa faveur par Honorat Silvi, son père. Paris, 1er mars 1518.

1er mars.

Enreg. à la Chambre des Comptes d'Aix. Arch. des Bouches-du-Rhône, B. 26 (Magdal.), fol. 436 v°. 1 page.

23572. Provisions pour François Sommaty de l'office de procureur général au Parlement de Provence, vacant par la résignation faite en sa faveur par Jacques de Lange. Paris, 3 mars 1518.

3 mars.

Enreg. à la Chambre des Comptes d'Aix. Arch. des Bouches-du-Rhône, B. 26 (Magdal.), fol. 403 v°. 1 page 1/2.

23573. Lettres de surannation pour l'enregistrement des lettres accordées, à la date de février 1518 n. s. (n° 23518), en faveur du bâtard de Savoie et d'Antoine Varey. Paris, 3 mars 1518.

3 mars.

Enreg. à la Chambre des Comptes d'Aix. Arch. des Bouches-du-Rhône, B. 26 (Magdal.), fol. 398 v°. 1 page.

23574. Lettres réintégrant Guillaume de Thouars[1] en la possession de la terre et seigneurie de Mortagne, près Tournai, donnée en décembre

4 mars.

---

[1] Famille de Thoart ou de Touwart, originaire de Tournai, qui se prétendait issue de la maison de Thouars de Poitou. (Communication de M. Bocquillet, d'Argenteuil.)

1478 à son ancêtre par le roi Louis XI.
4 mars 1518.

*Mentionnées dans une sentence du Grand conseil
de Malines, du 23 mars 1559. Arch. générales du
royaume de Belgique, à Bruxelles, Conseil de Malines, reg. 860, fol. 716 et suiv.*

1519.

23575. Provisions pour Antoine Cayssoti de l'office de
greffier au Parlement d'Aix, vacant par la
résignation faite en sa faveur par Étienne
Grault. Saint-Germain-en-Laye, 31 mars
1518.

31 mars.

*Enreg. à la Chambre des Comptes d'Aix. Arch.
des Bouches-du-Rhône, B. 28 (Pavis), fol. 31 v°.
1 page.*

23576. Lettres de surannation pour l'enregistrement
de la ratification faite par le roi, en juillet
1515, d'un accord relatif à la possession
du comté de Tende (n° 23346). Carrières,
2 avril 1518.

2 avril.

*Enreg. à la Chambre des Comptes d'Aix. Arch.
des Bouches-du-Rhône, B. 26 (Magdal.), fol. 387 v°.
1 page.*

23577. Déclaration portant que, pour faire foi de la
ratification donnée par le roi, en juillet 1515,
d'un accord relatif à la possession du comté
de Tende, cet accord, lesdites lettres de ratification et les lettres de surannation les concernant sont munis du contre-sceau de la
chancellerie royale, en cire verte sur lacs de
soie. Saint-Germain-en-Laye, 2 avril 1518.

2 avril.

*Enreg. à la Chambre des Comptes d'Aix. Arch.
des Bouches-du-Rhône, B. 26 (Magdal.), fol. 388.
1 page.*

23578. Lettres confirmant l'exemption, accordée par
Louis XI (13 juin 1467) aux habitants de
Rouen et aux personnes ayant résidé douze
ans dans cette ville, de tous droits de francs-
fiefs et nouveaux acquêts. Saint-Germain-en-
Laye, 3 avril 1518.

3 avril.

*Enreg. au Parl. de Rouen, le 14 avril 1519 n. s.
Copie collat. du xvi° siècle. Bibl. de l'Arsenal
à Paris, ms. 3895, fol. 68. 4 pages.*

IMPRIMERIE NATIONALE.

23579. Mandement au bailli de Mantes ou à son lieutenant à Meulan de recevoir, des maîtres
jurés et ouvriers des métiers de tanneur et
cordonnier de Meulan, les statuts que ceux-ci
ont rédigés, et dont ils demandent confirmation, de s'enquérir des inconvénients que ces
statuts pourraient présenter et de les envoyer
au roi. Carrières, 11 avril 1518.

*Copie du xvi⁰ siècle. Bibl. nat., coll. du Vexin,
vol. 60, fol. 47 et 48; vol. 16, fol. 207 v°.*

1519.
11 avril.

23580. Déclaration portant que la seigneurie d'Alleins
en Provence, donnée à Nicolas Raynaud par
Charles VIII, en récompense des services
qu'il avait rendus en Italie, n'est pas comprise dans la révocation générale ordonnée
par le roi des aliénations de son domaine.
Saint-Germain-en-Laye, 15 avril 1518.

*Enreg. à la Chambre des Comptes d'Aix. Arch.
des Bouches-du-Rhône, B. 26 (Magdal.), fol. 408.
1 page 1/2.*

15 avril.

23581. Lettres de don à Marc de Chantemerle, bâtard
de la Clayette, de la somme de 1,366 livres
tournois sur le revenu du domaine de la seigneurie de Cuisery, pour l'année 1519. Saint-
Germain-en-Laye, 18 avril 1518.

*Comptes de Bénigne Serre, receveur général des
finances de Bourgogne. Arch. de la Côte-d'Or,
B. 1829, fol. 306 v°. (Mention.)*

18 avril.

23582. Lettres de don à Marc de Chantemerle, bâtard
de la Clayette de la somme de 200 livres
tournois sur la recette du bois Sainte-Marie,
de l'année 1518, payable par le receveur du
Mâconnais. Saint-Germain-en-Laye, 18 avril
1518.

*Comptes de Bénigne Serre. Arch. de la Côte-d'Or,
B. 1829, fol. 307 v°. (Mention.)*

18 avril.

23583. Lettres en faveur de Jean Olivier, greffier d'un
des quatre tabliers de la Chambre des Raisons d'Aix, pour lui assurer la jouissance pai-
sible de son office, malgré les revendications

18 avril.

de deux notaires d'Aix, Antoine Baudon et
Antoine Laugier. Carrières, 18 avril 1518.

*Enreg. à la Chambre des Comptes d'Aix. Arch.
des Bouches-du-Rhône, B. 26 (Magdal.), fol. 434.
1 page.*

1519.

23584. Déclaration portant que le don fait à Antoine du Marbrier, au mois d'août 1517 (n° 23488), comprend tous les biens confisqués sur son père, dont il n'a pas été autrement disposé. Saint-Germain-en-Laye, 19 avril 1518.

19 avril.

*Vérif. à la Cour des Aides de Normandie, le
20 mai 1519. Arch. de la Seine-Inférieure; Expéd.
de la Cour des Aides, reg. de 1519, fol. 222 v°.
(Mention.)*

23585. Commission aux officiers de Provence pour l'aliénation du domaine du roi, jusqu'à concurrence de la somme de 6,000 livres tournois. Saint-Germain-en-Laye, 1er mai 1519.

1er mai.

*Enreg. à la Chambre des Comptes d'Aix. Arch.
des Bouches-du-Rhône, B. 26 (Magdal.), fol. 369.
2 pages 1/2.
Ibid., fol. 494 v°. 2 pages.*

23586. Commission aux sieurs d'Heilly, de La Fayette, capitaine de Boulogne et de Noyelles, à Jean de La Forge, l'aîné, à Antoine de Saint-Delis, à Guillaume de La Mare, notaire et secrétaire du roi, lieutenant général en la sénéchaussée de Ponthieu, et à Jean de La Forge, le jeune, receveur général des finances en Picardie, pour procéder à l'aliénation d'une partie des domaines du roi en Picardie. Saint-Germain-en-Laye, 1er mai 1519.

1er mai.

*Bibl. nat., coll. de Picardie, vol. 112 bis, fol. 2[1],
fol. 125 v°, fol. 140. (Mentions.)*

23587. Mandement à Jean Brinon, premier président au Parlement de Rouen, à Robert de Bapaume et à Jacques Bordel, présidents, et à plusieurs autres officiers de la même cour, de procéder

1er mai.

---

[1] Cette mention porte, par erreur, la date du 1er avril; mais les autres indiquent la vraie date, qui est celle du 1er mai.

à l'aliénation du domaine du roi, dans les
bailliages de Rouen et de Caux, jusqu'à concurrence de 19,000 livres tournois. Saint-
Germain-en-Laye, 1er mai 1519.

1519.

> *Vidimus du greffier de la vicomté de Rouen. Bibl.*
> *nat., ms. fr. 23951, n° 2.*

23588. Mandement au receveur général de Bourgogne
de bailler, sur les deniers de sa recette, à
Claude Duchamp, receveur et payeur du Parlement de Dijon, en remplacement de Jean
Journée, décédé, la somme de 4,143 livres
tournois pour employer aux payements des
gages des officiers et aux après-dîners de ladite
cour, de l'année 1519. Saint-Germain-en-
Laye, 3 mai 1519.

3 mai.

> *Comptes de Bénigne Serre, receveur général de*
> *Bourgogne. Arch. de la Côte-d'Or, B. 1829,*
> *fol. 215 v°. (Mention.)*

23589. Lettres de réception du serment de fidélité
prêté entre les mains du chancelier de France
par Hector de Rochefort, protonotaire du
Saint-Siège, au nom d'Antoine, son frère,
également protonotaire, pour le prieuré de
Saint-Léger de Breuilles [1], mouvant du château de Saint-Jean-d'Angély. Carrières,
17 mai 1519.

17 mai.

> *Expéd. orig. Arch. nat., P. 555², cote 661.*

23590. Lettres exceptant la seigneurie de la Brillanne
en Provence, possédée par Jean Jouie, de la
réunion générale du domaine du roi. Saint-
Germain-en-Laye, 18 mai 1519.

18 mai.

> *Enreg. à la Chambre des Comptes d'Aix. Arch.*
> *des Bouches-du-Rhône, B. 26 (Magdal.), fol. 425.*
> *2 pages.*

23591. Provisions pour Pierre de Serouville de l'office
de prévôt des maréchaux en Picardie. Saint-
Germain-en-Laye, 20 juillet 1519.

20 juillet.

> *Bibl. nat., coll. de Picardie, vol. 112 bis, fol. 3*
> *et 157. (Mentions.)*

[1] Commune de Bernay, Charente-Inférieure.

23592. Lettres d'anoblissement en faveur de Raoul Le Boucher, porte-étendard des archers de la garde commandés par M. de Crussol. Juillet 1519.

> *Enreg. à la Chambre des Comptes de Paris,* anc. reg. 11, fol. 284. *Bibl. de l'Arsenal à Paris,* ms. 4903, p. 122. (*Mention.*)

1519.
Juillet.

23593. Déclaration de l'hommage de Jean de Pujols, dit « de Saint-Chamant », sénéchal des Lannes, pour la seigneurie de Pujols, la châtellenie de Monbahus, la vicomté de Bezombes, la châtellenie de Dolmayrac, le lieu de Cassenéuil et les châtellenies d'Hauterive et de Cancon (sénéchaussée d'Agenais). Paris, 3 août 1519.

> *Expéd. orig. Arch. nat., P.* 555², cote 662.

3 août.

23594. Déclaration de l'hommage de Jean Du Puy, écuyer, pour les seigneuries de Pommiers [1] et de Cumond (sénéchaussée de Saintonge, châtellenie de Parcoul). Paris, 10 août 1519.

> *Expéd. orig. Arch. nat.,* P. 555², cote 663.

10 août.

23595. Déclaration de l'hommage de Jacques Trappe pour « un lieu appellé la Maison de Plain de Baynes » (comté de Blois). 3 septembre 1519.

> *Anc. arch. de la Chambre des Comptes de Blois,* lay. B. Arch. nat., P. 1479, fol. 28. (*Mention.*)

3 septembre.

23596. Mandement à la Cour des Aides de Rouen de s'enquérir si la paroisse de Saint-Léger-du-Bourg-Denis fait partie de la banlieue de Rouen, et si ses habitants sont de ce fait exemptés de la taille, auquel cas ladite cour leur délivrerait des lettres d'exemption. 21 septembre 1519.

> *Bibl. nat.,* ms. lat. 10057, fol. 294. (*Mention.*)

21 septembre.

23597. Lettres portant exemption, en faveur des habitants de l'île de Ré, des aides et subsides

Septembre.

[1] Paroisse de Parcoul (P. 555², cote 664).

levés pour la guerre et autres, et particulière-　　1519.
ment du quart du sel, données à la requête
de Louis de La Trémoïlle, seigneur de ladite
île. Blois, septembre 1519.

Copie du XVII° siècle. Arch. nat., S 6757²,*
fol. 9.

23598. Déclaration de l'hommage de Louis Bouche-　　2 octobre.
tault pour la septième partie et le cin-
quième d'une seizième partie par indivis du
lieu de Cernéant [1] sis à Tremblevif (auj.
Saint-Viâtre). 2 octobre 1519.

Anc. arch. de la Chambre des Comptes de Blois,
lay. S. Arch. nat., P. 1479, fol. 376. (Mention.)

23599. Lettres portant établissement au Petit-Andely　　3 octobre.
d'une chambre à sel dépendant du grenier de
Vernon. Blois, 3 octobre 1519.

Enreg. à la Cour des Aides de Normandie, le
17 janvier 1520 n. s. Arch. de la Seine-Inférieure,
Expéd. de la Cour des Aides, reg. de 1520, fol. 21.
5 pages.

23600. Lettres portant établissement à Bayeux d'une　　3 octobre.
chambre à sel dépendant du grenier de Caen.
Blois, 3 octobre 1519.

Enreg. à la Cour des Aides de Normandie, le
17 janvier 1520 n. s. Arch. de la Seine-Inférieure,
Expéd. de la Cour des Aides, reg. de 1520,
fol. 23 v°. 5 pages 1/2.

23601. Lettres portant établissement à Gournay d'une　　3 octobre.
chambre à sel dépendant du grenier de Gi-
sors. Blois, 3 octobre 1519.

Enreg. à la Cour des Aides de Normandie, le
17 janvier 1520 n. s. Arch. de la Seine-Inférieure,
Expéd. de la Cour des Aides, reg. de 1520,
fol. 26 v°. 5 pages.

23602. Lettres de don à Louis de Guineul, capitaine　　3 octobre.
du château de Dijon, à Huguet Dupuis, capi-
taine du château de Beaune, à Robert de Mail-
loc, capitaine de Talant, à Antoine Godefrey,

---

[1] Cernéant (le grand et le petit) à environ 1,800 mètres N.-O. de
Tremblevif.

capitaine de la ville d'Auxonne, et à Pierre de
Chazerat, capitaine du château d'Auxonne,
de différentes sommes s'élevant ensemble à
890 livres tournois, en dédommagement de
ce que leur pension ne leur a pas été payée
durant l'année courante. Blois, 3 octobre
1519.

*Comptes de Bénigne Serre, receveur général de
Bourgogne. Arch. de la Côte-d'Or, B, 1831, fol. 261.
(Mention.)*

1519.

23603. Mandement au receveur général de Bourgogne
de délivrer à Lambert Meigret, commis au
payement de l'extraordinaire des guerres, sur
les deniers provenant des ventes et engagements du domaine en Bourgogne, la somme
de 6,000 livres tournois, pour employer au
fait de sa commission. Blois, 3 octobre 1519.

Autre de même date, ordonnant le verse-
ment de 1,000 livres audit Meigret.

*Comptes de Bénigne Serre, receveur général de
Bourgogne. Arch. de la Côte-d'Or, B. 1829,
fol. 223. (Mention.)*

3 octobre.

23604. Lettres de surannation pour l'enregistrement
des provisions accordées, le 6 octobre 1518
(n° 23553), à Nicolas, marquis de Ceva,
d'un office de conseiller au Parlement de
Provence. Amboise, 21 octobre 1519.

*Enreg. à la Chambre des Comptes d'Aix. Arch.
des Bouches-du-Rhône, B. 26 (Magdal.), fol. 455.
1/2 page.*

21 octobre.

23605. Lettres portant assignation à Jean de Surye
(aliàs Suire), premier huissier du Parlement
de Paris, d'une rente de 60 livres sur la recette des amendes. 27 octobre 1519.

*Vérif. à la Chambre des Comptes de Paris, anc.
mém. 2 A, fol. 409. Arch. nat., PP. 119, p. 58.
(Mention.)
Bibl. de Rouen, ms. Leber 5870, t. XIV,
fol. 48 v°. (Mention.)*

27 octobre.

23606. Lettres de terrier octroyées à Jean, duc d'Albany, pour sa baronnie de la Tour et autres

29 octobre.

seigneuries sises en Auvergne. Amboise, 29 octobre 1519.

Transcriptions du temps. Arch. nat., Q¹ 934³, fol. 1; Q¹ 934⁵, fol. 1.

1519.

23607. Lettres de réception du serment de fidélité de Charles de Villiers pour le temporel de l'évêché de Limoges. Blois, 29 novembre 1519.

Expéd. orig. Arch. nat., P. 555², cote 666.

29 novembre.

23608. Lettres portant établissement de quatre foires annuelles et d'un marché hebdomadaire à Bury (comté de Blois), en faveur de Florimond Robertet, seigneur dudit lieu. Blois, novembre 1519.

Original jadis scellé. Arch. nat., F¹² 1231, v° Bury.

Novembre.

23609. Lettres de surannation pour l'enregistrement des lettres du 10 juillet 1518 (n° 857), réglant la juridiction du sénéchal de Provence. Blois; 1ᵉʳ décembre 1519.

Enreg. à la Chambre des Comptes d'Aix. Arch. des Bouches-du-Rhône, B. 27 (*Tartur*), fol. 17. 1/2 page.

1ᵉʳ décembre.

23610. Mandement à la Chambre des Comptes de Paris d'allouer aux comptes de Guillaume Cottereau, receveur général du bas pays de Limousin, la somme de 60 livres tournois, payée à Bertrand de Donnereaux, archer de la garde, nonobstant son absence, sur la décharge expédiée à cette occasion, le 2 juin 1513, par Jacques de Beaune, seigneur de Semblançay, à l'adresse de Jean Brachet, alors receveur général de ladite charge. Blois, 3 décembre 1519.

Original. Bibl. de Rouen, coll. Blosseville, n° 815.

3 décembre.

23611. Lettres de surannation pour l'enregistrement des lettres accordées à René, bâtard de Savoie, au mois de mars 1515 n. s. (n° 23290), portant renonciation du roi à son droit de retour sur les seigneuries de Marignane et de

3 décembre.

Gignac, en Provence. Blois, 3 décembre 1519.

> *Enreg. à la Chambre des Comptes d'Aix. Arch. des Bouches-du-Rhône,* B. 26 (*Magdal.*), fol. 439.
> 1 page.

23612. Déclaration de l'hommage de Catherine Gendre pour une métairie appelée la Fauconnerie ou Malme, sise à Saint-Dyé-sur-Loire (comté de Blois). 7 décembre 1519.

7 décembre.

> *Anc. arch. de la Chambre des Comptes de Blois,* lay. M. *Arch. nat.,* P. 1479, fol. 243 v°. (*Mention.*)

23613. Lettres d'anoblissement en faveur de Robert Gosselin et de Jean Gosselin, son neveu, valets de chambre ordinaires du roi. Blois, décembre 1519.

Décembre.

> *Enreg. à la Chambre des Comptes de Paris, moyennant 20 écus d'or, le 4 octobre 1520* (anc. reg. 11, fol. 265).
> *Enreg. à la Cour des Aides de Normandie, le 27 juin 1522. Arch. de la Seine-Inférieure, Mémoriaux,* t. I, fol. 43. 6 pages.
> *Bibl. de l'Arsenal à Paris,* ms. 4903, p. 121. (*Mention.*)

1520. — Pâques, le 8 avril.

1520.

23614. Mandement à la Cour des Aides de Rouen d'examiner si les paroisses de Carville et Longpaon[1] font partie de la banlieue de Rouen et sont de ce fait exemptées de tailles, et dans ce cas de délivrer aux habitants de ces paroisses des lettres leur garantissant ce privilège. Lusignan, 11 janvier 1519.

11 janvier.

> *Bibl. nat.,* ms. lat. 10057, fol. 293. (*Mention.*)

23615. Déclaration de l'hommage de Claude de Coué, écuyer, pour la seigneurie de Chamouillac et autres fiefs sis à Rouffignac, Courpignac,

31 janvier.

[1] Longpaon ou Saint-Ouen-de-Longpaon, anc. paroisse, aujourd'hui annexée à la commune de Darnetal.

IMPRIMERIE NATIONALE.

Villexavier, Marcillac et Bran en Saintonge. 1520.
Saint-Jean-d'Angély, 31 janvier 1519.

Expéd. orig. Arch. nat., P. 555², cote 652.

23616. Don à Jacqueline d'Astarac des droits de ra-   3 février.
chat dus à cause de la mort de son mari,
Antoine de Mailly, pour la succession de
celui-ci. La Rochelle, 3 février 1519.

> *Original. Chartrier du château de la Roche-*
> *Mailly (Sarthe).*
> *Imp. L'abbé A. Ledru, Histoire de la maison de*
> *Mailly. Paris, gr. in-8°, 1893, t. II, p. 267.*

23617. Déclaration de l'hommage de Jean de Fourest,   9 février.
licencié ès droits, échevin de la Rochelle,
pour une rente de 30 livres sur la recette
ordinaire de la Rochelle, perçue par lui en
qualité de gouverneur et aumônier de l'Hôtel-
Dieu Saint-Barthélemy de ladite ville. Saint-
Jean-d'Angély, 9 février 1519.

> *Expéd. orig. Arch. nat., P. 555², cote 653.*

23618. Lettres de réception du serment de fidélité de   10 février.
[Denis Briçonnet], conseiller du roi, évêque
de Saint-Malo et de Lodève, pour le temporel dudit évêché de Lodève. Saint-Jean-
d'Angély, 10 février 1519.

> *Expéd. orig. Arch. nat., P. 555², cote 654.*

23619. Provisions de l'office de greffier de la Cour   11 février.
des Aides de Normandie en faveur de Pierre
de La Perreuse, sur la résignation faite à
son profit par Pierre Le Roy, seigneur de
Bacqueville. Saint-Jean-d'Angély, 11 février
1519.

> *Vérif. le 14, par les généraux des finances.*
> *Enreg. à ladite Cour, le 27 février 1520 n. s.*
> *Arch. de la Seine-Inférieure, Expéd. de la Cour des*
> *Aides, reg. de 1520, fol. 98 v°. 2 pages.*

23620. Déclaration d'aptitude de Pierre de La Perreuse   12 février.
à l'office de greffier de la Cour des Aides de
Normandie, nonobstant qu'il n'appartienne

pas au collège des notaires et secrétaires du roi. Saint-Jean-d'Angély, 12 février [1] 1519. 1520.

Enreg. le 27 à ladite Cour. Arch. de la Seine-Inférieure, Expéd. de la Cour des Aides, reg. de 1520, fol. 100. 2 pages.

23621. Déclaration de l'hommage de Joachim du Mestayer, seigneur de Vilennes, au nom de Louise de Boursines, sa femme, pour cinq maisons franches sises à Saintes. Saint-Jean-d'Angély, 15 février 1519. 15 février.

Expéd. orig. Arch. nat., P. 555², cote 655.

23622. Lettres autorisant les habitants de la ville de Vienne à continuer à prélever un vingtième de la valeur du vin et un treizième de celle du pain vendu dans la ville, les sommes recueillies devant être employées aux réparations et fortifications. 19 février 1519. 19 février.

Bibl. nat., ms. lat. 10963. (Mention.)

23623. Déclaration de l'hommage lige de Jacques de Pons, écuyer, pour la baronnie de Mirambeau, mouvant du pont de Saintes. Cognac, 24 février 1519. 24 février.

Expéd. orig. Arch. nat., P. 556¹, cote 724.

23624. Déclaration de l'hommage de Henri Moyne, licencié ès droits, pour une pièce de bois « vulgairement appellée Fontantize [2] », avec moyenne et basse justice (châtellenie de Saintes). Cognac, 27 février 1519. 27 février.

Expéd. orig. Arch. nat., P. 556¹, cote 682.

23625. Don à Nicolas de Neufville, seigneur de Villeroy, de la maison ayant pour enseigne *le Coq*, sise à Paris, rue d'Autriche, derrière l'hôtel de Bourbon. Cognac, février 1519. Février.

Enreg. à la Chambre des Comptes de Paris, anc. mém. 2 D, fol. 354 v°. Arch. nat., PP. 119, p. 55. (Mention.)
Copie du xvii⁰ siècle, par Menant. Bibl. de Rouen, ms. Leber 5870, t. XIV, fol. 58. 1 page 1/2.

[1] La copie porte par erreur « may ».
[2] Ce lieu paraît avoir été voisin d'Écoyeux (P. 556¹, cote 684).

11.

23626. Déclaration de l'hommage d'Antoine des Montils pour divers fiefs sis à Saint-Sornin et mouvant du château de Saintes. Cognac, 1ᵉʳ mars 1519.

    Original. Arch. nat., P. 555², cote 657.

1520.
1ᵉʳ mars.

23627. Déclaration de l'hommage de Roland Filleul, fils et héritier de feu Marie Giraud, pour le fief de « Pynormant », mouvant du château de Saintes. Cognac, 6 mars 1519.

    Expéd. orig. Arch. nat., P. 555², cote 659.

6 mars.

23628. Provisions d'un office d'huissier à la Cour des Aides de Normandie en faveur de Jacques Desloges, au lieu de Jean Gremont, décédé. Jarnac, 11 mars 1519.

    Enreg. à ladite Cour, le 26 avril 1520. Arch. de la Seine-Inférieure, Expéd. de la Cour des Aides, reg. de 1520, fol. 190 v°. 1 page 1/2.

11 mars.

23629. Lettres de don à Hugues Fournier, premier président au Parlement de Dijon, à Nicolas Bouesseau, président en la Chambre des Comptes dudit lieu, à Bénigne Bouesseau, maître en ladite chambre, à Nicolas Noblet, auditeur en la même chambre, et à Bénigne Serre, receveur général de Bourgogne, de la somme de 126 livres tournois en récompense de ce qu'ils ont fait pour engager et vendre sous faculté de rachat certains domaines du roi, jusqu'à concurrence de la somme de 6,000 livres tournois. Angoulême, 16 mars 1519.

    Comptes de Bénigne Serre, receveur général de Bourgogne. Arch. de la Côte-d'Or, B. 1831, fol. 268 v°. (Mention.)

16 mars.

23630. Lettres portant réglement pour les bouchers de Cognac. Cognac, mars 1519.

    Copie moderne. Bibl. de la ville de Cognac (Charente), ms. 32, p. 409.

Mars.

23631. Provisions de l'office d'avocat du roi près l'élection de Lisieux en faveur de Toussaint Drieu,

17 avril.

au lieu d'Henri Leliquierre, décédé. Blois, 17 avril 1520.

Enreg. à la Cour des Aides de Normandie, le 24 juillet 1520. Arch. de la Seine-Inférieure, Expéd. de la Cour des Aides, reg. de 1520, fol. 318 v°. 1 page 1/2.

1520.

23632. Lettres portant don à Louis Forbin, chevalier, seigneur de Soliers, et à son fils, et au survivant des deux, des droits de péage et autres perçus à Toulon, jusqu'à concurrence de la somme de 35 écus soleil. Blois, avril 1520.

Enreg. à la Chambre des Comptes d'Aix. Arch. des Bouches-du-Rhône, B. 27 (Turtur), fol. 74 v°. 1 page 1/2.

Avril.

23633. Lettres de légitimation pour Louis Rostaing, habitant de Marseille, fils de Raphaël Rostaing, noble. Blois, avril 1520.

Enreg. à la Chambre des Comptes d'Aix. Arch. des Bouches-du-Rhône, B. 27 (Turtur), fol. 60 v°. 1 page.

Avril.

23634. Provisions d'un office d'huissier à la Cour des Aides de Normandie en faveur de Nicolas Le Page, sur la résignation faite à son profit par Jacques Desloges. Nantouillet, 2 mai 1520.

Enreg. à ladite Cour, le 10. Arch. de la Seine-Inférieure, Expéd. de la Cour des Aides, reg. de 1520, fol. 211 v°. 1 page 1/2.

2 mai.

23635. Lettres ratifiant la donation faite par Jeanne de Hochberg, fille de Philippe de Hochberg, maréchal de Bourgogne, duchesse douairière de Longueville, de tous ses biens en faveur de Louis, François et Charlotte d'Orléans, ses enfants. Paris, 6 mai 1520.

Bibl. nat., coll. de Bourgogne, vol. 100, p. 404. (Mention.)
Bibl. de Troyes, n° 333, t. II, p. 996 et 1002. (Mentions.)

6 mai.

23636. Lettres portant renonciation du roi, en faveur de François Jarante, président en la chambre rigoureuse du Parlement d'Aix, aux droits de

7 mai.

lods et vente qui, pourraient lui être dus à cause de la seigneurie de Bras en Provence. Paris, 7 mai 1520.

1520.

> *Enreg. à la Chambre des Comptes d'Aix. Arch. des Bouches-du-Rhône, B. 27 (Turtur), fol. 66.* 1 page.

23637. Confirmation des lettres du 4 mars 1519 n. s. (n° 23574) en faveur de Guillaume de Thouars. 8 mai 1520.

8 mai.

> *Mentionnée dans une sentence du Grand conseil de Malines, du 23 mars 1559. Arch. générales du royaume de Belgique, à Bruxelles, Conseil de Malines, reg. 860, fol. 716 et suiv.*

23638. Provisions pour François Silvi de l'office de la moitié du greffe et tablier de la Chambre rigoureuse d'Aix en Provence, vacant par le décès d'Antoine Silvi. Paris, 9 mai 1520.

9 mai.

> *Enreg. à la Chambre des Comptes d'Aix. Arch. des Bouches-du-Rhône, B. 27 (Turtur), fol. 121 v°.* 1/2 page.

23639. Provisions d'un office d'élu en l'élection d'Évreux en faveur de Jean Boullent, au lieu de Jacques Postis, décédé. Montreuil, 21 mai 1520.

21 mai.

> *Enreg. à la Cour des Aides de Normandie, le 23 juillet 1520. Arch. de la Seine-Inférieure, Expéd. de la Cour des Aides, reg. de 1520, fol. 316.* 1 page 1/2.

23640. Provisions pour Milan Rieu d'un office du greffe et tablier de la Chambre rigoureuse d'Aix, vacant par la mort de Martial de La Coste. Faremoutiers, 22 mai 1520.

22 mai.

> *Enreg. à la Chambre des Comptes d'Aix. Arch. des Bouches-du-Rhône, B. 27 (Turtur), fol. 129.* 1/2 page.

23641. Lettres donnant à bail à Monet Andrieu et Jean Huc, habitants de Marseille, la ferme de la « table de la mer » de ladite ville pour huit années, moyennant 1,025 livres tournois par an. Montreuil, 28 mai 1520.

28 mai.

> *Enreg. à la Chambre des Comptes d'Aix. Arch. des Bouches-du-Rhône, B. 27 (Turtur), fol. 22.* 1 page 1/2.

23642. Déclaration de l'hommage de François de La
Rochefoucauld pour la seigneurie d'Onzain
(comté de Blois). 15 juin 1520.

> *Anc. arch. de la Chambre des Comptes de Blois,*
> lay. O. *Arch. nat.*, P. 1479, fol. 263 v°. (*Mention.*)

1520.
15 juin.

23643. Lettres de don à Girard de Vienne, seigneur de
Ruffey, de la somme de 2,400 livres tournois,
à prendre sur les deniers restant dus par les
enfants et héritiers de feu Jean Mougin, tant
du fait et administration de la saunerie de
Salins que du communal des bois de l'ordinaire de ladite saunerie, tenue par ledit Jean
Mougin à l'époque où le feu roi Charles VIII
a joui du comté de Bourgogne et de ladite
saunerie. Saint-Germain-en-Laye, 11 juillet
1520.

> *Comptes de Bénigne Serre, receveur général de
> Bourgogne. Arch. de la Côte-d'Or,* B. 1831,
> fol. 264. (*Mention.*)

11 juillet.

23644. Provisions de l'office d'avocat fiscal à la Cour
des Aides de Normandie en faveur de Jean
Quesnel, sur la résignation faite à son profit
par Jean Maignart. Saint-Germain-en-Laye,
21 juillet 1520.

> *Enreg. le 30 à ladite Cour. Arch. de la Seine-
> Inférieure, Expéd. de la Cour des Aides, reg. de*
> 1520, fol. 329. 1 page 1/2.

21 juillet.

23645. Déclaration de l'hommage de Louis de Thémines, écuyer, pour un tiers du lieu et château de Thémines et autres seigneuries sises
dans les sénéchaussées de Quercy, de Toulouse et de Périgord. Carrières, 7 août 1520.

> *Expéd. orig. Arch. nat.,* P. 555², cote 667.

7 août.

23646. Provisions pour Guillaume Rascacii, licencié
en droit, de l'office de conseiller et juge
des premières appellations et nullités de Provence, vacant par le décès d'Hugolin de
Ruspo. Saint-Germain-en-Laye, 20 août
1520.

> *Enreg. à la Chambre des Comptes d'Aix. Arch.
> des Bouches-du-Rhône,* B. 27 (*Turtur*), fol. 149 v°.
> 1 page 1/2.

20 août.

23647. Mandement à la Chambre des Comptes de supprimer les restrictions apportées à l'enregistrement des lettres de privilèges octroyées à la ville de Cherbourg, en juillet 1519 (n° 1069). Saint-Germain-en-Laye, 28 août 1520.

1520.
28 août.

Original et copies des XVIe et XVIIe siècles. Arch. de la ville de Cherbourg, AA. 11 et AA. 15.

23648. Commission au bailli de Rouen pour faire donner dans les trois mois, par les gens d'église et de mainmorte de son ressort, déclaration de leurs biens. Saint-Germain-en-Laye, 6 septembre 1520.

6 septembre.

Copie collat. du 15 février 1521 n. s., par Richard Lair, secrétaire royal à Rouen. Arch. commun. de Rouen, tiroir 5, n° 4. 13 pages.

23649. Provisions pour Georges Durand, du gré de Bertrand Durand, son père, de l'office, actuellement exercé par celui-ci, de premier conseiller au Parlement de Provence, pour être tenu en l'absence et à la survivance l'un de l'autre. Saint-Germain-en-Laye, 6 septembre 1520.

6 septembre.

Enreg. à la Chambre des Comptes d'Aix. Arch. des Bouches-du-Rhône, B. 27 (Turtur), fol. 282. 1 page 1/2.

23650. Lettres d'acquiescement adressées à [Jacques Le Roux], bailli de la Ferté-Alais, en faveur de Tristan, écuyer, fils aîné de feu Jean de Châtillon, seigneur de la Grève et d'Argenton, à l'encontre des religieuses de Villiers-le-Châtel. Paris, 18 septembre 1520.

18 septembre.

Copie du temps, signée Chevrier. Arch. de Seine-et-Oise, série H, fonds de la Joie-Villiers, liasse 164, n° 2.

23651. Commission aux bailli de Senlis et prévôt de Pontoise pour donner satisfaction, après information, à la requête des Frères mineurs dudit Pontoise, tendant à obtenir le déplace-

19 septembre.

ment de l'étape au vin qui se tenait devant
leur maison. Paris, 19 septembre 1520.

*Original. Arch. de Seine-et-Oise, série H, fonds
des Cordeliers de Pontoise.*

1520.

23652. Lettres portant don à Adrien Tiercelin, seigneur de Marines, de la haute justice et du
tabellionage de Marines. 28 septembre 1520.

*Mentionnées dans un délibéré de la Chambre des
Comptes de Paris, du 9 septembre 1521, Arch. nat.,
P. 2867, fol. 15.*

23 septembre.

23653. Provisions pour Barthélemy Guillot, orfèvre,
demeurant à Aix, de l'office de garde de la
Monnaie dudit lieu, vacant par la résignation
faite en sa faveur par Jean Guiran... Septembre 1520.

*Enreg. à la Chambre des Comptes d'Aix. Arch.
des Bouches-du-Rhône, B. 27 (Turtur), fol. 118 v°.
1 page.*

Septembre.

23654. Provisions pour René, bâtard de Savoie, comte
de Tende, et pour Claude de Savoie, son
fils, à la survivance l'un de l'autre, de l'office
de grand sénéchal, lieutenant, gouverneur et
amiral de Provence, possédé déjà par le premier seul. Paris, 1er octobre 1520.

*Enreg. à la Chambre des Comptes d'Aix. Arch.
des Bouches-du-Rhône, B. 27 (Turtur), fol. 67 v°.
1 page 1/2.*

1er octobre.

23655. Lettres déterminant la procédure qui devra
être employée lors du prochain renouvellement du corps municipal d'Amiens « ou loi
d'Amiens ». Milly-en-Gâtinais, 23 octobre
1520.

*Copie du XVIIIe siècle. Bibl. nat., coll. de Pi-
cardie, vol. 100, p. 161.*

23 octobre.

23656. Lettres d'anoblissement en faveur de Jean
Queuret, seigneur de la Roque. Octobre
1520.

*Enreg. à la Chambre des Comptes de Paris,
anc. reg. 11, fol. 293.
Bibl. de l'Arsenal à Paris, ms. 4903, p. 122.
(Mention.)*

Octobre.

IMPRIMERIE NATIONALE.

23657. Déclaration de l'hommage de Méry Potin pour la moitié du quartier de Blois, le lieu de la Borde, sis à Saint-Denis-sur-Loire, et la dîme des Tresseaux, sise à Averdon (comté de Blois). 17 décembre 1520.

1520.
17 décembre.

Anc. arch. de la Chambre des Comptes de Blois, lay. Q. Arch. nat., P. 1479, fol. 329 v°. (Mention.)

23658. Mandement à Bénigne Serre, receveur général de Bourgogne, de payer aux s^rs de Ruffey et d'Auvillers, chevaliers en la cour du Parlement de Bourgogne, pour leurs gages et entretien de l'année 1520, la somme de 600 livres tournois à prendre sur les amendes de ladite cour, les charges ordinaires et autres une fois payées, savoir au s^r de Ruffey 500 livres, et au s^r d'Auvillers 100 livres. Blois, 21 décembre 1520.

21 décembre.

Comptes de Bénigne Serre, receveur général de Bourgogne. Arch. de la Côte-d'Or, B. 1831, fol. 264 v°. (Mention.)

1521. — Pâques, le 31 mars.

23659. Commission de procureur pensionnaire du comté d'Artois en faveur de Pierre Le Riche. 21 janvier 1520.

1521.
21 janvier.

Bibl. nat., coll. de Picardie, vol. 112 bis, fol. 153. (Mention.)

23660. Déclaration portant que Baptime de Larca, veuve d'Ottobone Spinola, devra jouir des revenus, péages et coutumes du lieu de Castellane en Provence, donnés à elle et à son feu mari, à la survivance l'un de l'autre, par lettres du 28 janvier 1518 n. s. (n° 23512). Romorantin, 8 février 1520.

8 février.

Enreg. à la Chambre des Comptes d'Aix. Arch. des Bouches-du-Rhône, B. 27 (Turtur), fol. 133 v°. 2 pages 1/2.

23661. Lettres promettant au duc de Lunebourg une pension annuelle de 8,000 livres, tant qu'il

19 février.

restera en France au service du roi. Romorantin, 19 février 1520.

Mentionnées dans un mandement du 4 mai 1527.
Bibl. nat., ms. fr. 5502, fol. 69 v°.

1521.

23662. Déclaration de l'hommage de Robert Le Loup pour la seigneurie de Mennetou-sur-Cher (comté de Blois). 2 mars 1520.

Anc. arch. de la Chambre des Comptes de Blois, lay. M. Arch. nat., P. 1479, fol. 242. (Mention.)

2 mars.

23663. Provisions pour Yvon Rouvray, écuyer, sʳ de la Lande, de l'office de prévôt des maréchaux au gouvernement et prévôté de Paris et dans la partie de la Picardie située en deçà de la Somme, ledit office vacant par la mort de Bergeret Lelong. Troyes, 23 avril 1521.

Bibl. nat., coll. de Picardie, vol. 112 bis, fol. 153 v°. (Mention.)

23 avril.

23664. Mandement à Bénigne Serre, receveur général de Bourgogne, de délivrer à Lambert Meigret, commis au payement de l'extraordinaire des guerres, la somme de 7,889 livres tournois pour employer au fait de sa commission. Troyes, 27 avril 1521.

Comptes de Bénigne Serre. Arch. de la Côte-d'Or, B. 1829, fol. 224. (Mention.)

27 avril.

23665. Mandement à Bénigne Serre, receveur général de Bourgogne, de rembourser à Jean Saumaire, commis au payement des édifices et réparations de Bourgogne, la somme de 1,500 livres tournois représentant le second trimestre dû à ce dernier pour l'année commencée le 1ᵉʳ octobre 1520, qu'il doit employer au fait de sa commission. Troyes, 27 avril 1521.

Comptes de Bénigne Serre, receveur général de Bourgogne. Arch. de la Côte-d'Or, B. 1831, fol. 179 v°. (Mention.)

27 avril.

23666. Lettres de don à Jacques de Dinteville, sʳ des Chenêts et à Girard de Vienne, sʳ de Ruffey, en récompense de leurs services, d'une somme s'élevant pour chacun à 2,000 livres tournois,

20 mai.

qui leur sera payée par Bénigne Serre, receveur général de Bourgogne. Dijon, 20 mai
1521.

> *Comptes de Bénigne Serre, receveur général de*
> *Bourgogne. Arch. de la Côte-d'Or, B. 1831,*
> *fol. 265. (Mention.)*

23667. Déclaration portant que Baptime de Larca
devra jouir sa vie durant de tous les revenus
du jardin du roi à Aix, selon le don qui lui
en a été fait le 8 juillet 1516 (n° 23415),
nonobstant que Jean de Brion, jadis concierge
dudit jardin, ait été assigné, sur les états des
années 1520 et 1521, d'une somme à prendre
sur lesdits revenus. Dijon, 24 mai 1521.

> *Enreg. à la Chambre des Comptes d'Aix. Arch.*
> *des Bouches-du-Rhône, B. 27 (Tartur), fol. 137.*
> *3 pages.*

23668. Lettres de don à Hugues de Loges, chevalier,
s^r de Chailly, gouverneur et capitaine de
Tournay, d'une somme de 359 livres 5 sous
tournois, en remboursement des avances qu'il
a faites pour les affaires du roi. Dijon, 24 mai
1521.

> *Comptes de Bénigne Serre, receveur général de*
> *Bourgogne. Arch. de la Côte-d'Or, B. 1831,*
> *fol. 266. (Mention.)*

23669. Lettres de relief d'adresse à la Cour des Aides
pour l'entérinement de la confirmation des
privilèges des habitants de l'île de Ré, donné
en mars 1515 n. s. (n° 189). Paris (sic),
15 juin 1521.

> *Copie du xviie siècle. Arch. nat., S* 6757²,*
> *fol. 10.*

23670. Lettres d'évocation d'un procès pendant entre
le procureur du roi près la Cour des Aides
de Normandie, d'une part, et les habitants de
Cricqueville et Charles et Jacques Lesquet,
d'autre part, 22 juin 1521.

> *Visées dans un arrêt du Grand conseil, en date*
> *du 22 janvier 1529 n. s., présenté à la Cour des*
> *Aides de Normandie, le 20 mai 1523. Arch. de la*
> *Seine-Inférieure, Mémoriaux, 2e vol., fol. 73.*
> *(Mention.).*

23671. Mandement au bailli d'Amiens pour faire
lever le ban et l'arrière-ban de son bailliage.
12 juillet 1521.

1521.

12 juillet.

*Bibl. nat., coll. de Picardie, vol. 95, p. 313.
(Mention.)*

23672. Lettres portant établissement à Mortagne d'une
chambre à sel dépendant du grenier de Bellême. Dijon, 15 juillet 1521.

15 juillet.

*Enreg. à la Cour des Aides de Normandie, le
12 janvier 1524 n. s. Arch. de la Seine-Inférieure,
Mémoriaux, 1er vol., fol. 182 v°. 2 pages 1/2.*

23673. Mandement aux commissaires sur le fait des
amortissements de bailler quittance aux religieux des Blancs-Manteaux à Paris de 1,500 livres tournois qu'ils leur ont payées, sans exiger le surplus, dont le roi leur fait don en
se recommandant à leurs prières. Troyes,
2 août 1521.

2 août.

*Pièce mentionnée dans le Catalogue trimestriel
n° 20 de la librairie Saffroy, novembre 1895,
n° 7037.*

23674. Lettres instituant François, dauphin de France,
gouverneur du duché de Normandie. 8 août
1521.

8 août.

*IMP. Pinard, Chronologie historique militaire.
Paris, 1760-1778, in-4°, t. I, p. 184. (Mention.)*

23675. Lettres portant assignation, sur les deniers provenant de l'engagement fait ou à faire aux
doyen et chapitre de l'église d'Autun, de la
terre et seigneurie de Roussillon et ses appartenances, en faveur de Lambert Meigret,
commis au payement de l'extraordinaire des
guerres, de la somme de 3,600 livres tournois
pour employer au fait de sa commission.
Autun, 10 août 1521.

10 août.

*Comptes de Bénigne Serre, receveur général de
Bourgogne. Arch. de la Côte-d'Or, B. 1831,
fol. 181. (Mention.)*

23676. Lettres portant commission pour Jean Robertet, secrétaire des finances, de la charge
de contrôleur des parties casuelles, des de

10 août.

niers provenant d'emprunts, d'aliénations, de créations d'offices, etc. 10 août 1521.

1521.

> *Bibl. nat., ms. fr.* 14368, fol 198. (*Mention.*)

23677. Lettres portant assignation, sur les deniers provenant des offices de receveur ordinaire et extraordinaire du bailliage de Chalon et de grènetier au grenier à sel dudit lieu, à Jean Saumaire, commis au payement des édifices et réparations de Bourgogne, de la somme de 2,000 livres tournois, qu'il devra employer immédiatement aux réparations et fortifications de la ville de Beaune. Troyes, 30 août 1521.

30 août.

> *Comptes de Bénigne Serre, receveur général de Bourgogne. Arch. de la Côte-d'Or, B.* 1831, fol. 180 v°. (*Mention.*)

23678. Lettres portant confiscation et ordonnant la saisie des terres, biens et seigneuries appartenant aux sujets du roi d'Espagne, situés dans le bailliage d'Amiens. 7 septembre 1521.

7 septembre.

> *Bibl. nat.,* coll. de Picardie, vol. 95, p. 313. (*Mention.*)

23679. Lettres de don à Girard de Vienne, sr de Ruffey, de la somme de 1,000 écus soleil à prendre sur la vente de l'office de conseiller maître en la Chambre des Comptes de Dijon, actuellement vacant. Saint-Thierry, 23 septembre 1521.

23 septembre.

> *Comptes de Bénigne Serre, receveur général de Bourgogne. Arch. de la Côte-d'Or, B.* 1831, fol. 266 v°. (*Mention.*)

23680. Lettres ordonnant qu'en ce qui concerne la réunion au domaine du roi de la juridiction du comté d'Eu, tentée par le bailli de Caux, qui empiétait en cela sur les attributions du Parlement de Paris, les choses soient laissées ou remises en l'état primitif, jusqu'à ce que Jean d'Albret, comte de Dreux, et la comtesse de Nevers, sa fille, agissant au nom de François de Clèves, pair de France, aient été mis à même de faire valoir devant le Parlement

1er octobre.

les droits de leur petit-fils et fils sur ce comté.   1521.
Pont-Faverger, 1er octobre 1521.

> *Copie du xvie siècle. Bibl. nat., coll. des
> 500 Colbert, vol. 493, fol. 33. 3 pages.*

23681. Lettres portant défense d'exploiter les mines   18 octobre.
sans la permission du roi, et d'exporter les
métaux sans qu'ils soient marqués. 18 octobre
1521.

> *Arch. de la Monnaie, à Paris, ms. in-4° 24.*
> (*Mention.*)

23682. Lettres portant que la survivance accordée à   6 novembre.
Claude de Savoie de l'office de grand séné-
chal et amiral de Provence, exercé par son
père, René, bâtard de Savoie, n'est pas comprise dans la révocation générale des offices
accordés à survivance. Doullens, 6 novembre
1521.

> *Enreg. à la Chambre des Comptes de Provence.
> Arch. des Bouches-du-Rhône, B. 27 (Turtur), fol.
> 198 v°. 2 pages.*

23683. Provisions d'un office de conseiller à la Cour   19 novembre.
des Aides de Normandie en faveur de Pierre
de Quièvremont, licencié ès lois, au lieu de
Nicole Hamelin, décédé. Amiens, 19 novembre 1521.

> *Enreg. à la Cour des Aides de Normandie, le
> 7 décembre 1521. Arch. de la Seine-Inférieure,
> Mémoriaux, 1er vol., fol. 13 v°. 3 pages.*

23684. Lettres commettant le comte de Tende, gou-   20 novembre.
verneur de Provence, François Jarente, pré-
sident de la Chambre rigoureuse, et André
Le Roy, trésorier général, pour procéder à une
nouvelle vente de biens appartenant au domaine. Amiens, 20 novembre 1521.

> *Copie du xvie siècle. Arch. des Bouches-du-
> Rhône, B. reg. 1247, fol. 19. 4 pages 1/2.*

23685. Lettres portant don à Gentille et Catherine de   3 décembre.
Campo Fregoso, mère et fille, de la sei-

gneurie de Peyrolles en Provence, leur vie durant. Compiègne, 3 décembre 1521. 1521.

Mentionnées dans des lettres du 28 décembre 1522. Arch. des Bouches-du-Rhône, B. 27 (Turtur), fol. 214 v°.

23686. Lettres d'émancipation accordées à Charles de Chabannes, âgé de quatre ans, fils de Jacques de Chabannes, s' de La Palice. Paris, 14 décembre 1521. 14 décembre.

Imp. Le comte H. de Chabannes. Preuves pour servir à l'histoire de la maison de Chabannes, Dijon, in-4°, 1892, t. I, n° 330, p. 713. (Analyse).

23687. Déclaration de l'hommage de Jacques de Choux pour la seigneurie de Riaudun et du Four de Montlivault (comté de Blois). 14 décembre 1521. 14 décembre.

Anc. arch. de la Chambre des Comptes de Blois, lay. R. Arch. nat., P. 1479, fol. 357 v°. (Mention.)

23688. Traité entre François Ier et Jacques, roi d'Écosse, renouvelant les dispositions de celui du 26 août 1517 (n° 720). 28 décembre 1521. 28 décembre.

Bibl. nat., ms. fr. 3937. (Mention.)

1522. — Pâques, le 20 avril.

1522.

23689. Déclaration de l'hommage d'Antoine Descartes pour la seigneurie de Pezé, sise à Mont (comté de Blois). 14 janvier 1521. 14 janvier.

Anc. arch. de la Chambre des Comptes de Blois, lay. P. Arch. nat., P. 1479, fol. 285 v°. (Mention.)

23690. Mandement aux élus de Rouen de faire armer, d'après les rôles des dernières montres, les francs archers des paroisses de leur élection. Saint-Germain-en-Laye, 27 janvier 1521. 27 janvier.

Original. Arch. commun. de Rouen, tiroir 121, n° 1.

23691. Mandement au duc d'Alençon, gouverneur de Normandie, et au bailli de Rouen, d'autoriser la levée par les habitants de Rouen des im- Janvier.

pôts à eux octroyés précédemment (n° 1460). 1522.
Rouen (sic), janvier 1521.
Avec la déclaration, signée par le roi,
desdits impôts. Rouen, 26 janvier 1521.

Original. Arch. commun. de Rouen, tiroir 181,
n° 1.
Copie collat. du 1er mars 1522 n. s. Arch.
commun. de Rouen, tiroir 131, n° 1.
Copie collat. du 17 mars 1522 n. s. Arch.
commun. de Rouen, tiroir 140, n° 2.

23692. Mandement au bailli de Troyes de contraindre, 8 février.
même par prise de corps, Jacques de La Gra-
velle, excommunié depuis plus d'un an, qui
est vagabond dans le royaume, à se faire absoudre. Paris, 8 février 1521.

Copie. Bibl. nat., ms. lat. 5940, fol. 55.

23693. Mandement à la Chambre des Comptes de Di- 11 février.
jon d'allouer aux comptes de Bénigne Serre,
receveur général de Bourgogne, la somme
de 167,516 livres 7 sous 4 deniers tournois, montant des payements qu'il a effectués, du commandement du roi, depuis le
1er octobre 1519 jusqu'au 30 septembre
1521, suivant un rôle en date du 11 février
1521, annexé audit mandement, 11 février
1521.

Comptes de Bénigne Serre, receveur général de
Bourgogne. Arch. de la Côte-d'Or, B. 1831,
fol. 172 v°. (Mention.)

23694. Provisions de l'office d'avocat du roi en l'élection 14 février.
de Rouen en faveur de Guillaume Du Val,
licencié ès lois, sur la résignation faite à son
profit par Jean Quesnel, qui cumulait ledit
office avec celui d'avocat du roi à la Cour
des Aides de Normandie. Paris, 14 février
1521.

Enreg. à la Cour des Aides de Normandie, le
6 mars 1522 n. s. Arch. de la Seine-Inférieure,
Mémoriaux, t. I, fol. 21 v°. 4 pages.

23695. Lettres portant octroi à la ville de Paris de 15 février.

IMPRIMERIE NATIONALE.

1 2 deniers par livre, sur les draps vendus en gros aux halles. 15 février 1521.

1522.

> Enreg. à la Chambre des Comptes de Paris, anc. mém. 2 B, fol. 306. Arch. nat., PP. 119, p. 34. (Mention.)
> Bibl. de Rouen, ms. Leber 5870, t. XIV, fol. 49 v°. (Mention.)

23696. Lettres d'anoblissement en faveur de Benoît Gautret. Février 1521.

Février.

> Enreg. à la Chambre des Comptes de Paris, anc. reg. 13, fol. 178.
> Bibl. de l'Arsenal à Paris, ms. 4903, p. 124. (Mention.)

23697. Lettres de surséance pour la prestation de foi et hommage due pour la baronnie de Lambes, les seigneuries d'Orgon et d'Eygalières, sises en Provence, par François de Lorraine qui n'a pas encore atteint sa majorité. Paris, 7 mars 1521.

7 mars.

> Enreg. à la Chambre des Comptes de Provence. Arch. des Bouches-du-Rhône, B. 27 (Turtur), fol. 172 v°. 1 page 1/2.

23698. Don à Robinet de Mailly, écuyer, sʳ de Ru-mesnil, de la coupe de trois arpents de bois de haute futaie dans la forêt de Beauquesne, pendant dix ans, en récompense de ses services. Paris, 8 mars 1521.

8 mars.

> Copies. Chartrier du château de la Roche-Mailly (Sarthe), et Arch. nat., M. 461, dossier Mailly.

23699. Lettres de jussion [1] pour la vérification des lettres du 3 février précédent (n° 1472). Paris, 8 mars 1521.

8 mars.

> Vidimus de la vicomté de Rouen, en date du 26 mai 1542. Arch. de la Seine-Inférieure, G. 3701.

23700. Confirmation des lettres de Louis XII, données à Blois, au mois de janvier 1509 n. s., por-tant concession annuelle, avec franchise du droit de gabelle, d'une mine de gros sel et d'un demi-boisseau de sel blanc, au procu-

20 mars.

[1] Le copiste a omis de reproduire l'adresse.

reur, au receveur, au clerc, au greffier et au maître des œuvres de la ville de Rouen, et d'un minot de gros sel et d'un demi-boisseau de sel blanc au sergent et au concierge de l'hôtel de ville dudit Rouen. Troyes, 20 mars 1521.

1522.

> Original. Arch. commun. de Rouen, tiroir 27, n° 1.

23701. Commission à Jean Gombault, conseiller au Parlement de Rouen, pour procéder à la réformation des fiefs des forêts du bailliage de Rouen et à l'adjudication des lots non inféodés desdites forêts. Lyon, 7 avril 1521.

7 avril.

> Copie insérée dans le procès-verbal de ladite réformation (fol. 6). Arch. commun. de Rouen, tiroir 31, n° 1. 7 pages.

23702. Lettres de réception du serment de fidélité d'Antoine de Rivière pour le temporel de l'évêché-comté d'Agen. Lyon, 8 avril 1521.

8 avril.

> Expéd. orig. Arch. nat., P. 556¹, cote 669.

23703. Lettres d'anoblissement, moyennant 1,000 livres, de Roger Du Val, seigneur de Vertot, demeurant au Bec-de-Mortagne (bailliage de Caux, élection de Montivilliers). Lyon, avril 1521 [1].

Avril.

> Enreg. à la Chambre des Comptes de Paris, le 5 mai 1522, et à la Cour des Aides de Normandie, les 24 janvier 1523 n. s., et 1er juillet 1558. Arch. de la Seine-Inférieure, Mémoriaux, 1er vol., fol. 58 v°. 5 pages. 5e vol., fol. 97. 8 pages.

23704. Provisions pour Geffroy Sala, docteur ès droits, de l'office de conseiller au Parlement de Provence, vacant par le décès de Pierre de Brandis, archidiacre d'Aix. Lyon, 29 avril 1522.

29 avril.

> Enreg. à la Chambre des Comptes d'Aix. Arch. des Bouches-du-Rhône, B. 27 (Tartur), fol. 159 v°. 1 page.

23705. Commission au bailli de Rouen et au receveur

1er mai.

---

[1] Cet acte a été indiqué avec une date inexacte et la mauvaise lecture Valot ou Vatot, au lieu de Vertot, sous le n° 17254 du Catalogue.

13.

de l'élection dudit lieu, pour contrôler la gestion du temporel saisi; pour n'avoir pas été
amorti en temps dû, sur le clergé dudit bailliage. Lyon, 1ᵉʳ mai 1522.

Copie collat. du 5 juin 1522, signée Courant.
Arch. de la Seine-Inférieure, G. 3689.

1522.

23706. Déclaration confirmative du don fait par le roi
le 3 décembre 1521 (n° 23685), à Gentille et
Catherine de Campo-Fregoso, de la seigneurie
de Peyrolles en Provence, nonobstant l'opposition de la Chambre des Comptes d'Aix.
Lyon, 3 mai 1522.

Mentionnée dans des lettres du 28 décembre 1522.
Arch. des Bouches-du-Rhône, B. 27 (Turtur),
fol. 214 v°.

3 mai.

23707. Déclaration de l'hommage lige d'Antoine de
Caraman, chevalier, pour les seigneuries de
Négrepelisse, Saint-Etienne de Tulmont,
Léojac, Albias, le château de Montricoux, la
justice de Pelleport, la moitié de celle de
Dondas, celles de Caubiac et de Garac, etc.,
le tout mouvant du duché de Guyenne. Lyon,
6 mai 1522.

Expéd. orig. Arch. nat., P. 556¹, cote 670.

6 mai.

23708. Déclaration de l'hommage lige de Baptiste de
Villequier, chevalier, pour les seigneuries de
la Guerche, Chanceaux (duché de Touraine),
Saint-Sauveur-le-Vicomte, Nehou (bailliage
de Cotentin), Villequier (bailliage de Caux),
les îles d'Oléron, Marennes, Arvert, etc.
(comté de Saintonge) et la moitié des fiefs
anciens de Montfaucon (duché d'Anjou).
Lyon, 6 mai 1522.

Expéd. orig. Arch. nat., P. 556¹, cote 674.

6 mai.

23709. Mandement pour rembourser à Pierre Spina,
banquier, la somme de 16,000 livres qu'il a
avancée en décembre 1521, savoir 12,000
livres pour la solde des galères du baron de
Saint-Blancard, et 4,000 livres pour la pen-

22 mai.

sion de Marc-Antoine Colonna. Lyon, 22 mai 1522.

> Original. Archives de la Marine, B. 677, pièce 25.

1522.

23710. Lettres approuvant le bail fait par les maîtres rationaux ou archivaires d'Aix, aux habitants d'Hyères en Provence, du droit de pêche dans un étang situé près de la mer, moyennant qu'ils payeront au roi le droit de sixième, fixé à 100 florins par an. Lyon, 24 mai 1522.

24 mai.

> Enreg. à la Chambre des Comptes d'Aix. Arch. des Bouches-du-Rhône, B. 27 (Turtur), fol. 167. 2 pages.

23711. Mandement au bailli d'Amiens pour la convocation du ban et de l'arrière-ban de son bailliage. Lyon, 27 mai 1522.

27 mai.

> Bibl. nat., coll. de Picardie, vol. 95, p. 315. (Mention.)

23712. Mandement à la Chambre des Comptes de Dijon d'allouer aux comptes de Bénigne Serre, receveur général de Bourgogne, la somme de 159,228 livres 8 sous 8 deniers tournois, montant des payements qu'il a effectués, du commandement du roi, depuis le 1er octobre 1517 jusqu'au 30 septembre 1519, suivant un rôle en date du 31 mai 1522, annexé audit mandement. 31 mai 1522.

31 mai.

> Comptes de Bénigne Serre, receveur général de Bourgogne. Arch. de la Côte-d'Or, B. 1829, fol. 213 v°. (Mention.)

23713. Commission à Jean de Langeac, maître des requêtes de l'hôtel, de se transporter auprès de Philibert de Santal (aliàs Cental) et de lui faire commandement, de par le roi, de remettre immédiatement entre ses mains la fille mineure du feu sr de Myson, qu'il avait enlevée et retenait de force, pour la conduire à la reine qui la fera élever, et, en cas de refus, de le constituer prisonnier. Lyon, 1er juin 1522.

1er juin.

> Original. Arch. nat., T. 142b.5.

23714. Provisions pour Louis Garnerii de l'office de
conseiller au Parlement de Provence, vacant par le décès de François Garnerii. Lyon,
1ᵉʳ juin 1522.

*Enreg. à la Chambre des Comptes d'Aix. Arch.
des Bouches-du-Rhône, B. 27 (Turtur), fol. 296.
1 page 1/2.*

1522.
1ᵉʳ juin.

23715. Mandement au bailli d'Amiens de faire arrêter,
dans toute l'étendue de son bailliage, les
étrangers originaires des royaumes, terres et
seigneuries des rois d'Espagne et d'Angleterre, qui lui ont injustement déclaré la
guerre, et de les faire garder en sûreté jusqu'à ce que le roi donne de nouveaux ordres
à leur sujet. Lyon, 2 juin 1522.

*Bibl. nat., coll. de Picardie, vol. 112 bis, fol. 4.
(Mention.)*

2 juin.

23716. Déclaration de l'hommage rendu par Bernard
de La Mothe, écuyer, au nom de Pierre de
Villars, écuyer, pour les seigneuries de Ville-
vieille, Sauzet, Saint-Chaptes et Domessar-
gues (sénéchaussée de Beaucaire), mouvant
du comté de Languedoc. Lyon, 7 juin 1522.

Expéd. orig. Arch. nat., P. 556¹, cote 674.

7 juin.

23717. Lettres de maintenue de noblesse en faveur de
Guillaume Boucher, élu en l'élection de
Sens. 10 juin 1522.

*Mentionnées dans un arrêt de la Cour des Aides
du 6 juillet 1525. Arch. nat., Z¹ᵃ 526.*

10 juin.

23718. Provisions de l'office de procureur du roi en la
vicomté de Falaise, en faveur d'Henri Durant,
praticien en cour laie, au lieu de Girard de
La Rue, décédé. Lyon, 14 juin 1522.

*Enreg. à la Cour des Aides de Normandie, le
2 juillet 1522. Arch. de la Seine-Inférieure, Mémoriaux, 1ᵉʳ vol., fol. 46. 2 pages.*

14 juin.

23719. Lettres de réception du serment de fidélité
de Philippe du Terrail de Bayard pour le

15 juin.

temporel de l'évêché de Glandèves. Lyon, 15 juin 1522.

1522.

> *Enreg. à la Chambre des Comptes d'Aix. Arch. des Bouches-du-Rhône, B. 30 (Homag.), fol. 156 v°. 1 page.*

23720. Lettres confirmant à nouveau, malgré l'opposition de la Chambre des Comptes d'Aix, le don fait par le roi, le 3 décembre 1521 (n° 23685), à Gentille et Catherine de Campo-Fregoso, de la seigneurie de Peyrolles. Lyon, 18 juin 1522.

18 juin.

> *Mentionnées dans des lettres du 28 décembre 1522. Arch. des Bouches-du-Rhône, B. 27 (Tartar), fol. 215.*

23721. Commission aux baillis de Rouen, Caux, Caen, Cotentin, Mortain, Évreux et Gisors, pour contraindre au payement de leur cotisation les gens d'église qui ont été taxés en exécution de la dernière ordonnance (n° 1608). Lyon, 18 juin 1522.

18 juin.

> *Copie collat. du 11 janvier 1523 n. s. Arch. de Seine-et-Oise, série II, fonds des Célestins de Limay, cote 136.*

23722. Lettres permettant aux baillis et châtelains du s^r de Flayosc en Provence de porter à la main une baguette, comme le font les baillis et viguiers royaux dans ce même pays. Lyon, 19 juin 1522.

19 juin.

> *Enreg. à la Chambre des Comptes d'Aix. Arch. des Bouches-du-Rhône, B. 27 (Tartur), fol. 196 v°. 1 page.*

23723. Commission au comte de Tende, lieutenant général en Provence, au vicomte de Cadenet, à Michel Guiran, conseiller maître en la Chambre des Comptes d'Aix, et à François Jarente, président de la Chambre rigoureuse à Aix, pour l'aliénation des domaines, aides et fermes du roi en Provence, jusqu'à concurrence de 30,000 livres tournois. Lyon, 21 juin 1522.

21 juin.

> *Enreg. à la Chambre des Comptes d'Aix. Arch. des Bouches-du-Rhône, B. 27 (Tartur), fol. 190. 3 pages.*

— 104 —

23724. Lettres réglant le mode de l'aliénation des do- 1522.
maines, aides et fermes, qui devra être em- 21 juin.
ployé en Provence pour la vente autorisée
jusqu'à concurrence de 30,000 livres. Lyon,
21 juin 1522.

*Enreg. à la Chambre des Comptes d'Aix. Arch.
des Bouches-du-Rhône, B. 27 (Turtur), fol. 191 v°.
4 pages.*

23725. Déclaration de l'hommage de François de Saint- 23 juin.
Marsault pour la châtellenie de Millançay en
Sologne (comté de Blois). 23 juin 1522.

*Anc. arch. de la Chambre des Comptes de Blois,
lay. M. Arch. nat., P. 1479, fol. 244 v°. (Mention.)*

23726. Confirmation des privilèges accordés par les Juin.
comtes de Provence aux commandeurs de la
commanderie de Puimoisson en Provence
(diocèse de Riez), de l'ordre de Saint-Jean
de Jérusalem. Lyon, juin 1522.

*Enreg. à la Chambre des Comptes d'Aix. Arch.
des Bouches-du-Rhône, B. 27 (Turtur), fol. 195.
1 page.*

23727. Lettres d'anoblissement, moyennant 1,000 li- Juin.
vres, en faveur de Nicole Foucques, demeu-
rant au Mesnil-Mauger (bailliage de Caen).
Lyon, juin 1522.

*Enreg. à la Chambre des Comptes de Paris, le
19 juillet 1522, et à la Cour des Aides de Normandie, le 20 juin 1556. Arch. de la Seine-Inférieure, Mémoriaux, 4° vol., fol. 234 v°. 4 pages 1/2.*

23728. Lettres d'anoblissement, moyennant 800 livres, Juin.
pour Jean, fils de feu Étienne de Morant, seigneur de Thiboutot, demeurant en l'élection
de Montivilliers, au bailliage de Caux. Lyon,
juin 1522.

*Enreg. à la Chambre des Comptes de Paris, le
26 juin 1522, et à la Cour des Aides de Normandie,
le 29 janvier 1557 n. s. Arch. de la Seine-Inférieure,
Mémoriaux, 5° vol., fol. 2. 6 pages.*

23729. Déclaration portant défense à ceux de la reli- 25 juillet.
gion prétendue réformée qui se sont con-
tenus en leur devoir, de s'en départir ni d'aban-

donner leurs maisons, sur les peines y portées.
25 juillet 1522.

*Enreg. au Parl. de Rouen, le 5 août 1522. Bibl.
de Rouen, ms. E. 57, fol. 5 v°. (Mention.)*

1522.

23730. Déclaration de l'hommage de Pierre Tremolet,
s' de Montpezat, recteur de la « part antique »
de Montpellier, médecin ordinaire du roi,
pour les seigneuries de Saint-Mamert et de
Robiac, et partie de celle de Gajan (sénéchaussée de Beaucaire), mouvant de la couronne. Blois, 4 août 1522.

Expéd. orig. Arch. nat., P. 556[1], cote 675.

4 août.

23731. Déclaration de l'hommage d'Antoine de Mine-
ray pour la seigneurie du Tertre (comté de
Blois). 7 août 1522.

*Anc. arch. de la Chambre des Comptes de Blois,
lay. T. Arch. nat., P. 1479, fol. 393. (Mention.)*

7 août.

23732. Déclaration de l'hommage de François des
Landes pour le moulin Béchereau, sis à Mer
(comté de Blois). 13 août 1522.

*Anc. arch. de la Chambre des Comptes de Blois,
lay. M. Arch. nat., P. 1479, fol. 233. (Mention.)*

13 août.

23733. Lettres de réception du serment de fidélité de
Regnaut de Martigny pour le temporel de
l'évêché de Vabres, dans la sénéchaussée de
Rouergue. Paris, 22 août 1522.

Expéd. orig. Arch. nat., P. 556[1], cote 676.

22 août.

23734. Lettres commettant [Jean-Baptiste d'Oraison],
évêque de Senez, et Marc de Glandèves, s' de
Puymichel, pour procéder à la vente et engagement des domaines, aides et fermes en
Provence, jusqu'à concurrence de 30,000 livres tournois, à la place des commissaires
précédemment désignés qui se trouvent em-
pêchés. Paris, 2 septembre 1522.

*Enreg. à la Chambre des Comptes de Provence.
Arch. des Bouches-du-Rhône, B. 27 (Turtur),
fol. 188 v°. 1 page.*

2 septembre.

23735. Provisions pour Guillaume Le Caron de l'office

12 septembre.

de juge garde de la prévôté de Beauvaisis.   1522.
Saint-Germain-en-Laye, 12 septembre 1522.

> *Bibl. nat.*, coll. de Picardie, vol. 112 *bis*,
> fol. 116 v°. (*Mention.*)

23736. Lettres ordonnant la vente et l'engagement   30 septembre.
des domaines, aides, gabelles, fermes, droits
de régale, tutelle, juridiction, etc., en Provence, jusqu'à concurrence de 60,000 livres
tournois, et réglant les conditions de cette
aliénation. Saint-Germain-en-Laye, 30 septembre 1522.

> *Enreg. à la Chambre des Comptes de Provence.*
> *Arch. des Bouches-du-Rhône,* B. 27 (*Turtur*),
> fol. 220 v° et fol. 245 v°. 4 pages.

23737. Déclaration de l'hommage de Guillaume Ri-   2 octobre.
bier pour la seigneurie de Villebrosse, sise
à Tremblevif (auj. Saint-Viâtre). 2 octobre
1522.

> *Anc. arch. de la Chambre des Comptes de Blois,*
> lay. V. *Arch. nat.,* P. 1479, fol. 409. (*Mention.*)

23738. Déclaration de l'hommage de Louise de Savoie,   7 octobre.
mère du roi, pour les duchés de Bourbonnais
et d'Auvergne, les comtés de Clermont, de
Forez, de Beaujolais et de la Marche, et les
seigneuries de Carlat et de Murat. Saint-Germain-en-Laye, 7 octobre 1522.

> *Expéd. orig. Arch. nat.,* P. 556¹, cote 677.

23739. Édit portant création d'un nouvel office de   2 novembre.
conseiller ordinaire au Parlement de Pro-
vence. Saint-Germain-en-Laye, 2 novembre
1522.

> *Enreg. à la Chambre des Comptes d'Aix. Arch.*
> *des Bouches-du-Rhône,* B. 27 (*Turtur*), fol. 207.
> 1 page.

23740. Lettres ordonnant la mise en possession de   9 novembre.
Gentille et Catherine de Campo-Fregoso, de
la seigneurie de Peyrolles, en Provence, qui
leur a été donnée par le roi, le 3 décembre

1521 (n° 23685) Maisons-sur-Seine, 9 novembre 1522.

1522.

> *Mentionnées dans des lettres du 28 décembre suivant. Arch. des Bouches-du-Rhône, B. 27 (Turtur), fol. 215.*

23741. Provisions pour Balthazar Albert de l'office de secrétaire rational et archivaire en la Chambre des Comptes d'Aix, dont son père, Pierre Albert, est titulaire, pour exercer ledit office à la survivance et en l'absence l'un de l'autre. Saint-Germain-en-Laye, 17 novembre 1522.

17 novembre.

> *Enreg. à la Chambre des Comptes d'Aix. Arch. des Bouches-du-Rhône, B. 27 (Turtur), fol. 201 v°. 3 pages.*

23742. Déclaration de l'hommage de René Clotier pour une maison et ses dépendances sises dans les faubourgs de Saint-Laumer de Blois, en la prévôté de la rue Bourreau. 29 novembre 1522.

29 novembre.

> *Anc. arch. de la Chambre des Comptes de Blois, lay. R. Arch. nat., P. 1479, fol. 357. (Mention.)*

23743. Déclaration portant qu'Emmanuel Baraudin jouira de l'office, dont il a été pourvu, de receveur des deniers provenant de l'émolument des sceaux et enregistrement des lettres du Parlement de Provence, et de registrateur desdites lettres, bien que cet office de receveur ait été précédemment joint à celui de trésorier général des finances de Provence. Paris, 1er décembre 1522.

1er décembre.

> *Enreg. à la Chambre des Comptes de Provence. Arch. des Bouches-du-Rhône, B. 27 (Turtur), fol. 271 v°. 2 pages.*

23744. Lettres conférant à Thomas Postel, conseiller au Parlement de Rouen, la commission précédemment décernée (7 avril 1522 n. s., n° 23701) à Jean Gombault, décédé depuis. Paris, 4 décembre 1522.

4 décembre.

> *Copie authentique en tête du procès-verbal de la réformation des fiefs des forêts du bailliage de Rouen. Arch. commun. de Rouen, tiroir 31, n° 1. 8 pages 1/2.*

14.

23745. Lettres autorisant les commissaires chargés de l'aliénation des biens du domaine en Provence à vendre à Galéas de Saint-Séverin la vicomté de Martigues, avec réserve et faculté de rachat perpétuel. Paris, 7 décembre 1522.

> *Enreg. à la Chambre des Comptes d'Aix. Arch. des Bouches-du-Rhône*, B. 27 (*Turtur*), fol. 217. 2 pages.
> *Copie du* xvie *siècle. Arch. des Bouchos-du-Rhône*, B. reg. 1235, fol. 136.

1522.
7 décembre.

23746. Lettres de réception du serment de fidélité de Michel Hennier, docteur en théologie, pour le temporel de l'abbaye bénédictine de Fontgombault, au diocèse de Bourges. Paris, 11 décembre 1522.

> *Expéd. orig. Arch. nat.*, P. 556¹, cote 671.

11 décembre.

23747. Mandement aux capitaines Conflans et Lesparque de se transporter à la Rochelle, aux Sables-d'Olonne et ailleurs, sur la côte de Guyenne, pour arrêter quarante ou cinquante pinasses du port de cinquante tonneaux. Paris, 20 décembre 1522.

> *Copie collat. du 14 janvier 1523 n. s. Dépôt général de la Marine, Bibliothèque*, A. 87, 1er vol., n° 16.

20 décembre.

23748. Déclaration restreignant le don fait à Gentille et Catherine de Campo-Fregoso du château de Peyrolles, en Provence, et portant notamment que tous les officiers du roi à Aix conserveront la faculté de s'y réfugier en cas de peste ou d'autres dangers. Bois de Vincennes, 28 décembre 1522.

> *Enreg. à la Chambre des Comptes d'Aix. Arch. des Bouches-du-Rhône*, B. 22 (*Griff.*), fol. 263, et B. 27 (*Turtur*), fol. 214 v°. 3 pages.

28 décembre.

1523. — Pâques, le 5 avril.

1523.
7 janvier.

23749. Mandement aux chanoines de la Sainte-Chapelle du Palais, à Paris, de recevoir Jean de Roncherolles, jeune clerc, âgé de dix ans,

pourvu d'un canonicat de ladite chapelle, 1523.
en remplacement de Jean de Hallwin, à la
requête d'Adrien de Roncherolles, son frère,
panetier ordinaire du roi, nonobstant qu'il
ne soit pas encore en âge d'être promu au
saint ordre de prêtrise. Paris, 7 janvier 1522.

*Enreg. sur les mémoriaux de la Sainte-Chapelle.
Arch. nat., LL. 624, fol. 56.*

23750. Collation pour Claude . . .[1], prêtre de l'ordre   23 janvier.
de Saint-Augustin, de la charge de maître et
administrateur de l'Hôtel-Dieu de Montlouis,
dans le bailliage de Tours, vacante par la mort
de Jean Massiquet. Paris, 23 janvier 1522.

*Copie du xvie siècle. Bibl. nat., ms. fr. 19822,
n° 9.*

23751. Déclaration portant création d'un lieutenant   24 janvier.
criminel en chaque siège. 24 janvier 1522.

*Bibl. de Rouen, ms. E. 57, fol. 5 v°. (Mention,
d'après les Arch. du Parl. de Rouen.)*

23752. Déclaration de l'hommage de Christophe des   27 janvier.
Bancs, écuyer, pour la seigneurie de l'Ajonc
et la terre commune, et pour le bois de Lu-
zeret, mouvant de la tour de Maubergeon,
à Poitiers. Paris, 27 janvier 1522.

Expéd. orig. Arch. nat., P. 556¹, cote 672.

23753. Provisions pour Jean Maynier, docteur ès   2 février.
droits, d'un office de conseiller au Parlement
de Provence, auquel il n'avait pas été pourvu
depuis sa récente création. Paris, 2 février
1522.

*Enreg. à la Chambre des Comptes de Provence.
Arch. des Bouches-du-Rhône, B. 27 (Turtur),
fol. 236. 1 page 1/2.*

23754. Lettres fixant à 149,056 livres tournois la   5 février.
quote-part du clergé de Normandie dans la
contribution de 1,200,000 livres dont le
roi a ordonné la levée sur le clergé de France,

[1] Le nom manque dans cette copie.

pour la solde de trente mille fantassins.
Paris, 5 février 1522.

Original. Arch. de la Seine-Inférieure, G. 1918.

1523.

23755. Lettres de survivance accordées à Nicolas, fils
de Guillaume La Vieille, grènetier au grenier
à sel de Rouen. Saint-Germain-en-Laye, 8 février 1522.

Vérifiées par les généraux des finances, le 25 fé-
vrier 1523 n. s.
Enreg. à la Cour des Aides de Normandie, le
27 février 1523 n. s. Arch. de la Seine-Inférieure,
Mémoriaux, 1ᵉʳ vol., fol. 84. 4 pages.

8 février.

23756. Lettres ratifiant la vente faite à Christophe
de Forest, conseiller et médecin ordinaire
du roi, de la seigneurie de Lançon, en Provence, moyennant 3,000 livres tournois, sauf
faculté de rachat perpétuel. Saint-Germain-
en-Laye, 9 février 1522.

Enreg. à la Chambre des Comptes de Provence.
Arch. des Bouches-du-Rhône, B. 27 (Turtur),
fol. 232. 2 pages 1/2.

9 février.

23757. Lettres d'anoblissement, moyennant 500 livres,
pour Nicolas, fils de feu Louis Baillet et de
Jeanne de Saint-Martin, âgé de trente ans, demeurant à Assigny (bailliage de Caux, élection
d'Arques). Paris, février 1522.

Enreg. à la Chambre des Comptes de Paris, le
20 février 1523 n. s., et à la Cour des Aides de
Normandie, le 30 janvier 1557 n. s. Arch. de la
Seine-Inférieure, Mémoriaux, 5ᵉ vol., fol. 5. 4 pages.

Février.

23758. Lettres d'anoblissement, moyennant 600 livres,
pour Nicolas, fils de feu Thomas Desmarets,
âgé de quarante-quatre ans, demeurant à
Sommery (bailliage de Caux). Paris, février
1522.

Enreg. à la Chambre des Comptes de Paris, le
27 février 1523 n. s., et à la Cour des Aides de
Normandie, le 2 août 1576. Arch. de la Seine-In-
férieure, Mémoriaux, 6ᵉ vol., fol. 292. 4 pages.

Février.

23759. Provisions d'un office de conseiller à la Cour
des Aides de Normandie, en faveur de Jean
de La Péruse, licencié ès lois, au lieu de Ro-

8 mars.

bert Surreau, nommé conseiller clerc au Parlement de Rouen. Saint-Germain-en-Laye, 8 mars 1522.

Enreg. à la Cour des Aides de Normandie, le 23 mars 1523 n. s. Arch. de la Seine-Inférieure, Mémoriaux, 1ᵉʳ vol., fol. 97 v°. 2 pages.

1523.

23760. Lettres portant assignation sur les recettes de Jean Sapin de la somme de 45,000 livres tournois, qui devra être payée, au mois de février prochain, à Jean, Philippe et Jean-Paul de Roma, frères, pour partie du remboursement d'une somme de 150,465 livres 1 sou 6 deniers tournois par eux prêtée au roi. Saint-Germain-en-Laye, 10 mars 1522.

10 mars.

Enreg. à la Chambre des Comptes d'Aix. Arch. des Bouches-du-Rhône, B. 28 (Pacis), fol. 577 v°. 2 pages 1/2.

23761. Déclaration de l'hommage rendu par le procureur de Marie Péron, veuve de Bernard Du Breuil, pour la seigneurie de Théon, mouvant du château de Talmont-sur-Gironde (sénéchaussée de Saintonge). Paris, 26 mars 1522.

26 mars.

Expéd. orig. Arch. nat., P. 556¹, cote 673.

23762. Édit érigeant en titre d'office la prévôté de Mantes. Saint-Germain-en-Laye, mars 1522.

Mars.

Enreg. au bailliage de Mantes, le 27 mars 1523 n. s.
Copie du xviiiᵉ siècle. Bibl. nat., fonds du Vexin, vol. 16, fol. 213. 3 pages.

23763. Lettres de réception du serment de fidélité de Martin de Saint-André pour le temporel de l'évêché de Carcassonne. Saint-Germain-en-Laye, 10 avril 1523.

10 avril.

Expéd. orig. Arch. nat., P. 556¹, cote 678.

23764. Déclaration de l'hommage de Jean Buisson pour la seigneurie de Mirabel (sénéchaussée de Rouergue, châtellenie de Peyrusse). Saint-Germain-en-Laye, 12 avril 1523.

12 avril.

Expéd. orig. Arch. nat., P. 556¹, cote 679.

23765. Déclaration de l'hommage rendu par Jean Buisson, écuyer, sʳ de Mirabel, au nom de Jean Buisson, son oncle, pour les seigneuries de Malaval, Roussennac, Auzits, Rignac, Espeillac et Aubin, mouvant du château de Peyrusse (sénéchaussée de Rouergue). Saint-Germain-en-Laye, 12 avril 1523.

1523.
12 avril.

> *Expéd. orig. Arch. nat.*, P. 556¹, cote 680.

23766. Déclaration de l'hommage de Foucaut de Bonneval, évêque de Soissons, abbé de Bénévent, pour la seigneurie de Fursac⁽¹⁾ (sénéchaussée de Limousin), mouvant de la couronne. Saint-Germain-en-Laye, 15 avril 1523.

15 avril.

> *Expéd. orig. Arch. nat.*, P. 556¹, cote 680.

23767. Cession à perpétuité faite à Anne de Resve de l'hôtel des Lions, sis à Paris, moyennant le payement d'une rente de 4 livres et d'un cens de 12 deniers. Saint-Germain-en-Laye, 13 mai 1523.

13 mai.

> *Enreg. à la Chambre des Comptes de Paris, le 29 mai suivant*, anc. mém. 2 C, fol. 151. Arch. nat., PP. 119, p. 22. (*Mention.*)
> *Bibl. de Rouen*, ms. Leber 5870, t. XII, fol. 116. (*Mention.*)

23768. Mandement au bailli d'Amiens pour la convocation du ban et de l'arrière-ban de son bailliage. 27 mai 1523.

27 mai.

> *Bibl. nat.*, coll. de Picardie, vol. 95, p. 315. (*Mention.*)

23769. Déclaration de l'hommage de Denis Hurault pour la seigneurie de l'Aubépin, au comté de Blois, lui appartenant à cause de Louise Boudet, sa femme. 27 mai 1523.

27 mai.

> *Anc. arch. de la Chambre des Comptes de Blois*, lay. L. Arch. nat., P. 1479, fol. 182 v°. (*Mention.*)

23770. Déclaration de l'hommage de Michelet Boudet

27 mai.

⁽¹⁾ On distingue aujourd'hui les communes de Saint-Pierre de Fursac et Saint-Étienne de Fursac.

pour la seigneurie de Rocon [1]. 27 mai
1523.

> *Anc. arch. de la Chambre des Comptes de Blois,*
> *lay. R. Arch. nat., P. 1479, fol. 355. (Mention.)*

1523.

23771. Confirmation des privilèges des habitants de
Salon-de-Crau, en Provence. Saint-Germain-
en-Laye, mai 1523.

> *Enreg. à la Chambre des Comptes de Provence.*
> *Arch. des Bouches-du-Rhône, B. 27 (Turtur),*
> *fol. 238 v°. 1 page 1/2.*

Mai.

23772. Don aux habitants de Cognac d'un octroi de
200 livres tournois pour les fortifications de
la ville, à prélever pendant dix ans. Saint-Germain-en-Laye, 7 juin 1523.

> *Copie. Arch. municip. de Cognac, Comptes des*
> *fortifications de Cognac, 1491-1559, t. III, in-fol.*

7 juin.

23773. Lettres de relief de surannation pour l'enregistrement de celles du 27 février 1520
(n° 23624), portant déclaration de l'hommage
de Henri Moyne. Paris, 18 juin 1523.

> *Original. Arch. nat., P. 556¹, cote 683.*

18 juin.

23774. Lettres portant commission à Sauvat de Pommiers, conseiller au Parlement de Bordeaux,
pour la levée du don gratuit sur les diocèses
de Bazas, Aire, Dax et Bayonne. Saint-Germain-en-Laye, 21 juin 1523.

> *Copie du XVIᵉ siècle. Arch. de la Gironde, série G,*
> *reg. 922.*
> *IMP. Archives historiques du département de la*
> *Gironde, t. XXVIII. Bordeaux, 1893, in-4°,*
> *p. 307.*

21 juin.

23775. Lettres de collation pour Guillaume Cretin,
aumônier ordinaire du roi, d'un canonicat
de la Sainte-Chapelle du Palais, à Paris, en
remplacement et sur la résignation de Guillaume de Paris. Saint-Germain-en-Laye,
27 juin 1523.

> *Enreg. sur les Mémoriaux de la Sainte-Chapelle.*
> *Arch. nat., LL. 624, fol. 67.*

27 juin.

---

[1] Paroisse de Coulanges, Loir-et-Cher (P. 1479, fol. 344 v°); à
1,200 mètres Nord de ce village.

15

23776. Édit de création de vingt sergents à Rouen. [Avant le 3o juin] 1523.

1523.
3o juin.

> *Enreg. au Parl. de Rouen, le 30 juin 1523. Bibl. de Rouen, ms. E. 57, fol. 5 v°. (Mention.)*

23777. Lettres de ratification des baux passés par Thomas Postel, commis, en remplacement de Jean Gombault, décédé, à la réformation des fiefs des forêts du bailliage de Rouen. Saint-Germain-en-Laye, juin 1523.

Juin.

> *Enreg. à la Chambre des Comptes de Paris, le 7 juillet 1523.*
> *Copie du temps, d'après une autre copie du 28 juillet 1523, collationnée à l'original par ledit Postel. Arch. commun. de Rouen, tiroir 31, n° 1.*

23778. Lettres d'anoblissement en faveur de Robert Hurel, aîné, demeurant dans la vicomté de Carentan. Saint-Germain-en-Laye, juin 1523.

Juin.

> *Enreg. à la Chambre des Comptes de Paris, le 9 juillet, et à la Cour des Aides de Normandie, le 20 juillet suivant. Arch. de la Seine-Inférieure, Mémoriaux, 1er vol., fol. 134. 5 pages.*

23779. Provisions d'un office d'élu en l'élection de Coutances, vacant par suite du décès de Jacques Le Prévost, en faveur d'Antoine de Corbie, en récompense des services par lui rendus au duc d'Angoulême, fils du roi. Saint-Germain-en-Laye, 3 juillet 1523.

3 juillet.

> *Vérifiées par les généraux des finances, le 9.*
> *Enreg. à la Cour des Aides de Normandie, le 24 octobre 1526. Arch. de la Seine-Inférieure, Mémoriaux, 1er vol., fol. 268. 2 pages.*

23780. Lettres permettant à Bénigne Serre, receveur général de Bourgogne, de retenir sur sa recette 1,000 livres tournois en remboursement de cette somme qu'il avait prêtée au roi et mise entre les mains de Jean Prévot, commis au payement de l'extraordinaire des guerres. Saint-Germain-en-Laye, 13 juillet 1523.

13 juillet.

> *Comptes de Bénigne Serre, receveur général de Bourgogne. Arch. de la Côte-d'Or, B. 1833, fol. 97 v°. (Mention.)*

23781. Lettres portant assignation sur la recette générale de Bourgogne à Raoul Hurault, chevalier, général des finances de Bourgogne, d'une somme de 12,500 livres tournois, qu'il avait prêtée au roi et mise entre les mains de Jean Prévot, commis au payement de l'extraordinaire des guerres. Saint-Germain-en-Laye, 13 juillet 1523.

    1523.
    13 juillet.

Comptes de Bénigne Serre, receveur général de Bourgogne. Arch. de la Côte-d'Or, B. 1833, fol. 96 v°. (Mention.)

23782. Lettres de réception du serment de fidélité de François de Moulins pour le temporel de l'évêché de Condom, dans la sénéchaussée d'Agenais. Saint-Germain-en-Laye, 17 juillet 1523.

    17 juillet.

Expéd. orig. Arch. nat., P. 556¹, cote 685.

23783. Lettres de prise de corps contre Guillaume Sambryon, dit « de la Rivière », clerc, qui a souffert la sentence d'excommunication depuis plus d'un an, afin de le contraindre à se faire absoudre. Paris, 20 juillet 1523.

    20 juillet.

Bibl. nat., ms. lat. 5940, fol. 59.

23784. Provisions pour Honorat Arbaudi et pour Jean Arbaudi, son père, en l'absence et à la survivance l'un de l'autre, de l'office de conseiller et maître rational en la Chambre des Comptes de Provence, vacant par la résignation faite dans ce but par ledit Jean Arbaudi. Paris, 25 juillet 1523.

    25 juillet.

Enreg. à la Chambre des Comptes d'Aix. Arch. des Bouches-du-Rhône, B. 27 (Turtur), fol. 265. 2 pages.

23785. Provisions pour Julien Bonacorsi, secrétaire du roi, de l'office de trésorier et receveur général des finances ordinaires et extraordinaires en Provence, vacant par la résignation faite en sa faveur par Pierre d'Arles, sᵣ de Beaumont. Lyon, 2 septembre 1523.

    2 septembre.

Enreg. à la Chambre des Comptes d'Aix. Arch. des Bouches-du-Rhône, B. 27 (Turtur), fol. 274. 1 page 1/2.

23786. Commission à Jean Brinon, premier président   1523.
du Parlement de Rouen, pour procéder à   10 septembre.
l'interrogatoire des personnes arrêtées comme
complices du connétable de Bourbon, ou
requises de déposer sur la conspiration dudit
connétable. Lyon, 10 septembre 1523.

> *Transcription du temps. Bibl. nat., ms. fr.* 5109,
> fol. 19 v°. 1 page.

23787. Déclaration de l'hommage rendu par le procu-   10 septembre.
reur de Louise de La Roche, veuve de Guyon
de Montbron, ayant la garde de Jacques, Louis
et Antoine, leurs fils, pour les seigneuries du
« Petit fief le roy » et d'Andilly (gouvernement
de la Rochelle). Blois, 10 septembre 1523.

> *Expéd. orig. Arch. nat.,* P. 556¹, cote 691.

23788. Provisions par la régente d'un office d'élu en   13 septembre.
l'élection de Coutances et Carentan, en faveur
de Jacques Davy, sur la résignation faite à son
profit par Guillaume Archier. Blois, 13 septembre 1523.

> *Enreg. à la Cour des Aides de Normandie, le
> 27 février 1524 n. s. Arch. de la Seine-Inférieure,
> Mémoriaux,* 1ᵉʳ vol., fol. 195. 3 pages.

23789. Déclaration de l'hommage de Jean d'Illiers   18 septembre.
pour la seigneurie de Ménars (comté de Blois).
18 septembre 1523.

> *Anc. arch. de la Chambre des Comptes de Blois,
> lay.* M. *Arch. nat.,* P. 1479, fol. 241. (*Mention.*)

23790. Lettres de la régente, portant commission à   20 septembre.
Christophe Hérouard, conseiller au Parle-
ment de Rouen, et au réformateur général des
eaux et forêts de Normandie, pour procéder
à la vente des bois de la forêt de Rouvray,
près Rouen. Blois, 20 septembre 1523.

> *Copie collat. du temps. Arch. commun. de Rouen,*
> tiroir 31, n° 1. 4 pages.

23791. Provisions pour Charles de Glandèves de l'un   27 octobre.
des deux offices de conseillers lais au Parle-

ment de Provence, nouvellement créés. Lyon,
27 octobre 1523.

1523.

> *Enreg. à la Chambre des Comptes d'Aix. Arch.*
> *des Bouches-du-Rhône, B. 28 (Pacis), fol. 46.*
> 2 pages.

23792. Provisions pour Arnault Albe, docteur ès droits,
de l'un des deux offices de conseillers lais au
Parlement de Provence, dernièrement créés.
Lyon, 27 octobre 1523.

27 octobre.

> *Enreg. à la Chambre des Comptes d'Aix. Arch.*
> *des Bouches-du-Rhône, B. 27 (Turtur), fol. 277 v°.*
> 1 page 1/2.

23793. Déclaration confirmant à Georges Durant la
survivance de son père, Bertrand Durant,
en l'office de conseiller au Parlement de Provence, nonobstant la révocation générale faite
par le roi de tous les dons d'offices à survivance. Lyon, 1er novembre 1523.

1er novembre.

> *Enreg. à la Chambre des Comptes d'Aix. Arch.*
> *des Bouches-du-Rhône, B. 27 (Turtur), fol. 279 v°.*
> 1 page 1/2.

23794. Lettres interdisant les assemblées publiques.
4 novembre 1523.

4 novembre.

> *Enreg. au Parl. de Rouen, le 3 décembre 1523.*
> *Bibl. de Rouen, ms. E. 57, fol. 6. (Mention.)*

23795. Commission à Richard de Pellevé de ramener
en France les trois cents hommes de guerre
envoyés pour la protection du roi et du
royaume d'Écosse. 21 novembre 1523.

21 novembre.

> *Imp. Comte Hector de La Ferrière, Histoire de*
> *Flers. Paris, 1855, in-8°, p. 50. (Mentionnée, d'après*
> *l'original conservé au chartrier du château de*
> *Flers.)*

23796. Déclaration d'aptitude de Jean Dufour à l'office
de greffier de la Cour des Aides de Normandie,
nonobstant qu'il ne soit pas du nombre des
notaires et secrétaires du roi. Blois, 3 décembre 1523.

3 décembre.

> *Enreg. à la Cour des Aides de Normandie, le*
> *17 février 1524 n. s. Arch. de la Seine-Inférieure,*
> *Mémoriaux, 1er vol., fol. 193. 3 pages.*

23797. Provisions de l'office de greffier de la Cour des
Aides de Normandie en faveur de Jean Du-
four, au lieu de Pierre de La Perreuse, décédé. Blois, 3 décembre 1523.

1523.
3 décembre.

*Enreg. à la Cour des Aides de Normandie, le
17 février 1524 n. s. Arch. de la Seine-Inférieure,
Mémoriaux, 1ᵉʳ vol., fol. 192. 3 pages.*

23798. Déclaration de l'hommage de René de Maillé
pour le tiers par indivis du quartier de Blois.
9 décembre 1523.

9 décembre.

*Anc. arch. de la Chambre des Comptes de Blois,
lay. Q. Arch. nat., P. 1479, fol. 330. (Mention.)*

23799. Mandement au sénéchal de Carcassonne d'opérer la saisie de la pension de 1,500 livres
tournois que [Jacques Hurault], évêque d'Autun, possédait sur le temporel de l'évêché de
Carcassonne, ainsi que des arrérages de ladite
pension. 19 décembre 1523.

19 décembre.

Bibl. nat., ms. fr. 5501, fol. 385. (Mention.)

23800. Lettres portant dispense pour Barthélemy Rieu
de tenir à la fois les offices de greffier du
Parlement de Provence et de contrôleur de
l'émolument du sceau dudit Parlement avec
celui de greffier de la Cour des premières appellations de Provence, ainsi que le fit jadis
Guillaume Morin. Blois, 22 décembre 1523.

22 décembre.

*Enreg. à la Chambre des Comptes d'Aix. Arch.
des Bouches-du-Rhône, B. 27 (Turtur), fol. 293.
2 pages.*

23801. Mandement pour contraindre les grènetiers de
la généralité de Normandie à verser aux fournisseurs de leurs greniers les deniers par eux
perçus pour droit de marchand. Blois, 23 décembre 1523.

23 décembre.

*Enreg. à la Cour des Aides de Normandie, le
16 janvier 1524 n. s. Arch. de la Seine-Inférieure,
Mémoriaux, 1ᵉʳ vol., fol. 189 v°. 2 pages 1/2.*

23802. Lettres d'abolition en faveur d'Hector d'Angeray,
dit « de Saint-Bonnet », seigneur de Brizon,
natif du Vivarais, âgé de trente ans, arrêté
à Saint-Amour, chez Mᵐᵉ de Saint-Sulpice, sa

Décembre.

belle-sœur, par M. de Warty, et incarcéré à Loches, puis à la Conciergerie du Palais, à Paris, sous l'inculpation de complicité avec le connétable de Bourbon. Blois, décembre 1523.

1523.

Transcription du temps. Bibl. nat., ms. fr. 5109, fol. 259. 4 pages 1/2.

23803. Lettres de légitimation pour Martine Forbin, fille naturelle de Nicolas Forbin, de Marseille. Blois, décembre 1523.

Décembre.

Enreg. à la Chambre des Comptes d'Aix. Arch. des Bouches-du-Rhône, B. 27 (Turtur), fol. 285 v°. 2 pages.

1524. — Pâques, le 27 mars.

1524.

23804. Commission au bailli de Senlis pour informer sur la démolition projetée par le gouverneur de Pontoise, en vue de travaux à exécuter aux fortifications de la ville, de bâtiments appartenant aux Cordeliers dudit Pontoise, et pour évaluer le montant de l'indemnité à accorder auxdits religieux. Blois, 23 janvier 1523.

23 janvier.

Original. Arch. de Seine-et-Oise, série H, fonds des Cordeliers de Pontoise, 1er carton.

23805. Provisions d'un office d'élu en l'élection de Vire et Condé en faveur d'Arthur Radeuf, sur la résignation faite à son profit par Robert Hédiart. Blois, 28 janvier 1523.

28 janvier.

Enreg. à la Cour des Aides de Normandie, le 14 mars suivant. Arch. de la Seine-Inférieure, Mémoriaux, 1er vol., fol. 196 v°. 2 pages.

23806. Lettres ordonnant l'arrestation du nommé Agnan, valet de chambre du prince de la Roche-sur-Yon, et sa comparution devant le Parlement de Paris. Blois, 29 janvier 1523.

29 janvier.

Transcription du temps. Bibl. nat., ms. fr. 5109, fol. 278. 1/2 page.

23807. Mandement au bailli d'Amiens d'examiner, avec le concours des notables et prélats, quelles réparations il convient de faire aux remparts

27 février.

d'Amiens, à quelle somme elles peuvent se
monter, et d'ordonner la répartition des dépenses sur tous les habitants, même sur les
gens d'église, lesquels, au besoin, devront être
contraints, par saisie de leur temporel, au
payement de leur quote-part. Paris, 27 février 1523.

1524.

Bibl. nat., coll. de Picardie, vol. 100, p. 163.
(*Mention.*)

23808. Lettres ordonnant l'arrestation du connétable
de Bourbon et son incarcération à la Conciergerie du Palais, à Paris. Paris, 8 mars 1523.

8 mars.

Transcription du temps. Bibl. nat., ms. fr. 5109,
fol. 346 v°. 2 pages.

23809. Lettres portant prorogation pour neuf ans, en
faveur des marchands fréquentant la rivière
de Loire et ses affluents, de l'octroi de certaines aides déterminées en tels lieux, villes
et ports desdites rivières que bon leur semblera. Paris, 14 mars 1523.

14 mars.

Copie du XVIIIᵉ siècle. Arch. nat., AD IX, 1 bis,
non folioté.

23810. Provisions de l'office de grènetier de Neufchâtel-
en-Bray, vacant par le décès d'Adrien Le Charpentier, en faveur de Jeannot de Sallingand,
en récompense des services par lui rendus au
roi, « mesmement en certain exploict par luy
faict sur la mer au droit de Callays, où quel
il mist sa personne en groz danger..., oultre
la perte qu'il y fist d'un sien navire ». Blois,
25 mars 1523.

25 mars.

Vérif. par les généraux des finances, le 4, et enreg.
à la Cour des Aides de Normandie, le 8 avril 1524,
après Pâques. Arch. de la Seine-Inférieure, Mémo-
riaux, 1ᵉʳ vol., fol. 197 v°. 4 pages.

23811. Déclaration portant que les habitants de l'élection de Rouen sont tous tenus de contribuer
aux tailles de la généralité de Normandie.
Blois, 5 avril 1524.

5 avril.

Enreg. à la Cour des Aides de Normandie, le
13 janvier 1525 n. s. Arch. de la Seine-Inférieure,
Mémoriaux, 1ᵉʳ vol., fol. 220 v°. 7 pages.

23812. Lettres de réception du serment de fidélité d'Antoine de La Barre pour le temporel de l'évêché d'Angoulême. Paris, 6 mai 1524.

Expéd. orig. Arch. nat., P. 556¹, cote 688.

1524.
6 mai.

23813. Lettres de réception du serment de fidélité d'Émard Gouffier pour le temporel de l'évêché d'Albi, dépendant des sénéchaussées de Toulouse et de Carcassonne. Blois, 8 mai 1524.

Expéd. orig. Arch. nat., P. 556¹, cote 689.

8 mai.

23814. Lettres de surannation pour l'enregistrement des lettres du 19 mai 1515 (n° 23317), portant don au comte de Tende des droits de prise et de naufrage revenant au roi en Provence. Blois, 15 mai 1524.

Enreg. à la Chambre des Comptes d'Aix. Arch. des Bouches-du-Rhône, B. 28 (Pacis), fol. 41 v°. 1 page.

15 mai.

23815. Lettres portant adjonction au Parlement de Paris, pour le jugement du procès du connétable de Bourbon, de plusieurs membres des diverses cours souveraines du royaume. Blois, 16 mai 1524.

Transcription du temps. Bibl. nat., ms. fr. 5109, fol. 359 v° et 361. 1 page.

16 mai.

23816. Lettres de surannation pour l'enregistrement des lettres de juin 1515 (n° 23333), confirmant les privilèges des comtes de Tende. Blois, 17 mai 1524.

Enreg. à la Chambre des Comptes d'Aix. Arch. des Bouches-du-Rhône, B. 28 (Pacis), fol. 44. 1 page.

17 mai.

23817. Lettres ordonnant la convocation du ban et de l'arrière-ban dans le bailliage d'Amiens. Amboise, 25 mai 1524.

Bibl. nat., coll. de Picardie, vol. 112 bis, fol. 4. (Mention.)

25 mai.

23818. Provisions pour Jean Cotereau de l'office de greffier fiscal et patrimonial au Parlement de Provence, pour exercer ledit office en l'absence et à la survivance de Jean Maillart, son

21 juin.

oncle, ou réciproquement. Amboise, 2 1 juin
1 5 2 4.

1524.

*Enreg. à la Chambre des Comptes d'Aix. Arch.
des Bouches-du-Rhône, B. 28 (Pacis), fol. 58 v°.
2 pages.*

23819. Déclaration de l'hommage de Philippe Chabot,
chevalier de l'ordre, seigneur de Brion, pour
la seigneurie de Châteauneuf-sur-Charente,
au duché d'Angoulême. Amboise, 23 juin
1 5 2 4.

23 juin.

Expéd. orig. Arch. nat., P. 556[1], cote 690 *bis.*

23820. Provisions de l'office d'avocat fiscal à la Cour
des Aides de Normandie en faveur de Jean
Grandin, au lieu de Jean Quesnel, nommé
le même jour conseiller au Parlement de
Rouen, à la suite du décès d'Innocent Piolle.
Amboise, 26 juin 1 5 2 4.

26 juin.

*Enreg. à la Cour des Aides de Normandie, le
20 octobre 1524. Arch. de la Seine-Inférieure, Mémoriaux,* 1er vol., fol. 225 v°. 2 pages.

23821. Déclaration de l'hommage de Vincent Du Puy
pour les seigneuries de Vatan, Buxeuil, Villeneuve et le Puy-Saint-Laurien, mouvant du
comté de Blois. 1 1 juillet 1 5 2 4.

1 1 juillet.

Anc. arch. de la Chambre des Comptes de Blois,
lay. V. *Arch. nat.,* P. 1479, fol. 435. (*Mention.*)

23822. Lettres de réception du serment de fidélité
du cardinal de Lorraine pour le temporel
de l'archevêché de Narbonne. Romorantin,
1 4 juillet 1 5 2 4.

14 juillet.

Expéd. orig. Arch. nat., P. 556[1], cote 690.

23823. Lettres portant assignation, sur les deniers restant dus sur leur recette par les officiers comptables ressortissant en la Chambre des Comptes
de Dijon, au sire de La Trémoïlle, lieutenant général et gouverneur pour le roi en
Bourgogne, de la somme de 6,600 livres
tournois, qui sera employée à solder ce qui
reste dû à Michel Chausseblanche, patron
de la caraque ou nef nommée *la Sainte-*

16 juillet.

Catherine séjournant généralement au port de Toulon, aux îles d'Hyères et à l'île Pomègue devant Marseille, pour la défense de la Provence et du Languedoc, sur une somme de 4,600 écus soleil, représentant les frais d'armement et d'équipement de ladite caraque durant cinq mois et vingt-deux jours, sur laquelle il a été déjà payé audit Chausseblanche, savoir 1,000 livres tournois comptant et un office d'élu de Sens valant 800 écus soleil. Romorantin, 16 juillet 1524.

1524.

> *Comptes de Bénigne Serre, receveur général de Bourgogne.* Arch. de la Côte-d'Or, B. 1833, fol. 99. (*Mention.*)

23824. Privilège accordé aux échevins de Blois pour l'impression des coutumes du comté de Blois. 8 août 1524.

8 août.

> *Imp. Mention*, dans l'édition princeps desdites Coutumes, 1524.

23825. Lettres exemptant les habitants de Rouen de la subvention des gens de pied, en retour de la somme de 25,000 livres qu'ils ont payée au roi. Valence, 17 août 1524.

17 août.

> *Original.* Arch. comm. de Rouen, tiroir 148, n° 13.

23826. Prorogation pour deux ans de l'octroi concédé aux habitants de Rouen de certaines aides. Valence, 18 août 1524.

18 août.

> *Original.* Arch. comm. de Rouen, tiroir 145, n° 1.

23827. Lettres de légitimation pour Louis Rostaing, fils naturel de Raphaël Rostaing, de Marseille. Lyon, août 1524.

Août.

> *Enreg. à la Chambre des Comptes d'Aix.* Arch. des Bouches-du-Rhône, B. 28 (*Pacis*), fol. 57. 1 page.

23828. Déclaration portant pouvoir au sieur de Rouville, grand veneur de France, de continuer, conformément aux deux commissions à lui précédemment décernées, l'enquête *de commodo* et *incommodo* sur les inféodations faites

2 septembre.

16.

par Thomas Postel, Jean Le Sueur et Jean
Hérouart (ce dernier devenu depuis lieutenant du bailli de Chartres), conseillers au
Parlement de Rouen, dans les forêts de Normandie. Caderousse, 2 septembre 1524.

1524.

> Copie collat. du temps. Arch. comm. de Rouen,
> tiroir 31, n° 1. 5 pages.

23829. Lettres portant assignation sur la recette générale de Bourgogne à Raoul Hurault, général
des finances de Bourgogne, de 10,000 livres
tournois en remboursement de pareille somme
qu'il avait prêtée au roi et mise entre les
mains de Pierre d'Apestigny, receveur général
des finances extraordinaires et parties casuelles. Avignon, 16 septembre 1524.

16 septembre.

> Comptes de Bénigne Serre, receveur général de
> Bourgogne. Arch. de la Côte-d'Or, B. 1833,
> fol. 101. (Mention.)

23830. Déclaration de l'hommage d'Antoine de Bouliers, écuyer, pour la vicomté de Demont, les
seigneuries de Cental et de Roquesparvière[1],
mouvant du comté de Provence. Avignon,
27 septembre 1524.

27 septembre.

> Enreg. à la Chambre des Comptes d'Aix. Arch.
> des Bouches-du-Rhône, B. 30 (Homag.), fol. 163 v°.
> 1 page.

23831. Don à Georges Davyni, prêtre, de la chapelle
de Saint-Louis en l'église de Sainte-Marthe
de Tarascon, qui est à la collation du roi. Avignon, 30 septembre 1524.

30 septembre.

> Enreg. à la Chambre des Comptes d'Aix. Arch.
> des Bouches-du-Rhône, B. 31 (Salam.), fol. 267 v°.
> 1 page.

23832. Don à Frédéric de Gonzague, marquis de
Bâgé, des terres et seigneuries de Montréal,
Vichy et Châtel-Gérard, et des revenus des

Septembre.

---

[1] Aujourd'hui Demonte, Centallo et Roccasparvera dans la province
de Cuneo (royaume d'Italie).

greniers à sel d'Avallon et Saulieu. Caderousse, septembre 1524.

Comptes de Bénigne Serre, receveur général de Bourgogne. Arch. de la Côte-d'Or, B. 1834, fol. 94. (Mention.)

1524.

23833. Déclaration de l'hommage rendu par Étienne Robin, écuyer, pour la seigneurie de Graveson, mouvant du comté de Provence. Avignon, 6 octobre 1524.

6 octobre.

Enreg. à la Chambre des Comptes d'Aix. Arch. des Bouches-du-Rhône, B. 30 (Homag.), fol. 160 v°. 1 page.

23834. Déclaration de l'hommage rendu par Louis, fils de Robert de La Rochechandry, écuyer, au nom de son père, pour la seigneurie de Clion, dans la sénéchaussée de Saintonge. Avignon, 8 octobre 1524.

8 octobre.

Copie collat. du 13 novembre 1526, signée Presteseille. Arch. nat., P. 556¹, coté 702.

23835. Provisions en faveur de Pierre Du Gard de l'office d'avocat du roi au bailliage d'Amiens, vacant par le décès de Jean Rohaut. Chorges, 11 octobre 1524.

11 octobre.

Bibl. nat.; coll. de Picardie, vol. 4; fol. 108; vol. 112 bis, fol. 119. (Mentions.)

23836. Confirmation pour une nouvelle période de dix ans de la franchise et exemption précédemment octroyée aux habitants du comté de Charolais, des deniers auxquels ils pourraient être imposés pour leur quote-part des aides accordées au roi par les États du duché de Bourgogne, ladite confirmation faite à la réquête de Marie de Luxembourg, duchesse douairière de Vendôme, comtesse de Saint-Pol et de Charolais. La Chartreuse, 31 octobre 1524.

31 octobre.

Comptes de Bénigne Serre, receveur général de Bourgogne. Arch. de la Côte-d'Or, B. 1836, fol. 115 v° et 117. (Mentions.)

23837. Provisions par la régente d'un office d'élu en l'élection de Falaise en faveur de Renan

9 décembre.

Morel, au lieu de Gilbert Pichart, décédé.
Saint-Just-sur-Lyon, 9 décembre 1524.

1524.

> *Enreg. à la Cour des Aides de Normandie, le
> 20 octobre 1524. Arch. de la Seine-Inférieure, Mé-
> moriaux, 1ᵉʳ vol., fol. 246. 2 pages 1/2.*

23838. Lettres d'engagement à Anne, vicomtesse de
Rohan, de la vicomté de Carentan, en ga-
rantie d'un prêt de 48,000 livres par elle fait
au roi. 24 décembre 1524.

24 décembre.

> *Enreg. à la Chambre des Comptes de Paris,* anc.
> mém. 2 E, fol. 23 v°. *Arch. nat.*, PP. 119, p. 4.
> (*Mention.*)
> *Bibl. de Rouen,* ms. Leber, 5870, t. XIV,
> fol. 52 v°. (*Mention.*)

1525. — Pâques, le 16 avril.

1525.

23839. Lettres donnant pouvoir à la Chambre des
Comptes d'Aix de surseoir à la perception du
don gratuit de 6,000 livres à payer par la
Provence. Au camp devant Pavie, 25 janvier
1524.

25 janvier.

> *Enreg. à la Chambre des Comptes de Provence.
> Arch. des Bouches-du-Rhône,* B. reg. 1450,
> fol. 238 v°. 1 page.
> *Copie du* xviiiᵉ *siècle. Ibid.,* B. carton 3292,
> pièce 19.

23840. Lettres de la régente, portant déclaration du
serment de fidélité d'Érard de Grossolles [de
Flamarens] pour le temporel de l'évêché de
Condom. Saint-Just-sur-Lyon, 5 février 1524.

5 février.

> *Expéd. orig. Arch. nat.*, P. 556¹, cote 687.

23841. Déclaration de l'hommage de Jean Cottereau
pour la seigneurie de « Moncourtoys » [1] et ses
dépendances, au comté de Blois. 11 février
1524.

11 février.

> *Anc. arch. de la Chambre des Comptes de Blois,*
> lay. M. *Arch. nat.*, P. 1479, fol. 231 v°. (*Mention.*)

[1] L'emplacement de cette seigneurie paraît voisin de Ménars. (Cf.
P. 1479, fol. 248.)

23842. Lettres autorisant Francisco de San Severino à disposer, en faveur de tel membre de sa famille qu'il lui conviendra de choisir, du comté de Bobbio et autres fiefs, dont il avait été investi par lettres du 6 février 1516 n. s. (n° 23384), sans que cette faculté lui ait été alors expressément concédée. Au camp devant Pavie, 20 février 1524.

1525.
20 février.

Copie collat. du 16 juillet 1725.
Bibl. nat., Nouv. acquis. lat., ms. 1277, fol. 24.
2 pages.

23843. Provisions pour Pierre de Montdragon, commissaire ordinaire de l'artillerie, de l'office de capitaine de la tour et du port de Toulon, à la place de Jean du Montcée qui en est déchargé. Saint-Just-sur-Lyon, 20 mars 1524.

20 mars.

Enreg. à la Chambre des Comptes d'Aix. Arch.
des Bouches-du-Rhône, B. 28 (Pacis), fol. 298.
1 page 1/2.

23844. Lettres de la régente établissant le cardinal de Clermont, légat d'Avignon, lieutenant général en Provence, en l'absence du comte de Tende, gouverneur dudit pays. Saint-Just-sur-Lyon, 27 mars 1524.

27 mars.

Enreg. à la Chambre des Comptes d'Aix. Arch.
des Bouches-du-Rhône, B. 28 (Pacis), fol. 67 v°.
2 pages 1/2.

23845. Mandement de la régente pour le payement des gages des officiers du Parlement de Bourgogne de la présente année. Lyon, 18 avril 1525.

18 avril.

Comptes de Bénigne Serre, receveur général de
Bourgogne. Arch. de la Côte-d'Or, B. 1834, fol. 88.
(Mention.)

23846. Mandement de la régente pour le payement des gages des officiers de la Chambre des Comptes de Dijon pour l'année courante. Lyon, 18 avril 1525.

18 avril.

Comptes de Bénigne Serre, receveur général de
Bourgogne. Arch. de la Côte-d'Or, B. 1834,
fol. 89 v° et 102. (Mentions.)

23847. Lettres de la régente portant don à Frédéric de
Gonzague, marquis de Bâgé, d'une somme
équivalant au revenu des terres et seigneuries
de Montréal, Vichy et Châtel-Gérard et des
greniers à sel d'Avallon et Saulieu, produit
depuis le mois de septembre 1524 (n° 23832),
époque où le roi fit don audit seigneur de ces
revenus, jusqu'à la date des présentes lettres,
ledit de Gonzague ayant été empêché depuis,
à cause des guerres auxquelles il a pris part,
d'entrer en possession desdits biens. Lyon,
25 avril 1525.

1525.
25 avril.

> Comptes de Bénigne Serre, receveur général de
> Bourgogne. Arch. de la Côte-d'Or, B. 1834, fol. 95.
> (Mention.)

23848. Lettres confirmant aux habitants de Cournon,
près Clermont en Auvergne, la permission de
clore et de fortifier leur ville. Lyon, 26 avril
1525.

26 avril.

> Original. Arch. départ. du Puy-de-Dôme.
> Imp. Bulletin historique et scientifique de l'Au-
> vergne, t. III, 1883, p. 131.

23849. Lettres portant mainlevée des biens de Charles
de Croy, mineur, saisis parce que son frère
aîné Philippe de Croy, marquis d'Arschot,
tient le parti de l'empereur. Lyon, 29 mai
1525.

29 mai.

> Bibl. nat., ms. fr. 14368, fol. 188. (Mention.)

23850. Déclaration concernant les mandataires. 29 mai
1525.

29 mai.

> Bibl. de Rouen, ms. E. 57, fol. 6. (Mention,
> d'après les Arch. du Parl. de Rouen.)

23851. Lettres portant établissement de la chambre des
vacations au Parlement de Rouen. Mai 1525.

Mai.

> Bibl. de Rouen, ms. E. 57, fol. 6. (Mention,
> d'après les Arch. du Parl. de Rouen.)

23852. Pouvoirs donnés par la régente à Louis de Canossa, évêque de Bayeux, pour traiter avec
les Vénitiens. 9 juin 1525.

9 juin.

> Bibl. nat., ms. fr. 3937, fol. 71. (Mention.)

23853. Provisions pour Nicolas Emenjard, docteur en droit, de l'office de juge mage et des secondes appellations de Provence, vacant par la mort d'Étienne Puget. Lyon, 5 juillet 1525.

Enreg. à la Chambre des Comptes d'Aix. Arch. des Bouches-du-Rhône, B. 28 (Pacis), fol. 74 v°. 1 page 1/2.

1525.
5 juillet.

23854. Lettres d'engagement par la régente à Georges Grolier du greffe ordinaire de la sénéchaussée de Guyenne, moyennant 20,000 livres tournois. 6 août 1525.

Bibl. nat., ms. fr. 14368, fol. 153. (Mention.)

6 août.

23855. Lettres de la régente, autorisant François d'Escars à quitter la ville d'Orléans, où il avait été condamné, par arrêt du Parlement de Paris, à résider deux ans, à la condition d'aller habiter, pendant le reste dudit temps, sa maison de Bret. Lyon, 7 août 1525.

Transcription du temps. Bibl. nat., ms. fr. 5109, fol. 417 v°. 2 pages.

7 août.

23856. Mandement de la régente aux élus de Péronne, leur ordonnant d'imposer l'élection de 3,825 livres 4 sous 1 denier pour sa quote-part des 2,661,000 livres imposées sur le royaume et pour les frais des commissaires. Tournon, 10 septembre 1525.

Bibl. nat., coll. de Picardie, vol. 11, 3e paquet, p. 125.

10 septembre.

23857. Lettres de relief de surannation de celles du 10 septembre 1523 (n° 23787), portant déclaration de l'hommage de Louise de La Roche. Paris, 17 octobre 1525.

Original. Arch. nat., P. 556¹, cote 692.

17 octobre.

23858. Don par la régente à la marquise douairière de Saluces et au marquis de Saluces, son fils, pour dix années, du comté de Castres avec ses revenus et juridiction et la faculté de pourvoir aux offices vacants. Lyon, 18 octobre 1525.

Copie du XVIe siècle. Bibl. nat., ms. fr. 14368, fol. 64. 2 pages.

18 octobre.

23859. Pouvoirs donnés par la régente au comte·de
Carpi pour traiter avec le pape. 28 octobre
1525.

1525.
28 octobre.

> *Bibl. nat.*, ms. fr. 3937, fol. 71. (*Mention.*)

23860. Collation par la régente d'un canonicat et d'un
office de chantre en la Sainte-Chapelle du
Palais, à Paris, pour Jacques Dumoulin, curé
de Combs-la-Ville, en remplacement et sur
la résignation de Guillaume Crétin. Lyon,
5 novembre 1525.

5 novembre.

> *Deux lettres pat. enreg., le 25, dans les Mémoriaux
> de la Sainte-Chapelle. Arch. nat.*, LL. 625,
> fol. 15 v°.

23861. Mandement de la régente à Charles de Dizi-
mieu, chevalier, lieutenant général du s' de
Chandio, grand prévôt des maréchaux de
France, de se rendre en Bourgogne, en Champagne et autres pays où des aventuriers et
vagabonds sont assemblés et se livrent au
pillage, de lever dans les bailliages et sénéchaussées par où il passera le ban et l'arrière-
ban, les francs archers, les gens des ordonnances, les communautés de villes et de
paroisses, pour combattre et disperser lesdits
aventuriers. Saint-Just-sur-Lyon, 15 novembre
1525.

15 novembre.

> *Copie contemporaine. Bibl. nat.*, ms. fr. 14368,
> fol. 60 v°. 1 page 1/4.

23862. Don à Jean, Philippe et Alexandre de Roma,
frères, milanais, pour les indemniser des dépenses qu'ils ont faites au service du roi, de
la vicomté de Martigues, en Provence, dans
l'état où elle était lorsqu'elle fut donnée à
vie à Galéas de Saint-Séverin, décédé, et,
en outre, de la somme de 150,460 livres
1 sou 6 deniers comptants, à prendre sur la
trésorerie de l'épargne. Saint-Just-sur-Lyon,
9 décembre 1525.

9 décembre.

> *Enreg. à la Chambre des Comptes d'Aix. Arch.
> des Bouches-du-Rhône*, B. 28 (*Pacis*), fol. 575.
> 5 pages.

23863. Lettres portant que les greffiers des différentes cours judiciaires de Provence devront, ainsi qu'ils le faisaient autrefois et conformément aux anciennes ordonnances des comtes de Provence, tenir un registre annuel des amendes prononcées par lesdites cours et l'envoyer à la Chambre des Comptes d'Aix, laquelle le transmettra au receveur général pour qu'il en opère la recette. Saint-Just-sur-Lyon, 22 décembre 1525. — 1525. 22 décembre.

> *Enreg. à la Chambre des Comptes d'Aix. Arch. des Bouches-du-Rhône, B. 28 (Pacis), fol. 286 v°. 2 pages.*

1526. — Pâques, le 1er avril.

23864. Lettres de la régente, accordant à Nicolas Aoustin la survivance de l'office de contrôleur du grenier à sel de Dieppe, exercé par Jean Aoustin, son père. Roussillon, 1er janvier 1525. — 1526. 1er janvier.

> *Vérif. par les généraux des finances, le 10 janvier 1526 n. s.*
> *Enreg. à la Cour des Aides de Normandie, le 9 février 1526 n. s. Arch. de la Seine-Inférieure, Mémoriaux, 1er vol., fol. 248 v°. 4 pages.*

23865. Provisions par la régente de l'office de greffier de l'élection de Bayeux, en faveur de Marcel Onfray, au lieu de Michel de Louvières, décédé. Saint-Just-sur-Lyon, 17 janvier 1525. — 17 janvier.

> *Vérif. par les généraux des finances, le 20 janvier 1526 n. s.*
> *Enreg. à la Cour des Aides de Normandie, le 29 janvier 1526 n. s. Arch. de la Seine-Inférieure, Mémoriaux, 1er vol., fol. 247. 2 pages.*

23866. Pouvoirs donnés par la régente à Louis de Canossa, évêque de Bayeux, pour traiter avec les Vénitiens et autres États d'Italie. 24 janvier 1525. — 24 janvier.

> *Bibl. nat., ms. fr. 3937, fol. 71. (Mention.)*

17.

23867. Lettres conférant à Baptiste d'Oraison, évêque de Senez, la faculté de siéger au Parlement d'Aix avec les mêmes droits que les autres conseillers, à la place de l'évêque de Grasse [Augustin Grimaldi], absent du royaume, qui tenait cette permission du roi et de ses prédécesseurs. Saint-Just-sur-Lyon, 28 janvier 1525. — 1526. 28 janvier.

Enreg. à la Chambre des Comptes d'Aix. Arch. des Bouches-du-Rhône, B. 28 (Pacis), fol. 120. 1 page.

23868. Mandement aux habitants de Béziers de subvenir aux dépenses nécessitées par la guerre. Saint-Just-sur-Lyon, 28 janvier 1525. — 28 janvier.

Original. Arch. de la ville de Béziers.

23869. Déclaration de l'hommage de Philippe de Morvillier, procureur de Jean de Morvillier, pour la dîme dite « du Franc des Morvilliers », sise à Villelevry, dans la paroisse de Villerbon (comté de Blois). 14 février 1525. — 14 février.

Anc. arch. de la Chambre des Comptes de Blois, lay. V. Arch. nat., P. 1479, fol. 428. (Mention.)

23870. Provisions par la régente de l'office de procureur du roi en l'élection de Rouen, en faveur de Jacques Bellier, sur la résignation faite à son profit par Jean Thorel, qui cumulait précédemment ledit office avec celui de procureur du roi à la Cour des Aides de Normandie. Blois, 15 février 1525. — 15 février.

Vérif. par les généraux des finances, le surlendemain.
Enreg. à la Cour des Aides de Normandie, le 11 avril 1526. Arch. de la Seine-Inférieure, Mémoriaux, 1er vol., fol. 259 v°. 5 pages.

23871. Collation par la régente en faveur de Pierre Turquant, chanoine de Notre-Dame de Paris, d'un canonicat et prébende de la Sainte-Chapelle du Palais, qu'il veut échanger avec François de Faulcon. Châtellerault, 22 février 1525. — 22 février.

Enreg. aux Mémoriaux de la Sainte-Chapelle. Arch. nat., LL. 625, fol. 39 v°.

23872. Provisions pour Pierre Vitalis, docteur en droit, de l'office de maître rational en la Chambre des Comptes de Provence, vacant par le décès de Michel Guiran. Cadillac, 6 mars 1525.

Enreg. à la Chambre des Comptes d'Aix. Arch. des Bouches-du-Rhône, B. 28 (Pucis), fol. 116. 1 page 1/2.

1526.
6 mars.

23873. Provisions pour Robert de La Marck de la charge de maréchal de France. Dax, 23 mars 1525.

Imp. Pinard, Chronologie historique militaire. Paris, 1760-1778, in-4°, t. II, p. 226. (Mention.)

23 mars.

23874. Provisions de l'office de procureur du roi en l'élection de Coutances et Carentan, y compris Saint-Lô, en faveur de Nicolas de Meaux, sur la résignation de Jean Le Vavasseur. Mont-de-Marsan, 29 mars 1525.

Enreg. à la Cour des Aides de Normandie, le 2 mai 1526. Arch. de la Seine-Inférieure, Mémoriaux, 1er vol., fol. 263 v°. 2 pages.

29 mars.

23875. Déclaration de l'hommage de François, seul héritier de feu Louis, sr de La Trémoïlle, pour le comté de Benon, la baronnie de Marans, et la seigneurie de l'île de Ré, au gouvernement de la Rochelle. Bordeaux, 12 avril 1526.

Expéd. orig. Arch. nat., P. 556¹, cote 694.

12 avril.

23876. Déclaration de l'hommage de François de La Trémoïlle, pour la vicomté de Thouars, la principauté de Talmont, les baronnies de Mauléon et de Luçon, les châtellenies de Gençay, d'Olonne et de Curzon, au comté de Poitou. Bordeaux, 12 avril 1526.

Expéd. orig. Arch. nat., P. 556¹, cote 695.

12 avril.

23877. Lettres pour l'exécution de l'arrêt du Grand conseil donné au profit de feu Jacques de Crussol à l'encontre de l'abbaye des Vaux-de-Cernay, touchant 1,200 arpents de bois, dits « les bois des Maréchaux ». Bordeaux, 20 avril 1526.

Copie du temps. Arch. de Seine-et-Oise, série H, fonds des Vaux-de-Cernay, 39° carton.

20 avril.

23878. Provisions pour Claude Guillien de l'office de
contrôleur des greniers à sel d'Hyères, vacant
par la résignation faite en sa faveur par
Claude Barbathon. Cognac, 21 avril 1526.

> *Enrég. à la Chambre des Comptes d'Aix. Arch.
> des Bouches-du-Rhône, B. 28 (Pacis), fol. 264.
> 1 page 1/2.*

1526,
21 avril.

23879. Lettres de jussion pour l'enregistrement des
lettres données par la régente, le 9 décembre 1525, en faveur de Jean, Philippe et
Alexandre de Roma (n° 23862). Cognac,
27 avril 1526.

> *Enreg. à la Chambre des Comptes d'Aix. Arch.
> des Bouches-du-Rhône, B. 28 (Pacis), fol. 583 v°.
> 1 page 1/2.*

27 avril.

23880. Lettres octroyant à la ville de Saint-Jean-d'Angély un droit de souchet sur les vins vendus,
amenés ou déchargés dans la ville. Cognac,
3 mai 1526.

> *Original. Arch. comm. de Saint-Jean-d'Angély,
> AA. 20.*

3 mai.

23881. Déclaration portant que Julien Bonacorsi, trésorier général des finances de Provence, lè-
vera, suivant le mode accoutumé, employé par
tous ses prédécesseurs, les deniers de l'octroi
accordé au roi par les États du pays, et non
selon la forme qu'il s'était fait autoriser à
employer par lettres de la régente. Cognac,
25 mai 1526.

> *Enreg. à la Chambre des Comptes d'Aix. Arch.
> des Bouches-du-Rhône, B. 28 (Pacis), fol. 132.
> 2 pages.*

25 mai.

23882. Lettres portant assignation sur la recette générale de Bourgogne à Émard de La Clayette,
chevalier, gouverneur et bailli d'Auxerre et
capitaine de quatre-vingts lances des ordonnances du roi, de la somme de 400 livres
tournois pour son état de gouverneur durant
deux années, à échoir la veille de la Saint-
Jean-Baptiste prochaine. 8 juin 1526.

> *Comptes de Bénigne Serre, receveur général de
> Bourgogne. Arch. de la Côte-d'Or, B. 1835,
> fol. 95. (Mention.)*

8 juin.

23883. Déclaration de l'hommage rendu par Pierre
Giboyn, au nom de Gilles Bretinault, sʳ de
la Bruchardière, pour la seigneurie de Fronsac
en Aunis [1], au gouvernement de la Rochelle.
Angoulême, 13 juin 1526.

1526.
13 juin.

Expéd. orig. Arch. nat., P. 556¹, cote 697.

23884. Lettres portant assignation, sur la recette générale de Bourgogne aux frères Jean, Sanxon et
Brandelis de Saint-Marsault, d'une somme
de 4,000 livres tournois, en remboursement
de semblable somme que le feu sʳ de Saint-
Marsault, leur père, avait prêtée au roi en
1524 et mise entre les mains de Pierre d'Apestigny, receveur général des finances extraordinaires et parties casuelles. Angoulême,
22 juin 1526.

22 juin.

*Comptes de Bénigne Serre, receveur général de
Bourgogne. Arch. de la Côte-d'Or, B. 1836,
fol. 112. (Mention.)*

23885. Mandement au Parlement de Paris de faire
cesser la séquestration des biens de François
d'Escars. Angoulême, 27 juin 1526.

27 juin.

*Transcription du temps. Bibl. nat., ms. fr. 5109,
fol. 419 v°. 1 page 1/3.*

23886. Don à Florimond Robertet, seigneur d'Alluyes
et de Bury, secrétaire des finances, pour
l'agrandissement de son château de Bury, du
lieu de la Cour, paroisse de Chambon, au
comté de Blois. Angoulême, juin 1526.

Juin.

*Original scellé. Arch. départ. de Loir-et-Cher,
Titres du comté de Rostaing. (Pièces non clas-
sées.)*
*Vérif. à la Chambre des Comptes de Blois, le
25 septembre 1526.*
Enreg. au bailliage de Blois, le 20 octobre 1526.
*Impr. Revue de Loir-et-Cher, 2ᵉ année, 1889,
p. 106. Bury en Blaisois, par H. de la Vallière.*

23887. Lettres portant assignation sur l'épargne à Bénigne Serre, receveur général de Bourgogne,

7 juillet.

[1] Ce fief, aussi appelé la baillie de Rochefort (P. 556¹, cote 686),
était voisin du hameau de Maubec, dans la commune de Dompierre
(P. 563¹, cote 2197).

de la somme de 2,395 livres tournois pour
employer au complet payement des gages des
officiers de la Chambre des Comptes de Dijon, pour le semestre finissant le 30 juin
1526. Nanteuil, 7 juillet 1526.

*Comptes de Bénigne Serre, receveur général de
Bourgogne. Arch. de la Côte-d'Or, B. 1835, fol. 80
et 105 v°. (Mentions.)*

23888. Déclaration de l'hommage de Jean Arnault
pour la prévôté féodale de Champagne, mouvant du bailliage de Champagne (sénéchaussée de Saintonge). Amboise, 4 août
1526.

Expéd. orig. Arch. nat., P. 556[1], cote 699.

23889. Lettres révoquant le don fait à l'évêque de
Digne, à l'encontre des règles invariablement
observées, de l'office de conseiller extraordinaire au Parlement de Provence. Amboise,
7 août 1526.

*Enreg. à la Chambre des Comptes d'Aix. Arch.
des Bouches-du-Rhône, B. 28 (Pacis), fol. 152 v°.
1 page 1/2.*

23890. Déclaration confirmant la légitimation faite par
Louis XII de Claude Séguier, fils naturel de
Dominique Séguier, conseiller et maître
d'hôtel du roi. Amboise, 21 août 1526.

*Enreg. à la Chambre des Comptes d'Aix. Arch.
des Bouches-du-Rhône, B. 28 (Pacis), fol. 155.
3 pages.*

23891. Provisions d'un office d'élu en l'élection
d'Évreux, en faveur de Gilles de Lieurey,
sur la résignation faite à son profit par Jean
du Souchay. Amboise, 10 septembre 1526.

*Enreg., le 27, à la Cour des Aides de Normandie.
Arch. de la Seine-Inférieure, Mémoriaux, 1er vol.,
fol. 266. 2 pages.*

23892. Lettres d'abolition en faveur de Pierre de Pinac,
ancien serviteur du connétable de Bourbon,
qu'il avait suivi hors du royaume. Chenonceaux, septembre 1526.

*Transcription du temps. Bibl. nat., ms. fr. 5106,
fol. 432 v°. 4 pages.*

Marginalia:
1526.
4 août.
7 août.
21 août.
10 septembre.
Septembre.

23893. Déclaration de l'hommage de Pierre d'Angliers, écuyer, seigneur dudit lieu, pour la seigneurie de la Sauzaie [1] (gouvernement de la Rochelle). Beaugency, 4 octobre 1526.

1526.
4 octobre.

Expéd. orig. Arch. nat., P. 566¹, cote 700.

23894. Lettres d'érection en duché des comtés de Valentinois et Diois, en faveur du sᵣ « Domptezat » (s. d. Montpezat) et de ses successeurs. Beaugency, 15 octobre 1526.

15 octobre.

Copie du xvɪᵉ siècle. Bibl. nat., ms. fr. 14368, fol. 101 vº. 1 page.

23895. Lettres de relief de surannation de celles du 8 octobre 1524 (nº 23834), portant déclaration de l'hommage de Robert de La Rochechandry. Paris, 7 novembre 1526.

7 novembre.

Copie collat. du 13 novembre 1526, signée Presteseille. Arch. nat., P. 556¹, cote 702.

23896. Lettres de relief de surannation pour l'enregistrement des lettres de légitimation accordées à Baltazar, Jean, Hélaine et Madeleine de Villeneuve, en janvier 1516 n. s. (nº 23381). Paris, 9 novembre 1526.

9 novembre.

Enreg. à la Chambre des Comptes d'Aix. Arch. des Bouches-du-Rhône, B. 28 (Pacis), fol. 166. 3 pages.

23897. Lettres de relief d'appel au profit des habitants de Rouen. Saint-Germain-en-Laye, 27 novembre 1526.

27 novembre.

Arch. commun. de Rouen, V. 1, fol. 200. (Mention.)

23898. Lettres de relief de surannation pour la vérification par la Chambre des Comptes de Paris et les généraux des finances des lettres données le 20 mars 1522 n. s. (nº 23700) en confirmation de celles de Louis XII, en faveur des officiers municipaux de la ville de

27 novembre.

[1] Charente-Inférieure, arrondissement et canton de la Rochelle, commune de Saint-Xandre.

Rouen. Saint-Germain-en-Laye, 27 novembre 1526.

1526.

> *Original. Arch. commun. de Rouen, tiroir 27, n° 1.*

23899. Lettres de réception du serment de fidélité de François de Sarcus pour le temporel de l'évêché du Puy. Saint-Germain-en-Laye, 5 décembre 1526.

5 décembre.

> *Expéd. orig. Arch. nat., P. 556¹, cote 706.*

23900. Lettres mandant à la Chambre des Comptes de Moulins et au sénéchal d'Auvergne que la terre de Mareuil ayant été saisie sur Charles de Bourbon, après sa fuite du royaume, l'administration en est confiée au duc d'Albany, gouverneur d'Auvergne. Saint-Germain-en-Laye, 6 décembre 1526.

6 décembre.

> *Imp. Revue Bourbonnaise, t. II, 1885, p. 338.*

23901. Mandement à la Chambre des Comptes de Dijon d'allouer aux comptes de Bénigne Serre, receveur général de Bourgogne, et de diminuer de sa recette : 1° la somme de 1,000 livres tournois que ledit receveur a versée, sur l'ordre de l'amiral de Brion, lieutenant général et gouverneur pour le roi en Bourgogne, à Jean Saumaire, commis au payement des ouvrages et réparations des villes, places et châteaux de Bourgogne, pour être employée à refaire à neuf les ponts-levis et dormants du château de Dijon et autres réparations urgentes; 2° la somme de 100 livres tournois payée par l'ordre du sʳ des Loges, lieutenant de l'amiral au gouvernement de Bourgogne, pour être employée aux affaires du roi; 3° la somme de 400 livres tournois qui sera payée comptant au gouverneur de Bourgogne ou à son lieutenant, lorsque ceux-ci la réclameront, pour l'employer aux cas imprévus du pays de Bourgogne. Saint-Germain-en-Laye, 8 décembre 1526.

8 décembre.

> *Comptes de Bénigne Serre, receveur général de Bourgogne. Arch. de la Côte-d'Or, B. 1835, fol. 90. (Mention.)*

23902. Provisions de l'office de procureur du roi près l'élection et le grenier à sel de Caudebec, en faveur de Guillaume Desmares, au lieu d'Adam Desmares, son père, et de Guillaume Guéroult, décédés, qui avaient été tous deux pourvus dudit office par le roi. Saint-Germain-en-Laye, 24 décembre 1526.

1526.
24 décembre.

> *Enreg. à la Cour des Aides de Normandie, le 8 janvier 1527 n. s. Arch. de la Seine-Inférieure, Mémoriaux, 1ᵉʳ vol., fol. 269 v°. 2 pages.*

23903. Confirmation et prorogation pour dix ans, en faveur des religieuses de Saint-Louis de Poissy, d'une rente de 2,000 livres par an sur la vicomté de Gisors. 1526.

1526.

> *Enreg. à la Chambre des Comptes de Paris, anc. mém. 2 E, fol. 41 v°. Arch. nat., PP. 119, p. 7. (Mention.)*
> *Bibl. de Rouen, ms. Leber 5870, t. XIV, fol. 52 v°. (Mention).*

23904. Lettres d'anoblissement en faveur de Guillaume Bertrand, licencié en droit, juge en la cité du Puy. 1526.

1526.

> *Enreg. à la Chambre des Comptes de Paris, anc. reg. 12, fol. 128.*
> *Bibl. de l'Arsenal à Paris, ms. 4903, p. 123. (Mention.)*

1527. — Pâques, le 21 avril.

1527.
2 janvier.

23905. Lettres de don aux maire, échevins et habitants de Dijon, de la somme de 2,500 livres tournois, pour employer aux réparations et fortifications de la ville, conformément à un semblable octroi fait par Louis XII et confirmé précédemment par le roi. Saint-Germain-en-Laye, 2 janvier 1526.

> *Comptes de Bénigne Serre, receveur général de Bourgogne. Arch. de la Côte-d'Or, B. 1836, fol. 113. (Mention.)*

23906. Déclaration portant que les habitants de la Franche-Comté, étant considérés comme su-

15 janvier.

18.

jets du roi, n'ont pas besoin de lettres de
naturalité ni de permission de tester, mais
peuvent jouir dans le royaume de tous les
privilèges à eux accordés par Louis XI. Saint-
Germain-en-Laye, 15 janvier 1526.

*Copie du xvıᵉ siècle. Bibl. nat., ms. fr. 14368,
fol. 149. 1/2 page.*

23907. Don aux frères Jean, Philippe et Alexandre de
Roma des revenus du tirage du sel à Va-
lence, au lieu de la vicomté de Martigues qui
leur avait été donnée en rémunération de
prêts faits au roi et de pertes subies à son
service. Saint-Germain-en-Laye, 25 janvier
1526.

*Enreg. à la Chambre des Comptes d'Aix. Arch.
des Bouches-du-Rhône, B. 29 (Sagitt.), fol. 286 vᵒ.
5 pages.*

23908. Don au comte Pedro Navarro, capitaine général
de l'armée de mer du roi et de celle de la
Sainte-Ligue, de la vicomté de Martigues,
en Provence, pour en jouir sa vie durant.
Saint-Germain-en-Laye, 31 janvier 1526.

*Enreg. à la Chambre des Comptes d'Aix. Arch.
des Bouches-du-Rhône, B. 28 (Pacis), fol. 310.
3 pages.*

23909. Mandement à la Chambre des Comptes de Dijon d'allouer aux comptes de Bénigne Serre,
receveur général de Bourgogne, la somme de
7,500 livres tournois qui a été payée comptant par ledit receveur à Gaillard Spifame,
commis au payement de l'extraordinaire des
guerres, au mois de février 1526, par ordre
du conseil de la régente, contrairement à la
dernière ordonnance qui défend aux receveurs de faire aucun payement à tout autre
qu'au trésorier de l'épargne, sauf en ce qui
concerne les aumônes, gages d'officiers, frais
de justice et réparations. Saint-Germain-en-
Laye, 17 février 1526.

*Comptes de Bénigne Serre, receveur général de
Bourgogne. Arch. de la Côte-d'Or, B. 1835, fol. 94.
(Mention.)*

1527.

25 janvier.

31 janvier.

17 février.

23910. Confirmation, contre Pierre de Bellefourrière,
du don fait le 3 février 1520 n. s. (n° 23616),
à Jacqueline d'Astarac, veuve d'Antoine de
Mailly. Saint-Germain-en-Laye, 5 mars
1526.

> Original. Chartrier du château de la Roche-
> Mailly (Sarthe).
> Imp. L'abbé A. Ledru, Hist. de la maison de
> Mailly. Paris, 2 vol. gr. in-8°, 1893, t. II, p. 274.

1527.
5 mars.

23911. Collation pour Pierre Pommereu d'un canonicat et prébende de la Sainte-Chapelle du
Palais, à Paris, en remplacement et sur la résignation de Jean d'Espinay. Saint-Germain-
en-Laye, 7 mars 1526.

> Enreg. aux Mémoriaux de la Sainte-Chapelle.
> Arch. nat., LL. 625, fol. 64.

7 mars.

23912. Déclaration confirmative des lettres de Louis XII
(Paris, mars 1540 n. s.), portant homologa-
tion des statuts des rôtisseurs de Paris. Saint-
Germain-en-Laye, mars 1526.

> Enreg. au Châtelet de Paris, le 1er avril 1560 n. s.
> Arch. nat., Bannières, Y. 11, fol. 80. 3 pages.

Mars.

23913. Déclaration de l'hommage d'Antoine des Prez,
chevalier, sr de Montpezat, pour la moitié
de la seigneurie de Vaillac (sénéchaussée de
Rouergue), mouvant de la couronne. Saint-
Germain-en-Laye, 2 avril 1526.

> Expéd. orig. Arch. nat., P. 556¹, cote 693.

2 avril.

23914. Lettres de réception du serment de fidélité de
Jean de Pins pour le temporel de l'évêché
de Rieux (sénéchaussée de Toulouse). Vincennes, 28 avril 1527.

> Expéd. orig. Arch. nat., P. 556¹, cote 707.

28 avril.

23915. Lettres de relief de surannation de celles du
12 avril 1526 (n° 23876), portant déclaration de l'hommage de François de La Trémoïlle pour la vicomté de Thouars. Paris,
7 mai 1527.

> Expéd. orig. Arch. nat., P. 556¹, cote 695.

7 mai.

23916. Lettres portant assignation sur la recette générale de Bourgogne, savoir au s' des Loges et
de la Boulaye, bailli d'Autun et lieutenant
du gouverneur de Bourgogne, de la somme
de 1,000 livres tournois pour son service en
Bourgogne durant l'absence du gouverneur,
l'amiral de Brion; à Bernardin Du Hamel, de la
somme de 100 livres tournois, pour plusieurs
services secrets rendus au roi et dont celui-ci
ne veut pas qu'il soit fait mention plus explicite; au capitaine de Dijon, 120 livres; à
celui de Beaune, 75 livres; à celui de la ville
d'Auxonne, 100 livres; à celui du château
d'Auxonne, 50 livres; à celui du château de
Talant, 100 livres; au s' de la Mothe-Jacqueron, 100 livres; au s' de Magny, 60 livres;
au s' de Plaisance, commissaire des mortes-
payes, 200 livres; au maire de Dijon,
50 livres; à celui de Beaune, 25 livres, et
à celui d'Auxonne, 20 livres, ces diverses
sommes représentant pour les deux premiers
leur pension d'une année et pour tous les
autres celle d'un semestre Bois de Vincennes,
23 mai 1527.

> *Comptes de Bénigne Serre, receveur général de Bourgogne. Arch. de la Côte-d'Or, B. 1836, fol. 117 v°. (Mention.)*

1527.
23 mai.

23917. Lettres de réception du serment de fidélité de
Claude Du Prat, évêque de Mende, comte de
Gévaudan, pour le temporel dudit évêché.
Paris, 11 juin 1527.

> *Expéd. orig. Arch. nat., P. 556[1], cote 708.*

11 juin.

23918. Lettres interdisant au Parlement de Rouen de
décider des appellations en cas de procès
entre les recteurs, docteurs et écoliers de
l'Université de Caen et les prélats de Normandie, jusqu'à ce que le roi ait ordonné sur
le fait des nominations de ladite Université.
Paris, 16 juin 1527.

> *Arch. départ. du Calvados, D. 150. (Mention.)*

16 juin.

23919. Lettres portant assignation sur les recettes gé-

26 juillet.

nérales du royaume à René Thisart et Jean
Grolier, trésoriers des guerres, de la somme
de 214,973 livres 17 sous 6 deniers tournois, pour employer au fait de leur office,
notamment au payement des gages de deux
mille deux cent cinquante-cinq lances d'ordonnance et de soixante-douze archers, pour
les mois de janvier, février et mars 1527.
Paris, 26 juillet 1527.

> Comptes de Bénigne Serre, receveur général de
> Bourgogne. Arch. de la Côte-d'Or, B. 1836,
> fol. 106. (Mention.)

1527.

23920. Lettres renouvelant les privilèges de la ville de
Domme et portant que, conformément à la
requête des consuls et habitants de cette ville,
le sénéchal de Périgord y tiendra désormais
les assises qui jusqu'alors avaient lieu à Sarlat.
Saint-Denis, 27 juillet 1527.

> Copie du XVIIIe siècle. Bibl. nat., coll. de Périgord, t. XV, fol. 17. 2 pages.

27 juillet.

23921. Lettre de don à Denis Poillot, président au
Parlement de Paris, en récompense de ses
services et spécialement de ses voyages et
ambassades pour le service du roi, et outre
ses autres gages et pensions, de la somme
de 300 livres tournois, payable par le receveur général de Bourgogne. Paris, 27 juillet
1527.

> Comptes de Bénigne Serre, receveur général de
> Bourgogne. Arch. de la Côte-d'Or, B. 1836,
> fol. 113 v°. (Mention.)

27 juillet.

23922. Lettres exemptant pour six années les habitants de Saint-Remy en Provence de payer
la taille, en considération des dévastations
commises dans ce pays par les gens de guerre,
Amiens, 16 août 1527.

> Enreg. à la Chambre des Comptes d'Aix. Arch.
> des Bouches-du-Rhône, B. 28 (Pacis), fol. 450 v°.
> 1 page 1/2.

16 août.

23923. Lettres portant remise à Honorat Laugier,
avocat général et fiscal de Provence et Forcalquier, sur les droits de lods et ventes qu'il

Septembre.

doit pour l'acquisition d'une moitié de la
seigneurie de Collobrières, de la somme de
400 livres en compensation de pareille somme
à lui due par le roi. Compiègne, . . . septembre 1527 [1].

1527.

> *Copie du XVIe siècle. Bibl. nat., ms. fr. 14368,
> fol. 114. 1 page.*

23924. Mandement aux gens des requêtes du Palais à
Paris, de maintenir l'abbé et le couvent de
Fontaines-les-Blanches en possession des dîmes
de la paroisse Saint-Pierre de Monteaux. Paris,
23 octobre 1527.

23 octobre.

> *Original. Arch. du château de Monteaux (Loir-
> et-Cher), appartenant à M. le comte de Croy.
> (Titres du censif de Fontaines-les-Blanches.)*

23925. Don à André Sormain (Sormanno), milanais,
du revenu, durant deux années, des greffes
de la Chambre rigoureuse, des premières et
secondes appellations ordinaires du Parlement d'Aix, et des greniers de Fréjus, Hyères
et Toulon, jusqu'à concurrence de la somme
de 9,045 livres 12 sous 1 denier, par lui
employée sur ses biens pour le service du
roi, en l'année 1525. Saint-Germain-en-
Laye, 24 octobre 1527.

24 octobre.

> *Enreg. à la Chambre des Comptes d'Aix. Arch.
> des Bouches-du-Rhône, B. 28 (Pacis), fol. 247 v°.
> 4 pages.*

23926. Lettres portant assignation sur la recette générale de Bourgogne à François Saumaire,
commis au payement des mortes-payes de
Bourgogne, qui sont au nombre de trois
cent vingt, de la somme de 4,800 livres
tournois, pour employer au fait de sa commission durant le premier trimestre de 1527.
Paris, 8 novembre 1527.

8 novembre.

> *Comptes de Bénigne Serre, receveur général de
> Bourgogne. Arch. de la Côte-d'Or, B. 1836,
> fol. 108. (Mention.)*

---

[1] La date du jour manque sur la copie.

23927. Déclaration de l'hommage rendu par Louis, fils de Robert de La Rochechandry, au nom de son père, pour les seigneuries de Plassac et Saint-Genis (sénéchaussée de Saintonge). Paris, 15 novembre 1527.

1527.
15 novembre.

Expéd. orig. Arch. nat., P. 556¹, cote 7o3.

23928. Lettres de don à Marie de Luxembourg, duchesse douairière de Vendôme, comtesse de Saint-Pol et de Charolais, en considération des dommages qu'elle a supportés en ses terres à l'occasion de la guerre avec l'empereur, et des services que ses fils, le duc de Vendôme et le comte de Saint-Pol, rendent et ont rendus au roi, des deniers qui ont été ou seront accordés par les États du duché de Bourgogne, pour la quote-part des habitants du comté de Charolais, pendant une période de dix ans. Paris, 27 novembre 1527.

27 novembre.

Comptes de Bénigne Serre, receveur général de Bourgogne. Arch. de la Côte-d'Or, B. 1836, fol. 114 v°, 115 v°, 116. (Mentions.)

23929. Lettres portant assignation sur les recettes générales du royaume à René Thisart et à Jean Grolier, trésoriers des guerres, de la somme de 214,973 livres 17 sous 6 deniers tournois, pour employer au fait de leur office, spécialement au payement des gages de deux mille trois cent quinze lances d'ordonnance (comprises les soixante lances du comte Guy Rangone) et de soixante-douze archers, pour les mois d'avril, mai et juin 1527. Paris, 9 décembre 1527.

9 décembre.

Comptes de Bénigne Serre, receveur général de Bourgogne. Arch. de la Côte-d'Or, B. 1836, fol. 108 v°. (Mention.)

23930. Don à Anne de Montmorency, grand maître et maréchal de France, de la baronnie des Baux en Provence, avec la faculté de pourvoir à tous les offices ordinaires et bénéfices en dépendant. Villemomble, 18 décembre 1527.

18 décembre.

Enreg. à la Chambre des Comptes d'Aix. Arch.

des Bouches-du-Rhône, B. 28 (Pacis), fol. 281 v°.
2 pages.

1527.

23931. Lettres octroyant pour neuf ans aux habitants de Troyes, pour les réparations des fortifications, une imposition de 10 sous tournois par muid de sel vendu en la ville, en plus des droits précédents. Paris, 19 décembre 1527.

19 décembre.

Copie. Arch. municip. de Troyes, D. 94, fol. 1.

23932. Mandement à Guillaume Prudhomme, trésorier de l'épargne, de payer à Bénigne Serre, receveur général de Bourgogne, la somme de 3,500 livres tournois pour employer au payement des officiers de la Chambre des Comptes de Dijon. Saint-Germain-en-Laye, 25 décembre 1527.

25 décembre.

Comptes de Bénigne Serre, receveur général de Bourgogne. Arch. de la Côte-d'Or, B. 1836, fol. 127 v°. (Mention.)

1528. — Pâques, le 12 avril.

1528.

23933. Don à Anne de Montmorency, grand maître de France, d'une maison et d'un jardin situés à Marseille, occupés par le capitaine Bernardin des Baux jusqu'à son décès. Saint-Germain-en-Laye, 2 janvier 1527.

2 janvier.

Enreg. à la Chambre des Comptes d'Aix. Arch. des Bouches-du-Rhône, B. 28 (Pacis), fol. 284. 1 page.

23934. Lettres portant assignation sur la recette générale de Bourgogne, au sr de La Boulaye, lieutenant en Bourgogne de l'amiral de Brion, aux capitaines des châteaux de Dijon, Beaune, Auxonne, des villes d'Auxonne et de Talant, aux srs de la Mothe-Jacqueron, de Magny, de Plaisance, commissaire des mortes-payes de Bourgogne, Mesdrane, capitaine des arquebusiers, aux maires de Dijon, Beaune et Auxonne, de la somme de 2,950 livres tournois, représentant les pensions de tous

25 janvier.

lesdits personnages pour l'année 1527. Saint-
Germain-en-Laye, 25 janvier 1527.

> *Comptes de Bénigne Serre, receveur général de
> Bourgogne. Arch. de la Côte-d'Or, B. 1836,
> fol. 120 v°. (Mention.)*

1528.

23935. Provisions pour François Somati de l'office de
conseiller au Parlement de Provence, vacant
par la mort de Jean Tornatoris. Saint-Germain-en-Laye, 13 mars 1527.

13 mars.

> *Enreg. à la Chambre des Comptes d'Aix. Arch.
> des Bouches-du-Rhône, B. 28 (Pacis), fol. 305.
> 1 page 1/2.*

23936. Lettres de réception du serment de fidélité de
Georges de Selve pour le temporel de l'é-
vêché de Lavaur. Saint-Germain-en-Laye,
3 mai 1528.

3 mai.

> *Expéd. orig. Arch. nat., P. 556¹, cote 710.*

23937. Provisions pour Antoine de Buigny, écuyer,
licencié ès lois, de l'office de juge et garde de
la prévôté de Saint-Riquier, en remplacement
de Jean Du Boille. Saint-Germain-en-Laye,
13 mai 1528.

13 mai.

> *Bibl. nat., coll. de Picardie, vol. 112 bis,
> fol. 107. (Mention.)*

23938. Lettres de réception du serment de fidélité de
Laurent Tuscan (*aliàs* Toscan), aumônier ordinaire du roi, pour le temporel de l'évêché
de Lodève. Saint-Germain-en-Laye, 16 mai
1528.

16 mai.

> *Expéd. orig. Arch. nat., P. 556¹, cote 711.*

23939. Déclaration portant que, conformément aux
résolutions du dernier concile provincial de
Sens, le roi pourra lever, sur le clergé dudit
diocèse et des évêchés suffragants, 4 décimes
pour cette année et 2 décimes pour l'année
prochaine, même sur les religieux de l'ordre
de Saint-Jean de Jérusalem, généralement
exempts. Saint-Germain-en-Laye, 26 mai
1528.

26 mai.

> *Vidimus. Arch. départ. de l'Aube, G. 151, n° 3.*

19.

23940. Déclaration portant que le grand maître Anne de Montmorency jouira de tous les biens de feu Bernardin des Baux, advenus au roi par droit d'aubaine, bien que la Chambre des Comptes d'Aix, appliquant des lettres de Louis XII, ait réduit de moitié le don qui lui en avait été précédemment fait (n° 19487). Saint-Germain-en-Laye, mai 1528.

1528.
Mai.

Enreg. à la Chambre des Comptes d'Aix. Arch. des Bouches-du-Rhône, B. 28 (Pacis), fol. 313 v°. 3 pages 1/2.

23941. Déclaration de l'hommage de Charles de Crussol, sénéchal de Beaucaire et de Nîmes, grand panetier de France, pour la baronnie de Crussol et les seigneuries de Charmes, Saint-Peray, Toulaud, Saint-Marcel, Saint-Georges et la Bâtie, dans ladite sénéchaussée. Paris, 4 juin 1528.

4 juin.

Expéd. orig. Arch. nat., P. 556¹, cote 712.

23942. Déclaration de l'hommage de Charles de Crussol pour la vicomté d'Uzès et ses dépendances, savoir la baronnie d'Aimargues et les seigneuries de Broussan, Bellegarde, Saze, Sernhac, Remoulins, Saint-Bonnet, Saint-Privat, Vers, Collias, Blanzac, Arpaillargues, Montaren, Dions, Aigaliers, Belvezet, Pougnadoresse, Pouzilhac, Masmolène, Saint-Quentin et la Bruguière. Paris, 4 juin 1528.

4 juin.

Expéd. orig. Arch. nat., P. 556¹, cote 713.

23943. Déclaration de l'hommage de Charles de Crussol pour la baronnie de Saint-Agrève (sénéchaussée de Beaucaire). Paris, 4 juin 1528.

4 juin.

Expéd. orig. Arch. nat., P. 556¹, cote 714.

23944. Déclaration de l'hommage de Charles de Crussol pour les seigneuries de Florensac, Pomérols, Vias, Bessan et Touroulle [1] (sé-

4 juin.

[1] L'emplacement de cette localité se trouve dans la commune de Bessan. (Cf. carte de Cassini.)

néchaussée de Carcassonne). Paris, 4 juin
1528.

Expéd. orig. Arch. nat., P. 556¹, cote 715.

23945. Lettres ordonnant la mise en possession de
Jean et d'Antoine d'Alegonna de la terre de
« Castellucha », au royaume de Naples, dont
leurs parents avaient été frustrés pendant les
précédentes guerres. Paris, 5 juin 1528.

*Enreg. à la Chambre des Comptes d'Aix. Arch.
des Bouches-du-Rhône, B. 28 (Pacis), fol. 312 v°.
2 pages.*

23946. Provisions pour Louis Thadei, docteur ès droits,
de l'office de procureur général au Parle-
ment de Provence, vacant par la promotion
de François Somati à l'office de conseiller
en la même cour. Fontainebleau, 6 juin
1528.

*Enreg. à la Chambre des Comptes d'Aix. Arch.
des Bouches-du-Rhône, B. 28 (Pacis), fol. 357.
2 pages.
Ibid., B. 32 (Scorp.), fol. 155. 1 page.*

23947. Provisions pour Hugues de La Rue de l'office
d'examinateur au bailliage d'Amiens, vacant
par la démission de Pierre Sacquespée, élu
sur le fait des aides et tailles en l'élection
d'Amiens. Saint-Denis, 16 juin 1528.

*Bibl. nat., coll. de Picardie, vol. 112 bis,
fol. 47 v° et 154 v°. (Mentions.)*

23948. Provisions pour Pierre Sacquespée, précédemment examinateur au bailliage d'Amiens, de
l'office d'élu sur le fait des aides et tailles en
l'élection d'Amiens. 16 juin 1528.

*Bibl. nat., coll. de Picardie, vol. 112 bis,
fol. 157 v°. (Mention.)*

23949. Déclaration de l'hommage rendu par François
Joubert, au nom de Jacques du Lyon et de
Vincent Nicolas, sʳ de Goureuilles, échevins
de la Rochelle, pour la seigneurie de la Salle
d'Aytré (châtellenie de la Rochelle), acquise
par eux de Jean Chasteigner. Paris, 18 juin
1528.

Expéd. orig. Arch. nat., P. 556¹, cote 716.

1528.

5 juin.

6 juin.

16 juin.

16 juin.

18 juin.

23950. Déclaration de l'hommage de Marc Le Groing, chevalier, vicomte de la Mothe-au-Groing, pour la châtellenie de la Morinière et la seigneurie d'Étourneau, mouvant de la tour de Maubergeon à Poitiers. Paris, 24 juin 1528.

1528. 24 juin.

Expéd. orig. Arch. nat., P. 556¹, cote 718.

23951. Lettres de réception du serment de fidélité fait par le procureur de Jean de Cardailhac, pour le temporel de l'abbaye de Saint-Géraud d'Aurillac, au diocèse de Saint-Flour. Paris, 26 juin 1528.

26 juin.

Expéd. orig. Arch. nat., P. 556¹, cote 719.

23952. Déclaration de l'hommage rendu par François Gua, licencié en lois, avocat au Grand conseil, au nom d'Amaury Moine, licencié en lois, pour la seigneurie des Gonds, mouvant du comté de Saintonge. Paris, 29 juin 1528.

29 juin.

Original. Arch. nat., P. 557¹, n° 72.

23953. Lettres constituant Antoine Donati, procureur du roi, pour requérir l'enregistrement par les Parlements de Toulouse et d'Aix de la transaction intervenue entre le roi et sa mère, au sujet des biens de la maison de Bourbon. Paris, 30 juin 1528.

30 juin.

Enreg. à la Chambre des Comptes d'Aix. Arch. des Bouches-du-Rhône, B. 28 (Pacis), fol. 354. 1 page.

23954. Mandement aux officiers du roi en Provence pour l'entérinement et l'exécution des lettres contenant transaction entre le roi et sa mère, au sujet des biens de la maison de Bourbon. Paris, 30 juin 1528.

30 juin.

Enreg. à la Chambre des Comptes d'Aix. Arch. des Bouches-du-Rhône; B. 28 (Pacis), fol. 353. 1 page.

23955. Lettres de relief de surannation pour l'enregistrement des lettres du 2 avril 1527 n. s. (n° 23913), portant déclaration de l'hom-

23 juillet.

mage d'Antoine des Prez, s' de Montpezat. Paris, 23 juillet 1528.

Copie collat. du 17 juin 1529. Arch. nat., P. 556¹, cote 693 bis.

1528.

23956. Déclaration de l'hommage fait au roi par René de Mailly, baron dudit lieu, pour la baronnie et seigneurie de Mailly, mouvant de Péronne, à lui adjugée par arrêt du Parlement. Paris, 29 juillet 1528.

29 juillet.

Vidimus du 1ᵉʳ août 1528. Arch. du château de la Roche-Mailly (Sarthe).

23957. Lettres confirmant et prorogeant pour six ans l'octroi accordé à la ville de Troyes par lettres de Lyon, le 18 avril 1522 n. s. (n° 1536). Fontainebleau, 5 août 1528.

5 août.

Copie. Arch. municip. de Troyes, D. 94, fol. 8.

23958. Mandement au bailli de Melun d'informer sur la requête des habitants de Saint-Mathurin-de-Larchant, tendant à obtenir l'autorisation de fortifier leur bourg. 8 août 1528.

8 août.

Mentionné dans les lettres de février 1529 n. s. (ci-dessus, n° 19747) accordant ladite autorisation.

23959. Provisions pour François Grolier de l'office d'élu du Lyonnais, à la requête de son cousin Jean Grolier, trésorier des guerres, et avec le consentement de son père, Antoine Grolier, ledit office devant être tenu par lui en l'absence de son père et à la survivance l'un de l'autre. Fontainebleau, 8 août 1528.

8 août.

Copie du XVIᵉ siècle. Bibl. nat., ms. fr. 5501, fol. 387. 5 pages.

23960. Lettres ordonnant la surséance du procès, porté en appel devant le Parlement de Rouen, entre les recteurs, docteurs et écoliers de l'Université de Caen et les prélats de Normandie, à propos des collations d'offices accordées aux gradués de l'Université. Fontainebleau, 9 août 1528.

9 août.

Arch. départ. du Calvados, D. 150. (Mention.)

23961. Provisions pour Gautier Du Chastel, valet de

9 août.

chambre ordinaire de la reine de Navarre, de l'office de clavaire de Marseille, vacant par la mort de Gaspard Laurens. Fontainebleau, 9 août 1528.

1528.

Enreg. à la Chambre des Comptes de Provence. Arch. des Bouches-du-Rhône, B. 29 (Sagitt.), fol. 311 v°. 1 page.

23962. Lettres confirmant l'exemption du guet accordée précédemment aux chanoines de l'église de Troyes. Paris, 24 août 1528.

24 août.

Vidimus. Arch. départ. de l'Aube, G. 2618, liasse 8.

23963. Lettres portant confirmation des privilèges des maîtres selliers de la ville de Rennes. Paris, août 1528.

Août.

Copie du XVIᵉ siècle. Arch. de la Cour de Rennes, fonds du Parl. de Bretagne, reg. des enregistrements des édits, etc., n° 7, fol. 280 v°.

23964. Lettres portant nouvelle confirmation de l'exemption du guet en faveur des chanoines de l'église de Troyes, à l'occasion d'un démêlé avec les habitants de cette ville. Paris, 7 septembre 1528.

7 septembre.

Vidimus. Arch. départ. de l'Aube, G. 2618, liasse 8.

23965. Provisions pour Louis Martin, docteur ès droits, de l'office de conseiller au Parlement d'Aix, vacant par la résignation faite en sa faveur par Arnaud Albe. Paris, 30 septembre 1528.

30 septembre.

Enreg. à la Chambre des Comptes d'Aix. Arch. des Bouches-du-Rhône, B. 28 (Pacis), fol. 345 v°. 1 page 1/2.

23966. Lettres interdisant la réception et l'exécution en Provence des provisions expectatives et réserves. Paris, 7 octobre 1528.

7 octobre.

Enreg. à la Chambre des Comptes d'Aix. Arch. des Bouches-du-Rhône, B. 28 (Pacis), fol. 327. 3 pages.

23967. Confirmation, à la requête de Louis Pauli, des

Octobre.

exemptions et privilèges accordés à son père, Guillaume Pauli, par Charles, comte de Provence. Melun, octobre 1528. 1528.

Enreg. à la Chambre des Comptes de Provence. Arch. des Bouches-du-Rhône, B. 28 (*Pacis*), fol. 339. 1 page.

23968. Lettres de la duchesse d'Angoulême, mère du roi, portant remise à Philippe Besson, jadis fermier des greniers de Berre, de 1,000 livres tournois [1]. Saint-Germain-en-Laye, 6 novembre 1528. 6 novembre.

Enreg. à la Chambre des Comptes d'Aix. Arch. des Bouches-du-Rhône, B. 32 (*Scorp.*), fol. 286 v°. 1 page.

23969. Don à Denis Poillot, président au Parlement de Paris, d'une somme annuelle de 300 livres tournois à prendre sur la « virie » d'Autun, à partir du 1er janvier 1529. Paris, 16 novembre 1528. 16 novembre.

Comptes de Guy Millelot, receveur général de Bourgogne. Arch. de la Côte-d'Or, B. 1837, fol. 145; B. 1838, fol. 132; B. 1840, fol. 83 v°. (*Mentions.*)

23970. Lettres de réception du serment de fidélité de Jacques Sadolet, évêque de Carpentras, pour les lieux et juridictions de Saint-Lambert et de Bezaure [2], sis au comté de Forcalquier, adjugés à lui et à l'église de Carpentras par un arrêt du Parlement de Toulouse. Saint-Germain-en-Laye, 24 novembre 1528. 24 novembre.

Enreg. à la Chambre des Comptes d'Aix. Arch. des Bouches-du-Rhône, B. 30 (*Homag.*), fol. 201 v°. 1 page.

23971. Don aux religieux du monastère de Saint-Claude, d'une somme annuelle de 300 livres tournois, à prendre chaque année sur le quartier d'octobre-décembre de la recette de Bourgogne, en confirmation de semblable fonda- 25 novembre.

[1] Voir lettres du 15 avril 1534 (n° 24171, ci-dessous).
[2] Bezaure et Saint-Lambert, commune de Lioux, canton de Gordes, arrondissement d'Apt (Vaucluse).

IMPRIMERIE NATIONALE.

tion faite par le roi Charles VIII, pour qu'il fut dit chaque jour, à l'intention du roi et de ses prédécesseurs, devant les reliques de saint Claude, une messe solennelle, ladite fondation ayant remplacé celle de 400 livres tournois dont le roi Louis XI avait auparavant doté ledit monastère dans la même intention, et que le roi Charles VIII avait supprimée à son avènement. Saint-Germain-en-Laye, 25 novembre 1528.

Comptes de Guy Milletot, receveur général de Bourgogne. Arch. de la Côte-d'Or, B. 1837, fol. 146 v; B. 1838, fol. 133, etc. (Mentions.)

23972. Déclaration de l'hommage de Jacques de Pons, s* de Mirambeau, pour la châtellenie de Plassac, mouvant du comté de Saintonge et du pont de Saintes. Saint-Germain-en-Laye, 28 novembre 1528.

Original. Arch. nat., P. 558¹, n° 28.

23973. Lettres de relief de surannation de la déclaration de l'hommage de Jacques de Pons, du 24 février 1520 n. s. (n° 23623). Paris, 17 décembre 1528.

Copie collat. du 18 décembre 1528. Arch. nat., P. 556¹, cote 725.

23974. Lettres portant collation pour Mathieu Herbault de la chapelle du palais du roi à Aix. Saint-Germain-en-Laye, 30 décembre 1528.

Enreg. à la Chambre des Comptes d'Aix. Arch. des Bouches-du-Rhône, B. 29 (Sagitt.), fol. 284. 1 page.

1529. — Pâques, le 28 mars.

23975. Mandement à la Chambre des Comptes de Dijon de vérifier et enregistrer les privilèges et franchises des foires de Troyes. Saint-Germain-en-Laye, 18 janvier 1528.

Arch. municip. de Troyes, boîte 77, 4 liasse.*

23976. Mandement à Guillaume Prudhomme, général

1528.

28 novembre.

17 décembre.

30 décembre.

1529.

18 janvier.

21 janvier.

des finances et trésorier de l'épargne, de faire   1529.
payer sur les deniers provenant des aides accordées au roi, en octobre 1527, par les États
de Bourgogne, à Bénigne Serre, commis aux
payements des édifices et fortifications des
villes et places de Bourgogne, la somme de
10,570 livres tournois pour employer au fait
de sa commission, Saint-Germain-en-Laye,
21 janvier 1528.

> *Comptes de Guy Milletot, receveur général de Bourgogne. Arch. de la Côte-d'Or, B. 1837, fol. 124 v°. (Mention.)*

23977. Provisions pour Raymond Maynier de l'office   11 février.
de l'un des quatre tabliers de la Cour des pre-
mières appellations de Provence, vacant par
la résignation faite à son profit par Jean
Saintot. Paris, 11 février 1528.

> *Enreg. à la Chambre des Comptes d'Aix. Arch. des Bouches-du-Rhône, B. 28 (Pacis), fol. 365. 1 page.*

23978. Lettres de chevalerie en faveur de Claude Pa-   Février.
tarin, à cause des services qu'il a rendus
comme premier président du Parlement de
Dijon et comme vice-chancelier de Milan.
Février 1528.

> *Copie du xvi⁰ siècle, Bibl. nat., ms. fr. 14368, fol. 189 v°. 1/2 page.*

23979. Confirmation de la permission donnée aux ha-   5 mars.
bitants d'Avignon d'acheter en Languedoc,
Dauphiné et Provence les denrées pour leur
usage. Paris, 5 mars 1528.

> *Enreg. à la Chambre des Comptes de Provence. Arch. des Bouches-du-Rhône, B. reg. 1271, fol. 118. 7 pages.*

23980. Lettres de réception du serment de fidélité de   27 mars.
Paul de Carretto pour le temporel de l'évê-
ché-comté de Cahors et de l'abbaye de Notre-
Dame de Bonnecombe, au diocèse de Rodez.
Blois, 27 mars 1528.

> *Expéd. orig. Arch. nat., P. 556¹, cote 709.*

23981. Déclaration portant que les marchands qui ont 1529.
obtenu des sauf-conduits du roi ne pour- 2 mai.
ront se servir que de vidimus signés par un
secrétaire du roi et scellés du grand sceau de
la chancellerie. Amboise, 2 mai 1529.

Bibl. nat., ms. fr. 14368, fol. 175 v°. 1 page.

23982. Lettres de sauf-conduit pour Étienne Rivière, 6 mai.
Jean de Medine, marchands, habitant Nantes,
Jean de Vejar et Jean d'Arquinigo, demeurant en Espagne, avec permission d'importer
ou d'exporter des marchandises d'Espagne ou
de Flandres en France, ou réciproquement.
La Bourdaisière, 6 mai 1529.

Copie du XVI e siècle. Bibl. nat., ms. fr. 14368,
fol. 175. 1 page.

23983. Lettres portant sauf-conduit pour Claude Chau- 17 mai.
connet, docteur ès droits, envoyé par le duc
de Lorraine en Espagne, auprès de Charles-
Quint. La Bourdaisière, 17 mai 1529.

Copie informe du XVI e siècle. Arch. de la Meuse,
F. 1.

23984. Lettres d'évocation devant le Grand conseil du 20 mai.
procès, pendant entre l'Université de Caen et
les prélats de Normandie, qui font opposition aux nominations et provisions faites, conformément au Concordat, parmi les gradués
de ladite Université. La Bourdaisière, 20 mai
1529.

Arch. départ. du Calvados, D. 148 et D. 150.

23985. Lettres de réception du serment de fidélité 23 mai.
de Guillaume Du Prat pour le temporel
de l'évêché de Clermont. La Bourdaisière,
23 mai 1529.

Expéd. orig. Arch. nat., P. 556¹, cote 729.

23986. Lettres portant assignation sur la recette géné- 26 mai.
rale de Bourgogne à François Saumaire,
commis au payement des mortes-payes du
duché de Bourgogne, de la somme de 6,300 livres tournois pour employer au payement des
gages de janvier, février et mars 1529 des-

— 157 —

dites mortes-payes qui sont au nombre de
quatre cent vingt, compris douze arquebusiers, en la ville de Dijon, et, en outre, de
cent mortes-payes de crue en la ville d'Auxonne. Amboise, 26 mai 1529.

1529.

*Comptes de Guy Milletot, receveur général de
Bourgogne. Arch. de la Côte-d'Or, B. 1837,
fol. 130. (Mention.)*

23987. Mandement à Guillaume Prudhomme, trésorier
de l'épargne, de payer à Guy Milletot, receveur général de Bourgogne et commis au
payement des gages des présidents, clercs et
officiers de la Chambre des Comptes de Dijon, la somme de 1,112 livres 3 sous 1 denier
tournois, pour être employée au payement des
gages desdits officiers, des mois de janvier, février et mars 1529. Amboise, 26 mai 1529.

26 mai.

*Comptes de Guy Milletot, receveur général de
Bourgogne. Arch. de la Côte-d'Or, B. 1837,
fol. 131 v°. (Mention.)*

23988. Lettres portant assignation sur la recette générale de Bourgogne à Claude Duchamp, payeur
des gages des officiers du Parlement de Dijon, de la somme de 1,615 livres 5 sous tournois, pour employer au payement des gages
desdits officiers pour le premier quartier de
l'année courante. Amboise, 26 mai 1529.

26 mai.

*Comptes de Guy Milletot, receveur général de
Bourgogne. Arch. de la Côte-d'Or, B. 1837,
fol. 132 v°. (Mention.)*

23989. Lettres portant assignation sur les recettes générales du royaume à Jean Grolier et à Georges
Hérouet, trésoriers des guerres, de la somme
de 178,833 livres 7 sous 6 deniers tournois,
pour employer au payement de mille huit
cent quatre-vingt-dix-neuf lances fournies des
ordonnances du roi, pour les mois de juillet,
août et septembre 1528. Romorantin, 30 mai
1529.

30 mai.

*Comptes de Guy Milletot, receveur général de
Bourgogne. Arch. de la Côte-d'Or, B. 1837,
fol. 127 v°. (Mention.)*

23990. Déclaration portant que Pascalin Gillefort devra jouir de l'office de clavaire de la ville de Marseille, dont il a été pourvu par le comte de Tende, et excluant de l'exercice dudit office Gautier Du Chastel, qui avait obtenu postérieurement, par surprise, des provisions du roi. Romorantin, 30 mai 1529.

Enreg. à la Chambre des Comptes d'Aix. Arch. des Bouches-du-Rhône, B. 28 (Pacis), fol. 403. 2 pages.

1529.
30 mai.

23991. Déclaration de l'hommage de Louis de Clermont, chevalier, pour la seigneurie du Blanc en Berry, mouvant du château de Poitiers. Romorantin, 31 mai 1529.

Expéd. orig. Arch. nat., P. 556¹, cote 730.

31 mai.

23992. Provisions en faveur de Joachim de La Châtre, sʳ de Nançay, des offices de capitaine des gardes françaises et de chambellan du roi. 1ᵉʳ juin 1529.

Imp. Dom Morin, Histoire du Gâtinais, 1630, in-4°, p. 570. (Mention.)

1ᵉʳ juin.

23993. Mandement au trésorier de l'épargne de faire convertir, sur la recette générale de Bourgogne, la somme de 1,500 livres tournois au payement des dépenses inopinées qui seraient ordonnées à Guy Milletot, receveur général de Bourgogne, par l'amiral Chabot, sʳ de Brion, gouverneur dudit pays. La Fère-sur-Oise, 2 août 1529.

Comptes de Guy Milletot, receveur général de Bourgogne. Arch. de la Côte-d'Or, B. 1837, fol. 133 v°. (Mention.)

2 août.

23994. Mandement au trésorier de l'épargne de faire payer à François Saumaire, commis aux payements des mortes-payes de Bourgogne, la somme de 6,300 livres tournois pour employer au fait de sa commission, durant les mois d'avril, mai et juin 1529. La Fère-sur-Oise, 2 août 1529.

Comptes de Guy Milletot, receveur général de Bourgogne. Arch. de la Côte-d'Or, B. 1837, fol. 134 v°. (Mention.)

2 août.

23995. Déclaration de l'hommage de Jean Marchant, commissaire ordinaire de l'artillerie, pour la seigneurie de Villechétif, au bailliage de Troyes, mouvant du comté de Champagne. Cambrai, 7 août 1529.

1529.
7 août.

> *Expéd. orig. Arch. nat.,* P. 166¹, cote 2364.

23996. Lettres de relief de surannation de la déclaration d'hommage rendu le 1ᵉʳ octobre 1515 (n° 23354) par Guillaume de Burlé, pour la prévôté de Saint-Sulpice. Paris, 18 août 1529.

18 août.

> *Original. Arch. nat.,* P. 555², cote 598 *bis.*

23997. Lettres portant aliénation des champars de Cherbourg, Equeurdreville et Bretteville, et des terres vacantes de Martinvast, au profit de Jean Paulmier. Folembray, août 1519 (*corr.* 1529).

Août.

> *Arch. de la ville de Cherbourg,* DD. 31, n° 1.
> (*Mention dans un acte du 30 avril 1580.*)
> *Bibl. de la ville de Grenoble,* ms. 1392, fol. 249.
> (*Mention semblable.*)

23998. Lettres portant établissement sur la ville de Moulins d'une imposition de 2,000 livres tournois, pour la rançon des enfants de France. Paris, 8 octobre 1529.

8 octobre.

> *Original. Arch. communales de Moulins (Allier),* liasse 241.
> *Imp. Revue Bourbonnaise,* t. II, 1885, p. 339.

23999. Déclaration de l'hommage de François de Verneuil, écuyer, pour les seigneuries des Caves (paroisse de Conflans) et de Montillier (auj. Lurey), en la châtellenie de Chantemerle, bailliage de Sézanne. Paris, 13 octobre 1529.

13 octobre.

> *Original. Arch. nat., Chambre des Comptes de Paris,* P. 165¹, cote 1840.

24000. Lettres autorisant les habitants de Ferrières en Gâtinais à clore leur ville de murs, pour leur sûreté et celle des pèlerins qui affluent de toutes parts à Bethléem. Octobre 1529.

Octobre.

> *Imp.* Dom Morin, *Histoire du Gâtinais,* in-4°, 1630, p. 718. (*Mention.*)

24001. Lettres portant création d'un marché chaque
semaine au village de la Motte (la Motte-en-
Champsaur), au diocèse de Gap. Paris, octobre 1529.

> *Enreg. à la Chambre des Comptes d'Aix. Arch.
> des Bouches-du-Rhône, B. 32 (Scorp.), fol. 232.
> 1 page 1/2.*

1529.
Octobre.

24002. Provisions pour Barnabé d'Albis de l'office de
secrétaire au Parlement d'Aix, vacant par la
résignation de son père, Pélegrin d'Albis.
Paris, 24 novembre 1529.

> *Enreg. à la Chambre des Comptes d'Aix. Arch.
> des Bouches-du-Rhône, B. 32 (Scorp.), fol. 212.
> 1 page 1/2.*

24 novembre.

24003. Lettres de jussion pour l'enregistrement au Parlement de Bordeaux du traité de Cambrai.
Fontainebleau, 5 décembre 1529.

> *IMP. Catalogue de la vente du 20 mai 1890
> (Ét. Charavay), n° 57. (Mention.)*

5 décembre.

24004. Provisions pour Melchior Bochoni de l'office
de capitaine du château de Tarascon en Provence, vacant par la résignation faite en sa
faveur par Philippe Aymini. Fontainebleau,
11 décembre 1529.

> *Enreg. à la Chambre des Comptes d'Aix. Arch.
> des Bouches-du-Rhône, B. 29 (Sagitt.), fol. 47.
> 1 page.*

11 décembre.

24005. Lettres portant assignation sur les recettes générales du royaume à Jean Grolier et à Georges
Hérouet, trésoriers des guerres, de la somme
de 257,898 livres 7 sous tournois, pour employer au fait de leur office durant le quartier de juillet-septembre 1529. Fontainebleau, 14 décembre 1529.

> *Comptes de Guy Millotot, receveur général de
> Bourgogne. Arch. de la Côte-d'Or, B. 1837,
> fol. 138. (Mention.)*

14 décembre.

24006. Mandement à la ville de Moulins pour le payement de l'imposition de 2,000 livres tournois
destinée à la rançon des enfants du roi, établie

28 décembre.

par lettres du 8 octobre précédent (n° 23998).
Nogent-sur-Seine, 28 décembre 1529.

*Original. Arch. communales de Moulins (Allier),
liasse 241.*
Imp. Revue Bourbonnaise, t. II, 1885, p. 341.

1530. — Pâques, le 17 avril.

1530.

24007. Déclaration portant que Laurent Thibault doit
être reçu à prêter serment pour l'office de
vicomte d'Auge, nonobstant qu'il a payé
500 écus soleil, attendu que cette somme a
été exigée parce que cet office est mixte et
productif de revenus. Saint-Germain-en-Laye,
16 janvier 1529[1].

16 janvier.

*Copie du xvi⁰ siècle. Bibl. nat., ms. fr. 14368,
fol. 152. 1 page.*

24008. Lettres portant confirmation aux bouchers de
Beaune du bail à cens des étaux qu'ils possèdent dans les halles, lequel leur a été passé
en 1473 par la Chambre des Comptes de
Dijon. Dijon, 19 janvier 1529.

19 janvier.

Arch. de la Côte-d'Or, E. 3476.

24009. Lettres autorisant les habitants de Troyes à
prendre sur les octrois une somme de 1,000 livres par an pendant six ans, pour les rembourser des 6,000 livres qu'ils avaient avancées
au roi pour la rançon de ses enfants, otages
de l'empereur en Espagne. Dijon, 26 janvier
1529.

26 janvier.

*Copies. Arch. municip. de Troyes, B. 112, fol. 1,
et D. 101, fol. 1; D. 103 et D. 105.*

24010. Mandement au trésorier de l'épargne de payer
à Guy Milletot, receveur général de Bourgogne et commis au payement des gages des
officiers de la Chambre des Comptes de Dijon, la somme de 3,437 livres 6 sous tour-

7 février.

[1] *Sic.* Il faut sans doute corriger « 1528 ».

nois pour employer au payement des gages
desdits officiers des quartiers d'avril-juin,
juillet-septembre et octobre-décembre 1529.
Dijon, 7 février 1529.

1530.

*Comptes de Guy Milletot, receveur général de
Bourgogne. Arch. de la Côte-d'Or, B. 1838,
fol. 113 v° et 114 v°. (Mentions.)*

24011. Commission à l'archevêque d'Aix et au s^r de
Jouy-Saint-Martin, lieutenant du roi en Pro-
vence, de procéder à l'exécution de l'édit du
même jour relatif à la perpétuité des offices
(n° 3619) et de présenter à la nomination
du roi ceux qu'ils jugeront dignes de les
exercer. Autun, 13 février 1529.

13 février.

*Enreg. à la Chambre des Comptes d'Aix. Arch.
des Bouches-du-Rhône, B. 32 (Scorp.), fol. 1.
1 page.*

24012. Lettres prescrivant l'élargissement, à l'endroit
du bois de Pontarmé, de la route royale de
Paris à Senlis « qui est le chemin passant
d'une partie de Picardie et de Vermandois,
d'Artois et de Flandre ». Paris (sic), 14 février
1529.

14 février.

*Original. Arch. du château de Chantilly, B. 93,
n° 20.*
*IMP. Ernest Dupuis, La seigneurie et le village
de Pontarmé. Senlis, 1895, in-8°, p. 95.*

24013. Provisions, en faveur de sœur Alix Pot, de la
charge de prieure de l'Hôtel-Dieu de Pontoise. Moulins, 20 février 1529.

20 février.

*Original scellé. Arch. de l'Hôtel-Dieu de Pon-
toise, E. 1.*

24014. Don à Jean Caraccioli, prince de Melphe, et à
ses fils, après sa mort, de la vicomté de Martigues en Provence, pour le dédommager de la
perte de ses biens au service du roi. Moulins,
24 février 1529.

24 février.

*Enreg. à la Chambre des Comptes d'Aix. Arch.
des Bouches-du-Rhône, B. 29 (Sagitt.), fol. 25.
3 pages.*

24015. Lettres portant création d'un marché hebdo-

Février.

madaire et de deux foires par an à Lambesc
en Provence. Dijon, février 1529.

*Enreg. à la Chambre des Comptes d'Aix. Arch.
des Bouches-du-Rhône, B. 29 (Sagitt.), fol. 34 v°.*
1 page 1/2.

1530.

24016. Provisions pour Honorat Puget, s^r de Thorame,
de l'office de capitaine de Brignoles en Pro-
vence. Blois, 14 mars 1529.

14 mars.

*Enreg. à la Chambre des Comptes d'Aix. Arch.
des Bouches-du-Rhône, B. 32 (Scorp.), fol. 2.*
1 page.

24017. Provisions pour Nicolas Vincentii de l'office de
la judicature du palais à Marseille. Blois,
14 mars 1529.

14 mars.

*Enreg. à la Chambre des Comptes d'Aix. Arch.
des Bouches-du-Rhône, B. 32 (Scorp.), fol. 5.*
1 page 1/2.

24018. Provisions pour Jacques de Chantoin, s^r de
Bathières, de l'office de bailli et capitaine
de Pertuis en Provence. Blois, 14 mars 1529.

14 mars.

*Enreg. à la Chambre des Comptes d'Aix. Arch.
des Bouches-du-Rhône, B. 32 (Scorp.), fol. 32.*
1 page.

24019. Provisions pour François Forbin de l'office
de viguier et capitaine de Marseille. Blois,
14 mars 1529.

14 mars.

*Enreg. à la Chambre des Comptes d'Aix. Arch.
des Bouches-du-Rhône, B. 32 (Scorp.), fol. 32.*
1 page.

24020. Provisions pour Gabriel Bellieu de l'office de
capitaine de Saint-Rémy en Provence. Blois,
14 mars 1529.

14 mars.

*Enreg. à la Chambre des Comptes d'Aix. Arch.
des Bouches-du-Rhône, B. 32 (Scorp.), fol. 8.*
2 pages.

24021. Provisions pour Benoît Rochon de l'office de
sous-viguier de Marseille. Blois, 14 mars 1529.

14 mars.

*Enreg. à la Chambre des Comptes d'Aix. Arch.
des Bouches-du-Rhône, B. 32 (Scorp.), fol. 11 v°.*
2 pages.

21.

24022. Provisions pour Pierre Thomas, s^r de Sainte-
Marguerite, de l'office de capitaine et viguier
de Toulon. Blois, 14 mars 1529.

1530.
14 mars.

*Enreg. à la Chambre des Comptes d'Aix. Arch.
des Bouches-du-Rhône, B. 32 (Scorp.), fol. 14 v°.
2 pages.*

24023. Provisions pour Antoine Flamenc de l'office
de clavaire de la ville de Toulon. Blois,
14 mars 1529.

14 mars.

*Eureg. à la Chambre des Comptes d'Aix. Arch.
des Bouches-du-Rhône, B. 32 (Scorp.), fol. 18.
2 pages.*

24024. Provisions pour Claude Bernus, juriste, de l'office de capitaine et juge d'Apt. Blois, 14 mars
1529.

14 mars.

*Enreg. à la Chambre des Comptes d'Aix. Arch.
des Bouches-du-Rhône, B. 32 (Scorp.), fol. 21.
1 page.*

24025. Provisions pour André Puget, s^r de Saint-
Marc, de l'office de viguier et capitaine de
Saint-Maximin en Provence. Blois, 14 mars
1529.

14 mars.

*Enreg. à la Chambre des Comptes d'Aix. Arch.
des Bouches-du-Rhône, B. 32 (Scorp.), fol. 24.
1 page 1/2.*

24026. Provisions pour Melchior Clari, s^r d'Ubraye,
de l'office de capitaine, clavaire et notaire
de Guillaumes, Annot, Saint-Benoît et du
« Val de Chanan » en Provence. Blois, 14 mars
1529.

14 mars.

*Enreg. à la Chambre des Comptes d'Aix. Arch.
des Bouches-du-Rhône, B. 32 (Scorp.), fol. 26 v°.
1 page 1/2.*

24027. Provisions pour Antoine Mayran de l'office de
la judicature d'Aix. Blois, 14 mars 1529.

14 mars.

*Enreg. à la Chambre des Comptes d'Aix. Arch.
des Bouches-du-Rhône, B. 32 (Scorp.), fol. 29 v°.
2 pages.*

24028. Provisions pour Jean Candolle de l'office de la

14 mars.

judicature des secondes appellations de Marseille. Blois, 14 mars 1529.

> *Enreg. à la Chambre des Comptes d'Aix. Arch.*
> *des Bouches-du-Rhône, B. 32 (Scorp.), fol. 32 v°.*
> 2 pages.

1530.

24029. Provisions pour Jean de Marçai de l'office de
viguier, capitaine et juge de Forcalquier.
Blois, 14 mars 1529.

> *Enreg. à la Chambre des Comptes d'Aix. Arch.*
> *des Bouches-du-Rhône, B. 32 (Scorp.), fol. 36.*
> 2 pages.

14 mars.

24030. Provisions pour Jean-François de Clapiers,
écuyer, de l'office de viguier et capitaine
d'Hyères. Blois, 14 mars 1529.

> *Enreg. à la Chambre des Comptes d'Aix. Arch.*
> *des Bouches-du-Rhône, B. 32 (Scorp.), fol. 39 v°.*
> 2 pages.

14 mars.

24031. Provisions pour Bernard Boticari, s' de Beaumont, de l'office de viguier et capitaine d'Aix
en Provence. Blois, 14 mars 1529.

> *Enreg. à la Chambre des Comptes d'Aix. Arch.*
> *des Bouches-du-Rhône, B. 32 (Scorp.), fol. 43.*
> 2 pages.

14 mars.

24032. Provisions pour Barthélemy de Marco, surnommé le Basque, de l'office de viguier, capitaine et clavaire de Lorgues en Provence.
Blois, 14 mars 1529.

> *Enreg. à la Chambre des Comptes d'Aix. Arch.*
> *des Bouches-du-Rhône, B. 32 (Scorp.), fol. 46.*
> 2 pages.

14 mars.

24033. Provisions pour Charles Grillet, docteur ès
lois, de l'office de judicature de la ville
de Tarascon en Provence. Blois, 14 mars
1529.

> *Enreg. à la Chambre des Comptes d'Aix. Arch.*
> *des Bouches-du-Rhône, B. 32 (Scorp.), fol. 49.*
> 2 pages.

14 mars.

24034. Provisions pour Guillaume Barbossii de l'office
de judicature de la ville de Draguignan. Blois,
14 mars 1529.

> *Enreg. à la Chambre des Comptes d'Aix. Arch.*
> *des Bouches-du-Rhône, B. 32 (Scorp.), fol. 52.*
> 2 pages.

14 mars.

24035. Provisions pour Jacques Reynaud, s^r d'Allain, de l'office de viguier et capitaine d'Arles. Blois, 14 mars 1529.

Enreg. à la Chambre des Comptes d'Aix. Arch. des Bouches-du-Rhône, B. 32 (Scorp.), fol. 54 v°. 1 page 1/2.

1530. 14 mars.

24036. Provisions pour Augustin Startor, surnommé Robert, de l'office de viguier et capitaine de Grasse. Blois, 14 mars 1529.

Enreg. à la Chambre des Comptes d'Aix. Arch. des Bouches-du-Rhône, B. 32 (Scorp.), fol. 57 v°. 2 pages.

14 mars.

24037. Provisions pour Accurse de Lion de l'office de baile, capitaine et juge de Castellane en Provence. Blois, 14 mars 1529.

Enreg. à la Chambre des Comptes d'Aix. Arch. des Bouches-du-Rhône, B. 32 (Scorp.), fol. 60 v°. 1 page 1/2.

14 mars.

24038. Provisions pour Thomas Cabain de l'office de procureur et clavaire d'Arles. Blois, 14 mars 1529.

Enreg. à la Chambre des Comptes d'Aix. Arch. des Bouches-du-Rhône, B. 32 (Scorp.), fol. 63 v°. 1 page 1/2.

14 mars.

24039. Provisions pour Honorat de Tribuciis, avocat au Parlement de Provence, de l'office de conseiller ordinaire en ladite cour, vacant par la résignation faite en sa faveur par son père, Simon de Tribuciis, s^r de Sainte-Marguerite. Blois, 15 mars 1529.

Arch. des Bouches-du-Rhône, B. 31 (Salam.), fol. 32 v° et 33. (Mentions.)

15 mars.

24040. Lettres de réception du serment de fidélité de Georges d'Armagnac, abbé de Saint-Ambroise de Bourges, pour le temporel de l'évêché de Rodez. Blois, 21 mars 1529.

Expéd. orig. Arch. nat., P. 556¹, cote 728.

21 mars.

24041. Lettres de garde-gardienne en faveur du cha-

Mars.

pitre de Saint-Sauveur de Blois. Blois, mars 1529[1].

> *Copie de l'époque. Bibl. nat., ms. fr.* 14368, fol. 140 v°. 2 pages.

1530.

24042. Lettres portant création d'un marché hebdomadaire et d'une foire par an (en plus de celle qui y existait déjà), au lieu de Trets en Provence. Blois, mars 1529.

Mars.

> *Enreg. à la Chambre des Comptes d'Aix. Arch. des Bouches-du-Rhône,* B. 29 (*Sagitt.*), fol. 39 v°. 1 page 1/2.

24043. Provisions pour Honorat Arnoux de l'office de baile et capitaine, clavaire et notaire de Saint-Paul de Vence. Tours, 3 avril 1529.

3 avril.

> *Enreg. à la Chambre des Comptes d'Aix. Arch. des Bouches-du-Rhône,* B. 32 (*Sagitt.*), fol. 46 v°. 2 pages.

24044. Provisions pour Jean de Vaulx de l'office de judicature de Sisteron. Tours, 3 avril 1529.

3 avril.

> *Enreg. à la Chambre des Comptes d'Aix. Arch. des Bouches-du-Rhône,* B. 32 (*Scorp.*), fol. 77 v°. 2 pages.

24045. Mandement au trésorier de l'épargne de faire payer à Jean Jacquot et à ses compagnons, marchands, fournisseurs des greniers à sel du duché de Bourgogne, la somme de 1,000 livres tournois pour les indemniser du dommage que leur causera, pour les cinq années qui restent à courir jusqu'à l'expiration de leur bail, l'article du traité de Cambrai les obligeant à payer comptant le sel qu'ils prendront à Salins, ou du moins à donner pour ce payement, caution suffisante, ce qui est contraire aux dispositions de leur bail. Lusignan, 16 avril 1530.

16 avril.

> *Comptes de Guy Millotot, receveur général de Bourgogne. Arch. de la Côte-d'Or,* B. 1838, fol. 130 v°. (*Mention.*)

[1] Une note contemporaine porte que ces lettres furent « refusées ».

24046. Commission au bailli de Chaumont pour procéder à la répartition des quatre décimes sur les bénéfices des diocèses de Toul et de Besançon, du duché de Bar et du comté de Ligny, qui sont compris dans les limites du royaume. Angoulême, 20 avril 1530.

1530.
20 avril.

Copie du temps d'après une autre copie collat. du 29 mai 1530. Arch. départementales, à Metz, B. 41.

24047. Provisions pour Guillaume Fauret de l'office de la judicature de la ville de Pertuis en Provence. Angoulême, 11 mai 1530.

11 mai.

Enreg. à la Chambre des Comptes d'Aix. Arch. des Bouches-du-Rhône, B. 32 (Scorp.), fol. 82 v°. 2 pages.

24048. Provisions pour Jean-Antoine Portanier de l'office de la judicature des villes de Brignoles, de Saint-Maximin et de Barjols en Provence. Angoulême, 11 mai 1530.

11 mai.

Enreg. à la Chambre des Comptes d'Aix. Arch. des Bouches-du-Rhône, B. 32 (Scorp.), fol. 74. 2 pages.

24049. Lettres de réception du serment de fidélité prêté au roi par Bernard d'Ornesan, évêque de Lombez, pour le temporel de son évêché. Angoulême, 20 mai 1530.

20 mai.

Original. Arch. nat., P. 557², n° 207.

24050. Provisions pour Jean Clapier de l'office de baile et capitaine d'Aups en Provence. Angoulême, 23 mai 1530.

23 mai.

Enreg. à la Chambre des Comptes d'Aix. Arch. des Bouches-du-Rhône, B. 32 (Scorp.), fol. 80. 2 pages.

24051. Provisions pour Louis Amic de l'office de baile et capitaine de Barjols en Provence. Angoulême, 23 mai 1530.

23 mai.

Enreg. à la Chambre des Comptes d'Aix. Arch. des Bouches-du-Rhône, B. 32 (Scorp.), fol. 85. 2 pages.

24052. Lettres autorisant l'ouverture de l'hôtel des monnaies de Marseille, et portant règlement

27 mai.

touchant les monnaies qui devront y être fabri-
quées. Angoulême, 27 mai 1530.

1530.

*Copie du XVIe siècle. Arch. des Bouches-du-
Rhône, B. reg. 1249, fol. 114.*

24053. Mandement au trésorier de l'épargne de faire
payer à Philippe Chabot, s[r] de Brion, amiral,
gouverneur de Bourgogne, 25,000 livres tournois restant dus sur la somme de 50,000 livres
tournois que le roi a promis, par le contrat de
mariage entre ledit amiral et Françoise de
Longwy, de faire payer à Jacquette de Longwy,
sœur de cette dernière, pour son mariage,
quand elle serait en âge de le contracter,
contre la renonciation que ferait ladite Jacquette de Longwy à sa part de succession de
la maison de Givry. Thouars-lès-Bordeaux,
17 juin 1530.

17 juin.

*Comptes de Guy Milletot, receveur général de
Bourgogne. Arch. de la Côte-d'Or, B. 1838,
fol. 129 v°. (Mention.)*

24054. Mandement à la Chambre des Comptes de
Dijon de payer, sur les parties casuelles, à
Thierry Dorne, secrétaire des finances et de la
Chambre des Comptes, la somme de 5,000 livres tournois, en récompense de ses nombreux services, et spécialement des voyages
qu'il a faits dans et hors le royaume pour le
recouvrement des enfants du roi, en compensation de la grosse rançon qu'il a dû payer,
ayant été fait prisonnier à la bataille de Pavie,
et aussi de ses gages de secrétaire de la
Chambre des Comptes qui lui ont été très
insuffisamment payés pour les années 1525
à 1528. 17 juin 1530.

17 juin.

*Comptes de Bénigne Serre, receveur général de
Bourgogne. Arch. de la Côte-d'Or, B. 1834,
fol. 157. (Mention.)*

24055. Lettres portant assignation sur la recette générale de Bourgogne à François Saumaire,
commis aux payements des mortes-payes de
Bourgogne, lesquels sont au nombre de

4 juillet.

quatre cent quarante-quatre, y compris la crue
d'Auxonne et les vingt-quatre chargés de la
garde des forêts, de la somme de 13,320 livres tournois pour employer au fait de sa
charge durant les deux premiers quartiers de
l'année 1530. Bordeaux, 4 juillet 1530.

*Comptes de Guy Milletot, receveur général de
Bourgogne. Arch. de la Côte-d'Or, B. 1838,
fol. 116 r° et v°. (Mentions.)*

1530.

24056. Déclaration de l'hommage d'Antoine-Honorat
d'Oraison, chevalier, pour la terre d'Oraison et autres terres sises en Provence. Bordeaux, 9 juillet 1530.

9 juillet.

*Enreg. à la Chambre des Comptes d'Aix. Arch.
des Bouches-du-Rhône, B. 29 (Sagitt.), fol. 158.
1 page.*

24057. Provisions pour Thomas Cosmier, avocat au
Parlement de Bordeaux, de l'office de président au Parlement de Provence, vacant par
le décès de Gervais de Beaumont. Bordeaux,
15 juillet 1530.

15 juillet.

*Enreg. à la Chambre des Comptes d'Aix. Arch.
des Bouches-du-Rhône, B. 29 (Sagitt.), fol. 76 v°.
3 pages.*

24058. Mandement au trésorier de l'épargne d'assigner,
sur les deniers de la recette générale de Bourgogne provenant des deux premiers quartiers
de l'année 1530, à Claude Duchamp, payeur
des gages des officiers du Parlement de Bourgogne, la somme de 3,230 livres 10 sous
tournois pour employer au payement desdits officiers durant ces deux premiers quartiers. Bordeaux, 24 juillet 1530.

24 juillet.

*Comptes de Guy Milletot, receveur général de
Bourgogne. Arch. de la Côte-d'Or, B. 1838,
fol. 117 v°. (Mention.)*

24059. Mandement au trésorier de l'épargne d'assigner,
sur les deniers provenant des aides accordées
au roi pour l'année 1530 par les États de
Bourgogne, à Bénigne Serre, commis aux
payements des édifices et fortifications de

6 août.

Bourgogne, la somme de 5,000 livres tournois pour être employée au payement des
fortifications nouvellement faites à la ville et
au château de Chalon-sur-Saône. Cognac,
6 [août] 1530.

*Comptes de Guy Millelot, receveur général de
Bourgogne. Arch. de la Côte-d'Or, B. 1838,
fol. 119. (Mention.)*

1530.

24060. Mandement au trésorier de l'épargne de payer
les gages des divers capitaines des places de
Bourgogne. Cognac, 6 août 1530.

*Copie. Bibl. nat., ms. Moreau 802, fol. 174.
2 pages 1/2.*

6 août.

24061. Mandement au trésorier de l'épargne de faire
payer à Jean de La Baume, comte de Mont-
revel, panetier ordinaire du roi, 1,200 livres
tournois pour sa pension de l'année courante
et 400 livres pour ses gages ordinaires de
panetier durant l'année 1529, cesdits gages
ayant été omis sur l'état des officiers domestiques du roi. Cognac, 8 août 1530.

*Comptes de Guy Millelot, receveur général de
Bourgogne. Arch. de la Côte-d'Or, B. 1838,
fol. 128 v°. (Mention.)*

8 août.

24062. Mandement au trésorier de l'épargne d'assigner,
sur les deniers provenant des aides accordées
au roi pour l'année 1530 par les États de
Bourgogne, à Guy Millelot, receveur général
de Bourgogne, la somme de 600 livres tournois pour employer aux frais et dépenses
extraordinaires qu'il aura à payer sur l'ordre
de l'amiral Chabot, s' de Brion, gouverneur
du duché. Saint-Jean-d'Angély, 18 août
1530.

*Comptes de Guy Millelot, receveur général de
Bourgogne. Arch. de la Côte-d'Or, B. 1838,
fol. 120. (Mention.)*

18 août.

24063. Lettres affranchissant de la taille pour dix ans
les habitants de la Napoule en Provence,
qui avait été mise à sac, le 13 juin pré-

12 octobre.

22.

cédent, par les Turcs. Amboise, 12 octobre 1530.   **1530.**
1530.

Enreg. à la Chambre des Comptes d'Aix. Arch.
des Bouches-du-Rhône, B. 29 (Sagitt.), fol. 79 v°.
4 pages.

24064. Lettres de réception du serment de fidélité de   13 octobre.
Gabriel de Saluces pour le temporel de
l'évêché d'Aire, dépendant des sénéchaussées
de Toulouse, de Guyenne et des Lannes.
Amboise, 13 octobre 1530.

Expéd. orig. Arch. nat., P. 556¹, cote 738.

24065. Mandement au trésorier de l'épargne de faire   16 octobre.
payer à François Saumaire, commis au paye-
ment de gens de guerre établis à la morte-
paye pour la garde des villes et places fortes
de Bourgogne, la somme de 6,680 livres
pour employer au fait de sa commission.
Amboise, 16 octobre 1530.

Comptes de Guy Milletot, receveur général de
Bourgogne. Arch. de la Côte-d'Or, B. 1838,
fol. 123 v°, 124. (Mentions.)

24066. Mandement au trésorier de l'épargne de payer   16 octobre.
à Guy Milletot, receveur général de Bour-
gogne, la somme de 2,224 livres 6 sous
2 deniers tournois pour employer au payement des gages des présidents et officiers de
la Chambre des Comptes de Dijon, des deux
derniers quartiers de l'année courante. Amboise, 16 octobre 1530.

Comptes de Guy Milletot, receveur général de
Bourgogne. Arch. de la Côte-d'Or, B. 1838,
fol. 121 r° et v°. (Mentions.)

24067. Mandement au trésorier de l'épargne d'assigner,   16 octobre.
sur le quartier de juillet-septembre de la re-
cette générale de Bourgogne, à Claude Duchamp, payeur des gages des présidents et
officiers du Parlement de Bourgogne, la
somme de 1,615 livres 5 sous tournois, pour
employer au fait de son office durant ce même

quartier de l'année courante. Amboise, 16 octobre 1530.

1530.

Comptes de Guy Milletot, receveur général de Bourgogne. Arch. de la Côte-d'Or, B. 1838, fol. 122 v°. (Mention.)

24068. Lettres interdisant au légat d'Avignon de déférer au général ou au provincial des Dominicains la connaissance des causes concernant le couvent de Saint-Maximin en Provence, lesquelles sont du ressort des officiers du roi, le prieuré étant de fondation royale. Amboise, 20 octobre 1530.

20 octobre.

Enreg. à la Chambre des Comptes d'Aix. Arch. des Bouches-du-Rhône, B. 29 (Sagitt.), fol. 86. 2 pages.

24069. Provisions pour Joachim de Sazo, écuyer, docteur ès droits, de l'office de conseiller au Parlement de Provence, vacant par la résignation faite en sa faveur par Gaspard du Périer. Amboise, 22 octobre 1530.

22 octobre.

Enreg. à la Chambre des Comptes d'Aix. Arch. des Bouches-du-Rhône, B. 29 (Sagitt.), fol. 112. 2 pages.

24070. Mandement à François Doyneau, lieutenant général en Poitou, de procéder par prise de corps contre Joachim Gillier, s^r de Puygarreau, et ses serviteurs et complices, coupables journellement de viols, agressions, vols dans des églises et autres lieux. Orléans, 1er décembre 1530.

1er décembre.

Copie du xvie siècle. Bibl. nat., ms. fr. 14368, fol. 197 v°. 1/4 de page.

1531. — Pâques, le 9 avril.

1531.

24071. Lettres de réception du serment de fidélité de Guillaume de Barton pour le temporel de l'évêché de Lectoure, dans la sénéchaussée d'Armagnac. Saint-Germain-en-Laye, 7 janvier 1530.

7 janvier.

Expéd. orig. Arch. nat., P. 556¹, cote 732.

24072. Mandement au trésorier de l'épargne de faire payer à Girard de Vienne, s' de Ruffey, chevalier de l'ordre, la somme de 5,000 livres tournois pour solde de ce que ledit sieur prétend lui être dû de plusieurs années de sa pension. Mon... (*sic*), 20 février 1530.

Comptes de Guy Milletot, receveur général de Bourgogne. Arch. de la Côte-d'Or, B. 1838, fol. 127 v°. (Mention.)

1531.
20 février.

24073. Lettres de collation à Philibert Babou de la trésorerie de la Sainte-Chapelle du Palais, à Paris. Février 1530.

Mémoriaux de la Sainte-Chapelle. Arch. nat., LL. 625, fol. 116 v°. (Mention.)

Février.

24074. Lettres portant assignation sur les recettes générales du royaume à Morelet de Museau, notaire et secrétaire du roi, commis au payement des pensions particulières et générales accordées annuellement aux villes et cantons suisses, de la somme de 46,900 livres tournois pour employer au fait de sa commission. Paris, 14 mars 1530.

Comptes de Guy Milletot, receveur général de Bourgogne. Arch. de la Côte-d'Or, B. 1838, fol. 125 v°. (Mention.)

14 mars.

24075. Lettres permettant aux quatre syndics d'Hyères en Provence de substituer à leur titre celui de consuls. Paris, 21 mars 1530.

Enreg. à la Chambre des Comptes d'Aix. Arch. des Bouches-du-Rhône, B. 29 (Sagitt.), fol. 340. 2 pages.

21 mars.

24076. Don à Charlotte de Magny, veuve de Hugues de Loges, s' de la Boulaye, et aux enfants mineurs dudit seigneur, dont elle a le bail et gouvernement, de la somme annuelle de 300 livres tournois à prendre sur le revenu du grenier à sel de Pouilly-en-Auxois, à partir du 1er janvier 1531. Paris, 22 mars 1530.

Comptes de Guy Milletot, receveur général de Bourgogne. Arch. de la Côte-d'Or, B. 1839, fol. 74. (Mention.)

22 mars.

24077. Mandement au trésorier de l'épargne de payer
à Guy Milletot, receveur général de Bourgogne, la somme de 1,112 livres 3 sous
1 denier tournois pour employer au payement des gages des présidents et officiers
de la Chambre des Comptes de Dijon, durant le quartier de janvier-mars 1531. Paris,
24 mars 1530.

> *Comptes de Guy Milletot, receveur général de*
> *Bourgogne. Arch. de la Côte-d'Or,* B. 1839,
> fol. 66 v°. (*Mention.*)

24078. Mandement au trésorier de l'épargne de faire
payer à Claude Duchamp, payeur des gages
des présidents et officiers du Parlement de
Dijon, la somme de 2,422 livres 17 sous
6 deniers tournois pour employer au fait de
son office pour le quartier de janvier-mars
1531. Paris, 24 mars 1530.

> *Comptes de Guy Milletot, receveur général de*
> *Bourgogne. Arch. de la Côte-d'Or,* B. 1839,
> fol. 68 v°. (*Mention.*)

24079. Mandement au Parlement de Provence de
subroger Guillaume de Glandèves, sr de
Cuers, aux droits de Jeanne de Glandèves,
décédée, dans un procès qu'elle avait engagé
contre François de Castellane, et de procéder au jugement, bien que toutes les formes
n'aient pas été observées par la défunte.
Paris, 1er avril 1530.

> *Enreg. à la Chambre des Comptes d'Aix. Arch.*
> *des Bouches-du-Rhône,* B. 31 (*Salam.*), fol. 39.
> 2 pages.

24080. Lettres ratifiant la déclaration donnée par la
régente, le 8 janvier 1516 n. s. (n° 23369),
confirmant les privilèges des habitants d'Arles.
Paris, 2 avril 1530.

> *Enreg. à la Chambre des Comptes d'Aix. Arch.*
> *des Bouches-du-Rhône,* B. 29 (*Sagitt.*), fol. 315.
> 2 pages.

24081. Déclaration portant que, conformément aux
traités de Madrid et de Cambrai, Pierre
Abeille, notaire du Luc en Provence, qui

1531.
24 mars.

24 mars.

1er avril.

2 avril.

Avril.

avait suivi le parti du connétable de Bourbon, sera restitué en tous ses biens. Paris, avril 1530.

Enreg. à la Chambre des Comptes d'Aix. Arch. des Bouches-du-Rhône, B. 29 (Sagitt.), fol. 272 v°. 2 pages.

24082. Mandement aux officiers du comté de Blois de passer les baux des fermes qui sont ordinairement baillées pour un an. Paris, 12 avril 1531.

Enreg. à la Chambre des Comptes de Blois, lay. J, n° 8. Bibl. nat., ms. Moreau 405, fol. 69 v°. (Mention.)

24083. Mandement à Guillaume Prudhomme, trésorier de l'épargne, de payer à Christophe de La Forêt, médecin du roi, la somme de 12,000 livres tournois pour les soins qu'il a donnés aux enfants de France pendant leur détention en Espagne. Paris, 15 avril 1531.

Enreg. à la Chambre des Comptes de Provence. Arch. des Bouches-du-Rhône, B. reg. 41 (Hyrundo), fol. 433 v°.

24084. Lettres de réception du serment de fidélité de Jacques de Tournon pour le temporel de l'évêché de Castres, dans la sénéchaussée de Carcassonne. Pont de Saint-Cloud, 11 mai 1531.

Expéd. orig. Arch. nat., P. 556¹, cote 739.

24085. Mandement au trésorier de l'épargne de faire payer à François Saumaire, commis au payement des mortes-payes de Bourgogne, la somme de 6,660 livres tournois pour employer au payement du quartier de janvier-mars 1531 desdites mortes-payes, qui sont au nombre de quatre cent quarante-quatre, soit dans la ville d'Auxonne deux cent onze, au château d'Auxonne quarante-cinq, au château de Dijon cinquante-cinq, dans la ville de Dijon vingt, à Talant quarante, à Beaune trente-cinq, à Semur quatre, à Saulx-le-Duc dix, pour la garde des forêts d'Argilly seize et

1531.

12 avril.

15 avril.

11 mai.

17 mai.

pour celle des Goulles huit: Saint-Cloud, 17 mai 1531.

1531.

> *Comptes de Guy Milletot, receveur général de Bourgogne. Arch. de la Côte-d'Or, B. 1839, fol. 69. (Mention.)*

24086. Mandement au trésorier de l'épargne de faire payer à François Saumaire, commis au payement des mortes-payes de Bourgogne, la somme de 6,660 livres tournois pour employer au fait de sa commission durant le quartier d'avril-juin 1531. Paris, 20 juin 1531.

20 juin.

> *Comptes de Guy Milletot, receveur général de Bourgogne. Arch. de la Côte-d'Or, B. 1839, fol. 70 v°. (Mention.)*

24087. Mandement au trésorier de l'épargne de payer à Guy Milletot, receveur général de Bourgogne, la somme de 1,112 livres 3 sous 1 denier tournois pour employer au payement des présidents et officiers de la Chambre des Comptes de Dijon durant le quartier d'avril-juin 1531. Paris, 20 juin 1531.

20 juin.

> *Comptes de Guy Milletot, receveur général de Bourgogne. Arch. de la Côte-d'Or, B. 1839, fol. 71 v°. (Mention.)*

24088. Lettres portant assignation sur la recette générale de Bourgogne à Claude Duchamp, payeur des gages des présidents et officiers du Parlement de Bourgogne, de la somme de 807 livres 12 sous pour employer au fait de sa commission durant le quartier d'avril-juin 1531. Paris, 20 juin 1531.

20 juin.

> *Comptes de Guy Milletot, receveur général de Bourgogne. Arch. de la Côte-d'Or, B. 1839, fol. 72 v°. (Mention.)*

24089. Lettres de collation d'un canonicat de la Sainte-Chapelle du Palais, à Paris, en faveur de Jacques Hamelin, premier aumônier du roi, au lieu de feu Jean Deleau (« de Aquâ »). Becoiseau, 28 juin 1531.

28 juin.

> *Enreg. sur les Mémoriaux de la Sainte-Chapelle. Arch. nat., LL. 625, fol. 124.*

24090. Don à Louis Alamanni du jardin du roi, sis près des murs d'Aix en Provence, du consentement de Baptime de Larca qui en avait la jouissance. Fontainebleau, 11 juillet 1531.

> *Enreg. à la Chambre des Comptes d'Aix. Arch. des Bouches-du-Rhône*, B. 29 (*Sagitt.*), fol. 344. 2 pages.

1531. 11 juillet.

24091. Provisions pour Thomas Bullioud de l'office de contrôleur général de la marine du Levant, vacant par suite de la résignation de Jacques Collin. Fontainebleau, 12 juillet 1531.

> *Enreg. à la Chambre des Comptes d'Aix. Arch. des Bouches-da-Rhône*, B. 36 (*Luna*), fol. 278. 2 pages.

12 juillet.

24092. Lettres accordant aux habitants d'Annot, de Saint-Benoît et de Braux, en Provence, une modération de fouage à cause des inondations et autres calamités qu'ils ont eues à subir. Fontainebleau, 7 août 1531.

> *Enreg. à la Chambre des Comptes d'Aix. Arch. des Bouches-du-Rhône*, B. 29 (*Sagitt.*), fol. 276 v°. 1 page.
> *Copie du xvi⁰ siècle. Arch. des Bouches-du-Rhône*, B. reg. 1243, fol. 252 v°.

7 août.

24093. Lettres de réception du serment de fidélité prêté par Balthazar Jarente, évêque de Vence, pour le temporel de son évêché. Fontainebleau, 7 août 1531.

> *Enreg. à la Chambre des Comptes d'Aix. Arch. des Bouches-du-Rhône*, B. 30 (*Homag.*), fol. 364. 1 page.
> *Copie du xvi⁰ siècle (non datée). Bibl. nat.*, ms. fr. 5503, fol. 22. 1/2 page.

7 août.

24094. Provisions de l'office de receveur général de Bourgogne en faveur d'Antoine Le Maçon, sur la résignation faite à son profit par Guy Milletot. Fontainebleau, 22 août 1531.

> *Copie collat. Comptes d'Antoine Le Maçon, receveur général de Bourgogne. Arch. de la Côte-d'Or*, B. 1840, fol. 4. 4 pages.

22 août.

24095. Lettres dispensant Antoine Le Maçon, receveur général de Bourgogne, de prêter serment

22 août.

pour cet office entre les mains des officiers de la Chambre des Comptes de Dijon, avant un délai de trois mois, et lui donnant néanmoins le droit de toucher le montant de ses gages pendant cette période. Fontainebleau, 22 août 1531.

1531.

Comptes d'Antoine Le Maçon, receveur général de Bourgogne. Arch. de la Côte-d'Or, B. 1841, fol. 1. 3 pages.

24096. Confirmation et vidimus des privilèges accordés aux habitants de l'île de Martigues, par Yolande, reine de Sicile. Fontainebleau, août 1531.

Août.

Enreg. à la Chambre des Comptes d'Aix. Arch. des Bouches-du-Rhône, B. 29 (Sagitt.), fol. 219 v°. 6 pages.

24097. Lettres de réception du serment de fidélité de François de Bonneval pour le temporel de l'évêché de Périgueux. Villemomble, 8 septembre 1531.

8 septembre.

Expéd. orig. Arch. nat., P. 556¹, cote 740.

24098. Provisions pour Jean Grosnier de l'office, qui vient d'être créé, de trésorier de la marine du Levant, payeur des soldes des officiers et marins. Compiègne, 19 septembre 1531.

19 septembre.

Enreg. à la Chambre des Comptes d'Aix. Arch. des Bouches-du-Rhône, B. 37 (Stella), fol. 9 v°. 2 pages.

24099. Provisions pour Guillaume Matheron de l'office de prévôt de la Monnaie de Provence, vacant par la résignation faite en sa faveur par René Matheron, son père. Croissy, 8 octobre 1531.

8 octobre.

Enreg. à la Chambre des Comptes d'Aix. Arch. des Bouches-du-Rhône, B. 31 (Salam.), fol. 44. 1 page.

24100. Lettres portant que les pays d'Armagnac et de Fezensac seront imposés à 21,112 livres 5 sous 11 deniers, pour leur quote-part de l'imposition de 3,061,000 livres mise sur le

12 octobre.

royaume, et qu'il y sera levé en outre, pour les frais supplémentaires, une somme de 932 livres 10 sous tournois. Villemomble, 12 octobre 1531.

Original. Bibl. nat., ms. Moreau 1048, n° 12.

24101. Lettres de réception du serment de fidélité de Jean de Saint-Gelais pour le temporel de l'évêché d'Uzès. Compiègne, 31 octobre 1531.

Expéd. orig. Arch. nat., P. 556¹, cote 741.

24102. Provisions pour Claude d'Annebaut de l'office de lieutenant du roi au bailliage de Caen. 15 novembre 1531.

Imp. Pinard, Chronologie historique militaire. Paris, 1760-1778, in-4°, t. II, p. 232. (Mention.)

1532. — Pâques, le 31 mars.

24103. Mandement au trésorier de l'épargne d'assigner sur la recette générale de Bourgogne à Claude Duchamp, payeur des gages des présidents et officiers du Parlement de Bourgogne, la somme de 3,230 livres 10 sous tournois pour employer au fait de son office durant les quartiers de juillet-septembre et octobre-décembre 1531. Abbeville, 6 janvier 1531.

Comptes d'Antoine Le Maçon, receveur général de Bourgogne. Arch. de la Côte-d'Or, B. 1840, fol. 74 v°, 75. (Mentions.)

24104. Mandement au trésorier de l'épargne d'assigner sur la recette générale de Bourgogne à François Saumaire, commis au payement des mortes-payes de Bourgogne, la somme de 13,320 livres tournois pour employer au fait de sa commission durant les quartiers de juillet-septembre et octobre-décembre 1531. Abbeville, 6 janvier 1531.

Comptes d'Antoine Le Maçon, receveur général de Bourgogne. Arch. de la Côte-d'Or, B. 1840, fol. 76 et 77 v°. (Mentions.)

24105. Mandement au trésorier de l'épargne de payer
à Antoine Le Maçon, receveur général de
Bourgogne, la somme de 2,224 livres 6 sous
2 deniers tournois pour employer au payement des quartiers de juillet-septembre et
octobre-décembre des gages des présidents
et officiers de la Chambre des Comptes de
Dijon, durant l'année 1531. Abbeville, 6 janvier 1531.

1532.
6 janvier.

*Comptes d'Antoine Le Maçon, receveur général
de Bourgogne. Arch. de la Côte-d'Or, B. 1840,
fol. 78 et 79 v°. (Mentions.)*

24106. Provisions pour Rémy Ambrois de l'office
d'avocat des pauvres en Provence, vacant
par le décès de Louis Benedet. La Meilleraye, 30 janvier 1531.

30 janvier.

*Enreg. à la Chambre des Comptes d'Aix. Arch.
des Bouches-du-Rhône, B. 32 (Scorp.), fol. 253.
1 page 1/2.*

24107. Mandement au trésorier de l'épargne de faire
payer aux maire et habitants de Dijon, pendant
six années, une somme annuelle de 2,500 livres tournois pour compléter celle de
25,000 livres dont le roi leur a fait don précédemment, et sur laquelle il n'a été payé que
10,000 livres. Rouen, 8 février 1531.

8 février.

*Comptes d'Antoine Le Maçon, receveur général
de Bourgogne. Arch. de la Côte-d'Or, B. 1841,
fol. 117. (Mention.)*

24108. Mandement aux gens des comptes de Bourgogne d'allouer aux comptes d'Antoine Le
Maçon, receveur général de Bourgogne, les
gages et droits de son office depuis qu'il en
est pourvu, et pendant six mois à partir du
présent mandement, sans qu'il ait à prêter
serment entre leurs mains avant l'expiration
de ce délai, ses nombreuses occupations l'en
ayant empêché jusque-là et pouvant l'en em-
pêcher encore. Rouen, 20 février 1531.

20 février.

*Copie collat. Comptes d'Antoine Le Maçon, rece-
veur général de Bourgogne. Arch. de la Côte-d'Or,
B. 1841, fol. 2 v°. 4 pages.*

24109. Lettres portant que les consuls d'Hyères jouiront des mêmes droits que les consuls des autres villes de Provence. Rouen, 24 février 1531.

1532.
24 février.

> *Enreg. à la Chambre des Comptes d'Aix. Arch. des Bouches-du-Rhône, B. 29 (Sagitt.), fol. 341. 1 page.*

24110. Lettres de provisions pour Bertrand de Belcodeins de l'office d'un des quatre tabliers de la cour des premières appellations de Provence, pour être possédé par lui et par son père, Guillaume de Belcodeins, à la survivance l'un de l'autre. Mauny, 29 février 1531.

29 février.

> *Enreg. à la Chambre des Comptes d'Aix. Arch. des Bouches-du-Rhône, B. 29 (Sagitt.), fol. 261 v°. 2 pages.*

24111. Provisions pour Jean Péron, marchand de Bordeaux, de l'office de garde de la Monnaie de ladite ville, vacant par le décès de Simon Guenel. Argentan, 23 mars 1531.

23 mars.

> *Imp. F. de Saulcy, Recueil de documents relatifs à l'histoire des monnaies (Coll. des doc. inéd.). Mâcon, 1892, in-4°, t. IV, p. 276. (Mention.)*

24112. Don pour cinq ans, aux frères Jean, Philippe et Alexandre de Roma, des droits de gabelle de 15 livres tournois que le roi prélève sur chaque muid de sel tiré des salines de Peccais, la Vernède et Notre-Dame-de-la-Mer, outre ceux qui leur ont été concédés le 25 janvier 1527 n. s. (n° 23907), le tout en remboursement de 150,465 livres tournois qu'ils ont prêtées au roi. Coutances, 16 avril 1532.

16 avril.

> *Enreg. à la Chambre des Comptes d'Aix. Arch. des Bouches-du-Rhône, B. 29 (Sagitt.), fol. 293 v°. 5 pages.*

24113. Lettres en faveur des habitants de Tarascon en Provence, prescrivant de les décharger d'un certain nombre de feux qui devront être reportés sur les autres localités de la même

27 avril.

viguerie, suivant une répartition plus équitable. Coutances, 27 avril 1532.

1532.

> *Enreg. à la Chambre des Comptes d'Aix. Arch.*
> *des Bouches-du-Rhône, B. 29 (Sagitt.), fol. 324.*
> 1 page.

24114. Lettres confirmant à Claude de Tende, gouverneur de Provence, le pouvoir que lui
avait accordé la régente de nommer aux offices vacants de la province. Châteaubriant,
15 mai 1532.

15 mai.

> *Enreg. à la Chambre des Comptes d'Aix. Arch.*
> *des Bouches-du-Rhône, B. 29 (Sagitt.), fol. 266.*
> 2 pages.

24115. Lettres de légitimation accordées à Geoffroy de
Compte, fils naturel de Pierre de Compte,
bourgeois de Marseille, et d'Antonie Plastre.
Châteaubriant, juin 1532.

Juin.

> *Enreg. à la Chambre des Comptes d'Aix. Arch.*
> *des Bouches-du-Rhône, B. 31 (Salam.), fol. 35 v°.*
> 1 page.

24116. Lettres accordant à Claude Gouffier mainlevée
des seigneuries de Boisy et de la Motte, et
de la vicomté de Roanne, saisies par les commissaires sur le fait de la réunion du domaine.
La Hunaudaye, 16 juillet 1532.

16 juillet.

> *Original. Arch. nat., T. 153[76-78].*

24117. Provisions pour Jean Serrat de l'office de
garde de la Monnaie de Bourges, vacant
par le décès de Robert Gaulteret. 21 juillet
1532.

21 juillet.

> IMP. F. de Saulcy, *Recueil de documents relatifs*
> *à l'histoire des monnaies (Coll. des doc. inéd.).*
> Mâcon, 1892, in-4°, t. IV, p. 279. (*Mention.*)

24118. Mandement à Jean Laguette, receveur général
des finances extraordinaires et parties casuelles, de délivrer à Antoine Le Maçon,
receveur général de Bourgogne, la somme
de 1,200 livres tournois pour employer au
payement des parties inopinées en Bourgogne,
sur l'ordre de l'amiral Chabot, gouverneur

2 août.

dudit pays ou de son lieutenant, le s^r de
Beaumont-Brizay. Suscinio, 2 août 1532.

1532.

> *Comptes d'Antoine Le Maçon, receveur général
> de Bourgogne. Arch. de la Côte-d'Or, B. 1841,
> fol. 108 et 163 v°. (Mentions.)*

24119. Provisions pour Barthélemy de Chassencuz,
docteur ès droits, de l'office de président au
Parlement de Provence, vacant par la mort
de Thomas Cosmier. Nantes, 17 août 1532.

17 août.

> *Enreg. à la Chambre des Comptes d'Aix. Arch.
> des Bouches-du-Rhône, B. 29 (Sagitt.), fol. 374.
> 1 page.*

24120. Lettres ordonnant mainlevée de la saisie faite
au nom du roi, en vertu de la réunion générale de son domaine, de la châtellenie de
Tullins en Dauphiné, et du jardin du roi à
Aix, qui ont été donnés à Louis Alamanni,
florentin. Nantes, 21 août 1532.

21 août.

> *Enreg. à la Chambre des Comptes d'Aix. Arch.
> des Bouches-du-Rhône, B. 29 (Sagitt.), fol. 347 v°.
> 1 page.*

24121. Lettres de réception du serment de fidélité
prêté par Antoine de Narbonne pour le temporel de l'évêché de Sisteron. Chenonceaux,
17 septembre 1532.

17 septembre.

> *Enreg. à la Chambre des Comptes d'Aix. Arch.
> des Bouches-du-Rhône, B. 30 (Homag.), fol. 260.
> 1/2 page.*

24122. Déclaration de l'hommage rendu par Antoine
des Prez, s^r de Montpezat, sénéchal de Poitou et de Périgord, au nom de Charles de
Roquefeuil, écuyer, s^r dudit lieu, pour les
seigneuries d'Aumessas, Lanuéjols, Caladon,
Revens, Aumelas, Mondoumerc, Pujols,
Rauzan, etc. Paris, 28 septembre 1532.

28 septembre.

> *Expéd. orig. Arch. nat., P. 556¹, cote 743 bis.*

24123. Lettres interdisant au Parlement d'Aix de connaître des matières réservées au président de
la Cour rigoureuse de la Chambre des raisons.
Boulogne, 22 octobre 1532.

22 octobre.

> *Enreg. à la Chambre des Comptes d'Aix. Arch.
> des Bouches-du-Rhône, B. 29 (Sagitt.), fol. 396.
> 2 pages.*

24124. Lettres de jussion pour l'enregistrement des lettres de juillet 1530 (n° 3740), concernant la juridiction de la Cour rigoureuse de la Chambre des raisons d'Aix. Boulogne, 22 octobre 1532.

1532.
22 octobre.

Enreg. à la Chambre des Comptes d'Aix. Arch. des Bouches-du-Rhône, B. 29 (Sagitt.), fol. 363 v°.
1 page.

24125. Lettres de légitimation accordées aux frères Jean et Pierre de Vegna, fils naturels de Jacques de Vegna, marchand, et de Jeanne de Carranois. Amiens, novembre 1532.

Novembre.

Enreg. à la Chambre des Comptes d'Aix. Arch. des Bouches-du-Rhône, B. 31 (Salam.), fol. 30.
1 page.

24126. Provisions pour Foulques Fabre de l'office de conseiller lai au Parlement de Provence, vacant par le décès d'Amédée Imbert. Paris, 23 décembre 1532.

23 décembre.

Enreg. à la Chambre des Comptes d'Aix. Arch. des Bouches-du-Rhône, B. 29 (Sagitt.), fol. 379.
1 page.

24127. Lettres commettant Claude Patarin, président du Parlement de Bourgogne, Africain de Mailly, seigneur de Villers-les-Pots, et Étienne Noblet, à la recette des finances de Bourgogne, ce dernier devant tenir les comptes, et les chargeant de s'enquérir secrètement de la gestion des receveurs généraux, savoir si les fermes sont baillées à juste prix, s'il n'y a eu à ce sujet aucuns monopoles, malversations, dons corruptibles, enfin en quelles espèces les sujets du roi ont effectué leurs payements depuis un an, une certaine quantité de monnaie fausse ou rognée ayant été apportée dans les coffres du Louvre et le roi soupçonnant les receveurs ou leurs commis d'avoir billonné ladite monnaie. Paris, 28 décembre 1532.

28 décembre.

Copie collat. Comptes d'Étienne Noblet. Arch. de la Côte-d'Or, B. 1843, fol. 5. 7 pages.

24128. Provisions pour Gaucher Mathieu de l'office   1532.
de garde du sel de Notre-Dame-de-la-Mer,   28 décembre.
vacant par la résignation faite en sa faveur
par Tanneguy Thieulby. Paris, 28 décembre
1532.

Enreg. à la Chambre des Comptes d'Aix. Arch.
des Bouches-du-Rhône, B, 29 (Sagitt.), fol. 394 v°.
1 page.

24129. Lettres confirmant les privilèges des habitants   Décembre.
de Cherbourg, à charge par ceux-ci de se
« tenir munis d'armes et bastons de guerre,
en bon et suffisant estat et de faire les guet
et garde en leur rang et tour ». Paris, décembre 1532.

Copie. Arch. de la ville de Cherbourg, AA. 11.
Autre copie. Bibl. de Grenoble, ms. 1392,
fol. 209.

1533. — Pâques, le 13 avril.

1533.

24130. Lettres confirmant aux habitants de Barben-   21 janvier.
tane en Provence le bail emphytéotique de
l'île du Mouton, qui leur a été fait en 1495,
ratifié déjà par la Chambre des Comptes
d'Aix. Paris, 21 janvier 1532.

Enreg. à la Chambre des Comptes d'Aix. Arch.
des Bouches-du-Rhône, B. 31 (Salam.), fol. 33 v°.
1 page.

24131. Lettres de légitimation pour Antoine et Jean   Janvier.
d'Oraison, fils naturels d'un prêtre et d'une
femme veuve. Paris, janvier 1532.

Enreg. à la Chambre des Comptes d'Aix. Arch.
des Bouches-du-Rhône, B. 29 (Sagitt.), fol. 375.
1 page.

24132. Lettres de réception du serment de fidélité de   10 février.
Philibert Babou pour le temporel de l'é-
vêché d'Angoulême, compris dans les sénéchaussées de Poitou, d'Angoumois, de Saintonge, de Limousin et de Périgord. Paris,
10 février 1532.

Expéd. orig. Arch. nat., P. 556¹, cote 743.

24133. Mandement au sénéchal de Poitou et à tous
les officiers royaux de cette province et de
celles de Saintonge et la Rochelle d'obéir
à François de La Trémoïlle, gouverneur et
lieutenant général du roi dans ces pays. Paris, 16 février 1532.

> *Original. Chartrier de Thouars, appartenant à*
> M. le duc de La Trémoïlle.
> Imp. *Les La Trémoïlle pendant cinq siècles.*
> T. III, Charles, François et Louis III (1485-
> 1577). Nantes, in-4°, 1894, p. 76.

1533.
16 février.

24134. Lettres accordant à Claude Gouffier, chevalier
de l'ordre, seigneur de Boisy, et à Jacqueline
de La Trémoïlle, sa femme, mainlevée provisoire de la seigneurie de Courcelles, près
Semur en Auxois, saisie par les commissaires
sur le fait de la réunion du domaine, avec
délai de six mois pour produire leurs titres.
Nantouillet, 4 mars 1532.

> *Original. Arch. nat., T. 153*[76-78]*.*

4 mars.

24135. Mandement au trésorier de l'épargne d'assigner,
sur les deniers provenant des aides accordées
par les États de Bourgogne et sur le produit
des domaines, aides et greniers à sel de ce
duché, à Girard de Vienne, s^r de Ruffey,
capitaine du château et de la ville de Beaune,
la somme de 140 livres tournois pour son
état de capitaine durant l'année 1532. Paris,
6 mars [1532].

> *Comptes d'Étienne Noblet. Arch. de la Côte-d'Or,*
> B. 1843, fol. 157. (*Mention.*)

6 mars.

24136. Lettres continuant à Claude Patarin, président
du Parlement de Bourgogne, et à Africain de
Mailly, seigneur de Villers-les-Pots, la commission à eux précédemment donnée de faire
la recette des finances du roi en Bourgogne,
et à Étienne Noblet, celle de faire la recette
et de tenir les comptes dudit duché, pour
le quartier d'avril-juin de l'année courante.
Gien, 27 avril 1533.

> *Comptes d'Étienne Noblet. Arch. de la Côte-d'Or,*
> B. 1843, fol. 8 v°. 4 pages.

27 avril.

24.

24137. Lettres attribuant le nom de Mauguain à un fief sis en Provence, pour lequel Hugon Bompar, bourgeois d'Aix, avait rendu au roi foi et hommage, mais sans qu'aucun nom lui ait été donné. Fontainebleau, avril 1533.

1533. Avril.

Enreg. à la Chambre des Comptes d'Aix. Arch. des Bouches-du-Rhône, B. 29 (Sagitt.), fol. 392. 1 page.

24138. Mandement aux gens des comptes de Bourgogne de laisser Antoine Le Maçon, receveur général de Bourgogne, exercer cet office sans le contraindre à prêter serment entre leurs mains, ce dont il a été empêché jusque-là par ses nombreuses occupations, le roi lui accordant pour l'accomplissement de cette obligation un nouveau délai de six mois, commençant à l'expiration de celui qui lui avait été accordé précédemment. Lyon, 7 juin 1533.

7 juin.

Copie collat. Comptes d'Antoine Le Maçon, receveur général de Bourgogne. Arch. de la Côte-d'Or, B. 1841, fol. 4 v°. 3 pages.

24139. Lettres permettant à Christophe de La Forêt, conseiller et médecin ordinaire du roi, en récompense des services qu'il a rendus aux enfants du roi durant leur captivité, de se réserver par droit de prélation la baronnie de Trets en Provence. Lyon, 7 juin 1533.

7 juin.

Enreg. à la Chambre des Comptes d'Aix. Arch. des Bouches-du-Rhône, B. 32 (Scorp.), fol. 333. 1 page.

24140. Provisions de l'office de contrôleur général des guerres pour [Jean Breton], sr de Villandry, en remplacement de Lambert Meigret, décédé. Colombiers, 18 juin 1533.

18 juin.

Acquits sur l'épargne. Arch. nat., J. 960⁶, fol. 92. (Mention.)

24141. Mandement au receveur général de Dauphiné de payer annuellement au chapitre de Notre-Dame d'Embrun une pension de 300 livres

27 juin.

— 189 —

tournois pour la célébration d'une messe
(voir le n° 2763). 27 juin 1533.

Bibl. nat., ms. lat. 10963. (Mention.)

1533.

24142. Lettres continuant pour le second semestre de
l'année courante à Claude Patarin, président
du Parlement de Bourgogne, à Africain de
Mailly, seigneur de Villers-les-Pots, la commission à eux donnée précédemment de faire
la recette des finances du roi en Bourgogne,
et à Etienne Noblet, celle de faire la recette
et de tenir les comptes audit duché. L'Hôpital
d'Aubrac, 22 juillet 1533.

*Comptos d'Étienne Noblet. Arch. de la Côte-d'Or,
B. 1843, fol. 10 v°. 4 pages.*

22 juillet.

24143. Don à Jean d'Albany, gouverneur de Bourbonnais et d'Auvergne, en reconnaissance de ses
services, de la somme de 14,000 écus d'or
soleil, restant de l'octroi consenti par la seigneurie de Sienne, lorsque ledit duc se rendit avec l'armée royale au royaume de Naples,
à l'époque du siège de Pavie. Montpellier,
22 août 1533.

*Original. Arch. nat., fonds de Mercurol, J. 1141,
n° 12.*

22 août.

24144. Lettres de légitimation accordées à Claude
Coriolis, fils naturel de Jean Coriolis, prêtre,
protonotaire du Saint-Siège apostolique, et
d'Élise Roche. Toulouse, août 1533.

*Enreg. à la Chambre des Comptes d'Aix. Arch.
des Bouches-du-Rhône, B. 31 (Salam.), fol. 31.
1 page.*

Août.

24145. Lettres ordonnant la réunion au domaine royal
de la seigneurie de Rougiès en Provence, revenant au roi par droit de bâtardise, après le
décès de Bernard Bouticary (aliàs Botecari),
fils de feu Côme Bouticary, florentin. Arles,
15 septembre 1533.

*Copie du xvie siècle. Arch. des Bouches-du-Rhône,
B. reg. 1246, fol. 3 v°. 8 pages.*

15 septembre.

24146. Déclaration de l'hommage de François Jarente
pour la ville et baronnie de Trets, mouvant

17 septembre.

du comté de Provence. Arles, 17 septembre
1533.

> *Enreg. à la Chambre des Comptes d'Aix. Arch.*
> *des Bouches-du-Rhône, B. 3o (Homag.), fol. 269.*
> *1/2 page.*

24147. Lettres portant évocation au Parlement de Paris
des procès au sujet du domaine pendants au
Parlement de Provence, sur appel des maîtres
rationaux de la Chambre des Comptes. Martigues, 21 septembre 1533.

> *Expéd. orig. Arch. des Bouches-du-Rhône, B. car-*
> *ton 3292, pièce 39.*

24148. Provisions pour Jean et Melchior Gantelmi,
père et fils, à la survivance l'un de l'autre, de
l'office de greffier de l'un des tabliers de la
Cour rigoureuse de la Chambre des raisons
à Aix, exercé jusqu'alors par le père. Marseille, 26 octobre 1533.

> *Enreg. à la Chambre des Comptes d'Aix. Arch.*
> *des Bouches-du-Rhône, B. 33 (Arietis), fol. 167 v°.*
> *1 page 1/2.*

24149. Lettres de mainlevée en faveur des religieux
de l'église collégiale de Sainte-Marthe de Tarascon en Provence, avec confirmation de
leurs privilèges. Marseille, 30 octobre 1533.

> *Enreg. à la Chambre des Comptes d'Aix. Arch.*
> *des Bouches-du-Rhône, B. 34 (Fenix), fol. 136.*
> *3 pages.*

24150. Lettres portant érection en baronnie, en faveur
d'Antoinette de la Terre, veuve de Jean
Forbin, sʳ de Janson, de la seigneurie de
Villelaure à laquelle seront unies celles de
Janson, La Roque, Trésémines, et le péage
de Gontard [1]. Marseille, octobre 1533.

> *Enreg. à la Chambre des Comptes d'Aix. Arch.*
> *des Bouches-du-Rhône, B. 3o (Homag.), fol. 20 v°.*
> *2 pages.*

---

[1] Ces villages dépendaient de la paroisse de Villelaure (Vaucluse)
et furent ruinés, en 1545, lors de l'expédition contre les Vaudois. Trésémines ne fut pas reconstruit. Gontard figure sur les cartes de Cassini
et de l'État-Major, entre Villelaure et Cadenet, mais sur la rive gauche
de la Durance, commune de Saint-Estève-Janson (Bouches-du-Rhône).

24151. Confirmation pour Cyprien Graneti des offices de baile et notaire de Marignane en Provence, qu'il exerçait par provisions de la mère du roi, celle-ci ayant eu, de son vivant, la jouissance dudit lieu. Marseille, 3 novembre 1533.

1533.
3 novembre.

Enreg. à la Chambre des Comptes d'Aix. Arch. des Bouches-du-Rhône, B. 31 (Salam.), fol. 32 v°.
1 page.

24152. Provisions pour Michel Olivier, âgé de dix ans environ, de l'office de greffier de la Chambre des raisons d'Aix, à la survivance de son père, Jean Olivier. Marseille, 8 novembre 1533.

8 novembre.

Enreg. à la Chambre des Comptes d'Aix. Arch. des Bouches-du-Rhône, B. 34 (Fenix), fol. 216.
1 page.

24153. Lettres de réception du serment de fidélité de César Trivulce, évêque d'Apt, pour le temporel de sondit évêché. Marseille, 10 novembre 1533.

10 novembre.

Enreg. à la Chambre des Comptes d'Aix. Arch. des Bouches-du-Rhône, B. 30 (Homag.), fol. 267.
1/2 page.

24154. Provisions pour François de Juilains de l'un des offices de greffier de la Cour rigoureuse en la Chambre des raisons d'Aix, pour l'exercer en l'absence et à la survivance de son père, François de Juilains. Marseille, 11 novembre 1533.

11 novembre.

Enreg. à la Chambre des Comptes d'Aix. Arch. des Bouches-du-Rhône, B. 31 (Salam.), fol. 166.
2 pages.

24155. Provisions pour Esprit Laugier de l'un des offices de greffier de la Chambre des raisons à Aix, réserve faite de la survivance en faveur de son père, Antoine Laugier. Marseille, 11 novembre 1533.

11 novembre.

Enreg. à la Chambre des Comptes d'Aix. Arch. des Bouches-du-Rhône, B. 31 (Salam.), fol. 163.
1 page 1/2.

24156. Lettres de relief de surannation des provisions données, le 15 mars 1530 n. s. (n° 24039), en faveur d'Honorat de Tribuciis, d'un office de conseiller au Parlement de Provence, auquel il a été déjà reçu, avec mandement au général des finances de Provence de délivrer ses lettres d'attache. Marseille, 12 novembre 1533.

Enreg. à la Chambre des Comptes d'Aix. Arch. des Bouches-du-Rhône, B. 31 (Salam.), fol. 32 v°. 1 page.

1533.
12 novembre.

24157. Lettres suspendant Pierre Mathey de son office de conseiller au Parlement de Provence, jusqu'au jugement d'un procès engagé contre lui. Marseille, 12 novembre 1533.

Enreg. à la Chambre des Comptes d'Aix. Arch. des Bouches-du-Rhône, B. 31 (Salam.), fol. 46 v°. 1 page.

12 novembre.

24158. Provisions pour François Rascas, docteur ès droits, de l'office de juge des premières appellations en Provence, pour l'exercer en l'absence et à la survivance de son père, Guillaume Rascas. La Côte-Saint-André, 26 novembre 1533.

Enreg. à la Chambre des Comptes d'Aix. Arch. des Bouches-du-Rhône, B. 31 (Salam.), fol. 36 v°. 2 pages.

26 novembre.

24159. Confirmation des privilèges des habitants de Manosque en Provence. Marseille, novembre 1533.

Enreg. à la Chambre des Comptes d'Aix. Arch. des Bouches-du-Rhône, B. 40 (Corvus), fol. 110. 1 page.

Novembre.

24160. Confirmation des franchises et privilèges de la ville de Moustiers en Provence. Marseille, novembre 1533.

Copie du XVIIIᵉ siècle. Arch. des Bouches-du-Rhône, C. liasse 1797.

Novembre.

24161. Confirmation des privilèges et exemptions accordés par les comtes de Provence aux pré-

Novembre.

décesseurs d'André de Bouliers, vicomte de
Reillanne. Marseille, novembre 1533.

Enreg. à la Chambre des Comptes d'Aix. Arch.
des Bouches-du-Rhône, B. 31 (Salam.), fol. 124 v°.
1 page.

24162. Commission à Perrinet Parpaille, Georges de
Saint-Marcel et Honorat des Herbes, conseillers au Parlement de Grenoble, à Jean de
Monjean, juge mage, et à Jean d'Aubenas,
lieutenant particulier, de procéder à l'interrogatoire de Pierre Mathey, conseiller au
Parlement de Provence, à la place de Jean
de Belloc et de Guy de Breslay, précédemment désignés à cet effet mais occupés à
d'autres affaires. Lyon, 8 décembre 1533.

8 décembre.

Enreg. à la Chambre des Comptes d'Aix. Arch.
des Bouches-du-Rhône, B. 31 (Salam.), fol. 47.
1 page 1/2.

1534. — Pâques, le 5 avril.

1534.

24163. Provisions de l'office de receveur de l'épargne
du roi en Bourgogne, pour Philibert Rondot.
Joinville, 15 janvier 1533.

15 janvier.

Comptes de Philibert Rondot. Arch. de la Côte-
d'Or, B. 1847, fol. 2. 2 pages.

24164. Lettres continuant pour l'année 1534 à Claude
Patarin, premier président du Parlement de
Bourgogne, et à Étienne Noblet, en l'absence
d'Africain de Mailly, sr de Villers-les-Pots, la
commission à eux précédemment donnée de
faire la recette des finances en Bourgogne,
Étienne Noblet devant en tenir les comptes.
Joinville, 19 janvier 1533.

19 janvier.

Copie collat. Comptes d'Étienne Noblet, commis
à la recette des finances de Bourgogne. Arch. de la
Côte-d'Or, B. 1844, fol. 4. 4 pages.

24165. Don à Magdelon d'Ornezan, capitaine de Toulon, des revenus du château et d'un terrain

11 février.

VII.

25

— 194 —

vague dans le voisinage. Paris, 11 février
1533.

1534.

*Enreg. à la Chambre des Comptes d'Aix. Arch.
des Bouches-du-Rhône, B. 31 (Salam.), fol. 121.
1 page.*

24166. Lettres exceptant de la réunion au domaine
royal le jardin du roi à Aix, qui a été donné
à Louis Alamanni, florentin. Paris, 18 février
1533.

18 février.

*Enreg. à la Chambre des Comptes d'Aix. Arch.
des Bouches-du-Rhône, B. 31 (Salam.), fol. 125.
1 page.*

24167. Provisions pour Jean Guérin de l'office de concierge et garde de la maison du roi à Marseille. Fontainebleau, 10 mars 1533.

10 mars.

*Enreg. à la Chambre des Comptes d'Aix. Arch.
des Bouches-du-Rhône, B. 32 (Scorp.), fol. 378.
1 page 1/2.*

24168. Don à Catherine de Fregoso d'une pension annuelle de 200 livres tournois durant neuf ans,
pour la rémunérer de la perte de la seigneurie de Peyrolles dont elle avait la jouissance viagère et qui a été saisie, conformément
à l'édit général de réunion du domaine royal.
Saint-Germain-en-Laye, 27 mars 1533.

27 mars.

*Enreg. à la Chambre des Comptes d'Aix. Arch.
des Bouches-du-Rhône, B. 31 (Salam.), fol. 78.
2 pages.*

24169. Lettres d'admission de Jean, marquis d'Estrées,
parmi les cent gentilshommes ordinaires de
l'hôtel du roi. Saint-Germain-en-Laye,
28 mars 1533.

28 mars.

*Imp. Pinard, Chronologie historique militaire.
Paris, 1760-1778, in-4°, t. III, p. 482. (Mention.)*

24170. Lettres ordonnant mainlevée de la seigneurie de
Castellane, donnée jadis par le roi à Baptime
de Larca et saisie par les commissaires chargé
de la réunion du domaine. Chantilly, 30 mars
1533.

30 mars.

*Enreg. à la Chambre des Comptes d'Aix. Arch.
des Bouches-du-Rhône, B. 32 (Scorp.), fol. 122.
1 page 1/2.*

24171. Mandement aux gens des comptes de Provence
d'enregistrer des lettres de la mère du roi
du 6 novembre 1528 (n° 23968), portant
remise à Philippe Besson de 1,000 livres sur
sa ferme du grenier de Berre, nonobstant que
ces lettres soient surannées et ne leur soient
pas adressées. Compiègne, 15 avril 1534.

Enreg. à la Chambre des Comptes d'Aix. Arch.
des Bouches-du-Rhône, B. 32 (Scorp.), fol. 386 v°.
1 page.

1534.
15 avril.

24172. Provisions pour Jean Taupier de l'office de
maître particulier de la Monnaie de Nantes,
vacant par le décès de Guillaume Raboteau.
27 avril 1534.

IMP. F. de Saulcy, Recueil de documents rela-
tifs à l'histoire des monnaies. (Coll. des doc. inéd.).
Mâcon, 1892, in-4°, t. IV, p. 294. (Mention.)

27 avril.

24173. Lettres de jussion à la Chambre des Comptes
d'Aix pour l'enregistrement des lettres du
11 février précédent (n° 24165), portant don
à Magdelon d'Ornezan, capitaine de galères,
des revenus du château de Toulon. Paris,
7 juin 1534.

Enreg. à la Chambre des Comptes d'Aix. Arch.
des Bouches-du-Rhône, B. 31 (Salam.), fol. 123.
1 page.

7 juin.

24174. Lettres établissant Antoine de Proussat, s' de
Saint-Bonnet, en qualité de commissaire ordinaire et général de la marine en la Rivière
de Gênes et dans la mer du Levant, et le chargeant de faire avec le contrôleur les montres
des marins, gens de guerre et mortes-payes,
de vérifier la qualité des vivres et munitions,
l'état des navires, et de contrôler les dépenses
faites pour les fortifications. Fontainebleau,
10 août 1534.

Enreg. à la Chambre des Comptes d'Aix. Arch.
des Bouches-du-Rhône, B. 34 (Fenix), fol. 229 v°,
et B. 38 (Serena), fol. 310. 2 pages 1/2.
Copie collat. par un notaire de Marseille, le
1er juin 1536. Dépôt général de la Marine, Biblio-
thèque, A. 87, 1er vol., n° 20.

10 août.

25.

24175. Provisions pour [Richard de Pellevé], seigneur
de Tracy, de la charge de capitaine de mille
hommes de pied qu'il doit lever dans le bailliage de Cotentin et qui formeront la sixième
partie de la légion de Normandie. Fontainebleau, 25 août 1534.

> Imp. Comte Hector de la Ferrière, *Hist. de
> Flers.* Paris, 1855, in-8°, p. 214. (D'après le char-
> trier du château de Flers.)

1534.
25 août.

24176. Don à Christophe de La Forêt, médecin ordinaire du roi, en reconnaissance des soins qu'il
a donnés aux enfants du roi durant leur captivité, du revenu du sceau de la Chambre ri-
rigoureuse de Provence, dont jouissait jusqu'alors François Jarente, président de ladite
Chambre. Le Liget, 26 novembre 1534.

> *Enreg. à la Chambre des Comptes d'Aix. Arch.
> des Bouches-du-Rhône,* B. 32 (*Scorp.*), fol. 303 v°.
> 2 pages.

26 novembre.

1535. — Pâques, le 28 mars.

24177. Lettres portant commission à Jacques Godran,
conseiller au Parlement de Bourgogne, et à
Étienne Noblet de recevoir les deniers du
roi en la généralité de Bourgogne, durant
l'année 1535. Paris, 17 janvier 1534.

> *Copie collat. Comptes d'Étienne Noblet. Arch. de
> la Côte-d'Or,* B. 1845, fol. 2. 9 pages.

1535.
17 janvier.

24178. Déclaration portant qu'au roi seul appartient de
pourvoir à l'office de garde du sceau royal au
Parlement de Provence. Paris, 4 février 1534.

> *Enreg. à la Chambre des Comptes d'Aix. Arch.
> des Bouches-du-Rhône,* B. 32 (*Scorp.*), fol. 106.
> 2 pages.

4 février.

24179. Provisions pour Antoine Pellicoti de l'office de
secrétaire rational et archivaire en la Chambre
des Comptes d'Aix, vacant par la mort d'Honorat Digne. Paris, 4 février 1534.

> *Enreg. à la Chambre des Comptes d'Aix. Arch.
> des Bouches-du-Rhône,* B. 31 (*Salam.*), fol. 249.
> 2 pages.

4 février.

24180. Déclaration de l'hommage rendu par Bertrand
d'Ornesan, baron de Saint-Blancart, capitaine
de galères, pour les trois îles d'Hyères en
Provence qui lui ont été données et érigées
pour lui en marquisat. Paris, 5 février
1534.

*Enreg. à la Chambre des Comptes d'Aix. Arch.
des Bouches-du-Rhône, B. 30 (Homag.), fol. 296 v°.
1 page.*

1535.
5 février.

24181. Provisions pour Pierre Bertin de l'office de
lieutenant général du bailli de Péronne,
Montdidier et Roye, à la survivance de Jean
Baterel, qui tient présentement cet office.
Paris, 9 février 1534.

*Bibl. nat., coll. de Picardie, vol. 132, p. 424.
(Mention.)*

9 février.

24182. Déclaration portant qu'Antoine Pellicoti devra
jouir de l'office d'archivaire en la Chambre
des Comptes d'Aix, dont il a obtenu provisions du roi, nonobstant le don fait dudit
office à Louis Riccii par le comte de Tende,
gouverneur de Provence. Paris, 11 février
1534.

*Enreg. à la Chambre des Comptes d'Aix. Arch.
des Bouches-du-Rhône, B. 31 (Salam.), fol. 259 v°.
3 pages.*

11 février.

24183. Provisions pour Jacques Pinatel, marchand
changeur de Lyon, pour une durée de quatre
ans, de l'office de maître particulier de la
Monnaie de Crémien. 18 février 1534.

*Imp. F. de Saulcy, Recueil de documents relatifs
à l'histoire des monnaies (Coll. des doc. inéd.).
Mâcon, 1892, in-4°, t. IV, p. 298. (Mention.)*

18 février.

24184. Lettres de naturalité en faveur de Noël et Guillaume Pasquet, frères, natifs de Cran en
Savoie, mariés et propriétaires à Saint-Denis-
en-France. Paris, février 1534 [1].

*Enreg. à la Chambre des Comptes de Paris, le
12 février 1535 n. s.
Enreg. au Châtelet de Paris, le 4 octobre 1555.
Arch. nat., Bannières, Y. 10, fol. 300 v°. 1 page 1/2.*

Février.

[1] 1533, d'après le registre, indication corrigée par celle de la
21e année du règne.

24185. Déclaration de l'hommage rendu par Jean Roy, au nom de Marie Péron, avec l'autorisation de Jean Vigier, écuyer, sʳ de la Rigaudière, pour la seigneurie de Sorlut [1] (sénéchaussée de Saintonge, châtellenie de Talmont). Saint-Julien, près Rouen, 4 mai 1535.

Expéd. orig. Arch. nat., P. 556¹, cote 759.

1535.
4 mai.

24186. Déclaration de l'hommage rendu par Jean Roy, au nom de Jean Du Gua, abbé de Notre-Dame de Sablonceaux au diocèse de Saintes, pour la ville de Nancras et le prieuré de la Salle, membre dépendant de ladite abbaye. Saint-Julien, près Rouen, 4 mai 1535.

Expéd. orig. Arch. nat., P. 556¹, cote 760.

4 mai.

24187. Déclaration de l'hommage rendu par Jean Roy, au nom de Loubat Du Gua, écuyer, sʳ de Mons, pour sa part du lieu de Villeneuve (prévôté de Saujon, paroisse de Meschers), et pour ses droits sur le fief commun de « Cogrillac » (même paroisse), le fief de Chantier et le Puy de Chenaumoine, en Saintonge. Saint-Julien, près Rouen, 4 mai 1535.

Expéd. orig. Arch. nat., P. 556¹, cote 761.

4 mai.

24188. Déclaration maintenant de nouveau (voir celle du 11 février précédent, n° 24182) Antoine Pellicoti en possession de son office d'archivaire en la Chambre des Comptes d'Aix. Amiens, 10 juin 1535.

Enreg. à la Chambre des Comptes d'Aix. Arch. des Bouches-du-Rhône, B. 32 (Scorp.), fol. 237. 2 pages.

10 juin.

24189. Provisions pour Tristan de Vertis de l'office de capitaine de la tour Saint-Jean et garde des entrées du port de Marseille. Amiens, 14 juin 1535.

Enreg. à la Chambre des Comptes d'Aix. Arch. des Bouches-du-Rhône, B. 32 (Scorp.), fol. 146. 2 pages.

14 juin.

[1] Charente-Inférieure, arrondissement de Saintes, canton et commune de Cozes.

24190. Mandement au Parlement de Provence de faire mettre Jean-Baptiste Voisin, sous certaines conditions, en possession de l'abbaye de Notre-Dame de Floregia (ou du Thoronet), de l'ordre de Cîteaux, au diocèse de Fréjus, dont il a reçu provisions du feu pape Clément VII. Amiens, 14 juin 1535. — 1535. 14 juin.

Enreg. à la Chambre des Comptes d'Aix. Arch. des Bouches-du-Rhône, B. 31 (Salum.), fol. 280. 2 pages.

24191. Lettres de jussion pour l'enregistrement des lettres d'avril 1530 (n° 20023) en faveur de Pierre de Glandèves. Amiens, 17 juin 1535. — 17 juin.

Enreg. à la Chambre des Comptes d'Aix. Arch. des Bouches-du-Rhône, B. 32 (Scorp.), fol. 132. 2 pages.

24192. Lettres autorisant les maire et échevins de la ville de Troyes à prendre 5,500 livres sur les droits d'octroi, pour être employées aux fortifications. La Fère-sur-Oise, 4 juillet 1535. — 4 juillet.

Arch. municip. de Troyes, 51ᵉ boîte, 1ʳᵉ liasse.

24193. Mandement aux trésoriers de France de laisser jouir Jean, duc d'Albany, des comtés de Castres et de Lauraguais, qui lui ont été donnés à titre viager, en échange des droits qu'il pouvait prétendre sur le comté d'Auvergne, la baronnie de la Tour et autres biens de la maison de Boulogne. La Fère-sur-Oise, 9 juillet 1535. — 9 juillet.

Original. Arch. nat., fonds de Mercurol, J. 1141, n° 14ᵉ.

24194. Mandement au bailli de Vermandois de donner mainlevée de la terre de Dercy-sur-Serre, saisie sous prétexte qu'elle était dévolue au roi par droit d'aubaine. La Fère-sur-Oise, 11 juillet 1535. — 11 juillet.

Copie collat. du xviiiᵉ siècle. Bibl. nat., ms. Moreau 576, fol. 445.

24195. Lettres portant révocation d'un mandement au bailli de Vermandois, donné le 11 du même — 14 juillet.

mois, et ordonnant que la saisie faite de la
terre de Dercy-sur-Serre, en vue de la faire
déclarer acquise au roi par droit d'aubaine,
soit maintenue jusqu'au jugement définitif.
Coucy, 14 juillet 1535.

Copie collat. du XVIII* siècle. Bibl. nat., ms. Moreau 576, fol. 458. 13 pages.

1535.

24196. Lettres ordonnant de bailler à ferme les greffes
des sénéchaussées de Provence. Joinville,
5 septembre 1535.

5 septembre.

Copie du XVI* siècle. Arch. des Bouches-du-Rhône, B. reg. 186, fol. 3 v°. 1 page.

24197. Mandement aux gens des comptes d'Aix et au
général des finances de Provence de faire
payer à Baptima de Larca, pendant trois ans,
les revenus du lieu de Castellane. Joinville,
10 septembre 1535.

10 septembre.

Enreg. à la Chambre des Comptes d'Aix. Arch. des Bouches-du-Rhône, B. 32 (Scorp.), fol. 124 v°. 2 pages.

24198. Déclaration en faveur de Tristan de Vertis,
pourvu le 14 juin précédent (n° 24189) de
l'office de capitaine de la tour Saint-Jean à
Marseille, et qu'un certain Jacques Fournier
voudrait évincer. Joinville, 12 septembre
1535.

12 septembre.

Enreg. à la Chambre des Comptes d'Aix. Arch. des Bouches-du-Rhône, B. 32 (Scorp.), fol. 148. 3 pages.

24199. Lettres ordonnant l'enregistrement des lettres
du 10 septembre précédent (n° 24197), en
faveur de Baptima de Larca, nonobstant que
le général des finances de Provence ne puisse
les vérifier, étant suspendu de son office et
emprisonné. Joinville, 18 septembre 1535.

18 septembre.

Enreg. à la Chambre des Comptes d'Aix. Arch. des Bouches-du-Rhône, B. 32 (Scorp.), fol. 125 v°. 1 page.

24200. Lettres de réception du serment de fidélité
prêté au roi par René du Bellay, évêque du

27 septembre.

Mans, pour le temporel de son évêché. Fontaine-Française, 27 septembre 1535.

1535.

Bibl. nat., ms. lat. 10638, fol. 57 v°. (Mention.)

24201. Mandement aux généraux des finances de procéder à l'enregistrement des lettres du 14 juin 1535 (n° 24189) en faveur de Tristan de Vertis, bien qu'elles ne leur fussent pas adressées. Dijon, 2 octobre 1535.

2 octobre.

Enreg. à la Chambre des Comptes d'Aix. Arch. des Bouches-du-Rhône, B. 32 (Scorp.), fol. 147. 1 page.

24202. Déclaration de l'hommage de François de Ranconnet, écuyer, licencié ès lois, seigneur de Polignac, pour la seigneurie d'Escoire et ses dépendances sises à Bassillac et à Sarliac (Périgord). Dijon, 21 octobre 1535.

21 octobre.

Expéd. orig. Arch. nat., P. 556¹, cote 764 bis.

24203. Mandement au trésorier de l'épargne de permettre à Étienne Noblet, commis à la recette des finances de Bourgogne, de retenir sur ladite recette la somme de 219 livres 1 sou 5 deniers tournois pour les frais d'une enquête faite en Mâconnais et ailleurs, en 1533, par Claude Patarin, premier président du Parlement de Bourgogne, touchant certaine rébellion que l'on prétendait avoir été commise par des habitants de Mâcon. Norges, 29 octobre 1535.

29 octobre.

Comptes d'Étienne Noblet, commis à la recette de Bourgogne. Arch. de la Côte-d'Or, B. 1844, fol. 132 v°. (Mention.)

24204. Commission donnée à Jean Feu, conseiller au Parlement de Normandie, de faire exécuter en Provence l'édit sur la réforme de la justice dans ce pays. Dijon, 3 novembre 1535.

3 novembre.

Copie du xvi° siècle. Arch. des Bouches-du-Rhône, B. reg. 186, fol. 1 v°. 1 page.

24205. Confirmation de Louis Borelli en l'office de scelleur à la nouvelle chancellerie du roi en

17 novembre.

IMPRIMERIE NATIONALE.

Provence, office qu'il remplissait au Parlement d'Aix. Dijon, 17 novembre 1535.

Enreg. à la Chambre des Comptes d'Aix. Arch. des Bouches-du-Rhône, B. 32 (Scorp.), fol. 181. 1 page.

24206. Lettres permettant au trésorier de l'épargne de recevoir directement d'Étienne Noblet, commis à la recette générale de Bourgogne, par dérogation à l'ordonnance sur l'établissement des coffres du Louvre, la somme de 9,819 livres 6 sous 2 deniers tournois provenant de ladite recette générale du quartier de juillet-septembre de l'année courante, qui sera employée spécialement aux dépenses faites « alentour de la personne du roi ». Dijon, 21 novembre 1535.

21 novembre.

Comptes d'Étienne Noblet, commis à la recette de Bourgogne. Arch. de la Côte-d'Or, B. 1845, fol. 126 v° et 127. (Mentions.)

24207. Provisions pour Gaspard de Vins de l'office d'avocat du roi au siège de Draguignan. Dijon, 23 novembre 1535.

23 novembre.

Enreg. à la Chambre des Comptes d'Aix. Arch. des Bouches-du-Rhône, B. 32 (Scorp.), fol. 316. 1 page.

24208. Provisions pour Fouquet Pignolli de l'office d'avocat du roi au siège de la sénéchaussée d'Aix. Dijon, 23 novembre 1535.

23 novembre.

Enreg. à la Chambre des Comptes d'Aix. Arch. des Bouches-du-Rhône, B. 34 (Fenix), fol. 24 v°. 2 pages.

24209. Provisions pour Antoine Borelli de l'office de receveur particulier au siège de Draguignan. Dijon, 23 novembre 1535.

23 novembre.

Enreg. à la Chambre des Comptes d'Aix. Arch. des Bouches-du-Rhône, B. 32 (Scorp.), fol. 256 v°. 1 page 1/2.

24210. Provisions pour Aymar de Rivière de l'office de

23 novembre.

— 203 —

procureur du roi au siège d'Arles. Dijon, 23 novembre 1535.

Enreg. à la Chambre des Comptes d'Aix. Arch. des Bouches-du-Rhône, B. 32 (Scorp.), fol. 224. 1 page.

1535.

24211. Provisions pour Louis Thadeï, licencié ès droits, de l'office de procureur du roi au siège d'Aix, office auquel le roi n'avait pas pourvu depuis sa création. Dijon, 23 novembre 1535.

23 novembre.

Enreg. à la Chambre des Comptes d'Aix. Arch. des Bouches-du-Rhône, B. 33 (Arietis), fol. 380. 1 page.

24212. Provisions pour Louis de Ruspo de l'office de receveur particulier au siège d'Arles. Dijon, 23 novembre 1535.

23 novembre.

Enreg. à la Chambre des Comptes d'Aix. Arch. des Bouches-du-Rhône, B. 32 (Scorp.), fol. 174. 1 page 1/2.

24213. Provisions pour Claude Bernuci de l'office de receveur particulier au siège de Forcalquier. Dijon, 23 novembre 1535.

23 novembre.

Enreg. à la Chambre des Comptes d'Aix. Arch. des Bouches-du-Rhône, B. 32 (Scorp.), fol. 175 v°. 2 pages.

24214. Provisions pour Antoine Arleri de l'office de lieutenant du sénéchal de Provence au siège d'Arles. Dijon, 23 novembre 1535.

23 novembre.

Enreg. à la Chambre des Comptes d'Aix. Arch. des Bouches-du-Rhône, B. 32 (Scorp.), fol. 182. 2 pages.

24215. Provisions pour François Barthélemy de l'office de receveur particulier au siège d'Aix. Dijon, 23 novembre 1535.

23 novembre.

Enreg. à la Chambre des Comptes d'Aix. Arch. des Bouches-du-Rhône, B. 32 (Scorp.), fol. 185. 2 pages.

24216. Provisions pour Blaise Cleriani de l'office de lieutenant du sénéchal de Provence au siège de Digne. Dijon, 23 novembre 1535.

23 novembre.

Enreg. à la Chambre des Comptes d'Aix. Arch. des Bouches-du-Rhône, B. 32 (Scorp.), fol. 198. 2 pages.

26.

24217. Provisions pour Guillaume Garsonnet de l'office d'avocat du roi au Parlement de Provence, vacant par suite de la condamnation d'Honorat Laugier. Dijon, 23 novembre 1535.

1535.
23 novembre.

> *Enreg. à la Chambre des Comptes d'Aix. Arch. des Bouches-du-Rhône, B. 32 (Scorp.), fol. 210. 2 pages.*

24218. Mandement à la Cour des Aides de Paris et aux élus de Langres d'accorder aux habitants du village de Chaumes, appartenant à l'amiral Chabot, le bénéfice de la « surséance pour le différend des ressorts des duché et comté de Bourgogne ». 23 novembre 1535.

23 novembre.

> *Vérifié à l'élection de Langres, le 24 mars 1536 n. s. Arch. nat., H. 189, liasse 2. (Mention.)*

24219. Provisions pour Guillaume Garsonnet, avocat du roi au Parlement de Provence, de l'office de garde du sceau de la chancellerie royale audit pays. Rouvres, 25 novembre 1535.

25 novembre.

> *Enreg. à la Chambre des Comptes d'Aix. Arch. des Bouches-du-Rhône, B. 32 (Scorp.), fol. 211. 1 page 1/2.*

24220. Lettres commettant Thomas de Pyolenc à l'exercice de l'office de procureur général du roi au Parlement de Provence, vacant par suite de la suspension d'Antoine Donati, accusé de malversations. Rouvres, 26 novembre 1535.

26 novembre.

> *Enreg. à la Chambre des Comptes d'Aix. Arch. des Bouches-du-Rhône, B. 32 (Scorp.), fol. 219 v°. 2 pages.*

24221. Mandement à la Chambre des Comptes d'Aix de procéder à une information sur le bien-fondé d'une requête présentée par Rostaing de Greulx, habitant d'Aix. La Bruyère, 2 décembre 1535.

2 décembre.

> *Enreg. à la Chambre des Comptes d'Aix. Arch. des Bouches-du-Rhône, B. 33 (Arietis), fol. 245 v° et 247. 1/2 page.*

24222. Lettres portant règlement des gages de Guillaume Garsonnet, avocat général au Parlement de Provence, taxés à 120 livres tournois par an, et lui attribuant en outre une pension de 400 livres tournois pour ses gages de garde du sceau de la chancellerie royale en Provence. Pagny, 10 décembre 1535.

1535.
10 décembre.

Enreg. à la Chambre des Comptes d'Aix. Arch. des Bouches-du-Rhône, B. 32 (Scorp.), fol. 209. 2 pages 1/2.

24223. Lettres portant que Thomas de Pyolenc, récemment commis à l'exercice de l'office de procureur général au Parlement de Provence, jouira, outre les gages ordinaires de 120 livres, d'une pension de 380 livres tant qu'il exercera cette commission. Pagny, 10 décembre 1535.

10 décembre.

Enreg. à la Chambre des Comptes d'Aix. Arch. des Bouches-du-Rhône, B. 32 (Scorp.), fol. 218 v°. 2 pages.

24224. Mandement au trésorier de l'épargne d'assigner, sur la recette de la généralité de Bourgogne, à Jean Vyon, payeur de l'extraordinaire de l'artillerie, la somme de 891 livres tournois pour rembourser Jean du Souillac de la fourniture de 1,482 piques ferrées à raison de 10 sous pièce, et de 200 hallebardes à 15 sous pièce, qu'il a délivrées en novembre 1535 à deux mille légionnaires de Bourgogne, faisant alors à Dijon leur première montre. Pagny, 23 décembre 1535.

23 décembre.

Comptes d'Étienne Noblet, commis à la recette des finances de Bourgogne. Arch. de la Côte-d'Or, B. 1848, fol. 81. (Mention.)

24225. Lettres nommant Gervais Tarquex, de la ville de Bourges, capitaine d'une compagnie de chevau-légers. 1535.

1535.

Original. Bibl. de la ville de Marseille (Bouches-du-Rhône), ms. 1597, n° 1.

1536. — Pâques, le 16 avril.

1536.

24226. Provisions en faveur de Bonaventure de Jessan de l'abbaye de Hautecombe, de l'ordre de Cîteaux, au diocèse de Genève. 4 janvier 1535.

4 janvier.

Bibl. nat., ms. lat. 10963. (Mention.)

24227. Lettres autorisant le prélèvement sur le montant des impositions en Provence d'une somme de 9,000 livres octroyée par les États de ce pays, à titre de don, aux commissaires royaux délégués à la tenue desdits États. L'Abergement, 10 janvier 1535.

10 janvier.

Copie du xvi° siècle. Arch. des Bouches-du-Rhône, B. reg. 186, fol. 87 v°. 2 pages 1/2.

24228. Provisions pour Antoine Gerfroyt d'un office de lieutenant du sénéchal de Provence au siège de Forcalquier. L'Abergement, 10 janvier 1535.

10 janvier.

Enreg. à la Chambre des Comptes d'Aix. Arch. des Bouches-du-Rhône, B. 32 (Scorp.), fol. 187. 2 pages.

24229. Déclaration de l'hommage d'Hector Guynot, sommelier ordinaire d'échansonnerie, pour la seigneurie des Bordes, au duché de Châtellerault. Mâcon, 10 janvier 1535.

10 janvier.

Expéd. orig. Arch. nat., P. 556¹, cote 756 bis.

24230. Lettres érigeant en titre d'office le greffe de la première instance auprès du sénéchal de Provence au profit de Jean François, en compensation de l'office de garde du sceau du Parlement d'Aix dont il s'est trouvé privé par l'édit général sur la justice en Provence. Lyon, 14 janvier 1535.

14 janvier.

Enreg. à la Chambre des Comptes d'Aix. Arch. des Bouches-du-Rhône, B. 32 (Scorp.), fol. 240. 3 pages.
Idem. B. 41 (Hirundo), fol. 306 v°. 2 pages 1/2.

24231. Lettres continuant pour l'année 1536 à Jacques Godran, conseiller au Parlement de Bour-

25 janvier.

gogne, et à Étienne Noblet, la commission de recevoir les deniers du roi en la généralité de Bourgogne. Meyzieux près Lyon, 25 janvier 1535.

Copie collat. Comptes d'Étienne Noblet. Arch. de la Côte-d'Or, B. 1848, fol. 1. 3 pages.

1536.

24232. Provisions pour Jean de Malvans, docteur ès droits, de l'office de juge ordinaire à Saint-Paul de Vence en Provence, auquel il n'avait pas été pourvu depuis sa création. Lyon, 11 février 1535.

Enreg. à la Chambre des Comptes d'Aix. Arch. des Bouches-du-Rhône, B. 33 (Arietis), fol. 178. 1 page 1/2.

11 février.

24233. Ratification par le roi du bail d'une pêcherie fait par les maîtres rationaux de Provence à Jean de Vegna, habitant de Marseille. Lyon, 20 février 1535.

Enreg. à la Chambre des Comptes d'Aix. Arch. des Bouches-du-Rhône, B. 32 (Scorp.), fol. 225 v°. 1 page.

20 février.

24234. Lettres permettant au trésorier de l'épargne de recevoir comptant des mains d'Étienne Noblet, commis à l'exercice de la recette générale de Bourgogne, par dérogation à l'ordonnance sur l'établissement des coffres du Louvre, la somme de 18,467 livres 6 deniers tournois provenant de ladite recette générale du quartier d'octobre-décembre de l'année 1535, et qui sera employée spécialement aux dépenses faites « alentour de la personne du roi ». Crémieu, 6 mars 1535.

Comptes d'Étienne Noblet, commis à la recette générale de Bourgogne. Arch. de la Côte-d'Or, B. 1849. (Mention.)

6 mars.

24235. Provisions pour Louis Roux de l'office de notaire à Ollioules en Provence, vacant par suite de la réduction du nombre de ces offices, ordonnée par le roi. Crémieu, 9 mars 1535.

Enreg. à la Chambre des Comptes d'Aix. Arch. des Bouches-du-Rhône, B. 36 (Luna), fol. 97. 1 page.

9 mars.

24236. Provisions pour Bertrand de Morteriis de l'office de notaire à Ollioules en Provence. Crémieu, 9 mars 1535.

1536.
9 mars.

Enreg. à la Ch. des Comptes d'Aix. Arch. des Bouches-du-Rhône, B. 36 (Luna), fol. 97 v°. 1 page.

24237. Lettres portant pouvoir à Philippe Chabot, sʳ de Brion, amiral de France, de commander l'armée royale de là les monts. Crémieu, 21 mars 1535.

21 mars.

Imp. Pinard, Chronologie historique militaire. Paris, 1760-1778, in-4°, t. I, p. 183. (Mention.)

24238. Déclaration de l'hommage de Robert de la Marthonye, chevalier, sʳ de Bonnes, pour la seigneurie de Saint-Christophe-[de-Chalais], y compris le fief de la Borie, au duché d'Angoulême. Crémieu, 27 mars 1535.

27 mars.

Expéd. orig. Arch. nat., P. 556¹, cote 757.

24239. Permission aux États de Provence de s'assembler en 1536 et d'imposer sur le pays une somme de 8,000 livres « à employer ès affaires nécessaires dudit pays ». Vignieu, 6 avril 1535.

6 avril.

Délibérations des États de Provence. Arch. des Bouches-du-Rhône, C. reg. 1, fol. 1 v°. (Mention.)

24240. Provisions pour Honorat Raysson de l'office de grènetier du grenier à sel de Toulon, vacant par la résignation faite en sa faveur par Gaspard Garnier. Saint-Chef, 7 avril 1535.

7 avril.

Enreg. à la Chambre des Comptes d'Aix. Arch. des Bouches-du-Rhône, B. 32 (Scorp.), fol. 247. 1 page.

24241. Lettres confirmant Honoré Dragni en l'office de « registrateur » des lettres et receveur des profits du sceau de la chancellerie en Provence, dont il avait été pourvu par le comte de Tende, avant que le roi n'ait institué dans ce pays une chancellerie royale. Saint-Chef, 9 avril 1535.

9 avril.

Enreg. à la Chambre des Comptes d'Aix. Arch. des Bouches-du-Rhône, B. 32 (Scorp.), fol. 243. 1 page 1/2.

24242. Provisions pour Alexis Fabri de l'office de juge 1536.
ordinaire de la ville d'Aups en Provence, 10 avril.
office auquel il n'avait pas encore été pourvu
depuis sa création. Saint-Chef, 10 avril
1535.

*Enreg. à la Chambre des Comptes de Provence.
Arch. des Bouches-du-Rhône, B. 35 (Solis), fol. 174.
1 page 1/2.*

24243. Mandement aux gens des comptes de Dijon 13 avril.
de rabattre à Étienne Noblet, commis aux
comptes des finances de Bourgogne, sur les
deniers de sa recette de l'année 1533, la
somme de 2,590 livres tournois, employée,
savoir pour Claude Patarin, premier président du Parlement de Bourgogne, 1,080 livres tournois; pour Africain de Mailly, s^r de
Villers-les-Pots, 900 livres tournois, et pour
Étienne Noblet, 610 livres tournois, pour cent
quatre-vingts jours qu'ils ont vaqué à faire la
recette des finances de Bourgogne, et aussi,
en ce qui concerne Étienne Noblet, pour la
peine qu'il a eue de tenir les comptes de ces
finances. Saint-Chef, 13 avril 1535.

*Comptes d'Étienne Noblet. Arch. de la Côte-d'Or,
B. 1843, fol. 185 et 212. (Mentions.)*

24244. Lettres de réception du serment de fidélité d'An- 19 avril.
toine de Talaru, archidiacre de Lyon, pour
le temporel de l'abbaye de Saint-Martin d'Ainay. Lyon, 19 avril 1536.

Original. Arch. nat., P. 556², cote 810 bis.

24245. Provisions pour Jacques-André des Isnards de 2 mai.
l'office de juge ordinaire à Moustiers[-Sainte-
Marie]. Montbrison, 2 mai 1536.

*Enreg. à la Chambre des Comptes d'Aix. Arch.
des Bouches-du-Rhône, B. 32 (Scorp.), fol. 352 v°.
1 page 1/2.*

24246. Provisions pour Nicolas Romey de l'office de 2 mai.
procureur du roi au siège de Saint-Remy-de-
Provence. Montbrison, 2 mai 1536.

*Enreg. à la Chambre des Comptes d'Aix. Arch.
des Bouches-du-Rhône, B. 33 (Arietis), fol. 121.
1 page.*

24247. Lettres ordonnant au comte de Tende, grand
sénéchal et gouverneur de Provence, de
faire dresser le rôle des contribuables aux
réparations du port de Toulon et du château
d'If. Montbrison, 15 mai 1536.

*Délibérations des États de Provence. Arch. des
Bouches-du-Rhône, C. reg. 1, fol. 2. (Mention.)*

1536.
15 mai.

24248. Lettres portant commission à Jacques Godran
et à Étienne Noblet, commis à la recette de
la généralité de Bourgogne, de recevoir également les deniers des terres et seigneuries de
Bresse, Bugey et Valromey, que le roi a mises
en son obéissance et qui ressortissent en la
cour du Parlement de Bourgogne et en la
Chambre des Comptes de Dijon. Montbrison,
15 mai 1536.

*Copie collat. Comptes d'Étienne Noblet, commis à
la recette générale de Bourgogne. Arch. de la Côte-
d'Or, B. 1848, fol. 3. 2 pages.*

15 mai.

24249. Provisions pour Germain d'Urre (d'Eurre), s' de
Mollans, de l'office de viguier de Marseille.
Saint-Rambert, 18 mai 1536.

*Enreg. à la Chambre des Comptes d'Aix. Arch.
des Bouches-du-Rhône, B. 32 (Scorp.), fol. 245 v°.
1 page.*

18 mai.

24250. Lettres autorisant le trésorier de l'épargne à
recevoir comptant, des mains des commis-
saires chargés des recettes générales, les deniers provenant desdites recettes, pendant la
durée du séjour du roi à Lyon, nonobstant
l'ordonnance portant établissement des coffres
du Louvre, les sommes recueillies devant être
employées au fait de l'office dudit trésorier de
l'épargne. Saint-Rambert, 19 mai 1536.

*Comptes d'Étienne Noblet, commis à la recette
des finances de Bourgogne. Arch. de la Côte-d'Or,
B. 1848, fol. 76 et 77. (Mentions.)*

19 mai.

24251. Don à Christophe de La Forêt, médecin ordinaire du roi et de ses enfants, de 800 livres
tournois à prendre en deux années sur les
produits de la ferme du sceau de la Chambre

26 mai.

rigoureuse d'Aix en compensation des revenus dudit sceau, qui lui avaient été donnés
et dont il n'a pu jouir. Lyon, 26 mai 1536.

1536.

*Enreg. à la Chambre des Comptes d'Aix. Arch.
des Bouches-du-Rhône, B. 32 (Scorp.), fol. 306 v°.
1 page 1/2.*

24252. Lettres ordonnant la levée en Provence, de cinq
mille cinq cents hommes de pied et invitant
les États à imposer sur le pays la somme nécessaire à l'entretien de ces troupes pendant
un mois. Lyon, 27 mai 1536.

27 mai.

*Délibérations des États de Provence. Arch. des
Bouches-du-Rhône, C, reg. 1, fol. 4. (Mention.)*

24253. Mandement à Étienne Noblet, commis à la recette des finances de Bourgogne, concurremment avec Jacques Godran, d'exercer seul
cette commission, en l'absence de ce dernier,
durant l'année 1536. Lyon, 31 mai 1536.

31 mai.

*Copie collat. Comptes d'Étienne Noblet. Arch. de
la Côte-d'Or, B. 1848, fol. 4. 2 pages.*

24254. Lettres conférant à François, dauphin de France,
le pouvoir de commander l'armée de Dau-
phiné. 2 juin 1536.

2 juin.

*Imp. Pinard, Chronologie historique militaire.
Paris, 1760-1778, in-4°, t. I, p. 185. (Mention.)*

24255. Mandement au trésorier de l'épargne d'assigner
sur la recette de la généralité de Bourgogne
à Bénigne Drouinot, payeur des édifices et
fortifications de Bourgogne, la somme de
5,000 livres tournois pour être convertie au
fait de sa commission, durant l'année courante. Lyon, 5 juin 1536.

5 juin.

*Comptes d'Étienne Noblet, commis à la recette des
finances de Bourgogne. Arch. de la Côte-d'Or,
B. 1848, fol. 80. (Mention.)*

24256. Lettres de seconde jussion aux gens des
comptes d'Aix pour l'enregistrement des lettres de Louise, mère du roi, du 6 novembre

14 juin.

1528 (n° 23968), en faveur de Philippe
Besson. Crémieu, 14 juin 1536.

> Enreg. à la Chambre des Comptes d'Aix. Arch.
> des Bouches-du-Rhône, B. 32 (Scorp.), fol. 388.
> 1 page 1/2.

1536.

24257. Lettres créant un office d'avocat du roi en la
Chambre des Comptes d'Aix en faveur de
Louis Thadeï, qui en est pourvu en compensation de son office de procureur au Parlement d'Aix, lequel a été supprimé. Crémieu,
14 juin 1536.

> Enreg. à la Chambre des Comptes d'Aix. Arch.
> des Bouches-du-Rhône, B. 33 (Arietis), fol. 379.
> 2 pages.

14 juin.

24258. Permission aux États de Provence de s'assembler une deuxième fois en 1536, afin de
prendre les mesures nécessaires en vue de
la défense du pays. Marseille (sic), 20 juin
1536.

> Délibérations des États de Provence. Arch. des
> Bouches-du-Rhône, C. reg. 1, fol. 3. (Mention.)

20 juin.

24259. Provisions pour Jacques Caillon de l'office de
procureur du roi au siège d'Hyères. Crémieu,
21 juin 1536.

> Enreg. à la Chambre des Comptes d'Aix. Arch.
> des Bouches-du-Rhône, B. 32 (Scorp.), fol. 368 v°.
> 1 page.

21 juin.

24260. Provisions pour Antoine Constaure de l'office
de procureur du roi au siège d'Annot en
Provence. Crémieu, 21 juin 1536.

> Enreg. à la Chambre des Comptes d'Aix. Arch.
> des Bouches-du-Rhône, B. 33 (Arietis), fol. 141 v°.

21 juin.

24261. Provisions pour Honorat Bernardi de l'office
de procureur du roi au siège de Saint-Paul
de Vence, auquel il n'a pas été pourvu par
le roi depuis son institution. Lyon, 4 juillet
1536.

> Enreg. à la Chambre des Comptes d'Aix. Arch.
> des Bouches-du-Rhône, B. 33 (Arietis), fol. 179 v°.
> 1 page.

4 juillet.

24262. Provisions pour Étienne Philibert de l'office de

4 juillet.

contrôleur du grenier à sel du Lampourdier
et de la part revenant au roi dans celui du
Pont-Saint-Esprit en Provence. Lyon, 4 juillet
1536.

> *Enreg. à la Chambre des Comptes d'Aix. Arch.*
> *des Bouches-du-Rhône, B. 34 (Fenix), fol. 185 v°.*
> *1 page.*

1536.

24263. Mandement aux habitants de Béziers de tenir
en bon état les fortifications de leur ville.
Lyon, 26 juillet 1536.

> *Original. Arch. de la ville de Béziers (Hérault).*

26 juillet.

24264. Lettres autorisant Jean d'Arles, écuyer, demeurant à Salon en Provence, à modifier ses
armoiries. Lyon, 14 août 1536.

> *Enreg. à la Chambre des Comptes d'Aix. Arch.*
> *des Bouches-du-Rhône, B. 33 (Arietis), fol. 140.*
> *1 page.*

14 août.

24265. Lettres portant abandon en faveur des habitants
de Laon, pour l'entretien des murs et fortifications de leur ville, de la somme de 800 livres due au roi sur le droit de huitième du
vin vendu en détail, et d'une autre somme
de 200 livres due pour la ferme du vin vendu
en gros. Valence, 20 août 1536.

> *Copia. Bibl. nat., coll. de Picardie, vol. 267,*
> *fol. 361. 1 page.*

20 août.

24266. Lettres portant commission à Jacques Godran
et à Étienne Noblet, commis à la recette de la
généralité de Bourgogne, de s'enquérir, en
exerçant leur charge, des ventes extraordinaires de bois qui ont été faites depuis six
ans et des payements qui restent à faire sur
ces ventes, afin d'en hâter la recette autant
qu'il sera possible. Lyon, 26 août 1536.

> *Copie collat. Comptes d'Étienne Noblet. Arch. de*
> *la Côte-d'Or, B. 1849, fol. 23 v°. 5 pages.*

26 août.

24267. Lettres ordonnant la saisie des fiefs sis en Provence, pour lesquels il n'aurait pas été rendu
hommage et prêté serment de fidélité dans

5 octobre.

un délai de quarante jours. Lyon, 5 octobre 1536.

Copie du xvie siècle, collationnée par les secré-
taires de la Chambre des Comptes de Provence.
Arch. des Bouches-du-Rhône, B. reg. 223, fol. 59.
3 pages.

24268. Lettres prescrivant l'établissement d'un terrier **5 octobre.**
en Provence. Lyon, 5 octobre 1536.

Enreg. à la Chambre des Comptes d'Aix. Arch.
des Bouches-du-Rhône, B. 32. (Scorp.), fol. 289.
2 pages.

24269. Déclaration de l'hommage de François de la **8 novembre.**
Béraudière pour la seigneurie de l'Isle-Jour-
dain, mouvant de la baronnie de Calais, au
comté de la Marche. Loches, 8 novembre
1536.

Expéd. orig. Arch. nat., P. 556¹, cote 818 bis.

24270. Mandement aux gens des comptes de Dijon **11 novembre.**
d'allouer aux comptes d'Étienne Noblet, com-
mis à l'exercice de la recette générale de Bourgogne, la somme de 475 livres tournois,
payée comptant à Marie de Lorraine, veuve
du duc de Longueville, nonobstant l'ordonnance sur les coffres du Louvre, somme équivalant au revenu, durant le quartier d'avril-
juin 1536, du grenier à sel de Montbard,
saisi à la mort du duc de Longueville, lequel
en jouissait par don du roi, don récemment
continué en faveur de sa veuve. Loches, 11 novembre 1536.

Comptes d'Étienne Noblet, commis à la recette de
Bourgogne. Arch. de la Côte-d'Or, B. 1849, fol. 239.
(Mention.)

24271. Déclaration de l'hommage rendu par Raoul de **17 novembre.**
Lestrade, s^r de Floriac, au nom de Marguerite
de La Roque, pour les seigneuries de Sermet,
de Sauveterre et autres mouvant du duché
de Guyenne. Amboise, 17 novembre 1536.

Expéd. orig. Arch. nat., P. 556², cote 820.

24272. Lettres accordant à Chérubin d'Orcière, évêque **24 novembre.**
de Digne, un délai pour prêter le serment

de fidélité qu'il doit à cause du temporel
dudit évêché. Blois, 24 novembre 1536.

> *Enreg. à la Chambre des Comptes d'Aix. Arch.*
> *des Bouches-du-Rhône, B. 33 (Arietis), fol. 166.*
> *1 page.*

24273. Lettres ordonnant aux trésoriers de France d'enregistrer celles du 29 mai précédent(n°8470),
et portant en outre que la foire d'octobre à
Troyes sera franche de l'imposition foraine
appelée la rêve, ainsi que de tous autres impôts. Blois, 25 novembre 1536.

> *Arch. municip. de Troyes; 77° boîte, 4° liasse.*

24274. Mandement aux gens des comptes de Dijon d'allouer aux comptes d'Étienne Noblet, commis
à la recette des finances de Bourgogne pour
l'année 1533, la somme de 1,000 livres tournois montant des gages d'Antoine Le Maçon,
receveur général de Bourgogne, que le roi
lui maintient exceptionnellement, bien que
tous les receveurs généraux aient été sus-
pendus de leur office. Fontainebleau, 5 décembre 1536.

> *Comptes d'Étienne Noblet, commis à la recette*
> *des finances de Bourgogne. Arch. de la Côte-d'Or,*
> *B. 1843, fol. 212. (Mention.)*

24275. Provisions pour Claude Chartrassi de l'office
de juge ordinaire à Barjols en Provence.
Fontainebleau, 16 décembre 1536.

> *Enreg. à la Chambre des Comptes d'Aix. Arch.*
> *des Bouches-du-Rhône, B. 32 (Scorp.), fol. 374.*
> *1 page 1/2.*

24276. Mandement au trésorier de l'épargne de faire
prendre par Jean François, commis à l'exercice de la trésorerie générale de Provence,
6,000 livres tournois sur sa recette, pour
employer à réparer le palais du roi à Aix,
brûlé et ruiné quand l'empereur mit le siège
devant ladite ville. Fontainebleau, 16 décembre 1536.

> *Enreg. à la Chambre des Comptes d'Aix. Arch.*
> *des Bouches-du-Rhône, B. 32 (Scorp.), fol. 330 v°.*
> *1 page 1/2.*

1537. — Pâques, le 1ᵉʳ avril.

24277. Commission à Jean Bertrandi de citer devant
le Parlement de Grenoble, dont il vient d'être
nommé premier président, François et Jean-
Louis de Saluces, pour y être jugés sur le chef
de haute trahison et lèse-majesté. Paris, 2 janvier 1536.

2 janvier.

> *Copie. Bibl. nat.*, ms. lat. 11850, fol. 459.
> 3 pages.

24278. Provisions pour Jean Toussana de l'office de
juge ordinaire à Fréjus, vacant par la mort
de Jean Aufréri. Paris, 4 janvier 1536.

4 janvier.

> *Enreg. à la Chambre des Comptes d'Aix, Arch.
> des Bouches-du-Rhône*, B. 34 (*Fenix*), fol. 158 v°.
> 1 page.

24279. Don au sʳ de Roye, gentilhomme de la chambre,
en récompense de ses services, et à Madeleine
de Mailly, sa femme, de la somme de 3,000 livres tournois à prendre chaque année, pendant
trois ans, sur le grenier d'Évreux et la chambre
à sel de Conches. Paris, 15 janvier 1536.

15 janvier.

> *Vidimus du 22 mai 1537. Arch. du château de
> la Roche-Mailly (Sarthe).*
> Imp. L'abbé A. Ledru, *Histoire de la Maison de
> Mailly*. Paris, 1893, 2 vol. in-8°, t. II, p. 281.
> (*Mention.*)

24280. Lettres accordant des rabais à Firmin Triboulet, Antoine Laugier, Antoine Pâris et
Bernard Berlue, fermiers en la sénéchaussée
de Forcalquier, à cause des pertes qu'ils ont
subies du fait de la guerre. Paris, 15 janvier
1536.

15 janvier.

> *Enreg. à la Chambre des Comptes d'Aix. Arch.
> des Bouches-du-Rhône*, B. 32 (*Scorp.*), fol. 384.
> 1 page.

24281. Mandement aux gens des comptes de Dijon d'allouer aux comptes d'Étienne Noblet, commis
à la recette générale de Bourgogne, la somme

18 janvier.

de 4,000 livres tournois, par lui payée comptant à Louis de Bourbon, prince de la Roche-
sur-Yon, pour sa pension de l'année 1536,
nonobstant l'ordonnance relative aux coffres
du Louvre. Paris, 18 janvier 1536.

> *Comptes d'Étienne Noblet, commis à l'exercice de
> la recette générale de Bourgogne. Arch. de la Côte-
> d'Or, B. 1848, fol. 82. (Mention.)*

1537.

24282. Mandement aux gens des comptes de Dijon d'allouer aux comptes d'Étienne Noblet, commis
à la recette générale de Bourgogne, la somme
de 2,000 livres tournois, par lui payée comptant, contrairement à l'ordonnance relative
aux coffres du Louvre, à Charles de Bourbon, pour sa pension de l'année 1536. Paris,
18 janvier 1536.

18 janvier.

> *Comptes d'Étienne Noblet, commis à l'exercice de
> la recette générale de Bourgogne. Arch. de la Côte-
> d'Or, B. 1848, fol. 83. (Mention.)*

24283. Don à Thomas Cabanis de 150 écus d'or soleil,
en remboursement de semblable somme par
lui versée, lorsqu'il fut nommé procureur et
clavaire d'Arles, office supprimé depuis. Saint-
Germain-en-Laye, 31 janvier 1536.

31 janvier.

> *Enreg. à la Chambre des Comptes d'Aix. Arch.
> des Bouches-du-Rhône, B. 33 (Arietis), fol. 234.
> 2 pages.*

24284. Lettres confirmant les privilèges accordés, en
1248 et 1250, aux habitants de Saint-Genis-
Laval. Janvier 1536.

Janvier.

> *Copie du xvi° siècle. Bibl. de la ville de Mont-
> brison (Loire), manuscrits, n° 5 (anc. 7).*

24285. Lettres autorisant les habitants de Laval à cana-
liser la Mayenne entre leur ville et Château-
Gontier, et à prélever à cet effet, dans le
comté de Laval, une somme de 6,000 livres
en deux ans. Chantilly, 6 février 1536.

6 février.

> *Copie du xviii° siècle, d'après une transcription
> insérée au fol. 231 d'un registre du marquisat de
> Château-Gontier, coté M. Arch. nat., F14 181.*

24286. Lettres continuant à Jacques Godran, conseiller
au Parlement de Bourgogne, et à Étienne No-

16 février.

IMPRIMERIE NATIONALE.

blet, pour l'année 1537, la commission de
faire les recettes de la généralité de Bourgogne. Compiègne, 16 février 1536.

> *Comptes d'Étienne Noblet. Arch. de la Côte-d'Or,*
> B. 1849, fol. 2. 5 pages.

1537.

24287. Lettres portant commission à Jacques Godran,
conseiller au Parlement de Bourgogne, et à
Bénigne Serre, président en la Chambre des
Comptes de Dijon, pour la vente du domaine
royal de la généralité de Bourgogne, jusqu'à
concurrence de la somme de 100,000 livres
tournois, laquelle devra être versée par les
acheteurs entre les mains d'Étienne Noblet,
commis à la recette de ladite généralité. Compiègne, 25 février 1536.

> *Copie collat. Comptes d'Étienne Noblet, commis*
> *à la recette générale de Bourgogne. Arch. de la*
> *Côte-d'Or, B. 1849, fol. 11 v°. 7 pages.*

25 février.

24288. Lettres portant que, pour subvenir aux dépenses
des réparations des fortifications de Troyes,
il sera levé un octroi sur les vins entrant dans
la ville, ou en sortant, même sur ceux qui
passent au pont de Courteranges. Corbie,
11 mai 1537.

> *Arch. municip. de Troyes, 51ᵉ boîte, 1ʳᵉ liasse.*

11 mai.

24289. Mandement au trésorier de l'épargne d'assigner,
sur les recettes du premier quartier de l'année
courante de la généralité de Bourgogne, à
Martin de Troyes, payeur de l'extraordinaire
des guerres, la somme de 7,467 livres 9 deniers tournois, pour employer à payer partie
de la solde des lansquenets des mois d'avril et
mai de la même année. Corbie, 12 mai 1537.

> *Comptes d'Étienne Noblet, commis à la recette*
> *de Bourgogne. Arch. de la Côte-d'Or, B. 1849,*
> *fol. 198 v°. (Mention.)*

12 mai.

24290. Provisions pour Marie Gaudemari de l'office
de procureur du roi en la ville de Fréjus.
Fontainebleau, 12 juin 1537.

> *Enreg. à la Chambre des Comptes d'Aix. Arch.*
> *des Bouches-du-Rhône, B. 34 (Fenix), fol. 37 v°.*
> 1 page.

12 juin.

24291. Provisions pour Pierre Clavier de l'office de
procureur du roi à Brignoles, vacant par la
résignation faite en sa faveur par Léonard
Bouvot. Fontainebleau, 13 juin 1537.

*Enreg. à la Chambre des Comptes de Provence.
Arch. des Bouches-du-Rhône, B. 33 (Arietis),
fol. 111. 1 page.*

1537.
13 juin.

24292. Lettres portant commission à Jacques Godran,
conseiller au Parlement de Dijon, de vendre
les parties des bois et forêts de la généralité
de Bourgogne où la vente portera le moindre
préjudice et sera plus facile, jusqu'à concurrence de la somme de 20,000 livres tournois, laquelle sera reçue par les receveurs
ordinaires des lieux où se fera la vente. Fontainebleau, 15 juin 1537.

*Copie collat. Comptes d'Étienne Noblet. Arch. de
la Côte-d'Or, B. 1849, fol. 26 v°. 3 pages.*

15 juin.

24293. Mandement aux gens des comptes de Dijon
d'allouer aux comptes d'Étienne Noblet,
commis à la recette générale de Bourgogne,
la somme de 1,665 livres tournois payée à
Jacques Godran, commis à la même recette,
pour trois cent trente-trois journées qu'il a
vaqué à cette commission, durant les années
1535 et 1536, chacune étant comptée à
raison de 100 sous tournois. Fontainebleau,
15 juin 1537.

*Comptes d'Étienne Noblet, commis à l'exercice de
la recette générale de Bourgogne. Arch. de la Côte-
d'Or, B. 1848, fol. 106. (Mention.)*

15 juin.

24294. Déclaration portant que l'imposition de 6,000 livres octroyée aux habitants de Laval, par
lettres du 6 février précédent (n° 24285), sera
prélevée non seulement dans le comté de
Laval, mais dans toute l'étendue de l'élection dudit lieu. Fontainebleau, 19 juin 1537.

*Copie du XVIII° siècle, d'après un registre du
marquisat de Château-Gontier, coté M. Arch. nat.,
F¹⁴ 181.*

19 juin.

24295. Mandement au trésorier de l'épargne d'assigner,

24 juin.

28.

sur les recettes tant ordinaires qu'extraordinaires de la généralité de Bourgogne, à François Saumaire, payeur des mortes-payes de Bourgogne, la somme de 13,320 livres tournois, pour employer au fait de sa commission pendant le second semestre de l'année 1536. Fontainebleau, 24 juin 1537.

1537.

Comptes d'Étienne Noblet, commis à la recette générale de Bourgogne. Arch. de la Côte-d'Or, B. 1849, fol. 200 v°. (Mention.)

24296. Mandement au trésorier de l'épargne d'assigner, sur les recettes ordinaires et extraordinaires de la généralité de Bourgogne, à Girard Sayve, payeur des cent lances de l'amiral Chabot, la somme de 20,222 livres 6 sous 8 deniers, qui, avec 22 livres 13 sous 4 deniers restant audit payeur sur le quartier d'avril-juin précédent, seront employés au payement de ladite compagnie, compris les capitaines et les gages dudit Girard Sayve, pour le second semestre de l'année 1536. Fontainebleau, 24 juin 1537.

24 juin.

Comptes d'Étienne Noblet, commis à la recette générale de Bourgogne. Arch. de la Côte-d'Or, B. 1849, fol. 202 v°. (Mention.)

24297. Mandement au trésorier de l'épargne d'assigner, sur les recettes ordinaires et extraordinaires de la généralité de Bourgogne, à Claude de Lyon, payeur des cinquante lances de Jacques de Brizay, sr de Beaumont, la somme de 8,998 livres pour être employée au fait de sa commission durant le second semestre de l'année 1536, avec 964 livres 10 sous qui lui restent sur le quartier d'avril-juin précédent. Fontainebleau, 24 juin 1537.

24 juin.

Comptes d'Étienne Noblet, commis à la recette générale de Bourgogne. Arch. de la Côte-d'Or, B. 1849, fol. 204. (Mention.)

24298. Mandement au trésorier de l'épargne de faire payer de leur pension et état pour l'année 1536, sur les recettes de la généralité de

24 juin.

Bourgogne, divers capitaines et gentilshommes au service du roi. Fontainebleau,
24 juin 1537.

1537.

> *Comptes d'Étienne Noblet, commis à la recette
> générale de Bourgogne. Arch. de la Côte-d'Or,
> B. 1849, fol. 212, 213 et suiv. (Mentions.)*

24299. Lettres portant que frère Philippe de Nozillac
jouira paisiblement, malgré l'opposition de
plusieurs religieux, du prieuré de Saint-Mar-
tin-des-Champs, de l'ordre de Cluny, à Paris,
dont il a été pourvu par le cardinal de Lorraine, abbé de Cluny. Fontainebleau, 26 juin
1537.

26 juin.

> *Copie du xvie siècle. Bibl. nat., ms. fr. 5124,
> fol. 146. 2 pages 1/2.*

24300. Mandement aux gens des comptes de Bourgogne d'allouer aux comptes d'Étienne Noblet, commis à la recette des finances de Bourgogne, la somme de 1,200 livres tournois
pour les vacations d'Africain de Mailly, sʳ de
Villers-les-Pots, également commis à cette
recette, lesdites vacations devant être comptées chacune à raison de 100 sous tournois
et au nombre de deux cent quarante, bien
que la maladie l'ait empêché de vaquer effec-
tivement durant tout ce temps. Fontainebleau,
27 juin 1537.

27 juin.

> *Comptes d'Étienne Noblet, commis à la recette
> générale de Bourgogne. Arch. de la Côte-d'Or,
> B. 1844, fol. 173 v°. (Mention.)*

24301. Déclaration de l'hommage lige rendu par Louis
Arnaudeau, au nom de Jeanne L'Hermite,
veuve d'Antoine de Montbron, agissant tant
en son nom que comme tutrice de Jacquette
et Anne de Montbron, ses filles, pour la
principauté et baronnie de Mortagne-sur-Gi-
ronde, mouvant du comté de Saintonge.
Paris, 4 juillet 1537.

4 juillet.

> *Original. Arch. nat., P. 556³, n° 231.*

24302. Déclaration de l'hommage de Gilbert Bayard,
conseiller du roi et secrétaire de ses finances,

15 juillet.

pour la seigneurie de Paret, mouvant du comté de Montpensier, en la sénéchaussée d'Auvergne. Paris, 15 juillet 1537.

Original. Arch. nat., P. 556², n° 235.

1537.

24303. Provisions pour Georges Moutet, licencié ès lois, de l'office de procureur du roi au siège de Toulon, auquel il n'a pas été pourvu depuis son institution. Paris, 24 juillet 1537.

Enreg. à la Chambre des Comptes d'Aix. Arch. des Bouches-du-Rhône, B. 33 (Arietis), fol. 182 v°. 1 page.

24 juillet.

24304. Lettres ordonnant aux cours souveraines de Provence d'assurer l'exécution immédiate de celles du 19 avril 1536 (n° 8415) touchant la réunion au domaine royal des possessions illégalement aliénées. Melun, 13 août 1537.

Expéd. orig. Arch. des Bouches-du-Rhône, B. liasse 723.

13 août.

24305. Commission à divers conseillers au Parlement et à la Chambre des Comptes de Provence de dresser un tarif des salaires et vacations des lieutenants du sénéchal et de l'amirauté, des juges, avocats, sergents, greffiers, procureurs et notaires. Melun, 16 août 1537.

Original. Arch. des Bouches-du-Rhône, C. liasse 1385.

16 août.

24306. Don à Bernardin Borelli, jadis greffier des appellations de la Chambre rigoureuse d'Aix, d'une pension annuelle de 80 livres tournois, en compensation de la perte qu'il a subie par suite de la suppression de son office. Fontainebleau, 21 août 1537.

Enreg. à la Chambre des Comptes d'Aix. Arch. des Bouches-du-Rhône, B. 33 (Arietis), fol. 172. 1 page 1/2.

21 août.

24307. Provisions pour Nicolas de Saisseval de l'office de garde du sceau royal de la prévôté d'Amiens. 25 août 1537.

Bibl. nat., coll. de Picardie, vol. 112 bis, fol. 158 v°. (Mention.)

25 août.

24308. Mandement aux gens des comptes de Bourgogne d'allouer aux comptes d'Étienne Noblet, commis à la recette générale de Bourgogne, la somme de 2,170 livres tournois pour les vacations dudit commis et de Claude Patarin, durant l'année 1534, savoir à Étienne Noblet, 730 livres tournois pour trois cent soixante-cinq journées à raison de 15 sous tournois chacune, et à Claude Patarin, 1,440 livres pour deux cent quarante journées à raison de 6 livres chacune, ledit Étienne Noblet devant, sans qu'une nouvelle provision soit nécessaire, recevoir désormais 15 sous tournois pour chaque journée de sa commission. Fontainebleau, 31 août 1536 (*corr.* 1537).

> *Comptes d'Étienne Noblet, commis à la recette générale de Bourgogne. Arch. de la Côte-d'Or, B. 1844, fol. 173 v°; B. 1845, fol. 161. (Mentions.)*

1537.
31 août.

24309. Lettres portant commission à Étienne Noblet, commis à la recette générale de Bourgogne, de recevoir les deniers provenant des divers emprunts, ventes de bois et engagements des domaine, gabelles, aides et impositions, qui ont été ou seront faits en Bourgogne, pour subvenir aux dépenses de la guerre, quoique le payeur de l'extraordinaire des guerres, Martin de Troyes, ait été précédemment désigné pour faire ladite recette. Fontainebleau, 6 septembre 1537.

> *Copie collat. Comptes d'Étienne Noblet. Arch. de la Côte-d'Or, B. 1849, fol. 28. 2 pages.*

6 septembre.

24310. Lettres de réception du serment de fidélité rendu par Chérubin d'Orcière, évêque de Digne, à cause du temporel de son évêché. Saint-André, 29 septembre 1537.

> *Enreg. à la Chambre des Comptes d'Aix. Arch. des Bouches-du-Rhône, B. 33 (Arietis), fol. 166. 1 page.*

29 septembre.

24311. Déclaration portant que les ordonnances rela-

5 octobre.

tives aux droits de confiscations, amendes, etc.,
ne s'appliquent pas au revenu du sceau de la
Chambre rigoureuse établie aux six sièges du
sénéchal de Provence. Lyon, 5 octobre 1537.

*Enreg. à la Chambre des Comptes d'Aix. Arch.
des Bouches-du-Rhône, B. 33 (Arietis), fol. 160.
2 pages.*

1537.

24312. Mandement au trésorier de l'épargne de faire
payer par Étienne Noblet, sur la recette générale de Bourgogne, à Louis de Bourbon,
prince de la Roche-sur-Yon, et à Charles de
Bourbon, sᵣ de Champigny, leur pension de
l'année courante. Lyon, 7 octobre 1537.

7 octobre.

*Comptes d'Étienne Noblet, commis à la recette
générale de Bourgogne. Arch. de la Côte-d'Or,
B. 1849, fol. 230 et 231. (Mentions.)*

24313. Lettres portant imposition de 15 florins par
feu en Provence. Lyon, 7 octobre 1537.

7 octobre.

*Délibérations des États de Provence. Arch. des
Bouches-du-Rhône, C. reg. 1, fol. 24. (Mention.)*

24314. Lettres portant pouvoir à Claude de Lorraine,
duc de Guise, de commander à la fois l'armée
de Bourgogne et celle de Champagne. 8 octobre 1537.

8 octobre.

*Imp. Pinard, Chronologie historique militaire.
Paris, 1760-1778, in-4°, t. I, p. 192. (Mention.)*

24315. Lettres portant pouvoir à Charles de France,
duc d'Orléans, de commander l'armée en Picardie, en Normandie, dans l'Île-de-France
et à Paris. 8 octobre 1537.

8 octobre.

*Imp. Pinard, Chronologie historique militaire.
Paris, 1760-1778, in-4°, t. I, p. 193. (Mention.)*

24316. Lettres portant autorisation à Nicolas Romey,
procureur du roi à Saint-Rémy-de-Pro-
vence, de se faire suppléer dans son office
quand il a quelque empêchement valable.
Lyon, 9 octobre 1537.

9 octobre.

*Enreg. à la Chambre des Comptes d'Aix. Arch.
des Bouches-du-Rhône, B. 33 (Arietis), fol. 122 v°.
1/2 page.*

24317. Mandement au trésorier de l'épargne de faire payer, sur la recette générale de Bourgogne, à Philippe Chabot, amiral de France, le troisième quartier de ses divers états et pensions qui se montent annuellement aux sommes suivantes : sa pension pour le service du roi, 12,000 livres tournois; son état de gouverneur de Bourgogne, 6,000 livres; celui d'amiral de Guyenne, 3,000 livres; celui d'amiral de Bretagne 1,200 livres tournois. Sillans, 18 octobre 1537.

1537.
18 octobre.

Comptes d'Étienne Noblet, commis à la recette générale de Bourgogne. Arch. de la Côte-d'Or, B. 1849, fol. 232 et suiv. (Mentions.)

24318. Lettres portant commission à Jacques Godran et à Étienne Noblet de faire immédiatement la recette de ce qui reste dû par le clergé, tant sur l'octroi caritatif équivalant à trois décimes, fait au roi en janvier 1537, que sur d'autres octrois accordés précédemment. Lyon, 26 octobre 1537.

26 octobre.

Copie collat. Comptes d'Étienne Noblet, commis à la recette de Bourgogne. Arch. de la Côte-d'Or, B. 1849, fol. 20. 6 pages.

24319. Lettres obtenues par les États de Provence, portant que la suppression des viguiers, sous-viguiers, etc., ordonnée par l'édit de réformation de la justice de 1535, ne s'applique qu'aux offices royaux et ne peut être exécutée dans l'étendue de la juridiction des seigneurs feudataires. Lyon, 28 octobre 1537.

28 octobre.

Original. Arch. des Bouches-du-Rhône, C. liasse 1385.

24320. Provisions pour François de Génas de l'office de conseiller au Parlement de Provence, à la survivance d'Antoine d'Albis. Lyon, 30 octobre 1537.

30 octobre.

Enreg. à la Chambre des Comptes d'Aix. Arch. des Bouches-du-Rhône, B. 34 (Fœnix), fol. 81 v°. 2 pages.

24321. Provisions pour Honorat Aynesu de l'office de

3 novembre.

juge ordinaire à Seillans, en Provence. Lyon,
3 novembre 1537.

> *Enreg. à la Chambre des Comptes d'Aix. Arch.*
> *des Bouches-du-Rhône, B. 33 (Arietis), fol. 335.*
> 2 pages.

24322. Mandement au Parlement d'Aix de réintégrer
Fouquet Pignolli en ses fonctions d'avocat
du roi au siège d'Aix, dont il a été exclu par
suite du procès intenté contre lui devant le
Parlement de Grenoble. Lyon, 6 novembre
1537.

> *Enreg. à la Chambre des Comptes d'Aix. Arch.*
> *des Bouches-du-Rhône, B. 34 (Fenix), fol. 25 v°.*
> 4 pages.

24323. Provisions pour Pierre Sanson de l'office de
l'un des cinq huissiers ordinaires maintenus,
après réduction, au Parlement de Provence,
ledit office vacant à cause de la résignation
faite en sa faveur par Laugier Neque. Lyon,
20 novembre 1537.

> *Enreg. à la Chambre des Comptes d'Aix. Arch.*
> *des Bouches-du-Rhône, B. 33 (Arietis), fol. 185.*
> 1 page.

24324. Lettres permettant à Philippe Robichon de
chercher et d'exploiter en Dauphiné des mines
d'argent, de plomb et autres métaux. Lyon,
21 novembre 1537.

> *Transcription moderne, sans indication de source,*
> *d'après une copie faite sur l'original et signée de*
> *deux conseillers du Parlement de Grenoble, déposée*
> *à l'Institut.*

24325. Provisions pour Jean Reynaud, dit « Saint-
Rémy », de l'office de capitaine de la tour
Saint-Jean, à l'entrée du port de Marseille,
vacant par la mort du capitaine Vertis. Car-
magnola, 26 novembre 1537.

> *Enreg. à la Chambre des Comptes d'Aix. Arch.*
> *des Bouches-du-Rhône, B. 33 (Arietis), fol. 170.*
> 1 page.

24326. Provisions pour René de Montejean de l'office
de gouverneur et lieutenant général en Piémont, vacant par suite de la résignation de

1537.

6 novembre.

20 novembre.

21 novembre.

26 novembre.

29 novembre.

Jean d'Humières. Pignerol, 29 novembre   1537.
1537.

> IMP. Pinard, *Chronologie historique militaire.*
> Paris, 1760-1778, in-4°, t. II, p. 230. *(Mention.)*

24327. Confirmation du bail fait à Jean Maynier par   Novembre.
les maîtres rationaux d'Aix de l'étang dit « de
Lyon », sur le territoire de Vitrolles en Provence. Briançon, novembre 1537.

> *Enreg. à la Chambre des Comptes d'Aix.* Arch.
> *des Bouches-du-Rhône,* B. 33 *(Arietis)*, fol. 284 v°.
> 2 pages.

24328. Mandement au Parlement et à la Chambre des   3 décembre.
Comptes de Dauphiné de laisser Philippe Ro-
bichon jouir du privilège à lui concédé par
lettres du 21 novembre précédent (n° 24324),
nonobstant l'opposition des religieux de la
Grande-Chartreuse. Lyon, 3 décembre 1537.

> *Transcription moderne, sans indication de source,*
> *d'après une copie faite sur l'original et signée de*
> *deux conseillers au Parlement de Grenoble, déposée*
> *à l'Institut.*

24329. Provisions pour Jean Montanier, praticien, de   7 décembre.
l'office de procureur du roi à Castellane.
Lyon, 7 décembre 1537.

> *Enreg. à la Chambre des Comptes d'Aix.* Arch.
> *des Bouches-du-Rhône,* B. 36 *(Luna)*, fol. 16 v°.
> 2 pages.

24330. Ratification par le roi du contrat passé par le   22 décembre.
cardinal de Tournon avec Barthélemy d'El-
bene, marchand florentin, pour acquitter le
roi de la somme de 40,198 livres 8 sous
9 deniers, restant dus à plusieurs florentins
habitant Lyon, à cause d'un prêt qu'ils avaient
fait en 1521 et 1522. Montpellier, 22 décembre 1537.

> *Enreg. à la Chambre des Comptes d'Aix.* Arch.
> *des Bouches-du-Rhône,* B. 33 *(Arietis)*, fol. 226.
> 3 pages.

24331. Lettres portant assignation sur la recette géné-   28 décembre.
rale de Bourgogne à Sébastien Duchemin,
payeur du Parlement de Bourgogne, de la
somme de 3,110 livres 7 sous tournois,

complétant la somme de 11,406 livres 5 sous
à laquelle se montent les gages annuels,
droits et après-dîners des présidents et officiers
de la cour. Montpellier, 28 décembre 1537.

*Comptes d'Étienne Noblet, commis à la recette
générale de Bourgogne. Arch. de la Côte-d'Or,
B. 1849, fol. 235 v°. (Mention.)*

1537.

1538. — Pâques, le 21 avril.

1538.

24332. Provisions pour Antoine Bonacorsi de l'office
de secrétaire du roi, vacant par la mort de
Guy Budé. Montpellier, 7 janvier 1537.

*Enreg. à la Chambre des Comptes d'Aix. Arch.
des Bouches-du-Rhône, B. 33 (Arietis), fol. 233.
2 pages.*

7 janvier.

24333. Lettres ordonnant au conseil de ville d'Amiens
de faire provision de douze milliers de salpêtre dans le cours de l'année. Montpellier,
8 janvier 1537 [1].

*Bibl. nat., coll. de Picardie, vol. 100, p. 162.
(Mention.)*

8 janvier.

24334. Provisions pour Bertrand Begue de l'office
de greffier criminel de la cour ordinaire de
Marseille. Lyon, 29 janvier 1537.

*Enreg. à la Chambre des Comptes d'Aix. Arch.
des Bouches-du-Rhône, B. 40 (Corvus), fol. 72 v°.
1 page.*

29 janvier.

24335. Lettres de réception du serment de fidélité prêté
entre les mains du roi par David Beton (aliàs
Beaton, Betoun), abbé d'Arbroath en Écosse,
pour le temporel de l'évêché de Mirepoix.
Moulins, 8 février 1537.

Original. Arch. nat., P. 556¹, cote 179.

8 février.

24336. Provisions pour René de Montejean de l'état
de maréchal de France. Moulins, 10 février
1537.

*IMP. Pinard, Chronologie historique militaire.
Paris, 1760-1778, in-4°, t. II, p. 231. (Mention.)*

10 février.

[1] La mention porte par erreur 1536.

24337. Lettres de réception du serment de fidélité prêté entre les mains du roi par François Du Bourg, conseiller du roi, pour le temporel de l'évêché de Rieux. Moulins, 14 février 1537.

1538.
14 février.

Original. Arch. nat., P. 556², cote 180.

24338. Provisions de l'office de gouverneur, capitaine et bailli d'Hesdin, en faveur d'Adrien de Pisseleu, seigneur d'Heilly, capitaine de cinquante hommes d'armes des ordonnances, en remplacement du feu seigneur de Sarcus. Moulins, 17 février 1537.

17 février.

Mentionnées dans des lettres du 3 mars 1544 n. s. Arch. nat., T. 153⁷⁰⁻⁷⁸.

24339. Mandement aux gens des comptes de Dijon d'allouer aux comptes d'Étienne Noblet, commis à la recette générale de Bourgogne, jusqu'à concurrence de 2,600 livres tournois, les dépenses qui auront été faites par leurs ordres et en exécution des marchés passés par eux, pendant un an à partir du 1ᵉʳ octobre précédent, pour la culture des vignes du roi à Chenôve, Talant, Beaune et Germolles, ainsi que pour les frais de vendanges, par dérogation à l'ordonnance du roi sur les coffres du Louvre. Moulins, 19 février 1537.

19 février.

Comptes d'Étienne Noblet, commis à la recette générale de Bourgogne. Arch. de la Côte-d'Or, B. 1849, fol. 241. (Mention.)

24340. Déclaration portant que les appels qui seront interjetés des jugements du juge des premières appellations de la baronnie de Grignan ressortiront au Parlement de Provence et non au sénéchal de Provence. Moulins, 22 février 1537.

22 février.

Enreg. à la Chambre des Comptes d'Aix. Arch. des Bouches-du-Rhône, B. 33 (Arietis), fol. 210v°. 2 pages.

24341. Lettres accordant à Charles de Vieure, dit « la Salle », écuyer, seigneur dudit lieu de Vieure en Bourbonnais, écuyer d'écurie de la reine,

28 février.

la confirmation des droits d'usage et de pacage en la forêt de Dreuille, dont avaient joui
d'ancienneté ses ancêtres. Moulins, 28 février
1537.

> Original. Arch. nat., Papiers Maubec, T. 191¹²¹.

24342. Lettres fixant à 3,600 livres la part de la ville
de Caen dans l'imposition mise sur les villes
closes du royaume, cette somme devant servir,
à raison de 6 livres tournois par homme et
par mois, à la solde durant quatre mois (mai-
août) de cent cinquante hommes de pied, faisant partie des deux mille quatre cent soixante-
cinq hommes qui doivent être entretenus par
les villes de Normandie. Moulins, 4 mars
1537.

> Arch. municip. de Caen, 1ᵉʳ reg. des délibéra-
> tions de la ville, fol. 56. (Mention.)

24343. Déclaration de l'hommage rendu par Pierre,
dit « Pétrarque », Brosset, au nom de Jean de
Vernoy, bourgeois de Toulouse, pour le lieu
« des Bordes », le fief de « Meserac » et le fief
de la Terrade, situés dans le comté de Lauraguais, au diocèse de Saint-Papoul, et mouvant dudit comté, en la sénéchaussée de Toulouse. Moulins, 9 mars 1537.

> Copie collat. d'un auditeur à la Chambre des
> Comptes, du 9 avril 1538. Arch. nat., P. 556³,
> n° 833.

24344. Lettres portant confirmation de l'exemption de
tailles en faveur de la ville de Troyes. Lyon,
3 avril 1537.

> Arch. municip. de Troyes, 2ᵉ boîte, 10ᵉ liasse.

24345. Lettres de commission à Philibert Berbis, conseiller au Parlement de Bourgogne, pour
exercer de concert avec Étienne Noblet, durant l'année 1538, la recette de la généralité
de Bourgogne. La Côte-Saint-André, 20 avril
1537.

> Copie collat. Comptes d'Étienne Noblet, commis à
> la recette générale de Bourgogne. Arch. de la Côte-
> d'Or, B. 1850, fol. 3 v°. 5 pages.

24346. Lettres portant révocation d'un jugement provisionnel rendu en la cour des Grands jours de Troyes, le 31 octobre 1535, et ordonnant, pour obvier à tous monopoles et brigues, qu'il sera procédé aux assemblées générales à Troyes, selon la manière portée en la délibération du 14 mars 1538 n. s. La Côte-Saint-André, 24 avril 1538.

1538.
24 avril.

Arch. municip. de Troyes, 3ᵉ boîte, 1ʳᵉ liasse.

24347. Déclaration de l'hommage de Claude Gouffier, sᵣ de Boisy, chambellan et premier gentilhomme de la chambre du roi, pour la châtellenie de Maubergeon, assise en sa terre de Saint-Loup, et mouvant du château de Maubergeon, à Poitiers. La Côte-Saint-André, 26 avril 1538.

26 avril.

Original. Arch. nat., P. 557¹, cote 979.

24348. Déclaration de l'hommage du même, pour les château et seigneurie de Bourg-Charente, près Cognac, mouvant du château de Cognac, en la sénéchaussée d'Angoumois. La Côte-Saint-André, 26 avril 1538.

26 avril.

Original. Arch. nat., P. 557¹, n° 83, et 557¹, n° 980.

24349. Lettres portant décharge, en faveur de la ville d'Auxerre, d'une somme de 2,000 livres sur les 2,400 montant de sa quote-part de l'impôt du taillon, en remboursement d'une somme de 2,000 livres prêtée au roi. Avignon, 15 mai 1538.

15 mai.

Copie. Arch. départ. de la Côte-d'Or, Chambre des Comptes, B. 491 bis.

24350. Lettres en faveur des religieuses de Saint-Véran, près Avignon, dont l'abbaye a été saccagée lors du passage en Provence des troupes de l'empereur, portant qu'une indemnité, fixée par les gens des comptes et les maîtres rationaux d'Aix, leur sera accordée proportion-

15 mai.

nellement aux dommages qu'elles ont éprouvés. Avignon, 15 mai 1538.

*Enreg. à la Chambre des Comptes d'Aix. Arch.
des Bouches-du-Rhône, B. 34 (Fenix), fol. 31.
2 pages.*

24351. Mandement aux gens des comptes de Dauphiné
de faire extraire de ladite Chambre des Comptes tout ce qui concerne l'autorité dont les
prédécesseurs du duc d'Estouteville, comte de
Saint-Pol, et lui-même ont joui dans leurs
charges de gouverneurs de Dauphiné. Salon
de Crau, 18 mai 1538. — 18 mai.

Bibl. nat., ms. fr. 4604, fol. 8. (Mention.)

24352. Mandement au trésorier de l'épargne de payer
à Nicolas Fabri, conseiller au Parlement
d'Aix, 2,000 livres tournois en remboursement du prêt qu'il a fait au roi, lorsqu'il fut
pourvu de cet office. Aix, 21 mai 1538. — 21 mai.

*Enreg. à la Chambre des Comptes d'Aix. Arch.
des Bouches-du-Rhône, B. 33 (Arietis), fol. 289 v°.
1 page.*

24353. Déclaration de l'hommage rendu par Honorat
Arbaude, en son nom et pour ses frères Mathieu et Louis, à cause de leur part de la seigneurie de Bargemon et Callas en Provence.
Aix, 22 mai 1538. — 22 mai.

*Enreg. à la Chambre des Comptes d'Aix. Arch.
des Bouches-du-Rhône, B. 30 (Homag.), fol. 365.
1 page.*

24354. Don à Martin du Bellay, sa vie durant, du revenu des bourses ordinaires de la chancellerie
du comté de Provence, à Aix. Aix, 22 mai
1538. — 22 mai.

*Enreg. à la Chambre des Comptes d'Aix. Arch.
des Bouches-du-Rhône, B. 33 (Arietis), fol. 325.
2 pages.
Idem, B. 39 (Virgo), fol. 158 v°. (Mention.)*

24355. Déclaration de l'hommage de Pierre de Soubiran, écuyer, pour la moitié de la terre et
seigneurie de Brassac de Belfortès, mouvant — 25 mai.

1538.

du comté de Castres. Brignoles, 25 mai 1538. 1538.

> *Original. Arch. nat., Chambre des Comptes,*
> P. 558², n° 1308.

24356. Déclaration de l'hommage lige de Jacques   26 mai.
Conte, écuyer, pour la seigneurie de Loire
(gouvernement de la Rochelle, châtellenie
de Rochefort). Paris, 26 mai 1538.

> *Original. Arch. nat.,* P. 557², cote 982.

24357. Provisions pour Marc Dole de l'office de gref-   27 mai.
fier de la cour ordinaire de Fréjus, qu'il
exerçait en vertu de l'institution des commissaires délégués par le roi. Fréjus, 27 mai
1538.

> *Enreg. à la Chambre des Comptes d'Aix. Arch.*
> *des Bouches-du-Rhône,* B. 34 (*Fenix*), fol. 16.
> 1 page.

24358. Provisions pour Louis Bernard de l'office de   4 juin.
capitaine et châtelain de la tour de Saint-
Vincent, près de la Seyne en Provence. Antibes, 4 juin 1538.

> *Enreg. à la Chambre des Comptes d'Aix. Arch.*
> *des Bouches-du-Rhône,* B. 33 (*Arietis*), fol. 306.
> 1 page.

24359. Mandement à Guillaume Prudhomme, tréso-   16 juin.
rier de l'épargne, de payer à Jean Crosnier,
trésorier de la marine du Levant, 450 livres
pour bailler, sur l'ordre du comte de Tende,
à Christophe de Corbiano, à Magdelon d'Ornezan et à André Marsay, capitaines de galères. Villeneuve-de-Tende, 16 juin 1538.

> *Original. Dépôt général de la Marine, Biblio-*
> *thèque,* A. 87, 1ᵉʳ volume, n° 21.

24360. Mandement aux gens des comptes de Dijon   18 juin.
d'allouer aux comptes d'Étienne Noblet,
commis à la recette générale de Bourgogne,
la somme de 800 livres tournois, payée
d'après des lettres missives du roi, et nonobstant que tous les deniers de sa recette
dussent être portés aux coffres du Louvre, à
Oudard Drouot, sommelier ordinaire du roi,

pour être employée à l'achat et au port jusqu'à Lyon, Moulins, Paris et Fontainebleau,
de soixante pièces de vin blanc d'Arbois.
Villeneuve-en-Provence, 18 juin 1538.

> *Comptes d'Étienne Noblet, commis à la recette*
> *générale de Bourgogne. Arch. de la Côte-d'Or,*
> B. 1850, fol. 144 v°. (*Mention.*)

24361. Mandement aux gens des comptes de Dijon
d'allouer aux comptes d'Étienne Noblet,
commis à la recette générale de Bourgogne,
la somme de 2,400 livres tournois, dont
le roi fait don à Pierre d'Apestigny, général
des finances en Bourgogne, tant pour ses
gages des années 1535 et 1536, qui ne
sont que de 800 livres par an, que pour le
récompenser de ses services. Villeneuve-en-
Provence, 22 juin 1538.

> *Comptes d'Étienne Noblet, commis à la recette*
> *générale de Bourgogne. Arch. de la Côte-d'Or,*
> B. 1849, fol. 248. (*Mention.*)

24362. Provisions pour Antoine Passart de l'office de
grènetier du grenier à sel d'Hyères, vacant
par la résignation faite en sa faveur par
François Motet. Fréjus, 23 juin 1538.

> *Enreg. à la Chambre des Comptes d'Aix. Arch.*
> *des Bouches-du-Rhône, B. 33 (Arietis), fol. 329 v°.*
> 1 page 1/2.

24363. Lettres exemptant la ville de Toulon de fournir
des hommes d'armes à pied et à cheval. Fré-
jus, 24 juin 1538.

> *Imp. Champollion-Figeac, Documents hist. inédits*
> *tirés des coll. de la Bibl. royale et des Archives, etc.*
> Paris, in-4°, 1847, t. III, p. 537. (*Mention.*)

24364. Provisions pour Jacques Vacher de l'office de
tailleur (graveur) de la Monnaie d'Aix, vacant
par suite de la résignation de son beau-père,
Roland Le Prince. Aix, 29 juin 1538.

> *Enreg. à la Chambre des Comptes d'Aix. Arch.*
> *des Bouches-du-Rhône, B. 33 (Arietis), fol. 354 v°.*
> 1 page.

24365. Provisions pour Estève Rigault, de Marseille, de

(marginal dates:) 1538. 22 juin. 23 juin. 24 juin. 29 juin. 23 juillet.

l'état de charpentier et maître de hache pour
la construction des galères et autres vaisseaux,
avec des gages de 100 livres tournois. Loriol,
23 juillet 1538.

> *Enreg. à la Chambre des Comptes d'Aix. Arch.
> des Bouches-du-Rhône, B. 35 (Solis), fol. 32.*

1538.

24366. Déclaration de l'hommage d'Aubert Le Bault,
sʳ de Montigny, pour le fief de « Montigny[1] »
et ses appartenances, mouvant du château
de Rochefort-sur-Charente. Blois, 30 août
1538.

> *Original. Arch. nat., Chambre des Comptes,
> P. 557², n° 1003.*

30 août.

24367. Lettres retenant Pierre Bon pour l'un des cent
gentilshommes de l'hôtel, sous la charge du
sʳ de Canaples, en remplacement de feu Antoine de Bussy, dit « Piquet ». Saint-Germain-
en-Laye, 7 septembre 1538.

> *Enreg. à la Chambre des Comptes d'Aix. Arch.
> des Bouches-du-Rhône, B. 36 (Luna), fol. 75.
> 1 page.*

7 septembre.

24368. Déclaration de l'hommage de Philippe de Roncherolles, écuyer, pour la baronnie de Heu-
queville, au bailliage de Gisors, à lui échue
par suite du décès de Louis, son père. Saint-
Germain-en-Laye, 12 septembre 1538.

> *Original. Arch. nat., Chambre des Comptes de
> Paris, P. 274², cote 6302.*

12 septembre.

24369. Provisions en faveur de Jean Tronson d'un
office de conseiller en la chambre des requêtes du Palais à Paris. 5 octobre 1538.

> *Bibl. de l'Arsenal, à Paris, ms. 2482, fol. 115.
> (Mention.)*

5 octobre.

24370. Mandement au trésorier de l'épargne de faire
payer par Étienne Noblet, sur la recette générale de Bourgogne du quartier d'octobre-décembre 1538, à Louis de Bourbon, prince
de la Roche-sur-Yon, et à Charles de Bourbon,

11 octobre.

[1] Sis à Rochefort même, d'après les termes d'un aveu contemporain
(P. 557², n° 1004).

s^r de Champigny, leur pension de l'année
courante, laquelle se monte pour le premier
à 4,000 livres tournois, et pour le second à
2,000 livres. La Fère-sur-Oise, 11 octobre
1538.

1538.

> *Comptes d'Étienne Noblet, commis à la recette*
> *générale de Bourgogne. Arch. de la Côte-d'Or,*
> B. 1850, fol. 135 v° et 137. (*Mentions.*)

24371. Provisions pour Thomas Bastin de l'office de
contregarde de la Monnaie d'Aix, vacant par
le décès de Jean Chais. Compiègne, 19 octobre 1538.

19 octobre.

> *Enreg. à la Chambre des Comptes d'Aix. Arch.*
> *des Bouches-du-Rhône,* B. 37 (*Stella*), fol. 72.
> 1 page.

24372. Ordonnance sur le fait des monnaies. Compiègne, octobre 1538.

Octobre.

> *Comptes d'Antoine Le Maçon, receveur général*
> *de Bourgogne. Arch. de la Côte-d'Or,* B. 1851,
> fol. 126 v°. (*Mention.*)

24373. Déclaration de l'hommage de Jean de La Cassagne, baron de Tonnay-Boutonne, à cause
d'Anne de Maumont, sa femme, pour ladite
baronnie, mouvant du château de Saint-Jean-
d'Angély. Paris, 22 novembre 1538.

22 novembre.

> *Original. Arch. nat., Chambre des Comptes,*
> P. 557², n° 1011.

24374. Provisions pour Nicolas de Cocil, dit «Agaffin»,
de l'office de trésorier et receveur général des
finances en Provence, vacant par la résignation de Julien Bonacorsi. Paris, 1er décembre
1538.

1er décembre.

> *Enreg. à la Chambre des Comptes d'Aix. Arch.*
> *des Bouches-du-Rhône,* B. 33 (*Arietis*), fol. 355 v°.
> 1 page.

24375. Déclaration de l'hommage de Blaise Goyet,
écuyer, seigneur de la Ferrière et de la
Touche, près Rochefort, pour ladite seigneurie de la Touche, mouvant du château

4 décembre.

de Rochefort-sur-Charente. Paris, 4 décembre 1538.   1538.

> Original. Arch. nat., Chambre des Comptes, P. 557², n° 1013.

24376. Déclaration de l'hommage de Pierre de Jaunac,   6 décembre.
écuyer, seigneur dudit lieu, tant pour lui
qu'au nom de Bonaventure de Pracomtal, sa
femme, pour la terre et seigneurie de Sarras,
au bailliage de Vivarais. Paris, 6 décembre
1538.

> Original. Arch. nat., Chambre des Comptes, P. 557², n° 1015.

24377. Déclaration de l'hommage de Louis d'Estissac,   10 décembre.
gentilhomme de la chambre du roi, pour les
châtellenie, terre et seigneurie de la Brousse,
mouvant du château de Saint-Jean-d'Angély,
par lui acquises de Raymond de Gontaut et
d'Agnès de La Brousse, sa femme. Paris,
10 décembre 1538.

> Original. Arch. nat., Chambre des Comptes, P. 557², n° 1016.

24378. Lettres commettant Jean François à la recette   12 décembre.
générale des finances de Provence, pour
l'année 1538, au lieu et place de Nicolas de
Cocil, dit « Agaffin », titulaire de la charge de
trésorier et receveur général. Paris, 12 décembre 1538.

> Enreg. à la Chambre des Comptes de Provence.
> Arch. des Bouches-du-Rhône, B. reg. 1451, fol.
> 108 v°. 1 page 1/3.

24379. Provisions pour Charles Prouvençal de l'office   13 décembre.
de grènetier du grenier à sel de Tarascon,
vacant par la résignation faite à son profit par
Thomas Cabanis. Paris, 13 décembre 1538.

> Enreg. à la Chambre des Comptes d'Aix. Arch.
> des Bouches-du-Rhône, B. 34 (Fœnix), fol. 45.
> 1 page 1/2.

24380. Lettres portant maintien en Provence de l'im-   14 décembre.
position de 15 florins par feu. Paris, 14 dé-
cembre 1538.

> Délibérations des États de Provence. Arch. des
> Bouches-du-Rhône, C. reg. 1, fol. 42. (Mention.)

24381. Déclaration de l'hommage de François Joubert, avocat du roi en la ville et gouvernement de la Rochelle, et de Jean Lévêque, pour la « châtellenie et prée de la Laisse, autrement appelée la prée Minsotière et prée d'Andilly [1] », à eux échue par le décès de Guillaume Joubert et de Marie d'Arcons, sa femme, mouvant du château de la Rochelle. Paris, 23 décembre 1538.

1538.
23 décembre.

Original. Arch. nat., Chambre des Comptes, P. 557², n° 1021.

24382. Déclaration de l'hommage de Jean Lévêque, écuyer, pour la terre et seigneurie de la Suze, contiguë à celle de la Salle de Dompierre-sur-Mer, à lui échue par le décès de Marie d'Arcons, sa mère, mouvant du château de la Rochelle. Paris, 23 décembre 1538.

23 décembre.

Original. Arch. nat., Chambre des Comptes, P. 557², n° 1017.

24383. Déclaration de l'hommage de Catherine de Donnes, veuve de Séguin Gentils, chevalier, dame d'Esnandes, de Lafond et de la moitié de Fronsac, pour ladite moitié du fief, terre et seigneurie de Fronsac, autrement appelée la Petite Baillie de Rochefort, sise près la ville de la Rochelle et mouvant du château de ladite ville. Paris, 24 décembre 1538.

24 décembre.

Original. Arch. nat., Chambre des Comptes, P. 557², n° 1019.

24384. Lettres rétablissant Antoine Le Maçon en l'exercice de son office de receveur général de Bourgogne, pour l'année 1539. Saint-Germain-en-Laye, 26 décembre 1538.

26 décembre.

Copie collat. Comptes d'Antoine Le Maçon, receveur général de Bourgogne, B. 1851, fol. 5. 7 pages.

[1] A Andilly-les-Marais, canton de Marans, arrondissement de la Rochelle, Charente-Inférieure. Un aveu de ce fief, de même date, le désigne ainsi : «la Prée et Mynsotière appellée la Laisse d'Andilly» (P. 557², n° 1022).

1539. — Pâques, le 6 avril.

24385. Provisions pour Nicolas Albert de l'office de
mesureur de sel aux salines de Notre-Dame-
de-la-Mer en Provence, dépendant du grenier à sel de Tarascon, vacant par la mort
de Gilbert Girard. Paris, 5 janvier 1538.

*Enreg. à la Chambre des Comptes d'Aix. Arch.
des Bouches-du-Rhône, B. 38 (Serena), fol. 312.
1 page.*

5 janvier.

24386. Lettres de réception du serment de fidélité
prêté entre les mains du roi par Jacques de
Saint-Julien, pour le temporel de l'évêché
d'Aire. Paris, 5 janvier 1538.

Original. Arch. nat., P. 557¹, n° 40.

5 janvier.

24387. Déclaration de l'hommage de Louis, duc de
Longueville, grand chambellan de France,
pour la seigneurie de Parthenay et autres,
mouvant du comté de Poitou. Saint-Germain-
en-Laye, 5 janvier 1538.

Original. Arch. nat., P. 557¹, n° 39.

5 janvier.

24388. Déclaration de l'hommage de Jean de Men-
signac, écuyer, archer de la garde du corps,
pour la maison noble de « la Poncye », située
à Bergerac, et du droit de péage du sel qu'il
a droit de prendre sur la Dordogne, le tout
relevant de la châtellenie de Bergerac. Paris,
9 janvier 1538.

Original. Arch. nat., P. 557¹, n° 41.

9 janvier.

24389. Déclaration de l'hommage rendu par frère
Antoine Dax, religieux bénédictin, prévôt
de Dampierre, au nom de René Johanneaulx,
licencié ès droits, enquêteur pour le roi au
gouvernement de la Rochelle, aumônier de
l'Hôtel-Dieu et de l'aumônerie de Saint-Barthélemy de la Rochelle, pour les 30 livres
tournois de rente qu'il a le droit de prendre
sur la recette ordinaire de la Rochelle, en

10 janvier

qualité d'aumônier de ladite aumônerie. Paris.　1539.
10 janvier 1538.

Original. Arch. nat., P. 557¹, n° 42.

24390. Lettres donnant en main ferme à Claude　13 janvier.
Roget la Monnaie de Tours pour quatre an-
nées. Paris, 13 janvier 1538.

Arch. nat., Z¹ᵇ 8, fol. 383. (Mention.)

24391. Mandement au trésorier de l'épargne, Guil-　16 janvier.
laume Prudhomme, d'assigner sur la recette
générale de Bourgogne à Jacques Godran,
président au Parlement de Bourgogne, la
somme de 6,000 livres, en remboursement
de pareille somme prêtée au roi et remise par
son ordre en deux fois, le 6 décembre 1537
et le 27 avril 1538, à Jean Laguette, receveur
des parties casuelles, pour employer au fait
de son office. Paris, 16 janvier 1538.

*Comptes d'Antoine Le Maçon, receveur général
de Bourgogne. Arch. de la Côte-d'Or, B. 1851,
fol. 118 v°. (Mention.)*

24392. Lettres portant commission à Nicolas Viole,　29 janvier.
conseiller du roi et maître ordinaire des
comptes, d'opérer la délimitation du territoire qui doit être affecté au parc du roi à
Chambord, et d'accorder des indemnités aux
expropriés. Fontainebleau, 29 janvier 1538.

*Imp. Joseph de Croy, Nouveaux documents pour
l'histoire de la création des résidences royales des
bords de la Loire. Paris, Blois, 1894, in-8°, p. 205.*

24393. Relief de surannation des lettres du 19 avril　29 janvier.
1536 (n° 24244), portant déclaration du ser-
ment de fidélité d'Antoine de Talaru. Paris,
29 janvier 1538.

Expéd. orig. Arch. nat., P. 556², cote 811.

24394. Provisions en faveur de Christophe Laulne,　1ᵉʳ février.
pour six ans, de la maîtrise de la Monnaie
de Tours [1]. Paris, 1ᵉʳ février 1538.

Arch. nat., Z¹ᵇ 8, fol. 382 v°. (Mention.)

[1] Ces lettres, irrégulières, durent être modifiées.

24395. Provisions pour Esprit de Pontis, écuyer, de
l'office de capitaine, châtelain et receveur de
Barcelonnette, Fontainebleau, 2 février 1538.

*Enreg. à la Chambre des Comptes d'Aix. Arch.
des Bouches-du-Rhône, B. 39 (Virgo), fol. 142.
2 pages.*

1539.
2 février.

24396. Déclaration de l'hommage d'Antoine Du Prat,
fils du feu chancelier de France, pour la baronnie de Thiers, mouvant de la sénéchaussée
d'Auvergne. Paris, 2 février 1538.

Original. Arch. nat., P. 557¹, n° 45.

2 février.

24397. Provisions pour Louis Garcier de l'office de
châtelain et capitaine du Lauzet, au ressort
de Barcelonnette. Fontainebleau, 5 février
1538.

*Enreg. à la Chambre des Comptes d'Aix. Arch.
des Bouches-du-Rhône, B. 35 (Solis), fol. 254 v°.
1 page 1/2.*

5 février.

24398. Lettres de réception du serment de fidélité
prêté entre les mains du roi par Georges
d'Armagnac, évêque de Rodez et administrateur perpétuel de l'évêché de Vabres, pour
le temporel de ce dernier évêché. Fontainebleau, 8 février 1538.

Original. Arch. nat., P. 557¹, n° 46.

8 février.

24399. Déclaration de l'hommage rendu par Raymond
Benoît, au nom de Jacques Gaillon, licencié
ès droits, pour son hôtel et seigneurie de
Chermeneuil [1] au gouvernement de la Rochelle. Paris, 19 février 1538.

Original. Arch. nat., P. 557¹, n° 50.

19 février.

24400. Déclaration de l'hommage de Raymond Benoît,
licencié ès droits, pour sa seigneurie de la
Garde-aux-Valets au gouvernement de la Rochelle. Paris, 19 février 1538.

Original. Arch. nat., P. 557¹, n° 52.

19 février.

24401. Déclaration de l'hommage de François d'Au-

21 février.

[1] Commune de Vandré, Charente-Inférieure.

busson, chevalier, pour la terre, seigneurie
et châtellenie de Beauregard et autres fiefs,
sis en Périgord et mouvant du duché de
Guyenne, lui appartenant à cause de sa
femme, Jeanne d'Abzac. Paris, 21 février
1538.

1539.

Copie collat. du 13 février 1540 n. s. Arch. nat.,
Chambre des Comptes, P. 557², n° 1047.

24402. Provisions pour Arnaud Borelli de l'office de
secrétaire rational et archivaire en la Chambre
des Comptes de Provence, à la survivance
de Louis Borelli, son père. Paris, 4 mars
1538.

4 mars.

Enreg. à la Chambre des Comptes d'Aix. Arch.
des Bouches-du-Rhône, B. 34 (Fenix), fol. 34.
2 pages.

24403. Déclaration de l'hommage de Charles Brémont,
chevalier, sᵣ de Balanzac et de la Magdeleine,
panetier ordinaire des enfants du roi, pour
les terres qu'il possède dans les châtellenies
de Cognac, Merpins et Bouteville. Paris,
9 mars 1538.

9 mars.

Original. Arch. nat., P. 557¹, n° 59.

24404. Déclaration de l'hommage de Charles Brémont,
chevalier, pour la seigneurie de Balanzac,
mouvant de la sénéchaussée de Saintonge.
Paris, 9 mars 1538.

9 mars.

Original. Arch. nat., P. 557¹, n° 62.

24405. Déclaration de l'hommage de René, vicomte
de Rohan, prince de Léon, comte de Porhoët,
pour toutes ses seigneuries mouvant de la
couronne, et pour celles de sa femme, Isabeau de Navarre. Paris, 9 mars 1538.

9 mars.

Original. Arch. nat., P. 557¹, n° 64.

24406. Lettres de surannation au général des finances
de Provence pour l'obtention de lettres d'attache à joindre aux provisions accordées, le
6 novembre 1537 (n° 24322), à Fouquet

12 mars.

Pignolli, pour l'office d'avocat du roi au siège
d'Aix. Paris, 12 mars 1538.

1539.

> *Enreg. à la Chambre des Comptes d'Aix. Arch.
> des Bouches-du-Rhône, B.* 34 (*Fenix*), fol. 18 v°.
> 1 page.

24407. Lettres ordonnant au Parlement de Provence
de recevoir provisoirement François de Génas,
qui est marié, à l'office de conseiller clerc,
dont il a été pourvu, jusqu'à ce que le roi
ait pu lui donner un office de conseiller lai.
Paris, 14 mars 1538.

14 mars.

> *Enreg. à la Chambre des Comptes d'Aix. Arch.
> des Bouches-du-Rhône, B.* 34 (*Fenix*), fol. 83.
> 1 page.

24408. Déclaration de l'hommage rendu par Guillaume
Choisy, au nom de Simon Germain, écuyer,
seigneur de Marcheron, pour le grand fief
de Rochefort, mouvant de la châtellenie de
Rochefort-sur-Charente. Paris, 20 mars 1538.

20 mars.

> *Original. Arch. nat.*, P. 557[1], n° 66.

24409. Mandement aux gens des comptes de Dijon d'allouer aux comptes d'Étienne Noblet, commis
à la recette générale de Bourgogne, la somme
de 340 livres 2 sous 8 deniers tournois, payée
d'après des lettres missives du roi à Oudard
Drouot, sommelier ordinaire du roi, pour
être employée à l'achat et au port jusqu'à
Paris d'une certaine quantité de vin blanc
du cru d'Arbois. Nogent-sur-Seine, 22 mars
1538.

22 mars.

> *Comptes d'Étienne Noblet, commis à la recette
> générale de Bourgogne. Arch. de la Côte-d'Or,
> B.* 1850, fol. 146. (*Mention.*)

24410. Mandement aux gens des comptes de Dijon
d'allouer aux comptes d'Antoine Le Maçon,
receveur général de Bourgogne, la somme
de 97 livres 4 sous 4 deniers tournois, payée
à Jacques Le Roy, greffier de la Chambre des
Comptes de Dijon, pour ses gages à partir du
10 mai 1538, quoiqu'il n'ait été reçu et in-

24 mars.

stitué en son office que le 7 septembre suivant.
Nogent-sur-Seine, 24 mars 1538.

*Comptes d'Antoine Le Maçon, receveur général
de Bourgogne. Arch. de la Côte-d'Or, B. 1851,
fol. 122. (Mention.)*

1539.

24411. Déclaration de l'hommage de Jacques Conte,
écuyer, pour la terre et seigneurie de
« Louayres » (Loire), mouvant du château de
Rochefort[-sur-Mer]. Paris, 27 mars 1538.

*Original, Arch. nat., Chambre des Comptes,
P. 557², n° 982.*

27 mars.

24412. Lettres de réception de l'hommage et du serment de fidélité prêté entre les mains du
chancelier par Sulpice Bancelin, prieur commendataire du prieuré de Montlhéry, au nom
d'Aymar Maindron, religieux de l'abbaye de
Saint-Étienne de Bassac et prieur du prieuré
d'Yves en Aunis, pour le temporel dudit
prieuré, mouvant de la châtellenie de Rochefort. Paris, 30 mars 1538.

Original. Arch. nat., P. 557¹, n° 70.

30 mars.

24413. Lettres de surannation pour l'enregistrement de
la déclaration de l'hommage rendu par François Gua, au nom d'Amaury Moine, licencié
ès lois, pour la seigneurie des Gonds, mouvant du comté de Saintonge. Paris, 3 avril
1538.

Original. Arch. nat., P. 557¹, n° 73.

3 avril.

24414. Provisions pour Jacques Thomas de l'office de
procureur du roi à Toulon, vacant par la résignation de Georges Moutet. « Rouville »,
10 avril 1539.

*Enreg. à la Chambre des Comptes d'Aix. Arch.
des Bouches-du-Rhône, B. 36 (Luna), fol. 306 v°.
1 page.*

10 avril.

24415. Provisions pour Pierre Coulon de la maîtrise
de la Monnaie de Villefranche-de-Rouergue,
pour six années. 12 avril 1539.

Arch. nat., Z¹ᵇ 9, fol. 169. (Mention.)

12 avril.

24416. Déclaration de l'hommage de Michel de Vabres,

12 avril.

conseiller au Parlement de Toulouse, pour la baronnie, terre et seigneurie de Castelnau-d'Estretefonds, mouvant du comté de Toulouse. Paris, 12 avril 1539.

Original. Arch. nat., Chambre des Comptes, P. 557², n° 1071.

24417. Déclaration de l'hommage d'Alain de Durfort, écuyer, sⁱ de Bajamont, pour la baronnie de Bajamont et de Laroque-Timbaut et autres seigneuries, mouvant du duché de Guyenne, situées dans la sénéchaussée d'Agenais et échues audit Alain par le décès d'Étienne de Durfort, son père. Paris, 16 avril 1539.

Original. Arch. nat., P. 557³, n° 174.

24418. Déclaration de l'hommage rendu par Jean de Châteaupers, protonotaire du Saint-Siège apostolique, au nom de Jean de Châteaupers, écuyer, seigneur de Panat, pour la seigneurie de Burlats, du Bès et Cambounès, mouvant du comté de Castres; une portion de la seigneurie de Viviès, mouvant de la sénéchaussée de Toulouse; la seigneurie de Plaisance, mouvant de la sénéchaussée de Rouergue; la seigneurie de Vic et plusieurs autres, mouvant des sénéchaussées de Beaucaire et de Nîmes. Paris, 22 avril 1539.

Original. Arch. nat., P. 557³, n° 184.

24419. Lettres de non préjudice en faveur d'Antoine, duc de Lorraine, touchant la prise qu'il a reçu ordre de faire du nommé Guillaume Arzant et de ses complices, coupables d'entreprises et de machinations contre le royaume. Abbaye de Chailly, 2 mai 1539.

Original. Ancien Trésor des chartes de Lorraine, lay. *États généraux de Lorraine,* II, n° 9. *Arch. de Meurthe-et-Moselle,* B. 682, n° 9.

24420. Déclaration de l'hommage rendu par Mathurin Forestier, au nom de Georges de Maigné, écuyer, âgé de plus de soixante-six ans et malade, pour la seigneurie de Cigogne, mou-

Dates marginales : 1539. 16 avril. 22 avril. 2 mai. 4 mai.

vant de la châtellenie de Rochefort-sur-Charente. Paris, 4 mai 1539.

1539. .

Original. Arch. nat., P. 557³, n° 199.

24421. Déclaration de l'hommage rendu par Jacques
Du Faur, conseiller au Parlement de Toulouse, tant en son nom que comme procureur de son frère Michel Du Faur, juge-mage
de Toulouse, pour la seigneurie de Saint-
Jory, avec haute, moyenne et basse justice,
mouvant du comté de Toulouse, qui leur appartient par indivis. Grignon, 10 mai 1539.

10 mai.

Original. Arch. nat., P. 557³, n° 201.

24422. Lettres de jussion au chancelier d'admettre
Esprit de Pontis à prêter serment entre ses
mains, en qualité de capitaine de Barcelonnette, bien que les provisions, datées du
2 février précédent (n° 24395), ne lui fussent
pas adressées. Grignon, 12 mai 1539.

12 mai.

*Enreg. à la Chambre des Comptes d'Aix. Arch.
des Bouches-du-Rhône, B. 39 (Virgo), fol. 143 v°.
2 pages.*

24423. Lettres de surannation pour l'enregistrement
des lettres de réception du serment de fidélité
prêté au roi, le 20 mai 1530 (n° 24049),
par Bernard d'Ornesan, pour le temporel de
son évêché de Lombez. Paris, 17 mai 1539.

17 mai.

Original. Arch. nat., P. 557³, n° 208.

24424. Déclaration de l'hommage de Jean Blanchard,
gentilhomme ordinaire de la fauconnerie du
roi, pour la seigneurie du Bois-Nerbert, mouvant de la châtellenie de Civray, en la sénéchaussée de Poitou. Fontainebleau, 23 mai
1539.

23 mai.

Original. Arch. nat., P. 557³, n° 212.

24425. Provisions pour Thomas de Piolenc de l'office
de procureur général du roi au Parlement
de Provence, vacant par le décès de Louis
Thadeï. Fontainebleau, 27 mai 1539.

27 mai.

*Enreg. à la Chambre des Comptes d'Aix. Arch.
des Bouches-du-Rhône, B. 34 (Fenix), fol. 54.
2 pages.*

24426. Déclaration de l'hommage de Franc-Conseil, sⁿ de la Garde, pour la seigneurie de Saint-Roman et les censes de la Condamine de Sommière [1], acquis des chapitres de Notre-Dame d'Aigues-Mortes et de Saint-Pierre de Psalmodi, le tout mouvant du château de Beaucaire, avec l'obligation de fournir annuellement au roi, le jour de Pâques, s'il est au pays, un faucon, ou, s'il est absent, de remettre à la recette ordinaire de Beaucaire une médaille antique du poids de 6 deniers d'or fin, sans préjudice des autres services féodaux. Fontainebleau, 30 mai 1539.

1539.
30 mai.

Original. Arch. nat., P. 557³, n° 219.

24427. Mandement à Philippe de Lautier, secrétaire des monnaies, de se rendre à Turin pour y ouvrir une Monnaie et déterminer quelles sont les espèces auxquelles il convient de donner cours en Piémont. Fontainebleau, 30 mai 1539.

30 mai.

Arch. nat., Z¹ᵇ 10, fol. 67. (Mention.)

24428. Mandement à Philippe de Lautier de se rendre en Provence pour s'enquérir de l'endroit où il serait préférable d'établir une Monnaie. Fontainebleau, 31 mai 1539.

31 mai.

Arch. nat., Z¹ᵇ 10, fol. 68. (Mention.)

24429. Déclaration de l'hommage rendu par Martial Ayraud, au nom de Geoffroy Moine, pour la seigneurie de «Bresneau», mouvant du bailliage de Champagne en Saintonge. Paris, 2 juin 1539.

2 juin.

Original. Arch. nat., P. 557³, n° 221.

24430. Provisions pour Honorat Boisson, à la survivance de Jean Cotereau, de l'office de greffier

4 juin.

[1] C'est la portion du territoire de Sommière qui avait été cédée par saint Louis à l'abbaye de Psalmodi en échange du territoire d'Aigues-Mortes. (Voir Germer-Durand, *Dictionnaire topographique du département du Gard.* Paris, 1868, in-4°, p. 64.)

criminel au Parlement de Provence. Paris,
4 juin 1539.

*Enreg. à la Chambre des Comptes d'Aix. Arch.
des Bouches-du-Rhône, B. 34 (Fenix), fol. 171.
2 pages.*

1539.

24431. Déclaration de l'hommage rendu par Marc de
Calmon, protonotaire du Saint-Siège apostolique, au nom de Belle Audiguier, damoiselle, veuve et héritière de Jean Ozoer, pour
les fiefs, cens, rentes, etc., qu'elle possède
dans les juridictions royales d'Albespeyre et de
Murasson en Rouergue. Paris, 7 juin 1539.
Original. Arch. nat., P. 557³, n° 227.

7 juin.

24432. Déclaration de l'hommage rendu par le même,
au nom d'Antoine Godon, prieur de la Peyre
et « des Treillies », pour la terre et juridiction
de Puech-Mets et Darlet [1] avec moyenne et
basse justice, et la maison de chacun des
prieurés de la Peyre et de « Notre-Dame des
Treillies », mouvant de la sénéchaussée de
Rouergue. Paris, 7 juin 1539.
Original. Arch. nat., P. 557³, n° 232.

7 juin.

24433. Déclaration de l'hommage rendu par le même,
au nom de Guillaume de Naves, écuyer,
pour le château, la juridiction et la terre de
Verdun, mouvant de la sénéchaussée de
Rouergue. Paris, 7 juin 1539.
Original. Arch. nat., P. 557³, n° 233.

7 juin.

24434. Déclaration de l'hommage rendu par le même,
au nom de Marguerite de Pendérices, damoiselle, veuve d'Antoine de Cabanes, conseiller de Murasson, pour la juridiction haute,
moyenne et basse de Murasson, qu'elle possède
par indivis avec le roi, et pour les fiefs qu'elle
tient dans la sénéchaussée d'Auvergne. Paris,
7 juin 1539.
Original. Arch. nat., P. 557³, n° 234.

7 juin.

[1] Darlet, commune de Gissac, canton de Camarès (Aveyron). La
Peyre et Puech-Mets dépendent aujourd'hui de la commune de Versols-
et-Lapeyre, même canton.

24435. Déclaration de l'hommage rendu par le même, au nom d'Arnaud de Cahusac, pour la seigneurie de Palières et Castries avec toute justice, haute, moyenne et basse, pour la juridiction du Pont-de-Camarès possédée par indivis avec le roi, le château de Gissac, possédé par indivis avec le seigneur de Sallèles, etc., le tout mouvant de la sénéchaussée de Rouergue. Paris, 7 juin 1539.

1539.
7 juin.

Original. Arch. nat., P. 557³, n° 235.

24436. Déclaration de l'hommage rendu par le même, au nom de Jean Bevès, prieur et seigneur de Saint-Crépin, pour la terre et juridiction du Cellier, avec toute justice, haute, moyenne et basse, et l'exercice de cette juridiction par ses officiers, et pour les revenus qu'il possède à Saint-Crépin, mouvant de la sénéchaussée de Rouergue. Paris, 7 juin 1539.

7 juin.

Original. Arch. nat., P. 557³, n° 236.

24437. Déclaration de l'hommage rendu par le même, au nom de Jean Tubière, écuyer, pour les château et juridiction d'Auriac, avec toute justice, haute, moyenne et basse, tenus par indivis avec le roi, l'abbé de Silvanès et le sʳ de Taurines, mouvant de la sénéchaussée de Rouergue. Paris, 7 juin 1539.

7 juin.

Original. Arch. nat., P. 557³, n° 237.

24438. Déclaration de l'hommage rendu par le même, au nom de Bernard Barauld, écuyer, sʳ de Campelières et coseigneur de Murasson, pour le droit qui lui appartient par indivis avec le roi et d'autres coseigneurs sur la terre de Murasson et la juridiction dudit lieu, avec toute justice, mouvant de la sénéchaussée de Rouergue. Paris, 7 juin 1539.

7 juin.

Original. Arch. nat., P. 557³, n° 238.

24439. Déclaration de l'hommage rendu par le même, au nom de Bérenger de Soulages, pour la métairie dite « de Soulages », avec certains fiefs et revenus nobles en dépendant, le tout

7 juin.

32

mouvant de la sénéchaussée de Rouergue. Paris, 7 juin 1539.

Original. Arch. nat., P. 557³, n° 239.

24440. Déclaration de l'hommage rendu par le même, au nom de Jean de Roquefeuil, pour la seigneurie de Versols, mouvant de la sénéchaussée de Rouergue, possédée par indivis avec le baron de « Quellus » (Caylus). Paris, 7 juin 1539.

Original. Arch. nat., P. 557³, n° 240.

24441. Déclaration de l'hommage rendu par le même, au nom d'Augier de Payne, écuyer, pour la terre et juridiction de « la Pie », mouvant de la sénéchaussée de Rouergue, qu'il possède avec toute justice, et l'exercice de cette juridiction tant par lui que par ses officiers, et pour plusieurs autres fiefs nobles dépendant de la terre de « Roche-Serize »(Roque-Cézière) et du Pont-de-Camarès. Paris, 7 juin 1539.

Original. Arch. nat., P. 557³, n° 241.

24442. Déclaration de l'hommage rendu par le même, au nom de Pierre Patauld, écuyer, sʳ de Blanc, pour le château et juridiction de Blanc[1], avec toute juridiction et justice haute, moyenne et basse, mouvant de la sénéchaussée de Rouergue. Paris, 7 juin 1539.

Original. Arch. nat., P. 557³, n° 242.

24443. Déclaration de l'hommage de Marc de Calmon, protonotaire du Saint-Siège apostolique, seigneur de Briès et coseigneur du Pont-de-Camarès, pour lesdites seigneuries, avec haute, moyenne et basse justice; pour la juridiction de Tayac et autres fiefs nobles, mouvant de la sénéchaussée de Rouergue; pour la seigneurie de Mirandol, qu'il possède par indivis avec le roi et le sʳ de Saint-Germier, et pour plusieurs fiefs assis en la juridiction de la

_____

[1] Blanc, commune de Peux-et-Couffouleux, canton de Camarès, Aveyron.

1539.

7 juin.

7 juin.

7 juin.

7 juin.

Bastide, de Combefa, etc., mouvant de la
sénéchaussée de Toulouse. Paris, 7 juin 1539.

Original. Arch. nat., P. 557³, n° 244.

1539.

24444. Lettres fixant à la somme de 600 livres tournois les gages ordinaires du procureur général au Parlement de Provence. Paris, 9 juin
1539.

*Enreg. à la Chambre des Comptes d'Aix. Arch.
des Bouches-du-Rhône, B. 34 (Fenix), fol. 55.
1 page 1/2.*

9 juin.

24445. Déclaration de l'hommage lige de Guy Jaubert,
écuyer, pour les terres qu'il tient du roi sur
la paroisse de Saint-Séverin, la châtellenie
d'Aubeterre, etc., le tout mouvant du duché
d'Angoumois. Paris, 9 juin 1539.

Original. Arch. nat., P. 557³, n° 243.

9 juin.

24446. Lettres de surannation pour l'enregistrement
des lettres de réception du serment de fidélité
prêté le 5 février 1525 n. s. (n° 23840), entre
les mains de la régente de France, par Érard
de Grossolles, évêque de Condom, pour le
temporel de son évêché. Paris, 10 juin 1539.

Original. Arch. nat., P. 557³, n° 249.

10 juin.

24447. Mandement à Pierre d'Apestigny, général des
finances en la généralité de Bourgogne, de
permettre à Antoine Le Maçon, receveur
général du duché, de prendre, des deniers
de sa recette, la somme de 1,000 livres tournois représentant les gages ordinaires de sa
charge pour l'année 1538, quoiqu'il n'ait
pas exercé son office durant cette année, en
ayant été suspendu précédemment, ainsi que
tous les autres receveurs généraux. Saint-Prix,
14 juin 1539.

*Comptes d'Antoine Le Maçon, receveur général
de Bourgogne. Arch. de la Côte-d'Or, B. 1851,
fol. 123. (Mention.)*

14 juin.

24448. Déclaration de l'hommage rendu par Aimery
du Castaigner, au nom de Jean du Castaigner, pour le château de la Mothe, les

14 juin.

32.

maisons de Bresuguet et Rouzet (dans l'Agénais), mouvant du duché de Guyenne. Paris,
14 juin 1539.

Original. Arch. nat., P. 558¹, n° 1139 bis.

24449. État des gages des officiers de la Chambre des
Comptes de Piémont et mandement à Fran-
çois de La Colombière, trésorier de France en
Savoie et en Piémont, d'en assurer le payement à partir du 1ᵉʳ juillet de l'année courante. Saint-Prix, 15 juin 1539.

Copie collationnée par la Chambre des Comptes de
Piémont, le 20 août 1543. Cahier des actes consti-
tutifs de cette Chambre, fol. 2. Arch. des Bouches-
du-Rhône, B. liasse 723.

24450. Déclaration de l'hommage rendu par Raymond
de Crantelle, curé de Saint-Nazaire, pour la
seigneurie de la Lambertie (paroisse de Pineuilh) et les domaines de « Rebouchet et des
Marais-Rolland » et autres dépendances sises
en la juridiction de Sainte-Foy[-la-Grande]
et mouvant de la sénéchaussée d'Agénais,
qu'il possède avec son frère Giraud de Crantelle, écuyer, par suite de la mort d'Antoine
de Crantelle, écuyer, et de damoiselle Marguerite de Cazenac, leurs père et mère. Paris,
15 juin 1539.

Original. Arch. nat., P. 558¹, n° 1140.

24451. Déclaration de l'hommage rendu par le même,
au nom d'Aimery Bourguet, prêtre, et de son
frère Guillaume Bourguet, pour les cens et
rentes auxquels ils ont droit sur plusieurs héritages sis à Dussac, paroisse de Saint-Avit,
« la Cabouze », paroisse de Saint-André [-et-
Appelles], etc., mouvant de la sénéchaussée
d'Agénais. Paris, 15 juin 1539.

Original. Arch. nat., P. 558¹, n° 1141.

24452. Déclaration de l'hommage rendu par François
de Cazenac, écuyer, au nom de François de
Beauville, baron de Beauville, premier baron
d'Agénais, pour ladite baronnie et pour la
seigneurie du Bourg et de « Foussac », mou-

1539.

15 juin.

15 juin.

15 juin.

15 juin.

vant de la sénéchaussée d'Agénais, à lui ad-
venues par la mort de son père, François de
Beauville. Paris, 15 juin 1539.

Original. Arch. nat., P. 558¹, n° 1141 bis.

1539.

24453. Déclaration de l'hommage des frères Jean et
Louis de François pour la maison noble de
Montbreton et une partie des juridictions de
Gensac et de Sainte-Foy, mouvant de la séné-
chaussée d'Agénais. Paris, 15 juin 1539.

Original. Arch. nat., P. 558¹, n° 1142.

15 juin.

24454. Déclaration de l'hommage rendu par Denis
Denise, au nom de Louis Vidal, pour un pré
et une rente qu'il possède sur les paroisses
du Peuy, d'Eynesse, etc., acquis du seigneur
de Clermont en Périgord et autres, mouvant
de la sénéchaussée d'Agénais. Paris, 15 juin
1539.

Original. Arch. nat., P. 558¹, n° 1142 bis.

15 juin.

24455. Déclaration de l'hommage de Pierre de Paran-
chières pour plusieurs biens (maison, colombier, garennes, etc.), sis en la paroisse de Pineuilh, sur la Dordogne; le quart d'un pré
appelé «Achalus», acquis par lui de Guillaume
de Castelneuf, et diverses rentes qu'il a acquises sur les paroisses de Gensac, Eynesse,
Saint-Nazaire et Pineuilh et aux environs, le
tout mouvant du duché de Guyenne et de la
sénéchaussée d'Agénais. Paris, 15 juin 1539.

Original. Arch. nat., P. 558¹, n° 1143.

15 juin.

24456. Déclaration de l'hommage d'Antoine de Paran-
chières pour la seigneurie de Malromet par
lui acquise des seigneurs d'Eymet et de
Pardaillan, mouvant de la sénéchaussée d'Agénais. Paris, 15 juin 1539.

Original. Arch. nat., P. 558¹, n° 1144.

15 juin.

24457. Déclaration de l'hommage de François de Cazenac, écuyer, seigneur des maisons nobles
de Bourdillac, de Lussac et de Bourgou-
gnague, etc., et coseigneur de Pineuilh, pour
ces seigneuries et pour un péage par eau et

15 juin.

par terre qu'il possède en la juridiction de
Sainte-Foy, ces biens, mouvant de la séné-
chaussée d'Agénais et de la juridiction de
Sainte-Foy, lui étant advenus par le décès de
Jacques de Cazenac, écuyer, et de damoiselle
Olive Gaillard, ses père et mère. Paris, 15 juin
1539.

1539.

Original. Arch. nat., P. 558¹, n° 1145.

24458. Déclaration de l'hommage de Jean de Foix,
écuyer, pour la vicomté de Conserans, les
bailliages et seigneuries de « la Court en Cour-
tier » et d'Oust, le quart de la vallée d'Ercé,
le quart du lieu d'Issel en ladite vicomté, la
seigneurie de « Moustrol », mouvant de la
sénéchaussée de Toulouse, et pour la seigneurie de Fajac, mouvant de la sénéchaussée
de Carcassonne. Paris, 16 juin 1539.

6 juin.

Original. Arch. nat., P. 558¹, n° 1147.

24459. Déclaration de l'hommage de Jean de Vesme,
chevalier, seigneur dudit lieu, pour les seigneuries de Castelnau, Comprégnac et la
métairie nommée « de Joue », avec haute,
moyenne et basse justice, mouvant de la sénéchaussée de Rouergue. Paris, 16 juin 1539.

16 juin.

Original. Arch. nat., P. 558¹, n° 1146 *bis.*

24460. Déclaration de l'hommage de René d'Arpajon,
chevalier, conseiller du roi et premier maître
d'hôtel de la reine, pour la portion qui lui
appartient de la baronnie de Brousse et
Broquiès, les seigneuries du Pont-de-Camarès, de Verrières, etc., mouvant de la
sénéchaussée de Rouergue. Paris, 19 juin
1539.

19 juin.

Original. Arch. nat., P. 558¹, n° 1148 *bis.*

24461. Déclaration de l'hommage de Louis de La Ruelle,
écuyer, capitaine de Querigut, pour les seigneuries de Sainte-Camelle et Zobel, la moitié
de la place de Saint-Amans, la seigneurie de
Notre-Dame de Plagnole, les fiefs nobles sis
en la juridiction du Mas-Saintes-Puelles, le

19 juin.

quart du village de Saint-Julien, mouvant de
la sénéchaussée de Toulouse, et aussi pour le
quart du village de Mazerolles, mouvant de
la sénéchaussée de Carcassonne et à lui appartenant à cause de sa femme, Marguerite
du Gout. Paris, 19 juin 1539.

1539.

Original. Arch. nat., P. 558, n° 1149.

24462. Mandement aux gens des comptes de Dijon
d'allouer aux comptes d'Antoine Le Maçon,
receveur général de Bourgogne, la somme
de 262 livres 10 sous tournois, payée à
Claude Coutaut, greffier des États du duché
de Bourgogne, pour un voyage qu'il a fait
vers le roi afin de lui porter les papiers du
greffe desdits États, ledit voyage ayant duré
cent cinq jours taxés à raison de 50 sous
tournois chaque. Paris, 20 juin 1539.

20 juin.

*Comptes d'Antoine Le Maçon, receveur général
de Bourgogne. Arch. de la Côte-d'Or, B. 1851,
fol. 120 v°. (Mention.)*

24463. Déclaration de l'hommage de Jean de Bruillac,
écuyer, pour la seigneurie de Mazières, sise
en la juridiction de Montravel (la Mothe-Montravel), en Périgord, mouvant du duché
de Guyenne et de la sénéchaussée d'Agénais.
Paris, 25 juin 1539.

25 juin.

Original. Arch. nat., P. 558¹, n° 1154.

24464. Déclaration de l'hommage de Jean de Camescasse pour les fiefs de « Chaussac, Leumade,
Martret », etc., tenus de lui par l'abbé de
Fontdouce, et pour différents biens (pré,
ferme, grange, etc.) situés dans les paroisses
de Migron et de Villars, dans les fiefs de la
Pommeraye, la Croisette, etc., mouvant des
châtellenies de Cognac et Merpins. Paris,
25 juin 1539.

25 juin.

Original. Arch. nat., P. 558¹, n° 1156.

24465. Déclaration de l'hommage de Bernard de Ségur, écuyer, pour la seigneurie de Pardaillan
et la baronnie de Seyches en Agénais, lui appartenant par suite du décès de son père,

25 juin.

Pierre de Ségur, mouvant du duché de   1539.
Guyenne et de la sénéchaussée d'Agénais.
Paris, 25 juin 1539.

Original. Arch. nat., P. 558¹, n° 1155.

24466. Lettres de surannation pour l'enregistrement   26 juin.
de l'hommage rendu le 28 novembre 1528
(n° 23972) par Jacques de Pons, chevalier,
sʳ de Mirambeau, pour la châtellenie de
Plassac, mouvant du comté de Saintonge.
Paris, 26 juin 1539.

Original. Arch. nat., P. 558¹, n° 1159.

24467. Déclaration de l'hommage de François de Cau-   27 juin.
mont, chevalier, pour les baronnies de Cau-
mont, les châteaux et châtellenies du Puy de
Salignac, de Castelmoran de Fauillet, de la
Perche, etc., les terres et juridictions de
Saint-Bazeille, Taillebourg, etc., à lui advenus par le décès de son père, mouvant du
duché de Guyenne. Paris, 27 juin 1539.

Original. Arch. nat., P. 558¹, n° 1160.

24468. Déclaration de l'hommage de François de La   30 juin.
Faye pour la seigneurie de Saint-Fort-[sur-
Brouage], mouvant du château de Saintes.
Paris, 30 juin 1539.

Original. Arch. nat., P. 558¹, n° 1164.

24469. Lettres de légitimation en faveur d'Ogier Flote,   Juin.
fils naturel d'Ogier Flote. Paris, juin 1539.

*Enreg. à la Chambre des Comptes d'Aix. Arch.
des Bouches-du-Rhône, B. 34 (Fenix), fol. 61.
1 page.*

24470. Provisions pour Jean de Chaponay, écuyer, de   2 juillet.
l'office de grènetier à Pont-Saint-Esprit en Provence, vacant par la résignation de Gaspard
de Saillans. Paris, 2 juillet 1539.

*Enreg. à la Chambre des Comptes d'Aix. Arch.
des Bouches-du-Rhône, B. 37 (Stella), fol. 199.
1 page.*

24471. Lettres de surannation pour l'enregistrement   2 juillet.
des lettres du 31 janvier 1520 n. s. (n° 23615),

concernant Claude de Coué, écuyer, seigneur
de Chamouillac. Paris, 2 juillet 1539.

> *Original. Arch. nat., P. 558¹, n° 1167.*

1539.

24472. Déclaration de l'hommage rendu par Gilles Duchemin, au nom de Louise de Hautbois,
pour la seigneurie de la Séguinie, sise en la
paroisse d'Appelles (Saint-André-et-Appelles),
juridiction de Sainte-Foy en Agénais, qui lui
est advenue par le décès de ses père et mère.
Paris, 3 juillet 1539.

3 juillet.

> *Original. Arch. nat., P. 558¹, n° 1166.*

24473. Provisions pour Bernard de Badet de l'office de
conseiller au Parlement de Provence. Paris,
7 juillet 1539.

7 juillet.

> *Enreg. à la Chambre des Comptes d'Aix. Arch.
> des Bouches-du-Rhône, B. 34 (Fenix), fol. 68.
> 2 pages.*

24474. Déclaration de l'hommage d'Élie Dussault,
écuyer, pour la seigneurie de Birac en Angoumois, mouvant de la châtellenie de Tour-
teron. Paris, 7 juillet 1539.

7 juillet.

> *Original. Arch. nat., P. 558¹, n° 1168.*

24475. Commission pour Claude de Manville, écuyer,
de la charge de capitaine de trois galéasses,
dont *La Royale* et *Le Saint-Jean*, faites en
Bretagne, et d'un gros galion de Touques.
Paris, 8 juillet 1539.

8 juillet.

> *Enreg. à la Chambre des Comptes d'Aix. Arch.
> des Bouches-du-Rhône, B. 36 (Luna), fol. 25 r°.
> 2 pages.*

24476. Déclaration de l'hommage d'Antoine de Lupiac, écuyer, homme d'armes des ordonnances sous le commandement du sénéchal de
Toulouse, pour ses seigneuries de Lupiac
(Loupiac) et « Arcagnac », avec moyenne et
basse justice, mouvant du duché de Guyenne.
Paris, 8 juillet 1539.

8 juillet.

> *Original. Arch. nat., P. 558¹, n° 1170.*

24477. Déclaration de l'hommage de Gabriel de Mont-
redon, écuyer, pour les seigneuries de Mont-

9 juillet.

redon et d'Escales, le tiers de la moyenne et
basse justice de Montpezat, etc., le tout sis
au diocèse de Narbonne et en la sénéchaussée
de Carcassonne. Paris, 9 juillet 1539.

1539.

Original. Arch. nat., P. 558¹, n° 1171.

24478. Déclaration de l'hommage rendu par François
Guématz, au nom de Gilles Guématz, son
père, et de Perrette Mousnyer, sa mère, pour
la seigneurie de Saint-Mard, sise en la paroisse
de Fouras en Saintonge, mouvant du château
de Rochefort-sur-Charente. Paris, 9 juillet
1539.

9 juillet.

Original. Arch. nat., P. 558¹, n° 1172.

24479. Déclaration de l'hommage lige rendu par François Joubert, fils aîné de feu François Joû-
bert, en son nom et au nom de ses frères et
sœurs, pour la châtellenie et seigneurie de
« l'Annère et du Puylicet », mouvant de la
châtellenie de la Rochelle. Paris, 14 juillet
1539.

14 juillet.

Original. Arch. nat., P. 558¹, n° 1174.

24480. Déclaration de l'hommage d'Antoine de Montpezat, seigneur de Laugnac, rendu tant en
son nom que comme père et administrateur
des biens de Jean de Montpezat, pour les
terres, seigneuries, rentes, etc., à lui appartenant en la sénéchaussée d'Agénais et mouvant de cette sénéchaussée. Paris, 15 juillet
1539.

15 juillet.

Original. Arch. nat., P. 558¹, n° 1179.

24481. Déclaration de l'hommage d'Armand de Durfort, sʳ de Born, pour les terres, seigneuries,
rentes, etc., à lui appartenant en la sénéchaussée d'Agénais, mouvant de cette sénéchaussée. Paris, 15 juillet 1539.

15 juillet.

Original. Arch. nat., P. 558¹, n° 1180.

24482. Déclaration de l'hommage de Bertrand de
Courts, sʳ de la Maurelle, pour les fiefs,
rentes, etc., lui appartenant en la séné-

15 juillet.

chaussée d'Agénais, mouvant de cette sénéchaussée. Paris, 15 juillet 1539.

1539.

Original. Arch. nat., P. 558¹, n° 1181.

24483. Déclaration de l'hommage d'Amanieu de Tim-
brune, écuyer, s' de Valence, pour les seigneuries, revenus, etc., qu'il possède en la
sénéchaussée d'Agénais, mouvant de ladite
sénéchaussée. Paris, 15 juillet 1539.

15 juillet.

Original. Arch. nat., P. 558¹, n° 1182.

24484. Déclaration de l'hommage de Léonard de
Courts, seigneur de la maison noble de « la
Salle des Prats », pour les fiefs, revenus, etc.,
qui lui appartiennent en la sénéchaussée
d'Agénais. Paris, 15 juillet 1539.

15 juillet.

Original. Arch. nat., P. 558¹, n° 1183.

24485. Déclaration de l'hommage de Pierre-François
de Thievras, s' de Cauzac et Montcuquet,
pour les fiefs et seigneuries qu'il possède dans
la sénéchaussée d'Agénais. Paris, 15 juillet
1539.

15 juillet.

Original. Arch. nat., P. 558¹, n° 1184.

24486. Déclaration de l'hommage de Jean de Montpezat, écuyer, seigneur de Frégimont et de
Saint-Salvy, pour les fiefs et biens qu'il possède
dans la sénéchaussée d'Agénais. Paris, 15 juillet 1539.

15 juillet.

Original. Arch. nat., P. 558¹, n° 1185.

24487. Déclaration de l'hommage de Jean de « Guoulz »,
s' de Castets, pour les fiefs et biens qu'il
possède en la sénéchaussée d'Agénais. Paris,
15 juillet 1539.

15 juillet.

Original. Arch. nat., P. 558¹, n° 1186.

24488. Déclaration de l'hommage de Charles de Sor-
bier, écuyer, seigneur des maisons nobles
et châteaux de Tayrac, Fontenille, Saint-
Pierre, etc., pour les terres, seigneuries et
biens qu'il possède en la sénéchaussée d'Agénais. Paris, 15 juillet 1539.

15 juillet.

Original. Arch. nat., P. 558¹, n° 1187.

33.

24489. Déclaration de l'hommage de Bernard de Courts, écuyer, pour la seigneurie de « Fontiron » et les autres terres, rentes, etc., qu'il possède dans la sénéchaussée d'Agénais. Paris, 15 juillet 1539.

1539.
15 juillet.

Original. Arch. nat., P. 558¹, n° 1188.

24490. Déclaration de l'hommage de Jean de Foix, comte de Carmain, pour ses baronnies de Saux, de Noailles, Samadet, Castelnau, Bonne et Castelsarrasin, à lui échues par héritage et par substitution à cause d'Archambaud de Foix, comte de Foix, et sa femme, de Jean de Carmain, d'Isabeau de Foix, etc., mouvant de la sénéchaussée des Lannes. Paris, 16 juillet 1539.

16 juillet.

Original. Arch. nat., P. 558¹, n° 1189.

24491. Déclaration de l'hommage de Jean de Foix, comte de Carmain, pour ledit comté, les baronnies de Saint-Félix, Auriac, Beauville et Montmaur, avec haute, moyenne et basse justice, qu'il tient par héritage ou substitution d'Arnaud de Carmain, Hugues de Carmain, Jean de Carmain, Jean de Foix et de Carmain et autres, mouvant du comté de Toulouse. Paris, 16 juillet 1539.

16 juillet.

Original. Arch. nat., P. 558¹, n° 1190.

24492. Lettres confirmant l'exemption de tailles accordée par les comtes de Provence aux prédécesseurs de Jean de Pontevès, jusqu'à la valeur de deux feux, pour les biens qu'il possède à Moustiers en Provence. Brie-Comte-Robert, 17 juillet 1539.

17 juillet.

Enreg. à la Chambre des Comptes d'Aix. Arch. des Bouches-du-Rhône, B. 34 (Fenix), fol. 113. 2 pages.

24493. Mandement au trésorier de l'épargne, Guillaume Prudhomme, de faire payer sur la recette générale de Bourgogne, à Antoine Godefroy, capitaine de la ville d'Auxonne, la somme de 2,250 livres tournois, dont le roi

26 juillet.

lui fait don, outre ses autres gages et pensions. Meaux, 6 [*corr.* 26] juillet 1539.

1539.

Comptes d'Antoine Le Maçon, receveur général de Bourgogne. Arch. de la Côte-d'Or, B. 1851, fol. 116. (*Mention.*)

24494. Mandement au trésorier de l'épargne, Guillaume Prudhomme, de faire payer à Georges de Damas, s' de Marcilly, capitaine de Chalon, par le receveur général de Bourgogne, sa pension de l'année 1538, se montant à 500 livres tournois. Meaux, 26 juillet 1539.

26 juillet.

Comptes d'Antoine Le Maçon, receveur général de Bourgogne. Arch. de la Côte-d'Or, B. 1851, fol. 115. (*Mention.*)

24495. Déclaration de l'hommage de Jean Andrie, écuyer, fils et héritier universel de Jean Andrie, coseigneur de Savignac, pour la seigneurie de Murasson, mouvant de la sénéchaussée de Rouergue, qui lui est échue dans la succession de son père. Paris, 26 juillet 1539.

26 juillet.

Original. Arch. nat., P. 558¹, n° 1193.

24496. Lettres confirmant Esprit de Pontis en l'office de capitaine, châtelain et receveur de Barcelonnette, nonobstant qu'Antoine Madonnador, Girard Sallamac et Antoine Geoffroy se prétendent vicaire, clavaire et receveur dudit lieu. Villers-Cotterets, 10 août 1539.

10 août.

Enreg. à la Chambre des Comptes d'Aix. Arch. des Bouches-du-Rhône, B. 39 (*Virgo*), fol. 144 v°. 2 pages 1/2.

24497. Déclaration de l'hommage rendu par Pierre Poussart, écuyer, seigneur de Brisambourg, au nom de damoiselle Jeanne de la Rochechandon, sa mère, pour la seigneurie de Vervant, mouvant de la vicomté d'Aulnay en Poitou. Villers-Cotterets, 21 août 1539.

21 août.

Original. Arch. nat., P. 558¹, n° 1197.

24498. Provisions pour Gaspard Honorat de l'office de receveur particulier de la ville d'Aix en Provence, vacant par la résignation faite à

28 août.

son profit par François Barthélemy. Villers-Cotterets, 28 août 1539.

Enreg. à la Chambre des Comptes d'Aix. Arch. des Bouches-du-Rhône, B. 34 (Fenix), fol. 66 v°. 1 page.

1539.

24499. Lettres commettant Charles de Pierrevive, seigneur de Lésigny, trésorier de France, pour recevoir les actes de foi et hommage de ceux qui, possèdant des fiefs en Languedoc, n'ont point fait hommage entre les mains du roi ou du chancelier. Villers-Cotterets, 2 septembre 1539.

Cinq copies collat. du xvi° siècle. Arch. nat., Chambre des Comptes, P. 558¹, nᵒˢ 76 et 77; P. 558², nᵒˢ 1337 et 1341; P. 559¹, n° 1344.

2 septembre.

24500. Provisions pour Louis Masargues de l'office de trésorier du palais du roi à Aix en Provence, vacant par la résignation faite à son profit par Pierre Marçay. Villers-Cotterets, 6 septembre 1539.

Enreg. à la Chambre des Comptes d'Aix. Arch. des Bouches-du-Rhône, B. 34 (Fenix), fol. 79. 1 page.

6 septembre.

24501. Lettres demandant aux États de Provence le don annuel de 15 florins par feu. Villers-Cotterets, 12 septembre 1539.

Délibération des États de Provence. Arch. des Bouches-du-Rhône, C. reg. 1, fol. 77. (Mention.)

12 septembre.

24502. Provisions pour Pierre Pomare, natif de Lyon, de l'office de consul d'Alexandrie d'Égypte. Villers-Cotterets, 15 septembre 1539.

Bibl. de l'Arsenal, à Paris, ms. 4536, fol. 30. Imp. Charrière, Négociations de la France dans le Levant (coll. des Documents inédits). Paris, 1850, t. II, p. 786.

15 septembre.

24503. Déclaration portant que Thomas de Piolenc restera pourvu de l'office de procureur général du roi au Parlement de Provence. Villers-Cotterets, 17 septembre 1539.

Enreg. à la Chambre des Comptes d'Aix. Arch. des Bouches-du-Rhône, B. 34 (Fenix), fol. 110. 2 pages 1/2.

17 septembre.

24504. Provisions pour Claude d'Annebaut de l'office de gouverneur général du Piémont, vacant par suite de la mort du maréchal de Montejean. Compiègne, 28 septembre 1539.

1539.
28 septembre.

> IMP. Pinard, *Chronologie historique militaire.* Paris, 1760-1778, in-4°, t. II, p. 234. *(Mention.)*

24505. Lettres prescrivant une information au sujet du rapt commis sur la personne d'Anne de Pretonville, enlevée clandestinement, lorsque son père, Jean de Pretonville, sᵣ de Louvigny, était à son lit de mort, par Nicole Moges, procureur du roi au bailliage de Caen, et ordonnant l'arrestation immédiate de celui-ci, ainsi que de ses complices, notamment Jean Malherbe, lieutenant général, Pierre Le Bourgeois, lieutenant particulier du bailli de Caen, Étienne, Jacques et Marion Duval, frères et sœur, etc. 8 octobre 1539.

8 octobre.

> *Mentionné dans des lettres du 3 mars 1540.* Arch. départ. du Calvados, H, registre non classé.

24506. Déclaration de l'hommage de Guy de Bonnefons de Roquelaure, écuyer, pour les fiefs qu'il tient dans les paroisses de Lassouts et de Saint-Côme, en la sénéchaussée de Rouergue. Paris, 7 novembre 1539.

7 novembre.

> *Original.* Arch. nat., *Chambre des Comptes,* P. 558², n° 1220.

24507. Déclaration de l'hommage d'Étienne de Bonnaire, écuyer, pour les seigneuries de Castella et de Penne, en la sénéchaussée d'Agénais. Blois, 1ᵉʳ décembre 1539.

1ᵉʳ décembre.

> *Original.* Arch. nat., P. 558¹, n° 1210.

24508. Déclaration de l'hommage de Georges de Narbonne, abbé commendataire de Notre-Dame de Grandselve, au diocèse de Toulouse, pour le temporel de ladite abbaye. Blois, 16 décembre 1539.

16 décembre.

> *Original.* Arch. nat., *Chambre des Comptes,* P. 558², n° 1228.

24509. Lettres de commission, maintenant Antoine

25 décembre.

Le Maçon dans son office de receveur général de Bourgogne. Fontainebleau, 25 décembre 1539.

Copie collat. Comptes d'Antoine Le Maçon. Arch. de la Côte-d'Or, B. 1853, fol. 3. 2 pages.

24510. Déclaration de l'hommage de Claude de Belleville, écuyer, au nom de son père, Jean de Belleville, chevalier, gentilhomme de la chambre du roi, pour la baronnie de Conac en Saintonge. Paris, 29 décembre 1539.

Original. Arch. nat., Chambre des Comptes, P. 558², n° 1229.

1540. — Pâques, le 28 mars.

24511. Déclaration de l'hommage de Jacques de Fumel, chevalier, pour la baronnie de Fumel, la maison noble de Lacaussade par lui acquise du baron de Biron, la place et maison noble de « Crozefont » par lui acquise de Laurent de Fumel, le tout assis en la juridiction de Monflanquin en Agénais, etc. Paris, 4 janvier 1539.

Original. Arch. nat., Chambre des Comptes, P. 557², n° 1023.

24512. Déclaration de l'hommage de François de Fumel, écuyer d'écurie du dauphin, pour la terre, seigneurie et justice de Hautes-Vignes, à lui appartenant à cause de Gabrielle de Verdun, sa femme, mouvant de la sénéchaussée d'Agénais. Paris, 5 janvier 1539.

Original. Arch. nat., Chambre des Comptes, P. 557², n° 1024.

24513. Ordonnance portant que les appellations des gens d'église ressortiront au Parlement de Savoie et non aux Cours suprêmes de l'Église. Paris, 6 janvier 1539.

Enreg. au Parl. de Chambéry, le 4 mars 1540 n. s. Arch. de la Cour de Riom, liasse Clermont 870ᵃ (Savoie et autres).

1539.

29 décembre.

1540.

4 janvier.

5 janvier.

6 janvier.

24514. Déclaration de l'hommage de Brandélis de Gironde, écuyer, seigneur de Toujouse, à cause de sa femme, Marie de Toujouse, pour les terres et seigneuries dudit Toujouse, de Saint-Pé, de « Cocabanne et de la Garde », et de sa part de la terre de Monguilhem, en la sénéchaussée d'Agénais, mouvant du duché de Guyenne. Paris, 8 janvier 1539.

    Original. Arch. nat., Chambre des Comptes, P. 557², n° 1026.

1540.
8 janvier.

24515. Déclaration de l'hommage de Guinot de Lauzières, écuyer, pour les maisons, lieux et châteaux de la Chapelle en Quercy, Pézènes, Montesquieu, Montagnol et Branas, dans les sénéchaussées de Rouergue, Quercy, Agénais et Carcassonne. Paris, 8 janvier 1539.

    Original. Arch. nat., Chambre des Comptes, P. 557², n° 1027.

8 janvier.

24516. Déclaration de l'hommage de François d'Orléans, marquis de Rothelin et prince de Châtelaillon, pour la principauté de Châtelaillon, mouvant du château de la Rochelle. Paris, 10 janvier 1539.

    Deux expéd. orig. Arch. nat., Chambre des Comptes de Paris, P. 557², n° 1028; P. 558², n° 1298.

10 janvier.

24517. Déclaration de l'hommage de [François], marquis de Pont[-à-Mousson], fils du duc de Lorraine, pour la baronnie de Mercœur, mouvant du duché d'Auvergne. La Fère, 20 janvier 1539.

    Original. Arch. nat., Chambre des Comptes, P. 557², n° 1034.

20 janvier.

24518. Déclaration de l'hommage de Pons de Morlion, écuyer, seigneur d'Asprières et de Veuzac, pour son château de Veuzac, près Villefranche et autres fiefs, en la sénéchaussée de Rouergue. Amiens, 31 janvier 1539.

    Original. Arch. nat., Chambre des Comptes, P. 557², n° 1035.

31 janvier.

24519. Lettres portant suppression de l'office de sé-

Janvier.

grayer des forêts du comté de Blois, et rè-   1540.
glement pour la distribution du bois aux
gens d'église et autres habitants dudit comté.
Janvier 1539.

> *Enreg. à la Chambre des Comptes de Blois, le
> 10 mars 1540 n. s. Bibl. nat., ms. Moreau 405,
> fol. 162. (Mention.)*

24520. Déclaration de l'hommage d'Antoine Séguin,   7 février.
seigneur d'Anglars, pour tout ce qu'il tient
du roi à Flagnac, à la Besse-Noits et autres
localités de la sénéchaussée de Rouergue.
Amiens, 7 février 1539.

> *Original. Arch. nat., Chambre des Comptes,*
> P. 557², n° 1037.

24521. Déclaration de l'hommage de Pierre Séguin,   7 février.
seigneur de Cahuac, pour tout ce qu'il tient
du roi, tant à Flagnac que dans d'autres localités de la sénéchaussée de Rouergue.
Amiens, 7 février 1539.

> *Original. Arch. nat., Chambre des Comptes,*
> P. 557², n° 1038.

24522. Déclaration de l'hommage de Gabriel de Carey-   7 février.
gues et de Sainte de Baras, sa femme, pour
tout ce qu'ils tiennent du roi à Flagnac et
autres localités de la sénéchaussée de Rouergue. Amiens, 7 février 1539.

> *Original. Arch. nat., Chambre des Comptes,*
> P. 557², n° 1039.

24523. Déclaration de l'hommage de Jean de Lomagne,   11 février.
écuyer, seigneur de Bressols, pour ladite terre
et seigneurie de Bressols, celle de Caussade
et la moitié de celle de Dieupentale, mouvant
du duché de Guyenne. Amiens, 11 février
1539.

> *Original. Arch. nat., Chambre des Comptes,*
> P. 557², n° 1040.

24524. Déclaration de l'hommage de Georges de Lo-   14 février.
magne, vicomte de Gimois, baron de Mont-
fourcault et de Terride, pour ladite vicomté

et lesdites baronnies, sises en la sénéchaussée de Toulouse. Amiens, 14 février 1539.

1540.

Original. Arch. nat., Chambre des Comptes, P. 557², n° 1043.

24525. Déclaration de l'hommage de Blaise « Maseincome », écuyer, seigneur de Montluc, pour ladite terre et seigneurie, sise en la sénéchaussée d'Agénais et mouvant du duché de Guyenne. Amiens, 14 février 1539.

14 février.

Original. Arch. nat., Chambre des Comptes, P. 557², n° 1044.

24526. Lettres autorisant Magdelon d'Ornezan, capitaine de galères, à se servir des matériaux fournis par deux vieilles galères, *Le Saint-Georges* et *La Madeleine*, pour construire deux galères neuves destinées au service du roi. Doullens, 16 février 1539.

16 février.

Enreg. à la Chambre des Comptes d'Aix. Arch. des Bouches-du-Rhône, B. 34 (Fenix), fol. 183. 1 page.

24527. Provisions pour Laurent Paulet de l'office de juge ordinaire à Brignoles en Provence. Abbeville, 28 février 1539.

28 février.

Enreg. à la Chambre des Comptes d'Aix. Arch. des Bouches-du-Rhône, B. 34 (Fenix), fol. 208 v°. 1 page 1/2.

24528. Lettres ordonnant aux maîtres rationaux de la Chambre des Comptes de Provence de procéder à l'affouagement des communautés de la province, dont les terres incultes ont été mises en valeur depuis les dernières opérations d'affouagement. Noyon, 3 mars 1539.

3 mars.

Copie du XVIIIe siècle, certifiée par les secrétaires de la Chambre des Comptes de Provence. Arch. des Bouches-du-Rhône, B. carton 3292, pièce n° 42. 2 pages.

24529. Déclaration de l'hommage de François de la Maison, dit « de Saint-Julien », écuyer, pour la terre et seigneurie de « Bonnes », en la sénéchaussée de Toulouse, jugerie de Verdun,

5 mars.

34.

mouvant du roi à cause du duché de Guyenne. Abbeville, 5 mars 1539.

Original. Arch. nat., Chambre des Comptes, P. 557², n° 1048.

1540.

24530. Mandement au bailli d'Amiens de dresser et d'envoyer au roi un état de tous les offices de son ressort, grands ou petits, en indiquant la valeur de chacun d'eux. Noyon, 6 mars 1539.

Bibl. nat., coll. de Picardie, vol. 112 bis, fol. 4 v°. (Mention.)

6 mars.

24531. Déclaration de l'hommage de François de Serdaca, écuyer, pour son hôtel et seigneurie de Naillac et leurs dépendances, sises dans les châtellenies de Bergerac et de Montcuq, sénéchaussée de Périgord, et mouvant du roi à cause du duché de Guyenne. Abbeville, 11 mars 1539.

Original. Arch. nat., Chambre des Comptes, P. 557², n° 1049.

11 mars.

24532. Mandement aux maîtres des monnaies à Paris de déléguer l'un d'entre eux pour procéder à la réouverture de la Monnaie de Marseille. Noyon, 12 mars 1539.

Mentionné dans un acte du 6 septembre suivant. Arch. des Bouches-du-Rhône, B. 39 (Virgo), fol. 105 v°. (Mention.)

12 mars.

24533. Mandement aux gens des comptes de Dijon d'allouer en la dépense du compte d'Antoine Le Maçon, receveur général de Bourgogne, la somme de 311 livres 4 sous 3 deniers tournois, représentant la tare qui s'est trouvée lors de la fonte faite, d'après l'ordonnance sur le fait des monnaies, donnée à Compiègne en octobre 1538 (n° 24372), des espèces recueillies par les clercs dudit receveur général, avant que ladite ordonnance ne fût publiée ou suffisamment connue. Noyon, 15 mars 1539.

Comptes d'Antoine Le Maçon, receveur général de Bourgogne. Arch. de la Côte-d'Or, B. 1851, fol. 126 v°. (Mention.)

15 mars.

24534. Déclaration de l'hommage de Jean de Leziguan,

16 mars.

écuyer, seigneur dudit lieu, pour la terre, seigneurie et justice de Lezignan (auj. Lusignan), les quatre cinquièmes de la terre et seigneurie de Galapian, et le sixième de la terre et seigneurie de Clermont-Dessous, en la sénéchaussée d'Agénais. Rue, 16 mars 1539.

Original. Arch. nat., Chambre des Comptes, P. 557², n° 1055.

1540.

24535. Provisions pour Bernard d'Ornezan de l'office de capitaine de la place de Briançon en Provence, vacant par la mort de son père, Bertrand d'Ornezan, baron de Saint-Blancard. Aumale, 6 avril 1540.

6 avril.

Enreg. à la Chambre des Comptes d'Aix. Arch. des Bouches-du-Rhône, B. 34 (Fenix), fol. 173 v°. 2 pages.

24536. Lettres de surannation pour l'enregistrement des provisions accordées, le 7 décembre 1537 (n° 24329), à Jean Montanier, pour l'office de procureur du roi à Castellane. Marseille (sic), 14 avril 1540.

14 avril.

Enreg. à la Chambre des Comptes d'Aix. Arch. des Bouches-du-Rhône, B. 36 (Luna), fol. 18 v°. 1 page.

24537. Déclaration de l'hommage d'Arnaud d'Antin, chevalier, pour les baronnies, terres et seigneuries de Bonnefont, Clarens et Bonrepos, Sadeillan, Bernadets, Bastanous et autres, sises en la sénéchaussée de Toulouse. Rouville, 15 avril 1540.

15 avril.

Original. Arch. nat., Chambre des Comptes, P. 558², n° 1242.

24538. Mandement au bailli d'Amiens, ou à son lieutenant, d'obliger les nobles et roturiers de son ressort à faire la déclaration des fiefs et arrière-fiefs qu'ils tiennent du roi. Abbaye de Bonport, 17 avril 1540.

17 avril.

Bibl. nat., coll. de Picardie, vol. 112 bis, fol. 4 v°. (Mention.)

24539. Lettres fixant à 400 livres tournois l'état du

17 avril.

gouverneur de Barcelonnette, nouvellement
institué. Abbaye de Bonport, 17 avril 1540.

1540.

Enreg. à la Chambre des Comptes d'Aix. Arch.
des Bouches-du-Rhône, B. 34 (Fenix), fol. 223 v°.
1 page 1/2.

24540. Déclaration de l'hommage de Bertrand d'Antin,
chevalier, baron de Ferrals, pour ladite baronnie et les seigneuries de Verdun, de Cas-
caret, dit « le Puy-Saint-Pierre », et leurs
dépendances, mouvant du comté de Toulouse, etc. Brionne, 22 avril 1540.

22 avril.

Original. Arch. nat., Chambre des Comptes,
P. 558², n° 1244.

24541. Déclaration de l'hommage de Charles de Montferrand et de Marie de Verdun, sa femme,
pour les seigneuries de Cancon, Hautes-
Vignes, Gontaud et Anglade, mouvant du
duché de Guyenne. Abbaye de Saint-Sauveur-
lès-Evreux, 28 avril 1540.

28 avril.

Original. Arch. nat., Chambre des Comptes,
P. 558², n° 1446.

24542. Création à Domart en Ponthieu (auj. Domart-
sur-la-Luce) de quatre foires par an et d'un
marché hebdomadaire. Avril 1540.

Avril.

Bibl. nat., coll. de Picardie, vol. 95, p. 324.
(Mention.)

24543. Déclaration de l'hommage de Noël Ramart,
conseiller et médecin ordinaire du roi, pour
la terre et seigneurie d'Algouse, les rentes,
droit et devoirs nobles à lui appartenant en
la seigneurie de Ginats Sainte-Croix et
autres en la sénéchaussée de Villeneuve-de-
Rouergue. « Aulin » (Oulins), 4 mai 1540.

4 mai.

Original. Arch. nat., Chambre des Comptes,
P. 558², n° 1250.

24544. Lettres autorisant Jean, Guillaume et Jean
Montet, frères, habitants de Tarascon, en
récompense de leurs services, à porter l'épée,
ainsi qu'ils en avaient l'habitude. Anet,
6 mai 1540.

6 mai.

Enreg. à la Chambre des Comptes d'Aix. Arch.

des Bouches-du Rhône, B. 36 (*Luna*), fol. 24 v°. 1540.
1 page.

24545. Provisions en faveur de Nicole Le Brun de la   21 mai.
charge d'avocat du roi au bailliage d'Amiens,
vacante par le décès de Pierre du Gard.
Bonnelles, 21 mai 1540.

> *Bibl. nat., coll. de Picardie, vol. 4, fol. 108;
> vol. 112 bis, fol. 107 v°. (Mentions.)*

24546. Lettres de commission de maître des ports de   21 mai.
la ville et sénéchaussée de Lyon et bailliage
de Mâcon, en faveur de Guillaume de Noble,
écuyer. 21 mai 1540.

> *Comptes de Jean Bonneau, receveur de la recette
> générale de l'inspection foraine en Bourgogne. Arch.
> de la Côte-d'Or, B. 1855, fol. 4 v°. (Mention.)*

24547. Provisions pour André Pellegrin de l'office   23 mai.
d'avocat du roi en la sénéchaussée de Pro-
vence au siège de Marseille, vacant par la
résignation de Pierre Collo. Sainte-Même,
23 mai 1540.

> *Enreg. à la Chambre des Comptes d'Aix. Arch.
> des Bouches-du-Rhône, B. 34 (Fenix), fol. 212.
> 1 page.*

24548. Déclaration de l'hommage d'Anne Buaud, dame   28 mai.
de Mauzac et de Laffite-Vigordanne, pour
lesdites seigneuries, mouvant des comtés de
Toulouse et de Comminge. Fontainebleau,
28 mai 1540.

> *Original. Arch. nat., Chambre des Comptes,
> P. 558³, n° 1258.*

24549. Lettres de naturalité pour Martin de Paréja,   Mai.
natif de Castille, demeurant à Tarascon en
Provence. Fontainebleau, mai 1540.

> *Enreg. à la Chambre des Comptes d'Aix. Arch.
> des Bouches-du-Rhône, B. 34 (Fenix), fol. 190 v°.
> 1 page.*

24550. Déclaration de l'hommage de Bertrand Dei-   2 juin.
gua, docteur ès droits, en son nom et au
nom de Marthe Imbert, sa femme, pour les
fiefs, rentes et juridictions (non spécifiés)

qu'il tient du roi dans les sénéchaussées de Rouergue, Quercy et Toulouse. Fontainébleau, 2 juin 1540.

> *Original. Arch. nat., Chambre des Comptes,* P. 558³, n° 1259.

1540.

24551. Déclaration de l'hommage d'Orable Lyron, pour les fiefs, terres, rentes et juridictions (non désignés) qu'elle tient du roi dans les sénéchaussées de Rouergue, Quercy et Toulouse. Fontainebleau, 2 juin 1540.

> *Original. Arch. nat., Chambre des Comptes,* P. 558³, n° 1260.

2 juin.

24552. Déclaration de l'hommage de François Touppignon pour les cens, rentes, revenus, fiefs et domaines (non spécifiés) qu'il tient du roi en la sénéchaussée de Rouergue. Fontainebleau, 5 juin 1540.

> *Original. Arch. nat., Chambre des Comptes,* P. 558³, n° 1262.

5 juin.

24553. Lettres portant remise à Bernard d'Ornezan, baron de Saint-Blancard, d'une somme de 1,000 livres tournois que son père, Bertrand d'Ornezan, décédé, avait été condamné à payer au roi, en avril précédent, et remise à Paulet Marignane, serviteur dudit feu Bertrand d'Ornezan, de la somme de 200 livres qu'il avait été condamné à payer par le même arrêt. Fontainebleau, 7 juin 1540.

> *Enreg. à la Chambre des Comptes d'Aix. Arch. des Bouches-du-Rhône, B. 34 (Fenix), fol. 195.* 1 page.

7 juin.

24554. Déclaration de l'hommage de François de Liautret, écuyer, pour les seigneuries et châteaux de Puech-Mignon, en la sénéchaussée de Rouergue, et de Montrozier, en la sénéchaussée de Toulouse. Fontainebleau, 8 juin 1540.

> *Original. Arch. nat., Chambre des Comptes,* P. 558³, n° 1264.

8 juin.

24555. Déclaration de l'hommage d'Eutrope de Castanet, écuyer, pour les seigneuries de Milhars

8 juin.

et de Moulis, dans la sénéchaussée de Rouergue, mouvant du duché de Guyenne. Fontainebleau, 8 juin 1540. 1540.

> *Original. Arch. nat., Chambre des Comptes,* P. 558³, n° 1265.

24556. Déclaration de l'hommage d'Arnaud de la Font, écuyer, coseigneur de Féneyrols en Rouergue, pour ladite seigneurie et celle de Cessac et divers autres cens, rentes et domaines qu'il tenait du roi à Espinas en Quercy. Fontainebleau, 8 juin 1540. 8 juin.

> *Original. Arch. nat., Chambre des Comptes,* P. 558³, n° 1266.

24557. Déclaration de l'hommage d'Odinet de Barrault pour la moitié de la terre, seigneurie et justice de Goutevernisse, mouvant du comté de Toulouse. Fontainebleau, 11 juin 1540. 11 juin.

> *Original. Arch. nat., Chambre des Comptes,* P. 558³, n° 1267.

24558. Lettres fixant à 100 livres tournois les gages ordinaires de l'office, créé le même jour (n° 11540), de procureur du roi en la Chambre des Comptes d'Aix, en faveur de Jacques Arbaud, l'aîné, précédemment procureur du roi à Forcalquier. Fontainebleau, 17 juin 1540. 17 juin.

> *Enreg. à la Chambre des Comptes d'Aix. Arch. des Bouches-du-Rhône*, B. 34 (*Fenix*), fol. 218 v°. 1 page.

24559. Déclaration de l'hommage de Jeanne de Bacques, dame de Castres, habitant Toulouse, pour 5 livres 7 sous de menue censive et fief à elle appartenant en ladite ville, quatre arpents de vigne noble au vignoble de Toulouse, les château, terre et seigneurie de Ribaute [1] et de Foncegrive, etc. Fontainebleau, 21 juin 1540. 21 juin.

> *Original. Arch. nat., Chambre des Comptes,* P. 558³, n° 1270.

---

[1] Ribaut (Cassini), Ribaute (État-Major), auj. château, et Foncegrive, hameau, commune de Quint, arrondissement et canton de Toulouse.

24560. Déclaration de l'hommage de Jean d'Olmières, écuyer, seigneur de Roquettes, pour ladite seigneurie mouvant du comté de Comminge, en la sénéchaussée de Toulouse. Fontainebleau, 21 juin 1540.

> *Original. Arch. nat., Chambre des Comptes,* P. 558³, n° 1271.

1540.
21 juin.

24561. Déclaration de l'hommage de Jean Boisson, écuyer, pour les seigneuries de Beauteville, Vaureilles et Aussonne, mouvant des comtés de Toulouse et de Rouergue. Fontainebleau, 21 juin 1540.

> *Original. Arch. nat., Chambre des Comptes,* P. 558³, n° 1272.

21 juin.

24562. Déclaration de l'hommage d'Arnaud Du Prat, écuyer, seigneur d'Esperce, pour ladite seigneurie et la moitié de la justice de Sainte-Foy en la baronnie de Lanta, le tout mouvant du comté de Toulouse. Fontainebleau, 21 juin 1540.

> *Original. Arch. nat., Chambre des Comptes,* P. 558³, n° 1273.

21 juin.

24563. Provisions pour Melchior Clari, à la survivance d'Honorat Clari, son père, de l'office de secrétaire rational et archivaire en la Chambre des Comptes d'Aix. Paris, 26 juin 1540.

> *Enreg. à la Chambre des Comptes d'Aix. Arch. des Bouches-du-Rhône, B. 34 (Fenix), fol. 176.* 1 page.

26 juin.

24564. Don viager à Adrien de Pisseleu, écuyer d'écurie du roi, capitaine de Hesdin, et à Louis, son fils, de la seigneurie de Beauquesne, au bailliage d'Amiens. Paris, 1ᵉʳ juillet 1540.

> *Original signé. Arch. nat., T. 153⁷⁶⁻⁷⁸.*

1ᵉʳ juillet.

24565. Provisions pour Jean Albert, à la survivance de Balthasar Albert, son père, de l'office de secrétaire rational et archivaire en la Chambre des Comptes d'Aix. Paris, 2 juillet 1540.

> *Enreg. à la Chambre des Comptes d'Aix. Arch. des Bouches-du-Rhône, B. 34 (Fenix), fol. 178 v°.* 2 pages.

2 juillet.

24566. Confirmation pour Baptima de Larca, durant
une période de cinq ans, du don à elle fait
des revenus du lieu de Castellane en Provence. Neufbourg, 24 juillet 1540.

> Enreg. à la Chambre des Comptes d'Aix. Arch.
> des Bouches-du-Rhône, B. 34 (Fenix), fol. 225 v°.
> 1 page.

1540.
24 juillet.

24567. Lettres, de réception du serment de fidélité et
de l'hommage de Guyon de Castelpers, prieur
de Saint-Léons en la sénéchaussée de Rouergue, pour le temporel dudit prieuré. Le Bec-
Hellouin, 25 juillet 1540.

> Original. Arch. nat., Chambre des Comptes,
> P. 558³, n° 1280.

25 juillet.

24568. Lettres permettant l'exécution des bulles qui
confèrent l'abbaye de Saint-Jean d'Amiens à
frère Gilles Binet, jacobin, docteur en théologie, prédicateur de la reine. Vatteville,
30 juillet [1] 1540.

> Bibl. nat., coll. de Picardie, vol. 95, fol. 324.
> (Mention.)

30 juillet.

24569. Provisions pour Jacques Firmini de l'office de
procureur du roi au siège de Draguignan,
vacant par la résignation de Pierre de Corne.
Vatteville, 7 août 1540.

> Enreg. à la Chambre des Comptes d'Aix. Arch.
> des Bouches-du-Rhône, B. 34 (Fenix), fol. 237 v°.
> 1 page.

7 août.

24570. Déclaration de l'hommage d'Antoine Breugnier
pour certaines rentes et censives à Saint-Rome-
de-Tarn et autres villages de la sénéchaussée
de Rouergue. Vatteville, 7 août 1540.

> Original. Arch. nat., Chambre des Comptes,
> P. 558³, n° 1282.

7 août.

24571. Déclaration de l'hommage d'Antoine Boyssiers,
bourgeois de Rodez, pour certains fief, terres,
censives, rentes, avec haute, moyenne et
basse justice, au village de Fijaguet et autres

7 août.

[1] Cet acte est mentionné avec la date du 3 juillet, mais l'itinéraire
du roi exige cette rectification.

35.

lieux de la sénéchaussée de Rouergue. Vatteville, 7 août 1540.

1540.

*Original. Arch. nat., Chambre des Comptes,
P. 558³, n° 1283.*

24572. Mandement aux gens des comptes de Dijon
d'allouer aux comptes d'Antoine Le Maçon,
receveur général de Bourgogne, jusqu'à concurrence de la somme de 1,000 livres tournois, qui sera employée à subvenir aux frais
qu'auront à supporter certains commissaires
que le roi a l'intention d'envoyer en Bourgogne. Mauny, 26 août 1540.

26 août.

*Comptes d'Antoine Le Maçon, receveur général
de Bourgogne. Arch. de la Côte-d'Or, B. 1853,
fol. 93. (Mention.)*

24573. Provisions pour Denis de Foro de l'office d'essayeur de la Monnaie de Marseille, non
pourvu depuis la réouverture de ladite Monnaie, et auquel l'avait commis Philippe de
Lautier, commissaire du roi. Rouen, 6 septembre 1540.

6 septembre.

*Enreg. à la Chambre des Comptes d'Aix. Arch.
des Bouches-du-Rhône, B. 39 (Virgo), fol. 206 v°.
2 pages.*

24574. Provisions pour Jean Le Clerc de l'office
de contregarde de la Monnaie de Marseille.
Rouen, 6 septembre 1540.

6 septembre.

*Enreg. à la Chambre des Comptes d'Aix. Arch.
des Bouches-du-Rhône, B. 39 (Virgo), fol. 226 v°.
2 pages 1/2.*

24575. Provisions pour Guillaume Rossolet de l'état
d'ouvrier en la Monnaie de Marseille, auquel il avait été commis par Philippe de
Lautier. Rouen, 6 septembre 1540.

6 septembre.

*Enreg. à la Chambre des Comptes d'Aix. Arch.
des Bouches-du-Rhône, B. 39 (Virgo), fol. 208.
1 page 1/2.*

24576. Provisions semblables, de même date (6 septembre), pour Étienne Delacroix, Jacques
Olivier, Jean Napolon, François Napolon,

6 septembre.

Victor Fournier, Huguet de Roquebrune et   1540.
Monnet Cailly.

> *Enreg. à la Chambre des Comptes d'Aix. Arch,*
> *des Bouches-du-Rhône, B. 39 (Virgo), fol. 209 v°*
> *à 224.*

24577. Provisions pour Antoine de Laus de l'état de   6 septembre.
monnayeur à la Monnaie de Marseille. Rouen,
6 septembre 1540.

> *Enreg. à la Chambre des Comptes d'Aix. Arch.*
> *des Bouches-du-Rhône, B. 39 (Virgo), fol. 105 v°.*
> *1 page 1/2.*

24578. Déclaration de l'hommage de Nicolas d'Anjou,   9 septembre.
comte de Roussillon, baron de Mézières-en-
Brenne et de Saint-Fargeau en Puisaye, pour
la seigneurie de Chéneché, mouvant du comté
de Poitou. Rouen, 9 septembre 1540.

> *Original. Arch. nat., Chambre des Comptes,*
> P. 558³, n° 1286.

24579. Provisions pour Balthazar Boniface de l'office   26 septembre.
de procureur du roi à Forcalquier. Mantes,
26 septembre 1540.

> *Enreg. à la Chambre des Comptes d'Aix. Arch.*
> *des Bouches-du-Rhône, B. 34 (Fenix), fol. 213 v°.*
> *2 pages.*

24580. Lettres de naturalité pour Alaman Luquin,   9 octobre.
natif d'Avignon. Saint-Germain-en-Laye,
9 octobre 1540.

> *Enreg. à la Chambre des Comptes d'Aix. Arch.*
> *des Bouches-du-Rhône, B. 39 (Virgo), fol. 38.*
> *1 page.*

24581. Lettres accordant à Antoine Rolland, conseiller   17 octobre.
au Parlement de Provence, natif d'Avignon,
le droit de posséder des biens en France et
d'en disposer à son gré. Saint-Prix, 17 octobre
1540.

> *Enreg. à la Chambre des Comptes d'Aix. Arch.*
> *des Bouches-du-Rhône, B. 34 (Fenix), fol. 284 v°.*
> *1 page 1/2.*

24582. Déclaration de l'hommage de Gaillard de Châ-   17 octobre.
teauneuf, pour les seigneuries de Boisse et

de Laymery, dans la sénéchaussée de Rouergue. Sannois-lès-Saint-Prix, 17 octobre 1540.

1540.

> Original. Arch. nat., Chambre des Comptes, P. 558³, n° 1289.

24583. Déclaration de l'hommage d'Antoine de Morlion, prieur d'Asprières au pays de Rouergue, pour ledit prieuré. Sannois-lès-Saint-Prix, 17 octobre 1540.

17 octobre.

> Original. Arch. nat., Chambre des Comptes, P. 558³, n° 1290.

24584. Déclaration de l'hommage de Nicolas de la Rocque, seigneur de Malaret et du village du Claux, ce dernier en pariage avec les seigneurs d'Asprières et de Lentillac, pour lesdites seigneuries sises en la sénéchaussée de Rouergue. Sannois-lès-Saint-Prix, 17 octobre 1540.

17 octobre.

> Original. Arch. nat., Chambre des Comptes, P. 558³, n° 1291.

24585. Provisions pour le sʳ de Grignan, chevalier d'honneur des filles du roi et gentilhomme de sa chambre, de l'office de gouverneur de Marseille. Maisons, 26 octobre 1540.

26 octobre.

> Enreg. à la Chambre des Comptes d'Aix. Arch. des Bouches-du-Rhône, B. 34 (Fenix), fol. 246. 1 page 1/2.

24586. Lettres nommant Jean Ruffin au greffe civil du Parlement de Chambéry. 31 octobre 1540.

31 octobre.

> Arch. de la Cour de Riom, liasse Clermont 870⁴ (Savoie et autres).

24587. Lettres de naturalité pour Nicole de Brancollo, marchand, habitant de Marseille, natif de Lucques. Paris, octobre 1540.

Octobre.

> Enreg. à la Chambre des Comptes d'Aix. Arch. des Bouches-du-Rhône, B. 34 (Fenix), fol. 270. 2 pages.

24588. Lettres de naturalité pour Jean Pitti, natif de Florence, habitant de Marseille. Saint-Germain-en-Laye, octobre 1540.

Octobre.

> Enreg. à la Chambre des Comptes d'Aix. Arch.

des Bouches-du-Rhône, B. 35 (Solis), fol. 6.   1540.
2 pages.

24589. Lettres de naturalité pour Louis Impériali, mi-   Octobre.
lanais, habitant de Marseille. Saint-Germain-
en-Laye, octobre 1540.

> Enreg. à la Chambre des Comptes d'Aix. Arch.
> des Bouches-du-Rhône, B. 35 (Solis), fol. 87 v°.
> 2 pages.

24590. Lettres de naturalité pour Imbert de Crest,   Octobre.
natif de Savoie, habitant d'Arles. Saint-Germain-en-Laye, octobre 1540.

> Enreg. à la Chambre des Comptes d'Aix. Arch.
> des Bouches-du-Rhône, B. 35 (Solis), fol. 139.
> 1 page 1/2.

24591. Lettres de naturalité pour Eusèbe Marquin,   Octobre.
cordier, originaire du Montferrat, habitant
d'Aix en Provence. Maisons-sur-Seine, octobre 1540.

> Enreg. à la Chambre des Comptes d'Aix. Arch.
> des Bouches-du-Rhône, B. 34 (Fenix), fol. 271 v°.
> 2 pages.

24592. Provisions pour Pierre Bon, capitaine de ga-   7 novembre.
lères, de l'office de capitaine de Notre-Dame-
de-la-Garde, près Marseille. Yerres, 7 novembre 1540.

> Enreg. à la Chambre des Comptes d'Aix. Arch.
> des Bouches-du-Rhône, B. 34 (Fenix), fol. 265 v°.
> 2 pages.

24593. Provisions pour Esperit Vitalis, à la survivance   16 novembre.
de Pierre Vitalis, son père, de l'office de
maître rational en la Chambre des Comptes
d'Aix. Fontainebleau, 16 novembre 1540.

> Enreg. à la Chambre des Comptes d'Aix. Arch.
> des Bouches-du-Rhône, B. 34 (Fenix), fol. 255.
> 2 pages 1/2.

24594. Provisions pour Barnabé Garnier de l'office   18 novembre.
de notaire royal de la ville de Trets en Pro-
vence. Fontainebleau, 18 novembre 1540.

> Enreg. à la Chambre des Comptes d'Aix. Arch.
> des Bouches-du-Rhône, B. 34 (Fenix), fol. 274.
> 1 page.

24595. Provisions pour Antoine Lombard de l'office de notaire à Mougins dans le ressort de Draguignan, vacant par suite de la réduction générale des offices. Fontainebleau, 18 novembre 1540.

Enreg. à la Chambre des Comptes d'Aix. Arch. des Bouches-du-Rhône, B. 36 (Luna), fol. 158. 1 page 1/2.

1540. 18 novembre.

24596. Lettres de naturalité pour Marguerite Droyn, damoiselle, originaire d'Avignon, femme de Pierre Bon, capitaine de galères et gentilhomme de la maison du roi. Fontainebleau, 19 novembre 1540.

Enreg. à la Chambre des Comptes d'Aix. Arch. des Bouches-du-Rhône, B. 35 (Solis), fol. 11 v°. 2 pages.

19 novembre.

24597. Mandement aux gens des comptes de Dijon d'allouer en la dépense du compte d'Antoine Le Maçon, receveur général de Bourgogne, la somme de 1,182 livres 17 sous 11 deniers tournois, représentant la tare qui s'est trouvée à l'affinage de la somme de 2,654 écus soleil et demi et de 9,602 livres 7 sous 6 deniers, en testons et demi-testons, que les clercs dudit receveur général avaient, avant que la dernière ordonnance sur le fait des monnaies ne fût publiée en Bourgogne, reçue en espèces d'un poids inférieur au poids porté par ladite ordonnance. Fontainebleau, 22 novembre 1540.

Comptes d'Antoine Le Maçon, receveur général de Bourgogne. Arch. de la Côte-d'Or, B. 1851, fol. 128. (Mention.)

22 novembre.

24598. Lettres de naturalité pour Jean-Paul de Malvélis, natif de Bresse, habitant de Marseille. Fontainebleau, novembre 1540.

Enreg. à la Chambre des Comptes d'Aix. Arch. des Bouches-du-Rhône, B. 34 (Fenix), fol. 280 v°. 2 pages.

Novembre.

24599. Lettres de naturalité pour « Benetini Estueri ».

Novembre.

originaire de la Rivière de Gênes, habitant de
Grasse. Fontainebleau, novembre 1540.

1540.

*Enreg. à la Chambre des Comptes d'Aix. Arch.
des Bouches-du-Rhône,* B. 34 *(Fenix)*, fol. 251.
1 page 1/2.

24600. Déclaration de l'hommage de Guy, comte de
Laval, pour les vicomtés de Lautrec, Villemur, Fronsac et Castillon, les baronnies
d'Aspet, de Marseillan, Estampures et autres
terres et seigneuries, qu'il tient à cause de sa
femme, Claude de Foix. Fontainebleau, 4 décembre 1540.

4 décembre.

Original. Arch. nat., Chambre des Comptes,
P. 558², n° 1296.

24601. Mandement à Jean Duval, trésorier de l'épargne,
de permettre à Antoine Le Maçon, receveur
général de Bourgogne, de retenir de sa recette
de l'année 1540 la somme de 3,200 livres
tournois qui doit être employée tant à la culture des vignes du roi à Chenôve, Talant,
Beaune et Germolles, que pour l'achat de
vaisseaux et les frais de vendanges, ainsi qu'il
sera ordonné par les gens des comptes de Dijon, auxquels le roi donne commission de
faire les marchés qui seront nécessaires. Fontainebleau, 24 décembre 1540.

24 décembre.

*Comptes d'Antoine Le Maçon. Arch. de la Côte-
d'Or,* B. 1854, fol. 101 v°. *(Mention.)*

24602. Lettres de naturalité pour Pierre Rousset, originaire du Comtat-Venaissin et du diocèse
d'Orange, marchand et hôtelier demeurant
à Manosque en Provence. Fontainebleau,
décembre 1540.

Décembre.

*Enreg. à la Chambre des Comptes d'Aix. Arch.
des Bouches-du-Rhône,* B. 34 *(Fenix)*, fol. 249 v°.
2 pages.

24603. Lettres de naturalité pour Thomas et François
Rivière, fils d'Antoine Rivière, et pour Laurent Rivière, fils de Claude Rivière, dont
les parents étaient originaires du royaume,

Décembre.

mais qui sont eux-mêmes nés dans le Comtat-
Venaissin. Fontainebleau, décembre 1540.

*Enreg. à la Chambre des Comptes d'Aix. Arch.
des Bouches-du-Rhône, B. 34 (Fenix), fol. 268.
2 pages.*

24604. Lettres de naturalité pour Pierre Marin, marchand, originaire de Gresin près Chambéry,
habitant de Saint-Michel-de-Reillanne. Fontainebleau, décembre 1540.

*Enreg. à la Chambre des Comptes d'Aix. Arch.
des Bouches-du-Rhône, B. 35 (Solis), fol. 21.
2 pages.*

24605. Lettres de naturalité pour Michel et Louis
Du Bois, frères, originaires de Savoie et habitant Apt. Fontainebleau, décembre 1540.

*Enreg. à la Chambre des Comptes d'Aix. Arch.
des Bouches-du-Rhône, B. 35 (Solis), fol. 25 v°.
1 page 1/2.*

24606. Lettres de naturalité pour Louis Nogue, marchand, originaire de Savoie, habitant de Forcalquier. Fontainebleau, décembre 1540.

*Enreg. à la Chambre des Comptes d'Aix. Arch.
des Bouches-du-Rhône, B. 35 (Solis), fol. 48 v°.
1 page 1/2.*

24607. Lettres de légitimation pour Étienne Boniface,
fils naturel d'autre Étienne Boniface et de
Philippe Martine, de Marseille. Fontainebleau, décembre 1540.

*Enreg. à la Chambre des Comptes d'Aix. Arch.
des Bouches-du-Rhône, B. 35 (Solis), fol. 55.
1 page 1/2.*

24608. Lettres de naturalité pour Rodrigue Fernandez, marchand espagnol, habitant de
Marseille. Fontainebleau, décembre 1540.

*Enreg. à la Chambre des Comptes d'Aix. Arch.
des Bouches-du-Rhône, B. 35 (Solis), fol. 72.
2 pages.*

24609. Lettres de naturalité pour Pierre Cavallier,

1540.

Décembre.

Décembre.

Décembre.

Décembre.

Décembre.

Décembre.

espagnol, habitant de Marseille. Fontainebleau, décembre 1540.

> *Enreg. à la Chambre des Comptes d'Aix. Arch.*
> *des Bouches-du-Rhône, B. 35 (Solis), fol. 73 v°.*
> 2 pages.

24610. Lettres de naturalité pour Jean Pélegrin, laboureur, originaire de la Rivière de Gênes,
habitant Saint-Maximin en Provence. Fontainebleau, décembre 1540.

> *Enreg. à la Chambre des Comptes d'Aix. Arch.*
> *des Bouches-du-Rhône, B. 35 (Solis), fol. 145.*
> 1 page 1/2.

24611. Lettres de naturalité pour Barthélemy Bonni,
natif de Porto Maurizio en la Rivière de
Gênes, habitant de Marseille. Fontainebleau,
décembre 1540.

> *Enreg. à la Chambre des Comptes d'Aix. Arch.*
> *des Bouches-du-Rhône, B. 35 (Solis), fol. 182.*
> 2 pages.

24612. Lettres de naturalité pour Jean Roux, apothicaire d'Arles, natif de Chambéry. Fontainebleau, décembre 1540.

> *Enreg. à la Chambre des Comptes d'Aix. Arch.*
> *des Bouches-du-Rhône, B. 35 (Solis), fol. 195 v°.*
> 1 page.

1541. — Pâques, le 17 avril.

24613. Don à Pierre de Torino, guidon de la compagnie commandée par le comte de Tende,
des biens, situés au diocèse de Vence, confisqués sur des habitants de Nice qui avaient
suivi le parti de l'empereur. Fontainebleau,
janvier 1540.

> *Enreg. à la Chambre des Comptes d'Aix. Arch.*
> *des Bouches-du-Rhône, B. 34 (Fenix), fol. 262.*
> 2 pages.

24614. Lettres de naturalité pour Mathieu Franciscot,

1540.

Décembre.

Décembre.

Décembre.

1541.
Janvier.

Janvier.

36.

dit « Trabuch », natif du Piémont, habitant de Marseille. Fontainebleau, janvier 1540.

Enreg. à la Chambre des Comptes d'Aix. Arch. des Bouches-du-Rhône, B. 35 (Solis), fol. 332. 1 page 1/2.

24615. Déclaration de l'hommage de Clinet de Lanne, écuyer, seigneur de la Roche-Chalais, pour la châtellenie de Cubzac et la maison noble du Bouilh, mouvant du duché de Guyenne. Fontainebleau, 3 février 1540.

Original. Arch. nat., Chambre des Comptes, P. 558², n° 1231.

24616. Lettres de naturalité pour Pierre de Toussaint, milanais, habitant de Marseille. Fontainebleau, 5 février 1540.

Enreg. à la Chambre des Comptes d'Aix. Arch. des Bouches-du-Rhône, B. 35 (Solis), fol. 128. 2 pages.

24617. Déclaration de l'hommage de Louis de La Rochefoucauld, écuyer, pour les terres, baronnies et châtellenies de Montguyon et Montendre, mouvant du château de Saintes, à lui échues dans le partage fait avec ses quatre frères, de la succession de François, comte de La Rochefoucauld, leur père. Chambord, 21 février 1540.

Original. Arch. nat., Chambre des Comptes, P. 558², n° 1235.

24618. Don à Louis Alamanni, gentilhomme florentin, du revenu de la seigneurie de Castellane, pour en jouir durant une période de neuf ans. Villesavin, 26 février 1540.

Enreg. à la Chambre des Comptes d'Aix. Arch. des Bouches-du-Rhône, B. 36 (Luna), fol. 293. 1 page 1/2.

24619. Déclaration portant que le s⁽ʳ⁾ de Grignan, quoique le roi lui ait donné la lieutenance générale en Provence en l'absence du comte de Tende, restera gouverneur de Marseille. Blois, 28 février 1540.

Enreg. à la Chambre des Comptes d'Aix. Arch.

1541.

3 février.

5 février.

21 février.

26 février.

28 février.

des Bouches-du-Rhône, B. 34 (*Fenix*), fol. 275 v°. 1541.
1 page.

24620. Lettres de naturalité pour Pierre Pages, ori-   Février.
ginaire de Sardaigne, habitant de Marseille.
Fontainebleau, février 1540.

> *Enreg. à la Chambre des Comptes d'Aix. Arch.*
> *des Bouches-du-Rhône*, B. 35 (*Solis*), fol. 67.
> 1 page 1/2.

24621. Provisions pour Jean de La Fontaine, marchand   1er mars.
de Bordeaux, de l'office de maître particulier
de la Monnaie de ladite ville, pour six années
à partir du jour où expirera le bail de Robert
Richard. 1er mars 1540.

> *Arch. nat.*, Z¹ᵇ9, fol. 249. (*Mention.*)

24622. Déclaration de l'hommage de Claude Lauren-   3 mars.
cin, baron de la Rivière, pour ses terres et
seigneuries de Châtelus et de Fontanès,
mouvant du comté de Forez. Blois, 3 mars
1540.

> *Original. Arch. nat., Chambre des Comptes,*
> P. 558², n° 1236 *bis.*

24623. Provisions pour Albert Guérin de la charge   7 mars.
de gardien de la maison du roi à Marseille,
vacante par la mort de son frère, Jean Guérin.
Blois, 7 mars 1540.

> *Enreg. à la Chambre des Comptes d'Aix. Arch.*
> *des Bouches-du-Rhône*, B. 35 (*Solis*), fol. 53 v°.
> 1 page 1/2.

24624. Lettres interdisant aux jurats de Libourne de   26 mars.
lever et exiger aucun péage sur les marchands
et marchandises passant et repassant par la
rivière de Dordogne, à moins qu'ils n'entrent
dans la ville de Libourne ou n'en sortent.
Blois, 26 mars 1540.

> *Bibl. nat.*, coll. de Périgord, t. XIV, p. 5. (*Men-*
> *tion.*)

24625. Lettres de naturalité pour Pierre-Jean Calvi,   Mars.
originaire de la Rivière de Gênes, demeu-

rant à Antibes en Provence. Blois, mars 1540.

> *Enreg. à la Chambre des Comptes d'Aix. Arch.*
> *des Bouches-du-Rhône, B. 34 (Fenix), fol. 276 v°.*
> 2 pages.

24626. Lettres de naturalité pour Millan Morin, originaire de la Terre-Neuve, habitant de Marseille. Blois, mars 1540.

> *Enreg. à la Chambre des Comptes d'Aix. Arch.*
> *des Bouches-du-Rhône, B. 35 (Solis), fol. 216.*
> 1 page 1/2.

24627. Lettres de naturalité et de noblesse pour Jean Alphonse, habitant d'Avignon. Blois, mars 1540.

> *Enreg. à la Chambre des Comptes d'Aix. Arch.*
> *des Bouches-du-Rhône, B. 35 (Solis), fol. 50 v°.*
> 3 pages.

24628. Lettres de naturalité pour Mathieu Badat, habitant de Senez, originaire de Nice. Blois, mars 1540.

> *Enreg. à la Chambre des Comptes d'Aix. Arch.*
> *des Bouches-du-Rhône, B. 35 (Solis), fol. 60.*
> 1 page 1/2.

24629. Lettres de naturalité pour Rodrigue de Rappallo, marchand d'Avignon. Blois, mars 1540.

> *Enreg. à la Chambre des Comptes d'Aix. Arch.*
> *des Bouches-du-Rhône, B. 35 (Solis), fol. 92.*
> 2 pages.

24630. Déclaration de l'hommage de Pierre Le Blanc, écuyer, seigneur de Montégut et en partie de Montlaur et de Vendeloves, pour lesdites terres et seigneuries sises en la sénéchaussée de Rouergue. Blois, 1er avril 1540.

> *Original. Arch. nat., Chambre des Comptes,*
> P. 558², n° 1239.

24631. Collation pour Jacques de Maizières, chanoine de la Sainte-Chapelle du Palais à Paris, de l'office de chantre de ladite chapelle, en remplacement et sur la résignation de Jacques Dumoulin. Amboise, 10 avril 1540.

> *Enreg. aux Mémoriaux de la Sainte-Chapelle.*
> *Arch. nat., LL. 626, fol. 33 v°.*

24632. Provisions pour Laugier Autois, docteur ès droits, de l'office de juge ordinaire d'Hyères, vacant par la résignation d'Honorat Arbaud. Amboise, 11 avril 1540.

Enreg. à la Chambre des Comptes d'Aix. Arch. des Bouches-du-Rhône, B. 39 (Virgo), fol. 53. 1 page.

1541. 11 avril.

24633. Provisions pour Honorat Arbaud de l'office de juge ordinaire de Toulon, vacant par la résignation de Laugier Autois. Amboise, 11 avril 1540.

Enreg. à la Chambre des Comptes d'Aix. Arch. des Bouches-du-Rhône, B. 36 (Luna), fol. 114. 1 page.

11 avril.

24634. Lettres de naturalité pour Colette Malaspina, fille de François Malaspina, habitant d'Avignon. Blois, avril 1540.

Enreg. à la Chambre des Comptes d'Aix. Arch. des Bouches-du-Rhône, B. 36 (Luna), fol. 240. 2 pages.

Avril.

24635. Lettres de naturalité pour Marc Dolle, notaire, originaire de Brigue en Terre-Neuve, habitant de Fréjus. Blois, avril 1540.

Enreg. à la Chambre des Comptes d'Aix. Arch. des Bouches-du-Rhône, B. 35 (Solis), fol. 119 v°. 1 page 1/2.

Avril.

24636. Lettres de naturalité pour Dominique Borzoni, originaire de Gênes, habitant de Marseille. Blois, avril 1540.

Enreg. à la Chambre des Comptes d'Aix. Arch. des Bouches-du-Rhône, B. 35 (Solis), fol. 147. 1 page 1/2.

Avril.

24637. Lettres de naturalité pour Nicolin Bocherini, originaire de Corse, habitant de Marseille. Blois, avril 1540.

Enreg. à la Chambre des Comptes d'Aix. Arch. des Bouches-du-Rhône, B. 35 (Solis), fol. 200. 1 page 1/2.

Avril.

24638. Lettres de naturalité pour Laurent Martini, ori-

Avril.

ginaire du comté de Tende, habitant de Draguignan. Blois, avril 1540.

> *Enreg. à la Chambre des Comptes d'Aix. Arch.
> des Bouches-du-Rhône*, B. 35 (*Solis*), fol. 211 v°.
> 2 pages.

24639. Lettres de naturalité pour Pierre de Brandès
et Antoinette de Bène, sa femme, originaires
de Nice, habitants d'Aix. Blois, avril 1540.

Avril.

> *Enreg. à la Chambre des Comptes d'Aix. Arch.
> des Bouches-du-Rhône*, B. 37 (*Stella*), fol. 321.
> 2 pages.

24640. Lettres de naturalité pour Girard Salamon,
natif de Palerme en Sicile, homme d'armes
de la compagnie du comte de Tende. Amboise, avril 1540.

Avril.

> *Enreg. à la Chambre des Comptes d'Aix. Arch.
> des Bouches-du-Rhône*, B. 35 (*Solis*), fol. 213 v°.
> 2 pages.

24641. Lettres de naturalité pour Pierre Bon, capitaine de deux galères, l'un des cent gentilshommes de la maison du roi, capitaine de
Notre-Dame-de-la-Garde à Marseille, originaire d'Avignon. Amboise, avril 1540.

Avril.

> *Enreg. à la Chambre des Comptes d'Aix. Arch.
> des Bouches-du-Rhône*, B. 35 (*Solis*), fol. 14.
> 2 pages.

24642. Lettres de naturalité pour Bertin Dati, natif
de Lucques, habitant de Marseille. Amboise,
avril 1540.

Avril.

> *Enreg. à la Chambre des Comptes d'Aix. Arch.
> des Bouches-du-Rhône*, B. 35 (*Solis*), fol. 19 v°.
> 1 page 1/2.

24643. Lettres de naturalité pour Claude-Philippe
Grillet, natif de Bresse, habitant d'Avignon,
qui possède des biens en Dauphiné et en
Provence. Amboise, avril 1540.

Avril.

> *Enreg. à la Chambre des Comptes d'Aix. Arch.
> des Bouches-du-Rhône*, B. 38 (*Serena*), fol. 15.
> 3 pages.

24644. Lettres de naturalité pour Julien Grillet, natif
et habitant d'Avignon. Amboise, avril 1540.

> *Enreg. à la Chambre des Comptes d'Aix. Arch.*
> *des Bouches-du-Rhône,* **B.** 38 *(Serena),* fol. 17.
> 1 page 1/2.

1541.
Avril.

24645. Lettres de naturalité pour Antoine Durand,
natif du marquisat de Saluces, habitant la
Provence. Amboise, avril 1540.

> *Enreg. à la Chambre des Comptes d'Aix. Arch.*
> *des Bouches-du-Rhône,* **B.** 35 *(Solis),* fol. 63 v°.
> 1 page 1/2.

Avril.

24646. Lettres de naturalité pour Madeleine Bertinelli,
femme de Raymond Vento, florentin, habi-
tant Marseille. Amboise, avril 1540.

> *Enreg. à la Chambre des Comptes d'Aix. Arch.*
> *des Bouches-du-Rhône,* **B.** 35 *(Solis),* fol. 79 v°.
> 2 pages.

Avril.

24647. Don à Anne de Montmorency des biens de
Christophe de Lubiano, de son vivant capitaine de galères, échus au roi par droit d'aubaine. Amboise, avril 1540.

> *Enreg. à la Chambre des Comptes d'Aix. Arch.*
> *des Bouches-du-Rhône,* **B.** 35 *(Solis),* fol. 1.
> 2 pages.

Avril.

24648. Lettres de naturalité pour Barthélemy de Ver-
sèles (Verceil), médecin à Grasse, natif de
Piémont. Amboise, avril 1541.

> *Enreg. à la Chambre des Comptes d'Aix. Arch.*
> *des Bouches-du-Rhône,* **B.** 35 *(Solis),* fol. 15 v°.
> 1 page 1/2.

Avril.

24649. Lettres de naturalité pour Barthélemy Villars,
originaire du marquisat de Saluces, habitant
en l'évêché d'Apt. Amboise, avril 1541.

> *Enreg. à la Chambre des Comptes d'Aix. Arch.*
> *des Bouches-du-Rhône,* **B.** 35 *(Solis),* fol. 23 v°.
> 1 page 1/2.

Avril.

24650. Lettres de naturalité pour Pierre Delacroix,
cordonnier, originaire de Savoie, habitant
d'Aix. Amboise, avril 1541.

> *Enreg. à la Chambre des Comptes d'Aix. Arch.*
> *des Bouches-du-Rhône,* **B.** 35 *(Solis),* fol. 29.
> 2 pages.

Avril.

IMPRIMERIE NATIONALE.

24651. Lettres de naturalité pour Balthazar Lanfrin, dit « Nogarole », prêtre, originaire du Comtat-Venaissin, habitant d'Apt. Amboise, avril 1541.

> *Enreg. à la Chambre des Comptes d'Aix. Arch. des Bouches-du-Rhône, B. 35 (Solis), fol. 99. 2 pages.*

1541. Avril.

24652. Lettres de naturalité pour Barthélemy de Liberta, natif de Corse, habitant de Marseille. Amboise, avril 1541.

> *Enreg. à la Chambre des Comptes d'Aix. Arch. des Bouches-du-Rhône, B. 35 (Solis), fol. 201 v°. 1 page 1/2.*

Avril.

24653. Lettres de naturalité pour Nicolosin Mus, cordonnier à Grasse. Amboise, avril 1541.

> *Enreg. à la Chambre des Comptes d'Aix. Arch. des Bouches-du-Rhône, B. 35 (Solis), fol. 318 v°. 1 page 1/2.*

Avril.

24654. Lettres de naturalité pour Jacques Guigonis, originaire du comté de Nice, habitant de Grasse. Amboise, avril 1541.

> *Enreg. à la Chambre des Comptes d'Aix. Arch. des Bouches-du-Rhône, B. 35 (Solis), fol. 320. 2 pages.*

Avril.

24655. Déclaration de l'hommage de Séguin Le Fé, écuyer, pour la moitié de la terre et seigneurie de Fronsac en la banlieue de la Rochelle, mouvant du château de ladite ville. Amboise, 3 mai 1541.

Avec un aveu et dénombrement dudit fief, du 19 mai suivant.

> *Original. Arch. nat., Chambre des Comptes, P. 558³, n°⁵ 1305, 1306.*

3 mai.

24656. Déclaration de l'hommage de Gaillard Breugnier pour les château, terre et seigneurie de la Romiguière, mouvant des comtés d'Armagnac et de Rouergue. Châtellerault, 21 mai 1541.

> *Original. Arch. nat., Chambre des Comptes, P. 558³, n° 1307.*

21 mai.

24657. Provisions pour Guillaume Garçonnet de l'of-

24 mai.

fice de président au Parlement de Provence. Châtellerault, 24 mai 1541.

1541.

> *Enreg. à la Chambre des Comptes d'Aix. Arch.*
> *des Bouches-du-Rhône, B. 35 (Solis), fol. 108 v°.*
> 1 page 1/2.

24658. Provisions pour François Aux-Couteaux de l'office d'enquêteur au bailliage d'Amiens, en remplacement de Jean de Rely. Châtellerault, 28 mai 1541.

28 mai.

> *Bibl. nat., coll. de Picardie, vol. 112 bis,*
> fol. 104. (*Mention.*)

24659. Lettres de naturalité pour Pierre Picii, prêtre, originaire du diocèse de Vintimille, habitant de Fréjus. Châtellerault, mai 1541.

Mai.

> *Enreg. à la Chambre des Comptes d'Aix. Arch.*
> *des Bouches-du-Rhône, B. 35 (Solis), fol. 57 v°.*
> 2 pages.

24660. Lettres de naturalité pour Mérimet Grossel, natif de Savoie, habitant d'Apt. Châtellerault, mai 1541.

Mai.

> *Enreg. à la Chambre des Comptes d'Aix. Arch.*
> *des Bouches-du-Rhône, B. 35 (Solis), fol. 111.*
> 2 pages.

24661. Lettres de naturalité pour Jérome de Nigris, habitant de Fréjus. Châtellerault, mai 1541.

Mai.

> *Enreg. à la Chambre des Comptes d'Aix. Arch.*
> *des Bouches-du-Rhône, B. 35 (Solis), fol. 121.*
> 2 pages.

24662. Lettres de naturalité pour Montenegro de Nigris, habitant de Fréjus. Châtellerault, mai 1541.

Mai.

> *Enreg. à la Chambre des Comptes d'Aix. Arch.*
> *des Bouches-du-Rhône, B. 35 (Solis), fol. 123.*
> 2 pages.

24663. Lettres de naturalité pour Mathieu Paul, originaire du diocèse de Brescia, habitant la Provence. Châtellerault, mai 1541.

Mai.

> *Enreg. à la Chambre des Comptes d'Aix. Arch.*
> *des Bouches-du-Rhône, B. 35 (Solis), fol. 125.*
> 1 page 1/2.

24664. Lettres de naturalité pour Antoine Scavarde, originaire de Piémont, habitant Draguignan. Châtellerault, mai 1541.   1541. Mai.

> *Enreg. à la Chambre des Comptes d'Aix. Arch. des Bouches-du-Rhône, B. 35 (Solis), fol. 130 v°.* 2 pages.

24665. Lettres de naturalité pour Jean de Bedarrides, habitant de Marseille, originaire de Bedarrides au Comtat-Venaissin. Châtellerault, mai 1541.   Mai.

> *Enreg. à la Chambre des Comptes d'Aix. Arch. des Bouches-du-Rhône, B. 35 (Solis), fol. 158.* 1 page 1/2.

24666. Lettres de naturalité pour Pierre Mays, Piémontais, habitant Draguignan. Châtellerault, mai 1541.   Mai.

> *Enreg. à la Chambre des Comptes d'Aix. Arch. des Bouches-du-Rhône, B. 35 (Solis), fol. 188.* 2 pages.

24667. Lettres de naturalité pour Jean et Ambroise Pignon, père et fils, originaires du diocèse de Gênes, habitant Fréjus. Châtellerault, mai 1541.   Mai.

> *Enreg. à la Chambre des Comptes d'Aix. Arch. des Bouches-du-Rhône, B. 35 (Solis), fol. 259.* 2 pages.

24668. Lettres de naturalité pour Antoine de Caprilis, originaire du duché de Milan, habitant de Fréjus. Châtellerault, mai 1541.   Mai.

> *Enreg. à la Chambre des Comptes d'Aix. Arch. des Bouches-du-Rhône, B. 35 (Solis), fol. 291.* 1 page.

24669. Lettres de naturalité pour Jean-Pierre Marquin, marchand, originaire de Turin, habitant d'Aix en Provence. Châtellerault, mai 1541.   Mai.

> *Enreg. à la Chambre des Comptes d'Aix. Arch. des Bouches-du-Rhône, B. 36 (Luna), fol. 32.* 1 page 1/2.

24670. Lettres de naturalité pour Jean Corvisier, ori-   Mai.

ginaire du Comtat-Venaissin, habitant de
Fréjus. Châtellerault, mai 1541.

> *Enreg. à la Chambre des Comptes d'Aix. Arch.*
> *des Bouches-du-Rhône, B. 35 (Solis), fol. 3o1.*
> 2 pages.

1541.

24671. Lettres de naturalité pour Andrin Merétan,
natif des environs de Suse, habitant la Provence. Châtellerault, mai 1541.

> *Enreg. à la Chambre des Comptes d'Aix. Arch.*
> *des Bouches-du-Rhône, B. 35 (Solis), fol. 33o v°.*
> 1 page 1/2.

Mai.

24672. Provisions pour Claude Du Port de l'office
d'enquêteur au siège de Draguignan, auquel
il n'avait pas été pourvu depuis la création.
Châtellerault, 1er juin 1541.

> *Enreg. à la Chambre des Comptes d'Aix. Arch.*
> *des Bouches-du-Rhône, B. 35 (Solis), fol. 314.*
> 1 page.

1er juin.

24673. Lettres de naturalité pour Julien Douend, médecin, originaire de la Terre-Neuve, habitant d'Apt. Châtellerault, 2 juin 1541.

> *Enreg. à la Chambre des Comptes d'Aix. Arch.*
> *des Bouches-du-Rhône, B. 35 (Solis), fol. 151.*
> 2 pages.

2 juin.

24674. Mandement à la Chambre des Comptes d'entériner la déclaration de l'hommage de François d'Orléans, marquis de Rothelin, faite, le
10 janvier 1540 n. s. (n° 24516), pour la
principauté de Châtelaillon, mouvant du château de la Rochelle. Paris, 9 juin 1541.

> *Original. Arch. nat., Chambre des Comptes,*
> P. 558⁸, n° 1299.

9 juin.

24675. Lettres portant que la ville de Chauny sera
tenue de payer la somme de 33o livres 8 sous
8 deniers pour sa quote-part des dépenses de
réparations des fortifications des villes frontières. Châtellerault, 16 juin 1541.

> *Imp. Mémoires du Comité archéologique de Noyon,*
> t. VI, 188o, p. 3o5.

16 juin.

24676. Provisions pour Balthazar Jarente de l'office de

2o juin.

garde des sceaux à la chancellerie de Provence. Châtellerault, 20 juin 1541.

1541.

Enreg. à la Chambre des Comptes d'Aix. Arch. des Bouches-du-Rhône, B. 35 (Solis), fol. 70. 2 pages.

24677. Mandement au sénéchal de Provence de procéder à un dénombrement des terres nobles de sa sénéchaussée. Chauvigny, 24 juin 1541.

24 juin.

Enreg. à la Chambre des Comptes d'Aix. Arch. des Bouches-du-Rhône, B. 36 (Luna), fol. 122. 2 pages.

24678. Lettres de naturalité pour Madeleine de La Forêt, fille de Christophe de La Forêt, médecin ordinaire du roi, originaire de la Rivière de Gênes. Châtellerault, juin 1541.

Juin.

Enreg. à la Chambre des Comptes d'Aix. Arch. des Bouches-du-Rhône, B. 35 (Solis), fol. 194. 1 page 1/2.

24679. Lettres de naturalité pour Marc Cachard, natif de Piémont, habitant de Saint-Zacharie en Provence. Châtellerault, juin 1541.

Juin.

Enreg. à la Chambre des Comptes d'Aix. Arch. des Bouches-du-Rhône, B. 35 (Solis), fol. 230 v°. 1 page.

24680. Lettres de naturalité pour Antoine Fabri, procureur au Parlement d'Aix, originaire de la Terre-Neuve. Châtellerault, juin 1541.

Juin.

Enreg. à la Chambre des Comptes d'Aix. Arch. des Bouches-du-Rhône, B. 35 (Solis), fol. 256. 1 page 1/2.

24681. Lettres de naturalité pour Antoine de Novarin, habitant d'Avignon. Châtellerault, juin 1541.

Juin.

Enreg. à la Chambre des Comptes d'Aix. Arch. des Bouches-du-Rhône, B. 35 (Solis), fol. 295 v°. 1 page 1/2.

24682. Lettres de naturalité pour Jean-Paul Camosi,

Juin.

docteur en médecine, originaire du diocèse
de Turin, et pour sa femme, native aussi
du Piémont. Châtellerault, juin 1541.

*Enreg. à la Chambre des Comptes d'Aix. Arch.
des Bouches-du-Rhône, B. 35 (Solis), fol. 298.
1 page 1/2.*

24683. Lettres de naturalité pour Guillaume Vernan-
dier, notaire à Forcalquier, natif de Pierrecourt dans l'évêché de Langres, habitant la
Provence. Châtellerault, juin 1541.

*Enreg. à la Chambre des Comptes d'Aix. Arch.
des Bouches-du-Rhône, B. 35 (Solis), fol. 43.
1 page 1/2.*

24684. Lettres de naturalité pour Jean Tonnelier, natif
de Pierrecourt, dans l'évêché de Langres, habitant la Provence. Châtellerault, juin 1541.

*Enreg. à la Chambre des Comptes d'Aix. Arch.
des Bouches-du-Rhône, B. 35 (Solis), fol. 45 v°.
2 pages.*

24685. Lettres de naturalité pour Philibert Ferrier,
évêque d'Ivrée en Piémont. Châtellerault,
juin 1541.

*Enreg. à la Chambre des Comptes d'Aix. Arch.
des Bouches-du-Rhône, B. 35 (Solis), fol. 90.
2 pages.*

24686. Lettres de naturalité pour Jean Ponty, praticien, originaire de Saint-Étienne au comté
de Nice, habitant d'Aix. Châtellerault, juin
1541.

*Enreg. à la Chambre des Comptes d'Aix. Arch.
des Bouches-du-Rhône, B. 35 (Solis), fol. 94 v°.
2 pages.*

24687. Lettres de légitimation pour Honorat et Jacques
Laure, fils naturels de Claude Laure. Châtellerault, juin 1541.

*Enreg. à la Chambre des Comptes d'Aix. Arch.
des Bouches-du-Rhône, B. 35 (Solis), fol. 115 v°.
2 pages.*

24688. Lettres de naturalité pour Honorat Laugier,
originaire de la Terre-Neuve, habitant Saint-

1541.

Juin.

Juin.

Juin.

Juin.

Juin.

Juin.

Maximin en Provence. Châtellerault, juin
1541.

1541.

*Enreg. à la Chambre des Comptes d'Aix. Arch.
des Bouches-du-Rhône*, B. 35 (*Solis*), fol. 170 v°.
2 pages.

24689. Lettres de naturalité pour Honoré Martel, abbé
commendataire de Saint-Pons près Nice,
et Louis Martel, frères, demeurant à Nice
et possédant des biens en Provence. Châtellerault, juin 1541.

Juin.

*Enreg. à la Chambre des Comptes d'Aix. Arch.
des Bouches-du-Rhône*, B. 36 (*Luna*), fol. 33 v°.
2 pages.

24690. Commission aux conseillers et maîtres rationaux
de la Chambre des Comptes de Provence de
procéder à une enquête sur les droits respec-
tifs du roi et d'Honorat Porcelet sur la seigneurie de Fos. Le Bouchet, 12 juillet 1541.

12 juillet.

Copie du XVI° siècle. Arch. des Bouches-du-Rhône,
B. reg. 1256, fol. 7. 3 pages.

24691. Déclaration de l'hommage de Claude d'Angliers,
écuyer, seigneur dudit lieu et de la Sauzaie,
pour la seigneurie de la Sauzaie, mouvant du
château de la Rochelle. Moulins, 29 juillet
1541.

29 juillet.

Original. Arch. nat., Chambre des Comptes,
P. 558³, n° 1310.

24692. Déclaration de l'hommage de Claude d'Angliers,
écuyer, pour une rente de 82 livres tournois
tenue du roi sur la recette de la Rochelle et
du grand fief d'Aunis. Moulins, 29 juillet
1541.

29 juillet.

Original. Arch. nat., Chambre des Comptes,
P. 558³, n° 1312.

24693. Lettres de réception du serment de fidélité
d'Antoine Filiol (*aliàs* Filleul), dit « Imbert ».
archevêque d'Aix, pour le temporel de son
archevêché. Moulins, 30 juillet 1541.

30 juillet.

*Enreg. à la Chambre des Comptes d'Aix. Arch.
des Bouches-du-Rhône*, B. 36 (*Luna*), fol 82.
1 page.

24694. Lettres portant création de foires à Couleuvre
en Bourbonnais. Juillet 1541.

> *Original. Arch. communales de Lurcy-Lévy
> (Allier.)
> IMP. Bulletin de la Société d'émulation de l'Allier,
> t. XI, 1869, p. 506.*

1541.
Juillet.

24695. Lettres de naturalité pour Dominique Billioti,
florentin, habitant de Marseille, La Chaussière, juillet 1541,

> *Enreg. à la Chambre des Comptes d'Aix. Arch.
> des Bouches-du-Rhône, B. 35 (Solis), fol. 140 v°.
> 2 pages.*

Juillet.

24696. Lettres de naturalité pour Jean de Barrennes,
originaire de Navarre, habitant de Tarascon.
Moulins, juillet 1541.

> *Enreg. à la Chambre des Comptes d'Aix. Arch.
> des Bouches-du-Rhône, B. 35 (Solis), fol. 207.
> 2 pages.*

Juillet.

24697. Lettres de naturalité pour Baptiste Marène,
originaire du diocèse d'Albenga, habitant de
Roquebrune en Provence. Moulins, juillet
1541.

> *Enreg. à la Chambre des Comptes d'Aix. Arch.
> des Bouches-du-Rhône, B. 35 (Solis), fol. 246.
> 1 page 1/2.*

Juillet.

24698. Provisions pour Urbain Fresquière de l'office
de juge à Rougiès en Provence, auquel il n'a
pas encore été pourvu. Moulins, 6 août 1541.

> *Enreg. à la Chambre des Comptes d'Aix. Arch.
> des Bouches-du-Rhône, B. 35 (Solis), fol. 104.
> 1 page.*

6 août.

24699. Don à Guillaume Garçonnet, président au
Parlement d'Aix, d'une pension de 400 livres.
Le Parc-lès-Moulins, 7 août 1541.

> *Enreg. à la Chambre des Comptes d'Aix. Arch.
> des Bouches-du-Rhône, B. 35 (Solis), fol. 111.
> 1 page.*

7 août.

24700. Lettres de relief de surannation pour l'entérinement à la Chambre des Comptes de la déclaration d'hommage faite, le 25 mai 1538
(n° 24355), par Pierre de Soubiran, écuyer,

9 août.

pour la seigneurie de Brassac, mouvant du comté de Castres. Paris, 9 août 1541.

1541.

Original. Arch. nat., Chambre des Comptes, P. 558³, n° 1309.

24701. Provisions pour Guillaume Guérin, docteur ès droits, de l'office d'avocat du roi au Parlement de Provence, à la place de Guillaume Garçonnet, promu président en la même cour. Chevagnes, 12 août 1541.

12 août.

Enreg. à la Chambre des Comptes d'Aix. Arch. des Bouches-du-Rhône, B. 35 (Solis), fol. 280 v°. 1 page.

24702. Mandement au général des finances de Provence de faire payer à Milan Ricii 400 florins, valant 240 livres tournois, en compensation de l'office de greffier des deuxièmes appellations du juge mage de Provence qui a été supprimé. Chevagnes, 12 août 1541.

12 août.

Enreg. à la Chambre des Comptes d'Aix. Arch. des Bouches-du-Rhône, B. 36 (Luna), fol. 117. 1 page.

24703. Provisions de l'office de lieutenant général du roi en la ville d'Arles, en faveur du prince de Melphe. Bourbon-Lancy, 15 août 1541.

15 août.

Enreg. à la Chambre des Comptes d'Aix. Arch. des Bouches-du-Rhône, B. 35 (Solis), fol. 107 v°. 1 page 1/2. Idem, B. 41 (Hyrundo), fol. 321 v°. 2 pages 1/2.

24704. Lettres ordonnant aux gens d'église et aux gentilshommes possédant des fiefs en Provence de prêter hommage et serment de fidélité au roi. Bourbon-Lancy, 16 août 1541.

16 août.

Délibérations des États de Provence. Arch. des Bouches-du-Rhône, C., reg. 1, fol. 116. (Mention.)

24705. Mandement aux gens des comptes de Dijon d'allouer aux comptes d'Antoine Le Maçon, receveur général de Bourgogne, jusqu'à concurrence de 3,200 livres tournois, les dépenses faites par leurs ordres et en exécution des marchés passés par eux, pour la culture des vignes du roi à Chenôve, Talant, Beaune

21 août.

et Germolles, et les frais de vendanges, conformément à un précédent mandement et
par dérogation à l'ordonnance du roi sur les
coffres du Louvre. Decize, 21 août 1541.

1541.

Comptes d'Antoine Le Maçon. Arch. de la Côte-
d'Or, B. 1854, fol. 101 v°. (Mention.)

24706. Lettres fixant à 600 livres tournois les gages
de Guillaume Guérin, comme avocat du roi
au Parlement de Provence. Decize, 23 août
1541.

23 août.

Enreg. à la Chambre des Comptes d'Aix. Arch.
des Bouches-du-Rhône, B. 35 (Solis), fol. 280.
1 page.

24707. Lettres de naturalité pour Antoine Fortot,
natif du comté de Nice, habitant de Grasse.
Moulins, août 1541.

Août.

Enreg. à la Chambre des Comptes d'Aix. Arch.
des Bouches-du-Rhône, B. 35 (Solis), fol. 244 v°.
2 pages.

24708. Lettres de naturalité pour Nicolas Palleron,
originaire de Savoie, habitant en Provence.
Moulins, août 1541.

Août.

Enreg. à la Chambre des Comptes d'Aix. Arch.
des Bouches-du-Rhône, B. 35 (Solis), fol. 293 v°.
2 pages.

24709. Lettres de naturalité pour Françoise Mayault,
native d'Avignon, femme de François de
Genas, habitant la même ville, mais né à
Valence. Moulins, août 1541.

Août.

Enreg. à la Chambre des Comptes d'Aix. Arch.
des Bouches-du-Rhône, B. 35 (Solis), fol. 143.
2 pages.

24710. Lettres de naturalité pour Jeanne Fallionne,
veuve de Jean Laurens, native de Barcelone
(Espagne), résidant à Marseille. Moulins,
août 1541.

Août.

Enreg. à la Chambre des Comptes d'Aix. Arch.
des Bouches-du-Rhône, B. 35 (Solis), fol. 164.
2 pages.

24711. Lettres de naturalité pour Hugonin Benet,

Août.

38.

teinturier, originaire de Savoie, habitant de
Toulon. Moulins, août 1541.

1541.

> *Enreg. à la Chambre des Comptes d'Aix. Arch.*
> *des Bouches-du-Rhône, B. 35 (Solis), fol. 178.*
> 1 page 1/2.

24712. Lettres de naturalité pour Jean de Bourg, marchand, natif de Carpentras, et sa femme,
Catherine Prévost, originaire de Cavaillon,
habitants d'Aix en Provence. Moulins, août
1541.

Août.

> *Enreg. à la Chambre des Comptes d'Aix. Arch.*
> *des Bouches-du-Rhône, B. 35 (Solis), fol. 187.*
> 1 page.

24713. Lettres de naturalité pour Jacques Coutin, originaire de Porto-Maurizio en la Rivière de
Gênes, habitant en Provence. Moulins, août
1541.

Août.

> *Enreg. à la Chambre des Comptes d'Aix. Arch.*
> *des Bouches-du-Rhône, B. 36 (Luna), fol. 36 v°.*
> 2 pages.

24714. Lettres de naturalité pour Constant Barral,
originaire du marquisat de Saluces, habitant
en Provence. Moulins, août 1541.

Août.

> *Enreg. à la Chambre des Comptes d'Aix. Arch.*
> *des Bouches-du-Rhône, B. 35 (Solis), fol. 104 v°.*
> 2 pages 1/2.

24715. Lettres de naturalité pour Jean « Franguin-
Stipan », né près du lac de Côme, habitant
de Marseille. Moulins, août 1541.

Août.

> *Enreg. à la Chambre des Comptes d'Aix. Arch.*
> *des Bouches-du-Rhône, B. 35 (Solis), fol. 113 v°.*
> 2 pages.

24716. Lettres de naturalité pour Pierre Vincent,
prêtre, et Germain Vincent, qui est aveugle,
l'un et l'autre originaires de Savoie et habitants d'Arles. Chevagnes, août 1541.

Août.

> *Enreg. à la Chambre des Comptes d'Aix. Arch.*
> *des Bouches-du-Rhône, B. 35 (Solis), fol. 137.*
> 2 pages.

24717. Lettres de naturalité pour Christophe Guerre,
dit « le Basco », natif de Biscaye, habitant de

Août.

Brignoles en Provence. Chevagnes, août 1541.   1541.
1541.

> *Enreg. à la Chambre des Comptes d'Aix. Arch.*
> *des Bouches-du-Rhône, B. 36 (Luna), fol. 60.*
> 2 pages.

24718. Lettres de naturalité pour Barthélemy Pène,   Août.
natif du comté de Nice, habitant d'Antibes.
Bourbon-Lancy, août 1541.

> *Enreg. à la Chambre des Comptes d'Aix. Arch.*
> *des Bouches-du-Rhône, B. 36 (Luna), fol. 5.*
> 2 pages.

24719. Lettres de naturalité pour Antoine Rebec,   Août.
natif d'Andora en la Rivière de Gênes, habitant d'Antibes. Bourbon-Lancy, août 1541.

> *Enreg. à la Chambre des Comptes d'Aix. Arch.*
> *des Bouches-du-Rhône, B. 35 (Solis), fol. 338.*
> 2 pages.

24720. Lettres de naturalité pour Jacques Ermelin,   Août.
originaire du comté de Nice, habitant de
Vallauris. Bourg-Saint-Nazaire[1], août 1541.

> *Enreg. à la Chambre des Comptes d'Aix. Arch.*
> *des Bouches-du-Rhône, B. 36 (Luna), fol. 237.*
> 2 pages.

24721. Lettres de naturalité pour Antoine Ferrier,   Août.
originaire de Sainte-Marguerite, près de Nice,
habitant de Toulon. «Breulhes» (Breuil),
août 1541.

> *Enreg. à la Chambre des Comptes d'Aix. Arch.*
> *des Bouches-du-Rhône, B. 35 (Solis), fol. 242.*
> 2 pages.

24722. Lettres de naturalité pour Jacques de Begni,   Août.
habitant de Toulon. «Breulhes», août 1541.

> *Enreg. à la Chambre des Comptes d'Aix. Arch.*
> *des Bouches-du-Rhône, B. 35 (Solis), fol. 192 v°.*
> 2 pages.

24723. Lettres de naturalité pour Antoine Semgatz,   Août.

[1] C'est le prieuré de Saint-Nazaire-du-Bourg, sis près de Bourbon-Lancy.

natif d'Andora, près du Piémont, habitant
de Toulon. « Breulhes ». août 1541.

1541.

> *Enreg. à la Chambre des Comptes d'Aix. Arch.*
> *des Bouches-du-Rhône, B. 35 (Solis), fol. 197.*
> 1 page 1/2.

24724. Lettres de confirmation, pour Jean Bonneau et
Jean Gratier, de la commission de receveurs
de la recette générale de l'inspection foraine
en Bourgogne, à eux donnée par le maître des
ports à Lyon. Mâcon, 7 septembre 1541.

7 septembre.

> *Copie collat. Comptes de Jean Bonneau. Arch. de*
> *la Côte-d'Or, B. 1855, fol. 5. 6 pages.*

24725. Provisions pour Pierre Durand de l'office de
viguier de Tarascon, auquel il n'a pas été
pourvu depuis sa création. Châtillon-en-
Bresse, 14 septembre 1541.

14 septembre.

> *Enreg. à la Chambre des Comptes d'Aix. Arch.*
> *des Bouches-du-Rhône, B. 37 (Stella), fol. 23.*
> 1 page.

24726. Lettres demandant aux États de Provence le
don annuel de 15 florins par feu. Chevagnes
(*sic*), 27 septembre 1541.

27 septembre.

> *Délibérations des États de Provence. Arch. des*
> *Bouches-du-Rhône, C. reg. 1, fol. 123 v°. (Men-*
> *tion.)*

24727. Mandement à la Chambre des Comptes de
Dijon d'allouer aux comptes d'Antoine Le
Maçon, receveur général de Bourgogne, et
sur le simple vu des quittances, toutes les
sommes qui seront dépensées, jusqu'à concurrence de 500 livres tournois, par Étienne
Jacqueron et Jean Jacquot, auxquels le roi
donne par les présentes lettres commission de
faire faire, à son hôtel à Dijon, les réparations urgentes qui ne dépasseront pas ladite
somme. Fontainebleau (*sic*), 27 septembre [1]
1541.

27 septembre.

> *Comptes d'Antoine Le Maçon. Arch. de la Côte-*
> *d'Or, B. 1854, fol. 98. (Mention.)*

[1] Il faut sans doute lire « novembre ».

24728. Lettres de naturalité pour Étienne Chaton, originaire du comté de Nice, résidant à Marseille. Cluny, septembre 1541.

> *Enreg. à la Chambre des Comptes d'Aix. Arch. des Bouches-du-Rhône, B. 41 (Hirando), fol. 162. 1 page 1/2.*

1541.
Septembre.

24729. Lettres de naturalité pour Jean Ture, marin de « L'Espère de la Gennes », habitant de Marseille. Cluny, septembre 1541.

> *Enreg. à la Chambre des Comptes d'Aix. Arch. des Bouches-du-Rhône, B. 35 (Solis), fol. 250. 2 pages.*

Septembre.

24730. Lettres de naturalité pour Triais Baillon, natif de Beuil en Terre-Neuve, habitant de Brignoles en Provence depuis trente ans. Lyon, septembre 1541.

> *Enreg. à la Chambre des Comptes d'Aix. Arch. des Bouches-du-Rhône, B. 35 (Solis), fol. 156 v°, et B. 37 (Stella), fol. 73 v°. 2 pages.*

Septembre.

24731. Lettres de naturalité pour Honorat Baillon, originaire de la Terre-Neuve, habitant de Brignoles. Lyon, septembre 1541.

> *Enreg. à la Chambre des Comptes d'Aix. Arch. des Bouches-du-Rhône, B. 35 (Solis), fol. 155. 1 page 1/2.*

Septembre.

24732. Lettres de naturalité pour Jeannette Giraud, originaire du Comtat-Venaissin, habitant à Apt. Lyon, septembre 1541.

> *Enreg. à la Chambre des Comptes d'Aix. Arch. des Bouches-du-Rhône, B. 35 (Solis), fol. 168. 1 page 1/2.*

Septembre.

24733. Lettres de naturalité pour Claude de Rue, originaire de Savoie, habitant de Viens en Provence. Lyon, septembre 1541.

> *Enreg. à la Chambre des Comptes d'Aix. Arch. des Bouches-du-Rhône, B. 35 (Solis), fol. 342. 1 page 1/2.*

Septembre.

24734. Lettres portant commission à Guillaume Guérin, avocat général au Parlement d'Aix, d'accorder au nom du roi les autorisations nécessaires à la traite des grains et du blé

11 octobre.

transportés hors de Provence. Guisery, 11 octobre 1541.

1541.

> *Enreg. à la Chambre des Comptes d'Aix. Arch.*
> *des Bouches-du-Rhône, B. 35 (Solis), fol. 163.*
> 2 pages.

24735. Mandement enjoignant aux habitants de Chauny de se conformer aux lettres du 16 juin précédent (n° 24675), sous peine de saisie des deniers provenant des octrois. Auxonne, 25 octobre 1541.

25 octobre.

> *Imp. Mémoires du Comité archéologique de Noyon,*
> t. VI, 1880, p. 307.

24736. Lettres de naturalité pour Jacques Loque, originaire de Saint-Étienne en Terre-Neuve (ou Saint-Étienne-Mont), habitant d'Aix en Provence. Dijon, 29 octobre 1541.

29 octobre.

> *Enreg. à la Chambre des Comptes d'Aix. Arch.*
> *des Bouches-du-Rhône, B. 35 (Solis), fol. 287 v°.*
> 1 page.

24737. Lettres de naturalité pour Étienne Bernardet, originaire de Savoie, habitant d'Arles. La Bruyère, octobre 1541.

Octobre.

> *Enreg. à la Chambre des Comptes d'Aix. Arch.*
> *des Bouches-du-Rhône, B. 35 (Solis), fol. 269 v°.*
> 1 page 1/2.

24738. Lettres de naturalité pour Aubertin Bathellon, originaire de la Terre-Neuve, habitant du Luc, au diocèse de Fréjus. La Bruyère, octobre 1541.

Octobre.

> *Enreg. à la Chambre des Comptes d'Aix. Arch.*
> *des Bouches-du-Rhône, B. 35 (Solis), fol. 176 v°.*
> 2 pages.

24739. Lettres de naturalité pour Balthazar de Soleys, originaire du duché de Milan, habitant du Luc. La Bruyère, octobre 1541.

Octobre.

> *Enreg. à la Chambre des Comptes d'Aix. Arch.*
> *des Bouches-du-Rhône, B. 35 (Solis), fol. 285.*
> 1 page 1/2.

24740. Lettres de naturalité pour Rollette Sermond,

Octobre.

— 305 —

veuve, originaire de Savoie, habitant la Pro- 1541.
vence. Pagny, octobre 1541.

Enreg. à la Chambre des Comptes d'Aix. Arch.
des Bouches-du-Rhône, B. 36 (Luna), fol. 83.
2 pages.

24741. Édit portant création d'un second office de pré- 12 novembre.
sident au Parlement de Provence, et provi-
sions dudit office pour Jean Maynier, seigneur
d'Oppède. Cravant, 12 novembre 1541.

Enreg. à la Chambre des Comptes d'Aix. Arch.
des Bouches-du-Rhône, B. 35 (Solis), fol. 267.
2 pages.

24742. Lettres nommant Nicolas de Bossut, sr de Lon- 20 novembre.
gueval, gouverneur de Stenay, et lui man-
dant de prendre possession de ladite ville et
de ses dépendances au nom du roi, auquel
cession en a été faite par les ducs de Lorraine
et de Bar. Fontainebleau, 20 novembre
1541.

Copie collationnée du xviiie siècle. Bibl. nat.,
ms. Moreau 577, fol. 195 v°. 5 pages.

24743. Lettres fixant à 800 livres tournois les gages du 20 novembre.
second président au Parlement de Provence,
dont l'office vient d'être créé. Fontainebleau,
20 novembre 1541.

Enreg. à la Chambre des Comptes d'Aix. Arch.
des Bouches-du-Rhône, B. 35 (Solis), fol. 268.
1 page.

24744. Lettres attribuant à Nicolas de Cocil, dit « Agaf- 22 novembre.
fin », chargé de mettre en la main du roi les
étangs et salins d'Istres et de Lavalduc en
Provence, la somme de 6,296 livres 1 sou
4 deniers. Fontainebleau, 22 novembre 1541.

Enreg. à la Chambre des Comptes d'Aix. Arch.
des Bouches-du-Rhône, B. 35 (Solis), fol. 272.
1 page 1/2.

24745. Provisions pour Étienne Michel, praticien, de 25 novembre.
l'office de procureur du roi à Moustiers. Fontainebleau, 25 novembre 1541.

Enreg. à la Chambre des Comptes d'Aix. Arch.
des Bouches-du-Rhône, B. 36 (Luna), fol. 4.
1 page.

24746. Déclaration portant que Nicolas de Cocil, trésorier et receveur général de Provence, doit tenir les comptes de toutes les recettes et dépenses ordinaires et extraordinaires, y compris celles qui concernent la marine, les confiscations, les impositions foraines, etc. Fontainebleau, 26 novembre 1541.

Enreg. à la Chambre des Comptes d'Aix. Arch. des Bouches-du-Rhône, B. 35 (Solis), fol. 260 v°. 1 page.

1541.
26 novembre.

24747. Lettres de naturalité pour Didier Laffrain, natif de Girancourt en Lorraine, habitant de Salon en Provence. Fontainebleau, novembre 1541.

Enreg. à la Chambre des Comptes d'Aix. Arch. des Bouches-du-Rhône, B. 36 (Luna), fol. 11 et 344 v°. 1 page.

Novembre.

24748. Lettres de naturalité pour Imbert Thomas, muletier, natif d'Apremont près de Chambéry, habitant de Sisteron. Fontainebleau, novembre 1541.

Enreg. à la Chambre des Comptes d'Aix. Arch. des Bouches-du-Rhône, B. 36 (Luna), fol. 85. 2 pages.

Novembre.

24749. Lettres de naturalité pour Antoine Eymar, natif de Saint-Paul en Terre-Neuve, habitant de Sisteron. Fontainebleau, novembre 1541.

Enreg. à la Chambre des Comptes d'Aix. Arch. des Bouches-du-Rhône, B. 36 (Luna), fol. 288 v°. 1 page.

Novembre.

24750. Lettres de naturalité pour Barthélemy d'Isautier, originaire de la Terre-Neuve, habitant de Sisteron. Fontainebleau, novembre 1541.

Enreg. à la Chambre des Comptes d'Aix. Arch. des Bouches-du-Rhône, B. 35 (Solis), fol. 289. 1 page 1/2.

Novembre.

24751. Mandement à la Chambre des Comptes de Dijon d'allouer, sur le simple vu des quittances, aux comptes d'Antoine Le Maçon, receveur général des finances en Bourgogne,

3 décembre.

toutes les sommes dépensées, jusqu'à concurrence de 1,200 livres, par ledit receveur général et Étienne Jacqueron, maître ordinaire de ladite Chambre des Comptes, commis l'un et l'autre à la visite et aux réparations des places fortes du duché, pour le fait de cette commission. Fontainebleau, 3 décembre 1541.

> *Comptes d'Antoine Le Maçon. Arch. de la Côte-d'Or, B. 1854, fol. 95 v°. (Mention.)*

1541.

24752. Provisions pour Joachim Magnan de l'office de second huissier au Parlement d'Aix, vacant par la résignation de Jean Meurot. Fontainebleau, 4 décembre 1541.

> *Enreg. à la Chambre des Comptes d'Aix. Arch. des Bouches-du-Rhône, B. 35 (Solis), fol. 324 v°.* 1 page.

4 décembre.

24753. Lettres de naturalité pour François d'Anceline, habitant d'Avignon. Fontainebleau, 4 décembre 1541.

> *Enreg. à la Chambre des Comptes d'Aix. Arch. des Bouches du-Rhône, B. 36 (Luna), fol. 175.* 1 page 1/2.

4 décembre.

24754. Commission à Thibaut de Longuejoue, maître des requêtes de l'hôtel, et à Antoine Pétremol, maître ordinaire des comptes, d'établir le compte pendant douze années consécutives, pour en prendre la moyenne, des revenus du comté de Chaumont en Vexin et de la terre et seigneurie de Sézanne, que le roi a l'intention de donner au duc d'Estouteville, en échange du comté de Saint-Pol, réuni au domaine de la couronne. Fontainebleau, 10 décembre 1541.

> *Copie collat. du 21 février 1543 n. s. Arch. nat., Chambre des Comptes, P. 558³, n° 1328.*

10 décembre.

24755. Lettres de surannation pour l'enregistrement des lettres de naturalité accordées à Jean et Michel de Villela en juin 1537 (n° 21281). Fontainebleau, 10 décembre 1541.

> *Enreg. à la Chambre des Comptes d'Aix. Arch. des Bouches-du-Rhône, B. 37 (Stella), fol. 234.* 1 page.

10 décembre.

39.

24756. Lettres de surannation pour l'enregistrement des lettres du 23 février 1517 (n° 23449), confirmant les privilèges de Raymond, François et Jean Perre. 17 décembre 1541. — 1541. 17 décembre.

Enreg. à la Chambre des Comptes d'Aix. Arch. des Bouches-du-Rhône, B. 35 *(Solis),* fol. 241. 1 page.

24757. Lettres de jussion au Parlement de Paris d'enregistrer les lettres d'avril 1539, portant cession à Antoine, duc de Lorraine, des droits de régale dans le duché de Barrois (n° 11017). 29 décembre 1541. — 29 décembre.

Bibl. nat., ms. fr. 3937, fol. 73 v°. *(Mention.)*

24758. Lettres de naturalité pour Pierre de Forli, évêque d'Apt, natif d'Avignon. Fontainebleau, décembre 1541. — Décembre.

Enreg. à la Chambre des Comptes d'Aix. Arch. des Bouches-du-Rhône, B. 38 *(Serena),* fol. 109. 1 p. 1/2.

24759. Lettres de naturalité pour Georges Barrillat, originaire d'Andora en la Rivière de Gênes, habitant de Marseille. Fontainebleau, décembre 1541. — Décembre.

Enreg. à la Chambre des Comptes d'Aix. Arch. des Bouches-du-Rhône, B. 35 *(Solis),* fol. 248 v°. 1 page.

24760. Lettres de naturalité pour Étienne Rix, originaire d'Albenga en la Rivière de Gênes, habitant en Provence. Fontainebleau, décembre 1541. — Décembre.

Enreg. à la Chambre des Comptes d'Aix. Arch. des Bouches-du-Rhône, B. 35 *(Solis),* fol. 261 v°. 2 pages.

24761. Lettres de naturalité pour Honorat Hautement, originaire de l'évêché de Glandèves en Terre-Neuve, habitant de Grans en Provence. Fontainebleau, décembre 1541. — Décembre.

Enreg. à la Chambre des Comptes d'Aix. Arch. des Bouches-du-Rhône, B. 35 *(Solis),* fol. 277. 2 pages.

24762. Lettres de naturalité pour Honorat Jean, no- — Décembre.

taire à Avignon. Fontainebleau, décembre   1541.
1541.

> *Enreg. à la Chambre des Comptes d'Aix. Arch.*
> *des Bouches-du-Rhône, B. 35 (Solis), fol. 311.*
> *1 page 1/2.*

24763. Lettres de naturalité pour Edme Jean, notaire,   Décembre.
demeurant à Avignon et possesseur de terres
au royaume de France. Fontainebleau, décembre 1541.

> *Enreg. à la Chambre des Comptes d'Aix. Arch.*
> *des Bouches-du-Rhône, B. 37 (Stella), fol. 167.*
> *1 page 1/2.*

24764. Lettres de naturalité pour François Chabert,   Décembre.
écuyer, citoyen d'Avignon. Fontainebleau,
décembre 1541.

> *Enreg. à la Chambre des Comptes d'Aix. Arch.*
> *des Bouches-du-Rhône, B. 35 (Solis), fol. 312.*
> *2 pages.*

24765. Lettres de naturalité pour Thomas Beau, natif   Décembre.
de Piémont, habitant de Marseille. Fontaine-
bleau, décembre 1541.

> *Enreg. à la Chambre des Comptes d'Aix. Arch.*
> *des Bouches-du-Rhône, B. 35 (Solis), fol. 358 v°.*
> *1 page 1/2.*

24766. Lettres de naturalité pour Thomas Juvenel,   Décembre.
drapier, natif et habitant d'Avignon. Fontai-
nebleau, décembre 1541.

> *Enreg. à la Chambre des Comptes d'Aix. Arch.*
> *des Bouches-du-Rhône, B. 37 (Stella), fol. 95 v°.*
> *2 pages.*

24767. Lettres de naturalité pour Guillaume Martin,   Décembre.
natif du comté de Tende, demeurant à Dra-
guignan, et pour François Gastaud, originaire
de la Terre-Neuve, demeurant en Provence.
Fontainebleau, décembre 1541.

> *Enreg. à la Chambre des Comptes d'Aix. Arch.*
> *des Bouches-du-Rhône, B. 37 (Stella), fol. 117.*
> *2 pages.*

24768. Lettres de naturalité pour Bastien Calvi, ori-   Décembre.

ginaire de la Rivière de Gênes, habitant de
Fréjus. La Grande-Paroisse, décembre 1541.

*Enreg. à la Chambre des Comptes d'Aix. Arch.
des Bouches-du-Rhône, B. 36 (Luna), fol. 214 v°.
2 pages.*

1542. — Pâques, le 9 avril.

1541.

1542.

24769. Lettres confirmant aux bouchers de Beaune
l'accensement des étaux qu'ils possèdent dans
les halles de la ville, et les maintenant dans
le droit de vendre uniquement en ce lieu,
contrairement aux prétentions de la chambre
de ville. Paris, 23 janvier 1541.

23 janvier.

Archives de la Côte-d'Or, E. 3476.

24770. Mandement à la Chambre des Comptes de Dijon d'allouer aux comptes d'Antoine Le Maçon, receveur général de Bourgogne, la
somme de 2,336 livres tournois, montant des
dépenses faites, suivant un rôle annexé audit
mandement, pour conduire à Fontainebleau
et à Paris, durant l'année 1541, cinquante
pièces de vin blanc d'Arbois et trois cent
quatre-vingt-cinq pièces de vin clairet des
crus de Beaune, Talant, Chenôve et Germolles. Paris, 24 janvier 1541.

24 janvier.

*Comptes d'Antoine Le Maçon. Arch. de la Côte-
d'Or, B. 1854, fol. 118. (Mention.)*

24771. Lettres commettant Anne de Laval, veuve de
François de La Trémoïlle, pour gouverner et
administrer la personne et les biens de Louise
de Coëtivy, comtesse de Taillebourg, sa belle-
mère. Paris, 26 janvier 1541.

26 janvier.

*Original. Chartrier de Thouars, appartenant à
M. le duc de La Trémoïlle.
Imp. Les La Trémoïlle pendant cinq siècles.
Tome III, Charles, François et Louis III (1485-
1577). Nantes, in-4°, 1894, p. 20.*

24772. Lettres de naturalité pour Jérome Lopis, docteur en médecine, citoyen d'Avignon, pos-

Janvier.

sesseur de terres en Provence. Fontainebleau, janvier 1541.

> *Enreg. à la Chambre des Comptes d'Aix. Arch.*
> *des Bouches-du-Rhône, B. 36 (Luna), fol. 40.*
> 1 page 1/2.

24773. Lettres de naturalité pour Adrien Chambert,   Janvier.
charpentier, natif de Bresse, demeurant à
Salon-de-Crau. Fontainebleau, janvier 1541.

> *Enreg. à la Chambre des Comptes d'Aix. Arch.*
> *des Bouches-du-Rhône, B. 36 (Luna), fol. 11.*
> 2 pages.

24774. Lettres de naturalité pour Pons Hautement,   Janvier.
originaire de la Terre-Neuve, habitant de
Grans en l'évêché d'Arles. Fontainebleau,
janvier 1541.

> *Enreg. à la Chambre des Comptes d'Aix. Arch.*
> *des Bouches-du-Rhône, B. 35 (Solis), fol. 317.*
> 1 page.

24775. Lettres de naturalité pour Antoine Armaguin,   Janvier.
originaire de Rapallo, près de Gênes, habi-
tant en Provence. Fontainebleau, janvier
1541.

> *Enreg. à la Chambre des Comptes d'Aix. Arch.*
> *des Bouches-du-Rhône, B. 35 (Solis), fol. 323.*
> 1 page 1/2.

24776. Lettres de naturalité pour André Chays, ori-   Janvier.
ginaire du diocèse de Nice, habitant Salon-
de-Crau. Fontainebleau, janvier 1541.

> *Enreg. à la Chambre des Comptes d'Aix. Arch.*
> *des Bouches-du-Rhône, B. 35 (Solis), fol. 339 v°.*
> 1 page.

24777. Provisions pour François Somati de l'office de   1er février.
conseiller lai au Parlement d'Aix, vacant par
la promotion de Jean Maynier, seigneur
d'Oppède, à l'office de second président en
ladite cour. Saint-Germain-en-Laye, 1er février 1541.

> *Enreg. à la Chambre des Comptes d'Aix. Arch.*
> *des Bouches-du-Rhône, B. 35 (Solis), fol. 310.*
> 2 pages.

24778. Lettres de naturalité pour Étienne Barrière,   13 février.

1542.

originaire du comté de Nice, demeurant à Vence. Dourdan, 13 février 1541.

Enreg. à la Chambre des Comptes d'Aix. Arch. des Bouches-du-Rhône, B. 36 (Luna), fol. 12 v°. 2 pages.

1542.

24779. Lettres concédant au roi de Navarre le profit et revenu qui auraient dû appartenir au roi, du fait de l'ouverture, aux frais dudit roi de Navarre, de mines d'or, d'argent, plomb, laiton, cuivre, fer, etc., faite en Guyenne pendant une période de vingt ans à dater des présentes lettres. Rambouillet, 15 février 1541.

Copie abrégée du XVIII° siècle. Bibl. nat., coll. de Périgord, t. X, 7° recueil, p. 32.

15 février.

24780. Déclaration attribuant à Adrien de Pisseleu, seigneur d'Heilly, capitaine de Hesdin, la jouissance des droits de guet du château dudit Hesdin. Limours, 15 février 1541.

Original signé. Arch. nat., T. 153⁷⁶⁻⁷⁸.

15 février.

24781. Lettres maintenant Jean d'Estouteville, s' de Villebon, en possession durant quatre années de la seigneurie de Léry dont il lui a été fait don précédemment. Limours, 15 février 1541.

Arch. nat., P. 1920⁵, cote 45566. (Mention.)

15 février.

24782. Mandement à la Chambre des Comptes d'Aix pour l'enregistrement des lettres de naturalité accordées, en septembre précédent (n° 24730), à Triais Baillon, bien que celui-ci soit mort depuis cette date. Paris, 20 février 1541.

Enreg. à la Chambre des Comptes d'Aix. Arch. des Bouches-du-Rhône, B. 37 (Stella), fol. 75. 1 page 1/2.

20 février.

24783. Lettres de naturalité pour Claude Bertrand, originaire du bailliage de Barcelonnette, demeurant à Aups en Provence depuis vingt-cinq ans. Paris, février 1541.

Enreg. à la Chambre des Comptes d'Aix. Arch. des Bouches-du-Rhône, B. 37 (Stella), fol. 86 v°. 2 pages.

Février.

24784. Lettres de naturalité en faveur de Jacques Girard, cordonnier, natif de Fours au bailliage de Barcelonnette, demeurant, depuis cinquante ans, à Aups en Provence. Paris, février 1541.

Enreg. à la Chambre des Comptes d'Aix. Arch. des Bouches-du-Rhône, B. 37 (Stella), fol. 31 v°. 1 page 1/2.

1542.
Février.

24785. Lettres de naturalité pour Emmanuel Raynaud, notaire à Aix, originaire du comté de Nice. Dourdan, février 1541.

Enreg. à la Chambre des Comptes d'Aix. Arch. des Bouches-du-Rhône, B. 36 (Luna), fol. 29. 2 pages.

Février.

24786. Lettres de naturalité pour Claude Astre, originaire du diocèse de Nice, habitant le diocèse de Toulon. Saint-Arnoult [-en-Yvelines], février 1541.

Enreg. à la Chambre des Comptes d'Aix. Arch. des Bouches-du-Rhône, B. 36 (Luna), fol. 43. 2 pages.

Février.

24787. Lettres de naturalité pour Philippe Aureillet, originaire de Franche-Comté, habitant de Marseille. Saint-Arnoult [-en-Yvelines], février 1541.

Enreg. à la Chambre des Comptes d'Aix. Arch. des Bouches-du-Rhône, B. 35 (Solis), fol. 363 v°. 2 pages.

Février.

24788. Lettres de naturalité pour Pierre Dupin, maître calfat de navires, demeurant à Marseille, originaire de San-Remo en la Rivière de Gênes. Saint-Arnoult [-en-Yvelines], février 1541.

Enreg. à la Chambre des Comptes d'Aix. Arch. des Bouches-du-Rhône, B. 36 (Luna), fol. 365. 2 pages.

Février.

24789. Lettres portant pouvoir à Antoine Escalin, baron de la Garde, de recevoir du Grand Seigneur toute somme que celui-ci voudrait lui remettre, en prêt ou comme subside. Bois-de-Vincennes, 11 mars 1541.

Bibl. nat., ms. Moreau 778, fol. 151. (Mention.)

11 mars.

40

24790. Lettres portant pouvoir à Antoine Escalin, baron de la Garde, de traiter avec le Grand Seigneur vers lequel il est envoyé comme ambassadeur. Châteauroux (sic), 16 mars 1541 [1].

1542.
16 mars.

Bibl. nat.; ms. Moreau 778, fol. 151. (Mention.)

24791. Lettres de naturalité pour Antoine Bourdour, cordonnier, originaire du Comtat-Venaissin, demeurant à Pertuis en Provence. Bois de Vincennes, mars 1541.

Mars.

Enreg. à la Chambre des Comptes d'Aix. Arch. des Bouches-du-Rhône, B. 36 (Luna), fol. 14. 2 pages.

24792. Lettres de naturalité pour Pierre Moissonier, laboureur, originaire de la Rivière de Gênes, habitant de Solliès au diocèse de Toulon. Bois de Vincennes, mars 1541.

Mars.

Enreg. à la Chambre des Comptes d'Aix. Arch. des Bouches-du-Rhône, B. 36 (Luna), fol. 51 v°. 2 pages.

24793. Lettres de naturalité pour Jean Lesdier, laboureur, natif de Barcelonne[tte] en Terre-Neuve, habitant de Solliès. Conflans, mars 1541.

Mars.

Enreg. à la Chambre des Comptes d'Aix. Arch. des Bouches-du-Rhône, B. 36 (Luna), fol. 53. 2 pages.

24794. Lettres de naturalité pour François de Monnet, citoyen d'Avignon, qui possède des biens en Provence. Conflans, mars 1541.

Mars.

Enreg. à la Chambre des Comptes d'Aix. Arch. des Bouches-du-Rhône, B. 36 (Luna), fol. 120. 2 pages.

24795. Lettres de légitimation en faveur de Claude Martin, habitant de Puyloubier en Provence, fils naturel de Melchior Martin et d'Anne Peiret. Nogent-sur-Seine, mars 1541.

Mars.

Enreg. à la Chambre des Comptes d'Aix. Arch. des Bouches-du-Rhône, B. 37 (Stella), fol. 90. 2 pages.

[1] Il faudrait peut-être : « Châteauvieux, 16 mars 1540 ».

24796. Édit rétablissant les vigueries qui avaient été supprimées en Provence. Nogent-sur-Seine, mars 1541.

Enreg. à la Chambre des Comptes d'Aix. Arch. des Bouches-du-Rhône, B. 40 (Corvus), fol. 137 v°. 3 pages.

1542. Mars.

24797. Lettres de naturalité pour Jean Cabassolle, de Réal, citoyen d'Avignon. Blois (sic), mars 1541 [1].

Enreg. à la Chambre des Comptes d'Aix. Arch. des Bouches-du-Rhône, B. 35 (Solis), fol. 304 v°. 2 pages.

Mars.

24798. Lettres de naturalité pour Fouquet Mancin, tisserand, originaire du comté de Nice, demeurant à Colmars en Provence. Villeneuve-l'Archevêque, avril 1541.

Enreg. à la Chambre des Comptes d'Aix. Arch. des Bouches-du-Rhône, B. 36 (Luna), fol. 50. 2 pages.

Avril.

24799. Lettres de naturalité pour Antoine Ourdain, originaire de la Rivière de Gênes, habitant en Provence. Villeneuve [-l'Archevêque], avril 1541.

Enreg. à la Chambre des Comptes d'Aix. Arch. des Bouches-du-Rhône, B. 36 (Luna), fol. 194. 1 page 1/2.

Avril.

24800. Mandement au Parlement d'Aix de saisir dans l'étendue de son ressort les terres de tous ceux qui refuseront de s'acquitter des droits qu'ils doivent au roi, comme comte de Provence. Tonnerre, 19 avril 1542.

Enreg. à la Chambre des Comptes d'Aix. Arch. des Bouches-du-Rhône, B. 36 (Luna), fol. 142. 2 pages.

19 avril.

24801. Lettres de naturalité pour Jean Serrier, marchand, natif d'Avignon, demeurant à Arles. Tonnerre, avril 1542.

Enreg. à la Chambre des Comptes d'Aix. Arch. des Bouches-du-Rhône, B. 37 (Stella), fol. 110. 2 pages.

Avril.

[1] Faute de copie, sans doute pour : «Blois, mars 1540».

40.

24802. Lettres de naturalité pour Paulo de Corio, natif du Piémont, demeurant à Saint-Maximin en Provence, au diocèse de Sisteron. Tonnerre, avril 1542.

Enreg. à la Chambre des Comptes d'Aix. Arch. des Bouches-du-Rhône, B. 36 (Luna), fol. 196 v°. 2 pages.

1542. Avril.

24803. Lettres de naturalité pour Daniel de Corio, natif du Piémont, demeurant à Saint-Maximin en Provence. Tonnerre, avril 1542.

Enreg. à la Chambre des Comptes d'Aix. Arch. des Bouches-du-Rhône, B. 36 (Luna), fol. 198.

Avril.

24804. Lettres de naturalité pour Honorat Ingilhard, natif du comté de Nice, demeurant à Manosque. Tonnerre, avril 1542.

Enreg. à la Chambre des Comptes d'Aix. Arch. des Bouches-du-Rhône, B. 36 (Luna), fol. 79 v°. 1 page.

Avril.

24805. Lettres de naturalité pour Philippe Amyeu, originaire de Savoie, demeurant à Apt. Tonnerre, avril 1542.

Enreg. à la Chambre des Comptes d'Aix. Arch. des Bouches-du-Rhône, B. 36 (Luna), fol. 244 v°. 1 page 1/2.

Avril.

24806. Lettres de naturalité en faveur de Julien Jurre, marinier, natif de la Rivière de Gênes, demeurant actuellement à Marseille. Montréal, avril 1542.

Enreg. à la Chambre des Comptes d'Aix. Arch. des Bouches-du-Rhône, B. 37 (Stella), fol. 85. 1 page 1/2.

Avril.

24807. Lettres de naturalité pour Honoré Voyson, natif d'Avignon, demeurant à Apt. Montréal, avril 1542.

Enreg. à la Chambre des Comptes d'Aix. Arch. des Bouches-du-Rhône, B. 36 (Luna), fol. 87. 1 page.

Avril.

24808. Provisions pour Gaspard d'Arcussia de l'office de conseiller clerc au Parlement de Pro-

20 mai.

vence, vacant par la promotion de François 1542.
Somati à l'office de conseiller lai. Brienne,
20 mai 1542.

> *Enreg. à la Chambre des Comptes d'Aix. Arch.*
> *des Bouches-du-Rhône, B. 36 (Luna), fol. 131.*
> 1 page 1/2.

24809. Lettres ordonnant la réunion au domaine des 20 mai.
lieux de Thorrene, Caille et les Sausses en
Provence. Brienne, 20 mai 1542.

> *Enreg. à la Chambre des Comptes d'Aix. Arch.*
> *des Bouches-du-Rhône, B. 36 (Luna), fol. 115 v°.*
> 1 page.

24810. Lettres complétant celles du 28 mars précé- 20 mai.
dent (n° 12405), relatives au ban et à l'arrière-ban en Provence. Brienne, 20 mai
1542.

> *Enreg. à la Chambre des Comptes d'Aix. Arch.*
> *des Bouches-du-Rhône, B. 36 (Luna), fol. 126.*
> 1 page.

24811. Commission pour James de Saint-Julien de la 22 mai.
charge de colonel général des Suisses en Piémont. 22 mai 1542.

> *Imp.* Pinard, *Chronologie historique militaire.*
> Paris, 1760-1778, in-4°, t. III, p. 562. (*Mention.*)

24812. Lettres concernant la formation de l'armée de 22 mai.
Piémont. 22 mai 1542.

> *Imp.* Pinard, *Chronologie historique militaire.*
> Paris, 1760-1778, in-4°, t. III, p. 582. (*Mention.*)

24813. Commission pour Jean-Paul de Cère de la 22 mai.
charge de colonel général des six mille Italiens
qui vont être levés. 22 mai 1542.

> *Imp.* Pinard, *Chronologie historique militaire.*
> Paris, 1760-1778, in-4°, t. III, p. 582. (*Mention.*)

24814. Déclaration explicative des lettres de juillet 22 mai.
1541 (n° 24694), portant création de foires
à Couleuvre en Bourbonnais. 22 mai 1542.

> *Original. Arch. communales de Lurcy-Lévy*
> (*Allier*).
> *Imp.* Bulletin de la Société d'émulation de l'Al-
> lier, t. XI, 1869, p. 506.

24815. Lettres confirmant le baron de Grignan en sa 23 mai.

charge de lieutenant général du roi en Pro- 1542.
vence. Montiérender, 23 mai 1542.

Enreg. à la Chambre des Comptes d'Aix. Arch.
des Bouches-du-Rhône, B. 36 (Luna), fol. 96.
1 page.
Bibl. nat., ms. lat. 9262, p. 18. (Mention.)

24816. Lettres portant don à Guillaume Guérin et à 31 mai.
Thomas de Piolenc, procureur général et
avocat du roi au Parlement de Provence,
d'une pension de 400 livres tournois, en
outre de leurs gages, en considération de
l'abondance des procès. Éclaron, 31 mai
1542.

Enreg. à la Chambre des Comptes d'Aix. Arch.
des Bouches-du-Rhône, B. 36 (Luna), fol. 123 v°.
1 page.

24817. Lettres de naturalité pour Dominique Benso, Mai.
originaire de la Rivière de Gênes, habitant
d'Auribeau, aux environs de Grasse. Montréal, mai 1542.

Enreg. à la Chambre des Comptes d'Aix. Arch.
des Bouches-du-Rhône, B. 37 (Stella), fol. 210.
2 pages.

24818. Lettres de naturalité pour Jean Garmonde, Mai.
laboureur, originaire de la Rivière de Gênes,
habitant d'Auribeau. Montréal, mai 1542.

Enreg. à la Chambre des Comptes d'Aix. Arch.
des Bouches-du-Rhône, B. 37 (Stella), fol. 211 v°.
2 pages.

24819. Lettres de naturalité pour Bernard Moura, la- Mai.
boureur, originaire de la Rivière de Gênes,
habitant d'Auribeau, près de Grasse. Montréal, mai 1542.

Enreg. à la Chambre des Comptes d'Aix. Arch.
des Bouches-du-Rhône, B. 37 (Luna), fol. 241 v°.
1 page.

24820. Lettres de naturalité pour Pons Lieutaut, Mai.
natif de Saint-Martin en Terre-Neuve, habitant en Provence. Rochefort, mai 1542.

Enreg. à la Chambre des Comptes d'Aix. Arch.
des Bouches-du-Rhône, B. 36 (Luna), fol. 162.
2 pages.

24821. Lettres de naturalité pour Mathieu Hautement, natif de Saint-Martin en Terre-Neuve, demeurant en Provence. Rochefort, mai 1542.

> *Enreg. à la Chambre des Comptes d'Aix. Arch. des Bouches-du-Rhône, B. 36 (Luna), fol. 164. 2 pages.*

1542.
Mai.

24822. Lettres de naturalité en faveur de Louis Bologne, originaire de la Rivière de Gênes, habitant en Provence depuis soixante ans. Rochefort, mai 1542.

> *Enreg. à la Chambre des Comptes d'Aix. Arch. des Bouches-du-Rhône, B. 37 (Stella), fol. 16. 1 page 1/2.*

Mai.

24823. Lettres de naturalité en faveur de Georges Seignoret, originaire du marquisat de Saluces, demeurant en Provence depuis trente ans. Montiéramey, mai 1542.

> *Enreg. à la Chambre des Comptes d'Aix. Arch. des Bouches-du-Rhône, B. 37 (Stella), fol. 41 v°. 2 pages.*

Mai.

24824. Lettres de naturalité pour Vincent Diey, natif de Piémont, habitant en Provence. Brienne, mai 1542.

> *Enreg. à la Chambre des Comptes d'Aix. Arch. des Bouches-du-Rhône, B. 36 (Luna), fol. 243. 2 pages.*

Mai.

24825. Lettres de naturalité pour Jean Salvator, natif de Barcelonne[tte], demeurant à Apt. Brienne, mai 1542.

> *Enreg. à la Chambre des Comptes d'Aix. Arch. des Bouches-du-Rhône, B. 37 (Stella), fol. 178. 3 pages.*

Mai.

24826. Lettres de naturalité pour Pierre-Antoine de Floriis, marinier, originaire de la Rivière de Gênes, demeurant à Marseille. Brienne, mai 1542.

> *Enreg. à la Chambre des Comptes d'Aix. Arch. des Bouches-du-Rhône, B. 37 (Stella), fol. 188. 1 page.*

Mai.

24827. Lettres de naturalité pour Baptiste Odon, ma-

Mai.

rinier, natif de la Rivière de Gênes, habitant
de Marseille. Brienne, mai 1542.

1542.

*Enreg. à la Chambre des Comptes d'Aix. Arch.
des Bouches-du-Rhône, B. 37 (Stella), fol. 189 v°.
1 page.*

24828. Lettres de naturalité pour Jean-Vincent Viot,
natif du Piémont, demeurant en Provence.
Brienne, mai 1542.

Mai.

*Enreg. à la Chambre des Comptes d'Aix. Arch.
des Bouches-du-Rhône, B. 37 (Stella), fol. 192.
2 pages.*

24829. Lettres de naturalité en faveur de Guillaume
Arnaud, natif de Barcelonnette, demeu-
à Pertuis en Provence. Brienne, mai 1542.

Mai.

*Enreg. à la Chambre des Comptes d'Aix. Arch.
des Bouches-du-Rhône, B. 37 (Stella), fol. 28.
1 page.*

24830. Lettres de naturalité en faveur d'Antoine Béraudin, prêtre, natif de Piémont, habitant
la Provence. Brienne, mai 1542.

Mai.

*Enreg. à la Chambre des Comptes d'Aix. Arch.
des Bouches-du-Rhône, B. 40 (Corvus), fol. 282 v°.
1 page 1/2.*

24831. Lettres de naturalité pour Antoine Vellerant,
originaire de la Rivière de Gênes, demeurant
en Provence. Saint-Dizier, mai 1542.

Mai.

*Enreg. à la Chambre des Comptes d'Aix. Arch.
des Bouches-du-Rhône, B. 36 (Luna), fol. 171.
2 pages.*

24832. Lettres de naturalité pour Honoré Canasse,
originaire de la Rivière de Gênes, habitant
d'Antibes. Éclaron, mai 1542.

Mai.

*Enreg. à la Chambre des Comptes d'Aix. Arch.
des Bouches-du-Rhône, B. 37 (Stella), fol. 164.
1 page 1/2.*

24833. Lettres de naturalité pour Simon Aumanel,
originaire du Comtat-Venaissin, demeurant à
Arles. Éclaron, mai 1542.

Mai.

*Enreg. à la Chambre des Comptes d'Aix. Arch.
des Bouches-du-Rhône, B. 36 (Luna), fol. 219.
2 pages.*

24834. Lettres de naturalité pour Antoine Allard, natif de Barcelonne[tte], demeurant à Salon en Provence. Éclaron, mai 1542.

> *Enreg. à la Chambre des Comptes d'Aix. Arch. des Bouches-du-Rhône,. B. 37 (Stella), fol. 184.*
> 1 page 1/2.

1542.
Mai.

24835. Lettres de naturalité pour Martin Allard, natif de Barcelonne[tte], demeurant à Salon. Éclaron, mai 1542.

> *Enreg. à la Chambre des Comptes d'Aix. Arch. des Bouches-du-Rhône, B. 37 (Stella), fol. 185 v°.*
> 1 page.

Mai.

24836. Lettres de naturalité pour Jean-Antoine Robin, natif de la Rivière de Gênes, habitant d'Antibes. Éclaron, mai 1542.

> *Enreg. à la Chambre des Comptes d'Aix. Arch. des Bouches-du-Rhône, B. 37 (Stella), fol. 113 v°.*
> 1 page 1/2.

Mai.

24837. Lettres de naturalité pour Julien Ardisson, natif de la Rivière de Gênes, demeurant à Cannes en Provence. Éclaron, mai 1542.

> *Enreg. à la Chambre des Comptes d'Aix. Arch. des Bouches-du-Rhône, B. 37 (Stella), fol. 126.*
> 1 page 1/2.

Mai.

24838. Lettres de naturalité pour François Calvi, natif de la Rivière de Gênes, demeurant à Cannes en Provence. Éclaron, mai 1542.

> *Enreg. à la Chambre des Comptes d'Aix. Arch. des Bouches-du-Rhône, B. 37 (Stella), fol. 114.*
> 1 page 1/2.

Mai.

24839. Lettres de naturalité pour Séraphin Arbonière, natif de la Rivière de Gênes, demeurant à Cannes. Éclaron, mai 1542.

> *Enreg. à la Chambre des Comptes d'Aix. Arch. des Bouches-du-Rhône, B. 37 (Stella), fol. 129.*
> 1 page.

Mai.

24840. Lettres de naturalité pour Aubier Quarinsi, natif de la Rivière de Gênes, demeurant à Cannes. Éclaron, mai 1542.

> *Enreg. à la Chambre des Comptes d'Aix. Arch. des Bouches-du-Rhône, B. 37 (Stella), fol. 130 v°.*
> 1 page.

Mai.

IMPRIMERIE NATIONALE.

24841. Lettres de naturalité pour Maurice Alègre, natif de la Rivière de Gênes, demeurant en Provence. Éclaron, mai 1542.

> *Enreg. à la Chambre des Comptes d'Aix. Arch. des Bouches-du-Rhône,* B. 37 (*Stella*), fol. 132. 2 pages.

24842. Lettres ordonnant à Charles du Plessis, général des finances de Languedoc, et à Guillaume de Noble, maître des ports de Lyon, de visiter les localités de Dauphiné et de Provence les plus rapprochées de la frontière, d'où sortent des marchandises, et d'y installer des bureaux de perception du droit de foraine. Éclaron, 3 juin 1542.

> *Enreg. à la Chambre des Comptes de Provence. Arch. des Bouches-du-Rhône,* B. reg. 1271, fol. 318. 8 pages.

3 juin.

24843. Provisions pour André Leporis de l'office de procureur du roi à Martigues en Provence, auquel il n'a pas été pourvu depuis sa création. Saint-Dizier-en-Perthois, 10 juin 1542.

> *Enreg. à la Chambre des Comptes d'Aix. Arch. des Bouches-du-Rhône,* B. 37 (*Stella*), fol. 58. 1 page.

10 juin.

24844. Confirmation au baron de Saint-Blancard des revenus de quelques pâturages et d'environ dix sacs de blé de rente, qui appartiennent à son office de capitaine du château de Briançon. Éclaron, 11 juin 1542.

> *Enreg. à la Chambre des Comptes d'Aix. Arch. des Bouches-du-Rhône,* B. 36 (*Luna*), fol. 149 v°. 1 page 1/2.

11 juin.

24845. Lettres portant pouvoir à Claude de Lorraine, duc de Guise, de commander l'armée du Luxembourg, sous l'autorité du duc d'Orléans. 22 juin 1542.

> Imp. Pinard, *Chronologie historique militaire.* Paris, 1760-1778, in-4°, t. I, p. 192. (*Mention.*)

22 juin.

24846. Lettres de naturalité pour Jacques Mus, natif

Juin.

de la Rivière de Gênes, habitant de Grasse.   1542.
Saint-Dizier, juin 1542.

> *Enreg. à la Chambre des Comptes d'Aix. Arch.*
> *des Bouches-du-Rhône, B. 37 (Stella), fol. 171 v°.*
> 1 page.

24847. Lettres de naturalité pour Jean Clerc, origi-   Juin.
naire de Savoie, habitant de Noves en Pro-
vence. Joinville, juin 1542.

> *Enreg. à la Chambre des Comptes d'Aix. Arch.*
> *des Bouches-du-Rhône, B. 37 (Stella), fol. 99 v°.*
> 1 page 1/2.

24848. Lettres de naturalité pour André Guini, origi-   Juin.
naire du diocèse de Nice, habitant de Dragui-
gnan. Joinville, juin 1542.

> *Enreg. à la Chambre des Comptes d'Aix. Arch.*
> *des Bouches-du-Rhône, B. 37 (Stella), fol. 130.*

24849. Lettres de naturalité pour Jean Robert, natif du   Juin.
Comtat-Venaissin, habitant à Noves en Pro-
vence. Joinville, juin 1542.

> *Enreg. à la Chambre des Comptes d'Aix. Arch.*
> *des Bouches-du-Rhône, B. 37 (Stella), fol. 98.*
> 2 pages.

24850. Lettres de naturalité pour Alonse Vayne, natif   Juin.
d'Andalousie, habitant Draguignan. Joinville,
juin 1542.

> *Enreg. à la Chambre des Comptes d'Aix. Arch.*
> *des Bouches-du-Rhône, B. 37 (Stella), fol. 181.*
> 2 pages.

24851. Lettres de naturalité pour André Calvi, fils   Juin.
d'Augustin Calvi, originaire de la Rivière
de Gênes, habitant de Cannes. Joinville, juin
1542.

> *Enreg. à la Chambre des Comptes d'Aix. Arch.*
> *des Bouches-du-Rhône, B. 36 (Luna), fol. 270 v°.*
> 1 page.

24852. Lettres de naturalité pour Blaise Girault,   Juin.
prêtre, chapelain à Riez, fils légitimé de Pons
Girault, originaire de Villeneuve près de
Nice, demeurant à Riez. Joinville, juin 1542.

> *Enreg. à la Chambre des Comptes d'Aix. Arch.*
> *des Bouches-du-Rhône, B. 36 (Luna), fol. 272.*
> 2 pages.

24853. Lettres de naturalité pour Roffet Arnoulx, mercier, natif de Saint-Paul[-sur-Ubaye], près Barcelonnette, demeurant au château de Figanières au diocèse de Fréjus. Joinville, juin 1542.

1542.
Juin.

> *Enreg. à la Chambre des Comptes d'Aix. Arch. des Bouches-du-Rhône, B. 36 (Luna), fol. 276 v°. 1 page 1/2.*

24854. Lettres de provisions pour Raoulin Mouton de l'office de juge à Moustiers[-Sainte-Marie], vacant par la résignation de Jacques Andrée. Abbaye d'Écurey en Barrois, 4 juillet 1542.

4 juillet.

> *Enreg. à la Chambre des Comptes d'Aix. Arch. des Bouches-du-Rhône, B. 37 (Stella), fol. 170.*

24855. Lettres confirmant aux habitants d'Amiens le privilège accordé par Louis XI et renouvelé plusieurs fois depuis, de vendre le sel au profit des besoins de la ville, et leur accordant mainlevée de la saisie, faite au nom du roi, du sel de leur grenier. Paris (*sic*), 5 juillet 1542 (28° année de règne).

5 juillet.

> *Bibl. nat., coll. de Picardie, vol. 95, p. 326. (Mention.)*

24856. Provisions pour Jacques Bordon de l'office de viguier d'Aix, auquel il n'avait pas été pourvu depuis son rétablissement. Ligny-en-Barrois, 6 juillet 1542.

6 juillet.

> *Enreg. à la Chambre des Comptes d'Aix. Arch. des Bouches-du-Rhône, B. 36 (Luna), fol. 177. 2 pages.*

24857. Provisions pour François Botelle de l'office de viguier de Moustiers [-Sainte-Marie], auquel il n'avait pas été pourvu depuis son rétablissement. Ligny-en-Barrois, 7 juillet 1542.

7 juillet.

> *Enreg. à la Chambre des Comptes d'Aix. Arch. des Bouches-du-Rhône, B. 38 (Serena), fol. 135 v° et fol. 242. 1 page.*

24858. Provisions pour Honorat de Saint-Marc de l'office de contrôleur des deniers communs

7 juillet.

de Saint-Maximin. Ligny-en-Barrois, 7 juillet 1542.
1542.

> *Enreg. à la Chambre des Comptes d'Aix. Arch.*
> *des Bouches-du-Rhône, B. 36 (Luna), fol. 138.*
> 1 page 1/2.

24859. Provisions pour Guillaume Brunet de l'office 7 juillet.
de viguier d'Arles, auquel il n'avait pas encore
été pourvu depuis son rétablissement. Ligny-
en-Barrois, 7 juillet 1542.

> *Enreg. à la Chambre des Comptes d'Aix. Arch.*
> *des Bouches-du-Rhône, B. 36 (Luna), fol. 153 v°.*
> 1 page.

24860. Provisions pour Jean Martelle de l'office de vi- 7 juillet.
guier de Lorgues en Provence, auquel il
n'avait pas été pourvu depuis son rétablissement. Ligny-en-Barrois, 7 juillet 1542.

> *Enreg. à la Chambre des Comptes d'Aix. Arch.*
> *des Bouches-du-Rhône, B. 36 (Luna), fol. 154 v°.*
> 1 page.

24861. Provisions pour Jacques Richerii de l'office de 7 juillet.
viguier de Saint-Maximin, auquel il n'avait
pas été pourvu depuis son rétablissement.
Ligny[-en-Barrois], 7 juillet 1542.

> *Enreg. à la Chambre des Comptes d'Aix. Arch.*
> *des Bouches-du-Rhône, B. 36 (Luna), fol. 158.*
> 1 page.

24862. Provisions pour Jean Hugolen de l'office de 7 juillet.
viguier de Grasse, auquel il n'avait pas été
pourvu depuis son rétablissement. Ligny-en-
Barrois, 7 juillet 1542.

> *Enreg. à la Chambre des Comptes d'Aix. Arch.*
> *des Bouches-du-Rhône, B. 36 (Luna), fol. 165 v°.*
> 1 page.

24863. Provisions pour Poncet Bellon de l'office de 7 juillet.
viguier de Brignoles. Ligny-en-Barrois, 7 juil-
let 1542.

> *Enreg. à la Chambre des Comptes d'Aix. Arch.*
> *des Bouches-du-Rhône, B. 36 (Luna), fol. 179 v°.*
> 1 page.

24864. Provisions pour Laurent Malespine de l'office de 7 juillet.

contrôleur des deniers communs de la ville 1542.
d'Aix. Ligny-en-Barrois, 7 juillet 1542.

> *Original. Arch. des Bouches-du-Rhône, C. liasse*
> *1901.*
> *Enreg. à la Chambre des Comptes d'Aix. Arch.*
> *des Bouches-du-Rhône, B. 36 (Luna), fol. 195 v°.*
> *1 page.*

24865. Provisions de l'office de contrôleur des deniers 7 juillet.
communs de Brignoles en faveur d'Honoré
Laurencin. Ligny-en-Barrois, 7 juillet 1542.

> *Original. Archives des Bouches-du-Rhône, C.*
> *liasse 1901.*

24866. Provisions de l'office de contrôleur des deniers 7 juillet.
communs de Castellane en faveur de Baltha-
zar Richieud. Ligny-en-Barrois, 7 juillet
1542.

> *Original. Archives des Bouches-du-Rhône. C.*
> *liasse 1901.*

24867. Provisions pour Georges Volland de l'office 7 juillet.
de contrôleur des deniers communs de For-
calquier. Ligny-en-Barrois, 7 juillet 1542.

> *Enreg. à la Chambre des Comptes d'Aix. Arch.*
> *des Bouches-du-Rhône, B. 36 (Luna), fol. 185.*
> *1 page.*

24868. Provisions pour Jacques Thule (aliàs Tulle) de 7 juillet.
l'office de contrôleur des deniers communs de
Draguignan. Ligny-en-Barrois, 7 juillet 1542.

> *Original. Arch. des Bouches-du-Rhône, C. liasse*
> *1901.*
> *Enreg. à la Chambre des Comptes d'Aix. Arch.*
> *des Bouches-du-Rhône, B. 36 (Luna), fol. 280 v°.*
> *1 page.*

24869. Provisions pour Priam d'Oleriis de l'office de 7 juillet.
contrôleur des deniers communs de la ville de
Marseille, auquel il n'avait pas été pourvu depuis sa création. Ligny-en-Barrois, 7 juillet
1542.

> *Enreg. à la Chambre des Comptes d'Aix. Arch.*
> *des Bouches-du-Rhône, B. 37 (Stella), fol. 53.*
> *1 page.*

24870. Provisions de l'office de viguier de Castellane 7 juillet.

en faveur de Gaspard de Villeneuve, sieur de   **1542.**
Vauclause. Ligny-en-Barrois, 7 juillet 1542.

> *Original. Arch. des Bouches-du-Rhône, C. liasse*
> *1966.*
> *Enreg. à la Chambre des Comptes de Provence.*
> *Arch. des Bouches-du-Rhône, B. reg. 41 (Hirundo),*
> *fol. 6. 1 page 1/3.*

24871. Provisions pour Honorat Jean de l'office de   **7 juillet.**
contrôleur des deniers communs de la ville
de Grasse, auquel il n'avait pas encore été
pourvu depuis sa création. Ligny-en-Barrois,
7 juillet 1542.

> *Original. Arch. des Bouches-du-Rhône, C. liasse*
> *1901.*
> *Enreg. à la Chambre des Comptes d'Aix. Arch.*
> *des Bouches-du-Rhône, B. 37 (Stella), fol. 39.*
> *1 page.*

24872. Provisions de l'office de contrôleur des deniers   **7 juillet.**
communs de Manosque en faveur de Claude
de La Venture. Ligny-en-Barrois, 7 juillet
1542.

> *Original. Arch. des Bouches-du-Rhône, C. liasse*
> *1901.*

24873. Provisions pour Simon de Saint-Martin de   **7 juillet.**
l'office de contrôleur des deniers communs
de la ville de Pertuis en Provence, auquel il
n'avait pas encore été pourvu depuis sa création. Ligny-en-Barrois, 7 juillet 1542.

> *Enreg. à la Chambre des Comptes d'Aix. Arch.*
> *des Bouches-du-Rhône, B. 37 (Stella), fol. 50.*
> *1 page.*

24874. Provisions pour Pierre Artigue de l'office de   **7 juillet.**
viguier d'Apt en Provence, auquel il n'avait
pas été pourvu depuis sa création. Ligny-en-
Barrois, 7 juillet 1542.

> *Original. Arch. des Bouches-du-Rhône, C. liasse*
> *1966.*
> *Enreg. à la Chambre des Comptes d'Aix. Arch.*
> *des Bouches-du-Rhône, B. 37 (Stella), fol. 60.*

24875. Provisions pour Honoré Amy de l'office de   **7 juillet.**
contrôleur des deniers communs d'Hyères
en Provence, office auquel il n'avait pas été

pourvu depuis sa création. Ligny-en-Barrois, 7 juillet 1542.

1542.

Original. Arch. des Bouches-du-Rhône, C. liasse 1901.

Enreg. à la Chambre des Comptes d'Aix. Arch. des Bouches-du-Rhône, B. 40 (Corvus), fol. 24. 1 page.

24876. Provisions pour Pierre Gensso de l'office de viguier d'Hyères, auquel il n'avait pas été pourvu depuis son rétablissement. Ligny-en-Barrois, 7 juillet 1542.

7 juillet.

Enreg. à la Chambre des Comptes d'Aix. Arch. des Bouches-du-Rhône, B. 36 (Luna), fol. 191, et B. 40 (Corvus), fol. 118 v°. 1 page 1/2.

24877. Provisions pour Jean Codur de l'office de viguier de Seyne (Seyne-les-Alpes) en Provence. Ligny-en-Barrois, 7 juillet 1542.

7 juillet.

Enreg. à la Chambre des Comptes d'Aix. Arch. des Bouches-du-Rhône, B. 39 (Virgo), fol. 117 v°. 1 page.

24878. Provisions de l'office de contrôleur des deniers communs de Sisteron en faveur de Jacques Quattin. Ligny-en-Barrois, 7 juillet 1542.

7 juillet.

Original. Arch. des Bouches-du-Rhône, C. liasse 1901.

24879. Provisions de l'office de contrôleur des deniers communs de Tarascon en faveur de Guillaume Esquirol. Ligny-en-Barrois, 7 juillet 1542.

7 juillet.

Original. Arch. des Bouches-du-Rhône, C. liasse 1901.

24880. Provisions pour Gaspard Grimaldi, seigneur d'Antibes, de l'office de maître des ports en Provence, auquel il n'avait pas encore été pourvu. Ligny-en-Barrois, 9 juillet 1542.

9 juillet.

Enreg. à la Chambre des Comptes d'Aix. Arch. des Bouches-du-Rhône, B. 36 (Luna), fol. 286 v°. 1 page 1/2.

24881. Provisions pour Pierre Jaufroy de l'office de receveur particulier de Forcalquier, vacant

10 juillet.

par la résignation de Claude Berneux. Montiers-sur-Saulx, 10 juillet 1542.

Enreg. à la Chambre des Comptes d'Aix. Arch. des Bouches-du-Rhône, B. 36 (Luna), fol. 152. 1 page.

1542.

24882. Édit faisant défense de transporter des denrées et marchandises par mer, le long de la côte, sans permission spéciale des officiers chargés de la perception du droit de foraine. Ligny, 11 juillet 1542.

11 juillet.

Copies des XVII et *XVIII* siècles. Arch. des Bouches-du-Rhône, C. liasse 1425.*

24883. Lettres assignant à Geniès David, patron de la galéasse *La Royale*, des gages de 180 livres tournois, sa vie durant. Gondrecourt, 13 juillet 1542.

13 juillet.

Enreg. à la Chambre des Comptes d'Aix. Arch. des Bouches-du-Rhône, B. 36 (Luna), fol. 190. 1 page.

24884. Provisions pour François Dauvergne d'un office de maître particulier des Monnaies pour six ans. 16 juillet 1542.

16 juillet.

Imp. F. de Saulcy, Recueil de documents relatifs à l'histoire des monnaies. (Coll. des doc. inédits), in-4°, 1892, t. IV, p. 398. (Mention.)

24885. Lettres conférant au nouveau collège de Tournon en Vivarais les honneurs et privilèges dont jouissent les facultés des arts. Juillet 1542.

Juillet.

Imp. Maurice Massip, Le Collège de Tournon en Vivarais. Paris, 1890, in-8°, p. 15. (Mentionné, d'après l'original conservé aux Arch. de la Drôme, D, lettres patentes.)

24886. Lettres de naturalité en faveur de Barthélemy Serre, natif de Saint-Pierre au marquisat de Saluces, demeurant depuis vingt-cinq ans en l'île de Martigues en Provence. Argilly, juillet 1542.

Juillet.

Enreg. à la Chambre des Comptes d'Aix. Arch. des Bouches-du-Rhône, B. 37 (Stella), fol. 26 v°. 1 page 1/2.

24887. Lettres de naturalité pour Mariano Breton,

Juillet.

VII.

42

natif du diocèse de Saluces en Piémont, habitant de Berre en Martigues. Argilly, juillet 1542.

1542.

> *Enrég. à la Chambre des Comptes d'Aix. Arch. des Bouches-du-Rhône, B. 36 (Luna), fol. 234.*
> 2 pages.

24888. Lettres de naturalité pour Antoine Morène, dit « Saint-Remo », né à San Remo en la Rivière de Gênes, habitant de Martigues. Argilly, juillet 1542.

Juillet.

> *Enreg. à la Chambre des Comptes d'Aix. Arch. des Bouches-du-Rhône, B. 36 (Luna), fol. 259.*
> 1 page 1/2.

24889. Commission pour Hans Brugkler Mandegry de la charge de capitaine général des vingt-deux enseignes suisses, nouvellement levées pour servir en Picardie. 1er août 1542.

1er août.

> *Imp. Pinard, Chronologie historique militaire.*
> Paris, 1760-1778, in-4°, t. III, p. 562. (*Mention.*)

24890. Commission pour Tristan de Moneryn de la charge de colonel général des Italiens de l'armée de Roussillon. 1er août 1542.

1er août.

> *Imp. Pinard, Chronologie historique militaire.*
> Paris, 1760-1778, in-4°, t. III, p. 582. (*Mention.*)

24891. Commission pour Hans Picher de la charge de capitaine général de toutes les bandes suisses de l'armée de Roussillon. 1er août 1542.

1er août.

> *Imp. Pinard, Chronologie historique militaire.*
> Paris, 1760-1778, in-4°, t. III, p. 572. (*Mention.*)

24892. Provisions pour Philippe de La Graverie, sr de Saint-Martin, valet de chambre du duc d'Orléans, de l'office de viguier de Draguignan, auquel il n'avait pas été pourvu depuis sa création. Montpellier, 22 août 1542.

22 août.

> *Enreg. à la Chambre des Comptes d'Aix. Arch. des Bouches-du-Rhône, B. 37 (Stella), fol. 51.*
> 1 page.

24893. Don à Florent de Goret, jadis serviteur du feu sr d'Entrevaux, pour le récompenser d'avoir

25 août.

livré au roi le château d'Entrevaux, d'une rente annuelle de 300 livres durant dix ans. Pézenas, 25 août 1542.

Enreg. à la Chambre des Comptes d'Aix. Arch. des Bouches-du-Rhône, B. 37 (Stella), fol. 76 v°.
1 page.

1542.

24894. Mandement à l'évêque d'Amiens de réunir le clergé de son diocèse et de lui demander un don gratuit de 6,335 livres 1 sou 4 deniers tournois, qui devra être payé le 1er novembre suivant et servira au remboursement des emprunts que le roi a dû souscrire à cause de la guerre contre l'empereur, laquelle l'oblige à une dépense mensuelle d'un million de livres tournois. Béziers, 30 août 1542.

Bibl. nat., coll. de Picardie, vol. 95, p. 326.
(Mention.)

30 août.

24895. Lettres de naturalité pour Étienne Massé, originaire du comté de Tende, demeurant à Antibes en Provence. Bourbon-Lancy, août 1542.

Enreg. à la Chambre des Comptes d'Aix. Arch. des Bouches-du-Rhône, B. 37 (Stella), fol. 29 v°.
2 pages.

Août.

24896. Lettres de naturalité pour Antoine Grillet, originaire de Bresse et demeurant à Arles. Lyon, août 1542.

Enreg. à la Chambre des Comptes d'Aix. Arch. des Bouches-du-Rhône, B. 37 (Stella), fol. 18 v°.
1 page 1/2.

Août.

24897. Lettres de naturalité pour Georges Monvel, originaire du marquisat de Saluces, habitant de Sisteron depuis cinquante ans. Lyon, août 1542.

Enreg. à la Chambre des Comptes d'Aix. Arch. des Bouches-du-Rhône, B. 37 (Stella), fol. 80.
1 page.

Août.

24898. Lettres de naturalité pour François Bon, protonotaire apostolique, natif d'Avignon, habi-

Août.

tant de Barbentane. Saint-Irénée-sur-Lyon, août 1542.

Enreg. à la Chambre des Comptes d'Aix. Arch. des Bouches-du-Rhône, B. 36 (Luna), fol. 283. 2 pages.

1542.

24899. Lettres de naturalité pour Domergue Chaumi, natif du comté de Nice, habitant de Sisteron. Saint-Irénée-sur-Lyon, août 1542.

Enreg. à la Chambre des Comptes d'Aix. Arch. des Bouches-du-Rhône, B. 37 (Stella), fol. 272 v°. 1 page 1/2.

Août.

24900. Lettres de naturalité pour Anne Spolétane, femme de Guillemin Vignon, native d'Avignon, demeurant à Maillanne en Provence. Saint-Just-sur-Lyon, août 1542.

Enreg. à la Chambre des Comptes d'Aix. Arch. des Bouches-du-Rhône, B. 39 (Virgo), fol. 16. 1 page.

Août.

24901. Don à Antoine de Bourbon, duc de Vendôme, en considération des grands services qu'il a rendus dans le commandement de l'armée de Picardie, des revenus de la terre et seigneurie d'Auxy-le-Château et de ses dépendances, le tout appartenant à des sujets de l'empereur. Béziers, 1er septembre 1542.

Bibl. nat., coll. de Picardie, vol. 95, p. 325. (Mention.)

1er septembre

24902. Lettres demandant aux États de Provence le don annuel de 15 florins par feu. Béziers, 5 septembre 1542.

Délibérations des États de Provence. Arch. des Bouches-du-Rhône, C. reg. 1, fol. 165 v°. (Mention.)

5 septembre.

24903. Mandement aux baillis d'Amiens, de Vermandois et de Senlis, et aux sénéchaux de Ponthieu et de Boulonnais, de faire saisir tous les biens des sujets de l'empereur qui sont sous leur juridiction, d'y établir des commissaires, d'envoyer au roi un état de la valeur de chacun d'eux, et de faire publier que les sujets du roi dont les biens ont été saisis par l'em-

6 septembre.

pereur peuvent, dans le délai de deux mois, 1542.
déclarer leurs pertes et en justifier à Amiens,
par-devant deux commissaires spéciaux du
roi, le s* de La Hargerie, maître d'hôtel ordinaire du roi, et Imbert de Saveuses, maître
des requêtes ordinaire de l'hôtel, pour être
dédommagés également et sans préférence
sur les biens saisis, en représaille, sur les
sujets de l'empereur. Saint-Just-sur-Lyon,
6 septembre 1542.

> Bibl. nat., coll. de Picardie, vol. 112 bis, fol. 5.
> (Mention.)

24904. Permission aux États de Provence de tenir une 11 septembre.
seconde session en 1542. 11 septembre 1542.

> Délibérations des États de Provence. Arch. des
> Bouches-du-Rhône, C. reg. 1, fol. 163. (Mention.)

24905. Don à Marie de Luxembourg, duchesse douai- 27 septembre.
rière de Vendôme, de plusieurs terres de
Picardie, appartenant à la dame d'Egmont,
au s* de Rœux, au vicomte de Gand, au s*
d'Imbercourt, à François de Melun, comte
d'Épinoy, à Yolande de Luxembourg, sénéchale de Hainaut, et à Antoine de Croy, s* de
Sempy, pour l'indemniser en partie de la
perte de terres d'une valeur de 25,000 à
26,000 livres de revenu, qu'elle possédait
dans les pays soumis à l'obéissance de l'empereur, et qui ont été saisies par lui. 27 septembre 1542.

> Bibl. nat., coll. de Picardie, vol. 112 bis, fol. 5.
> (Mention.)

24906. Lettres de naturalité pour Jacques Michaëlis, Septembre.
notaire, natif de la ville de Saluces, habitant
la Provence depuis vingt-huit ans. Saint-Just-
sur-Lyon, septembre 1542.

> Enreg. à la Chambre des Comptes d'Aix. Arch.
> des Bouches-du-Rhône, B. 37 (Stella), fol. 5.
> 1 page.

24907. Lettres de naturalité pour Antoine Avène, natif Septembre.
de la Rivière de Gênes, demeurant en Pro-

vence depuis trente-huit ans. Saint-Just-sur-   1542.
Lyon, septembre 1542.

Enreg. à la Chambre des Comptes d'Aix. Arch.
des Bouches-du-Rhône, B. 37 (Stella), fol. 8.
1 page 1/2.

24908. Lettres de naturalité pour Jean Espitallier, ori-   Septembre.
ginaire de Meyronnes (près Barcelonnette),
habitant de Digne depuis dix-huit ans. Saint-
Just-sur-Lyon, septembre 1542.

Enreg. à la Chambre des Comptes d'Aix. Arch.
des Bouches-du-Rhône, B. 37 (Stella), fol. 78.
2 pages.

24909. Lettres de naturalité pour Jean Deschamps,   Septembre.
natif du Comtat-Venaissin, habitant à Aix
en Provence, Saint-Just-sur-Lyon, septembre
1542.

Enreg. à la Chambre des Comptes d'Aix. Arch.
des Bouches-du-Rhône, B. 37 (Stella), fol. 136 v°.
2 pages.

24910. Commission pour Antoine Meloni de la charge   1er octobre.
de colonel général des Italiens levés pour la
présente campagne. 1er octobre 1542.

Imp. Pinard, Chronologie historique militaire.
Paris, 1760-1778, in-4°, t. III, p. 585. (Mention.)

24911. Lettres de provisions pour Simon Aubert de   2 octobre.
l'office de receveur particulier au siège d'Arles.
Saint-Just-sur-Lyon, 2 octobre 1542.

Enreg. à la Chambre des Comptes d'Aix. Arch.
des Bouches-du-Rhône, B. 37 (Stella), fol. 14.
1 page.

24912. Déclaration de foi et hommage de Gilbert   23 octobre.
Bayard, secrétaire des finances, contrôleur
général des guerres, pour la moitié de la
terre et seigneurie de Marsac, mouvant du
duché d'Auvergne, qu'il a récemment acquise. Carcassonne, 23 octobre 1542.

Original. Arch. nat. Chambre des Comptes.
P. 559, n° 1358.

24913. Déclaration de foi et hommage de Pierre de   27 octobre.
Lur, vicomte d'Uzay, seigneur de Belin, Salles
et Fargues, pour lesdites vicomté et sei-

gneuries, mouvant du duché de Guyenne. 1542.
Toulouse, 27 octobre 1542.

Original. Arch. nat., Chambre des Comptes,
P. 559¹, n° 1359.

24914. Déclaration portant que le service des nobles, 27 octobre.
soumis à l'arrière-ban est de trois mois dans
le royaume et de quarante jours hors du
royaume. Toulouse, 27 octobre 1542.

Bibl. nat., coll. de Picardie, vol. 11 bis,
fol. 5 v°. (Mention.)

24915. Lettres de naturalité pour Antoine-Jean Berger, Octobre.
natif du comté de Nice, habitant de Mari-
gnane en Provence. Saint-Just-sur-Lyon,
octobre 1542.

Enreg. à la Chambre des Comptes d'Aix. Arch.
des Bouches-du-Rhône, B. 37 (Stella), fol. 291.
1 page.

24916. Lettres de naturalité pour Raphaël Vallete, Octobre.
apothicaire à Sisteron, natif de Nice. Montpellier, octobre 1542.

Enreg. à la Chambre des Comptes d'Aix. Arch.
des Bouches-du-Rhône, B. 38 (Serena), fol. 65 v°.
1 page 1/2.

24917. Lettres de naturalité pour Chaffre Carbonel, Octobre.
originaire de Piémont, demeurant en Pro-
vence depuis quarante ans. Montpellier,
octobre 1542.

Enreg. à la Chambre des Comptes d'Aix. Arch.
des Bouches-du-Rhône, B. 37 (Stella), fol. 25.
1 page 1/2.

24918. Lettres de naturalité pour Douce Delpuech, Octobre.
native d'Avignon, habitant à Arles depuis
vingt ans. Montpellier, octobre 1542.

Enreg. à la Chambre des Comptes d'Aix. Arch.
des Bouches-du-Rhône, B. 37 (Stella), fol. 34.
2 pages.

24919. Lettres de naturalité pour Georges Gebelin, Octobre.
natif de Saint-Étienne au comté de Nice,

habitant la Provence depuis vingt ans. Mont-   1542.
pellier, octobre 1542.

Enreg. à la Chambre des Comptes d'Aix. Arch.
des Bouches-du-Rhône, B. 37 *(Stella),* fol. 36.
1 page 1/2.

24920. Lettres de naturalité pour Louis Fabri, natif   Octobre.
d'Entraunes en Terre-Neuve, habitant à Aups
depuis plus de quarante ans. Montpellier,
octobre 1542.

Enreg. à la Chambre des Comptes d'Aix. Arch.
des Bouches-du-Rhône, B. 37 *(Stella),* fol. 48.
1 page.

24921. Provisions pour Joseph de Cambis de l'office   17 novembre.
de capitaine de la tour Saint-Honorat et des
mortes-payes dudit lieu. Angoulême, 17 novembre 1542.

Enreg. à la Chambre des Comptes d'Aix. Arch.
des Bouches-du-Rhône, B. 37 *(Stella),* fol. 307.
1 page 1/2.

24922. Mandement au trésorier de l'épargne de faire   22 novembre.
payer 320 livres tournois sur ses gages à
Alexandre Dubois, contrôleur des fortifications des villes et places fortes de Provence.
Angoulême, 22 novembre 1542.

Enreg. à la Chambre des Comptes d'Aix. Arch.
des Bouches-du-Rhône, B. 37 *(Stella),* fol. 244.
2 pages.

24923. Lettres en faveur du chapitre de l'église mé-   27 novembre.
tropolitaine d'Avignon, l'autorisant à jouir
des revenus des biens qu'il possède en Languedoc, Dauphiné et Provence. Angoulême,
27 novembre 1542.

Enreg. à la Chambre des Comptes d'Aix. Arch.
des Bouches-du-Rhône, B. 37 *(Stella),* fol. 107.
3 pages.

24924. Lettres de naturalité pour Nicolas Bernus,   Novembre.
originaire de Lorraine, habitant Sault en
Provence (Sault-de-Vaucluse). Angoulême,
novembre 1542.

Enreg. à la Chambre des Comptes d'Aix. Arch.
des Bouches-du-Rhône, B. 36 *(Luna),* fol. 299 v°.
1 page 1/2.

24925. Lettres de naturalité pour Antoine Fulconis, prêtre séculier sans bénéfices, originaire de Saint-Étienne en Terre-Neuve, demeurant à Cucuron, au diocèse d'Aix. Angoulême, novembre 1542.

1542.
Novembre.

> *Enreg. à la Chambre des Comptes d'Aix, Arch. des Bouches-du-Rhône, B. 37 (Stella), fol. 205 v°. 2 pages.*

24926. Mandement à Bonaventure de Laurière, juge des traites du roi en Saintonge et à la Rochelle, à Michel de Cherbie, prévôt de la Rochelle, et à Christophe de Cumont, lieutenant particulier de la sénéchaussée de Saintonge, de faire la recherche des biens que les sujets du roi possèdent dans le ressort de leur charge, chaque particulier devant, sous peine de confiscation, apporter les pièces qui constatent son droit de propriété. Aulnay, 27 décembre 1542.

27 décembre.

> *Original. Bibl. nat., ms. fr. 23951, n° 6.*

24927. Provisions de l'office de lieutenant général en Picardie, pendant l'absence du duc de Vendôme, en faveur d'Oudard Du Biez, maréchal de France. Chizé, 27 décembre 1542.

27 décembre.

> *Bibl. nat., coll. de Picardie, vol. 100, fol. 277. (Mention.)*

24928. Lettres portant création à Biron en Périgord de trois foires par an, le 3 mai, le 24 août et le 24 novembre, ainsi que d'un marché tous les vendredis. Angoulême, décembre 1542.

Décembre.

> *Bibl. nat., coll. de Périgord, t. XV, fol. 31. (Mention.)*

24929. Lettres de naturalité pour Jean-François Sadolet, natif d'Italie, avec permission d'acquérir des biens en France. La Jarrie, décembre 1542.

Décembre.

> *Enreg. à la Chambre des Comptes d'Aix. Arch. des Bouches-du-Rhône, B. 38 (Serena), fol. 103 v°. 2 pages.*

IMPRIMERIE NATIONALE.

1543. — Pâques, le 25 mars.

24930. Provisions pour Adrien Gorin de l'office de
prévôt de Beauquesne en Picardie, en remplacement de Jean Aux Couteaux. Amboise,
21 janvier 1542.

*Bibl. nat., coll. de Picardie, vol. 112 bis,
fol. 129. (Mention.)*

21 janvier.

24931. Provisions en faveur de Jean Aux Couteaux de
l'office de conseiller ordinaire au bailliage
d'Amiens, vacant par la résignation de Pierre
Dainval. Amboise, 21 janvier 1542[1].

*Bibl. nat., coll. de Picardie, vol. 4, fol. 109 ter,
et vol. 112 bis, fol. 104. (Mention.)*

21 janvier.

24932. Lettres ordonnant le remboursement sur les
deniers de l'épargne des prêts faits au roi, au
mois de juin précédent, par les villes du
royaume. Paris, 2 février 1542.

*Copie vidimée d'un secrétaire du roi. Arch. municip.
de Caen, CC, n° 2.*

2 février.

24933. Mandement au bailli de Caen pour la levée,
sur les habitants du bailliage, de la somme
de 12,000 livres, qui servira à l'entretien, durant quatre mois, des cinq cents hommes de
pied représentant le contingent dudit bailliage dans la levée de cinquante mille hommes
faite sur le royaume. Paris, 7 février 1542.

Original. Arch. municip. de Caen, EE. 7.

7 février.

24934. Mandement au gouverneur de Péronne, Montdidier et Roye pour la levée, sur les habitants
de ces trois villes, de la somme de 960 livres
nécessaire à la solde, durant quatre mois, de
quarante hommes de guerre à pied, représentant leur part de l'aide levée sur les villes

7 février.

[1] Cette mention porte par erreur la date du 2 janvier qui ne s'accorde
pas avec l'itinéraire.

closes du royaume pour l'entretien de cinquante mille hommes de pied. Paris, 7 février
1542. 1543.

> *Bibl. nat.*, coll. de Picardie, vol. 11, 2ᵉ paquet,
> p. 143; 3ᵉ paquet, p. 128. (*Mentions.*)

24935. Lettres de légitimation pour Christophe de
Lande, fils de Didier de Lande, habitant
d'Aix, et d'une femme veuve. Paris, février
1542. Février.

> *Enreg. à la Chambre des Comptes d'Aix. Arch.
> des Bouches-du-Rhône*, B. 37 (*Stella*), fol. 179 v°.
> 2 pages.

24936. Lettres de naturalité pour Pierre et Jacques
Moniers, originaires des Serres au comté de
Nice, habitants de Courmes, au diocèse de
Vence. Paris, février 1542. Février.

> *Enreg. à la Chambre des Comptes d'Aix. Arch.
> des Bouches-du-Rhône*, B. 37 (*Stella*), fol. 138.
> 1 page.

24937. Lettres de naturalité pour Antoine Dare, dit
« Triolle », natif de Bresse, habitant à Aix en
Provence. Paris, février 1542. Février.

> *Enreg. à la Chambre des Comptes d'Aix. Arch.
> des Bouches-du-Rhône*, B. 37 (*Stella*), fol. 141.
> 2 pages.

24938. Lettres de naturalité pour Raoulet Gros, natif
de Savoie, demeurant à Cabrières en Provence. Paris, février 1542. Février.

> *Enreg. à la Chambre des Comptes d'Aix. Arch.
> des Bouches-du-Rhône*, B. 37 (*Stella*), fol. 146.
> 2 pages.

24939. Lettres de naturalité pour Christophe Astier,
originaire du Comtat-Venaissin, possédant
des biens en Provence. Paris, février 1542. Février.

> *Enreg. à la Chambre des Comptes d'Aix. Arch.
> des Bouches-du-Rhône*, B. 37 (*Stella*), fol. 204.
> 2 pages.

24940. Lettres de naturalité pour Jean Coste, laboureur, natif de Saint-Martin en Terre-Neuve, Février.

43.

habitant d'Aubagne en Provence. Paris, février 1542.

> *Enreg. à la Chambre des Comptes d'Aix. Arch.*
> *des Bouches-du-Rhône,* B. 37 (*Stella*), fol. 215 v°.
> 1 page 1/2.

24941. Lettres de naturalité pour Raimond Maynier, natif d'Avignon, habitant d'Aix. Fontainebleau, février 1542.

Février.

> *Enreg. à la Chambre des Comptes d'Aix. Arch.*
> *des Bouches-du-Rhône,* B. 37 (*Stella*), fol. 151 v°.
> 2 pages.

24942. Lettres de naturalité pour François Mirasca, originaire du comté de Tende, demeurant à Bagnols en Provence. Fontainebleau, février 1542.

Février.

> *Enreg. à la Chambre des Comptes d'Aix. Arch.*
> *des Bouches-du-Rhône,* B. 37 (*Stella*), fol. 227 v°.
> 1 page 1/2.

24943. Lettres de naturalité pour Jean Aymar, natif de Celle au marquisat de Saluces, demeurant en Provence. Fontainebleau, février 1542.

Février.

> *Enreg. à la Chambre des Comptes d'Aix. Arch.*
> *des Bouches-du-Rhône,* B. 37 (*Stella*), fol. 229.
> 1 page 1/2.

24944. Lettres de confirmation, nonobstant la récente ordonnance de réunion du domaine, des dons faits à Adrien de Pisseleu, à l'occasion de sa nomination à l'office de capitaine de Hesdin. Fontainebleau, 1er mars 1542.

1er mars.

> *Original signé. Arch. nat.,* T. 153[76-78].

24945. Commission pour Pierre-Marie de Rosso, comte de San Secondo, de la charge de colonel général de tous les Italiens au service du roi. 1er mars 1542.

1er mars.

> *Imp.* Pinard, *Chronologie historique militaire.*
> Paris, 1760-1778, in-4°, t. III, p. 585. (*Mention.*)

24946. Lettres de jussion aux généraux des aides à Paris pour l'enregistrement des lettres accordées aux serviteurs du dauphin (n° 12623)

1er mars.

bien que, par oubli, elles ne leur aient pas été adressées. Fontainebleau, 1ᵉʳ mars 1542.

1543.

Enreg. à la Chambre des Comptes d'Aix. Arch. des Bouches-du-Rhône, B. 37 (Stella), fol. 268 v°. 1 page.

24947. Déclaration de foi et hommage de René de Batarnay, comte du Bouchage, gentilhomme de la chambre du roi, pour la terre d'Argies en Picardie. 8 mars 1542.

8 mars.

Bibl. nat., coll. de Picardie, vol. 95, p. 325. (Mention.)

24948. Déclaration de l'hommage de Nicole Jourdain, damoiselle, veuve de Jean de Vallée, procureur du roi en Saintonge, pour les fiefs de « Masgezer », sis dans les paroisses de Saint-Vivien et de Saint-Eutrope-lès-Saintes, et à Corme-Royal. Fontainebleau, 19 mars 1542.

19 mars.

Original. Arch. nat., Chambre des Comptes, P. 558³, n° 1335.

24949. Édit portant création de quatre nouveaux offices de conseillers au Parlement d'Aix, dont deux lais et deux clercs. Fontainebleau, mars 1542.

Mars.

Enreg. à la Chambre des Comptes d'Aix. Arch. des Bouches-du-Rhône, B. 37 (Stella), fol. 191. 2 pages.

24950. Lettres de naturalité pour Joseph della Coqua, natif de Lucques, au service du comte dell' Anguillara, demeurant à Marseille. Fontainebleau, mars 1542.

Mars.

Expéd. originale. Arch. des Bouches-du-Rhône, B. liasse 728.
Enreg. à la Chambre des Comptes d'Aix. Arch. des Bouches-du-Rhône, B. 37 (Stella), fol. 250. 2 pages.

24951. Lettres de naturalité pour Louis Bourrel, natif de Revel en Terre-Neuve, demeurant en Provence. Fontainebleau, mars 1542.

Mars.

Enreg. à la Chambre des Comptes d'Aix. Arch. des Bouches-du-Rhône, B. 37 (Stella), fol. 153. 2 pages.

24952. Lettres de naturalité pour Pierre et Jean Be-   1543.
jodi, le premier notaire, originaires du diocèse   Mars.
de Belley, demeurant à Barbentane en Pro-
vence. Fontainebleau, mars 1542.

> *Enreg. à la Chambre des Comptes d'Aix. Arch.*
> *des Bouches-du-Rhône, B. 37 (Stella), fol. 182 v°.*
> 2 pages.

24953. Lettres de naturalité pour Benoit Cavalier, natif   Mars.
de Mirasca au comté de Tende, demeurant
à Bagnols en Provence. Fontainebleau, mars
1542.

> *Enreg. à la Chambre des Comptes d'Aix. Arch.*
> *des Bouches-du-Rhône, B. 37 (Stella), fol. 224.*
> 2 pages.

24954. Lettres de naturalité pour Antoine Guiramand,   Mars.
natif du comté de Nice, habitant Draguignan.
Fontainebleau, mars 1542.

> *Enreg. à la Chambre des Comptes d'Aix. Arch.*
> *des Bouches-du-Rhône, B. 37 (Stella), fol. 223.*
> 1 page 1/2.

24955. Lettres de naturalité pour François Mirasca,   Mars.
originaire du comté de Tende, habitant en
Provence. Fontainebleau, mars 1542.

> *Enreg. à la Chambre des Comptes d'Aix. Arch.*
> *des Bouches-du-Rhône, B. 37 (Stella), fol. 226.*
> 1 page 1/2.

24956. Provisions pour Antoine Fabri de l'office de   28 mars.
procureur des pauvres au Parlement de Pro-
vence, vacant par la mort d'Antoine Garidelli.
Fontainebleau, 28 mars 1543, après Pâques.

> *Enreg. à la Chambre des Comptes d'Aix. Arch.*
> *des Bouches-du-Rhône, B. 38 (Serena), fol. 47.*
> 1 page.

24957. Lettres de naturalité pour Madeleine de Vai-   Mars.
gnon, veuve de Serni de Seizun, originaire
du diocèse de Turin, demeurant en Provence.
Fontainebleau, mars 1543.

> *Enreg. à la Chambre des Comptes d'Aix. Arch.*
> *des Bouches-du-Rhône, B. 37 (Stella), fol. 202 v°.*
> 2 pages.

24958. Lettres de surséance d'une année pour la pres-   11 avril.

tation du serment de fidélité de Léon des Ur-   1543.
sins, évêque de Fréjus. Paris, 11 avril 1543.

> *Enreg. à la Chambre des Comptes d'Aix. Arch.*
> *des Bouches-du-Rhône, B. 37 (Stella), fol. 236 v°.*
> 1 page.

24959. Provisions pour Georges Volland de l'office de   13 avril.
viguier, uni à celui de contrôleur des deniers
communs, de Forcalquier. Paris, 13 avril
1543.

> *Enreg. à la Chambre des Comptes d'Aix. Arch.*
> *des Bouches-du-Rhône, B. 37 (Stella), fol. 201.*
> 2 pages.

24960. Provisions pour Donat Alliaudi de l'office de   14 avril.
procureur du roi à Grasse. Paris, 14 avril
1543.

> *Enreg. à la Chambre des Comptes d'Aix. Arch.*
> *des Bouches-du-Rhône, B. 37 (Stella), fol. 196.*
> 1 page.

24961. Provisions pour Roman Colombe de l'office   14 avril.
d'avocat du roi au siège de Forcalquier, va-
cant par la résignation de Jean Condolle. Paris, 14 avril 1543.

> *Enreg. à la Chambre des Comptes d'Aix. Arch.*
> *des Bouches-du-Rhône, B. 38 (Serena), fol. 48.*
> 1 page.

24962. Provisions pour Pierre Lionnet de l'office de   20 avril.
garde de la maison du roi à Marseille, vacant
par la résignation d'Albiot Guérin. Paris,
20 avril 1543.

> *Enreg. à la Chambre des Comptes d'Aix. Arch.*
> *des Bouches-du-Rhône, B. 37 (Stella), fol. 208 v°.*
> 2 pages.

24963. Provisions pour Jean de Beaumont d'un office,   20 avril.
nouvellement créé, de conseiller lai au Par-
lement d'Aix. Saint-Germain-en-Laye, 20 avril
1543.

> *Enreg. à la Chambre des Comptes d'Aix. Arch.*
> *des Bouches-du-Rhône, B. 38 (Serena), fol. 58 v°.*
> 2 pages.

24964. Provisions pour Claude de Manville, capitaine   21 avril.
de galères, de l'office de capitaine de Pey-

rolles en Provence. Saint-Germain-en-Laye,
21 avril 1543.

1543.

> *Enreg. à la Chambre des Comptes d'Aix. Arch.*
> *des Bouches-du-Rhône, B. 37 (Stella), fol. 193 v°.*
> 3 pages.

24965. Provisions pour Baptiste Parrochet de l'office
de lieutenant du sénéchal de Provence au
siège de Forcalquier, vacant par la résignation
d'Antoine Geoffroy. Saint-Germain-en-Laye,
22 avril 1543.

22 avril.

> *Enreg. à la Chambre des Comptes d'Aix. Arch.*
> *des Bouches-du-Rhône, B. 39 (Virgo), fol. 23.*
> 1 page 1/2.

24966. Provisions pour François de Sabateris, docteur
ès droits, de l'office d'avocat des pauvres en
Provence, vacant par la promotion de Remy
Ambroys à l'office de conseiller au Parlement d'Aix. Saint-Germain-en-Laye, 22 avril
1543.

22 avril.

> *Enreg. à la Chambre des Comptes d'Aix. Arch.*
> *des Bouches-du-Rhône, B. 38 (Serena), fol. 13.*
> 1 page.

24967. Provisions pour Antoine Geoffroy de l'un des
deux offices nouvellement créés de conseiller
clerc au Parlement d'Aix. Saint-Germain-en-
Laye, 24 avril 1543.

24 avril.

> *Enreg. à la Chambre des Comptes d'Aix. Arch.*
> *des Bouches-du-Rhône, B. 37 (Stella), fol. 308.*
> 2 pages.

24968. Provisions pour Gaspard de Vins de l'un des
deux offices nouvellement créés de conseiller lai au Parlement d'Aix. Saint-Germain-
en-Laye, 24 avril 1543.

24 avril.

> *Enreg. à la Chambre des Comptes d'Aix. Arch.*
> *des Bouches-du-Rhône, B. 37 (Stella), fol. 221.*
> 2 pages.

24969. Lettres de naturalité pour Perrinette Badat,
veuve, née à Nice, demeurant à Hyères.
Paris, avril 1543.

Avril.

> *Enreg. à la Chambre des Comptes d'Aix. Arch.*
> *des Bouches-du-Rhône, B. 37 (Stella), fol. 197.*
> 2 pages.

24970. Lettres de naturalité pour Pierre Goural, prêtre, originaire de Cluses en Savoie, habitant en Provence. Paris, avril 1543.

> *Enreg. à la Chambre des Comptes d'Aix. Arch. des Bouches-du-Rhône, B.* 38 *(Serena),* fol. 76.
> 2 pages.

1543.
Avril.

24971. Lettres de légitimation pour Jean de La Motte, habitant de Marseille, fils naturel de feu Jean de La Motte, s' d'« Ariez en Mauriac », et de Peyronne Aussy. Saint-Germain-en-Laye, avril 1543.

> *Enreg. à la Chambre des Comptes d'Aix. Arch. des Bouches-du-Rhône,* B. 38 *(Serena),* fol. 79 v°.
> 1 page 1/2.

Avril.

24972. Provisions pour Jean de Taix de l'office de colonel général de l'infanterie française, en remplacement du comte de Brissac. 1er mai 1543.

> *Imp.* Pinard, *Chronologie historique militaire.* Paris, 1760-1778, in-4°, t. III, p. 480. *(Mention.)*

1er mai.

24973. Mandement au Parlement de Provence de procéder au plus tôt au jugement des matières contestées entre Julien Bonacorsi, jadis receveur général en Provence, et les héritiers de Pierre Du Marquay, autre receveur général. Saint-Germain-en-Laye, 2 mai 1543.

> *Expéd. originale. Arch. des Bouches-du-Rhône,* B. liasse 728.
> *Enreg. à la Chambre des Comptes d'Aix. Arch. des Bouches-du-Rhône,* B. 37 *(Stella),* fol. 214.
> 2 pages.

2 mai.

24974. Lettres portant que les États de Provence pourront, chaque année, députer un membre du clergé, deux de la noblesse et trois délégués des communes, pour régler les affaires de la province conjointement avec l'archevêque et les consuls d'Aix. Saint-Germain-en-Laye, 8 mai 1543.

> *Enreg. à la Chambre des Comptes d'Aix. Arch. des Bouches-du-Rhône,* B. 37 *(Stella),* fol. 259 v°.
> 2 pages.
> *Délibérations des États de Provence. Arch. des Bouches-du-Rhône,* C. reg. 1, fol. 192. *(Mention.)*

8 mai.

IMPRIMERIE NATIONALE.

24975. Lettres confirmant l'exemption du droit d'aubaine pour tous les étrangers établis en Provence avant l'édit de 1542, mais soumettant rigoureusement à ce droit ceux qui s'y sont établis depuis. Saint-Germain-en-Laye, 18 mai 1543.

> *Enreg. à la Chambre des Comptes d'Aix. Arch. des Bouches-du-Rhône*, B. 37 (*Stella*), fol. 311. 2 pages.
> *Copie du XVIᵉ siècle. Arch. des Bouches-du-Rhône,* C. liasse 256. 4 pages.

1543.
18 mai.

24976. Édit portant création de deux nouveaux offices de maîtres des comptes en la Chambre des Comptes de Provence. Saint-Germain-en-Laye, mai 1543.

> *Expéd. originale. Arch. des Bouches-du-Rhône,* B. liasse 729.
> *Enreg. à la Chambre des Comptes d'Aix. Arch. des Bouches-du-Rhône,* B. 37 (*Stella*), fol. 231. 1 page.

Mai.

24977. Lettres de naturalité pour Guillaume Bosso, originaire de la Rivière de Gênes, habitant de Berre. Saint-Germain-en-Laye, mai 1543.

> *Enreg. à la Chambre des Comptes d'Aix. Arch. des Bouches-du-Rhône,* B. 37 (*Stella*), fol. 232. 2 pages.

Mai.

24978. Lettres de naturalité pour Jean Cabassolle de Réal, écuyer, sʳ de Barbentane en Provence, natif d'Avignon. Saint-Germain-en-Laye, mai 1543.

> *Enreg. à la Chambre des Comptes d'Aix. Arch. des Bouches-du-Rhône,* B. 37 (*Stella*), fol. 285. 2 pages.

Mai.

24979. Provisions de l'office de receveur des deniers de l'épargne en Bourgogne, en faveur de Faulle Rappelet. Villers-Cotterets, 5 juin 1543.

> *Copie collat. Comptes de Faulle Rappelet, receveur de l'épargne en Bourgogne. Arch. de la Côte-d'Or,* B. 1858, fol. 1. 2 pages.

5 juin.

24980. Provisions pour Honorat de Don (ou d'Édon) de l'office nouvellement créé de greffier à la lieu-

10 juin.

tenance du maître des ports d'Arles. Villers-
Cotterets, 10 juin 1543.

1543.

*Enreg. à la Chambre des Comptes d'Aix. Arch.
des Bouches-du-Rhône, B. 37 (Stella), fol. 260 v°.
2 pages.*

24981. Provisions de l'office de greffier à la lieutenance
du maître des ports de Toulon, en faveur
de Jean Gabasson. Villers-Cotterets, 10 juin
1543.

10 juin.

*Enreg. à la Chambre des Comptes de Provence.
Arch. des Bouches-du-Rhône, B. reg. 1271, fol. 190.
4 pages.*

24982. Provisions pour Antoine Conte de l'office de
garde du lieu de Trinquetaille en Provence, auquel il n'avait pas encore été
pourvu. Villers-Cotterets, 10 juin 1543.

10 juin.

*Enreg. à la Chambre des Comptes d'Aix. Arch.
des Bouches-du-Rhône, B. 37 (Stella), fol. 262.
1 page 1/2.*

24983. Provisions pour Jean François, greffier de la
sénéchaussée d'Aix, de l'office de maître des
comptes de robe courte en la Chambre des
Comptes de Provence. Villers-Cotterets,
10 juin 1543.

10 juin.

*Enreg. à la Chambre des Comptes d'Aix. Arch.
des Bouches-du-Rhône, B. 38 (Serena), fol. 22,
et B. 41 (Hirundo), fol. 304. 1 page 1/2.*

24984. Provisions pour Antoine Pellicoti de l'office
nouvellement créé de maître rational de
robe courte à la Chambre des Comptes de
Provence. Villers-Cotterets, 10 juin 1543.

10 juin.

*Enreg. à la Chambre des Comptes d'Aix. Arch.
des Bouches-du-Rhône, B. 37 (Stella), fol. 263.
2 pages.*

24985. Mandement à l'évêque de Senez d'assembler son
clergé pour lui demander un don gratuit de
1,104 livres tournois, équivalant à deux décimes. Camp de Maroilles, 22 juin 1543.

22 juin.

*Enreg. à la Chambre des Comptes d'Aix. Arch.
des Bouches-du-Rhône, B. 37 (Stella), fol. 319 v°.
2 pages.*

24986. Lettres portant que les enquêteurs ne devront faire d'enquête hors du lieu de leur siège que pour des affaires excédant 10 livres de rente ou 60 livres en capital, les procès de moindre importance devant être déférés par les juges du siège aux officiers qui sont sur les lieux. Paris (*sic*), 23 juin 1543. 1543. 23 juin.

Enreg. à la Chambre des Comptes d'Aix. Arch. des Bouches-du-Rhône, B. 37 (Stella), fol. 313 v°. 1 page 1/2.

24987. Pouvoirs et commission au s' de La Brosse, échanson du roi, et à Jacques Mesnage, conseiller au Parlement de Paris, pour négocier le renouvellement des anciens traités de l'Écosse avec la France. Camp de Maroilles, 25 juin 1543. 25 juin.

Insérés dans le traité ratifié par Marie Stuart. Édimbourg, 15 décembre 1543 (n°. 13490 du *Catalogue*).

*Imp. Teulet, Papiers d'État, pièces et documents inédits relatifs à l'histoire d'Écosse au xvi*ᵉ *siècle. Paris, Plon, in-4°, p. 141.*

24988. Provisions pour Robert Richard de l'office de maître particulier de la Monnaie de Bordeaux. 28 juin 1543. 28 juin.

Imp. F. de Saulcy, Recueil de documents relatifs à l'histoire des monnaies. (Coll. des doc. inéd.) Mâcon, 1892, in-4°, t. IV, p. 425. (Mention.)

24989. Don à François Lamy, valet de chambre ordinaire du roi, des biens confisqués, par arrêt du Parlement d'Aix, sur feu Raymond Serre, pour crime d'hérésie. Camp de Maroilles en Hainaut, juin 1543. Juin.

Enreg. à la Chambre des Comptes d'Aix. Arch. des Bouches-du-Rhône, B. 38 (Serena), fol. 4. 1 page 1/2.

24990. Mandement au trésorier de l'épargne de payer à Nicolas de Coscil, dit « Agaffin », trésorier et receveur général des finances en Provence, 1,500 livres tournois pour employer au payement des vacations des commissaires chargés 1ᵉʳ juillet.

d'engager le domaine du roi en Provence. 1543.
Camp de Maroilles, 1ᵉʳ juillet 1543.

> *Enreg. à la Chambre des Comptes d'Aix. Arch.*
> *des Bouches-du-Rhône, B. 37 (Stella), fol. 284.*
> 1 page.

24991. Mandement au trésorier de l'épargne de faire 1ᵉʳ juillet.
prélever, sur les deniers provenant des confiscations et amendes du Parlement d'Aix, par
Nicolas de Coscil, dit « Agaffin », la somme
de 950 livres tournois pour les constructions
à faire à la conciergerie du palais du roi à
Aix et l'édification d'un pilori en ladite ville.
Camp de Maroilles, 1ᵉʳ juillet 1543.

> *Enreg. à la Chambre des Comptes d'Aix. Arch.*
> *des Bouches-du-Rhône, B. 37 (Stella), fol. 284 v°.*
> 1 page.

24992. Provisions pour Jean de La Maison de la charge 1ᵉʳ juillet.
de capitaine d'une des deux galères que com-
mandait son frère, feu le capitaine Michelet
de La Maison. Camp de Maroilles, 1ᵉʳ juillet
1543.

> *Enreg. à la Chambre des Comptes d'Aix. Arch.*
> *des Bouches-du-Rhône, B. 37 (Stella), fol. 286 v°.*
> 1 page.

24993. Provisions pour Antoine Conte de la charge de 3 juillet.
garde du droit de foraine à Trinquetaille,
près Arles. Paris, 3 juillet 1543.

> *Enreg. à la Chambre des Comptes de Provence.*
> *Arch. des Bouches-du-Rhône, B. reg. 1271, fol. 91.*
> 5 pages.

24994. Déclaration de l'hommage de Gabriel de la 5 juillet.
Palu, écuyer, seigneur de Brassac, sénéchal
de Castres, pour ladite seigneurie de Brassac,
les fiefs de Pomardelle, du Bès, de Fraissé,
de Carvès, de Roquecourbe et autres, situés
dans les sénéchaussées de Castres, de Carcassonne et de Toulouse. Paris, 5 juillet
1543.

> *Original. Arch. nat., Chambre des Comptes,*
> P. 559¹, n° 1366.

24995. Lettres portant commission au sʳ de Grignan, 15 juillet.
lieutenant général du roi en Provence, et à

Jean Maynier, s^r d'Oppède, président au Parlement d'Aix, d'affermer en Provence les greniers à sel et de commettre aux offices de
tabellions et greffiers ceux qu'ils jugeront capables, afin de subvenir aux affaires du roi.
Camp de Maroilles, 15 juillet 1543.

*Enreg. à la Chambre des Comptes d'Aix. Arch.
des Bouches-du-Rhône, B. 40 (Corvus), fol. 156.
3 pages.*

1543.

24996. Provisions pour Michel Vegni de l'office de trésorier de la marine du Levant, vacant par la
résignation de Jean Crosnier. Paris, 20 juillet
1543.

*Enreg. à la Chambre des Comptes d'Aix. Arch.
des Bouches-du-Rhône, B. 37 (Stella), fol. 294.
1 page.*

20 juillet.

24997. Collation d'un office de chantre de la Sainte-
Chapelle du Palais, à Paris, pour Michel Durand, chapelain perpétuel de la Sainte-Chapelle, au lieu de Jacques de Maizières, en
échange de la cure de l'église paroissiale de
la Chapelle-Iger, au diocèse de Meaux. Folembray, 4 août 1543.

*Enreg. aux Mémoriaux de la Sainte-Chapelle.
Arch. nat., LL. 626, fol. 52 v°.*

4 août.

24998. Lettres de prestation du serment de fidélité de
Balthazar de Jarente, président en la Chambre
des Comptes de Provence, évêque de Saint-
Flour, pour le temporel dudit évêché. Folembray, 4 août 1543.

*Original. Arch. nat., Chambre des Comptes de
Paris, P. 559¹, n° 1369.*

4 août.

24999. Déclaration portant que les provisions de la prévôté rurale de Saint-Jacques en l'évêché de
Senez, accordées par le pape à Sauveur Peirache, demeurent valables, bien que depuis
lors le pape ait octroyé au roi un indult lui
permettant de nommer à tous les bénéfices
électifs. Folembray, 7 août 1543.

*Enreg. à la Chambre des Comptes d'Aix. Arch.
des Bouches-du-Rhône, B. 37 (Stella), fol. 272.
1 page 1/2.*

7 août.

25000. Commission au comte de Grignan, lieutenant
général en Provence, au baron d'Oppède,
premier président du Parlement, et au maître
rational Vitalis, de contraindre les gens de
mainmorte à payer le droit d'amortissement,
et les roturiers à acquitter les droits de francs-
fiefs pour leurs terres et possessions nobles.
Folembray, 9 août 1543.

*Copie du XVIe siècle. Arch. des Bouches-du-
Rhône, C. liasse 166. 6 pages 1/2.*

1543.
9 août.

25001. Déclaration de l'hommage de Louis d'Estissac,
gentilhomme de la chambre du roi, pour les
château, terre et seigneurie de Coulonges-
les-Royaux (Coulonges-sur-l'Autize), mouvant
de Fontenay-le-Comte, et pour les château,
terre et seigneurie de Benet, mouvant de
Niort, en la sénéchaussée de Poitou. Folembray, 11 août 1543.

*Original. Arch. nat., Chambre des Comptes,
P. 559¹, n° 1371.*

11 août.

25002. Lettres de commission au baron de Grignan, à
l'évêque de Saint-Flour, maître ordinaire des
requêtes de l'hôtel, et à Jean Maynier, s' d'Oppède, président au Parlement de Provence,
pour engager le domaine du roi en Provence,
avec clause de rachat perpétuel, jusqu'à concurrence de 45,000 livres tournois. Folembray, 12 août 1543.

*Enreg. à la Chambre des Comptes d'Aix. Arch.
des Bouches-du-Rhône, B. 37 (Stella), fol. 273 v°.
2 pages.*

12 août.

25003. Lettres autorisant les maire et jurés de Chauny
à poursuivre François Pioche, receveur des
deniers et octrois de ladite ville, en payement
des sommes dont il est comptable. Folembray, 13 août 1543.

*Imp. Mémoires du Comité archéologique de Noyon,
t. VII, 1885, p. 206.*

13 août.

25004. Mandement au bailli d'Amiens ou à son lieutenant, de faire une information complémen-
taire au sujet de l'évaluation du comté de

14 août.

Saint-Pol, d'une part, et, d'autre part, du comté de Chaumont-en-Vexin, de la châtellenie de Sézanne et autres seigneuries devant être l'objet d'un échange, l'estimation précédemment faite ayant été trouvée inexacte par suite de la différence du titre des espèces monnayées ayant cours dans ces différents pays. 14 août 1543.

1543.

> *Bibl. nat., coll. de Vexin, vol. 16, fol. 253; vol. 26, fol. 43 v°, 44, 55 v° et 56. (Mentions.)*

25005. Provisions pour Augustin de Forest d'un nouvel office de conseiller lai au Parlement de Provence, auquel il n'avait pas été pourvu depuis sa création. Marchais, 15 août 1543.

15 août.

> *Enreg. à la Chambre des Comptes d'Aix. Arch. des Bouches-du-Rhône, B. 37 (Stella), fol. 303 v°. 2 pages.*

25006. Provisions pour Thomas Ravoux, licencié ès lois, de l'office de juge ordinaire de Tarascon vacant par la promotion d'Accurse de Lerne à l'office de conseiller au Parlement d'Aix. Saint-Marcoul, 19 août 1543.

19 août.

> *Enreg. à la Chambre des Comptes d'Aix. Arch. des Bouches-du-Rhône, B. 38 (Serena), fol. 68 v°. 1 page.*

25007. Lettres demandant aux États de Provence le don annuel de quinze florins par feu. Avenay, 23 août 1543.

23 août.

> *Délibérations des États de Provence. Arch. des Bouches-du-Rhône, C. reg. 1, fol. 205. (Mention.)*

25008. Édit rétablissant les viguiers de Provence, qui avaient été supprimés par l'ordonnance sur la réformation de la justice, dans les gages et prérogatives qui leur appartenaient avant ladite ordonnance. Folembray, août 1543.

Août.

> *Enreg. à la Chambre des Comptes d'Aix. Arch. des Bouches-du-Rhône, B. 40 (Corvus), fol. 124. 3 pages 1/2.*

25009. Édit portant création en Provence d'un office de trésorier et receveur général des deniers provenant des droits d'imposition foraine,

Août.

des amendes et confiscations. Folembray, août   1543.
1543.

> *Enreg. à la Chambre des Comptes d'Aix. Arch.*
> *des Bouches-du-Rhône, B. 37 (Stella), fol. 269.*
> *1 page.*

25010. Édit ordonnant la vente d'une partie des do-   Août.
maines royaux sis en Provence, pour subve-
nir aux frais de la guerre. Folembray, août
1543.

> *Expéd. orig. Arch. des Bouches-du-Rhône, B.*
> *liasse 729.*

25011. Déclaration portant que la survivance de l'of-   1ᵉʳ septembre.
fice de rational et archivaire de la Chambre
des Comptes d'Aix, dont a été pourvu Arnaud
Borelli, par la résignation de son père Louis
Borelli, n'est pas révoquée malgré l'édit général récemment fait sur cette matière. Cha-
mery, 1ᵉʳ septembre 1543.

> *Enreg. à la Chambre des Comptes d'Aix. Arch.*
> *des Bouches-du-Rhône, B. 38 (Serena), fol. 1.*
> *2 pages.*

25012. Mandement au sʳ de Grignan de faire évacuer   8 septembre.
Toulon immédiatement, afin que Barberousse
et les trente mille hommes envoyés par le
Grand Turc puissent y passer l'hiver. 8 septembre 1543.

> *Imp. Champollion-Figeac, Documents historiques*
> *inédits, tirés des coll. de la Bibl. royale et des Archives.*
> *Paris, 1847, in-4°, t. III, p. 558. (Mention.)*

25013. Provisions pour Thomas Brisson de l'office de   9 septembre.
rational et archivaire en la Chambre des
Comptes de Provence. Vienne-le-Château,
9 septembre 1543.

> *Enreg. à la Chambre des Comptes d'Aix. Arch.*
> *des Bouches-du-Rhône, B. 37 (Stella), fol. 287 v°.*
> *1 page 1/2.*

25014. Provisions pour François Castelet, avocat au   10 septembre.
bailliage d'Amiens, d'un des deux offices de
conseillers au même bailliage, nouvellement
créés. Sainte-Menehould, 10 septembre 1543.

> *Bibl. nat., coll. de Picardie, vol. 4, fol. 112;*
> *vol. 112 bis, fol. 116 v°. (Mentions.)*

25015. Provisions pour François Hanique, avocat au bailliage d'Amiens, d'un des deux offices de conseillers au même bailliage, nouvellement créés. Sainte-Menehould, 10 septembre 1543.

> *Bibl. nat., coll. de Picardie, vol. 112 bis, fol. 131 v°. (Mention.)*

1543.
10 septembre

25016. Provisions pour François de Perussis, docteur en droit, d'un des trois offices nouvellement créés de conseiller au Parlement d'Aix. Sainte-Menehould, 11 septembre 1543.

> *Enreg. à la Chambre des Comptes d'Aix. Arch. des Bouches-du-Rhône, B. 37 (Stella), fol. 306. 2 pages.*

11 septembre.

25017. Mandement à la Chambre des Comptes de Paris de recevoir les aveux et dénombrements que Maffre Genyn, écuyer, baron de Roquesserrière, est disposé à présenter pour ladite baronnie, le quart de la seigneurie de Cuq et certaines rentes en la sénéchaussée de Toulouse, nonobstant qu'il n'ait satisfait à ce devoir dans les délais requis. Sainte-Menehould, 13 septembre 1543.

> *Original. Arch. nat., Chambre des Comptes de Paris, P. 559¹, n° 1373.*

13 septembre.

25018. Déclaration portant que la règle canonique relative au délai de vingt jours en matière bénéficiale devra être observée en Provence comme dans les autres parties du royaume. Sainte-Menehould, 17 septembre 1543.

> *Original. Arch. des Bouches-du-Rhône, C. liasse 568.*
> *Enreg. à la Chambre des Comptes d'Aix. Arch. des Bouches-du-Rhône, B. 37 (Stella), fol. 312 v°. 1 page 1/2.*

17 septembre.

25019. Provisions pour Claude de Panisse, docteur ès droits, d'un office de conseiller au Parlement de Provence, auquel il n'avait pas été pourvu depuis son rétablissement. Reims, 26 septembre 1543.

> *Enreg. à la Chambre des Comptes d'Aix. Arch. des Bouches-du-Rhône, B. 38 (Serena), fol. 38 v°. 2 pages.*

26 septembre.

25020. Provisions pour Antoine de Sillans, écuyer, baron de Creuilly, de l'office de capitaine du château et place de Tombelaine en Normandie, vacant par la résignation faite à son profit par Jean d'Escoubleau, s^r de Sourdis, gentilhomme ordinaire de la chambre et maître de la garde-robe du roi. Coucy, 30 septembre 1543.

> Mentionné dans un vidimus des lettres d'attache des trésoriers de France, datées du 6 novembre 1543. Arch. départ. du Calvados, E. 644.

1543.
30 septembre.

25021. Commission au baron de Grignan, à l'évêque de Saint-Flour et au s^r d'Oppède, de conclure les transactions nécessaires pour l'aliénation du domaine du roi en Provence. Reims, septembre 1543.

> Enreg. à la Chambre des Comptes d'Aix. Arch. des Bouches-du-Rhône, B. 37 (Stella), fol. 292. 4 pages.

Septembre.

25022. Provisions pour Antoine Richeran de l'office de contrôleur du grenier à sel de Tarascon en Provence. La Fère-sur-Oise, 4 novembre 1543.

> Enreg. à la Chambre des Comptes d'Aix. Arch. des Bouches-du-Rhône, B. 38 (Serena), fol. 20 v°. 1 page 1/2.

4 novembre.

25023. Provisions pour François Barguin, greffier du bailliage de Senlis, de l'office de greffier de la prévôté de ville à Senlis, avec dispense de tenir les deux offices jusqu'à ce qu'il ait pu se défaire du premier, à condition toutefois que cette résignation soit faite dans le délai d'une année. 9 novembre 1543.

> Bibl. nat., ms. fr. 5124, fol. 137 v°. (Mention.)

9 novembre.

25024. Lettres portant confirmation, en faveur de Nicolas de Saisseval, de l'office de garde du sceau royal de la prévôté d'Amiens dont il avait été pourvu le 25 août 1537 (n° 24307), la présente confirmation lui étant accordée en considération de ses services et pour le

11 novembre.

45.

rémunérer de diverses dépenses qu'il a eu à supporter. La Fère, 11 novembre 1543.

Bibl. nat., coll. de Picardie, vol. 112 bis, fol. 158 v°. (Mention.)

25025. Mandement au duc de Vendôme de faire marcher le ban et l'arrière-ban de Picardie. La Fère, 15 novembre 1543.

Bibl. nat., coll. de Picardie, vol. 112 bis, fol. 5 v°. (Mention.)

25026. Provisions pour Jérôme Pecquet de l'office d'enquêteur et examinateur, nouvellement créé au bailliage d'Amiens. Paris, 21 novembre 1543.

Bibl. nat., coll. de Picardie, vol. 112 bis, fol. 148. (Mention.)

25027. Commission au s^r de Grignan de faire les dépenses nécessitées par la présence de l'armée turque, dépenses pour lesquelles 30,000 livres ont été mises entre les mains du trésorier de la marine du Levant. Fontainebleau, 29 novembre 1543.

Enreg. à la Chambre des Comptes d'Aix. Arch. des Bouches-du-Rhône, B. 38 (Serena), fol. 19 v°. 1 page.

25028. Édit de création d'un office d'enquêteur et examinateur au bailliage d'Amiens, outre les deux autres établis précédemment. Paris, novembre 1543.

Bibl. nat., coll. de Picardie, vol. 112 bis, fol. 5 v°. (Mention.)

25029. Provisions pour Jacques et Cyprien Roux, père et fils, à la survivance l'un de l'autre, de l'office de greffier ordinaire à Hyères, auquel il n'a pas été pourvu depuis son érection en titre d'office. Fontainebleau, 1er décembre 1543.

Enreg. à la Chambre des Comptes d'Aix. Arch. des Bouches-du-Rhône, B. 40 (Corvus), fol. 158. 1 page.

25030. Provisions pour Jean Puget, docteur ès droits, d'un des six offices de conseillers nouvelle-

1543.

15 novembre.

21 novembre.

29 novembre.

Novembre.

1er décembre.

1er décembre.

ment créés au siège général d'Aix, auquel il   1543.
n'avait pas encore été pourvu. Fontainebleau,
1er décembre 1543.

> Original, Arch. des Bouches-du-Rhône, C. liasse
> 1398.
> Enreg. à la Chambre des Comptes d'Aix. Arch.
> des Bouches-du-Rhône, B. 40 (Corvus), fol. 48.
> 1 page.

25031. Provisions de l'office de conseiller à la séné-   1er décembre.
chaussée d'Aix en faveur de Monet Aufred,
docteur en droit. Fontainebleau, 1er décembre 1543.

> Original. Arch. des Bouches-du-Rhône, C. liasse
> 1398.

25032. Provisions de l'office de conseiller à la séné-   1er décembre.
chaussée d'Aix en faveur de Claude Margalet,
docteur en droit. Fontainebleau, 1er décembre 1543.

> Original. Arch. des Bouches-du-Rhône, C. liasse
> 1398.

25033. Provisions de l'office de conseiller à la séné-   1er décembre.
chaussée d'Aix en faveur de Pierre Raynaud,
docteur en droit. Fontainebleau, 1er décembre 1543.

> Original. Arch. des Bouches-du-Rhône, C. liasse
> 1398.

25034. Provisions de l'office de conseiller au siège de   1er décembre.
la sénéchaussée de Draguignan en faveur
d'Étienne Augery. Fontainebleau, 1er décembre
1543.

> Original. Arch. des Bouches-du-Rhône, C. liasse
> 1398.

25035. Provisions de l'office de conseiller au siège de la   1er décembre.
sénéchaussée de Draguignan en faveur de Guil-
laume Maynier, docteur en droit. Fontainebleau, 1er décembre 1543.

> Original. Arch. des Bouches-du-Rhône, C. liasse
> 1398.

25036. Provisions de l'office de conseiller au siège de   1er décembre.

la sénéchaussée de Draguignan en faveur
d'Hélion Nielly. Fontainebleau, 1ᵉʳ décembre
1543.

1543.

*Original, Arch. des Bouches-du-Rhône, C. liasse
1398.*

25037. Provisions pour Pierre Gantelmi de l'office de
greffier ordinaire à Saint-Maximin, auquel il
n'avait pas été pourvu depuis son érection
en titre d'office. Fontainebleau, 1ᵉʳ décembre
1543.

1ᵉʳ décembre.

*Enreg. à la Chambre des Comptes d'Aix. Arch.
des Bouches-du-Rhône, B. 39 (Virgo), fol. 14. 1 page.*

25038. Lettres exceptant de la réunion générale du
domaine le revenu des jardins du roi à Aix et
à Castellane en Provence, lequel a été donné
à Louis Alamanni. Fontainebleau, 1ᵉʳ décembre
1543.

1ᵉʳ décembre.

*Enreg. à la Chambre des Comptes d'Aix. Arch.
des Bouches-du-Rhône, B. 38 (Serena), fol. 23 vᵒ.
2 pages.*

25039. Provisions pour Barthélemy Nervins de l'office
de viguier de Fréjus. Fontainebleau, 2 décembre 1543.

2 décembre.

*Enreg. à la Chambre des Comptes d'Aix. Arch.
des Bouches-du-Rhône, B. 38 (Serena), fol. 133 vᵒ.
1 page.*

25040. Provisions pour Alard Ripert de l'office de
viguier de Toulon, auquel il n'avait pas été
pourvu depuis son rétablissement. Fontainebleau, 2 décembre 1543.

2 décembre.

*Enreg. à la Chambre des Comptes d'Aix. Arch.
des Bouches-du-Rhône, B. 38 (Serena), fol. 57 vᵒ.
1 page.*

25041. Provisions pour Guillaume Laydet de l'office
de viguier de Barjols auquel il n'avait pas été
pourvu depuis son rétablissement. Fontainebleau, 2 décembre 1543.

2 décembre.

*Enreg. à la Chambre des Comptes d'Aix. Arch.
des Bouches-du-Rhône, B. 38 (Serena), fol. 93.
1 page.*

25042. Lettres portant pouvoir pour Jean Caraccioli,

4 décembre.

prince de Melphe, de commander l'armée   1543.
au pays de Luxembourg, en qualité de lieutenant général du roi. Fontainebleau, 4 décembre 1543,

> Imp. Pinard, Chronologie historique militaire.
> Paris, 1760-1778, in-4°, t. II, p. 248. (Mention.)

25043. Lettres autorisant Antoine Richeran, contrôleur   5 décembre.
du grenier à sel de Tarascon, à exercer en
même temps que cet office celui d'huissier
du Parlement de Provence. Fontainebleau,
5 décembre 1543.

> Enreg. à la Chambre des Comptes d'Aix. Arch.
> des Bouches-du-Rhône, B. 38 (Serena), fol. 36.
> 1 page.

25044. Provisions pour Claude d'Annebaut, maréchal   6 décembre.
de France, de l'office de lieutenant général
du roi en Normandie. 6 décembre 1543.

> Imp. Pinard, Chronologie historique militaire.
> Paris, 1760-1778, in-4°, t. II, p. 235. (Mention.)

25045. Provisions pour Antoine de Saint-Marc, doc-   9 décembre.
teur en droit, d'un nouvel office de conseiller
au Parlement d'Aix, auquel il n'avait pas été
pourvu depuis sa création. Fontainebleau,
9 décembre 1543.

> Enreg. à la Chambre des Comptes d'Aix. Arch.
> des Bouches-du-Rhône, B. 38 (Serena), fol. 102 v°,
> et B. 41 (Hirundo), fol. 305 v°. 1 page.

25046. Déclaration confirmative du don précédemment   18 décembre.
fait à Adrien de Pisseleu, seigneur d'Heilly,
de la seigneurie de Beauquesne et des moulins et prés du domaine du bailliage de Hesdin. Fontainebleau, 18 décembre 1543.

> Original signé. Arch. nat., T. 153[76-78].

25047. Provisions pour Jean Maynier, second prési-   20 décembre.
dent au Parlement d'Aix, de l'office de pre-
mier président audit Parlement, vacant par
la mort de Guillaume Garsonnet. Fontainebleau, 20 décembre 1543.

> Enreg. à la Chambre des Comptes d'Aix. Arch.
> des Bouches-du-Rhône, B. 38 (Serena), fol. 164.
> 2 pages.

25048. Lettres accordant à la ville de Toulon la franchise des fouages pour dix ans. Fontainebleau, 21 décembre 1543.

1543.
21 décembre.

> Imp. Champollion-Figeac, *Mélanges historiques*, coll. des Documents inédits. Paris, 1847, in-4°, t. III, p. 536. (*Mention.*)

25049. Lettres accordant à Léon des Ursins, évêque de Fréjus, surséance d'un an pour prêter le serment de fidélité qu'il doit pour le temporel dudit évêché. Fontainebleau, 22 décembre 1543.

22 décembre.

> *Enreg. à la Chambre des Comptes d'Aix.* Arch. des Bouches-du-Rhône, B. 38 (Serena), fol. 44. 1 page.

25050. Déclaration portant que, malgré la réunion générale du domaine, Martin du Bellay, s\u02b3 de Langey, continuera à jouir du don qui lui a été fait, sa vie durant, du revenu des bourses ordinaires de la chancellerie de Provence. Fontainebleau, 25 décembre 1543.

25 décembre.

> *Enreg. à la Chambre des Comptes d'Aix.* Arch. des Bouches-du-Rhône, B. 38 (Serena), fol. 83. 1 page.

25051. Don à François de Hangest, s\u02b3 de Genlis, capitaine du château du Louvre, de 1,200 livres tournois sur la recette ordinaire de Paris, outre ses gages. 1543.

1543.

> *Enreg. à la Chambre des Comptes de Paris,* anc. mém. 2 L, fol. 16. Arch. nat., PP. 119, p. 3. (*Mention.*)
> Bibl. de Rouen, ms. Leber 5870, t. XIV, fol. 65. (*Mention.*)

1544. — Pâques, le 13 avril.

25052. Mandement à Jean Duval, trésorier de l'épargne, de payer la somme de 1,800 livres à Africain de Mailly, seigneur de Villers-les-Pots, bailli de Dijon, envoyé de Fontainebleau à la diète de Spire, en compagnie du cardinal du Bellay et de François Olivier, conseiller au

1544
6 janvier.

Conseil privé, chancelier d'Alençon. Fon-
taineblau, 6 janvier 1543.

1544.

> *Original. Arch. de Seine-et-Marne, F. 4.*
> *Imp. Dans l'inventaire sommaire desdites Archives.*

25053. Lettres portant décharge pour le capitaine
Pierre Bon de l'une de ses deux galères,
La Perle, qui s'est perdue avec tout son équipage au moment de l'attaque de Nice, et en
outre de six « verses de bronze » et douze
boîtes, appartenant à son autre galère *La Sa-
lamandre*, mais qui se trouvaient alors sur
La Perle. Fontainebleau, 7 janvier 1543.

7 janvier.

> *Enreg. à la Chambre des Comptes d'Aix. Arch.*
> *des Bouches-du-Rhône, B. 38 (Serena), fol. 72.*
> 1 page.

25054. Lettres portant commission au s\u1d63 de Grignan de
surveiller et défendre le port de Marseille et
autres ports de Provence, et lui conférant toute
autorité sur les capitaines de galères ou autres
vaisseaux, avec le droit d'interdire auxdits
vaisseaux l'entrée des ports. Fontainebleau,
19 janvier 1543.

19 janvier.

> *Enreg. à la Chambre des Comptes d'Aix. Arch.*
> *des Bouches-du-Rhône, B. 38 (Serena), fol. 84 v°.*
> 1 page.

25055. Lettres de prestation du serment de fidélité de
Jacques d'Escoubleau, évêque de Maillezais,
pour le temporel dudit évêché. Fontainebleau, 20 janvier 1543.

20 janvier.

> *Original. Arch. nat., Chambre des Comptes*
> *de Paris, P. 559¹, n° 1360.*

25056. Lettres convoquant le ban et l'arrière-ban de
Picardie. Fontainebleau, 20 janvier 1543.

20 janvier.

> *Bibl. nat., coll. de Picardie, vol. 95, p. 327.*
> (*Mention.*)

25057. Déclaration portant que les offices de notaires
et de procureurs ne sont pas incompatibles.
Fontainebleau, 22 janvier 1543.

22 janvier.

> *Bibl. nat., coll. de Picardie, vol. 112 bis,*
> fol. 6. (*Mention.*)

IMPRIMERIE NATIONALE.

25058. Provisions pour Thomas Aguillenc de l'office   1544.
de receveur ordinaire et particulier du siège   26 janvier.
de Digne, vacant par la résignation de Jacques
Bordon. Fontainebleau, 26 janvier 1543.

> *Enreg. à la Chambre des Comptes d'Aix. Arch.
> des Bouches-du-Rhône, B. 38 (Serena), fol. 61 v°.*
> 1 page.

25059. Provisions pour François de La Fons, conseiller   26 janvier.
au Parlement de Toulouse, de l'office de
second président au Parlement d'Aix, vacant
par la promotion de Jean Maynier à l'office
de premier président en la même cour. Brie-
Comte-Robert, 26 janvier 1543.

> *Enreg. à la Chambre des Comptes d'Aix. Arch.
> des Bouches-du-Rhône, B. 38 (Serena), fol. 230.*
> 1 page 1/2.

25060. Déclaration de l'hommage rendu par Tiburce   3 février.
Bourée, de Parme, écuyer, au nom de Jérôme
Recenas [1], dataire du Saint-Siège, évêque
élu de Nice, agissant lui-même comme procureur du cardinal Farnèse, archevêque
d'Avignon, pour les terres que celui-ci tient
du roi à cause de son archevêché, telles que
Verquières, Barbentane, le château de Li-
rac, etc. Fontainebleau, 3 février 1543.

> *Enreg. à la Chambre des Comptes d'Aix. Arch.
> des Bouches-du-Rhône, B. 38 (Serena), fol. 66 v°.*
> 1 page 1/2.

25061. Lettres portant commission aux gens des comptes de Provence de vendre à André Sor-   3 février.
man (Sormanno), fermier du « tirage du sel
qui se fait contremont les rivières du Rhône
et de la Saône » 30,000 « olles [2] » de sel du
grenier de Provence. Fontainebleau, 3 février
1543.

> *Enreg. à la Chambre des Comptes d'Aix. Arch.
> des Bouches-du-Rhône, B. 38 (Serena), fol. 70.*
> 3 pages.

---

[1] Ughelli le nomme *Hieronymus Recenatus* ou *de Recenatis*; la *Gallia
christiana* : *Hieronymus de Capite-ferreo.*
[2] Ce mot tiré du latin *olla*, signifiant pot, marmite, fut employé
dans plusieurs provinces pour désigner une mesure à sel, sous les
formes diverses : ole, olle, oule, houle, etc.

25062. Provisions pour Jacques Chambon, commis
à la maîtrise de la Monnaie de Toulouse, de
l'office de maître de ladite Monnaie, pour
six ans, à partir du jour de l'expiration du
bail fait à Jacques Chambon, l'aîné. Paris,
21 février 1543.

Arch. nat., Z¹ᵇ 10, fol. 290. (Mention.)

1544.
21 février.

25063. Mandement au bailli de Caen de faire recouvrer sur les habitants de son baillage
l'imposition de 12,000 livres, destinée à l'entretien, durant quatre mois, des cinq cents
hommes de pied représentant le contingent
dudit baillage dans la levée de cinquante
mille hommes. Paris, 22 février 1543.

Original. Arch. municip. de Caen, EE. 7.

22 février.

25064. Collation pour Jean Du Drac, naguère doyen
de Notre-Dame de Paris, de la trésorerie de
la Sainte-Chapelle du Palais à Paris, vacante
par la résignation de Philibert Babou, évêque
d'Angoulême. Paris, 25 février 1543.

*Enreg. aux Mémoriaux de la Sainte-Chapelle.
Arch. nat., LL. 626, fol. 58.*

25 février.

25065. Lettres de réception du serment de fidélité
de Nicolas Jarente, évêque de Vence, pour
le temporel de son évêché. Paris, 26 février
1543.

*Expéd. originale. Arch. des Bouches-du-Rhône,
B. liasse 729.
Enreg. à la Chambre des Comptes d'Aix, le 2 mai
1544. Arch. des Bouches-du-Rhône, B. 38 (Serena),
fol. 86. 1/2 page.*

26 février.

25066. Lettres d'amortissement, moyennant composition, de moulins à blé et à huile possédés
par la communauté de Cucuron en Provence.
Fontainebleau, février 1543.

*Enreg. à la Chambre des Comptes d'Aix. Arch.
des Bouches-du-Rhône, B. 38 (Serena), fol. 86 v°.
3 pages.*

Février.

25067. Lettres de relief d'adresse et de surannation
pour la vérification, à la Chambre des Comptes
de Paris, des lettres du 17 février 1538 n. s.

3 mars.

— 364 —

(n° 24338), portant provisions de l'office
de capitaine d'Hesdin en faveur d'Adrien de
Pisseleu. Paris, 3 mars 1543.

*Vérif. à la Chambre des Comptes de Paris, le
14 du même mois.*
Original. Arch. nat., T. 153[76-78].

1544.

25068. Déclaration portant que le Parlement n'a pas à
tenir compte de l'article du traité de Cambrai
abolissant le droit d'aubaine, le roi n'enten-
dant nullement que cette stipulation soit observée. Paris, 4 mars 1543.

*Bibl. de l'Arsenal, à Paris, ms. 2482, fol. 118
et 119 v°. (Mentions.)*

4 mars.

25069. Lettres de légitimation pour Antoine Courtez,
fils naturel d'Alban Courtez, prêtre à Cla-
viers, au diocèse de Fréjus, et de la femme
de Barthélemy Rancarel, lequel était absent
depuis longtemps. Paris, 4 mars 1543.

*Enreg. à la Chambre des Comptes d'Aix. Arch.
des Bouches-du-Rhône, B. 38 (Serena), fol. 178.
1 page 1/2.*

4 mars.

25070. Provisions pour Nicolas Romieu de l'office
de receveur particulier au siège d'Arles, vacant par résignation de Simon Aubert. Paris,
6 mars 1543.

*Enreg. à la Chambre des Comptes d'Aix. Arch.
des Bouches-du-Rhône, B. 38 (Serena), fol. 180.
1 page.*

6 mars.

25071. Provisions pour Bastien de Riberolles de l'office
de maître affineur à la Monnaie de Paris,
pour six années. 7 mars 1543.

*Imp. F. de Saulcy, Recueil de documents relatifs
à l'histoire des monnaies. (Coll. des doc. inéd.) Mâcon,
1892, in-4°, t. IV, p. 426. (Mention.)*

7 mars.

25072. Provisions pour François Audier, marchand
de Limoges, de l'office de maître particulier
de la Monnaie de Poitiers pendant six années. 9 mars 1543.

*Imp. F. de Saulcy, Recueil de documents relatifs
à l'histoire des monnaies. (Coll. des doc. inéd.)
Mâcon, 1892, in-4°, t. IV, p. 427 et 434. (Mentions.)*

9 mars.

25073. Mandement à Charles Du Plessis, général des finances en Provence, de faire payer l'avocat et le procureur du roi de leurs vacations pour le trimestre de juillet-septembre. Anet, 26 mars 1543.

1544.
26 mars.

Enreg. à la Chambre des Comptes d'Aix. Arch. des Bouches-du-Rhône, B. 38 (Serena), fol. 107. 1 page 1/2.

25074. Lettres portant acceptation du don gratuit consenti par les États de Provence au profit du s^r de Grignan, lieutenant général audit pays, de 6,000 livres tournois en considération des peines et dépenses qu'il a eues à supporter. Anet, 26 mars 1543.

26 mars.

Enreg. à la Chambre des Comptes d'Aix. Arch. des Bouches-du-Rhône, B. 38 (Serena), fol. 228. 1 page.

25075. Don à Adrien de Pisseleu, chevalier, seigneur d'Heilly, capitaine de cinquante lances, gouverneur, capitaine et bailli d'Hesdin, de la totalité des revenus du domaine dudit bailliage. Anet, 27 mars 1543.

27 mars.

Original signé. Arch. nat., T. 153⁷⁶·⁷⁸.

25076. Provisions pour Barthélemy Du Port de l'office de viguier de Saint-Paul, auquel il n'a pas été pourvu depuis son érection en titre d'office. Évreux, 31 mars 1543.

31 mars.

Enreg. à la Chambre des Comptes d'Aix. Arch. des Bouches-du-Rhône, B. 38 (Serena), fol. 195. 1 page.

25077. Provisions de l'office de garde du droit de foraine au lieu de Saint-Tropez, en faveur de Geoffroy Antiboul. Évreux, 31 mars 1543.

31 mars.

Enreg. à la Chambre des Comptes de Provence. Arch. des Bouches-du-Rhône, B. reg. 1271, fol. 205. 4 pages.

25078. Lettres de légitimation pour Guillaume et Jean de Bagarris, fils de Guilhem de Bagarris et de Louise Rebaude, femme mariée dont le mari

Mars.

était absent depuis deux années environ. Saint-Germain-en-Laye, mars 1543.

Enreg. à la Chambre des Comptes d'Aix. Arch. des Bouches-du-Rhône, B. 38 (Serena), fol. 172. 1 page.

1544.

25079. Provisions pour Jean Le Roy de l'office de prévôt de Beauquesne au bailliage d'Amiens, en remplacement d'Adrien Gorin. Le Bec-Hellouin, 8 avril 1543.

8 avril.

Bibl. nat., coll. de Picardie, vol. 112 bis, fol. 151 v°. (Mention.)

25080. Lettres portant pouvoir aux cardinaux de Tournon et de Meudon, à François Errault, garde des sceaux, et à Antoine Bohier, gouverneur de Touraine, de disposer, pour le délai qu'ils jugeront à propos de fixer, des droits de gabelles et d'imposition mis sur les épices et drogueries importées dans le royaume. Abbaye du Bec[-Hellouin], 8 avril 1543.

8 avril.

Enreg. à la Chambre des Comptes d'Aix. Arch. des Bouches-du-Rhône, B. 38 (Serena), fol. 199. 1 page 1/2.

25081. Lettres portant que le prieuré de Sainte-Marie-Madeleine à Saint-Maximin en Provence, de l'ordre des Frères prêcheurs, sera perpétuel et ne devra être soumis qu'à la visite du prieur désigné par le roi. Évreux, 9 avril 1543.

9 avril.

Enreg. à la Chambre des Comptes d'Aix. Arch. des Bouches-du-Rhône, B. 38 (Serena), fol. 252. 2 pages.

25082. Lettres portant confirmation des privilèges du pays de Dombes. Évreux, avril 1543.

Avril.

Imp. Recueil des titres et autres pièces authentiques concernant les privilèges et franchises du Franc-Lyonnais, extrait sur les originaux qui sont dans les archives à Neufville. Lyon, Philibert Chabans, 1716, in-4°, p. 15. (Arch. nat., AD. xvi, 8.)

25083. Mandement au bailli de Sens, lui signifiant que les habitants de Bar-le-Duc seront exemptés, pour cette fois seulement, de contribuer à la

21 avril.

solde et entretien des cinquante mille hommes
de pied. Honfleur, 21 avril 1544.

> *Original. Arch. départ. de Meurthe-et-Moselle,*
> B. 532, n° 85.

1544.

25084. Lettres ordonnant la réduction du nombre des
notaires dans la vicomté de Thouars et autres
seigneuries de Louis de La Trémoïlle. Rouen,
28 avril 1544.

> *Original. Chartrier de Thouars,* appartenant à
> M. le duc de La Trémoïlle.
> IMP. *Les La Trémoïlle pendant cinq siècles,* t. III,
> Charles, François et Louis III (1485-1577),
> Nantes, in-4°, 1894, p. 170.

28 avril.

25085. Commission à l'évêque de Saint-Flour et à Jean
Maynier, premier président du Parlement
d'Aix, d'engager au capitaine Strozzi, prieur
de Capoue, le domaine royal ou les greniers
à sel de Provence, jusqu'à concurrence de
40,000 livres, afin d'assurer audit prieur le
remboursement de 20,000 livres qu'il doit
prêter au roi, et à Pierre Strozzi, son frère,
celui de semblable somme qu'il a prêtée précédemment. Abbaye de Bonport, 30 avril
1544.

> *Enreg. à la Chambre des Comptes d'Aix. Arch.*
> *des Bouches-du-Rhône,* B. 38 (Serena), fol. 89.
> 2 pages.

30 avril.

25086. Lettres de jussion pour la vérification, à la
Chambre des Comptes de Paris, des lettres
portant don à Adrien de Pisseleu du revenu
du domaine du bailliage de Hesdin. Abbaye
de Bonport, 30 avril 1544.

> *Original. Arch. nat.,* T. 153[76-78].

30 avril.

25087. Collation pour Honorat Arbaud de la chapelle
de Saint-Mitre dans le palais royal d'Aix en
Provence, vacante par la résignation de Mathieu Arbaud. Saint-Germain-en-Laye, 9 mai
1544.

> *Enreg. à la Chambre des Comptes d'Aix. Arch.*
> *des Bouches-du-Rhône,* B. 38 (Serena), fol. 94.
> 1/2 page.

9 mai.

25088. Don à Jacques Palliès, qui a contribué à mettre le château de Puget-Théniers entre les mains du roi, d'une pension annuelle de 300 livres tournois. Saint-Germain-en-Laye, 15 mai 1544.

1544.
15 mai.

Enreg. à la Chambre des Comptes d'Aix. Arch. des Bouches-du-Rhône, B. 38 (Serena), fol. 106. 1 page 1/2.

25089. Provisions pour François Alligret de l'office nouvellement créé de conseiller lai en la Chambre des requêtes du Palais à Paris. Saint-Germain-en-Laye, 18 mai 1544.

18 mai.

Reçu au Parl., le 9 juin suivant. Arch. nat., X¹ᵃ 1553, fol. 121 v°. (Mention.) Bibl. de l'Arsenal, à Paris, ms. 2482, fol. 120. (Mention.)

25090. Mandement aux gens des comptes de Dijon de faire restituer, sur la recette générale de Bourgogne, à Antoine Factet, marchand, demeurant à Arnay-le-Duc, la somme de 154 livres 17 sous 6 deniers tournois, qui lui avait été réclamée en trop pour le droit de gabelle. Meudon, 21 mai 1544.

21 mai.

Comptes de Girard Sayve, receveur général de Bourgogne. Arch. de la Côte-d'Or, B. 1857, fol. 156 v°. (Mention.)

25091. Provisions pour Pierre de Hacqueville, conseiller au Parlement de Paris, de l'office de président nouvellement créé en la Chambre des requêtes du Palais. Saint-Germain-en-Laye, 22 mai 1544.

22 mai.

Reçu au Parl., le 29 octobre suivant. Arch. nat., X¹ᵃ 1553, fol. 566 v°. (Mention.) Bibl. de l'Arsenal à Paris, ms. 2482, fol. 119 v°. (Mention.)

25092. Provisions pour Alexandre Savary de l'office nouvellement créé d'huissier en la Chambre des requêtes du Palais à Paris. Paris, 22 mai 1544.

22 mai.

Bibl. de l'Arsenal à Paris, ms. 2482, fol. 120. (Mention.)

25093. Déclaration portant que Gilles Bohier, doyen

22 mai.

de Sainte-Marthe de Tarascon, grand archidiacre d'Avignon et de Reims, prieur de Frigolet (Saint-Michel-de-Frigolet) et aumônier
ordinaire du roi, devra jouir des exemptions
accordées aux officiers de la maison du roi.
Saint-Germain-en-Laye, 22 mai 1544.

1544.

> *Enreg. à la Chambre des Comptes d'Aix. Arch.
> des Bouches-du-Rhône, B. 38 (Serena), fol. 113 v°.
> 1 page 1/2.*

25094. Provisions pour Melchior Guyran de l'office
de contrôleur des greniers à sel et gabelle
de Grasse. Saint-Germain-en-Laye, 23 mai
1544.

23 mai.

> *Enreg. à la Chambre des Comptes d'Aix, Arch.
> des Bouches-du-Rhône, B. 38 (Serena), fol. 92.
> 1 page.*

25095. Mandement à la Chambre des Comptes d'Aix
de procéder à l'adjudication des marais de
Berre et de Lançon, dépendant de la vicomté
de Martigues. Paris, 28 mai 1544.

28 mai.

> *Enreg. à la Chambre des Comptes d'Aix. Arch.
> des Bouches-du-Rhône, B. 38 (Serena), fol. 181.
> 1 page.*

25096. Lettres portant révocation, sur la réclamation
des archivaires et maîtres rationaux de la
Chambre des Comptes de Provence, de l'édit
créant trois nouveaux offices de secrétaires
rationaux et un avocat en ladite chambre,
attendu que lesdits archivaires ont versé
comptant 2,000 livres entre les mains du trésorier de la marine du Levant, afin d'éviter
cette création qui leur était préjudiciable.
Paris, 29 mai 1544.

29 mai.

> *Enreg. à la Chambre des Comptes d'Aix. Arch.
> des Bouches-du-Rhône, B. 38 (Serena), fol. 130.
> 3 pages.
> Copie du XVIIe siècle. Arch. des Bouches-du-
> Rhône, B. carton 3295, pièce n° 8.*

25097. Mandement au bailli d'Amiens, à son lieutenant, ses avocats et procureurs, et aux deux
gentilshommes qui ont assisté à la dernière
assemblée du ban et de l'arrière-ban du bail-

30 mai.

liage, de faire avancer celui-ci jusqu'à Laon, de manière qu'il y soit arrivé le 30 juin, l'ennemi s'étant mis aux champs afin de faire contre l'état et les pays du roi quelque grande entreprise. Paris, 30 mai 1544.

Bibl. nat., coll. de Picardie, vol. 112 bis, fol. 6. (*Mention.*)

1544.

25098. Provisions pour Jean Hennequin d'un office nouvellement créé de conseiller en la Chambre des requêtes du Palais à Paris. Paris, 31 mai 1544.

Reçu au Parl. de Paris, le 30 juin suivant. Arch. nat., X¹ª 1553, fol. 137 vº. (Mention.)
Bibl. de l'Arsenal, à Paris, ms. 2482, fol. 120 vº. (*Mention.*)

31 mai.

25099. Lettres prescrivant l'enregistrement par le Parlement et la Chambre des Comptes de Provence des lettres du 22 mai précédent (nº 25093), accordant à Gilles Bohier les exemptions dont jouissent les officiers de la maison du roi, bien que lesdites lettres ne leur soient pas adressées et que les lettres précédentes, qui avaient établi ces exemptions générales, soient surannées. Paris, 31 mai 1544.

Enreg. à la Chambre des Comptes d'Aix. Arch. des Bouches-du-Rhône, B. 38 (Serena), fol. 114 vº. 1 page 1/2.

31 mai.

25100. Lettres contre les usurpateurs des marais et « paluns » de Berre en la vicomté de Martigues, ordonnant la mise aux enchères de ces marais au profit du roi. Paris, 31 mai 1544.

Enreg. à la Chambre des Comptes d'Aix. Arch. des Bouches-du-Rhône, B. 39 (Virgo), fol. 95 vº. 1 page 1/2.

31 mai.

25101. Confirmation en faveur de Gilles Bohier, doyen de Sainte-Marthe de Tarascon et prieur de Frigolet, de l'exemption du droit de vingtain, accordée aux prédécesseurs dudit doyen et prieur par les comtes de Provence. Saint-Germain-en-Laye, mai 1544.

Enreg. à la Chambre des Comptes d'Aix. Arch. des Bouches-du-Rhône, B. 38 (Serena), fol. 115. 3 pages.

Mai.

25102. Lettres portant prorogation en faveur de Léon
des Ursins, évêque de Fréjus, qui est actuellement en cour de Rome, de la surséance qui
lui avait été accordée pour une année, les
11 avril et 22 décembre 1543 (n°° 24958
et 25049), pour prêter le serment de fidélité
auquel il est tenu. Paris, 2 juin 1544.

*Enreg. à la Chambre des Comptes d'Aix. Arch.
des Bouches-du-Rhône, B. 38 (Serena), fol. 187.
1 page.*

1544.
2 juin.

25103. Provisions pour Louis Puget, s' de Fuveau,
docteur ès droits, de l'office de conseiller lai au
Parlement de Provence, vacant par la mort
de Jean Douaud. Paris, 4 juin 1544.

*Enreg. à la Chambre des Comptes d'Aix. Arch.
des Bouches-du-Rhône, B. 38 (Serena), fol. 134 v°.
1 page 1/2.*

4 juin.

25104. Lettres conférant à Jean Caraccioli, prince de
Melphe, les pouvoirs de lieutenant général
commandant à Troyes, conjointement avec
le duc de Montpensier. Saint-Maur-les-Fossés,
10 juin 1544.

*Imp. Pinard, Chronologie historique militaire.
Paris, 1760-1778, in-4°, t. II, p. 248. (Mention.)*

10 juin.

25105. Provisions pour Isaac Le Normant d'un office
de notaire royal à Amiens. 10 juin 1544.

*Bibl. nat., coll. de Picardie, vol. 112 bis,
fol. 144. (Mention.)*

10 juin.

25106. Lettres portant évocation devant le Grand conseil du procès pendant devant le Parlement
de Grenoble entre Antoine-Honoré d'Oraison, vicomte de Cadenet, baron de Boulbon
en Provence, et les habitants de Boulbon.
Paris, 10 juin 1544.

*Enreg. à la Chambre des Comptes d'Aix. Arch.
des Bouches-du-Rhône, B. 38 (Serena), fol. 141.
3 pages.*

10 juin.

25107. Mandement au Parlement de Dauphiné pour
l'exécution des lettres du 10 juin précédent,
portant évocation du procès pendant entre

16 juin.

Antoine-Honoré d'Oraison et les habitants de Boulbon. Paris, 16 juin 1544.

1544.

> Enreg. à la Chambre des Comptes d'Aix. Arch.
> des Bouches-du-Rhône, B. 38 (Serena), fol. 142.
> 1 page.

25108. Lettres commettant à Richard de Pellevé la garde d'Anne et de Jeanne de Grosparmy, filles mineures de feu Jean de Grosparmy, baron de Flers. 22 juin 1544.

22 juin.

> Imp. Comte Hector de La Ferrière, Histoire de Flers. Paris, 1855, in-8°, p. 43. (Mentionné, d'après le texte conservé au chartrier du château de Flers.)

25109. Provisions pour Michel Brunet de l'office de procureur du roi à Saint-Maximin en Provence, vacant par la résignation de Jean Rabier. Paris, 30 juin 1544.

30 juin.

> Enreg. à la Chambre des Comptes d'Aix. Arch.
> des Bouches-du-Rhône, B. 38 (Serena), fol. 167 v°.
> 1 page.

25110. Provisions pour Jean Rabier de l'office de juge de Saint-Maximin, vacant par la résignation de Pierre Johannis. Paris, 30 juin 1544.

30 juin.

> Enreg. à la Chambre des Comptes d'Aix. Arch.
> des Bouches-du-Rhône, B. 38 (Serena), fol. 168 v°.
> 1 page.

25111. Déclaration portant que le dernier édit réformant la justice en Provence recevra son exécution, malgré les réclamations des États dudit pays, réclamations qu'un arrêt d'août 1539 avait déjà condamnées. Paris, juin 1544.

Juin.

> Enreg. à la Chambre des Comptes d'Aix. Arch.
> des Bouches-du-Rhône, B. 38 (Serena), fol. 144.
> 3 pages 1/2.

25112. Lettres d'amortissement des biens possédés en Provence par les Frères mineurs. Paris, juin 1544.

Juin.

> Enreg. à la Chambre des Comptes d'Aix. Arch.
> des Bouches-du-Rhône, B. 38 (Serena), fol. 169 v°.
> 2 pages.

25113. Commission pour Jean de Brosse, comte
d'Étampes, de la charge de colonel général
des quarante-huit nouvelles enseignes suisses,
et pour Claude de Clermont-Tonnerre, baron
de Clermont-Dampierre, de la charge de
colonel général des Grisons. 1ᵉʳ juillet 1544.

> IMP. Pinard, Chronologie historique militaire.
> Paris, 1760-1778, in-4°, t. III, p. 562. (Mention.)

1544.
1ᵉʳ juillet.

25114. Don à Jean de Pontevès de 1,000 livres tournois qui représentent le montant de l'amende
imposée par le Parlement de Provence aux
habitants de Brignoles, pour les violences
commises par eux contre ledit seigneur, lorsqu'il voulut prendre possession de leur ville
qu'il avait acquise du roi. Yerres, 2 juillet
1544.

> Enreg. à la Chambre des Comptes d'Aix. Arch.
> des Bouches-du-Rhône, B. 38 (Serena), fol. 194.
> 1/2 page.

2 juillet.

25115. Provisions de l'office de procureur du roi en la
ville de Pertuis, en faveur de François Cha-
bert. Paris, 3 juillet 1544.

> Enreg. à la Chambre des Comptes de Provence.
> Arch. des Bouches-du-Rhône, B. reg. 41 (Hirundo),
> fol. 271. 1 page.

3 juillet.

25116. Lettres portant pouvoir à Louis de Bourbon,
duc de Montpensier, de commander conjointement avec le prince de Melphe l'armée de
Champagne, en qualité de lieutenant général du roi. Saint-Maur-les-Fossés, 10 juillet
1544.

> IMP. Pinard, Chronologie historique militaire.
> Paris, 1760-1778, in-4°, t. I, p. 197. (Mention.)

10 juillet.

25117. Provisions pour Pierre Hocquin de l'un des
deux offices nouvellement créés de secrétaire
du roi en la chancellerie de Provence. Paris,
11 juillet 1544.

> Enreg. à la Chambre des Comptes d'Aix. Arch.
> des Bouches-du-Rhône, B. 38 (Serena), fol. 188 v°.
> 2 pages.

11 juillet.

25118. Déclaration de l'hommage de Gilbert Bayard,
secrétaire des finances, pour la moitié de la

18 juillet.

terre et seigneurie de Marsac, mouvant du
duché d'Auvergne, qu'il a naguère acquise du
s' de la Tour-Daniel. Saint-Maur-les-Fossés,
18 juillet 1544.

> *Original. Arch. nat., Chambre des Comptes de Paris, P. 559¹, n° 1382.*

1544.

25119. Provisions en faveur de Nicole Chevalier, s' de
Vignault, précédemment lieutenant général
civil et criminel au bailliage d'Amiens, de
l'office de conseiller lai au Parlement de Paris.
18 juillet 1544.

18 juillet.

> *Reçu le même jour au Parl. Arch. nat., X¹ᵃ 1553.* (Mention.)
> *Bibl. nat., coll. de Picardie, vol. 4, fol. 103.* (Mention.)

25120. Déclaration portant confirmation de la ferme
des gabelles du royaume et des impositions
mises sur les épices, accordée à Thomas Sertini
et Albisse d'Elbène, marchands florentins, par
les commissaires royaux, bien qu'il n'ait pas
été, selon la forme habituelle, procédé à une
adjudication. Saint-Maur-les-Fossés, 18 juillet
1544.

18 juillet.

> *Enreg. à la Chambre des Comptes d'Aix. Arch. des Bouches-du-Rhône, B. 38 (Serena), fol. 225. 5 pages.*

25121. Mandement aux gens des comptes de Dijon
d'allouer aux comptes de Girard Sayve, receveur général de Bourgogne, la somme de
1,125 livres tournois, en remboursement de
pareille somme que ledit receveur avait prêtée
au roi pour l'aider dans les dépenses de ses
guerres. Paris, 20 juillet 1544.

20 juillet.

> *Comptes de Girard Sayve, receveur général de Bourgogne. Arch. de la Côte-d'Or, B. 1857, fol. 156. (Mention.)*

25122. Lettres portant à 500 livres, au lieu de 300,
la somme attribuée au Parlement de Provence pour les feux, logis, etc., à l'usage de
la cour, et prescrivant que les détenus indi-
gents des prisons de ladite cour soient nourris,
ainsi que cela se pratique à Paris, à l'aide des

22 juillet.

sommes provenant des amendes. Saint-Maur-les-Fossés, 22 juillet 1544.

Enreg. à la Chambre des Comptes d'Aix. Arch. des Bouches-du-Rhône, B. 38 (Serena), fol. 240.
1 page 1/2.

25123. Provisions pour Thomas Aguillenc, receveur pour le roi à Digne, de l'office de châtelain et capitaine du Lauzet. Saint-Maur-les-Fossés, 24 juillet 1544.

Enreg. à la Chambre des Comptes d'Aix. Arch. des Bouches-du-Rhône, B. 38 (Serena), fol. 233 v°.
1 page.

25124. Provisions en faveur de Jean de Thérouanne de l'office de conseiller au bailliage d'Amiens, en remplacement d'Adrien de Canteleu, créé lieutenant général civil et criminel dudit bailliage. Saint-Maur-les-Fossés, 24 juillet 1544.

Bibl. nat., coll. de Picardie, vol. 4, fol. 109 ter v°; vol. 112 bis, fol. 160. (Mentions.)

25125. Déclaration portant que les habitants d'Entrevaux en Provence devront être exemptés, en vertu de lettres précédentes du dauphin et du roi, de payer les 2,000 livres auxquelles ils ont été imposés. Yerres, 26 juillet 1544.

Enreg. à la Chambre des Comptes d'Aix. Arch. des Bouches-du-Rhône, B. 40 (Corvus), fol. 85 v°.
2 pages.

25126. Provisions en faveur de François Scourion de l'un des deux offices de conseiller au bailliage d'Amiens, créé par édit daté du présent mois (n° 14069). Paris, 28 juillet 1544.

Bibl. nat., coll. de Picardie, vol. 4, fol. 113; vol. 112 bis, fol. 156 bis. (Mentions.)

25127. Lettres portant exemption de tous droits dus par le couvent des Jacobins d'Aix, à raison de la possession des biens acquis depuis la mort du roi René, comte de Provence. Saint-Maur-les-Fossés, juillet 1544.

Enreg. à la Chambre des Comptes de Provence. Arch. des Bouches-du-Rhône, B. reg. 41 (Hirundo), fol. 311. 2 pages 1/2.

1544.

24 juillet.

24 juillet.

26 juillet.

28 juillet.

Juillet.

25128. Lettres de légitimation pour Jeanne Lascaris, dite « de Tende », native d'Avignon, fille naturelle d'Antoine Lascaris, évêque de Riez, et de Jeanne de Fresne, femme mariée, mais séparée de son mari durant plus de deux années. Saint-Maur-les-Fossés, juillet 1544.

> Enreg. à la Chambre des Comptes d'Aix. Arch. des Bouches-du-Rhône, B. 38 (Serena); fol. 151 v°. 3 pages.

1544. Juillet.

25129. Provisions de l'un des deux offices nouvellement créés de conseiller au bailliage d'Amiens, en faveur de Jacques Vacquette. Paris, 3 août 1544.

> Bibl. nat., coll. de Picardie, vol. 4, fol. 113 v°; vol. 112 bis, fol. 162 v°. (Mentions.)

3 août.

25130. Provisions pour Thierry Dumont d'un des offices nouvellement créés de conseillers lais en la Chambre des requêtes du Palais à Paris. Villers-Cotterets, 8 août 1544.

> Reçu au Parl. de Paris, le 3 octobre 1544. Arch. nat., X¹ᵃ 1553, fol. 514. (Mention.) Bibl. de l'Arsenal à Paris, ms. 2482, fol. 12. (Mention.)

8 août.

25131. Lettres autorisant Antoine Ponjoly, maître particulier de la Monnaie de Villefranche en Rouergue, à se faire suppléer pendant une année par Michel Amat. Villers-Cotterets, 9 août 1544.

> Arch. nat., Z¹ᵇ 10, fol. 337 bis. (Mention.)

9 août.

25132. Don du château de Tarascon, sauf les prisons et une chambre réservée pour le capitaine, à Françoise de La Balme, veuve de Jean-Baptiste de Grimault, sʳ des Cros, en considération du concours donné au roi par son mari pour la conquête de diverses places du comté de Nice, et de ce qu'il a été tué à Cérisoles en « faisant vaillamment son devoir ». Villers-Cotterets, 11 août 1544.

> Enreg. à la Chambre des Comptes d'Aix. Arch. des Bouches-du-Rhône, B. 38 (Serena), fol. 175. 2 pages 1/2.

11 août.

25133. Provisions pour Jean Le Marchand d'un office de notaire du roi à Amiens, en remplacement de Raoul Féron. Villers-Cotterets, 13 août 1544.

> Bibl. nat., coll. de Picardie, vol. 112 bis, fol. 142. (Mention.)

1544.
13 août.

25134. Collation pour sœur Louise de Simiane du prieuré de Notre-Dame-de-Nazareth, dit « Saint-Barthélemy », de l'ordre de Saint-Dominique, sis au diocèse d'Aix, vacant par la mort de sœur Marguerite de Pontevès. Paris, 11 septembre 1544.

> Enreg. à la Chambre des Comptes d'Aix. Arch. des Bouches-du-Rhône, B. 38 (Serena), fol. 274. 1/2 page.

11 septembre.

25135. Commission au sʳ de Grignan, lieutenant général en Provence, à Jean Maynier d'Oppède, premier président au Parlement d'Aix, à Charles Du Plessis, sʳ de Savonnières, général des finances, à Honorat Arbaud, maître rational, et à Nicolas Cocil, dit « Agaffin », receveur général en Provence, de demander aux États dudit pays un octroi de quinze florins par feu pour l'année suivante commençant au 1ᵉʳ janvier. Amiens, 27 septembre 1544.

> Enreg. à la Chambre des Comptes d'Aix. Arch. des Bouches-du-Rhône, B. 38 (Serena), fol. 241. 2 pages 1/2.

27 septembre.

25136. Mandement au bailli d'Amiens de faire assembler les gens de guerre à pied et à cheval et de les envoyer faire leur montre au camp. Amiens, 28 septembre 1544.

> Bibl. nat., coll. de Picardie, vol. 112 bis, fol. 6. (Mention.)

28 septembre.

25137. Provisions pour Antoine Bressart d'un office de notaire royal à Amiens, en remplacement d'Antoine Du Bois. Amiens, 29 septembre 1544.

> Bibl. nat., coll. de Picardie, vol. 112 bis, fol. 107 v°. (Mention.)

29 septembre.

25138. Provisions pour Jacques Goiran de l'office de

29 septembre.

viguier du Luc, auquel il n'avait pas été
pourvu depuis sa nouvelle érection. Amiens,
29 septembre 1544.

1544.

*Enreg. à la Chambre des Comptes d'Aix. Arch.
des Bouches-du-Rhône, B. 38 (Serena), fol. 204
et 244 v°. 1 page 1/2.*

25139. Provisions pour Auguste Toussaint de l'office de
greffier de la ville de Grasse, auquel il n'avait
pas été pourvu depuis l'érection des greffes
en titre d'offices. Amiens, 29 septembre 1544.

29 septembre.

*Enreg. à la Chambre des Comptes d'Aix. Arch.
des Bouches-du-Rhône, B. 38 (Serena), fol. 171.
1 page.*

25140. Provisions pour Arnaud Morre de l'office de
garde de l'imposition foraine à la Ciotat,
auquel il n'avait pas été pourvu depuis sa
création. Amiens, 29 septembre 1544.

29 septembre.

*Enreg. à la Chambre des Comptes d'Aix. Arch.
des Bouches-du-Rhône, B. 38 (Serena), fol. 173 v°.
1 page.*

25141. Provisions pour Gaspard Thomas de l'office de
lieutenant du maître des ports à Toulon, auquel il n'a pas été pourvu depuis sa création. Amiens, 29 septembre 1544.

29 septembre.

*Enreg. à la Chambre des Comptes d'Aix. Arch.
des Bouches-du-Rhône, B. 38 (Serena), fol. 192.
1 page 1/2.*

25142. Provisions pour Charles Rostaing de l'office de
garde de l'imposition foraine à Cannes, auquel il n'avait pas encore été pourvu. Amiens,
29 septembre 1544.

29 septembre.

*Enreg. à la Chambre des Comptes d'Aix. Arch.
des Bouches-du-Rhône, B. 38 (Serena), fol. 229.
1 page.*

25143. Déclaration portant que Pierre Hocquin, pourvu
d'un des deux nouveaux offices de secrétaire
du roi en la chancellerie de Provence, devra
prélever, sur le revenu du sceau de toutes les
lettres scellées en ladite chancellerie, les
mêmes droits que ceux dont jouissent les

30 septembre.

anciens secrétaires. Amiens, 30 septembre
1544.

> *Enreg. à la Chambre des Comptes d'Aix. Arch.
> des Bouches-du-Rhône, B. 38 (Serena), fol. 189.
> 1 page 1/2.*

1544.

25144. Lettres ordonnant aux sénéchaux et maîtres des
ports, ponts et passages du royaume, de laisser jouir les habitants d'Avignon du privilège
à eux précédemment accordé de trafiquer
sans avoir à acquitter les droits de foraine.
Paris (sic), 30 septembre 1544.

30 septembre.

> *Enreg. à la Chambre des Comptes de Provence.
> Arch. des Bouches-du-Rhône, B. reg. 1271, fol.
> 1271-v°. 9 pages 1/2.*

25145. Édit portant érection à Hyères en Provence
d'un siège de sénéchal, qui sera tenu par un
lieutenant particulier du sénéchal de Provence. Amiens, septembre 1544.

Septembre.

> *Enreg. à la Chambre des Comptes d'Aix. Arch.
> des Bouches-du-Rhône, B. 39 (Virgo), fol. 47 v°.
> 5 pages.*

25146. Provisions pour Jean de Taix de l'office de
colonel général de l'infanterie française, tant
en deçà que par delà les monts. 1er octobre
1544.

1er octobre.

> *Imp. Pinard, Chronologie historique militaire.
> Paris, 1760-1778, in-4°, t. III, p. 481. (Mention.)*

25147. Provisions pour Honorat de La Roche, dit « Pi-
chenod », de l'office de maître particulier de
la Monnaie d'Aix. 3 octobre 1544.

3 octobre.

> *Imp. F. de Saulcy, Recueil de documents relatifs
> à l'histoire des monnaies (Coll. des doc. inéd.).
> Mâcon, 1892, in-4°, t. IV, p. 435. (Mention.)*

25148. Provisions pour Jean de Rodez de l'office de
mesureur des salins de « la Vernede », près
d'Arles. Fontainebleau, 3 octobre 1544.

3 octobre.

> *Enreg. à la Chambre des Comptes d'Aix. Arch.
> des Bouches-du-Rhône, B. 39 (Virgo), fol. 5.
> 1 page.*

25149. Provisions pour François Martin d'un office de

4 octobre

48.

notaire royal à Amiens, en remplacement de
Jean Pinte. Amiens, 4 octobre 1544.

Bibl. nat., coll. de Picardie, vol. 112 bis, fol. 140. (Mention.)

1544.

25150. Provisions pour Barthélemy Barbe et Louis
Porry, à la survivance l'un de l'autre, de l'office de greffier des appellations et causes de
première instance de la sénéchaussée de Provence, au siège de Draguignan. Amiens, 6 octobre 1544.

6 octobre.

Enreg. à la Chambre des Comptes d'Aix. Arch. des Bouches-du-Rhône, B. 39 (Virgo), fol. 39. 1 page.

25151. Provisions pour Auzias Sauvaire de l'un des
deux offices nouvellement créés de secrétaire
du roi en sa chancellerie de Provence. Saint-
Fuscien, 8 octobre 1544.

8 octobre.

Enreg. à la Chambre des Comptes d'Aix. Arch. des Bouches-du-Rhône, B. 38 (Serena), fol. 184 v°. 2 pages.

25152. Déclaration portant qu'Auzias Sauvaire, qui est
pourvu d'un office nouvellement créé de secrétaire du roi en sa chancellerie de Provence,
devra prendre, sur le revenu du sceau de
toutes les lettres scellées en ladite chancellerie, les mêmes droits que les secrétaires anciennement institués. Saint-Fuscien, 8 octobre 1544.

8 octobre.

Enreg. à la Chambre des Comptes d'Aix. Arch. des Bouches-du-Rhône, B. 38 (Serena), fol. 185 v°. 2 pages.

25153. Lettres ordonnant la comparution devant le
Grand conseil, sur la requête des habitants
de Caen, des habitants des villes de Bayeux
et de Vire qui ont refusé de payer les 12,000 livres formant leur part de l'imposition mise
sur les villes closes du royaume, et du lieutenant du bailli de Cotentin, devant lequel
ils avaient porté leur réclamation et qui s'était
à tort déclaré compétent. Saint-Germain-en-
Laye, 30 octobre 1544.

30 octobre.

*Original. Arch. municip. de Caen, CC. Subsis-
tances.*

25154. Lettres autorisant Antoine Escalin, baron de
la Garde, à faire acheter, tirer et enlever
en franchise du pays de Dauphiné une certaine quantité de bois, qu'il pourra faire transporter à Marseille pour le service du roi.
Saint-Germain-en-Laye, 2 novembre 1544.
Bibl. nat., ms. Moreau 778, fol. 175. (*Mention.*)

1544.
2 novembre.

25155. Provisions pour Louis Roche de l'office nouvellement créé de receveur au siège d'Hyères
en Provence. Saint-Germain-en-Laye, 4 novembre 1544.
*Enreg. à la Chambre des Comptes d'Aix. Arch.
des Bouches-du-Rhône*, B. 38 (*Serena*), fol. 246.
1 page.

4 novembre.

25156. Provisions pour Jacques Vitalis d'un office nouvellement créé d'enquêteur à Hyères. Saint-
Germain-en-Laye, 4 novembre 1544.
*Enreg. à la Chambre des Comptes d'Aix. Arch.
des Bouches-du-Rhône*, B. 39 (*Virgo*), fol. 8.
1 page.

4 novembre.

25157. Provisions pour Nicole Fabri de l'office nouvellement créé de lieutenant du sénéchal de
Provence au siège d'Hyères. Saint-Germain-
en-Laye, 4 novembre 1544.
*Enreg. à la Chambre des Comptes d'Aix. Arch.
des Bouches-du-Rhône*, B. 39 (*Virgo*), fol. 40.
1 page.

4 novembre.

25158. Lettres de naturalité pour Henri de Revillasf,
natif de Piémont, demeurant à Avignon, et
pour ses fils Périnet de Revillasf, conseiller
au Parlement de Piémont, et Louis de Revillasf.
Meudon, novembre 1544.
*Enreg. à la Chambre des Comptes d'Aix. Arch.
des Bouches-du-Rhône*, B. 39 (*Virgo*), fol. 57.
3 pages.

Novembre.

25159. Provisions pour Jean Du Bois de l'office d'enquêteur et examinateur au bailliage d'Amiens,
en remplacement de Jean Du Gard. Fontainebleau, 14 décembre 1544.
Bibl. nat., coll. de Picardie, vol. 112 *bis*,
fol. 120. (*Mention.*)

14 décembre.

25160. Mandement au premier président du Parlement d'Aix et au président de la Chambre des Comptes dudit lieu de rechercher si le partage demandé par le prince de Melphe, entre lui et le roi, de la terre de Fos en Martigues serait avantageux, auquel cas il aurait à l'accepter au nom du roi. Fontainebleau, 20 décembre 1544.

1544.
20 décembre.

Enreg. à la Chambre des Comptes d'Aix. Arch. des Bouches-du-Rhône, B. 39 (Virgo), fol. 31. 2 pages.

25161. Lettres ordonnant la division de la partie des revenus de la seigneurie de Fos, indivise entre le roi et Honorat Porcelet, écuyer. Fontainebleau, 20 décembre 1544.

20 décembre.

Copie du xvi⁶ siècle. Arch. des Bouches-du-Rhône, B. reg. 1256, fol. 31. 4 pages.

25162. Mandement à Thomas Piolenc, procureur général au Parlement d'Aix, de faire procéder par ladite cour à l'enregistrement du traité de Crépy et de promettre au nom du roi l'exécution de ce traité. Amiens, 24 décembre 1544.

24 décembre.

Enreg. à la Chambre des Comptes d'Aix. Arch. des Bouches-du-Rhône, B. 38 (Serena), fol. 307. 1 page.

25163. Lettres d'amortissement pour les biens possédés par les habitants d'Ansouis en Provence et par la confrérie du Saint-Esprit dudit lieu. Fontainebleau, décembre 1544.

Décembre.

Enreg. à la Chambre des Comptes d'Aix. Arch. des Bouches-du-Rhône, B. 39 (Virgo), fol. 73. 3 pages 1/2.

25164. Lettres de naturalité pour Anne, Delphine et Philise d'Aymonet, filles légitimes de feu Néry d'Aymonet, d'Avignon. Fontainebleau, décembre 1544.

Décembre.

Enreg. à la Chambre des Comptes d'Aix. Arch. des Bouches-du-Rhône, B. 39 (Virgo), fol. 79 v°. 2 pages.

25165. Lettres d'amortissement des biens possédés en

Décembre.

Provence par les religieux des sept couvents
d'Augustins d'Aix, Marseille, Arles, Draguignan, Grasse, Brignoles et Barjols. Fontainebleau, décembre 1544.

1544.

> Enreg. à la Chambre des Comptes d'Aix. Arch.
> des Bouches-du-Rhône, B. 39 (Virgo), fol. 9.
> t page 1/2.

1545. — Pâques, le 5 avril.

1545.

25166. Confirmation du privilège d'exemption du droit
de foraine et des impositions extraordinaires,
accordé à la ville de Marseille par les anciens
comtes de Provence. Fontainebleau, 2 janvier 1544.

2 janvier.

> Enreg. à la Chambre des Comptes de Provence.
> Arch. des Bouches-du-Rhône, B. reg. 1271, fol. 32 v°.
> 5 pages.

25167. Lettres ratifiant l'accord intervenu entre les religieux de la prévôté de Pignans, de l'ordre
de Saint-Augustin, qui est de fondation
royale, et le prévôt de la prévôté de Fréjus,
accord homologué par bulles apostoliques
datées du 3 des calendes d'août 1543. Fontainebleau, 3 janvier 1544.

3 janvier.

> Enreg. à la Chambre des Comptes d'Aix. Arch.
> des Bouches-du-Rhône, B. 38 (Serena), fol. 129 v°
> et 319 v°.

25168. Provisions pour Bernardin Chaix de l'office de
jugé à Sisteron. Fontainebleau, 12 janvier
1544.

12 janvier.

> Enreg. à la Chambre des Comptes d'Aix. Arch.
> des Bouches-du-Rhône, B. 39 (Virgo), fol. 18 v°.
> 1 page.

25169. Mandement au général des finances de Languedoc de faire restituer aux habitants d'Arles
les sommes prélevées en Languedoc par les
fermiers des droits de traite foraine, rêve et
haut passage, malgré l'exemption que le roi

13 janvier.

a accordée aux habitants de la Provence. 1545.
Fontainebleau, 13 janvier 1544.

*Enreg. à la Chambre des Comptes d'Aix. Arch.
des Bouches-du-Rhône, B. 39 (Virgo), fol. 1.
1 page 1/2.*

25170. Confirmation de l'exemption de la traite fo- 17 janvier.
raine sur les denrées et marchandises que les
habitants de Provence tirent du Languedoc,
et défense aux receveurs de la foraine de
cette dernière province de troubler les Pro-
vençaux dans leur jouissance. Fontainebleau,
17 janvier 1544.

*Original. Arch. des Bouches-du-Rhône, C. liasse
1425.*

25171. Lettres portant pouvoir à Antoine Escalin, ba- 22 janvier.
ron de la Garde, de commander les galères et
vaisseaux ronds du Levant, sous l'autorité de
l'amiral, d'armer, équiper et avitailler ladite
armée de mer et de la conduire dans la mer
du Ponant. Fontainebleau, 22 janvier 1544.

*Bibl. nat., ms. Moreau 778, fol. 175 v°. (Men-
tion.)*

25172. Lettres portant pouvoir à Antoine Escalin, 22 janvier.
baron de la Garde, de noliser les vaisseaux
ronds qui doivent faire partie de l'armée de
mer dont il sera le chef. Fontainebleau,
22 janvier 1544.

*Bibl. nat., ms. Moreau 778, fol. 175 v°. (Men-
tion.)*

25173. Provisions de l'office de conseiller au siège de 22 janvier.
la sénéchaussée de Forcalquier en faveur de
Melchior de Vachères. Fontainebleau, 22 janvier 1544.

*Original. Arch. des Bouches-du-Rhône, C. liasse
1398.*

25174. Provisions de l'office de conseiller au siège de 22 janvier.
la sénéchaussée de Forcalquier en faveur
d'Étienne Verdet. Fontainebleau, 22 janvier
1544.

*Original. Arch. des Bouches-du-Rhône, C. liasse
1398.*

25175. Lettres en faveur du baron de Grignan, ordonnant l'exécution d'un arrêt du Parlement de
Provence portant qu'il sera payé audit baron
et à ses hoirs 50 livres viennoises par an de
rente perpétuelle. Fontainebleau, 23 janvier
1544.

> *Enreg. à la Chambre des Comptes d'Aix. Arch.
> des Bouches-du-Rhône, B. 39 (Virgo), fol. 115.
> 2 pages 1/2.*

1545.
23 janvier.

25176. Mandement aux gens des comptes de Dijon
d'allouer aux comptes d'Antoine Le Maçon,
receveur général de Bourgogne, la somme de
7,912 livres 14 sous 2 deniers tournois dépensée, suivant un rôle annexé audit mandement, pour différents voyages et menus frais
pendant les années 1540 et 1541, par le commandement de Pierre d'Apestigny, général
des finances en Bourgogne. Fontainebleau,
25 janvier 1544.

> *Comptes d'Antoine Le Maçon. Arch. de la Côte-
> d'Or, B. 1854, fol. 204. (Mention.)*

25 janvier.

25177. Déclaration portant que les États de Provence
devront jouir du droit, qu'ils exercent depuis
un temps immémorial, de nommer et destituer
les receveurs des deniers prélevés par leurs
ordres sur les contribuables de Provence,
et de fixer leur salaire. Fontainebleau, 2 février 1544.

> *Enreg. à la Chambre des Comptes d'Aix. Arch.
> des Bouches-du-Rhône, B. 39 (Virgo), fol. 131 v°.
> 2 pages 1/2.*
> *Copie du xvii° siècle. Arch. des Bouches-du-
> Rhône, C. liasse 1390. 2 pages.*

2 février.

25178. Lettres taxant à 1,600 livres tournois la quote-
part du bailliage d'Amiens dans l'imposition
de 800,000 livres mise sur les villes closes
du royaume. Montargis, 12 février 1544.

> *Bibl. nat., coll. de Picardie, vol. 112 bis, fol. 6.
> (Mention.)*

12 février.

25179. Provisions pour Charles Vento, écuyer, de Marseille, de l'office de viguier de ladite ville,

19 février.

vacant par la résignation de Germain d'Urre (ou d'Eurre), s' de Mollans. Cléry, 19 février 1544.

Enreg. à la Chambre des Comptes d'Aix. Arch. des Bouches-du-Rhône, B. 39 (*Virgo*), fol. 27 v°. 1 page 1/2.

1545.

25180. Provisions pour Vincent de Crestine, s' de Singlé, de l'office de commissaire ordinaire et général de la mer du Levant, vacant par la mort d'Antoine de Proussac, s' de Saint-Bonnet. Chambord, 23 février 1544.

23 février.

Enreg. à la Chambre des Comptes d'Aix. Arch. des Bouches-du-Rhône, B. 38 (*Serena*), fol. 309. 1 page 1/2.

25181. Provisions pour Jean Cambe de l'office de procureur du roi à Hyères. Chambord, 25 février 1544.

25 février.

Enreg. à la Chambre des Comptes d'Aix. Arch. des Bouches-du-Rhône, B. 39 (*Virgo*), fol. 41 v°. 1 page.

25182. Lettres portant remise à Gaspard de Glandèves, s' de Montfort, des droits de lods et ventes ou autres droits seigneuriaux qu'il doit au roi pour le sixième de la juridiction de Gréoux en Provence. Chambord, 26 février 1544.

26 février.

Enreg. à la Chambre des Comptes d'Aix. Arch. des Bouches-du-Rhône, B. 38 (*Serena*), fol. 313. 1 page.

25183. Lettres commettant Jean Maynier, s' d'Oppède, premier président du Parlement de Provence, en qualité de lieutenant du roi en Provence, pendant l'absence et sous l'autorité du s' de Grignan. Chambord, 26 février 1544.

26 février.

Enreg. à la Chambre des Comptes d'Aix. Arch. des Bouches-du-Rhône, B. 38 (*Serena*), fol. 314. 1 page.

25184. Provisions de l'office de conseiller au siège de la sénéchaussée de Forcalquier en faveur d'Honoré Martin, avocat audit siège. Chambord, 5 mars 1544.

5 mars.

Original. Arch. des Bouches-du-Rhône, C. liasse 1398.

25185. Lettres portant que tous les deniers provenant des droits de lods et vente, aubaine, amendes et confiscations qui reviendront au roi d'ici cinq ans, et ceux provenant des octrois des villes de Provence, seront employés à fortifier les villes et forteresses dudit pays, suivant les devis et dessins que fourniront les commissaires spéciaux députés par le roi. Chambord, 6 mars 1544.

> *Enreg. à la Chambre des Comptes d'Aix. Arch. des Bouches-du-Rhône, B. 39 (Virgo), fol. 6. 2 pages.*

1545.
6 mars.

25186. Mandement au premier président du Parlement et au président de la Chambre des Comptes d'Aix de continuer, malgré l'édit général sur le ban et l'arrière-ban, de procéder à l'établissement des obligations des habitants de la Provence en ce qui concerne le ban et l'arrière-ban, opération commencée en 1542 et qui avait été interrompue par cet édit. Chambord, 6 mars 1544.

> *Enreg. à la Chambre des Comptes d'Aix. Arch. des Bouches-du-Rhône, B. 39 (Virgo), fol. 7. 1 page.*

6 mars.

25187. Provisions pour Jean Dubois de l'office de maître particulier de la Monnaie de Limoges. 6 mars 1544.

> *Imp. F. de Saulcy, Recueil de documents relatifs à l'histoire des monnaies. (Coll. des doc. inéd.) Mâcon, 1892, in-4°, t. IV, p. 442. (Mention.)*

6 mars.

25188. Lettres conférant à Jacques d'Ancienville, chevalier, sr de Révillon, échanson ordinaire du roi et capitaine de galères, la charge de lieutenant général et surintendant des galères et autres vaisseaux du roi au port de Marseille, en l'absence et sous l'autorité du sr de Grignan. Chambord, 10 mars 1544.

> *Enreg. à la Chambre des Comptes d'Aix. Arch. des Bouches-du-Rhône, B. 38 (Serena), fol. 316. 3 pages.*

10 mars.

25189. Lettres autorisant Alexandre Du Boys, contrôleur des réparations et fortifications des

18 mars.

49.

places de Provence, à commettre à l'exercice
de son office quelque personnage capable,
jusqu'à son retour d'Allemagne où il doit
accompagner le s' de Grignan dont il est
maître d'hôtel. Blois, 18 mars 1544.

> *Enreg. à la Chambre des Comptes d'Aix. Arch.
> des Bouches-du-Rhône*, B. 38 (*Serena*), fol. 318.
> 2 pages.

1545.

25190. Lettres conférant à Antoine Escalin, baron de
la Garde, pouvoir et autorité sur l'artillerie
qui se trouve sur les galères et vaisseaux qu'il
commande et sur les officiers qui y sont
attachés. Blois, 20 mars 1544.

> *Bibl. nat.*, ms. Moreau 778, fol. 176. (*Mention.*)

20 mars.

25191. Déclaration portant que Guillaume Guérin et
Thomas de Piolenc, avocat et procureur généraux au Parlement de Provence auront, en
augmentation de gages, une pension annuelle
de 400 livres tournois. Amboise, 27 mars
1544.

> *Enreg. à la Chambre des Comptes d'Aix. Arch.
> des Bouches-du-Rhône*, B. 39 (*Virgo*), fol. 99 v°.
> 2 pages 1/2.

27 mars.

25192. Lettres de naturalité pour Georges Heurques,
natif de Zélande, habitant d'Avignon, qui possède des biens à Marseille. Amboise, mars
1544.

> *Enreg. à la Chambre des Comptes d'Aix. Arch.
> des Bouches-du-Rhône*, B. 39 (*Virgo*), fol. 4.
> 1 page 1/2.

Mars.

25193. Déclaration portant que les monnayeurs et
ouvriers des monnaies qui n'exercent pas
personnellement, ne jouiront pas des privilèges et exemptions attachés à leur charge.
Romorantin, 20 avril 1545.

> *Enreg. à la Chambre des Comptes d'Aix. Arch.
> des Bouches-du-Rhône*, B. 39 (*Virgo*), fol. 98 v°.
> 2 pages.

20 avril.

25194. Provisions pour «Paoul Fleur» de Montaigne
de l'office de prévôt de Montreuil, en rem-

21 avril.

placement de Gilles d'Ostrens. Montargis, 21 avril 1545.

> *Bibl. nat.*, coll. de Picardie, vol. 112 *bis*, fol. 141. (*Mention.*)

1545.

25195. Lettres portant création à Antibes d'un marché qui aura lieu le samedi de chaque semaine. Romorantin, avril 1545.

Avril.

> *Enreg. à la Chambre des Comptes d'Aix. Arch. des Bouches-du-Rhône,* B. 35 (*Solis*), fol. 314 v°.
> 1 page.

25196. Lettres autorisant la vente des biens communaux, afin que, pour le profit du pays de Perthois, la ville de Vitry-le-François puisse être mieux et plus tôt construite. Blois, 4 mai 1545.

4 mai.

> *Arch. départ. de la Marne,* série E, liasse 1012.

25197. Lettres conférant à Oudard Du Biez, maréchal de France, le pouvoir de commander l'armée de Picardie, en qualité de lieutenant général du roi. 18 mai 1545.

18 mai.

> *Imp.* Pinard, *Chronologie historique militaire.* Paris, 1760-1778, in-4°, t. II, p. 240. (*Mention.*)

25198. Lettres accordant à Léon des Ursins, évêque de Fréjus, qui est actuellement en cour de Rome, le renouvellement du délai qui lui a été accordé le 2 juin 1544 (n° 25102), pour la prestation du serment de fidélité qu'il doit au roi. Châteaudun, 22 mai 1545.

22 mai.

> *Enreg. à la Chambre des Comptes d'Aix. Arch. des Bouches-du-Rhône,* B. 39 (*Virgo*), fol. 60.
> 2 pages.

25199. Déclaration de l'hommage de Bertrand de la Baume, écuyer, pour la maison appelée la Mothe de Naussanes et le péage appartenant à cause d'elle à la ville de Bergerac, la maison de Rambeaux, dite «la Mouline», près ladite ville et la Tour «de Cinquanval», mouvant des château et châtellenie de Bergerac. Longny, 30 mai 1545.

30 mai.

> *Original. Arch. nat., Chambre des Comptes de Paris,* P. 559¹, n° 1388.

25200. Provisions pour Nicolas de Bellegambe de l'office de receveur au grenier à sel de Montdidier, vacant par la résignation de Jean Le Maire. 10 juin 1545.

> *Bibl. nat.,* coll. de Picardie, vol. 132, p. 229. (*Mention.*)

1545.
10 juin.

25201. Lettres confirmant les anciens privilèges des habitants de Lille et du comté de Flandres, et défendant de percevoir sur les marchandises de ceux qui font le commerce en France aucune imposition foraine et aucun subside autres que ceux qui ont été anciennement institués. Argentan, 11 juin 1545.

> *Copie collat. du* XVIII*e siècle. Bibl. nat.,* ms. Moreau 497, fol. 151. 10 pages.

11 juin.

25202. Déclaration de l'hommage de Jean, baron de Tersac, seigneur de Montbéraut, pour ladite baronnie de Tersac [1], deux moulins sur la rivière du Volp, la seigneurie de Montbéraut, partie de celle du Plan, etc., en la sénéchaussée de Toulouse. Argentan, 12 juin 1545.

> *Original. Arch. nat., Chambre des Comptes de Paris,* P. 559[1], n° 1389.

12 juin.

25203. Lettres portant pouvoir de lieutenant général, commandant l'armée de mer contre l'Angleterre, pour Claude d'Annebaut, amiral de France. Touques, 27 juin 1545.

> *IMP.* Pinard, *Chronologie historique militaire.* Paris, 1760-1778, in-4°, t. II, p. 235. (*Mention.*)

27 juin.

25204. Lettres de naturalité pour Renaud Bataille, prêtre, chanoine de Sainte-Marthe de Tarascon en Provence, natif du royaume de Navarre, au diocèse de Tarbes. Argentan, juin 1545.

> *Enreg. à la Chambre des Comptes d'Aix. Arch. des Bouches-du-Rhône,* B. 39 (*Virgo*), fol. 107 v°. 3 pages.

Juin.

---

[1] Sur Garonne, aujourd'hui écart de la commune de Couladère, canton de Cazères (Haute-Garonne).

25205. Lettres de naturalité pour Guillaume de Saze, gentilhomme, natif d'Avignon, mari de Catherine de Saint-Michel, damoiselle, originaire de Provence. Séez, juin 1545.

Enreg. à la Chambre des Comptes d'Aix. Arch. des Bouches-du-Rhône, B. 39 (*Virgo*), fol. 93. 2 pages.

1545.
Juin.

25206. Provisions pour Lambert Becquet d'un office de notaire royal à Amiens, en remplacement de Raoul Defer. Touques, 4 juillet 1545.

Bibl. nat., coll. de Picardie, vol. 112 *bis,* fol. 108. (*Mention.*)

4 juillet.

25207. Lettres portant que les receveurs du droit d'imposition foraine en Provence opéreront aussi la recette du droit de tonneau. Vatteville, 20 juillet 1545.

Enreg. à la Chambre des Comptes d'Aix. Arch. des Bouches-du-Rhône, B. 39 (*Virgo*), fol. 45 v°. 1 page.

20 juillet.

25208. Mandement à la Chambre des Comptes d'Aix de faire payer, chaque année, au viguier d'Aix ses gages par le receveur particulier dudit lieu, les droits de « latte [1] » et d'amende de la cour ordinaire d'Aix, sur lesquels ces gages auraient dû être prélevés, ayant été vendus. Vatteville, 20 juillet 1545.

Enreg. à la Chambre des Comptes d'Aix. Arch. des Bouches-du-Rhône, B. 39 (*Virgo*), fol. 204 v°. 1 page.

20 juillet.

25209. Mandement à la Chambre des Comptes d'Aix de taxer les frais extraordinaires faits par Nicolas de Cocil, dit « Agaffin », dans l'exercice de sa charge. Vatteville, 25 juillet 1545.

Enreg. à la Chambre des Comptes d'Aix. Arch. des Bouches-du-Rhône, B. 39 (*Virgo*), fol. 156 v°. 1 page 1/2.

25 juillet.

25210. Lettres de naturalité pour Antoine Bermond et Antonie Rostrelle, sa femme, natifs et

Juillet.

---

[1] « Late » ou « latte », terme de coutume, sorte d'amende due pour la clame ou contestation. (Godefroy, *Dict. de l'anc. langue française.*)

citoyens d'Avignon, habitant parfois Barbentane en Provence. Touques, juillet 1545.

Enreg. à la Chambre des Comptes d'Aix. Arch.
des Bouches-du-Rhône, B. 39 (Virgo), fol. 92.
1 page 1/2.

1545.

25211. Lettres de naturalité pour Jean Fortia, habitant d'Avignon. Jumièges, juillet 1545.

Enreg. à la Chambre des Comptes d'Aix. Arch.
des Bouches-du-Rhône, B. 39 (Virgo), fol. 20.
2 pages.

Juillet.

25212. Don à François de La Font, second président
au Parlement d'Aix, d'une pension annuelle
de 200 livres, outre ses gages. Jumièges,
3 août 1545.

Enreg. à la Chambre des Comptes d'Aix. Arch.
des Bouches-du-Rhône, B. 39 (Virgo), fol. 87 v°.
2 pages.

3 août.

25213. Édit concernant le payement des gages des
viguiers en Provence. Aumale, 24 août
1545.

Enreg. à la Chambre des Comptes d'Aix. Arch.
des Bouches-du-Rhône, B. 40 (Corvus), fol. 126.
3 pages.

24 août.

25214. Lettres portant commission à [Charles Du Ples-
sis], sr de Savonnières, général des finances, de taxer dorénavant les frais faits par les
receveurs généraux de son ressort, pour le
transport à Paris des deniers de leurs recettes,
tant ceux qui ont été faits jusqu'ici, que ceux
qui seront faits les années suivantes. Sénarpont, 29 août 1545.

Enreg. à la Chambre des Comptes d'Aix. Arch.
des Bouches-du-Rhône, B. 39 (Virgo), fol. 153.
2 pages.

29 août.

25215. Lettres de naturalité pour Louis de Péguière,
natif de Catalogne, habitant d'Arles. Sénarpont, août 1545.

Enreg. à la Chambre des Comptes d'Aix. Arch.
des Bouches-du-Rhône, B. 40 (Corvus), fol. 29.
1 page 1/2.

Août.

25216. Lettres de naturalité pour Jean de Ferrier, ar-

Août.

— 393 —

chevêque d'Arles, natif de Catalogne, qui est depuis quarante ans à Arles. Sénarpont, août 1545. — **1545.**

Enreg. à la Chambre des Comptes d'Aix. Arch. des Bouches-du-Rhône, B. 40 (Corvus), fol. 25. 1 page 1/2.

25217. Provisions pour Jacques Thomas de l'office de lieutenant du sénéchal de Provence au siège d'Hyères, vacant par la résignation de Nicole Fabri. Forestmontiers, 4 septembre 1545. — **4 septembre.**

Enreg. à la Chambre des Comptes d'Aix. Arch. des Bouches-du-Rhône, B. 39 (Virgo), fol. 82 v°. 2 pages.

25218. Provisions pour Melchior Parisson de l'office de procureur du roi à Toulon, vacant par la résignation de Jacques Thomas. Forestmontiers, 4 septembre 1545. — **4 septembre.**

Enreg. à la Chambre des Comptes d'Aix. Arch. des Bouches-du-Rhône, B. 39 (Virgo), fol. 167. 1 page.

25219. Lettres touchant l'interdiction de transporter les blés hors du royaume. Abbaye du Gard, 15 septembre 1545. — **15 septembre.**

Bibl. nat., coll. de Picardie, vol. 112 bis, fol. 6. (Mention.)

25220. Provisions pour François Garin de l'office de lieutenant du sénéchal de Provence au siège d'Aix, à la survivance de son père, Jacques Garin. Picquigny, 18 septembre 1545. — **18 septembre.**

Enreg. à la Chambre des Comptes d'Aix. Arch. des Bouches-du-Rhône, B. 39 (Virgo), fol. 120 v°. 3 pages.

25221. Lettres de surannation pour l'enregistrement des lettres portant don à Françoise de la Balme du château de Tarascon, datées du 11 août 1544 (n° 25132). Amiens, 22 septembre 1545. — **22 septembre.**

Enreg. à la Chambre des Comptes d'Aix. Arch. des Bouches-du-Rhône, B. 38 (Serena), fol. 179. 1 page.

25222. Provisions pour Pierre Lenglès d'un office de — **26 septembre.**

VII.

50

IMPRIMERIE NATIONALE.

notaire royal à Amiens, en remplacement de Jacques Cacheleu, décédé. Saint-Fuscien, 26 septembre 1545.

> *Bibl. nat., coll. de Picardie, vol. 112 bis, fol. 135. (Mention.)*

1545.

25223. Lettres de naturalité pour Marguerite de Brancas, native du Comtat-Venaissin, femme du baron de Tartas, capitaine de galères. Abbaye du Gard, septembre 1545.

Septembre.

> *Enreg. à la Chambre des Comptes d'Aix. Arch. des Bouches-du-Rhône, B. 39 (Virgo), fol. 89 v°. 2 pages.*

25224. Lettres portant interdiction à François, duc de Clèves, à cause de ses dissipations, de la faculté d'aliéner ses biens. 5 octobre 1545.

5 octobre.

> *Bibl. nat., coll. de Picardie, vol. 95, p. 327. (Mention.)*

25225. Lettres autorisant le sénéchal de Poitou à décharger, après information, Louis de La Trémoïlle de la tutelle de ses frères et sœurs puînés. Paris, 15 octobre 1545.

15 octobre.

> *Original. Chartrier de Thouars, appartenant à M. le duc de La Trémoïlle.*
>
> *Imp. Les La Trémoïlle pendant cinq siècles, t. III, Charles, François et Louis III (1485-1577). Nantes, in-4°, 1894, p. 173.*

25226. Provisions pour Jean, marquis d'Estrées, de la charge de capitaine de la compagnie de cinquante-cinq archers, démembrée de celle des gardes du corps du sénéchal d'Agénais, pour servir à la garde du dauphin Henri. 24 octobre 1545.

24 octobre.

> *Imp. Pinard, Chronologie historique militaire. Paris, 1760-1778, in-4°, t. III, p. 483. (Mention.)*

25227. Lettres de jussion pour l'enregistrement par la Chambre des Comptes d'Aix de lettres confirmant l'accord conclu entre Michel Veyni (alias Vegni), trésorier de la marine du Levant, et le receveur général de Provence, pour mettre fin à un conflit relatif à leurs

25 octobre.

attributions respectives. Folembray, 25 octobre 1545.

*Enreg. à la Chambre des Comptes d'Aix. Arch.
des Bouches-du-Rhône, B. 39 (Virgo), fol. 96 v°.*
3 pages.

1545.

25228. Provisions en faveur de Nicole de Nibat de
l'office de conseiller au bailliage d'Amiens,
vacant par la mort de Jean Griffon. Folembray, 30 octobre 1545.

Bibl. nat., coll. de Picardie, vol. 4, fol. 111 v°;
vol. 112 bis, fol. 144. (*Mentions.*)

30 octobre.

25229. Lettres portant don à Jean de Conflans, lieutenant du sʳ de Brosse, des biens ayant appartenu aux frères Claude et Jean Gaillard,
décédés, biens échus au roi par droit d'aubaine. Saint-Fuscien, octobre 1545.

*Enreg. à la Chambre des Comptes d'Aix. Arch.
des Bouches-du-Rhône, B. 39 (Virgo),* fol. 254 v°.*
1 page 1/2.

Octobre.

25230. Provisions pour frère Claude d'Ancienville,
commandeur de l'ordre de Saint-Jean de Jérusalem, grand prieur de France, valet de
chambre tranchant ordinaire du roi, de la
charge de lieutenant général pour les mers du
Levant, en l'absence du sʳ de Grignan, à la
place de feu Jacques d'Ancienville, capitaine
de galères. Folembray, 5 novembre 1545.

*Enreg. à la Chambre des Comptes d'Aix. Arch.
des Bouches-du-Rhône, B. 39 (Virgo),* fol. 188.
1 page 1/2.

5 novembre.

25231. Lettres portant remise à Jacques de Boniface,
sʳ de la Molle, en récompense de sa vaillance
à la bataille de Cérisoles où il commandait
mille hommes de pied, des droits de lods et
vente qu'il doit au roi à cause du rachat qu'il
a fait de son beau-frère, le sʳ de La Forêt, de
la seigneurie de la Molle (ou la Mole), mouvant du comté de Provence. Folembray, 7 novembre 1545.

*Enreg. à la Chambre des Comptes d'Aix. Arch.
des Bouches-du-Rhône, B. 39 (Virgo),* fol. 175 v°.
2 pages.

7 novembre.

25232. Don à Antoine Escalin, baron de la Garde, du droit appartenant au roi sur une prise faite par les vaisseaux ronds de sa flotte, au cours de son voyage de la mer du Levant en celle de Ponant, d'une certaine quantité d'huile appartenant aux Anglais et saisie sur un navire portugais. Compiègne, 16 novembre 1545.

Bibl. nat., ms. Moreau 778, fol. 182. (Mention.)

1545. 16 novembre.

25233. Lettres de prestation du serment de fidélité de Nicolas de Dangu, évêque de Mende, pour le temporel dudit évêché. Villers-Cotterets, 7 décembre 1545.

Original. Arch. nat., Chambre des Comptes de Paris, P. 559¹, n° 1395.

7 décembre.

25234. Lettres maintenant pour quatre années Jean d'Estouteville, chevalier, sr de Villebon, capitaine de Rouen et de Thérouanne, en la possession de la seigneurie de Léry dont il lui a été fait don précédemment. Villers-Cotterets, 9 décembre 1545.

Arch. nat., P. 1920⁴, cote 25566. (Mention.)

9 décembre.

25235. Lettres portant que le couvent de Saint-Véran près Avignon doit continuer à recevoir la pension de 30 sous par jour que le roi lui a concédée, par lettres du 15 mai 1538 (n° 24350), à raison des dégâts commis dans ses propriétés pour y établir le camp du roi, l'an 1536. Villers-Cotterets, 14 décembre 1545.

Enreg. à la Chambre des Comptes d'Aix. Arch. des Bouches-du-Rhône, B. 39 (Virgo), fol. 160 v°. 2 pages.

14 décembre.

25236. Déclaration confirmant le don fait à Martin du Bellay, sr de Langey et de l'Herbaudière, sa vie durant, du droit des bourses ordinaires de la chancellerie du comté de Provence à Aix. Villers-Cotterets, 16 décembre 1545.

Enreg. à la Chambre des Comptes d'Aix. Arch. des Bouches-du-Rhône, B. 39 (Virgo), fol. 158 v°. 1 page 1/2.

16 décembre.

25237. Provisions de l'office de prévôt de Meulan en

17 décembre.

faveur de Guillaume Vion. Nanteuil, 17 décembre 1545.

1545.

Copie. Bibl. nat., fonds du Vexin, .vol. 16, fol. 274 v°. 1 page.

25238. Mandement au bailli de Vermandois de réclamer, de tous ceux qui détiennent des biens soumis à une redevance en faveur du chapitre de Guise, la reconnaissance des droits de ladite église sous forme d'acte authentique, les anciens cartulaires ayant été brûlés au cours des dernières guerres. Paris, 17 décembre 1545.

17 décembre.

Imp. Histoire ecclésiastique et civile du diocèse de Laon, par dom Nicolas Le Long. Châlons, 1733, in-4°, p. 605.

25239. Lettres portant établissement d'un marché hebdomadaire à Champigny-sur-Marne, et permission aux habitants de fortifier ledit bourg. Villers-Cotterets, décembre 1545.

Décembre.

Enreg. au Châtelet de Paris, le 9 juin 1563. Arch. nat., Bannières, Y. 11, fol. 130. 3 pages 1/2.

25240. Lettres de naturalité pour Baptiste de Caprilis, natif de Savignone, au diocèse de Tortona, habitant de Fréjus. Villers-Cotterets, décembre 1545.

Décembre.

Enreg. à la Chambre des Comptes d'Aix. Arch. des Bouches-du-Rhône, B. 39 (Virgo), fol. 170 v°. 1 page.

1546. — Pâques, le 25 avril.

1546.

25241. Édit portant que la Chambre des Comptes d'Aix sera chargée d'examiner et d'arrêter les comptes des officiers ou fermiers des greniers et tirages de sel de Provence, alors même qu'ils résideraient en Languedoc ou en Dauphiné. Paris, 4 janvier 1545.

4 janvier.

Enreg. à la Chambre des Comptes d'Aix. Arch. des Bouches-du-Rhône, B. 39 (Virgo), fol. 186 v°. 1 page.

25242. Mandement au bailli de Caen pour la levée des

4 février.

6,000 livres représentant la part de son bailliage dans l'imposition de 500,000 livres mise
sur les villes closes du royaume, pour la solde,
durant quatre mois, de vingt-cinq mille
hommes de pied. Saint-Germain-en-Laye,
4 février 1545.

1546.

> Original. Arch. municip. de Caen, EE. 7.

25243. Déclaration de l'hommage de François Cornier,
procureur au Parlement de Bordeaux, pour
les «maisons et repaires d'Endrat, de Pis»,
de Bassanne, «de Parcé, de Bandoys», et les
fiefs, cens, rentes et devoirs qu'il tient et
possède dans les ville, seigneurie et prévôté
de la Réole. Paris, 20 février 1545.

20 février.

> Original. Arch. nat., Chambre des Comptes de
> Paris, P. 559¹, n° 1387.

25244. Lettres ordonnant aux officiers de la Chambre
des Comptes de Provence de contraindre les
comptables des deniers publics à faire remise
du produit des recettes fiscales au trésorier
de l'épargne. Saint-Germain-en-Laye, 1ᵉʳ mars
1545.

1ᵉʳ mars.

> Expéd. originale. Arch. des Bouches-du-Rhône,
> B. liasse 729.

25245. Mandement à Philippe Marlain, récemment
pourvu de l'office de général des finances de
Bourgogne, de vérifier un cahier relatant les
menues dépenses et les frais supportés pour
le recouvrement des deniers de la recette générale de Bourgogne, nonobstant que la plupart de ces dépenses aient été faites du temps
de son prédécesseur. Saint-Germain-en-Laye,
2 mars 1545.

2 mars.

> Comptes de Girard Sayve, receveur général de
> Bourgogne. Arch. de la Côte-d'Or, B. 1859,
> fol. 181 v°. (Mention.)

25246. Provisions pour Nicolas Rémon de l'office de
grènetier de Berre. Paris, 3 mars 1545.

3 mars.

> Enreg. à la Chambre des Comptes d'Aix. Arch.
> des Bouches-du-Rhône, B. 39 (Virgo), fol. 270 v°.
> 1 page.

25247. Provisions pour Jean de Taix de l'office de
grand maître et capitaine général de l'artillerie, vacant par la mort de Jacques Galyot
de Genouilhac. 4 mars 1545.

1546.
4 mars.

> Imp. Pinard, *Chronologie historique militaire.*
> Paris, 1760-1778, in-4°, t. III, p. 481. (*Mention.*)

25248. Provisions pour Antoine de Monchy d'un office
de notaire royal à Amiens, en remplacement
de Pierre Lenglès. Saint-Germain-en-Laye,
4 mars.[1] 1545.

4 mars.

> *Bibl. nat.*, coll. de Picardie, vol. 112 *bis*,
> fol. 140 v°. (*Mention.*)

25249. Provisions pour Jean de Taix de l'office de
lieutenant général en Picardie, sous le duc
de Vendôme et le maréchal Du Biez. Saint-
Germain-en-Laye, 5 mars 1545.

5 mars.

> Imp. Pinard, *Chronologie historique militaire.*
> Paris, 1760-1778, in-4°, t. III, p. 481. (*Mention.*)

25250. Provisions pour Antoine Le Maistre d'un office
de notaire royal à Amiens, au lieu d'Antoine
de Monchy. Paris, 10 mars 1545.

10 mars.

> *Bibl. nat.*, coll. de Picardie, vol. 112 *bis*,
> fol. 141. (*Mention.*)

25251. Provisions pour Robert Bernart de l'office de
receveur particulier de Digne, vacant par la
mort de Thomas Aguillenc. Paris, 11 mars
1545.

11 mars.

> *Enreg. à la Chambre des Comptes d'Aix. Arch.
> des Bouches-du-Rhône,* B. 39 (*Virgo*), fol. 173 v°.
> 1 page.

25252. Lettres portant mainlevée, sur la réclamation
des États de Provence, de la saisie des deniers
communs et d'octroi dudit pays, opérée pour
six années, dont le produit devait être employé

22 mars.

---

[1] Par suite d'une erreur de copie évidente, cet acte est mentionné
avec la date du 4 mai 1545, que l'itinéraire ne permet pas d'accepter.
Pierre Lenglès n'avait d'ailleurs été pourvu de cet office que le 26 septembre 1545 (cf. ci-dessus, n° 25222).

à l'entretien des fortifications. Yerres, 22 mars 1545.

1546.

Enreg. à la Chambre des Comptes d'Aix. Arch. des Bouches-du-Rhône, B. 39 (Virgo), fol. 245 v°.
3 pages.

25253. Provisions pour Robert Bernart de l'office de capitaine et châtelain du Lauzet dans le ressort de Digne, vacant par la mort de Thomas Aguillenc. Fontainebleau, 29 mars 1545.

29 mars.

Enreg. à la Chambre des Comptes d'Aix. Arch. des Bouches-du-Rhône, B. 39 (Virgo), fol. 172.
1 page.

25254. Lettres confirmant aux habitants de Nesles en Picardie la franchise de leur marché hebdomadaire, moyennant qu'ils entretiendront les fortifications de leur ville qui est à la frontière du royaume. Saint-Arnoult, mars 1545.

Mars.

Bibl. nat., coll. de Picardie, vol. 100, fol. 541.
(Mention.)

25255. Mandement à la Chambre des Comptes d'Aix d'allouer chaque année aux comptes de Nicolas de Cocil, dit « Agaffin », receveur général des finances de Provence, la somme de 400 livres pour ses chevauchées, pension que tous les receveurs avaient eue avant lui jusqu'à son prédécesseur immédiat, Julien Bonacorsi, lequel n'avait presque jamais exercé lui-même son office. Fontainebleau, 2 avril 1545.

2 avril.

Enreg. à la Chambre des Comptes d'Aix. Arch. des Bouches-du-Rhône, B. 39 (Virgo), fol. 164 v°.
2 pages.

25256. Lettres de naturalité pour Raymond Vidal, habitant d'Avignon, et François Vidal, son fils légitime, conseiller au Parlement de Piémont. Challeau, 10 avril 1545.

10 avril.

Enreg. à la Chambre des Comptes d'Aix. Arch. des Bouches-du-Rhône, B. 39 (Virgo), fol. 209.
2 pages.

25257. Lettres permettant au lieutenant particulier du siège d'Hyères de prélever annuellement

13 avril.

80 livres sur le produit des exploits, confiscations et amendes, pour être employées aux
frais de la justice. Nemours, 13 avril 1545.

Enreg. à la Chambre des Comptes d'Aix. Arch.
des Bouches-du-Rhône, B. 39 (Virgo), fol. 198.
1 page 1/2.

1546.

25258. Lettres portant que, conformément à la déclaration du 25 novembre 1544 (n° 14221),
les régents, écoliers, officiers et suppôts de
l'Université de Paris seront exempts de
l'aide de deux sous parisis mise sur chaque
muid de vin entrant à Paris, ou en sortant.
17 avril 1545.

Enreg. à la Cour des Aides, le 14 mai 1546.
Arch. nat., U. 665, p. 320. (Mention.)

17 avril.

25259. Provisions pour François Biord de l'office de
lieutenant du sénéchal de Provence au siège
d'Arles, vacant par la mort d'Antoine Arlier.
Montargis, 20 avril 1545.

Enreg. à la Chambre des Comptes d'Aix. Arch.
des Bouches-du-Rhône, B. 39 (Virgo), fol. 178.
1 page.

20 avril.

25260. Mandement à Michel de Cherbie, prévôt de
la Rochelle, à Guy de Prahec, lieutenant
criminel, et à François Blanchard, lieutenant
particulier en Saintonge, de se conformer
sans retard aux lettres données précédemment [1] pour l'établissement d'un terrier
des biens possédés dans le ressort de leur
charge par des particuliers; ce qu'ils avaient
négligé de faire jusqu'alors. Fontainebleau,
7 mai 1546.

Original. Bibl. nat., ms. fr. 23951, n° 10.

7 mai.

25261. Déclaration portant que l'interdiction de la
traite des vins, blés et autres denrées avec
l'étranger, prononcée par lettres patentes du
25 mars dernier, ne s'applique pas à la ville
d'Avignon, qui continuera à jouir du privilège

8 mai.

[1] Le 27 décembre 1542 (n° 24926).

de faire le commerce avec les provinces cir- 1546.
convoisines. Fontainebleau, 8 mai 1546.

*Enreg. à la Chambre des Comptes de Provence.
Arch. des Bouches-du-Rhône, B. reg. 1271, fol. 135
v°. 8 pages.*

25262. Édit attribuant aux maîtres des ports, et en 9 mai.
appel à la Chambre des Comptes d'Aix, la
connaissance des matières concernant les
droits de foraine, rêve, haut passage et du
tonneau, de même que l'entrée et la sortie
des marchandises prohibées. Fontainebleau,
9 mai 1546.

*Expéd. originale. Arch. des Bouches-du-Rhône,
B. carton 3292, pièce n° 47.
Enreg. à la Chambre des Comptes d'Aix. Arch.
des Bouches-du-Rhône, B. 39 (Virgo), fol. 187 v°.
1 page.*

25263. Déclaration de l'hommage rendu par Antoine 29 mai.
Gombert, chevalier, seigneur du Baron et
de Boismeaux en l'île de la Camargue, à raison desdites seigneuries. Le Vivier-en-Brie,
29 mai 1546.

*Enreg. à la Chambre des Comptes d'Aix. Arch.
des Bouches-du-Rhône, B. 39 (Virgo), fol. 180.
1 page.*

25264. Provisions pour Jean Carisel d'un office de no- 1er juin.
taire royal à Amiens, en remplacement d'An-
toine Carisel, son père. Fontenay-en-Brie,
1er juin 1546.

*Bibl. nat., coll. de Picardie, vol. 112 bis,
fol. 118 v°. (Mention.)*

25265. Lettres de prestation du serment de fidélité et 16 juin.
de l'hommage d'Antoine Olivier, évêque de
Digne, pour le temporel dudit évêché. Paris,
16 juin 1546.

*Original. Arch. nat., Chambre des Comptes de
Paris, P. 559¹, n° 1404.
Enreg. à la Chambre des Comptes d'Aix. Arch.
des Bouches-du-Rhône, B. 39 (Virgo), fol. 183 v°.
1/2 page.*

25266. Provisions pour Antoine Calipe, licencié ès lois, 26 juin.
de l'office de prévôt des maréchaux dans la

partie de la Picardie située en deçà de la
Somme, en remplacement d'Étienne de Mer-
castel. Fontainebleau, 26 juin 1546.

*Bibl. nat., coll. de Picardie, vol. 112 bis,
fol. 116. (Mention.)*

1546.

25267. Provisions pour Guillaume Laurens de l'office
de receveur ordinaire au siège de Forcalquier,
vacant par la résignation de Pierre Geoffroy.
Fontainebleau, 29 juin 1546.

*Enreg. à la Chambre des Comptes d'Aix. Arch.
des Bouches-du-Rhône, B. 39 (Virgo), fol. 200 v°.
1 page.*

29 juin.

25268. Déclaration confirmative de l'édit concernant
le payement des gages des viguiers en Provence, donné le 24 août précédent (n° 25213),
et jussion pour l'enregistrement de cet édit.
Fontainebleau, 30 juin 1546.

*Enreg. à la Chambre des Comptes d'Aix. Arch.
des Bouches-du-Rhône, B. 40 (Corvus), fol. 147.
3 pages.*

30 juin.

25269. Provisions pour Poncet de Monts, licencié en
lois, de l'office de juge royal à Brignoles en
Provence. Fontainebleau, 3 juillet 1546.

*Enreg. à la Chambre des Comptes d'Aix. Arch.
des Bouches-du-Rhône, B. 40 (Corvus), fol. 59 v°.
2 pages.*

3 juillet.

25270. Collation pour Nicole Griveau d'une prébende
de chanoine de la Sainte-Chapelle du Palais
à Paris, vacante par la résignation du s' Du-
châtel. Vers le 6 juillet 1546.

*Mention d'enreg. à cette date sur les Mémoriaux
de la Sainte-Chapelle. Arch. nat., LL. 626,
fol. 86.*

6 juillet.

25271. Déclaration de l'hommage rendu par Melchior
de Castellane, s' d'Allemagne, pour ladite
terre, celles du Luc, de Saint-Martin, du
Castellet et autres mouvant du comté de
Provence. Fontainebleau, 24 juillet 1546.

*Enreg. à la Chambre des Comptes d'Aix. Arch.
des Bouches-du-Rhône, B. 40 (Corvus), fol. 309.
1 page.*

24 juillet.

25272. Provisions pour François Arnaud de l'office de viguier de Pertuis en Provence. Fontainebleau, 3 août 1546.

1546.
3 août.

> *Enreg. à la Chambre des Comptes d'Aix. Arch. des Bouches-du-Rhône, B. 39 (Virgo), fol. 239 v°. 1 page 1/2.*

25273. Lettres de prestation du serment de fidélité et de l'hommage du cardinal du Bellay, archevêque de Bordeaux, pour le temporel dudit archevêché. Fontainebleau, 3 août 1546.

3 août.

> *Original. Arch. nat., Chambre des Comptes de Paris, P. 559¹, n° 1408.*

25274. Édit attribuant à la Chambre des Comptes de Provence l'examen des comptes des maîtres particuliers des Monnaies dudit pays, et en première instance la connaissance des causes civiles ou criminelles concernant lesdites Monnaies. Fontainebleau, 4 août 1546.

4 août.

> *Enreg. à la Chambre des Comptes d'Aix. Arch. des Bouches-du-Rhône, B. 39 (Virgo), fol. 185 v°. 1 page 1/2.*

25275. Provisions en faveur de Jean Drouot de l'office de closier du roi à Beaune. Chevagnes, 28 août 1546.

28 août.

> *Comptes de Girard Sayve, recoveur général de Bourgogne. Arch. de la Côte-d'Or, B. 1862, fol. 292. (Mention.)*

25276. Provisions pour Jacques Dacheu, avocat en la sénéchaussée de Ponthieu, de l'office de prévôt de Saint-Riquier, en remplacement de Jean de Buigny. 17 septembre 1546.

17 septembre.

> *Bibl. nat., coll. de Picardie, vol. 112 bis, fol. 104 v°. (Mention.)*

25277. Lettres de confirmation pour Jean Bonneau de l'office de receveur de l'inspection foraine en Bourgogne, à lui conféré par Clugny Thunot, alors élu sur le fait des tailles et aides en l'élection de Langres et commissaire chargé de faire cette nomination. Argilly, 25 septembre 1546.

25 septembre.

> *Copie collat. Comptes de Jean Bonneau. Arch. de la Côte-d'Or, B. 1855, fol. 9. 4 pages.*

25278. Mandement à Michel Tambonneau, conseiller
maître à la Chambre des Comptes de Paris,
au bailli d'Amiens et au sénéchal de Ponthieu, de poursuivre l'enquête momentané-
ment interrompue sur les dommages que les
guerres ont occasionnés au comté de Saint-
Pol, afin de fixer les bases de l'indemnité
que le roi consent à accorder aux enfants mineurs du comte de Saint-Pol, lesquels, aux
termes du traité avec l'empereur, doivent être
remis en possession de ce comté. Is-sur-Tille,
8 octobre 1546.

> Copie collat. du XVIII° siècle. Bibl. nat., ms. Mo-
> reau 562, fol. 55. 4 pages.

1546.
8 octobre.

25279. Provisions pour Pierre Du Gard de l'office
de prévôt de Beauvaisis, en remplacement
de Guillaume Scaron. Is-sur-Tille, 9 octobre
1546.

> Bibl. nat., coll. de Picardie, vol. 112 bis,
> fol. 119 v°. (Mention.)

9 octobre.

25280. Mandement aux gens des comptes de Dijon
d'allouer aux comptes de Girard Sayve, receveur général de Bourgogne, la somme de
450 livres tournois qu'il dit avoir payée à feu
Clugny Thunot, jadis général de Bourgogne,
pour diverses vacations, après avoir toutefois
vérifié sur le compte dudit général s'il avait
porté cette somme en recette. Diénay, 11 octobre 1546.

> Comptes de Girard Sayve, receveur général de
> Bourgogne. Arch. de la Côte-d'Or, B. 1859,
> fol. 186. (Mention.)

11 octobre.

25281. Mandement au trésorier de l'épargne, Jean
Duval, de faire payer par Girard Sayve, receveur général de Bourgogne, à Étienne Noblet,
maître ordinaire en la Chambre des Comptes
de Dijon, et à Jean de Loisne, auditeur en
la même Chambre, la somme de 452 livres
tournois, fixée par deux commissaires désignés à cet effet par le roi, Jean Nicolaï,
premier président en la Chambre des Comptes
de Paris, et Thomas Rappouel, pour les

23 octobre.

rémunérer de soixante et onze journées qu'ils ont passées à visiter les places fortes de Bourgogne et à examiner l'état des munitions, de l'artillerie et des fortifications. Bar-le-Duc, 23 octobre 1546.

1546.

Comptes de Girard Sayve, receveur général de Bourgogne. Arch. de la Côte-d'Or, B. 1860, fol. 210. (Mention.)

25282. Lettres de don à Jacques Le Roy, greffier en la Chambre des Comptes de Dijon, de la somme de 469 livres 7 sous 6 deniers, pour plusieurs vacations et dépenses faites par lui à la recherche et vérification de certains libelles diffamatoires contre le roi, apposés en la ville de Dijon. Joinville, 30 octobre 1546.

30 octobre.

Comptes de Girard Sayve, receveur général de Bourgogne. Arch. de la Côte-d'Or, B. 1861, fol. 153. (Mention.)

25283. Provisions de l'office de notaire et tabellion au lieu de Tourrettes en Provence, en faveur de Sébastien Davy. Coucy, 19 novembre 1546.

19 novembre.

Enreg. à la Chambre des Comptes de Provence. Arch. des Bouches-du-Rhône, B. 44 (Dromedarius), fol. 119 v°. 1 page.

25284. Lettres de prestation du serment de fidélité et de l'hommage de Jean de Barbançon, évêque de Pamiers, pour le temporel dudit évêché. Folembray, 25 novembre 1546.

25 novembre.

Original. Arch. nat., Chambre des Comptes de Paris, P. 559¹, n° 1409.

25285. Déclaration de l'hommage d'Honorat de Savoie, comte de Villars, pour la vicomté de Castillon, le captalat de Buch et autres terres et seigneuries qu'il possédait dans la mouvance du duché de Guyenne. Folembray, 26 novembre 1546.

26 novembre.

Original. Arch. nat., Chambre des Comptes de Paris, P. 559¹, n° 1410.

25286. Lettres de naturalité pour Accurse Noguet, natif de Cavaillon, habitant d'Aix, où il est

Novembre.

concierge du palais du roi. Folembray, novembre 1546.

1546.

> *Enreg. à la Chambre des Comptes d'Aix. Arch. des Bouches-du-Rhône. B. 39 (Virgo), fol. 238.*
> *1 page 1/2.*

25287. Don à Jean Maynier, s' d'Oppède, premier président au Parlement de Provence, d'une pension de 400 livres, dont avait joui Guillaume Garsonnet, son prédécesseur, et en outre d'une autre de 200 livres tournois. Compiègne, 22 décembre 1546.

22 décembre.

> *Enreg. à la Chambre des Comptes d'Aix. Arch. des Bouches-du-Rhône, B. 39 (Virgo), fol. 213 v°.*
> *1 page 1/2.*

25288. Lettres de naturalité pour Anne Maynier, native d'Oppède au Comtat-Venaissin, fille du premier président au Parlement de Provence, Jean Maynier d'Oppède, et femme de François de Perussis, conseiller au même Parlement. Compiègne, décembre 1546.

Décembre.

> *Enreg. à la Chambre des Comptes d'Aix. Arch. des Bouches-du-Rhône, B. 40 (Corvus), fol. 143 v°.*
> *1 page 1/2.*

1547. — Pâques, le 10 avril.

1547.

25289. Provisions pour Antoine Renoard de l'office de juge ordinaire à Arles. Villers-Cotterets, 21 janvier 1546.

21 janvier.

> *Enreg. à la Chambre des Comptes d'Aix. Arch. des Bouches-du-Rhône, B. 40 (Corvus), fol. 167 v°.*
> *1 page.*

25290. Mandement à la Chambre des Comptes d'Aix de taxer les vacations dues à Nicolas de Cocil, dit « Agaffin », pour raison de la recette des deniers provenant des amendes et exploits. Villers-Cotterets, 22 janvier 1546.

22 janvier.

> *Enreg. à la Chambre des Comptes d'Aix. Arch. des Bouches-du-Rhône. B. 39 (Virgo), fol. 247.*
> *3 pages.*

25291. Lettres accordant aux propriétaires des étangs de Berre une augmentation de 3 sous 3 deniers par muid de sel, et portant à 12 sous tournois la somme qu'ils pourront prélever par muid. Villers-Cotterets, 23 janvier 1546.

1547.
23 janvier.

Enreg. à la Chambre des Comptes d'Aix. Arch. des Bouches-du-Rhône, B. 39 (Virgo), fol. 265 v°. 3 pages.

25292. Mandement à la Chambre des Comptes de Dijon d'allouer aux comptes d'Antoine Le Maçon, relatifs à l'office de receveur général de Bourgogne qu'il a tenu jadis, la somme de 1,400 livres 12 sous 5 deniers tournois, pour les frais de recouvrement, port et conduite des deniers de sa recette, et autres menues dépenses, savoir : 562 livres 5 sous tournois pour les deux derniers quartiers de l'année 1531, et 838 livres 7 sous 5 deniers tournois pour l'année 1532. Paris, 26 janvier 1546.

26 janvier.

Comptes d'Antoine Le Maçon, receveur général de Bourgogne. Arch. de la Côte-d'Or, B. 1841, fol. 169 v° et 170. (Mentions.)

25293. Lettres de naturalité pour Jean Martini, habitant d'Avignon, fils de François Martini, florentin. Villers-Cotterets, janvier 1546.

Janvier.

Enreg. à la Chambre des Comptes d'Aix. Arch. des Bouches-du-Rhône, B. 40 (Carous), fol. 68 v°. 1 page.

25294. Lettres taxant le bailliage d'Amiens à 1,200 livres tournois pour sa quote-part des 600,000 livres imposées sur les villes closes du royaume. Saint-Germain-en-Laye, 5 février [1] 1546.

5 février.

Bibl. nat., coll. de Picardie, vol. 112 bis, fol. 6. (Mention.)

25295. Lettres confiant à Louise du Grippel, veuve de Richard de Pellevé, la garde d'Anne et de

18 février.

_____
[1] La mention porte par erreur la date du 25 février.

Jeanne dé Grosparmy, filles mineures de feu
Jean de Grosparmy, baron de Flers, et l'autorisant à faire procéder au mariage de Jean
de Pellevé avec Anne de Grosparmy et à
celui d'Henri de Pellevé avec Jeanne de
Grosparmy, dès que celles-ci auront atteint
l'âge nubile. 18 février 1546 [1].

1547.

Imp. Comte Hector de La Ferrière-Percy, *Histoire de Flers.* Paris, 1855, in-8°, p. 43. (*Mentionné* d'après le texte conservé au chartrier du
château de Flers.)

25296. Lettres de prestation du serment de fidélité de
Gilles Bohier, récemment pourvu de l'évêché
d'Agde, sur la résignation faite en sa faveur
par Claude de La Guiche, et déclaration
d'hommage au roi pour le temporel dudit
évêché. Limours, 22 février 1546.

22 février.

*Original. Arch. nat., Chambre des Comptes
de Paris,* P. 559¹, n° 1398.

25297. Lettres donnant à main ferme à Charles de
La Lande le bail de la Monnaie d'Aix, vacant par suite de la suspension prononcée
pour six ans par la Chambre des Comptes
d'Aix contre Honoré Pinchinat. Rambouillet,
15 mars 1546.

15 mars.

*Enreg. à la Chambre des Comptes d'Aix. Arch.
des Bouches-du-Rhône,* B. 40 (*Corvus*), fol. 235.
1 page.

25298. Provisions pour Pierre Guérin de l'office de
maître particulier de la Monnaie de Grenoble.
Rambouillet, 29 mars 1546.

29 mars.

Imp. F. de Saulcy, *Recueil de documents relatifs
à l'histoire des monnaies* [2]. Mâcon, 1892, in-4°,
t. IV, p. 463. (*Mention.*)

25299. Lettres autorisant, à la demande de François
Gouffier, chevalier, marquis des Deffends,

Mars.

[1] La mention n'indique pas clairement si cette date est de l'ancien
ou du nouveau style.
[2] Le tome 1er de ce *Recueil* a été publié dans la Collection des documents inédits.

seigneur de Crèvecœur, Thoix, etc., l'établissement à Thoix en Picardie d'un marché
hebdomadaire et de deux foires par an. Rambouillet, mars 1546.

1547.

Bibl. nat., coll. de Picardie, vol. 95, p. 327.
(*Mention.*)

TEXTES D'ACTES NON DATÉS.

(*Formulaire de la Chancellerie royale*[1]. *Manuscrit du xvi° siècle.*
Bibl. nat., fr. 5086.)

25300. Nouvelles provisions en faveur de Jean Saulnier de l'office
de procureur du roi au grenier à sel de Sancerre, qu'il exerçait dès le
21 octobre 1483, et dont il n'avait pas eu confirmation à l'avènement
de François Ier. (Fol. 31, 1 page.)

25301. Mandement aux généraux de la justice des aides de Paris de
recevoir Jean Poussart, Jean Malingre, Nicolas Chambon et Robert
Allaire, pourvus d'offices d'examinateurs au Châtelet de nouvelle création,
nonobstant que l'édit d'érection de ces nouveaux offices ne leur ait pas
été adressé. (Fol. 31 v°, 1 page.)

25302. Provisions de l'office de prévôt et garde de la châtellenie et
ville de Coulommiers en Brie, pour Thibaut Delaporte, demeurant
audit lieu, en remplacement d'Énoch Leconte, sur la présentation du
maréchal de Lescun, usufruitier de la terre et seigneurie de Coulommiers [2]. (Fol. 33 v°, 1 page.)

25303. Lettres permettant à Guillaume Bourrassol, greffier du Parlement de Toulouse[3], de se faire suppléer par un ou deux de ses clercs
pour les écritures, et par un notaire et secrétaire du roi pour la signa-
ture des expéditions. (Fol. 35 v°, 1 page.)

25304. Mandement donné à la requête de Jean Grolier et René
Thizart, trésoriers des guerres, pour faire restituer par Pierre Legras,
marchand de Paris, une somme de 700 à 800 écus soleil par lui gagnée
au jeu sur Pierre Godefroy, leur clerc, qu'ils avaient envoyé chercher

---

[1] Ce recueil de copies, qui comprend un certain nombre de lettres patentes de François Ier,
sans leur date, ne porte pas de titre; mais les actes, pour la plupart, y sont groupés suivant
leur nature, ce qui est le propre d'un formulaire ou protocole.
[2] Entre 1518, date de la nomination de Lescun comme maréchal de France, et le
24 février 1525, date de sa mort.
[3] Ses provisions sont du 21 août 1518 (ci-dessus, n° 16,787).

cet argent chez les receveurs des aides et tailles de Meaux et de Château-Thierry. (Fol. 36, 1 page 1/2.)

25305. Lettres portant à 100 livres tournois par an, au lieu de 50, les gages de Jean Le Noir, lieutenant du bailli d'Amiens au siège de Montreuil-sur-Mer. (Fol. 36 v°, 1 page 1/2.)

25306. Mandement au bailli des Montagnes d'Auvergne de faire recueillir les minutes et registres des notaires décédés, appartenant au domaine du roi, et de les faire garder par le receveur ordinaire du bailliage, qui en délivrera les expéditions, et non par le garde des sceaux dudit bailliage, qui avait usurpé ce droit depuis trente ans. (Fol. 37, 2 pages.)

25307. Lettres permettant à Marguerite de Foix, marquise de Saluces, d'entretenir un courrier en sa baronnie de Lunel. (Fol. 38 v°, 1/2 page.)

25308. Mandement au bailli de Berry de recevoir au nombre des procureurs de la cour laie de Bourges, nombre limité par lettres de Louis XII, Étienne Bonnemain à la place laissée vacante, il y a six ans, par un nommé Jean Prévost. (Fol. 38 v°, 1 page.)

25309. Lettres permettant à François Fumée, l'un des conseillers au siège du sénéchal et conservateur des privilèges royaux de l'Université de Poitiers, d'exercer en même temps l'état d'avocat, comme font les conseillers au Châtelet de Paris. (Fol. 39, 1 page.)

25310. Lettres attribuant au lieutenant particulier du bailliage de Chartres la préséance, après le lieutenant général, sur l'avocat et le procureur du roi audit siège, le prévôt de Chartres et autres officiers ordinaires du bailliage. (Fol. 139 v°, page.)

25311. Mandement au sʳ de La Rochebeaucourt, chambellan du roi, sénéchal de Saintonge et gouverneur d'Angoumois, et au sénéchal de Périgord, de procéder contre François Genestat, Guillaume Testart, Pierre Poynet et Jean Girard, délégués de François Mathieu, greffier du siège présidial de Périgueux, coupables d'abus et exactions dans l'exercice de cet office. (Fol. 40, 1 page 1/2.)

25312. Lettres continuant à la veuve et aux enfants de feu François Dales, premier médecin du roi, le don fait à celui-ci, par lettres du 13 février 1519 n. s., des restes des compositions passées avec les notaires royaux établis et à établir par Adam Fumée, sʳ des Roches, maître des requêtes de l'hôtel, dans les bailliages de Touraine et de Saint-Pierre-le-Moutier, et dans les sénéchaussées de Lyon, de Guyenne, de Poitou et de Saintonge. (Fol. 40 v°, 1 page 1/2.)

25313. Lettres octroyant à Jean de Bailly, rapporteur et correcteur des lettres de la chancellerie royale, le sel nécessaire à la consommation de son hôtel, qu'il prendra au grenier à sel de Paris ou ailleurs, sans payer le droit de gabelle. (Fol. 41 v°, 1 page.)

25314. Lettres portant que François Péret, se disant greffier des élections d'Avranches et de Mortain, et ne pouvant résider, comme le prescrit l'ordonnance, sera tenu d'opter pour l'un ou l'autre de ces sièges, et que Lancelot Gosselin sera pourvu de l'autre. (Fol. 42 v°, 2 pages.)

25315. Lettres octroyant à Charles de La Mothe, conseiller au Grand conseil, d'être payé de ses gages dudit office pour les mois d'octobre, novembre et décembre précédents, bien qu'il n'ait pas siégé, étant retenu au service du roi en la ville de Calais. (Fol. 44, 1 page.)

25316. Lettres portant que Sauvat de Pommiers, conseiller au Parlement de Bordeaux, commis par le chancelier de France à la garde du sceau de la chancellerie de Bordeaux, pendant la minorité de Louis de Saint-Gelais, sr de Lansac, pourvu de cet office en remplacement de feu Alexandre de Saint-Gelais, sr de Lansac, chambellan ordinaire du roi, jouira de cette commission, nonobstant la prétention contraire de Jean de Calvimont, aussi conseiller audit Parlement, commis par ledit Alexandre de Saint-Gelais. (Fol. 44 v°, 1 page.)

25317. Lettres de dispense d'âge pour Charles Martel, sr de Bacqueville, âgé de dix-neuf ans, fiancé à la fille du sr de Radeval, maître d'hôtel du roi, pour gouverner et administrer ses biens. (Fol. 45, 1 page.)

25318. Lettres d'émancipation de Jacques de Brillac, écuyer, sr d'Argy, âgé de dix-neuf ans, homme d'armes des ordonnances de la compagnie du sr d'Escars, fils de feu Charles de Brillac, maître d'hôtel ordinaire de Louis XII, données à cause de la mauvaise administration de ses tuteurs. (Fol. 46, 1 page.)

25319. Provisions de l'office de capitaine de la ville et du château de Niort pour François de La Platière, âgé de onze ans, en remplacement de Philippe de La Platière, sr des Bordes, maître d'hôtel ordinaire du roi, son père, décédé, avec cette clause que l'office sera exercé, pendant la minorité du titulaire, par Guillaume Delis, écuyer, du consentement et à la requête de Catherine de La Fayette, veuve du défunt. (Fol. 47, 1 page 1/2.)

25320. Lettres permettant à Jean Du Boys, sr de Fontaines en Touraine, d'enclore dans son parc dudit lieu un chemin vicinal, à condition qu'il soit remplacé par un autre chemin longeant les murs de clôture de sa propriété [1]. (Fol. 48, 2 pages.)

25321. Lettres donnant la garde-noble des enfants mineurs et des biens de feu Jean de Casenove, seigneur de Gaillarbois, à Jeanne de Ligny, sa veuve, et à Robert Du Breuil, sᵣ de Beauvoir, second mari de cette dame. (Fol. 49, 2 pages.)

25322. Lettres commettant la garde, administration et gouvernement de la personne et des biens de François et Isabelle d'Arces, enfants mineurs de feu Philibert d'Arces, chevalier, et de Marguerite de Ferrières, aussi décédée, à Jean d'Arces, leur grand-père, à Robinet d'Ossieu et à Jean de Goudé, sᵣ de Miribel. (Fol. 50, 1 page.)

25323. Commission à Gabriel de Grantmont, conseiller au Grand conseil, de s'enquérir des personnes capables d'être pourvues des offices de procureurs du roi aux sièges particuliers des sénéchaussées de Guyenne, des Lannes et d'Agénais [2], et de traiter avec chacune d'elles des sommes qu'elles pourront mettre à la disposition du roi pour subvenir aux besoins de l'État. (Fol. 50 vᵒ, 1 page.)

25324. Lettres retenant Jacques Viart, licencié ès lois, en qualité de conseiller et référendaire des lettres de chancellerie. (Fol. 51, 1/2 page.)

25325. Déclaration portant que Jean Poussart, Jean Malingre, Nicolas Chambon et Robert Allaire, examinateurs au Châtelet de Paris, récemment pourvus en vertu de la création de seize nouveaux examinateurs par édit du 4 février 1522 n. s. (nᵒ 1479), et ceux qui pourvus des douze autres offices, jouiront de leurs états et des prérogatives qui y sont attachés, nonobstant l'opposition des seize examinateurs anciens. (Fol. 51, 3 pages.)

25326. Lettres en faveur d'Innocent Pyore (alias Piore), ancien sénateur au Sénat de Milan, demeuré fidèle au roi de France et ayant abandonné son patrimoine, pourvu d'un office de conseiller au Parlement de Rouen, portant qu'il jouira des gages de ces deux offices jusqu'au recouvrement du duché de Milan. (Fol. 53, 1 page 1/2.)

25327. Mandement au bailli de Dijon de mettre Jean Deslandes et Jean Courtot en possession des offices de notaires royaux au tabellionnage de Beaune, dont ils ont les provisions, nonobstant toute opposition. (Fol. 53 vᵒ, 1 page.)

25328. Lettres accordant à René Gentils, ancien sénateur au Sénat de Milan, pourvu, le 20 juin précédent, d'un office de conseiller au

---

[1] Après le 3 juillet 1521, date de la requête dudit Du Boys.
[2] En vertu de l'édit établissant en titre d'office un procureur dans chacun des sièges particuliers des bailliages et sénéchaussées du royaume. Blois, avril 1522 (nᵒ 1644 du Catalogue.)

Parlement de Provence[1], un délai pour aller prendre possession de cet office, sans préjudice de ses gages. (Fol. 54, 1 page.)

25329. Lettres permettant à Jean Duvernoy, grènetier du grenier à sel de Montdidier, retenu ailleurs au service du roi, de commettre un délégué pour exercer son office. (Fol. 54 v°, 1 page.)

25330. Lettres prescrivant une enquête sur le droit prétendu par le maître particulier des eaux et forêts de France, Brie et Champagne, de nommer à certains offices, particulièrement à ceux de mesureurs de charbon à Troyes. (Fol. 55, 1 page.)

25331. Lettres portant que Christophe Bressel, sénéchal de Nantes, et ses successeurs doivent avoir séance au Conseil et chancellerie de Bretagne, droit dont ont joui ses prédécesseurs. (Fol. 55 v°, 1 page.)

25332. Lettres maintenant Thomas Régis en l'office de maître des requêtes au Conseil et chancellerie de Bretagne, dont il a été pourvu sur la résignation de l'abbé de Quimperlé, nonobstant que, retenu pour ses affaires en cour de Rome, où il est encore, il n'ait pu en prendre possession et l'exercer dans les délais qui lui avaient été accordés. (Fol. 56 v°, 2 pages.)

25333. Lettres réduisant à 280 livres tournois par an, pendant quatre ans, les tailles que doivent payer les habitants de Saint-Aubin et de la Ferté-Nabert, en considération des dommages que leur ont fait éprouver la grêle et les inondations. (Fol. 58, 1 page 1/2.)

25334. Mandement à Guillaume Prudhomme, trésorier de l'épargne, de décharger, pendant six ans, les habitants d'Onzain-sur-Loire de 150 livres par an sur les tailles qu'ils ont à payer. (Fol. 58 v°, 1 page.)

25335. Mandement au Parlement de Bordeaux, au sénéchal de Saintonge et à son lieutenant à Saint-Jean-d'Angély, de donner mainlevée de son temporel à Pierre de Richac, chambrier de l'abbaye de Saint-Jean-d'Angély, s'il leur appert qu'il a payé les quatre décimes du revenu d'une année de son bénéfice, comme y sont tenus les gens d'église du royaume. (Fol. 61 v°, 1 page 1/2.)

25336. Mandement au bailli de Chalon de faire procéder au recouvrement des cotisations de quatre décimes du revenu d'une année de leurs bénéfices sur les gens d'église du diocèse de Chalon, comme il a été accordé au roi par le clergé de la province de Lyon, assemblé en cette ville au mois de mars précédent, pour subvenir à la rançon du dauphin et du duc d'Orléans, otages de l'empereur, l'évêque de Chalon craignant de n'être pas obéi. (Fol. 62, 2 pages.)

[1] Ses provisions sont, non du 20, mais du 22 juin 1522 (ci-dessus, n° 17496).

25337. Lettres d'exécutoire pour le recouvrement de la moitié des deniers communs des villes du royaume pour l'année 1527, imposée dans le but de subvenir au payement de la rançon des enfants de France, retenus en otage par l'empereur. (Fol. 63, 2 pages.)

25338. Lettres de collation d'une prébende de l'église collégiale de Notre-Dame du château de Vitry en faveur de Jacques Pinson. (Fol. 65, 1/2 page.)

25339. Mandement aux trésorier et chanoines de la Sainte-Chapelle du Palais, à Paris, de recevoir Jean de Roncherolles, jeune clerc âgé de dix ans, frère d'Adrien de Roncherolles, panetier ordinaire du roi, pourvu d'une prébende de ladite Sainte-Chapelle, nonobstant l'ordonnance prescrivant de ne conférer les prébendes qu'aux personnes revêtues de l'ordre de la prêtrise. (Fol. 65, 1 page.)

25340. Mandement pour l'exécution des bulles conférant à l'archevêque de Tours l'abbaye de Saint-Pierre de la Couture, vacante par le décès de Jean [Caluau], évêque de Senlis[1]. (Fol. 65 v°, 1 page.)

25341. Lettres exemptant les sujets et seigneuries du duc de Lorraine, situés dans le royaume et dehors, du logement des gens de guerre et des réquisitions de blé, vin, fourrages et bestiaux. (Fol. 66 v°, 1 page.)

25342. Mandement aux baillis de Montferrand et des Montagnes d'Auvergne de faire contraindre les gens du clergé du diocèse de Saint-Flour, séculiers et réguliers, à payer leurs cotisations de la somme de 7,950 livres tournois consentie pour l'amortissement de leurs possessions. (Fol. 67, 1 page 1/2.)

25343. Lettres d'amortissement accordées à l'évêque et au clergé, régulier et séculier, du diocèse de Clermont, moyennant une somme de 25,000 livres tournois. (Fol. 68, 2 pages.)

25344. Autres à même fin. (Fol. 87 v°, 2 pages 1/2.)

25345. Mandement au juge des exempts du duché d'Angoulême de faire saisir et administrer sous la main du roi l'abbaye de Notre-Dame de la Couronne, de l'ordre de Saint-Augustin, vacante par le décès de l'abbé Jean Caluau. (Fol. 69, 1 page.)

25346. Lettres ordonnant des poursuites contre les religieux de l'abbaye de Notre-Dame de la Couronne qui ont procédé à l'élection de leur abbé, en remplacement de Jean Caluau décédé, contrairement aux dispositions du Concordat et nonobstant la présentation faite par le roi au pape de la personne de frère Pierre Caluau. (Fol. 69, 1 page.)

[1] Jean Caluau mourut en juin 1522.

25347. Mandement au juge des exempts du duché d'Angoulême de signifier aux religieux de l'abbaye de Notre-Dame de la Couronne la nullité de l'élection qu'ils ont faite d'un abbé en remplacement de Jean Caluau, contrairement aux dispositions du Concordat. (Fol. 70, 1 page.)

25348. Mandement au bailli de Valois de saisir la maladrerie de « la Mothe et Couvecloy », dont le maître et administrateur, Jean de Saint-Jean, s'est placé sous l'obéissance de l'empereur et tient son parti, et d'en remettre le gouvernement, sous le nom du roi, à Guillaume Ranguel, prêtre, licencié en lois. (Fol. 70 v°, 1 page.)

25349. Lettres de collation du gouvernement de la léproserie de « Wedon », près Soissons, paroisse de Vaux-Saint-Nicolas (auj. Mercin-et-Vaux), à Jean Gaucher, religieux de l'ordre de Saint-Augustin, en remplacement de feu François Hacquetin. (Fol. 71, 1 page.)

25350. Lettres de collation à André Watelin, chantre et chapelain ordinaire du roi, d'une prébende du chapitre de Notre-Dame-la-Ronde de Rouen, en remplacement de Jacques de Beedelièvre, décédé. (Fol. 71, 1 page.)

25351. Mandement aux auditeurs de Rote de délivrer des copies authentiques des lettres, papiers et registres qu'il est nécessaire de produire dans un procès pendant au Grand conseil, entre le procureur du roi et Louis d'Estouteville, élu évêque de Coutances, touchant son élection. (Fol. 71 v°, 1 page 1/2.)

25352. Lettres d'évocation au Grand conseil d'un procès pendant au Parlement de Paris, entre le chapitre de Saint-Furcy de Péronne et Michel Guyot, se prétendant pourvu d'une prébende dudit chapitre, malgré la suppression qui en avait été décidée par lettres de juin 1517, pour en affecter les revenus à l'entretien des enfants de chœur de ladite église. (Fol. 72 v°, 2 pages.)

25353. Lettres d'évocation au Grand conseil d'un procès pendant au Parlement de Toulouse au sujet de l'élection faite, contrairement aux dispositions du Concordat, par les religieux de Saint-Martin de Villemagne au diocèse de Béziers, d'un abbé en remplacement de Jean de Ferrier, décédé. (Fol. 73 v°, 1 page.)

25354. Lettres prorogeant pour six ans, en faveur des religieuses du couvent de Sainte-Claire d'Albi, le don qui leur fut fait, le 3 octobre 1515, de cent charretées de bois mort à prendre chaque année, pour leur chauffage, en la forêt de Fagerolles. (Fol. 74, 1 page 1/2.)

25355. Mandement au Parlement de Bordeaux de faire abattre et démolir le couvent et l'église des religieuses de Sainte-Claire, situés sur les murs de ladite ville et qui nuisent à sa défense, après avoir trans-

IMPRIMERIE NATIONALE.

féré lesdites religieuses dans d'autres couvents de leur ordre. (Fol. 74 v°, 1 page 1/2.)

25356. Lettres commettant Antoine Papillon, avocat au Parlement, et Nicolas de Montguyot, chevalier, pour reprendre et mener à bonne fin la réformation de l'Hôtel-Dieu de Pontoise, commencée par les délégués de François de Moulins, grand aumônier du roi, et interrompue par suite des résistances de la prieure et des religieuses. (Fol. 75 v°, 2 pages 1/2.)

25357. Mandement au bailli de Berry et au sénéchal de Poitou de donner, s'il y a lieu, à Christophe de Blon, pitancier de l'abbaye de Fontgombault, mainlevée de son temporel, saisi avec celui des autres bénéficiers et religieux de l'abbaye, qui avaient, contrairement aux dispositions du Concordat, procédé à l'élection d'un abbé en opposition à N. Hennuyer, pourvu apostoliquement de ladite abbaye. (Fol. 76 v°, 1 page 1/2.)

25358. Mandement au sénéchal de Beaucaire de faire contraindre le clergé de la partie du diocèse d'Arles située en Languedoc à payer la cotisation qui lui a été imposée, par lettres du 31 décembre précédent, pour contribuer à l'entretien d'une armée de trente mille hommes. [1523.] (Fol. 77 v°, 2 pages 1/2.)

25359. Lettres portant que, désormais et durant le présent règne, l'abbaye de Saint-Germain-des-Prés à Paris sera exempte de recevoir des religieux lais. (Fol. 78 v°, 1 page.)

25360. Mandement au gouverneur et au Parlement de Dauphiné de faire payer par les habitants de Gap, Montélimart, Embrun et autres localités qui ne faisaient pas autrefois partie du Dauphiné, leur quote-part des 30,000 livres octroyées au roi par les trois États de ce pays, pour contribuer à l'entretien de l'armée mise sur pied contre l'empereur et le roi d'Angleterre. [Vers 1523.] (Fol. 80, 2 pages.)

25361. Mandement aux généraux des finances de faire payer à Émord d'Aigreville, pourvu, le 4 octobre 1522, de la charge de capitaine de cinquante lances des ordonnances, les gages de sa compagnie, à dater non pas de ses provisions, mais de la mort de son oncle, le maréchal de Châtillon, décédé le 4 août précédent, les cinquante lances en question ayant fait partie de la compagnie de ce dernier. [1523.] (Fol. 81, 1 page.)

25362. Mandement au sénéchal de Poitou et au juge des exempts du duché d'Angoulême de faire droit aux réclamations de l'abbaye de Ronsenac, dont le temporel est situé, partie au diocèse de Périgueux et partie au diocèse d'Angoulême, et que l'on avait fait contribuer indûment aux cotisations pour les amortissements du clergé de ces deux évêchés. (Fol. 81 v°, 1 page.)

25363. Mandement au Parlement et au sénéchal de Toulouse de prêter main-forte aux vicaires de l'abbé de Cluny, délégués pour procéder à la réformation de l'abbaye de Lézat. (Fol. 83, 1 page.)

25364. Mandement au sénéchal de Bazadais de maintenir Bernard Albert en possession du prieuré de Saint-Pierre de la Réole, dont il a été pourvu canoniquement, il y a dix ans. (Fol. 83 v°, 1 page.)

25365. Lettres d'exemption du logement des gens de guerre octroyées aux habitants de « Soppressy » (Souprosse), à la requête de Gabriel de Grantmont, conseiller au Grand conseil, récemment pourvu de l'abbaye de Saint-Sever, et comme tel seigneur temporel dudit « Soppressy ». (Fol. 83 v°, 1 page.)

25366. Mandement au sénéchal de Limousin de saisir le temporel de l'abbaye de Grandmont, dont le titulaire, le cardinal de Mantoue, tient le parti de l'empereur, et de faire payer sur les revenus de ladite abbaye deux cents ducats, chaque année et jusqu'à nouvel ordre, à Bertrand de Cauna, privé, par suite de l'expulsion des Français du duché de Milan, de deux canonicats en la ville et au diocèse de Pavie, dont il avait été pourvu régulièrement. (Fol. 84, 1 page.)

25367. Lettres de collation à Jean Caignard du gouvernement de l'hôpital de la Ferté-Milon, en remplacement de Thibaut Boucheron, décédé. (Fol. 84 v°, 1/2 page.)

25368. Mandement au bailli de Blois de saisir le temporel du prieuré de Boulogne dépendant de l'abbaye de Grandmont, dont le prieur tient le parti de l'empereur, et d'en remettre l'administration à Mathurin Du Poirier, aumônier ordinaire de la reine, privé du revenu de sa prévôté de Rapallo au duché de Milan, par suite de l'expulsion des Français dudit duché. (Fol. 85, 1 page.)

25369. Mandement au Parlement de Toulouse et au sénéchal de Carcassonne de faire mettre Jehan de Pins, conseiller au Parlement de Toulouse et au Sénat de Milan, ambassadeur du roi à Rome, en possession de l'évêché de Pamiers dont il a été pourvu en remplacement du feu cardinal d'Albret, nonobstant l'opposition de « Bernard de Bourdat » (corr. Bertrand de Lordat), se prétendant élu audit évêché. (Fol. 86 v°, 2 pages.)

25370. Mandement aux baillis de Rouen, Caux, Caen, Évreux, Gisors et Cotentin de contraindre les membres du clergé de Normandie à payer leurs cotisations au subside de 80,000 livres accordé au roi par les archevêque, évêques, abbés et autres dignitaires ecclésiastiques de la province, pour contribuer à l'entretien de l'armée mise sur pied contre l'empereur et le roi d'Angleterre. (Fol. 88 v°, 3 pages.)

25371. Lettres d'amortissement accordées à l'évêque et au clergé du diocèse de Langres, moyennant une composition financière conclue avec les commissaires du roi. (Fol. 90, 1 page 1/2.)

25372. Lettres commettant Jean Barbin au gouvernement du prieuré de Tence (bailliage de Velay, lieutenance de Montfaucon), le prieur Jean Naturel s'étant retiré au service de l'empereur. (Fol. 91, 1 page.)

25373. Lettres de mainlevée du temporel de l'abbaye de Saint-Benoît de Quinçay, au diocèse de Poitiers, en faveur de Jean de Mareuil, récemment pourvu par le pape de ladite abbaye. (Fol. 91, 1 page.)

25374. Lettres confirmant la présentation faite de Pierre de Borda, par François Cadouet, à la première prébende qui vaquera au chapitre de Notre-Dame de Dax. (Fol. 91 v°, 1 page.)

25375. Mandement pour l'exécution des bulles de collation de l'abbaye de Saint-Benoît de Quinçay, près Poitiers, en faveur de Jean de Mareuil, au lieu de François du Gard, décédé[1]. (Fol. 92, 1 page.)

25376. Mandement de poursuivre au Grand conseil les religieux de l'abbaye de Saint-Ferme dans le Bazadais, qui, après le décès de Guy de Saint-Chamant[2], ont élu pour abbé Jean Bertin, contrairement aux dispositions du Concordat. (Fol. 92 v°, 1 page.)

25377. Mandement aux sénéchaux de Poitou et de Saintonge et au juge des exempts du duché d'Angoulême de signifier aux religieux du prieuré conventuel de Saint-Paul de Bouteville la nullité de l'élection qu'ils ont faite de frère Hilaire de Livron comme prieur, en remplacement de feu Jean Girault, ladite élection étant contraire aux dispositions du Concordat. (Fol. 93, 1 page.)

25378. Mandement au bailli d'Évreux de réitérer aux religieux de l'abbaye de Notre-Dame de Bernay la défense de procéder à l'élection d'un abbé et de se conformer aux dispositions du Concordat. (Fol. 93 v°, 1 page.)

25379. Lettres d'amortissement des revenus affectés à la fondation de deux messes par semaine et de deux vigiles par an à Saint-Aulaire, ordonnée par arrêt du Parlement de Bordeaux à la charge de François de Royere, chevalier, coupable du meurtre de Charles de Saint-Aulaire,

[1] Nommé François d'Agard par la *Gallia christiana*, t. II, col. 1291.
[2] Non nommé dans la *Gall. christ.*, non plus que Jean Bertin.

écuyer, et porteur de lettres de rémission dont il demandait l'entérinement. (Fol. 94, 1 page 1/2.)

25380. Lettres portant défenses expresses au chapitre de Coutances
de procéder à l'élection d'un évêque en remplacement du feu cardinal
du titre de Sainte-Marie *in Portica* [Bernard Divitius, cardinal Bibbiena],
et de désobéir aux dispositions du Concordat, et à l'archevêque de
Rouen de confirmer l'élection, si elle était faite contrairement à cette
interdiction. (Fol. 94 v°, 1 page.)

25381. Lettres ordonnant au Parlement, au sénéchal et au viguier
de Toulouse de faire mettre Louis de Canossa, évêque de Bayeux, en
possession de l'abbaye de Lezat dont il a été pourvu régulièrement et
conformément au Concordat, nonobstant l'opposition et l'appel des
religieux de ladite abbaye. (Fol. 97, 2 pages.)

25382. Lettres portant défenses aux évêques de Saint-Flour, du Puy,
de Maguelonne, de Rodez et de Viviers de faire contribuer l'abbaye de
la Chaise-Dieu aux droits d'amortissement imposés à leurs diocèses,
pour les possessions de ladite abbaye qui s'y trouvent. (Fol. 98 v°,
1 page 1/2.)

25383. Lettres de sauvegarde octroyées à l'abbaye de Montiéramey
et aux membres qui en dépendent. (Fol. 99, 3 pages.)

25384. Lettres de sauvegarde en faveur de l'abbaye de Prémontré,
au diocèse de Laon, et des provinces qui en dépendent. 1522, 9e année
du règne [1]. (Fol. 100 v°, 3 pages.)

25385. Lettres portant que les deux décimes imposées sur le clergé
du diocèse de Clermont seront levées suivant les taxes anciennes et non
d'après le prix des blés, froments et autres grains composant le revenu
des bénéfices au moment de l'imposition. (Fol. 102, 1 page 1/2.)

25386. Lettres ordonnant de saisir le temporel des évêchés, abbayes
et autres bénéfices du duché de Bretagne, occupés par des Florentins
et autres étrangers tenant le parti de l'empereur et de ses alliés, comme
il a été fait dans les autres parties du royaume, depuis dix-huit mois que
la guerre a été déclarée. (Fol. 103, 2 pages.)

25387. Lettres permettant à Jean Foucault, habitant de Chalon,
d'acheter trois cents mines de froment, seigle et avoine, dans les pays
de Bourgogne, Lorraine et Bassigny, cent mines desdits grains et cent
queues de vin dans le duché de Bourgogne, et de les conduire à Lyon
pour l'approvisionnement de la cour, qui réside actuellement en cette
ville. (Fol. 104, 1 page.)

[1] C'est-à-dire entre le 1er janvier et le 4 avril 1523.

25388. Lettres de sauf-conduit octroyées à sept marchands de la hanse thioise, dits « Osterlins », pour trafiquer librement dans le royaume de toutes denrées, sauf les blés, munitions de guerre et autres marchandises prohibées. (Fol. 104 v°, 2 pages.)

25389. Autres pour les mêmes. (Fol. 107 v°, 3 pages.)

25390. Lettres de sauf-conduit en faveur d'Albert Pige, natif de l'évêché d'Utrecht, pour un voyage qu'il va faire auprès du pape, dont il se dit serviteur. (Fol. 105 v°, 1 page 1/2.)

25391. Lettres de sauf-conduit accordées à plusieurs marchands écossais pour trafiquer librement dans le royaume, approvisionner et équiper leurs navires et les armer en course pour donner la chasse aux ennemis des rois de France et d'Écosse. (Fol. 109, 2 pages.)

25392. Lettres portant rabais à Jean Lestourneau, fermier de l'imposition des bois de chauffage et de construction de la ville de Chartres, de 100 livres sur les 375 livres, prix de sa ferme pour l'année commençant le 1er octobre 1520 et finissant le 30 septembre 1521, en considération des pertes et dommages que la peste lui a fait éprouver. (Fol. 110, 1 page.)

25393. Lettres ordonnant de payer à Laurent Fresneau, l'un des mortes-payes de la ville de Honfleur, sous le commandement du sr de Bonnivet, amiral de France, 45 livres tournois pour ses gages des trois premiers quartiers de l'année 1520, bien qu'il n'ait pas comparu aux montres. (Fol. 110 v°, 1 page.)

25394. Lettres permettant à François Tavel, conseiller au Parlement de Paris, d'exécuter en Bretagne un arrêt de ladite cour en faveur du sr de La Trémoïlle et relatif à la terre et seigneurie de Rais, ayant appartenu au feu sr de Chauvigny, bien qu'il ne soit pas officier du duché de Bretagne. (Fol. 112, 1 page 1/2.)

25395. Lettres contenant nouveaux et plus amples pouvoirs à François de Moulins, grand aumônier du roi, pour procéder à la réformation des Hôtels-Dieu, hôpitaux et maladreries du royaume. 1523, 9e année du règne [1]. (Fol. 113 v°, 2 pages 1/2.)

25396. Mandement à Jean Savoye, huissier du Grand conseil, de se transporter à Poitiers et à Angers, pour faire une enquête sur l'auteur et l'imprimeur d'un livre intitulé : *La grant pronostication nouvelle, composée par le très expert docteur Messire Jacob de Wilbrod, docteur en medecine et astronomye*, nom supposé, les mettre en état d'arrestation et les amener au roi et à son Conseil. (Fol. 116, 1 page 1/2.)

[1] C'est-à-dire entre le 5 avril et le 31 décembre 1523.

25397. Lettres commettant au bailli de Caen ou à ses délégués l'administration de la terre et seigneurie d'Arcis-sur-Aube, saisie sur le sr de Saint-Vallier, à cause de sa rébellion. (Fol. 116 v°, 1 page.)

25398. Lettres commettant à l'office de greffier de la ville et mandement de Privas en Vivarais Mathieu Rostaing, qui l'exerçait déjà pour le sr de Saint-Vallier, avant la saisie de cette terre. (Fol. 118, 1 page.)

25399. Provisions, pour Claude Rubentel, de l'office de procureur du roi nouvellement créé au siège de Moret. (Fol. 119, 1 page 1/2.)

25400. Lettres maintenant au Grand conseil la connaissance d'un procès évoqué devant cette cour, par lettres du 21 mars précédent, entre Jean bâtard de La Mothe, archer de la garde du corps, d'une part, Nicole Boucher, René Delamare, Étienne de La Ramée, Jean Desbordes, Denis Angenoust, lieutenant à Nogent-sur-Seine, Claude Largentier, procureur du roi audit lieu, etc., d'autre part. Vanves ou Vannes... (Fol. 119 v°, 1 page 1/2.)

25401. Mandement au gouverneur de Péronne, Montdidier et Roye de mettre Jean Formé, religieux de l'abbaye de Saint-Vaast d'Arras, en possession de la terre de Hallu, saisie sur les religieux de l'abbaye de Maubeuge qui tiennent le parti de l'empereur, en compensation de la prévôté d'Haspres en Hainaut, dont il était pourvu et qui a été confisquée par l'empereur. (Fol. 120 v°, 1 page.)

25402. Mandement au bailli de Dourdan de faire crier et publier à son de trompe, dans tous les lieux de son bailliage, que les aventuriers, gens de guerre et vagabonds qui tiennent les champs en bandes aient à se séparer et à se retirer en leurs maisons immédiatement. (Fol. 121, 1 page 1/2.)

25403. Mandement au duc d'Alençon, lieutenant général en Normandie, de faire informer et procéder contre les faux monnayeurs qui pullulent dans le duché de Normandie, le duché d'Alençon, le comté du Perche et la baronnie de Châteauneuf. (Fol. 122, 1 page.)

25404. Commission à Christophe Hennequin, Jean Prévost, Mathieu de Longuejoue, Jean Lesueur, conseillers au Parlement, Jean Ruzé, avocat du roi en ladite cour, et au lieutenant du bailli de Chartres, pour la réformation et la rédaction par écrit des coutumes du comté du Perche et de la baronnie de Châteauneuf-en-Thimerais. (Fol. 122 v°, 2 pages.)

25405. Lettres confirmant l'évocation au Grand conseil de tous les procès relatifs à la réformation de la forêt de Marchenoir, avec interdiction au Parlement et aux autres cours d'en prendre connaissance. (Fol. 126 v°, 2 pages.)

25406. Lettres commettant Nicole Dorigny, conseiller au Parlement de Paris, au lieu d'Antoine Du Bourg, retenu ailleurs au service du roi, pour procéder à la recherche et levée des droits de francs-fiefs et nouveaux acquêts dans le duché de Normandie et le comté d'Eu. (Fol. 128 v°, 3 pages 1/2.)

25407. Mandement à la Chambre des Comptes de vérifier et entériner le don fait aux sieurs de Rochebaron et de Torigny (*aliàs* Torcy) des droits de francs-fiefs et nouveaux acquêts dus au roi dans les pays et comté de Brie et de Champagne, réservés le bailliage de Vitry et la prévôté de Vaucouleurs, et sauf les frais de recouvrement. (Fol. 130 v°, 3 pages.)

25408. Mandement au sénéchal de Beaucaire et de Nîmes d'assembler les trois États de la sénéchaussée pour procéder à l'assiette et répartition d'une somme de 16,666 livres 13 sous 4 deniers tournois, savoir 12,333 livres 6 sous 8 deniers tournois sur le clergé et 4,333 livres 6 sous 8 deniers sur les communes, pour leur quote-part des 50,000 livres octroyées au roi par les États de Languedoc, afin de subvenir à l'entretien et à la solde des gens de guerre. (Fol. 133, 2 pages.)

25409. Lettres ordonnant de procéder sans délai, nonobstant toutes appellations faites par les privilégiés au Parlement de Paris et devant le sénéchal de Lyon, à la répartition et à la levée des subsides accordés au roi par la ville de Lyon pour l'entretien de cinq cents hommes de pied. (Fol. 134 v°, 3 pages.)

25410. Mandement au sénéchal d'Agénais de faire saisir et mettre en la main du roi les biens de Perrichon de Vineronde et de Marie de Ratela, bâtards, originaires d'Espagne, décédés en France sans avoir obtenu de lettres de naturalité, lesdits biens appartenant au roi en vertu du droit d'aubaine. (Fol. 136, 1 page.)

25411. Lettres permettant aux habitants de Lay, en la sénéchaussée de Lyon, de répartir sur chacun d'eux, par manière d'impôt, le fort portant le faible, la somme de 44 livres tournois qu'ils avaient avancée, au mois de juillet précédent, pour les vivres d'une compagnie de gens de guerre passant par Tarare. (Fol. 136 v°, 1 page.)

25412. Lettres permettant aux habitants de la ville de Saint-Léonard en Limousin, obligés de soudoyer et d'équiper dix hommes de pied pendant trois mois, de s'imposer d'une somme de 380 livres, savoir 180 livres pour la solde à raison de 6 livres par mois et par homme, et 200 livres pour achat « d'harquebuses, picques, gorgerins, avant-bras et hallecrets », et d'en faire la répartition le plus équitablement possible. (Fol. 137 v°, 1 page 1/2.)

25413. Mandement au sénéchal de Périgord de faire rendre compte aux commissaires par lui désignés, en vertu de lettres du 18 juillet 1521, pour conduire au camp de Guyenne les vivres réquisitionnés dans sa sénéchaussée, des deniers provenant de la vente. (Fol. 138, 2 pages.)

25414. Lettres permettant à Barthélemy de Damiane et à Pierre-Léon de Vimercato de continuer à poursuivre les procès et à traiter en France les affaires de Louis et Jean-Marie Capponi, frères, marchands milanais, comme avant la révolte de Milan. (Fol. 139, 2 pages.)

25415. Commission au prévôt de Paris, aux baillis, sénéchaux et autres officiers du roi, de se saisir des personnes et biens des habitants des comtés de Flandre et d'Artois qui se sont déclarés pour l'empereur. (Fol. 140, 1 page 1/2.)

25416. Lettres ordonnant de restituer à plusieurs marchands du royaume de Navarre leurs navires et marchandises pris sur mer, contrairement au sauf-conduit qu'ils avaient obtenu par lettres du 24 juin 1522. (Fol. 141, 3 pages 1/2.)

25417. Lettres ordonnant de restituer à Jean Bonhons, bourgeois et marchand de Rouen, et à Paul Lemaistre, bourgeois et marchand de Dieppe, un navire de deux cents tonneaux leur appartenant, nommé *La Trinité*, de Rouen, parti pour les côtes d'Italie, le 1ᵉʳ janvier 1522 n. s., qui, à son retour et après de nombreuses aventures, avait été capturé et pillé près le cap Finistère par sept navires bretons du Croisic [1]. (Fol. 142 v°, 4 pages 1/2.)

25418. Lettres enjoignant au receveur et payeur des gages des officiers du Parlement de Bordeaux de faire élection de domicile et de résider en cette ville, pour y vaquer à sa commission. (Fol. 147, 2 pages.)

25419. Ordonnance donnée à la requête des États de Dauphiné, portant que les débiteurs, dans le cas où ils élèveraient un débat sur leurs obligations passées devant les notaires royaux ou delphinaux, seront tenus de consigner en justice les sommes par eux dues. (Fol. 147 v°, 2 pages.)

25420. Lettres portant que Gilbert « Coppellan », marchand de Dieppe, dont un navire contenant pour 2,500 écus de marchandises, revenant d'Écosse et ayant été obligé de relâcher près de Middlebourg, avait été pris et pillé par les habitants, sera remboursé de cette somme

---

[1] Ces lettres, qui paraissent être de la fin de 1524, contiennent un récit détaillé d'expéditions auxquelles ce navire avait pris part, très intéressant pour l'histoire de la marine sous François Iᵉʳ.

sur les biens saisis sur des Flamands ou Zélandais tenant le parti de l'empereur. (Fol. 148 v°, 2 pages 1/2.)

25421. Mandement à Gilles Le Rouge, conseiller au Grand conseil et président au Parlement de Bretagne, de faire saisir et consigner au port de Brest les marchandises qui se trouvaient dans une caravelle de Portugal, indûment capturée par le capitaine Lartigue. (Fol. 150, 3 pages.)

25422. Mandement au chancelier et au conseil du duché de Bretagne de donner décharge à Jean Vivien, bourgeois et marchand de Nantes, d'une somme de 1,700 livres tournois que réclamait judiciairement Étienne Jallier à Jacques, vicomte de Rohan, et qui avait été consignée d'abord entre les mains dudit Vivien, puis entre celles du receveur général de Bretagne. (Fol. 151 v°, 2 pages.)

25423. Lettres ordonnant de saisir des biens de sujets du roi d'Angleterre pour dédommager Pierre Daguerre, marchand, natif de Bayonne, de marchandises qu'il avait vendues à Londres à plusieurs officiers d'Henri VIII, et qui ne lui avaient pas été payées. (Fol. 152 v°, 2 pages.)

25424. Lettres permettant aux habitants de Beauvais de faire démolir les constructions élevées par des particuliers dans le voisinage des murs et fortifications de leur ville, afin de les réparer et de les mettre en état de défense. (Fol. 153 v°, 2 pages.)

25425. Lettres permettant aux habitants de Beauvais d'acheter dans le bailliage de Senlis et le comté de Clermont le blé nécessaire à l'approvisionnement de leur ville, nonobstant toute ordonnance contraire[1]. (Fol. 154 v°, 1 page 1/2.)

25426. Lettres exemptant le village de Montigny-le-Guesdier, appartenant au duc de Longueville, grand chambellan de France, du logement des gens de guerre. (Fol. 155 v°, 1 page.)

25427. Mandement au bailli de Dijon, ou à son lieutenant à Beaune, de contraindre les habitants de cette dernière ville à faire le guet et à payer les deniers ordonnés pour les réparations des fortifications. (Fol. 156, 1 page.)

25428. Mandement au sénéchal de Beaucaire et de Nîmes de donner mainlevée à Bernard Senneret, écuyer, de ses biens saisis parce qu'il ne s'était pas rendu à la convocation du ban et de l'arrière-ban de la sénéchaussée, les blessures qu'il avait reçues à la guerre l'ayant rendu impotent et son fils, étant au service du roi en qualité d'homme d'armes

[1] Cf. le n° 17780 ci-dessus.

des ordonnances de la compagnie du s' de la Rochebaron, n'ayant pu se présenter à sa place. (Fol. 156 v°, 2 pages.)

25429. Lettres donnant au duc de Vendôme, lieutenant général en Picardie, les revenus et le gouvernement de la ville et du château d'Hesdin, réduits récemment et par son aide à l'obéissance du roi, avec pouvoir de nommer aux offices royaux et aux bénéfices de la ville [1]. (Fol. 157 v°, 2 pages.)

25430. Lettres maintenant Marguerite de Foix, marquise de Saluces, en possession de la baronnie de Lunel, que le roi lui a engagée en août 1517 (n° 723), nonobstant l'édit de révocation des aliénations du domaine de la couronne. (Fol. 160, 2 pages.)

25431. Mandement au sénéchal et au Parlement de Provence de faire rendre compte à Bertrand d'Ornesan, baron de Saint-Blancard, des deniers, récépissés et cédules de Christophe de Chanoy (*aliàs* Charnoy), son lieutenant, décédé en sa compagnie, pendant une expédition contre les Turcs. (Fol. 161, 2 pages.)

25432. Lettres ordonnant de faire saisir et administrer sous la main du roi les terres et seigneuries du duché de Bourgogne, tenues du roi, dont les possesseurs ont négligé de faire foi et hommage et de payer les droits qu'ils devaient. (Fol. 162, 1 page 1/2.)

25433. Mandement au maître des eaux et forêts de Languedoc de faire jouir les habitants de Gaillac d'un droit d'usage dans la forêt de la Selve pour le pâturage de leurs bestiaux, droit qui a été reconnu leur appartenir légitimement. (Fol. 163, 1 page 1/2.)

25434. Lettres portant que la seigneurie de la Flocellière qui était tenue en arrière-fief de Louis de La Trémoille, premier chambellan du roi, à cause de sa vicomté de Thouars, relèvera désormais immédiatement de ladite vicomté en foi et hommage. (Fol. 163 v°, 2 pages.)

25435. Lettres portant que Philibert de Bussy, s' de Montjay, continuera à jouir de la terre de la Barre en la vicomté d'Auxonne, cédée à ses prédécesseurs par Philippe le Bon, duc de Bourgogne, nonobstant la réunion au domaine des membres qui en avaient été aliénés. (Fol. 164 v°, 4 pages.)

25436. Lettres de sauf-conduit accordées aux maîtres, régents et écoliers du royaume d'Espagne, étudiants en l'Université de Paris, pour envoyer un messager exprès dans leur pays, la guerre empêchant leurs relations ordinaires avec leurs familles. (Fol. 166 v°, 2 pages.)

[1] Cf. le n° 1976 du *Catalogue*.

25437. Lettres ordonnant de restituer à Jean-Francisque de « Luffatati », marchand de Crémone, établi à Lisbonne, et muni d'un sauf-conduit du roi de France, les marchandises lui appartenant qui se trouvaient sur deux navires de Portugal, capturés dans les eaux de Provence par André Doria, capitaine au service de la France. (Fol. 167 v°, 2 pages 1/2.)

25438. Édit étendant au duché de Bourgogne l'interdiction de mener paître le bétail dans les prairies, depuis la Notre-Dame de mars jusques après la rentrée des foins. (Fol. 169, 3 pages.)

25439. Mandement au bailli de Touraine d'examiner la réclamation de Georges de Berle, notaire et secrétaire du roi, contre la commune de Tours qui voulait le contraindre à payer sa quote-part d'une imposition pour la solde des gens de guerre, sous prétexte qu'il possède une maison dans cette ville, contrairement aux privilèges des notaires et secrétaires du roi, et de le faire exempter provisoirement de cette cotisation. (Fol. 170, 3 pages.)

25440. Mandement au prévôt de Chartres, à la requête de Thomas Le Maçon, contrôleur royal des deniers communs de la ville de Chartres, de faire rendre compte à Jean de Montescot, qui exerçait cet office au nom de la ville avant ledit Le Maçon. (Fol. 172, 1 page 1/2.)

25441. Mandement aux baillis, sénéchaux et autres officiers de justice du Dauphiné d'informer contre un nommé Pierre Caresme, réfugié dans ce pays en emportant une somme que lui avait confiée Nicolas Jehannin, marchand d'Arles, pour la porter à Jean Biliotti à Avignon. (Fol. 172 v° 1 page.)

25442. Lettres d'exécutoire contre Pierre d'Arles, receveur et trésorier général des finances au comté de Provence, qui avait reçu l'ordre de bailler sur sa recette de l'an 1520 une somme de 6,000 livres tournois à Jean Testu, alors argentier du roi, et n'en avait versé qu'une partie. (Fol. 173, 2 pages 1/2.)

25443. Lettres d'exécutoire contre François Bault, qui s'était engagé à rembourser à Victor Barguin, notaire et secrétaire du roi, une somme de 646 livres 10 sous tournois, et avait laissé passer le terme sans s'acquitter de sa dette. (Fol. 174 v°, 2 pages.)

25444. Mandement au sénéchal de Toulouse de faire rendre compte à un nommé Antoine de Saint-Antoine qui, il y a deux ans, avait été chargé de ravitailler les camp et armée de Guyenne et d'y conduire les blés, vins, bestiaux et autres approvisionnements qu'il avait achetés du cardinal de Clermont, archevêque d'Auch, du chapitre de cette

église, du prieur de Saint-Orens et d'autres personnes. (Fol. 175 v°,
2 pages.)

25445. Lettres de don à Bernard Duconte, l'un des notaires et secrétaires du roi au duché de Milan, sa vie durant, des bourses provenant de l'émolument du sceau, appartenant en commun au roi et auxdits
notaires, qui se payent chaque mois par l'audiencier de la chancellerie
du duché. (Fol. 177, 1 page 1/2.)

25446. Lettres portant cession à Raoul Le Roy d'une rente annuelle
de 800 livres sur la prévôté de Nantes, en remboursement d'une somme
de 3,000 ducats que son oncle Thomas Regis, maître des requêtes au
conseil et chancellerie de Bretagne, avait avancée au roi, et de 9,775 livres prêtées par le père dudit Raoul, au nom de son fils. — Ratification
de ladite vente par la reine Claude. (Fol. 180, 4 pages.)

25447. Mandement au Parlement de Rouen de recevoir et d'instituer
Jean d'Angerville, pourvu de l'office de vicomte et receveur ordinaire de
Coutances, en remplacement de Jean Louvel, décédé [1], bien qu'il ait
fourni au roi et au trésorier de l'extraordinaire des guerres une somme
pour obtenir cet office. (Fol. 185, 1 page 1/2.)

25448. Lettres octroyant aux habitants de Bourges un droit sur la
vente du sel et différents droits d'entrée, pour subvenir aux dépenses extraordinaires résultant des cent hommes de pied qu'ils se sont engagés
à soudoyer et à entretenir pendant la durée de la guerre. (Fol. 186,
4 pages.)

25449. Lettres de légitimation accordées à Antoine de Thorores,
fils naturel de Jean de Thorores, écuyer du pays de Navarre, marié et
demeurant en Normandie, au diocèse d'Avranches, familier du s' d'Estouteville. (Fol. 187, 2 pages.)

(*Formulaire intitulé :* « *Lettres de justice en chancellerie, avec aultres
colligées de diverses matières.* » *Manuscrit du xvi° siècle, Bibl. nat.,
fr. 5124.*)

25450. Lettres autorisant Pierre Aury, conseiller du roi en la sénéchaussée de Limousin, au siège de Limoges, pour qu'il puisse subvenir
à son entretien et à celui de son ménage, à plaider comme avocat dans
les causes concernant le roi ou son domaine, et à exercer un office de
judicature, pourvu qu'il ne prenne aucune part aux affaires qui vien-
draient en appel de sa juridiction à celle de la sénéchaussée. (Fol. 45 v°,
1 page.)

[1] Les provisions sont du 15 ou du 19 mars 1523. (Cf. les n° 1779 et 17623.)

25451. Mandement au roi de Navarre, lieutenant général du roi et gouverneur de Guyenne, d'interdire, sous peine de la hart et de confiscation de corps et de biens, au baron de « Jardrets » (p.-être des Adrets) et au baron de Panjas d'engager un combat, assistés de leurs parents et amis, en donnant suite à la provocation écrite qu'ils ont échangée à l'occasion de certain différend, ce duel devant être considéré comme crime de lèse-majesté. (Fol. 47 v°, 1 page.)

25452. Mandement au sénéchal de Périgord d'opérer la saisie des biens de feu Bertrand de La Tuille, prêtre, bâtard non légitimé, décédé dans le royaume. (Fol. 47 v°, 1 page.)

25453. Provisions pour Pierre du Reel, écuyer, homme d'armes des ordonnances de la compagnie du feu seigneur de Lauzun, blessé au service du roi et ayant perdu la vue, de l'état de religieux lai en l'abbaye de Saint-Ouen de Rouen, le droit de disposer d'une place dans chacune des abbayes de fondation royale étant réservé au roi. (Fol. 48, 1 page.)

25454. Lettres portant privilège, pour un délai de quatre ans, à Henri Pacot et à Pierre Roffet, libraires et imprimeurs jurés de l'Université de Paris, d'imprimer les livres intitulés « les Processionnaires » et « les Journaulx », pour l'évêque et le chapitre de Soissons. (Fol. 48 v°, 1 page.)

25455. Lettres portant dispense d'âge en faveur de Louis de Rohan, seigneur et baron de Guémené, âgé d'environ dix-huit ans, et l'autorisant à administrer ses biens et seigneuries. (Fol. 49, 1 page.)

25456. Lettres de sauf-conduit en faveur de Nicolas de Noble, marchand lucquois, l'autorisant à acheter dans le royaume des marchandises non prohibées et à les charger sur le vaisseau qui doit apporter de Gênes les marbres d'une fontaine appartenant au cardinal de Sens, légat et chancelier de France [1]. (Fol. 50 v°, 2 pages.)

25457. Lettre conférant à Marguerite de Planches, veuve de Jean de Châteaubriant, sᵣ de Beaufort, la garde de ses enfants mineurs et l'administration de leurs biens. (Fol. 51 v°, 1 page.)

25458. Déclaration de l'hommage rendu entre les mains du cardinal de Sens, légat et chancelier de France, par François Michau, sᵣ de la Rivière, conseiller du roi, chambellan et premier écuyer de l'écurie, pour une terre mouvant du duché d'Orléans. (Fol. 56, 1 page.)

25459. Lettres portant que les officiers du roi devront prêter mainforte aux vicaires et officiaux des diocèses, aux inquisiteurs de la foi et

---

[1] Mort le 8 juillet 1535. Le sauf-conduit est donc antérieur à cette date. Des actes datés de 1533 sont mélangés avec ceux qui suivent, ce qui semble marquer approximativement la date de ces derniers.

aux juges délégués par le cardinal-légat et chancelier de France, dans leurs procédures contre les Luthériens. Paris... (Fol. 57, 1 page. 1/4.)

25460. Lettres exemptant de la taille Marguerite Testard, demeurant à Meulers, en l'élection d'Arques, veuve de Bourgeois de Fontaines, archer de la garde du corps, pourvu qu'il soit constaté que son mari est mort pendant qu'il était au service du roi. (Fol. 58 v°, 2 pages.)

25461. Mandement au sénéchal de Lyon de contraindre l'archevêque de Lyon, par saisie de son temporel (le roi étant fondateur des églises du royaume), à payer une partie des frais causés par la peste qui a sévi dans cette ville entre les mois d'avril et de septembre derniers, ce prélat s'étant refusé à faire la moindre aumône, alors que les églises, les particuliers, marchands, bourgeois, et même les artisans, s'étaient imposé des sacrifices réitérés. 1533 [1]. (Fol. 70, 4 pages.)

25462. Provisions pour Charles Thomassi, licencié ès lois, avocat au Grand conseil, de l'office de rapporteur des lettres de la chancellerie royale et de conseiller du roi aux requêtes de l'hôtel, avec les droits et prérogatives dont jouissent les conseillers du roi. 1532, 18e année du règne [2]. (Texte latin, fol. 97 v°, 1 page.)

25463. Provisions pour Gilbert Balard de l'office de sergent royal au bailliage d'Autun et de Montcenis, vacant par la résignation faite en sa faveur par Nicolas Cambray. (Fol. 124 v°, 1 page.)

25464. Provisions de l'office récemment créé de receveur des deniers communs de la ville de Saulieu, pour Guillaume de La Grange. (Fol. 124 v°, 1 page.)

25465. Provisions pour (nom en blanc) de l'office nouvellement créé de grossoyeur et garde des notes, protocoles et contrats reçus ou à recevoir par les notaires au bailliage et chancellerie d'Autun, les actes de chacun de ces officiers devant être remis à sa garde au moment de leur mort. Copie incomplète. (Fol. 126, 1 page.)

25466. Provisions pour (nom en blanc) de l'un des deux offices nouvellement créés de sergents généraux en la sénéchaussée du Maine. (Fol. 132 v°, 1/2 page.)

25467. Lettres portant don à (nom en blanc), en récompense des services qu'il a rendus au roi, principalement dans ses guerres, des biens meubles et immeubles de Baptiste-Marie Dasso, sis en la paroisse de « Jarlant » au diocèse de « Sitro » [Sisteron], confisqués au roi par

[1] La date de cet acte doit être placée entre le 13 avril 1533 et le 4 avril 1534.
[2] Entre le 1er avril et le 31 décembre 1532.

droit d'aubaine, ledit Dasso ayant embrassé le parti de l'empereur et étant marié et domicilié dans l'île de Roussillon. (Fol. 133 v°, 1 page.)

25468. Lettres autorisant F... à faire enclore de murailles et de fossés avec pont-levis sa maison et son moulin sis à « Senevelle », au bailliage d'Autun, en un lieu éloigné, exposé aux pillages des vagabonds, et à construire un colombier à pigeons pour assurer la nourriture de sa famille. (Fol. 134 v°, 1 page 1/4.)

25469. Provisions pour Jean de Laubespin, licencié ès droits, de l'office d'enquêteur au siège de Martel, sénéchaussée de Quercy, auquel il n'avait pas été pourvu depuis la création d'enquêteurs dans tous les sièges royaux décidée par édit de février 1515 n. s. (n° 107), avec dispense de tenir en même temps au même siège l'office de lieutenant particulier qui lui avait été octroyé antérieurement[1]. (Fol. 137, 1 page.)

25470. Lettres prorogeant pour six mois la dispense accordée pour une année[2] à François Barguin, par lettres du 9 novembre 1543, de tenir, en même temps que l'office de greffier de la prévôté de ville à Senlis, celui de greffier du bailliage de la même ville, jusqu'à ce qu'il ait pu s'en défaire, ce qui lui a été impossible jusqu'ici, d'autant que sa charge de trésorier de la maison de Marguerite de France, fille du roi, l'empêche de se rendre sur les lieux. (Fol. 137 v°, 1 page 1/2.)

25471. Lettres portant dispense en faveur de A..., notaire royal à Compiègne, de continuer à exercer cet office en même temps que celui de contrôleur des deniers communs et patrimoniaux de la même ville, dont il a été pourvu en dernier lieu. (Fol. 138, 1/2 page.)

25472. Lettres accordant à Germain de Marle, pourvu le même jour d'un des quatre états de notaire au Parlement de Paris, vacant par le décès de Jean de Vignolles, un délai d'un an pour obtenir, comme il y est tenu, un office de clerc et secrétaire du roi, l'obtention du premier de ces offices ayant absorbé toutes ses ressources. (Fol. 138 v°, 1 page 1/2.)

25473. Lettres de jussion à la Chambre des Comptes de Paris, pour l'enregistrement des lettres du roi touchant un échange avec Jean Le Ci rier, sr du Plessis-sur-Auteuil, lettres qui n'ont pas encore été entérinées, bien qu'elles portassent mandement exprès, une fois pour toutes, de procéder à leur vérification sans attendre de seconde, tierce ni quarte jussion. (Fol. 139, 1 page.)

25474. Lettres portant injonction une fois pour toutes au Parlement

---

[1] Cet acte est dit postérieur à la mort de Louise de Savoie.
[2] Période échue. L'acte est donc postérieur au 8 novembre 1544.

de Provence de procéder, sans attendre de jussion plus étroite ni plus expresse, à l'enregistrement de l'édit érigeant un siège particulier du sénéchal de Provence en la ville d'Hyères, et de fixer les limites du ressort de ce nouveau siège. (Fol. 139 v°, 1 page 1/4.)

25475. Lettres accordant à Antoine Patoillet, banquier, spécialement à cause de ses bons offices à l'égard des princes et seigneurs de la cour, un délai de six mois pour payer ses dettes, sans qu'il puisse être emprisonné durant cette période, la faculté étant toutefois laissée à ses créanciers de recouvrer dès à présent sur ses biens ce qui leur est dû. (Fol. 140, 1 page.)

25476. Déclaration portant règlement des attributions respectives des lieutenants général et particulier en la sénéchaussée de Quercy, au siège de Martel[1]. (Fol. 141, 2 pages.)

25477. Lettres accordant à René de Règne, dit «Michelet», premier huissier de la chambre du roi, un délai d'un an pour prêter serment entre les mains du général des finances de la charge de Languedoil, afin d'être mis en possession de l'office de garde de la gabelle en l'île de Bouin en Bretagne. (Fol. 142, 1 page.)

25478. Lettres accordant un délai et souffrance d'un an à François de Fontenay, pour la prestation du serment de fidélité auquel il est tenu pour le temporel de son abbaye de [Jumièges[2]] en la vicomté du Pont-de-l'Arche, au bailliage de Rouen. (Fol. 142 v°, 1 page.)

25479. Lettres accordant délai et surséance d'un an à Jean Barton, vicomte de Montbas en Poitou, gentilhomme de la chambre du dauphin, pour fournir les aveu et dénombrement de ladite vicomté, les titres et papiers qui la concernaient ayant été détruits dans un incendie. (Fol. 143, 1 page. — Bibl. imp. de Vienne [Autriche], ms. 6979, fol. 329 v°.)

25480. Lettres instituant Nicolas de Bossut, seigneur de Longueval, lieutenant du roi au gouvernement de Brie et Champagne en l'absence du duc d'Orléans, tuteur et curateur honoraire, et Antoine de Briauld, chanoine de Laon, tuteur et curateur onéraire de la fille unique mineure d'Edme de Bimont, seigneur de La Lande, conseiller et maître d'hôtel ordinaire du roi, mort au service du roi dans Saint-Dizier, lors du siège de cette ville par l'empereur[3]. (Fol. 144 v°, 1 page 1/3.)

25481. Mandement aux gens du Grand conseil, leur prescrivant de procéder promptement au jugement du procès criminel engagé contre

---

[1] Accordée à la prière de Jean de Laubespin, lieutenant particulier audit siège par suite de la résignation de Pierre de Laubespin, Jacques Lynars étant lieutenant général.

[2] Cf. le n° 18533.

[3] L'acte est, par conséquent, postérieur au 10 août 1544.

Antoine Le Marchand, conseiller au Parlement de Rouen, Thomas Le Marchand, vicomte d'Auge, Gilles Gaudin, procureur du roi en la vicomté d'Avranches, et autres, nonobstant la maladie de Jean Vialart, président du Parlement de Rouen, qui leur avait été adjoint à cet effet ainsi que deux conseillers dudit Parlement, et qui se trouve empêché de prendre part au jugement. (Fol. 157, 1 page.)

(Formulaire de la Chancellerie royale, intitulé :
« Forme de subscrire lettres, etc. [1] *».*
Manuscrit du xvie *siècle, Bibl. nat., ms. fr. 5500.)*

25482. Mandement pour le payement, sur les recettes de Jean Ruzé, receveur général de la généralité d'Outre-Seine et Yonne, de ce qui était dû au secrétaire du roi récemment envoyé dans cette généralité pour dresser les commissions de la levée des tailles. (Fol. 48 v°.)

25483. Commission donnée à la requête de Pierre Gaultier et d'Isabeau, sa femme, pour pourvoir d'un curateur Jean Paquelon, de Saint-Chamond en Lyonnais, frère de ladite Isabeau, qui dissipait ses biens. (Fol. 119.)

25484. Lettres de placet accordées à Alexandre de « Laude » (Lodi), premier chambrier du pape, pour être mis en possession de l'abbaye de San Bassano au diocèse de « Laude » (Lodi), dont le pape l'avait pourvu. (Fol. 122.)

25485. Commission donnée au maréchal de Chabannes, s^r de la Palice, pour la levée de la gendarmerie en Champagne. (Fol. 122 v°.)

25486. Don à Artus Gouffier, s^r de Boisy, nommé gouverneur de Dauphiné, des 4,000 ducats dus au roi chaque année à la Chandeleur par les habitants du Briançonnais, et dont le roi avait fait don au précédent gouverneur, le duc de Longueville. (Fol. 124 v°.)

25487. Permission accordée à Jean de Chaponay d'assister aux séances de la Chambre des Comptes de Grenoble et de les présider pendant quatre ans, bien qu'il ait résigné son office en faveur de son fils, Soffroy de Chaponay. (Fol. 125 v°.)

25488. Lettres portant quittance générale au profit de Jacques Pétremol, ancien payeur des gages et receveur des exploits et amendes du Parlement de Rouen, moyennant le payement d'une somme de

---

[1] C'est un recueil de lettres patentes de Louis XII et surtout de François Ier, exécuté avec soin. Il appartenait, en 1574, à un général des finances de Bourges, nommé Le Mareschal, s^r de Corbet et d'Azy, suivant une mention inscrite sur l'un des feuillets de garde de ce manuscrit.

3,500 livres tournois, pour compenser les sommes perdues par le fait des malversations de son commis, Robert Le Prévost, de 1503 à 1512. (Fol. 126.)

25489. Lettres de sauf-conduit pour le sᵣ de Chièvres, premier chambellan du roi catholique et son ambassadeur, afin de venir à Montpellier traiter avec Artus Gouffier, sᵣ de Boisy, délégué de François Iᵉʳ. (Fol. 128 v°.)

25490. Mandement pour faire payer par Guillaume Prudhomme, receveur général de Normandie, à Jacques de Beaune, sᵣ de Semblançay, la somme de 15,000 livres tournois à titre de remboursement de la quatrième partie d'une somme de 60,000 livres qu'il avait prêtée au roi. (Fol. 133 v°.)

25491. Lettres de placet pour l'exécution des bulles qui ont pourvu Julien Soderini de l'évêché de Saintes, à la suite de la résignation faite en sa faveur par son oncle François Soderini, cardinal de Volterra. (Fol. 141.)

25492. Lettres portant autorisation de tirer de Saintonge trois cents tonneaux de blé et de les faire conduire par terre ou par mer à Bayonne ou en Bretagne. (Fol. 144.)

25493. Don fait à Louis d'Orléans, duc de Longueville, de la garde de sa nièce Renée, jusqu'à la majorité de cette dernière. (Fol. 145 v°.)

25494. Lettres de placet accordées au cardinal de Médicis de résigner l'abbaye de Saint-Victor de Marseille en faveur du cardinal [Bandinello] Sauli. (Fol. 146 v°.)

25495. Défense de transporter hors de la sénéchaussée de Saintonge et du gouvernement de la Rochelle les blés et grains desdits pays. (Fol. 147 v°.)

25496. Bail à ferme du greffe du bailliage d'Auxois au siège de Semur, donné avec diminution de prix pour trois ans, à compter du 1ᵉʳ octobre 1515, à celui qui l'avait eu pendant les deux années précédentes. (Fol. 150.)

25497. Exemption de tout payement d'aides et subsides accordée aux habitants de Rouen pour la durée de la foire de Saint-Romain. (Fol. 156.)

25498. Confirmation en faveur du sire de La Trémoïlle de tous les droits attachés à la charge d'amiral de Bretagne. (Fol. 163.)

25499. Mandement au sénéchal de Lyon, bailli de Mâcon, lui faisant savoir que le roi a accordé au cardinal de Bourbon la jouissance des revenus de l'abbaye d'Ainay, pour le dédommager de ceux de l'abbaye de Saint-Amand-en-Pevèle, dont il a été dépossédé par Charles-Quint. (Fol. 167 v°.)

25500. Mandement pour le remboursement à Jacques de Beaune, s^r de Semblançay, d'une somme de 1,574,342 livres 17 sous 5 deniers tournois, dont il avait fait prêt au roi. (Fol. 169.)

25501. Confirmation de Jean Triquet dans son office de procureur du roi à Mouzon, bien qu'il fût resté dans la ville après qu'elle fut prise par le comte de Nassau, commandant de l'armée de Charles-Quint. (Fol. 171 v°.)

25502. Commission donnée à Jean de Langeac, maître des requêtes, et au s^r de Morimont (?), échanson du roi, pour faire vendre les marchandises d'un navire appelé *la Barbe-de-Pampre*, que les capitaines Lartigue et Morice avaient pris sur la côte de Léon, entre l'île de Batz et Roscoff. (Fol. 176 v°.)

25503. Commission donnée à Nicolas Foyal, écuyer, s^r d'Herbault, gouverneur de Romorantin, pour faire, à la place de feu François de Pontbriant, le payement des dépenses de construction du château de Chambord, avec l'aide de Mathurin Viart, maître des comptes à Blois, et d'Antoine de Troyes. (Fol. 177 v°.)

25504. Confirmation d'un don de 4,700 livres que le roi avait fait, le 6 novembre 1520, à François d'Allègre, s^r de Précy, grand-maître et général réformateur des eaux et forêts. (Fol. 179 v°.)

25505. Mandement pour faire payer à Charles de Mouy, capitaine de Ribemont, les gages de cet office depuis le 12 février 1520 n. s., date de la mort de Jacques de Mouy, son père, à la place duquel il a été nommé. (Fol. 180 v°.)

25506. Mandement ordonnant que le produit des amendes qui ont été prononcées depuis vingt ans, ou seront prononcées à l'avenir, par la cour des élus de Lyonnais, soit employé à la continuation et à l'achèvement d'un auditoire (cf. le n° 1204), avec chambre pour les archives, dont la construction a été commencée par ces derniers à Lyon, dans une maison appelée Roanne. (Fol. 182 v°.)

25507. Don provisoire des revenus du comté de Penthièvre, tenus naguère par le prince d'Orange, qui s'est retiré devers l'empereur élu et s'est mis à son service, fait au seigneur de Bonnivet, amiral de France, en dédommagement des terres de sa femme dans la Flandre et l'Artois, qui ont été prises par Charles-Quint. (Fol. 187.)

25508. Nomination du duc d'Alençon comme lieutenant général du roi et commandant de l'armée qui doit se porter à Mouzon et dans les environs. (Fol. 188 v°.)

25509. Pouvoirs donnés à Guillaume Gouffier, s' de Bonnivet, amiral de France et gouverneur du Dauphiné, pour la levée d'une armée en Guyenne et pour la commander. (Fol. 192 v°.)

25510. Nomination de Postet d'Ailly, écuyer, en qualité de prévôt des maréchaux en Bourgogne, Mâconnais, Auxerrois et pays adjacents. (Fol. 196 v°.)

25511. Mandement pour le payement à Jean Prévost, conseiller au Parlement de Paris, d'une somme de 500 écus d'or soleil, dont le remboursement avait déjà été ordonné par lettres du roi, en date du 6 mars 1518 n. s. (Fol. 200.)

25512. Renouvellement pour quatre ans, à partir de Pâques 1515, de la ferme de la vicomté de l'eau de Rouen, consenti à Gilles Deschamps, Guillaume d'Elbeuf et Pierre Vidier, au prix diminué de 10,000 livres tournois par an, en raison des pertes qu'ils avaient éprouvées pendant les trois années précédentes. (Fol. 207.)

25513. Mandement au s' d'Orval, gouverneur de Champagne, et au lieutenant général du bailli de Vitry de faire une enquête sur le différend que les officiers royaux de Chaumont-en-Bassigny ont avec ceux du duc de Lorraine au sujet du lieu de Passavant, et sur le procès que le procureur du roi dudit Chaumont a intenté contre les officiers dudit duc à Gondrecourt. (Fol. 209 v°.)

25514. Pouvoir donné à René, bâtard de Savoie, pour traiter de la reddition de Crémone avec le seigneur de Brimoro, capitaine de ladite place, ou ses députés. (Fol. 212 v°.)

25515. Déclaration du roi portant que les capitaineries de Mauléon-de-Soule, de Bourg, de Montségur et de Marmande sont comprises parmi celles auxquelles Odet de Foix, s' de Lautrec, lieutenant général et gouverneur du duché de Guyenne et de la ville de la Rochelle, a le droit de nommer. (Fol. 217.)

25516. Mandement au Parlement et au sénéchal de Toulouse de faire défense aux religieux de Saint-Pierre de Lezat d'élire l'abbé qui succédera au feu cardinal d'Albret, cette nomination étant réservée au roi en vertu du Concordat. (Fol. 220 v°.)

25517. Ordonnance portant que les gens d'église possédant bénéfices contribueront à soudoyer les gens de guerre, quand il s'agit de la défense du royaume, à raison d'un homme par 500 livres de revenu. 1521. (Fol. 223.)

— 438 —

25518. Lettres de mainlevée des saisies faites sur les gens d'église à cause des amortissements, accordées en raison de l'ordonnance qui précède. (Fol. 225.)

25519. Pouvoirs donnés à Gaspard de Coligny, s' de Châtillon, maréchal de France, pour régler avec les députés du roi d'Angleterre les détails de l'entrevue qu'il doit avoir, entre Guines et Ardres, avec le roi de France. 1520. (Fol. 226.)

25520. Lettres de bail à ferme perpétuel de deux étangs situés dans la châtellenie « du Pont-de-Meulant », accordé moyennant le payement annuel d'une somme de 50 livres parisis à Jean de Lantillac, s' d'Arthies, et à ses héritiers, successeurs et ayants cause. (Fol. 227 v°.)

25521. Commission donnée à René Clotet, secrétaire de Louise de Savoie, pour tenir les comptes et faire les payements des travaux de construction du château de Chambord, dont la direction a été donnée depuis peu à François de Pontbriant, s' de la Villate. (Fol. 231.)

25522. Lettres autorisant le Parlement de Bretagne à prolonger ses séances jusqu'au 12 octobre, pour juger l'appel pendant entre le procureur général du roi audit pays, Louis de La Trémoïlle, le s' de La Hunaudaye, les s' et dame de Maillé, de Champagne, du Plessis et de Vieillevigne, et autres intéressés à la succession d'André de Chauvigny, s' de Rais (alias Retz). (Fol. 231 v°.)

25523. Mandement au Parlement de Bordeaux et au sénéchal de Bazadais de faire défense au chapitre de Bazas d'élire, au mépris du Concordat, un évêque comme successeur au cardinal d'Albret, la nomination appartenant au roi. (Fol. 232 v°.)

25524. Don à Jean-Jacques Trivulce, marquis de Vigevano, maréchal de France, des seigneuries de Montélimar, Lavaldens et Pierrelatte en Dauphiné [1]. (Fol. 234 v°.)

25525. Lettres désignant Arnaud Luillier et Mathieu de Longuejoue, conseillers au Parlement de Paris, pour siéger, à la place de conseillers récusés, au Parlement de Bretagne, dans le procès de Rais (Retz) pendant entre le procureur général, Louis de La Trémoïlle, Tanneguy Sauvage, Georges de Tournemine, chevaliers, Jean de La Lande, s' de Vieillevigne, et autres. (Fol. 238.)

25526. Mandement au connétable de Bourbon, lieutenant général en Languedoc, lui faisant savoir que Bertrand de Saint-Blancard et Boniface de Pontevès sont autorisés à prendre dans le pays deux radeaux

[1] Une confirmation de ce don, mentionnée un peu plus loin (n° 25533), donne comme date à cet acte le 15 janvier 1515 n. s.

de bois qu'ils doivent conduire à Marseille pour fabriquer des mâts, rames et autres choses nécessaires à l'équipement des navires. (Fol. 239.)

25527. Mandement pour l'acceptation dans les comptes du receveur de Péronne du montant des gages du feu « seigneur de Bugneur », gouverneur de ladite ville, qu'il avait payés, bien que ledit « de Bugneur » n'eût pas encore reçu, depuis l'avènement du roi, confirmation de son office. (Fol. 240.)

25528. Confirmation de la cession faite par la reine à Pierre Poitevin, grènetier de Coucy, de masures et jardin situés à Aulers près de ladite ville de Coucy, moyennant le payement d'une rente annuelle de 20 livres parisis. (Fol. 241.)

25529. Don à Philippe de Gueldres, duchesse de Lorraine et de Bar, de 350 livres tournois de rente annuelle à prendre, pendant dix ans, sur le domaine des bailliages de Rouen, Caux et Évreux. (Fol. 242.)

25530. Don aux habitants de Loches de 300 livres tournois à prendre tous les ans sur les amendes de la prévôté, pour la construction d'un hôtel de ville. (Fol. 244.)

25531. Lettres autorisant Guillaume Duval, seigneur de Fontenay en France, notaire et secrétaire du roi, à relever dans sa seigneurie, en pierre et maçonnerie au lieu de bois, des fourches patibulaires à trois piliers qui avaient été détruites par le temps. (Fol. 245 v°.)

25532. Don à François de Pontbriant, sr de la Villate, d'un mouton d'or qui se trouve dans le cabinet de Blois, pesant trente-six marcs d'or. (Fol. 249.)

25533. Confirmation en faveur de Jean-Jacques Trivulce, maréchal de France, de la cession qui lui avait été faite par lettres du 15 janvier 1515 n. s. (n° 25524 ci-dessus), des seigneuries de Montélimar, Lavaldens et Pierrelatte en Dauphiné. (Fol. 249 v°.)

25534. Mandement pour la réouverture de la Monnaie de Tours. (Fol. 251 et 301.)

25535. Lettres du seigneur de Lautrec, gouverneur de Guyenne, lui mandant que les habitants du pays sont autorisés, étant donné la bonne récolte qu'ils ont faite, à faire transporter et vendre leur blé dans tout le royaume. (Fol. 252.)

25536. Commission donnée au sr de Fontaines pour faire la montre des hommes de guerre que le capitaine « Ergoys » a été chargé de lever et de mettre dans les villes de Bayonne et de Dax. (Fol. 254.)

25537. Commission pour ordonner des réparations à faire aux fortifications de Thérouanne et du payement de ces travaux. (Fol. 254.)

25538. Mandement pour le maintien en l'état, pendant trois mois, des procès de Nicolas de Mouy, lieutenant de la compagnie du duc de Vendôme, en service à l'armée de Picardie. (Fol. 254 v°.)

25539. Ratification de la composition faite entre le chapitre de Langres et les commissaires sur le fait des amortissements. (Fol. 255.)

25540. Mandement pour la mise en fonctions, comme capitaine de Coucy, du successeur du s^r de Chissé. (Fol. 256.)

25541. Lettres nommant Gaspard de Coligny, s^r de Châtillon, maréchal de France outre le nombre et en attendant une vacance. (Fol. 257.)

25542. Lettres autorisant de nouveau les religieux de Saint-Étienne de Caen à prendre comme par le passé au grenier à sel de la ville vingt-quatre minots de sel, sans payer de droit de gabelle. (Fol. 258 v°.)

25543. Déclaration maintenant Jean de La Loere, quoique lai, en l'office de conseiller clerc au Parlement de Paris, auquel il avait été nommé en remplacement de Jean de Chavagnac. (Fol. 259.)

25544. Délai accordé à Georges d'Amboise, s^r de Chaumont, jusqu'à ce qu'il ait atteint l'âge de quatorze ans, pour prêter le serment auquel il est tenu, en raison de l'office de capitaine de Dieppe, dont il vient d'être pourvu. (Fol. 261.)

25545. Confirmation à Louis de La Trémoille du don qui lui a été fait, le 28 octobre 1515 (n° 369), de la capitainerie du château de Vergy, malgré les ordonnances récemment promulguées pour la révocation des dons de domaine dans le duché de Bourgogne. (Fol. 261 v°.)

25546. Nomination du seigneur de Sedan comme capitaine des bandes de lansquenets qui sont au service du roi dans l'armée opposée aux Anglais. (Fol. 264 v°.)

25547. Lettres autorisant la chasse et la destruction des loups, et fixant la somme qui sera payée pour chaque bête tuée. (Fol. 266.)

25548. Permission donnée à Martial de Peyrac, élu de Soissons, récemment nommé greffier de la Cour des Aides à Paris, en remplacement de Charles de Bidaut, de garder les deux offices pendant un temps déterminé. (Fol. 267 v°.)

25549. Mandement au bailli de Velay de saisir le temporel de l'évêché du Puy, dont l'évêque vient de mourir. (Fol. 268.)

25550. Pouvoirs donnés au maréchal de Rieux et au grand maître de Bretagne pour lever le ban et l'arrière-ban de Bretagne, visiter les places fortes du pays et pourvoir à leur défense. (Fol. 269.)

25551. Mandement pour la délivrance à Martin Cazal, natif de Biscaye, maître-facteur et conducteur d'un navire d'Espagne appelé *Sainte-Marie*, et à Jacques Lopez, des navires leur appartenant, qui avaient été, au mépris de la trêve, saisis et amenés à Dieppe, et dont Lebailly, marchand d'Angers, voulait faire opérer la vente sous prétexte de lettres de marque et représailles obtenues par lui. (Fol. 270.)

25552. Mandement au sénéchal de Limousin d'opérer la mainlevée de la saisie faite sur Nicolas de Livron, homme d'armes de la compagnie du s^r d'Orval en Champagne, de ses terres de « Wardageat et la Rivière », s'il est reconnu que ledit de Livron n'a pu se rendre ou se faire représenter à la convocation du ban et de l'arrière-ban. (Fol. 271 v°.)

25553. Mandement au commis au payement des gages des officiers du Parlement de Toulouse de payer de ses gages le premier président Pierre de Saint-André, bien qu'il n'ait pas siégé, le roi l'ayant appelé à Amiens et l'ayant employé en Artois, à Rouen, au Grand conseil et aussi à la poursuite de l'évêché de Carcassonne. (Fol. 272.)

25554. Lettres de sauf-conduit délivrées, à la requête de l'archevêque de Bourges, à Antoine et Philippe Galterotti, marchands florentins, demeurant en Flandres. (Fol. 272 v°.)

25555. Don à Germain de Ganay, évêque d'Orléans, des revenus perçus dans ledit évêché pendant qu'il était en régale. (Fol. 273 v°.)

25556. Lettres accordant un rabais à Jean Delavigne, fermier dans la sénéchaussée des Lannes, sur le prix de sa ferme. (Fol. 274.)

25557. Pouvoir donné à Claude de Seyssel, évêque de Marseille, pour traiter avec le pape Léon X. (Fol. 275.)

25558. Commission donnée pour faire cesser les troubles dont la ville d'Albi est le théâtre, depuis que l'évêque Charles Robertet s'est démis de son siège et que son frère Jacques Robertet a été nommé à sa place. (Fol. 277.)

25559. Mandement à la Chambre des Comptes de rabattre du compte de Pierre de Cueille, trésorier de Périgord, une somme de 254 livres 15 sous tournois que feu Charles Bourré, trésorier de France, s'était fait donner le 20 mars 1496 n. s. (Fol. 277 v°.)

25560. Permission donnée à François de Caux d'acheter librement trois cents pipes de vin dans les vignobles de Chalosse, Gaillac, Grave, Matha et la Foye-Montjault, et de les faire conduire, franches de tous droits, au château d'Amboise. (Fol. 279.)

25561. Lettres instituant Louis d'Ars gouverneur de la ville, cité et comté de Pavie, et lui conservant l'office de capitaine du château de ladite ville et de la Torrette. (Fol. 281.)

IMPRIMERIE NATIONALE.

25562. Don à Jean Caluau, évêque de Senlis, sa vie durant, des revenus provenant des droits perçus sur les bois de l'évêché, lorsqu'ils sont coupés et mis en vente. (Fol. 282 v°.)

25563. Exemption de toutes tailles, aides, etc., accordée à Jauzac, trompette ordinaire de l'hôtel, de la compagnie du s^r de Saint-Vallier, capitaine des cent gentilshommes ordinaires de l'hôtel du roi. (Fol. 283 v°.)

25564. Confirmation de son office à Regnault du Refuge, premier écuyer d'écurie du roi, avec permission de survivance en faveur du fils de Charles du Refuge, afin que l'un des deux puisse l'exercer en l'absence de l'autre. (Fol. 284.)

25565. Mandement pour l'acceptation de la composition faite avec les états de la sénéchaussée de Carcassonne réunis à Narbonne, sur l'invitation de Pierre Filholi (*aliàs* Filleul), archevêque d'Aix, délégué du roi, au sujet des francs-fiefs et nouveaux acquêts, et fixée à la somme de 16,663 livres tournois, qui sera versée entre les mains de Gilbert Filholi, payeur du Grand conseil, à ce député. (Fol. 287 v°.)

25566. Pouvoir de lieutenant général en Bourgogne donné, en l'absence des s^{rs} de La Trémoïlle et d'Aumont, à Lancelot du Lac, s^r de Chamerolles, bailli et gouverneur d'Orléans. (Fol. 290.)

25567. Commission donnée à René Dreux, Jean André et Martin Arnoul, pour la levée des finances des francs-fiefs et nouveaux acquêts et pour mettre ordre à toutes les infractions faites aux droits du roi dans l'élection de Loudun. (Fol. 295.)

25568. Nomination d'un prévôt des maréchaux, sous les ordres du seigneur de Châtillon, maréchal de France. (Fol. 296.)

25569. Permission donnée à Jean Ménant, marchand demeurant à Paris, et à Jean Avril, demeurant à Rouen, d'acheter en Provence et en Languedoc mille tonneaux de vin et de les faire conduire, par terre ou par eau, à Rouen ou dans d'autres lieux de la Normandie. (Fol. 296 v°.)

25570. Permission donnée aux religieux de Saint-Jean de Jérusalem, pour parer aux attaques du Turc, de tirer de Provence et de Languedoc, pour les faire porter à Rhodes, différentes matières telles que blés, vins, chair salée, plomb, cuivre, fer, etc., en quantité déterminée. (Fol. 297 v°.)

25571. Exemption de tailles et subsides accordée aux habitants des villes de Bohain, Beaurevoir et « Luseau » (peut-être Luzoir), appartenant à la duchesse douairière de Vendôme et situées sur la frontière du Hainaut. (Fol. 298 v°.)

25572. Don fait à Louis Le Mercier, s^r de Marigny, du produit des francs-fiefs, nouveaux acquêts, etc., dans l'élection de Loudun, que Louis Bouguereau, procureur commis à recevoir ce revenu, lui remettra. (Fol. 299 v°.)

25573. Mandement au bailli de Touraine de faire contraindre le receveur qui a été chargé par les habitants de Bléré de la levée des deniers communs de la ville et autres à eux octroyés pour les réparations des fortifications de ladite ville, de rendre compte de l'emploi qui en a été fait. (Fol. 303 v°.)

25574. Confirmation des privilèges des habitants du clos et marché ancien de Melun, appelé le clos Saint-Ambroise. (Fol. 303 v°.)

25575. Pouvoir de lieutenant général du roi, donné à Christophe de Chanoy (alias de Charnoy), pour commander la flotte réunie principalement afin de défendre Rhodes contre les Turcs. (Fol. 304.)

25576. Permission au juge-mage d'Agénais d'imposer les habitants dudit pays d'une somme de 2,000 livres tournois, accordée à titre de bienvenue, par les États du pays, selon la coutume, à Antoine Raffin, dit « Poton », qui venait d'être nommé sénéchal d'Agénais. (Fol. 305.)

25577. Mandement pour la levée dans l'élection de Nemours de soixante-seize chevaux rouliers ou autres destinés à l'artillerie de l'armée de Guyenne. (Fol. 306.)

25578. Mandement au sénéchal de Poitou de défendre expressément, en vertu du Concordat, aux chanoines de Poitiers de procéder à l'élection d'un évêque à la place de feu Claude de Tonnerre, une demande ayant été adressée au pape pour qu'il nommât Louis de Tonnerre. (Fol. 307.)

25579. Mandement à l'élu de Beaujolais de faire percevoir, à titre d'indemnité à remettre à Philippe du Croset et autres échevins de Villefranche, une somme de 407 livres 2 sous 1 denier tournois, qu'ils avaient dépensée pour fournir des vivres aux lansquenets envoyés en Navarre. (Fol. 307 v°.)

25580. Mandement au s' de Normanville de se transporter en Normandie pour ordonner aux gens de guerre qui s'y sont rassemblés au nombre de trois mille, en dehors des mille destinés à une expédition en Danemark, de rentrer dans leurs maisons, avec ordre audit sieur de Normanville de punir rigoureusement ceux de ces gens de guerre, qu'ils soient des mille ou des trois mille, qui se sont rendus coupables de vols et autres crimes. (Fol. 316.)

25581. Mandement adressé aux Parlements de Paris et de Provence, gouverneur d'Orléans, bailli de Berry et sénéchal de Lyon, pour les avertir que Bernardin de Vaulx (*corr.* des Baux), sous la conduite duquel sont placées les galères récemment préparées en Provence contre le Turc et autres ennemis de la foi catholique, est autorisé à faire prendre dans les prisons de Paris, de Provence, d'Orléans, de Bourges et de Lyon les criminels « en bonne convalescence » pour ramer sur lesdites galères. (Fol. 316 v°.)

25582. Nomination du cardinal de Saint-Séverin comme protecteur et défenseur des affaires du roi de France en cour de Rome. (Fol. 317 v°.)

25583. Nomination de Charles, duc d'Alençon, comme gouverneur de Normandie. (Fol. 320 v°.)

25584. Lettres permettant à Florimond Robertet, seigneur de la Guierche, de transférer au jeudi le marché hebdomadaire qui se tient le samedi audit lieu de la Guierche. (Fol. 322.)

25585. Lettres données à la requête du duc d'Albany, régent et gouverneur d'Écosse, exemptant tous les marchands écossais de l'imposition de 12 deniers tournois pour livre qui se lève à Dieppe sur la marchandise foraine. (Fol. 322 v°.)

25586. Lettres par lesquelles, sur la demande du cardinal de Boisy et à la requête du chapitre de la cathédrale de Coutances, sont déclarés amortis deux fiefs dont l'évêque Geoffroy Herbert avait fait don audit chapitre, pour l'entretien d'un maître et de six enfants de chœur et pour plusieurs obits. (Fol. 323.)

25587. Mandement pour l'exécution de lettres adressées à Jean de Poncher, trésorier des guerres, l'autorisant à prendre sur divers receveurs les sommes dont il avait besoin pour employer au fait de son office. (Fol. 325.)

25588. Pouvoir donné à la comtesse de Nevers de faire assembler par son bailli tous les nobles du ban et de l'arrière-ban, prévôts des maréchaux, francs archers, gens de guerre des ordonnances qui sont en Nivernais, dans les villes et les paroisses, jusqu'à ce qu'ils soient en assez grand nombre pour délivrer le pays des vagabonds qui l'infestent. (Fol. 326.)

25589. Mandement au Parlement de Rouen de recevoir le serment de Jean d'Angerville, nommé vicomte de Coutances à la place de feu Jean Louvel, bien qu'il ait versé pour l'obtenir une certaine somme entre les mains du trésorier de l'extraordinaire des guerres. (Fol. 327.)

25590. Nouveau mandement audit Parlement de recevoir le serment de Jean d'Angerville, nonobstant toutes ordonnances contraires. (Fol. 328.)

25591. Commission au sʳ de Bournel, seigneur de « Marticoques » (Mardickhouke), pour la garde des forêts de Cuise, près Compiègne, et de Rets, et pour y interdire toute chasse et tout vol de bois. (Fol. 329.)

25592. Commission à Regnault de Moussy, lieutenant du sire de La Trémoïlle, amiral de Guyenne, pour la visite et la mise en état des navires qui sont dans les ports de ce pays et pour la garde des côtes. (Fol. 330.)

25593. Mandement pour la restitution aux Vénitiens, sur la demande de leur ambassadeur, des marchandises contenues dans un navire d'origine anglaise, appelé *Tous-les-Saints*, qui avait été pris et amené au Croisic. (Fol. 330 v°.)

25594. Permission à Gilles Lasnier de tenir en Bretagne les bénéfices dont il a été ou sera pourvu. (Fol. 332 v°.)

25595. Mandement aux maréchaux de France de porter sur les rôles la crue de quarante à cent lances dont vient d'être gratifiée la compagnie de Claude de Lorraine, comte de Guise, gouverneur de Champagne et de Brie. (Fol. 333.)

25596. Nomination de Jean de Fontaine, écuyer, seigneur d'Aulhac, à la charge de prévôt de l'hôtel du roi. (Fol. 333 v°.)

25597. Commission donnée par Louise de Savoie, régente, pour la levée du ban et de l'arrière-ban après la prise de François Iᵉʳ à Pavie. (Fol. 334 v°.)

(*Recueil de copies de lettres patentes, la plupart sans date, comprenant principalement des actes de Louis XII et de François Iᵉʳ* [1]. *Manuscrit du xviᵉ siècle, Bibl. nat., fr. 5501.*)

25598. Commission à Pierre de La Vernade, maître des requêtes de l'hôtel, et à François de Mouy, juge des taxes, pour demander respectivement aux habitants de Bourges, d'Issoudun et de Moulins 6,000, 1,500 et 1,000 livres tournois. (Fol. 50 v°.)

25599. Lettres portant bail à ferme des greffes des bailliage et sénéchaussée de Lyon, passé, moyennant la somme de 1,113 livres, à Pierre de Lachault, notaire de Lyon, à la suite d'une seconde enchère, le prix

[1] Les actes de Louis XII sont beaucoup plus nombreux que ceux de François Iᵉʳ. Une table par ordre de matières et par nature d'actes, placée à la fin du registre, indique qu'il servait de formulaire. Les transcriptions n'y ont pas été faites partout avec une fidélité rigoureuse : on pourrait signaler plus d'une erreur évidente d'intitulé ou d'attribution. Aussi nous n'avons emprunté à ce recueil que les titres des textes qui ne paraissent pas suspects.

qui en avait été offert dans une première par François Fournier n'ayant pas été trouvé suffisant [1]. (Fol. 60 v°.)

25600. Érection de la justice de Veuil dans le duché de Berry en châtellenie, avec concession du droit de tabellionnage et de sceau à contrats, en faveur de Jacques Hurault, général des finances [2]. (Fol. 64.)

25601. Affranchissement accordé à Jean de Vernas, habitant Romorantin, serf du roi, marié à une femme de condition franche. (Fol. 65 v°.)

25602. Lettres portant transfert des Ponts-de-Cé à Ingrande des contrôleurs et mesureurs du sel venant de Bretagne, et règlement des droits de gabelle qui y seront perçus. (Fol. 188 v°.)

25603. Commission à Jacques de Beaune, s' de Semblançay, de faire construire à Ingrande les maisons nécessaires tant pour le logement des gardes, contrôleurs et mesureurs de sel que pour le guet de nuit. (Fol. 195.)

25604. Lettres permettant à Henri Bohier, receveur général, d'acheter les écus à perte de finance, avec mandement aux gens des comptes d'allouer ladite tare en ses comptes. (Fol. 207.)

25605. Provision pour la pension de Mondot de La Marthonye, premier président du Parlement de Bordeaux, outre les gages de son office. (Fol. 227 v°.)

25606. Continuation en faveur de Louis Robin, chevalier, s' de la Tour-du-Blé à Chalon, d'une rente interrompue, et ordre de payement des arrérages échus. (Fol. 229 v°.)

25607. Mandement à Jacques Hurault de faire lever par Jean Sapin, général des finances au duché de Bourgogne, sur Gautier de Damas, receveur des restes, amortissements, affranchissements, anoblissements et autres deniers extraordinaires dudit duché, décharge de 1,000 saluts d'or, pour être cette somme baillée à Phelippot de Maigny qui a ordre de l'employer au rachat de la terre, châtellenie et seigneurie de Lantenay, laquelle est de toute ancienneté du domaine du duché de Bourgogne, à présent détenue par Huguette, veuve de Robert de Montgommery et fille de feu Philippe de Courcelles. (Fol. 241.)

25608. Lettres octroyant au duc de Lorraine pour un an le revenu du droit de gabelle du grenier à sel de Thiérache, établi à Guise, et des chambres à sel d'Aubenton et de Vervins. (Fol. 266 v°.)

25609. Mandement pour faire payer Étienne Buynart des gages de

[1] Ces lettres de bail sont transcrites aussi sur un autre registre du xvi° siècle, conservé à la Bibliothèque nationale, sous la cote ms. fr. 14368, fol. 96 v°.
[2] Le même acte est transcrit aussi sur le ms. fr. 14368, fol. 95 v°, de la Bibl. nat.

son office de conseiller au Parlement de Paris, durant le temps qu'il a passé au Grand conseil. (Fol. 281.)

25610. Mandement au Parlement de Toulouse de permettre aux habitants de Bordeaux de s'approvisionner de blé en Languedoc, Armagnac et Quercy. (Fol. 282.)

25611. Lettres déclarant Jeanne des Vefves, veuve de Nicolas de La Rue, en son vivant soumis à la taille comme exerçant le commerce du bétail, réhabilitée dans sa noblesse d'origne et non soumise à la taille des gens de guerre à laquelle les habitants de Crécy-en-Brie l'avaient taxée, attendu qu'ayant épousé en secondes noces un homme de qualité noble, Etienne Le Bourguignon, dit le « Picard », elle vit noblement, sans exercer aucun métier ni commerce. (Fol. 287.)

25612. Mandement de Louise de Savoie, régente, au premier huissier ou sergent royal de faire commandement exprès, de par le roi et elle, à Martin de Saint-André, évêque de Carcassonne, de bailler et délivrer comptant et sans délai, entre les mains de Pierre d'Apestigny, receveur général des finances extraordinaires et parties casuelles, la somme de 2,250 livres provenant de la pension et des arrérages de ladite pension que l'évêque d'Autun, Hurault de Cheverny, complice du connétable de Bourbon, avait sur l'évêché de Carcassonne[1]. [1525.] (Fol. 385.)

25613. Mandement au bailli d'Amiens de faire information contre le sr de Saint-Ouen, prisonnier à Auchy par les soins de Pierre de Monchy, bâtard de Montcavrel, en vertu d'une lettre missive du roi audit de Montcavrel, ledit de Saint-Ouen s'étant rendu coupable de violences contre des hommes et sujets de la demoiselle de Roye, en certaines terres qui lui sont échues par la mort du sr de Conty, son frère. (Fol. 396 v°.)

(*Formulaire de la Chancellerie royale*[2]. *Manuscrit du* xvi*e siècle. Bibl. nat.,* fr. 5503.)

25614. Lettres commettant René de Montejean, gentilhomme de la chambre du roi, à la charge de lieutenant du roi au gouvernement et duché de Bretagne, pendant l'absence de M. de Châteaubriant. (Fol. 10,

[1] En exécution d'un autre mandement adressé au sénéchal de Carcassonne, le 19 décembre 1523 (n° 23799 ci-dessus).
[2] Commençant par : « *Forme de souscrire les lettres adressantes aux evesques* ». Il comporte des titres généraux et se termine par une table de références aux groupes d'actes de même nature.

ı page. — *Autre copie du xvıᵉ siècle. Bibl. impériale de Vienne [Autriche]*, ms. 6979, fol. 41 v°.)

25615. Lettres permettant à Guillaume Bochetel le jeune, pourvu de l'office de greffier des aides, tailles et gabelles en l'élection de Berry, à la survivance de son père, Guillaume Bochetel, secrétaire de la chambre du roi, d'exercer ledit office par lui-même, quoiqu'il n'ait pas l'âge requis, ou d'y commettre une personne capable. (Fol. 12 v°, 1 page. — *Bibl. impériale de Vienne [Autriche]*, ms. 6979, fol. 36 v°.)

25616. Mandement au bailli d'Amiens de mettre François de Melun, comte d'Espinoy, connétable de Flandre, en possession des terres qui lui ont été restituées en vertu d'un article du traité de Madrid, confirmé par celui de Cambrai. (Fol. 28, 1 page. — *Bibl. impériale de Vienne [Autriche]*, ms. 6979, fol. 55 v°.)

25617. Lettres portant que les sommes dues de reste à Pierre d'Apestigny, receveur général des finances extraordinaires, parties casuelles et deniers provenant de la vente des offices, démissionnaire, et qu'il recevra à l'avenir, seront enregistrées sur le registre du contrôleur de l'épargne [1]. (Fol. 29, 1 page. — *Bibl. impériale de Vienne [Autriche]*, ms. 6979, fol. 56 v°.)

25618. Lettres permettant à Étienne de La Loue le jeune, pourvu de l'office de capitaine et concierge des ville et château de Dun-le-Roi, en remplacement et sur la résignation d'Étienne de La Loue, son père, par lettres de la reine de Navarre, duchesse d'Alençon et de Berry, datées de Blois, le 20 novembre 1530, d'exercer ledit office et d'en percevoir les gages et profits, bien qu'il n'ait pas l'âge requis. (Fol. 30 v°, 1 page. — *Bibl. impériale de Vienne [Autriche]*, ms. 6979, fol. 59.)

25619. Commission à Jean Métayer, licencié en lois, d'informer sur les concussions, malversations et autres crimes dont est accusé Jean Morin, lieutenant criminel au bailliage et prévôté de Paris, au lieu et place du procureur général au Parlement de Paris, empêché. (Fol. 33 v°, 1 page. — *Bibl. impériale de Vienne [Autriche]*, ms. 6979, fol. 63.)

25620. Lettres de sauvegarde en faveur de Charles Robertet, prieur et seigneur de Saint-André de Rosans, au diocèse de Gap, de son prieuré et de ses sujets dudit lieu, pour les mettre à l'abri des incursions et pillages des bandes de gens de guerre qui se rendent en Italie. (Fol. 36, 1 page. — *Bibl. impériale de Vienne [Autriche]*, ms. 6979, fol. 65 v°.)

25621. Mandement aux commissaires sur le fait de la réunion du

[1] Pierre d'Apestigny avait cessé, le 21 mai 1527, d'exercer la charge de receveur général des parties casuelles par suite de sa nomination à l'office de trésorier de France (n°ˢ 19183 et 19184).

domaine et au bailli de Sens de laisser jouir Jean de Pommereul, maître ordinaire des comptes à Paris, du greffe du bailliage de Sens dont il a été régulièrement pourvu. (Fol. 45 v°, 1 page. — *Bibl. impériale de Vienne* [*Autriche*], ms. 6979, fol. 75.)

25622. Lettres permettant à François, cardinal de Tournon, abbé de Ferrières, pour subvenir aux frais de son présent séjour à Rome, de vendre jusqu'à cent arpents des bois de haute futaie de ladite abbaye, avec don audit cardinal de la moitié appartenant au roi du produit de ladite vente, à la réserve toutefois de 1,200 livres que ledit cardinal devra verser entre les mains du changeur du trésor [1]. (Fol. 47 v°, 2 pages 1/2.)

25623. Lettres portant assignation sur la recette du changeur du trésor et sur les deniers provenant de la vente des bois de l'abbaye de Ferrières, que doit lui verser le cardinal de Tournon, de la somme de 1,200 livres tournois, montant de la pension de Jean de Lévis, s^r de Châteaumorant, gentilhomme de la chambre, pour l'année finissant au 31 décembre 1532, « derrenier passé. » (Fol. 48 v°, 3/4 de page.)

25624. Lettres permettant à frère Claude d'Ancienville, chevalier de Saint-Jean de Jérusalem, commandeur d'Auxerre, capitaine de la nef *La Grande-Maîtresse*, d'acheter en Dauphiné et en Provence les bois et cordages nécessaires au radoub de ladite nef, et de les faire mener à Marseille par l'Isère, le Rhône et la Durance, sans payer aucun droit. (Fol. 50 v°, 1 page. — *Bibl. impériale de Vienne* [*Autriche*], ms. 6979, fol. 79.)

25625. Mandement aux baillis d'Orléans, de Blois, de Touraine et d'Amboise, et au sénéchal d'Anjou, de faire réparer les chaussées, turcies et levées de la Loire, rompues par les inondations. (Fol. 52, 3 pages. — *Bibl. impériale de Vienne* [*Autriche*], ms. 6979, fol. 80.)

25626. Don à Catherine de Foix, femme de M. de Châteaubriant, gouverneur de Bretagne, du revenu de la seigneurie de Suèvres [dans le Blésois]. (Fol. 67 v°, 1/2 page.)

25627. Lettres portant cession à frère Aubert, (*aliàs* Du Broc), chevalier de Saint-Jean de Jérusalem, commandeur de Renneville, et à ses hoirs, de la haute justice dudit lieu, en échange de cens, rentes et « oblies », possédés par ledit commandeur au Mas-Saintes-Puelles, en la sénéchaussée de Toulouse. (Fol. 70, 2 pages. — *Bibl. impériale de Vienne* [*Autriche*], ms. 6979, fol. 95 v°.)

25628. Mandement à Guillaume Prudhomme, trésorier de l'épargne,

[1] Cette pièce est antérieure au 31 décembre 1533.

VII.   57

de bailler à Philippe Le Tirant, vicomte d'Orbec [1], une somme de 1,200 livres destinée aux conseillers qui ont vaqué aux jugements des procès contre les usuriers, sur l'ordonnance de Jean Prévôt et de Nicolas Quélin, conseillers au Parlement de Paris. (Fol. 74 v°. — *Bibl. impériale de Vienne [Autriche]*, ms. 6979, fol. 99 v°.)

25629. Lettres portant suppression des offices de contrôleurs des deniers communs dans les jugeries de Rivière et de Verdun. (Fol. 82 v°.)

25630. Lettres accordant aux maire et échevins de Troyes la suppression de l'imposition de 12 deniers par livre, précédemment levée audit lieu sur le vin vendu en gros et sur diverses denrées vendues en détail. (Fol. 86, 2 pages 1/2.)

25631. Provisions pour Engilbert Clausse, procureur ecclésiastique du roi au Châtelet de Paris, de l'office de conseiller lai au Parlement de Paris, vacant par le décès de Jean Ruzé [2]. (Fol. 87 v°, 1 page 1/2. — *Bibl. impériale de Vienne [Autriche]*, ms. 6979, fol. 122, v°.)

25632. Lettres conférant la dignité de chevalier à Hugues Fournier, docteur ès lois, en récompense des services par lui rendus à Louis XII et à François Ier, comme membre des Sénats de Milan et de Gênes et président au Parlement de Bourgogne. (Fol. 88 v°, 1 page.)

25633. Lettres d'amortissement pour les communautés de Champagne. (Fol. 97, 3 pages.)

25634. Lettres d'amortissement pour les Carmes de Loudun, avec autorisation d'acquérir des biens jusqu'à concurrence de 400 livres tournois de rente. (Fol. 98 v°, 3 pages.)

25635. Lettres d'amortissement pour le chapitre de Langres [3]. (Fol. 101 v°, 1 page 1/2.)

25636. Octroi de divers impôts concédé à François de Pontbriant, sieur de Nieul [en Limousin], pour la construction d'un pont sur la rivière de Glane à deux portées d'arc dudit Nieul. (Fol. 103, 2 pages.)

25637. Remise à Jean de Badonvillier, seigneur d'Aulnay-la-Rivière, des droits féodaux dus au roi à l'occasion de la vente de la seigneurie de Grèves, sise dans la paroisse dudit Aulnay et mouvant du roi à cause d'Yèvre-le-Châtel. (Fol. 106 v°, 1 page 1/4.)

25638. Lettres autorisant Jean de Badonvillier, maître ordinaire des comptes, à retenir par puissance de fief la seigneurie de Grèves à Aul-

---

[1] Nommé le 12 février 1521 n. s. (n° 1322).
[2] Engilbert Clausse fut reçu en cette qualité au Parlement, le 12 novembre 1537. (*Arch. nat.*, X1a 1540, fol. 2 v°.)
[3] Cf. le n° 1607.

— 451 —

nay-la-Rivière, mouvant du roi à cause d'Yèvre-le-Châtel, au bailliage d'Orléans. (Fol. 107, 2 pages.)

25639. Commission pour opérer la saisie des biens, situés dans le royaume, des habitants des pays et comtés de Flandre, Artois, Hollande, Zélande, Hainaut et Brabant, qui se sont retirés dans les pays de l'obéissance du roi catholique[1]. (Fol. 108, 1 page.)

25640. Confirmation des privilèges et exemptions des commissaires, canonniers, fondeurs, charpentiers, charrons, forgerons, conducteurs du charroi et autres officiers de l'artillerie[2]. (Fol. 110, 2 pages. — *Bibl. impériale de Vienne* [*Autriche*], ms. 6979, fol. 173, 3 pages 1/2.)

25641. Mandement au Parlement de Rouen et aux baillis de Normandie de laisser jouir les personnes qui ont été pourvues de métiers jurés en Normandie par feu le dauphin François, gouverneur du duché, des lettres de provisions qu'ils ont obtenues, nonobstant leur surannation et le décès du dauphin. Paris... (Fol. 112, 2 pages. — *Bibl. impériale de Vienne* [*Autriche*], ms. 6979, fol. 186 v°, 2 pages.)

25642. Lettres accordant à Pierre Le François, seigneur de la Fontaine, prévôt des maréchaux dans les élections d'Orléans, Chartres, Blois, Châteaudun et Vendôme, une somme de 262 livres 10 sous tournois par an, en augmentation de ses gages, auparavant fixés à 300 livres. (Fol. 113, 3 pages.)

25643. Lettres de mainlevée, en faveur de Gilles de La Pommeraye, président de la Chambre des Comptes de Bretagne, des biens confisqués de sa mère Catherine du Verger, bannie du royaume. (Fol. 115 v°, 1 page 1/4. — *Bibl. impériale de Vienne* [*Autriche*], ms. 6979, fol. 169, 2 pages.)

25644. Lettres autorisant Jacques de Houbignan, natif du diocèse de Senlis, à posséder des bénéfices ecclésiastiques en Bretagne, comme s'il était natif de ce pays. (Fol. 116 v°, 1 page.)

25645. Lettres d'état pour tenir en surséance les causes de Claude d'Humières, écuyer d'écurie du dauphin et du duc d'Orléans, pendant le temps que durera sa mission auprès des rois d'Angleterre et d'Écosse. (Fol. 117, 1 page. — *Bibl. impériale de Vienne* [*Autriche*], ms. 6979, fol. 101 v°.)

25646. Lettres accordant à Claude d'Humières, écuyer d'écurie du dauphin et du duc d'Orléans, délai pour mettre enchère sur la terre de Lassigny, vendue à la criée aux Requêtes du Palais, parce qu'ayant ac-

[1] On remarquera que Charles-Quint n'est pas qualifié empereur dans cet acte.
[2] Cf. le n° 97, à la date du 28 février 1515 n. s.

57.

compagné le roi en Provence, pour l'entrevue avec le pape, et ayant ensuite été envoyé vers les rois d'Angleterre et d'Écosse, il n'avait pu assister à la vente de ladite terre. (Fol. 117 v°, 1 page 1/4. — *Bibl. impériale de Vienne* [*Autriche*], ms. 6979, fol. 102.)

25647. Lettres portant que Françoise et Louise de Brézé, filles de Louis de Brezé, grand sénéchal de Normandie, jouiront des terres de Nogent-le-Roi, Anet, Bréval et Montchauvet, au bailliage de Chartres, dont le roi Charles VII a fait don à leur bisaïeul Pierre de Brézé, nonobstant l'ordonnance relative à la réunion du domaine aliéné. (Fol. 121, 3 pages. — *Bibl. impériale de Vienne* [*Autriche*], ms. 6979, fol. 175 v°, 3 pages.)

25648. Lettres assignant, sur les revenus des terre, châtellenie et grenier à sel de Château-Thierry et seigneurie de Châtillon-sur-Marne, un douaire de 3,000 livres par an au profit de Françoise de Brézé, dame de Maulévrier, fille de feu Louis de Brézé, grand sénéchal de Normandie, femme de Robert de La Marck [1], seigneur de Sedan, ledit don à elle fait à l'occasion de son mariage. (Fol. 122 v°, 2 pages. — *Bibl. impériale de Vienne* [*Autriche*], ms. 6979, fol. 177 v°, 2 pages.)

25649. Provisions pour Jean Breton de l'office de secrétaire des finances exercé par Robert Gédoyn, son beau-père, à la survivance l'un de l'autre. (Fol. 125, 2 pages. — *Bibl. impériale de Vienne* [*Autriche*], ms. 6979, fol. 168, 2 pages.)

25650. Déclaration portant que Nicolas de Neufville, sieur de Villeroy, rentrera en possession de l'office de trésorier de France en la généralité d'Outre-Seine et Yonne, qu'il avait résigné l'année précédente [2] au profit de Pierre d'Apestigny, receveur général des finances extraordinaires et parties casuelles, et dont ce dernier, après en avoir été pourvu, s'était démis sur l'invitation du roi. (Fol. 142, 1 page. — *Bibl. impériale de Vienne* [*Autriche*], ms. 6979, fol. 202 v°, 1 page 1/2.)

25651. Provisions en faveur de Michel Romaignat, prêtre, de la prébende canoniale ci-devant tenue par Pierre Vaissière en la chapelle castrale de Vic-le-Comte, au diocèse de Clermont, et résignée par celui-ci. Paris... (Fol. 145, 2/3 de page. — *Bibl. impériale de Vienne* [*Autriche*], ms. 6979, fol. 200 v°.)

25652. Lettres portant défense de marier la fille du feu sieur de Cors sans le consentement du roi, et mandant aux sieurs de Gironde et de Moriac de la remettre entre les mains de la dame de Langoiran, pour

---

[1] Robert IV de La Marck épousa Françoise de Brezé, le 19 janvier 1539 n. s., suivant le P. Anselme. (*Hist. généal.*, t. VI, p. 168.)
[2] Le 21 mai 1527 (n° 19183).

la soustraire à l'autorité de l'évêque de Bazas. (Fol. 154 v°, 1/2 page. — *Bibl. impériale de Vienne* [*Autriche*], ms. 6979, fol. 188 v°, 1 page.)

25653. Déclaration explicative de l'article 133 de la dernière ordonnance, relatif aux donations[1]. (Fol. 164, 1 page.)

25654. Lettres autorisant le Parlement de Paris à juger pendant la semaine sainte le procès de proposition d'erreur d'entre MM. de Montmorency et de Roumilly(?), au sujet de la terre de Méon. (Fol. 164 v°, 1/2 page.)

25655. Commission à André Guillart, maître des requêtes de l'hôtel, pour informer *de commodo et incommodo* sur les réformes proposées au roi pour l'administration de la justice en Bretagne[2]. (Fol. 178.)

25656. Mandement à Jacques Rivière, payeur des gens du Grand conseil, de payer à François Olivier, chancelier du duché d'Alençon, le montant de ses gages de conseiller audit Conseil pour les derniers quartiers d'avril à juin et de juillet à septembre, quoiqu'il ait été absent. (Fol. 192, 1/2 page.)

25657. Lettres permettant à Hugues de La Londe et à Guillaume Le Lièvre, marchands habitant Paris, de sortir du royaume avec la somme de 1,050 écus d'or soleil pour aller acheter des chevaux à la foire de « Dambourt » en Flandre. Donné à Fontainebleau... (Fol. 193 v°, 1 page.)

25658. Lettres de réception du serment de fidélité de Claude Dodieu, coadjuteur de l'évêché de Rennes, avec succession future, pour le temporel dudit évêché. (Fol. 202, 1/2 page.)

25659. Commission à Jean du Tillet, protonotaire au Parlement de Paris, pour entreprendre avec (*nom en blanc*), maître des comptes, et le trésorier des chartes, la transcription authentique sur des registres de tous les titres conservés au Trésor des chartes du roi, avec autorisation d'emporter, en vue de ce travail, lesdits titres à domicile. (Fol. 213, 2 pages 1/2.)

(*Protocole de la Chancellerie royale*[3]. *Manuscrit du xvi*e *siècle, Bibl. nat.*, fr. 14368.)

25660. Mandement aux bailli et prévôt d'Orléans d'imposer de nouveau, pour l'année suivante, sur les habitants de la ville et des fau-

[1] Il ne peut être question ici que de l'ordonnance de Villers-Cotterets, août 1539, dont l'article 133 est, en effet, relatif aux donations (n° 11171 du *Catalogue*).
[2] Acte postérieur à la remise au dauphin de l'administration du duché de Bretagne.
[3] On lit en tête du registre : « *Table de ce present prothocolle* ».

bourgs, la somme de 1,860 livres tournois qui devra être employée, comme celle qui a été levée pour la présente année, au payement de cinq lances fournies et autres affaires du roi. (Fol. 21 v°, 1 page 1/2.)

25661. Don à Lancelot du Lac, s' de Chamerolles, bailli et gouverneur d'Orléans, lieutenant de M. de La Trémoïlle, gouverneur de Bourgogne, du château de Montréal en Auxois, avec le revenu de la terre et seigneurie, durant dix ans, à la charge d'entretenir en bon état ledit château, où il pourra résider, sa charge l'obligeant à un séjour continuel dans ce pays. (Fol. 53, 1 page 1/2.)

25662. Don d'une pension annuelle, à prendre pendant dix ans sur les amendes de la forêt d'Orléans, octroyé à Nicole Bernard, lieutenant particulier du gouverneur et bailli d'Orléans, en récompense de ses services tant dans cet office que dans la charge qu'il a eue de réformer le domaine et les forêts dudit bailliage. (Fol. 54, 1 page.)

25663. Don à Jean Godon, conseiller ordinaire au Grand conseil, d'une somme à prendre sur les deniers provenant des gages des conseillers absents, pour avoir siégé audit Conseil, sur l'ordre du chancelier, trois mois de plus qu'il n'y aurait été tenu régulièrement. (Fol. 54 v°, 1/2 page.)

25664. Lettres d'amortissement, avec remise du droit à payer, en faveur des religieux du tiers-ordre de Saint-François du couvent de Sainte-Barbe de Croisset en Normandie, paroisse Saint-Martin de Canteleu, sur la Seine, au bailliage de Rouen. (Fol. 56 v°, 2 pages.)

25665. Déclaration de l'hommage rendu entre les mains du roi par Louis de Graville, amiral de France, chambellan du roi, pour la seigneurie de Milly en Gâtinais, mouvant du château de Melun [1]. (Fol. 58, 1/2 page.)

25666. Lettres instituant à Coucy une foire franche de trois jours, commençant le jour de la Saint-Nicolas d'été, chaque année. (Fol. 59 v°, 2 pages.)

25667. Provisions par la régente, en faveur de Richard Gravelle, de l'office d'élu à Loigny, vacant par le décès de René Rayer. (Fol. 65, 1 page.)

25668. Lettres de la régente confirmant pour une période de six années, à partir du 31 décembre 1526, l'exemption accordée par le roi, jusqu'à cette date, aux habitants de Saint-Riquier, d'avoir à payer plus de 200 livres par an pour les tailles, aides et autres impositions mises sur le royaume. (Fol. 71, 2 pages.)

---

[1] Entre le 1er janvier 1515 n. s. et le 29 octobre 1516, date du décès de l'amiral.

25669. Mandement de la régente au comte de Laval, lieutenant général du roi en Bretagne, de faire faire en sa présence une estimation de trois galions neufs appartenant à Pierre de Bidoux, sʳ de Lartigue , et que la régente veut acheter pour l'armée de mer qu'elle fait réunir présentement. (Fol. 72 , 1 page.)

25670. Lettres de la régente portant commission à André Le Roy, chevalier, sʳ de la Bastide, commissaire ordinaire des guerres, de hâter la construction des nouvelles galères, ainsi que tous les préparatifs de l'équipement de la flotte qu'on est en train d'armer à Marseille et autres villes de Provence, et de s'occuper de fournir ladite flotte de vivres et de munitions. (Fol. 72 , 1 page.)

25671. Lettres de la régente ordonnant de mettre à la disposition de Bernardin des Baux, capitaine ayant la charge de ses deux galères et de deux autres qu'il est chargé d'armer, les prisonniers et les vagabonds qui se trouvent dans le ressort du Parlement de Paris et qui sont aptes à ramer [1]. (Fol. 73 , 1 page.)

25672. Lettres ordonnant de contraindre Pierre Boursier et Louis Le Roy, jadis commis par l'évêque et le clergé du diocèse de Valence à lever le subside accordé au roi par ledit clergé, à rendre leurs comptes et à verser les sommes qu'ils détiennent entre les mains de Philibert Babou, trésorier de France et de l'épargne, commis par le roi à recevoir ces deniers. (Fol. 73 , 1/2 page.)

25673. Mandement à Christophe Daresse, huissier ordinaire de la salle du roi, de faire faire plusieurs ponts de bateaux sur le Rhône et autres cours d'eau, afin de permettre aux gens de guerre, ainsi qu'aux vivres et munitions, de gagner plus rapidement la Provence, où le roi va en personne résister à ses ennemis qui y sont descendus [2]. (Fol. 74 , 1/2 page.)

25674. Mandement au sʳ de Janville [Michel de Luppé], conseiller du roi et prévôt de l'hôtel, d'opérer la saisie des champars et censive d'Épreux, au bailliage d'Orléans, biens appartenant à Charles de Bourbon et qui n'ont pas encore été mis, comme les autres, entre les mains du roi. (Fol. 74 , 1/2 page.)

25675. Lettres désignant un commissaire chargé de reviser l'assiette de la taille pour le diocèse de Paris, où la répartition a soulevé des réclamations, et d'en terminer la levée. (Fol. 74 v°, 1 page.)

25676. Commission à Jean Prédal, lieutenant général du bailli de

[1] Probablement du 26 octobre 1525 (cf. le n° 2242).
[2] Le 30 mai 1525, le roi ordonna qu'on lui payât 222 livres 15 sous pour pareille commission dont il s'était acquitté (n° 18358).

Montferrant, de contraindre à rendre leurs comptes les commissaires délégués à l'administration des biens confisqués sur divers partisans de Charles de Bourbon. (Fol. 75, 1/2 page.)

25677. Lettres en faveur de Nicolas Chartier, trésorier des cent cinq archers de la garde du roi, sous la charge du sʳ de Crussol, pour le faire payer par le grènetier de Montpellier et le receveur de Bernay de sommes qu'ils lui doivent et qui seront employées au fait de son office. (Fol. 75 v°, 1/2 page.)

25678. Mandement au bailli de Viennois de dresser l'inventaire d'une somme d'argent que renferme le trésor de l'abbaye de Saint-Chef et que le roi veut emprunter aux religieux, après leur avoir fourni les garanties qu'ils demanderont[1]. (Fol. 76, 1/2 page.)

25679. Lettres portant dispense en faveur de Georges d'Amboise, sʳ de Chaumont, fils du grand maître de France, âgé de treize ou quatorze ans, pour administrer ses biens, et le mettant hors de bail. (Fol. 77, 1/2 page.)

25680. Lettres autorisant un marchand à transporter du blé de Guyenne en Anjou, où la disette se fait sentir. (Fol. 79, 1 page.)

25681. Lettres portant licence à Martial Cortelle, lieutenant particulier du sénéchal d'Agénais, d'exercer, en même temps que cet office, tout office de judicature des juridictions inférieures qu'il lui plaira en ladite sénéchaussée. (Fol. 79, 1/2 page.)

25682. Lettres prescrivant de renouveler en faveur de Charles de La Mothe, de Bourbonnais, qui a fait pour le roi plusieurs voyages lointains, les décharges qui ont été perdues et sans lesquelles il ne peut toucher la pension de 400 livres à lui attribuée par Louis XII. (Fol. 79 v°, 2/3 de page.)

25683. Provisions pour Jacques Maréchal, potager de la cuisine de bouche du roi, de l'office de sergent à cheval au bailliage et prévôté d'Orléans, vacant parce que celui qui l'occupe, Pierre Barbier, n'a pas demandé sa confirmation à l'avènement du roi. (Fol. 81, 3/4 de page.)

25684. Lettres de surséance, en faveur du cardinal François de Clermont, pour la prestation du serment de fidélité qu'il doit au roi comme évêque de Valence et de Die[2]. (Fol. 81, 1/2 page.)

25685. Lettres autorisant Guillaume Parent, vicomte et receveur ordinaire d'Évreux, à prélever sur sa recette ses gages ordinaires, bien

---

[1] Il est dit que le roi se rend en Provence où ses ennemis sont descendus.
[2] Doit être de 1524.

qu'il ait été empêché depuis quelque temps d'exercer personnellement son office. (Fol. 82, 1/2 page.)

25686. Confirmation pour Bertrand Joran de l'office de sergent ordinaire au bailliage de Touraine, qu'il exerçait du vivant du roi Louis XII. (Fol. 83, 1/4 de page.)

25687. Provisions pour Regnault Bongars de l'office de grènetier du grenier à sel de Gisors. (Fol. 84, 1/2 page.)

25688. Déclaration portant que tous ceux qui vendent du vin dans la ville de Péronne payeront, à moins qu'ils n'en soient expressément exemptés, les droits de huitième et de vingtième imposés sur chaque élection [1]. (Fol. 88 v°, 1 page.)

25689. Lettres permettant qu'il soit forgé et fabriqué pour un officier du roi d'Angleterre [2], dans n'importe quelle ville du royaume, de la vaisselle d'argent jusqu'à concurrence du poids de cent marcs. (Fol. 89, 1/2 page.)

25690. Lettres de naturalité pour Robert «Quoqueborne» (Cockborn), écossais, évêque de Ross en Écosse, actuellement conseiller du roi et aumônier de la trésorerie de la Sainte-Chapelle à Paris, lui permettant de tenir des bénéfices et de tester. (Fol. 94, 1 page.)

25691. Lettres instituant Jean Langlois, chanoine de l'église collégiale de Saint-Quentin en Vermandois, comme vicaire et procureur du roi en ladite église, avec charge de pourvoir aux bénéfices vacants. (Fol. 95, 1/3 de page.)

25692. Lettres portant que des bois de frêne seront abattus dans le comté de Montfort et employés à la fabrication de piques et autres armes nécessaires aux gens de guerre. (Fol. 96, 1/2 page.)

25693. Mandement à l'archevêque de Rouen, à Robert Gédoyn, secrétaire des finances, et à Jean Gaudet, grènetier de Maguelonne, de se rendre à Avignon pour diriger de là les vivres et munitions sur le camp du roi, lequel se rend en personne en Provence, afin de faire lever le siège de Marseille [3] et de chasser du royaume ses ennemis, commandés par Charles de Bourbon. (Fol. 97 v°, 1 page.)

25694. Déclaration portant que les receveurs des aides et tailles de la généralité d'Outre-Seine peuvent choisir librement les sergents qu'ils

[1] Le roi était en Picardie avec son armée depuis quelque temps, à l'époque de cette déclaration.
[2] Le nom est omis.
[3] Le siège de Marseille dura du 19 août au 28 septembre 1524.

veulent employer au recouvrement des deniers de leur recette. (Fol. 98, 2 pages.)

25695. Lettres portant que les vainqueurs aux jeux de l'arbalète et de l'arc, qui ont lieu une fois l'an en la ville de Dijon, seront exemptés pour une année de toutes tailles, aides et impositions quelconques. (Fol. 100, 1 page.)

25696. Lettres portant autorisation pour Alphonse Roy, docteur en théologie, confesseur du commun de l'hôtel du roi, de faire imprimer un livre de piété dont il est l'auteur, avec privilège pour trois ans [1]. (Fol. 100, 1/2 page.)

25697. Mandement à la Chambre des Comptes de Paris de passer et allouer aux comptes du receveur ordinaire d'Orléans les gages de feu Gilles des Ormes, chevalier, premier maître d'hôtel du roi, pour l'office de châtelain et garde de la tour et château de Janville, gages qui avaient été rayés parce qu'on avait égaré les provisions, à l'absence desquelles la veuve dudit des Ormes, Anne de Longuejoue, supplée en produisant un extrait du registre du secrétaire chargé de leur expédition [2]. (Fol. 100 v°, 1 page.)

25698. Lettres autorisant Jacques de Dinteville, s' des Chenets et de Commarien, conseiller du roi et son chambellan ordinaire, à dresser dans sa seigneurie de Commarien des fourches patibulaires à quatre piliers au lieu de deux. (Fol. 102, 1 page.)

25699. Mandement au sénéchal de Lyon d'emprisonner, conformément à une requête du procureur de la cour spirituelle de l'archevêché de Lyon, pour être traduit devant ladite cour, un nommé Simon accusé d'être hérésiarque et «invocateur des mauvais esperitz». (Fol. 103, 1/2 page.)

25700. Lettres commettant Morelet de Museau à tenir les comptes et faire le payement des dépenses extraordinaires des guerres, en remplacement d'Étienne Grolier, décédé. (Fol. 104, 1 page.)

25701. Lettres ordonnant que les faux sauniers qui se trouvent en grand nombre en Touraine, en Anjou, dans le Maine, en Berry, dans le duché d'Orléans et le comté de Blois, blessant ou tuant les grènetiers ou autres officiers qui cherchaient à les arrêter, soient emprisonnés et jugés le plus tôt possible [3]. (Fol. 105 v°, 2 pages.)

[1] Le titre de l'ouvrage est omis.
[2] La radiation avait eu lieu lors de la reddition des comptes des années finissant à la Saint-Jean-Baptiste 1514, 1515 et 1516, mais elle devait s'étendre aux années suivantes jusqu'à la mort de Gilles des Ormes, survenue le 17 mai 1525. — Le mandement est donc postérieur à cette dernière date.
[3] Cf. le n° 3137, daté du 2 septembre 1528.

25702. Lettres commettant Guillaume Prudhomme, trésorier de l'épargne, à l'exercice de la recette générale de Picardie, en attendant que le roi ait pourvu à cet office, vacant par la mort de Jean de La Forge. (Fol. 107, 1 page.)

25703. Mandement à Pierre de Bidoux, sʳ de Lartigue, d'armer, d'avitailler et d'équiper deux navires, Le Jacques et La Bonne-Aventure, et trois galions qui se trouvent en Bretagne, et de les conduire en Provence où se réunira l'armée de mer. (Fol. 107 vº, 1 page 1/2.)

25704. Lettres de naturalité et de légitimation, avec permission de tester, accordées à Noël Delalain, archer de la garde du roi, originaire de Hainaut, fils naturel de Pontus Delalain et de Perrine Delacroix. (Fol. 108, 1 page 1/2.)

25705. Lettres portant promesse du roi de rembourser au duc de Vendôme, à Antoine Du Prat, à Anne de Montmorency, à Louis de Brézé, à François de Tournon, à Jean de Selve, à Jean Brinon, à Florimond Robertet et à Guillaume Prudhomme, les sommes qu'ils se sont engagés à verser aux receveurs généraux d'Outre-Seine et de Normandie, lesquels s'étaient eux-mêmes obligés personnellement au remboursement de diverses sommes prêtées pour les affaires du roi, savoir, par Thomas Turquan, 31,200 livres; par Nicolas Lecomte, 75,163 livres 16 sous; par Étienne Delange, 20,000 livres; par Guillaume Rouillart et Julienne Daniel, veuve de Jean Viart, 14,300 livres[1]. (Fol. 111 vº, 2 pages.)

25706. Lettres de surséance en faveur de Laurent Thibault, vicomte d'Auge, lui accordant un délai de six mois pour la prestation du serment dû à raison de cet office, dont il a été pourvu par suite de la résignation faite à son profit par Raoul Lécuyer. (Fol. 113, 1 page.)

25707. Lettres autorisant Lélio Garuffo, originaire de Romagne en Italie, serviteur du comte Albert de Carpi, à tenir des bénéfices en France. (Fol. 115, 1/2 page.)

25708. Provisions pour Pierre de Thumery de l'office de trésorier des gages et pensions de la garde française du corps du roi, dont est capitaine Gabriel de La Châtre, chevalier, seigneur de Nançay, office vacant par la résignation faite en sa faveur par Germain Vivien. (Fol. 115, 1/2 page.)

25709. Mandement au trésorier de l'épargne de payer à Dreux Budé, secrétaire du roi, la somme de 198 livres 15 sous tournois, pour ses

[1] L'acte porte que le roi envoie « delà les monts » une armée de trente mille hommes sous les ordres de Lautrec. Un autre acte sur le même sujet, qui se trouve à la suite, est daté de 1527.

gages qui sont de six sous parisis par jour, plus dix livres par an pour droits de manteaux. (Fol. 116, 1/4 de page.)

25710. Lettres portant remise à Pierre Delahaye, fermier du minage d'Andely pour trois années à dater du 11 mars 1525, d'une somme de 60 livres tournois sur ce qu'il doit à cause de cette ferme. (Fol. 116 v°, 1/2 page.)

25711. Lettres portant pouvoir à Morelet de Museau, chevalier, sʳ de Montbrillais, général des finances, de se rendre auprès des seigneurs des Ligues, d'y trancher avec eux certaines contestations pécuniaires et de payer les pensions générales et particulières dues pour les années 1524, 1525, 1526 et 1527. (Fol. 116 v°, 1 page.)

25712. Mandement à la Chambre des Comptes de Dauphiné de bailler à cens ou à rente certaines terres vagues et improductives dépendant de la seigneurie de Pierrelatte. (Fol. 117, 1/2 page.)

25713. Lettres donnant acte au duc de Gueldres des lettres par lesquelles il déclare accepter d'être compris au traité de Noyon conclu au mois d'août précédent [1]. (Fol. 120 v°, 1/2 page.)

25714. Lettres ordonnant la prise de possession au nom du roi des maisons et places fortes de l'évêché de Sarlat, actuellement vacant. (Fol. 120 v°, 1/2 page.)

25715. Lettres ajournant devant le Grand conseil les religieux du chapitre de Sarlat, qui, l'évêché se trouvant vacant, ont essayé d'élire le nouvel évêque sans prouver qu'ils eussent ce privilège. (Fol. 121, 1 page.)

25716. Lettres interdisant aux religieux du chapitre de Sarlat de procéder à l'élection d'un nouvel évêque, comme ils le prétendaient, et à l'archevêque dont cet évêché est suffragant, de confirmer cette élection, si elle avait lieu malgré la défense du roi. (Fol. 121 v°, 1 page.)

25717. Mandement à René, bâtard de Savoie, lieutenant général du roi et gouverneur de Provence, de régler les dépenses qu'il jugera nécessaires pour l'établissement rapide des comptes arriérés des finances du roi, y compris la rémunération de ceux qui y seront employés. (Fol. 122, 1 page.)

25718. Lettres accordant à Philibert Babou le jeune, trésorier des menus plaisirs du roi, fils du trésorier de France, un délai pour prêter le serment qu'il doit à cause de sa charge, et décidant qu'en considération

[1] Il s'agit du traité du 13 août 1516 avec le roi d'Espagne.

de son jeune âge, il recouvrera ses assignations par l'intermédiaire de Claude Alligre, clerc de son père [1]. (Fol. 122 v°, 1/4 de page.)

25719. Don par la régente à Antoine Du Prat, chancelier de France, de la seigneurie de Thiers en Auvergne, dont la propriété était l'objet d'un procès entre ladite régente et Charles de Bourbon, avant que celui-ci ne se fût rendu coupable du crime de lèse-majesté. (Fol. 123, 1/2 page.)

25720. Confirmation de ce don par François Ier. (Fol. 123 v°, 1/2 page.)

25721. Provisions pour Jacques Le Roy de l'office de secrétaire ordinaire du roi et de la maison de France, vacant par la résignation faite en sa faveur par son oncle, autre Jacques Le Roy, contrôleur général des finances. (Fol. 123 v°, 1 page.)

25722. Lettres ordonnant la remise entre les mains de Maurice Jonas, chevalier, capitaine de galères, des malfaiteurs détenus dans les prisons du royaume, pour être employés dans les galères de l'armée navale de Provence, en remplacement des rameurs qui, pour la plupart, sont morts de la peste. (Fol. 124, 1 page.)

25723. Mandement de la régente à Jean de La Loère le jeune, secrétaire du roi, de se rendre à Albi en compagnie d'un clerc de Philibert Babou, commis au payement de l'extraordinaire des guerres, et de contraindre ceux qui détiennent les revenus échus de l'évêché d'Albi, touchant la propriété desquels un procès est actuellement pendant, à les verser audit clerc à titre de prêt, pour être employés aux affaires du roi actuellement en Italie [2]. (Fol. 124 v°, 1 page 1/2.)

25724. Provisions pour Jean Breton de l'office de secrétaire des finances occupé depuis vingt-et-un ans au moins par son beau-père, Robert Gédoyn, ledit office devant être tenu par chacun d'eux en l'absence et à la survivance l'un de l'autre. (Fol. 125 v°, 1/2 page.)

25725. Lettres confirmant les provisions précédentes, nonobstant la révocation générale des dons d'offices à survivance, faite avant la date de ces provisions, mais qui n'a été publiée qu'après. (Fol. 126, 1/2 page.)

25726. Provisions pour Jacques Hurault, secrétaire à bourse, en conséquence de la résignation de Raoul Hurault, s[r] de Cheverny, général des finances de Bourgogne, son père, de l'office d'audiencier en la chancellerie de France, vacant par la résignation de Nicolas de Neufville, s[r] de

---

[1] Ces lettres sont antérieures au 30 avril 1526 (Cf. lo n° 18602).

[2] Ce procès avait lieu, aux termes de cet acte, après le décès de Charles Robertet, évêque d'Albi, qui mourut en 1515. Il faut donc rapporter la date de ce mandement à la première régence de Louise de Savoie.

Villeroy, avec dispense d'âge, à condition que, en attendant que ledit Jacques Hurault ait l'âge requis, la comptabilité d'audiencier sera tenue par le sʳ de Cheverny, auquel la survivance des deux offices est en outre accordée. (Fol. 126 v°, 1 page.)

25727. Mandement au chancelier de mettre Jacques Hurault en possession des offices de secrétaire à bourse et d'audiencier de la chancellerie, bien qu'il n'ait que neuf ou dix ans, à condition qu'il prêtera serment lorsqu'il aura l'âge requis [1]. (Fol. 126 v°, 1/2 page.)

25728. Mandement aux vice-chancelier, général, trésorier et contrôleurs généraux des finances de Bretagne, de parcourir ce pays avec un maître des comptes et de se faire rendre compte par tous les officiers royaux de l'état des revenus et domaines du roi, de contrôler leurs indications, de réformer les abus, de punir les délinquants et de rédiger sur toutes ces matières un rapport écrit. (Fol. 127, 1 page.)

25729. Mandement à la Chambre des Comptes de Paris de passer et allouer aux comptes du grènetier de Romorantin, commis au payement des constructions, réparations et travaux à faire dans le château et le parc de Romorantin, toutes les dépenses ordonnées par la mère du roi et portées sur des rôles ou acquits signés par elle. (Fol. 127, 1/2 page.)

25730. Lettres ordonnant, à la demande de Jean d'Amboise, chevalier, sʳ de Bussy, que tous ceux qui tiennent de lui des biens au village de Vitry ou y sont eux-mêmes propriétaires en fassent déclaration, sous peine de perdre leurs droits, au plus tard dans l'an qui suivra la dernière proclamation des présentes lettres, lesdites proclamations devant avoir lieu par quatre quinzaines. (Fol. 131 v°, 2/3 de page.)

25731. Lettres accordant à Renée de France, fille du feu roi Louis XII et belle-sœur du roi, pouvoir de délivrer les prisonniers dans les villes où elle fera son entrée. (Fol. 142, 1/2 page.)

25732. Mandement aux baillis et aux prévôts de Sens et de Chaumont de choisir l'emplacement le plus convenable pour élever un abattoir à Langres, afin d'éviter les épidémies provenant de l'abatage des animaux de boucherie. (Fol. 142 v°.)

25733. Lettres ordonnant de contraindre, sous peine d'emprisonnement et de confiscation de leurs biens, les receveurs des deniers provenant des décimes levés sur le clergé, à verser entre les mains de Jean Grossier, commis à faire cette recette, toutes les sommes dont ils sont injustement détenteurs. (Fol. 148 v°, 1/2 page.)

25734. Provisions de l'office de contrôleur du grenier à sel de Blois

[1] Ce mandement est du même jour que les provisions.

en faveur de Regnault de La Puyade, par suite de la résignation et à la survivance de Raymonet de Caufépée, son oncle. (Fol. 149 v°, 1 page.)

25735. Mandement à Pierre d'Apestigny, général des finances de Bourgogne et receveur général des finances extraordinaires et parties casuelles, de rembourser à Guillaume Borel la somme qu'il a versée, en 1526, pour un office dont il n'a pu jouir parce que Jacques d'Auchy en avait été pourvu antérieurement et y avait même été reçu par le prévôt de Paris[1]. (Fol. 150, 1/2 page.)

25736. Don pour une durée de cinq années à Arnaud Constans, contrôleur des réparations des places de Guyenne, du bail à ferme de la traite et grande coutume de Bordeaux, moyennant une somme annuelle de 20,000 livres tournois en temps de guerre, et de 27,000 livres tournois en temps de paix[2]. (Fol. 150, 1 page.)

25737. Provisions pour Nicole Molé, général de la justice des aides, de l'office de conseiller lai au Parlement de Paris[3], vacant par la mort de Jean Papillon. (Fol. 150 v°, 1/2 page.)

25738. Lettres portant que Pierre d'Apestigny devra être reçu par le Parlement de Rouen à prêter serment pour l'office de vicomte de Pont-Audemer, dont il a été précédemment pourvu, nonobstant qu'il a dû verser au roi, à cette occasion, 3,000 écus soleil, ladite somme n'ayant pas été exigée pour la juridiction mais pour le domaine de ladite vicomté, productif de revenus. (Fol. 151 v°, 1/2 page.)

25739. Mandement au trésorier de l'épargne de faire payer par Jacques Charmolue, changeur du trésor, sur les sommes provenant des compositions et « obventions » de la Chambre des Comptes, à Françoise Ragueneau, veuve d'Hugues Le Masle, vicomte d'Évreux[4], et chargée d'enfants dont plusieurs filles à marier, une somme égale à celle que le roi lui devait à la suite de la clôture des comptes de son feu mari. (Fol. 151, 1 page.)

25740. Lettres fixant à 12,000 livres tournois par an les gages ordinaires de Guillaume Prudhomme, trésorier de l'épargne, lesdits gages devant commencer à courir du 11 mai 1525, date à laquelle il fut pourvu de cet office [cf. le n° 18305]. (Fol. 151, 1/2 page.)

25741. Mandement à Jean de Raconis, commissaire ordinaire de l'artillerie, de faire fabriquer à Paris cent milliers de poudre à canon, en fai-

---

[1] Cet office n'est pas autrement désigné; on le dit vacant par la mort de Raoulet Mousse.
[2] Il est dit que cette somme doit contribuer à l'entretien des armées de terre et de mer qui opèrent dans le royaume de Naples, en Italie, etc., pour la délivrance des enfants du roi, gardés comme otages par l'empereur.
[3] Il fut reçu au Parlement le 3 mars 1528 n. s. (Arch. nat., X¹ᵃ 1531, à cette date).
[4] Son successeur avait été nommé le 27 mai 1525.

sant couper le plus près possible de la ville les bois nécessaires, et en se servant surtout des chaudières, meules et mortiers qui étaient au château du Louvre, lorsqu'on y confectionnait de la poudre, outre ceux qu'il achètera ou louera au besoin. (Fol. 151 v°, 1/2 page.)

25742. Lettres de naturalité en faveur du comte de Carpi, ambassadeur auprès des papes Léon X et Clément VII. (Fol. 152 v°, 1 page.)

25743. Provisions de l'office de greffier ordinaire de la sénéchaussée de Guyenne, sur la résignation de Georges Grolier, qui en avait été pourvu par la régente, le 6 août 1525, et est obligé de le vendre pour s'acquitter envers ses créanciers, avec remise audit Grolier du quart qu'il devait payer pour sa résignation. (Fol. 153, 1 page.)

25744. Lettres permettant à Antoine Gondi, receveur ordinaire du Lyonnais, de continuer l'exercice de son négoce à Lyon. (Fol. 153 v°, 1 page.)

25745. Lettres de jussion au Parlement de Rouen pour l'entérinement des lettres de don au comte de Carpi, chevalier de l'ordre, des vicomtés de Conches et de Breteuil en Normandie, malgré l'opposition du sr de Rouville, grand maître des eaux et forêts de Normandie et de Picardie, et de Jean Masseline, vicomte de Conches et de Breteuil. (Fol. 154, 1/2 page.)

25746. Mandement au trésorier de l'épargne de faire payer à Pierre Sable, canonnier ordinaire, pour être allé cette année à Bayonne sur l'ordre du roi, la somme de 75 livres tournois à prendre par Jacques Charmolue, changeur du trésor, sur les recettes provenant des amendes du Parlement de Paris. (Fol. 154 v°, 1/2 page.)

25747. Lettres réduisant de 6,000 livres par an, pendant deux années, les tailles auxquelles sont imposés les habitants de l'élection de Laon. (Fol. 154 v°, 1/2 page.)

25748. Ordonnance portant que les receveurs et comptables tiendront registre des espèces qu'ils recevront en payement et leur interdisant de trafiquer desdites espèces en profitant des différences de titre[1]. (Fol. 155 v°, 1 page.)

25749. Lettres ordonnant de faire payer les vingt-cinq lances fournies de Robert de La Marck, sr de Sedan, de leurs gages commençant à courir au 1er janvier précédent. (Fol. 156 v°, 1/4 de page.)

25750. Mandement à Jean Hurault et au bailli de Senlis d'aller demander à la ville de Beauvais, qui est ville franche, un certain nombre

[1] Cf. le n° 1045.

de gens de pied, ainsi que l'ont fait Paris qui a fourni quinze cents hommes, et Rouen qui en a donné mille. (Fol. 157, 1 page.)

25751. Lettres autorisant les commissaires chargés de l'assiette des aides en la sénéchaussée d'Armagnac à imposer sur ladite sénéchaussée toutes les sommes qui ont été et seront accordées par les États au sénéchal pour l'aider à soutenir son état. (Fol. 157 v°, 1 page.)

25752. Lettres par lesquelles le roi accepte d'être conservateur de la trêve conclue primitivement pour six mois entre le roi catholique et le duc de Gueldres, à courir du 17 mars précédent, et prolongée ensuite jusqu'au 17 (*le mois en blanc*) « que l'on comptera 1519 », par suite d'un accord entre les envoyés des deux parties, signé le 24 février. (Fol. 160, 1 page.)

25753. Mandement à la Chambre des Comptes de Paris d'allouer aux comptes de Raymond Phélypeaux, commis au payement des édifices du château de Blois depuis le 17 juin 1515, telle somme qu'ils jugeront raisonnable pour ses vacations et pour les frais qu'il a eus à supporter. (Fol. 160 v°.)

25754. Confirmation du don fait par Louise de Savoie à René, bâtard de Savoie, comte de Villars, son frère naturel, de la vicomté de Beaufort. (Fol. 161, 1 page.)

25755. Mandement aux généraux des finances de faire payer leur solde au capitaine, aux quarante hommes d'armes et aux quatre-vingts archers de la nouvelle compagnie du s^r de Montafilant, à partir de la prochaine montre qui sera la montre générale, et ensuite régulièrement à chaque quartier. (Fol. 161, 1/4 de page.)

25756. Lettres autorisant Philibert Babou à présenter ensemble à la Chambre des Comptes de Paris tous les comptes des charges qu'il a remplies, c'est-à-dire celles de trésorier de l'extraordinaire des guerres, de trésorier de la vénerie et fauconnerie et de payeur des archers de la garde de la compagnie du s^r de Crussol. (Fol 163, 1 page.)

25757. Lettres de Louise, mère du roi, portant que la moitié du produit des amendes, confiscations, droits de lods et ventes et autres droits féodaux qui lui adviendront dans ses pays d'Angoulême, d'Anjou, du Maine et de Beaufort, sera employée, en ces mêmes pays, à l'entretien des châteaux et autres édifices. (Fol. 166 v°, 1/2 page.)

25758. Ordonnance relative au domaine fieffé du roi en Normandie. (Fol. 167, 2 pages.)

25759. Lettres en faveur de Jean Péricart, conseiller au Parlement

VII. 59

de Dijon, mandant à l'évêque d'Autun de le pourvoir du premier bénéfice vacant. (Fol. 168, 1 page.)

25760. Lettres portant exemption, pour les deux bâtonniers de l'église de Tours et leurs officiers, du guet, de la garde des portes et des tailles. (Fol. 172 v°, 1 page.)

25761. Lettres de sauf-conduit pour le patron de la nef nommée *La Françoise*, habitant de Marseille, qui se rend à Alexandrie ou ailleurs pour faire le commerce avec les infidèles. (Fol. 174, 1/2 page.)

25762. Lettres de sauf-conduit en faveur de François d'Escobar, valet de chambre ordinaire du roi, qui se rend en Espagne pour aller chercher sa femme et ses enfants demeurés à Valence. (Fol. 175, 1/4 de page.)

25763. Déclaration portant que les prises faites par les sujets du roi sur les Espagnols seront valables, lesdits Espagnols ayant rompu la trêve existant entre le roi et l'empereur, en venant s'emparer les premiers de marchandises appartenant à des Français. (Fol. 176, 1 page.)

25764. Mandement au sénéchal de Rouergue de saisir les biens des nobles qui n'ont pas figuré aux montres du ban et de l'arrière-ban de la sénéchaussée et ne sont pas venus rejoindre l'armée que le roi avait en Guyenne. (Fol. 177 v°, 1/2 page.)

25765. Lettres autorisant le maire de Calais à faire prendre à Bordeaux six ou sept cents tonneaux de vin qu'il se propose de faire venir par eau dans sa ville, où il a l'habitude de loger en sa maison les seigneurs et marchands français qui y sont de passage. (Fol. 177 v°, 1/2 page.)

25766. Lettres portant prolongation pour douze jours de la foire de Lyon qui se tient en août. (Fol. 178, 1/4 de page.)

25767. Lettres commettant le sr de Lartigue, vice-amiral de Bretagne, au commandement de deux navires, *La Bonne-Aventure* et *Le Jacques*, et de trois galions qu'il a fait faire lui-même en Bretagne. (Fol. 182, 1/2 page.)

25768. Don d'une pension annuelle de 300 livres tournois pendant dix ans à Denis Poillot, conseiller au Grand conseil, en dédommagement des souffrances qu'il a endurées au service du roi, spécialement lorsqu'il a été naguère emprisonné aux frontières d'Angleterre et d'Écosse, au cours d'un voyage qu'il avait entrepris en ce dernier pays. (Fol. 182, 1/2 page.)

25769. Provisions pour Mathieu Roulin, lieutenant général en la vicomté de Rouen, de l'office de conseiller lai au Parlement de Normandie, vacant par la promotion de François de Bordeaux à l'office de président en ladite cour. (Fol. 182 v°, 1/2 page.)

25770. Lettres en faveur d'Antoine de la Rovere pour le faire mettre en possession de l'évêché d'Agen, dont il a été pourvu par le pape à la suite de la résignation faite en sa faveur par son oncle, Léonard-Grossus, cardinal de la Rovere [1]. (Fol. 182 v°, 1/2 page.)

25771. Lettres conférant au duc de Vendôme le gouvernement de Picardie, par suite de la mort du s[r] de Piennes [2]. (Fol. 183, 1 page.)

25772. Lettres autorisant pour vingt ans la levée de 15 deniers tournois par minot de sel vendu à Langres et de 9 deniers à Montsaugeon, impôts destinés aux fortifications de la ville de Langres. (Fol. 183 v°, 1 page.)

25773. Lettres portant création dans la ville de Troyes d'une foire franche qui durera chaque année du 8 au 12 mai [3]. (Fol. 184, 2 pages.)

25774. Déclaration portant que Suzanne Le Gendre, légitimée en avril 1525 n. s. (n° 18243), ne pourra aspirer à la succession de Pierre Le Gendre, son père, qu'avec le consentement des frères et sœurs de celui-ci, qui sont ses héritiers naturels. (Fol. 185 v°, 1 page 1/2.)

25775. Mandement au duc de Vendôme, gouverneur de Picardie, de forcer ceux qui ont du blé dans leurs greniers à mettre en vente tout ce qui n'est pas nécessaire à leur consommation, afin de remédier à la disette qui existe dans le royaume. (Fol. 186 v°, 1/2 page.)

25776. Déclaration portant que, dans la récente ordonnance sur les finances du 28 décembre 1523 (n° 1953), le roi n'a pas voulu comprendre les notaires et secrétaires de la couronne et maison de France. (Fol. 187, 1 page.)

25777. Mandement au trésorier de l'épargne de verser chaque année 10,000 livres tournois au comte de Carpi, jusqu'à l'entier remboursement de 98,000 livres à lui dues pour sa pension d'ambassadeur à Rome et pour la rémunération à laquelle il a droit, ayant perdu ses biens au service du roi. (Fol. 187 v°, 1 page.)

25778. Lettres dispensant le s[r] de Bois-René, trésorier des menus plaisirs, qui fait les dépenses d'après un ordre verbal du roi, de dresser d'autre compte que celui qu'il présente au roi, compte qui est dé-

---

[1] Antoine de la Rovere remplaça son oncle au siège d'Agen, en mars 1518.
[2] Nous trouvons le duc de Vendôme mentionné pour la première fois comme gouverneur de Picardie, le 16 décembre 1519 (n° 1124).
[3] Cf. le n° 8701, daté du 29 novembre 1536.

truit aussitôt, parce que certaines parties en sont secrètes. (Fol. 189 v°, 1 page.)

25779. Lettres ordonnant de rechercher dans la vicomté d'Auge les terres vagues qui ne rapportent rien au roi, d'en expulser ceux qui les occupent sans titre valable, et de les affermer au profit du domaine. (Fol. 189, 1/2 page.)

25780. Lettres nommant un commissaire pour s'informer en Langue-doïl et Guyenne du revenu fourni par le domaine, les greniers, les aides et les gabelles, depuis l'avènement du roi. (Fol. 190, 1/2 page.)

25781. Provisions pour Gaillard Spifame, jadis trésorier de l'extra-ordinaire des guerres, de l'office de général des finances en la généra-lité d'Outre-Seine, Yonne et Picardie, exercé jusqu'ici par Morelet de Museau, depuis cinq ans et demi ambassadeur du roi en Suisse. (Fol. 190 v°, 1 page.)

25782. Lettres portant que le changeur du trésor et les receveurs généraux des finances d'Outre-Seine, Languedoïl, Languedoc, Norman-die et Picardie, prendront leurs gages comme par le passé, nonobstant l'ordonnance réorganisant l'administration des finances, donnée à Blois, le 28 décembre dernier [1523, n° 1953]. (Fol. 191, 1 page.)

25783. Don à Paul de La Silve de l'office de greffier civil et criminel du bailliage de Troyes et de Sens, en récompense des services rendus par lui et ses frères, et en rémunération d'un prêt qu'il a fait au roi et dont celui-ci n'a pu s'acquitter entièrement. (Fol. 191 v°.)

25784. Lettres portant mainlevée de la saisie faite de l'abbaye de Notre-Dame de la Roë, au diocèse d'Angers [1]. (Fol. 196, 1/2 page.)

25785. Mandement au juge de Forez de commettre à celui que lui désignera Jean Bouteiller les registres et minutes ayant appartenu à feu Jean Faure, notaire à Saint-Maurice en Forez, afin qu'on puisse en déli-vrer des extraits [2]. (Fol. 196, 1/2 page.)

25786. Mandement à Jacques Groslot, bailli d'Orléans, d'assembler le ban et l'arrière-ban du bailliage, afin de poursuivre les vagabonds et pillards de la région. (Fol. 197, 1/4 de page.)

25787. Provisions pour François Dupré de l'office de conseiller au Grand conseil, vacant par la mort de Nicolas Boileau. (Fol. 197, 1/4 de page.)

25788. Confirmation en faveur des habitants de Beaune, à l'occa-

---

[1] Canton de Saint-Aignan-sur-Roë, Mayenne.
[2] Cf. le n° 10823. Jean Faure était mort quelque temps avant le 19 février 1539 n. s.. et l'on vendit ses registres.

sion de l'avènement du roi, de l'octroi qui leur a été accordé par Louis XII d'un denier tournois par « sallignon » de sel vendu dans le grenier à sel de ladite ville[1]. (Fol. 197 v°, 1/4 de page.)

25789. Lettres portant remise aux habitants de l'élection de Château-Chinon du tiers des tailles qu'ils auront à payer durant trois années à partir du 1ᵉʳ janvier prochain. (Fol. 197 v°, 1/4 de page.)

25790. Lettres de naturalité et de légitimation pour Jean de « Boucarien », dit « Macacellin », l'un des archers des gardes du corps du roi, fils naturel de « Bonastre de Boucarien » et de Marguerite Craffort, écossais. (Fol. 198, 1/2 page.)

25791. Don à un ancien aide des palefreniers de l'écurie du roi, devenu aveugle, d'une place aux Quinze-Vingts de Paris. (Fol. 198, 1/4 de page.)

25792. Lettres portant commission pour Antoine de Pierre vive de l'office de contrôleur des parties casuelles, à la place de Jean Robertet qui l'a exercé depuis qu'il en a été pourvu, le 10 août 1521. (Fol. 198, 1/2 page.)

25793. Mandement au bailli des Montagnes d'Auvergne de répartir dans son bailliage une contribution de huit cents bœufs et de deux mille moutons, le tout destiné à l'approvisionnement de l'armée, en ayant soin de laisser au moins ce qui est nécessaire à la subsistance de ceux auxquels ils les prendront, d'évaluer chaque tête de bétail et d'en fournir un récépissé, avec promesse d'en payer le prix. (Fol. 198 v°, 1 page.)

25794. Lettres établissant Frédéric Fregoso, archevêque de Salerne, lieutenant général du roi dans le pays de Gênes. (Fol. 199 v°, 1 page.)

25795. Lettres de sauf-conduit d'une durée d'un an pour un marchand anglais et ses serviteurs. (Fol. 200 v°, 1/2 page.)

25796. Lettres en faveur des gendres et héritiers de Jean Robineau, Robert Gédoyn, à cause de sa femme Marguerite Robineau, et Germain Vivien, grènetier de Paris, comme tuteur des enfants qu'il a eus de feu Claude Robineau, obligeant Jacques Le Roy à restituer une somme qu'il avait indûment portée sur ses comptes de receveur général d'Outre-Seine de l'année 1494, alors qu'elle était acquise à son prédécesseur, Jean Robineau, pour ses gages d'une année. (Fol. 200 v°, 1/2 page.)

25797. Provisions pour Jean Duguet de l'office de grènetier du

[1] Cf. le n° 16009.

grenier à sel de Joigny, à la survivance de son père, autre Jean Duguet. (Fol. 201, 1/4 de page.)

25798. Don à Jean Spifame, chanoine de l'église de Chartres, en compensation de son prieuré d'Englos près de Lille, représentant un revenu annuel de 300 livres, que l'empereur a saisi, des revenus du prieuré de Brezolles, au bailliage de Chartres, appartenant à Pierre Canterel, lequel tient le parti de l'empereur. (Fol. 201, 1/2 page.)

25799. Mandement aux élus de l'élection de Paris de réquisitionner en la ville et l'élection cent bons chevaux rouliers et autres chevaux de trait avec des chariots, pour être dirigés sur l'armée de Picardie, commandée par le comte de Brienne, afin de servir à ravitailler Thérouanne. (Fol. 201, 1/4 de page.)

25800. Lettres de la régente concédant au duc d'Alençon et à Marguerite de France, sa femme, le droit de racheter, moyennant 20,000 écus d'or soleil, à Charles de Rohan, sʳ de Gié et du Vergier, la terre de Baugé en Anjou, que le roi avait engagée pour cette somme. (Fol. 201, 1/2 page.)

25801. Don à Jacques de Beaune, chevalier, général des finances, de 30,000 livres tournois en récompense des services qu'il a rendus au roi depuis douze ans, et en rémunération de ses voyages et des sommes qu'il a avancées pour le roi. (Fol. 201 v°, 1/2 page.)

25802. Provisions pour Jacques Ragueneau de l'un des quatre nouveaux offices de maître des requêtes ordinaire de l'hôtel [1]. (Fol. 202, 1/2 page.)

25803. Lettres contenant permission à un marchand de Blois de faire prendre en Guyenne six cents tonneaux de froment et de seigle, et de les faire conduire par mer jusqu'à Nantes et, en remontant la Loire, jusqu'en Anjou, où il y a disette de blé. (Fol. 202 v°, 1 page.)

25804. Lettres exemptant de traites et péages les blés que Jacques Housseau s'engage à mener de Toulouse à Bayonne, pour servir à l'avitaillement de cette dernière place. (Fol. 203, 1 page.)

25805. Lettres autorisant les habitants du duché de Guyenne, qui le voudront, à armer en course des barques, galions, « anguilles » et autres navires pour faire la guerre aux Anglais et aux Espagnols, pourvu qu'avant leur départ ils s'inscrivent en fournissant caution entre les mains des officiers de l'amirauté. (Fol. 203, 1/2 page.)

25806. Lettres permettant à un particulier, habitant du Dauphiné,

[1] Il s'agit probablement de René Ragueneau, bien que ce texte porte « Jacques ».

de construire un radeau de bois et de le mener en franchise jusqu'à Marseille. (Fol. 2o3 v°, 1/2 page.)

(*Protocole de la Chancellerie royale*[1]. *Manuscrit du xvie siècle*,
Bibl. nat., fr. 19822.)

25807. Don à un lépreux d'une place de malade au prieuré de
Saint-Ladre hors les murs de Paris, ledit prieuré étant de fondation
royale. (Pièce n° 2.)

25808. Lettres portant collation pour Claude Burgensis, clerc, de
l'office de maître et administrateur de la léproserie de Saint-Lazare près
de Beauvais, vacant à cause de la résignation faite par Antoine Juge
entre les mains du grand aumônier du roi, avec don des droits de régale
ouverts par la mort de l'évêque de Beauvais. (N° 13.)

25809. Mandement aux généraux des aides à Paris de se livrer à
une information au sujet des exactions commises par les consuls de la
ville de Cadillac en Gascogne en faisant l'assiette de certains impôts,
et de les punir en les emprisonnant et en saisissant leurs meubles[2].
(N° 16.)

25810. Déclaration portant que Thierry de Bouche, auquel le roi
avait accordé verbalement, le soir du 27 décembre dernier, une prébende canoniale à la sollicitation du s[r] de Villiers, écuyer tranchant
ordinaire, et qui, en vertu des lettres à lui expédiées d'après les ordres
donnés par le roi à un de ses secrétaires le lendemain matin, avait été
mis en possession de sa prébende, continuera à en jouir, bien que le roi
l'ait par erreur conférée le 28 décembre vers huit heures du matin,
avant la messe, à un certain Lasnière. (N° 20.)

25811. Lettres ordonnant que les gens d'église de Touraine qui ont
acquis depuis quarante ans, en leur propre nom, des biens roturiers,
soient soumis à une cotisation pour remplacer les tailles qui auraient été
payées pour ces biens, s'ils étaient restés entre les mains de roturiers.
(N° 32.)

25812. Lettres permettant à Urbain de Préaux de tenir en Bretagne
des bénéfices jusqu'à concurrence de 1,000 livres tournois de revenu
annuel, bien qu'il ne soit pas né dans le pays, ce qui l'oblige, d'après
les privilèges du duché, à obtenir congé du roi. (N° 33.)

[1] Le registre débute ainsi : «*C'est la table de ce present prothocolle qui traicte de plusieurs lettres de chancellerie, tant de commandemens de justice que autres, avec plusieurs clauses.*»
[2] Un acte de confiscation pour la même cause, daté du 16 janvier 1523 n. s., se trouve à la suite.

25813. Lettres portant que René Juvineau, secrétaire du roi, recevra les gages ordinaires des secrétaires, soit 6 sous parisis par jour et en outre chaque année 10 livres parisis pour droit de manteaux. (N° 34.)

25814. Lettres de contrainte contre les receveurs, grènetiers et fermiers de la généralité d'Outre-Seine, pour faire payer les sommes qui leur seront réclamées par Jean Ruzé, receveur général en ladite charge, savoir, pour les aides et tailles, dans le mois qui suivra l'échéance du terme, et pour les greniers, aussitôt après la réception par les grènetiers. (N° 35.)

25815. Provisions d'un office de conseiller référendaire des requêtes de l'hôtel pour Jacques Auber, licencié ès droits. (N° 47.)

25816. Déclaration renouvelant l'évocation, déjà faite devant le Grand conseil, de la cause pendante devant le Parlement de Bordeaux et les Généraux des aides, entre le syndic des consuls et habitants de Bergerac et le procureur du roi, d'une part, et le syndic des consuls et habitants de La Linde, d'autre part, pour certaines entreprises faites par ces derniers à l'encontre des privilèges des habitants de Bergerac. (N° 55.)

25817. Mandement au bailli de Meaux de contraindre Jean de Bonneval, dit « Ragache », suzerain du fief du Taillis à cause de sa seigneurie de Jouy, à recevoir les foi et hommage à lui rendus à cause dudit fief par Marie d'Amboise, veuve de Robert de Sarrebrück, comte de Braine et de Roucy, pour Gautier de Sarrebrück, son fils, ou à accorder du moins à celui-ci souffrance de rendre hommage jusqu'à sa majorité. (N° 91.)

25818. Provisions pour l'un des huit notaires qu'Adam Fumée, maître des requêtes ordinaire de l'hôtel, a maintenus en la ville de Fontenay [le-Comte-], après réduction, conformément à la commission qu'il avait reçue du roi. (N° 97.)

25819. Lettres de sauvegarde pour maintenir Jean Guyot en possession de tous ses biens, à lui accordées à sa prière et à cause de son office de secrétaire du roi. (N° 103.)

25820. Lettres données à la requête de frère Pierre du Puy-du-Fou, prieur de Saint-Pierre de Mortagne, de l'ordre de Saint-Benoît, au diocèse de Maillezais, portant mandement aux auditeurs de la chambre apostolique ou de rote et autres officiers en cour de Rome de faire copier et collationner les provisions, bulles et autres documents pouvant servir à un procès pendant devant le sénéchal de Poitou, entre frère Guillaume de Navières, d'une part, Pierre du Puy-du-Fou, Bertrand de

Moussy et autres, d'autre part, à cause dudit prieuré de Mortagne, les originaux ne pouvant être facilement retirés de chez les notaires ni transportés à Poitiers, sans être exposés à se perdre. (N° 115.)

25821. Provisions pour Gabriel de Cluny de l'office de sergent royal au bailliage de la Montagne, qu'il exerce actuellement en vertu de lettres de Louis XII, mais qui doit être considéré comme vacant parce qu'il a négligé de se pourvoir de lettres de confirmation, à l'avènement du roi. (N° 124.)

25822. Commission à plusieurs personnes pour chasser et détruire les loups dans les bailliages de Troyes, Sens, Chaumont, Bar-sur-Seine, Berry, Orléans, Montargis et Bourges, et leur accordant pour chaque loup qu'ils tueront deux deniers, et pour chaque louve quatre deniers [1]. (N° 132.)

25823. Don à Jean Mercier, habitant de Limoges, de la Monnaie de ladite ville, pour six années. (N° 142.)

25824. Provisions pour Jean du Moustier de l'office de greffier des élus de Saintonge et de La Rochelle, à la nomination de l'amiral de Bonnivet, réserve faite de la survivance à autre Jean du Moustier, son père. (N° 143.)

25825. Lettres portant permission à Jacques d'Oteville, écuyer, seigneur de Villiers, homme d'armes des ordonnances sous la charge du chambellan ordinaire du roi, le sire de Vandenesse, de redresser les fourches patibulaires tombées par suite de vétusté dans sa seigneurie de Villiers, au bailliage de Saint-Pierre-le-Moutier. (N° 148.)

25826. Lettres portant défense d'établir des chevaux de poste ou des courriers sans l'autorisation du roi, ce qui permettrait à ses ennemis d'être instruits de ce qui advient dans le royaume [2]. (N° 157.)

25827. Commission pour faire abattre des gros bois d'orme, de chêne et de frêne qui doivent servir au remontage des affûts de l'artillerie. (N° 159.)

25828. Don de 30 écus d'or soleil à un ancien page des écuries du roi, mis hors de page, pour lui permettre de se monter afin de servir dans les ordonnances. (N° 163.)

25829. Provisions de l'office de maître des courriers en Italie et de contrôleur des chevaucheurs de l'écurie du roi à Milan. (N° 165.)

[1] Le même acte se trouve dans le ms. 6979 de la Bibliothèque impériale de Vienne (Autriche), fol. 110.
[2] Cf. le n° 2699 du Catalogue.

IMPRIMERIE NATIONALE.

25830. Don de 2,000 livres tournois à un enfant d'honneur de la maison du roi. (N° 169.)

25831. Prolongation pour six ans à la ville de Châteaudun de l'octroi d'un droit de barrage qui est d'un denier par cheval chargé, de 2 deniers par charrette à deux roues et de 4 deniers par charrette à quatre roues, les sommes recueillies devant être employées aux fortifications de la ville. (N° 171.)

25832. Permission pour une année à Pierre, Maurice et Alain Jour, marchands de Bretagne, à cause des dommages que leur ont fait éprouver en mer les Anglais, d'aller porter des marchandises à Jersey et Guernesey, sauf du blé et des munitions, malgré la guerre qui continue avec l'Angleterre. (N° 172.)

25833. Lettres portant exemption de loger les gens d'armes, en faveur des religieux et religieuses du prieuré et hôpital du Saint-Esprit de Troyes et de tous ceux qui en dépendent en Champagne et dans la seigneurie de Mouzon, à cause du peu de revenu de leurs biens. (N° 176.)

25834. Mandement à Jean Hurault de chercher un curateur pour Catherine de Médicis, fille mineure de la défunte duchesse d'Urbin, et de présenter à ce sujet un rapport au roi. (N° 177.)

25835. Mandement à Philibert Tissart, général des finances de Bretagne, de faire payer par l'entremise de Jean de L'Espinay, receveur général dudit pays, 1,000 livres tournois à ceux auxquels le roi a confié la garde de *la Bonaventure* et du *Jesus-Maria*, jadis commandés par le capitaine Chauroy, décédé, cette somme devant être employée au radoub et à l'avitaillement desdits navires. (N° 178.)

25836. Lettres d'amortissement, en faveur du chapitre de Coutances, à la prière du cardinal de Boisy, grand aumônier de France, évêque dudit lieu, de deux fiefs dont le revenu a été destiné par un précédent évêque de Coutances à l'entretien d'un maître et de six enfants de chœur en ladite église. (N° 181.)

25837. Provisions de l'office de receveur et payeur des gages du prévôt de l'hôtel, de ses lieutenant, greffier, archers et sergents, et des amendes revenant au roi en ladite prévôté. (N° 184.)

25838. Mandement aux généraux des finances de faire payer par Jean de Poncher, jadis trésorier des guerres, sur les deniers provenant des absences dans les compagnies, à plusieurs hommes d'armes sous les ordres du duc d'Albany, leur solde du quartier d'avril-juin précédent, celui-ci les ayant, au moment de la montre, envoyés chez eux pour se remonter de chevaux[1]. (N° 185.)

25839. Don à un fruitier ordinaire du roi, en récompense de ses services, des biens ayant appartenu à Jean Mosnier, dit « Hennequin », adjugés au roi en vertu du droit d'aubaine, par sentence du bailli de Touraine. (N° 193.)

25840. Lettres appelant devant le Grand conseil les religieux de l'abbaye de Saint-Prix, de l'ordre de Saint-Benoît, au diocèse de Noyon, qui ont procédé à l'élection de leur abbé, au préjudice des droits reconnus au roi par le Concordat. (N° 198.)

25841. Permission accordée par la régente à un marchand de transporter d'Auvergne en France, où il en est grand besoin, mille setiers de blé de l'année précédente, qu'il désire vendre. (N° 205.)

25842. Lettres de marque contre le roi et la reine de Navarre ou leurs sujets, après deux sommations restées sans effet. (N° 215.)

25843. Don à l'évêque de Senlis du revenu qui appartient au roi, à cause du quart et de la vingtième partie qu'il prend sur la vente des bois tenus pour « demeurance » dudit évêché. (N° 220.)

(Recueil de copies de lettres patentes. Manuscrit du xvi° siècle, Bibliothèque impériale de Vienne [Autriche], ms. 6979 [2].)

25844. Provisions en faveur de Claude Robertet d'un office de trésorier de France, en remplacement et sur la résignation de Florimond Robertet, baron d'Alluyes, pour récompenser celui-ci des services qu'il a rendus à Louise de Savoie pendant la captivité du roi. (Fol. 44.)

25845. Commission aux officiers de feu Madame Louise de Savoie pour exercer leurs offices jusqu'à ce que le roi en ait ordonné autrement. (Fol. 47.)

25846. Lettres de répartition, pour l'année prochaine, d'une taille semblable à celle de cette année 1531, montant à la somme de 3,061,000 livres tournois, payable aux 1er janvier, 1er avril, 1er juillet et 1er octobre 1532 [3]. (Fol. 48 v°.)

[1] Cf. le n° 775 du *Catalogue.*
[2] Beaucoup d'actes de ce registre, se trouvant transcrits aussi dans le ms. fr. 5503 de la Bibl. nat. de Paris, ont été notés ci-dessus, p. 447 et suiv. Les lettres datées du manuscrit de Vienne sont à leur ordre chronologique dans le *Catalogue.* Il renferme, dans les dernières pages, un certain nombre de lettres patentes des rois Henri II et François II.
[3] C'est un mandement aux élus de l'élection de N., leur notifiant la part de leur élection et réglant la levée et répartition.

25847. Commission aux gens tenant la chambre des vacations au Parlement de Paris de juger certains procès touchant le domaine, les eaux et forêts et autres droits royaux, « nonobstant qu'ilz soient de la valeur de cinq cens livres de rente ». (Fol. 60 v°.)

25848. Lettres de création d'un office de contrôleur des deniers communs en la ville de Reims. (Fol. 77 v°.)

25849. Mandement au sénéchal de Ponthieu de dispenser les villes frontières de son ressort de l'obligation d'apporter la moitié de leurs deniers communs au trésor du Louvre. (Fol. 83 v°.)

25850. Lettres enjoignant aux vagabonds et gens sans aveu de sortir de Paris dans les trois jours, et mandement au Prévôt de Paris et à son lieutenant criminel de prendre ceux qui refuseraient d'obéir et de les envoyer aux galères. (Fol. 96 v°.)

25851. Confirmation du greffier du bailliage de Honnecourt, appartenant au dauphin et à la dauphine, en sondit office qu'il exerçait déjà du temps du duc d'Albany. (Fol. 103.)

25852. Déclaration de l'hommage rendu au roi par Aymar Nicolaï, premier président de la Chambre des Comptes[1], sr de Saint-Victor et de la Bretèche, pour la seigneurie de la Bretèche, mouvant de Néauphle-le-Château. (Fol. 107 v°.)

25853. Mandement à la Chambre des Comptes de Paris d'entériner le don fait à Antoine de Bayencourt, sr de Bouchavesne, capitaine de la ville de Doullens, du revenu de la châtellenie, terre et seigneurie de Doullens pendant dix ans. (Fol. 107 v°.)

25854. Mandement au trésorier de l'épargne, Guillaume Prudhomme, de payer pour l'année 1534 à l'abbé et aux religieux de Saint-Hubert-des-Ardennes la somme de 100 livres tournois, montant du don que le roi leur fait chaque année. (Fol. 111.)

25855. Mandement au bailli de Bar-sur-Seine de saisir et de mettre dans la main du roi une somme de 3,000 livres tournois, due par Jean Saladin d'Anglure au sr du Buz, partisan de l'empereur. (Fol. 117 v°.)

25856. Lettres de sauvegarde et exemption de loger les gens de guerre, accordées aux habitants de Clermont-en-Beauvaisis. (Fol. 118 v°.)

25857. Lettres adressées à l'évêque de Clermont et au sieur de Nantouillet, gentilhomme de la chambre, fils et héritiers du cardinal

[1] Il avait été pourvu de cet office le 26 février 1519 (n° 17014). Il le résigna le 6 juillet 1537 (n° 9185).

Du Prat, leur demandant de prêter au roi la somme de 300,000 livres tournois, qui leur sera remboursée en douze années, à raison de 25,000 livres par an. (Fol. 119.)

25858. Lettres permettant à Nicolas de Neufville, sieur de Villeroy et de Magny, secrétaire des finances, de clore de murs et de fortifier la ville de Magny au bailliage de Senlis, et d'imposer les manants et habitants du lieu pour subvenir à la dépense nécessaire. Fontainebleau.... [1]. (Fol. 123 et 124 v°.)

25859. Lettres portant collation à Jean Terriou de la vicairerie perpétuelle de Sainte-Catherine de Corrèze, au diocèse de Tulle, en remplacement et sur la résignation d'Antoine Regnault. (Fol. 125 v°.)

25860. Lettres commettant François Doudelan à la garde et administration des vins destinés au ravitaillement de la ville de Thérouanne. (Fol. 127.)

25861. Lettres permettant à Jean Bourrassol, pourvu de l'office de greffier du Parlement de Toulouse [2], en remplacement de feu Guillaume de Bourrassol, son père, de signer les arrêts de la cour et de faire toutes les expéditions nécessaires, nonobstant qu'il ne soit secrétaire du roi. (Fol. 129.)

25862. Lettres permettant à François de Princelle, écuyer tranchant du dauphin, dont la garde-noble appartient au roi, d'administrer ses biens, nonobstant qu'il soit encore mineur. (Fol. 130.)

25863. Provisions pour Antoine Martin d'un office de notaire nouvellement créé dans la baronnie de la Tour en Auvergne, appartenant au dauphin et à la dauphine. (Fol. 130 v°.)

25864. Lettres de dispense accordées à Nicolas Gobin pour exercer à la fois l'office de notaire royal et celui de grènetier du grenier à sel nouvellement créé à Château-Porcien, prévôté de Sainte-Menehould, bailliage de Vitry. (Fol. 131 v°.)

25865. Lettres portant décharge à Anne de Montmorency, grand maître et maréchal de France, des lettres, obligations, quittances et autres titres relatifs au payement de la rançon du roi et de ses fils, et aux négociations pour la délivrance de ces derniers, dont il s'est dessaisi pour être remis au trésor des chartes. (Fol. 133 v°.)

25866. Provisions pour Guillaume Philbert, licencié ès lois, de l'of-

---

[1] Deux lettres patentes dont le texte est un peu différent.
[2] Les lettres de provisions sont du 24 novembre 1529 (n° 19918).

fice de juge ordinaire de la prévôté de Chinon, sur la résignation de Charles Philbert, son père, et sous réserve de survivance. (Fol. 134 v°.)

25867. Commission pour réquisitionner des bateaux sur la Seine, la Marne et l'Aisne, et les amener au camp du roi. (Fol. 138 v°.)

25868. Mandement à Guillaume Prudhomme, trésorier de l'épargne, de payer à Nicolas de Neufville, secrétaire des finances du roi et trésorier de France, la somme de 1,200 livres pour sa pension et 423 livres 2 sous 6 deniers pour ses gages dudit office de secrétaire des finances pendant l'année dernière. (Fol. 143.)

25869. Commission pour faire creuser plus profonds les fossés de Narbonne, et en imposer la corvée aux habitants des paroisses et villages voisins [1]. (Fol. 143.)

25870. Lettres permettant de mettre en coupe et de faire vendre un bois de haute futaie, mitoyen avec le roi, sis en la forêt d'Orléans, au lieu dit « les Alluets » (Fol. 146.)

25871. Lettres de commission pour mener et conduire à Mouzon des vins destinés au ravitaillement de douze mille hommes de guerre que le roi y envoie pour garder la frontière. (Fol. 146 v°.)

25872. Mandement au Parlement de Toulouse de faire contraindre les habitants du pays de Foix, sujets du roi de Navarre, à bailler promptement à celui-ci les deniers auxquels ils ont été taxés pour la défense de ses États. (Fol. 149.)

25873. Commission pour exercer les offices de capitaines de Chalançon et de Ponas en Viennois, saisis sur le sieur de Saint-Vallier. (Fol. 149 v°.)

25874. Mandement au sénéchal d'Auvergne de bailler au maréchal de La Palice la baronnie de Mercœur et ses dépendances, saisies depuis la défection du connétable de Bourbon, et de lui permettre d'en administrer les revenus jusqu'à ce qu'il en soit autrement ordonné. (Fol. 151.)

25875. Commission à Étienne, bâtard de Saint-Vidal, archer de la garde française sous le sieur de Crussol, pour exercer l'office de capitaine et bailli de la Roche-en-Regnier au pays de Velay, saisie sur le connétable de Bourbon. (Fol. 151 v°.)

25876. Mandement aux trésoriers de France et au maître des eaux et forêts du comté de Gaure de faire couper dans la forêt de « la Rame » le bois nécessaire à la réfection des remparts de Lectoure, que le sieur

---

[1] Cf. le n° 8492, daté du 3 juin 1536.

de Lautrec, gouverneur de Guyenne, est chargé de faire fortifier. (Fol. 152.)

25877. Lettres ordonnant au sieur de Lautrec, gouverneur de Guyenne, de commettre un personnage suffisant et expert pour contraindre les habitants de Lectoure et des paroisses voisines à relever les fortifications de cette ville [1]. (Fol. 152 v°.)

25878. Commission pour visiter et faire réparer les murailles et fortifications des villes de Mâcon, Chalon et Tournus. (Fol. 153 v°.)

25879. Commission au lieutenant du s' de Lautrec en Italie de faire assembler les gentilshommes de Milan et du diocèse, pour leur demander de prêter au roi 33,000 écus soleil. (Fol. 154 v°.)

25880. Lettres plaçant sous la garde du roi et de la reine, jusqu'à son mariage, Jeanne de La Boissière, fille de feu Nicolas de La Boissière, de la sénéchaussée de Rennes. (Fol. 156.)

25881. Lettres de don à Thomas d'Assis, l'un des veneurs du roi, de vingt pieds de chênes à prendre dans la forêt de Chinon. (Fol. 157.)

25882. Commission à Jacques de Chabannes, sieur de La Palice, maréchal de France, de se rendre dans les pays de Beaujolais, Forez et Dombes, saisis sur le connétable de Bourbon, pour y recevoir les plaintes des habitants, leur faire rendre justice, visiter les frontières, villes, châteaux et places fortes, y établir des capitaines de par le roi, poursuivre les partisans du connétable, etc. (Fol. 157 v°.)

25883. Lettres de don à la duchesse douairière de Vendôme des revenus, profits et émoluments des greniers à sel de Charolles, Paray-le-Monial et le Mont-Saint-Vincent, pour une année. (Fol. 158 v°.)

25884. Mandement à la Chambre des Comptes de Dijon de laisser jouir les héritiers de feu Jean de Tavanes, sieur de Dalle et de la Colonne, des biens qu'il possédait dans le duché de Bourgogne, nonobstant que les lettres de naturalité obtenues par ledit sieur, le 18 avril 1528, ne lui aient pas été adressées, mais seulement à la Chambre des Comptes de Paris. (Fol. 160 v°.)

25885. Commission à Philibert Tissart, général des finances en Bretagne, et à Charles Luillier, ancien contrôleur des guerres, de faire saisir les biens de Jean de L'Espinay, trésorier et receveur général de Bretagne, récemment décédé, jusqu'à l'apurement de ses comptes. (Fol. 163.)

25886. Provisions pour le sieur de Lautrec, lieutenant général en

___

[1] Cf. le n° 2025, daté de juin 1524.

Guyenne, de la charge de gouverneur et lieutenant général en Languedoc. (Fol. 163 v°.)

25887. Lettres portant décharge pour le sieur de La Fayette du gouvernement et de la capitainerie de la ville et du château de Boulogne-sur-Mer, et lui mandant d'en remettre le commandement au sieur Du Biez, chevalier de l'ordre et chambellan ordinaire du roi [1]. (Fol. 167.)

25888. Commission pour établir les logis des gens d'armes des ordonnances de la compagnie du grand écuyer, qui sont actuellement en Bourgogne, dans les garnisons de Beaujeu, Belleville et Villefranche en Beaujolais. (Fol. 167 v°.)

25889. Lettres de jussion au Parlement de Paris pour l'exécution des lettres accordant à Gilles de La Pommeraye, président de la Chambre des Comptes de Bretagne, mainlevée des biens de sa mère, Catherine Du Verger. (Fol. 169 v°, 1 page.)

25890. Lettres prolongeant de plusieurs jours la foire d'août de Lyon qui se tient actuellement. (Fol. 170, 1 page.)

25891. Commission aux prévôts des maréchaux de France de procéder rigoureusement contre les gens de guerre à pied et à cheval qui pillent et oppriment le pauvre peuple. (Fol. 178 v°, 2 pages.)

25892. Lettres confirmant en son office le capitaine du château de Honnecourt appartenant au dauphin et à la dauphine, lequel était déjà en exercice du temps du duc d'Albany. (Fol. 180 v°, 1 page.)

25893. Lettres donnant pouvoir au dauphin, gouverneur de Normandie, âgé de quatorze ans, de créer un maître de chaque métier dans toutes les villes de Normandie où il y a maîtrise jurée. (Fol. 187 v°, 2 pages.)

25894. Lettre portant collation à Nicolas de Gonnelieu de la chapelle Sainte-Marguerite du château de Honnecourt, appartenant au dauphin et à la dauphine, vacante par la résignation de Jean Marchand. (Fol. 189, 1 page.)

25895. Déclaration de l'hommage fait au roi par Guillaume Prudhomme, notaire et secrétaire du roi, général des finances. (Fol. 195, 1 page.)

25896. Mandement à Jean Carré, commis au payement des gages des officiers domestiques de la maison du roi, de payer, sur les deniers de l'année 1538 dernière passée, la somme de 137 livres tournois à Mathurin Habert, potager de la cuisine du roi, depuis le

[1] Cf. le n° 17601.

2 1 mars 1539, date de la mort de Jean Boivin, son prédécesseur, jusqu'au 3 1 décembre suivant. (Fol. 195 v°, 1 page.)

25897. Lettres de don au sieur de Magnac et à ses successeurs d'un usage de bois mort et de mort-bois pour le chauffage dudit lieu de Magnac, du bois à bâtir pour l'entretien des édifices et du droit de pâturage de leurs bêtes, en la forêt de Florence au comté de Gaure, sénéchaussée de Toulouse. (Fol. 197.)

25898. Lettres portant pouvoirs de la charge de lieutenant général dans les pays de deçà la Loire pour Charles, duc d'Orléans, fils du roi. (Incomplet.) [Fol. 224, 2 pages 1/2.]

25899. Mandement au sieur de Grignan, lieutenant général en Provence, de faire mettre en liberté Jean Leblanc et Jean Pavois, forçats sur les galères, conformément à l'arrêt du Parlement de Paris qui lui sera présenté. (Fol. 304, 1 page.)

25900. Mandement au bailli de Sens de répartir et faire lever, sur les villes closes de son bailliage, les deniers nécessaires à la solde et entretien de huit cents hommes de guerre à pied, pour leur part de cinquante mille hommes levés dans le royaume, pour quatre mois, à raison de 6,000 livres tournois par mois pour une bande de mille hommes[1]. (Fol. 304, 2 pages 1/2.)

25901. Commission au sieur Vaudray, conseiller en la Chambre du trésor, de faire le procès de Gilles Philippe et de Fabien de Châteauvieux, marchands de la Basse-Normandie, qui avaient trafiqué avec les Anglais durant la guerre, affaire dont avaient été chargés primitivement le bailli de Noyon, puis le lieutenant du bailli de Caen, à Vire. (Fol. 305 v°, 3 pages.)

25902. Commission à un président et à deux conseillers du Parlement de Provence d'examiner Jean du Pérat, licencié ès lois, présenté à l'office de procureur du roi au siège d'Arles, en remplacement de feu Aymar Rivière. (Fol. 306 v°, 1 page.)

25903. Lettres portant défense à Raphael Lobia, consul de la nation française à Alexandrie en Égypte, de ne prélever aucun droit supérieur à un pour cent sur les marchandises des sujets français trafiquant dans le Levant, conformément à la taxe perçue par ses prédécesseurs en ladite charge. (Fol. 312, 2 pages.)

25904. Édit de création d'une Chambre des Comptes pour la Normandie, à Rouen[2]. (Fol. 314, 6 pages 1/2.)

[1] Cf. le n° 22,636.
[2] Mentionné dans des actes d'octobre 1543 (n° 22692) et du 5 avril 1544 (n° 22794). Cette Chambre fut supprimée en ce même mois d'avril 1544 (n° 22810).

25905. Lettres permettant à Charles de Marillac, maître des requêtes de l'hôtel, abbé de Saint-Pierre-lès-Melun, de vendre de quatre-vingts à cent arpents de bois taillis appartenant à ladite abbaye, situés à une lieue et demie de Melun, pour l'aider à supporter les dépenses de réparations des bâtiments conventuels dévorés par un incendie. (Fol. 325 v°, 1 page.)

25906. Lettres autorisant Jean et Edmond Marie, écuyers, et Jean Marie, fils de Guillaume, leur frère aîné, héritiers de Jean Marie, sr de Montfort au bailliage de Caen, leur père, à changer leur nom de Marie et à porter désormais celui de Montfort. (Fol. 326, 1 page.)

25907. Protestation du roi touchant le duché de Milan, le comté d'Asti et la seigneurie de Gênes, contre les traités de Madrid et de Cambrai. (*Copie du xvie siècle. Bibl. nat.*, ms. fr. 2846, fol. 56.)

25908. Mandement aux commissaires et contrôleurs ordinaires des guerres de payer aux gens de guerre leurs gages et soldes des quartiers d'avril et juillet 1546. (*Minute, Bibl. nat.*, ms. fr. 2965, fol. 68.)

25909. Ligue entre François Ier et le duc de Saxe contre Charles-Quint, pour la délivrance du landgrave. (*Copie du xviie siècle, Bibl. nat.*, ms. fr. 2966, fol. 180.)

25910. Lettres portant abandon de tous les droits seigneuriaux qui pourraient être dus au roi par Jacqueline de Lestrac, veuve d'Antoine, baron de Mailly, à cause de la vente de cette baronnie, ou par le sr de Bellefourière, maître d'hôtel du roi, par suite du mariage de sa fille avec René de Mailly[1]. (*Minute, Bibl. nat.*, ms. fr. 3020, fol. 97.)

25911. Don à René de Mailly de la somme de 4,500 livres tournois, en raison de sa proximité de lignage avec le roi et des services de son père. (*Minute, Bibl. nat.*, ms. fr. 3020, fol. 99.)

25912. Mandement du roi à la reine de Navarre, duchesse de Berry, d'ordonner à ses officiers en Berry de contraindre et faire contraindre les imposés de son duché à acquitter leurs contributions. (*Minute, Bibl. nat.*, ms. fr. 3091, fol. 98.)

25913. Ordre d'élargissement pour Jean Lallemant, trésorier et receveur général de Languedoc ès années 1512 et 1513, convaincu de péculat et condamné par arrêt du 12 mai 1535. (*Copie du xviiie siècle. Bibl. nat.*, ms. fr. 3876, fol. 299.)

25914. Supplément aux ordonnances des prédécesseurs de François Ier, Louis XII compris, relatives aux droits à payer pour l'exportation

[1] Cf. le n° 18208.

des marchandises françaises. (*Copie du xvie siècle. Bibl. nat.*, ms. fr. 3916, fol. 316.)

25915. Provisions de l'office de second enquêteur à Angers et en Anjou pour Jean Le Deven. (*Copie du xviie siècle. Bibl. nat.*, ms. fr. 4594, fol. 67.)

25916. Mandement à la Chambre des Comptes de Paris de rabattre de la recette de Jacques Bernard, maître de la Chambre aux deniers, jadis commis à l'exercice de la recette générale des finances extraordinaires et parties casuelles, la somme de 2,500 livres par an à laquelle ses gages avaient été fixés par lettres du roi du 11 août précédent, datées de Chevagnes, lettres qui n'ont pas reçu leur entière exécution [1]. (*Copie du xvie siècle. Bibl. nat.*, ms. fr. 5085, fol. 128, 2 pages 1/2.)

25917. Lettres permettant aux habitants de Pont-Sainte-Maxence au bailliage de Senlis de clore et fortifier leur ville. (*Copie du xvie siècle. Bibl. nat.*, ms. fr. 5134, fol. 16, 1 page 1/2.)

25918. Lettres portant concession de trois foires à Marsanne et de deux à Septême. 1535. (*Arch. départ. de la Drôme*, E 6467; *Arch. communales de Marsanne.*)

25919. Renonciation de François Ier à tous ses droits de souveraineté et hommage sur le comté d'Artois, la ville d'Arras et la composition ordinaire d'Artois, au profit de l'empereur Charles-Quint, en échange des comtés de Boulogne, Guines, Ponthieu, et des villes sur la Somme, qui lui avaient été cédés par le traité de Madrid. (*Projet, copie du xvie siècle. Arch. départ. du Nord*, Documents diplomatiques.)

25920. Lettres autorisant les consuls de Beaucaire à assigner certaines communautés, parmi lesquelles celle d'Aiguesmortes, pour contribuer aux dépenses par eux faites pour réparer les chaussées du Rhône. 1539. (*Arch. communales d'Aiguesmortes*, DD, 22.)

25921. Lettres fixant à trente muids le franc-salé des habitants d'Aiguesmortes. 1543. (*Original, Arch. communales d'Aiguesmortes*, DD, 15.)

25922. Confirmation des coutumes et privilèges de la ville de Fleurance [2]. (*Arch. communales de Fleurance*, AA 1, *copie sur papier faite par un notaire de Paris, le 28 mai 1534.*)

[1] Cet acte est à tort transcrit dans le registre protocole avec la suscription «Henri, etc.». Le texte prouve qu'il est postérieur au 3 septembre 1538 et antérieur au 30 avril 1539. Les lettres du 11 août, datées de Chevagnes, qui y sont visées, doivent être de 1538, comme l'itinéraire permet de l'établir.
[2] La date est déchirée.

25923. Règlement fait à Toulouse par François Ier[1], par lequel il déclare que les « poisles » qui sont placés au-dessus de la tête du roi, à son entrée dans les bonnes villes du royaume, appartiendront au grand écuyer, à cause de son office. (*Ms. du xvie siècle. Bibl. de la ville d'Orléans* [*Loiret*], ms. 698, n° 28.)

25924. Mandement de François Ier à l'amiral de Guyenne pour la répression de la piraterie sur le côtes de Bretagne, Poitou, Saintonge et environs de la Rochelle. (*Copie informe du xvie siècle, appartenant à M. le duc de La Trémoïlle.*)

25925. Lettres portant assignation sur Jacques Charmolue, changeur du trésor, à Girard Bertholini, trésorier du feu duc d'Urbin, de 6,602 livres 18 sous 4 deniers tant à titre d'arrérages de pension qu'en dédommagement des frais supportés par ledit duc pour venir visiter le roi à Milan et à Amboise. (*Original sans date. Florence, Archivio di Stato, Carte Strozziane, Uguccione.*)

25926. Lettres interdisant aux agents et serviteurs des princes ou prélats étrangers de séjourner à la cour, sans une autorisation écrite du roi, et de correspondre par chiffres avec ceux qui les envoient. (*Copie. Archivio di Stato in Modena, Cancelleria ducale, Documenti di Stati esteri.*)

[1] Sans doute dans les premiers jours d'août 1533. (Cf. l'*Itinéraire.*)

MENTIONS D'ACTES NON DATÉS.

OFFICIERS DU PARLEMENT DE PARIS ET AUTRES, DONT LES PROVISIONS SONT MENTIONNÉES, SANS INDICATION DE DATE, DANS LES REGISTRES DU CONSEIL DE LA COUR, AUX JOURS DE LEUR RÉCEPTION.

(*Arch. nat.*, reg. X¹ᵃ 1517.)

25927. Jean Caluau, licencié en droit, conseiller clerc au lieu de Claude de Seyssel, nommé évêque de Marseille. — Reçu au Parlement, le 16 janvier 1515 n. s. (Fol. 48.)

25928. Louis Courtin, conseiller clerc au lieu de Jean des Plantes. — Reçu le 20 janvier 1515 n. s. (Fol. 53 v°.)

25929. Mondot de La Marthonie, premier président du Parlement de Bordeaux, créé premier président du Parlement de Paris au lieu d'Antoine Du Prat, nommé chancelier de France. — Reçu le 3 février 1515 n. s. (Fol. 64 v°.)

25930. Jean Duret, conseiller, nommé aux requêtes du palais au lieu de Michel Bignet, décédé. — Reçu le 20 mars 1515 n. s. (Fol. 87 v°, 117.)

25931. François de Saint-André, pourvu d'un office de conseiller clerc. — Reçu le 29 mars 1515 n. s. (Fol. 122 v°.)

25932. Pierre Dauvet, maître des requêtes ordinaire de l'hôtel, sur la résignation de Guillaume Dauvet, son père. — Reçu le 27 avril 1515. (Fol. 146.)

25933. Philippe Pot, conseiller, nommé président des enquêtes au lieu de Pierre de Refuge, décédé le 1ᵉʳ juin précédent. — Reçu le 13 juin 1515. (Fol. 185 v°, 189, 191.)

25934. Jean Augirard, huissier au Parlement, sur la résignation d'Eustache Guerreau. — Reçu le 23 juin 1515. (Fol. 200.)

(Reg. X¹ª 1518.)

25935. Pierre Clutin, général de la justice des aides, pourvu par la régente d'un office de conseiller lai au Parlement, sur la résignation de Martin Ruzé. — Reçu le 13 novembre 1515. (Fol. 2.)

25936. Martin Ruzé, pourvu d'un office de conseiller clerc, vacant par la résignation de Guillaume de Courthardy. — Reçu le 13 novembre 1515. (Fol. 3.)

25937. Mathieu de Longuejoue, conseiller lai au lieu de Jean Le Coq, décédé. — Reçu le 29 décembre 1515. (Fol. 41 v°.)

25938. Robert Tiercelin, conseiller clerc au lieu de Pierre de Refuge, décédé. — Reçu le 26 avril 1516. (Fol. 158.)

25939. Jean Bourgeois, huissier en remplacement de Louis son père, décédé. — Reçu le 23 juin 1516. (Fol. 213.)

25940. Déode Chauveron, licencié ès lois, conseiller clerc au lieu de Vincent Guichard, décédé. — Reçu le 11 juillet 1516. (Fol. 242 v°.)

25941. Jean Viole, conseiller clerc et commis aux requêtes du Palais au lieu de Jean Duret, décédé. — Reçu le 26 juillet 1516. (Fol. 250.)

(Reg. X¹ª 1519.)

25942. Jacques Delaunay, notaire au Châtelet de Paris, pourvu de l'office d'huissier au Parlement en remplacement de Louis Tillet, décédé. — Reçu le 3 décembre 1516. (Fol. 13 v°.)

25943. Geoffroy Charlet, conseiller lai en la cour et aux requêtes du Palais au lieu de Falco d'Aurillac, nommé président au Parlement de Dauphiné. — Présente ses provisions le 24 janvier 1517 n. s.; reçu le 6 février suivant. (Fol. 43 et 56.)

25944. Jean Beldon, greffier des présentations, sur la résignation de Denis Pesquet. — Reçu le 7 mai 1517. (Fol. 139 v°.)

25945. Claude Pagevin, huissier, sur la résignation de Jean Texier. — Reçu le 22 mai 1517. (Fol. 149 v°.)

25946. Jacques Olivier, président au Parlement, nommé premier président en remplacement de Mondot de La Marthonie, décédé. — Reçu le 29 mai 1517. (Fol. 156.)

25947. Roger Barme, avocat du roi au Parlement, nommé président au lieu de Jacques Olivier. — Reçu le 29 mai 1517. (Fol. 156.)

25948. Nicolas Lecointe, huissier sur la résignation de Georges Masson. — Reçu le 18 juin 1517. (Fol. 171.)

25949. Pierre Lizet, conseiller au Parlement, nommé avocat du roi laï en remplacement de Roger Barme. — Reçu le 29 juillet 1517. (Fol. 227 v°.)

25950. Jean Targer, huissier, sur la résignation de Nicolas Lecointe. — Reçu le 19 août 1517. (Fol. 247.)

25951. Louis Rouillart, prévôt d'Orléans, nommé conseiller laï au lieu de François Boucher, pourvu d'un office de conseiller clerc. — Reçu le 21 août 1517. (Fol. 248 v°.)

25952. Gaillard Burdelot, pourvu de l'un des quatre offices de notaires de la cour, sur la résignation de Jean Beldón. — Reçu le 21 août 1517. (Fol. 248 v°.)

25953. François Boucher, conseiller laï, pourvu de l'office de conseiller clerc résigné par Jean Briçonnet. — Reçu le 26 août 1517. (Fol. 251.)

(Reg. X¹ᵃ 1520.)

25954. Étienne Canto, huissier, sur la résignation de Jean Lejart. — Reçu le 17 novembre 1517. (Fol. 3.)

25955. Imbert de Saveuses, docteur ès droits, conseiller clerc en remplacement de Pierre Lizet. — Se présente le 17 novembre 1517; reçu le 5 mai 1518. (Fol. 3 et 179 v°.)

25956. Jean de La Loere, le jeune, licencié ès droits, pourvu de l'office de conseiller clerc vacant depuis la mort de Jean de Chavanhac. — Se présente le 20 novembre 1517; reçu le 5 mai 1518. (Fol. 5 et 179 v°.)

25957. François Le Rouge, conseiller au Grand conseil, pourvu de l'office de conseiller clerc au Parlement, vacant par la mort de François Boucher. — Reçu le 6 février 1518 n. s. (Fol. 75 v° et 159 v°.)

25958. Arnoul Ruzé, docteur ès droits, conseiller clerc en la cour et aux requêtes du palais, sur la résignation de Louis Tiercelin. — Reçu le 11 mai 1518. (Fol. 186 v°.)

Reg. X¹ᵃ 1521.)

25959. Pierre Delaporte, licencié ès lois, conseiller laï en remplacement de Pierre Prudhomme, décédé. — Reçu le 27 novembre 1518. (Fol. 12.)

25960. Jean Dupré, notaire et secrétaire du roi, nommé l'un des quatre notaires de la cour en remplacement de Jean Le Camus, décédé. — Reçu le 29 décembre 1518. (Fol. 47 v°.)

25961. Nicole Hennequin, conseiller clerc, sur la résignation de Pierre de Belessor. — Reçu le 31 janvier 1519 n. s. (Fol. 66 v°.)

25962. François Crespin, licencié ès lois, conseiller clerc en remplacement de François de Poncher, nommé évêque de Paris. — Reçu le 2 avril 1519 n. s. (Fol. 138.)

25963. Lettres de dispense audit Crespin pour exercer ledit office, quoiqu'il soit lai. — Enreg. le 9 avril 1518. (Fol. 156, 164 v°, 167.)

25964. Nicolas Carat, huissier sur la résignation de Jean Bourgeois. — Reçu le 27 juillet 1519. (Fol. 266 v°.)

(Reg. X¹ᵃ 1522.)

25965. André Guillart, conseiller lai au lieu de Jean Brulart, décédé. — Reçu le 10 décembre 1519. (Fol. 11 v°.)

25966. Louis Anjorrant, conseiller lai et président aux requêtes du palais en remplacement de Jean de La Haye, décédé. — Reçu le 4 février 1520 n. s. (Fol. 68 v°.)

25967. Louis Bonnevie, huissier au lieu de Jean Soulette, décédé. — Reçu le 1ᵉʳ mars 1520 n. s. (Fol. 99.)

25968. Jean Billon, greffier des présentations, office vacant par la mort de Jean Beldon. — Reçu le 11 mai 1520. (Fol. 177, 179 v°.)

25969. Pierre Richier, huissier, sur la résignation de Mathurin Baudu. — Reçu le 4 juin 1520. (Fol. 202.)

25970. Jacques Allegrain, conseiller lai en remplacement de François de Morvilliers, décédé. — Reçu le 27 juin 1520. (Fol. 226, 236.)

25971. Jean Arbaleste, conseiller lai au lieu de Pierre Pellieu, décédé. — Reçu le 7 septembre 1520. (Fol. 320.)

(Reg. X¹ᵃ 1523.)

25972. Arnaud Luillier, conseiller et commis aux requêtes du Palais au lieu de feu André Porte. — Reçu le 10 décembre 1520. (Fol. 14.)

25973. Jean de Selve, premier président au Parlement de Bordeaux et vice-chancelier du duché de Milan, nommé premier président du Parlement de Paris en remplacement de Jacques Olivier, décédé. — Reçu le 17 décembre 1520. (Fol. 16 v°.)

— 489 —

25974. Philibert Masurier, conseiller clerc, quoique marié, au lieu de François Crespin. — Reçu le 4 et le 26 janvier 1521 n. s. (Fol. 31 v°, 54, 86 v°, 111 v°.)

25975. Jean Leclerc, nommé lieutenant général du bailli de Meaux, sur la résignation de François Mingault. — Reçu le 18 janvier, les 9 et 15 février 1521 n. s. (Fol. 44 v°, 47 v°, 55 v°, 75, 80.)

25976. Lettres d'évocation octroyées au duc et à la duchesse d'Alençon au sujet de la baronnie de Caussade. — Enreg. le 18 janvier 1521 n. s. (Fol. 44 v°, 46 v°.)

25977. Lettres de dispense accordées à Imbert de Saveuses, pour se marier, quoique conseiller clerc. — Enreg. le 20 janvier 1521 n. s. (Fol. 54 v°.)

25978. François Doyneau, licencié en droit, conseiller lai au lieu de Philippe Turquan. — Reçu le 30 janvier 1521 n. s. (Fol. 56.)

25979. Bonaventure Thomassin, dit « de Saint-Barthélemy », conseiller lai au lieu de feu Germain Chartelier. — Reçu le 15 avril 1521. (Fol. 154 v°, 158 v°.)

25980. Nicole Avrillot, greffier des présentations au lieu de Jean Billon, nommé maître des comptes. — Reçu le 14 mai 1521. (Fol. 189 v°.)

25981. Guillaume de Vaudétar, conseiller lai, sur la résignation de Pierre de Vaudétar, son père. — Reçu le 14 juin 1521. (Fol. 232, 237 v°, 241.)

25982. Jacques Olivier, licencié ès lois, conseiller clerc au lieu de Jacques Lebrail, décédé, et dispense pour exercer ledit office, quoique lai. — Reçu le 29 août 1521. (Fol. 340, 345, 350 v°.)

(Reg. X¹ᵉ 1524.)

25983. Jean Ruzé, conseiller clerc, nommé avocat du roi au Parlement, en remplacement de Jean Le Lièvre, décédé. — Reçu le 14 novembre 1521. (Fol. 3.)

25984. Jean Meigret, conseiller clerc au lieu de feu Jean de Selve. — Reçu le 14 novembre 1521. (Fol. 3 v°.)

25985. Charles de Louviers, conseiller clerc en remplacement de Jean Ruzé. — Reçu le 14 novembre 1521. (Fol. 3 v°.)

25986. Nicole Malon, pourvu de l'office de greffier criminel. — Reçu le 7 décembre 1521. (Fol. 9 et 15.)

VII.

62

IMPRIMERIE NATIONALE.

25987. André Baudry, conseiller lai au lieu de Louis Thibout, décédé. – Reçu le 13 décembre 1521. (Fol. 18 v°.)

25988. Pierre Luday, huissier sur la résignation de Claude Pagevin. – Reçu le 31 janvier 1522 n. s. (Fol. 70.)

25989. Lettres de dispense accordées à Nicolas Hurault, pour être reçu à l'office de conseiller clerc, quoique lai. – Reçu le 26 mars 1522 n. s. (Fol. 172 v°.)

25990. Martin Picart, conseiller lai au lieu de Louis de Longueil, décédé. – Reçu le 12 avril 1522. (Fol. 192 v°.)

25991. Pierre Laydet, licencié ès lois, conseiller clerc du nombre des vingt conseillers de nouvelle création. – Reçu le 18 juin 1522. (Fol. 280.)

25992. Jean de Serre, conseiller au Parlement de Rouen, nommé conseiller clerc à Paris, en remplacement de feu Guillaume de Vaudétar. – Reçu le 11 août 1522. (Fol. 341 v°.)

25993. Pierre de Montmerle, sénateur au Sénat de Milan, nommé conseiller clerc à Paris (nouvelle création). – Reçu le 18 août 1522. (Fol. 362.)

25994. Guillaume Budé, nommé maître des requêtes ordinaire de l'hôtel en remplacement de Jean Caluau, décédé. – Reçu le 21 août 1522. (Fol. 365.)

25995. François Le Charron, docteur ès droits, conseiller lai (nouvelle création). – Reçu le 23 août 1522. (Fol. 369 v°.)

25996. Claude Dezasses (ou Desasses), licencié ès lois, conseiller lai en remplacement de son père, André Dezasses, décédé. – Reçu le 28 août 1522. (Fol. 375.)

25997. Gérard Le Coq, conseiller au Parlement, nommé maître des requêtes ordinaire de l'hôtel au lieu de Charles des Potolz, décédé. – Reçu le 28 août 1522. (Fol. 375.)

25998. Pierre de Bussy, sénateur au Sénat de Milan, conseiller clerc au lieu de feu Jean Le Rouge, décédé. – Reçu le 5 septembre 1522. (Fol. 389.)

25999. René Gentils, sénateur au Sénat de Milan, pourvu d'un office de conseiller (nouvelle création). – Reçu le 23 septembre 1522. (Fol. 407.)

(Reg. X¹ᵃ 1525.)

26000. Jacques Boullent, licencié en droit, conseiller lai du nombre des vingt offices de conseillers nouvellement créés. — Reçu le 13 novembre 1522. (Fol. 2.)

26001. Pierre Brulart, conseiller lai du nombre des vingt nouvellement créés. — Reçu le 14 novembre 1522. (Fol. 2 v°.)

26002. Francisque de Medulla, docteur en droit, conseiller du nombre des vingt nouvellement créés. — Reçu le 28 novembre 1522. (Fol. 12 v°.)

26003. Jean Le Charron, conseiller lai, du même nombre. — Reçu le 12 décembre 1522. (Fol. 25 v°.)

26004. Jean Luillier, avocat au Parlement, nommé conseiller lai, du même nombre. — Reçu le 17 décembre 1522. (Fol. 28.)

26005. Louis Gayant, aussi conseiller lai, du même nombre. — Reçu le même jour. (Fol. 28.)

26006. François de Loynes et Jacques de La Barde, présidents en la chambre nouvellement créée. — Reçus le 20 décembre 1522. (Fol. 31.)

26007. Pierre Viole, conseiller lai, du nombre des vingt de nouvelle création. — Reçu le 30 décembre 1522. (Fol. 42 v°, 45 v°.)

26008. Gassiot de Lacombe, conseiller lai, du même nombre, précédemment conseiller au Parlement de Rouen. — Reçu le 5 janvier 1523 n. s. (Fol. 45.)

26009. Tristan de Reilhac, notaire et secrétaire du roi, nommé aussi conseiller lai, du même nombre. — Reçu le 8 janvier 1523 n. s. (Fol. 47.)

26010. François Roger, nommé procureur général sur la résignation de Guillaume Roger, son père. — Reçu le 12 janvier 1523 n. s. (Fol. 51 v°.)

26011. Guillaume Gastellier, huissier au lieu de Jean Augirard, décédé. — Reçu le 21 janvier 1523 n. s. (Fol. 59.)

26012. Nicole Berruyer, conseiller lai (nouvelle création). — Reçu le 31 janvier 1523 n. s. (Fol. 66 v°.)

26013. Pierre Gontier, conseiller au Trésor, nommé conseiller lai au Parlement (nouvelle création). — Reçu le 4 février 1523 n. s. (Fol. 77 v°.)

26014. Lettres ordonnant qu'Ambroise de Florence, pourvu d'un office de conseiller, du nombre des vingt nouvellement créés, envoyé par le roi à Venise, avant sa réception, soit payé de ses gages, comme

62.

s'il était reçu. – Enreg. le 4 février 1523 n. s. Réception dudit de Florence, le même jour. (Fol. 77 v° et 78.)

26015. Jean de Villemar, licencié ès lois, conseiller lai, du nombre des vingt de nouvelle création. – Reçu le 11 février 1523 n. s. (Fol. 83.)

26016. Guillaume Bourgoing, conseiller lai, du nombre des vingt de nouvelle création. – Reçu le 28 février 1523 n. s. (Fol. 105.)

26017. Nicole de La Chesnaye, conseiller lai, du même nombre. – Présente ses provisions le 17 mars 1523 n. s. (Fol. 134.)

26018. Michel Gilbert, conseiller clerc au lieu de Blaise de La Forêt. – Reçu le 10 juin 1523. (Fol. 242.)

26019. Robert Bouete, conseiller lai au lieu de feu Robert Turquan. – Reçu le 22 juin 1523. (Fol. 258.)

26020. Guillaume Luillier, chevalier, pourvu de l'un des quatre nouveaux offices de maître des requêtes de l'hôtel. – Reçu le 20 juillet 1523. (Fol. 303 v°.)

26021. René Ragueneau, conseiller au Parlement, pourvu de l'un des quatre nouveaux offices de maître des requêtes de l'hôtel. – Reçu le 14 août 1523. (Fol. 337 v°.)

(Reg. X¹ᵃ 1526.)

26022. Nicole Gaudin, conseiller clerc au lieu et sur la résignation de Pierre de Bussy. – Reçu le 7 novembre 1523. (Fol. 4.)

26023. Antoine Le Viste, chevalier, sʳ de Fresnes, nommé à l'office de président au Parlement, vacant par le décès de Roger Barme. – Reçu le 23 décembre 1523. (Fol. 26.)

26024. Pierre Angenoust, conseiller lai en remplacement de René Ragueneau, nommé maître des requêtes. – Reçu le 26 janvier 1524 n. s. (Fol. 65.)

26025. Mathieu de Longuejoue, conseiller au Parlement, pourvu d'un office de maître ordinaire des requêtes de l'hôtel, en remplacement d'Antoine Le Viste. – Reçu le 16 février 1524 n. s. (Fol. 95.)

26026. Julien de Bourgneuf, conseiller lai au lieu de Mathieu de Longuejoue. – Se présente le 19 février 1524 n. s., d'abord refusé, puis reçu le 8 avril 1524. (Fol. 100 v°, 103 v°, 118, 166 v°.)

26027. Nicole Coton, conseiller lai en remplacement de Pierre Gontier, décédé. – Reçu les 13 avril et 11 mai 1524. (Fol. 171 et 214.)

26028. Claude Dodieu, docteur ès droits, conseiller clerc en remplacement de Jean Briçonnet, décédé. – Reçu le 2 juillet 1524. (Fol. 265 v°.)

26029. Robert Dauvet, général des aides, nommé conseiller lai au lieu de François de Loynes, décédé. – Reçu les 27-30 juillet 1524. (Fol. 297 v°, 301 v°.)

(Reg. X¹ᵃ 1527.)

26030. Pierre Clutin, déjà conseiller au Parlement, nommé président en la nouvelle chambre composée de vingt conseillers. – Reçu le 14 novembre 1524. (Fol. 2.)

26031. Nicole de La Chesnaye, docteur ès droits de Montpellier, pourvu d'un office de conseiller lai. – Ajournement de réception pour faits graves, le 14 février 1525 n. s. (Fol. 135.)

(Reg. X¹ᵃ 1258.)

26032. Guillaume Barthélemy, conseiller clerc au Parlement, pourvu par la régente de l'office de conseiller lai vacant par le décès de Jean Verrier. – Reçu le 12 mai 1525. (Fol. 442.)

26033. Nicole Dorigny, pourvu par la régente de l'office de président en la Chambre des enquêtes, vacant par le décès de Jean Bony. – Reçu le 11 août 1525. (Fol. 679.)

(Reg. X¹ᵃ 1529.)

26034. Pierre Mathé, conseiller clerc en remplacement de Jean Gigault, décédé. – Reçu le 16 mai 1526. (Fol. 236.)

(Reg. X¹ᵃ 1531, non folioté.)

26035. Robert Briseau, conseiller lai en remplacement de François Doyneau, nommé lieutenant général de la sénéchaussée de Poitou. – Reçu le 31 décembre 1527. (Voir à cette date.)

26036. Jacques de Mailly, premier huissier de la cour en remplacement de Jean de Surie. – Reçu le 22 mai 1528. (Id.)

26037. Raoul de Thamenay, huissier de la cour. – Reçu le même jour. (Id.)

26038. Jacques Barthomier, conseiller clerc au lieu d'Imbert de Saveuses, nommé bailli d'Amiens. – Reçu le 12 août 1528. (Id.)

26039. Jacques Leclerc, dit « de Coictier », conseiller lai au lieu de Pierre Angenoust, décédé. – Reçu le 7 septembre 1528. (Id.)

(Reg. X¹ᵃ 1532.)

26040. René Gentils, nommé président des enquêtes au lieu de Jacques de La Barde. — Reçu le 14 novembre 1528. (Fol. 2 v°.)

26041. Pierre Clutin, conseiller lai et président des enquêtes, nommé conseiller clerc à la suite de la résignation de Louis Fumée. — Reçu le 23 décembre 1528. (Fol. 40 v°.)

26042. Louis Fumée, fils, ci-devant secrétaire du roi et l'un des quatre notaires de la cour, pourvu d'un office de conseiller lai au lieu de Pierre Clutin. — Reçu le 23 décembre 1528. (Fol. 41, 58 v°.)

26043. Gilbert Bayard, secrétaire du roi, pourvu de l'un des quatre offices de notaire de la cour, au lieu de Louis Fumée. — Reçu le 7 janvier 1529 n. s. (Fol. 63 v°.)

26044. Gabriel de Talente, de Florence, nommé conseiller clerc au lieu de feu Nicole Gaudin. — Reçu le 22 février 1529 n. s. (Fol. 117.)

26045. Léon Lescot, licencié ès lois, nommé conseiller lai sur la résignation pure et simple de Jacques Chevrier. — Reçu le 11 mars 1529 n. s. (Fol. 151.)

(Reg. X¹ᵃ 1533.)

26046. Jean de Longueil, licencié ès lois, nommé conseiller lai au lieu de Jean de Villemar. — Remontrances de la cour à ce sujet, le 14 décembre 1529. (Fol. 23.) Examiné le 20 et reçu le 22. (Fol. 26 v° et 30 v°.)

26047. Pierre Lizet, avocat du roi au Parlement, nommé premier président au lieu de Jean de Selve, décédé le 10 décembre 1529. — Reçu le 20 décembre suivant. (Fol. 26.)

26048. Olivier Alligret, nommé avocat du roi au Parlement en sus du nombre. — Reçu le 12 janvier 1530 n. s. (Fol. 55 v°.)

26049. Bertrand Soly et Nicole de Grandrue, nommés conseillers du nombre des vingt nouvellement créés. — Présentation le 20 décembre 1529. (Fol. 26 v°.) Interrogés le 27 janvier 1530 n. s. (Fol. 69 v°.) Remontrances au sujet de leur nomination. (Fol. 83 v°.) Ajournement, le 5 mars 1530 n. s. (Fol. 133 v°, 188.)

26050. Jean Prévost, conseiller au Parlement, nommé président des requêtes du Palais au lieu de Louis Anjorrant, décédé. — Reçu le 7 février 1530 n. s. (Fol. 80 v°.)

26051. Jean Ruzé, avocat du roi au Parlement, pourvu d'un office de conseiller lai au lieu de Louis Anjorrant, décédé. – Reçu le 7 février 1530 n. s. (Fol. 80 v°.)

26052. Olivier Alligret, nommé avocat ordinaire du roi au Parlement au lieu de Jean Ruzé, pourvu d'un office de conseiller lai. – Reçu le 5 mars 1530 n. s. (Fol. 133 v°.)

26053. Claude Dodieu, sr de Vély, pourvu d'un office de maître des requêtes ordinaire de l'hôtel, vacant par la destitution de François Joubert. – Reçu le 22 mars 1530 n. s. (Fol. 152.)

26054. Maurice Bullioud, docteur ès droits, nommé conseiller clerc au lieu et sur la résignation de Gabriel de Florence. – Examiné le 13 août 1530, reçu le 31. (Fol. 354, 403.)

26055. Jean du Tillet, le jeune, pourvu de l'office de greffier civil au lieu de Séraphin du Tillet, son frère. – Reçu le 3 septembre 1530. (Fol. 409.)

(Reg. X¹ᵃ 1534.)

26056. Martin Berruyer, pourvu de l'un des quatre offices de notaire du Parlement au lieu et sur la résignation de Gilbert Bayard. – Présenté le 9 décembre 1530. (Fol. 22 v°.)

26057. Christophe de Harlay, licencié ès lois, pourvu d'un office de conseiller lai au lieu de Tristan de Reilhac. – Remontrances à ce sujet, le 4 janvier 1531 n. s. Réception le 26 mai 1531. (Fol. 69, 85 v° et 230.)

26058. Nicole Thibault, nommé conseiller clerc, quoique marié. – Examiné le 8 mai 1531. Pourvu d'un office lai au lieu de Jean de La Place, décédé. – Nouvel examen, 20 mai. Réception, le 6 juin 1531. (Fol. 208 v°, 223 v°, 253 v°.)

26059. Claude Anjorrant, pourvu d'un office de conseiller. – Interrogé le 20 mai 1531. (Fol. 223 v°.)

26060. Pierre de Hacqueville, licencié ès droits, nommé conseiller lai au lieu de feu Christophe Hennequin. – Reçu le 24 mai 1531. (Fol. 227 v°.)

26061. Jean Ravier, conseiller clerc, nommé conseiller lai au lieu d'Arnaud Luillier, décédé. – Reçu le 18 août 1531. (Fol. 368.)

26062. Léonard Guyonnet, official de Sens, nommé conseiller lai au lieu de François de Medulla, décédé. – Examiné le 21 août 1531, reçu le 29. (Fol. 371, 376 v°.)

26063. Charles de La Mothe, conseiller au Grand conseil, lieutenant général au siège de Châtellerault, présente des provisions de conseiller clerc à la cour. — Reçu le 28 août 1531. (Fol. 375 v°.)

26064. Jean Bertrandi, licencié ès lois, conseiller lai en remplacement de Pierre Laydet, révoqué par arrêt. — Reçu le 7 septembre 1531. (Fol. 386.)

(Reg. X¹ᵇ 1535.)

26065. Pierre de L'Estoile, docteur ès droits, nommé conseiller clerc au lieu de Jean Ravier, pourvu d'un office de conseiller lai. — Reçu le 12 novembre 1531. (Fol. 2.)

(Reg. X¹ᵇ 1536.)

26066. Louis Caillaud, licencié ès droits, conseiller clerc en remplacement d'Adrien Dudrac, décédé. — Reçu le 28 novembre 1532. (Fol. 21.)

26067. Nicole Quélain, conseiller au Parlement, nommé président aux enquêtes sur la résignation de Jacques de La Barde. — Reçu le 16 décembre 1532. (Fol. 36 v°.)

26068. René Gentils, président en la nouvelle chambre des enquêtes, nommé conseiller clerc par permutation avec Jean Delahaye, pourvu d'un office lai. — Reçu le 9 janvier 1533 n. s. (Fol. 73.)

(Reg. X¹ᵇ 1539.)

26069. André Sanguin, licencié ès lois, nommé conseiller clerc avec dispense, son frère aîné, Nicole Sanguin, exerçant déjà à la cour un office de conseiller. — Reçu le 10 février 1536 n. s. (Fol. 46, 84.)

26070. Jacques Brisart, licencié ès lois, conseiller lai en remplacement de Raoul Aymeret, décédé. — Reçu le 18 février 1536 n. s. (Fol. 96 v°.)

26071. Bertrand Lelièvre, conseiller lai au lieu de feu Jean Luillier. — Reçu le 28 février 1536 n. s. (Fol. 127.)

26072. Jacques Des Ligneris, nommé conseiller clerc, quoique marié, en remplacement de René Du Bellay, promu à l'évêché du Mans. — Reçu le 20 mars 1536 n. s. (Fol. 172 v°, 176 v°.)

26073. Noël Bourgoing, doyen de Nevers, nommé conseiller clerc au lieu de feu Jean Viole. — Opposition de Pierre Viole, frère du défunt, qui réclame l'office pour un autre de ses frères, les 17 et 19 mai 1536. (Fol. 279, 281, 282 v°.)

26074. Nicole de La Chesnaye, jadis podestat de Milan, juge de Vienne, pourvu d'un office de conseiller. — Demande à être reçu; procédures, 1ᵉʳ juillet, 11 et 12 octobre 1536. (Fol. 377, 629 v°, 630 r° et v°.)

(Reg. Xˡᵃ 1540.)

26075. Louis de L'Estoile, pourvu de l'office de conseiller clerc qu'exerçait feu Pierre de L'Estoile, son père, avec lettres lui permettant de se marier. — Ordre d'examen, le 18 février 1538 n. s. Reçu le 30 mars suivant. (Fol. 179 v° et 259 v°.)

(Reg. Xˡᵉ 1541.)

26076. Jean Bermondet, nommé conseiller lai au lieu de Jean Ravier, décédé. — Reçu le 23 août 1538. (Fol. 598.)

(Reg. Xˡᵃ 1543.)

26077. Guérin d'Alzon, docteur en droit, ci-devant président à Turin, nommé conseiller clerc en remplacement d'Élie de Calvimont, décédé. — Reçu le 30 mai 1539. (Fol. 484 v°.)

26078. René Bouvery, licencié ès lois, conseiller lai au lieu de René Brinon, nommé président au Parlement de Bordeaux. — Examiné le 21 juillet, reçu le 26. (Fol. 615 v°, 620.)

(Reg. Xˡᵃ 1544.)

26079. Jean Bertrand (alias Bertrandi), président au Parlement de Toulouse, conseiller au Conseil privé, nommé président au Parlement de Paris, en remplacement de Guillaume Poyet, créé chancelier de France. — Reçu le 12 novembre 1539. (Fol. 1.)

(Reg. Xˡᵃ 1546.)

26080. Odet de Selve, nommé conseiller clerc au lieu d'Arnoul Ruzé, décédé. — Reçu le 31 décembre 1540. (Fol. 74.)

(Reg. Xˡᵃ 1547.)

26081. Jacques Morin, sʳ de Londe, conseiller au Parlement de Turin, pourvu d'un office de conseiller clerc à Paris au lieu de Charles Marillac, nommé maître des requêtes ordinaire de l'hôtel. — Présente

VII.   63

ses provisions le 26 octobre 1541. (Fol. 376 v°.) — Reçu le 19 novembre suivant. (X¹ᵃ 1548, fol. 2 v°.)

26082. Charles (aliàs Jacques) de Nully, avocat en Parlement, nommé conseiller lai au lieu de Pierre Brulart, décédé. — Présente ses provisions, le 24 octobre 1541. (Fol. 376). — Reçu le 12 novembre suivant. (X¹ᵃ 1548, fol. 1.)

(Reg. X¹ᵃ 1548.)

26083. Bertrand Lelièvre, conseiller au Parlement, commis aux requêtes du Palais en remplacement d'Arnoul Ruzé, décédé. — Reçu le 19 novembre 1541. (Fol. 2 v°.)

26084. André Tiraqueau, lieutenant du sénéchal de Poitou au siège de Fontenay-le-Comte, pourvu d'un office de conseiller clerc en remplacement de Louis Rouillart, décédé. — Reçu le 22 novembre 1541. (Fol. 9 v°.)

26085. Jean de Thiard, lieutenant général au bailliage de Mâcon en remplacement de Philibert Florette. — Reçu le 17 décembre 1541. (Fol. 46.)

26086. René Berthelot, licencié ès lois, pourvu d'un office de conseiller clerc au lieu de Charles de La Mothe, décédé, quoique lai et marié. — Reçu le 30 mars 1542 n. s. (Fol. 403.)

(Reg. X¹ᵃ 1549.)

26087. Nicolas Duval, licencié ès lois, nommé conseiller clerc au lieu de Philibert Le Masuyer (aliàs Masurier), décédé. — Reçu le 2 mai 1542. (Fol. 1.)

26088. René Lefèvre, docteur en décret, régent en l'Université de Poitiers, pourvu d'un office de conseiller clerc au lieu d'Odet de Selve, nommé conseiller au Grand conseil. — Reçu le 8 mai 1542. (Fol. 43 v°.)

26089. Alexandre Grevrot, licencié ès lois, créé conseiller clerc au lieu de Jacques de La Barde, décédé. — Reçu le 13 mai 1542. (Fol. 46 v°.)

(Reg. X¹ᵃ 1550.)

26090. Louis Allegrain, conseiller clerc au Parlement. Permission de se marier. — Enreg. le 29 novembre 1542. (Fol. 37.)

(Reg. X¹ᵃ 1551.)

26091. Louis Chabannier, docteur en décret, nommé conseiller clerc sur la résignation d'Antoine Chabannier, son oncle. – Reçu le 18 mai 1543. (Fol. 26.)

26092. Martin Le Camus, Jérôme Duval et Jean Picot, licenciés ès lois, nommés conseillers lais de la chambre du domaine (nouvelle création). – Reçus le 26 septembre 1543. (Fol. 525 v°.)

26093. Guillaume Courtin, Antoine Lecoq, Charles Quierlavoine, Oger Pinterel et Denis Bodin, licenciés ès lois, nommés conseillers lais en la chambre du domaine. – Reçus le 2 octobre 1543. (Fol. 545 1° et v°.)

26094. Jean Socier, docteur régent en l'Université d'Orléans, nommé conseiller lai en la même chambre. – Reçu le 4 octobre 1543. (Fol. 547.)

26095. Vaast Le Prévost, nommé conseiller lai en la même chambre. – Présente ses provisions le 22 octobre 1543. (Fol. 604 v°.) – Reçu définitivement le 9 janvier 1544 n. s. (X1e 1552, fol. 130 v°.)

(Reg. X1e 1552.)

26096. Nicolas Duval, conseiller clerc, pourvu d'un office de conseiller lai au lieu de Charles de Nully, nommé maître des requêtes ordinaire de l'hôtel. – Reçu le 16 novembre 1543. (Fol. 3 v°.)

26097. Eustache Delaporte, avocat en Parlement, nommé conseiller lai en remplacement de Pierre Delaporte, son père. – Reçu le 21 novembre 1543. (Fol. 12 v°.)

26098. Guillaume Luillier, naguère prévôt de Sens, nommé conseiller en la chambre du domaine. – Reçu le 5 décembre 1543. (Fol. 50.)

26099. Jean Texier, nommé aussi conseiller lai en la chambre du domaine. – Reçu le même jour. (Fol. 50.)

26100. Michel Quélain, licencié ès droits, pourvu d'un office de conseiller clerc sur la résignation de Jean Barthomier. — Reçu le 19 décembre 1543. (Fol. 85 v°.)

26101. Jean Boilève, nommé conseiller lai en remplacement d'Antoine Rouillart, décédé. – Reçu le 11 janvier 1544 n. s. (Fol. 132.)

26102. Jean Turquain, nommé conseiller en la chambre du domaine au lieu de Michel Boudet, reconnu incapable. – Présente ses provisions les 16 et 19 janvier 1544 n. s., reçu le 26. (Fol. 153 v°, 155 v°, 175.)

26103. Christophe de Roffignac, ci-devant conseiller au Parlement de Bordeaux, nommé conseiller clerc à Paris sur la résignation de

63.

Léonard de La Guyonie (*aliàs* Guyonnet). — Reçu le 1ᵉʳ février 1544 n. s. (Fol. 179 v°.)

26104. Jean Anjorrant, nommé conseiller clerc au lieu de Louis Caillaud, décédé. — Reçu le 29 février 1544 n. s. (Fol. 264.)

(Reg. Xᴵᵃ 1553.)

26105. Jean de Cormeilles, nommé conseiller lai en remplacement et sur la résignation de François Crespin, son beau-père. — Reçu le 9 mai 1544. (Fol. 22.)

26106. Jean Bouchard, conseiller en la Conservation des privilèges royaux de l'Université de Paris et greffier des requêtes de l'hôtel, pourvu d'un office de conseiller lai au Parlement au lieu d'Antoine Minard, créé président. — Reçu le 21 juillet 1544. (Fol. 269 v°.)

26107. Jean Leroy et Georges Ménard, nommés conseillers lais du nombre des douze nouvellement créés. — Reçus le 6 août 1544. (Fol. 327 v°.)

26108. Jean Brachet et Mathurin Vaillant, nommés conseillers lais du nombre des douze de nouvelle création. — Reçus le 13 août 1544. (Fol. 340 v°.)

(Reg. Xᴵᵃ 1554.)

26109. Arnoul Boucher, pourvu d'un office de conseiller, clerc du nombre des douze nouvellement créés. — Reçu le 22 novembre 1544. (Fol. 607 v°.)

26110. François Briçonnet et Nicolas Pellevé, licenciés ès lois, nommés conseillers du nombre des douze de nouvelle création, le premier clerc, le second lai. — Reçus le 3 décembre 1544. (Fol. 57.)

26111. François Aubert, conseiller clerc au lieu de Pierre Mathé, décédé, et Pierre Hotman, conseiller lai du nombre des douze nouvellement créés. — Reçus le 5 décembre 1544. (Fol. 59 v°.)

26112. Jean Brinon, licencié ès lois, nommé conseiller lai du nombre des douze de nouvelle création. — Reçu le 10 décembre 1544. (Fol. 82 v°.)

26113. Nicole Martineau, conseiller lai au lieu de feu Vaast Le Prévost. — Reçu le 11 décembre 1544. (Fol. 83.)

(Reg. Xᴵᵃ 1555.)

26114. Jean Florette, nommé conseiller lai du nombre des douze de nouvelle création. — Reçu le 20 avril 1545. (Fol. 15.) Il avait présenté ses provisions dès le 29 octobre 1544. (X¹ᵃ 1553, fol. 566 v°.)

26115. Guillaume Burgensis, nommé conseiller clerc au lieu de Jacques de Varade, pourvu d'un office lai. — Reçu le 23 juillet 1545. (Fol. 412 v°.)

(Reg. X¹ᵃ 1557.)

26116. Charles Molé, nommé conseiller lai sur la résignation de Nicolas Molé, son père. — Reçu les 21 et 23 novembre 1545. (Fol. 7 et 28 v°.)

26117. Jean Lopin, nommé conseiller clerc en remplacement de Nicole Sanguin, décédé. — Reçu le 27 janvier 1546 n. s. (Fol. 175 v°.)

26118. Jacques Du Faur, nommé conseiller clerc au lieu de feu Charles de Louviers, et président en la grande chambre des enquêtes en remplacement de François Delage, nommé premier président à Bordeaux. — Reçu le 7 avril 1546 n. s. (Fol. 388 v°.)

(Reg. X¹ᵃ 1558.)

26119. François Boilève (ou Boylève), nommé conseiller clerc au lieu de François Delage, nommé premier président du Parlement de Bordeaux. — Reçu le 12 mai 1546. (Fol. 26.)

(Reg. X¹ᵃ 4858.)

26120. Élie de Polignac, sʳ de Fléac, nommé bailli de Vitry-en-Perthois, au lieu de Thierry de Lénoncourt. — Reçu le 29 février 1515 n. s. (Fol. 202.)

26121. Jacques Allegrain, nommé bailli de Melun au lieu de Jean Du Puy de Bermont. — Reçu le 15 mars 1515 n. s. (Fol. 286.)

26122. Cybard Couillaud, pourvu de l'office de juge des exempts du duché d'Angoulême. — Reçu le 4 avril 1515 n. s. (Fol. 333.)

(Reg. X¹ᵃ 4860.)

26123. Jean Perrotin, pourvu de l'office de garde et chancelier des foires de Champagne et de Brie, au lieu de Jacques de Roffey. — Reçu le 2 décembre 1516. (Fol. 53 v°.)

26124. Jean de Lénoncourt, nommé bailli de Bar-sur-Seine au lieu de Philippe, son père. — Reçu le 18 décembre 1516. (Fol. 113 v°.)

26125. Michel de Poisieu, chevalier, sʳ de Saint-Mesme et de Vallery, nommé capitaine et bailli de Sens, au lieu de Christophe de Plailly. — Reçu le 22 janvier 1517 n. s. (Fol. 214.)

(Reg. X¹ᵃ 4871.)

26126. Guillaume de Beaune, sʳ de la Carte, nommé bailli de Touraine et capitaine de Tours, en survivance de son père, Jacques de Beaune, sʳ de Semblançay. — Reçu le 2 décembre 1522. (Fol. 51.)

(Reg. X¹ᵃ 4882.)

26127. Jacques Tahureau, pourvu de l'office de juge du Maine au lieu de Pierre Troullart, décédé. — Reçu au Parlement, le 26 novembre 1527. (Fol. 46 v°.)

(Reg. X¹ᵃ 4889.)

26128. Don de l'office de grand chambrier de France, pour en jouir durant la minorité du duc d'Orléans, octroyé à Jean Breton, sʳ de Villandry, au lieu de feu Jean Robertet. — Reçu au Parlement, le 19 janvier 1531 n. s. (Fol. 276.)

(Reg. X¹ᵃ 4907.)

26129. Provisions en faveur de Nectaire de Saint-Nectaire (Senneterre) de l'office de bailli des Montagnes d'Auvergne, vacant par le décès de Gabriel de Montal. — Reçu au Parlement, le 9 janvier 1539 n. s. (Fol. 189.)

INVENTAIRE DES ANCIENS MÉMORIAUX DE LA CHAMBRE DES COMPTES DE PARIS. — ACTES NON RECONSTITUÉS, INDIQUÉS SANS LEUR DATE. (*Arch. nat.*, PP. 110, 111, 118, 119.)

Ancien mémorial coté Z, commençant au mois de janvier 1515 n. s. et finissant au mois d'avril 1516. (Arch. nat., PP. 110 et PP. 118.)

26130. Confirmation de Guy Farineau en l'office de vicomte et receveur ordinaire de Montivilliers. (Fol. 5 v°.)

26131. Confirmation de Vincent Galée en l'office de clerc et payeur des œuvres du roi. (Fol. 7.)

26132. Confirmation de Gilles Petit en l'office de receveur ordinaire du bailliage de Vitry. (Fol. 7.)

26133. Confirmation de Michel de Cherbeye en l'office de receveur ordinaire de Saintonge et de la Rochelle. (Fol. 7 v°.)

26134. Confirmation de Nicole Marot en l'office de receveur ordinaire de Troyes. (Fol. 9.)

26135. Confirmation de Salmon de Raincheval en l'office de receveur ordinaire du bailliage d'Amiens, du côté d'Artois. (Fol. 12.)

26136. Don à Florimond Robertet, s' de la Guierche, de 600 livres parisis par an sur la recette ordinaire de Paris, tant qu'il tiendra l'office de bailli et concierge du Palais. (Fol. 29.)

26137. Confirmation d'affranchissement en faveur des habitants de Laon. (Fol. 41 v°.)

26138. Confirmation de don à Henri Bohier, s' de la Chesnaye, général des finances, du revenu de la terre du Plessis-du-Parc, sa vie durant. (Fol. 43.)

26139. Confirmation d'octroi de six setiers de sel à l'hôtel des pauvres clercs d'Amiens. (Fol. 43 v°.)

26140. Lettres accordant à Robert Gédoin, secrétaire des finances, une pension annuelle de 60 livres parisis sur le revenu de la chancellerie. (Fol. 45.)

26141. Don à Jean Boudet, greffier des requêtes du Palais, d'une amende de 60 livres parisis, chaque année, tant qu'il tiendra ledit office. (Fol. 45.)

26142. Confirmation de Robert Authouis en l'office de receveur ordinaire de Senlis. (Fol. 50.)

26143. Confirmation du bail de la moitié de la coutume de 12 deniers pour livre sur les marchandises entrant à Bayonne, etc., en faveur de Roger de Gramont. (Fol. 55 v°.)

26144. Don à la reine du grenier à sel de Montfort, sa vie durant. (Fol. 60.)

26145. Confirmation d'Antoine Boileau en l'office de trésorier et receveur ordinaire de Nîmes. (Fol. 62.)

26146. Lettres accordant aux habitants de Bayonne l'exemption du droit de traite pour leurs vins. (Fol. 67 v°.)

26147. Confirmation de Pierre Chollet en l'office de contrôleur général et garde des mines. (Fol. 73.)

26148. Déclaration touchant la collation des chapelles et sanctuaires fondés au comté de Boulonnais, en faveur de l'église de Notre-Dame de

Boulogne-sur-Mer, portant que la préférence sera accordée aux ecclésiastiques, maîtres et enfants qui auraient servi en ladite église, au temps de leur jeunesse. (Fol. 73.)

26149. Confirmation des privilèges des couleuvriniers d'Amiens. (Fol. 85.)

26150. Confirmation de don aux religieux de l'ordre de Saint-François à Sézanne, des revenus d'un jardin proche ladite ville. (Fol. 86 v°.)

26151. Provisions pour Hervé de Kaerquifinen de l'office de receveur des exploits et amendes [au Parlement de Paris]. (Fol. 86 v°.)

26152. Don au duc de Longueville et à Jean d'Orléans, archevêque de Toulouse, son frère, des droits seigneuriaux dus au roi pour les terres et seigneuries de Parthenay, Vouvant, Mervent, Béceleuf, le Coudray-Salbart, etc., par suite du décès de René d'Orléans. (Fol. 95.)

26153. Confirmation de Jean de Boudeville en l'office de receveur ordinaire et voyer de Mantes et de Meulan. (Fol. 99.)

26154. Confirmation de François Luillier en l'office de trésorier et receveur ordinaire de Carcassonne. (Fol. 100.)

26155. Confirmation de Bertrand de Kaerquifinen en l'office de receveur des barrages de Paris. (Fol. 100.)

26156. Continuation en faveur des habitants de Dax de l'octroi de 6 deniers pour livre sur toutes les denrées, et ce pour dix ans, outre ce qui reste à courir d'une période de six ans antérieurement accordée. (Fol. 101.)

26157. Mandement de payer à Jean Pellé, l'aîné, à Martin Frequentel et aux enfants de Jean Pellé, le jeune, gardes de «fouyer[1]» des guerres entre le chef de Caux et Bléville, des gages de 3 sous par jour pour eux tous, sur la recette ordinaire de Montivilliers. (Fol. 106.)

26158. Don à Louis d'Orléans, duc de Longueville, et à Jean d'Orléans, archevêque de Toulouse, son frère, des droits seigneuriaux dus au roi à cause du décès de René d'Orléans pour la terre de Château-Renault et autres terres et seigneuries. (Fol. 106 v° et 107.)

26159. Don à Robert Gautier de l'office de jangeur des poids et mesures et de visiteur des moulins de la ville et du bailliage de Rouen. (Fol. 108.)

26160. Don à Germain Chevrier de l'aubaine des biens de Pierre Servoise. (Fol. 110.)

---

[1] Ou foyer, dans le sens de feux, signaux maritimes.

26161. Confirmation de la modération à 100 sous de la redevance de 99 livres par an due par les habitants d'Harfleur. (Fol. 110 v°.)

26162. Provisions pour Guillaume Poulen de l'office de grènetier du grenier à sel de Creil. (Fol. 118.)

26163. Franc-salé de trois setiers accordé aux religieux de l'ordre de Saint-Guillaume, dit les « Blancs-Manteaux », à Paris. (Fol. 118.)

26164. Octroi aux habitants de Louviers de 100 sous par muid de sel à perpétuité. (Fol. 119.)

26165. Lettres de la régente déchargeant Guillaume Bouër d'une amende de 60 livres parisis. (Fol. 119 v°.)

26166. Confirmation de don et remise aux religieux de Saint-Faron de Meaux d'une redevance annuelle de 40 livres par eux due à la recette ordinaire de Meaux. (Fol. 124.)

26167. Commission à Étienne de Montsaugeon pour faire donner, par les gens d'église, communautés et gens de mainmorte de Brie et de Champagne, des déclarations des biens nobles qu'ils possèdent. (Fol. 143 v°.)

26168. Autre à Jean Rollant, aux mêmes fins, dans le comté de Poitou. (Fol. 145.)

26169. Autre à André de Montsorbier, aux mêmes fins, en Anjou et dans le Maine. (Fol. 148.)

26170. Autre à Jean Le Verrier et René Houlière, aux mêmes fins, dans le comté et l'élection de Laval. (Fol. 150.)

26171. Autre à Jean Diguet, aux mêmes fins, en Touraine. (Fol. 152.)

26172. Autre à Étienne de Champront et Jean Lesueur, aux mêmes fins, dans les comtés de Chartres, Blois et Janville. (Fol. 154.)

26173. Autre à Philippe Quierlavoine et Michel Courtin, aux mêmes fins, dans le comté du Perche. (Fol. 156.)

26174. Autre à Jean Bonvoisin et Jean Courtin, aux mêmes fins, dans le Soissonnais et le pays de Beaumont. (Fol. 158.)

26175. Autre à Michel Brandon, aux mêmes fins, dans les pays du haut et bas Limousin. (Fol. 160.)

26176. Autre à Jean Rollant, aux mêmes fins, dans le comté de Saintonge. (Fol. 162.)

26177. Autre à François Bonier, aux mêmes fins, dans le haut et bas Rouergue. (Fol. 166.)

26178. Autre à Henri Letort du Maret et à Guillaume du Château, aux mêmes fins, dans le Nivernais et le Donziais. (Fol. 168.)

26179. Autre à Jean Vaillant de Guellis, conseiller au Grand conseil, et à Jean de Dampierre, aux mêmes fins, en Normandie. (Fol. 169.)

26180. Autre à Jean d'Argouges et à Mathieu de Perthuis, aux mêmes fins, dans les bailliages d'Étampes et de Mantes. (Fol. 172.)

26181. Autre à Aymar de La Viguerie et à Guillaume Defiau, aux mêmes fins, dans le comté de Rodez et les quatre châtellenies de Rouergue. (Fol. 174.)

26182. Autre aux mêmes commissaires et à même fin, dans les comtés d'Armagnac, Fezensac, Pardiac, etc. (Fol. 176.)

26183. Autre à Jean Robin et Louis Husson, aux mêmes fins, dans le bailliage de Vitry et la prévôté de Vaucouleurs. (Fol. 178.)

26184. Confirmation de Nicolas de La Chenaye en l'office de receveur ordinaire de Rouen. (Fol. 180.)

26185. Confirmation audit de La Chenaye d'une pension de 150 livres par an sur la recette ordinaire de Rouen. (Fol. 180 v°.)

26186. Provisions pour Jean-Martial Andrieu de l'office de receveur ordinaire de Limousin. (Fol. 180 v°.)

26187. Confirmation d'Antoine Rebours en l'office de receveur ordinaire de Sens. (Fol. 181.)

26188. Commission à Jean Lesueur et à Michel Courtin de faire donner par les ecclésiastiques, communautés et gens de mainmorte des déclarations de leurs héritages dans le comté du Perche, la châtellenie de Châteauneuf-en-Thimerais, etc. (Fol. 181.)

26189. Don à la reine d'Aragon des droits seigneuriaux de la châtellenie de Larzicourt. (Fol. 184.)

26190. Commission à Jean Baterel et à Jean Héron de faire donner par les ecclésiastiques, communautés et gens de mainmorte des déclarations de leurs biens dans les bailliages d'Amiens et de Vermandois. (Fol. 187 v°.)

26191. Révocation de tous dons, octrois, pensions, etc., non couchés sur les états généraux des finances. (Fol. 195.)

26192. Commission à Julien et Guy de Moreau de faire donner par les ecclésiastiques, communautés et gens de mainmorte des duché de Bourgogne, vicomté d'Auxonne, Mâconnais, Auxerrois, Charolais, Bar-sur-Seine et seigneurie de Noyers, des déclarations de leurs biens. (Fol. 196.)

26193. Commission à Innocent Le Coutelier, Gilles Dumesnil et Guillaume de La Rozière de faire donner par les ecclésiastiques, communautés et gens de mainmorte du duché d'Alençon, des déclarations de leurs biens. (Fol. 204.)

26194. Don à Gabriel de La Châtre, s^r de Nançay, capitaine de la garde française du corps, de la haute, moyenne et basse justice de Bésigny et le Plessis. (Fol. 204 v°.)

26195. Don à Jeanne de Graville, veuve de M. de Chaumont, grand maître de France, des droits seigneuriaux de Mennetou-Salon. (Fol. 207.)

26196. Commission à Jérôme de Villac, Jean de L'Épine et Jean Girault pour la levée des deniers des francs-fiefs et nouveaux acquêts dans les bailliages d'Étampes et de Mantes. (Fol. 212.)

26197. Don à Gabrielle de Bossut des droits seigneuriaux de la terre de Mondescourt en Picardie, pour les enfants qu'elle a eus du feu s^r de Barbançon, son mari. (Fol. 213 v°.)

26198. Don et remise à Jacques de Beaune, s^r de la Carte, du droit de rachat sur le fief du Puy-d'Épan, à lui vendu par les commissaires du roi. (Fol. 214 v°.)

26199. Don à la duchesse d'Angoulême, mère du roi, des droits seigneuriaux de la terre de Semblançay, des fiefs des ponts de Tours, cours de la rivière et de la dîme de Neufvy. (Fol. 233.)

26200. Lettres de Louise de Savoie, régente, portant don du comté de Beaufort à René, bâtard de Savoie, comte de Villars. (Fol. 234.)

26201. Confirmation dudit don par lettres du roi. (Fol. 235.)

26202. Don à la duchesse de Longueville des droits seigneuriaux des terres de Parthenay, Vouvant, Mervent, Beceleuf, Le Coudray-Salbart, etc. (Fol. 243.)

26203. Provisions pour Hugues Du Bois de l'office de receveur des mainmortes et formariages en Vermandois. (Fol. 243 v°.)

26204. Don à David de L'Isle, archer de la garde écossaise, du droit de chauffage et mort-bois en la forêt de la Salle, sa vie durant. (Fol. 251.)

26205. Lettres portant cession aux Célestins de Notre-Dame d'Ambert de cent quarante arpents de terre le long de l'ancien clos d'Ambert, en échange de 9 livres parisis de rente sur les moulins et héritages de la rivière de Loiret. (Fol. 261.)

26206. Provisions pour Étienne Trotereau de l'office de vicomte et receveur ordinaire de Gisors. (Fol. 264.)

64.

26207. Confirmation du don de 200 livres de rente fait à Léonard de Renty et à sa femme, et au survivant des deux, pour en jouir par Renée d'Argence, devenue veuve dudit de Renty. (Fol. 265.)

26208. Déclaration de foi et hommage de la baronnie de Baugé par le duc d'Alençon. (Fol. 272.)

26209. Don à Bertrand d'Estissac, chambellan ordinaire du roi, de la justice et juridiction de Clermont en Périgord. (Fol. 283.) — Confirmation dudit don. (Fol. 284.)

26210. Ratification de la vente et démembrement faits par Antoine Du Moulin de son fief de Vincy au profit de Philippe de Pompéry, avec union des droits de justice, à lui vendus par ledit Du Moulin, avec ceux dont il jouissait auparavant à Acy[-en-Multien]. (Fol. 290.)

Anc. mém. coté 2 A, commençant en octobre 1516 et finissant en novembre 1519. (Arch. nat., PP. 111 et PP. 119.)

26211. Déclaration portant que la justice de la terre de Montrichard sera exercée au nom de Jacques de Genouilhac, dit « Galyot », chambellan du roi et capitaine général de l'artillerie. (Fol. 14.)

26212. Don à Gabriel de La Châtre des biens de Macé Adam, échus au roi en vertu du droit d'aubaine. (Fol. 39.)

26213. Don à Étienne Deschamps des biens de Jean Le Grane, échus au roi en vertu du droit d'épave. (Fol. 49 v°.)

26214. Don à Bonabé de Pocé et à Catherine d'Estouteville, sa femme, des droits seigneuriaux d'un neuvième de la terre de la Rocheguyon et ses dépendances. (Fol. 50 v°.)

26215. Commission à René Dreux et à Jean André pour recueillir dans l'élection de Loudun les déclarations des biens de mainmorte et des amortissements, ainsi que des fiefs possédés par les nobles. (Fol. 51 v°.)

26216. Commission semblable adressée à Pierre Gontier pour les sénéchaussées de Touraine, Anjou et Maine. (Fol. 53 v°.)

26217. Don à Jean Larrive des biens confisqués de François Bunot. (Fol. 71 v°.)

26218. Lettres portant assignation à Claude Robin, général des monnaies en Languedoc et Guyenne, sur les boîtes des monnaies, pour le payement de ses gages du passé et de l'avenir. (Fol. 72.)

26219. Don à Artus Gouffier, sr de Boisy, grand maître de France, de la haute justice de la terre de Glenouze. (Fol. 73 v°.)

26220. Provisions pour Jacques, bâtard de Vendôme, de l'office de bailli de Valois. (Fol. 77.)

26221. Ordonnance concernant les forêts du Boulonnais. (Fol. 77.)

26222. Don à Guillaume d'Espanel, archer de la garde, des droits seigneuriaux de la terre de Marcilly. (Fol. 82.)

26223. Lettres portant remise à Mathurin Nau d'une amende de 60 livres parisis. (Fol. 85.)

26224. Mandement à Jacques Charmolue, changeur du Trésor, de payer à Jean Richer, maître des comptes, 496 livres pour cent vingt-quatre jours qu'il a vaqué aux affaires du roi. (Fol. 85 v°.)

26225. Provisions pour Michel Hubert de l'office de général maître des monnaies à Paris. (Fol. 86 v°.)

26226. Déclaration en faveur de Jacques de Genouilhac, dit « Galyot », capitaine général de l'artillerie, portant que la terre de Montrichard n'est pas comprise dans l'ordonnance de réunion au domaine. (Fol. 87 v°.)

26227. Lettres en faveur du duc de Nemours, portant abolition de l'impôt de 12 deniers par livre sur les marchandises vendues en la ville de Nemours. (Fol. 99 v°.)

26228. Relief de surannation desdites lettres, en faveur de Philiberte de Savoie, duchesse de Nemours. (Fol. 101.)

26229. Confirmation d'un droit de franc-salé de deux muids de sel octroyé au chapitre de l'église cathédrale de Rouen. (Fol. 105 v° et 123 v°.)

26230. Don à Jean de La Chassagne, procureur général du Parlement de Bordeaux, des droits seigneuriaux de la terre de Châtelus-le-Marcheix. (Fol. 106 v°.)

26231. Provisions pour Jean Courault de l'office de receveur des gages et des amendes du Parlement de Rouen. (Fol. 112 v°.)

26232. Don à la reine d'Aragon des droits seigneuriaux du comté de Beaufort en Champagne et autres terres. (Fol. 113.)

26233. Provisions pour Jean Brosset de l'office de clerc ordinaire du Trésor, au lieu de Jean Legrand. (Fol. 118 v°.)

26234. Don à François de Tallansac et à Jean de Haplaincourt des droits seigneuriaux des terres de « Tirramont et Lully » (p.-ê. Tirlemont et Ully). (Fol. 118 v°.)

26235. Commission à Gilles Berthelot, Jean de Fontenay et François Boucher pour la recherche des francs-fiefs et nouveaux acquêts dans la prévôté de Paris. (Fol. 120 v°.)

26236. Don à Charles de L'Hôpital, s^r de Vitry, des droits seigneuriaux de la terre de « Nogent-sur-Avon ». (Fol. 123.)

26237. Confirmation du don fait à Anne d'Alençon, marquise de Montferrat, des terres et seigneuries de Pacy, Ézy et Nonancourt. (Fol. 128 v° et 238 v°.)

26238. Don à Isabeau de Bourbon, dame de Carency, des droits seigneuriaux de la terre de Combles. (Fol. 132 v°.)

26239. Don à Jean de La Chesnaye, vicomte de Carentan, des biens de Jean Fontaine, échus au roi par droit d'aubaine. (Fol. 132 v°.)

26240. Don à Gillette de Coëtivy, veuve de Jacques d'Estouteville, prévôt de Paris, des droits seigneuriaux de la terre d'Oissery. (Fol. 135 v°.)

26241. Lettres commettant Guillaume Marquet pour exercer le greffe de la commission des francs-fiefs et nouveaux acquêts en Poitou, Saintonge et Limousin. (Fol. 139.)

26242. Don à Jacques de Hellenvilliers des droits seigneuriaux de la terre d'Autheuil. (Fol. 143 v°.)

26243. Confirmation de Jacques d'Espinay en son office de capitaine des ville et château de Saint-Macaire. (Fol. 149 v°.)

26244. Confirmation d'un droit de franc-salé d'un muid de sel en faveur du chapitre de Notre-Dame de Gléry. (Fol. 150 v°.)

26245. Don à James de Sainte-Colombe d'Esquarra des biens confisqués de Jean d'Aulon de Mazerville. (Fol. 154.)

26246. Don à Maciot Le Barge, Robert Langlois et Jean de Hottot, de la garde de Pierre Le Clerc, fils de Pierre Le Clerc, de Croisset, décédé. (Fol. 159.)

26247. Provisions pour Nicolas Coeton de l'office de clerc auditeur ordinaire des comptes au lieu de Josse Charpentier. (Fol. 170.)

26248. Don à Léon du Torchon des droits seigneuriaux d'une maison sise à Paris, rue au Feurre. (Fol. 174 v°.)

26249. Don à Jacques Billard, huissier de salle ordinaire du roi, des droits seigneuriaux des terres d'Écaquelon et de Bois-Héroult. (Fol. 192 v°.)

26250. Don à Philiberte de Savoie, duchesse de Nemours, de tout ce qui était dû de reste au roi, alors qu'il possédait le duché de Nemours et du temps même de ses prédécesseurs. (Fol. 216 v°.)

26251. Don à Michel, bâtard de Luppé, du revenu des avenages des terres de Santilly et Ruan. (Fol. 229 v°.)

26252. Don à Claude de Brives, valet de garde-robe du roi, des droits seigneuriaux des terres de Bois-Héroult et Écaquelon. (Fol. 231 v°.)

26253. Provisions pour Nicolas de Cerisay, baron de la Rivière et du Hommet, de l'office de bailli de Cotentin. — Avec jussion à la Chambre des Comptes de procéder à sa réception. (Fol. 232, 233.)

26254. Provisions pour Jean Corne de l'office de messager de la Chambre des Comptes et du Trésor. (Fol. 238.)

26255. Provisions pour Lupien Poussot de l'office de receveur ordinaire de Meaux. (Fol. 238 v°.)

26256. Provisions pour Louis de Hallwin de l'office de gouverneur et bailli de Péronne, Montdidier et Roye. (Fol. 238 v°.)

26257. Lettres permettant à Pasiello de Mercoliano de transporter à René, bâtard de Savoie, oncle du roi, ses droits sur les maison, jardin et pourpris de Château-Gaillard. (Fol. 245 v°.)

26258. Provisions pour Jean Bourguignon de l'office de messager de la Chambre des Comptes et du Trésor. (Fol. 248 v°.)

26259. Commission à Nicolas Boutin pour la recherche des francs-fiefs, nouveaux acquêts et amortissements dans le comté de Montfort. (Fol. 251 v°.)

26260. Provisions pour Georges de Bercle de l'office de maître, gouverneur et visiteur général des mines. (Fol. 254 v°.)

26261. Provisions pour Antoine Juge de l'office de receveur ordinaire et extraordinaire des deniers à payer par les habitants de Tournay et du Tournaisis. (Fol. 258.)

26262. Commission à Élie Dupont et à Thibaut Blanc pour la recherche des amortissements, francs-fiefs et nouveaux acquêts dans les sénéchaussées de Bazadais, Bordelais, Libourne, Condomois et Quercy. (Fol. 292.)

26263. Commission semblable à Nicole Boutin pour le duché de Valois, le gouvernement de Roucy et Épernay. (Fol. 300 v°.)

26264. Commission semblable à Yrié Regnier et autres pour le Périgord, Sarlat et Bergerac. (Fol. 303.)

26265. Lettres portant cession d'une maison à Choisy-le-Bac, près

Compiègne, au profit de F. de Mertouze, prévôt des lansquenets, moyennant 600 livres et pour son remboursement d'une somme de 4,000 livres à lui due par le roi. (Fol. 325.)

26266. Don et remise en faveur de Jean d'Oyron, s^r de La Gatelinière, d'une amende de 260 livres parisis à laquelle avait été condamné Jacques d'Oyron, son père. (Fol. 329.)

26267. Provisions pour Jean Duquesnel de l'office de sergent fieffé de la Bonneville en la vicomté d'Évreux. (Fol. 338 v°.)

26268. Don à Marguerite, duchesse d'Alençon et de Berry, sœur du roi, des droits de rachat et autres devoirs seigneuriaux, revenus et profits de fiefs qui étaient dus au roi au duché de Berry, avant le don qu'il avait fait dudit duché à sa sœur. (Fol. 340.)

26269. Lettres de mainlevée en faveur de Françoise Fresneau, veuve d'Antoine Des Aubiez, vicomte de Bayeux, des terres de « Coulombres », alias « Coulombe », et de Savonnières. (Fol. 344 v°.)

26270. Cession à Gilles Berthelot, maître des comptes, de 10 livres de rente sur le Port-Huault, 100 sous sur le prieuré d'Azay-le-Rideau et 10 sous sur le Moulin-Boitard, et du droit de châtellenie et de justice, haute, moyenne et basse, dans les paroisses d'Azay et de Cheillé, en échange des droits et devoirs sur les habitants de Cheillé, Rivarennes et Saint-Benoît-de-la-Mort, par lui cédés au roi. (Fol. 346.)

26271. Lettres de décharge de 25 livres de rente, d'une part, et de 14 livres 4 deniers, d'autre, sur la terre de Quetteville et le fief de Vaux, en faveur de René Chaudrier. (Fol. 352 v°.)

26272. Commission à Jacques Sevin, maître des comptes, et à Giraud de Lalande, avocat du roi en la Chambre des Comptes, pour la recherche des amortissements, droits de francs-fiefs et nouveaux acquêts. (Fol. 356 v°.)

26273. Don et remise à Adhémar de Cabusac d'une amende de 1,000 livres par lui encourue. (Fol. 359 v°.)

26274. Cession à Christophe Daresse, trompette ordinaire du roi, d'un petit étang sis en la paroisse de Chédigny, au comté de Loches, moyennant 66 sous 8 deniers de rente. (Fol. 361 v°.)

26275. Commission à Nicole Morel et Enguerrand Du Breuil pour la recherche des droits d'amortissement, francs-fiefs et nouveaux acquêts dans le bailliage de Senlis. (Fol. 364 v°.)

26276. Commission à François Brochu, Nicole Coiffart, René

— 513 —

Le Fuzelier et Jacques Cochart, pour la même recherche au bailliage de Tournay. (Fol. 366 v°.)

26277. Don à Christophe Champier, médecin ordinaire de la duchesse d'Angoulême, de tout ce qui était dû au roi par Pierre et Philippe de La Combe, père et fils, des tailles, aides et équivalent d'Angoumois. (Fol. 371 v°.)

26278. Confirmation du bail fait par la duchesse d'Anjou, mère du roi, à Gervais Chellay, du greffe de la prévôté d'Angers, moyennant 40 livres de rente à la recette d'Anjou, et du don de l'office d'enquêteur et examinateur en ladite prévôté. (Fol. 372.)

26279. Don à Jean Bonnault, valet de chambre ordinaire du roi, d'une place sous les arches du pont de Montereau-Faut-Yonne, pour y construire un moulin à blé, moyennant 100 sous parisis de rente à la recette ordinaire du lieu. (Fol. 378.)

26280. Confirmation et prorogation pour dix ans du don fait aux religieuses de Poissy de 2,000 livres par an sur la recette ordinaire de Gisors. (Fol. 378 v°.)

26281. Confirmation du droit de franc-salé octroyé aux Chartreux de Notre-Dame-de-Vauvert près Paris, pour quatre setiers de sel. (Fol. 380 v°.)

26282. Don à Odet de Boutet, de « Causseux » (p.-ê. Coussieux), de la haute justice sur la terre de « Causseux ». (Fol. 400.)

26283. Provisions pour François de Nory de l'office de général maître des monnaies à Paris. (Fol. 402 v°.)

26284. Provisions pour Jean de La Perreuse de l'office de receveur ordinaire du bailliage de Troyes. (Fol. 409.)

Anc. mém. coté 2 B, commençant en novembre 1519, finissant en mai 1522. (Arch. nat., PP. 111 et PP. 119.)

26285. Don à Raoul Delafaye, greffier des requêtes du Palais à Paris, d'une somme de 60 livres par an sur les amendes. (Fol. 1.)

26286. Confirmation de la permission accordée à Philibert Tissart de construire un moulin à vent pour moudre le blé en l'une de ses terres de la baronnie d'Amboise. (Fol. 1 v°.)

26287. Confirmation à Jean Bourdichon d'un don de 400 livres sur le changeur du Trésor. (Fol. 7 v°.)

VII.   65

26288. Provisions pour Gilbert Jarriel de l'office de contrôleur général des finances ordinaires et extraordinaires de Milan. (Fol. 12.)

26289. Déclaration concernant les fonctions dudit contrôleur. (Fol. 13.)

26290. Don à Guillaume Du Hommet des biens d'Étienne Daussert, échus au roi par droit d'aubaine. (Fol. 19.)

26291. Confirmation des privilèges octroyés aux habitants de Château-Thierry, avec exemption de la ferme et imposition des grains et farine. (Fol. 20 v°.)

26292. Don à Jean Parent de la moitié d'une maison à Melun, qui appartenait à Simon Harelle, depuis échue au roi par droit d'aubaine. (Fol. 22.)

26293. Lettres de modération, en faveur des habitants de Fismes, à 70 livres et deux muids de vin, d'une redevance annuelle de 80 livres et quatre muids de vin. (Fol. 22 v°.)

26294. Don à Juste de Tournon des biens confisqués de Pierre de Romeguières, de Montgiraux et d'Étienne Pozols. (Fol. 22 v°.)

26295. Provisions pour René de Bonneil de l'office de général maître des monnaies à Paris. (Fol. 46 v°.)

26296. Don à Gaspard Danetz (*aliàs* Danès) des biens de Catherine Ferrand, dite « la Cheminarde », échus au roi par droit d'aubaine. (Fol. 47 v°.)

26297. Confirmation du don fait à François Tissart, contrôleur général de l'artillerie en Bretagne, d'une portion de terre devant sa maison, à Amboise. (Fol. 48.)

26298. Commission à Guillaume Bourgoing, bailli de Saint-Pierre-le-Moutier, et à Nicolas Le Prévost, de Rozières, pour la recherche des droits d'amortissement, francs-fiefs et nouveaux acquêts dans l'étendue du bailliage de Saint-Pierre-le-Moutier. (Fol. 54.)

26299. Commission à Innocent Le Coutelier et à Michel de Saint-Aignan pour la même recherche dans l'étendue de la vicomté de Cany-Caniel [1]. (Fol. 56 v°.)

26300. Don à François Gobe, archer de la garde, tant pour lui que pour Jeanne de Villiers, sa femme, et Antoine Gobe, son fils, de la conciergerie de l'hôtel du Petit Nesle à Paris. (Fol. 65.)

[1] Détachée de la vicomté de Caux.

26301. Provisions pour Laurent David de l'office de receveur ordinaire du domaine de Bar-sur-Aube et de la prévôté d'Essoyes. (Fol. 67.)

26302. Don à Catherine de Châteaumorant, femme de Jean de Pujols, des biens confisqués de Bernard « de Lo, [s^r] de Bellières ». (Fol. 67 v°.)

26303. Confirmation d'un droit de franc-salé accordé aux Frères prêcheurs de Troyes, pour douze minots de sel par an. (Fol. 68.)

26304. Provisions pour Nicolas de Plancy de l'office de receveur ordinaire de Valois. (Fol. 70 v°.)

26305. Lettres portant remise à David Rech, archer de la garde écossaise, d'une amende de 60 livres parisis. (Fol. 71.)

26306. Don à René, bâtard de Savoie, comte de Villars, des biens confisqués de Jean de Bar, s^r de Saint-Michel. (Fol. 71 v°, 72.)

26307. Lettres accordant à l'archevêque de Toulouse un délai de six mois pour prêter le serment de fidélité pour le temporel de son abbaye du Bec-Hellouin. (Fol. 72.)

26308. Confirmation du don fait par la régente à Léon de Brie des droits seigneuriaux dus par lui pour la moitié de la terre de Coudun. (Fol. 74.)

26309. Lettres accordant à Louis Anjorrant, président aux requêtes du Palais, les gages dudit office pour le temps compris entre la vacance de l'office et sa réception. (Fol. 74 v°.)

26310. Concession à Jacques de Beaune, s^r de Semblançay, d'une voie et demie sous les ponts de Tours, pour y construire des moulins à blé, à draps ou autres. (Fol. 82 v°.)

26311. Don aux Frères prêcheurs de Saint-Louis d'Évreux d'un demi-arpent de bois par an en la forêt d'Évreux, au lieu du droit d'usage qu'ils y avaient auparavant. (Fol. 86.)

26312. Confirmation du bail fait par la duchesse d'Angoulème à Étienne Fromont, d'une pièce de terre appelée « la Blondcterie ». (Fol. 88 v°.)

26313. Cession à André Pailler, de Dannemois, des mairies et hautes justices de Rubelles et Aubigny, avec renonciation au droit de réméré, moyennant dix sous par an, payables à la recette de Melun. (Fol. 104.)

26314. Cession à Jean de Cristiollet, dit « Trippet », de seize arpents du bois appelé le bois de « Saint-Salvador », près le château de Mauvezin en Agénais. (Fol. 108.)

65.

26315. Lettres d'habilitation pour Jean de Rambures, le déclarant majeur et hors de la tutelle de Jeanne de Hallwin, sa mère. (Fol. 111 v°.)

26316. Don à Justine Lotin, veuve de Jean Le Prévost, auditeur des comptes, des droits seigneuriaux dus à cause de 400 livres de rente inféodée sur la terre de « Meruse ». (Fol. 116 v°.)

26317. Don à Jean, bâtard du Fay, des biens confisqués de Jean de Miry, des Petites-Eaux. (Fol. 120.)

26318. Don à Morelet de Museau, s' de Montretout, trésorier des guerres, de la haute justice de Saint-Jean-les-deux-Jumeaux, en échange de 140 livres, d'une part, et de 10 livres de rente, d'autre, dues aux héritiers de Simon Bureau par la recette de Meaux. (Fol. 183 v°.)

26319. Don aux enfants mineurs d'Alonso de Spinosa des biens de leur feu père, appartenant au roi par droit d'aubaine. (Fol. 190 v°.)

26320. Lettres portant modération à 7 livres, pendant dix ans, de la redevance de 37 livres due par les drapiers de Provins aux halles de cette ville. (Fol. 191.)

26321. Déclaration en faveur des généraux des monnaies, leur accordant la jouissance d'un droit de franc-salé. (Fol. 191 v°.)

26322. Lettres portant taxation à la veuve et aux héritiers de Pierre Hamelin, commis à la construction et aux réparations du château de Loches [de ce qui restait dû au défunt]. (Fol. 194.)

26323. Don à Claude Courtois, dit « Courtagier », d'une maison et des droits de châtellenie à Charlieu en Lyonnais. (Fol. 194 v°.)

26324. Ratification de l'échange fait par la duchesse d'Alençon avec Jean de Laloue du droit de châtellenie en la paroisse de Foëcy, moyennant 40 sous de rente applicable au domaine de Berry. (Fol. 195 v°.)

26325. Don à Adrien Tiercelin, s' de Brosse, de la haute justice, du tabellionnage et du sceau aux contrats de Marines, en payant 10 livres par an à la recette ordinaire de Pontoise. (Fol. 260.)

26326. Provisions pour Jean Tassin de l'office de maître, gouverneur et visiteur général des mines. (Fol. 270.)

26327. Don à Mathieu Des Monts d'une maison avec cour et jardin, à Falaise, et des autres biens de Guillaume et Henri Le Pas, échus au roi par droit d'aubaine. (Fol. 271 v° et 279.)

26328. Lettres de validation des aliénations de portions du domaine, aides et gabelles, jusqu'à concurrence de 187,500 livres. (Fol. 272 v°.)

26329. Commission pour l'aliénation du sceau du Châtelet de Paris, avec faculté de rachat, jusqu'à concurrence de deux sous pour livre du revenu. (Fol. 275 v°.)

26330. Lettres accordant à la duchesse d'Angoulême la jouissance, sa vie durant, du revenu du grenier à sel de Romorantin et de la crue de 40 sous par muid de sel. (Fol. 282 v°.)

26331. Provisions pour Jacques Bohier de l'office de payeur des gages et menues nécessités de la Chambre des Comptes. (Fol. 289.)

26332. Provisions pour Philibert Babou de l'office de trésorier de France. (Fol. 300.)

26333. Lettres en faveur de Gilbert Fillol, contrôleur général des finances en Languedoc, portant qu'il lui sera payé 400 livres par an par le receveur général du pays, tant qu'il exercera ledit office. (Fol. 316.)

26334. Lettres octroyant à Jean de La Barre, sʳ de Véretz, bailli de Rouen, la jouissance de la terre des Montils du Parc-lès-Tours (sic), sa vie durant. (Fol. 316 v°.)

26335. Commission pour échanger avec François Dallez, sʳ de la Roche, premier médecin du roi, le droit de réméré de Reugny contre la maison dudit Dallez à Tours. (Fol. 319 v°.)

Anc. mém. coté 2 C, commençant en mai 1522 et finissant en mars 1524. (Arch. nat., PP. 111 et PP. 119.)

26336. Lettres de validation des aliénations du domaine, des aides et gabelles aux églises dont on aurait pris les biens et joyaux, jusqu'à concurrence de 40,000 livres, dans la généralité de Languedoc. (Fol. 35 v°.)

26337. Provisions pour Nicolas Le Cointe de l'office de général maître des monnaies à Paris. (Fol. 44.)

26338. Provisions pour Denis Bradé de l'office de receveur ordinaire de Valois. (Fol. 48 v°.)

26339. Lettres octroyant à Jean de Bailly, rapporteur et correcteur des lettres de chancellerie, d'un droit de franc-salé pour sa provision. (Fol. 60 v°.)

26340. Lettres portant que François Gobe, archer de la garde, Jeanne de Villiers, sa femme, et Antoine Gobe, leur fils, jouiront, à la survivance l'un de l'autre, de 16 livres parisis par an, à compter du jour que ledit François a été reçu au serment de la conciergerie de l'hôtel du roi. (Fol. 64 v°.)

26341. Provisions pour Jacques Garnier de l'office de receveur ordinaire de Vermandois. (Fol. 74.)

26342. Lettres portant décharge à Philippe Gilles, fermier des amendes du bailliage de Meaux, d'une somme de 79 livres. (Fol. 74.)

26343. Confirmation du don fait par la duchesse d'Angoulême à Berdin Tabois d'un emplacement sur la rivière de la Mare, près la porte Saint-Denis, à Amboise. (Fol. 78.)

26344. Don à Jacques de Miradel, commissaire ordinaire de l'artillerie, de la châtellenie de Pont Saint-Maxence. (Fol. 82.)

26345. Lettres accordant au comte de Guise la jouissance de moitié du revenu du domaine de Bar-sur-Aube, aides et grenier à sel dudit lieu, et de Saint-Dizier et Mussy-l'Évêque, dont il sera payé par les receveurs et grènetiers. (Fol. 96 v°.)

26346. Déclaration en faveur de Claude Courtois, dit « Courtagier », lui assurant la jouissance, sa vie durant, de la maison du roi et châtellenie en la ville de Charlieu en Lyonnais, y compris le péage de Malataverne. (Fol. 102.)

26347. Cession à Nicolas de La Personne, dit « Le Petit », des censes et fiefs confisqués sur Jean Jolly et Robert de Hulu, à dater du jour de la saisie. (Fol. 103 v°.)

26348. Don à Bertrand de La Salle de 600 livres de rente sur le revenu des greniers de Narbonne. (Fol. 108 v°.)

26349. Don par la duchesse d'Angoulême à Philibert Babou, trésorier de France, d'une île sise en la paroisse de Montlouis, consistant en pâturages, buissons et halliers, moyennant 31 livres de rente et 2 sous 6 deniers de cens. (Fol. 109 v°.)

26350. Don à Jacques Galyot de Genouilhac, capitaine général de l'artillerie, des biens confisqués de Pierre Sanglier. (Fol. 114.)

26351. Don à Hector, bâtard « de Ravastain », des biens confisqués de Jean Maupin. (Fol. 132.)

26352. Commission à Jean Robineau pour tenir le compte et faire le payement des munitions et fortifications des ville et château de Hesdin. (Fol. 138.)

26353. Semblable commission à Martial Tarenne, pour Montreuil-sur-Mer. (Fol. 138.)

26354. Semblable commission à Hugues Fournel, pour Doullens. (Fol. 138.)

26355. Semblable commission à Waleran Troussel, pour Thérouanne. (Fol. 138 v°.)

26356. Semblable commission à Adrien Auger, pour Guise et Bray-sur-Somme. (Fol. 138 v°.)

26357. Semblable commission à Jacques Gencien, pour Corbie. (Fol. 139.)

26358. Semblable commission à Antoine Tassart, pour Saint-Quentin. (Fol. 139.)

26359. Commission à Pierre de Bouchier, procureur général au Parlement de Bordeaux, à Raymond de Fayard et à Pierre Saulie, pour la recherche des droits d'amortissement, francs-fiefs et nouveaux acquêts en Périgord. (Fol. 142 v°.)

26360. Commission à Jacques Drouart pour tenir le compte des munitions et fortifications de Péronne. (Fol. 150 v°.)

26361. Don à André Aubert, huissier du Grand conseil, des biens de Gervais des Romeaux (aliàs Gervais Rouveaux), échus au roi par droit d'aubaine. (Fol. 150 v° et 193 v°.)

26362. Déclaration en faveur de Madeleine de Lestrac, comtesse douairière d'Entremont et de Montbel, lui accordant la jouissance de la châtellenie de Fontenay-le-Comte. (Fol. 169.)

26363. Provisions pour Michel Fournier de l'office de receveur ordinaire de Saint-Dizier. (Fol. 171.)

26364. Don à Philippe Gandoyn, canonnier ordinaire de l'artillerie, des biens de Guillaume Languiesel, échus au roi par droit d'aubaine. (Fol. 191 v°.)

26365. Don à Jean de Torcy des biens de Jean de Fontaines, échus au roi par droit d'aubaine. (Fol. 194 v°.)

26366. Don à François de La Chasserie, sʳ de la Cour-des-Bois, de l'usufruit d'Yèvre-le-Châtel. (Fol. 195 v°.)

26367. Lettres accordant à Jean Carré la jouissance du lieu appelé la Salle en la forêt de la Traconne, près l'étang de la Forestière. (Fol. 196.)

26368. Lettres de jussion pour l'entérinement du don au comte de Guise et d'Aumale de moitié du revenu de la terre de Bar-sur-Aube. (Fol. 201 v°.)

26369. Confirmation du don fait à Guillaume d'Ailly des biens confisqués de Jean Alad. (Fol. 207.)

26370. Confirmation du don fait à Hector, bâtard de « Ravastain », de la confiscation entière des biens de Jean Maupin. (Fol. 221 v°.)

26371. Déclaration portant règlement des gages et émoluments de ceux qui obtiendront les offices de prévôt forain, tabellion et greffier du siège royal du bailliage de Vermandois, nouvellement établi à Reims. (Fol. 228 v°.)

26372. Cession à Jean de Beaulac, conseiller au Parlement de Toulouse, de toutes les hypothèques que le roi pouvait avoir sur la terre de « la Serre en Roix ». (Fol. 253 v°.) — Avec déclaration pour l'exécution et jussion pour l'entérinement desdites lettres. (Fol. 255 v°, 257.)

26373. Don à Charles Guillard, président au Parlement de Paris, et à André Guillard, son fils, du droit d'usage et chauffage en la forêt de Longaunay pour leur maison des Épichelières au Maine, par lettres de la régente. (Fol. 264.) — Ratification desdites lettres par le roi. (Fol. 265.)

26374. Lettres attribuant à François de Loynes, président aux enquêtes du Parlement de Paris, une pension annuelle de 600 livres, payable par le receveur des gages de ladite cour. (Fol. 273 v°.)

26375. Commission à Thomas Bohier, général des finances de Normandie, pour faire une enquête *de commodo et incommodo* touchant la création d'une chambre à sel à Mortagne. (Fol. 275.)

26376. Don au capitaine Ricault d'une pension annuelle et viagère de 400 livres. (Fol. 281 v°.)

26377. Cession aux habitants de Chartres de l'emplacement nommé le Château, au-dessus de ladite ville, sur la rivière, pour y installer une tuerie, moyennant une redevance annuelle de 16 livres payable à la recette ordinaire du lieu. (Fol. 285 v°.)

Anc. mém. coté 2 D, commençant en mai 1524
et finissant en avril 1529. (Arch. nat., PP. 111 et PP. 119.)

26378. Lettres accordant à Antoine Le Viste, s᙮ de Fresnes, président au Parlement de Paris, une pension annuelle de 705 livres parisis, payable par le receveur des gages de ladite cour. (Fol. 5 et 11.)

26379. Don à Grégoire Durand et à Jeanne Lorence, sa femme, d'un droit d'usage et de chauffrage et du bois nécessaire pour l'entretien du bâtiment de leur maison de « Hurtelou » paroisse de Cravant, en la forêt du Bois-Petit, près Passy. (Fol. 10 v°.)

26380. Don à Robert de Villiers des biens confisqués de Guy de « Béthinie » et de Regnault de Saulx. (Fol. 12 v°.)

26381. Lettres de la duchesse d'Angoulême, régente, portant union en un seul fief, ou membre de fief de haubert, des terres du Plessis-Groban et de Garel. (Fol. 15.)

26382. Lettres portant décharge pour Jean Lallemand, l'aîné, et son frère cadet, nommé aussi Jean, fils et héritiers de Jean Lallemand, receveur général des finances de Normandie, d'une somme de 2,250 livres, prix d'une coupe d'or par eux prêtée au roi. (Fol. 31.)

26383. Provisions pour Jean Couste de l'office de receveur ordinaire de Sens. (Fol. 32.)

26384. Don à Honorat de Savoie des terres de Sainte-Menehould, Passavant et Wassy. (Fol. 32.)

26385. Provisions en faveur de Germain Le Maçon de l'office de général maître des monnaies à Paris. (Fol. 55 v°.)

26386. Provisions pour Pierre Jamet de l'office de receveur ordinaire de Dourdan. (Fol. 62 v°.)

26387. Don à Jean Papillon, conseiller au Parlement de Paris, d'un terrain vague derrière sa maison à Amboise, moyennant 2 sous 6 deniers de cens. (Fol. 66.)

26388. Provisions pour Jean Le Prévost de l'office de receveur ordinaire de Senlis. (Fol. 68 v°.)

26389. Don à Antoine Raffin, sʳ de Puycalvary, des biens confisqués de Bernard Daubet, dit « le Chevalier », de Lésignan. (Fol. 71.)

26390. Don par lettres de la régente du comté de Castres à la marquise de Saluces et à son fils, à la survivance l'un de l'autre. (Fol. 89 v°.)

26391. Don par lettres de la régente à Anne de Rohan, veuve de Pierre de Rohan, seigneur de Frontenay, pour elle et comme tutrice de ses enfants mineurs, des droits seigneuriaux dus au roi pour la terre de Frontenay-l'Abattu, par suite du décès de son mari. (Fol. 95 v°.)

26392. Provisions pour Jean Hubert de l'office d'huissier et messager de la Chambre des Comptes et du Trésor. (Fol. 106.)

26393. Confirmation par la régente du don fait par le roi, son fils, à Nicolas d'Anjou des droits seigneuriaux des terres de Saint-Fargeau et du pays de la Puisaye. (Fol. 109.)

26394. Lettres de la régente portant modération à 24 livres et quatre setiers de blé de la redevance de 40 livres et six setiers de blé, due par les religieux de Saint-Menge-lès-Châlons-sur-Marne à la recette de Vitry. (Fol. 109 v°.)

26395. Lettres de jussion de la régente pour l'enregistrement du don fait au comte de Guise et d'Aumale, de la somme de 1,500 livres sur le revenu de Bar-sur-Aube et de la moitié du revenu des aides et grenier à sel dudit lieu de Bar, de Mussy-l'Évêque et de Saint-Dizier. (Fol. 110 v°.)

26396. Provisions par la régente en faveur de Jean Lepère de l'office de greffier de la Chambre des Monnaies à Paris. (Fol. 119.)

26397. Don à Jean de Maricourt, sr de Cherchenay, du tiers des droits seigneuriaux des baronnie de Moussy-[le-Châtel], terre de Sérifontaine, etc. (Fol. 120 v°.)

26398. Don au comte de Vaudémont des droits seigneuriaux des terres de Dampierre, Arzillières et autres. (Fol. 154.)

26399. Provisions pour l'amiral Chabot de l'office de gouverneur et bailli du pays et duché de Valois. (Fol. 164 v°.)

26400. Provisions pour Hector Sanxerre de l'office de receveur ordinaire d'Orléans. (Fol. 167.)

26401. Don à Antoine de Montpezat du revenu de la terre de Janville en Beauce, sa vie durant. (Fol. 168 et 172 v°.)

26402. Don à Pierre de L'Estoile du tiers revenant au roi sur la ferme des offices de bailli en la ville de Trie, ressort de Toulouse et jugerie de Rivière, etc. (Fol. 178.)

26403. Lettres portant bail à main ferme aux habitants de Chartres de l'imposition sur tout le bétail pour dix ans, moyennant la somme de 677 livres 10 sous. (Fol. 135.)

26404. Provisions pour Guillaume Berlant de l'office d'huissier et messager de la Chambre des Comptes et du Trésor. (Fol. 193.)

26405. Provisions pour Laurent Thibault de l'office de vicomte et receveur ordinaire de la vicomté d'Auge. (Fol. 198.)

26406. Déclaration en faveur du bailli de Gien, ses lieutenant, prévôt et sergents, et des autres officiers du bailliage et comté de Gien, qui deviennent des officiers royaux. (Fol. 198 v°.)

26407. Lettres de décharge pour Jean de La Barre, sr de Véretz, prévôt de Paris et premier gentilhomme de la chambre, de tous les

deniers mis en ses mains pour les menus plaisirs du roi, sans réclamation possible, ni qu'il puisse en être rendu comptable. (Fol. 199 v°.)

26408. Provisions pour Antoine Lenoir de l'office de receveur ordinaire de Gien. (Fol. 226 v°.)

26409. Lettres portant continuation pour six ans de la concession
annuelle de deux arpents de bois en la forêt de Crécy, faite aux Frères
mineurs d'Abbeville. (Fol. 234.)

26410. Provisions pour Nicolas de Clouy de l'office de receveur ordinaire du domaine d'Amiens. (Fol. 238.)

26411. Provisions pour Étienne Format de l'office de receveur ordinaire de Troyes. (Fol. 238 v°.)

26412. Don à Philippe Chabot, sʳ de Brion, amiral de France, du
droit de gabelle au grenier à sel de Coucy, pour quinze ans. (Fol. 245 v°.)

26413. Déclaration sur le don fait à Charles de Croy du revenu des
terres de Porcien, Montcornet, Bar-sur-Aube, Crouy, Airennes, et des
greniers à sel de Château-Porcien, Cormicy, Bar-sur-Aube, Mussy-
l'Évêque et Saint-Dizier, pour en jouir à dater du 15 février 1526 n. s.
(Fol. 247 v°.)

26414. Confirmation du don fait par la mère du roi à Jehanneton
Boudet de deux maisons à Amboise. (Fol. 248.)

26415. Déclaration en faveur des religieux de Livry-en-Launoy, pour
être payés de seize muids de grain par an sur la grange et les champarts
de Gonesse, par le receveur ordinaire de Paris. (Fol. 254.)

26416. Lettres de ratification des décisions et clôtures des comptes
de Pierre Delaplace, l'aîné, argentier du roi avant son avènement à la
couronne et argentier de la duchesse d'Angoulême, faites par les gens
de la Chambre des Comptes d'Angoulême, et du payement qu'il a fait
au trésor de ladite dame d'une somme de 7,915 livres 7 sous pite.
(Fol. 304 v°.)

26417. Lettres confirmant la modération à 15 livres par an, accordée
aux habitants de Beaumont-en-Argonne, de la redevance de 24 livres
qu'ils avaient coutume de payer au grenier à sel de Sainte-Menehould,
pour user de sel blanc. (Fol. 309.)

26418. Lettres portant octroi aux habitants de Chartres de 6 sous par
queue de sel, pendant toute la durée de la guerre. (Fol. 317 v°.)

26419. Don par la régente à Jacques Gencien d'une pièce de soixante-
douze à soixante-quinze arpents en bois, haies et buissons, appelée le
Bois-Patart en la paroisse de Chauny, au duché de Valois, moyennant

un cens annuel de 5 sous par arpent et d'une somme de 14 livres aussi par arpent, une fois payée. (Fol. 321.)

26420. Lettres de mainlevée en faveur de Charles de Croy, comte de Porcien, dudit comté. (Fol. 326 v°.)

26421. Provisions pour Jacques Taranne de l'office de général maître des monnaies à Paris. (Fol. 327 v°.)

26422. Provisions pour Pierre Perdrier de la charge de commis au payement des réparations et fortifications de Paris. (Fol. 328.)

26423. Don à Paul de La Silve, comte d'Andossa, des offices de greffier civil et de greffier criminel de Troyes, avec les tabellionnages de Troyes et de Sens, moyennant la somme de 20,578 livres 10 sous. (Fol. 337 v°.)

26424. Lettres de jussion pour faire payer audit de La Silve le revenu desdits greffes de Troyes et tabellionnages de Sens et de Troyes. (Fol. 343 v°.)

26425. Lettres de jussion pour l'entérinement dudit don et aux fins de canceller un mandement de Guillaume Prudhomme, trésorier de l'épargne, portant assignation audit de La Silve de 22,384 livres sur le receveur général des finances. (Fol. 344.)

26426. Provisions pour François Jaret de l'office de receveur ordinaire de Valois. (Fol. 361 v°.)

26427. Provisions pour Jean Metereau d'un office d'huissier et messager de la Chambre des Comptes et du Trésor. (Fol. 365.)

26428. Don à Jean des Essarts des droits seigneuriaux dus pour le fief des Moulineaux. (Fol. 365.)

26429. Ratification par le roi du bail fait par les échevins d'Orléans du droit que la ville possédait en une place où sont les buttes des archers de ladite ville, au profit de Jean Robineau, moyennant 10 sous par toise de rente annuelle, soit, pour la totalité, 34 livres. (Fol. 373 v° et 376.)

26430. Don à la duchesse d'Angoulême du droit de gabelle en la chambre à sel de Fère[-en-Tardenois]. (Fol. 378 v°.)

26431. Provisions pour Jean Lamoureux de l'office d'huissier et messager de la Chambre des Comptes. (Fol. 380.)

26432. Lettres portant diminution au profit de Louis Le Roy, sr de Chavigny, de telle somme qui sera fixée par décision de la Chambre des Comptes, sur les 12 livres 10 sous dont il est chargé annuellement pour l'érection en châtellenie de sa terre de Chavigny, le droit de péage ne lui ayant pas été accordé. (Fol. 384 v°.)

26433. Don à François « d'Estanoys » (s. d. d'Estaing) de l'office de « planquage, cheminage et vergage » du cours de la Seine, depuis Paris jusqu'à la mer. (Fol. 391.)

Petit registre coté aussi 2 D, intitulé : « Procès-verbal de la saisie des biens du connétable de Bourbon, depuis 1523 jusqu'en 1527. » (Arch. nat., PP. 111 et PP. 119.)

26434. Commission à Guillaume Luillier et à Lambert Meigret pour la régie des biens du connétable Charles de Bourbon, qu'il a abandonnés par sa fuite. (Fol. 1.)

26435. Commission à Arnaud de Péricourt de la charge de capitaine et garde des place et château de Carlat. (Fol. 3.)

26436. Lettres commettant Antoine de Montpezat à l'office de capitaine et châtelain de Montluçon. (Fol. 4 v°.)

26437. Lettres commettant le même à l'office de maréchal et sénéchal du comté de la Haute-Marche. (Fol. 6.)

26438. Commission à Jacques de Rouy, sr de Mennetou, pour exercer l'office de capitaine des ville et château de Moulins. (Fol. 7 v°.)

26439. Déclaration en faveur des habitants de Dombes, par le premier article de laquelle il leur est promis un gouverneur pour la garde de leur pays, par le second ils sont affranchis de toutes contributions, excepté un don gracieux, etc. (Fol. 9.)

26440. Commission à Jean des Ages, dit « Laleu », et à Ogier Le Courtois, pour administrer les terres et seigneuries de la Bussière, dans le comté de Montpensier, et de Bellegarde, dans le comté de la Marche. (Fol. 13 v°.)

26441. Commission à Guillaume de La Romagière pour exercer l'office de capitaine et garde des place et château de Montaigut-en-Combraille. (Fol. 15.)

26442. Commission à Guillaume de Manèches pour exercer l'office de châtelain de Montaigut-en-Combraille. (Fol. 16.)

26443. Commission à Pierre Quetier pour tenir le compte et faire les achats du sel de l'extraordinaire de Bourbonnais, appelé Boutehors, et à Guillaume de Villennes, pour en exercer le contrôle. (Fol. 17 v°.)

26444. Don par la duchesse d'Angoulême à Antoine Du Prat, sr de

Nantouillet, chancelier de France, de la terre et seigneurie de Thiers en Auvergne. (Fol. 18.) – Confirmation de ce don par le roi. (Fol. 19 v°.)

26445. Commission à Jean de La Courchambre pour exercer l'office de maître des eaux et forêt en Bourbonnais. (Fol. 21 v°.)

26446. Commission à Jean de Laloue pour exercer l'office de capitaine et châtelain de La Bruyère-L'Aubespin. (Fol. 23.)

26447. Commission à Jean de Villars, sʳ de la Mothe, pour exercer l'office de capitaine et châtelain de Hérisson. (Fol. 24.)

26448. Confirmation du don fait par la duchesse d'Angoulême à Philibert Babou de la Bourdaisière de la terre et seigneurie de Germigny et de la terre de « Breuihe et Lailhy ». (Fol. 25 v°.)

26449. Commission à Louis de Lenseigne pour administrer le revenu de l'étang des Landes en Bourbonnais. (Fol. 29.)

26450. Commission à Jacques Bohier pour la conservation des droits du roi sur les duchés d'Auvergne et de Bourbonnais, comtés de Clermont, Forez, la Marche, Gien, etc. (Fol. 40.)

26451. Commission à Benoit Théocrène pour l'administration des château, terre et seigneurie de Léothoing. (Fol. 43 v°.)

26452. Commission à Jean de Cusy, sʳ des Garennes, pour exercer l'office de capitaine et châtelain de Verneuil en Bourbonnais. (Fol. 44.)

26453. Lettres de mainlevée en faveur de René, bâtard de Savoie, des terres de Carlat et de Murat à lui données par la duchesse d'Angoulême. (Fol. 47.)

26454. Commission à François de Bourbon, comte de Saint-Pol, pour l'administration du comté de Montpensier. (Fol. 49 v°.)

26455. Commission à Charles de Vieure, sʳ de la Salle, pour exercer l'office de capitaine et gouverneur des château et parc de la Chaussière. (Fol. 50 v° et 126.)

26456. Commission à Louis Couchier pour exercer l'office de capitaine et châtelain des place et château de Limoise en Bourbonnais. (Fol. 52.)

26457. Commission à Thierry Dorne de l'office de président de la Chambre des Comptes de Moulins, au lieu de François de Barbançois. (Fol. 54.)

26458. Provisions pour Jean Archambault, curé de Courlandon, de la charge d'administrateur de l'Hôtel-Dieu et de l'hôpital Saint-Julien de Moulins. (Fol. 55.)

26459. Don à Florimond Robertet, s' d'Alluyes, de la terre de la Roche-en-Régnier au pays de Velay. (Fol. 55 v°.)

26460. Don à Louis de Mirabel de 240 livres sur les revenus du Bourg-d'Argental. (Fol. 64.)

26461. Don à Henri Bohier, s' de la Chapelle, de la terre de Villeneuve [en Bourbonnais]. (Fol. 68.)

26462. Lettres de mainlevée de la vicomté de Châtellerault au profit de Guillaume Gouffier, s' de Bonnivet, amiral de France, auquel la duchesse d'Angoulême en a fait don. (Fol. 74 v°.)

26463. Don à François de Rostaing du revenu de la prévôté de Sury-le-Comtal. (Fol. 82 v°.)

26464. Lettres de la régente ordonnant le payement à Françoise Du Bois, dame de Talaru, de sa pension de 240 livres sur la recette de Beaujolais. (Fol. 86.)

26465. Lettres de la régente portant don à Barrois des Barres de l'office de capitaine des ville et château de « Corzameau [1] » au pays de la Marche. (Fol. 88.)

26466. Lettres de la régente accordant à Marie Rostaing, veuve de Secondin Viet (aliàs Vial), maître des ports de Lyon, la jouissance du revenu de la terre de Sury-le-Comtal, jusqu'à son remboursement complet de 6,000 livres. (Fol. 90.)

26467. Lettres de la régente octroyant aux Cordeliers du couvent de la Garde, en la forêt de Hez, cinquante cordes de bois mort et mort-bois de chauffage par an, et d'une quantité de chênes pour bâtir équivalente à la somme de 20 livres parisis, avec décharge d'une redevance de 6 livres 12 sous parisis à la recette ordinaire de Clermont en Beauvaisis. (Fol. 94.)

26468. Lettres de don par la régente aux Cordeliers d'Amiens d'une quantité de chênes équivalant à 20 livres parisis en ladite forêt de Hez. (Fol. 95 v°.)

26469. Déclaration de la régente en faveur de Marie Rostaing, veuve de Secondin Viet, portant qu'elle jouira entièrement du revenu de la prévôté de Sury-le-Comtal. (Fol. 96 v°.)

26470. Don à Durand Budin d'une place en l'hôpital de Saint Julien de Moulins. (Fol. 100.)

26471. Lettres portant que les héritiers de Thomas Bohier, s' de

[1] Peut-être est-ce une mauvaise lecture pour Crozant. (Cf. le n° 18325 du *Catalogue*.

Saint-Ciergues, seront payés de 1,000 livres par an, pendant quatre ans, sur la recette de Vodable. (Fol. 101.)

26472. Lettres de la régente portant que Jean d'Albon de Saint-André, bailli de Beaujolais, sera payé de ses gages, pension et états sur le revenu de Beaujolais et la seigneurie de Dombes. (Fol. 104.)

26473. Lettres portant assignation sur l'ordinaire du Carladès et Muradais de 100 sous par mois à chacun des six mortes-payes, commis à la garde du château de Murat. (Fol. 105.)

26474. Commission à Louis de Chevrières pour exercer l'office de sénéchal de Bourbonnais. (Fol. 106.)

26475. Don aux Célestins de Lyon des trois quarts de la dîme du blé et de la dîme du vin de Gleize près Villefranche. (Fol. 107.)

26476. Don à Gabriel de Ville du bailliage et de la capitainerie d'Annonay et Argental. (Fol. 108 v°.)

26477. Lettres de la régente commettant Antoine Juge à la recette de 51,020 livres 14 sous 6 deniers dus de net par les receveurs des terres de la maison de Bourbon. (Fol. 110 et 157.)

26478. Lettres de jussion pour la réception dudit Juge en cette commission. (Fol. 110 v°.)

26479. Lettres de la régente pour l'exécution du don fait à Camille Pardo Orsini des terres de Lay et de Beauregard en Beaujolais, pour en jouir jusqu'à concurrence de 1,500 livres de rente, et le surplus être perçu par le trésorier général de Beaujolais. (Fol. 111.)

26480. Commission de la régente à Antoine de La Rochandry, sr de Vernou, pour administrer la terre de Perreux. (Fol. 113 et 124.)

26481. Commission de la régente à Charles de Chabannes, pour administrer la terre de Mercœur. (Fol. 114.)

26482. Lettres de la régente portant don et remise au même de tous les deniers, fruits et revenus perçus par le maréchal de Chabannes, son père. (Fol. 115 v°.)

26483. Don par la régente à Florimond Robertet, sr d'Alluyes, de tous les fruits et revenus de la terre de Roche-en-Régnier. (Fol. 117.)

26484. Don au même de tout le revenu des terres de Calvinet et de la Vinzelle en Carladès. (Fol. 118 v°.)

26485. Commission à Gilbert Friant pour exercer l'office de concierge et garde des prisons de la basse-cour du château et place forte de Billy en Bourbonnais. (Fol. 120.)

26486. Lettres de la régente commettant Claude Dinet à l'office de substitut du procureur général de Bourbonnais à Bessay et Pougny. (Fol. 122.)

26487. Commission de la régente à Étienne Druet pour exercer l'office de clerc et greffier des comptes, au lieu de Pierre Druet, son père. (Fol. 123 v°.)

26488. Lettres de la régente pour le payement des gages et droits de Jean de Torcy, commis à l'office de capitaine des château et place de Bourbon-Lancy. (Fol. 127.)

26489. Prorogation par la régente du délai accordé à Thierry Dorne pour fournir sa reconnaissance de la justice haute, moyenne et basse dudit lieu [Bourbon-Lancy], jusqu'à un an après le temps que le domaine de Bourbonnais demeurerait saisi en la main du roi. (Fol. 129.)

26490. Provisions par la régente, en faveur de Jacques Colin, d'un office de correcteur des comptes à Moulins, en remplacement de Gabriel Percheron. (Fol. 131 v°.)

26491. Don audit Colin du revenu des greffe et sceau de Chantelle. (Fol. 132 v°.)

26492. Lettres de la régente pour le payement aux religieuses de Sainte-Claire de Montbrison de 100 livres d'aumône sur la recette ordinaire de Forez. (Fol. 135.)

26493. Lettres de la régente nommant Gilbert Grauldet greffier du commis du sénéchal de Bourbonnais à Souvigny, pour les religieux dudit lieu. (Fol. 135 v°.)

26494. Provisions par la régente de l'office de greffier de Saint-Galmier en Forez pour Pierre Faure. (Fol. 136 v°.)

26495. Don par la régente à Jeanne de Talaru, veuve d'Hugues sr de Montbardon, de 100 livres de pension et de son logement au château de Montluçon. (Fol. 137 v°.)

26496. Provisions par la régente de l'office de receveur de la Bruyère en Bourbonnais pour Guy Moutonnet. (Fol. 139.)

26497. Lettres de la régente portant continuation d'une pension de 30 livres pour Jacques Cornillier, auditeur des comptes à Moulins. (Fol. 140 v°.)

26498. Commission à Guillaume Gauffinet pour exercer l'office de lieutenant général à Hérisson. (Fol. 141 v°.)

26499. Lettres de la régente confirmant dans l'exercice de leurs offices Louis-Pierre de La Boulinière, maître des eaux et forêts, Jean des Rivières, contrôleur de la garenne, Pierre Dutartre, Clément Babin et Jean Sapin, gardes de la garenne de Châtellerault, et Catherine de Vaux, veuve de Jean Barbotin, concierge du château. (Fol. 142.)

26500. Commission de la régente à la Chambre des Comptes de Moulins pour dresser les états des trésoriers, receveurs généraux et receveurs particuliers de la maison de Bourbon, des années 1524 et 1525. (Fol. 144 v°.)

26501. Provisions pour Pierre Camolet de l'office de juge et garde du sceau aux contrats dans les prévôtés de Mauriac, Aurillac et Maure dans les Montagnes d'Auvergne et la Marche. (Fol. 145 v°.)

26502. Lettres de la régente commettant Antoine de La Rochandry, sr de Vernou, à la régie et gouvernement de la terre d'Ambérieux [en Beaujolais]. (Fol. 147.)

26503. Lettres de la régente pour le payement à Gabriel Ravail du reste des 1,200 livres de don à lui fait par Anne de France, duchesse de Bourbonnais, sur le revenu des terres de Montpensier. (Fol. 149.)

26504. Commission de la régente à Jean Delabrosse pour exercer l'office de prévôt de la terre de Renaison près de Saint-Haon, à côté du Forez. (Fol. 151.)

26505. Provisions par la régente de l'office de capitaine et châtelain du Fay en Forez, pour François de Grissan. (Fol. 151 v°.)

26506. Commission à Amable de Ceriez pour exercer l'office de trésorier du duché d'Auvergne. (Fol. 154 v°.)

26507. Commission à François Mailhand pour exercer l'office de receveur du domaine de la basse Marche. (Fol. 155 v°.)

26508. Lettres commettant Mathieu Le Mire à la recette de Hérisson. (Fol. 158 v°.)

26509. Confirmation par la régente des lettres de Charles de Chabannes, sr de la Palice, gouverneur du Bourbonnais et du Lyonnais, commettant Jean Giraud à la recette d'Annonay. (Fol. 159 v°.)

26510. Don à M. de La Fayette du revenu des greffe et sceau de la sénéchaussée d'Auvergne. (Fol. 161.)

26511. Commission à Zacharie de Saint-Saphorien pour exercer les offices de capitaine et châtelain de Doizieu et de Lurieu-le-Bois en Forez. (Fol. 163.)

26512. Commission à Philippe Barbier pour exercer l'office de lieutenant et châtelain de Chantelle. (Fol. 164.)

26513. Don à Jacques du Fou de plusieurs parties en argent et en grains du revenu des terres des Perrières, des Mouillères [près Châtellerault] et autres. (Fol. 165 v°.)

26514. Don par la régente à Jean de La Barre, comte d'Étampes, de l'hôtel de Bourbon près le château du Louvre à Paris. (Fol. 166 v°.)

26515. Confirmation de ce don par le roi. (Fol. 167 v°.)

26516. Confirmation de Louis Jurieu en l'office de contrôleur du domaine du comté de Forez. (Fol. 168 v°.)

26517. Lettre de mainlevée en faveur de Pierre Faure du greffe de Saint-Galmier qui avait été saisi. (Fol. 170.)

26518. Commission à Marin de Montchenu pour exercer l'office de sénéchal de la basse Marche. (Fol. 172.)

26519. Commission au même pour l'office de maître des eaux et forêts de la haute et basse Marche. (Fol. 173.)

26520. Commission à Thomas Le Pessu pour exercer l'office de garde des sceaux de Bourbon-Lancy. (Fol. 174 v°.)

26521. Commission au duc d'Albany pour régir et administrer sous la main du roi la baronnie de Mercœur. (Fol. 177.)

26522. Don à Jean de Laloue du revenu de la terre de la Bruyère-l'Aubespin. (Fol. 178 v°.)

26523. Commission à Claude de Chalençon, sʳ de Rochebaron, pour régir et administrer les terres de Saint-Bonnet-le-Château et de Marols. (Fol. 180 v°.)

26524. Commission à François Tancard pour exercer l'office de lieutenant du domaine de Bourbonnais. (Fol. 182.)

26525. Commission à François de La Place pour exercer l'office de receveur ordinaire de « Prully-le-Chastel ». (Fol. 183 v°.)

26526. Lettres commettant Jean Roy à la recette des terres de Felletin et Aubusson. (Fol. 184.)

26527. Provisions pour Guillaume du Plessis-Liancourt de l'office de maître particulier des eaux et forêts de Beauvaisis et du comté de Clermont. (Fol. 185.)

26528. Lettres commettant Arnaud de Péricard à la garde et capitainerie de Carlat et gouvernement de Carladès. (Fol. 187.)

26529. Lettres substituant Jean d'Esbreulhe, sʳ de Poyfoul (Puyfol), au lieu d'Antoine de Mortillon, pour siéger à la Chambre des Comptes

67.

de Moulins avec les présidents, maîtres et auditeurs, et vaquer avec eux aux affaires de ladite Chambre. (Fol. 191.)

26530. Don à Florimond de Champeverne de tout le revenu et émolument des greffes et sceaux de la châtellenie de Verneuil en Bourbonnais. (Fol. 193.)

26531. Lettres commettant Jean de Torcy à la régie et gouvernement de la baronnie de Bourbon-Lancy. (Fol. 194 v°.)

26532. Don au duc d'Albany des fruits et revenus de la baronnie de Mercœur, Vieille-Brioude, etc. (Fol. 196.)

26533. Déclaration en faveur du duc d'Albany, portant qu'il jouira de la seigneurie de Vieille-Brioude conjointement avec celle de Mercœur. (Fol. 197 v°.)

26534. Don au duc d'Albany de tout ce qui était dû, pour le temps passé, par Jean Reboul et autres commis à la recette de la baronnie de Mercœur. (Fol. 199 v°.)

26535. Don à Jacques, bâtard de Bourbon, de 300 livres de pension sur la recette ordinaire de Forez. (Fol. 201 v°.)

26536. Déclaration touchant la jouissance par Jean de Laloue de la erre et seigneurie de la Bruyère-l'Aubespin. (Fol. 202 v°.)

26537. Confirmation du don fait par la duchesse d'Angoulême à Camille Orsini des terres de Beauregard et de Lay, avec augmentation de don des terres de Montmerle et de Thoissey en Dombes et de Néronde en Forez. (Fol. 206 v°.)

26538. Déclaration en faveur du même, portant qu'il jouira des revenus desdites terres jusqu'à concurrence de 3,000 livres par an. (Fol. 208 v°.)

26539. Don à Charles de Marconnay du revenu du greffe de la sénéchaussée de Châtellerault. (Fol. 211.)

26540. Lettres portant remise à Marie de Melun, veuve du maréchal de Chabannes, et à Charles de Chabannes, son fils, de tout ce qu'ils ont reçu de la baronnie de Mercœur et ses dépendances. (Fol. 213.)

26541. Commission à Antoine Des Prez, sr de Montpezat, pour régir et gouverner le lieu de Mouillères (paroisse de Dangé) et le fief de Bonneuil-Matours [en Poitou]. (Fol. 215 v°.)

26542. Don au même de 460 livres pour la ferme des Perrières, des Mouillères, et des eaux et pêcheries de la terre de Bonneuil-Matours et autres droits, pour l'année finie le 30 juin 1526. (Fol. 216 v°.)

26543. Lettres octroyant à Claude Herbelot, veuve de Pierre Lopillon, la jouissance des droits de chauffage, pacage et panage en la forêt de Hez, pour sa maison d'Ansacq au Plessier-Billebault. (Fol. 219 v°.)

26544. Confirmation du don fait par Anne de France à Pierre d'Anlezy, sʳ de Boisbuart, de la jouissance de l'étang de Saint-Bonnet et de 30 livres par an sur les sceau et greffe de la châtellenie d'Ainay-le-Château. (Fol. 220 v°.)

26545. Commission à Perrot de Warty pour exercer l'office de capitaine et gouverneur de la ville et place de Clermont en Beauvaisis. (Fol. 223 v°.)

26546. Lettres de la régente attribuant audit office de bailli (sic) et gouverneur de Clermont en Beauvaisis 365 livres de gages par an, en faveur dudit de Warty. (Fol. 224.) — Ratification desdites lettres par le roi. (Fol. 225 v°.)

26547. Commission à Regnaut de Langeac pour exercer l'office de bailli des Montagnes d'Auvergne. (Fol. 228 v°.)

26548. Lettres portant continuation à Jean Rostaing de 40 livres de pension sur le trésorier de Forez, tant qu'il exercera la charge de capitaine et châtelain de Sury-le-Comtal. (Fol. 231 v°.)

26549. Commission à Jacques Thomassin, sʳ de Montmartin, pour exercer la capitainerie de Varennes. (Fol. 233.)

26550. Lettres commettant Antoine de Gériers à l'office de trésorier du duché d'Auvergne. (Fol. 234.)

Anc. mém. coté 2 E, commençant en 1527 et finissant en 1529.
(*Arch. nat.*, PP. 111 et PP. 119.)

26551. Lettres de cession à François et Raoul Burgensis de l'Île-aux-Bœufs à Orléans, moyennant 6 livres parisis par an, payables à la recette ordinaire du lieu. (Fol. 1.)

26552. Lettres portant que la duchesse d'Angoulême cède au profit du roi 1,000 livres de rente sur les 2,000 livres auxquelles elle avait droit sur les aides de Poitou, en échange du revenu des impositions foraines de Laval et de Beaumont. (Fol. 1.)

26553. Lettres d'union des impositions foraines de Laval et de Beaumont à celles d'Anjou, et de cession desdites impositions à la duchesse d'Angoulême, sa vie durant, en échange desdites 1,000 livres sur les aides de Poitou. (Fol. 2 v°.)

26554. Don au s\u1d63 de Fleuranges du revenu du droit de gabelle au grenier à sel de Château-Thierry, pour l'année 1528. (Fol. 12.)

26555. Lettres d'assignation à Catherine de Croy de sa pension de 3,000 livres sur le grenier à sel de Reims. (Fol. 32.)

26556. Provisions pour Pierre Caillon et Étienne Le Gras d'offices d'huissiers et messagers de la Chambre des Comptes. (Fol. 34 v°, 35.)

26557. Don à René de Goulf de la terre de Nesle en la châtellenie de Boiscommun, au duché d'Orléans, sa vie durant. (Fol. 36.)

26558. Provisions pour Jean Savart de l'office d'huissier et messager de la Chambre des Comptes et du Trésor. (Fol. 43.)

26559. Don à Jean de Lombelon des biens de Jean de La Barre, échus au roi par droit d'aubaine. (Fol. 44.)

26560. Déclaration en faveur de Jean de Laloe, portant qu'il jouira en son entier du droit d'usage dans la forêt du Bois-d'Yèvre et le buisson du Bois-Perron. (Fol. 104 v°.)

26561. Affranchissement pour dix ans en faveur des habitants de Vervins et du Petit-Vervins. (Fol. 112.)

26562. Provisions pour Quentin Blanchet de l'office de receveur ordinaire du domaine de la vicomté de Saint-Sauveur-Landelin. (Fol. 113.)

26563. Provisions pour Jean Prudhomme de l'office de receveur ordinaire de Creil. (Fol. 113 v°.)

26564. Lettres octroyant un droit de franc-salé aux habitants d'Harfleur pour dix ans. (Fol. 122 v°.)

26565. Don au cardinal de Bourbon de la terre et seigneurie de Crépy-en-Laonnais. (Fol. 131 v°.)

26566. Don par lettres de la régente à Jacques de Chérigné des biens confisqués de Raoul de Térigné (sic). (Fol. 133.)

26567. Lettres de cession à Étienne Petitbon du droit de grurie en la pièce de bois appelée le « Gyon », en échange d'un autre bois nommé de « Bonnevau et Charmeblanc », le tout en la forêt d'Orléans. (Fol. 133 v°.)

26568. Lettres de décharge en faveur de François d'Avranches, religieux de l'ordre de Saint-Benoît, de 225 livres montant de trois amendes. (Fol. 135.)

26569. Don à l'amiral Chabot, s\u1d63 de Brion, du revenu de la terre de Brie-Comte-Robert, sa vie durant. (Fol. 146.)

26570. Don à Robert de La Marthonie d'une somme de 3,000 livres sur la condamnation prononcée contre Gilles Berthelot. (Fol. 146 v°.)

26571. Provisions pour Antoine Gilbert de l'office d'huissier et messager de la Chambre des Comptes. (Fol. 158.)

26572. Don à Louis de Canossa, évêque de Bayeux, du revenu de la terre de Montereau-Faut-Yonne, sa vie durant. (Fol. 161 v°.)

26573. Continuation pour huit ans, en faveur des habitants de Soissons, d'un octroi de 2 sous 6 deniers par minot de sel. (Fol. 164 v°.)

26574. Continuation semblable, pour les mêmes, d'un octroi de 50 sous par muid de sel. (Fol. 165.)

Anc. mém. coté 2 F, commençant en 1529 et finissant à Pâques 1532.
(Arch. nat., PP. 111 et PP. 119.)

26575. Provisions pour Pierre Godefroy de l'office de trésorier et receveur ordinaire de Boulonnais. (Fol. 3.)

26576. Don aux enfants de Jean Delacque (dell'Acqua), dit « Lenfant », armurier du roi, des biens de leur père. (Fol. 3.)

26577. Déclaration en faveur de Louis de Canossa, évêque de Bayeux, touchant la jouissance viagère du revenu de la terre de Montereau-Faut-Yonne. (Fol. 7.)

26578. Lettres de la régente portant assignation de payement à Pierre Marcheboue de 200 livres parisis par an, sa vie durant, sur la recette ordinaire d'Orléans. (Fol. 27.) — Ratification par le roi. (Fol. 28.)

26579. Lettres de relief d'adresse et de surannation pour l'enregistrement du don aux archers de Saint-Quentin de 12 livres parisis par an sur la recette ordinaire du lieu. (Fol. 31.)

26580. Don au maréchal de Montmorency de tout le bois qui proviendra de quatre routes à faire dans la forêt de Cuise. (Fol. 31 v°.)

26581. Don à Jean Bourgeois d'un emplacement d'environ un demi-quartier en la ville de Mantes. (Fol. 36.)

26582. Confirmation du don fait par la régente à Jacques de Montigny des droits seigneuriaux de la terre de Montfort. (Fol. 52 v°.)

26583. Continuation pour six ans, en faveur des habitants de Péronne, de l'octroi des aides, sauf le vin. (Fol. 53.)

26584. Continuation pour le même temps, en faveur des mêmes, de 250 livres par an sur la ferme du quart et du vingtième du vin. (Fol. 54.)

26585. Don à Philippe de Sarrebrück, dame de la Roche-Guyon, de 200 livres sur le grenier à sel de la Roche-Guyon. (Fol. 60 v°.)

26586. Provisions pour Jean Le Sueur de l'office de général maître des monnaies. (Fol. 61.)

26587. Lettres portant de 1,400 à 3,000 livres la pension de Jean Albert, dit « Merveille », pour en jouir par lui, avec celle de 2,000 livres que lui a accordée Maximilien Sforza, le tout montant à 5,000 livres, sur le grenier à sel de Paris. (Fol. 65.)

26588. Provisions pour Jean Duval de l'office d'huissier et messager de la Chambre des Comptes. (Fol. 70.)

26589. Lettres concédant à la comtesse de Villars et de Tende, tante du roi, la faculté de racheter les terres de Bar-sur-Aube et les revenus des greniers à sel dudit lieu, de Saint-Dizier et de Mussy-l'Évêque. (Fol. 71.)

26590. Lettres accordant aux enfants mineurs de Lautrec délai, jusqu'à leur majorité, pour faire les foi et hommage des terres à eux cédées par Philippe de Croy, marquis d'Arschot. (Fol. 74 v°.)

26591. Don à Robert Saguière, jardinier du roi, de 400 livres pour la façon et entretien du jardin de Fontainebleau. (Fol. 75 v°.)

26592. Don au même Robert Saguière de 100 livres pour la façon et entretien du jardin du Louvre. (Fol. 76.)

26593. Lettres de jussion pour l'enregistrement du don fait à M. d'Aubigny et à sa femme, Jacqueline de La Cueilhe, du revenu des greffe et sceau de Saint-Pierre-le-Moutier. (Fol. 76 v°.)

26594. Provisions pour Claude Yon de l'office d'huissier et messager de la Chambre des Comptes et du Trésor. (Fol. 79 v°.)

26595. Mandement à la Chambre des Comptes de rétablir au compte de l'ordinaire d'Amiens du receveur Nicolas Ducloy les gages de Jean Le Noir, lieutenant général du bailli d'Amiens à Montreuil-sur-Mer. (Fol. 138.)

26596. Don à Étienne Lestart des droits seigneuriaux de la terre de Glaignes en Valois. (Fol. 138 v°.)

26597. Commission à Pierre Lizet, premier président au Parlement de Paris, à Mathieu de Longuejoue, maître des requêtes, et à Jean Briçonnet, président des comptes, pour traiter, avec la duchesse de Ven-

dôme et autres qui ont cédé de leurs terres à l'empereur en vertu du
traité de paix, de la compensation à laquelle ils ont droit. (Fol. 201.)

26598. Cession à François d'Escars, s' de la Vauguyon, sénéchal de
Bourbonnais, des château et place d'Usson, pour en jouir conjointement avec le revenu de la terre. (Fol. 204.)

26599. Lettres accordant à Jean Brinon, s' de la Bussière, pour lui
et ses hoirs, la faculté d'avoir audit lieu de la Bussière sceau à contrats,
notaire, tabellion et droits y appartenant, en payant 15 sous de rente à
la recette de Gien. (Fol. 213.)

26600. Provisions pour François Pain de l'office de receveur ordinaire de Poitou. (Fol. 215 v°.)

26601. Provisions pour Antoine de Troyes, s' de Villevaut, de l'office de contrôleur des bâtiments de Chambord. (Fol. 215 v°.)

26602. Provisions pour Jacques Bourcier de l'office d'huissier et
messager de la Chambre des Comptes. (Fol. 217 v°.)

26603. Don aux canonniers et arquebusiers de Saint-Quentin de
vingt pots de vin du meilleur, chaque jour de dimanche et fête, après
leurs exercices. (Fol. 240.)

26604. Mandement pour validation de dépense, au compte de la
recette ordinaire de Melun, de 100 livres pour les gages de Florimond
de Champeverne, concierge de Fontainebleau. (Fol. 241.)

26605. Don aux échevins et habitants du Mans d'une maison appelée la Salle de Bretagne. (Fol. 245.)

26606. Don à la duchesse douairière de Vendôme du droit de gabelle au grenier à sel de Marle. (Fol. 248 v°.)

26607. Don à Jean Prévost, président des requêtes du Palais, de
180 livres parisis par an, équivalant à trois amendes ordinaires, tant
qu'il tiendra ledit office. (Fol. 254.)

26608. Don à Nicolas de Chardon, l'un des cent gentilshommes de
la maison du roi, des droits seigneuriaux de la terre de Ville sous Noyon.
(Fol. 282.)

26609. Don à Pierre de Pithon du revenu de la terre de Beauquesne
en Picardie, sa vie durant. (Fol. 282 v°.)

26610. Déclaration en faveur dudit Pithon touchant la jouissance
dudit revenu. (Fol. 283 v°.)

26611. Cession à Jean de La Rochebeaucourt de la justice haute,
moyenne et basse en un mas de terre joignant la seigneurie de Saint-

Même, paroisse de Mainxe, en échange des fiefs de « la Rojaudière (*aliàs* la Reujarderie), du Brueil, de la Jomerie (*aliàs* la Josmerie) et de la Clavellerie ». (Fol. 284. — Voir aussi fol. 322.)

26612. Don à Gaston de Foix, fils du sr de Lautrec, de 5,000 livres dues au roi pour la composition du Rethelais. (Fol. 287 v° et 372.)

26613. Affranchissement accordé aux habitants de Labour pour trois ans. (Fol. 295.)

26614. Affranchissement accordé aux habitants de Doullens pour dix ans. (Fol. 295 v°.)

26615. Lettres ordonnant le payement à Catherine et Marguerite Pie, filles et héritières d'Albert Pie, comte de Carpi, de 10,000 livres par an sur la recette générale de Languedoc, jusqu'à l'entier remboursement de 98,804 livres 16 sous 6 deniers, dus par le roi audit comte de Carpi. (Fol. 300 v°.)

26616. Lettres enjoignant à Pierre d'Apestigny, général de Bourgogne, de faire enregistrer au registre du contrôleur tous les deniers des restes des parties casuelles dont il fera recette à l'avenir. (Fol. 303.)

26617. Don à Philippe Chabot des droits seigneuriaux de la baronnie de Preuilly. (Fol. 304.)

26618. Lettres portant réunion de 600 livres, dont il avait été fait don à François de Montluet sur le grenier à sel de Nemours, au revenu dudit grenier, pour en jouir en entier par le duc de Nemours et de Genevois jusqu'à son parfait payement de 100,000 livres. (Fol. 305 v°.)

26619. Provisions pour François Boylève de l'office de lieutenant particulier et premier conseiller au bailliage de Paris. (Fol. 309.) – Avec déclaration pour être payé de ses gages du jour de la présentation de ses lettres. (Fol. 310 v°.)

26620. Don à Adrien Tiercelin, sr de Brosse, capitaine de la ville et du château de Loches, des terres appelées les Nouvelles-baillées de la forêt de Loches. (Fol. 319.)

26621. Lettres accordant à Jacquette de Lansac, mère de Louis de Saint-Gelais, la jouissance, sa vie durant, des droits et gages de l'office de garde du sceau de la chancellerie de Bordeaux, qui, après son décès, reviendront audit de Saint-Gelais. (Fol. 330 v°.)

26622. Lettres de relief d'adresse du don fait à Perrot de Ruthie, capitaine et concierge du château de Saint-Germain-en-Laye, de 300 livres par an sur la recette ordinaire de Paris, y compris ses gages anciens. (Fol. 331.)

26623. Lettres d'augmentation de gages à Louis Braillon, médecin du roi, de 60 livres parisis. (Fol. 333.)

26624. Don à Anne d'Houdetot, veuve de François de Hautbourdin, de 400 livres par an sur l'épargne pour vivre et s'entretenir, jusqu'à son parfait payement de 1,200 écus. (Fol. 333 v°.)

26625. Provisions pour Jean de Bus d'un office de général maître des monnaies. (Fol. 345 v°.)

26626. Lettres portant cession à Claude de Lorraine, duc de Guise, de la terre et seigneurie d'Épernay. (Fol. 360 v°.) — Jussion pour leur entérinement. (Fol. 362.)

26627. Déclaration en faveur de Robert de La Marck, pour être maintenu en jouissance des terres du Château-Thierry et de Châtillon-sur-Marne, nonobstant l'ordonnance de réunion du domaine. (Fol. 365.)

26628. Autre en faveur de Jean de La Barre, s^r de Véretz, pour raison du comté d'Étampes. (Fol. 366.)

26629. Autre en faveur du maréchal de Montmorency, pour être maintenu en jouissance du comté de Beaumont. (Fol. 369 v°.)

26630. Provisions pour Claude Mauparlier de l'office de général maître des monnaies à Paris. (Fol. 370 v°.)

26631. Don à Gaston et Henri de Foix, [fils du s^r de Lautrec], du revenu des greniers à sel de Villemaur et d'Arcis-sur-Aube. (Fol. 371 v°.)

26632. Don aux mêmes du revenu des greniers de Beaufort et de Saint-Florentin. (Fol. 371 v°.)

26633. Lettres portant que l'évêque de Senlis continuera, nonobstant la réunion du domaine, à jouir du don du quart et de la vingtième partie des bois accensés du temporel de son évêché, quand ils sont coupés et mis en vente. (Fol. 377 v°.)

26634. Provisions pour Sixte de Platon de l'office de trésorier du domaine au comté de Forez. (Fol. 381.)

Anc. mém. coté 2 G, commençant en 1532 et finissant en 1536.
(Arch. nat., PP. 111 et PP. 119.)

26635. Déclaration en faveur de René et Claude de Rohan, pour être maintenus en possession et jouissance de la terre de Carentan, nonobstant l'édit de réunion du domaine. (Fol. 6.)

26636. Provisions pour Pierre Paulo de l'office de concierge de Fontainebleau. (Fol. 7.)

68.

26637. Confirmation en faveur de Jean Minut, premier président du Parlement de Toulouse, et de Catherine Gouhault, sa femme, ayant droit de Jean de La Chesnaye, de la jouissance des terres du Castéra et de Pradères, et des moulins de Pradères, nonobstant l'édit de réunion du domaine. (Fol. 10.)

26638. Don à Raoulin Marteau, s' de Villette, des droits seigneuriaux dus au roi pour une maison sise à Paris, derrière Saint-Jean-en-Grève. (Fol. 32 v°.)

26639. Mandement au changeur du Trésor de payer à Pierre Breteau, fourrier ordinaire du roi, la somme de 84 livres, valeur d'un don de 40 écus qui lui a été fait. (Fol. 36.)

26640. Lettres d'assignation à Pierre de Warty, grand maître et général réformateur des Eaux et forêts, de 4,000 livres par an sur le trésor, pour ses gages. (Fol. 36 v°.)

26641. Provisions pour Jean Ménisson de l'office de receveur des barrages de Paris. (Fol. 38 v°.)

26642. Don à Jean de Maricourt, s' de Mouchy-le-Châtel, des droits seigneuriaux dus au roi à cause du décès de Louis de Maricourt, son frère. (Fol. 39.)

26643. Continuation de l'affranchissement accordé aux habitants de Laon. (Fol. 40.)

26644. Lettres accordant au duc d'Albany la faculté de présenter au roi un homme capable pour recevoir le revenu de la baronnie de Saint-Sulpice. (Fol. 40 v°.)

26645. Lettres confirmant François d'Escars, maréchal et sénéchal de Bourbonnais, en l'exercice dudit office. (Fol. 41.)

26646. Don à Jean Avril, qui avait été huissier de la Chambre des Comptes d'Angleterre, des gages dudit office payable par le trésorier d'Angleterre, comme lorsqu'il exerçait ledit office. (Fol. 45.)

26647. Don semblable à Jean Gélinard, maître des comptes d'Angleterre. (Fol. 45 v°.)

26648. Don semblable à André Caluau, autre maître des comptes d'Angleterre. (Fol. 45 v°.)

26649. Lettres portant cession à Jean de Vesc, s' de Grimaud, et à Fleurie de Montlaur, sa femme, des terres des Eparres et de Serpaize en Dauphiné, moyennant 20,000 livres. (Fol. 46.)

26650. Lettres permettant à Artus Scolin de poursuivre sa commission pour la recherche des droits seigneuriaux dus à la duchesse d'Angoulême, depuis trente ans, à cause de ses comté de Civray, seigneuries de Melle, Chizé et Saint-Maixent. (Fol. 5o.)

26651. Lettres portant que les habitants de Doullens jouiront d'une réduction de 181 livres 10 sous [par an], pour le passé et pour l'avenir. (Fol. 5o.)

26652. Mandement à Jean Duval, changeur du trésor, de payer à François de Marcillac, premier président du Parlement de Rouen, 1,500 livres pour trois années de sa pension. (Fol. 5o v°.)

26653. Lettres ordonnant le payement à Pierre Nepveu, sommelier ordinaire du roi, de 6o livres par an, sa vie durant, sur la recette ordinaire de Romorantin. (Fol. 51.)

26654. Lettres portant délivrance à Jean Béliart, receveur des aides et traites de Clermont en Beauvaisis, de tous les biens de la succession de Jacques Bohier, payeur de la Chambre des Comptes, au gouvernement desquels il a été commis. (Fol. 51.)

26655. Provisions pour Louis Maseline de l'office de vicomte et receveur ordinaire de Conches et de Breteuil, en survivance de Jean, son père. (Fol. 52.) — Relief d'adresse. (Fol. 53.)

26656. Provisions pour Thibaut Liétart de l'office de receveur ordinaire de Vitry. (Fol. 56.)

26657. Lettres ordonnant le payement à René de Mailly, sur la recette générale de Picardie, d'un don de 4,500 livres que lui a fait le roi. (Fol. 56 v°.)

26658. Lettres ordonnant le payement à Charles Guillart, second président au Parlement de Paris, de 2,000 livres sur les exploits et amendes de ladite cour, pour arrérages de sa pension. (Fol. 57 v°.)

26659. Lettres prorogeant, en faveur de Valentine Luillier, veuve de Bertrand Lorfèvre, la modération à six muids d'avoine de la redevance de trente-neuf muids quatre setiers, par elle due sur la terre de Villers-Saint-Genest. (Fol. 57 v°.)

26660. Continuation pour six ans, en faveur des habitants de Luzy, de l'octroi de 2o deniers par minot de sel. (Fol. 6o v°.)

26661. Provisions pour Charles Guédon de l'office de prévôt-vicomtal de Pontoise. (Fol. 61.)

26662. Don à Philippe Nagu, s' de Foulain, huissier de la chambre du roi, du droit au protocole des contrats passés par Jean Legendre, notaire de Dombes. (Fol. 62.)

26663. Lettres accordant au s⁻ de La Rochepot, bailli et concierge du Palais à Paris, la jouissance de 600 livres parisis par an sur la recette ordinaire de ladite ville. (Fol. 62 v°.)

26664. Lettres accordant à Jean Rivière, greffier du Grand conseil, une pension annuelle de 200 livres sur les exploits et amendes de ladite cour. (Fol. 63 v°.)

26665. Don au maréchal de Montmorency de la coupe des arbres nuisibles aux ventes et à l'accroissement des taillis en la forêt de Compiègne. (Fol. 65.)

26666. Don à Anne de Resve, premier huissier de la chambre, de deux « voies vaines » pour faire moulins, en payant 100 sous par an pour chacun d'eux à la recette ordinaire d'Anjou. (Fol. 66.)

26667. Don au s⁻ de Langey du tiers denier provenant de la réformation du domaine de Normandie. (Fol. 73 v°.)

26668. Lettres accordant à Pierre Paule, dit « l'Italien », une pension de 100 livres par an sur la recette ordinaire de Bourbon. (Fol. 80.)

26669. Don à Catherine de Saint-Aubin des droits seigneuriaux de la terre de la Touche-d'Avrigny. (Fol. 80 v°.)

26670. Don à Yvon-Pierre de Bellefontaine de 800 livres sur la recette ordinaire du Maine. (Fol. 82.)

26671. Provisions pour Guillaume Danès de l'office d'huissier et messager de la Chambre des Comptes et du Trésor. (Fol. 82 v°.)

26672. Mandement à la Chambre des Comptes pour le rétablissement au compte du grènetier de Saint-Saulge des sommes par lui payées aux habitants du lieu. (Fol. 83.)

26673. Don à Antoine Huet et à Guillaume Rousselet, dit « Montavisard », potagers ordinaires de la cuisine du roi, de 100 écus sur la recette ordinaire de Forez. (Fol. 86.)

26674. Provisions pour Adrien Petel de l'office d'huissier et messager de la Chambre des Comptes et du Trésor. (Fol. 87.)

26675. Don aux habitants de Villefranche en Beaujolais de la moitié des droits de lods et ventes dus au roi audit pays de Beaujolais. (Fol. 87.)

26676. Don à Jean Petit des biens de Richard Valangle, échus au roi par droit d'aubaine. (Fol. 88 v°.)

26677. Confirmation du don fait à Louise de Montmorency, femme du s⁻ de Châtillon, des droits seigneuriaux de la terre de Conty. (Fol. 91 v°.)

26678. Provisions pour Michel Mareille de l'office d'huissier et messager de la Chambre des Comptes et du Trésor. (Fol. 91 v°.)

26679. Don à Michel Colasson des biens de Guillaume Gigau, échus au roi par droit d'aubaine. (Fol. 92 v°.)

26680. Provisions pour Louis Acarie de l'office de trésorier des offrandes et aumônes du roi. (Fol. 93.)

26681. Lettres accordant à Michel de Saubonne, s^r de Soubise, la de jouissance 3,427 livres 13 sous 6 deniers par an, jusqu'au parfait payement de sa pension de 1,000 livres et d'un don de 100,000 livres sur la recette des aides de Chartres. (Fol. 95.)

26682. Lettres de jussion pour l'exécution des lettres accordant aux habitants de Cosne prorogation pour six ans d'un octroi de 40 sous par muid de sel. (Fol. 96.)

26683. Autres semblables pour les mêmes, portant prorogation d'un octroi de 20 sous par minot de sel. (Fol. 96 v°.)

26684. Don à Claude Gouffier, s^r de Boisy, de la garde noble de François de Vendôme. (Fol. 98.)

26685. Don à Guillaume du Plessis, s^r de Liancourt, maître des Eaux et forêts de Clermont, de 400 livres de gages au lieu de ses anciens gages et pension dudit office. (Fol. 101.)

26686. Lettres accordant à Jean Roy, fermier des châtellenies de Felletin et d'Aubusson, une réduction de 500 livres sur le prix de sa ferme. (Fol. 102 v°.)

26687. Lettres de validation du payement des sommes de 6,630 livres 9 sous et de 1,460 livres fait par le receveur du grenier à sel de Coucy à Jeanne des Ursins, veuve de Frédéric [marquis de] Bagé. (Fol. 103 v°.)

26688. Don au s^r de Torcy d'une somme de 3,400 livres sur la recette ordinaire de Boulonnais. (Fol. 104 v°.)

26689. Don à Pierre Dauvet de 1,500 livres sur les droits seigneuriaux dus pour la terre de Marsilly. (Fol. 110 v°.)

26690. Lettres accordant une pension de 600 livres à François de Saint-André, président aux enquêtes du Parlement de Paris. (Fol. 111.)

26691. Confirmation du don fait par la duchesse d'Angoulême à Antoine des Prez, s^r de Montpezat, de 200 livres de rente sur la recette ordinaire du Bourbonnais, en compensation de l'office de sénéchal de la Haute-Marche. (Fol. 113.)

26692. Don à Gilbert, comte de Ventadour, et à Suzanne de Cornillon, sa femme, des droits seigneuriaux dus pour les terres de la Motte-Beuvron et de Vouzon. (Fol. 116.)

26693. Don à la comtesse de Nevers de 100 écus sur la recette ordinaire d'Arques. (Fol. 116.)

26694. Lettres accordant à Jean d'Albon, bailli et gouverneur de Beaujolais, délai d'un an pour faire le serment dudit office au Parlement et à la Chambre des Comptes. (Fol. 116 v°.)

26695. Lettres de jussion pour l'entérinement du don fait à Claude de Pisseleu du revenu de la terre de Beauquesne en Picardie, sa vie durant. (Fol. 117.)

26696. Mandement au receveur des exploits et amendes du Parlement de Paris de payer 1172 livres 14 sous à Claude Genton, prévôt des maréchaux de Berry. (Fol. 118.)

26697. Continuation pour huit ans, en faveur des habitants de Nevers, d'un octroi de plusieurs droits d'aides. (Fol. 118 v°.)

26698. Confirmation aux religieuses de Poissy d'une pension annuelle de 30 livres, durant la vie de Jeanne Layre, sur le revenu des terres de Bonneuil et la Hérelle [en Beauvaisis]. (Fol. 119.)

26699. Don au bâtard de La Mothe, écuyer de l'écurie, de 833 livres 6 sous 8 deniers dus pour les droits seigneuriaux de la terre de « Champerabault ». (Fol. 120.)

26700. Jussion pour l'entérinement du don fait à Guillaume Du Bellay, sʳ de Langey, de 14,000 livres sur la recette de Thomas Roullon, receveur des exploits et amendes des Eaux et forêts. (Fol. 125.)

26701. Lettres de validation de dépense au compte du grènetier de Nevers du revenu du grenier dudit lieu sous le nom de Marie d'Albret, pour l'année 1531. (Fol. 128.)

26702. Mandement pour le payement à Perrot de Ruthie, lieutenant de la vénerie du roi, d'un don de 6,000 livres sur Thomas Roullon, commis à la recette des amendes de Normandie. (Fol. 128 v°.)

26703. Don à Jacques d'Arçon, gentilhomme de la vénerie, de 500 livres par an sur les mines du Nivernais, pendant quinze ans. (Fol. 129.)

26704. Don à Thibaut de Gand des biens de Thiénot Gaudot échus au roi par droit d'aubaine. (Fol. 129 v°.)

26705. Continuation aux quarante arquebusiers de Saint-Quentin d'une rente de 60 livres par an sur la recette générale de Picardie. (Fol. 130.)

26706. Don à André de La Rochandry, sʳ de Vernou, de 3,000 livres sur les exploits et amendes du Parlement de Bordeaux. (Fol. 130v°.)

26707. Don à Jamet Tronsson, veneur ordinaire du roi, des biens de Briant de Bauvert, confisqués par droit d'aubaine. (Fol. 132 v°.)

26708. Provisions pour Adrien de Melun de l'office de bailli de Mantes. (Fol. 134.)

26709. Don à Baptiste de Villequier des terres de Saint-Sauveur-le-Vicomte et de Nehou. (Fol. 137.)

26710. Mandement de payer à Jacques Varouil, Louis Godes et Jean Saulsaye, marchands de bois, 450 livres 13 sous 4 deniers qu'ils avaient indûment versés au receveur ordinaire de Rouen. (Fol. 138.)

26711. Mandement à Jacques Bernard, maître de la chambre aux deniers, de payer à Jacques Galyot de Genouilhac 807 livres 10 sous sur ce qui lui reste dû de 10,000 livres. (Fol. 139.)

26712. Lettres d'octroi aux habitants de Nevers de 20 sous par minot de sel pour huit ans. (Fol. 140.)

26713. Don à Jean d'Acigné de 1,000 livres, montant de l'amende prononcée contre Michel Chalet. (Fol. 142 v°.)

26714. Lettres accordant à Claude de Montcepoy, dit « Tallebart », du revenu des terres de Quirieu et de la Balme. (Fol. 142 v°.)

26715. Confirmation du don accordé par la duchesse d'Angoulême aux habitants de Montluçon de 400 livres par an sur le grenier à sel dudit lieu, pendant huit ans. (Fol. 143.)

26716. Don à Claude de Villiers, veuve de Philippe de Suze, sʳ de Coye, de 200 livres par an pendant neuf ans sur le revenu de Pont-Sainte-Maxence. (Fol. 143 v°.)

26717. Lettres déchargeant Robert Raoulin, sʳ de Longpaon, de 800 livres dues pour droits seigneuriaux d'une rente annuelle de 200 livres sur la commune d'Amiens. (Fol. 144.)

26718. Don à Jean de Linetz des biens de Guillaume Damours. (Fol. 144 v°.)

26719. Confirmation du don fait par la duchesse d'Angoulême au chapitre de l'église collégiale de Notre-Dame de Moulins des deniers des mortailles, confiscations, successions et échoites en Bourbonnais. (Fol. 144 v°.)

26720. Don à Thomas Jouyn, dit « Gallehaut », des biens confisqués de Bertrand Coquelet. (Fol. 145 v°.)

26721. Provisions pour Jean Boileau de l'office de trésorier et receveur ordinaire de la sénéchaussée de Beaucaire et de Nîmes. (Fol. 145 v°.)

26722. Don au comte de Saint-Pol de 2,000 livres parisis sur les exploits et amendes du Parlement de Paris. (Fol. 146 v°.)

\ 26723. Don à Philippe Jay, sénéchal de Civray, des droits seigneuriaux de la terre de la Vigerie. (Fol. 147.)

26724. Mandement à la Chambre des Comptes de rétablir aux comptes de la recette ordinaire d'Orléans tout ce qui a été payé à François de La Chasserie (alids de La Chaussière) du revenu de la terre d'Yèvre-le-Châtel. (Fol. 149 v°.)

26725. Mandement de payer aux enfants et héritiers de Pierre Le Duc 400 livres sur la recette ordinaire de Paris, pour treize mois employés par ledit Le Duc « au fait de la commission de la Chambre du conseil ». (Fol. 150 v°.)

26726. Don à Alfonse de San Severino, duc de Somma, du revenu de la châtellenie de Langeais pour dix ans. (Fol. 151.)

26727. Commission à Hugues de Malras, receveur général de Guyenne, pour le recouvrement des sommes dues à François Faure, receveur des traites du haut pays d'Auvergne, et la vente des biens laissés par ledit Faure. (Fol. 151 v°.)

26728. Dispense audit de Malras de donner caution pour l'exécution de ladite commission. (Fol. 153 v°.)

26729. Lettres déchargeant le cardinal de Sens, chancelier de France, de la somme de 2,760 livres pour les droits seigneuriaux de moitié de la terre d'Acy-en-Multien. (Fol. 156.)

26730. Lettres d'« abandonnement » aux habitants des villages et censes du plat pays de l'élection de Doullens pour cinq ans. (Fol. 156 v°.)

26731. Don à Jean Grevrot, médecin ordinaire du roi, de 153 livres 6 sous 8 deniers montant des droits seigneuriaux de la terre de Saint-Denis de Sablé et de « Courbolant ». (Fol. 160.)

26732. Lettres accordant au duc d'Albany la jouissance intégrale de la baronnie de Saint-Sulpice. (Fol. 162.)

26733. Don à François de Monthel, sr de Véretz, de 7,500 livres sur la recette générale de Dauphiné. (Fol. 162 v°.)

26734. Don à Gacien de Quélen, capitaine des ville et château de Provins, de 150 livres d'entretien sur les exploits et amendes de Meaux et Provins. (Fol. 167 v°.)

26735. Lettres ordonnant que Thomas de Balsac, capitaine de Castelculier, soit payé des gages dudit office par le receveur ordinaire d'Agen, quoique mineur et n'étant pas en âge d'en prêter le serment. (Fol. 170.)

26736. Lettres ordonnant le remboursement à Guillaume Alard, conseiller au Parlement de Paris, de 6,000 livres sur les exploits et amendes de ladite cour. (Fol. 171.)

26737. Lettres accordant à Robert Saguière, jardinier du Louvre, la faculté de résigner ladite charge au profit d'Étienne, son fils. (Fol. 171 v°.)

26738. Ordonnance restreignant à 1,200 livres par an les gages, pensions et droits des trésoriers de France et des généraux des finances d'Outre-Seine, Languedoil, Languedoc et Normandie. (Fol. 173.)

26739. Continuation pour six ans aux habitants de Decize de l'octroi de 50 sous par muid de sel. (Fol. 174.)

26740. Lettres ordonnant le payement à Guy de Maugiron de 2,400 livres sur la recette de Dauphiné, pour arrérages de sa pension depuis douze ans. (Fol. 179 v°.)

26741. Don à Antoine Bonneton, dit « Maugras », de la charge de concierge et garde de la maison et chenil de Fontainebleau. (Fol. 180.)

26742. Provisions pour Jean Mestereau de l'office de porteur et rapporteur des comptes, liasses et acquits de la Chambre des Comptes. (Fol. 181.)

26743. Provisions pour Jean d'Albon de l'office de bailli et gouverneur de Beaujolais. (Fol. 182.)

26744. Lettres accordant à Guy de Maugiron, sr d'Ampuis, une pension annuelle de 425 livres, outre ses gages de 375 livres. (Fol. 182 v°.)

26745. Lettres accordant à Charles Guillart, sr de l'Épichelière, président au Parlement de Paris, une pension annuelle de 1,200 livres sur les exploits et amendes de ladite cour. (Fol. 190 v°.)

26746. Lettres ordonnant qu'Artus Scolin, capitaine des château et place de Melle en Poitou, sera payé de 100 livres par an pour ses gages, à dater du jour de sa réception. (Fol. 196.)

26747. Lettres accordant à Philippe Chabot, sr de Brion, amiral de

France, du revenu du quint de Jarnac et [Bourg-]Charente en entier pendant dix ans. (Fol. 196 v°.)

26748. Provisions pour Cardin Delalonde de l'office d'huissier et messager de la Chambre des Comptes. (Fol. 198.)

26749. Don à Jean «Bortuilz» (*aliàs* «Borticq»), enseigne de la garde écossaise, du revenu de la terre de Civray pendant dix ans. (Fol. 199.)

26750. Provisions pour Jacques Nivert de l'office d'huissier et messager de la Chambre des Comptes, à la survivance d'Étienne Le Gras, son beau-père. (Fol. 199 v°.)

26751. Lettres accordant à Philibert Babou remise de toutes les condamnations prononcées contre lui, moyennant le payement de 50,449 livres 7 sous avant Pâques. (Fol. 200 v°.)

26752. Provisions pour Guillaume Du Bellay de l'office de bailli d'Amiens. (Fol. 202 v°.)

26753. Lettres d'affranchissement de cens, rentes, tailles et autres devoirs pour les lieux de la Chassagne et des Radis, en faveur de Jean Verrier, dit « de Nismes », premier chirurgien du roi. (Fol. 206.)

26754. Don à Guillaume de Poitiers, sr de Sérignan, de 3,975 livres sur la recette générale de Dauphiné. (Fol. 207.)

26755. Don à Gaston et Henri de Foix des droits seigneuriaux des terres de Saint-Florentin, Druyes-le-Châtel, Dannemarie, Dixmont, Scéant-en-Othe, Coulmiers, Beaufort, Sublaines, Larzicourt, Villiers, Dhuison, Pont-Saint-Pierre, Radepont, Bourg-Beaudouin, etc. (Fol. 210.)

26756. Lettres accordant à Jean Morin, lieutenant criminel au Châtelet de Paris, une pension de 600 livres sur la recette ordinaire de Paris. (Fol. 212 v°.)

26757. Don à Jean Dutheil, Milet Roignard, Nicolas Jousserant et Thomas Le Pessu d'une somme de 375 livres sur la recette ordinaire de Paris. (Fol. 214.)

26758. Don à Robert de Caux, Denis, Louis et Jacques Le Maréchal de 283 livres sur la recette ordinaire de Paris. (Fol. 214.)

26759. Provisions pour Ogier de Bassac de l'office d'huissier et messager de la Chambre des Comptes et du Trésor. (Fol. 214.)

26760. Déclaration en faveur du duc de Guise et de la dame d'Estouteville concernant la jouissance des terres de Bar-sur-Aube, Essoyes et Rouvray, et des greniers à sel dudit Bar, de Mussy-l'Évêque et de Saint-Dizier, selon les concessions à eux faites. (Fol. 214 v°.)

26761. Don à François de Bourbon, duc d'Estouteville, comte de Saint-Pol, de tous les restes et débets dont Antoine Turpin, trésorier de Milan, Asti et Gênes, était demeuré redevable. (Fol. 230.)

26762. Mandement de payer à Anne d'Houdetot, veuve de François de Hautbourdin, 800 livres sur l'épargne, pour deux années d'arrérages de sa rente. (Fol. 233.)

26763. Don à [Philippe Chabot], sʳ de Brion, comte de Buzançais, de tous les deniers provenant des halles, bancs, places et étaux des foires de Niort et de Fontenay-le-Comte. (Fol. 233 v°.)

26764. Don à Jacques de Courjac et à Gilbert de Doyat des biens confisqués de Simon Faugère. (Fol. 234.)

26765. Continuation pour six ans de l'affranchissement octroyé aux habitants des villages dépendants des duché de Guise, châtellenie du Nouvion et Hirson en Thiérache. (Fol. 237 v°.)

26766. Commission à Nicolas Hardy pour faire le payement au roi d'Angleterre des sommes à lui accordées par le traité de paix, arrérages du douaire de Marie d'Angleterre, etc. (Fol. 238.)

26767. Lettres de jussion pour l'exécution du payement à Jacques Galyot de Genouilhac du revenu de la chambre à sel d'Amboise. (Fol. 239.)

26768. Affranchissement accordé aux habitants de Mareil (Mareil-Marly) et de Fourqueux. (Fol. 241.)

26769. Don à Pierre d'Ages, maître d'hôtel du roi, de 3,000 livres sur les amendes du Parlement de Bordeaux. (Fol. 246.)

26770. Don à Jérôme de Varade de 300 livres sur les droits seigneuriaux d'une maison à Paris, rue Saint-Denis. (Fol. 246.)

26771. Lettres octroyant à Urbain Tillon, premier écuyer de Madeleine et Marguerite de France, une pension de 100 livres sur la terre de Montfaucon. (Fol. 246 v°.)

26772. Mandement de payer à Bonaventure de Saint-Barthélemy, président au Parlement de Grenoble, 3,000 livres sur la recette générale de Dauphiné. (Fol. 246 v°.)

26773. Don à Jean de Créquy de la moitié des droits seigneuriaux dus au roi en Normandie et recélés par les intéressés. (Fol. 247 v°.)

26774. Don à Claude de Beauvillier de 2,000 livres sur la recette ordinaire du Maine. (Fol. 248.)

26775. Don à Jean de Bouret de 600 livres sur les exploits et amendes du Parlement de Toulouse. (Fol. 248.)

26776. Don à Nicolas de Lucques, Jean Fourcade et Pierre d'Auxerre, violons du roi, des biens de Marc de Vérone, joueur de cornet, échus au roi par droit d'aubaine. (Fol. 249.)

26777. Provisions pour Jean Mareil, dit « Roget », de l'office d'avocat du roi pensionnaire au comté de Guines avec 18 livres par an sur la recette ordinaire du lieu. (Fol. 249 v°.)

26778. Continuation pour dix ans, en faveur des habitants de Doullens, d'une réduction de 30 livres 5 sous sur une redevance payable à la recette d'Amiens. (Fol. 251 v°.)

26779. Continuation d'affranchissement pour dix ans en faveur des mêmes. (Fol. 252.)

26780. Lettres déchargeant Anne de Montmorency, maréchal de France, d'une somme de 10,800 livres pour les droits seigneuriaux de la terre de Méru. (Fol. 254 v°.)

26781. Lettres portant commutation d'assignation à Charlotte Coëffier, veuve d'Antoine Minard, de 180 livres de rente sur la trésorerie de Bourbonnais. (Fol. 255.)

26782. Lettres assignant à Charles Guillart, sr de l'Épichelière, président au Parlement de Paris, sa pension de 1,200 livres sur les exploits et amendes de ladite cour. (Fol. 255 v°.)

26783. Confirmation du don de dix muids de sel octroyé par la régente à la Maison-Dieu de Saint-Jean d'Angers. (Fol. 256.)

26784. Lettres ordonnant le payement à René de Mailly de 2,200 livres sur la recette générale de Picardie. (Fol. 257.)

26785. Continuation d'affranchissement en faveur des habitants de Cormicy, pour quatre ans. (Fol. 258.)

26786. Lettres accordant à Jacques Rameau, prévôt et garde pour le roi à Vaucouleurs, une pension de 20 livres sur la recette ordinaire de Chaumont en Bassigny. (Fol. 261 v°.)

26787. Édit de création d'un quatrième garde en la forêt de Châtellerault. (Fol. 262.)

26788. Confirmation du don fait à Thomas Rapouël des gages, pensions et droits de l'office de président des comptes à Angoulême, sa vie durant. (Fol. 265.)

26789. Lettres accordant une pension de 600 livres à Augustin de Thou, président aux requêtes du Palais à Paris. (Fol. 266.)

26790. Confirmation pour Émilio Forlane, s' de la Cavriane, et Étiennette de Plantis, sa future épouse, du don du revenu des terres de Neuville et Vitry[-aux-Loges]. (Fol. 268 v°.)

26791. Lettres ordonnant le remboursement à Nicole Malon et à Charles François, héritiers universels d'Antoine Robert, greffier criminel du Parlement de Paris, de 2,000 livres sur la recette ordinaire de Touraine. (Fol. 269 v°.)

26792. Lettres d'exemption de tailles en faveur des habitants de Saint-Germain-en-Laye. (Fol. 281 v°.)

26793. Don aux compagnons couleuvriniers de Montreuil-sur-Mer de 25 livres par an sur le domaine d'Amiens. (Fol. 282 v°.)

26794. Confirmation de don aux mineurs Odart de Veray du bois mort et mort-bois du parc de Breteuil, y compris le charme, bouleau, tremble et autres arbres non fruitiers. (Fol. 283.)

26795. Commission à Claude Péronnier pour exercer l'office de payeur des réparations et fortifications de Guyenne. (Fol. 284 v°.)

26796. Provisions pour Robert Petit de l'office de receveur ordinaire de Château-Thierry et de Châtillon-sur-Marne. (Fol. 294 v°.)

26797. Don à Philibert de Nagu, huissier de la chambre du roi et lieutenant de la porte, de 300 livres sur les exploits et amendes du Parlement de Paris. (Fol. 295.)

26798. Don à Guillaume de Pillers, s' de Menou, de 1,700 livres sur les exploits et amendes de la réformation des forêts de Normandie. (Fol. 296.)

26799. Don à Philippe de La Tour, s' de Vatilleu, de 2,400 livres sur la recette générale de Dauphiné. (Fol. 296.)

26800. Don à René de La Chapelle de 2,200 livres sur la recette ordinaire de Bayeux. (Fol. 296.)

26801. Don à Guillaume Ravisa, Jean Neuchod et Jean Labbé de 270 livres sur la recette ordinaire d'Orléans. (Fol. 299 v°.)

26802. Lettres ordonnant de payer à Guillaume Poyet, président au Parlement de Paris, 2,000 livres sur la recette générale des traites foraines d'Anjou, pour sa pension. (Fol. 299 v°.)

26803. Don à Enguerrand de La Parroussaye de 200 livres sur les amendes du Parlement de Paris. (Fol. 300.)

26804. Continuation pour cinq ans, en faveur de Camille Pardo Orsini, comte de Monopollo, de la jouissance du revenu de la terre de Marmande. (Fol. 3oo.)

26805. Don à Jacques de Brizay, s^r de Beaumont, et à Nicolas d'Anjou, s^r de Mézières, de 4.833 livres 6 sous 8 deniers montant des droits seigneuriaux du comté de Roussillon. (Fol. 3oo v°.)

26806. Don à René, François et Claude Huchepot de 75 livres sur les amendes des Grands jours de Moulins. (Fol. 3o1.)

26807. Don à Lancelot Du Lac, s^r de Chamerolles, gouverneur d'Orléans et de Mouzon, du revenu de ladite terre de Mouzon pour six ans. (Fol. 3o1 v°.)

26808. Don à Jean Georget de 3oo livres sur les droits seigneuriaux d'une rente de 2oo livres assise sur deux maisons à Paris, rue des Prêcheurs, et autres maisons dans la même ville. (Fol. 3o2.)

26809. Lettres ordonnant de payer à Nicole Le Berruyer, conseiller au Parlement de Paris, 3,641 livres 5 sous sur les exploits et amendes de ladite cour, pour le restant de son remboursement d'une somme de 6,ooo livres qu'il avait prêtée au roi. (Fol. 3o3.)

26810. Mandement aux gens des comptes de taxer à Guillaume Almaury, gruyer de Neauphle-le-Château, tels gages qu'ils jugeront convenables audit office. (Fol. 3o3.)

26811. Don à la comtesse de Nevers de 1oo écus de redevance d'une année à la vicomté d'Arques, à cause de la garde du comte d'Eu, son fils. (Fol. 3o4 v°.)

26812. Déclaration en faveur de Pierre Michon, fils, clerc et auditeur des comptes, pour jouir par lui de tous les droits dudit office, du consentement de son père. (Fol. 3o5 v°.)

26813. Don à Antoine de Bayencourt, s^r de Bouchavesne, capitaine de Doullens, du revenu de la châtellenie de Doullens pendant dix ans. (Fol. 3o8.)

26814. Don à Jacques Cappel, Pierre Raymon et Nicole Thibault, avocats et procureur généraux au Parlement de Paris, de 6oo livres sur la recette ordinaire de Paris. (Fol. 3o8 v°.)

26815. Don aux mêmes de 7oo livres sur les 1,1oo qui furent consignées entre les mains de Jean Testu, maître des comptes, lorsqu'il était receveur ordinaire de Paris. (Fol. 3o9.)

26816. Lettres accordant à Mathieu de Longuejoue, évêque de Soissons, une pension de 400 livres sur le commis au payement des officiers de la maison du roi. (Fol. 309.)

26817. Don à Pierre de Hacqueville, conseiller au Parlement de Paris, de 130 livres montant des droits seigneuriaux de partie de la terre d'Ons-en-Bray. (Fol. 311.)

26818. Don aux s^rs Buisson et Sanxon, fauconniers ordinaires de la chambre, de 400 livres sur les exploits et amendes du Parlement. (Fol. 311.)

26819. Lettres modérant à 100 sous la redevance de 40 livres payable par l'abbé de Saint-Faron-lès-Meaux à la recette ordinaire de Meaux. (Fol. 311.)

26820. Lettres accordant à Thomas Rapouël, maître des comptes, une pension de 1,200 livres sur les traites foraines d'Anjou. (Fol. 313.)

26821. Confirmation et prorogation pour six ans, en faveur des habitants de Marle, d'un octroi de 2 sous 6 deniers par minot de sel. (Fol. 313 v°.)

26822. Don à Guillaume de Plaisance, Guillaume de Montpellier et Pierre Berteau, fourriers ordinaires du roi, de 500 livres sur la recette ordinaire de Loches. (Fol. 314.)

26823. Don à Antoine de Vaux, valet de garde-robe, de 250 livres sur la recette ordinaire de Paris. (Fol. 314.)

26824. Don à Pierre Debray, pelletier et valet de chambre de la reine, de 55 livres montant des droits seigneuriaux de trois corps de maison à Amboise. (Fol. 314 v°.)

26825. Don au s^r de Sourdis des droits seigneuriaux, jusqu'à concurrence de 1,000 livres, des terres de la Chapelle-Bellouin, la Roche-Rigault, le Puy-Saboureau, la Lande et les moulins de Grigny. (Fol. 316.)

26826. Don à Guillaume Prudhomme, trésorier de l'épargne, du droit sur les pièces d'or et autres monnaies trouvées par les ouvriers en sa maison à Paris, rue des « Marmots ». (Fol. 322.)

26827. Mandement pour le payement à Jean de Lance, archer de la garde, de 500 livres sur la recette ordinaire du Maine, pour le parfait d'une somme de 1,000 livres à lui ordonnée. (Fol. 322 v°.)

26828. Don à Jean Darges (corr. de Garges), s^r de Macquelines, de 500 livres sur une amende à laquelle a été condamné Simon « de Dargis ». (Fol. 323.)

26829. Don à Jean de Pommereu, maître des comptes, de 250 livres sur la recette ordinaire de Valois. (Fol. 325.)

26830. Lettres accordant à Jean Leclerc, procureur du roi à la Cour des Aides de Paris, une pension de 200 livres sur la recette des amendes de la réformation des gabelles. (Fol. 325.)

26831. Mandement pour le payement à Étienne Deschamps, sommelier de paneterie, de 642 livres par Nicolas de La Chesnaye, receveur ordinaire de Rouen. (Fol. 325 v°.)

26832. Lettres autorisant Antoine Du Bourg, chancelier de France, à couper dans la forêt de « Girantons » les bois nécessaires pour la réparation du château et autres bâtiments de Saint-Sulpice. (Fol. 327.)

26833. Don à Jean Chanteau, garde du sceau en Bourbonnais, du revenu dudit office pour le passé et les trois prochains mois à venir. (Fol. 327 v°,)

26834. Don à Palamèdes Gontier du tabellionnage de Rouen pour 20,000 livres. (Fol. 328.)

26835. Lettres portant à 1,500 livres par an les gages de Guy de La Maladière, trésorier des guerres, pour le payement des compagnies d'ordonnances. (Fol. 329.)

26836. Lettres ordonnant le payement à Claude de Clermont de moitié du revenu de la terre de Pisançon, sur la recette générale du Dauphiné, jusqu'à concurrence de ce qu'Artus Prunier en avait envoyé aux coffres du Louvre. (Fol. 329.)

26837. Don à Renée de France, duchesse de Ferrare et de Chartres, de 1,768 livres 3 sous revenant bons au roi, sur les années 1529 à 1532, des fruits et revenu du duché de Chartres. (Fol. 330 v°.)

26838. Mandement à la Chambre des Comptes de rétablir au compte des traites de Blois, de l'année 1533, 200 livres sous le nom des habitants de Saint-Vincent-lès-Blois. (Fol. 336.)

26839. Lettres permettant aux habitants de Rouen de retenir la somme de 839 livres 1 sou 10 deniers qu'ils doivent chaque année au domaine, et celle de 1,960 livres 18 sous 2 deniers sur les aides, pour leur remboursement d'un prêt de 30,000 livres. (Fol. 337.)

26840. Don à Anne de Boisguyon de 600 livres sur le receveur des amendes des Grands jours. (Fol. 339.)

26841. Lettres déchargeant Marie de Melun, veuve de Jacques de Chabannes, maréchal de France, de partie de 11,767 livres 18 sous, moyennant une maison à Lyon, nommée la Rigaudière, par elle vendue pour servir de dépôt à l'artillerie, et de quelques sommes qu'elle a payées, avec délai pour le surplus montant à 4,422 livres 16 sous

2 deniers, et lui accordant mainlevée des terres de La Palisse et autres. (Fol. 342 v°.)

26842. Don à Nicolas de Roucy, s' de Saint-Aubin, de 228 livres montant des droits seigneuriaux du fief de Boisville au territoire de Morival [1]. (Fol. 347.)

26843. Lettres déchargeant les enfants de l'amiral de Bonnivet des droits seigneuriaux de la maison noble des Deffends, montant à 2,200 livres. (Fol. 348.)

26844. Don à Adrien Vernon, s' de Montreuil-Bonnin, de 1,500 livres sur la recette ordinaire de Poitou. (Fol. 350 v°.)

26845. Don au maréchal de Montmorency du revenu des terres de « Malval, Flez et Mondon ». (Fol. 350 v°.)

26846. Lettres de ratification du contrat de vente de la terre de Chiverny faite par Marie de Beaune, veuve de Raoul Hurault, au profit du roi, pour demeurer quitte de 30,000 livres sur les 100,000 adjugés au roi sur les biens dudit Hurault. (Fol. 353.)

26847. Lettres de jussion pour l'exécution du don fait à Marie de Lorraine, duchesse douairière de Longueville, de la garde-noble de ses enfants, en ce qui concerne la collation des bénéfices. (Fol. 362.)

26848. Don aux arquebusiers de Saint-Quentin, pendant dix ans, de vingt pots de vin du meilleur, chaque dimanche et fête. (Fol. 363 v°.)

26849. Don à Catherine de Croy, dame de Sedan, du revenu de la terre de la Ferté-Milon, sa vie durant. (Fol. 365.)

26850. Mandement pour le payement à Alexandre « Zancque » de 2,200 livres à compte sur 9,666 livres, d'une part, et 4,660, de l'autre, à lui dues par Maximilien Sforza. (Fol. 366 v°.)

26851. Don à Robert de La Marck, s' de Fleuranges, maréchal de France, du revenu du grenier à sel de Château-Thierry pour un an. (Fol. 367.)

26852. Don au même des amendes et confiscations pour raison de malversations dans les forêts de Châtillon-sur-Marne et de Château-Thierry, et des droits seigneuriaux dus au roi à cause desdites châtellenies. (Fol. 367.)

26853. Don à Jean Lefranc de 100 écus sur la recette ordinaire de Touraine. (Fol. 368.)

[1] Commune de Vismes (Somme).

70.

Anc. mém. coté 2 H, commençant en janvier 1536
et finissant à Pâques 1538. (Arch. nat., PP. 111 et PP. 119.)

26854. Lettres permettant aux prévôt des marchands et échevins de Paris de prendre les sommes qui leur sont nécessaires pour les frais de l'entrée du roi d'Écosse, le présent qui devait lui être fait, etc., sur les deniers destinés aux réparations et fortifications de la ville. (Fol. 27.)

26855. Don à François d'Orléans, marquis de Rothelin, et à Jacqueline de Rohan, sa femme, de la terre de Montereau-faut-Yonne. (Fol. 27 v°.) — Jussion pour l'entérinement desdites lettres. (Fol. 28 v°.)

26856. Don à Girard Vyon de l'office de contrôleur des aides et traites de Troyes. (Fol. 30.)

26857. Provisions pour Philippe de Lautier de l'office de général et maîtres des monnaies à Paris. (Fol. 30.)

26858. Don à Étiennette de Sainville, veuve de Claude de Moncelart, des biens confisqués de son feu mari. (Fol. 31.)

26859. Provisions pour François de Blois de l'office de receveur ordinaire de la châtellenie de Bulles et de la seigneurie de Bailleu-sur-Thérain. (Fol. 33 v°.)

26860. Don à Jacques Gencien, contrôleur du domaine de Paris, du quart des droits seigneuriaux qu'il trouvera avoir été recélés, en faisant le papier-terrier dudit domaine. (Fol. 34.)

26861. Lettres portant octroi pour six ans aux habitants de Cosne de 4 livres par muid de sel. (Fol. 33.)

26862. Continuation pour six ans, en faveur des mêmes, d'un octroi de 20 deniers par minot de sel. (Fol. 35 v°.)

26863. Provisions pour Jean Savart de l'office d'huissier et messager de la Chambre des Comptes et du Trésor. (Fol. 47.)

26864. Lettres portant translation de mouvance des fiefs de la « Tour-Pied, Colombier et du Pont-de-Saint-Maurice » de la seigneurie de Bandeville à celle des Loges [1], en faveur de Jean Hurault, maître des requêtes. (Fol. 47 v°.)

26865. Provisions pour Raoulin Prévost de l'office d'huissier et messager de la Chambre des Comptes et du Trésor. (Fol. 54 v°.)

_____

[1] Commune de Saint-Cyr-sous-Dourdan (Seine-et-Oise).

26866. Continuation pour dix ans, en faveur des habitants de Corbie, d'un octroi de 500 livres par an sur le receveur des aides de Doullens. (Fol. 51 v°.)

26867. Mandement à Nicole Séguier, receveur ordinaire de Paris, de payer à Jean Georget la somme de 254 livres 4 sous 4 deniers dont le roi a fait don. (Fol. 52 v°.)

26868. Don à Louise de Montmorency, veuve de Gaspard de Coligny, du revenu du Treillis du Châtelet de Paris, « qui appartenoit à l'Empereur », en dédommagement des terres à elle appartenant dont l'Empereur avait disposé. (Fol. 53 v°.) — Jussion pour l'enregistrement dudit don. (Fol. 85.)

26869. Lettres accordant à Pierre Séguier, avocat du roi en la Cour des généraux sur le fait de la justice des aides à Paris, une pension de 200 livres sur les amendes et confiscations de la réformation des gabelles. (Fol. 54.)

26870. Lettres d'affranchissement en faveur des habitants de Donchery pour dix ans. (Fol. 55.)

26871. Continuation d'octroi aux gens d'église et habitants de Soissons de 2 sous 6 deniers par minot de sel pour huit ans. (Fol. 56.)

26872. Don à Jean-Clément Stanga de 2,500 livres d'amendes sur Claude Chevaleau et Guy et François Faubert. (Fol. 58 v°.)

26873. Déclaration concernant l'aliénation du domaine et des aides et gabelles, jusqu'à concurrence d'une somme de 950,000 livres. (Fol. 70 v° et 81.)

26874. Don à Jean de Tardes et à François Lamy des biens confisqués de Jean Billebeuf. (Fol. 83 v°.)

26875. Provisions pour Claude Fauchon de l'office de receveur ordinaire de Melun. (Fol. 89.)

26876. Don à Albert de Rippe et à Lucrèce de Rudolfi, sa femme, de la terre de Beauregard, pour en jouir pendant dix ans. (Fol. 89 v°.)

26877. Don aux habitants de Chauny, pour la construction d'un auditoire, de 1,500 livres sur les amendes et droits seigneuriaux dudit lieu. (Fol. 90.)

26878. Lettres accordant à François Royer, dit « Valfenières », et à Michel-Antoine Royer, son fils, à la survivance l'un de l'autre, une pension de 100 livres sur le grenier à sel de Blois. (Fol. 91.)

26879. Mandement de payer à Gaspard de Saulx, sʳ de Tavanes, ses gages de capitaine de la ville de Toul durant trois ans, à raison de 400 livres par an. (Fol. 91 v°.)

26880. Lettres d'affranchissement pour cinq ans, octroyé aux habitants du bailliage de Labour. (Fol. 92.)

26881. Provisions pour Jacques Baudouin de l'office de vicomte et receveur ordinaire d'Orbec. (Fol. 92 v°.)

26882. Mandement à Nicole Séguier, receveur ordinaire de Paris, de payer aux Filles-Dieu 40 livres pour la valeur de deux muids de blé. (Fol. 92 v°.)

26883. Lettres de jussion pour l'entérinement du don fait à Pallavicini Visconti, marquis de Brignano, des château, maison et revenu de la seigneurie de Saint-Symphorien-d'Ozon. (Fol. 106 v°.)

26884. Don à Grégoire de César, maître d'hôtel du roi de Navarre, des biens confisqués de Jean de Puibusque, dit « le cadet de Paulac ». (Fol. 107.)

26885. Déclaration concernant les salpêtres, portant que ce qui en sera livré au grenier de Tours devra être payé par François Odin, à raison de 8 livres 10 sous le quintal. (Fol. 118 v°.)

26886. Semblable déclaration pour le salpêtre qui sera apporté au grenier de Lyon. (Fol. 120.)

26887. Déclaration en faveur d'Antoine de Bayencourt, sr de Bouchavesne, capitaine de la ville et du château de Doullens, portant qu'il jouira pendant six ans du revenu de la terre de Doullens. (Fol. 128.)

26888. Don à Guigue Guiffrey du revenu du péage de Baix-sur-Baix en Dauphiné. (Fol. 131.)

26889. Lettres d'affranchissement en faveur des habitants des villages et censes du plat pays de l'élection de Doullens, pour deux ans, moyennant 2,000 livres par an. (Fol. 132.)

26890. Lettres accordant mainlevée à Florimond Fortier, dit Resnay, d'une maison à Tours et de la dîme nommée les Arpentis. (Fol. 135.)

26891. Lettres ordonnant de continuer à Alpin de Béthune, sr de Baye, le payement de 1,200 livres par an sur le grenier à sel de Sézanne, jusqu'au rachat des huit cents arpents de futaie en la forêt de Gault, et au lieu de la jouissance desdits bois. (Fol. 137 v°.)

26892. Déclaration concernant les salpêtres amenés à Paris, portant qu'ils seront payés par Jean Maciot à raison de 8 livres 10 sous le quintal. (Fol. 138 v°.)

26893. Provisions pour Côme Luillier de l'office de général maître des monnaies à Paris. (Fol. 147 v°.)

26894. Continuation d'octroi aux prévôt des marchands et échevins de Paris de 20 sous par « lets » de harengs et autres aides, pour six ans. (Fol. 149 v°.)

26895. Provisions pour Antoine Regnault de l'office d'huissier et messager de la Chambre des Comptes et du Trésor. (Fol. 151 v°.)

26896. Commission pour l'évaluation de la terre de Belleperche, qui doit être délivrée à Guillaume Bourgoing, conseiller au Parlement de Paris. (Fol. 158.)

26897. Don à Jacques Bochetel des biens de Jean Moreau, échus au roi par droit d'aubaine. (Fol. 159 v°.)

26898. Déclaration concernant la jouissance de l'exemption accordée aux habitants de la Guierche, en Touraine, pour neuf ans. (Fol. 162 v°.)

26899. Lettres ordonnant le remboursement à Charles de Dormans, conseiller au Parlement de Paris, d'un prêt de 6,000 livres fait au roi, sur les exploits et amendes de ladite cour. (Fol. 163.)

26900. Assignation à Oudin Meigret, huissier de la Chambre des Monnaies, sur la recette des boîtes des monnaies, pour le payement de ses gages, montant à 24 livres par an. (Fol. 164.)

26901. Commission pour aliéner aux prévôt des marchands et échevins de Paris jusqu'à concurrence de 200,000 livres sur les fermes des aides de l'élection de Paris. (Fol. 164 v°.)

26902. Lettres de ratification du contrat de vente aux prévôt des marchands et échevins de Paris de quelques fermes des aides, moyennant 200,000 livres au denier douze. (Fol. 171 v°.)

26903. Don à Guillaume du Bellay, sr de Langey, de 4,000 livres sur les restes des comptes de Jean Maseline, vicomte de Conches et Breteuil. (Fol. 184.)

26904. Mandement pour le payement à Jean Bazanier de 400 livres de rente à lui constituée par le duc d'Albany sur la terre de Ressons. (Fol. 184 v°.)

26905. Don à Louise de Polignac, dame du Vigean, de quatre cent dix boisseaux un quart de seigle, cent soixante et un boisseaux un quart de baillarge, cent cinquante-quatre boisseaux un quart d'avoine, de 85 livres 15 sous 5 deniers obole, et de cinq pipes de vin blanc dus commé redevance annuelle par les religieux de la Maison-Dieu de Mont morillon. (Fol. 185.)

26906. Confirmation pour dix ans de la pension accordée à Étienne Sacaley, président aux enquêtes du Parlement de Toulouse, de 120 livres parisis sur les exploits et amendes de ladite cour. (Fol. 192.)

26907. Mandement pour le payement à Philippe de Poix de 826 livres sur les droits seigneuriaux d'une rente de 200 livres acquise par François Louvel. (Fol. 193.)

26908. Lettres déchargeant Gaucher de Sainte-Marthe de 337 livres 10 sous pour les droits seigneuriaux des fiefs de la Borde et de Dangé. (Fol. 193 v°.)

26909. Lettres d'intermédiat en faveur d'Eustache Chambon, conseiller clerc au Parlement de Paris. (Fol. 194.)

26910. Mandement à Claude Dodieu, maître des requêtes, de se transporter à la Chambre des Comptes pour l'exécution de l'édit de règlement concernant l'adresse des affranchissements, rabais, surséances, etc. (Fol. 205.)

26911. Déclaration par laquelle la connaissance de la garde et administration des bagues et joyaux, et de la distribution de l'argent remis entre les mains du roi pour les menus plaisirs et le jeu, est interdite à la Chambre des Comptes et à tous autres juges. (Fol. 213.)

26912. Don à Jean Dumoutier, sʳ de Saragosse, des revenus de la terre d'Aillefou (aujourd'hui Géraudot), saisie par faute de devoirs féodaux. (Fol. 215.)

26913. Jussion pour l'entérinement du bail à ferme pour dix ans, fait à Perrot de Ruthie, gentilhomme ordinaire de la chambre, de la terre de Mauléon, moyennant 700 livres par an, payables à la recette ordinaire des Lannes. (Fol. 215 v°.)

26914. Don à Louis Dubois d'une métairie appelée Bonnevaux, en la paroisse de Brigueil-le-Chantre, et autres biens confisqués sur Thomas Ruet. (Fol. 224 v°.)

26915. Don à Philibert Nagu, sʳ de Faulain, huissier de la chambre du roi, de 837 livres sur la recette ordinaire de Beaujolais. (Fol. 239.)

26916. Mandement au changeur du Trésor de payer à Charles de Coucys, sʳ de Burie, 1,500 livres pour une année de sa pension. (Fol. 246.)

26917. Don à Guillaume de Dinteville, sʳ des Chênets, du revenu des tabellionnages de Troyes, pendant neuf ans. (Fol. 246 v° et 390.)

26918. Lettres de relief d'adresse à la Chambre des Comptes du don fait à Bernard Du Conte des château et terre de Bardonnèche et de 500 livres par an sur le revenu de ladite terre. (Fol. 247 v°.)

26919. Don au s^r de Vatan de 1,500 livres pour les droits seigneuriaux de la terre de Montgenault. (Fol. 248.)

26920. Lettres accordant un rabais de 1,200 livres à Claude Guibert, fermier des grandes gabelles du Briançonnais. (Fol. 249 v°.)

26921. Don à Jean-Joachim de Passano, s^r de Vaux, commis au payement des pensions d'Angleterre, d'une somme de 2,500 livres restée entre ses mains sur les deniers de sa commission. (Fol. 250.)

26922. Ratification du contrat de vente fait, au nom du roi, par le cardinal de Tournon, de l'étang de Meylieu à Geoffroy et Jean Dupuis, frères. (Fol. 286.)

26923. Déclaration portant que l'assignation donnée à Thomas Gadagne sur les fermiers du tirage du sel sur les rivières du Rhône et de l'Isère, pour son remboursement de 174,930 livres 10 sous 5 deniers, doit comprendre le tirage du sel des pays de Dauphiné, Provence, Comtat-Venaissin, principauté d'Orange, et le sel du menu de Tarascon et de Pont-Saint-Esprit. (Fol. 308.) — Jussion pour l'enregistrement de ladite déclaration. (Fol. 310.)

26924. Ratification du contrat de vente de la terre de Fay en Forez, faite par le cardinal de Tournon, au nom du roi, à Hugues Dupuis. (Fol. 288 et 312.)

26925. Ratification du contrat de vente de la terre de Visigneux, faite par le cardinal de Tournon audit Hugues Dupuis, moyennant 2,000 livres. (Fol. 321 v°.)

26926. Lettres d'affranchissement, sa vie durant, en faveur de Pierre Nepveu, dit « Trinqueau », maçon, travaillant au château de Chambord. (Fol. 323.)

26927. Don au s^r de Brion, comte de Buzançais, des biens confisqués de François de Broullart, s^r de Coursan. (Fol. 323 v°.)

26928. Révocation du don de la terre et seigneurie d'Yèvre-le-Châtel et de la capitainerie dudit lieu fait à François de La Chasserie, s^r de la Cour-des-Bois, afin que l'échange de ladite terre conclu avec François Du Monceau soit exécuté. (Fol. 329.)

26929. Ratification du contrat d'engagement passé au nom du roi par le cardinal de Tournon à Pierre Barnon, moyennant 8,000 livres, du huitième du vin vendu en détail et dans les tavernes des villes et villages du plat pays de Lyonnais. (Fol. 343.)

26930. Don à Guillaume Moynier, tapissier du roi, de 200 livres par an sur la recette ordinaire de Paris. (Fol. 345.)

26931. Commission à François de Marcillac, premier président du Parlement de Normandie, et autres, pour faire décharger Olivier Glannes, maître de la Monnaie de Paris, et Jean Daubray, qui l'a cautionné, de l'obligation contractée envers les marchands de Dieppe au sujet des lingots d'or et d'argent saisis dans les ports de Normandie. (Fol. 348.)

26932. Commission aux mêmes pour délivrer à Jean Miffaut, Nicolas Baudaire, Guillaume Guillas et Lucas Beaucousin, marchands de Dieppe, assignation pour 12,000 livres faisant partie de 20,215 livres, valeur desdits lingots, et le reste en nature aux mêmes marchands, pour faciliter leur commerce. (Fol. 349.)

26933. Ratification des ventes, constitutions, transports et baux à main ferme faits par les commissaires du roi aux particuliers qui ont traité avec eux pour les 12,000 livres provenant desdits lingots. (Fol. 350.)

26934. Lettres portant continuation pour Étienne Du Bourg, châtelain du comté d'Auvergne, d'une pension de 100 livres par an sur le trésorier dudit comté. (Fol. 358.)

26935. Provisions pour Pierre Caillon de l'office d'huissier et messager de la Chambre des Comptes et du Trésor. (Fol. 359 v°.)

26936. Déclaration en faveur de François d'Orléans, marquis de Rothelin, et de Jacqueline d'Orléans, sa femme, afin qu'ils jouissent intégralement du revenu de la terre de Montereau-faut-Yonne et du grenier à sel dudit lieu. (Fol. 361 v°.) — Jussion pour l'entérinement de ladite déclaration. (Fol. 363.)

26937. Provisions pour Jean de La Goutte de l'office de contrôleur des aides et traites du Bourbonnais. (Fol. 372 v°.) — Relief de surannation et relief d'adresse desdites provisions. (Fol. 373 v°, 374.)

26938. Don à Joachim de La Châtre, sr de Nançay, capitaine des gardes, d'une maison sise à Orléans, appelée la maison de Saint-Jean-le-Blanc. (Fol. 389.)

26939. Don à Jean de Tardes, gentilhomme de la vénerie, et à François Lamy de partie des biens de Jean de Villebeuf. (Fol. 391.)

Anc. mém. coté 2 J, commençant en 1538 et finissant en janvier 1540.
(Arch. nat., PP. 111 et PP. 119.)

26940. Lettres en faveur des habitants d'Harfleur, prorogeant la modération à 100 sous par an qu'ils ont obtenue d'une redevance de 99 livres. (Fol. 8 v°.)

26941. Déclaration en faveur de Jacques Doublet, Jean Miffaut et Nicolas Baudaire, bourgeois de Dieppe, portant qu'ils jouiront des fermes du quatrième du vin de Neufchâtel et de Quièvrecourt, en l'élection d'Arques, pour les neuf années entières à eux accordées, et sans diminution. (Fol. 9.)

26942. Continuation à Marie de Lorraine, veuve du duc de Longueville, du droit de garde de François d'Orléans, son fils, nonobstant son absence du royaume qu'elle quitte pour aller épouser le roi d'Écosse. (Fol. 10.)

26943. Don à Jean d'Escoubleau, sʳ de Sourdis, des biens de Martial Dehac, échus au roi par droit d'aubaine. (Fol. 12 v°.)

26944. Don à Charles de Tournon, évêque de Viviers, des droits seigneuriaux du temporel de son prieuré de Notre-Dame de Cunault [en Anjou]. (Fol. 12 v°.)

26945. Ratification du contrat de vente de la terre de Torvéon en Beaujolais, faite au nom du roi par le cardinal de Tournon à Guillaume de Champdieu, moyennant 2,600 livres. (Fol. 17.)

26946. Ratification du contrat de vente de la châtellenie de Lavieu en Forez et des greffes de Chauffour et de Saint-Féréol, faite par le cardinal de Tournon à Louise de Claveson, veuve de Louis de La Roue, moyennant 4,500 livres. (Fol. 25 v°.) — Jussion pour l'entérinement. (Fol. 38.)

26947. Ratification du don fait par le duc d'Estouteville à Georges, Gilberte, Edmée et Michelle de Guerchy de la confiscation des biens de Georges de Guerchy, leur père. (Fol. 31.)

26948. Provisions pour François Charles de l'office de contrôleur des aides et traites de Touraine. (Fol. 32.)

26949. Provisions pour Pierre Le Gendre de l'office de contrôleur des aides et traites de Châlons. (Fol. 33.)

26950. Provisions pour Claude Olivier de l'office de contrôleur des aides et tailles de Chartres. (Fol. 37.)

26951. Lettres de cession à Philibert Babou, sʳ de la Bourdaisière, de la seigneurie du Clos-lès-Amboise, avec les maisons et jardins particulièrement acquis par la duchesse d'Angoulême, avant qu'elle en ait fait don audit Babou. (Fol. 41.)

26952. Jussion à la Chambre des Comptes pour procéder à la réception de Jacques Le Maçon en l'office de vicomte et receveur ordinaire de Pacy, Ezy et Nonancourt. (Fol. 45.)

26953. Ratification du contrat de vente de la terre d'Argental en Forez, faite par le cardinal de Tournon, au nom du roi, à Jean de Jussac, s' de Noiret, son écuyer, moyennant 2,400 livres. (Fol. 50.)

26954. Don à Philibert de Bouliers et à Claude de Valpergue, sa femme, du revenu de la terre de Granne en Valentinois, pour en jouir leur vie durant et par le survivant. (Fol. 51.)

26955. Jussion pour l'entérinement du don d'une pension de 600 livres à Louis Caillaud, président aux enquêtes du Parlement de Paris. (Fol. 54.)

26956. Don et confirmation à Charles de Roye des droits seigneuriaux de la terre de Conty. (Fol. 54 v°.)

26957. Don à François d'Orléans, marquis de Rothelin, et à Jacqueline de Rohan, sa femme, de la terre de Montereau-faut-Yonne, pour la valeur de 3,000 livres de rente, en considération et faveur de leur mariage. (Fol. 57 v°.)

26958. Mandement à la Chambre des Comptes de rétablir au compte de la recette générale de Dauphiné d'Artus Prunier les sommes par lui payées à Geoffroy Tavel, s' de Grangis, pour raison du don à lui fait des terres de la Bussière, Bellecombe et Avallon. (Fol. 59 v°.)

26959. Jussion pour l'enregistrement du don fait à Antoine de La Rochandry, s' de Vernou, de 1,017 livres sur la recette ordinaire de Beaujolais. (Fol. 60 v°.)

26960. Commission à Anne de Montmorency, connétable et grand maître de France, pour transiger avec Étienne de Poncher, évêque de Bayonne, au nom et comme tuteur de Jean et Marguerite de Poncher, ses frère et sœur, et se portant fort pour Nicolas de Poncher, son frère, touchant les différends relatifs à la succession de Jean de Poncher, général des finances et trésorier des guerres. (Fol. 60 v°.)

26961. Ratification de la transaction conclue, au nom du roi, par le connétable de Montmorency avec les héritiers de Jean de Poncher, général des finances, touchant la succession de ce dernier. En échange des terres de Limours et autres qui appartenaient à Catherine Hurault, femme dudit de Poncher, le roi abandonne auxdits héritiers tous les droits sur les autres biens de la succession, qu'il tenait des condamnations, amendes et confiscations prononcées contre le défunt, pour cause de malversations. (Fol. 64 v°.)

26962. Provisions pour Claude Robertet, s^r d'Alluyes, de l'office de secrétaire des finances. (Fol. 65 v°.)

26963. Provisions pour Cosme Le Charron de l'office d'huissier et messager de la Chambre des Comptes et du Trésor. (Fol. 67 v°.)

26964. Provisions pour Jean Bonneton de la charge de concierge et garde de la maison du Chenil de Fontainebleau. (Fol. 71.)

26965. Assignation à Charles de Vieure, s^r de la Salle, concierge et garde des meubles du château de la Chaussière, de 60 livres sur la recette générale de Bourbonnais pour sa pension et ses gages. (Fol. 72 v°.)

26966. Continuation, pour le reste d'une période de neuf années, du don de 400 livres par an sur les parties casuelles fait à Philippe de Longueval, s^r de Haraucourt. (Fol. 73.)

26967. Provisions pour Nicolas Vauréaulx de l'office de contrôleur du domaine de Sainte-Menehould. (Fol. 73 v°.)

26968. Déclaration concernant la levée des deniers des domaine, gabelles, aides, équivalents, tailles et autres finances dans les généralités de Languedoil, Normandie, Outre-Seine, Languedoc, Guyenne, Picardie, Bourgogne, Dauphiné, Provence et Bretagne. (Fol. 75.)

26969. Provisions pour Jean Le Prêtre de l'office de contrôleur des aides et traites de Châteaudun et de Bonneval. (Fol. 77.)

26970. Don à Cécile Girard, domestique de la maison de Mesdames, filles du roi, de 50 livres par an, sa vie durant, sur la recette ordinaire du Bourbonnais. (Fol. 82 v°.)

26971. Don à la duchesse douairière de Vendôme des droits seigneuriaux recélés dans le duché de Valois, les comtés de Castres et de Montfort-l'Amaury et autres lieux. (Fol. 85.)

26972. Don à Louis Pouilleu, veneur et louvetier des forêts du comté de Clermont en Beauvaisis, d'une pension de 50 livres sur la recette ordinaire dudit Clermont. (Fol. 85 v°.)

26973. Don à Jean Breton, s^r de Villandry, d'une pension de 1,200 livres à cause de son office de contrôleur général des guerres. (Fol. 85 v°.)

26974. Mandement de payer à Isabeau Des Fossés, veuve de Denis de La Bosse, 3,000 livres sur la recette ordinaire d'Orléans. (Fol. 86.)

26975. Don à François de La Guesle de 200 livres de gages et pension, comme commis à l'administration des terres de la maison de Boulogne. (Fol. 86 v°.)

26976. Lettres d'amortissement, en faveur de l'abbaye de Saint-Fer-réol d'Essomes, des terres qui lui ont été cédées à titre d'échange par Antoine d'Englebelmer. (Fol. 97.) – Jussion pour leur entérinement. (Fol. 98.)

26977. Provisions pour Jean Godard de l'office d'huissier et messager de la Chambre des Comptes et du Trésor. (Fol. 100 v°.)

26978. Provisions pour Guy de Bidault de l'office de général maître des Monnaies. (Fol. 107 v°.)

26979. Continuation d'octroi aux habitants de Selles en Berry (Selles-sur-Cher) de 20 deniers par minot de sel. (Fol. 108.)

26980. Lettres portant réduction à 400 livres par an des gages et droits de l'office de maître des Eaux et forêts de Bourbonnais. (Fol. 110 v°.)

26981. Lettres de jussion pour l'entérinement d'une déclaration portant que Jacques Galyot de Genouilhac jouira de la haute, moyenne et basse justice de Montfaucon. (Fol. 114.)

26982. Don à Guillaume Poyet, chancelier de France, de 10,000 livres par an sur l'émolument des sceaux pour ses gages et pension. (Fol. 117.)

26983. Ratification du contrat de vente de la prévôté de Roguins (aujourd'huy Regny) en Beaujolais par le cardinal de Tournon, au nom et comme commissaire du roi, au profit de Véran de la Vessée-Bramelon, moyennant 1,040 livres. (Fol. 123 v°.)

26984. Provisions pour Nicolas de Saimbault de l'office de receveur des exploits et amendes du Parlement, des Requêtes de l'hôtel et des Requêtes du Palais, à Paris. (Fol. 126.)

26985. Déclaration en faveur de Thomas Bohier et d'Antoine Bohier concernant l'office de bailli de Cotentin, afin qu'ils en soient, eux et leurs résignataires, paisibles possesseurs. (Fol. 126 v°.)

26986. Don à Louis de Lasseigne, gentilhomme de la vénerie, concierge et capitaine du château de Villers-Cotterets, d'une pension de 200 livres. (Fol. 129 v°.) – Jussion pour l'entérinement. (Fol. 130 v°.)

26987. Affranchissement accordé à André de Rozembourch et à Nicolas Harmand, ouvriers dans les mines, et à leurs associés. (Fol. 131 v°.)

26988. Commission pour obtenir la remise par les enfants et héritiers du feu général Jean de Poncher du quart de la vicomté d'Orbec, et procéder à sa réunion au domaine. (Fol. 133.)

26989. Mandement à la Chambre des Comptes d'allouer à la dépense du compte de la crue d'Ingrande une somme de 120 livres par an au profit de Louis Bérengier, receveur de ladite crue. (Fol. 138.)

26990. Don à Jean Bertrand, premier président du Parlement de Bretagne, d'une pension de 2,000 livres sur la recette générale de la traite d'Anjou. (Fol. 140.)

26991. Lettres portant attribution de 20 livres de gages à Étienne Du Bourg, avocat du roi en la juridiction ordinaire de Lyon, et à ses successeurs. (Fol. 143.)

26992. Don à Jacques de Cormeilles, second avocat général et fiscal au Parlement de Rouen, d'une pension de 150 livres sur les exploits et amendes de ladite cour. (Fol. 148 v°.)

26993. Lettres maintenant Jean de La Roche en jouissance de tous les biens pour raison desquels procès lui avait été intenté par le procureur général. (Fol. 153.)

26994. Provisions pour Jacques d'Amberville, baron de Canteloup, de l'office de bailli de Caen. (Fol. 154.)

26995. Don à Jean de Varinières de 350 livres sur les droits seigneuriaux de la terre de Cagny en la vicomté de Caen. (Fol. 154.)

26996. Lettres commettant Robert Carré et Pierre Quétel à la recette des amendes adjugées au roi, pendant vingt ans, par le Parlement de Rouen et autres juges de Normandie, et demeurées en non-valeur. (Fol. 154 v°.)

26997. Déclaration en faveur de la reine de Navarre, portant qu'elle jouira des amendes et confiscations adjugées aux greniers et chambres à sel des duchés de Berry et d'Alençon. (Fol. 155 v°.)

26998. Don à Joachim de La Châtre, sʳ de Nançay, capitaine des gardes, de sa demeure au château de Romorantin. (Fol. 156 v°.)

26999. Don au même de 1,200 livres par an sur le grenier à sel de Romorantin, sa vie durant. (Fol. 157 v°.)

27000. Ratification des payements faits par les héritiers de Jean de Poncher, et décharge des 40,000 livres qu'ils devaient payer au roi et de tout le contenu en l'arrêt de condamnation prononcé contre leur père, pour raison de l'administration qu'il avait eue des finances du roi. (Fol. 160.)

27001. Ratification du contrat de vente de la haute, moyenne et basse justice de la terre d'Argigny, faite au nom du roi par le cardinal de

Tournon, au profit de Pierre et Claude de Vinols, s^{rs} d'Argigny, moyennant 800 livres. (Fol. 166 v°.)

27002. Don à Jean Collas et Guillaume Chardin d'une maison au village de Grand-Couronne, leur vie durant, en payant la même somme que les anciens tenanciers, Rogerin Favez, sa femme et son fils. (Fol. 167 v°.)

27003. Lettres commettant Denis Robert à la recette des amendes, forfaitures et confiscations adjugées au roi en Dauphiné, en Provence et en Bretagne. (Fol. 170.)

27004. Mandement de payer à Pierre Porte, général des monnaies, 306 livres sur les boîtes des monnaies pour ses vacations de cent deux journées. (Fol. 179.)

27005. Confirmation d'une pension de 100 livres en faveur de Jean Duret, avocat fiscal en Bourbonnais. (Fol. 180 v°.)

27006. Don à Raoulin de Chideberg de tous droits sur les biens de Jean et d'Adolpha de Chideberg. (Fol. 181.)

27007. Don à Anne Hénard, veuve d'Antoine Du Bourg, d'une pension de 1,200 livres sur la traite d'Anjou. (Fol. 181.)

27008. Lettres ordonnant le rétablissement au compte de la recette générale de Dauphiné d'Artus Prunier, d'une somme de 2,000 livres, sous le nom de Francisque de Noceto, comte de Pontresina. (Fol. 182.)

27009. Lettres portant attribution de 50 livres de gages sur le domaine à Jean Tignac, juge ordinaire, civil et criminel, de la juridiction de Lyon, pour lui et ses successeurs. (Fol. 182 v°.)

27010. Provisions pour Jean Billard de l'office d'huissier et messager de la Chambre des Comptes. (Fol. 183.)

27011. Lettres portant cession à René de Batarnay, s^r du Bouchage, du revenu du grenier à sel de Loches, y compris les amendes et confiscations, jusqu'à son parfait remboursement des sommes à lui dues. (Fol. 183 v°.)

27012. Lettres de réassignation à Louise Poussard, veuve du s^r d'Aigreville, d'une somme de 700 livres sur Nicolas de Saimbault, receveur des amendes du Parlement de Paris. (Fol. 191 v° et 247.)

27013. Lettres d'augmentation de gages accordée au grènetier et contrôleur du grenier à sel du Mans, et à ceux qui sont pourvus de semblables offices dans les chambres dépendant dudit grenier. (Fol. 191 v°.)

27014. Lettres d'augmentation de fonds, jusqu'à concurrence de

1,100 livres pour les frais et dépenses du Parlement de Toulouse, à prendre sur les amendes et exploits de ladite cour. (Fol. 193.)

27015. Confirmation des privilèges accordés au contrôleur général de l'artillerie, aux trésoriers, commissaires, prévôts, capitaines du charroi, canonniers et autres officiers ordinaires de l'artillerie. (Fol. 194.)

27016. Mandement pour payer à Françoise de Pontcharrault 1,000 livres sur les amendes du Parlement de Bordeaux, comme héritière de Jacquette de La Halle, sa fille, femme de Guy d'Angliers. (Fol. 198.)

27017. Continuation d'une pension de 100 livres accordée à Claude de Nouveau, solliciteur général des affaires du dauphin et de la dauphine, comte et comtesse d'Auvergne. (Fol. 202 v°.)

27018. Continuation de pensions à Mathieu Chartier de 10 livres, à Jean Viollart de 50 livres, et à Étienne Fleury de 10 livres, comme pensionnaires de la maison de Boulogne et d'Auvergne. (Fol. 203.)

27019. Don à François de Valence, conseil du dauphin et de la dauphine, d'une pension de 100 livres. (Fol. 203.)

27020. Don à Ambroise Lemoyne, contrôleur général de l'artillerie, de 200 livres par an, outre ses gages de 600 livres, sur le trésorier de l'artillerie. (Fol. 206.)

27021. Provisions pour Guillaume Petit de l'office de receveur ordinaire des barrages de Paris. (Fol. 209.)

27022. Lettres permettant à Jean de Calvimont, président au Parlement de Bordeaux, de retirer des mains des héritiers de Romain Brun la prévôté de Blaye et le greffe de ladite prévôté, pour en jouir pendant neuf ans, par manière de dédommagement. (Fol. 209 v°.)

27023. Don à François de Luxembourg, vicomte de Martigues, de 610 écus montant des droits seigneuriaux de certains moulins et étangs. (Fol. 211.)

27024. Mandement de payer à Jean Deluc, procureur au Parlement, chargé des affaires du dauphin et de la dauphine, comte et comtesse de Boulogne, ses gages et pension de 20 livres. (Fol. 212.)

27025. Don à Conrad Néobar de 100 écus par an sur la recette générale d'Outre-Seine et Yonne, pour son état d'imprimeur du roi. (Fol. 215.)

27026. Don au s^r de Warty, grand maître et général réformateur des Eaux et forêts de France, de deux cents moules de bois pour son chauffage. (Fol. 217 v°.)

27027. Don à Jacques Barade (*corr.* de Varade) des biens de Laurent Berton, échus au roi par droit d'aubaine. (Fol. 220.)

27028. Lettres portant décharge au receveur ordinaire de Touraine des revenus de certains héritages adjugés à Bonne Cottereau, dame de Peray, par décret du Parlement, sur Jacques de Beaune, s^r de Semblançay. (Fol. 220 v°.)

27029. Lettres de prorogation pour huit ans, en faveur des habitants de Montdidier, d'un octroi de deux sous par minot de sel. (Fol. 222 v°.)

27030. Don à Robert de Brouilly des biens confisqués de Jean Le fèvre, dit « Gamet ». (Fol. 223.)

27031. Mandement pour le payement à Louis Bourguignon, contrôleur du grenier à sel de Sainte-Menehould, et à ses successeurs, de 60 livres par an de gages sur l'émolument dudit grenier (cf. le n° 21204). (Fol. 231.)

27032. Confirmation du don fait à Nicolas Jousserant des droits seigneuriaux du lieu de la Roche-Bardin. (Fol. 231.)

27033. Mandement pour le payement à Guy de La Maladière, trésorier des guerres, de 3,000 livres par an sur les deniers revenant bons de la gendarmerie. (Fol. 232.)

27034. Don à Pierre de Villeneuve, valet de chambre ordinaire du roi, d'une maison et vignée appelée Sainte-Catherine-lès-Moulins. (Fol. 233.)

27035. Modération au tiers, pour dix années, du bail de la garenne de « Sermain », en faveur des habitants du lieu. (Fol. 233 v°.)

27036. Don à Bénigne Serre, président en la Chambre des Comptes de Dijon, du greffe de la sénéchaussée du Mans et du tabellionage de Meaux, en compensation de 30,000 livres. (Fol. 242 v°.)

27037. Don à Marie de Thies, veuve de Nicolas de Rustici, dit « le Bossu », de 240 livres par an sur la recette ordinaire de Chauny, sa vie durant. (Fol. 245.)

27038. Lettres accordant un rabais de 112 livres 10 sous à Nicolas Terrouge, fermier du tabellionage de Meaux. (Fol. 246.)

27039. Don à Jean Hutin et à Colette, sa fille, leur vie durant, de l'usufruit d'une maison et jeu de paume, dits « des Lions », à Moulins. (Fol. 247.)

27040. Confirmation du don des deniers à Dieu par tout le royaume, en faveur des religieux de Sainte-Catherine du Val-des-Écoliers. (Fol. 248 v°.)

27041. Mandement à la Chambre des Comptes d'allouer au compte de la recette du grenier à sel de Romorantin les deniers payés aux habitants du lieu pour leurs octrois. (Fol. 259.)

27042. Don à Nicolas Hardy, receveur des exploits et amendes du Parlement de Paris, d'une pension annuelle de 120 livres sur sa recette. (Fol. 263 et 274.)

27043. Don à Charles, duc d'Orléans, de tous les deniers dus au roi des recettes des duchés d'Orléans, Angoulême, Châtellerault, comtés de Clermont et de la Marche, baronnies d'Aulnay, de Melle, Saint-Maixent, Civray, Usson et Chizé. (Fol. 263 v°.)

27044. Lettres abandonnant à Guillaume Prudhomme, s' de Fontenay, général des finances, pour lui et ses successeurs, 3 livres 10 sous 7 deniers de censive et deux chapons de rente, le Moulin-Perron, etc., le tout uni au domaine dudit Fontenay, moyennant 30 livres 12 sous 6 deniers de rente annuelle. (Fol. 265.)

27045. Lettres accordant à Charles, duc d'Orléans, en attendant le règlement de son apanage, la jouissance des duchés d'Orléans, d'Angoulême, de Châtellerault, du comté de Clermont-en-Beauvaisis, de la châtellenie de Bonneuil, etc. (Fol. 267 v°.)

27046. Mandement de payer à Philippe de Montespedon, veuve de René de Montejean, maréchal de France, 1,500 livres sur la recette générale de Languedoil, pour le parfait d'une somme de 6,000 livres. (Fol. 269 v°.)

27047. Cession à Pierre Potier, s' de la Terrasse, de quarante arpents de terre noble et de bois de haute futaie en la forêt de la Barthe du Fousseret, moyennant 2,200 livres par an payables à la recette ordinaire de Toulouse. (Fol. 271 v°.)

27048. Continuation pour six ans aux habitants de Decize d'un octroi de 20 deniers par minot de sel et du dixième du vin. (Fol. 274 v°.)

27049. Don aux six huissiers du Parlement de Rouen d'une pension de 25 livres à chacun, sur les exploits et amendes de ladite cour. (Fol. 278 v°.)

27050. Don à Jean-François d'Aquaviva, d'Aragon, duc d'Atri, de 3,000 livres par an, sa vie durant, sur le péage de Trévoux. (Fol. 279.)

27051. Don à Michel Menant de 1,500 écus sur les restes des comptes, en compensation d'un office de secrétaire du roi. (Fol. 279 v°.)

27052. Don à Bénigne Serre du greffe des bailliage et prévôté du

72.

Mans, érigé en titre d'office, pour en jouir par lui ou ses commis et députés, sa vie durant. (Fol. 280.)

27053. Don à Claude Gouffier, sᵣ de Boissy, des biens confisqués de Madeleine d'Azay, d'Airvault, de Jean de La Brosse et de Jean Villain. (Fol. 280 v°.)

27054. Ratification de la transaction passée entre François et Nicolas d'Orglandes, contenant démembrement d'une « verge de prévôté » en la paroisse de Fresville, dépendant de la terre d'Auvers. (Fol. 281.)

27055. Lettres déchargeant les capitouls et habitants de Toulouse de 20,000 livres sur leur taxe de 36,000 livres, moyennant qu'ils rendront au roi la rente de 1,000 livres par an, qui leur avait été constituée sur les tabliers et notaires des jugeries de Rieux et de Lauraguais. (Fol. 281 v°.)

27056. Lettres de mainlevée pour Claude de Rohan, veuve de Claude de Beauvillier, comte de Saint-Aignan, de 800 livres d'arrérages sur la recette de Châtellerault, et délai de trois mois pour faire apparoir de ses titres. (Fol. 284.)

27057. Continuation de bail pour neuf ans à Jean de L'Espinay, dit « de Pontalais », et à Philippe Desjardins, son gendre, de la geôle des prisons du grand Châtelet de Paris, et au survivant des deux, moyennant 620 livres par an. (Fol. 285.)

27058. Don à Geoffroy Raffin, dit « Poton », écuyer ordinaire de l'écurie, des bien confisqués de Jean Castel. (Fol. 286.)

27059. Don à Pierre de Létang, dit « Pinton », de la conciergerie de Reugny en Touraine. (Fol. 305.)

27060. Lettres portant de 250 à 500 livres les gages de Théode Millet, avocat général au Parlement de Dauphiné. (Fol. 306.)

27061. Lettres ordonnant le payement à Louis de Cassagne et à Guillaume du Perrot de 2,700 livres sur la veuve et les héritiers de Jean Favereau, receveur du quart du sel en Poitou et en Saintonge. (Fol. 308.)

27062. Lettres de jussion pour l'entérinement du don fait à Jean d'Escoubleau de Sourdis (n° 9520) des biens de Jean de Gout et de Joachim de Massancoyne, son gendre. (Fol. 313 v°.)

27063. Lettres accordant jouissance à Jean Maillart de l'état de contrôleur du domaine de la vicomté de Conches. (Fol. 314.)

27064. Octroi aux prévôt des marchands et échevins de Paris de

5 sous par muid de vin enlevé hors la banlieue de la ville, pour employer aux réparations et fortifications. (Fol. 314 v°.)

27065. Octroi aux habitants de Loches de 300 livres par an sur les amendes de la prévôté du lieu, et mandement pour faire payer aux-dits habitants 1,200 livres par le receveur ordinaire de Touraine, pour quatre années dudit octroi. (Fol. 315 v°.)

27066. Don à la duchesse d'Étampes de 2,000 livres par an, sa vie durant, sur les huitième et vingtième des vins vendus en gros et en détail à Meaux. (Fol. 316.)

Anc. mém. coté 2 K, commençant en janvier 1540 et finissant à Pâques 1543. (Arch. nat., PP. 111, p. 353, et PP. 119.)

27067. Provisions pour Robert Guillote de l'office de vicomte et re-ceveur ordinaire de Carentan. (Fol. 3 v°.)

27068. Provisions pour Guillaume Loiseux de l'office de contrôleur des bâtiments du château de Boulogne. (Fol. 10.)

27069. Don à Pierre Bon, capitaine des galères, du revenu de la terre de Meulan, pendant dix ans. (Fol. 11.)

27070. Union d'un petit héritage contenant quatre journées à la terre de Minecourt, en faveur de Jean de Mutigny. (Fol. 12.)

27071. Jussion pour l'enregistrement des provisions accordées à Charles de Vieure, dit « de la Salle », de l'état de concierge et garde des meubles du château de la Chaussière en Bourbonnais. (Fol. 13.)

27072. Don à Jean Duquesnel et à Françoise de Frémarie, sa future épouse, de l'office de sergent fieffé de la Bonneville en la vicomté d'Évreux. (Fol. 14.)

27073. Don aux religieuses de l'abbaye de Maubuisson de cinq muids de blé et de soixante muids d'avoine, par provision, jusqu'à ce qu'il en soit autrement ordonné. (Fol. 14 v°.)

27074. Lettres portant bail à cens et rente perpétuelle à Jean Haudouin d'un terrain vague à Paris, près la boucherie de Beauvais. (Fol. 15.)

27075. Don à Antoine Escalins, dit « le Poulain », capitaine du Châ-teau Dauphin, d'une pension de 200 livres sur la recette générale de Dauphiné. (Fol. 15 v°.)

27076. Don à René de Règne, dit « Michelet », des deux tiers d'une maison à Tours, provenant de la succession de Francisque de Sains. (Fol. 43.)

27077. Don à Jean Damas des biens de Marie Arnault, sa femme, et d'Étienne Damas, son fils, appartenant au roi par droit d'aubaine. (Fol. 43.)

27078. Lettres de 'relief d'adresse et de surannation pour l'entérinement du don fait à Nectaire de Senneterre de l'office de bailli des Montagnes d'Auvergne. (Fol. 45 v°.)

27079. Don à Philippotte Desducs de 400 livres par an sur la recette ordinaire de Touraine, à titre de dédommagement. (Fol. 46.)

27080. Lettres portant de 1,200 à 1,800 livres les gages de Clérambault Le Clerc, commis à la recette générale de Languedoïl. (Fol. 46 v°.)

27081. Lettres d'affranchissement de traites en faveur d'Antoine Hardieu, verdier de la forêt de Brotonne. (Fol. 47.)

27082. Continuation pour six ans aux habitants d'Abbeville d'un octroi de 3 deniers par « lot » de vin. (Fol. 53 v°.)

27083. Déclaration portant que le duc d'Orléans jouira du produit des amendes et confiscations adjugées au roi, antérieurement à la date de ses lettres d'apanage. (Fol. 53 bis.)

27084. Remise à Guillaume Poyet, chancelier de France, des droits seigneuriaux de la terre de Chaussoy. (Fol. 54 v°.)

27085. Don à Marguerite Botin, veuve de Jean Girard, des biens de son feu mari, échus au roi par droit d'aubaine. (Fol. 61.)

27086. Provisions pour Gilbert Gaigneur de l'office d'huissier et messager de la Chambre des Comptes et du Trésor. (Fol. 64.)

27087. Provisions pour Jean d'Autry, dit « de Nevers », de l'office de contrôleur des aides et traites de Nivernais. (Fol. 64 v°.) — Jussion pour l'entérinement desdites lettres. (Fol. 65.)

27088. Provisions pour Henri Le Maréchal de l'office de contrôleur des aides et traites de l'élection de Berry. (Fol. 66 v°.) — Jussion pour leur entérinement. (Fol. 67.)

27089. Attribution à Antoine Du Coudray, nommé concierge du jeu de paume de la porte du donjon du château d'Amboise, de gages équivalant à la pension dont jouissait Mathurin Noillet, son prédécesseur. (Fol. 69.) — Jussion pour l'entérinement desdites lettres. (Fol. 70.)

27090. Lettres déchargeant Jean Hennequin, sr de la Chapelle, de 500 livres sur les droits seigneuriaux des terres du Plessis, de Bouillancy, Réez, la Fosse-Martin et Chantemerle. (Fol. 80 v°.)

27091. Don à Louis Desbarres, s' de Neufvy, des biens de Jean Desbarres, échus au roi par droit d'aubaine. (Fol. 82.)

27092. Mandement pour faire payer sur' le receveur ordinaire d'Anjou la pension annuelle de 400 livres accordée à Philippe Desducs. (Fol. 84.)

27093. Remise à Alonce de Civille, vicomte de Rouen, des droits seigneuriaux du fief de Bouville. (Fol. 86 v°.)

27094. Provisions pour Louis de Vachot de l'office de président en la Cour des Monnaies. (Fol. 87.)

27095. Lettres permettant au s' de Canaples de disposer des greffes, amendes, fermes et droits de la prévôté de Mantes, à titre de dédommagement. (Fol. 88 v°.)

27096. Confirmation de la survivance d'un office de secrétaire du roi au profit de Jean Perdrier et de Pierre Perdrier, son père. (Fol. 96 v°.)

27097. Lettres de relief d'adresse et de surannation du mandement ordonnant de faire payer à Pierre Perdrier, s' de Bobigny, greffier de la ville de Paris et secrétaire du roi, ses gages et droits dudit office de secrétaire du roi par le changeur du trésor. (Fol. 97 v°.)

27098. Provisions pour François Jean de l'office de contrôleur du domaine en la vicomté d'Arques. (Fol. 99.)

27099. Lettres accordant aux habitants du Crotoy une réduction d'impositions de 42 livres par an, pendant dix ans. (Fol. 100.)

27100. Don à Michel de Vaudray de 1,000 livres sur les exploits et amendes du Parlement de Paris. (Fol. 100 v°.)

27101. Lettres de validation de toutes les dépenses portées au nom de Benvenuto Cellini sur le compte de la recette générale d'Outre-Seine et Yonne de Philippe Le Tirant. (Fol. 102.)

27102. Attribution de 400 livres de gages à Jean Lallemant, s' de Marmagne, contrôleur de la dépense des bâtiments à l'hôtel de Nesle. (Fol. 102 v°.)

27103. Commission à Jean Lallemant pour contrôler les dépenses de certains ouvrages en or, argent, cuivre et bronze exécutés par Benvenuto Cellini en l'hôtel de Nesle. (Fol. 103 v°.)

27104. Don à François Valentini et à Pierre de La Tour des biens de Martin Guillot, échus au roi par droit d'aubaine. (Fol. 104.)

27105. Mandement de faire payer à Jean Montjoye, concierge et garde des meubles du château d'Amboise, sur la recette ordinaire du lieu, 100 livres pour ses gages. (Fol. 105 v°.)

27106. Lettres accordant à Philippe Chabot, comte de Buzançais, amiral de France, la jouissance de la principauté de Châtelaillon et de la seigneurie de Salles [en Aunis], en donnant dans le temps voulu ses déclaration et dénombrement desdites terres. (Fol. 106.)

27107. Don à André Guillart, maître des requêtes, de tous les droits appartenant au roi en la paroisse de Souligné-sous-Ballon, dans le Maine. (Fol. 113.)

27108. Lettres portant transport à Laurent, Jean, Roland et Pons Hattrier, Jacques Franco, Antoine Marc, Françoise de La Colombière, tutrice d'Olivier Portier, et Guigonne Portier, de tous les droits du roi sur les biens de Jean Guyon, receveur général de Dauphiné, moyennant le payement de 4,315 livres 13 sous 6 deniers. (Fol. 124 v°.)

27109. Lettres portant de 40 à 100 livres parisis par an les gages de Jean Morély, médecin ordinaire du roi. (Fol. 126 v°.)

27110. Lettres déchargeant Pierre de Foix de 2,500 livres, moitié d'une amende à laquelle il a été condamné par arrêt du Parlement de Toulouse. (Fol. 139 v°.)

27111. Provisions pour Étienne Bouchart de l'office d'avocat du roi en la Chambre des Comptes, en remplacement d'Antoine Minart. (Fol. 139 v°.)

27112. Don à François Demier, conseiller au Parlement de Paris, de 1,000 livres sur les droits seigneuriaux de la terre, château et baronnie de Trainel. (Fol. 141.)

27113. Don à Antoine Minart, président aux enquêtes du Parlement de Paris, d'une pension de 500 livres sur le receveur des gages de ladite cour. (Fol. 141 v°.)

27114. Lettres accordant à Jean de Dinteville, sr de Polisy, et à Guillaume de Dinteville, sr des Chênets, la jouissance des biens confisqués de Gaucher de Dinteville, leur frère. (Fol. 142.)

27115. Don au roi de Navarre des biens confisqués de Jean-Jacques de Durfort et du cadet d'Abadie. (Fol. 143.)

27116. Don à Guy, comte de Laval, du revenu du grenier à sel de Laval. (Fol. 144.)

27117. Mandement à la Chambre des Comptes d'allouer au compte de la recette ordinaire d'Amboise les gages de Jean de Montjoye, concierge du château d'Amboise. (Fol. 144 v°.)

27118. Continuation en faveur des canonniers de Saint-Quentin d'un don de vingt pots de vin, chaque dimanche et fête de l'année, payables par le fermier du quatrième du vin. (Fol. 145 v°.)

27119. Affranchissement d'impositions en faveur des officiers ordinaires et commensaux de la maison du dauphin, duc de Bretagne. (Fol. 149 v°.)

27120. Provisions pour Antoine de Buz, s' de Villemareuil, de l'office de bailli et capitaine de Meaux. (Fol. 154 v°.)

27121. Lettres accordant à Jean Audonnet, fermier de la prévôté de Saumur, un rabais de 700 livres sur le prix de sa ferme. (Fol. 156.)

27122. Rétablissement, au compte de la recette ordinaire de Chaumont [-en-Bassigny], de 800 livres sous le nom de Jean de Saulx, pour sa pension en qualité de capitaine de la grande garde de Toul. (Fol. 156.)

27123. Lettres d'intermédiat en faveur de René de Birague, pourvu d'un office de conseiller au Parlement de Paris. (Fol. 157.)

27124. Confirmation du don de 2,500 livres fait à Pierre de Foix, s' de Pons, sur une amende de 5,000 livres prononcée contre lui. (Fol. 158 v°.)

27125. Don à Louis de Lasseigne, gentilhomme ordinaire de la vénerie, de 1,000 écus sur le débet des comptes des greniers à sel de Poitou. (Fol. 158.)

27126. Déclaration concernant les offices de contrôleurs des aides et traites, ordonnant que ceux qui en seront pourvus soient reçus et mis en possession sans difficulté, et nommément Guillaume Gélinard, contrôleur des aides et traites en Saintonge. (Fol. 158 v°.) — Jussion pour l'entérinement de ladite déclaration. (Fol. 159.)

27127. Provisions pour Florimond Phélypeaux de l'office de contrôleur des traites et aides d'Angers. (Fol. 160.)

27128. Commission à Guillaume Prudhomme, s' de Fontenay, d'expédier et de signer, durant l'absence des secrétaires des finances, les provisions des offices royaux qui seraient taxés par les gens du Conseil établi à Lyon. (Fol. 161.)

27129. Commission semblable pour Claude de L'Aubespine. (Fol. 162.)

27130. Lettres de jussion à la Chambre des Comptes pour la réception de Nicolas de Poncher en l'office de vice-président des comptes. (Fol. 169 v°.)

VII. 73

27131. Provisions pour Pierre Berserelles de l'office de contrôleur des aides et traites de Sens. (Fol. 170 v°.)

27132. Provisions pour Simon Gaultier de l'office de receveur des deniers comptables de Villeneuve-le-Roi. (Fol. 170 v°.)

27133. Déclaration portant que la ville de Paris n'est pas comprise dans l'édit de création des receveurs des deniers communs dans toutes les villes du royaume. (Fol. 171 v°.)

27134. Provisions pour Maurice Poulain de l'office de contrôleur des aides et traites de Vendôme. (Fol. 174.)

27135. Provisions pour Nicolas de Lassault de l'office de contrôleur des aides et traites de Saumur. (Fol. 174 v°.)

27136. Provisions pour Claude Martin de l'office de receveur des exploits, amendes et confiscations de la Chambre des Monnaies. (Fol. 174 v°.)

27137. Provisions pour Étienne Gerbault de l'office de receveur des deniers communs d'Auxerre. (Fol. 175.)

27138. Provisions pour Jean Declaux de l'office de contrôleur des aides et traites de Meaux. (Fol. 176.)

27139. Provisions pour Jean Forget de l'office de contrôleur du domaine dans les pays d'Auvergne et de Carladais. (Fol. 176 v°.)

27140. Provisions pour Mathieu Turquet de l'office de contrôleur des aides et traites de Blois. (Fol. 176 v°.)

27141. Provisions pour Jean Belhomme, le jeune, de l'office de receveur des deniers communs de Saumur. (Fol. 179 v°.)

27142. Provisions pour Raoul de Vitau de l'office de contrôleur des aides et traites de Soissons. (Fol. 181 v°.)

27143. Provisions pour François Pajonnet de l'office de contrôleur des aides et traites de Gien. (Fol. 182.)

27144. Provisions pour Louis Mérost, dit « Rondet », de l'office de receveur des deniers communs de Joigny. (Fol. 185.)

27145. Provisions pour Jean Vion de l'office de contrôleur des aides, traites et équivalent de Nemours. (Fol. 186.)

27146. Provisions pour François Talvas de l'office de receveur des deniers communs de Châteaudun. (Fol. 187.)

27147. Provisions pour Jean Barville de l'office de contrôleur des aides et traites de Senlis. (Fol. 188.)

27148. Provisions pour Jean Farcy de l'office de contrôleur des aides, traites et équivalent de Caen. (Fol. 191.)

27149. Provisions pour Philippe Du Croset de l'office de receveur des deniers communs et d'octroi de Lyon. (Fol. 191.)

27150. Lettres accordant à Gracien de Quélen, capitaine du château de Provins, la jouissance dudit château et des jardins, pour y habiter avec sa famille. (Fol. 192 v°.)

27151. Don à la duchesse d'Étampes des biens de Laurent de Rueil, s' de Fontenil, adjugés au roi. (Fol. 193.)

27152. Provisions pour François Charles de l'office de receveur des deniers communs de Tours. (Fol. 193 v°.)

27153. Provisions pour Pierre de La Molle de l'office de contrôleur du domaine de Bourbonnais. (Fol. 195.)

27154. Provisions pour Louis Meslier de l'office d'huissier et messager de la Chambre des Comptes. (Fol. 196.)

27155. Provisions pour Jean Le Noble, le jeune, de l'office de contrôleur des deniers communs, d'octroi et patrimoniaux de Dieppe. (Fol. 196.)

27156. Provisions pour Guillaume Rolland de l'office de receveur des deniers communs, d'octroi et patrimoniaux de Chinon. (Fol. 199.)

27157. Commission à Nicole Viole pour diriger les agrandissements que le roi entendait faire dans le parc de Chambord. (Fol. 203 v°.)

27158. Provisions pour Pierre Lemaire de l'office de receveur des deniers communs de Poitiers. (Fol. 207.)

27159. Provisions pour Jean Vigier de l'office de contrôleur des traites et équivalent de la haute Auvergne. (Fol. 208.)

27160. Provisions pour Charles Chouart de l'office de prévôt vicomtal de la châtellenie de Pontoise. (Fol. 208 v°.)

27161. Provisions pour Jean Jourdain de l'office de receveur des deniers communs de Nevers. (Fol. 209.)

27162. Provisions pour Henri Maréchal de l'office de contrôleur des deniers communs de Bourges. (Fol. 209.)

27163. Provisions pour François de Bonjean de l'office de contrôleur des aides, traites et équivalent d'Orléans. (Fol. 224.)

27164. Provisions pour Pierre Samson de l'office de contrôleur des aides, traites et équivalent du Maine. (Fol. 224 v°.)

73.

27165. Mandement de payer à Gilbert Bayard, contrôleur général des guerres, 1,200 livres par an sur les fonds de la gendarmerie, pour arrérages de sa pension. (Fol. 226.)

27166. Provisions pour Louis Jameron de l'office de contrôleur du domaine d'Anjou. (Fol. 226 v°.)

27167. Provisions pour Claude de L'Aubespine de l'office de secrétaire des finances exercé par son futur beau-père, Guillaume Bochetel, à la survivance l'un de l'autre. (Fol. 227.)

27168. Provisions pour Nicole Le Cordier de l'office de vicomte et receveur ordinaire d'Évreux. (Fol. 229 v°.)

27169. Provisions pour Michel Chapuis de l'office de contrôleur des aides et traites de Montivilliers. (Fol. 230 v°.)

27170. Provisions pour Mathurin Mouton de l'office de receveur des deniers communs d'Évreux. (Fol. 234 v°.)

27171. Provisions pour Claude « Daulphini » de l'office de receveur des deniers communs de Sens. (Fol. 235.)

27172. Don à Colesson Bastel des biens de Jean de Liège, adjugés au roi par droit d'aubaine. (Fol. 236.)

27173. Don à Raymond de Castel des droits seigneuriaux des terres de Burlats, le Bez [-de-Belfourte] et Cambounès. (Fol. 236 v°.)

27174. Mandement de payer à Jean de Bourgallé, jardinier du roi, 400 livres par an sur l'ordinaire de Melun, pour l'entretien du jardin de Fontainebleau. (Fol. 237 v°.)

27175. Lettres accordant délai à Françoise Robertet de faire les foi et hommage de la terre de la Guierche, jusqu'à ce qu'elle soit en âge. (Fol. 238 v°.)

27176. Provisions pour Louis Chevalier de l'office de receveur des deniers communs du Mans. (Fol. 233 v°.)

27177. Autres pour Jean Pioche de semblable office à Reims. (Fol. 239.)

27178. Autres pour Guillaume Frigart de semblable office à Louviers. (Fol. 239 v°.)

27179. Autres pour Pierre de Caux de semblable office à Amboise. (Fol. 240.)

27180. Provisions pour Pierre Ancel de l'office de contrôleur des aides, traites et équivalent de Mantes. (Fol. 240.)

27181. Provisions pour Pierre Gibert de l'office de contrôleur des aides et tailles de Provins. (Fol. 240 v°.)

27182. Provisions pour François de Brac de l'office de receveur des deniers communs de la Charité. (Fol. 241.)

27183. Autres pour Raoul Langlois de semblable office à Compiègne. (Fol. 241.)

27184. Autres pour Pasquier Coullon de semblable office à Decize. (Fol. 241 v°.)

27185. Provisions pour Antoine de Surye de l'office de contrôleur des aides, traites, gabelles, équivalent et fermes de Lisieux. (Fol. 241 v°.)

27186. Provisions pour Jean Fournier de l'office de contrôleur des aides et traites de Loudun. (Fol. 242.)

27187. Provisions pour Pierre Texier de l'office de receveur des deniers communs à Saint-Maixent. (Fol. 242 v°.)

27188. Provisions pour Étienne Maupin de l'office de receveur des deniers communs de Jargeau. (Fol. 242 v°.)

27189. Provisions pour Guillaume Figeac de l'office de receveur des deniers communs de Vergy. (Fol. 243.)

27190. Lettres commettant Jean Duval à l'inspection des bâtiments du château de Boulogne-lès-Paris. (Fol. 243.)

Anc. mém. coté 2 L, commençant à Pâques 1543
et finissant à Pâques 1544. (Arch. nat., PP. 111, p. 385, *et* PP. 119.)

27191. Lettres accordant rabais pour deux ans aux habitants des villages et censes du plat pays de l'élection de Doullens, comme ils en avaient joui auparavant, en payant 2,000 livres à la recette de Doullens. (Fol. 9 v°.)

27192. Lettres de réassignation à Hercule d'Este, duc de Ferrare, de la somme de 9,743 livres 2 deniers sur les aides de Gisors et Évreux. (Fol. 10.

27193. Mandement pour le payement à Marie Thiès, veuve de Nicolas de Rustici, dit « le Bossu », de 240 livres par an, sa vie durant, sur la recette ordinaire de Chauny. (Fol. 10 v°.)

27194. Provisions pour Jean Gerbault de l'office de receveur des deniers communs, d'octroi et patrimoniaux de Cravant. (Fol. 16 v°.)

27195. Lettres de rappel de ban en faveur de Nicole Moges, Étienne

Duval et Marion Duval, sa sœur, condamnés à cause de l'enlèvement d'Anne de Pretonville. (Fol. 19 et 371.) — Cf. le n° 24505 du *Catalogue*.

27196. Provisions pour François Pejonnet de l'office de contrôleur du domaine et de la recette ordinaire de Berry, pour en jouir conjointement avec celui de contrôleur des aides et traites de Gien. (Fol. 21.)

27197. Provisions pour Henri Billouet de l'office de contrôleur du domaine et de la recette ordinaire de Valois. (Fol. 24).

27198. Provisions pour François Decloix de l'office de receveur des deniers communs, d'octroi et patrimoniaux de Chablis. (Fol. 24.)

27199. Provisions pour Claude Prenoit de l'office de contrôleur des aides, traites et équivalent de Clermont en Beauvaisis. (Fol. 24 v°.)

27200. Provisions pour François Pioche de l'office de receveur des deniers communs de Chauny. (Fol. 25.)

27201. Provisions pour René Langlois de l'office de contrôleur des aides, tailles et équivalent d'Amiens. (Fol. 25.)

27202. Provisions pour Claude Romans de l'office de receveur des deniers communs de Lent en Dombes. (Fol. 25 v°.)

27203. Provisions pour James Cinbre (*aliàs* Gimbre) de l'office de receveur des deniers communs de Lyon. (Fol. 26 v°.)

27204. Provisions pour Thomas Miffault de l'office de receveur des deniers communs de Dieppe. (Fol. 26 v°.)

27205. Provisions pour Jean Dutheil de l'office de receveur des deniers communs, d'octroi et patrimoniaux de Blois. (Fol. 27.)

27206. Provisions pour Robert Valla de l'office de receveur des deniers communs et octrois de Tonnerre. (Fol. 27 v°.)

27207. Provisions pour Guy Preteseigle de l'office de contrôleur des aides, tailles et équivalent de la Marche. (Fol. 27 v°.)

27208. Provisions pour Jean Marquette de l'office de contrôleur des aides, traites et équivalent de Laon. (Fol. 27 *bis* v°.)

27209. Provisions pour Nicole Duchat de l'office de contrôleur du domaine et de la recette ordinaire de Troyes. (Fol. 28.)

27210. Provisions pour Étienne Chalopin de l'office de contrôleur des aides et traites de Paris. (Fol. 28.)

27211. Provisions pour Gilles Dieu de l'office de receveur des deniers communs de Saint-Lô. (Fol. 28 v°.)

27212. Provisions pour Philippe Maudet de l'office de receveur des deniers communs, patrimoniaux et d'octrois de Pithiviers. (Fol. 28 v°.)

27213. Provisions pour Marcial Jumel de l'office de receveur des deniers communs de Fontenay-le-Comte. (Fol. 29.)

27214. Provisions pour Jean Rouillard de l'office de receveur des deniers communs de Saint-Florentin. (Fol. 29 v°.)

27215. Provisions pour François Binet de l'office de receveur des deniers communs, d'octrois et patrimoniaux de l'Île-Bouchard. (Fol. 29 v°.)

27216. Provisions pour Adrien Bauquier de l'office de receveur des deniers communs de Caudebec. (Fol. 30.)

27217. Provisions pour Guillaume Darvilliers de l'office de receveur des deniers communs de Reims. (Fol. 30 v°.)

27218. Provisions pour Raoul Gasty de l'office de contrôleur des aides et traites de Péronne. (Fol. 30 v°.)

27219. Provisions pour Jacques de Coulombe de l'office de receveur des deniers communs de Bray-sur-Seine. (Fol. 31 v°.)

27220. Provisions pour Jacques Privé de l'office de receveur des deniers communs de Provins. (Fol. 31 v°.)

27221. Provisions pour Philippe Bourgoignon de l'office de receveur des deniers communs d'Angers. (Fol. 32.)

27222. Provisions pour Jean Olivier de l'office de contrôleur du domaine et de la recette ordinaire de Vermandois. (Fol. 32 v°.)

27223. Provisions pour Yves Guérard de l'office de receveur des amendes et confiscations de la Cour des Monnaies. (Fol. 34.)

27224. Lettres de relief d'adresse et de surannation de la composition passée avec les habitants de Nogent-sur-Seine, touchant l'imposition de douze deniers pour livre comme équivalent de 100 livres. (Fol. 34.)

27225. Lettres portant que Laurent Bigot et Jean de Longuejoue, avocats du roi au Parlement de Rouen, et François Morelon, procureur général en ladite cour, jouiront d'une pension de 400 livres. (Fol. 36.)

27226. Don à Louis Petremol, président aux enquêtes du Parlement de Rouen, de deux amendes ordinaires de 60 livres parisis chacune, par an, pour son entretien. (Fol. 36 v°.)

27227. Don à Pascaut Davère, lieutenant au château de Blaye, de 148 livres 13 sous 9 deniers pour ses vacations d'avoir arrêté trois navires chargés de sel, ladite somme à prendre sur la vente desdits navires et sel. (Fol. 37.)

27228. Provisions pour Jean Nepveu de l'office de receveur des deniers communs, d'octrois et patrimoniaux de Poitiers. (Fol. 39.)

27229. Provisions pour Hugues de Champagne de l'office de receveur des deniers communs de Châlons. (Fol. 42.)

27230. Provisions pour Nicolas Piloust de l'office de contrôleur du domaine et de la recette ordinaire de Melun et de la châtellenie de Moret. (Fol. 46 v°.)

27231. Provisions pour Thomas Daujan de l'office de receveur des deniers communs de Montereau-faut-Yonne. (Fol. 47.)

27232. Provisions pour Miles Gibier de l'office de contrôleur du domaine de Sens. (Fol. 47 et 132.)

27233. Provisions pour Jean Gaultier de l'office de contrôleur du domaine de Loudunais. (Fol. 47 v° et 132 v°.)

27234. Provisions pour Jean Fallon de l'office de contrôleur des deniers communs de Châlons. (Fol. 56 v°.)

27235. Attribution de 800 livres de gages à Jean de Lauthier, procureur général en Dauphiné, tant qu'il exercera ledit office. (Fol. 57 v°.)

27236. Attribution à Jean Turquant, receveur ordinaire et voyer de Paris, d'une pension de 160 livres parisis. (Fol. 58 v°.)

27237. Provisions pour Jean Pinart de l'office de receveur des deniers communs, d'octrois et patrimoniaux de Beaugency. (Fol. 60 v°.)

27238. Lettres portant remises aux propriétaires, paluyers, sauniers et gardes des marais salants de Bouin et de Bourgneuf des dommages-intérêts qu'ils ont encourus pour les contraventions faites aux édits du roi, ainsi que de toutes peines, amendes et confiscations. (Fol. 65 v°.)

27239. Lettres d'abolition en faveur des propriétaires, paluyers et gardes des marais salants de Guérande, le Croisic, Vannes et Rhuis en Bretagne. (Fol. 76.)

27240. Autres semblables en faveur des propriétaires, paluyers, sauniers et gardes des marais salants de Poitou. (Fol. 87.)

27241. Mandement à la Chambre des Comptes d'allouer toutes les parties tenues indécises aux comptes des greniers à sel de Mussy-l'Évêque, Bar-sur-Aube et Saint-Dizier, aux comptes du domaine de Bar-sur-Aube, Essoyes et Rosnay, sous le nom du duc de Guise. (Fol. 97.)

27242. Lettres d'assignation des gages des officiers du Parlement de Bordeaux sur le revenu des gabelles, par l'intermédiaire du trésorier de l'épargne. (Fol. 100 v°.)

27243. Don à Antoine Le Coq, greffier du Grand conseil, de 200 livres de gages sur les exploits et amendes de ladite cour. (Fol. 102.)

27244. Permission à Noël Ramard, visiteur et gouverneur des mines du royaume, d'ouvrir et de fouiller, à ses risques et périls, toutes les mines de métaux et minéraux qu'il pourra trouver, et de faire travailler à celles qui sont ouvertes et en chômage. (Fol. 102.)

27245. Nomination de Pascaut Davèré en qualité de lieutenant de la capitainerie du château de Blaye, avec 100 livres de gages. (Fol. 105 v°.)

27246. Lettres assurant à Emmanuel Baraudin et aux siens la jouissance de l'effet des lettres de naturalité à lui accordées en septembre 1526 (n° 2464). (Fol. 130 v°.)

27247. Don à Charlotte d'Orléans, veuve de Philippe de Savoie, de 2,000 livres sur la recette des aides de Nemours. (Fol. 131.)

27248. Lettres de jussion pour la réception de Guillaume Delaporte en l'office de receveur des deniers communs du Havre-de-Grâce, à la charge que Jean, son père, l'exercera. (Fol. 132 v°.)

27249. Lettres portant conversion en équivalent des fermes des graisses, de la bûche, du charbon, des cuirs tannés et non tannés, etc., en faveur des habitants de Chaumont en Bassigny. (Fol. 133.)

27250. Provisions pour Jean Arnauldet, le jeune, de l'office de receveur des deniers communs de Niort. (Fol. 134.)

27251. Don à Jean Robert de l'office de receveur des deniers communs, d'octroi et patrimoniaux de Chartres, avec dispense pour jouir conjointement de l'office de contrôleur des aides et traites de Verneuil au Perche et de Villeneuve-le-Roi, dont il a été pourvu le 1er janvier 1543 n. s. (n° 12857). (Fol. 134 v°.)

27252. Provisions pour Nicolas Duserant de l'office de contrôleur du domaine et de la recette ordinaire d'Amboise. (Fol. 135.)

27253. Mandement aux gens des comptes d'enregistrer les arrêts rendus contre les propriétaires, paluyers et sauniers de Poitou, Saintonge, Guyenne et la Rochelle. (Fol. 153.)

27254. Provisions pour Antoine Ogerdras de l'office de contrôleur des deniers communs de Riom. (Fol. 155 v°.)

27255. Provisions pour Hilaire Bertrand de l'office de receveur des deniers communs de Riom. (Fol. 155 v°.)

27256. Permission aux échevins, gouverneur et habitants de Sainte-Menehould de réduire en nature de labour certaines contrées de landes, hayes et broussailles, au terroir et finage dudit lieu. (Fol. 156.)

27257. Provisions pour Jacques Lejay de l'office de contrôleur des aides et traites d'Évreux. (Fol. 158 v° et 234 v°.)

27258. Mandement pour le payement de Jean de La Salle, capitaine de Saint-Germain-en-Laye, de 240 livres par an sur la recette ordinaire de Paris. (Fol. 162.)

27259. Mandement pour l'élargissement de Geoffroy Guise, prisonnier en la Conciergerie du Palais à cause de 143 livres 10 sous de reste sur la ferme du barrage de Saint-Marcel. (Fol. 162.)

27260. Provisions pour Jean Bonnet de l'office de contrôleur des aides, traites et équivalent de Château-Thierry. (Fol. 162 v°.)

27261. Lettres ordonnant qu'André Garrault jouira de l'aide de 2 sous parisis par queue de vin à Reims, pour les six années portées sur son bail. (Fol. 165 v°.)

27262. Lettres de surséance à Antoine Brossard, fermier du bailliage d'Amiens, d'un tiers de ladite ferme, durant le temps de la guerre. (Fol. 173.)

27263. Provisions pour Gervais de Mauregard de l'office de contrôleur du domaine de la prévôté d'Épernay. (Fol. 174 v°.)

27264. Provisions pour Jacques Pastoureau de l'office de receveur des deniers communs de Bourges. (Fol. 174 v°.)

27265. Don à Vincent Maudin, Cyprien Renelio, Michel Sauzel et Marc-Antoine Gayardel, violons du cardinal de Lorraine, des biens de Thomas Roquadelle, échus au roi par droit d'aubaine. (Fol. 182 v°.)

27266. Provisions pour François Legrand de l'office de receveur des deniers communs de Senlis. (Fol. 184 v°.)

27267. Lettres accordant délai de huit mois à Jacques d'Escars, sénéchal de Périgord, pour prêter le serment dudit office à la Chambre des Comptes. (Fol. 192.)

27268. Don aux habitants de Chaillot de la dépouille des vignes et terres de Boulogne-lès-Paris, pour une année. (Fol. 199 v°.)

27269. Ratification d'un contrat de constitution de 800 livres de rente au profit des enfants de Clermont-Lodève, héritiers du légat d'Avignon, passé par Antoine de Rochechouart, commissaire du roi, sur le revenu du grenier à sel de Beaucaire. (Fol. 201, 203.)

27270. Don à Michel Roger de l'office de receveur des traites et impositions foraines d'Anjou et de Saint-Florent-le-Vieil. (Fol. 204 v°.)

27271. Provisions pour Pierre Darin de l'office de receveur des deniers communs de Cravant. (Fol. 227.)

27272. Provisions pour Nicolas de Meulles de l'office de contrôleur du domaine et de la recette ordinaire de Dourdan. (Fol. 229.)

27273. Provisions pour Noël Barbillon de l'office de contrôleur des aides et traites de Rouen. (Fol. 229.)

27274. Provisions pour Laurent Pingault de l'office de receveur des deniers communs de Châtellerault. (Fol. 230.)

27275. Continuation pour six ans, en faveur des habitants d'Harfleur, de la modération à 100 sous de leur redevance de 99 livres. (Fol. 231 v°.)

27276. Provisions pour Jean Cirot de l'office de contrôleur du domaine et de la recette ordinaire de Senlis. (Fol. 231 v°.)

27277. Lettres accordant délai d'un an à Jacques de Brizay, sʳ de Beaumont, pour prêter serment au Parlement et à la Chambre des Comptes de son office de sénéchal de la Marche. (Fol. 232.)

27278. Provisions pour Jean Poisse de l'office de receveur des deniers communs de Langres. (Fol. 232 v°.)

27279. Déclaration en faveur de Renée de France, duchesse de Ferrare et de Chartres, portant que l'édit de création des contrôleurs du domaine ne sera pas exécutoire dans le duché de Chartres, le comté de Gisors et la seigneurie de Montargis. (Fol. 233.)

27280. Provisions pour Jean Lepêcheur, le jeune, de l'office de receveur des deniers communs de Lagny. (Fol. 233 v°.)

27281. Provisions pour Jean Garsonnet de l'office de contrôleur du domaine et de la recette ordinaire de Romorantin. (Fol. 233 v°.)

27282. Provisions pour Jean Delne de l'office de contrôleur des aides et traites de Condomois, Estrac et Bazadois. (Fol. 235 et 238 v°.)

27283. Lettres de mainlevée en faveur de Guillaume Durand de tous ses biens saisis, à condition de payer 4,000 livres faisant le surplus de 14,000 livres pour raison du trafic du sel dont il s'est mêlé. (Fol. 235.)

27284. Provisions pour François Manoir de l'office de contrôleur des aides et traites de Gisors. (Fol. 238 v°.)

27285. Don à Jean Sanson, valet de chambre ordinaire du roi, des biens de Charles de More, échus au roi par droit d'aubaine. (Fol. 239.)

27286. Provisions pour Jacques Simon de l'office de contrôleur du domaine de Chaumont-en-Bassigny. (Fol. 244.)

27287. Provisions pour Jean Jousset de l'office de contrôleur des aides, traites et équivalent de Châtellerault. (Fol. 246.)

27288. Confirmation de la jouissance des terres de Château-Thierry et de Châtillon-sur-Marne, accordée à Robert de La Marck, s' de Sedan. (Fol. 246 v°.)

27289. Provisions pour Claude Boileau de l'office de contrôleur des aides et traites de Beauvais. (Fol. 248 v°.)

27290. Confirmation de mainlevée en faveur de Marie d'Albret, duchesse de Nevers et comtesse de Dreux, de la huitième partie de la terre de Juilly-le-Châtel. (Fol. 262.)

27291. Lettres de mainlevée, au profit de Jean Barthélemy et de Jean Croquet, de tous leurs biens et du sel leur appartenant, avec décharge de toutes les condamnations qu'ils ont encourues à cause du trafic du sel. (Fol. 265 v°.)

27292. Lettres semblables accordées à Jeanne Saulsaye, veuve de François Durant, avec décharge de toutes poursuites pour raison du trafic du sel exercé par feu son mari. (Fol. 273.)

27293. Mandement à la Chambre des Comptes de faire délivrer à Jean Laguette, trésorier des parties casuelles, tous les blancs-seings, cédules et obligations concernant les dettes actives de Jacques Favier, commis de Jean Carré, et autres pour les munitions de Picardie, afin d'en faire le recouvrement. (Fol. 277.)

27294. Don à Pierre Remond, premier président au Parlement de Rouen, de tous les droits de propriété et hypothèques sur la terre de la Poterie au bailliage de Rouen, en vertu de l'arrêt contre René Gentils, président aux enquêtes du Parlement de Paris, et Jean Carré, trésorier de la maison du roi. (Fol. 293.)

27295. Don à Paul Chabot, s' de Clairvaux, de 1,849 livres 5 sous montant des droits seigneuriaux des métairies de Mauny, Bargières et la Coutardière, et autres héritages vendus à plusieurs particuliers par Antoinette d'Illiers, sa mère. (Fol. 294.)

27296. Provisions pour Guillaume Deslandes de l'office de contrôleur de la recette ordinaire et du domaine d'Anjou. (Fol. 294 v°.)

27297. Ratification du contrat de vente de la châtellenie du Châtelard en Dombes, faite par les commissaires du roi au profit de Jean Cleberger, dit le « Bon Allemand », moyennant 12,672 livres. (Fol. 303, 313.)

27298. Ratification du contrat de vente de la châtellenie de Villeneuve en Dombes faite par les commissaires du roi audit Cleberger, moyennant la somme de 4,050 livres. (Fol. 313 v°, 323 v°.)

27299. Provisions pour Guillaume Petit de l'office de receveur des deniers communs de Soissons. (Fol. 336 v°.)

27300. Confirmation du don fait à Marie Thiès, veuve de Nicolas de Rustici, dit « le Bossu », de 240 livres par an sur la recette ordinaire de Chauny. (Fol. 337 v°.)

27301. Déclaration confirmative du don fait au sᵉ de Canaples et à Marie d'Assigny, sa femme, des comté et seigneurie de Mantes et Meulan. (Fol. 338.)

27302. Confirmation en faveur de Jean Morin, lieutenant criminel en la prévôté de Paris, de sa pension de 600 livres sur la recette ordinaire de Paris. (Fol. 342 v°.)

27303. Confirmation du don fait à Guillaume de Dinteville du revenu du tabellionnage de Troyes pour neuf ans. (Fol. 349.)

27304. Don à Gilles Godet, Jean d'Autrey, dit « de Nevers », Guy Farineau et Jean Terrasse, des biens de Gabriel Delafond, échus au roi par droit d'aubaine. (Fol. 349 v°.)

27305. Lettres de décharge pour Jean de Gravelieu de 30 livres parisis, moitié de l'amende de 60 livres par lui encourue. (Fol. 350 v°.)

27306. Provisions pour François Lebeuf de l'office de receveur des deniers communs de Joigny. (Fol. 356 v°.)

27307. Provisions pour Nicolas de Creil de l'office de receveur des deniers communs et patrimoniaux de Beauvais. (Fol. 356 v°.)

27308. Confirmation du don fait à Catherine de Croy, dame de Sedan, de la terre de la Ferté-Milon et de la maison du Grand Nesle, à Paris. (Fol. 357.)

27309. Don à Varin Briel, de Bertincourt, des biens confisqués de Jean Thomassin, de Taillancourt, et de Jacquelle Debeaux, sa femme. (Fol. 357.)

27310. Provisions pour Claude Parcheminier de l'office de receveur des deniers communs et patrimoniaux d'Orléans. (Fol. 358.)

27311. Lettres de décharge pour René Pintrel, barbier et valet de chambre ordinaire du roi, de 30 livres parisis, moitié de l'amende de 60 livres par lui encourue. (Fol. 359.)

27312. Provisions pour Claude Robert de l'office de receveur des deniers communs de Noyon. (Fol. 359 v°.)

27313. Don à Jean Maugras, concierge de Fontainebleau, des biens de Mathé Le Mire. (Fol. 360.)

27314. Déclaration en faveur de Jean Regnault, natif de Tournay, par laquelle il est reconnu originaire du royaume et ses biens non sujets au droit d'aubaine. (Fol. 361.)

27315. Déclaration confirmative du don fait au duc de Guise des terres de Saint-Dizier en Perthois et d'Épernay. (Fol. 363.)

27316. Don à Antoine Bohier, sᵣ de Saint-Ciergues, gouverneur et lieutenant général de Touraine, de 2,000 livres pour son état de conseiller au Conseil privé et de 2,000 pour sa pension, le tout sa vie durant. (Fol. 364.)

27317. Provisions pour Marc Flotte de l'office de receveur des deniers communs du Mans. (Fol. 368.)

27318. Provisions pour Roland Brisset de l'office de contrôleur des aides et équivalent en la haute et basse Marche. (Fol. 368 v°.)

27319. Provisions pour Claude Hacheron de l'office de contrôleur des aides et tailles de Combrailles. (Fol. 369.)

27320. Déclaration confirmative du don fait à Jean de Dinteville, bailli de Troyes, du logis avec jardin, appelé la Salle du Roi. (Fol. 369 v°.)

27321. Don à Jean de Senlis, de Tramecourt, du revenu des terres et prés de la maison et motte de Marquise, pour dix ans. (Fol. 369 v°.)

27322. Provisions pour Jean de Savignac de l'office de receveur des gages des officiers de la Monnaie et des deniers des boîtes des monnaies. (Fol. 370 v°.)

27323. Provisions pour Jean Pestelet de l'office de receveur ordinaire de Vermandois. (Fol. 370 v°.)

27324. Provisions pour Thomas Deport de l'office de receveur des deniers communs de Crépy-en-Valois. (Fol. 371.)

27325. Confirmation du don fait par le duc d'Orléans, fils du roi, à Charles Tiercelin, sᵣ de la Roche-du-Maine, de tous droits sur la terre et seigneurie de Lombut, etc., en la prévôté d'Ivoy et ailleurs au duché de Luxembourg, confisqués sur Gilles Dalerant. (Fol. 371 v°.)

27326. Lettres de seconde jussion pour faire payer à Gacien de Balorre, gentilhomme de la vénerie, 300 livres pour ses gages de capitaine et concierge du château de Chevagnes et garde des forêts dudit lieu, entre les deux rivières. (Fol. 373.)

27327. Assignation de ladite somme de 300 livres sur la recette ordinaire du Bourbonnais. (Fol. 373 v°.)

27328. Lettres d'affranchissement en faveur des habitants de Donchery-sur-Meuse. (Fol. 374 v°.)

27329. Confirmation de privilèges accordée aux arbalétriers, archers et couleuvriniers d'Amiens, avec jouissance de deux « caves » de vin du prix de 10 sous parisis, chaque dimanche de l'année. (Fol. 375.)

27330. Lettres portant assignation à Germain Jehane, chapelain de la chapelle des Innocents, de 24 livres parisis par an sur la recette ordinaire de Paris. (Fol. 375 v°.)

27331. Mandement de payer à Emmanuel Riccio 5,000 écus sur la composition des deniers à bailler par les marchands qui avaient fourni les greniers à sel des généralités de Languedoïl, Guyenne et autres. (Fol. 376.)

27332. Lettres de mainlevée en faveur de Pierre Du Chastel, évêque de Tulle, du temporel de son évéché. (Fol. 376 v°.)

27333. Confirmation de jouissance en faveur des habitants de Montreuil-sur-Mer, du droit de minage et de tonlieu, pour le reste des dix ans à eux accordés. (Fol. 380 v°.)

27334. Confirmation du don fait à Albert de Rippe et à Lucrèce de Rudolphi, sa femme, de 6,000 livres et de la jouissance de la terre de Beauregard en Dombes pour dix ans. (Fol. 381.)

27335. Provisions pour Germain Barbarat de l'office de receveur des deniers communs de Troyes. (Fol. 386 v°.)

27336. Provisions pour Jacques Delanoue de l'office de contrôleur des deniers communs de Dun-le-Roi. (Fol. 386 v°.)

27337. Provisions pour Antoine de La Vacquerie de l'office de contrôleur des traites, aides et équivalent de Noyon. (Fol. 387.)

27338. Don à Guy de Calvimont, avocat du roi au Grand conseil, d'une pension de 300 livres. (Fol. 388 v°.)

27339. Mandement pour le payement à Jean d'Estouteville, sᵣ de Villebon, bailli de Rouen, gouverneur et capitaine de Thérouanne, de 2,682 livres 12 sous sur l'épargne pour ses gages du passé à cause dudit état, et don de 2,400 livres par an à l'avenir sur ledit trésor de l'épargne. (Fol. 389.)

27340. Provisions pour Jean Lefèvre de l'office de contrôleur des aides, traites, équivalent et fermes de Laval. (Fol. 394.)

27341. Assignation aux religieuses de l'abbaye de Notre-Dame-la-Royale, dite « de Maubuisson », de 601 livres 5 sous 11 deniers parisis de rente sur la recette générale de Paris. (Fol. 394 v°.)

27342. Déclaration confirmative du don fait en faveur de mariage à François d'Orléans, marquis de Rothelin, et à Jacqueline de Rohan, sa femme, de la terre de Montereau-faut-Yonne. (Fol. 395.)

27343. Lettres d'affranchissement accordées à Michel Amirault, de Bourgueil, sa vie durant. (Fol. 420 v°.)

27344. Assignation à Emmanuel Riccio de 22,500 livres sur les deniers que doivent payer les marchands qui ont fourni les greniers à sel des généralités de Languedoil, Guyenne, etc., pour la composition conclue avec eux. (Fol. 421.)

27345. Provisions pour Nicolas Pelon de l'office de receveur des deniers communs et octrois d'Évreux. (Fol. 421 v°.)

27346. Don à Louis Alamanni de 800 livres par an pendant neuf ans sur les gabelles de Romans. (Fol. 425.)

27347. Confirmation de Jean Soreil en son office d'élu de Sézanne, distrait de l'élection de Troyes. (Fol. 432 v°.)

Anc. mém. coté 2 M, commençant à Pâques 1544 et finissant au 15 avril 1545 après Pâques. (Arch. nat., PP. 111, p. 433, et PP. 119.)

27348. Don à Jacques Spifame, président aux enquêtes du Parlement de Paris, d'une pension de 600 livres sur le receveur des gages de ladite cour. (Fol. 32.)

27349. Lettres ordonnant que les officiers de la justice du Trésor soient payés de leurs gages, droits, menues nécessités, etc., sur l'ordinaire de Paris. (Fol. 33 v°.)

27350. Don à Guillaume de Montpellier, Louis Dumoulin et Jean Sirot, fourriers ordinaires du roi, des biens de Jean et Guyonne « Enchemens » échus au roi par droit d'aubaine. (Fol. 37.)

27351. Continuation en faveur du chapitre de Saint-Martin de Tours d'une rente de 180 livres sur le grenier à sel dudit lieu. (Fol. 38.)

27352. Don à Marguerite Chotart des biens confisqués de Nicolas Lasnier. (Fol. 39.)

27353. Lettres de décharge pour Christophe de Refuge, l'un des cent gentilshommes de l'hôtel du roi, d'une condamnation de 873 livres 9 sous 11 deniers. (Fol. 46 v°.)

27354. Déclaration confirmative du don fait à Francisque de Noceto, comte de Pontresina, de 2,000 livres par an sur le revenu du greffe de Saint-Marcelin en Dauphiné. (Fol. 47 v°.)

27355. Assignation aux enfants, héritiers ou ayants cause de Guillaume Framberge, Jean Martin et Euverte Haste, de 45 livres de rente sur les aides de Châteaudun. (Fol. 48.)

27356. Lettres déchargeant Nicolas Hennequin de toutes poursuites par lui encourues pour s'être entremis du trafic du sel. (Fol. 48 v°.)

27357. Don à Dominique du Gabre de l'office de greffier du tablier en la ville et viguerie de Toulouse, en la cour du sénéchal. (Fol. 53 v°.)

27358. Lettres déchargeant Mathieu Guynel d'une amende de 60 livres parisis. (Fol. 54 v°.)

27359. Provisions pour Étienne Prince de l'office de receveur des deniers communs de Cézy au bailliage de Troyes. (Fol. 55 v°.)

27360. Provisions pour Louis Guérin de l'office de receveur des deniers communs de Troyes. (Fol. 56.)

27361. Don au duc d'Orléans, fils du roi, gouverneur de Champagne, Brie et Luxembourg, de tous les meubles et ustensiles étant au château de Moulins et dans les autres places et maisons du Bourbonnais. (Fol. 57.)

27362. Déclaration confirmative du don fait aux habitants de Bayonne de moitié de la coutume dudit lieu, pour cinq ans. (Fol. 57 v°.)

27363. Lettres d'intermédiat en faveur de Jacques Daniel, président aux requêtes du Palais à Rouen, et de Jean Letellier, greffier desdites requêtes. (Fol. 64.)

27364. Mandement pour le payement à Jacques de Weilsinger, secrétaire du roi et de la maison de France, de ses gages et droits de 6 sous par jour et de 10 livres par an de droit de manteau. (Fol. 70.)

27365. Ratification des contrats de vente faits par les commissaires du roi à Guillaume Barjot et à Antoine Escoffier des prévalues de la haute justice des prévôtés de Beaujeu et de Varennes en Beaujolais, moyennant 550 livres la première, et 350 la seconde. (Fol. 81, 85 et 94.)

27366. Déclaration confirmative de la pension de 60 livres accordée à Pierre Nepveu sur la recette ordinaire de Romorantin. (Fol. 100 v°.)

27367. Continuation de payement à Jacques Tahureau, lieutenant général du sénéchal du Maine, de 250 livres de gages. (Fol. 101.)

27368. Validation de dépense au compte des amendes des généraux des Monnaies, de Gilles Degouy, de 230 écus passés sous le nom de Jean Vaillant de Guellis, conseiller au Grand conseil. (Fol. 101.)

27369. Lettres déchargeant Jean Estarge de 60 livres parisis d'amende. (Fol. 102 v°.)

27370. Continuation d'affranchissement en faveur des habitants de Marle en Vermandois, pour dix ans. (Fol. 104 v° et 168.)

27371. Déclaration en faveur de Guillaume Leleu, natif de Gondecourt près Lille, par laquelle il est reconnu originaire du royaume et ses biens non sujets au droit d'aubaine. (Fol. 110.)

27372. Provisions pour Sébastien Gandouin de l'office d'huissier et messager ordinaire de la Chambre des Comptes et du Trésor. (Fol. 125 v°.)

27373. Déclaration en faveur de Jean Strazel, natif de Bailleul en Flandre, portant qu'il n'a point besoin de lettres de naturalité. (Fol. 126.)

27374. Déclaration semblable en faveur de Pierre Galand, natif de Saint-Venant en Flandre. (Fol. 127.)

27375. Déclaration semblable en faveur de Jean Duriez, natif de Lestrem en Artois. (Fol. 130 v°.)

27376. Ratification du contrat de vente de la haute, moyenne et basse justice dans les paroisses de Quincié, Marchampt et Malleval faite par le commissaire du roi au profit de Guillaume Barjot, s^r de la Palu, moyennant 1,125 livres. (Fol. 145 et 153.)

27377. Ratification du contrat de vente de la prévôté de Varennes en Beaujolais et de la justice du lieu, au profit dudit Barjot, moyennant 850 livres. (Fol. 154, 159.)

27378. Provisions pour Edmond Gayon de l'office de receveur des deniers communs de Cognac. (Fol. 163.)

27379. Lettres d'intermédiat en faveur de François Pajonnet, contrôleur du domaine de Berry. (Fol. 163 v°.)

27380. Assignation à Robert Carbonnel, chapelain de Saint-Nicaise et Saint-Éloi à Saint-Denis en France, de 25 livres parisis par an sur la recette générale de Paris. (Fol. 164.)

27381. Déclaration en faveur de Jean Lenoble, le jeune, contrôleur des deniers communs de Dieppe, pour prendre ses gages de 6 deniers par livre sur les tiercements et tous autres deniers de sa recette. (Fol. 164 v°.)

27382. Lettres ordonnant le payement à Tristan Durant, conseiller des Eaux et forêts, de ses gages dudit office à dater du 16 décembre 1543, jour du prêt de 1,000 écus par lui fait au roi. (Fol. 169 v°.)

27383. Don à Jacques des Ligneris, président aux enquêtes du Parlement de Paris, d'une pension de 500 livres sur le receveur des gages de ladite cour. (Fol. 173 v°.)

27384. Don d'une pension de 600 livres à Claude Tudert, président de la troisième chambre des enquêtes au Parlement de Paris. (Fol. 174.)

27385. Déclaration en faveur de Paul de Villemor, conseiller aux Eaux et forêts, portant qu'il commencera à jouir de ses gages dudit office à dater du jour du prêt de 1,000 écus par lui fait au roi. (Fol. 177.)

27386. Provisions pour Charles Geufronneau de l'office de contrôleur des aides, équivalent et traites de Montargis. (Fol. 177 v°.)

27387. Mandement à Antoine Beaugrant, grenetier de Saint-Quentin, de payer 410 livres 12 sous 8 deniers à Françoise Descot, veuve de Charles de Louvencourt, pour neuf muids deux setiers de sel. (Fol. 180 v°.)

27388. Provisions pour Guillaume de Boislevêque de l'office de receveur ordinaire de la vicomté de Beaumont-le-Roger. (Fol. 181.)

27389. Ratification de l'échange fait par Nicolas Viole, maître des comptes, au nom du roi, avec Jean Robin pour raison du parc de Chambord. (Fol. 183 v° et 186.)

27390. Lettres de naturalité pour Geoffroy Cename, natif de Venise. (Fol. 188.)

27391. Lettres ordonnant la délivrance de tous les blancs-seings, récépissés et autres titres des dettes actives de Jacques Favier, Jacques de Beaune, Jean Carré et Étienne Besnier, entre les mains de Jean Laguette, trésorier des parties casuelles. (Fol. 190.)

27392. Provisions pour Adrien Bridou de l'office de vicomte et receveur ordinaire de Neufchâtel. (Fol. 191.)

27393. Provisions pour Pierre Gaultier de l'office de greffier du magasin à sel de Mantes. (Fol. 198 v°.)

27394. Octroi aux prévôt des marchands et échevins de Paris de 5 sous par muid de vin, pour en jouir jusqu'au 31 mai 1546. (Fol. 199.)

27395. Provisions pour Vincent Gresle de l'office de receveur des deniers communs de Clamecy. (Fol. 201.)

27396. Lettres accordant à Guillaume Gélinart, contrôleur des aides et traites de l'élection d'Angoulême, la jouissance de tous les gages, droits et profits dudit office, à cause des nouvelles unions à ladite élection. (Fol. 205.)

27397. Attribution de 100 livres parisis de gages au lieutenant général du grand maître des Eaux et forêts, à la Table de marbre à Paris. (Fol. 206.)

27398. Mandement pour le payement à Jean Odart, conseiller au Parlement de Paris, de 55 livres sur la recette des exploits et amendes de ladite cour. (Fol. 206.)

27399. Lettres accordant à Jean Desmarquets, fermier de la « Ceinture de la Reine », un rabais de 500 livres parisis sur le prix de sa ferme, à titre de dédommagement. (Fol. 210.)

27400. Don à Jean d'Ouville, gentilhomme de la vénerie, de 225 livres sur les amendes des Eaux et forêts. (Fol. 211.)

27401. Confirmation du don fait à Antoine de Bayencourt, sr de Bouchavesne, du revenu de la terre de Doullens pour dix ans. (Fol. 226 v°.)

27402. Lettres ordonnant le payement aux deux présidents des enquêtes du Parlement de Toulouse de 300 livres par an, équivalant à quatre amendes, sur la recette des exploits et amendes de ladite cour. (Fol. 230 v°.)

27403. Procuration spéciale à Gervais Du Molinet, procureur général à la Chambre des Comptes de Paris, pour consentir, au nom du roi, l'entérinement du traité de Crépy à ladite Chambre. (Fol. 247 v°.)

27404. Provisions pour Jean Le Coquineau de l'office de receveur du grenier à sel de Tonnerre. (Fol. 253 v°.)

27405. Ratification de la vente faite au nom du roi à Claude Gouffier, sr de Boisy, des terres de Saint-Haon, Renaison, Saint-Maurice-sur-Loire, Villeret, Vernay, Croset et Cervières en Roannais, moyennant la somme de 36,296 livres 17 sous. (Fol. 254 et 259.)

27406. Provisions pour Pierre Dodinet de l'office de receveur des deniers communs et patrimoniaux d'Angers. (Fol. 264 v°.)

27407. Lettres portant rétablissement de Jean Tassin en son office de receveur général de Guyenne (cf. le n° 13487). [Fol. 268 v°.]

27408. Lettres déchargeant Jean Agasse, greffier de la prévôté de l'hôtel, de 60 livres parisis d'amende. (Fol. 272.)

27409. Lettres d'intermédiat en faveur de Christophe Joubert, maître auditeur ordinaire des comptes en Dauphiné. (Fol. 272 v°.)

27410. Confirmation de Jean La Biche en l'office de contrôleur du magasin à sel de Coucy, auquel il avait été nommé par Nicolas Dupré, s^r de Passy, maître des requêtes. (Fol. 273.)

27411. Confirmation de Georges Canche en l'office de receveur du grenier à sel de Coucy, auquel il avait été nommé de même. (Fol. 275.)

27412. Attribution à Christophe Joubert, maître auditeur ordinaire des comptes en Dauphiné, des mêmes gages que les anciens maîtres auditeurs. (Fol. 276 v°.)

27413. Confirmation pour Pierre Bon, l'un des cent gentilshommes ordinaires de l'hôtel du roi et capitaine des galères, du don des revenus de la terre de Merlas en Dauphiné, pour dix ans. (Fol. 278 v°.)

27414. Confirmation du don fait par le duc d'Estouteville à Guyon de Goult des biens confisqués de Simon de Gournay. (Fol. 279.)

27415. Confirmation de Claude Boileau en l'office de receveur du magasin à sel de Beauvais, dont il avait été pourvu par Jacques Hervé. (Fol. 279 v°.)

27416. Lettres de création d'un second avocat du roi en la Cour des Aides. (Fol. 282.)

27417. Commission pour l'accélération du payement des décimes du diocèse de Nantes. (Fol. 282 v°.)

27418. Déclaration en faveur de Pierre Abbé, natif de Courtrai, qui le reconnaît originaire du royaume et ses biens non sujets au droit d'aubaine. (Fol. 287.)

27419. Don fait à Jérôme Marin du revenu de la terre de Fismes, au bailliage de Vitry, avec sa demeure au château dudit lieu, sa vie durant. (Fol. 318.) — Jussion pour l'entérinement. (Fol. 287.)

27420. Lettres ordonnant de taxer à Philippe Macé, secrétaire du roi, ses vacations pour avoir tenu le compte des octrois de 300,000 livres et de 300,000 écus. (Fol. 288.)

27421. Lettres ordonnant le payement à Jean Secrétain, aumônier du Grand conseil, de 75 livres par an sur les amendes de ladite cour, pour son entretien. (Fol. 290.)

27422. Assignation à Louis Regnault, chapelain de Saint-Michel en l'église Notre-Dame de Chambly, de 20 livres parisis par an sur la recette générale de Paris. (Fol. 293.)

27423. Lettres accordant rabais de 100 livres parisis à Marceau Delacoste, fermier de la coutume des blés et avoines de Paris. (Fol. 293.)

27424. Lettres portant cession à Jean Le Cirier et aux siens de la haute justice de la terre du Plessis-sur-Auteuil, en échange d'une rente de 10 livres parisis inféodée sur la terre de « Loyestre »[peut-être Louâtre]. (Fol. 301 v°.)

27425. Don à Jérôme Marin du revenu de la terre de la Mairie de Beaulne en Vermandois, sa vie durant. (Fol. 310 et 319.)

27426. Lettres octroyant une augmentation de gages de 120 livres parisis à Louis Pétremol, président aux enquêtes du Parlement de Rouen. (Fol. 311 v°.)

27427. Lettres d'intermédiat en faveur de Charles d'Argillières, pourvu d'un office de conseiller des Eaux et forêts [cf. n° 13550]. (Fol. 312 v°.)

27428. Don au sr de Boutières du revenu de la terre de Baix-sur-Baix en Dauphiné, pendant quatre ans. (Fol. 314.)

27429. Don à André de Foix, sr d'Esparros, des biens confisqués de Jean Lepaige, élu à Montfort-l'Amaury. (Fol. 315.)

27430. Provisions pour Pierre Foucault de l'office de contrôleur du domaine et recette ordinaire de Touraine. (Fol. 315 v°.)

27431. Provisions pour Jean Genevois de l'office de receveur des deniers communs de Langres. (Fol. 319 v°.)

27432. Lettres portant création d'un capitaine et concierge du château de Montfort-l'Amaury. (Fol. 322.)

27433. Lettres déchargeant Morelet de Museau, sr de Marcheferrière, d'une amende de 60 livres parisis. (Fol. 329.)

Anc. mém. coté 2 N, commençant en mai 1545 et finissant en avril 1547 après Pâques. (Arch. nat., PP. 111, p. 469, et PP. 119.)

27434. Don à Étienne Dinoceau, Jean Soudain et Pierre Moricault des biens de Benoît Boeste, échus au roi par droit d'aubaine. (Fol. 9 v°.)

27435. Provisions pour Antoine Regnault de l'office d'huissier et messager ordinaire de la Chambre des Comptes et du Trésor. (Fol. 10.)

27436. Déclaration en faveur de Jean Waille et de Pierre Waille, son neveu, natifs de Saint-Lupicin en Franche-Comté, portant qu'ils n'ont pas besoin de lettres de naturalité. (Fol. 10.)

27437. Provisions pour Noël Beuzeville de l'office d'huissier et messager de la Chambre des Comptes et du Trésor. (Fol. 11 v°.)

27438. Assignation aux deux chapelains de l'Université de Paris de 40 livres de rente annuelle sur la recette générale d'Outre-Seine et Yonne. (Fol. 12 v°.)

27439. Lettres de décharge à Pierre d'Aymart, gruyer de la forêt de Sénart, pour trois arpents et demi par lui pris chaque année pour son chauffage, suivant une permission verbale, avec continuation de jouissance à l'avenir. (Fol. 23 v°.)

27440. Assignation de rentes à la veuve et aux enfants de Jean Compaing, à Antoine Leconte et autres, qui les avaient acquises du roi Louis XII à prix d'argent, pour en jouir sur le magasin à sel d'Orléans. (Fol. 24.)

27441. Don aux habitants de Vitry-en-Perthois de cinquante arpents de haute futaie dans les bois de Saint-Dizier. (Fol. 25 v°.)

27442. Permission à Charles de Grantrue, commis à la recette des aides et traites de Nivernais, de retenir, sur le quartier de janvier 1545 n. s. de sa recette, 800 livres qu'il avait été contraint de payer sur le quartier d'octobre précédent, sans les avoir reçues. (Fol. 33 v°.)

27443. Augmentation de 300 livres portant à 700 la somme allouée pour les menues nécessités du Parlement de Dauphiné. (Fol. 34 v°.)

27444. Lettres octroyant aux chanoines de Saint-Pierre de Lisieux un droit de franc-salé de deux muids de sel chaque année, à commencer en 1540. (Fol. 36.)

27445. Lettres ordonnant le payement à Claude Rouget, commis au contrôle des munitions de Landrecies, de ses vacations et frais, à raison de 50 livres par mois. (Fol. 37.)

27446. Provisions pour Jean Margueritte de l'office de receveur ordinaire du domaine de Falaise. (Fol. 37 v°.)

27447. Provisions pour Regnault de La Bretèche de l'office de général maître des monnaies. (Fol. 39.)

27448. Don à Raoul Rossignol de la garde de Jean et Jeanne de Samoy. (Fol. 40.)

27449. Permission à André Rageau, receveur général des finances de la gabelle de Bretagne, de faire exercer ledit office, à ses risques et périls, par telle personne qu'il désignera, durant un an. (Fol. 46.)

27450. Assignation à François de Rochechouart, s^r de Champdeniers, de 600 livres par an sur le revenu du magasin à sel de Tours. (Fol. 46 v°.)

27451. Don d'une pension de 1,000 livres à Marie de Loynes, veuve de François Errault, garde des sceaux de France. (Fol. 47.)

27452. Mandement aux gens des comptes de Paris de taxer aux présidents et généraux des monnaies leurs voyages et chevauchées. (Fol. 77 v°.)

27453. Lettres enjoignant aux habitants du Horps, Niort, Melleray et Charchigné de prendre leur sel ordinaire et extraordinaire au magasin de Mayne-la-Juhée (Mayenne). [Fol. 78.]

27454. Don à Jean Hunault de la geôle et garde des prisons d'Arques pour neuf ans. (Fol. 79 v°.)

27455. Mandement de payer à Claude Prévost, contrôleur des aides et traites de Clermont en Beauvaisis, ses gages et droits sur la recette des aides et traites dudit lieu. (Fol. 80.)

27456. Don à Antoine Havelle des biens de Simon Rougeot, échus au roi par droit d'aubaine. (Fol. 80 v°.)

27457. Lettres déchargeant Jean Laube, maître arbalétrier et sergent du guet, de tout service du guet à cheval de nuit, et lui permettant néanmoins de jouir des privilèges et gages dudit office. (Fol. 82.)

27458. Confirmation du don fait par le duc d'Orléans, fils du roi, à Guy de Chantelou, sr de la Brosse, de trente chênes à bâtir en la forêt de Hez au comté de Clermont. (Fol. 83.)

27459. Permission à Antoine de Chabannes de racheter de Jean Le Texier et de Guy Lemaire le revenu des sceaux de la ville et du ressort d'Angers, moyennant 1,800 livres, la garde desdits sceaux en titre d'office et les provisions devant être délivrées au profit dudit de Chabannes. (Fol. 86 v°.)

27460. Don aux habitants d'Épernay de dix arpents de haute futaie dans les bois d'Épernay. (Fol. 88 v°.)

27461. Déclaration confirmative du don fait par le duc d'Orléans au capitaine Jérôme Marin de la terre et maison de la Chaussière, pour en jouir sa vie durant. (Fol. 93 v°.)

27462. Déclaration portant que les habitants de Martigné-sur-Laval, Commer, Montourtier et Contest demeureront contribuables et justiciables au magasin à sel de Mayenne. (Fol. 95 v°.)

27463. Déclaration en faveur de Jacques de Rocquart, portant qu'étant natif du Comtat-Venaissin, il n'a pas besoin de lettres de naturalité. (Fol. 98 v°.)

27464. Confirmation du don fait par le duc d'Orléans à Jean et Guillaume Gélinard, à la survivance l'un de l'autre, de l'office de contrôleur du domaine du duché d'Angoulême, aux gages de 200 et 100 livres. (Fol. 101.)

27465. Assignation aux principal et boursiers du collège de Bayeux à Paris, de 65 livres 8 deniers parisis de rente sur la recette générale d'Outre-Seine et Yonne. (Fol. 101.)

27466. Ratification du contrat de vente de 1,580 livres de rente sur la recette ordinaire de Rouen, faite par les commissaires du roi au profit d'Arnoult de Pobla, moyennant 18,960 livres. (Fol. 106 v°.)

27467. Déclaration en faveur des habitants de Sézanne, portant que l'élection de ladite ville demeurera en son intégrité, nonobstant la révocation des nouveaux élus. (Fol. 112 v°.)

27468. Permission à Simon Barbedor, garde de la Monnaie de Paris, de faire exercer son office par Guillaume Soutin, autre garde de ladite Monnaie, durant un an. (Fol. 125.)

27469. Provisions pour Eustache Pinguet de l'office d'huissier et messager de la Chambre des Comptes et du Trésor. (Fol. 133.)

27470. Provisions pour Claude Burgensis de l'office de secrétaire des finances. (Fol. 141.)

27471. Lettres accordant compensation aux habitants d'Auteuil et de Saint-Cloud de leurs terres et vignes encloses dans le parc de Boulogne, et à Nicolas Vaudor et Pierre Marin de deux petites maisons encloses dans ledit parc. (Fol. 152.)

27472. Décharge en faveur de Gilles Desbordes et de ses pleiges de 72 livres 5 sous pour rabais sur le prix de ses fermes. (Fol. 153.)

27473. Don à Jacques Du Faur, président aux enquêtes du Parlement de Paris, d'une pension de 600 livres. (Fol. 153.)

27474. Lettres portant bail aux consuls et habitants de Montauban d'une maison nommée le Château neuf, moyennant cent sous de rente à la recette du domaine dudit lieu. (Fol. 155 v°.)

27475. Provisions pour Claude Giraudeau de l'office de receveur des deniers communs de Niort. (Fol. 166 v°.)

27476. Don à Jean-Baptiste Seghiso des biens de Marien Mulnier, échus au roi par droit d'aubaine. (Fol. 169.)

27477. Provisions pour Étienne Bourg de l'office de contrôleur des aides et traites du bas pays d'Auvergne. (Fol. 172.)

27478. Déclaration en faveur des habitants d'Orléans, les déchargeant de la contribution de 944 livres 9 sous 1 denier, faisant partie de

16,000 livres qui devaient être réparties sur les autres villes closes du bailliage. (Fol. 173 v°.)

27479. Déclaration portant que les habitants de Cigné demeureront contribuables au magasin à sel de Mayenne. (Fol. 174.)

27480. Don à Nicolas de La Montelle des biens confisqués de Girard Barilly, le jeune. (Fol. 174 v°.)

27481. Don à Jacques de Monchy, gouverneur de Ligny, de 1,200 livres pour ses gages et pension. (Fol. 179 v°.)

27482. Assignation pour le payement des officiers de la Cour des Aides de Rouen, y compris les nouveaux créés, d'une somme de 3,929 livres 7 sous 6 deniers sur la crue de 15 livres par muid de sel. (Fol. 182 v°.)

27483. Lettres accordant à Madeleine d'Oignie, veuve du s^r de Castelpers, la jouissance du revenu de la terre de Gontaud en Agénais. (Fol. 188.)

27484. Provisions pour Didier de Reims de l'office d'huissier et messager de la Chambre des Comptes et du Trésor. (Fol. 188 v°.)

27485. Mandement de payer à la veuve de Jean Tagault, médecin de la conciergerie du Palais, 60 livres parisis par an sur les exploits et amendes du Parlement, pour ce qui en était dû audit Tagault, jusqu'au jour de son décès, et semblablement de ses gages de 40 livres parisis. (Fol. 194).

27486. Provisions pour Marc Chabannier de l'office de contrôleur des aides et traites du Bas-Limousin. (Fol. 200 v°.)

27487. Don à Jean Mangin, lieutenant particulier des Eaux et forêts de Champagne, d'une pension de 60 livres. (Fol. 209 v°.)

27488. Mandement de payer à Pierre Certon, chapelain de Saint-François en la basse Sainte-Chapelle, de 25 livres parisis par an sur la recette générale de Paris. (Fol. 210 v°.)

27489. Lettres en faveur d'Hubert du Coquiel, natif de Tilloy en la châtellenie de Douai, le déclarant originaire du royaume et ses biens non sujets au droit d'aubaine. (Fol. 211.)

27490. Lettres ordonnant le payement à Mathieu de Longuejouc, évêque de Soissons, abbé commendataire de Royaumont, de 30 livres parisis et de 30 sous parisis de rente sur la recette générale de Paris. (Fol. 213.)

27491. Lettres portant de 200 à 400 livres par an les gages de Nicole Coëton, greffier du Grand conseil. (Fol. 214.)

27492. Don à Jean de Thais (Taix), capitaine de la ville et du château de Loches, du revenu des terres baillées à rente en la forêt de Loches, dont avaient joui les sⁿ de Mézières et de Brosse (cf. le n° 3888), ses prédécesseurs. (Fol. 214 v°.)

27493. Don à Claude d'Annebaut, amiral de France, de tout le bois mort et sec de la forêt de Compiègne. (Fol. 221 v°.)

27494. Provisions pour Robert Guillart de l'office d'huissier et messager de la Chambre des Comptes et du Trésor. (Fol. 223 v°.)

27495. Don à Guillaume Furiau et Jean Baron des biens confisqués de Nicolas Destraux et d'Odet Privat. (Fol. 223 v°.)

27496. Lettres déchargeant Antoine Bohier, chambellan ordinaire du roi, de plusieurs pièces de vaisselle d'argent doré, par lui remises entre les mains du roi. (Fol. 223 v°.)

27497. Permission à Pierre de Cambis, natif de Sarrians au Comtat-Venaissin, d'acquérir toute sorte de biens en France et d'en disposer, et d'y posséder des bénéfices jusqu'à concurrence de 1,000 écus de rente. (Fol. 225.)

27498. Don à René Doucet, dit « Soudain », gentilhomme de la vénerie, des biens de Sebille « Cléophille », femme de Jean de Villiers, échus au roi par droit d'aubaine. (Fol. 226.)

27499. Provisions pour André Morlon de l'office de receveur des deniers communs, d'octroi et patrimoniaux de Poitiers. (Fol. 233.)

27500. Provisions à survivance pour Léonard Babou de l'office de trésorier de France, exercé par Philibert Babou, sⁿ de la Bourdaisière, son père. (Fol. 237.)

27501. Lettres de dispense d'âge et relief de surannation, en faveur dudit Léonard Babou. (Fol. 238.)

27502. Continuation pour dix ans, en faveur des habitants de Doullens, de la décharge d'une redevance de 30 livres 5 sous qu'ils doivent à la recette ordinaire d'Amiens. (Fol. 255.)

27503. Lettres accordant à Martin de Troyes, receveur général des finances à Lyon, délai jusqu'à la saint Jean-Baptiste 1547, pour rendre ses comptes de la trésorerie de l'extraordinaire des guerres. (Fol. 257.)

RÔLES DE MANDEMENTS, ACQUITS ET AUTRES ACTES À EXPÉDIER
PAR ORDRE DU ROI, SIGNÉS DE LA MAIN DE FRANÇOIS Ier [1].

(Arch. nat., J. 960[1], n° i, anc. 3.)

Tous les rôles compris sous la cote J. 960[1] étaient joints d'ancienneté à ceux des années 1530 et 1531 et paraissent devoir être attribués à ces dates.

27504. Lettres portant qu'il sera délivré à Jacques Ragueneau 6,000 écus soleil sur les deniers de l'épargne du quartier de janvier prochain, pour répartir entre les capitaines des galères, en dédommagement des pertes qu'ils ont subies par suite de la cherté des vivres.

27505. Acquit servant à Jacques Ragueneau pour payer cette somme auxdits capitaines.

27506. A Jean de Vimont, trésorier de la marine, 3,000 livres tournois sur le présent quartier de juillet, pour employer à la construction, armement et équipage d'un galion que le roi veut envoyer dans les pays étrangers pour ses affaires.

27507. A M. de Jarnac, 2,000 livres sur ledit quartier de juillet, pour sa pension de deux années finies le 31 décembre 1530.

27508. Au baron de Behart (Béarn), lieutenant de la compagnie de M. le Grand Maître, 600 livres sur ledit quartier, pour sa pension de l'année dernière.

27509. Aux écoliers de Suisse étudiant en l'Université de Paris, 400 livres, pour leur pension du présent quartier de juillet.

27510. A Jean d'Angliers, fils du feu président de Bordeaux, 4,000 écus soleil, pour le remboursement de cette somme que son père avait prêtée au roi, l'an 1521.

27511. A Guillaume de Penisson, écuyer d'écurie du roi d'Angleterre, 1,500 écus soleil sur ledit quartier de juillet, à valoir sur les 4,000 écus dont le roi lui a fait don et dont il a ci-devant reçu 500 écus.

(Arch. nat., J. 960[1], n° 2, anc. 4.)

27512. Lettres portant que le contrôleur de la marine du Levant

[1] Ces rôles portent le titre général d'*Acquits sur l'épargne*, parce que, pour la plupart, ils mentionnent des mandements de sommes à payer par le trésorier de l'épargne. Cependant on y trouve beaucoup d'autres actes, tels que dons, confirmations de privilèges, affranchissements d'impositions, naturalisations, etc. Celles de ces mentions qui sont accompagnées de la date d'expédition ont été insérées, à leur ordre chronologique, dans le corps du *Catalogue*.

aura 500 livres de gages ordinaires chaque année, à partir du 8 de ce présent mois de juillet, qui lui seront payées par le trésorier de la marine sur les deniers qui proviendront des prises faites par les galères et autres vaisseaux du roi.

(*Arch. nat.*, J. 960¹, n° 3, anc. 6.)

27513. Mandement à Jean Laguette, receveur général des finances extraordinaires et parties casuelles, de payer à Philippe Voltres et Auriens Byre, marchands d'oiseaux du pays de Brabant, 25 écus soleil dont le roi leur fait don pour les dédommager de la perte de huit tiercelets, trois autours et un lanier qu'ils apportaient de leur pays au roi et qui leur ont été volés dans la forêt de Compiègne.

27514. A Barreneuve, gentilhomme de la fauconnerie, don de 300 livres pour la dépense et nourriture de quatre milans que le roi lui a confiés pour les faire muer.

27515. A Nicole de La Brunetière, pauvre femme, don et aumône de 25 écus soleil.

(*Arch. nat.*, J. 960¹, n° 4, anc. 11.)

27516. Mandement à Pierre Faure, receveur général de Picardie, de bailler à Jean Laguette, receveur des finances extraordinaires et parties casuelles, la somme de 4,629 livres 19 sous 3 deniers, partie de 5,614 livres 3 sous 6 deniers dont il est demeuré redevable au roi sur ses comptes des années 1527 à 1530.

27517. Mandement à Jean Laguette de payer à onze capitaines italiens étant avec le sʳ Renzo de Cère la somme de 2,000 livres tournois, dont le roi leur a fait don en récompense des services qu'ils lui ont rendus en la ville de Barletta, et pour les aider à retourner chez eux.

27518. Au capitaine Jean-Francisque Corbette, gentilhomme napolitain, 200 livres tournois, moitié de la pension annuelle que le roi lui a ordonnée depuis le 1ᵉʳ janvier dernier, en récompense des services qu'il lui a rendus dernièrement au royaume de Naples, où il a perdu un œil.

(*Arch. nat.*, J. 960¹, n° 5, anc. 13.)

27519. Lettres d'exemption de tailles et impositions pour dix ans, en faveur des habitants de Joinville, en considération de M. de Guise, seigneur du lieu, et des dommages qu'ils ont soufferts pendant les guerres.

27520. Mandement de payer à Jacques Chassegay et Héliot Marie, porteurs en la cuisine de bouche, 44 livres 3 sous sur les lods et ventes d'une maison sise aux faubourgs de Blois.

27521.. Don pour dix ans à Guillenton Daguerre, homme d'armes de la compagnie de M. de Guise, du droit de cense commune, montant à 180 livres tournois et à quatre muids de vin, dû chaque année par les habitants de Fismes, et ce à commencer de Noël dernier, sauf que, pendant quatre ans qui restent à courir d'une période de dix ans pendant laquelle lesdits habitants avaient obtenu de ne payer que 70 livres et deux muids de vin par an, ledit Daguerre subira cette réduction.

27522. Don à François du Puy-du-Fou, écuyer tranchant, de 1,000 livres sur les amendes jugées au Parlement de Paris.

27523. Don à Étienne Regnard, Jean Racine, Jean Boutet et Étienne Deschamps, sommeliers, de 400 livres sur les treizièmes et autres droits seigneuriaux dus à cause de la vente de la terre de la Campagne.

27524. Don au sr de Lignac de 1,700 livres tournois par an pendant six ans sur les deniers des fermes des hauts ports et passages des bailliages de Sens et de Chaumont-en-Bassigny, et de l'imposition de 4 sous pour livre et de 5 sous par queue de vin appelée « la rabe ».

27525. Don à [Louis] de Clermont, maître d'hôtel ordinaire du roi, de 1,500 livres tournois sur les rachats qu'il doit à cause de sa baronnie de Saxefontaine (Sexfontaines), Bussy-le-Château, Vavray et Périgny.

27526. Don à Robert Le Tainturier, fruitier de l'hôtel du roi, de 200 livres tournois sur les restes des lods et ventes qu'il doit à cause d'une maison par lui acquise à Chauny.

27527. Don à Jean d'Estourmel de 912 livres 10 sous sur les reliefs et autres droits seigneuriaux dus au roi à cause de la terre et seigneurie de Hangest en la prévôté de Montdidier.

27528. Don à Pierre de Sepoix de 500 livres tournois sur les lods et ventes et autres droits seigneuriaux dus au roi à cause de la terre et seigneurie de Lessart, en la prévôté de Roye.

(Au dos : « Roolle signé de la main du roi. Dijon ».)

(Arch. nat., J. 960¹, n° 6, anc. 16.)

Mandements au trésorier de l'épargne de bailler, tant sur le quartier de janvier dernier que sur le présent quartier d'avril ;

27529. Au trésorier de l'artillerie, 9,000 livres pour employer au fait de son office, durant le présent quartier d'avril.

27530. Au trésorier de la marine, 6,000 livres pour les besoins de son office, durant le premier semestre de cette année.

27531. A Guillaume Parant, 5,640 livres pour le payement des mortes-payes ordinaires de Picardie, durant les deux premiers quartiers.

27532. Au même, 5,400 livres pour les cent mortes-payes de Thérouanne à 6 livres chacun par mois, et pour les soixante de Doullens, à cent sous par mois, pour lesdits quartiers.

27533. A Jean Godet, 1,900 livres pour le payement des mortes-payes de Champagne, durant lesdits deux quartiers.

27534. A François Saumaire, 6,660 livres pour les mortes-payes de Bourgogne, durant lesdits quartiers.

27535. Au trésorier de Provence, 510 livres pour les mortes-payes de Toulon, durant lesdits quartiers.

27536. A Jacques Ragueneau, 5,740 livres pour les mortes-payes de Guyenne, durant les mêmes quartiers.

27537. A Jean Gobin, 6,736 livres pour le payement des mortes-payes de Bretagne, durant les mêmes quartiers.

27538. A François Mahieu, 10,134 livres pour le payement des mortes-payes de Normandie, durant les mêmes quartiers.

27539. A François Charbonnier, 1,500 livres pour les offrandes du roi du présent quartier d'avril.

27540. A Charles Mesnager, argentier de la reine, 4,000 livres pour ledit quartier.

27541. A Jean Carré, 45,493 livres 15 sous pour le payement des officiers domestiques de la maison du roi, durant ledit quartier d'avril.

27542. Au receveur de l'écurie du roi, 17,423 livres 10 sous, pour les besoins de son office, durant le même quartier.

27543. A Pierre Rousseau, 9,600 livres pour la chambre aux deniers du dauphin et des ducs d'Orléans et d'Angoulême, 9,665 livres pour le payement des officiers de leur maison, 2,500 livres pour leur argenterie, et 1,200 livres pour leurs aumônes et menus plaisirs, soit 22,965 livres pour ledit quartier.

27544. A Fleury Geuffroy, 2,500 livres pour l'écurie desdits princes, durant le même quartier.

27545. A Jean Tizart, 9,584 livres 16 sous, pour le payement des archers écossais, y compris les robes d'été, le quart pour les montures et les 250 livres d'augmentation de gages du payeur, durant ledit quartier.

27546. A Jacques Richer, 8,504 livres 17 sous 6 deniers pour le payement des archers de la compagnie du s^r de Nançay, durant ledit quartier, y compris les mêmes suppléments.

27547. A Jean Chartier, 8,838 livres 12 sous 6 deniers pour le payement des archers de la compagnie du sénéchal d'Agénais, durant ledit quartier, y compris les mêmes suppléments.

27548. A Étienne Besnier, 8,793 livres 12 sous 6 deniers pour le payement des archers de la compagnie du s^r de Chavigny, y compris comme dessus, durant ledit quartier.

27549. A Jean Cheylieu, 2,150 livres pour le payement du prévôt de l'hôtel [et ses archers], durant ledit quartier.

27550. A Guillaume Briçonnet, 10,425 livres pour le payement des cent gentilshommes de l'hôtel sous le vicomte de Turenne, durant ledit quartier.

27551. A Julien Bonacoursy, 10,675 livres pour le payement des autres cent gentilshommes de l'hôtel sous le grand-sénéchal [de Normandie, M. de Brézé].

27552. A Guillaume de Villemontée, trésorier de la vénerie, 10,358 livres 10 sous pour ledit quartier d'avril.

27553. A Jean Duval, 15,935 livres 7 sous 8 deniers pour les gages des officiers du Parlement de Paris, dudit quartier.

27554. A Hélouin Dulin, 4,380 livres pour les gages des officiers du Parlement de Rouen, durant ledit quartier.

27555. A Pierre Potier, 4,938 livres 8 sous 4 deniers pour les gages des officiers du Parlement de Toulouse, dudit quartier.

27556. A Jean Lombard, 4,576 livres 11 sous 3 deniers pour ceux du Parlement de Bordeaux, même quartier.

27557. A Claude Duchamp, 807 livres 12 sous 6 deniers, complément des 1,615 livres 5 sous pour le payement du Parlement de Dijon, durant ledit quartier d'avril.

27558. A François Damont, 5,279 livres 5 sous pour la Chambre des Comptes de Paris, durant le même quartier.

27559. Au receveur général de Bourgogne, 1,112 livres 3 sous pour la Chambre des Comptes de Dijon, même quartier.

27560. A Jean Lasset, 587 livres 10 sous pour la Chambre des Comptes de Montpellier, durant ledit quartier d'avril.

27561. A Guillaume Quinette, 1,766 livres 17 sous 6 deniers pour les Généraux de la justice à Paris (Cour des Aides), durant ledit quartier.

27562. A Robert Baratte, 707 livres 6 sous 11 deniers pour les Généraux des Aides à Rouen, même quartier.

27563. A Antoine Périé, 320 livres pour les Généraux des Aides à Montpellier, même quartier.

27564. A Pierre Le Bossu, 700 livres pour les Généraux des Monnaies à Paris, durant ledit quartier.

(Arch. nat., J. 960¹, n° 7, anc. 17.)

(En tête de ce rôle sont portés les n°⁵ 4051 et 4052 du CATALOGUE, datés du 1ᵉʳ juin 1531, et le n° 4073 daté du 5 juin.)

27565. Mandement de payer à Nicolas du Mousseau, François Giboust et Jean Deleaulne, gardes de la forêt d'Amboise, 160 livres pour leurs gages de l'année passée.

27566. A l'Empereur, 3,157 livres 8 sous 4 deniers comme compensation du revenu du grenier à sel de Château-Chinon, depuis le 14 janvier 1526, date du traité de Madrid, jusqu'au 30 septembre 1529, que feu Marguerite d'Autriche commença à jouir dudit revenu, selon le certificat du général des finances de la charge.

27567. A Briand de Beaussay, gentilhomme de la vénerie, 600 livres en don du roi, tant pour lui que pour ses compagnons, à prendre sur le présent quartier d'avril.

27568. A Pierre Mangot, orfèvre, 410 livres en payement d'une chaîne donnée par ordre du roi au secrétaire du roi de Danemark.

27569. Don à Antoine de Rousset, homme d'armes de la compagnie de M. l'Amiral, de 600 livres sur le reste dû au roi par le compte du receveur ordinaire de Coucy, de l'année finie le 30 septembre 1526.

27570. A Falco d'Aurillac, président au Parlement de Dauphiné, 400 livres pour sa pension de l'année dernière, à prendre sur les deniers provenant des lods et ventes, amendes et confiscations échus et à échoir en Dauphiné.

(Arch. nat., J. 960¹, n° 8, anc. 20.)

Mandements au receveur général d'Apestigny de payer :

27571. A Madame Madeleine, fille du roi, 100 écus pour ses menus plaisirs.

27572. A Claude Alligre, trésorier des menus plaisirs, 36,410 livres pour acquitter différentes sommes que le roi a prises pour ses menus plaisirs.

27573. A Jacques Bénard, maître de la chambre aux deniers, 5,677 livres pour employer au fait de son office, particulièrement pour satisfaire à la passe de l'année 1530.

27574. Au même, 1,500 livres pour payer la dépense de festins donnés par le roi.

27575. Au roi de Navarre, 5,000 livres sur ce qui peut lui être dû pour sa pension de l'année finie le 31 décembre 1530, à prendre sur les deniers provenant de la vente du greffe des comptes.

27576. A Jean Cothel (*aliàs* Coutel), docteur ès droits, à présent à Rome pour le service du roi avec le duc d'Albany, 500 écus soleil en don pour son entretien à Rome.

27577. A Georges Planmetz, Allemand, don de 50 livres tournois.

27578. A M. de La Guiche, le jeune, ambassadeur du roi en Angleterre, don de 400 écus soleil pour l'aider à supporter la dépense de son ambassade.

27579. A Jean Sapin, 535 livres pour payer les chantres de la chapelle de plain chant (gages du dernier quartier de l'année 1530).

27580. A Pierre Guérin, chevaucheur d'écurie, 8 livres 5 sous pour voyage à Blois, parti de Paris le 22 janvier 1531 n. s., porteur de lettres du roi adressées à Mᵉ Jean Grenasie, maître des comptes à Blois.

27581. A Jean Morinet, chevaucheur d'écurie, 25 livres 8 sous 9 deniers pour le voyage qu'il a fait de Paris, partant le même jour, à Toulouse où il porta des lettres du roi au président du Parlement de Toulouse.

27582. A Noël Mignon, chevaucheur d'écurie, parti de Villemomble, le 1ᵉʳ avril 1531 n. s., pour Rome en toute diligence, porteur de lettres closes du roi au duc d'Albany, 120 écus soleil.

27583. A Bonaventure de Saint-Barthélemy, conseiller au Parlement, et à Nicole Charmoluc, avocat en ladite cour, 150 livres 4 sous pour ce qui leur reste dû de leur voyage fait à Cambrai l'année dernière, au sujet du différend de la terre de Crèvecœur.

27584. A Jean Le Noir, lieutenant du bailli d'Amiens à Montreuil, à Philippe Goires et à Pierre Touaut, greffier, 72 livres 13 sous à eux taxés pour une enquête qu'ils ont faite à Thérouanne, sur l'ordre du roi.

27585. A frère Jacques de Seguerio, religieux de l'ordre de Saint-Dominique, 50 écus d'or soleil que le roi lui a donnés pour son entretien et l'aider à vivre en attendant ses dépêches et son retour en Espagne.

(*Arch. nat.*, J. 960¹, nᵒ 10, anc. 24.)

Mandements au trésorier de l'épargne de payer :

27586. Au duc de Longueville, 4,000 livres pour sa pension de l'année dernière.

27587. Au sʳ d'Aubigny, 4,000 livres pour sa pension de l'année dernière.

27588. Au sʳ de Chavigny, capitaine de la garde, 1,200 livres pour la même cause.

27589. A Joachim de La Châtre, autre capitaine des gardes, 1,200 livres pour semblable cause.

27590. A Guillaume Stuart, lieutenant sous ledit sʳ d'Aubigny, 600 livres pour sa pension de ladite année.

27591. A Jean Stuart l'aîné, porte-enseigne de ladite compagnie, 300 livres pour semblable cause.

27592. A Jean Stuart le jeune, homme d'armes en ladite compagnie, 300 livres pour la même cause.

27593. A Jacques de Cran, lieutenant de la compagnie dudit de La Châtre, 300 livres pour semblable cause.

27594. A Thomas de Saint-Amadour, porte-enseigne de ladite compagnie, pour même cause, 200 livres.

27595. A Louis de Thiville, lieutenant de la compagnie du sʳ de Chavigny, 300 livres pour même cause.

27596. A René de Rivol, porte-enseigne de la même compagnie, 200 livres pour semblable cause.

27597. A Louis de Charmazel, lieutenant de la compagnie du sénéchal d'Agénais, 300 livres pour même cause.

77·

— 612 —

27598. A Raymond de L'Isle, porte-enseigne de ladite compagnie, 200 livres pour semblable cause.

27599. Au jeune de Mouy, 1,200 livres pour sa pension de ladite année dernière.

27600. Au sr de la Roche-du-Maine, 1,000 livres pour semblable cause.

27601. A Antoine de Rincon, 600 livres pour remettre en don à certain personnage que le roi lui a indiqué.

27602. A Claude de Menville, 100 livres pour se rendre en diligence à Marseille, touchant le fait des galères.

27603. Mandement au trésorier et receveur général de Languedoc de payer dorénavant, chaque année, à la veuve du feu comte de Carpi 10,000 livres sur le tirage du sel, à commencer au quartier de juillet prochain, jusqu'au parfait payement de la somme de 98,804 livres 16 sous 6 deniers tournois.

27604. Mandement pour faire payer à la veuve de Bastien de Mareau, maître de la chambre aux deniers, 8,249 livres 14 sous 11 deniers dus audit défunt.

27605. Au sr des Arpentis, lieutenant du château de Nantes, 500 livres pour sa pension de l'année dernière.

27606. Au sr de Poisieux, lieutenant en la ville de Saint-Malo, 400 livres pour semblable cause.

27607. Au sr d'Alègre, 2,000 livres pour sa pension de ladite année et pour tout ce qui peut lui être dû pour le temps passé.

27608. Au même, 600 livres pour ses gages de capitaine de Granville, des années 1529 et 1530, finies le 31 décembre.

27609. Au sr de Vatilleu, lieutenant de la compagnie de M. l'Amiral, 600 livres pour sa pension de l'année 1530, finie le 31 décembre dernier.

27610. A Bernard de Pompas, capitaine du château de Dijon, 240 livres pour la garde de ladite ville durant ladite année dernière.

27611. A Girard de Vienne, sr de Ruffey, pour ses gages de capitaine de Beaune de ladite année.

27612. A Antoine Godefroy, capitaine de la ville d'Auxonne, 300 livres pour la même année.

27613. A Charles de Glenesses, sr du Bois-des-Moulins, capitaine du château d'Auxonne, 200 livres pour ladite année.

27614. A Guyon de Béranger, capitaine et châtelain de Talant, 300 livres pour pareille cause.

27615. A François d'Orfeuille, s^r de la Guillotière, capitaine de Saulx-le-Duc, 200 livres pour semblable cause.

27616. A Philippe de La Tour, s^r de Vatilleu, capitaine de Nuits, 80 livres pour pareille cause.

27617. A Nicolas de Pluviot, capitaine du guet des portes de Dijon, 150 livres pour semblable cause.

27618. A Étienne Jacqueron, s^r de la Mothe-d'Argilly, 200 livres pour ladite année.

27619. A Étienne Bastier, s^r de Maigny, pour semblable cause, 120 livres.

27620. A Jean de Plaisance, commissaire des mortes-payes de Bourgogne, 400 livres pour ladite année.

27621. A Jean Dumoulin, capitaine des arquebusiers de Dijon, 120 livres pour ladite année.

27622. A Jean Noël, maire de Dijon, 100 livres pour semblable cause.

27623. A Jacques L'Arbaleste, maire de Beaune, pour semblable cause, 50 livres.

27624. A Perrinet Camus, maire d'Auxonne, pour pareille cause, 50 livres.

27625. A Bénigne Serre, s^r des Barres, pour semblable cause, 100 livres.

27626. A Félix de Jonville, Allemand, pour sa pension de ladite année, 200 livres.

(*Sur le même rôle figure le n° 4041 du* Catalogue, *daté du 23 mai 1531.*)

(*Arch. nat.*, J. 960¹, n° 11, anc. 25.)

27627. Lettres de naturalité octroyées, à la requête de la reine, aux gentilshommes, dames, damoiselles et autres officiers étrangers de la maison de ladite dame, avec permission de disposer de leurs biens par testament, et aux ecclésiastiques de tenir bénéfices dans le royaume, et pour tous dispense de payer aucune finance.

Gens d'église.

Don Jean de Wyt, évêque, don Antoine Ramirès de Haro, premier maître des requêtes, le confesseur non nommé, Jacques Gaulthier, premier aumônier, Nicaise Marchant, Fernando Perez, le bachelier Poblacion, Fraile Jehan, Nicolas Barbyon, Diego Ordongnès, Fernando Ordongnès, (*blanc*) Amadour, Jean Hauel.

Gens lais.

27628. Antoine de Lestre, s' de Tombes, maître d'hôtel, Francisque de Guzman, aussi maître d'hôtel, Étienne de Cilly, premier écuyer, don Paul de Wyt, Francisque Zorillès, Jean Boucault, Jérôme d'Errcre (Herrera), Pierre de La Milatière.

Dames et damoiselles.

27629. Jeanne de Lâtre, dame de Beauvoir et de Tombes (cf. le n° 20224), dame Guyomar de Lercon, Anna Manrique, Marina de Porrès, Béatrix Pacheco, Johanna Fignolet, Léonor Sapata, Marie de La Cerda, Inès de Mandosse (Mendoza), Inès de Valiesco, Marie des Tombes, Léonor de La Chapelle.

Femmes de chambre et autres.

27630. Béatrix de Montfraut, Elvira Vasquez, Thérésa Vasquez, Mayque Paulx, Messye Albarès de Toledo, Marie de Valcazar, Marie d'Arenes, Francisca de Salles, (*blanc*) Villobos.

Menus officiers.

27631. Francisque Fernandez, Thibaut Cornu, Francisque Cardin, Pontus des Prez, Jean de Pontailler, Christophe de La Tour, Pierre Dupré, Jean Brisardes, Georges Verstrepen, Alonso de Santa Cruz, Tyrion de Brandenghien, Diricq de Melo, Artus Ruttes, Alonso de Ylliescus, J. de Lyemalle, Francisque Perara, Laurencio Carballe, Alonso Vacca, Secretario Sancheeota, Hubert Pellerin, le docteur Poblacion, Gérard Hauel, Pero Laxo, Jean de Vigogne, Michel Setliers, Diricq Raparts, Philippe d'Ordonghe, Jean de La Nauve, Lopez de Salynes, Hottelet Hauel, Adrien Van Horne, Jacques Damas, Francisque de Moralès, Philippe de Chayne, Francisque Ramirès de Moralès, Innocent de Almeyda, Pedro Barraye, Panthaléon, Gilles Rombot, Pedro d'Escalante, Jean de Ligny, Paul Vandermere, Guichard de Pontailler, Antoine Lambert, Machin Revers, Alonso de Herrera, Nicolas Scarbard, Melchior Lopez, Carasse, Nangutreppes (*sic*) de Capasa, Sarrano, Balthazar, Charles et Jean Van Mechelen, Jean de Villereal, Gaspard Daguero, Louis Ribero, Marina de Hoz, Anna Verstrepen, Maigne Remy, Inès Albarès de Toledo, Marguerite d'Escalante, Marthe Fernando.

Nicolas Vanderlaen, trésorier et receveur général de ladite dame.

Olivier de Launaix, contrôleur général.

Guillaume Lemoyne, secrétaire.

(*Arch. nat.*, J. 960¹, n° 12, anc. 27.)

Acquits à expédier pour la guerre.

27632. Mandement au trésorier de l'épargne de payer ou appointer aux trésoriers des guerres 405,114 livres tournois pour la solde de deux mille cent cinquante-deux lances fournies des ordonnances du roi, des deux derniers quartiers de l'année 1530.

27633. Autre au même pour payer ou appointer auxdits trésoriers des guerres 5,264 livres tournois pour la solde de quatre prévôts des maréchaux de France et de soixante-douze archers, compris un des prévôts et douze archers de nouvelle création pour servir en Languedoc, durant les mêmes quartiers.

27634. Autre mandement pour payer à quatorze hommes d'armes et vingt-trois archers de la compagnie du maréchal de La Mark leurs gages et solde, savoir à huit hommes d'armes et treize archers pour les quartiers d'octobre 1529 et janvier 1530, et à six hommes d'armes et dix archers pour seize jours de mars 1530 seulement.

27635. Autre pour payer à deux hommes d'armes et quatre archers de la compagnie du s' d'Alègre leurs gages desdits quartiers d'octobre 1529 et janvier 1530.

27636. Autre pour payer à un homme d'armes de la compagnie du s' de Montpezat ses gages des mêmes quartiers.

27637. Autre pour payer à un archer de la compagnie du s' de Saint-André ses gages desdits quartiers.

27638. Autre pour payer aux héritiers d'Ozias du Sault, dit « La Vernade », guidon de la compagnie de M. de Saint-Pol, les gages du défunt et de six archers sous ses ordres, pour les quartiers d'octobre 1527 et de janvier et avril 1528.

27639. Autre pour payer à un archer de la compagnie de M. le Grand écuyer ses gages des quartiers d'avril et juillet 1529.

27640. Lettres de validation du payement fait, par ordonnance du feu s' de Lautrec, à un homme d'armes de la compagnie de M. de Lorraine, de ses gages du quartier d'octobre 1526.

(*Arch. nat.*, J. 960¹, n° 13, anc. 28.)

Mandements au trésorier de l'épargne de payer :

27641. A Georges Gritti, fils du doge de Venise, 10,000 écus d'or ou 20,500 livres en remboursement de cette somme qu'il a fait délivrer au roi Jean de Hongrie, et dont le capitaine Rincon avait répondu pour lui, suivant le commandement verbal du roi.

27642. A M. [l'évêque] de Vence, 5,384 livres pour le complément des postes, messageries et frais de voyages qu'il a déboursés pendant son séjour à Rome, à prendre sur les amendes du Parlement de Provence, lods et ventes, restes de comptes, etc., dont l'on fait ordinairement état au roi.

27643. A François Saumaire, 6,660 livres pour le payement des quatre cent quarante-quatre mortes-payes de Bourgogne, durant le quartier de janvier, février et mars dernier.

(Le n° 4089 du CATALOGUE, *daté du 12 juin 1534, figure en tête de ce rôle.)*

(Arch. nat., J. 960¹, n° 14, anc. 29.)

Mandements à Jean Laguette, receveur général des finances extraordinaires et parties casuelles, de payer :

27644. A Guy d'Angliers, 1,000 livres en faveur de son mariage avec la demoiselle de Pontcharrault, outre pareille somme à lui assignée sur l'épargne.

27645. Au comte de Pontresina, 345 écus soleil pour les postes qu'il a courues au voyage par lui dernièrement fait de Rome à Paris, et dont les deniers sont dus à Bonaventure Ruccellai (cf. le n° 4164).

(Arch. nat., J. 960¹, n° 15, anc. 31.)

Mandements à Jean Laguette, receveur général des parties casuelles de payer :

27646. A Christophe Daresse, huissier de salle et du Conseil du roi, 120 livres tournois pour l'entretien et la nourriture d'un homme et de deux chevaux qu'il lui est ordonné d'avoir pour garder et conduire les ustensiles dudit Conseil, pendant le semestre échu le 30 juin 1531 dernier.

27647. A Jean Sapin, receveur général des finances en Languedoïl, 535 livres tournois pour employer au fait de son office, particulièrement aux gages des chapelains ordinaires du roi, du quartier d'avril, mai et juin dernier.

27648. A Michel Laloue, naguère portier de l'hôtel du roi, 6 écus d'or soleil en don et récompense de ses services et pour demeurer quitte envers lui de quelque arrérage de gages qu'il prétendait lui être dû.

27649. A Jean de Mottet, gentilhomme de Provence, 200 livres tournois pour le dédommager de partie des dépenses qu'il a faites en venant trouver le roi, pour lui exposer ses droits sur la Corse, affaire qui l'a retenu à la cour plus de six mois, et pour l'aider à se monter et à retourner chez lui.

27650. A Antoine Hélin, conseiller au Parlement de Paris, 720 livres d'avance pour les frais d'un voyage en Flandre, où le roi l'envoie présentement, pour le rachat des terres de Louis de Nevers et de Mme la douairière de Vendôme; ladite somme à raison de 8 livres par jour lui est comptée pour trois mois, à dater du 18 juillet [1531] qu'il partit de Fontainebleau.

(*Arch. nat.*, J. 960¹, n° 16, anc. 36.)

27651. Mandement pour payer, sur les deniers de l'épargne ou parties casuelles, à Louis de Nevers, 4,000 livres tournois montant de sa pension d'une année, finie le 31 décembre dernier.

27652. Au s^r de Beaumont-Brizay, lieutenant de M. l'Amiral en Bourgogne, sur les deniers de l'épargne du quartier de juillet prochain, 2,000 livres pour sa pension de ladite année.

27653. A Robinet de Luc, brodeur et valet de chambre de Madame, 100 écus ou 210 livres dont le roi lui a fait don, à prendre sur les droits et devoirs seigneuriaux échus en la vicomté d'Orbec, à cause de l'acquisition faite par Thierry Denis de la terre et seigneurie d'Avernes et de la sergenterie héréditale de Breteuil.

27654. Don et remise à François de Mons, l'un des cent gentilshommes de la maison du roi, de 75 livres tournois, montant d'une amende prononcée contre lui par arrêt du Parlement.

27655. Don à Mme d'Aix de la somme taxée par la Chambre des Comptes pour les lettres de naturalité qui lui ont été ci-devant octroyées.

27656. A M. le duc de Nemours, 14,000 livres montant de tout ce qui lui est dû pour sa pension et son entretien de l'année finie en décembre dernier, à prendre sur les deniers de la vente et composition de l'office de changeur du Trésor, vacant par le décès de Jacques Charmolue.

(*Arch. nat.*, J. 960¹, n° 17, anc. 37.)

27657. Mandement à Georges Hervoet (*aliàs* Hérouët), trésorier des guerres, de payer la solde de quatorze hommes d'armes et trente archers de la compagnie du marquis de Saluces, qui sont au marquisat de Saluces, pour les quartiers de janvier et d'avril 1528.

27658. Autre pour le quartier de juillet 1529, aux mêmes.

27659. Autre pour la solde de dix hommes d'armes et de quinze ar-

— 618 —

chers étant au marquisat de Saluces, des quartiers d'octobre 1529 et janvier 1530.

27660. Autre pour la solde de dix-neuf hommes d'armes et trente-neuf archers de la compagnie de Barnabo Visconti, des quartiers de janvier et d'avril 1528.

(*Arch. nat.*, J. 960¹, n° 18, anc. 39.)

Mandements au trésorier de l'épargne de délivrer :

27661. A Jean-Joachim de Passano, 257,616 livres 8 sous 4 deniers pour le payement qu'il doit faire aux Anglais en ce présent mois de mai, y compris l'achat de l'or et les 50,000 écus de crue à cause de la part de l'Empereur et de la composition du sel, à prendre sur la taille d'avril dernier.

27662. A Jacques Ragueneau, 34,261 livres 10 sous pour le payement des dix-huit galères qui sont à la solde du roi, durant le quartier de janvier, février et mars dernier.

27663. Au même, une somme semblable pour le présent quartier d'avril, mai et juin.

27664. A Jean Laguette, 3,390 livres pour le payement des archers de Chandio, durant le quartier de janvier, février et mars dernier.

27665. Au maître de la chambre aux deniers du roi, 13,500 livres pour employer au fait de son office durant le présent quartier d'avril, à prendre sur la taille dudit avril.

27666. Au maître de la chambre aux deniers de la reine, 10,800 livres pour ledit quartier d'avril.

27667. Au même, 6,500 livres pour l'écurie de ladite dame, du même quartier.

27668. Au même, 3,000 livres pour les menus plaisirs de ladite dame, du même quartier.

27669. Au même, 14,180 livres pour les gages des officiers de ladite dame, dudit quartier.

27670. Au sénéchal d'Agénais, 1,200 livres pour sa pension de l'année finie le 31 décembre 1530, à prendre sur le quartier de juillet prochain.

27671. Au même, 1,000 livres pour la capitainerie de Cherbourg, durant la même année.

27672. Au maître d'hôtel des Barres, 2,400 livres pour son état de capitaine de Pontorson des années 1527 et 1528, à prendre sur ledit quartier de juillet.

27673. A Christophe de Cargory, lieutenant de la Bastille, 546 livres pour la nourriture de Jean-Louis de Saluces et de ses serviteurs, durant le présent quartier d'avril, mai et juin, à raison de 6 livres par jour.

27674. A Laurent Colin, 4,100 livres pour le payement des Suisses de la garde durant ledit quartier d'avril.

27675. Au roi de Navarre, 7,000 livres restant de sa pension de 24,000 livres pour l'année dernière.

27676. Au même, 3,000 livres pour l'amirauté de Guyenne de ladite année.

27677. Au grand sénéchal de Normandie et au « prince » (sic) de Brézé, son frère, 1,925 livres 8 sous 4 deniers à prendre sur les radiations faites par les gens des comptes.

27678. A Jean Mathelon, avocat du roi au Parlement de Grenoble, 934 livres restant de ce qui lui est dû pour trois cent soixante-dix-huit jours (du 18 mai 1530 au 30 mai 1531) qu'il a vaqué à l'affaire du procès de Saluces, à raison de 60 sous par jour, dont il a reçu déjà 200 livres.

27679. Au même, 378 livres en don pour l'aider à supporter la cherté des vivres.

27680. A Antoine Carles, conseiller au Parlement de Grenoble, pour six mois qu'il a vaqué auprès du duc de Bar (du 23 août 1530 au 18 février 1531), 600 livres en plus de la même somme qu'il a déjà reçue, à raison de 200 livres par mois de trente jours.

27681. Au même, 78 livres en remboursement de ses frais de voyage durant ledit temps.

27682. Aux chanoines du Bois de Vincennes, 160 livres pour le complément de leur fondation de l'année finie le 31 décembre 1529.

(Sur ce rôle figure le n° 4001 du Catalogue, daté du 11 mai 1531.)

(Arch. nat., J. 960¹, n° 19, anc. 41.)

[Avril 1531.]

Mandements au trésorier de l'épargne de payer :

27683. A Alfonse de Saint-Séverin, duc de Somma, 1,000 livres en don à prendre sur le présent quartier d'avril.

78.

27684. A Marc-Antoine de Cusan, 4,000 livres pour tout ce qui lui est dû de ses pensions depuis cinq années (du 1er janvier 1526 n. s. jusqu'au 31 décembre 1530), sur ledit quartier.

27685. Au comte Claude Rangone, 4,000 livres sur sa pension depuis le 12 novembre 1528 jusqu'au 19 de ce présent mois d'avril, outre 2,000 livres qu'il a ci-devant reçues sur l'épargne, en attendant plus ample vérification de ce qu'il réclame.

27686. Au receveur de l'écurie, 3,678 livres 10 sous pour compléter les 17,423 livres 10 sous, montant de la dépense de ladite écurie durant le quartier de janvier, février et mars dernier.

27687. A Gacien de Plais, 42,000 livres pour le rembourser de pareille somme qu'il a prêtée au roi, dont il sera appointé moitié sur le quartier de juillet et moitié sur le quartier d'octobre prochains.

27688. A Jean Testu, naguère argentier du roi, 56,216 livres 6 sous 4 deniers pour rembourser audit de Plais cette somme qui lui est due du voyage d'Ardres, dont il sera appointé partie sur le quartier de janvier et partie sur celui d'avril de l'année prochaine.

27689. A Jacques Bernard, maître de la chambre aux deniers et commis au payement de l'argenterie jusqu'au bon plaisir du roi, 6,000 livres pour employer au fait de ladite argenterie du quartier de janvier dernier.

27690. A Nicolas Raince, pour sa pension de quatre mois, du 1er janvier dernier au 30 de ce présent mois d'avril 1531, 400 livres à prendre sur ledit quartier d'avril.

27691. A Grégoire de César, maître d'hôtel du roi de Navarre, 400 livres pour sa pension de l'année finie le 31 décembre 1530.

27692. A Pierre Laragain, chevaucheur d'écurie, partant d'Anet le 21 avril pour aller en poste vers le sr de Moutte, 60 livres à prendre sur le présent quartier d'avril.

27693. A Pierre Mangot, orfèvre, pour son payement d'une chaîne donnée au grand écuyer de Savoie, 1,025 livres, tant pour l'or et le déchet que pour la façon.

27694. Au receveur général Sapin, 185 livres 12 sous 6 deniers à délivrer aux trois postes de la cour pour leur service de trois mois.

27695. A Antoine de Rincon, pour le parfait payement de 8,118 livres qui lui étaient dues de reste de son voyage dernièrement fait en Hongrie, 4,093 livres à prendre sur le quartier de juillet prochain.

27696. Au même, pour sa pension des deux années 1529 et 1530, finies en décembre, 2,400 livres.

27697. A Jacques Rivière, receveur et payeur des officiers du Grand conseil, 416 livres 13 sous 4 deniers complétant la somme de 6,900 livres à laquelle se montent les gages desdits officiers pour six mois, du 1ᵉʳ octobre 1530 au 31 mars 1531.

27698. A Jean d'Alsace, échanson du roi, 3,600 livres pour ses pensions des cinq années dernières finies le 31 décembre 1530, à raison de 800 livres par an, dont il a reçu du trésorier de l'épargne 400 livres en 1529, à prendre sur le quartier d'octobre prochain.

27699. A Morelet de Museau, pour les pensions de Suisse, 42,000 livres montant du prêt que Gacien de Plais vient de faire au roi.

27700. Au comte Claude Rangone, 8,800 livres, complétant 14,800 livres qui lui sont dues pour sa pension depuis le 12 novembre 1528 qu'il fut retenu au service du roi jusqu'au 30 avril 1531, à raison de 6,000 livres par an.

27701. A Jean Laguette, 1,900 livres pour délivrer audit Claude Rangone, soit 1,200 livres de reste de ses états de capitaine de deux cents chevau-légers et mille hommes de pied, dont il avait la charge au camp de M. de Saint-Pol, et 700 livres qu'il avait avancées pour la solde de sa compagnie, avant la déroute dudit camp.

27702. A Philibert de La Verrière et Bertrand de Casalmajor, naguère hommes d'armes de la compagnie du feu sʳ d'Esguilly, à chacun 40 livres, et à Jean de La Verrière, archer de ladite compagnie, 20 livres en don, pour leur permettre de se retirer chez eux, à prendre sur le présent quartier d'avril.

(En tête de ce rôle se trouvent les nᵒˢ 3974 et 3975 du CATALOGUE, datés du 22 avril 1531.)

(*Arch. nat.*, J. 960¹, n° 20, anc. 43.)

27703. Don au sʳ de Bléneau, écuyer d'écurie du roi, de la somme de 1,000 livres tournois sur les deniers provenant des droits seigneuriaux échus au roi à cause des terres et seigneuries de « Seillenay » (Seignelay), Cheny, Beaumont et la Malmaison au comté d'Auxerre, demeurées au sʳ de la Rivière par appointement fait avec ses cohéritiers.

27704. Don à Jean de Choisy, aide de fourrière du roi, d'une amende de 60 livres parisis prononcée contre lui et son frère par arrêt du Parlement de Paris.

27705. Don à François Compaigne, pour un voyage qu'il fit de

Rome, après le sac de cette ville, en France où il apporta au roi des nouvelles touchant ses affaires, de 700 livres tournois sur les amendes et exploits du Parlement de Paris.

27706. Lettres d'amortissement pour François Lamy, valet de chambre ordinaire du roi, d'une rente de 20 sous tournois qu'il a baillée, en échange d'une autre de 13 sous, au chapitre de Saint-Genest de Thiers.

27707. Don à seize sergents à verge du Châtelet de Paris d'une somme de 320 livres 8 sous 6 deniers tournois pour avoir gardé pendant dix-huit jours, au château de Sèvres, trente-quatre brodeurs condamnés aux galères.

27708. Don à Christophe de Forest, médecin du roi, de 12,000 livres tournois sur les deniers de l'épargne, pour certaines causes tenues secrètes.

27709. Don et remise au sr de Gouais d'une amende de 60 livres parisis à laquelle il a été condamné par arrêt du Grand conseil.

(*Arch. nat.*, J. 960¹, n° 21, anc. 44.)

Mandements au trésorier de l'épargne de payer :

27710. A Jean Carré, pour les gages des officiers ordinaires de la maison du roi, durant le quartier de janvier dernier, 43,368 livres 15 sous qui, avec les 2,125 livres qui lui restent sur les assignations de l'année dernière, font un total de 45,493 livres 15 sous, somme nécessaire pour ledit payement.

27711. Au maître de la chambre aux deniers, pour ses passes de l'ordinaire et de l'extraordinaire du quartier de janvier dernier, 6,828 livres 19 sous 3 deniers à prendre sur la taille payable le 1er de ce présent mois d'avril.

27712. Au capitaine de la forêt de Halatte, 120 livres, et à chacun des quatre gardes, 60 livres, en tout 360 livres à prendre sur le quartier d'octobre dernier.

27713. A Stefano Colonna, pour le complément de 3,000 livres, 2,000 livres à prendre sur le quartier de janvier dernier.

(*Le n° 20180 du* CATALOGUE, *daté du 19 avril 1531, figure sur ce rôle.*)

(*Arch. nat.*, J. 960¹, n° 22, anc. 46.)

27714. Mandement au trésorier de l'épargne de bailler à Jacques Ragueneau, trésorier de la marine, la somme de 2,000 livres tournois due à M. de Barbezieux, lieutenant général pour le roi en la marine du Levant, pour une année de sa pension.

27715. Mandement au trésorier de la marine du Levant de payer audit s' de Barbezieux 600 livres tournois pour son état de lieutenant général en ladite marine, du mois de décembre 1528.

(Arch. nat., J. 960¹, n° 23, anc. 47.)

Mandements au trésorier de l'épargne de payer :

27716. A M. de Sedan, pour sa pension de l'année finie le 31 décembre 1530, 10,000 livres, savoir moitié sur le présent quartier d'avril et moitié sur celui de juillet prochain.

27717. Au maréchal de La Marck, son fils, 6,000 livres pour sa pension de l'année 1529, et 6,000 livres pour sa pension de l'année 1530.

27718. A Jean de La Marck, s' de «Saussy», 4,000 livres pour sa pension des mêmes années 1529 et 1530.

27719. A Damien de Garrigues, 400 livres; à François de Flasques, dit «Montferrant», 300 livres; à Guillaume Vandrinpel, 300 livres; à Jean Vanderhart, 300 livres; à Tasquin Biron et Gabriel Tour, à chacun 100 livres, pour leur pension de l'année 1529, et autant pour leur pension de 1530.

27720. A M. de Laval, pour sa pension de la présente année 1531, y compris le gouvernement de Bretagne, 14,000 livres, dont lui sera déduit 5,000 livres pour le revenu de Rennes, le restant, soit 9,000 livres, à prendre sur le quartier d'octobre prochain.

27721. A M. de Châteaubriant, 10,000 livres pour sa pension de ladite année 1531, à prendre sur le quartier d'octobre prochain.

27722. A Galéas Visconti, 10,000 livres pour sa pension de 1531, à prendre moitié sur le quartier de juillet prochain et moitié sur celui d'octobre suivant.

27723. A M. de La Chambre, 4,000 livres pour sa pension de l'année finie le 31 décembre dernier, à prendre sur le quartier de janvier 1532.

27724. A M. l'Amiral [Chabot], pour sa pension et son état de gouverneur de Bourgogne de l'année 1530, 18,000 livres, à prendre 6,650 livres sur le reste de l'octroi de Bourgogne de ladite année, et 11,350 livres sur le présent quartier d'avril.

27725. Au même, pour la capitainerie de Brest, 1,000 livres, et

— 624 —

pour celle du château du Ha, 300 livres, pour l'année 1539, à prendre sur ledit quartier d'avril.

27726. Aux écoliers de Suisse qui étudient à Paris, 450 livres pour leur pension du présent quartier d'avril.

27727. A Pierre Poitevin, grènetier de Coucy, 3,000 livres pour employer aux travaux de construction que le roi a ordonné de faire au château dudit lieu, sur le quartier de janvier dernier.

27728. Au cardinal de Tournon, 2,800 livres pour sa pension de l'année dernière, à prendre sur le présent quartier d'avril.

27729. Au vicomte de Turenne, tant pour sa pension que pour le gouvernement de l'Île-de-France durant le second semestre de l'année dernière, 4,000 livres à prendre sur le quartier de janvier dernier.

27730. Au même, pour les derniers six mois de 1530 de la capitainerie du Bois de Vincennes, 600 livres sur ledit quartier de janvier.

(*Ici se trouve le n° 3970 du CATALOGUE, daté du 17 avril 1531.*)

27731. A Marie d'Albret, comtesse douairière de Nevers, 400 livres en don sur ce qu'elle doit payer au roi à cause de la garde-noble de son fils, des années 1529 et 1530.

27732. A M. de Clermont-Lodève, lieutenant en Languedoc, 3,000 livres pour sa pension de l'année 1530, à prendre sur le présent quartier d'avril.

27733. Au receveur général Sapin, 2,707 livres pour employer aux menues affaires de la chambre durant les six derniers mois de 1530, sur le même quartier.

(*Ici se trouve le n° 3959 du CATALOGUE, daté du 11 avril 1531.*)

27734. Au tabourin de Mesdames Madeleine et Marguerite, 12 livres sur ledit quartier.

27735. A Jacques Varzenan, serviteur du duc de l'Infantado, don de 100 livres.

27736. Au capitaine et aux six gardes de la forêt de Romorantin, 120 livres au premier et 60 livres à chacun des six autres, pour leurs gages de l'année dernière.

27737. Au trésorier de la reine, 4,736 livres 7 sous 10 deniers pour la passe de l'écurie de ladite dame des six derniers mois de l'année 1530, à prendre sur le présent quartier d'avril.

27738. Au même, 2,011 livres 14 sous 9 deniers pour le complément de la passe de la chambre aux deniers du quartier de janvier dernier, montant au total à 4,481 livres 9 sous 9 deniers.

27739. Aux srs La Forest et Barillon, secrétaires de M. le Légat, 800 livres pour plusieurs expéditions d'ambassades, ordonnances et décimes, durant les années 1527 à 1530, suivant ce qui est taxé d'ordinaire aux clercs des chanceliers.

27740. Aux clercs de M. de Villandry, pour plusieurs expéditions faites par ordre dudit secrétaire jusqu'au 15 du présent mois d'avril, 600 livres sur ledit quartier d'avril.

27741. A la veuve et aux héritiers du comte Wolf, 3,649 livres 1 sou pour les rembourser de ce que celui-ci avait avancé aux lansquenets qu'il commandait au camp devant Pavie; l'assignation en avait été dépêchée par Mme la Régente, mais ils n'avaient pu être payés alors à cause des grandes charges de l'État, ladite somme à prendre sur le quartier d'octobre prochain.

27742. Au chevecier de la Sainte-Chapelle de Paris, 1,460 livres pour le luminaire, la nourriture et l'habillement des enfants de chœur et pour le pain du chapitre, durant cette présente année.

27743. Aux trésorier et chanoines du Bois de Vincennes, 160 livres pour parfaire les 1,500 livres qui leur sont payées annuellement, sur les quatre quartiers de la présente année.

27744. Aux doyen et chanoines du Plessis, 600 livres pour la fondation de leur église, durant la présente année.

27745. Aux Bonshommes du Plessis, 700 livres, et à ceux d'Amboise, 300 livres, pour la présente année.

27746. Mandement à la Chambre des Comptes et aux Trésoriers de France, pour faire payer désormais par le changeur du trésor, chaque année à partir du 1er janvier 1527 n. s., au premier président de Rouen et au général de Normandie, 100 livres à chacun par an, au lieu de deux arpents de bois qu'ils recevaient autrefois pour leur chauffage, à cause de leurs offices.

27747. A M. d'Humyères, 2,200 livres pour sa pension de l'année finie le 31 décembre dernier, à prendre sur le présent quartier d'avril.

(*Arch. nat.*, J. 960¹, n° 24, anc. 51.)

Mandements aux trésoriers de l'épargne de payer :

27748. A M. de Savoie, 20,000 livres pour sa pension de l'année présente, moitié sur le quartier de juillet, moitié sur celui d'octobre prochains.

27749. Au trésorier de la vénerie, 10,358 livres 10 sous pour les gages des officiers de la vénerie durant le quartier de janvier dernier, à prendre sur ledit quartier.

27750. Aux quatre gardes de la forêt de Moulière en Poitou, à chacun 50 livres, à prendre sur le quartier d'octobre dernier.

27751. A Pierre Mangot, orfèvre du roi, pour le payement d'une chaîne d'or donnée à Sébastien Giustiniani, ambassadeur de Venise, 2,950 livres.

27752. Au même, pour une autre chaîne d'or donnée à Jérôme Canale, secrétaire de ladite seigneurie de Venise, qui accompagnait en France ledit ambassadeur, 615 livres.

27753. Pour le payement d'une tapisserie que le roi a fait dernièrement acheter en Flandre, pour son service, 795 écus soleil.

27754. A Joachim de La Châtre, l'un des capitaines des gardes et capitaine de la Grosse tour de Bourges, 1,000 livres pour ses gages et état de capitaine de ladite tour de l'année finie le 31 décembre 1530, à prendre sur les deniers qui proviendront de la vente de l'office de contrôleur du grenier à sel d'Orléans, vacant par le décès de Jean Turpin.

(*Arch. nat., J. 960¹, n° 25, anc. 53.*)

Mandements au trésorier de l'épargne de payer :

27755. Au duc de Guise, 18,000 livres pour sa pension et son état de gouverneur de Champagne, sur le présent quartier de janvier, 6,000 livres et autant sur le quartier d'avril et celui de juillet prochains.

27756. Au même, 20,000 livres de don, moitié sur le quartier de juillet prochain et moitié sur celui d'octobre suivant.

27757. A Laloue, en don pour l'aider à marier ses filles, 6,000 livres sur les quatre quartiers de l'année 1532.

« *A Paris, du* XXVII° *mars* M.V°XXX *avant Pasques.* »

(*Arch. nat., J. 960¹, n° 26, anc. 54.*)

27758. Lettres déchargeant le s^r de Villeroy, trésorier de France, de faire apparoir du pouvoir qu'il a eu verbalement pour l'acquisition de deux maisons et d'un chantier touchant à la clôture du Louvre, à cause de laquelle il a été payé, sur son ordonnance, 655 livres tournois par Antoine de Kerquifmen, receveur et payeur des œuvres, somme rayée par la Chambre des Comptes. Le roi ordonne en outre que ledit de Villeroy continue dorénavant à faire faire les ouvrages et réparations nécessaires aux lieux, châteaux et places de la ville de Paris et des environs, et que les deniers qui seront payés de son ordonnance pour cet effet soient alloués aux comptes de ceux qui en feront les payements.

27759. Lettres portant union de la religion de Chanteloup et de l'hôpital dudit lieu, avec amortissement de 200 livres de rente roturière que ledit sʳ de Villeroy a baillée pour l'entretien desdits hôpital et religion.

27760. Don à Antoine de Corps, Gervais Le Bohier, dit « Macart », et Jacques Bienvenu, maîtres queux de la cuisine de bouche, de 100 écus sur le quart de la résignation de l'office d'avocat du roi à Saint-Pierre-le-Moutier.

27761. Don à Alonso de Rhodia, homme d'armes de la compagnie du duc de Guise, de 15 écus montant de la finance à laquelle il a été taxé pour les lettres de naturalité qui lui ont été octroyées.

(Arch. nat., J. 960¹, n° 27, anc. 57.)

Mandements au trésorier de l'épargne de payer :

27762. A François Charbonnier, trésorier des offrandes, pour employer au fait de son office durant le présent quartier de janvier, 1,500 livres.

27763. Au receveur de l'écurie, pour ledit quartier, 13,700 livres.

27764. A Guillaume Briçonnet, 10,425 livres pour le payement des cent gentilshommes de l'hôtel de la compagnie du vicomte de Turenne, du même quartier.

27765. A Julien Bonacoursy, 10,675 livres pour le payement des autres cent gentilshommes de la compagnie du grand sénéchal [M. de Brezé], dudit quartier.

27766. A Jean Thizart, 7,932 livres pour le payement des archers écossais de la garde, dudit quartier.

27767. A Jacques Richier, pour le payement des archers de la garde, commandés par le sʳ de Nançay, 7,177 livres 16 sous 3 deniers, pour ledit quartier.

27768. A Jean Chartier, pour le payement des archers de la garde de la compagnie du sénéchal d'Agénais, durant ledit quartier, 7,222 livres 16 sous 3 deniers.

27769. A Étienne Besnier, 7,177 livres 16 sous 3 deniers pour le payement des archers de la garde de la compagnie du sr de Chavigny, dudit quartier de janvier.

27770. A Jean Cheylieu, pour le payement du prévôt de l'hôtel dudit quartier, 2,100 livres.

27771. A Jean de Montdoulcet, 9,000 livres pour le payement des gages des officiers ordinaires de l'artillerie, durant ledit quartier.

27772. Au trésorier de la reine, pour la chambre aux deniers de ladite dame dudit quartier, 10,800 livres.

27773. Au même, pour l'écurie, 6,500 livres.

27774. Au même, pour les menus plaisirs, 3,000 livres.

27775. Au même, pour les gages des officiers de la maison de ladite dame, 14,180 livres.

27776. A l'argentier de ladite dame, pour le même quartier, 4,000 livres.

27777. Au trésorier de M. le Dauphin et des ducs d'Orléans et d'Angoulême, 9,600 livres pour la chambre aux deniers de leur maison, durant ledit quartier.

27778. Au même, pour l'argenterie de ladite maison, 2,000 livres.

27779. Au même, pour les aumônes et menus plaisirs, 600 livres.

27780. Au même, pour les gages des officiers de ladite maison, 9,665 livres.

27781. A Fleury Geuffroy, 2,500 livres pour l'écurie de ladite maison, durant le même quartier.

27782. Aux six gardes de la forêt de Coucy, à chacun 60 livres, soit 360 livres pour leurs gages de l'année dernière.

27783. A la reine de Navarre, 500 livres en don sur les restes des comptes de la Chambre des Comptes de Paris.

27784. Mandement à la Chambre des Comptes d'allouer à ladite dame pareille somme de 500 livres, qui lui a été rayée, sur le receveur des amendes de la Cour des Aides de Rouen,

27785. A Renzo de Cere, 1,673 livres 15 sous en don, à prendre sur les quatrièmes des vins et menus boires de la châtellenie de Pontoise, des quatre quartiers de la présente année.

(*Ici se trouve le n° 3890 du* CATALOGUE, *daté du 18 mars 1531 n. s.*)

27786. Mandement à la Chambre des Comptes d'allouer à la Cour

des Aides de Rouen 3oo livres par an, que le roi lui a permis de prélever sur les amendes, tant pour les messes que pour bougies, chauffage,
buvette, voyages et messageries.

Autres mandements au trésorier de l'épargne de payer :

27787. A l'argentier du roi, 2,o5o livres tournois pour remettre à
Ottomanni Acciaïoli, marchand florentin, en payement d'une pièce de
drap d'or frisé à triple frisure qu'il a livrée pour faire une robe à la reine,
à raison de 80 écus soleil l'aune, à prendre sur le quartier d'avril prochain.

27788. Au trésorier de Navarre, 4oo livres pour six mois de sa
pension finie le 31 décembre dernier, à prendre sur le présent quartier
de janvier.

27789. Au même, pour les voyages secrets durant les mois de
mars, avril, mai et juin derniers, 64o livres sur ledit quartier, à raison
de 16o livres par mois.

27790. A l'Empereur, 3,142 livres pour le dédommager de ce qui a
été levé du grenier à sel de Noyers en Bourgogne, du 1er janvier 1526 n. s.
au 3o septembre 1529, dont il devait être remboursé, suivant les traités
de Madrid et de Cambrai, à prendre sur le quartier d'avril prochain.

27791. A Nicolas Mangin, secrétaire de M. de Lorraine, 8oo livres
pour sa pension des années 1529 et 153o, à raison de 4oo livres par
an, à prendre sur le présent quartier de janvier.

27792. A Mathieu de Longuejoue, Charles de La Mothe, François
Ravel et François de Saint-André, 48o livres pour leurs gages de conseillers au Parlement de Bretagne, dont le roi veut qu'ils soient payés,
quoiqu'ils n'aient pas siégé, à raison de 120 livres chacun, à prendre
sur le payeur de ladite cour.

27793. Aux mêmes, 1,023 livres 15 sous, soit 292 livres 10 sous à
Longuejoue et 243 livres 15 sous à chacun des trois autres, pour leurs
gages dudit Parlement de l'année finie le 31 décembre 153o, quoiqu'ils
n'aient pas siégé, étant retenus ailleurs pour les affaires du roi.

27794. Au maître de la chambre aux deniers, 431 livres 5 sous
pour complément de 1,691 livres 5 sous, prix des vins de Languedoc
fournis par Jacques Boursier, marchand de Paris, dont il a eu ci-devant
1,210 livres, ledit reste à prendre sur le présent quartier de janvier.

« *Du* xxie *mars* M.v^cxxx. » — (*Sur ce rôle figure le* n° *20 150 du* Catalogue, *daté
du* 21 *mars* 1531 n. s.)

(*Arch. nat.*, J. 960³, n° 28, anc. 59.)

27795. Don au chevalier d'Aubigny, de Bourgogne, de 5oo livres à prendre des mains du receveur général d'Apestigny sur les deniers des offices ou autres deniers casuels pour les arrérages de ses états et pensions.

27796. Don au maréchal de La Marck de la somme de 8,ooo livres tournois sur les parties casuelles.

27797. Don à Antoine de La Faye de 2oo écus soleil, montant de la finance à lui taxée par les gens des comptes pour les lettres d'anoblissement qui lui ont été accordées, en considération du s^r de Laseigne, son beau-père.

27798. Don et remise à Racine, l'un des cent gentilshommes de la maison du roi, de l'amende de 6o livres parisis à laquelle il a été condamné par arrêt du Parlement de Paris.

27799. Mandement au trésorier de l'épargne de faire tenir quitte, par le receveur ordinaire de Nantes, Jean Denyon, fermier de la traite de Nantes, de la somme de 1,4o3 livres 7 sous 6 deniers, montant du droit de traite et passage des poissons amenés de Bretagne, durant les années 1528 et 1529, pour la provision de la maison du roi, de celle de Madame et de celle des Princes.

27800. Lettres données sur l'avis du Grand conseil, du général de la charge et des élus de Saintonge, portant modération de taille aux pauvres habitants de Beauvoir-sur-Matha, jusqu'à concurrence de 1,ooo livres en quatre ans, pour les aider à supporter les pertes que la grêle leur a fait subir.

27801. Lettres portant rabais, suivant l'avis du Grand conseil et du général de la charge, en faveur de Jérôme Lucas, fermier du huitième du vin vendu en détail en la ville de Saint-Jean-d'Angély, de 35o livres sur le prix de sa ferme, à cause des pertes qu'il a subies.

27802. Mandement pour faire payer 74 livres par an au Prévôt des maréchaux de Gien et 12o (*sic*) livres à son archer, depuis que le receveur général Besnier a été pourvu de ladite recette au lieu de Ruzé, et dorénavant tant que lesdits prévôt et archer exerceront leur charge.

27803. Mandement de faire payer à treize pages que le roi envoie dans la gendarmerie, à chacun 3o écus soleil pour les aider à se monter et à s'armer.

27804. Don à M. l'amiral [Chabot] de la somme de 2,5oo livres sur les parties casuelles, au lieu des droits seigneuriaux de la baronnie de Buzançais dont le roi lui avait ci-devant fait don, et qui ont été ac-quittés au receveur de Touraine.

(*Arch. nat.*, J. 960¹, n° 29, anc. 60.)

Mandements au trésorier de l'épargne de payer :

27805. Au maître de la chambre aux deniers, 4,000 livres pour partie de la dépense que nécessitera le festin et souper de la reine à son entrée en la salle du palais à Paris, à prendre sur le présent quar-tier de janvier.

27806. A l'abbé et au couvent de Saint-Hubert des Ardennes, en aumône, 100 livres, à prendre sur ledit quartier.

27807. A Claude Aligre, 307 livres 10 sous pour les menus plai-sirs du roi, en plus de l'ordinaire, à prendre sur ledit quartier.

(*Ici figurent les n°ˢ 3852, 3859 et 3891 du CATALOGUE, datés des 15 et 28 février et 15 mars 1531 n. s.*)

27808. A Jean-Joachim de Passano, don de 8,000 livres tournois, à prendre sur le quartier d'octobre 1531.

27809. A Mˡˡᵉ d'Avrigny, 75 livres en don sur les amendes du Par-lement de Paris.

27810. Au sʳ de Brissac, don des gages de la capitainerie de Fa-laise depuis le décès du sʳ de Beauvois jusqu'à l'investiture qui en a été faite audit de Brissac.

27811. Au trésorier des Suisses, 46,900 livres pour employer à partie de ce qui leur est dû de leurs pensions, à prendre sur les plus-values de l'année 1530.

27812. A Pierre Mangot, orfèvre, 157 livres 1 sou 11 deniers, pour la façon, fourniture d'argent et étoffes du coffre du cachet du roi, déduction faite de 43 livres 15 sous, prix de l'argent provenant du vieux coffre, à prendre sur ce présent quartier de janvier.

27813. Au receveur général Sapin, 2,070 livres à prendre sur ledit quartier, pour l'achat d'un grand bateau destiné à conduire par eau le roi, la reine et leur suite, y compris la construction et l'aménagement.

(*Arch. nat.*, J. 960¹, n° 31, anc. 62.)

Mandements au trésorier de l'épargne de payer :

27814. A Jean Laguette, 100,000 livres pour délivrer aux cantons de Suisse, à prendre sur le présent quartier de janvier.

27815. Aux six gardes de la forêt de Cuise et Rets près Compiègne, pour leurs gages de l'année dernière, à chacun 60 livres, sur le quartier d'octobre dernier.

27816. Au capitaine de la forêt de Chinon, 120 livres, et à chacun des quatre gardes 60 livres, soit 360 livres à prendre sur ledit quartier, pour leurs gages de l'année dernière.

27817. A Jean Hotman, orfèvre de Paris, 502 livres pour cent soixante-sept jours qu'il a vaqué tant à peser et à priser la vaisselle d'argent que le roi avait empruntée en ladite ville, pensant s'en aider pour le payement de sa rançon, que pour l'avoir portée vers feu Marguerite d'Autriche et ensuite ramenée à Paris, ladite somme à prendre sur le présent quartier de janvier.

27818. Au s^r de Laloue, grand veneur de M. le Dauphin, 600 livres, à Virgile Barsicquet, écuyer d'écurie dudit prince, 300 livres, et à Pierre Lestoile, dit le Chevalier, «joueur d'espée», 300 livres à prendre du trésorier de mondit seigneur, pour leurs gages de la présente année que l'on a omis de porter sur l'état de sa maison.

27819. A Laurent Colin, 4,100 livres pour le payement des Suisses de la garde de ce présent quartier de janvier.

« Du IXe mars M. V^e XXX. »

(*Arch. nat.*, J. 960^1, n° 32, anc. 63.)

27820. Lettres portant rabais à Étienne Le Roy, le jeune, et à Guillaume Chauvet, fermiers l'année dernière du grand port de Blois, de 300 livres sur le prix de leurdite ferme, suivant l'avis du Grand conseil.

27821. Mandement à la Chambre des Comptes d'allouer aux comptes du receveur général de Picardie 700 livres qu'il a payées, savoir au s^r d'Humières 200 livres pour un voyage par lui fait, au mois d'octobre 1529, à la reddition de la ville d'Hesdin, et 500 livres pour le payement d'un mois de solde des gens de pied étant en ladite ville, et ce des deniers de sa recette de l'année 1529.

27822. Mandement semblable pour passer aux comptes dudit receveur 796 livres 13 sous 4 deniers qu'il a payés des deniers provenant des vivres qui étaient dans les places de Picardie, pour faire sortir d'Hesdin toutes les pièces d'artillerie qui se trouvaient dans la ville et le château, et les conduire à Péronne et à Abbevillle, ainsi qu'il appert d'un certificat signé du s^r d'Humières.

— 633 —

27823. Mandement à la Chambre des Comptes d'allouer aux comptes de Jean-Joachim de Passano et de Luc d'Ansalde, consécutivement commis au payement de la dette d'Angleterre, la somme de 6,125 livres 2 sous tournois à cause de l'achat d'écus pour cinq termes de payements qu'ils ont faits jusqu'au 1er novembre 1529, et de leur taxer, pour le passé et pour l'avenir, 4 deniers tournois par livre pour la tenue desdits comptes.

« Du IXe mars M. Ve XXX, à Paris. »

(*Arch. nat.*, J. 960¹, n° 33, anc. 64.)

27824. Lettres d'assignation sur les amendes de la Tour carrée des 1,000 livres dues aux conseillers de la Tournelle du Parlement de Paris, pour l'année dernière.

27825. Continuation au capitaine d'Abbeville d'une concession de trois arpents de bois chaque année, à prendre en la forêt de Crécy, pour son chauffage et celui des mortes-payes.

27826. Mandement aux gens des comptes de Dijon de prendre les épices que le roi leur a accordées, suivant les termes arrêtés au Conseil.

27827. Mandement au trésorier d'Apestigny de payer à La Tour, chargé des oiseaux du roi pour les champs, 400 livres de ses gages et état de l'année dernière.

27828. Lettres d'affranchissement de tailles pour dix ans, octroyées, suivant l'avis du Grand conseil, aux pauvres habitants de Sceaux en l'élection de Paris, « qui sont tous bruslez ».

(*Arch. nat.*, J. 960¹, n. 34, anc. 65.)

27829. Don au sr de Perdilhac de certaines rentes de blé, argent et poulailles adjugées au roi par le Parlement de Bordeaux, en la sénéchaussée d'Agénais, et pouvant valoir environ 45 livres par an, plus les arrérages estimés à 200 écus que son feu père avait touchés pendant la durée du procès.

27830. Don à Jean Dutheil et à Millet Roignart, sommelier et panetier de bouche, de 80 écus à prendre sur l'office d'huissier et garde de la porte de la chancellerie de Toulouse, à présent vacant.

27831. Don à Lavigne et à Burgensis, sommeliers de bouche, de 100 écus soleil à prendre sur les deniers provenant de la résignation à

IMPRIMERIE NATIONALE.

survivance de l'office de contrôleur des deniers communs de la ville de Bordeaux.

« Roolle signé de la main du roy, expedié à Coignac [1]. *»*

(*Arch. nat.*, J. 960¹, n° 35, anc. 66.)

Mandements aux trésorier de l'épargne et autres comptables de payer :

27832. A Raymond Forget pour les bâtiments de Chambord, 60,000 livres pour les quatre quartiers de cette présente année [1531].

27833. Au bâtard de Chavigny, commissaire desdits bâtiments, 1,200 livres pour ses gages de ladite année, que lui payera chaque mois ledit Forget.

27834. A M. de Lorraine, 36,000 livres restant de sa pension des années 1527 et 1528, à prendre sur l'épargne, savoir 12,000 livres sur le présent quartier de janvier, février et mars, 12,000 sur le quartier de juillet et autant sur le quartier d'octobre prochains.

27835. Au même, pour sa pension des années 1529 et 1530, 48,000 livres à prendre par égales portions sur les quatre quartiers de l'ann e 1532.

27836. A Jean Duval, pour le payement du Parlement de Paris, du présent quartier de janvier, février et mars, 15,935 livres 7 sous 8 deniers.

27837. A Héluin Du Lin, pour le payement du Parlement de Rouen, même quartier, 4,431 livres 5 sous.

27838. A Pierre Potier, 4,938 livres 8 sous 4 deniers pour le payement du Parlement de Toulouse, même quartier.

27839. A Jean Lombard, 4,576 livres 11 sous 3 deniers pour le payement du Parlement de Bordeaux, même quartier.

27840. A Claude Duchamp, 2,422 livres 17 sous 6 deniers pour le payement du Parlement de Dijon, même quartier.

27841. A Jacques Rivière, 6,533 livres 6 sous 8 deniers pour le payement du Grand conseil, durant six mois finissant le 31 du présent mois de mars.

27842. A François Damont, 7,979 livres 5 sous pour la Chambre des Comptes de Paris, durant le présent quartier de janvier, février et mars, y compris les robes de Pâques.

[1] François Ier séjourna à Cognac de la fin de juillet au 9 août 1530.

27843. Au receveur général de Bourgogne, 1,112 livres 3 sous 1 denier pour la Chambre des Comptes de Dijon, même quartier.

27844. A Jean Lasset, 5,087 livres 10 sous pour la Chambre des Comptes de Montpellier, même quartier.

27845. A Guillaume Quinette, 1,766 livres 17 sous 6 deniers pour le payement des Généraux de la justice (Cour des Aides) de Paris, même quartier.

27846. A Robert Baratte, 707 livres 6 sous 11 deniers pour les Généraux de la justice à Rouen, même quartier.

27847. A Antoine Périé, 320 livres pour les Généraux de la justice de Montpellier, même quartier.

27848. A Pierre Le Bossu, 750 livres pour le payement des Généraux des monnaies à Paris, même quartier.

27849. A Gabriel Dedevant, chevaucheur d'écurie, partant de Paris le 23 du présent mois de mars, 60 livres pour un voyage en diligence à Bruxelles, où il va porter des lettres de créance du roi au s' de Morette, ambassadeur près de l'Empereur.

27850. Mandement au changeur du trésor de faire payer les pension et chevauchées du trésorier de Normandie de l'année dernière, montant à 2,200 livres, plus 700 livres pour sa pension de cette année.

27851. Lettres d'amortissement de plusieurs terres, en faveur du commandeur de Saint-Antoine-lès-Troyes.

(*Arch. nat.*, J. 960¹, n° 36, anc. 67.)

Rôle des mandements expédiés pour remboursements, sur les deniers du quartier d'avril dernier, de sommes prêtées au roi :

27852. Au s' d'Iverny, 3,421 livres 8 sous 6 deniers pour la valeur de deux chaînes d'or qu'il a prêtées pour l'affaire de la rançon.

27853. A Louis Du Bellay, archidiacre de Paris, pour semblable, 253 livres 3 sous 9 deniers.

27854. Au président Poillot, pour semblable, 410 livres.

27855. A Robert Thiboust, pour semblable, 102 livres 10 sous.

27856. A Nicolas Hennequin, pour pareille cause, 100 livres.

27857. A Jean Ferron, conseiller au Parlement de Bordeaux, 500 livres pour le rembourser d'un prêt fait au roi, l'an 1521, et déposé entre les mains de Meigret pour l'affaire de Fontarabie, à prendre sur le quartier de janvier prochain.

27858. A Léonard Gay, conseiller au Grand conseil, pour semblable cause, 400 livres.

27859. Au receveur général Besnier, 20,000 livres pour remboursement de son premier prêt fait en mars 1529 n. s.

27860. Pour le payement du Parlement, de la Chambre des Comptes, des Généraux de la justice des aides et des monnaies, durant six mois, 87,500 livres.

27861. A M. de Vendôme, 14,000 livres pour le complément de sa pension de l'année dernière, à prendre moitié sur le présent quartier de juillet et moitié sur celui d'octobre prochain.

27862. Aux trésoriers des guerres, 423,741 livres pour le payement de la gendarmerie, durant les quartiers d'octobre et de janvier, dont 200,000 livres assignées sur les parties casuelles et 223,741 sur l'épargne.

27863. A Jacques Charmolue, changeur du trésor, 2,050 livres en remboursement du prêt qu'il a fait en deniers comptants pour le fait de la rançon du roi.

27864. Au trésorier des offrandes, 2,440 livres pour les aumônes du roi, des quartiers de janvier et avril, à prendre sur l'épargne, en plus des 560 livres dont il a été appointé sur les parties casuelles.

27865. Pour le payement du Grand conseil, durant une année entière, 14,000 livres.

27866. Pour le payement de la vénerie et fauconnerie, du quartier d'avril, mai et juin, 10,223 livres 10 sous.

27867. Au maître de la chambre aux deniers, 13,500 livres pour le quartier de juillet.

« *Roole expédié à Coignac.* » (Cf. la note ci-dessus, p. 634.)

(*Arch. nat.*, J. 960¹, n° 37, anc. 68.)

Mandements pour payements de sommes ordonnées à divers officiers de la maison de feu Madame.

27868. A Mesme Mestivier, boulanger de ladite dame, 2,500 livres tournois pour le dédommager des pertes, frais et avances faits durant les deux années dernières jusqu'au 29 octobre, pour les fournitures de la bouche et du commun.

27869. A Jean Gaillard, dit « de Saintes », marchand boucher, 2,000 livres, dont 1,250 pour l'augmentation survenue durant un an en ladite maison, à l'occasion de Mesdames, et 750 livres pour les pertes et dommages qu'il a éprouvés durant deux ans en fournissant ladite maison.

27870. A Jean More et Mathurin Bigreux, 600 livres pour ladite augmentation de fournitures.

27871. A Étienne Becare et Ambroise Coco 1, muletiers, 81 livres 5 sous, dont 75 pour avoir porté sur six mulets les lits et coffres de Mesdames, du 15 novembre au 31 décembre 1530, et 6 livres 5 sous pour leurs gages durant ledit temps, non portés sur l'état de la maison de ladite feue dame.

27872. A Victor Barguyn, trésorier et receveur général de la maison de Madame, 1,500 livres tournois par an depuis la saint Jean 1527 jusqu'au 31 décembre prochain, pour avoir, pendant ledit temps, fait à ses dépens le recouvrement des deniers de la maison de Bourbon.

27873. A François Joret, 128 livres tournois pour avoir servi de clerc d'écurie de ladite dame, depuis le 1er octobre 1530 jusqu'au 25 de ce présent mois.

27874. A Jean Montjoye, concierge d'Amboise, 283 livres 7 sous 2 deniers tournois en compensation de la dépense qu'il a dû faire durant le temps qu'il a assisté, au nom de ladite dame, à l'achat et au transport de meubles qui furent à feu Jacques de Beaune, sr de Semblançay.

27875. A Pierre Forget et Jean Odeau, secrétaires de ladite dame, 244 livres tournois pour avoir assisté, au nom et comme procureurs de Madame, aux ventes publiques qui ont eu lieu, à Amboise et à Tours, de partie des meubles dudit de Semblançay et sur iceux mis enchères.

27876. A Godefroy Cheneteau, 40 livres tournois pour avoir servi, durant un an, en qualité d'huissier du conseil de ladite dame.

27877. A Léon Marbault, grènetier d'Issoudun, et à Jacques Adam, élu de Saumur, commis par ladite feue dame au contrôle des réparations et bâtiments de Montceaux et de Romorantin, 367 livres 20 sous, dont 172 livres 10 sous audit Marbault pour cent quinze journées, et 195 livres audit Adam pour cent trente journées, à raison de 30 sous par jour, qu'ils ont vaqué au fait de ladite commission.

27878. Lettres de validation des sommes payées par le trésorier de Madame à plusieurs créanciers de la maison de Bourbon, suivant la délibération des gens du conseil de ladite dame.

27879. Don de 100 écus, soit à chacun 50, aux s^{rs} de Théligny et de Bressières qui sortent hors de page de la maison de Madame.

(*Arch. nat.*, J. 960¹, n° 38, anc. 70.)

Mandements au trésorier de l'épargne de payer :

27880. A Bryan, ambassadeur du roi d'Angleterre, retournant en son pays, 1,000 écus d'or soleil à 44 sous pièce en don, à prendre sur le quartier d'octobre.

27881. A Odoart Faulsque (Edward Foxe), docteur, autre ambassadeur d'Angleterre, retournant en son pays avec ledit Bryan, 400 écus soleil en don.

27882. Au receveur de l'écurie de Messeigneurs (fils du roi), 2,500 livres pour employer à son office durant ledit quartier d'octobre.

27883. Au trésorier de mesdits seigneurs, 1,000 livres sur ses assignations de juillet et de ce présent quartier d'octobre, en attendant que le complément lui en soit appointé.

27884. A Gabriel Dedevant, chevaucheur d'écurie, 20 écus pour un voyage en poste d'Abbeville [1] à Paris vers les présidents des comptes Nicolaï et Briçonnet, pour qu'ils apportent l'état des deniers qui sont à Paris.

27885. A Étienne Patrix, conseiller au Parlement de Rouen, 25 livres en don à prendre sur les amendes de la Cour des Aides de Rouen.

27886. A Jean, bâtard du Fay, 1,000 livres pour sa pension de l'année 1530, à prendre sur le quartier de janvier prochain.

27887. A M. [l'archevêque] de Toulouse, 8,000 livres en remboursement d'un prêt fait au roi, dont il sera payé sur le quartier d'octobre 1532.

(*Arch. nat.*, J. 960¹, n° 38, anc. 73.)

27888. Don à Ouville et Mingault, archers de la garde, de 25 écus soleil sur les deniers provenant de la résignation de l'office d'avocat du roi au siège de Tulle.

27889. Confirmation du don fait par feu Madame à Catherine de Saint-Aubin, damoiselle d'Allas, l'une des dames de sa chambre, des lods, ventes et droits seigneuriaux échus à ladite dame pour raison de l'acquisition faite par le s^r du Chillou de la terre et seigneurie de la Touche-d'Avrigny.

---

[1] François Ier séjourna à Abbeville du 20 décembre 1531 au 8 janvier suivant.

27890. Don à Antoine Chabanne et Pierre Prince, enfants de cuisine de bouche du roi, d'une amende de 50 livres parisis prononcée par le Parlement de Paris contre le nommé Jacques Trouvé.

27891. Don à Me Jean Papillon de 200 écus sur les deniers provenant de la vente des offices et autres parties casuelles.

(Arch. nat., J. 960¹, n° 39, anc. 74.)

Mandements de payer :

27892. Au sr de Torcy, lieutenant de la compagnie du duc de Vendôme, pour sa pension échue le 31 décembre dernier, 1,800 livres tournois à prendre sur les deniers de l'épargne ou sur les parties casuelles, ainsi qu'il sera avisé pour le mieux.

27893. Au sr du Fresnoy, capitaine de Thérouanne, 2,800 livres pour sa pension de deux années, à prendre comme en l'article précédent.

27894. Don à Lancelot, joueur de rebec, et à Foustin, joueur de « sacquebutte », de 200 écus à prendre sur les deniers provenant de la résignation à survivance faite par Jean de Cugy de son office de procureur du roi au bailliage de Touraine, en faveur de Charles François, son neveu.

27895. Au capitaine François de Rustici, dit « le Bossu », 400 livres pour sa pension de cette année qui finira le 31 de ce présent mois de décembre [sans doute 1531], à prendre sur l'épargne ou sur les parties casuelles.

27896. Commission à Charles de La Bretonnière, gentilhomme de la vénerie, pour faire dresser deux routes et allées en la forêt de Rets, de la largeur de quarante pieds chacune, avec don des bois qu'il sera nécessaire de couper, en compensation des frais qu'il devra faire pour ces routes et pour les entretenir à ses dépens.

27897. Don à Guillaume Poyet et à Olivier Alligret, avocats du roi au Parlement de Paris, de 2,000 livres tournois pour leur pension de deux années qui finiront le 31 du présent mois de décembre.

27898. Don à Guillemette de Guetteville, veuve du sr de Vé, conseiller au Parlement et aux Requêtes du Palais, des gages dus à son mari, le jour de son décès.

27899. Don et quittance aux habitants de Talmas de la somme de 75 livres tournois en laquelle ils ont été condamnés par arrêt du Parlement de Paris.

27900. Permission au cardinal de Grimaldi d'accepter et de tenir bénéfices en ce royaume, y compris le duché de Bretagne et autres terres et seigneuries du roi, jusqu'à concurrence de 3,000 écus par an.

27901. Don au cardinal Trivulce, évêque de Bayeux, de tous les droits de régale échus au roi tant aux bénéfices que temporel dudit évêché, depuis le décès de son prédécesseur jusqu'au jour où il prêtera le serment de fidélité.

27902. Déclaration portant qu'une somme de 40 livres tournois sera prélevée chaque année sur les plus clairs deniers des amendes adjugées au roi au bailliage de Paris, et mise entre les mains du bailli, de son lieutenant ou greffier, pour être employée en achat de bois pour le chauffage des officiers dudit bailliage, en la maison de Nesle à Paris, où ils siègent.

27903. Au duc de Vendôme, 13,000 livres pour le complément de sa pension de l'année 1530, montant à 24,000 livres, à prendre sur les deniers de l'épargne provenant de la recette générale de Picardie, du quartier de juillet, août et septembre et du présent quartier d'octobre, novembre et décembre.

27904. A Mme la duchesse de Vendôme, 6,000 livres tournois pour une année de sa pension.

(*Arch. nat.*, J. 960¹, n° 40, anc. 76.)

Mandements à Jean Laguette, trésorier et receveur général des finances extraordinaires et parties casuelles, de payer sur les deniers provenant de la vente des offices :

27905. A Jean Briant, chevaucheur d'écurie, 47 livres 5 sous pour un voyage par lui fait, partant de Compiègne sur chevaux de poste, vers les généraux de Bourgogne, Outre-Seine et Languedoïl et vers le bailli de Dunois pour les affaires du roi.

27906. A Pierre Damiens, 25 livres pour faire porter à Toulouse certaines lettres d'évocation concernant le fait des fermes et traites foraines de Beaucaire.

27907. A Marc-Antoine de Ricardis, gentilhomme napolitain, en don et pour l'aider à s'entretenir, 60 livres.

27908. A Pierre Turpin, chevaucheur d'écurie, 62 écus soleil pour un voyage qu'il va présentement faire jour et nuit sur chevaux de poste, vers le général de Languedoc à Nîmes ou ailleurs, où il le pourra trouver, pour lui remettre des lettres missives du roi, très urgentes.

27909. Au s^r de La Pommeraye, don de 1,000 écus d'or soleil en considération de ses services et pour l'aider à se monter et à subvenir à partie des frais du voyage qu'il va présentement faire en Angleterre pour les affaires du roi [1].

(*Arch. nat.*, J. 960^1, n° 41, anc. 80.)

27910. Confirmation du don fait par feu Madame à Raymond Menart, maître queux de sa cuisine du commun, de l'aubaine des biens de feu Georges Moreau, bâtard.

27911. Traite en faveur des Frères prêcheurs de Rennes en Bretagne de cinquante pipes de vin pour la provision de leur couvent, durant la présente année.

27912. Provision en faveur de François et Élie Richer, père et fils, receveurs du domaine de la principauté de Cognac et de la châtellenie de Merpins, ci-devant commis à tenir le compte et faire les payements des ouvrages et réparations des châteaux de Cognac, Angoulême et Châteauneuf, pour leur compenser sur ladite recette la somme de 3,012 livres 19 sous 2 deniers qui leur était due à la clôture de leurs comptes de la charge desdites réparations.

(*Les n°s 20306 et 20307 du* CATALOGUE, *datés de novembre 1531, sont portés sur le présent rôle.*)

(*Arch. nat.*, J. 960^1, n° 42, anc. 83.)

27913. Don à Artus Scolin, s^r de Launay, et à René du Plessis, maréchaux des logis de feu Madame, des lods et ventes et profits de fief advenus au roi à cause de la vente de la terre et seigneurie de la Vigerie, soit qu'ils fussent échus du temps de ladite dame ou depuis son décès, parce qu'elle leur en avait fait don.

27914. Don à Thomas Le Gentil, s^r de Piencourt, de la garde-noble des enfants mineurs de feu Philippe de Martainville, s^r de Boissey, durant leur minorité et tant qu'il plaira au roi.

27915. A Claude Chappuis, clerc et sommelier de la chapelle du roi, 270 livres tournois pour ses gages arriérés de six quartiers.

27916. Don à Francisque de Vacquedans, valet de chambre du roi de Navarre, de la somme de 100 écus soleil sur l'office de visiteur des draps et autres marchandises arrivant de l'étranger à Bordeaux.

27917. Traite durant trois ans, en faveur des Cordeliers de Dinan

[1] Cf. le n° 20309, daté du 10 décembre 1531.

en Bretagne, de trente pipes de vin par an pour la provision de leur couvent.

27918. Don à Maurice Moulin, veneur, à Jean Bonneton, valet de limiers, et à Antoine Cochon, valet de chiens, de la somme de 150 livres tournois sur l'amende prononcée contre Martin Vauhardy, marchand d'Amboise, par le grand maître et réformateur général des eaux et forêts.

(*Arch. nat., J. 960¹, n° 43, anc. 85.*)

27919. Don à Guillaume Oriot, hâteur de la cuisine de bouche du roi, de 30 écus d'or soleil à prendre sur les exploits et amendes du Parlement de Paris et particulièrement sur l'amende à laquelle Jean Guichard a été condamné.

27920. Don à Guy de Coussy, écuyer, seigneur du lieu, de 200 écus d'or soleil à prendre sur la vente et composition de l'office de receveur des tailles en l'élection de Château-Thierry, vacant par le décès d'Antoine Moreau.

27921. Don à François, sr de Rouville et de Villiers-Cul-de-Sac, de son usage et chauffage, sa vie durant, pour sa maison de Rouville en la forêt de Bort, près le Pont-de-l'Arche, et pour celle de Villiers en la forêt de Montfort-l'Amaury et dans les bois de Neauphle-le-Château, durant le temps qu'il fera sa résidence dans l'une ou l'autre de ces maisons.

27922. Mandement à Guillaume Prudhomme, trésorier de l'épargne, de payer à Francisque de « Bouscone », dit « de Bologne », Vénitien, la somme de 1,000 écus d'or soleil pour deux caisses de cuir damasquiné et deux écritoires bordées d'agathes orientales.

27923. Don à Georges de Buc, le jeune, sr de Fontaines, de la somme de 200 écus d'or soleil à prendre sur le quart de la résignation de l'office d'enquêteur au bailliage de Sens faite par Mathieu Péré au profit de Louis Dubar.

27924. Don à Louis de Neuvy, écuyer, sr de Guintry, de 320 livres tournois sur les quints et requints échus au roi à cause de la vente faite par Jeanne de Langlat, sa femme, d'un fief appelé le Fief-Monceau, sis en la paroisse de Fontaine-Denis, mouvant du roi à cause de la châtellenie de Sézanne.

(*Arch. nat., J. 960¹, n° 44, anc. 86.*)

Mandements au trésorier de l'épargne de payer :

27925. A Jean Carré, 45,493 livres 15 sous pour les officiers domestiques de la maison du roi, du quartier de juillet dernier.

27926. Au maître de la chambre aux deniers du roi, 4,000 livres sur les passes dudit quartier de juillet.

27927. Au capitaine Raincon, 2,000 livres pour la nourriture de l'ambassade venue de Hongrie, avec seize chevaux et autant de serviteurs, qui a séjourné durant six mois et douze jours en Bourgogne, dont il demandait 14 livres par jour, ce qui ferait 2,568 livres, modérées à ladite somme de 2,000 livres.

27928. Audit Raincon, pour sa pension de la présente année finissant le 31 du présent mois de décembre, 1,200 livres.

27929. A M. le Grand maître ['Anne de Montmorency], 560 livres 2 sous en remboursement de ce qu'il a avancé à divers chevaucheurs d'écurie et autres pour les affaires du roi.

27930. A don Jean d'Espèrès, Espagnol, 50 écus soleil en don.

27931. A Claude Aligre, 2,500 livres pour les menues affaires de la chambre, durant six mois, finissant le 31 du présent mois de décembre.

27932. A Sansac, allant conduire à la reine de Hongrie des sacres et sacrets avec des leuriers, 200 livres.

27933. A Philippe Lévêque, chevaucheur d'écurie, allant avec La Pommeraye en Angleterre, 90 livres pour trois mois.

(*Ici est porté le n° 20312 du Catalogue, daté du 13 décembre 1531.*)

27934. Au trésorier de la reine, 6,500 livres pour l'écurie de ladite dame, durant le quartier de juillet dernier.

27935. Au même, 15,353 livres 18 sous 9 deniers pour les gages des officiers de ladite dame, durant ledit quartier.

27936. Au même, pour les menus plaisirs de ladite dame dudit quartier, 3,000 livres.

27937. Au trésorier de la reine, 2,400 livres pour l'avance ordinaire des bouchers, poissonniers et boulangers de ladite maison, durant ledit quartier.

27938. Au même, 2,441 livres 2 sous 3 deniers sur l'assignation qui lui sera baillée, pour employer en la chambre aux deniers de ladite dame, durant le présent quartier d'octobre.

27939. Au trésorier du dauphin et des ducs d'Orléans et d'Angoulême, 9,600 livres pour employer en la chambre aux deniers, durant le quartier de juillet dernier, et 400 livres sur l'assignation de ladite chambre de ce présent quartier d'octobre.

27940. Aux quatre payeurs des quatre cents archers des gardes,

81.

1,600 livres, soit à chacun 400 livres, sur leur assignation du quartier de juillet dernier.

(*Arch. nat.*, J. 960¹, n° 45, anc. 87.)

27941. Don à Jean Thoreau, renoueur du roi, de 30 écus soleil sur les deniers provenant de la vente de l'office de visiteur de la marée au petit panier de Rouen.

27942. Don à Thomas de Cardi, dit « le Chevalier », écuyer d'écurie du roi, d'une amende de 600 livres parisis à laquelle ont été condamnés l'abbé et les religieux de Jouy-l'Abbaye, près Sens, par arrêt du Parlement de Paris.

27943. A Claude d'Ancienville, chevalier de l'ordre de Saint-Jean-de-Jérusalem, commandeur d'Auxerre et capitaine de la nef appelée *la Grande Maîtresse*, 7,200 livres pour l'entretien de ladite nef, durant deux années finissant le dernier jour de décembre prochain.

27944. Continuation en faveur des habitants des censes et villages de l'élection de Saint-Quentin, situés au delà de la Somme, au nombre de quatre-vingt-dix villages, de la modération qu'ils ont obtenue durant quatre ans, de la somme de 797 livres 5 sous 6 deniers tournois sur les tailles et crues imposées en ladite élection.

27945. Don à Louis Des Barres, valet de fourrière, à Clément Leprêtre, de l'échansonnerie, et à Jacques Dubreuil, de la paneterie, d'une folle enchère montant à 275 livres tournois, dès Fontainebleau (*sic*).

(*Arch. nat.*, J. 960¹, n° 46, anc. 88.)

27946. Continuation, en faveur des habitants de Rouvres en Bourgogne, de la modération des blés qu'ils doivent au roi à cause du droit de « menterresse », aux charges accoutumées.

27947. Abolition du droit de prévôté de la ville de Grâce (le Havre) en Normandie, et don [à la ville] des poids et balance dépendant de ladite prévôté.

27948. Rabais, suivant l'avis du Grand conseil, au fermier de la grande arche du pont de Paris, de 200 livres parisis sur ce qu'il doit de ladite ferme.

27949. Don au sr de Plaisance, commissaire des mortes-payes et des logis et conduite des gens de guerre de Bourgogne, de 200 livres par an pour porter sa pension à 400 livres.

27950. Don au sr de Montfort, dit « Tricon », de l'amende à laquelle pourra être condamné le prévôt de Villeneuve.

27951. Don à Jean Landry, lieutenant de l'amirauté au Tréport, d'une amende de 50 livres parisis prononcée contre lui par arrêt du Parlement.

27952. Don à François Gillier et à Pierre Bienvenu, sommeliers de paneterie, et à Méry, garde-vaisselle, de 100 écus à prendre sur la vente de l'office de receveur de Boulogne.

27953. Mandement expédié ci-devant par le feu bailli Robertet, pour faire payer à Pierre Cordier, conseiller au Grand conseil, 500 livres montant de ses gages de l'année 1525, qu'une maladie l'empêcha d'exercer son office.

27954. Mandement pour faire tenir quitte Olivier Dupré d'une amende de 300 livres parisis à laquelle il a été condamné par les Généraux des Aides, en déduction de ce qui lui est dû pour son service de la poste de Luzy.

(Arch. nat., J. 960¹, n° 47, anc. 89¹)

27955. Mandement pour faire payer par l'épargne, sur le revenu du grenier à sel de Dijon, 2,500 livres par an à commencer l'année prochaine, jusqu'au parfait payement de 15,000 livres restant dues à la ville de Dijon des 25,000 livres qui lui ont été accordées à cause de l'incendie de ses faubourgs, pour employer aux fortifications de ladite ville.

27956. Lettres à Julien Delaporte pour exercer l'état de prévôt des maréchaux de Nivernais, Donziais et Gien, concurremment avec Toussaint de Servandey, son beau-père, et l'un en l'absence de l'autre.

27957. Lettres à Villandry et Dorne pour être payés de leurs gages de secrétaires ordinaires et de leurs droits de manteaux, qui sont de 159 livres 7 sous 6 deniers par an à chacun, tant de l'année dernière et de la présente que pour l'avenir.

27958. Mandement pour faire payer par Ruzé, pour le temps qu'il était receveur général d'Outre-Seine, les gages du prévôt des maréchaux de l'Île-de-France et rivière de Somme et de ses lieutenant et archers.

(Arch. nat., J. 960¹, n° 48, anc. 91.)

27959. Don au bâtard du Fay de la somme de 2,000 livres tournois, à prendre sur les deniers provenant de la vente de l'office d'élu en l'élection de Laon, vacant par mort.

27960. Au s^r de Nançay, le jeune, pour ses gages de capitaine de la grosse tour de Bourges de cette présente année, 1,000 livres tournois à prendre sur les deniers casuels.

27961. A Roland Burgensis, sommelier de paneterie de bouche, la somme de 60 écus soleil sur les deniers provenant de la résignation de l'office de procureur du roi des aides, tailles et gabelles à Montivilliers, faite par un nommé Le Roux.

27962. Don à Jacques Le Clerc, l'un des pages de feu Madame, de la somme de 120 livres parisis, montant d'une amende prononcée par arrêt du Parlement de Paris contre Christophe Le Clerc, son père.

27963. Don aux gardes de la forêt de Compiègne de 50 écus soleil, à prendre sur la vente des offices et autres parties casuelles et extra-ordinaires.

27964. Continuation accordée, pour six ans, par décision du Conseil et suivant l'avis des élus de Péronne, Montdidier et Roye, aux habitants de ladite élection au delà de la Somme, du côté du Cambrésis et de l'Artois, de l'affranchissement et exemption des tailles et crues qu'ils ont obtenus ci-devant, avec modération pour cette année seulement, en faveur des autres habitants de ladite élection qui demeurent en deçà de ladite rivière, du côté de la France, de la somme de 1,600 livres tournois sur leur quote-part desdites tailles et crues. (Cf. le n° 4319 du *Catalogue*).

27965. Rabais accordé, suivant l'avis du général de la charge et des élus de Poitou, à Jean de Thénies, fermier du huitième du vin vendu en détail dans les paroisses de « Chaulne » (la Chaumé), le Château et Notre-Dame d'Olonne, [la Mothe-]Achard et autres du bailliage de Fontenay[-le-Comte], pour l'année 1529, de la somme de 300 livres tournois sur le principal de ladite ferme.

27966. Au sʳ de Caderousse, la somme de 1,800 livres tournois pour ses gages de visiteur général des gabelles dans les pays de Languedoc, Auvergne, Rouergue, Quercy, duché de Guyenne et leurs ressorts, durant trois années, la présente comprise, à raison de 600 livres par an, à prendre sur les amendes du Parlement de Toulouse, celles des gabelles, sur lesquelles ledit visiteur a coutume d'être payé, ne le pouvant porter.

27967. Provision à la Chambre des Comptes pour tenir quitte et déchargé le trésorier de l'artillerie des pièces d'artillerie et munitions qui furent à feu Jacques de Beaune, qu'il a baillées à M. le Grand écuyer, maître de l'artillerie, en compensation de trois canons, une couleuvrine bâtarde et trois moyennes, du nombre des pièces qui furent trouvées en l'abbaye de Beaulieu, lorsqu'elle fut prise d'assaut.

27968. Don au grand écuyer de trois couleuvrines bâtardes, quatre couleuvrines moyennes, six milliers de poudre, deux cents boulets pour couleuvrines bâtardes, deux cents boulets pour couleuvrines moyennes, le tout faisant partie de la munition de la ville et du château de Tours, pour l'aider à armer et équiper un galion qu'il a fait mettre sur mer pour le service du roi.

27969. A René du Rivau, dit « Villiers », porte-enseigne du s' de Chavigny, et à Marc de Buttement, archer de la garde, la somme de 400 écus, à prendre sur les amendes et confiscations qui ont été ou seront adjugées au roi à l'encontre des coupables du meurtre commis sur la personne du s' de Maulay.

27970. Don et quittance au s' des Arpentis de la somme de 300 livres tournois, sur les lods et ventes par lui dus à cause de l'acquisition qu'il a faite de la terre et seigneurie de Saint-Lubin.

27971. Déclaration portant que le s' de Mauvoisin sera payé ou appointé sur les finances extraordinaires et parties casuelles, ou sur les deniers de l'épargne, de la somme de 600 livres tournois qu'il bailla ci-devant, par commandement de feu Madame, au sieur de Montchenu, en récompense de l'office de sénéchal de la Marche, qu'il tenait de Mᵐᵉ de Bourbon.

27972. Don à l'écuyer Martin Massiquet et à Charles Deleaulne, potager de la bouche, d'une somme de 125 écus sur les deniers provenant de la résignation de l'office d'enquêteur au bailliage de Sens.

27973. Rabais et modération à Pierre Béguin, fermier de l'imposition de douze deniers pour livre du vin vendu en gros en la ville d'Auxerre, de 250 livres tournois sur la somme de 1,000 livres parisis.

27974. Assignation à Alexandre Charruau, ayant la charge et conduite des ustensiles du Conseil, de la somme de 120 livres tournois pour la dépense, durant six mois commencés en juillet dernier, d'un homme et de deux chevaux, ladite somme à prendre sur les deniers provenant des offices et autres parties casuelles.

27975. A Louis de Grantvillier, Pierre de Terrenay, Félix Comarquin, Antoine de Bancheron, François de Briare, Damien de Gonzague, Jean Henry, Allemand, Louis de Ponts, Claude de Bois-Dauphin, Frédéric de Saluces, les deux Marconnay, Imbert Des Bordes, dit « Bourdillon », Bertrand de La Borderie, tous pages de l'écurie, à chacun 30 écus en la manière accoutumée, à l'occasion de leur mise hors de page, à prendre sur les deniers de l'épargne ou parties casuelles.

27976. Don au s' d'Ambres des gages de sénéchal de Rouergue

échus depuis le décès du s^r d'Esguilly jusqu'au jour de l'institution dudit s^r d'Ambres audit office.

27977. A Jacques Riverye, conseiller au Parlement de Toulouse, ses gages des mois de février et mars 1526 n. s., montant à 73 livres 5 sous 2 deniers tournois, qui ne lui avaient été payés parce qu'il avait égaré ses cédules de *debetur*, lesquelles ont été depuis retrouvées, à prendre sur le revenu des amendes de ladite cour.

27978. A Jean et Étienne Brossart, la somme de 400 livres tournois sur les parties casuelles, en dédommagement d'une maison leur appartenant, appelée la Verrerie, qui a été incendiée, le roi étant « à l'assemblée au four aux verres ». (Cf. le n° 4322 du *Catalogue*.)

27979. A Christophe Daresse, premier huissier du Conseil, la somme de 209 livres 7 sous 6 deniers tournois sur les parties casuelles, tant pour ses menues avances que pour ses gages de dix-sept mois, à raison de 10 livres tournois par mois.

27980. Au s^r de Choisy, 100 écus sur les parties casuelles, pour employer aux fosses et autres choses que le roi a commandé être faites à Fontainebleau.

27981. Permission aux Cordeliers de Nantes de faire passer, pendant cinq ans, quarante pipes de vin par an au port d'Ingrande-sur-Loire, sans payer aucun droit de péage, pour la provision de leur couvent.

27982. Lettres permettant au trésorier de Provence de retenir des deniers de sa recette du quartier d'octobre, novembre et décembre, la somme de 917 livres 5 sous tournois pour son remboursement, savoir de 420 livres pour la location d'une maison à Paris où demeure maître Roux (Rosso), peintre, de 297 livres 5 sous pour l'aménagement de ladite maison et de 200 livres payées audit Roux pour le modèle d'une sépulture, le tout par commandement verbal du roi.

27983. Traite de deux cents pipes de vin pour la provision des châteaux de Nantes et de Saint-Malo.

(*Arch. nat.*, J. 960^1, n° 49, anc. 92.)

27984. Don à Olivier Chesneau, maître de fourrière, à Louis Bougreau, écuyer de cuisine, à François Grant, sommelier de paneterie, et à Gilbert Violet, de 200 écus d'or soleil à prendre sur l'office de greffier de la prévoté de Loches, à présent vacant.

27985. Rabais accordé, suivant les avis des élus de Bar-sur-Seine, du général de la charge et des gens du Grand conseil, à Jean Rasle, fermier du vingtième des vins vendus en la ville de Bar-sur-Seine, de la somme de 160 livres tournois, à cause des pertes qu'il a subies en sadite ferme.

27986. Don à Michelet, huissier, et à François Lamy, valet de chambre du roi, de la somme de 200 écus à prendre sur la résignation et survivance de l'office d'élu d'Auvergne, faite par François de Redon au profit d'Antoine Pellisson.

27987. Traite de cent pipes de vin d'Anjou pour mener à Brest et servir à la provision des capitaine, lieutenant et mortes-payes dudit château, franches et quittes de tous droits.

27988. Lettres pour faire bailler par le receveur des tailles de Vézelay au prévôt Lacroix les deniers qui sont imposés en l'élection dudit Vézelay, pour le payement des prévôt et archers chargés de « garder la pillerie », où le roi le commet, s'il n'y en a déjà d'établi audit lieu.

(*Arch. nat.*, J. 960¹, n° 50, anc. 94.)

27989. Continuation pour quatre ans à Mme du Vigean du don à elle fait ci-devant par feu Madame de la rente qu'elle doit des « Picots » de Montmorillon, à commencer du jour de l'expiration dudit don.

27990. Don au s^r de « Servyat », l'un des gentilshommes de la vénerie, de la somme de 200 écus soleil sur la composition de la survivance de l'office d'élu de la basse Auvergne, que tient à présent le s^r de Redon, admise au profit de Raymond Pellisson.

27991. Don à Louis Dumoulin et à Pierre Bertheau, fourriers, de 50 écus sur l'office de sergent à cheval au Châtelet de Paris, vacant par le décès de Nicolas Langlois, soit à chacun 25 écus.

(*Sur ce rôle figure le n° 20,279 du* Catalogue, *portant la date du 28 octobre 1531.*)

(*Arch. nat.*, J. 960¹, n° 51, anc. 95.)

27992. Mandement de payer à Thomas de Cardi, écuyer d'écurie du roi, la somme de 25 écus soleil sur les offices et parties casuelles, pour mener au duc de Lorraine, auquel le roi en a fait don, un grand cheval coursier de poil bayard.

27993. Don au s^r Ange de Pissene (*aliàs* Puissans), de Naples, 100 écus d'or soleil sur les offices et parties casuelles, en récompense de ses services et pour l'aider à s'entretenir à la cour où le roi l'a retenu.

27994. Acquit à Jean Grolier, trésorier des guerres, de la somme de 4,500 livres tournois qu'il a versée entre les mains de Jean Laguette, commis au payement de l'extraordinaire des guerres, pour employer à partie du payement de deux cents hommes de guerre à pied des garnisons de Thérouanne et de Doullens, le roi ayant ordonné de leur remettre six mois de solde, à condition qu'il sera tenu quitte de tout ce qui peut leur être dû pour le temps passé jusqu'au 31 décembre 1530.

27995. Acquit semblable à Georges Hérouët, aussi trésorier des guerres, de la somme de 3,340 livres par lui baillée audit Laguette pour le parfait payement des deux cents hommes de pied ci-dessus et autres dépenses inopinées qui doivent être payées en Picardie.

27996. Mandement de rembourser, sur les deniers de l'épargne des quatre quartiers de l'année prochaine, par égales portions, à Pierre Viole, conseiller au Parlement de Paris, 12,000 livres qu'il a prêtées au roi, savoir 6,000 livres lorsqu'il fut pourvu de l'office de conseiller, remise entre les mains de Jean Prévôt, alors commis à l'extraordinaire des guerres, et 6,000 livres qu'il doit présentement verser entre les mains de Jean Laguette, receveur général des parties casuelles, pour employer au rachat des terres de Mme de Vendôme, engagées à l'empereur.

27997. Mandement au trésorier de l'épargne d'envoyer à Lazare de Baïf 300 écus d'or soleil pour employer à l'achat des « couleurs à frès », sur la demande et suivant le mémoire fait par Roux (le Rosso), peintre du roi.

27998. Don à Jean Le Florestier et à André Le Roy, archers de la garde du roi, de 40 écus soleil sur la vente de l'office de sergent à verge au Châtelet de Paris, vacant par le décès de Jean Lanuït.

27999. A Louis Alamanni, Florentin, 1,500 livres tournois pour envoyer quérir à Venise des fers destinés à imprimer certains livres italiens et pour les frais de ladite impression.

28000. Don à François « d'Oston » (p.-ê. d'Authon) de 40 écus soleil sur la vente de l'office de sergent à verge au Châtelet de Paris, vacant par le décès de Pierre Fauconnier.

28001. Don à Louis [Des] Barres, valet de fourrière du roi, de 30 écus soleil sur la vente de l'office de sergent du guet à pied de Paris, vacant par le décès de Pierre Menu.

28002. Don au s^r de Haraucourt des droits seigneuriaux dus au roi à cause de la vente de la terre et seigneurie de Viry.

(Sur ce rôle figure le n° 20276 du CATALOGUE, daté du 13 octobre 1531.)

— 651 —

(*Arch. nat.*, J. 960¹, n° 52, anc. 96.)

28003. Traite de cent pipes de vin d'Anjou accordée au sieur d'Annebaut, gentilhomme de la chambre du roi, pour mener en Bretagne et servir à la provision de sa maison.

28004. Continuation à Louis de La Fayette du don que le roi fit, l'année passée, à feu son père, de 1,000 livres à prendre chaque année pendant dix ans sur le huitième du vin vendu en détail à Moulins en Bourbonnais, en remplacement des 1,500 livres par an qui lui avaient été baillées précédemment sur le revenu du greffe d'Auvergne, qui fut donné ensuite au feu Madame. Ladite rente avait été accordée au feu sᵣ de La Fayette en compensation de ses pensions et état de la marine, et d'un prisonnier anglais lui appartenant, qu'il avait cédé à ladite feue dame.

28005. Don à Jean Terrasse et à Jean Bérault, sommeliers d'échansonnerie du roi, de 30 écus soleil sur l'amende à laquelle Antoine Vachot a été condamné par arrêt du Parlement de Paris.

28006. Mandement à la Chambre des Comptes de Dijon d'allouer aux comptes du receveur d'Autun 160 livres chaque année, depuis la fuite de Charles de Bourbon jusqu'à présent, somme due au roi sur le péage de Moulins à cause de Montcenis en Bourgögne, et ce pour le cas où ledit receveur en ferait recette en ses comptes desdites années et n'en aurait rien reçu.

(*Arch. nat.*, J. 960¹, n° 53, anc. 97.)

28007. Don à Rocquart et à Lemaire, sommeliers d'échansonnerie de bouche, de 200 écus à prendre sur la vente des offices.

28008. Lettres de naturalité avec don de finance accordées, à la requête du marquis de Saluces, à Pierre et Girardin Panses, frères, natifs de Piémont, établis à Lyon.

28009. Remise accordée, suivant l'avis du Grand conseil et du général de la charge, à Jean Leblond, dit « Dauphin », commis du receveur de Ponthieu, de 260 livres sur la somme de 400 livres dont il est resté redevable au roi, parce que, quand la ville de Rue fut pillée par les ennemis, il perdit tous ses biens, fut fait prisonnier et mené à Saint-Omer où il demeura longtemps captif, comme il est apparu par l'information.

28010. Don à François Louis, palefrenier de l'écurie du roi, de la somme de 30 livres sur l'aubaine de feu Claude Chausset, mercier.

28011. Don à Ogier de Faultray, fourrier ordinaire du roi, de la

82.

moitié d'une amende de 350 livres parisis à laquelle François Migé, Philibert Olivier et Michel de La Chassaigne ont été condamnés envers le roi par arrêt du Parlement de Paris.

(Sur ce rôle figure le n° 4264 du Catalogue, daté de septembre 1531.)

(Arch. nat., J. 960¹, n° 54, anc. 98.)

28012. Don à Rougemont et à Antoine Dutartre, valets de garde-robe du roi, de 100 écus soleil, soit à chacun 50 écus, à prendre sur la vente de l'office de sergent ordinaire au bailliage de Rouen, vacant par le décès de Gardin Lamoureux.

28013. Mandement au trésorier de la maison du dauphin et des ducs d'Orléans et d'Angoulême de payer 246 livres 1 denier à six des officiers domestiques desdits princes pour les gages de leurs offices dont ils ont été pourvus au cours de la présente année, à la suite de décès, savoir à Martin de Coutan, valet de pied au lieu de Domingo de La-croix; à Michel Duchemin, hâteur de cuisine, en remplacement de Jehannot Poissonnier; à Etienne Serve, fourrier, au lieu d'Edme de Nivelle; à Antoine Guérot, enfant de cuisine, au lieu de Colas Des-champs; à Jamet Gombault, aide-pâtissier, en remplacement de Jean Valier, son beau-père; et à Étienne de Mehun qui a succédé audit Jamet Gombault, le tout jusqu'au 31 décembre de la présente année.

28014. Don à François de La Rivière de 500 écus à prendre sur les quints et requints et autres droits seigneuriaux appartenant au roi à cause de l'acquisition faite par lui et sa femme, de Marc de Cusance et de ses frères, de Charles de Marconnay et leurs consorts, des droits qu'il prétendaient sur les terres et seigneuries de « Saillenay » (Seignelay), Cheny, Bassou et Beaumont, mouvant du comté d'Auxerre.

28015. A Parcello de Merculiano, jardinier du roi, la somme de 300 livres à prendre sur le receveur ordinaire de Blois, pour sa pension et entretien durant la présente année.

28016. A Christophe Guasco, la somme de 500 livres pour sa pension de la présente année.

28017. Don de 20 écus soleil à Rodolphe Colin, bourgeois de Zurich, envoyé de ladite ville vers le roi.

(Arch. nat., J. 960¹, n° 55, anc. 99.)

28018. Mandement au trésorier de l'épargne et au général de Bourgogne de délivrer leurs attaches aux lettres de provisions de l'office de capitaine et châtelain de Mâcon, données en faveur du s' de La Guiche, et de le faire payer, depuis le jour de son institution, par le receveur ordinaire de Mâcon, des gages et droits appartenant audit office, nonobstant que ses provisions soient surannées d'environ trois ans.

28019. Mandement de payer au s^r de Chandio, capitaine de la porte du roi, ce qui lui est dû d'arriéré de ses gages, savoir pour un quartier de l'année 1521, 3oo livres; pour deux quartiers de 1522, 6oo livres; et autant pour deux quartiers des années 1524 et 1525.

28020. Don à Marchemonde, héraut du roi d'Écosse, de 200 livres tournois sur les parties casuelles, en récompense de ses services et pour avoir apporté au roi des lettres de son maître.

28021. A Guy Fleury, secrétaire du s^r de Vély, ambassadeur du roi près l'Empereur, 3o écus soleil pour être venu trouver le roi, avoir séjourné à la cour en attendant sa dépêche et pour s'en retourner à Bruxelles.

28022. Don à Regnaut de Laloue de 200 écus soleil sur ce qui proviendra de l'office d'élu de Châteaudun.

28023. Confirmation et prorogation, en faveur des habitants de Montivilliers en Normandie, des octrois qui leur ont été accordés par les feus rois, et sont expirés depuis environ deux ans, savoir 20 sous sur chaque pièce de drap fabriqué dans leur ville, 3 sous par baril de servoise, 7o sous par tonneau de vin vendu en détail dans les trois paroisses de la ville, 35 sous d'entrée sur chaque queue ou pipe de vin, 2o sous par tonneau consommé par les bourgeois dans leurs maisons, plus le droit de courtage des draps, les amendes de l'hôtel de ville et le droit de vinage de chaque métier, le produit de ces aides devant être employé aux réparations de ladite ville.

28024. Don à Claude Des Étangs et à Louis Le Muys, gentilshommes de la vénerie du roi, de 4oo livres tournois à prendre sur les lods et ventes et autres droits seigneuriaux dus pour l'acquisition de la terre et seigneurie de Villebrosse au comté de Blois, faite naguère par Guillaume Ribier, receveur des aides et tailles à Blois, de feu Jacques de Guierlay.

28025. Don à Nicolas de Caumont de 3oo livres sur les reliefs et treizièmes des fiefs d'Ouainville et de Motteville.

28026. Traite en faveur de M. de Châteaubriant de deux cents pipes de vin, suivant le don que Madame lui en avait fait.

28027. Mandement pour le payement des cent archers sous le commandement du s^r de Chandio, du quartier de juillet, août et septembre, 3,3o8 livres.

(*En tête de ce rôle figure le n° 4262 du* CATALOGUE, *daté de septembre 1534.*)

(*Arch. nat.*, J. 960¹, n° 56, anc. 100.)

Mandements au trésorier de l'épargne de payer :

28028. A Jean Testu, ci-devant argentier du roi, 5,777 livres 11 sous 10 deniers, à remettre à Girard Oudin, brodeur du roi, pour différentes fournitures de broderies, suivant les certificats délivrés par ledit Testu, Philibert Babou et Charles de Pierrevive, successivement contrôleurs de l'argenterie.

28029. A Marc de La Rue, ci-devant argentier du roi, 1,724 livres 4 sous 4 deniers, à délivrer audit Girard Oudin pour fournitures par lui faites au roi.

28030. A Edme Brette, ci-devant receveur de l'écurie, 1,628 livres 8 sous 3 deniers, pour délivrer, savoir, audit Girard Oudin, 1,214 livres 9 deniers à lui dus de reste des étoffes et broderies par lui fournies à ladite écurie, pendant les années 1520 et 1521; à Thomas Sousmain, marchand de la ville de Tours, 300 livres 7 sous 6 deniers pour drap fourni à ladite écurie, durant lesdites années; et à Colin Leroux, voiturier, 114 livres pour le transport des hoquetons des archers du roi.

(En tête de ce rôle figure le n° 4474 du Catalogue, daté du 23 mars 1532 n. s.

(*Arch. nat.*, J. 960¹, n° 57, anc. 101.)

Mandements au trésorier de l'épargne de payer :

28031. A plusieurs personnages italiens, 6,000 livres tournois pour les aider à vivre et retourner en leurs maisons, à prendre sur les deniers du quartier de juillet, août et septembre dernier.

28032. A Jean Godet, commis à l'extraordinaire des guerres, 12,000 écus d'or soleil pour distribuer en Suisse, ainsi qu'il sera avisé par l'évêque d'Avranches [Jean de Langeac], à prendre sur ledit quartier.

28033. Audit évêque d'Avranches, 1,200 livres tournois pour deux mois que pourra durer son voyage en Allemagne, sur ledit quartier.

28034. A Gabriel de Castéra, 26 livres 8 sous sur ledit quartier pour un voyage en poste de Paris à Chantilly, où il est venu porter au roi des lettres du cardinal de Gramont, de M. d'Iverny et Billon, pour l'informer de la diligence qui se faisait au recouvrement de 250,000 écus soleil qu'il faut promptement payer à l'Empereur.

28035. Aux écoliers de Suisse, étudiant en l'Université de Paris, pour leur pension du présent quartier d'octobre, novembre et décembre.

(*Arch. nat.*, J. 960¹, n° 58, anc. 102.)

Mandements à Jean Laguette, receveur général des finances extraordinaires et parties casuelles, de payer :

28036. A Verdelet, Bresseau et Alain de La Côte, gentilshommes de la vénerie, au premier 110 livres et à chacun des deux autres 100 livres, dont le roi leur fait don en plus de leurs gages.

28037. A Étienne de Villers, chevaucheur d'écurie, 35 livres 15 sous, à lui dus pour service de poste du 5 septembre au 26 octobre 1530.

28038. A Martin Habert, tapissier du roi, 50 écus en don sur l'office de notaire royal au bailliage d'Amiens, vacant par le décès d'Antoine de Bailly.

28039. A Ancelot Gosselin et Guillaume Allart, aussi tapissiers du roi, 30 écus en don sur l'office de notaire royal audit bailliage, vacant par le décès de Guy Defer.

28040. A Jean Proust, chevaucheur d'écurie, 100 écus d'or pour sa dépense d'un voyage qu'il va faire, sur l'ordre du roi, à Rome, porteur de lettres missives adressées au duc d'Albany et à l'évêque d'Auxerre, ambassadeurs audit lieu.

28041. A Guillaume de La Tour, naguère prisonnier en la Conciergerie du Palais, à Paris, puis amené vers le roi et son Conseil, à Fontainebleau, où il est gardé par deux archers du prévôt de l'hôtel, 20 livres tournois pour sa dépense et celle des archers.

28042. A Hercules Foljaud, chevaucheur d'écurie, 50 écus soleil pour sa dépense d'un voyage qu'il va présentement faire en Flandre, porteur de lettres du roi, adressées à M. de Vély, son ambassadeur près de l'Empereur.

28043. Lettres délivrées à François Joret, receveur ordinaire de Valois et naguère élu de Nemours, pour être relevé de la radiation qui lui a été faite par la Chambre des Comptes de partie de ses gages des années 1526, 1527, 1528 et 1529, parce qu'il ne s'était trouvé à l'assiette des tailles et n'avait assisté aux baux des fermes des aides. Il en avait été empêché par les devoirs de son office de contrôleur de la dépense de l'écurie de Madame, mère du roi.

28044. Continuation pour les habitants de Romorantin de l'octroi du huitième du vin, pour la fortification de leur ville.

(*Ce rôle peut être daté de Fontainebleau, au mois d'août 1531, d'après une mention biffée qu'il porte au dos.*)

(Arch. nat., J. 960¹, n° 59, anc. 103.)

28045. Mandement pour faire payer au sʳ de Saint-Bonnet, sur les restes des comptes de d'Apestigny, la somme de 2,600 livres tournois pour sa pension de l'année finie en décembre 1530, y compris l'augmentation de 1,000 livres que le roi lui a accordée en ladite année, et la somme de 600 livres pour ses gages et état de capitaine et garde du vieux château de Bayonne, des années 1526, 1527, 1528, 1529, 1530 et 1531, qui finira le 31 décembre prochain, à raison de 100 livres par an.

(Arch. nat., J. 960¹, n° 60, anc. 104.)

28046. Mandement refait pour Bonnault, barbier du roi, de 487 livres que le roi lui donna il y a onze ans, montant d'une somme qu'une sienne tante devait au roi, et que ledit Bonnault a été naguère condamné à payer, le premier mandement ne pouvant servir parce qu'il était sur le changeur Charmolue.

(*Ici figure le n° 20301 du* CATALOGUE, *daté de novembre 1531.*)

28047. Don à Rougemont, valet de garde-robe du roi, de 60 écus à prendre sur les deniers de la vente de l'office de maître de la Monnaie de Nantes.

28048. Don à l'avocat Poyet de deux arpents de bois de haute futaie en la forêt de Montfort, pour bâtir une maison qu'il fait faire près dudit Montfort.

28049. Mandement refait pour payer sur les deniers casuels 1,141 livres, qui étaient appointées d'abord sur l'épargne, et restant dues à feu Eustache de Monestay, sʳ de Forges, pour ses frais et dépenses au château de Gênes, pendant qu'il en était capitaine.

28050. Don à Jean Bohier et Philippot du Mans, enfants de la cuisine de bouche du roi, de 20 écus à prendre sur les deniers provenant de la vente de l'office de garde de la Monnaie de Nantes, vacant par le décès de Pierre Derien.

(Arch. nat., J. 960ʳ, n° 61, anc. 105.)

28051. Mandement à Jacques Ragueneau, receveur des tailles en Poitou et commis au payement des mortes-payes et réparations de Guyenne, de mettre entre les mains de Jean Laguette, receveur des finances extraordinaires et parties casuelles, la somme de 10,000 livres tournois sur ce qu'il peut devoir, tant des charges dessus dites que du payement des grosses pensions d'Allemagne, trésorerie de la marine de Provence et amortissements.

28052. Mandement pour le remboursement au trésorier de l'épargne, sur les deniers qu'il recevra pour le quartier de janvier prochain, de 6,000 livres tournois qu'il a avancées au roi et remises entre les mains de Jean Laguette.

28053. A Gilbert Violet, barbier et valet de chambre de M. l'Amiral, 125 livres 10 sous en remboursement de ce qu'il a dépensé pour les habillements et autres menues nécessités de Triboulet et de son gouverneur, en la présente année, à prendre sur les deniers des offices et autres parties casuelles.

28054. A Charles d'Albiac, président des Comptes de Montpellier, 244 livres tournois sur les mêmes fonds, pour soixante-cinq jours qu'a duré son voyage de Montpellier vers le roi et son Conseil, pour régler les différends existant entre la Chambre des Comptes de Paris et celle de Montpellier.

28055. A Thibaut Hotman, orfèvre de Paris, 746 écus d'or soleil pour une coupe d'or fin pesant dix marcs cinq gros, qu'il a remise par ordre du roi à l'évêque d'Auxerre se rendant à Rome, le (*quantième en blanc*) jour de juillet 1531 dernier, pour en faire présent de la part du roi au cardinal de Santi-Quatro [1], ladite somme à raison de 73 écus le marc, et dix écus un quart pour la façon.

28056. Don à Jean de Maricourt, sr de Mouchy-le-Châtel et de Sérifontaine, des droits et devoirs seigneuriaux de rachat par lui dus au roi à cause de la succession de feu son frère Louis de Maricourt, en son vivant seigneur desdites terres tenues du roi, la première à cause du château et de la châtellenie de Senlis, la seconde à cause des château et châtellenie de Chaumont-en-Vexin, ledit don en considération de ce qu'il a été continuellement depuis cinq ou six ans au service du Dauphin.

28057. Don à Benoît Gaulteret, apothicaire et valet de chambre du roi, de la somme de 200 écus d'or soleil, montant de la taxe fixée par la Chambre des Comptes pour le payement de la finance de ses lettres d'anoblissement.

[1] Laurent et Antoine Pucci, oncle et neveu, furent successivement cardinaux du titre des Quatre-Saints-Couronnés, le premier promu en 1518, le second en septembre 1531, après la mort de son oncle. Ils furent tous deux aussi évêques de Vannes.

IMPRIMERIE NATIONALE.

28058. Mandement pour faire payer à Florimond Robertet, fils de feu Jean Robertet, les gages de son office de notaire et secrétaire du roi, montant à 149 livres 7 sous 6 deniers par an, soit 6 sous parisis par jour et 10 livres par an pour droit de manteaux.

(*Arch. nat.*, J. 960¹, n° 62, anc. 106.)

28059. Mandement de 10,000 livres, sur l'année à venir, pour le payement des pensionnaires du duché de Bretagne.

28060. Autre de même somme, sur l'année prochaine, pour les réparations des villes dudit duché de Bretagne.

(*Ici figure le n° 4250 du Catalogue, daté du 12 septembre 1531.*)

(*Arch. nat.*, J. 960¹, n° 63, anc. 107.)

Mandements au trésorier de l'épargne de payer :

28061. A Jean-Jacques de Castion (*aliàs* Castillon), 300 livres tournois pour sa pension de la présente année, à prendre sur le quartier de juillet.

28062. A Ottavio Orsini, en don et récompense de tout ce qu'il prétend lui être dû de sa pension des années passées et de la présente, 1,500 livres tournois à prendre sur les trois derniers quartiers de l'année finissant en décembre 1532.

28063. Au lieutenant de la Bastille, pour l'entretien du marquis de Saluces et de ses serviteurs, et des archers qui le gardent, durant quatre-vingt-douze jours commencés le 1er juillet dernier et finissant le 30 de ce présent mois de septembre, à raison de 6 livres par jour, 552 livres sur le présent quartier de juillet.

(*Ici se trouve le n° 4247 du Catalogue, daté du 5 septembre 1531. Mention plus développée.*)

(*Arch. nat.*, J. 960¹, n° 64, anc. 108.)

28064. Don à Jamet Tronson, veneur ordinaire de la vénerie du roi, de 200 livres, moitié du montant de la finance taxée par la Chambre des Comptes de Paris pour l'aubaine de feu Briant de Bombert.

28065. Don à Gervais Bohier, maître queux, Pierre Delafont, hâteur, et Jacques Maréchal, potager de la cuisine de bouche du roi, de la somme de 100 écus soleil à prendre sur la résignation à survivance de l'office de greffier des élus de Meaux, que doit faire Raoul Cosset au profit de son fils.

28066. Don à Jacques de Louan, s^r de Nogent, des droits seigneuriaux qu'il doit au roi à cause de 1,100 livres de rente qu'il a constituées à une sienne sœur, sur ses terres et seigneuries tenues du roi.

28067. Don à Jean Petit, valet de chambre du roi, de 200 écus sur l'office de notaire au Châtelet de Paris, vacant par le décès de feu Charles de Rauville, pour récompenser ledit Petit de la somme de 300 écus qui lui fut promise à l'occasion de son mariage.

28068. Don à Artaud Menessier, garde-vaisselle, et à Quinquet Benechere, sert-de-l'eau, de 100 écus sur ledit office de notaire.

28069. Continuation d'octroi, pour huit ans, aux habitants de Saint-Quentin, de toutes tailles, aides et impôts jusqu'à concurrence de 300 livres par an, ainsi que de l'imposition de 12 deniers par livre sur toutes denrées et marchandises vendues en ladite ville, avec la moitié du droit et revenu du quatrième qui se lève sur le vin et autres menus boires vendus en détail à Saint-Quentin et dans les faubourgs.

28070. Exemption pour six ans, accordée, sur l'avis du Grand conseil, du général de la charge et des élus de Reims, aux pauvres habitants de Cormicy, de l'imposition du vingtième du vin de leur cru qui sera par eux vendu en gros durant ledit temps, à cause de l'incendie de la plus grande partie de leur ville sise en pays de frontière et des pertes qui en ont résulté.

28071. Don à Jean Savary et Robert Villavoine, écuyers de cuisine du roi, de 100 livres parisis, montant d'une amende prononcée contre André Lefèvre par arrêt du Parlement de Paris.

28072. Mandement au scelleur de l'évêque de Paris, commis à la recette pour ledit diocèse des 1,200,000 livres accordées au roi par le clergé du royaume, l'an 1523, de bailler la somme de 470 livres 3 sous 7 deniers dont il était demeuré redevable par ses comptes aux maîtres, gouverneurs et administrateurs de l'Hôtel-Dieu de Paris pour la nourriture des pauvres.

28073. Don à Simon Teste, correcteur des comptes à Paris, de l'amende de 120 livres parisis à laquelle il a été condamné envers le roi par arrêt du Parlement de Paris.

(*Arch. nat.*, J. 960¹, n° 65, anc. 109.)

Mandements à Jean Laguette, receveur général des finances extraordinaires et parties casuelles, de payer :

28074. A Étienne Fromont, sommelier ordinaire d'échansonnerie

83.

de Madame, mère du roi, et sergent verdier de la forêt d'Amboise, 3o livres parisis montant d'une amende à laquelle il a été condamné par le lieutenant du s^r d'Ouarty (de Warty), et dont il lui est fait remise.

28075. Au s^r de Grangis (*aliàs* des Granges), 3oo écus soleil montant de la finance à laquelle la Chambre des Comptes l'a taxé à cause des lettres de naturalité qui lui ont été octroyées.

28076. Vente faite par le roi au s^r de la Rochepot de cent vingt arpents de bois en la forêt de Laigle au duché de Valois, complétant deux cent quarante arpents tenus d'abord par indivis entre le roi et ledit sieur, à 9o livres par arpent, soit 1 0,8oo livres payables 5,ooo comptant et le reste par moitié à Noël prochain et à Pâques 1 53 2.

28077. Au duc d'Albany, 1 2,ooo livres sur ce qui peut lui être dû à cause de sa pension et des gages de son gouvernement, sur les finances de l'année prochaine.

28078. Don à Jacques Billard de 4o écus d'or sur la vente de l'office de sergent à verge au Châtelet de Paris, vacant par le décès d'Étienne Rageot. (*En marge:* « Nota que ledit office ne vaut que 3o écus. »)

28079. Don à Jean Hubert d'une amende de 5o livres parisis à laquelle il a été condamné par les officiers de Montfort.

28080. Don à Yvon Mahé, valet de pied du Dauphin et des ducs d'Orléans et d'Angoulême, de 6o livres sur le rachat de Pierre Fleuriau, de la ville de Guingamp en Bretagne.

2808 1. Don fait, à la requête du grand écuyer, à Germain Teste de la somme de 2,ooo livres à laquelle il avait été condamné pour avoir mal versé en son office de receveur ordinaire de Paris.

28082. Audit s^r de Grangis, 1 o,ooo livres pour tout ce qui lui est dû de son voyage, tant pour ses journées que autres frais extraordinaires, sur l'année prochaine.

28083. Aux habitants de Narbonne, 2,ooo livres tournois à prendre et lever en deux années sur le grenier à sel du lieu, pour les employer à refaire et édifier une chaussée sur la rivière d'Aude, avec permission de lever 5 deniers sur chaque quintal de sel qui se vendra audit grenier, pendant vingt-quatre ans.

28084. Mandement au receveur des amendes de Paris de délivrer, tant sur la présente année que sur la prochaine, 4,ooo livres à la chapelle du Bois de Vincennes.

— 661 —

(*Arch. nat.*, J. 960¹, n° 66, anc. 110.)

Mandements au trésorier de l'épargne de payer :

28085. A Honorat de Quetz (Caix), 2,000 livres 2 sous 6 deniers pour délivrer à Antoine « de Tayde », ambassadeur du roi de Portugal, en vaisselle d'argent dont le roi lui a fait don, à prendre sur le présent quartier de juillet.

(Ici se trouve le n° 20257 du Catalogue, portant la date du 31 août 1531.)

28086. A Jean-François Paillard, capitaine de galères, 500 livres en don, à cause des oiseaux et bêtes qu'il a offerts au roi de la part du roi de Tunis, à prendre sur le présent quartier de juillet.

28087. A M. de Boisy, 2,400 livres pour sa pension des années 1529 et 1531, à prendre sur le quartier de janvier prochain.

28088. Mandement à la Chambre des Comptes de valider la dépense de l'argenterie, aumônes, dons, voyages, affaires de chambre, menus plaisirs et autres dépenses payées par Pierre Rousseau, trésorier des Dauphin, ducs d'Orléans et d'Angoulême, durant le quartier d'avril, mai et juin dernier, montant à 1,551 livres 6 sous 9 deniers.

(*Arch. nat.*, J. 960¹, n° 67, anc. 111.)

28089. Don à Nicolas de Rustici, dit « le Bossu », capitaine de lansquenets, de 100 livres en récompense de ses services militaires.

28090. Mandement au trésorier de l'épargne de rembourser à l'évêque-comte de Châlons la somme de 500 livres par lui prêtée au roi et mise entre les mains du sʳ d'Apestigny, naguère receveur général des parties casuelles, dès le 30 juillet 1524.

28091. Rabais de 160 livres sur la taille accordé, suivant l'avis du Grand conseil et du général des finances de la charge, aux pauvres habitants du village de Poissons-lès-Joinville, pour les aider à supporter les pertes que la grêle et les intempéries leur ont fait éprouver cette année.

28092. Don à Adam [Deshayes], barbier du roi, et à Gilbert Violet, barbier de M. l'Amiral, de l'amende à laquelle pourra être condamné un nommé Simon Picard, poursuivi pour crime de faux.

(Ici figure le n° 20256 du Catalogue, daté du 28 août 1531.)

(*Arch. nat.*, J. 960¹, n° 68, anc. 112.)

Mandements au trésorier de l'épargne de payer :

28093. Au receveur des gages du Parlement de Paris 2,396 livres pour le payement des officiers qui assisteront, durant les vacations, au jugement des matières criminelle set à celles du domaine, eaux et forêts, et des gages d'un conseiller lai envoyé aux Grands jours de Poitou, outre les quatorze précédemment désignés, à prendre sur le présent quartier de juillet.

28094. A Jean Bordel, 2,000 livres pour le payement des commissaires qui siégeront à la Tour carrée, à prendre sur le même quartier.

28095. A François Resla, 410 livres pour remettre à Nicolas « Myneuyz », ambassadeur du roi Jean de Hongrie, sur ledit quartier.

28096. A Nicolas Frize, serviteur du roi de Danemark, en don 102 livres 10 sous sur ledit quartier.

28097. A Jean Testu, naguère argentier du roi, 234 livres 5 deniers pour payer Jacques Bernard, marchand suivant la cour, de plusieurs objets qu'il a fournis durant le voyage d'Ardres, comme appert par le certificat dudit Testu, à prendre sur le quartier d'octobre 1532.

28098. A Laurent Colin, 1,200 livres pour employer au fait des Suisses de la garde, sur 4,100 livres, durant le présent quartier de juillet.

(*Arch. nat.*, J. 960¹, n° 69, anc. 113.)

28099. Don à Elvire Vasquez, femme de chambre de la reine, de la somme de 250 écus sur la moitié des droits de rachat, lods et ventes échus au roi par le décès d'Yves Pinart, sénéchal de Léon en Bretagne.

28100. Don à Jacques et Antoine de Caux, père et fils, écuyers de cuisine de bouche du roi, de la somme de 200 écus d'or soleil sur les deniers provenant des offices, après payement des sommes réservées par le roi.

28101. Don à Paulin Arnulphin, serviteur du cardinal de Lorraine, de l'aubaine de tous les biens de feu Laurent Colin, commis à payer les Suisses de la garde, natif du pays de Liège, qui est décédé à Paris sans lettres de naturalité.

28102. Ratification du bail à main ferme fait par le prévôt de Paris, pour six ans, à Vincent Philippe de la geôle du petit Châtelet de Paris, à raison de 45 livres parisis par an.

28103. Mandement à d'Apestigny de payer, sur les deniers des restes des décimes et de la noblesse de Guyenne, les gens de guerre ordonnés pour la garde des villes de Bayonne et de Dax de ce qui peut leur être dû, pour le temps passé, de leurs gages et solde, montant à la somme de 6,257 livres.

28104. Don à Mᵐᵉ de Riz du montant des deniers communs recélés de la ville de Caudebec.

28105. Don à Virgile Pavot (*aliàs* de Pavello) de 300 livres à prendre sur les deniers des offices.

28106. Don à l'abbé de Saint-Ambroise de 60 livres parisis à prendre sur l'amende à laquelle a été condamné Jean Girard, prévôt d'Issoudun.

28107. Traite accordée au roi de Navarre de cent cinquante tonneaux de vin qu'il fait amener de son cru du pays de Guyenne en la ville de Paris pour la provision de sa maison, sans payer aucun droit.

28108. Don à Benoît Nouvellet et à François Gillier, sommeliers de paneterie du roi, de l'amende de 300 livres à laquelle Hervé de Chaunay a été condamné par arrêt du Parlement de Paris.

(*Arch. nat.*, J. 960¹, n° 70, anc. 114.)

28109. Permission au receveur général de Bourgogne de résigner son office, en payant la somme de 1,500 livres qui sera employée à refaire les halles d'Auxonne.

28110. Don à Jehannet de Bouchefort, valet de garde-robe du roi, de la somme de 100 écus à prendre sur le quart-denier de la résignation de l'office de procureur du roi à Meaux, après les deniers du roi payés.

28111. Don à Claude de Fourmentières, l'un des gentilshommes de la vénerie du roi, du quart-denier des résignations des offices de trésorier des mortes-payes de Picardie et du greffe des élus de Coutances et de Carentan que doivent faire Guillaume Parent et Guillaume Durand, après les deniers du roi payés.

28112. Don à Jean Garron, lieutenant du prévôt de l'hôtel, de 100 écus sur la finance taxée par la Chambre des Comptes de Paris pour les lettres d'anoblissement de Jean Pyat.

28113. Mandement à la Chambre des Comptes de Paris et au trésorier de l'épargne de rétablir et de faire payer frère Gosswin Scot, pauvre religieux, de la somme de 30 livres tournois de pension par an dont le roi lui a fait don pour l'aider à vivre le restant de ses jours, en rémunération des services qu'il lui a rendus quand la ville de Tournay était en son obéissance, laquelle pension a été rayée par les gens des comptes au receveur de Picardie, qui avait accoutumé de la payer audit religieux, en conséquence de la nouvelle ordonnance sur le fait des finances à laquelle le roi déclare déroger pour le cas présent.

28114. Trois mandements au trésorier de l'épargne de rembourser à Jean Prévost la somme de 1,000 écus, à Charles de Pierrevive 3,000 écus, et au général Bayard 500 écus, qu'ils ont prêtés au roi et mis entre les mains du trésorier Laguette.

28115. Don à la Roche-Herpin de l'amende de 400 livres tournois à laquelle il a été condamné par le bailli de Blois, pour avoir battu un paysan qui avait outragé sa mère.

28116. Don à Robinet Debez, brodeur et valet de chambre de Madame, de 30 écus soleil sur la vente de l'office de sergent à verge au Châtelet de Paris, vacant par le trépas de Jacques Dassy.

28117. Don au fils de Bouton de la finance qu'il peut devoir à cause de ses lettres de naturalité et congé de tester.

28118. Don à Louis de Houetteville, gentilhomme de la vénerie du roi, de 40 écus sur les parties casuelles.

(*Arch. nat.*, J. 960¹, n° 71, anc. 115.)

Mandements au trésorier de l'épargne de payer :

28119. Au cardinal Trivulce, en don, 2,000 écus soleil, à prendre sur le présent quartier de juillet.

28120. A M. de Boisy, 1,200 livres pour sa pension de l'année finie le 31 décembre 1530, à prendre sur ledit quartier.

28121. A Adrien Auger, 8,478 livres 15 sous pour le payement des gages du Parlement de Bretagne de cette présente année, à prendre sur ledit quartier.

28122. Mandement à la Chambre des Comptes de rétablir au sr du Biez sa pension des années 1527 à 1531, à raison de 2,000 livres par an, qui lui a été rayée en la recette générale de Picardie.

28123. Mandement au trésorier de l'épargne de faire dorénavant payer chaque année audit sr du Biez 2,000 livres par le receveur général de Picardie, des deniers provenant de la recette du Boulonnais, à commencer de l'année 1532.

28124. Don à Gilbert Malian, suivant l'avis du Grand conseil et des trésoriers de France, de la haute justice adjugée au roi par le Parlement de Toulouse, et que Maffre de Cenaret a perdue à cause de l'homicide commis sur la personne de Jean Malian, frère dudit Gilbert, à la charge qu'il la tiendra du roi et payera chaque année un demi-écu d'or à la recette ordinaire de Nîmes.

28125. A Regnaut Danet, marchand de Paris, 2,050 livres pour le diamant qui a été envoyé à Rome, à prendre sur le présent quartier de juillet.

(*Arch. nat.*, J. 960¹, n° 72, anc. 116.)

28126. Continuation aux habitants de Honfleur de l'octroi du quatrième des vins et menus boires vendus en leurs ville et faubourgs, pour la fortification de ladite ville.

28127. Mandement à la Chambre des Comptes de Paris de faire jouir Philippe de Cambel (Campbell), vieil archer de la garde écossaise du roi du nombre des vingt-quatre, du don que le roi lui a fait pour huit ans de quatre « mareaux » ou pièces de terre, tant en friche qu'en bois, appelés « Vaunoir-les-Vieilles-Ventes » au pays de Poitou, dont il a obtenu sentence du Trésor et arrêt du Parlement, et en tant que besoin est, le roi lui en fait don de nouveau.

28128. Rabais et modération, en suivant les avis des officiers de Briançon, du général de la charge et du Grand conseil, à Antoine Isoard, fermier des grandes gabelles de Briançonnais pour trois années finies à la saint Jean dernière, de la somme de 2,000 livres tournois sur le prix de sa ferme, à cause des empêchements qu'il a subis par le fait de la guerre, du passage des gens de pied et de cheval de l'armée de feu M. de Lautrec, celui-ci ayant défendu de payer lesdites gabelles.

28129. Passeport accordé à M. le Légat, chancelier de France, pour faire amener à Paris, du cru de ses vignes d'Albi, deux cent dix pipes de vin par terre et par eau pour la provision de sa maison, sans payer aucun droit et nonobstant la coutume de Bordeaux qui interdit tout passage et sortie de vins avant la saint André.

28130. Mandement au trésorier Laguette de payer, sur les deniers de l'office de sergent royal en la ville et banlieue de Rouen, vacant par le décès de Guillaume Passart, à Pierre Picquet, sommelier d'échansonnerie de bouche, et à Jean Loret 100 écus dont le roi leur fait don.

28131. Mandement au trésorier de l'épargne de payer, sur le quartier de janvier prochain, aux officiers du Parlement de Dijon la somme de 1,600 livres 17 sous 8 deniers qui leur sont dus de reste de leurs gages de l'année 1527.

28132. Modération de taille pour quatre ans, suivant l'avis des élus d'Orléans, du général de la charge et du Grand conseil, aux pauvres habitants de « Villeguy » en Sologne de la moitié de ce qu'ils auraient à payer au roi durant ledit temps, pour les aider à supporter les grandes pertes que leur ont fait éprouver, cette année, la grêle et les inondations.

28133. Don et remise à Jacques Pinard, canonnier ordinaire, de 75 livres tournois sur l'amende prononcée contre lui par arrêt du Parlement de Paris.

(*Arch. nat., J. 960¹, n° 73, anc. 117.*)

Mandements au trésorier de l'épargne de payer :

28134. A Claude Guyot, 24,000 livres pour employer à la construction du Havre-de-Grâce, à prendre par égale portion sur les quartiers de janvier et d'avril prochains.

28135. A Odoart Faulsque (Foxe), docteur, naguère venu comme ambassadeur du roi d'Angleterre, 1,025 livres en don pour s'en retourner en son pays, à prendre sur le présent quartier de juillet.

28136. A M. d'Aster, 1,200 livres pour sa pension de l'année finie le 31 décembre dernier, à prendre sur ledit quartier.

(*Arch. nat., J. 960¹, n° 74, anc. 119.*)

28137. Don à M. le Grand maître [Anne de Montmorency] du droit de garde du fils du feu comte de Laval, pour jouir des fruits, profits et émoluments pendant sa minorité, à la charge d'entretenir ledit mineur honorablement et selon son état et le lieu dont il est issu, de réparer ses maisons, châteaux et héritages, de conduire ses affaires et procès et du tout rendre bon compte.

28138. Don à Guy, comte de Laval, du droit de port qui peut appartenir au roi, à cause de sa minorité, pour raison du comté, terre et seigneurie de Laval et ses dépendances.

28139. Remboursement à Jean-Baptiste Poignant de la somme de 1,020 livres 16 sous 8 deniers tournois par lui prêtée pour les affaires du roi, ainsi qu'il appert par un extrait des comptes de Grolier, signé par le greffier de la Tour carrée, à prendre sur les deniers de l'épargne du quartier de janvier prochain.

28140. Provisions à Jacques Le Roy de résigner son office de notaire et secrétaire du roi au profit de Vital Double, sans être tenu d'en payer le quart, dont le roi lui a fait remise à la requête et en faveur du capitaine Bazoges.

(*Arch. nat., J.* 960¹, n° 75, anc. 120.)

Mandements au trésorier de l'épargne de payer :

28141. A Jean Godet, commis à l'extraordinaire des guerres, 3,390 livres pour le payement des archers de Chandio, du quartier d'avril dernier.

28142. Audit Chandio, 800 livres pour six mois de sa pension finie le 30 juin dernier, à prendre sur le présent quartier de juillet.

28143. Au receveur général Sapin, 120 livres pour la conduite des bateaux qui ont dernièrement mené Madame et la reine de Saint-Germain à Paris et de Paris à Melun, à prendre sur ledit quartier de juillet.

28144. Au même, 200 livres pour délivrer à Colin Caron, tenant la poste du roi à Boulogne, sur ce qui peut lui être dû de ses voyages, à prendre sur le même quartier.

28145. Audit Sapin, 371 livres 5 sous pour délivrer aux trois postes qui suivent ordinairement la cour, pour trois mois de leur service, sur ledit quartier.

28146. Mandement aux généraux des finances et au trésorier de l'épargne de faire payer, par le receveur des aides et équivalent de l'élection de Chartres, à Mme la duchesse de Chartres, la valeur desdits aides et équivalent, à quelque somme qu'ils puissent monter, durant six ans à commencer du jour de la publication de son mariage.

28147. Au receveur général Sapin, 2,500 livres pour employer aux menues affaires et nécessités de la chambre du roi, durant cette présente année, à prendre sur le présent quartier de juillet.

(*Arch. nat.*, J. 960¹, n° 76, anc. 121.)

Mandements au trésorier de l'épargne de payer :

28148. A Madame la grand'sénéchale de Normandie, 6,942 livres pour le parfait de 8,942 livres qui étaient dues à son feu mari pour ses pension et état de gouverneur de Normandie, depuis le 1er janvier dernier jusques et y compris le 23 juillet suivant qu'il décéda, à prendre sur le présent quartier de juillet.

28149. A Victor Barguin, 7,300 livres pour employer à la chambre aux deniers et à l'écurie de la maison de Mesdames Madeleine et Marguerite de France, des quartiers de janvier et d'avril derniers, à raison de 40 livres par jour, à prendre sur les finances desdits deux quartiers.

28150. Au cardinal de Tournon, 4,000 livres sur son voyage de Rome, à prendre des deniers du présent quartier de juillet.

28151. Mandement au trésorier des mortes-payes de Bourgogne de payer à Godefroy, capitaine d'Auxonne, 300 livres sur les deniers revenant bons au roi de l'assignation desdites mortes-payes du quartier de janvier 1529 n. s., dont le roi a fait don audit capitaine.

(Arch. nat., J. 960¹, n° 77, anc. 125.)

28152. Mandement pour le payement, sur l'ordonnance du cardinal de Gramont, à Bonacorsi Ruccellaï, de 560 écus soleil qu'il a avancés à l'écuyer Francisque, pour subvenir à ses nécessités et employer aux affaires du roi à Rome, ladite somme à prendre sur l'épargne du quartier d'octobre 1531.

(Arch. nat., J. 960¹, n° 78, anc. 126.)

Mandements au trésorier de l'épargne de payer :

28153. A M. le grand sénéchal [de Normandie], 2,000 livres sur sa pension de cette présente année et son état de gouverneur de Normandie, à prendre sur le présent quartier de juillet[1].

28154. A Hans Permain, serviteur du duc de Bavière, 25 écus soleil en don, sur ledit quartier.

28155. A Guy d'Angliers, 1,000 livres sur les 2,000 qui lui ont été données en considération de son mariage avec Mlle de Pontcharrault, les 1,000 autres étant appointées sur les parties casuelles, à prendre sur le quartier de janvier prochain.

28156. A Jean Godet, commis à l'extraordinaire de la guerre, 40,000 livres à prendre sur les plus-values de cette année, en remboursement de ladite somme qu'il doit avancer au roi pour le rachat des terres engagées [à l'Empereur].

28157. A Jean Emery, plumassier, 2,150 livres prêtées au roi pour la même cause, à rembourser sur le présent quartier de juillet.

28158. A Jean Testu, naguère argentier du roi, pour payer ledit Jean Emery, plumassier, de plusieurs marchandises à lui dues par le roi du temps du voyage d'Ardres, 2,446 livres 10 sous; à Aymard Brette, naguère receveur de l'écurie, pour payer ledit Emery des

---

[1] Cet acte paraît être de juillet 1531, mais antérieur au 23 de ce mois, date de la mort de Louis de Brézé.

plumes livrées à l'écurie du roi en 1521, 37 livres 8 sous 9 deniers; à Guillaume Saffray, autre receveur de l'écurie, pour payer ledit plumassier des fournitures faites à ladite écurie, de 1522 à 1524, 230 livres; et à Marc de La Rue, naguère argentier du roi, aussi pour payer ledit Emery de ce qu'il a fourni à l'argenterie durant le temps que ledit de La Rue tint cet office, 248 livres; soit en tout 2,961 livres 18 sous 9 deniers, à prendre sur le quartier de janvier prochain.

28159. A Antoine Hélin, 2,391 livres pour le reste de ses voyages dernièrement faits en Flandre, ainsi qu'il appert par le certificat de Mathieu de Longuejoue, maître des requêtes de l'hôtel, à prendre sur le présent quartier de juillet.

28160. A Jean Billon, maître des comptes, 1,187 livres 18 sous pour le parfait de ses voyages dernièrement faits audit pays de Flandre, sur ledit quartier.

28161. Au général de Normandie, 600 livres en don pour l'aider à acheter une maison à Fontainebleau, à prendre sur la vente des bois de la forêt de Crécy en Brie.

28162. A M. l'amiral [Chabot], 2,530 livres en don, au lieu de ce que les gens des comptes ont taxé pour les lods et ventes, reliefs et autres droits seigneuriaux de la seigneurie de Preuilly en Touraine.

(Arch. nat., J. 960¹, n° 79, anc. 127.)

Mandements à Jean Laguette, receveur général des finances extraordinaires et parties casuelles, de payer :

28163. A Antoine de Brevieu, écuyer d'écurie du roi, 300 écus d'or soleil pour l'aider à supporter la dépense d'un voyage qu'il va présentement faire sur chevaux de poste en Suisse, par ordre du roi, vers les ambassadeurs dudit seigneur et vers MM. des Ligues dudit pays, tant pour leur porter des lettres missives que pour leur faire entendre certaines choses secrètes touchant les affaires du roi.

28164. A Pierre d'Aymar, archer de la garde et concierge du château de Saint-Germain-en-Laye, et à Michel Vincent, chauffe-cire de la chancellerie, la somme de 100 écus soleil que le roi leur a donnés sur le quart de la résignation de l'office de receveur des aides, tailles et équivalent de Montfort-l'Amaury.

28165. A Jean Macyot, commis à tenir le compte et faire le payement des salpêtres qui se fabriquent et affinent dans l'Île-de-France et les généralités d'Outre-Seine et de Picardie, la somme de 2,158 livres 14 sous 6 deniers tournois pour employer au fait de son office, particulièrement au payement de 24,783 livres de salpêtres déposés au grenier des salpêtres du roi, au château du Louvre.

28166. A Étienne Trotereau, receveur ordinaire de Touraine, la somme de 260 écus d'or soleil pour employer aux réparations du Plessis-du-Parc-lès-Tours, par les ordonnances du s' de Sourdis, capitaine dudit lieu, à prendre sur les deniers provenant de l'office de sous-viguier de Toulouse.

28167. A Pierre Pagan, François de Birago, Marson de Milan, Paul de Milan et Simon de Plaisance, fifres et joueurs de hautbois et « sacqueboutes », la somme de 100 écus soleil, soit à chacun 20 écus, dont le roi leur a fait don en récompense de leurs services.

28168. Mandement à Jean Teste, maître des comptes et naguère receveur ordinaire de Paris, de mettre entre les mains de Jean Laguette la somme de 327 livres tournois à laquelle montent les parties contenues en un cahier signé de sa main, employées et portées en ses comptes de ladite recette de Paris, dont les unes ont été rayées et tenues en souffrance et les autres passées à charge de quittance, lors de la reddition et clôture de ses comptes.

Rôles d'acquits non datés, joints à ceux de l'année 1530.

(Arch. nat., J. 960², n° 8, anc. J. 960, n° 90.)

28169. Mandement au receveur général d'Apestigny de payer la somme de 62,460 livres 14 sous 6 deniers tournois pour la valeur de 30,000 écus soleil en or, que le roi a ordonné de porter en la ville de Cambrai et de délivrer comptant à Marguerite, archiduchesse d'Autriche [1].

Autres mandements au même de payer :

28170. A Gilles de La Pommeraye, panetier du roi, 500 écus soleil pour se rendre en diligence et sur chevaux de poste vers l'Empereur, en Allemagne, partant de Fontainebleau le 13 décembre.

28171. A Gabriel de La Guiche, bailli de Mâcon, 300 écus soleil pour se rendre en diligence et sur chevaux de poste vers le roi d'Angleterre, en qualité d'ambassadeur, partant de Fontainebleau le 15 décembre.

28172. A Richard Veny, chevaucheur d'écurie, 30 écus soleil pour

[1] Ce mandement paraît être de décembre 1529, ainsi que les autres actes compris sous la même cote.

accompagner ledit s^r de La Guiche en Angleterre et rapporter la réponse que fera le roi Henri VIII « sur l'exposition d'icelle ambassade ».

28173. A Guillaume d'Armetz, héraut d'armes du titre de Valois, 140 écus soleil pour s'en retourner en toute diligence à Rome, vers le duc d'Albany, lui porter des lettres et instructions pour ses affaires secrètes, partant de Fontainebleau le 15 décembre.

28174. Provision à Gilbert Filhol, contrôleur du grenier à sel de Montluçon, pour être payé des gages dudit office durant cinq mois et vingt jours, depuis le 15 avril 1529 qu'il en fut pourvu, jusqu'au 5 octobre suivant, bien qu'il n'ait prêté le serment qu'à cette dernière date.

(*Arch. nat.*, J. 960², n° 9, anc. J. 960, n° 1.)

Mandements au trésorier de l'épargne de payer :

28175. A Antoine Bohier, bailli de Cotentin, remboursement de 3,225 livres qu'il a prêtées au roi et remises aux mains de Laguette, pour employer au rachat des terres engagées à l'Empereur.

28176. Au même, remboursement de 4,050 livres que feu François d'Allais, son beau-père, prêta au roi en 2,000 écus soleil, dès l'année 1519.

(*Le même rôle contient les n°s 4156 et 4158 du CATALOGUE, datés des 14 et 16 juillet 1531.*)

Rôles d'acquits à expédier non datés, joints à ceux de l'année 1531.

(*Arch. nat.*, J. 960³, n° 34, anc. J. 960, n° 40.)

Mandements au trésorier de l'épargne de payer :

28177. A Charles Mesnager, argentier de la reine, 24,940 livres 2 sous 8 deniers pour délivrer à Étienne Boutet, marchand, en payement des draps d'or, d'argent et de soie fournis à l'argenterie, durant les années 1519 et suivantes jusqu'au 31 juillet 1523, moitié sur le quartier de juillet prochain et moitié sur le quartier d'avril suivant.

28178. Audit Étienne Boutet, 18,000 livres en remboursement de semblable somme qu'il a prêtée au roi pour le fait des Suisses et mise entre les mains du trésorier de l'épargne, dont il sera payé moitié sur le quartier de juillet, moitié sur le quartier d'octobre prochains.

28179. A Morelet de Museau, 18,000 livres, montant du prêt dudit Boutet, pour employer au payement des pensions des Suisses.

28180. Au duc d'Albany, 15,500 livres pour compléter ses pension et état de gouverneur de Bourbonnais et d'Auvergne de l'année finie le 31 décembre 1530, dont il a reçu ci-devant 2,500 livres sur les parties casuelles, le reste à prendre en l'épargne du quartier de juillet prochain.

28181. A Perrot de Ruthie, 400 livres pour ses gages de la capitainerie du château neuf de Bayonne, de l'année finie le 31 décembre dernier, à prendre sur le présent quartier d'avril.

(*Arch. nat.*, J. 960³, n° 35, anc. J. 960, n° 32.)

Mandements au receveur général d'Apestigny de payer :

28182. A sœur Jeanne, bâtarde de Guyenne, prieure du monastère de Saint-Pardoux en Périgord, 100 livres en don et aumône sur ce qui peut lui être dû de sa pension des années 1529, 1530 et de la présente 1531.

28183. A Thomas Savoureau, chevaucheur d'écurie, 6 écus soleil pour un voyage en poste de Paris à Anet, où il apporta au roi des lettres secrètes de M. le Légat et s'en retourna avec la réponse.

28184. A Mathieu Rembole, serviteur du duc de Saxe, la somme de 50 écus soleil dont le roi lui a fait don pour subvenir aux frais du voyage qu'il va présentement faire, s'en retournant en Allemagne vers les ducs de Saxe et de Lunebourg, le landgrave de Hesse et autres communautés d'Allemagne, porteur des réponses du roi aux lettres qu'ils lui ont dernièrement écrites touchant le fait du concile et autres affaires intéressant la chose publique.

28185. A Jean Bordel, greffier de la Tour carrée, 500 écus soleil pour distribuer aux conseillers qui assisteront au jugement des procès des financiers en ladite cour.

28186. A Claude de Bombelles, valet de chambre du roi, pour un voyage qu'il va faire en poste, partant le 30 avril de Paris, au pays des Grisons, afin de traiter au nom du roi avec certains capitaines des Ligues grises, don de 300 écus soleil.

(*Arch. nat.*, J. 960³, n° 36, anc. J. 960, n° 30.)

Mandements aux trésorier de l'épargne et autres comptables de payer :

28187. A M. de Sarcus et à Mme de Tombes [Jeanne de Lâtre], à l'occasion et en faveur de leur mariage, 10,000 livres dont le roi leur fait don en trois payements égaux sur les quartiers d'octobre 1531, de janvier et d'avril 1532.

28188. A M. de Sarcus, pour sa pension de l'année dernière, 1,000 livres sur le quartier de juillet 1532, et pour sa pension de la présente année, 1,000 livres sur le quartier d'octobre suivant.

28189. A M⁰ᵉ de Nevers, 6,000 livres pour sa pension de la présente année, à prendre sur le quartier de janvier prochain.

28190. A [Anne de Montmorency], grand maître, 1,183 livres 10 sous pour la pension du feu sʳ de Montmorency, son père, depuis le 1ᵉʳ janvier jusques et y compris le 24 mai 1531, date de son décès, à raison de 3,000 livres par an.

28191. Mandement au trésorier de la maison du Dauphin et des ducs d'Orléans et d'Angoulême de payer à Guillaume de Dinteville, écuyer de l'écurie desdits princes, ses gages de trois quartiers de la présente année, à raison de 400 livres par an.

28192. Au receveur du Parlement de Paris, 8,640 livres pour employer au payement des gages des présidents, conseillers et autres officiers de ladite cour qui iront tenir les prochains Grands jours à Poitiers, dont ils seront appointés de 4,000 livres sur le présent quartier de juillet, et de 4,640 livres sur le quartier d'octobre prochain.

28193. A Victor Barguin, 5,390 livres pour employer aux gages des dames, demoiselles, femmes de chambre et officiers de Mesdames Madeleine et Marguerite de France, durant les quartiers de janvier et avril derniers.

28194. Au même, 3,000 livres pour le fait de l'argenterie desdites dames, durant les mêmes quartiers.

28195. A Pierre Cretot, commis du receveur ordinaire de Meaux à Crécy en Brie, 50 livres pour la poursuite d'un procès pendant au Parlement de Paris, entre le roi et les habitants de Coulommiers en Brie, touchant le village de Chevru.

(*Arch. nat.,* J. 960³, n° 37, anc. J. 960, n° 7.)

Mandements au trésorier de l'épargne de payer :

28196. Au baron de Lech, 1,650 livres pour le complément de sa pension des années 1528, 1529 et 1530, à prendre sur le quartier d'octobre prochain.

28197. A Gaspard Sormano, 1,200 livres pour sa pension de la présente année 1531, savoir 900 livres sur le présent quartier de juillet et 300 sur celui d'octobre prochain.

28198. Mandement à la Chambre des Comptes de passer aux comptes de Claude Guyot, receveur de Rouen, la somme de 3,000 livres qui lui fut délivrée l'an 1526, par ordonnance de la régente, pour les réparations de la grande nef *Françoise* et les gages de ses officiers, suivant qu'il est contenu en un cahier signé de Bertrand du Thilly, commissaire, et de feu Jean de La Chapelle, contrôleur, nonobstant que ledit cahier ne soit en parchemin, comme il devrait être.

(En tête de ce rôle figure le n° 4136 du Catalogue, *daté du 6 juillet 1531.)*

(Arch. nat., J. 960³, n° 38, anc. J. 960, n° 10.)

28199. Mandement au trésorier de l'épargne de payer à Jacques Ragueneau 29,550 livres pour le payement de quinze galères durant le quartier de juillet prochain, y compris 375 livres pour ses gages.

28200. Mandement audit Ragueneau de payer, des deniers de sa commission des quartiers de janvier et avril derniers, à Louis Fournillon, 833 livres 6 sous 8 deniers pour son état de capitaine de la tour d'If, durant seize mois et vingt jours; au même, 333 livres 6 sous 8 deniers pour l'entretien d'une frégate, durant ledit temps; à trente mortes-payes, dont quatre canonniers, chargés de la garde de ladite tour, durant huit mois finis le 31 décembre dernier, 1,280 livres; aux mêmes, pour l'année présente, 1,920 livres; audit Fournillon, pour ses gages de ladite capitainerie de la présente année, 600 livres; au même, pour l'entretien de ladite frégate durant la présente année, 240 livres; plus au même, en dédommagement des frais de certaines gens de guerre, qu'il a entretenues pour s'opposer aux descentes d'André Doria et de Barberousse, 400 livres; et pour les réparations et fortifications qui seront faites à ladite tour, durant la présente année, 2,255 livres 1 sou 8 deniers : soit en tout, 7,861 livres 15 sous.

28201. A Guillaume Pesse, marchand de chevaux, 82 livres en payement d'une haquenée qu'il a vendue pour porter les ustensiles de cuisine, quand le roi va à la chasse, y compris 4 écus soleil pour bât et harnais.

28202. A Jacques de Cyse et Pierre Mille, archers de la garde, à chacun 30 livres tournois pour conduire la compagnie du sr Rence (Renzo de Cere) hors du royaume

28203. Mandement au receveur des amendes du Grand conseil de faire payer au greffier de ladite cour, pendant dix ans, 200 livres par an d'augmentation de gages.

28204. Mandement au trésorier de la maison du Dauphin et des ducs d'Orléans et d'Angoulême de faire payer 355 livres 11 sous 8 deniers à Louis Prévost, dit « de Sansac », sur les gages ordonnés à feu Simon de La Fontaine, écuyer d'écurie, depuis son décès jusqu'au 31 décembre 1531, à raison de 400 livres par an.

28205. Don au s^r de Brissac du montant des gages et droits de la capitainerie de Falaise, depuis le décès du feu s^r de Beauvois jusqu'à l'institution dudit de Brissac audit office.

Ordonnances de remboursements sur l'épargne :

28206. A Nicole Brachet, conseiller au Parlement de Paris, 356 livres 5 sous prêtés au roi l'an 1521 et remis entre les mains de Meigret.

28207. A Étienne de Montmirel, conseiller en ladite cour, 186 livres 17 sous 6 deniers.

28208. A Guillaume de Vaudétar, 132 livres 10 sous.

28209. A Robert Dauvet, 765 livres 12 sous 6 deniers.

28210. A Jacques Messager, conseiller en ladite cour, 265 livres.

28211. A la veuve et aux héritiers de Dreux Budé, 159 livres.

28212. Mandement au trésorier de l'épargne de payer au garde à cheval et à Jean Allard et Berthelon Langlois, gardes à pied des forêts d'Amboise, au premier 60 livres, au deuxième 40 et au troisième 30, soit en tout 130 livres, pour leurs gages de l'année dernière.

(Arch. nat., J. 960³, n° 39, anc. J. 960, n° 69.)

Mandements au receveur général des parties casuelles,
le s^r d'Apestigny, de payer :

28213. Au s^r César Imperator, Sicilien, 300 écus soleil en don pour l'aider à s'entretenir au service du roi.

28214. A Balthazar Linche, serviteur du s^r O'Donyal, d'Irlande, 50 écus soleil en don pour ses frais de retour auprès de son maître, avec une dépêche que le roi lui a confiée.

28215. A La Forêt, secrétaire de M. le Légat, 10 écus pour un voyage en poste de Vanves à Anet, afin de porter au roi des lettres de son maître et revenir avec la réponse.

28216. Don à Dominique de Courtonne, architecte, de la somme

85.

de 900 livres pour le récompenser de plusieurs ouvrages qu'il a faits depuis quinze ans, de l'ordonnance du roi, tels que les plans en relief en bois des villes et châteaux de Tournay, Ardres, Chambord, ponts sur des rivières, moulins à vent, etc.

28217. Au receveur général Sapin, 535 livres pour payer les chantres de plain-chant de la chapelle du roi, suivant Madame, pour leurs gages du quartier de janvier 1532 n. s.

28218. A Jean Maciot, trésorier des salpêtres de la généralité d'Outre-Seine, 391 livres 2 sous 6 deniers pour employer au payement desdits salpêtres.

(Arch. nat., J. 960³, n° 40, anc. J. 960, n° 2.)

Mandements au trésorier de l'épargne de payer :

28219. Au trésorier de la reine, sur le quartier d'avril dernier, 1,036 livres 8 sous 9 deniers, et sur ce présent de juillet, 1,311 livres 8 sous 9 deniers, pour lui parfaire 30,707 livres 17 sous 6 deniers, montant des gages des officiers de la maison de ladite dame des quartiers de janvier et avril derniers.

28220. Au receveur de Brie-Comte-Robert, 400 livres pour employer à la réparation du château dudit lieu.

28221. Au s^r de Pierrefort, gentilhomme de la maison du duc de Lorraine, 600 livres pour sa pension de la présente année 1531.

28222. A Edmond Brethe, naguère receveur de l'écurie, 4,000 livres en remboursement de ce qu'il avait prêté au roi et remis entre les mains de Jean Laguette.

28223. Au même, la somme de 11,483 livres 2 sous 7 deniers qui lui est due pour le règlement de ses comptes de l'année 1521.

28224. Lettre de naturalité sans payer finance pour Bernard d'Altovitti, Florentin, beau-fils de Robert Albisse.

28225. Mandement à la Chambre des Comptes de Paris de rétablir sur le compte de Pierre de Montfort, receveur ordinaire de Toulouse, 247 livres 12 sous 8 deniers dont il a été contraint de faire recette sur Jean de La Chesnaye, à cause du revenu de la terre du Castera et Pradères depuis l'an 1517 que ledit de La Chesnaye en fit acquisition, jusqu'au mois de mai 1519 qu'il fut mis en possession par le commissaire député du Parlement de Toulouse, dont le roi fait don audit de La Chesnaye, en tant que besoin serait.

(*Arch. nat.*, J. 960³, n° 41, anc. J. 962, n° 145.)

Mandements au trésorier de l'épargne de faire assigner tant sur les deniers provenant de l'octroi que les États de Bourgogne ont naguère fait au roi, payable en janvier dernier, que sur les deniers des domaine, aides et greniers de la généralité de Bourgogne de ce présent quartier de janvier [1532 n. s.], *aux personnes ci-après nommées, les sommes qui suivent, pour leurs pensions, états et entretien au service du roi, durant l'année 1532* :

28226. A Girard de Vienne, sʳ de Ruffey, chevalier de l'ordre, capitaine du château et de la ville de Beaune, 140 livres tournois.

28227. A Jean Bellin, maire de Beaune, 50 livres.

28228. A Guillaume de Pinen, sʳ dudit lieu, capitaine du château de Dijon, 240 livres.

28229. A Nicolas de Pluvot, capitaine du guet des portes de Dijon, 150 livres.

28230. A Jean Desmoulins, capitaine des arquebusiers de Dijon, 120 livres.

28231. A Pierre Tabouret, maire de Dijon, 100 livres.

28232. A Antoine Godefroy, capitaine de la ville d'Auxonne, 300 livres.

28233. A Charles de Glenesses, sʳ du Bois-des-Moulins, capitaine du château d'Auxonne, 200 livres.

28234. A Perrinet Camus, maire d'Auxonne, 50 livres.

28235. A Simon de Saumaire, capitaine du château de Talant, 300 livres.

28236. A François d'Orfeuille, sʳ de la Guillotière, capitaine de Saulx-le-Duc, 200 livres.

28237. A Charles de La Tour, sʳ de Vatillieu, capitaine de Nuits, 80 livres.

28238. Audit sʳ de Vatillieu, lieutenant de la compagnie d'ordonnance de M. l'Amiral, pour sa pension de ladite année, 600 livres.

28239. A Jean de Plaisance, commissaire des mortes-payes de Bourgogne, 400 livres.

28240. A Antoine de Civry, sʳ dudit lieu, pour la garde des forêts d'Argilly, 200 livres.

28241. A Félix de Jonville, Allemand, 200 livres.

28242. A Étienne Jacqueron, s^r de la Mothe-d'Argilly, 200 livres.

28243. A Étienne Bastier, s^r de Maigny, 120 livres.

28244. A Bénigne Serre, s^r des Barres, 100 livres.

28245. A Jacques de Brisay, s^r de Beaumont, lieutenant, en l'absence de M. l'Amiral, au gouvernement de Bourgogne, 2,000 livres.

28246. A (blanc), s^r de la Tour, 400 livres.

28247. A Jean de Metz, s^r d'Aubigny, 500 livres.

28248. A Virgile de Pavello, 300 livres : soit, en somme, 6,950 livres.

(Arch. nat., J. 960³, n° 42, anc. J. 960, n° 124.)

Mandements aux trésorier de l'épargne et autres officiers comptables de payer :

28249. A Jean Prince, vigneron, demeurant à Cahors, 50 livres dont le roi lui fait don pour un voyage de Cahors à Fontainebleau, dans le but d'y choisir un terrain propre à la culture de la vigne.

28250. A Julien Bonacorsy, trésorier de Provence, 1,215 livres pour payer Rosso de Rosso, peintre florentin, de 420 écus soleil à 43 sous pièces, soit 913 livres, pour son entretien des mois de novembre dernier et suivants jusqu'à ce présent de juillet, durant lequel temps il a fait un grand tableau pour le roi; à Francisque de Carpi, menuisier, 150 livres pour le bois et encadrement dudit tableau; à Jean Poulletier, autre peintre, pour l'or et façon de l'ornement dudit bois, 130 livres; et à Archangelo de Platta, pour un voyage de Fontainebleau à Paris, afin d'y faire transporter ledit tableau, et pour les housses qui ont servi à l'envelopper, etc., 32 livres.

28251. A Christophe de Harlay, conseiller au Parlement de Paris, 225 livres pour ses gages dudit état, depuis le 27 novembre 1530 qu'il a été pourvu dudit office jusqu'au 26 mai dernier, date de sa réception.

28252. Mandement à la Chambre des Comptes, au bailli de Blois et au maître des Eaux et forêts dudit bailliage, de tenir quitte Jean Savoie, huissier ordinaire du Grand conseil, et sa femme, leur vie durant seulement, de 30 à 40 sous et au-dessous dus au roi chaque année à cause du droit de paisson, gruage ou avenage en la forêt de Russy.

28253. Mandement de payer au maître de la chambre aux deniers 13,500 livres pour employer au fait de son office durant le présent quartier de juillet, à prendre sur la taille dudit quartier.

28254. Au même, 4,640 livres 15 sous pour la passe du quartier d'avril dernier, y compris les « recompenses des proviseurs », à prendre sur la taille dudit présent quartier de juillet.

(*Arch. nat.*, J. 960⁴, n° 1, anc. J. 962, n° 38.)

Rôle de lettres à expédier [1].

28255. Lettres autorisant les habitants du bourg de Saint-Laurent de Chalon-sur-Saône à continuer de prélever, pendant dix ans, 200 livres tournois par an sur le revenu de la châtellenie du lieu, pour employer à la clôture et fortification dudit bourg.

28256. Don à Dieppe, valet de garde-robe, et à René Pintrel, barbier du roi, de la moitié d'une amende de 300 livres parisis prononcée par arrêt du Parlement de Paris contre Simon Salvoue, pour avoir battu un huissier dans l'exercice de ses fonctions.

28257. Don à François Peffier, archer de la garde du roi, de 100 livres tournois sur les amendes auxquelles Jacques Drujon a été condamné par sentence du bailli de Blois.

28258. Don à Laurent Pigier, pâtissier du roi, de 120 livres tournois montant des lods et ventes et autres droits seigneuriaux par lui dus pour l'acquisition d'un terrain en la boucherie d'Amboise et de la métairie de la Bardouillère, sise en la paroisse de Nazelles.

28259. Don à Roland Burgensis, sommelier de paneterie de bouche, de 30 écus sur le produit de la vente de l'office de sergent à verge au Châtelet de Paris, vacant par le décès de Michel Navere.

28260. Lettres de mainlevée et délivrance au sⁱ de Beaumont-Brizay, lieutenant de M. l'Amiral en Bourgogne, de 1,300 livres tournois de rente annuelle et viagère à lui donnée par la régente et confirmée par le roi, sur les terres et seigneuries que tenait du domaine royal en Dauphiné feu Mᵐᵉ l'amirale de Bourbon [2].

28261. Don à Claude Gauldry, Pinton, Terrasse et Jean Boullé, sommeliers d'échansonnerie du roi, du quart de la finance due à cause de la résignation de l'office de procureur des aides et gabelles à Sens, faites au profit de Jean Bouquet, jusqu'à concurrence de 100 écus pour ledit quart.

---

[1] Le n° 20487 du *Catalogue* (Amiens, novembre 1532), porté sur ce rôle, permet de dater ces actes du 6 au 10 novembre 1532.

[2] Jeanne, bâtarde de France, fille naturelle de Louis XI et de Marie de Sassenage, morte en 1519; elle avait épousé Louis, bâtard de Bourbon, comte de Roussillon, amiral de France, décédé l'an 1489.

28262. Don à Étienne de Levaz, dit « le Chevalier », valet de pied du roi, de 80 écus sur le produit de la vente de l'office de contrôleur des deniers communs de la ville de Pithiviers, vacant par le décès de Jacques Bertrand, dit « d'Orléans ».

28263. Don à Sommerayne (*alias* Saumaire), capitaine de Talant, du revenu des garennes, bois taillis et prés dudit lieu, pour en jouir tant qu'il tiendra ladite capitainerie, ainsi que faisait feu Bérangier, son prédécesseur immédiat.

(*Arch. nat.*, J. 960⁴, n° 2, anc. J. 962, n° 39.)

Rôle incomplet au commencement.

28264. Don et remise à Louis Burgensis, premier médecin du roi, des reliefs, treizièmes et autres droits seigneuriaux par lui dus à cause de la vente sur décret de la terre et seigneurie du Perray, près Évreux.

28265. Don à Pierre d'Aymar, archer de la garde et concierge de Saint-Germain-en-Laye, de 80 livres parisis sur les exploits et amendes des Eaux et forêts et particulièrement sur l'amende prononcée contre un nommé Louis Pasquier par le gruyer de Saint-Germain.

28266. Don au sᵣ Rat de 40 écus soleil sur le produit de la vente d'un office de mesureur du grenier à sel d'Auxerre, vacant par le décès de Germain Bertault.

28267. Mandement au bailli de Montargis de faire mettre entre les mains de Jean Maillard les deniers dus à feu Louis de Canossa, à cause de son abbaye de Ferrières, et du revenu de Montereau-faut-Yonne et du grenier à sel dudit lieu, qu'il tenait par engagement du roi, deniers dus par Nicolas Taboullier, fermier dudit de Canossa, et de les apporter vers le roi.

28268. Mandement au sénéchal de Toulouse de faire mettre entre les mains de Jean Maillard les deniers dus par différentes personnes, et qui seront trouvés en possession de Pierre de Montfort, commis à les recevoir, et de les apporter au roi.

28269. Don à Philippe de Poix, valet de chambre du roi, de la somme de 250 écus soleil sur la résignation de l'office de grènetier de Péronne.

(*Arch. nat.*, J. 960⁴, n° 4, anc. J. 962, n° 41.)

28270. Mandement au trésorier de l'épargne de payer à Jean-Joachim de Passano, sᵣ de Vaux, pour l'or et la façon d'une grande chaîne à gros chaînons ronds, pesant dix-huit marcs, dont il a été fait don au s^r de Norris, premier gentilhomme de la chambre du roi d'Angleterre, 2,949 livres 15 sous à prendre sur les deniers de la taille payable en octobre 1532.

28271. Au s^r de Bonnes, 2,310 livres 11 deniers en payement d'une autre grande chaîne d'or à gros chaînons ronds, dont le roi a fait don à l'évêque de Winchester.

28272. A William Fitzwilliam, trésorier d'Angleterre, pour distribuer aux officiers d'Henri VIII, auxquels François Ier en a fait don, 2,000 écus d'or ou 4,500 livres, qui seront répartis par Jean Duval, suivant les instructions de M. le Grand maître.

28273. Mandement à la Chambre des Comptes d'allouer aux comptes que Jean-Joachin de Passano doit rendre du payement de la dette d'Angleterre, du terme de novembre 1531, la somme de 23,760 livres 14 sous pour l'achat, en plus de 40 sous la pièce, de 116,943 écus d'or soleil, fait suivant les prix indiqués.

(*Arch. nat.*, J. 960⁴, n° 5, anc. J. 962, n° 42.)

28274. Mandement à la Chambre des Comptes, aux trésoriers de France et aux généraux des finances, pour faire payer sur le trésor de l'épargne, le changeur de l'épargne ou les receveurs généraux des finances, maître Jacques Hamelin de tout ce qui lui est dû de ses gages de secrétaire jusqu'au 31 décembre prochain, et pour l'avenir, tant qu'il tiendra ledit office.

(*Arch. nat.*, J. 960⁴, n° 6, anc. J. 962, n° 43.)

28275. Mandement au trésorier de l'épargne de payer à [François Malvault], receveur de l'écurie, 9,745 livres 2 sous 10 deniers, qui, avec les 10,000 livres dont il a été précédemment appointé (n° 4785), forment le montant de ce qu'il doit payer pour les hoquetons des archers des gardes, les fourriers, portiers et « plumaux » des Suisses de la maison du roi, durant la présente année, à prendre sur la recette générale de Languedoil, du terme de la taille de juillet dernier.

28276. Au receveur général de Languedoil, 535 livres pour employer au payement des gages des chantres de la chapelle de plainchant, du présent quartier de juillet, août et septembre [1532], à prendre sur les deniers des coffres du Louvre dudit quartier.

(*Arch. nat.*, J. 960⁴, n° 7, anc. J. 962, n° 45.)

28277. Permission à [Guillaume Briçonnet], évêque de Saint-Malo, de faire passer sans payer aucun droit, par les détroits de la traite d'Anjou, soixante pipes de vin pour l'approvisionnement de ses maisons de Bretagne.

(*Arch. nat.*, J. 960⁴, n° 9, anc. J. 962, n° 47.)

Rôle des sommes que le roi a ordonné à Jean Laguette, receveur général des finances extraordinaires et parties casuelles, de payer aux personnes et pour les causes qui suivent, sur les deniers provenant de l'amende de 34,000 livres prononcée contre le général Spifame par les juges de la Tour carrée, des 12,000 livres dues par le sʳ de Grimault pour droit de rachat des terres des Éparres et Serpaize en Dauphiné, des 6,000 livres reçues de Nicole Robillart, vicomte de Gisors, et des 3,168 livres restant dues par Guy Milletot, naguère receveur général de Bourgogne, sur son dernier compte de janvier à juin 1531.

28278. A Louis Berlant, dit « la Gatière », la somme de 20,500 livres tournois, complément de 15,000 écus soleil à lui dus pour les bagues et pierreries qu'il a vendues au roi.

28279. A Alard Plommier, marchand lapidaire demeurant à Paris, 5,000 livres tournois, complément de 10,000 livres pour une croix de diamant suspendue à une chaîne ornée de vingt-deux diamants formant nœuds, et une grande coupe d'agate garnie d'or et enrichie de diamants, rubis et émeraudes, fournies au roi.

28280. Au même, 3,956 livres 10 sous pour deux cents perles, sept moyennes tables de diamant, un dizain de cristal enrichi d'or, un miroir de cristal garni d'or et enrichi de pierreries, et une écritoire de cornaline, aussi garnie d'or, le tout vendu au roi.

28281. A Georges Vezeler, marchand d'Anvers, 4,000 écus d'or, complément de 7,000 écus, prix convenu pour la fourniture d'une table de diamant à grands biseaux, enchâssée d'or, de laquelle somme ledit Vezeler avait été appointé sur la recette générale d'Outre-Seine par mandement du trésorier de l'épargne, et dont il n'a rien reçu.

28282. A divers marchands, la somme de 5,600 livres tournois à eux due pour plusieurs bagues, joyaux et autres marchandises fournis au roi pour donner aux étrennes de l'année 1532 n. s.).

28283. A Jean Langrant, marchand demeurant à Anvers, 4,000 écus soleil sur les 14,000 écus qui lui sont dus pour avoir fourni au roi deux grands diamants. Le surplus lui est appointé sur le trésor de l'épargne, par moitié, en octobre et en avril prochains.

28284. A Hans [Yoncker], aussi marchand, la somme de 2,000 écus soleil pour un gros diamant qu'il a vendu au roi.

(*Arch. nat.*, J. 960⁴, n° 13, anc. J. 962, n° 51.)

28285. Mandement à Jean Laguette, receveur général des finances extraordinaires et parties casuelles, de payer au roi de Navarre, des deniers provenant de l'office de correcteur des comptes à Paris, vacant par le décès de Geoffroy Le Roux, la somme de 10,000 livres tournois pour partie de sa pension de l'année finie le 31 décembre 1531.

28286. Provision à la Chambre des Comptes pour faire payer dorénavant chaque année, par le changeur du trésor, à Clérambault Le Clerc [1], pourvu dudit office de correcteur des comptes au lieu dudit feu Le Roux, la somme de 165 livres pour ses droits de bûche et de robes de Pâques et de la Toussaint, ainsi que son prédécesseur et les autres correcteurs ont accoutumé de recevoir.

(*Arch. nat.*, J. 960⁴, n° 14, anc. J. 962, n° 52.)

28287. Lettres accordant au sʳ du Plessis-Bordage la jouissance, pendant cinq ans, du revenu de la terre et seigneurie de Jugon et ses dépendances, qu'il prendra des mains du receveur ordinaire dudit lieu, suivant la mainlevée qui lui en a été expédiée.

28288. Lettres semblables au bâtard de Rieux pour jouir, pendant cinq ans, du revenu de la terre et seigneurie de Minibriac, qu'il prendra des mains du receveur du lieu, suivant la mainlevée qui lui en a été expédiée.

28289. Don au duc d'Albany des biens du feu sʳ de Sarmaignes, échus au roi par droit de confiscation, dont lui fut expédié brevet à la Meilleraye, le 27 janvier dernier [1532 n. s.].

28290. Don à Robert de Caux, écuyer, et à Jacques Maréchal, maître queux de la cuisine de bouche, de la somme de 100 écus soleil sur les amendes auxquelles ont été condamnés, par arrêt du Parlement de Paris, François de La Touche, François d'Aoust et Jean Germe.

28291. Don à Charles Martel, sʳ de Bacqueville, de la garde-noble des enfants du feu sʳ d'Entraigues, à la charge d'en rendre bon compte.

28292. Confirmation du don fait par feu Louise de Savoie à Jean Bourdineau, son secrétaire, des protocoles de feu Philibert Dumas, notaire en Beaujolais.

28293. Continuation pour trois ans aux religions et couvents de Bretagne des aumônes qu'ils ont accoutumé de recevoir.

---

[1] Pourvu à Nantes, le 14 août 1532 (n° 4734).

86.

28294. Confirmation du don fait par Louise de Savoie de tous les deniers provenant des mortailles, successions et échoites de tout le duché du Bourbonnais, sauf en la terre et seigneurie de Murat, pour employer à la construction de l'église de Moulins, jusqu'à son entier achèvement.

28295. Lettres portant rabais à Pierre Louat, greffier-fermier du greffe de la prévôté de Blois, de la somme de 200 livres tournois sur le prix de sadite ferme des trois années échues à la saint Jean dernière.

28296. Traite de soixante tonneaux de vin des crus d'Orléans, Blois et Anjou, pour la provision de la maison de la reine de Navarre en ce pays de Bretagne.

28297. Traite accordée aux religieux du couvent de Saint-François de Clisson de vingt-cinq tonneaux de vin d'Anjou, pour la provision de leur couvent pendant un an.

28298. Traite semblable et pour le même temps octroyée aux religieux du couvent de Saint-François de Nantes.

28299. Autre traite de quinze tonneaux ou trente pipes, durant ledit temps, pour les religieux du couvent de Bourgneuf.

28300. Autre traite de vingt tonneaux, durant le même temps, pour les religieux de Notre-Dame du Bondon, près Vannes.

28301. Autre traite de vingt-cinq tonneaux, pendant le même temps, octroyée aux Frères prêcheurs du couvent de Notre-Dame de Bonnes-Nouvelles.

28302. Provision à l'élu Berthereau de ce qui peut lui être dû des restes des gages et chevauchées de son office d'élu, nonobstant qu'il n'ait résidé.

28303. Provision à Monsieur le Grand maître [Anne de Montmorency], pour être payé du reste des 2,000 écus, dont le roi lui a ci-devant fait don, sur les deniers revenant bons en l'état de sa maison.

(*Arch. nat.*, J. 960⁴, n° 15, anc. J. 962, n° 53.)

28304. Mandement au trésorier de l'épargne de payer aux cinq gardes de la forêt de Moulière en Poitou, à chacun 40 livres, pour leurs gages de l'année dernière.

28305. A Noël de Ramart, médecin du roi, 400 livres pour ses gages de la présente année finissant le 31 décembre 1532, que l'on a oublié de porter sur l'état de la maison du roi, sur les deniers provenant de la vente et composition des offices.

28306. A M. le Grand maître de Montmorency, le revenu et émolument de la chambre à sel de Fère-en-Tardenois, dépendant du grenier de Château-Thierry, dont le roi lui a fait don pour les trois années 1529, 1530 et 1531.

(*Les autres actes portés sur ce rôle figurent au* Catalogue *d'après d'autres sources.*)

- (*Arch. nat.*, J. 960⁴, n° 16, anc. J. 962, n° 54.)

28307. Don à Pierre Dumoulin, sommelier d'échansonnerie de bouche, de la somme de 60 livres sur l'amende prononcée par arrêt du Parlement de Bretagne contre Mᵉ Martin Martin.

28308. Confirmation du don fait par feu Louise de Savoie à Pierre Véron, son verdurier ordinaire, des protocoles de feu Nicole de Vernay, notaire du comté de Forez.

28309. Confirmation du don fait par ladite dame à Jacques Adam, son valet de chambre, des protocoles vacants par le décès de Jean Severet, autre notaire de Forez.

28310. Confirmation du don fait par ladite dame à Nicolas Jousserant, son sommelier, des iods et ventes et autres droits seigneuriaux dus pour l'acquisition du lieu de la Roche-Bardin.

28311. Confirmation d'un autre don de ladite dame à Nicolas Jousserant des iods et ventes et autres droits seigneuriaux qu'il aurait dû payer pour l'acquisition par lui faite de la terre et seigneurie de Breuillac.

28312. Don et aumône aux religieux de l'ordre de Saint-François des couvents de Vannes, Rennes, Dinan, Quimper, Saint-Thomas de Bodélio et Fougères, et aux sœurs de Sainte-Claire de Dinan, pendant trois ans, savoir 60 livres tournois au couvent de Vannes; 50 livres à celui de Rennes; 50 livres à celui de Dinan; 30 livres à celui de Quimper; 25 livres à celui de Saint-Thomas de Bodélio; 25 livres à celui de Fougères; et 30 livres auxdites sœurs de Sainte-Claire, que leur payera chaque année le trésorier et receveur général de Bretagne.

28313. Lettres portant que, outre leurs gages ordinaires, le sénéchal de Rennes recevra 360 livres tournois par an, et le sénéchal de Nantes 240 livres.

28314. Mandement pour faire payer aux religieuses du couvent de Notre-Dame-des-Couëts, de la ville de Nantes, 1,200 livres tournois chaque année par le trésorier et receveur général de Bretagne, jusqu'au parfait payement de la somme de 5,000 saluts qui leur fut donnée par feu Françoise d'Amboise, veuve du feu duc Pierre.

28315. Lettres de naturalité pour le s^r de Valfenière, avec remise de tout droit.

(*Arch. nat.*, J. 960^4, n° 17, anc. J. 962, n° 56.)

28316. Provision pour faire payer à M. de Warty 400 livres tournois par an, à commencer du quartier de juillet 1531, pour les gages de son office de grand maître, enquêteur et réformateur général des Eaux et forêts du royaume, par les mains du changeur du trésor, comme il le faisait ci-devant, et ce en dérogation de la dernière ordonnance portant que lesdits gages se doivent payer par le trésorier de l'épargne sur le coffre du Louvre.

28317. Mandement pour le payement à Guillaume Rousselet, potager du roi, dont le nom a été omis sur l'état de la maison du roi de la présente année, 120 livres, montant de ses gages, sur les deniers revenant bons dudit état, par Jean Carré, commis audit payement.

28318. A Jean Bourserot (*alias* Bourcelot), dit « Melun », porteur en la cuisine du roi, 41 livres 5 sous tournois pour ses gages de trois quartiers, du 1er avril dernier au 31 décembre 1532, payables, par ledit Carré, desdits deniers revenant bons.

(*Arch. nat.*, J. 960^4, n° 18, anc. J. 962, n° 57.)

28319. Mandement à Jean Laguette, receveur général des finances extraordinaires et parties casuelles, de bailler à Jean Godet, commis à l'extraordinaire des guerres, la somme de 34,000 livres tournois pour les affaires de Suisse, sur les deniers provenant des amendes et confiscations prononcées par les juges de la Tour carrée, particulièrement sur la somme que le général Spifame a été condamné à restituer pour les causes déclarées en son procès.

28320. Mandement à Nicolas de Pierrevive, receveur ordinaire de Lyon, de faire tenir audit Laguette les deniers provenant et à provenir des velours et autres draps de soie saisis sur des Génois, en conséquence de l'interdiction qui leur a été faite par les ordonnances de ne plus trafiquer dans le royaume.

28321. Commission à la Chambre des Comptes de Dijon de taxer les frais de recouvrement, port et voiture des deniers et parties tenues en souffrance au compte d'Antoine Le Maçon, receveur général de Bourgogne, pour une demi-année finie en décembre dernier.

28322. Mandement et exécutoire pour recouvrer par Antoine Juge, commis à recevoir les deniers provenant des biens de la succession du feu s^r de Semblançay, la somme de 600 livres que devait à ce dernier le s^r de Jarnac, somme actuellement entre les mains de Nicole de La Primaudaye, secrétaire dudit sieur.

28323. Mandement à Jean Bazannier, commis au gouvernement des biens du feu général Morelet [de Museau] et au recouvrement des sommes à lui dues, de remettre entre les mains de Jean Laguette les deniers provenant et à provenir du fait de sadite commission.

(*Arch. nat.*, J. 960⁵, n° 19, anc. J. 962, n° 58.)

28324. Mandement à Jean Laguette, receveur général des finances extraordinaires et parties casuelles, de payer à M. l'Amiral [Chabot] la somme de 100 écus soleil pour « l'accroissement d'or et façon d'une vieille ordre de Saint-Michel », qui a été refaite par Pierre Mangot, orfèvre du roi, et donnée audit amiral au lieu de la sienne qu'il avait perdue.

(*Un autre acte porté sur ce rôle figure au deuxième Supplément, sous la date du 2 août 1532.*)

(*Arch. nat.*, J. 960⁴, n° 21, anc. J. 962, n° 60.)

28325. Lettres portant que la comtesse de Vertus et d'Entremont, dame d'Avaugour, jouira pendant dix ans de la terre et seigneurie de Touffou en Bretagne.

28326. Lettres accordant à Antoine Des Prez, dit « de Montpezat », gentilhomme de la chambre du roi, la jouissance pendant dix ans du lieu des Mouillères, du fief de Bonneuil-Matours, avec les petits prés sis en la paroisse de Saint-Cyr, dépendant du duché de Châtellerault, de l'étang et des terrages de Charassé, du moulin de Vauchiron à Lusignan, de toute la terre de Gâtine, en Poitou, et de la terre et seigneurie de Janville, en Beauce.

28327. Don à Albert Rippe, joueur de luth et valet de chambre du roi, de la somme de 400 écus d'or soleil, à prendre sur les parties casuelles.

28328. Lettres d'affranchissement du droit prélevé sur trente pipes de vin vendues en gros et en détail en la ville de Saint-Brieuc, au profit du vainqueur au jeu de l'arquebuse, en mai, ainsi que pareil octroi a été fait à ceux de Dinan et de Lamballe.

28329. Semblable affranchissement pour la ville de Montcontour.

28330. Don du droit de garde des enfants de feu Gilles Carbonnel, s^r de Chasseguey, accordé à Suzanne de Sully, veuve dudit défunt, et ce tant qu'il plaira au roi et sous la condition qu'elle sera tenue d'ap-

peler Jacques Carbonnel, s^r de Serans, pour la conduite et direction
desdits enfants mineurs.

28331. Don à Thibaut de Bouteville, s^r de Kerjean, de 300 livres
sur les deniers provenant des droits de rachat et autres devoirs seigneuriaux échus au roi par le décès de feu Marguerite « Toutevoultre, dame
de Treveulheuc », et du s^r de « Mezerons », à cause de leurs terres de
Bretagne.

28332. Don à Jean Zuehn, huissier de salle, des protocoles advenus
au roi par le décès d'Antoine de Félines, notaire de Perreux au pays
de Beaujolais.

28333. Don à Billouard, valet de garde-robe du roi, de la somme
de 75 écus, quart des droits dus pour la résignation du contrôle du
grenier à sel de Troyes, faite par Pierre Gaucherot au profit de François
Chapelain.

28334. Don à Gilles de Boutigny, Jean Pasquier, Jean Chevestre et
François de Godde, archers de la garde du corps, de la somme de 400
écus sur la confiscation adjugée au roi des biens de feu Hervé Guérinet,
condamné à mort pour crime de fausse monnaie.

28335. Don audit Gilles de Boutigny de la somme de 60 livres parisis sur les amendes du Parlement de Paris.

(*Le n° 4717 du* Catalogue, *qui figure en tête de ce rôle, est du 23 juillet 1532.*)

(*Arch. nat.*, J. 960^4, n° 22, anc. J. 962, n° 61.)

28336. Permission à Henri Allaix, armurier et lancier du roi, de
mener à Nantes pour le tournoi, sans payer aucun droit, deux mille
quatre cents lances avec la fourniture des harnais, fers de lances et autres
choses nécessaires audit tournoi.

28337. Don à Philibert de Vichy, s^r de Champrond, du revenu de
la châtellenie de Vergy, sa vie durant, pour en jouir comme faisait le
feu s^r de La Trémoïlle, nonobstant la réunion du domaine.

(*Le n° 20447 du* Catalogue, *qui figure en tête de ce rôle, est du 31 juillet 1532.*)

(*Arch. nat.*, J. 960^4, n° 24, anc. J. 962, n° 63.)

28338. Lettres servant d'acquit à Pierre Cosnoal, sénéchal d'Auray
et d'Hennebont, et à Palamède Gontier, trésorier de Bretagne, pour le
payement qu'ils sont chargés de faire aux présidents Minut et Le Rouge,
et autres personnages commis à la réformation des abus et malversations des financiers du duché de Bretagne, sur le produit des amendes

et condamnations par eux adjugées, des sommes à eux taxées pour leurs journées et vacations, savoir audit Minut 6 livres par jour, audit Le Rouge 100 sous, aux conseillers de la cour de Parlement et maîtres des comptes de Paris, nommés auxdites lettres, 60 sous par jour.

28339. Lettres octroyant au sr d'Acigné la jouissance, pendant cinq ans, des revenus de la terre et seigneurie de Saint-Aubin-du-Cormier et ses appartenances.

28340. Don à Claude Gauldry et à Pierre de Lestang, dit « Pinton », sommeliers d'échansonnerie du roi, de la somme de 70 écus soleil sur les amendes prononcées par le Parlement de Paris contre Étienne Masserot et Pierre Raphelin.

28341. Don à Pierre de Horozo, gentilhomme espagnol de la vénerie, de la somme de 100 écus soleil sur les parties casuelles.

28342. Don au sr de Haraucourt, pour neuf ans, de la somme de 400 livres tournois par an sur le coffre du Louvre et des deniers provenant de la recette ordinaire de Nantes, rente qui lui avait été assignée antérieurement sur le receveur ordinaire dudit Nantes.

28343. Don à Hector de Herlan, natif de Tournai, homme d'armes de la compagnie du duc de Vendôme, de la coupe de sept arpents de bois au buisson « d'Hannison » en la forêt de Rets, pour l'aider à construire une maison près ledit buisson et le dédommager des pertes qu'il a subies pour le service du roi.

28344. Don au sr Du Tartre, gentilhomme de la vénerie, de la somme de 200 écus soleil sur les parties casuelles.

28345. Don à Louis Du Boys, autre gentilhomme de la vénerie, de 100 écus soleil sur les parties casuelles.

(*Le n° 4708 du* Catalogue, *daté du 16 juillet 1532, figure aussi sur le présent rôle.*)

(*Arch. nat.*, J. 960⁴, n° 25, anc. J. 962, n° 64.)

28346. Don à Jean Leprêtre, à René Pintrel et à Gilbert Violet, barbier de M. l'Amiral, de 100 écus soleil sur le produit de la vente d'un office d'élu à Langres, à présent vacant.

28347. Don à Martin de Saint-Martin, valet de pied dudit sieur, de 60 livres parisis, montant d'une amende prononcée par arrêt du Parlement de Paris contre Pierre Regnault, clerc et auditeur en la Chambre des Comptes.

28348. Don à Avoie de Clermont, veuve de Jacques de Pellevé, de

IMPRIMERIE NATIONALE.

la garde noble de Guillaume et Louis de Pellevé, ses enfants mineurs, assise en Normandie.

28349. Mandement au trésorier et receveur du Dauphiné, ou à son commis, de payer pendant deux ans à Olivier Goheau, dit de « La Tour », la somme de 200 livres tournois sur le revenu des greffe et sceau du Grésivaudan.

28350. Don à [Guillaume Du Bellay], sr de Langey, de l'aubaine de feu Louis de Canossa, avec mandement au vicomte et receveur de Bayeux de délivrer les deniers et meubles dudit de Canossa à Jean Maillard, contrôleur de Conches, pour les apporter au roi et les mettre en lieu sûr.

28351. Mandement au comptable de Bordeaux de payer à Charles de Coucys, sr de Burie, gentilhomme de la chambre du roi, le revenu de la terre et seigneurie de Saint-Macaire, et au trésorier et receveur d'Agénais de lui délivrer le revenu de la terre et seigneurie de Puymirol pendant un an.

28352. Don à Claude de Rieux, fils mineur et héritier principal du feu sr de Rieux, chevalier de l'ordre, et de Suzanne de Bourbon, de tous les droits de rachat et autres devoirs seigneuriaux dus au roi dans le duché de Bretagne, par suite du décès de son père.

(*Le n° 4718 du* Catalogue, *daté du 29 juillet 1532, figure aussi sur le présent rôle.*)

(*Arch. nat.,* J. 960¹, n° 26, anc. J. 962, n° 65.)

28353. Lettres portant validation pour servir à [Pierre Rousseau], trésorier du dauphin et des ducs d'Orléans et d'Angoulême, de la somme de 4,872 livres 7 sous 7 deniers par lui fournie en l'argenterie, aumônes, dons, voyages, affaires de chambre et menus plaisirs de la maison desdits princes, sur l'ordonnance des srs d'Humières, de Saint-André et de Brissac, durant le premier quartier de l'année 1531.

28354. Autre validation pour le deuxième quartier de ladite année, montant à 1,551 livres 6 sous 6 deniers, certifié par ledit sr d'Humières.

28355. Autre validation pour le troisième quartier de 1531, montant à 1,182 livres 8 deniers, certifié par le sr d'Humières.

28356. Autre validation pour le dernier quartier de la même année, montant à 3,925 livres 5 sous 5 deniers, certifié par les srs d'Humières et de Brissac.

28357. Mandement au trésorier de l'épargne de bailler à Martin de Troyes, commis à la recette générale de Languedoc, 2,400 livres pour employer au payement de quarante mortes-payes ordonnés pour la garde des places frontières du Languedoc, à raison de 100 sous par mois pour chacun.

(*Sur le même rôle sont portés les n°ˢ 4683 à 4700 du* CATALOGUE, *datés du 4 juillet 1532.*)

(*Arch. nat.*, J. 960⁴, n° 27, anc. J. 962, n° 66.)

28358. Lettres portant prorogation du don fait par feu Madame aux Cordeliers d'Angoulême de 90 livres et d'un tonneau de froment, plus la coupe d'un journal de bois taillis en la garenne d'Angoulême, et aux Cordeliers de Cognac, de 100 livres tournois, un tonneau de froment et quarante charretées de bois mort, chaque année.

28359. Don à Olivier Regnaudeau et à Nicolas Jousserant, sommeliers de bouche, de la somme de 100 écus soleil sur l'amende à laquelle Claude Moncelet a été condamné par arrêt du Parlement de Paris.

28360. Don à Pinton de 200 écus soleil, montant du quart de la résignation de l'office de receveur des tailles à Falaise.

28361. Don au jeune Fontaines de 200 écus soleil sur les parties casuelles.

28362. Lettres accordant à Camille Pardo de Orsini de la jouissance pendant un an du revenu de la terre et seigneurie de Marmande.

28363. Assignation à Claude Gaudry et à Pierre de Lestang, sommeliers d'échansonnerie, sur les parties casuelles, de la somme de 45 livres pour le port des bouteilles durant le quartier d'avril, mai et juin passés.

(*Arch. nat.*, J. 960⁴, n° 28, anc. J. 962, n° 67.)

28364. Mandement à la Chambre des Comptes de Dijon et au général de Bourgogne de procéder à la vérification de la cession et transport faits à François de Luxembourg, vicomte de Martigues, d'une rente annuelle de 1,200 livres tournois sur le revenu du grenier à sel de Semur, jusqu'à ce qu'il soit remboursé de la somme de 7,700 écus, restant des 9,750 écus que feu la vicomtesse de Martigues, sa mère, avait prêtés au roi.

28365. Don à Louis Billart, valet de garde-robe, de la somme de 200 livres tournois à prendre sur les places mortes des officiers de la maison du roi, par suite d'omission sur l'état de l'année dernière, 1531.

28366. Permission aux religieuses de Sainte-Claire hors les murs de Nîmes de faire venir de Dauphiné, par les rivières de Rhône et d'Isère, un radeau de bois pour la construction de leur couvent, sans payer aucun droit.

28367. Passeport à Jacques d'Ancienville, s' de Revillon, échanson du roi, pour mener en franchise de Lyon à Marseille, par le Dauphiné et la Provence, les harnais, munitions et armement de deux galères que le roi lui a ordonné de construire et d'équiper.

28368. Don audit Jacques d'Ancienville d'un radeau de bois à prendre au pays de Provence, pour la construction de ces deux galères.

28369. Don à Adam, barbier du roi, et à Jules de Pise, son valet de chambre, de 200 écus soleil sur les deniers provenant de la vente d'un office d'huissier au Parlement de Toulouse, vacant par le décès du titulaire.

28370. Lettres de mainlevée au s' de La Guiche de la maison de la Cour-la-Reine, autrement dite de Saint-Paul, pour en jouir suivant son premier don.

(*Arch. nat.*, J. 960⁴, n° 29, anc. J. 962, n° 68.)

28371. Mandement au trésorier de l'épargne de bailler à Pierre Poitevin, commis à tenir le compte de la dépense de construction du château de Coucy, la somme de 3,000 livres tournois à prendre sur le receveur et grènetier dudit lieu, d'une année entière commençant le jour que le roi a réuni à son domaine la seigneurie de Coucy, pour employer au fait de sa commission.

28372. A Bénigne Serre, commis à tenir le compte des réparations de Bourgogne, pour employer au fait de sa commission, la somme de 2,000 livres tournois à prendre sur les deniers que Jean Sapin doit remettre entre les mains de Jean Laguette, le dernier jour du prochain mois d'août.

(*Arch. nat.*, J. 960⁴, n° 30, anc. J. 962, n° 69.)

28373. Don à Roland Burgensis, sommelier d'échansonnerie de bouche, des droits et profits dus au roi à cause de son château et comté de Blois, par suite de la vente qui a été faite par décret de justice de la seigneurie de Pont, qui appartenait au feu s' de Morvilliers.

28374. Don et remise à Alain de Montpezat, s' de Frégimont, et à Arnaud de Durfort, baron de Bajamont, de la somme de 1,600 livres montant d'une amende prononcée contre eux par le Parlement de Bordeaux.

28375. Don à Claude et Nicolas Du Monceau, Jean Deleau, François Bougiau et François Gibourg, archers et gardes des Eaux et forêts d'Amboise, de la somme de 345 livres, savoir 80 livres à chacun des quatre premiers et 25 livres au dernier, en dédommagement de quelques amendes qu'ils n'ont pu recueillir par suite de la mortalité, de la stérilité et cherté des vivres dont le pays a souffert depuis l'an 1521.

28376. Permission à Jean Sapin de résigner au profit de Bénigne Serre, son gendre, la recette générale de Languedoil, et don à ce dernier des gages et pensions dudit office pour le quartier d'octobre, novembre et décembre dernier.

28377. Lettres de mainlevée pour Mme de Givry du revenu du grenier à sel de Bar-sur-Seine, depuis la réunion du domaine, et permission d'en jouir à l'avenir suivant le premier don.

28378. Don à Thomas de Nivelle, Pierre Barteau, Gilles Bouchereau, Jean de Loyon et Guillaume de Plaisance, fourriers ordinaires du roi, de la somme de 100 écus soleil sur l'office de garde des sceaux établi à Tours, vacant par le décès de Jean Fougères.

28379. Lettres de naturalité et permission de tester octroyées au s^r de Monchenu, premier maître d'hôtel du roi, avec don de la finance.

28380. Mandement de payer à Jehannot de Quincheu, chevaucheur d'écurie, la somme de 545 livres 11 sous, à lui ordonnée par le Conseil pour les voyages qu'il a faits en Angleterre vers [Jean Du Bellay], évêque de Bayonne, alors ambassadeur du roi de France en ce pays.

(*Arch. nat.*, J. 960¹, n° 31, anc. J. 962, n° 70.)

28381. Mandement à Jean Laguette de bailler à Nicolas Plateau, pauvre homme natif de Tournai, la somme de 100 écus soleil dont le roi lui a fait don pour l'aider à vivre et s'entretenir à son service, où il s'est engagé depuis que ladite ville fut rendue à l'Empereur.

28382. Mandement à Julien Bonacorsy, trésorier et receveur général de Provence, de bailler à Jean Laguette la somme de 731 livres 16 sous tournois, dont il est demeuré redevable au roi par son dernier compte de ladite trésorerie, clos le 31 décembre 1531.

28383. Lettres prorogeant, tant que vivra le roi de Navarre, l'exemption et décharge octroyée aux habitants du comté de Bigorre de l'entretien de douze lances et de toutes autres impositions mises et à mettre au pays de Gascogne, moyennant qu'ils payeront la somme de 1,674 livres pour l'entretien de quatre lances, ainsi qu'ils ont fait par ci-devant.

28384. Mandement au trésorier de l'épargne de payer aux quatre gardes à pied de la forêt d'Amboise 140 livres tournois, sur les deniers de l'année finie le 31 décembre dernier.

28385. Mandement de payer à cinq officiers de la fruiterie, dont les chevaux furent brûlés, 25 écus à chacun sur les parties casuelles.

28386. Don à Philibert de Vichy, s^r de Champrond, de la confiscation de feu Alain de Mipont.

(*Arch. nat.*, J. 960⁴, n° 32, anc. J. 962, n° 71.)

28387. Lettres de mainlevée aux enfants mineurs du feu s^r de Lautrec, pour jouir pendant six ans du revenu du comté de Comminges.

28388. Mandement pour faire tenir pendant un an à Émilio de Cambriane (*aliàs* de la Cavriane et Cavriano) les terres et seigneuries de Neuville et de Vitry[-aux-Loges], au bailliage d'Orléans.

28389. Don à Ange « Puissans », de Naples, philosophe du roi, de la somme de 100 écus soleil à prendre sur les parties casuelles.

28390. Remise à la dame Guedon d'une amende de 60 livres parisis à laquelle elle a été condamnée.

28391. Don au s^r de la Roche-du-Maine de la somme de 700 écus sur le greffe des élus d'Angers.

(*Arch. nat.*, J. 960⁴, n° 33, anc. J. 962, n° 72.)

28392. Commission au prévôt de Paris et à M. de Villeroy pour passer les marchés qu'il y a lieu de faire pour l'achèvement des bâtiments de Fontainebleau et de Boulogne, et à Pierre Paule, valet de chambre ordinaire du roi, et à Pierre des Hostels, pour la conduite des travaux, en remplacement de feu Champeverne, avec charge de contrôler les dépenses qui y seront faites, et fixation de leurs gages à 50 livres par mois chacun, à cause de la résidence continuelle qu'ils devront y faire.

28393. Déclaration confirmative des lettres réglant la forme suivant laquelle Nicolas Vanderlaen, trésorier et receveur général des finances de la reine, maître de sa chambre aux deniers et receveur de son écurie, devra rendre ses comptes, nonobstant que la Chambre des Comptes les ait entérinés en ce qui concerne la passe seulement.

28394. Lettres accordant au s^r de Maugiron, lieutenant de M. de Saint-Pol au gouvernement de Dauphiné, la somme de 425 livres tournois par an d'augmentation de gages et pension, outre les 375 livres qu'il a accoutumé d'avoir.

28395. Don à Roland Burgensis et à Salomon Cottereau, somme-liers d'échansonnerie de bouche, de la somme de 5o écus soleil sur les profits dus au roi, à cause de son château de Blois, par Bonne Cottereau et Colette, fille de feu Mathurin Hennequin, pour les terres de « Vaux-Perreux, du Courtois et d'une closerie sise aux Groix ».

28396. Don et quittance aux religieuses du couvent de Saint-Georges de Rennes, de 4oo livres tournois qu'elles doivent pour leur cotisation de quatre décimes dernièrement levées.

28397. Don à frère François de Bouexière, chevalier de Rhodes, de la somme de 2oo livres sur les droits de rachat échus au roi par suite du décès de son père et de son frère.

28398. Don à Pierre Breteau, fourrier ordinaire du roi, de 4o écus soleil sur les deniers provenant du rachat de la terre et seigneurie de Saint-Denis de Sablé.

28399. Don à Arson (aliàs d'Arçon) de la somme de 2oo écus soleil sur les offices de mesureur du grenier à sel de Montereau-faut-Yonne, vacant par le décès de Jean Dupré, et de sergent royal en la séné-chaussée d'Anjou, vacant par le décès de Guillaume Le Couturier.

28400. Traite accordée pour quatre ans aux religieux de Saint-Fran-çois du couvent de Teillay, en Bretagne, de trente pipes de vin qu'ils auront chaque année en aumône au pays d'Anjou.

28401. Don à Thomas de Cardi, dit « le Chevalier », de l'hôtel d'An-goulême à Paris, pour son logement, sa vie durant, lequel don lui fut fait à Arques, mais il n'en eut alors que le brevet.

28402. Don à Alain Antoine, La Costée, Bresseau et Guyon, gentils-hommes de la vénerie, de 2oo écus soleil sur l'office de grènetier de Fécamp, vacant par le décès de Jean Cacherat, nonobstant l'ordon-nance.

28403. Don à Jean Mathée, Italien, de 2oo écus soleil sur les par-ties casuelles.

28404. Don au sr de Sourdis de 4oo écus soleil sur les ventes et compositions d'offices, nonobstant l'ordonnance.

28405. Don à l'écuyer Urbain Tillon de 1oo livres tournois de pen-sion par an, sa vie durant.

28406. Permission aux habitants de Granville d'imposer sur leur ville et sur les villages voisins la somme de 4,ooo livres tournois, paya-bles en quatre années, pourvu que les deniers des tailles n'en soient retardés.

28407. Don au duc d'Albany du revenu de la baronnie, terre et seigneurie de Saint-Sulpice, en la sénéchaussée de Toulouse, pour dix ans, à dater du jour de la saisie de ladite baronnie faite par les commissaires ordonnés pour la réunion du domaine.

28408. Lettres de mainlevée à l'écuyer Dampierre, à Claude de Saint-Seine, sa femme, et à Jeanne, sa sœur, de l'hôtel de Saint-Seine et ses dépendances, pour en jouir comme ils faisaient auparavant.

28409. Mandement à la Chambre des Comptes d'allouer aux comptes de la trésorerie et recette générale de Dauphiné la somme de 2,442 livres au profit de Claude Gouffier, fils et principal héritier du feu s^r de Boisy, grand maître de France, gouverneur et lieutenant général du Dauphiné, somme qui lui avait été rayée purement et simplement par les gens des comptes.

28410. Mandement semblable pour rétablir au profit des héritiers du feu s^r de Bonnivet, amiral de France, gouverneur et lieutenant général du Dauphiné, la somme de 2,455 livres 4 sous qui leur a été rayée de même sur les comptes de la trésorerie et recette générale de Dauphiné.

28411. Mandement à la Chambre des Comptes de rétablir au compte de Pierre Thierry, receveur des aides, tailles et équivalent, la somme de 112 livres 11 sous 4 deniers, rayée et tenue en souffrance sur les gages, taxes et chevauchées de l'élu Bayard, celui-ci n'ayant pu exercer son office d'élu durant deux mois et dix jours qu'il fut en Espagne pour les affaires du roi.

(*Le n° 4671 du* Catalogue, *daté du 25 juin 1532, figure sur le présent rôle.*)

(*Arch. nat.*, J. 960^4, n° 34, anc. J. 962, n° 73.)

28412. Mandement à Jean Gaultier, commis à la trésorerie et recette générale de Dauphiné, de payer à Barnabo Visconti, chevalier de l'ordre, la somme de 4,500 livres, restant de 6,000 livres qui lui avaient été assignées au lieu de sa pension, sur laquelle il a reçu 1,500 livres des mains de François de La Colombière, trésorier et receveur général de Dauphiné.

28413. Don à Tardes et à François Lamy des biens meubles et immeubles du bâtard de Monteil, déclarés confisqués au roi par sentence des juges sur ce ordonnés.

28414. Don à Françoise de Foix, dame de Châteaubriant, de la châtellenie, terre et seigneurie de Succinio en Bretagne, pour en jouir pendant dix ans, dont le revenu lui sera payé par le receveur ordinaire du lieu.

28415. Don au s^r d'Esparros [André de Foix] du revenu de Mont-fort-l'Amaury pendant dix ans.

(*Arch. nat.*, J. 960⁴, n° 35, anc. J. 962, n° 74.)

28416. Mandement à Jean Laguette, trésorier et receveur général des finances extraordinaires et parties casuelles, de payer à M. de Chandio, sur les deniers provenant des offices et parties casuelles, la somme de 1,600 livres tournois pour sa pension de la présente année qui finira le 31 décembre prochain.

28417. Mandement audit Laguette de payer à Jean du Plessis, Jean de Butement, Antoine Amenon et Jean Marquier, archers des gardes du corps de la compagnie du s^r de Chavigny, sur les parties casuelles, 50 livres pour leur voyage de Châteaubriant à Paris, où ils ont conduit et remis entre les mains de MM. de la cour de Parlement « le magnificque Meigret ».

28418. Mandement à Pierre de Montfort, trésorier et receveur ordinaire de Toulouse, de bailler audit Laguette 5,702 livres 5 sous, dont il restait redevable sur son compte de l'année finie à la saint Jean 1526.

28419. Mandement au trésorier de Dauphiné, François de La Colombière, ou à son commis, de payer, sur les deniers de sa charge, à Falco d'Aurillac, président au Parlement de Grenoble, la somme de 800 livres tournois pour sa pension de l'année dernière, finie le 31 décembre 1531, et celle de la présente année, à raison de 400 livres par an.

28420. Lettres portant décharge à Pierre d'Apestigny, naguère receveur général des finances extraordinaires et parties casuelles, de la somme de 5,100 livres tournois, par lui baillée audit Laguette, le 2 juillet 1531, des deniers provenant du don et octroi fait au roi par les nobles du duché de Bretagne et des quatre décimes levées sur le clergé dudit pays, pour employer au rachat des terres de Mme la duchesse de Vendôme, engagées à l'Empereur pour partie de la rançon du roi.

(*Arch. nat.*, J. 960⁴, n° 36, anc. J. 962, n° 146.)

Acquits à expédier, par ordre du roi, au trésorier de l'épargne, pour faire assigner sur les deniers de l'octroi fait au roi par les États de Bourgogne et sur les domaines, aides et greniers à sel de la généralité de Bourgogne, le montant des pensions qui suivent pour l'année 1533 :

28421. A Girard de Vienne, s^r de Ruffey, chevalier de l'ordre du roi, 3,000 livres.

28422. Au même, comme capitaine du château et de la ville de Beaune, 140 livres. (Cf. le n° 24135, 2° supplément, à la date du 6 mars 1533 n. s.)

28423. A Jean Bellin, maire de Beaune, 140 livres.

28424. A Jacques de Brisay, s^r de Beaumont, lieutenant en l'absence de M. l'Amiral au gouvernement de Bourgogne, 1,000 livres.

28425. Au s^r de Lugny, bailli de Chalon, 1,000 livres.

28426. A Guillaume de Pinen, capitaine du château de Dijon, 240 livres.

28427. Au même, pour sa pension de ladite année, et en échange de la même somme qu'il prélevait sur le revenu des domaines et grenier de Frontignan en Languedoc, 400 livres.

28428. A Nicolas de Pluvot, capitaine du guet des portes de la ville de Dijon, 150 livres.

28429. A Jean Desmoulins, capitaine des arquebusiers de Dijon, 120 livres.

28430. A Jean Morin, maire de Dijon, 100 livres.

28431. A Antoine Godefroy, capitaine de la ville d'Auxonne, 300 livres.

28432. A Charles de Glenesses, s^r du Bois-des-Moulins, capitaine du château d'Auxonne, 200 livres.

28433. A Perrinet Camus, maire d'Auxonne, 50 livres.

28434. A Simon de Sommaire (*aliàs* Saumaire), capitaine du château de Talant, 300 livres.

28435. A François d'Orfeuille, s^r de la Guillotière, capitaine de Saulx-le-Duc, 200 livres.

28436. A Charles de La Tour, s^r de Vatilieu, capitaine de Nuits, 80 livres.

28437. Au même, comme lieutenant de la compagnie des gens d'ordonnance commandée par M. l'Amiral, 120 livres.

28438. A Jean de Plaisance, commissaire des mortes-payes de Bourgogne, 400 livres.

28439. A Antoine de Civry, garde des forêts d'Argilly, 200 livres.

28440. A Félix de Jonville, Allemand, 200 livres.

28441. A Étienne Jacqueron, s^r de la Mothe-d'Argilly, 200 livres:

28442. A Étienne Bastier, s^r de Magny, 120 livres.

28443. A Bénigne Serre, s^r des Barres, 100 livres.

28444. A Jean du Mex (aliàs de Metz), s^r d'Aubigny, pour sa pension de ladite année, 500 livres.

28445. A (blanc) s^r de la Tour, pour semblable cause, 400 livres.

28446. A Virgile de Panello (ou Pavello), Italien, pour semblable cause, 300 livres.

Rôles non datés qui se trouvent intercalés parmi les rôles datés de l'année 1533. (Copies.)

(*Arch. nat.*, J. 960e, fol. 2.)

28447. Permission au s^r de Vatilieu de faire mener par terre ou par eau, de sa maison de Dauphiné jusqu'au port de Marseille, deux radeaux de bois francs et exempts de tous péages et subsides.

28448. Mandement pour payer la pension du premier président du Parlement de Paris, à raison de 500 livres par an, pour trois années finies le 31 décembre dernier.

28449. Rabais accordé, suivant l'avis du Grand conseil et du général de la charge, à Pargny de Parnois et à Pierre Gorin, fermiers du huitième et du vingtième du vin vendu à Amiens pour l'année commencée en octobre 1530, de la somme de 400 livres tournois à cause des pertes qu'ils ont subies par suite de la peste.

28450. Don à Françoise Girard, sa vie durant, de 50 livres tournois par an sur le revenu de la boucherie de Moulins, ainsi qu'en jouissait feu sa mère, pour aider ladite Françoise à vivre et à marier ses filles.

28451. Don à Herbault, écuyer tranchant de Mesdames, de la somme de 300 écus d'or soleil à prendre sur les biens de feu Marie, Jeanne et Renée de Villebresme, filles bâtardes de feu Antoine de Villebresme, adjugés au roi, parce qu'elles sont décédées sans avoir obtenu de lettres de légitimation.

28452. Rabais accordé, suivant l'avis du Grand conseil et du général de la charge, aux héritiers de feu « Odras » Bourcier, Pierre Charbonnier et Thomas Bourcier, fermiers du huitième du vin vendu en détail en la ville de Moulins, de la somme de 250 livres tournois, pour les pertes qu'ils ont subies à cause de la peste.

28453. Don à Thomas Ancheron, fruitier du roi, de la somme de 60 livres tournois sur les lods et ventes dus au roi à cause des acquisitions faites par Pierre Lhôte et Philippot Florimond au comté de Clermont en Beauvaisis.

(*Arch. nat.*, J. 960⁶, fol. 5 v°.)

28454. Mandement de payer 2,500 livres au s' de Montejean et 3,000 livres au s' d'Annebaut, pour leurs pensions de l'année finie le 31 décembre 1531, sur les deniers qui proviendront de la vente et composition de l'office de général des monnaies et maître des comptes en Bretagne, vacant par le décès de Pierre Cosnoal, qui seront portés au coffre du Louvre.

(*Arch. nat.*, J. 960⁶, fol. 7.)

28455. Mandement aux trésoriers de France et au trésorier de l'épargne de faire payer M. le Grand maître [Anne de Montmorency] de l'état de la conciergerie et garde de la tour de Beauté, depuis le don que le roi lui en fait, après la mort du vicomte de Turenne, jusqu'au dernier décembre dernier [1532].

28456. A Jacques Le Clerc, grand rapporteur en la Chancellerie, pour ses gages depuis le jour où Antoine Du Bourg fut reçu au serment de l'office de maître des requêtes de l'hôtel, jusqu'au jour que ledit rapporteur a prêté le serment, soit vingt-trois jours revenant à la somme de 42 livres 1 sou 6 deniers, dont le roi lui a fait don. (Fol. 7 v°.)

(*Arch. nat.*, J. 960⁶, fol. 8.)

28457. Mandement de payer à Jean de Quincy, dit « Bourguignon », gentilhomme de la vénerie, 240 livres pour ses gages de l'année finie en décembre 1531, qui avaient été omis sur l'état de la maison du roi.

28458. Au président Des Désers 360 livres, au s' de La Pommeraye 300 livres, et à Michel Cosson, clerc, 120 livres, pour se transporter dans les recettes de Bretagne et y recouvrer les deniers du domaine.

28459. Au président de Provence 360 livres, au s' du Puy-Saint-Martin 300 livres, et à Jean François, clerc, pour remplir la même mission dans la généralité de Provence.

28460. A René Becdelièvre, conseiller au Parlement de Rouen, 200 écus soleil sur les vacations qu'il a faites et fera encore en exécutant les commissions que le roi lui a adressées pour l'évaluation des droits que le s^r de Graville pouvait avoir au Havre-de-Grâce et en la terre de Monceaux.

(Le même rôle contient aussi les n°s 5292 à 5300, 5322, 5324, 5337 à 5339 du CATALOGUE, *datés des 20, 25 et 27 janvier et 5 février 1533 n. s.)*

(Arch. nat., J. 960⁶, fol. 14 v°.)

Mandements à Jean Laguette, receveur général des finances extraordinaires et parties casuelles, de payer :

28461. A Nicolas Canivet, charpentier de bateaux, 120 livres tournois pour raccoutrer le bateau du roi.

28462. A Pierre Fougeray, chevaucheur d'écurie, 15 livres tournois pour aller porter des lettres du roi à l'abbé de Saint-Ambroise [Jacques Colin] qui doit se trouver à Chantelle.

28463. A Louis Prévost de Sansac, écuyer d'écurie du Dauphin, 60 écus d'or soleil pour un voyage qu'il va présentement faire vers la reine de Hongrie, lui porter des sacres et lévriers dont le roi lui fait présent.

28464. A Jean Laperque, 30 livres tournois pour aller à Agen porter des lettres du roi au général de Guyenne et les mandements destinés à faire lever un sou pour livre imposé en sus de la taille pour le fait des galères.

28465. A César Cantelme, gentilhomme napolitain, 100 écus d'or dont le roi lui fait don en récompense de ses services.

28466. A Barthélemy Guetty (*aliàs* Getti), 300 écus soleil pour deux patrons où sont peintes plusieurs histoires de satyres et de nymphes que le roi destine à la salle du jeu de paume du Louvre, et pour une paire d'heures historiées faites de riches couleurs qu'il a livrées audit seigneur, en ce compris le voyage qu'il fit de Tours à Dijon où se trouvait alors le roi, pour lui porter lesdites heures, qui, depuis, furent données à feu Madame, sa mère.

28467. A Francisque de Bologne, 200 écus d'or pour un voyage qu'il va faire en Flandre, où il doit porter un petit patron de l'histoire de Scipion l'Africain, destiné à la tapisserie que le roi en fait faire à Bruxelles, et en rapporter le grand patron de ladite histoire.

28468. A Noël Mignon, dit « le Pape », chevaucheur ordinaire de l'écurie du roi, 120 écus d'or soleil pour un voyage qu'il va présentement faire, partant de Paris le 8 janvier [1533 n. s.] et se rendant à

Rome, porteur de lettres adressées aux cardinaux de Tournon et de Gramont, ambassadeurs près du pape.

(Sur le même rôle figurent les n°ˢ 5255 et 20529 du CATALOGUE, datés du 16 janvier 1533 n. s.)

(Arch. nat., J. 960⁶, fol. 15.)

Mandements au même Laguette de payer aux peintres, graveurs et autres ci-après nommés :

28469. A Roux de Rousse (le Rosso), 700 livres tournois qui lui sont dues de reste pour ses gages des quartiers de juillet et d'octobre 1532 derniers.

28470. A Jean-Francisque de Rustici, 900 livres tournois pour trois quartiers de ses gages échus le 31 décembre 1532 dernier.

28471. A Matteo del Nassaro, 150 livres pour ses gages du quartier d'octobre dernier.

28472. A Francisque de Carpi, 100 livres pour ses gages dudit quartier d'octobre.

28473. A Jean-Michel Panthaléon, 100 livres pour ses gages dudit quartier.

28474. A Juste de Juste, 120 livres pour ses gages du dernier semestre de l'année 1532.

28475. A Simon de Bart, 180 livres pour trois quartiers de ses gages échus le 31 décembre 1532.

28476. A Barthélemy Getty, 60 livres pour ses gages dudit quartier d'octobre 1532.

28477. A Baptiste d'Alvergne, 180 livres pour ses gages de trois quartiers échus le 31 décembre 1532.

28478. A Albert de Rippe, 250 livres tournois pour ses gages des deux derniers quartiers de l'année 1532.

28479. Audit de Rippe, 250 écus soleil qui lui restent dus de 400 écus dont le roi lui a fait don.

28480. A Orsonvillier, 300 livres pour ses gages de trois quartiers échus le 31 décembre 1532.

28481. A Simon de Fougères et Jeannet de Bouchefort, à chacun 50 livres tournois pour leurs gages du quartier d'octobre 1532.

(A la suite est transcrite une lettre missive du roi audit Laguette, lui ordonnant de payer les sommes susdites, datée de Paris, le 16 janvier 1533 n. s.)

(*Arch. nat.*, J. 960⁶, fol. 16.)

28482. Mandement refait sur celui qui avait été signé à Villocher [juillet 1532] et adressé à la Chambre des Comptes, portant don et remise au sʳ de Frégimont [Alain de Montpezat], et au baron de Bajamont [Arnaud de Durfort], d'une amende de 1,600 livres à laquelle ils avaient été condamnés par arrêt du Parlement de Toulouse.

28483. Mandement au sʳ d'Apestigny de payer, des deniers qu'il a à recevoir des restes des quatre décimes du dernier octroi de la noblesse, la somme de 1,000 livres restant due de 3,000 livres dont le roi a ci-devant fait don au sʳ d'Auchy.

28484. Don à Alexandre Charruau, huissier du Conseil étroit, et au héraut Dauphiné, de 100 écus d'or soleil à partager entre eux sur les amendes auxquelles ont été condamnés par le Parlement de Paris Charles de Clérambault, Guillaume de Louvières et Jean Duboys.

28485. Don à Dieppe, valet de garde-robe du roi, de vingt-cinq arbres à prendre en la forêt d'Eawy, au lieu le moins dommageable, pour l'aider à bâtir une maison.

28486. Don à l'avocat Poyet de trois arpents de bois à bâtir, pris en la forêt de Montfort.

(*Arch. nat.*, J. 960⁶, fol. 45.)

28487. Mandement à Thomas Roullon, receveur des exploits et amendes des Eaux et forêts, de bailler au sʳ de Langey la somme de 14,000 livres tournois que le roi lui a ordonnée, savoir 2,000 livres au lieu de semblable somme qui lui avait été donnée sur les 6,000 livres que le roi a fait délivrer ci-devant à Pierre de Ruthie, provenant des amendes et condamnations prononcées à cause des empiétements du domaine et recel des deniers en Normandie, et 12,000 livres moyennant lesquelles ledit sʳ de Langey a renoncé au don qui lui avait été fait de certaines terres domaniales, nonobstant toutes ordonnances contraires.

(*Arch. nat.*, J. 960⁶, fol. 62.)

28488. Mandement aux gens de la grande chambre des enquêtes, commis à la réunion des terres du domaine aliénées, d'entériner selon leur forme et teneur les lettres de mainlevée octroyées à M. le comte de Genevois du revenu du duché de Nemours et des châtellenies, terres et seigneuries de Château-Landon, Nogent et Pont-sur-Seine, sans tenir compte des réserves exprimées par le procureur général.

(*Arch. nat.*, J. 960⁶, fol. 63.)

28489. Mandement à la Chambre des Comptes et aux trésoriers à Paris de faire payer Jacques d'Arson (*aliàs* d'Arçon), l'un des gentils-hommes de la vénerie, de la somme de 7,500 livres tournois en quinze années, soit pour chacune 500 livres, à commencer au 1ᵉʳ janvier 1532 n. s., dont le roi lui a fait don sur le revenu du droit lui appartenant sur les mines du Nivernais, par les mains des maître et garde desdites mines ou autres qui seront à ce commis, nonobstant que ladite partie ne soit inscrite chaque année sur l'état général des finances.

(*Arch. nat.*, J. 960⁶, fol. 65.)

28490. Mandement à Pierre d'Apestigny de payer au roi de Navarre, sur les deniers provenant des quatre décimes du don fait par la noblesse et les villes franches pour le payement de la rançon du roi, 4,800 livres, partie de 6,000 livres qui restaient à lui appointer de sa pension de l'année 1530.

28491. Mandement au trésorier de l'épargne de payer au roi de Navarre le complément desdites 6,000 livres, soit 1,200 livres, sur les plus-values de la généralité de Languedoil de l'année 1531.

28492. Mandement à Pierre d'Apestigny de payer au roi de Navarre, des deniers dudit octroi de la noblesse et des villes franches, 6,293 livres 4 sous 6 deniers faisant partie des 24,000 livres de sa pension de l'année 1531, pour le reste desquelles il a été appointé de 10,000 livres sur les deniers provenant de l'office de correcteur des comptes à Paris; de 4,052 livres 12 sous 6 deniers sur Bénigne Serre, des deniers provenant des plus-values de sa charge de l'année 1531; et de 3,654 livres 3 sous sur Pierre Tarteret, commis à la recette générale dudit Serre, des plus-values de l'année 1532.

28493. Mandement au trésorier de l'épargne de payer à Christophe Daresse, huissier du Conseil privé, 120 livres pour ses gages de l'année 1532.

28494. A Amaury Bouchard, maître des requêtes ordinaire de l'hôtel, 1,350 livres dont le roi lui a fait don en dédommagement des frais qu'il a faits durant son voyage d'Allemagne, outre ladite somme, ou 600 écus d'or soleil, qui lui a été délivrée à son départ.

28495. A Hans Yoncre (Yoncker), lieutenant des Cent-Suisses de la garde, 600 livres tournois pour sa pension des deux années 1531 et 1532.

(Le même rôle contient aussi les n⁰ˢ 5738, 5740 à 5742 et 5745 du CATALOGUE, *datés du 24 avril 1533.)*

(*Arch. nat.*, J. 960⁶, fol. 66 v°.)

28496. Mandement à Jean Testu de payer à Jean de Poncher, général de Languedoc, Provence et Dauphiné, ses gages, chevauchées et pension des années 1529 à 1532, nonobstant l'ordonnance portant que tous les deniers seront portés au trésor de l'épargne.

28497. Commission adressée à la Chambre des Comptes servant à Robert Baratte, receveur des exploits et amendes de la Cour des Aides de Rouen, pour tenir le compte des réparations de la maison du roi où siège ladite cour.

28498. Mandement de faire payer à Mathieu de Longuejoue, maître des requêtes ordinaire de l'hôtel et conseiller au Parlement de Bretagne, par Adrien Auger, commis au payement des gages des officiers de ladite cour, la somme de 585 livres pour ses gages de conseiller audit Parlement, des années 1530 et 1531, quoiqu'il n'ait pas exercé son office durant ce temps, retenu qu'il était auprès du roi pour d'autres services.

(*Le même rôle contient les n⁰ˢ 5271 à 5275 du Catalogue, datés du 17 janvier 1533 n. s.*)

(*Arch. nat.*, J. 960⁶, fol. 68.)

28499. Commission à Augustin Gal, commissaire extraordinaire de la guerre, pour faire la montre et revue de la compagnie de quatre-vingts lances du feu maréchal Trivulce, des quartiers de juillet et octobre 1532.

(*Le même rôle contient les n⁰ˢ 5737, 5739 et 5751 du Catalogue, datés des 24 et 28 avril 1533.*)

(*Arch. nat.*, J. 960⁶, fol. 76 v°.)

28500. Don à Jean Chanteau, du vivant de feu Madame mère du roi, maître de ses comptes à Moulins, de la somme de 320 livres par an, sa vie durant, à dater de la suppression de la Chambre des Comptes de Moulins, ladite somme équivalant aux gages et pension qu'il recevait pour ledit office.

28501. Don aux deux officiers et à l'huissier de ladite Chambre des Comptes de Moulins des gages et droits qu'ils avaient accoutumé d'avoir avant la suppression, pourvu qu'ils ne tiennent aucun office du roi.

(*Le même rôle contient les n⁰ˢ 5806 à 5811 du Catalogue, datés du 6 mai 1533.*)

(*Arch. nat.*, J. 960⁶, fol. 78.)

28502. Mandement de payer, sur les deniers ordonnés pour être dis-

IMPRIMERIE NATIONALE.

tribués autour de la personne du roi, 4,212 livres 15 sous aux marchands de Lyon qui ont fourni les draps d'argent, soie, toile, etc., destinés à faire des robes et des cottes à la française et à l'espagnole pour servir, lors de la prochaine entrée à Lyon, à Mesdames Madeleine et Marguerite, filles du roi, à Mme de Vendôme et à quatorze autres demoiselles de la reine et de mesdites dames.

(*Le même rôle contient les n°s 5853 à 5859 du* Catalogue, *datés du 19 mai 1533.*)

(*Arch. nat.,* J. 960⁶, fol. 79.)

28503. Don à M. d'Humières de trente chênes à prendre en la forêt « Gillequin à Remy » au comté de Clermont en Beauvaisis, pour employer au bâtiment qu'il se propose de faire prochainement en son château de Monchy, nonobstant que la valeur desdits chênes ne soit déclarée.

(*Arch. nat.,* J. 960⁶, fol. 79 v°.)

28504. Confirmation en faveur de Pierre Paule, dit « l'Italien », de la pension de 100 livres tournois, sa vie durant, sur la recette ordinaire de Bourbon, à commencer du jour du décès de feu Madame, mère du roi, nonobstant que cette somme ne soit portée en l'état général des finances.

28505. Mandement au trésorier de Bourbonnais de payer, des deniers de sa recette, les sommes auxquelles seront estimées deux maisons sises à Moulins, l'une appartenant à Jean Arnault, l'autre à la veuve Richard, que le roi, à la requête de son procureur audit pays, a ordonné de démolir pour la commodité et décoration de la rue où elles sont situées,

28506. Lettres portant que Jean Pontenier, ci-devant maître de la Chambre des Comptes d'Angoulême, sera, tant pour le passé depuis la suppression de ladite Chambre que pour l'avenir, payé par le receveur ordinaire d'Angoulême de ses gages et droits dudit office, jusqu'à ce qu'il ait été pourvu d'un autre.

(*Arch. nat.,* J. 960⁶, fol. 80 v°.)

28507. Mandement au changeur du trésor de faire payer, sur les restes des receveurs de Bourbonnais et des terres de la maison de Bourbon, la somme de 12,000 livres tournois au duc de Vendôme, somme qu'il n'a point reçue de l'assignation de 24,000 livres qui lui avait été faite pour sa pension de l'année dernière sur le trésorier de l'épargne, des deniers revenant bons à cause du licenciement des compagnies des feu maréchal Trivulce, s^r de La Trémoïlle et de Lignac, lesdits deniers n'ayant pu fournir que la moitié de la somme assignée.

28508. Mandement au même de payer, sur lesdits restes, aux héritiers de feu Michel Cordier, châtelain de Moulins, ce qui leur est redû à cause de la vente que ledit Cordier avait faite à feu Madame du lieu de Chevagnes près Moulins.

28509. Mandement pour faire payer durant dix ans, chaque année, aux religieux du couvent de Sainte-Claire de Moulins, l'aumône en argent, blé et vin que feu Madame leur donnait pour les aider à vivre, ainsi que le roi la leur a continuée par ses lettres, pour l'année dernière et la présente.

28510. Mandement semblable pour les religieuses de Sainte-Claire de Montbrison.

28511. Rabais accordé, suivant l'avis du Grand conseil, du général de la charge et des élus de l'élection d'Alençon et du Perche, à Jean Caradas, fermier du quatrième des boissons vendues en la ville de Verneuil, de 500 livres tournois sur le prix de sa ferme durant une année.

28512. Rabais semblable accordé à Denis Fournier, fermier du péage de Mâconnais, pour trois ans finis à la saint Jean-Baptiste dernière, de la somme de 1,200 livres tournois.

28513. Prorogation pour dix ans, en faveur d'Étienne Sacaley, président des enquêtes au Parlement de Toulouse, à commencer du jour de l'expiration du précédent octroi, d'une pension de 120 livres parisis par an sur les exploits et amendes de ladite cour.

(*A la fin du même rôle se trouve le n° 5870 du* Catalogue, *daté du 31 mai 1533.*)

(*Arch. nat.,* J. 960⁶, fol. 83.)

28514. Lettres en faveur de Gaspard de Sormano, portant qu'il sera payé désormais chaque année, durant trois ans, par le trésorier de Dauphiné, du revenu de la terre et seigneurie de «Montboursy», jusqu'à concurrence de 500 livres par an, dont le roi lui avait fait don ci-devant, mais qui, depuis, avait été réuni au domaine.

28515. Lettres portant que Claude Dugué sera payé de la somme de 400 livres qui lui est due chaque année sur la seigneurie de Semur, faisant partie des terres de la maison de Bourbon, et de ce qui lui est dû pour le passé à cause d'un échange par lui fait avec feu la duchesse Anne de Bourbon et Charles de Bourbon.

28516. Mandement à la Chambre des Comptes de Dijon de faire recevoir par Bénigne Serre, receveur général des finances, la somme de 15,406 livres 6 sous 8 deniers étant entre les mains des marchands de Bourgogne qui ont fourni les munitions des villes et places fortes du pays, l'an 1525, et d'employer ladite somme à l'achat d'autres vivres et munitions, sur l'ordonnance de l'amiral Chabot, gouverneur de Bourgogne, suivant les marchés qui en seront faits par celui ou ceux qu'il y commettra.

28517. Mandement pour faire payer Claude Dodieu, s^r de Vély, maître des requêtes, de ses gages de conseiller du Parlement de Bretagne des années 1531 et 1532, durant lesquelles il a été ambassadeur près de l'Empereur.

28518. Deux mandements, l'un au trésorier de la maison de Messeigneurs, l'autre au receveur de leur écurie, pour payer à Jacques Roulleau, retenu en qualité de valet de pied desdits princes au lieu de Pierre Esmart, révoqué à cause de ses malversations, savoir, par le trésorier, ses gages depuis le 16 mai dernier, date de la révocation dudit Esmart, jusqu'à la fin de cette année, soit 43 livres 15 sous, et par ledit receveur de l'écurie, ses droits et sa nourriture pendant le même temps.

28519. Don au président Minut de la somme de 300 livres que feu Jean de Cheza de Toulouse a léguée au roi par son testament.

(*Sur ce rôle figurent les n°s 5884 et 5911 du Catalogue, datés des 2 et 8 juin 1533.*)

(*Arch. nat., J. 960⁶, fol. 84 v°.*)

28520. Mandement de payer aux héritiers du feu vicomte de Turenne, gouverneur de l'Île-de-France et capitaine du bois de Vincennes, 6,000 livres pour la pension du défunt du 1er janvier 1531 n. s. au 30 juin 1532, à raison de 4,000 livres par an, 6,000 livres pour son état de gouverneur et 1,800 livres pour la garde du Bois de Vincennes, durant le même temps.

28521. Mandement à la Chambre des Comptes de passer aux comptes de Jean-Joachim de Passano, chargé du payement de la dette d'Angleterre, du terme de novembre dernier, la somme de 28,061 livres 16 sous tournois que Nicolas Hardy, son clerc, a affirmé sous la foi du serment avoir payé, des deniers ordonnés à son maître pour l'exécution de sa commission, pour le « surachat » de 117,580 écus soleil, outre le prix de 40 sous tournois par écu.

(*Sur le même rôle se trouvent les n°s 5895, 5896 et 5902 du Catalogue, datés du 7 juin 1533.*)

(*Arch. nat., J. 960⁶, fol. 87.*)

28522. Commission à la Chambre des Comptes de taxer à Claude Guyot, receveur et payeur de la construction du Havre et des réparations de Honfleur et de Granville, pour ses vacations, la somme qui leur paraîtra équitable eu égard aux chiffres de recette et de dépense de ses comptes.

28523. Mandement de payer, des deniers qui doivent être distribués autour de la personne du roi, à (le nom en blanc), suivant le marché passé avec lui, la somme de 1,200 livres pour les frais et transport des marbres et médailles que le roi fait conduire, par eau et par terre, d'Aiguesmortes à Fontainebleau.

(Le même rôle contient aussi les n⁰ˢ 5888, 5894, 5897 à 5901, 5903 à 5905 du Catalogue, datés des 6 et 7 juin 1533.)

(Arch. nat., J. 960⁶, fol. 89.)

28524. Permission à la duchesse douairière de Vendôme de faire conduire par Jean-Antoine Gros, de Chambéry à Lyon, et de là jusqu'en sa maison de la Fère en Picardie, seize pièces de velours, huit violettes et huit vertes, sans rien payer des droits de traite.

28525. Don à Nagu, huissier de chambre, de la somme de 1 29 livres tournois sur les deniers provenant des droits de protocole échus au roi par le décès de Jean Legendre, notaire-juré de la seigneurie de Dombes, moitié réduite par la Chambre des Comptes, suivant l'ordonnance, du don de 258 livres à lui fait ci-devant sur lesdits protocoles.

28526. Don à Jean Boivin, potager de la cuisine de bouche du roi, de 120 livres parisis sur les amendes auxquelles Pierre de Fino, bachelier ès droits, a été condamné par arrêt du Grand conseil.

28527. Don à Étienne Fromont, sommelier d'échansonnerie, d'une somme de 30 livres sur les lods et ventes, rachats et reliefs dus au roi sur une maison ayant appartenu à Jacques Garnier, sise en la ville de Blois, près Saint-Jacques.

28528. Don à Guillaume Huet et à Guillaume Rousselet, dit « Montavisart », potager, de la somme de 100 écus soleil sur les lods et ventes recélés, du temps de feu Madame, au comté de Forez.

28529. Don à Claude Du Thouyn, valet de limiers du cardinal de Lorraine, des arrérages des cens et charges dont il est redevable chaque année envers le roi, à cause du lieu dit « les Gautiers » sis en la paroisse de Gennetines [en Bourbonnais], dont il a fait l'acquisition récemment, lesdits arrérages montant à environ 120 livres.

(Sur le même rôle figurent les n⁰ˢ 5253 et 5254 du Catalogue, datés du 15 janvier 1533 n. s.)

(*Arch. nat.*, J. 960°, fol. 99.)

28530. Mandement au trésorier de l'épargne de bailler à Nicolas de Troyes, argentier du roi, 13,608 livres en deux acquits d'égale somme, pour le payement à Macé Papillon et à ses compagnons, marchands suivant la cour, des fournitures par eux faites à l'argenterie, durant les années 1528 à 1530, et pour les draps de soie qu'ils ont livrés à Cognac, en juillet 1530, pour faire des habillements à l'espagnole dont le roi a fait présent à certaines dames et demoiselles.

28531. Commission à Nicolas Picart pour tenir le compte des édifices de Villers-Cotterets, pour la dépense desquels il sera tenu de se conformer aux ordonnances du prévôt de Paris et du s' de Villeroy et au contrôle de Pierre Paule, dit « l'Italien », et de Pierre des Hostels, ou de l'un d'eux, aux gages ordonnés et compris dans les autres lettres de commission semblable qui lui ont été ci-devant baillées pour les bâtiments de Fontainebleau et de Boulogne.

(*Le même rôle contient aussi plusieurs articles portés au* CATALOGUE, *sous les dates des 16, 19 et 22 juin 1533.*)

(*Arch. nat.*, J. 960°, fol 101 v°.)

Mandements à Jean Laguette, receveur général des finances extraordinaires et parties casuelles, de payer aux chevaucheurs ordinaires de l'écurie du roi, à raison de 20 sous par jour, les voyages qu'ils vont faire près des archevêques et évêques, pour leur porter les bulles du pape ordonnant la levée de deux décimes sur le clergé du royaume, durant la présente année, et les mandements et expéditions du roi et de M. le Légat, relatives à ladite levée dans chaque diocèse.

28532. A Hercule Fertiault, envoyé dans la province de Normandie, 66 livres.

28533. A Pierre Delaunay, envoyé dans la province de Tours, y compris la Bretagne, 66 livres.

28534. A Jean Sansrefus, envoyé dans la province de Bordeaux, 60 livres.

28535. A François Delamare, dans la province de Toulouse, 55 livres.

28536. A René Tissart, en la province de Bourges, 70 livres.

28537. A Jean Gasté, en la province de Sens, 50 livres.

28538. A Louis Chenu, en la province de Reims, 75 livres.

28539. A Jean Dorléans, en la province d'Auch, 75 livres.

28540. A Jean Delaperque, en la province de Lyon, 45 livres.

28541. A Jean Créquier, en la province d'Arles, 26 livres.

28542. A Jérôme Denazes, en la province de Narbonne, 30 livres.

28543. A Jean Lecouvreur, dit « le Picard », dans les provinces d'Embrun, Aix et Vienne, 55 livres.

(Arch. nat., J. 960e, fol. 103.)

28544. Don à Montmartin, s^r dudit lieu, de la somme de 400 écus sur certaine confiscation de draps de soie, appartenant à Pierre Tassart, marchand de Lyon, saisis dernièrement à l'entrée de cette ville par les gens des fermiers dudit lieu.

28545. Rabais accordé à Antoine de Bussy, fermier du péage par eau de Belleville pour trois années commencées à la saint Jean 1530, de la somme de 1,200 livres tournois sur 9,135 livres.

28546. Rabais accordé à Jean Alamy, fermier du péage par eau de Trévoux au pays de Dombes pour trois années commencées à la saint Jean 1530, de la somme de 1,200 livres tournois sur 8,025 livres, suivant l'avis du Grand conseil et du trésorier de la généralité.

(Sur le même rôle figure le n° 6004 du CATALOGUE, daté du 26 juin 1533.)

(Arch. nat., J. 960e, fol. 118.)

28547. Provision pour faire payer par le trésorier de l'épargne à la veuve de Galéas de Saint-Séverin, grand écuyer de France, la somme de 1,000 livres tournois qui est entre les mains de Jean Gaucher, naguère commis à la trésorerie de Dauphiné, et qu'il a reçue de la rente de 2,000 livres dont le roi a fait don à ladite dame sur la seigneurie de Montélimart.

28548. Mandement de payer au receveur ordinaire de Carcassonne 10,000 livres sur les 20,000 que le roi a ordonné d'employer cette année, tant en achats de munitions que pour la fonte de l'artillerie qui doit être faite promptement en Languedoc, pour la garde et défense des villes et places fortes de la frontière de ce pays, ainsi qu'aux fortifications, emparements et réparations desdites villes et places fortes.

(Le même rôle contient plusieurs autres articles portés au CATALOGUE, sous les dates des 28 juillet, 1er et 3 août 1533.)

(*Arch. nat.*, J. 960⁶, fol. 127.)

28549. Don au duc d'Albany de la somme de 14,000 écus restant du don et octroi fait au roi par composition par la seigneurie de « Sennes » (sans doute Sienne), lorsque ledit duc d'Albany alla au royaume de Naples, pendant le siège de Pavie.

(Le même rôle contient aussi les nᵒˢ 6177, 6217 et 6310 du Catalogue, *datés des 23 août et 14 octobre 1533.)*

(*Arch. nat.*, J. 960⁶, fol. 128.)

28550. Mandement à la Chambre des Comptes de permettre au trésorier de l'épargne de faire recette de 1,600 livres que l'abbé de Marmoutier lui a remises, sur l'ordonnance du roi, des deniers provenant des deux décimes octroyés par le clergé du royaume avec l'autorisation du pape.

(Sur le même rôle figurent les nᵒˢ 6189 et 6220 du Catalogue, *datés des 28 août et 1ᵉʳ septembre 1533.)*

(*Arch. nat.*, J. 960⁶, fol. 139.)

28551. Don à Jean Chapelain, médecin ordinaire du roi, de la somme de 500 écus d'or soleil à laquelle a été taxé l'office de contrôleur du grenier à sel de Gisors et de la chambre à sel de Gournay, vacant par le décès de Jean Bertault.

28552. Traite de deux cents pipes de vin sans payer de droits, accordée cette année, comme il est accoutumé, à M. de Châteaubriant pour l'approvisionnement de sa maison.

28553. Don à Laurent Pigier, pâtissier du roi, de la somme de 100 livres tournois sur les deniers provenant des ventes et rachats échus au roi, à cause du château d'Amboise, sur un lieu appelé la Bourdelière, à la suite des décès de Jean Marclin, Gilbert de Saint-Aubin et autres, et de l'acquisition qu'en a faite Françoise Prévost.

28554. Don à Jean Racine, sommelier d'échansonnerie, de la somme de 100 livres tournois sur les amendes auxquelles ont été condamnés Jacques de Cesne et Gabriel Jousseaume par arrêt du Parlement de Paris.

28555. Don à Jean Le Poulcre, maître queux, Jacques Maréchal, potager en la cuisine de bouche, Laurent Pigier, pâtissier, et Artaud Menessier, garde-vaisselle du roi, de la somme de 100 écus d'or soleil sur l'office de sergent à cheval au Châtelet de Paris, vacant par le décès de Jean Meusnier.

28556. Permission à Jean Viollet de résigner son office d'élu de Melun au profit de Gilbert Viollet, son frère, valet de chambre de M. l'Amiral, sans payer le quart ordonné.

(Arch. nat., J. 960e, fol. 143 v°-144.)

28557. Mandement au trésorier de l'épargne de rembourser à André de Fontville la somme de 4,000 livres qu'il prêta au roi, le 12 avril 1529, et versa sur son ordre à Nicolas Picart, commis aux édifices de Fontainebleau et de Boulogne près Paris.

28558. Mandement au même de payer à M. de Clermont, capitaine de la ville et tour d'Aiguesmortes, 588 livres 8 sous pour sondit état depuis le 29 janvier 1530 n. s. qu'il y fut institué, jusqu'au 31 décembre prochain, soit trois années et 337 jours, à raison de 150 livres par an.

(Le même rôle contient plusieurs autres articles portés au CATALOGUE, sous les dates des 5 et 8 octobre 1533.)

(Arch. nat., J. 960e, fol. 148.)

28559. Mandement de payer au lieutenant du prévôt des maréchaux au pays Chartrain, Etampes, Montfort-l'Amaury et Mantes, et à six archers sous ses ordres, chargés de réprimer les pilleries, la somme de 864 livres sur Jacques Marcel, commis à la recette générale d'Outre-Seine et Yonne, des deniers imposés à cet effet spécialement, outre l'ordinaire de la taille, reçus par ledit Marcel.

28560. Mandement de payer à Augustin Gal, commissaire chargé de faire la montre de la compagnie du feu maréchal Trivulce, pour les quartiers de juillet et octobre 1531, 100 livres, et à Louis Joubert, contrôleur de ladite montre, 60 livres, sur Jean Grolier, naguère trésorier des guerres, des deniers revenant bons sur la solde de ladite compagnie.

(Le même rôle contient plusieurs autres articles portés au CATALOGUE, sous la date du 24 octobre 1533.)

(Arch. nat., J. 960e, fol. 152.)

28561. Traite de cent pipes de vin nouveau, sans payer aucun droit, accordée à Mme de Guémené, pour la provision de sa maison, durant la présente année.

28562. Don à Gabriel de Castigeac (aliàs Castillac), portemanteau du roi, de la somme de 400 écus d'or pour l'aider à se marier.

28563. Rabais accordé, suivant l'avis du Grand conseil et du trésorier de la généralité, à Jean Roy, receveur et fermier des châtellenies de

Felletin et d'Aubusson, du temps de feu Madame, pour trois années finies à la saint Jean-Baptiste 1523, de la somme de 500 livres tournois sur le total de ladite ferme.

28564. Lettres de naturalité, avec remise de tout droit, en faveur de Claude Perceval, huissier de la reine de Navarre, natif de Condé-sur-l'Escaut en Hainaut.

28565. Rabais accordé, suivant l'avis du Grand conseil et du général de la charge, à Jean Dupuy et Jean Servant, naguère fermiers du greffe du bailliage d'Amboise pour trois années finies le 1ᵉʳ décembre 1532, de la somme de 200 livres tournois sur le prix total de ladite ferme.

28566. Provision en faveur des habitants de la ville de Marle sur le don qu'ils ont obtenu ci-devant, pour six ans, de tous les droits de relief et autres devoirs seigneuriaux qui écherront au bailliage de Vermandois, pour employer aux réparations de ladite ville. Le roi leur accorde, sur la moitié que la Chambre des Comptes pourra leur restreindre dudit don, une somme de 3,000 livres tournois pour une fois seulement, qui devra être employée comme dessus.

28567. Don aux religieuses de Sainte-Claire d'Albi pour leur chauffage, durant six ans, de cent charretées de bois mort à prendre chaque année en la forêt de Fagerolles.

(*Arch. nat.*, J. 960⁶, fol. 153 v°.)

28568. Mandement de payer à Charles de Mouy, vice-amiral, pour sa vacation de six mois, commencés le 1ᵉʳ juin dernier et finissant le 30 de ce présent mois de novembre [1533], et son séjour au Havre-de-Grâce, où il a fait les marchés de la construction de ladite ville, 600 livres; et à Raoul de Rogy, contrôleur de ladite construction, 240 livres pour le même laps de temps.

(*Le même rôle contient plusieurs autres articles portés au* Catalogue, *sous les dates des 30 octobre et 1ᵉʳ novembre 1533.*)

(*Arch. nat.*, J. 960⁶, fol. 156 v°-157 r°.)

28569. Mandement de payer à Mathieu de Longuejoue et à Antoine Du Bourg, maîtres ordinaires des requêtes de l'hôtel et conseillers au Parlement de Bretagne, à chacun 292 livres 10 sous pour leurs gages de conseillers audit Parlement, durant la présente année.

28570. Déclaration portant que Jean Desbans, chauffe-cire de la chancellerie, sera payé par l'audiencier de ladite chancellerie de 52 livres 8 sous 10 deniers parisis pour ses gages dudit état, depuis le 3 avril 1532 qu'il acquit ledit office des héritiers de feu Guillaume Hesnault, jusqu'au 16 avril 1533, jour de son institution.

(Le même rôle contient deux autres actes portés au CATALOGUE, à la date du 9 novembre 1533.)

Acquits sur l'épargne. — Pièces non datées qui se trouvaient jointes aux acquits de 1533, lors de la reliure.

(Arch. nat., J. 961⁷, n° 1, anc. J. 962, n° 76.)

Mandements au trésorier de l'épargne de payer :

28571. A Jean de Vendômois, l'un des gentilshommes de la maison du roi, la somme de 45 livres tournois qu'il a avancée à un messager venu à Saint-Germain-en-Laye apporter au roi des lettres du sᵣ de Rabodanges qui est actuellement en Allemagne, et pour s'en retourner vers son maître avec la réponse.

28572. A M. de La Rochepot, pour sa pension de l'année finie le 31 décembre 1533, la somme de 4,000 livres tournois à prendre sur les deniers revenant bons d'Audibert Gatin, commis au payement des quatre-vingt-dix lances de M. le Grand maître, pour les quartiers d'octobre et de janvier derniers.

28573. Don à Jean d'Acigné, seigneur dudit lieu, d'une amende de 100 livres tournois à laquelle Michel Hallet, vendeur des bois et forêts de Saint-Aubin-du-Cormier en Bretagne, a été condamné par les juges ordonnés pour la réformation des eaux et forêts du comté de Montfort, pour les abus et malversations dont il s'est rendu coupable dans lesdites forêts de Saint-Aubin, dont les revenus ont été donnés par le roi audit d'Acigné, nonobstant toute ordonnance contraire.

28574. Don à Pierre Lelong, dit «Chenilhac», gentilhomme de la vénerie, de la somme de 60 écus d'or soleil sur les deniers provenant de la résignation de l'office de contrôleur des mortes-payes de Guyenne qu'a faite ou fera Jacques Lesage.

(En tête de ce rôle figure le n° 7244 du CATALOGUE, daté du 18 juillet 1534.)

(Arch. nat., J. 961⁷, n° 3, anc. J. 962, n° 78.)

28575. Mandement au trésorier de l'épargne de payer à Jean de Dinteville, bailli de Troyes, 1,200 livres tournois pour soixante jours qu'il a vaqué en Angleterre comme ambassadeur du roi, du 17 juillet au 14 septembre 1533, à raison de 20 livres par jour, outre la somme de 3,600 livres qu'il lui a remise pour cent quatre-vingts jours, du 18 janvier au 16 juillet de la même année.

28576. A la veuve et aux héritiers de Falco d'Aurillac, président au Parlement de Dauphiné, 400 livres tournois pour la pension de l'année 1533 due au défunt, à prendre sur les deniers provenant des lods et ventes, amendes et confiscations, échus ou à échoir au roi en Dauphiné.

28577. Mandement à la Chambre des Comptes de rétablir aux comptes de Jean Duderé, naguère commis à l'office de changeur du trésor, la somme de 100 livres qu'il avait payée à Guillaume Prudhomme, général de Normandie, en l'année finie le 31 décembre 1532, et dont le roi lui avait fait don, à prendre chaque année sur ledit changeur, tant qu'il tiendrait ledit office de général de Normandie, au lieu de deux arpents de bois qu'il avait chaque année en nature.

(Le même rôle contient aussi les n°s 6804, 6806 à 6810, 6812 à 6827, 6833, 6850 et 6854 du Catalogue, datés des 2, 3, 5, 11 et 12 mars 1534 n. s.)

(Arch. nat., J. 961¹, n° 4, anc. J. 962, n° 80.)

28578. Mandement à la Chambre des Comptes d'allouer aux comptes de Jacques Ragueneau, naguère commis au payement de la marine de Provence, la somme de 1,959 écus d'or soleil ou, à raison de 41 sous l'écu, 4,015 livres 19 sous tournois, qu'il a payée l'an 1528, sur ordonnance du s^r de Morette, pour les dépenses de l'armée navale.

28579. Mandement à la Chambre des Comptes d'allouer aux comptes de Martin de Troyes, commis à la trésorerie et recette générale de Languedoc, de l'année finie le 31 décembre dernier [1533], la somme de 225 livres 16 sous 6 deniers qu'il a payée pour les frais nécessités par le bail de la ferme du tirage et fournissement du sel au grenier du Pont-Saint-Esprit.

28580. Mandement au général de Languedoc de faire payer par le receveur des aides du pays de Beaujolais et des deniers des amendes, exploits et condamnations qui adviendront en ladite élection, la somme de 100 livres, pour employer à la construction d'une chambre où se tiendra l'auditoire des élus de ladite élection, suivant le marché qui en sera passé par les élus, l'avocat et le procureur du roi de ladite élection.

(Sur le même rôle se trouvent les n°s 6669, 6671, 6673 à 6675 et 6795 du Catalogue, datés des 4 janvier et 1er mars 1534 n. s.)

*Pièces non datées qui se trouvaient jointes aux acquits de 1533 et 1534,
au moment de la reliure. (Arch. nat., J. 961⁸, n° 1 à 137.)*

(*Arch. nat., J. 961⁸, n° 1, anc. J. 962, n° 129.*)

Mandements au trésorier de l'épargne de payer :

28581. A M. le Grand maître [Anne de Montmorency], 9,000 livres
tournois, savoir, pour sa pension des six premiers mois de l'année 1534,
6,000 livres, et pour son état de gouverneur de Languedoc, durant le
même temps, 3,000 livres, à prendre au coffre du Louvre, des deniers
du quartier d'avril, mai et juin de ladite année.

28582. Au même, 2,150 livres tournois, savoir, pour la capitainerie
de la Bastille de Paris, 600 livres, pour celle du Bois de Vincennes,
600 livres, pour celle des ville et château de Nantes, 750 livres, et pour
celle de Saint-Malo, 200 livres, durant les six mois susdits et sur le
même quartier.

28583. Au même, 4,000 livres tournois sur les 8,000 dont le roi
lui a fait don en dédommagement de la composition des 4,000 ducats
briançonnais, et ce pour les six mois susdits et sur le même quartier, et
en dérogation de l'ordonnance portant expressément que tous dons excédant 1,000 écus pour une fois ne seront payés qu'en fin d'année.

28584. Mandement au trésorier de l'épargne, ordonnant que dorénavant il ait à payer, en présence des députés au trésor du Louvre,
l'assignation des chantres de la chapelle de musique, en même temps
que celles des officiers domestiques de la maison du roi.

(*Arch. nat., J. 961⁸, n° 2, anc. J. 962, n° 130.*)

Mandements au trésorier de l'épargne de payer :

28585. A Nicolas de Troyes, argentier du roi, 5,764 livres 19 sous
5 deniers tournois, pour employer au payement des draps de soie,
franges, rubans, draps de laine, toile de Hollande, pour la confection
de deux lits de camp destinés à Mesdames Madeleine et Marguerite,
filles du roi, et pour quatre habillements donnés à Montchenu, Uban
(s. d. pour Hubans), Heilly et Trezay, demoiselles de la maison desdites
dames, dont les prix et marchés ont été certifiés par Marin de Montchenu,
premier maître d'hôtel du roi, à prendre sur le quartier d'avril dernier.

28586. A Nicolas Sachet, valet de limiers de la vénerie du roi,
67 livres 10 sous tournois ou 30 écus soleil à raison de 45 sous tour-

nois l'écu, sur ledit quartier d'avril, dont le roi lui a fait don pour services rendus dans l'exercice de son état.

28587. A Raymond Forget, pour employer à l'édifice et construction du château de Chambord, durant la présente année 1534, la somme de 60,000 livres tournois à prendre par portions égales sur les quatre quartiers de ladite année, au coffre du Louvre.

(*Ici se trouvent les n°s 7215 et 7216 du Catalogue, datés du 9 juillet 1534.*)

28588. A Joachim de La Touche et Jean Lumbre, Allemand, pages de l'écurie du roi, 135 livres tournois, soit à chacun 30 écus à 45 sous pièce, dont le roi leur fait don pour les aider à se monter en prenant leur service dans les compagnies d'ordonnances, parce qu'ils sont en âge d'être mis hors de page, à prendre sur le quartier d'avril dernier.

28589. Au bâtard de Chauvigny, 1,200 livres pour son état et pension de contrôleur des bâtiments de Chambord, chargé de passer les marchés, durant une année (du 18 octobre 1533 au 30 septembre 1534); dont il sera payé par Raymond Forget, commis à tenir le compte desdits bâtiments.

28590. A Jean Kadeill, docteur, envoyé vers le roi de la part du landgrave de Hesse, en ce présent mois de juillet, 50 écus d'or soleil à 45 sous pièce, soit 112 livres 10 sous, dont le roi lui fait don en considération de son voyage, à prendre au coffre du Louvre des deniers du quartier d'avril, mai et juin dernier.

(*Arch. nat., J. 961⁸, n° 3, anc. J. 962, n° 131.*)

28591. Mandement pour faire payer à Guillaume Quinette, receveur et payeur des gages des officiers de la Cour des Aides de Paris, la somme de 5,300 livres 12 sous 6 deniers pour le payement en retard des quartiers d'avril, juillet et octobre 1529, savoir : 1° 1,888 livres sur ce que Louis Racquet, receveur des tailles aux pays de la Marche et Combrailles, peut devoir des deniers imposés outre le principal des tailles, durant les années 1529 et 1530, pour le payement de Claude Genton, alors commis par feu Madame, mère du roi, à la charge de prévôt des maréchaux dans lesdits pays, son lieutenant et ses archers, laquelle commission a été depuis révoquée par le roi et n'a point sorti effet; 2° 2,400 livres sur ce que les héritiers de feu Martin Hérodes, receveur des impôts et fouages de Nantes, peuvent redevoir des comptes de ladite recette; 3° 1,012 livres 12 sous 6 deniers sur Jean de Pierrefitte, commis à recevoir les restes des quatre décimes levées sur le clergé du royaume, en l'année 1529, pour subvenir au payement de la rançon du roi et de ses enfants; et ce, en dérogation de l'ordonnance prescrivant l'apport de tous les deniers aux coffres du Louvre.

28592. Mandement au trésorier de l'épargne de faire rembourser, par le receveur des exploits et amendes du Parlement de Bordeaux, à Pierre Cyret, conseiller en ladite cour, la somme de 4,000 livres tournois qu'il prêta au roi et remit, dès le 25 septembre 1519, entre les mains de feu Lambert Meigret, alors commis à l'extraordinaire des guerres, nonobstant l'ordonnance, comme dessus.

28593. A Jules Camille, gentilhomme italien, 675 livres tournois en 300 écus soleil dont il lui a été fait don pour l'aider à supporter sa dépense en la ville de Paris, où le roi lui a ordonné de résider afin de se consacrer à l'étude de plusieurs sciences dans lesquelles il est très expert, outre ce qu'il a reçu précédemment pour la même cause, à prendre sur le coffre du Louvre des deniers du quartier d'avril passé.

28594. A Bonaventure de Saint-Barthélemy, président au Parlement de Grenoble, Claudes Des Asses, François Le Charron, Christophe de Harlay, François Errault, Jean Picart et Jean Le Cirier, conseillers au Parlement de Paris, 700 livres tournois, soit à chacun 100 livres pour le voyage qu'ils vont faire de Paris à Alençon, étant chargés par le roi d'informer au sujet de certains blasphèmes contre la majesté divine proférés par plusieurs habitants d'Alençon et autres, et procéder contre eux, suivant le contenu de leur commission (cf. le n° 7285 du *CATALOGUE*), plus 25 livres à Philippe Habert, qui leur servira de greffier, et 20 livres à l'huissier, à prendre audit coffre du Louvre sur le quartier d'avril dernier.

28595. A Bénigne Serre, receveur général de Languedoil, 165 livres pour le payement des deux chevaucheurs ordinaires tenant la poste à la suite de la cour, durant les mois de mars à juin derniers, à raison de 20 livres 12 sous 6 deniers par mois à chacun, à prendre sur ledit quartier.

28596. A Renzo de Cère, 6,000 livres tournois en déduction de ce qui lui est dû pour sa pension des années 1532 et 1533, à raison de 12,000 livres par an, à prendre au coffre du Louvre sur ledit quartier.

(Sur ce rôle figurent les n° 7205, 7212 *et* 7214 *du* CATALOGUE, *datés des 2, 4 et 5 juillet 1534.)*

(*Arch. nat.*, J. 961⁸, n° 4, anc. J. 962, n° 132.)

Mandements au trésorier de l'épargne de payer :

28597. A Adrien Auger, receveur et payeur des gages des officiers du Parlement de Bretagne, la somme de 8,155 livres 10 sous tournois, pour employer au fait de son office durant cette présente année, finissant le 31 décembre 1534, à prendre au coffre du Louvre sur les deniers du prochain quartier de juillet.

28598. A Étienne Martineau, commis au payement de l'extraordinaire de l'artillerie, 742 livres 10 sous tournois pour la solde de cinq charretiers qui, lors de la dernière expédition de M. de Saint-Pol en Italie, pour le recouvrement du duché de Milan, ont eu la conduite de cinquante-cinq chevaux rouliers et de trait du nombre des deux cent cinquante-cinq que le roi ordonna de réquisitionner dans les élections de Sens, Bourges, Lyonnais, Forez et Beaujolais, et d'envoyer comme renfort audit s^r de Saint-Pol, pour le mois d'août entier et vingt-trois jours de septembre 1529, à raison de 5 sous par jour et par cheval, à prendre audit coffre sur le présent quartier d'avril, mai et juin.

(Sur le même rôle figurent les n°s 7140, 7163, 7174, 7175, 7176, 7179 et 7187 du CATALOGUE, datés des 13, 18 et 22 juin 1534.)

(Arch. nat., J. 961³, n° 5, anc. J. 962, n° 133.)

Mandements au trésorier de l'épargne de payer :

28599. A Jean Crosnier, trésorier de la marine de Provence, 2,760 livres tournois pour délivrer au capitaine de la tour d'If ses gages d'une année entière (du 1er juillet 1533 au 30 de ce présent mois de juin 1534), montant à 600 livres; la solde de vingt-six mortes-payes ordonnés pour la garde de ladite tour, durant ladite année, 1,560 livres, à raison de 100 sous par homme et par mois; la solde de quatre canonniers préposés à la défense de ladite tour, 360 livres pour ladite année; et pour l'entretien d'une frégate avec quatre mariniers, chargés d'aller aux provisions de vivres et d'eau douce, tant à Marseille qu'ailleurs, 240 livres, le tout à prendre au trésor du Louvre, sur les deniers du présent quartier d'avril, mai et juin.

28600. A François Malvault, receveur de l'écurie, 1,167 livres 5 sous tournois, à lui ordonnés outre 19,745 livres 2 sous 10 deniers pour le payement des journades des capitaines, hoquetons des archers des gardes, fourriers, portiers, et des «plumaux» des Cent Suisses de la garde, à prendre sur le quartier de janvier dernier.

(Ici se trouve le n° 7130 du CATALOGUE, daté du 12 juin 1534.)

28601. A Louis Martin, secrétaire du comte de Furstenberg, 31 livres 10 sous dont le roi lui a fait don pour les frais de son voyage à Paris, où il est venu apporter des lettres de son maître, et pour lui porter la réponse du roi, à prendre sur le même quartier.

28602. Au receveur des gages du Parlement de Paris, 1,000 livres tournois pour employer au payement des gages des officiers de ladite cour qui ont vaqué à l'expédition des matières criminelles de la Tournelle, durant les vacations de l'année dernière 1533, à prendre sur le même quartier.

28603. Lettres ordonnant au trésorier de l'épargne de faire payer par le receveur général de Dauphiné les frais de justice du Parlement et de la Chambre des Comptes dudit pays, sur les deniers de sa charge.

28604. A Étienne Boutet, marchand de Tours, 12,470 livres 1 sou 4 deniers, partie de 24,940 livres 2 sous 8 deniers à lui dus de reste pour fournitures de draps d'or et d'argent, de soie, laine, etc., faites à Charles Ménager, argentier de la feue Reine, durant les années 1519 à 1523, à prendre au coffre du Louvre, des deniers du quartier de juillet de l'année dernière, et le reste sur le quartier d'octobre de ladite année.

28605. A Bénigne Serre, 540 livres 5 sous pour les gages de treize chevaucheurs d'écurie qui tiennent la poste de Paris à Boulogne-sur-Mer, y compris les deux passagers des ports de Saint-Leu-d'Esserent et d'Attin, des mois de janvier et février 1530 n. s., à prendre au trésor du Louvre, sur le quartier de janvier de la présente année.

28606. Aux héritiers de feu Thomas Du Prat, évêque de Clermont, la somme de 1,080 livres tournois, pour cinquante-quatre jours que dura le voyage fait par ledit évêque, sur l'ordre du roi, de Clermont, d'où il partit le 27 septembre 1528, à Ferrare où il devait accompagner la duchesse de Chartres et de Ferrare, pendant lequel voyage il décéda à Modène, le 19 novembre de la même année, ladite somme à prendre sur le quartier de janvier dernier.

28607. A Jean de Villette, Claude de Guinegate, Gilles de Boutigny et Nicolas de Barry, archers de la garde, 66 livres tournois pour leur payement de trente-trois jours, du 6 novembre au 8 décembre 1533, qu'ils ont employés à conduire de Marseille à Paris Jean Laguette et Jean Godet, à raison de 10 sous chacun par jour, à prendre sur les finances extraordinaires et parties casuelles.

28608. A Philippe de Vichy, sr de Charron, 120 livres tournois pour trente jours qu'il pourra vaquer, allant de Paris, en ce mois de juin, accompagner en Picardie les clercs qui vont faire le payement des gens d'armes des ordonnances sous le commandement du Dauphin, du duc de Vendôme, des srs de Montmorency, de La Rochepot, du Biez, du Fresnoy, de la Roche-du-Maine, de Créquy et de Bernieules, pour les quartiers d'octobre et janvier derniers, à prendre au coffre du Louvre sur ledit quartier de janvier dernier.

28609. A Martin de Villeneuve, la même somme de 120 livres pour trente jours qu'il pourra vaquer à aller conduire les deniers du payement des compagnies du duc de Lorraine, du duc de Guise, du maréchal de

IMPRIMERIE NATIONALE.

La Marck, du s^r de Sedan, du gouverneur d'Orléans et de s^r de Boisy qui sont en Champagne, pour lesdits deux quartiers, à prendre comme dessus.

28610. Au s^r de Sallenelles, 100 livres pour vingt-cinq jours qu'il emploiera à conduire les deniers de la solde des compagnies des s^{rs} de Longueville, amiral Chabot et d'Aubigny qui sont en Bourgogne, pour les deux mêmes quartiers, à prendre comme dessus.

28611. A Gabriel baron de Lech, 80 livres pour vingt jours qu'il pourra vaquer à remplir une mission semblable en Normandie où se trouvent les compagnies des s^{rs} d'Annebault, de La Meilleraye et du bailli de Rouen, à prendre comme dessus.

28612. Au s^r de Croville, 120 livres pour trente jours d'une semblable mission en Bretagne, où l'on doit payer la solde desdits deux quartiers aux compagnies des s^{rs} de Châteaubriant et de Montjean, à prendre comme dessus.

28613. A Pierre Bourg, s^r de Villars, 100 livres tournois pour vingt-cinq jours d'une semblable mission en Bourbonnais, Berry et Auvergne, près des compagnies du duc d'Albany et des s^{rs} d'Alègre et de Saint-André, à prendre comme dessus.

28614. A Pierre d'Agets, 120 livres pour trente jours d'une semblable mission en Guyenne, près des compagnies du roi de Navarre de M. le Grand écuyer, des s^{rs} de Barbezieux, de Montpezat, d'Aster et de Bonneval, à prendre comme dessus.

28615. A Louis Fournillon, capitaine de la tour d'If, 180 livres tournois pour quarante-cinq jours d'une semblable mission en Dauphiné, Languedoc et Provence, près des compagnies du comte de Saint-Pol, des s^{rs} Renzo de Cère, de Clermont-Lodève et du comte de Tende, à prendre comme dessus.

(Arch. nat., J. 961^8, n° 6, anc. J. 962, n° 134.)

28616. Don à la mère de Louis de Sainte-Maure, à présent comte de Nesle, du montant des droits de rachat et autres devoirs seigneuriaux dus au roi par suite du décès de Charles de Sainte-Maure, comte de Nesle, son fils aîné, pour raison du comté de Nesle en la prévôté de Saint-Quentin, de la baronnie d'Athies et de la seigneurie de Cappy en la prévôté de Péronne, du comté de Joigny et de la seigneurie de l'Isle-sous-Montréal, mouvant du comté de Champagne, à quelque somme qu'ils se puissent élever, nonobstant toute ordonnance contraire.

28617. Don à Antoine Chabanne, dit « Chevreau », enfant de cuisine de bouche du roi, de 30 écus soleil à prendre sur les deniers provenant des offices et parties casuelles, à la recette desquels est commis Jean Bénard.

28618. Lettres portant rabais et modération, suivant l'avis du Grand conseil et des officiers d'Auxerre, en faveur de Jean Trebouchet, fermier des exploits et amendes des bailliage et prévôté d'Auxerre, de la somme de 100 livres tournois sur le prix de sadite ferme de l'année finie à la saint Jean de l'année dernière, à cause de la peste qui a sévi en ladite ville.

28619. Don à damoiselle Étiennette, veuve de Claude de Montcellart, pauvre veuve chargée de six petits enfants, dont cinq filles, de l'amende de 400 livres parisis à laquelle feu son mari fut condamné par sentence du bailli d'Orléans, confirmée par arrêt du Parlement, pour avoir outragé un sergent, ladite somme destinée à aider le mariage de ses filles quand elles seront en âge, nonobstant toute ordonnance restrictive de semblables dons.

28620. Don aux procureur et avocat généraux du roi au Parlement de Rouen de 150 livres par an à chacun, sur les amendes de ladite cour, pour porter leurs gages désormais de 450 à 600 livres tournois, nonobstant les ordonnances du Louvre et de l'épargne.

(Arch. nat., J. 961⁴, n° 7, anc. J. 962, n° 135.)

Mandements au trésorier de l'épargne de payer :

28621. Au receveur général Bénigne Serre, 5,000 livres pour le payement des menues affaires et nécessités de la chambre du roi durant cette présente année [1534].

28622. A Marc Platean, serviteur du landgrave de Hesse, dépêché à Saint-Germain-en-Laye pour retourner vers son maître, 30 écus soleil ou 67 livres 10 sous tournois, dont le roi lui fait don.

28623. A Nicolas de Rustici, dit « le Bossu », 450 livres pour son parfait payement de six mois, à 150 livres par mois, que doit durer sa mission en Allemagne, où le roi l'envoie présentement. (Cf. le n° 6941.)

28624. A Albert Sacratus, ambassadeur du duc de Ferrare, qui retourne vers son maître, après avoir séjourné longtemps près du roi, 450 livres tournois en don.

28625. A Nicolas Lecointe, chevaucheur d'écurie, dépêché de Senlis pour aller en Bourgogne porter au sᵣ de La Chapelle, lieutenant de M. l'Amiral, les lettres de ratification des contrats d'acquisition de certaines places sur la frontière d'Allemagne, faite par le roi et led. s^r Amiral, 45 livres pour les frais de son voyage.

28626. A Philippe Miette, autre chevaucheur d'écurie, dépêché de Verberie pour aller en diligence à Rome porter les lettres du roi à l'évêque de Paris [Jean Du Bellay], 270 livres pour son voyage et le payement des postes.

28627. A Jean et Macé Rallet, 30 écus soleil ou 67 livres 10 sous en don pour leur peine et salaire d'avoir tendu aux renards, fouines et chats sauvages en la forêt de Bière, dont ils ont pris environ deux cents.

28628. A Raoullequin Le Féron, demeurant à Compiègne, 225 livres en payement d'une haquenée à poil alezan qu'il a vendue au roi.

(En tête de ce rôle se trouvent les n°s 6946 à 6948 et 6950 à 6953 du Catalogue, datés des 27 et 28 mars 1534 n. s., et à la fin, le n° 6995, daté du 14 avril 1534.)

(Arch. nat., J. 961⁸, n° 8, anc. J. 962, n° 136.)

28629. Mandement au receveur général des parties casuelles de bailler à M. de Sérignan, [mot en blanc] de Poitiers, pour sa pension de l'année dernière, 1,200 livres sur ce que le s^r de Grimault (Grimaldi) doit au roi pour les terres et seigneuries de Serpaize et des Éparres en Dauphiné, par lui rachetées au roi, à qui elles étaient échues par arrêt de confiscation rendu contre Henri Bohier, alors sénéchal de Lyon, qui les avait acquises à réméré pour 20,000 livres tournois du feu s^r de Maubec, dont ledit s^r de Grimault a épousé la fille unique.

(En tête de ce rôle figurent les n°s 6999 et 7000 du Catalogue, datés du 15 avril 1534.)

(Arch. nat., J. 961⁸, n° 9, anc. J. 962, n° 137.)|

Mandements au trésorier de l'épargne de payer :

28630. A Jean Collichon, serviteur d'Honorat de Queis (Caix), 100 écus d'or soleil pour retourner en diligence de Compiègne en Portugal, vers son maître.

28631. A Gencien Dunoyer et Antoine de Hu, chevaucheurs d'écurie, servant ordinairement à la cour pour les voyages et corvées qui y surviennent chaque jour, 300 livres tournois pour leur service de cinq mois entiers commencés le 7 novembre dernier [1533], à raison de 20 sous par jour à chacun.

28632. A François Malvault, receveur de l'écurie du roi, 69,694 livres tournois pour employer aux services de ladite écurie durant la présente année, suivant l'assignation de l'année dernière et sans augmentation, à prendre au coffre du Louvre par portions égales sur les quatre quartiers de l'année.

(Les n°s 7014, 7015 et 7019 du CATALOGUE, datés des 21 et 24 avril 1534, figurent sur ce rôle.)

(*Arch. nat.*, J. 961⁴, n° 10, anc. J, 962, n° 138.)

28633. Mandement au trésorier de l'épargne de payer comptant à Jacques Bénard, maître de la chambre aux deniers du roi, la somme de 2,000 livres tournois, pour avance sur leurs fournitures de la présente année, à Alexandre et Jean Royer et à Jean Barreau, marchands bouchers de la maison du roi, à prendre sur le quartier de janvier dernier [1534 n. s.].

(*Arch. nat.*, J. 961⁵, n° 12, anc. J. 962, n° 140.)

28634. Don à Claude Gouffier, s^r de Boisy, du revenu, profit et émolument du tiers et danger sur la vente des bois de la forêt de Halatte en Normandie, qui appartient au roi à cause de la minorité du vidame de Chartres, s^r de Graville, pour en jouir durant le temps qui reste à courir du don que le roi en avait fait à feu Hélène Gouffier, alors veuve du feu vidame de Chartres, nonobstant les ordonnances contraires.

28635. Don à Marie de Quatrelivres, veuve du lieutenant Ruzé, de la somme de 1,000 livres sur les profits de fief et amendes qui sont et pourront être dus au roi en la prévôté et vicomté de Paris, nonobstant lesdites ordonnances.

28636. Mandement au trésorier de l'épargne de payer aux religieux, prieur et couvent de Saint-Claude la somme de 300 livres tournois qui leur est due de l'année passée, à cause de la fondation faite par le roi Louis XI et confirmée par ses successeurs, pour une grand'messe que lesdits religieux célèbrent chaque jour, à l'intention du roi, devant l'autel de saint Claude.

28637. Mandement au trésorier et receveur ordinaire des forêts de payer aux religieuses de Sainte-Claire de Montbrison 100 livres tournois, dont le roi leur fait don et aumône pour cette présente année, ainsi que faisait feu Madame, sa mère, pour les aider à vivre, et ce en dérogation des ordonnances du Louvre et de l'épargne.

(*Arch. nat.*, J. 961⁵, n° 13, anc. J. 962, n° 141.)

Mandements au trésorier de l'épargne de délivrer :

28638. A Jean Crosnier, trésorier de la marine de Provence, 163,125 livres tournois pour employer aux payement et solde de vingt galères que le roi entretient à son service au port de Marseille, pour les trois quartiers d'avril, juillet et octobre derniers, à 54,000 livres par quartier, plus les gages du payeur pendant le même temps, à raison de 375 livres par quartier.

28639. Au même, 56,250 livres pour terminer quatorze autres galères que le roi fait construire audit port de Marseille, à raison de 2,500 écus soleil chaque, montant pour le tout à 35,000 écus soleil, sur lesquels ledit Crosnier a déjà reçu 10,000 écus à 45 sous pièce, soit 22,250 livres, ladite somme restant due à prendre par portions égales, la première sur le présent quartier de janvier, février et mars, la seconde sur celui d'avril, mai et juin prochain.

28640. A Pierre Dauvet, maître des requêtes de l'hôtel, 500 livres tournois pour son remboursement de pareille somme qu'il prêta au roi pour ses affaires et remit, dès le 28 août 1524, entre les mains de Pierre d'Apestigny, alors receveur général des finances extraordinaires et parties casuelles.

(En tête de ce rôle figurent les n°s 6903, 6904 et 6906 du CATALOGUE, datés du 18 mars 1534 n. s.)

(Arch. nat., J. 961¹, n° 14, anc. J. 962, n° 142.)

Mandements au trésorier de l'épargne de payer :

28641. A MM. de Montmorency, grand maître de France, et de Châteaubriant, au nom et comme tuteurs et curateurs de Guy, comte de Laval, pour la pension du feu comte de Laval, son père, du 1er janvier 1531 n.s. au 20 mai suivant, date de son décès, 3,452 livres tournois, dont il avait été appointé, de son vivant, sur la recette générale de Bretagne, sans en avoir rien reçu.

28642. A Matteo del Nassaro, de Vérone, graveur, pour son payement de deux caisses de cuir damasquiné et de deux écritoires bordées d'agates orientales que le roi a achetées de lui, 2,000 livres, dont il avait été appointé sur l'épargne des deniers du quartier de janvier 1533 n. s. et n'en avait pu être payé alors, à prendre sur le présent quartier de janvier, février et mars [1534 n. s.].

28643. Lettres portant que François de Saint-André, président aux enquêtes du Parlement de Paris, sera dorénavant payé par le receveur des gages de ladite cour, à compter du jour du décès de Pierre Clutin, son prédécesseur, d'une pension de 600 livres par an, outre les gages et droits de son office de conseiller et ceux ordonnés de toute ancienneté aux présidents des enquêtes.

28644. Mandement au trésorier de l'épargne de faire payer par le commis à la recette de la généralité d'Outre-Seine, Yonne et Picardie, des deniers qui ont été ou seront mis sus en ladite charge, outre la taille, pour le payement des prévôts des maréchaux, à Claude L'Hôte, prévôt des maréchaux de Champagne et de Brie, à ses lieutenant et archers, leurs gages et solde de l'année dernière et de la présente qui finira le 31 décembre 1534, en continuant dorénavant d'année en année et de quartier en quartier.

(Sur le même rôle figurent les n°s 6884, 6914, 6916, 6927 à 6933, 6937 et 6939 à 6941 du CATALOGUE, datés des 16, 19, 20 et 21 mars 1534 n. s.)

(Arch. nat., J. 961⁸, n° 15, anc. J. 962, n° 143.)

Mandements au trésorier de l'épargne de payer :

28645. A Étienne Martineau, commis à l'extraordinaire de l'artillerie, 5,000 livres pour l'achat de quarante milliers de cuivre que le roi veut avoir en réserve, pour en ordonner l'emploi après que les cent grosses pièces d'artillerie actuellement en cours de fabrication seront terminées, ladite somme à prendre sur le présent quartier de janvier, février et mars.

(Le n° 6945 du CATALOGUE relatif auxdites cent pièces d'artillerie, daté du 27 mars 1534 n. s., figure en cet endroit.)

28646. A Victor Barguin, 63,000 livres pour employer en la chambre aux deniers de Mesdames la duchesse d'Orléans, Madeleine et Marguerite, filles du roi, durant cette présente année qui finira le 31 décembre 1534, à prendre au coffre du Louvre, 15,750 livres par quartier.

28647. Au même, 22,000 livres pour l'écurie desdites dames durant ladite année, à prendre 5,500 livres sur chaque quartier.

28648. Au même, 42,465 livres pour les gages des dames et demoiselles, gentilshommes et autres officiers de la maison de Mesdames, soit 10,616 livres 5 sous sur chaque quartier de ladite année.

28649. Au même, 9,000 livres pour l'argenterie de Mesdames et affaires de leur chambre, 7,000 livres pour l'argenterie des demoiselles de leur maison et femmes de chambre, et 1,600 livres pour leur apothicairerie, durant ladite année 1534, soit un total de 17,600 livres ou 4,400 livres à prendre sur chacun des quatre quartiers. (Cf. le n° 6922 du CATALOGUE.)

(Arch. nat., J. 961⁸, n° 16, anc. J. 962, n° 144.)

28650. Mandement au trésorier de l'épargne de bailler à Jean Cheylieu 8,600 livres pour le payement du prévôt de l'hôtel, ses lieutenant, greffier, archers, sergents et frais de justice, durant l'année 1534, soit 2,150 livres à prendre au coffre du Louvre sur chacun des quatre quartiers.

(*Ce rôle comprend en outre les n°s 6918 à 6921 et 6923 à 6925 du Catalogue, datés du 19 mars 1534 n. s., sauf qu'ici les mandements ordonnent le payement de l'année entière et non d'un seul quartier.*)

(*Arch. nat.*, J. 961^8, n° 17, anc. J. 962, n° 147.)

28651. Don à Madame de Nevers du revenu, profit et émolument des greniers à sel de Nevers, Decize, Saint-Sauge, Clamecy, Moulins-Engilbert, Luzy et Dreux, avec les amendes, forfaitures et confiscations, durant la présente année finissant le 31 décembre 1534, ainsi qu'elle en a joui les années précédentes.

28652. Don à Madame de Nevers, au nom et comme ayant la garde-noble de François de Clèves, comte d'Eu, pair de France, son fils, du revenu des greniers à sel du Tréport, de Mers en Vimeu et de Saint-Valery-sur-Mer, avec les amendes, forfaitures et confiscations durant ladite année, ainsi qu'elle en a joui les années précédentes.

28653. Don à Madame de Nevers de la somme de 100 écus soleil sur la recette ordinaire d'Arques, pour la composition du bail et de la garde-noble du comte d'Eu, durant ladite présente année.

28654. Don à Thomas de Marcy de la somme de 70 livres tournois, montant des droits de vente échus au roi à cause de l'acquisition récemment faite par ledit sieur de Marcy des fief, terre et seigneurie de la Guillonnière, mouvant d'Amboise.

28655. Don à Claude de Pisseleu du revenu de la terre et seigneurie de Beauquesne et de la capitainerie dudit lieu sis en Picardie, durant le temps et selon la forme et manière que feu Pierre de Pithon en jouissait au jour de son décès.

28656. Don au roi et à la reine de Navarre du revenu du grenier à sel d'Alençon, des quints, gabelles et chambres à sel de Domfront, Verneuil, Exmes et Bellême, y compris les amendes, forfaitures et confiscations, durant la présente année 1534, ainsi qu'ils en ont joui les années précédentes.

28657. Don à Françoise de Boves, veuve de Guillaume de Morainvillier, baron de Maule, de la garde-noble de leurs enfants mineurs, pour en jouir tant qu'il plaira au roi et à la charge d'en rendre compte.

28658. Don au s^r de Nagu, huissier de la chambre du roi, de

200 écus soleil sur les deniers provenant du quart de la résignation que doit faire Guillaume Pellemoine de son office de recevenr ordinaire de Rennes au profit de Jean Hubert.

28659. Confirmation du contrat de vente, cession et transport fait par le feu capitaine Montbrun à Eustache de Compans du droit par lui prétendu sur la ferme des Hermités, c'est-à-dire d'une partie de l'usufruit dont le roi avait fait don audit Montbrun avec d'autres biens ayant appartenu à feu Jean Lavoine.

28660. Mandement pour faire payer à Jean Longblon, homme d'armes de la compagnie du sᵣ d'Alègre, sa solde des deux premiers quartiers de l'année 1532, qui lui avait été retenue parce qu'il n'avait pas été présent aux montres.

28661. Don à Catherine Fregose de la somme de 200 livres tournois chaque année pendant neuf ans, à commencer du jour des présentes lettres, sur la recette générale de Provence et des deniers provenant du revenu de la terre et seigneurie de Peyrolles, en compensation du don viager qui lui avait été fait précédemment du revenu de ladite terre, dont elle avait cessé de jouir par suite de l'édit de réunion du domaine.

(*Ici se trouve le nᵒ 6436 du Catalogue, daté du 7 novembre 1533.*)

28662. Lettres confirmatives du don précédemment fait à l'amiral [Chabot] de la totalité des revenus de la terre et seigneurie de Villemaheu [1], et d'un fief et maison sis au lieu de Fontaines, et leurs dépendances, échus durant la saisie qui en avait été faite pour faute d'hommage, à la requête du procureur du roi au bailliage de Chaumont, la Chambre des Comptes ayant restreint ce don à la moitié, conformément à l'ordonnance, parce que la formule dérogatoire avait été omise dans le texte des premières lettres.

(*Arch. nat., J. 961⁸, nᵒ 18, anc. J. 962, nᵒ 148.*)

Rôle des mandements et provisions que le roi a ordonné d'expédier à Jacques Bernard, maître de sa chambre aux deniers et commis à la recette générale des finances extraordinaires et parties casuelles.

28663. A Jacques Godran, conseiller au Parlement de Bourgogne et garde des sceaux dudit pays, la somme de 100 livres tournois, pour un voyage que le roi lui a ordonné de Paris à Langres, pour traiter avec les députés du duc de Wurtemberg de certaines affaires secrètes.

28664. A Jean de La Choque, chevaucheur ordinaire d'écurie,

[1] Villemaheu, château détruit au XVIIᵉ siècle, commune de Soulaines (Aube).

8 écus soleil pour deux voyages de Vanves à Fontainebleau, faits les 6 et 8 mars, pour porter des lettres missives de M. le Chancelier, touchant les affaires expresses du roi, à MM. le Grand maître, l'Amiral et de Villandry, et en rapporter les réponses.

28665. A Zacharie Bernard, remboursement de 30 écus soleil qu'il remit le 13 juin 1533 entre les mains de Jean Laguette, alors receveur général des parties casuelles, pour l'office de sergent à verge au Châtelet de Paris que l'on disait vacant par suite du décès de Jean Vignau, lequel est encore vivant.

28666. Mandement à la Chambre des Comptes d'allouer au compte de la chambre aux deniers, rendus par Jacques Bernard, la somme de 19,389 livres 1 sou 2 deniers tournois par lui payée du commandement du roi pour les festins donnés à Boulogne, au mois d'octobre 1532, à l'occasion de l'entrevue du roi de France et du roi d'Angleterre.

28667. Mandement à la Chambre des Comptes d'allouer auxdits comptes de la chambre aux deniers la somme de 8,589 livres 9 sous 1 denier, comprenant 1,752 livres 9 sous 6 deniers pour le festin donné par le roi en la grande salle du château du Louvre à la reine et autres princes et princesses de sa compagnie, le dimanche 26 février 1531 n. s., et 6,836 livres 19 sous 7 deniers pour le festin royal offert à ladite dame, en la grande salle du Palais, le jour de son entrée en la ville de Paris, 16 mars 1531 n. s., et pour les échafaudages dressés en l'église de Saint-Denis pour le sacre et le couronnement, le dimanche 5 dudit mois.

28668. Autre mandement à la Chambre des Comptes de rétablir et allouer aux comptes dudit Jacques Bernard les sommes portées sur sept cahiers vérifiés, certifiés et signés, contenant : le 1er, la dépense faite par les ambassadeurs d'Angleterre arrivés à Paris le 15 mai 1527, montant à 248 livres 5 sous 6 deniers; le 2e, la dépense faite par les ambassadeurs des rois de Hongrie et de Pologne, durant le mois de juin suivant, montant à 536 livres 10 sous; le 3e, la dépense du duc de Ferrare, arrivé à Saint-Germain-en-Laye le 22 mai 1528, montant à 5,125 livres 8 sous 2 deniers; le 4e, les frais du festin des noces du duc de Ferrare et de la duchesse de Chartres, donné au Palais en la grande salle Saint-Louis, le 27 dudit mois de juin, s'élevant à 3,616 livres 18 sous 1 denier; le 5e, la dépense faite pour les obsèques du sieur de Lautrec, en l'église Notre-Dame de Paris, le 14 septembre 1528, montant à 1,427 livres 16 sous 6 deniers; le 6e, la dépense du festin fait au Louvre à cette occasion, montant à 1,784 livres 7 sous 4 deniers; le 7e, la dépense faite par le duc de Suffolk, arrivé à Romorantin le 1er juin 1529 (*somme omise*).

(*Ici se trouve le n° 6585 du* Catalogue, *daté du 10 décembre 1533.*)

28669. Autre mandement à la Chambre des Comptes d'allouer aux comptes de la chambre aux deniers dudit Bernard la somme de 6,152 livres 10 deniers pour la dépense faite à Marseille, depuis le 29 août jusqu'au 11 novembre 1533, lors de la visite qu'y rendit au roi le pape [Clément VII].

(Arch. nat., J. 961⁸, n° 19, anc. J. 962, n° 149.)

Mandements au trésorier de l'épargne de payer :

28670. A Pierre Vezeler, 22,500 livres pour deux grandes tables de diamant achetées par le roi.

28671. A Pierre Van de Walle, 38,925 livres pour une grande émeraude sertie en un chaton d'or avec une grosse perle en poire, trois diamants en table et un en cœur, enchâssés d'or, une croix de diamant garnie d'or et de perles, une ceinture d'or garnie de seize pierreries avec un cordon de perles de cent vingt pièces, et trois bagues garnies de diverses sortes de diamants, rubis, émeraudes et perles.

28672. A Emmanuel Ricci, 11,531 livres 5 sous pour un cordon de cent une perles, six autres cordons de quatorze perles chacun et un carcan d'or semé de petits rubis avec treize grosses perles.

28673. A Melchior Baldi, facteur de Marc Coëtif, 16,882 livres 7 deniers pour deux cent quatorze aunes un quart et demi de tapisserie, qui contiennent les tapisseries de l'*Histoire de Romulus et Remus*, des *Espaliers*, de la *Création du monde* et autres pièces que le roi a lui-même achetées au prix de 35 écus l'aune.

28674. A Corneille de Rameline, facteur de Daniel et Antoine de Bomberg et de Guillaume d'Armoyen, 8,254 livres 13 sous 9 deniers pour trois pièces de tapisserie des *Actes des Apôtres*, contenant soixante-treize aunes un quart et demi, achetées par le roi lui-même au prix de 50 écus l'aune.

28675. Aux pensionnaires de Bretagne, suivant l'état de répartition signé de M. de Châteaubriant, 10,000 livres pour leurs pensions de l'année finie le 31 décembre 1537, à prendre par acquit sur le commis à la trésorerie dudit pays, des deniers de ce présent quartier d'octobre, novembre et décembre [s. d. 1538].

(Arch. nat., J. 961⁸, n° 20, anc. J. 962, n° 150.)

Mandements aux trésoriers de l'épargne et autres de payer [novembre 1538] :

28676. A Guillaume Hérondelle, marchand lapidaire suivant la

cour, 9,995 livres 4 sous 6 deniers pour deux grosses bordures, deux
« renversures » et une oreillette garnies de diamants, rubis et grosses
perles, une ceinture à cordelières et à « bâtons tors » percée à jour,
garnie d'or, etc., que le roi a achetées de lui au mois d'octobre dernier.

28677. A Bastien Delaporte, marchand de Bruxelles, 1,961 livres
13 sous 10 deniers pour trois pièces de fine tapisserie destinée à
une garniture de ciel de lit de camp, représentant l'histoire de Phébus,
le tout rehaussé de fil d'or, d'argent et de soie, contenant ensemble dix-
sept aunes un quart et demi et un seizième d'aune, achetées par le roi
au mois d'octobre dernier, au prix de 50 écus soleil l'aune, ladite tapisserie remise à Guillaume Moynier, tapissier ordinaire du roi, pour la
conserver avec les autres.

28678. A Philippe de La Grenaisie, portemanteau de Messeigneurs
les Dauphin et duc d'Orléans, 200 livres pour ses gages et entretien
durant la présente année finissant le 31 décembre 1538, nonobstant
qu'il ne figure sur l'état de la maison desdits princes.

28679. A François Myradel, page en l'écurie du roi, 45 livres tournois en don pour l'aider à acheter un cheval, afin de suivre le roi tant
à la « vollerye » qu'ailleurs.

28680. A M. le Grand écuyer, 10,000 livres pour sa pension de
l'année présente finissant le 31 décembre 1538.

28681. A Christophe de Ciresmes, élu d'Avranches, 40 livres
10 sous tournois pour un voyage en diligence, partant de Villers-Cotterets, le 2° de ce présent mois de novembre, se rendant à Paris vers
M. le Président [Guillaume Poyet], pour lui porter des lettres missives
du roi le mandant près de sa personne et lui donnant avis qu'il entend
le pourvoir de l'office de chancelier de France, vacant par le décès
d'Antoine Du Bourg.

28682. A Hugues Viger, chevaucheur d'écurie, 13 livres 10 sous
pour aller de Villers-Cotterets porter des lettres du roi au duc de Lorraine, au duc de Guise et au cardinal de Lorraine, et en rapporter réponse.

28683. Audit Christophe de Ciresmes, partant de Villers-Cotterets
le 6 novembre, 562 livres 10 sous pour aller en diligence à Nice. auprès
de Philippe de Savoie, l'entretenir de la part du roi de certaines affaires
d'importance, et en rapporter réponse.

28684. A Philippe Du Chesne, gentilhomme, fauconnier de la maison de la reine de Hongrie, 200 écus soleil valant 450 livres tournois

en don, parce qu'il a apporté au roi, à Villers-Cotterets, de la part de ladite dame, plusieurs laniers et lanerets.

28685. A Geoffroy de Grimoart, dit « Percy », valet de chambre ordinaire du roi, 112 livres 10 sous en don pour l'aider à se faire guérir d'une maladie contractée au service du roi.

28686. A Jean Hotman, marchand orfèvre de Paris, 1,170 livres 12 sous 6 deniers tournois pour une chaîne d'or d'écu à cinquante-huit chaînons, pesant ensemble six marcs sept onces, que le roi étant à Villers-Cotterets, le 9 novembre 1538, a chargé le sieur de Juranville de porter à Paris, pour en faire présent à don Emmanuel de Ramanez, gentilhomme de la chambre du roi de Portugal, chargé par son maître d'une mission auprès de François Iᵉʳ.

28687. Audit sieur de Juranville, 22 livres 10 sous pour ledit voyage en poste de Villers-Cotterets à Paris.

28688. A Jean Hénard, commis au payement des pensions de Suisse, 141,787 livres 10 sous, savoir 120,000 livres sur ce que Guillaume de Moraynes, commis à une partie de la recette générale de Languedoil, doit payer du terme de la taille échu le 1ᵉʳ octobre dernier, et le reste comptant sur les deniers de l'épargne. Suit le détail précis des pensions, gages et dons que ledit Hénard devra distribuer.

28689. A Claude de Bombelles, valet de chambre du roi, attaché au service du comte palatin Frédéric, tant qu'il restera auprès du roi, à Paris et ailleurs, 112 livres 10 sous pour ses vacations.

28690. A Olivier Molan, grènetier de Tours, 1,200 livres pour employer aux frais de transport des meubles du roi qui ont été envoyés à Compiègne et autres villes de Picardie, pour l'entrevue qui a eu lieu naguère entre le roi et la reine douairière de Hongrie, outre les 1,200 livres qu'il a déjà reçues de l'épargne pour la même cause.

28691. A Jean, baron de Flekstein[1], et à Sébastien Wolgesperg, capitaines allemands, 9,900 livres en 4,400 écus soleil que le roi a ordonné leur être délivrés, savoir au premier 1,200 écus et au second 800 écus pour leur pension à son service durant une année commencée le 1ᵉʳ novembre dernier et finissant le 31 octobre 1539, et 2,400 écus soleil pour être distribués par eux à douze capitaines particuliers que le roi les a chargés de choisir en Allemagne et de retenir à son service, lesquels auront chacun cinq cents hommes sous leurs ordres, pour être employés en cas de guerre.

[1] *Aliàs* Lekstein. (Cf. le nº 21479 du *Catalogue.*)

28692. Aux mêmes, 900 livres tournois, soit à chacun 200 écus dont le roi leur fait don pour la dépense qu'ils ont faite durant un mois ou plus qu'ils ont suivi sa personne, en attendant qu'il lui plut de leur faire connaître ses intentions touchant la levée susdite.

28693. A M. le Connétable [Anne de Montmorency], 6,000 livres pour ses gages dudit état, durant le présent quartier d'octobre, novembre et décembre.

28694. Au même, pour sa pension dudit quartier, 3,000 livres, et pour son état de gouverneur de Languedoc, durant le même temps, 1,500 livres.

28695. Au même, 2,000 livres pour le complément de 8,000 livres dont le roi lui a fait don durant la présente année en compensation des 4,000 ducats briançonnais.

28696. Au même, pour la capitainerie de la Bastille de Paris, dudit quartier d'octobre, 300 livres; pour celle du Bois de Vincennes, autres 300 livres; pour celle de Nantes, 375 livres, et pour celle de Saint-Malo-de-l'Isle, 100 livres.

28697. A Nicolas Picart, 3,000 livres pour employer aux édifices du château de Villers-Cotterets, et 500 livres pour le pavé de la bourgade dudit lieu, en sus des autres sommes qui lui ont été délivrées ci-devant pour la même cause.

28698. A Guillaume de Villemontée, trésorier de la vénerie et fauconnerie du roi, 12,843 livres en déduction du montant de l'assignation entière de la présente année finissant le 31 décembre 1538, outre 2,723 livres 10 sous qui lui ont été ci-devant payés en ladite épargne.

28699. A Jean Hotman, orfèvre de Paris, 100 livres en don pour sa diligence, au mois d'octobre dernier, à faire et livrer douze chaînes d'or, dont le roi a fait présent aux personnages de la suite de la reine douairière de Hongrie, et pour les frais de trois voyages de son serviteur qui les apporta en Picardie.

28700. A René Becdelièvre, conseiller au Parlement de Rouen, pour et au nom de Marguerite Bouzon, sa femme, auparavant femme d'Hugues Leloyer, aussi conseiller en ladite cour, 4,000 livres en remboursement de semblable somme prêtée au roi par son premier mari, le 11 juillet 1519, et mise entre les mains de Guillaume Prudhomme, alors receveur général de Normandie.

28701. A Nicolas Picart, 3,000 livres pour employer aux édifices et bâtiments de Fontainebleau, durant la présente année 1538.

28702. A Ruiz Fernando d'Almeida, ambassadeur du roi de Portugal, 2,250 livres pour faire tenir à Honorat de Queys (Caix), ambassadeur du roi de France en Portugal, en déduction de ses vacations en ladite charge.

28703. Aux écoliers de Suisse, étudiant en l'Université de Paris, 450 livres pour leur pension et entretien durant ledit quartier d'octobre, novembre et décembre.

28704. A Guillaume Rivière, receveur et payeur des gages du Grand conseil, 2,950 livres complétant 6,950 livres dues pour le payement des officiers durant le semestre fini le 30 septembre dernier, dont le surplus lui a ci-devant été délivré par le trésorier de l'épargne, à prendre sur les décimes et dons gratuits.

28705. A Antoine Hélin, conseiller au Parlement de Paris, 1,350 livres en déduction des journées qu'il pourra vaquer au voyage de Flandre où le roi l'envoie, sa créance ayant été expédiée à Chantilly, le 20 novembre, pour résider comme son ambassadeur ordinaire près la personne de la reine douairière de Hongrie.

28706. A Claude de L'Aubépine et Hector de Nançay, clercs de Jean Breton et Guillaume Bochetel, secrétaires des finances, 600 livres pour leurs peines et salaires d'avoir fait les écritures et fourni le parchemin des commissions adressées aux élus des élections des généralités de Languedoil, Outre-Seine et Picardie, Guyenne, Lyonnais, Forez et Beaujolais, pour les baux des fermes et pour l'assiette des tailles de l'année 1539.

28707. Au capitaine Georges « Conegran », 400 livres pour sa pension de l'année commencée le 15 de ce mois de novembre et qui finira le 14 novembre 1539, que le roi veut lui être payée d'avance.

28708. Au maître d'hôtel de Longueval, 800 livres pour sa pension de l'année 1538 finissant le 31 décembre prochain.

28709. A Guillaume Dufaulx, fauconnier de Franc-Conseil, demeurant à Aigues-Mortes, 78 livres 15 sous pour deux faucons et deux tiercelets qu'il a apportés d'Aigues-Mortes à Villers-Cotterets et présentés au roi de la part de son maître, et pour ses frais de voyage.

28710. A six joueurs de farces et moralités, 20 écus soleil pour plusieurs récréations et passe-temps qu'ils ont donnés au roi, « à jouer nouvelles farces et comédies de matières joyeuses », durant le séjour qu'il a fait à Villers-Cotterets.

28711. A Jean Faure, dit « Verdelet », veneur ordinaire du roi, 70 écus soleil dont 30 pour lui et 40 pour distribuer à deux valets de limiers

que le roi ne veut être nommés, en don et récompense de certains ser
vices.

28712. A Jean Durand, chevaucheur d'écurie, pour aller en poste
de Nanteuil à Rome porter des lettres du roi au s' de Grignan, et s'en
retourner à petites journées vers le s' de Montejean, lieutenant général
en Piémont, 120 écus soleil, et pour son entretien à la suite de la cour
en attendant son expédition, 12 écus soleil.

28713. A Pierre Augrannet, valet de chiens, en don et considération de la peine qu'il prend ordinairement au pansement et traitement,
nourriture et conduite des chiens à la suite du roi, 24 écus soleil.

(*Ici se trouve le n° 10460 du Catalogue, daté du 18 novembre 1538.*)

28714. A Antoine de Conflans, vicomte d'Auxy-le-Château, remboursement de 218 livres qu'il a, du commandement verbal du roi,
déboursées pour la conduite des toiles de chasse dont il avait la charge
durant le présent mois de novembre, outre 378 livres 2 sous à lui ci-
devant délivrés pour le même effet en deux diverses fois.

28715. A Claude Thissart, huissier de salle ordinaire du roi, 100 livres pour aller conduire le comte palatin jusqu'en Espagne.

28716. A Georges de Charançonnay, écuyer tranchant du Dauphin
et du duc d'Orléans, et à damoiselle Hélène de Haston, dite « Trezay »,
sa femme, fille de chambre de Mme la Dauphine, 2,250 livres en don, à
l'occasion de leur mariage.

28717. A Guillaume Lemoyne, jardinier de Mme de Vendôme.
45 livres pour aller de Chantilly à Villers-Cotterets choisir et marquer
l'endroit le plus favorable pour y dessiner un jardin et revenir vers le
roi lui en donner son avis.

28718. A Guillaume Bochetel, secrétaire des finances, remboursement de 18 livres qu'il a fournies pour envoyer un exprès de Chantilly
à Paris chercher certains livres que le roi demandait, pour l'achat desdits livres et le retour du messager qui les apporta audit lieu de Chantilly.

28719. A l'écuyer Sansac, 180 livres tournois pour aller en poste de
Chantilly en Flandre vers la reine de Hongrie, lui porter des lettres de
créance du roi et lui faire entendre l'objet de sa mission, puis revenir en
semblable diligence, porteur de la réponse de ladite dame.

28720. A Antoine de Civry, capitaine du château d'Argilly, 225 livres pour la dépense qu'il a faite à la conduite des chiens du vautrait
du roi, outre semblable somme qui lui a été ci-devant délivrée.

28721. A Jean de « Hupersthemeyer », maire de Hess, 450 livres en

don pour le voyage qu'il est naguère venu faire de la part du duc de
Clèves et de Julliers vers le roi, pour lui donner avis de l'accord conclu
entre les députés de l'empereur et ceux de sondit maître touchant le
différend du duché de Gueldres.

(*Ici figure le n° 10468 du* Catalogue, *daté du 24 novembre 1538.*)

28722. A Guillaume Valette, chevaucheur d'écurie, 292 livres
10 sous, pour aller en poste de Chantilly à Rome porter des lettres du
roi au sieur de Grignan, ambassadeur auprès du pape, et revenir à petites journées avec la réponse.

28723. A Mᵐᵉ la marquise de Rothelin, 1,000 livres pour sa pension du présent quartier d'octobre, novembre et décembre.

28724. A Bénigne Serre, 120 livres pour délivrer à Antoine Du Hu
et à Hugues Vigier, chevaucheurs d'écurie, pour leur service de deux
mois entiers près la personne de M. le Connétable et les petits voyages
ordinaires pour les affaires du roi, à raison de 20 sous par jour.

28725. A Hugues Vigier, pour son voyage d'Espagne, y compris le
retour en poste, 405 livres.

28726. Mandement aux trésoriers de France, au trésorier de l'épargne
et au prévôt de Provins, de permettre à Claude Bernard, pourvu en titre
d'office du greffe de la prévôté de Provins, le 7 mars dernier, de jouir
du revenu dudit greffe depuis ledit jour jusqu'à la date des présentes et
six mois ensuivant, nonobstant qu'il n'ait prêté le serment requis, ce
qu'il n'a pu faire à cause des occupations qu'il a eues et a encore de présent sous le trésorier des guerres dont il est l'un des principaux clercs.

28727. Mandement à la Chambre des Comptes d'allouer aux comptes
de Guillaume Prudhomme, trésorier de l'épargne, 92,669 livres 10 sous
qu'il a payés comptant, en la ville de Lyon, des deniers de l'épargne reçus
aux mois d'août et de septembre 1538, savoir à Martin de Troyes, commis à l'extraordinaire des guerres, pour employer au payement des lansquenets dernièrement venus au service du roi sous le baron de Fleckstein,
et des commissaires et contrôleurs qui en ont fait les montres durant les
mois de mai, juin et juillet précédents, 1,563 livres 10 sous; pour la
solde de trente arquebusiers à Bourg-en-Bresse, durant les mois de juin,
juillet, août et septembre, 1,150 livres; pour la solde de trente mortes-
payes à Montmélian, durant trois mois commencés le 6 avril, 580 livres; pour payer l'état de [Martin Du Bellay], sieur de Langey, à cause
du gouvernement de Turin, durant les mois de juillet et août, 1,000 livres; pour la solde de quatre mille hommes de pied en Piémont durant
les mois de septembre et octobre, et autres dépenses, y compris 3,000 livres ordonnées pour les fortifications des places dudit pays, 72,886 li-

vres; et pour délivrer à Henri Maréchal et employer à la solde de quatre cents chevau-légers servant en Piémont, durant le quartier de juillet, août et septembre, 15,480 livres.

(Sur le même rôle se trouve encore le n° 10426 du Catalogue, daté du 9 novembre 1538.)

(Arch. nat., J. 961⁸, n° 21, anc. J. 962, n° 151.)

Fragment de rôle sur lequel sont portés les n°⁺ 10408, 10409 du Catalogue, datés du 7 novembre 1538.

Mandements au trésorier de l'épargne de payer :

28728. A Jean Hotman, orfèvre à Paris, 703 livres 18 sous pour une chaîne d'or pesant quatre marcs une once trois gros, dont le roi, étant à la Fère, le 24 octobre dernier, a fait présent à Louis de L'Isle, gentilhomme venu dans le royaume en la compagnie de la reine douairière de Hongrie, en récompense d'un cheval pie qu'il a donné au roi.

28729. Audit Hotman, 468 livres 13 sous 3 deniers pour une autre chaîne d'or dont le roi, étant à la Fère, le 23 octobre [1538], a fait présent au grand fauconnier de ladite reine, en souvenir du passe-temps qu'il a donné au roi « au fait de la vollerye », durant le séjour de ladite dame.

28730. Au duc d'Étampes, 5,302 livres 10 sous pour son état de gouverneur du Bourbonnais et d'Auvergne, depuis le 12 février dernier qu'il en fut pourvu jusqu'au 31 décembre 1538, à raison de 6,000 livrés par an.

28731. A Philippe Touchet, dit « Saint-Martin », Pierre de La Bosselière, dit « Carrelière », Claude de Montchenu, Pierre de Saint-Aulaire, Venervant de Pallan, Denis d'Esmery, dit « Fontaines », et Jean de Balènes, tous pages de l'écurie du Dauphin et du duc d'Orléans, 210 écus soleil, soit à chacun 30 écus dont le roi leur a fait don en les faisant mettre hors de page, pour les aider à se monter et servir dans les compagnies d'ordonnance.

28732. A François Du Bourg, évêque de Rieux, fils et principal héritier du feu chancelier Antoine Du Bourg, 2,250 livres dont le roi lui a fait don pour employer aux obsèques et funérailles de son père.

28733. A Jean Picart, 300 livres pour avoir tenu le compte et fait les payements des préparatifs de l'entrevue du roi et de l'empereur en la ville d'Aigues-Mortes, à retenir des deniers à lui ordonnés pour employer au fait de ladite commission.

28734. A Pierre Delagrange, 700 livres pour employer au payement des personnes, chevaux et logis de la reine douairière de Hongrie et de sa compagnie, outre 20,000 livres à lui ci-devant baillées pour pareille cause.

(*Arch. nat.,* J. 961², n° 22, anc. J. 962, n° 152.)

Mandements au trésorier de l'épargne de payer :

28735. A Pierre Rousseau, commis à tenir les comptes et faire les payements de la chambre aux deniers du Dauphin et des ducs d'Orléans et d'Angoulême, 45,234 livres tournois, pour la présente année, à prendre au coffre du Louvre, savoir sur ce présent quartier de janvier, février et mars, 10,921 livres 10 sous complétant 11,437 livres 10 sous, dont le surplus restait de l'année dernière, et sur chacun des trois quartiers, pareille somme de 11,437 livres 10 sous.

28736. Au même 61,586 livres 5 sous pour employer au payement des gages des officiers domestiques de la maison desdits princes, durant la présente année, à répartir sur les quatre quartiers par portions égales.

28737. Au même, 15,000 livres pour employer à l'argenterie desdits princes durant ladite année, à prendre de même sur les quatre quartiers également. (Cf. le n° 6954 du *Catalogue,* daté du 28 mars 1534 n. s.)

28738. Au même, 6,000 livres pour les aumônes, menus plaisirs, dons, voyages et affaires de la chambre desdits princes, à répartir de même sur les quatre quartiers de la présente année.

(*Arch. nat.,* J. 961², n° 25, anc. J. 962, n° 153.)

28739. Lettres portant que pendant six ans il sera prélevé sur les amendes adjugées par le bailli de Blois ou son lieutenant la somme de 400 livres par an, qui sera employée à l'achat de maisons et terrains pour agrandir l'édifice trop exigu où se tient la justice dudit bailli et les prisons de Blois, trop étroites, incommodes et insuffisantes.

28740. Mandement à François Viard, receveur ordinaire du comté de Blois et commis par le roi à la recette des domaines et greniers à sel des comtés, terres et seigneuries qui ne sont de l'apanage, de payer des deniers de ladite recette, durant la présente année commencée le 1er janvier dernier et finissant le 31 décembre prochain, par quarts et portions égales, la somme de 600 livres tournois, à Pasiello de Mercoliano, jardinier de Blois, pour ses gages de la charge et garde des jardins du roi.

28741. Mandement de payer sur les deniers ordinaires des finances du présent quartier de janvier, février et mars, 3,633 livres 12 sous

6 deniers tournois pour les accoutrements de tournoi du roi et de sa
bande et du Dauphin et de sa bande.

*(En tête de ce rôle se trouve le nº 6738 du Catalogue, daté du 13 février 1534
n. s.)*

(Arch. nat., J. 961⁸, nº 26, anc. J. 962, nᵇ 156.)

Mandements au trésorier de l'épargne de payer :

28742. A Bertrand Chevrier, sieur de Pandy, gentilhomme de la fauconnerie du roi, 400 livres pour ses gages et entretien audit état, pansement et nourriture des oiseaux dont il a la charge, durant l'année finie
le 31 décembre dernier, somme que l'on avait omis de porter sur l'état
de ladite fauconnerie, à prendre des deniers du coffre du Louvre, du
présent quartier de janvier, février et mars.

28743. Au maître de la chambre aux deniers, 60,000 livres tournois
pour employer au fait de son office durant la présente année qui finira
le 31 décembre 1534, soit 15,000 livres par quartier à prendre au
coffre du Louvre.

*(On trouve encore sur ce rôle les nᵒˢ 6740, 6752, 6758 et 6759 du Catalogue,
datés des 14, 18 et 19 février 1534 n. s.)*

(Arch. nat., J. 961⁸, nº 27, anc. J. 962, nº 157.)

*Mandements à Jacques Bernard, maître de la chambre aux deniers, commis
à la recette générale des finances extraordinaires et parties casuelles, de
payer :*

28744. Aux chevaucheurs d'écurie ci-après nommés, la somme de
393 livres tournois ; à Étienne de Villiers, 65 livres ; à Pierre Angibert,
65 livres ; à Pierre Brixon, 60 livres ; à Jean Le Couvreux, 48 livres ; à
Louis Dumoulin, 50 livres ; à Jean Picardet, 55 livres, et à Thomas
Savoureau, 50 livres, pour les voyages qu'ils sont allés faire, partant de
Joinville, au mois de janvier [1534], en Guyenne, Languedoc, Champagne, Normandie, Picardie, Auvergne, Provence et Dauphiné, vers
les gouverneurs, baillis, sénéchaux, prévôts et autres officiers desdits
lieux, leur porter des lettres patentes et missives du roi, pour faire publier le ban et arrière-ban.

28745. A François Marcel, autre chevaucheur d'écurie, 129 livres
15 sous tournois pour un voyage qu'il fit en poste, partant dudit Joinville, afin de porter à Paris des lettres patentes et missives du roi aux généraux de la justice des aides, et de Paris à Bordeaux aussi en poste, pour
porter d'autres lettres au premier président du Parlement de Bordeaux
et aux sieurs de Pommiers et d'Ages, touchant certaines affaires secrètes.

28746. A Jean Angibert, chevaucheur d'écurie, 5o livres tournois pour un voyage qu'il est allé faire à Rennes et à Vannes en Bretagne, à petites journées, partant de Bar-le-Duc audit mois de janvier, portant des lettres patentes et missives à François de Kermerigny, alloué de Nantes, à Hervé de Kervelet, conseiller en la cour, et à Michel Cosson, commis à la recette générale dudit pays, pour le recouvrement des deniers de Bretagne de la présente année.

28747. A Gilles Du Rocher, serviteur de M. de Boisy, 5o écus d'or soleil en don, à prendre sur l'office de sergent royal en la juridiction de Loudunais, vacant par la mort de Jean Bron.

28748. Lettres de naturalité et permission de tester, sans payer finance, pour Jean, comte de « Saulne » (Salm), natif du marquisat de Pont-à-Mousson en Lorraine.

(*Arch. nat.*, J. 96i⁸, n° 28, anc. J. 962, n° 158.)

28749. Mandement de payer, des deniers revenant bons de l'assignation de l'écurie pour la présente année commencée en janvier 1533 n. s., à Jacques Raveau, valet de pied du roi au lieu et place d'Étienne de Lenat, dit « le Chevalier », ses gages et droits dudit état, à compter du 1ᵉʳ juillet 1533 dernier jusqu'au 31 décembre prochain, qui sont deux quartiers montant à 6o livres.

28750. Anoblissement de la terre et seigneurie de Clairac, sise au diocèse de Béziers, appartenant à Vital de Plantade, capitaine de Pézenas, nonobstant l'arrêt dernièrement donné à Lyon, le 26 juin, par lequel ladite seigneurie a été déclarée rurale, pour être dorénavant tenue par ledit de Plantade noblement, à la charge ancienne qui est d'un homme d'armes envers le roi, et aux droits et prééminences qui se trouveront y appartenir d'ancienneté, soit en justice haute, moyenne et basse, ou autrement.

(*Arch. nat.*, J. 96i⁸, n° 29, anc. J. 962, n° 159.)

Mandements au trésorier de l'épargne de payer :

28751. A M. de La Rochepot, 4,000 livres pour sa pension de l'année dernière, à prendre au coffre du Louvre sur le présent quartier de janvier, février et mars [1534 n. s.].

28752. A M. de Laval, don des revenu, amendes et confiscations du grenier à sel de Laval durant les trois années 1532, 1533 et 1534, finissant en décembre.

28753. A Amaury Bouchard, maître des requêtes de l'hôtel,

1,300 livres en don, qui lui avaient été assignées au coffre du Louvre sur le quartier de janvier 1533 n. s., et dont il n'a pu être satisfait; le roi ordonne qu'il en sera appointé audit coffre sur le présent quartier de janvier, février et mars 1534 n. s.

28754. A Gabriel baron de Lech (Lecco), 600 livres pour sa pension de l'année 1533, à prendre sur la composition des offices et autres parties casuelles.

(Sur le même rôle, se trouvent les n°s 6757, 6762, 6777 et 6778 du Catalogue, datés des 19, 21 et 22 février 1534 n. s.)

(Arch. nat., J. 961³, n° 30, J. 962, n° 160.)

28755. Don à Claude Du Thouyn, officier de la vénerie du roi, de la somme de 120 livres tournois montant des arrérages dus aux roi à cause des cens et charges qu'il prend chaque année sur le lieu que tenaient Jean Archambault et Maurice son fils, appelé le lieu des Gautiers en la paroisse de Gennetines au duché de Bourbonnais, récemment acquis par ledit Du Thouyn.

28756. Rabais accordé à Antoine Lestoc et à Pierre Sanxon, demeurant à Abbeville, fermiers de la ferme des étangs et viviers de « Hault » et du Gard lès Rue au comté de Ponthieu, de la somme de 600 livres tournois, dont ils étaient tenus en surséance, pour les aider à supporter les pertes et dommages qu'ils ont éprouvés durant douze ans qu'ils ont tenu ladite ferme.

28757. Don à Antoine Augustin, bâtard du Corbat, archer de la garde de la compagnie du sieur de Nançay, de la somme de 120 livres parisis, montant de l'amende prononcée contre lui par arrêt des Grands jours tenus à Tours.

28758. Don à Périgord, valet de garde-robe du roi, de 225 livres à prendre sur les deniers des amendes du Parlement de Rouen, en compensation de 450 livres que le roi lui avait précédemment données sur l'amende de 500 livres à laquelle le sieur Clutin, abbé de Troarn, avait été condamné par ladite cour, et dont le roi a depuis fait remise à celui-ci.

28759. Don et remise audit Clutin de ladite amende de 500 livres.

28760. Don à Brasay, valet de chambre de M. l'Amiral, de 20 écus sur la résignation de l'office de châtelain et portier de Semur en Auxois à survivance de père à fils.

28761. Don à François de La Béraudière, sieur de Rouet, de 250 livres tournois, moitié de l'amende prononcée par le sénéchal de

Poitou contre un nommé Jacques Bonnet, dont le roi avait d'abord fait don en entier audit de La Béraudière, la Chambre des Comptes ne l'ayant vérifié que pour moitié suivant l'ordonnance.

28762. Don à François d'Autun, officier de la paneterie du roi, de 100 écus soleil sur les offices, en compensation d'autres dons qui n'ont pu être effectués.

28763. Don à Briand de Beauce, l'un des gentilshommes de la vénerie, de 100 écus soleil sur la confiscation de Pierre Le Chandelier, adjugée au roi par sentence du bailli de Rouen, confirmée par arrêt du Parlement.

(*Arch. nat.*, J. 961⁸, n° 31, anc. J. 962, n° 161.)

28764. Mandement au receveur des finances extraordinaires et parties casuelles de rembourser à Nicole Brachet, conseiller au Parlement de Paris, 3,056 livres 5 sous qu'il prêta au roi, l'an 1521, en vaisselle d'argent, et dont il avait été d'abord appointé sur l'épargne où il n'a pu être payé.

28765. A Jean de Vimont, trésorier de la marine, 11,000 livres faisant partie de 20,000 livres que le roi a ordonné d'employer à la construction de quatre galions sur les côtes de Normandie, en cette présente année, ladite somme à prendre sur les deniers provenant de l'office de vicomte de Rouen.

28766. Lettres autorisant le trésorier de l'épargne à bailler les écus soleil qui seront apportés de l'épargne au coffre du Louvre à Jean de Pierrefitte, commis à la recette des décimes, qui fournira en échange autant de monnaie qu'il recevra d'écus, au prix de l'ordonnance, lesquels écus le roi a ordonné de mettre au coffre par lui établi au Louvre pour recevoir les deniers desdites décimes.

(*Le même rôle contient aussi les n°ˢ 6776 et 6781 du CATALOGUE, datés du 22 et du 26 février 1534 n. s.*)

(*Arch. nat.*, J. 961⁸, n° 32, anc. J. 962, n° 162.)

28767. Mandement au receveur général des parties casuelles de payer, sur les premiers deniers de la vente et composition des offices, à la demoiselle de Dannemarie la somme de 200 écus d'or soleil, dont le roi lui a fait don.

28768. Don à Louis de Pélisson, gentilhomme du comte de Saint-Pol, de la confiscation de Gaucher Farel, marchand de Gap.

28769. Lettres portant que les doyen et chanoines de la Sainte-Chapelle de Dijon prendront, par les mains de l'audiencier ou son commis en la chancellerie de Bourgogne, présent et avenir, la moitié du profit et émolument des chartes et grâces qui seront scellées et expédiées en ladite chancellerie, dont ils ont toujours joui par privilèges des ducs de Bourgogne, depuis confirmés par les rois de France.

28770. Permission au lieutenant de la ville et du château de Concarneau en Bretagne, pour M. l'Amiral, de faire tirer des pays d'Anjou, Poitou, Orléans et autres, et conduire par eau ou par terre, soixante pipes de vin pour la provision dudit château, durant la présente année, sans payer aucun droit ni tribut.

28771. Don à Nicolas d'Herbouville, archer de la garde du roi, de 400 livres tournois sur les reliefs et treizièmes du fief et seigneurie des Essarts, échus au roi parce que ledit fief, qui est tenu du duché de Normandie, a été vendu par décret de justice.

28772. Don à M. l'amiral [Chabot], sa vie durant, du revenu des halles, places et étaux des villes de Niort, Fontenay-le-Comte et Montmorillon, que tenait le feu prévôt de Paris [Jean de La Barre], qui sont l'objet d'un procès entre le roi et divers particuliers, aux mêmes charges que ledit prévôt les tenait.

28773. Lettres pour faire payer François Olivier, conseiller au Grand conseil et chancelier d'Alençon, des gages de sondit office, des quartiers d'avril et juillet derniers, bien que durant ledit temps il ne l'ait exercé, retenu ailleurs par la tenue de l'échiquier d'Alençon et autres affaires de la reine de Navarre.

28774. Mandement à la Chambre des Comptes de Paris de rétablir et allouer aux comptes du receveur ordinaire du quint de Jarnac le revenu, profit et émolument dudit quint sous le nom et par les simples quittances de M. l'Amiral, depuis le jour du décès de feu Madame qui lui en avait fait don, sa vie durant, jusqu'à présent, et de l'en laisser jouir dorénavant, le roi lui confirmant ladite donation.

28775. Traite accordée aux Frères prêcheurs de Notre-Dame-de-Bonnes-Nouvelles de Rennes de cinquante pipes de vin pour la provision de leur couvent, durant la présente année, franche et quitte de tous droits, comme ils en ont joui les années passées.

28776. Mandement au receveur des parties casuelles de payer, sur les premiers deniers des offices, à un tailleur et couturier (dont le nom a été laissé en blanc), la somme de 120 livres tournois pour une robe, pourpoint, chausses et habillement complet que le roi a fait faire pour Triboulet, son fou.

28777. Mandement au trésorier de l'épargne de payer à Alonce de Civille et ses compagnons, marchands, la somme de 20,000 livres tournois sur les quatre quartiers de cette année, soit 5,000 livres par quartier, qui leur est due pour des navires et vivres qu'ils fournirent au roi l'an 1524, ainsi qu'il appert par les certificats.

28778. Lettres de dispense accordées à Alonce de Civille, pourvu de l'office de vicomte de Rouen après le décès de Mathurin de Lèveville, pour avoir baillé au roi la somme de 20,000 livres sur ledit office, somme qui a été employée en achat de navires et à la défense du royaume; par les mêmes lettres, le roi lui donne tout ce qui est échu du revenu du greffe de ladite vicomté depuis la mort dudit de Lèveville, nonobstant les ordonnances.

(*Arch. nat.*, J. 961⁸, n° 33, anc. J. 962, n° 163.)

Mandements au trésorier de l'épargne de payer :

28779. A Jean Godet, commis à l'extraordinaire des guerres, 5,400 livres tournois pour la solde de cent vingt hommes de pied des garnisons de Bayonne et de Dax, durant neuf mois commencés le 1ᵉʳ juillet 1531, ci-devant assignées sans effet sur les deniers du quartier d'avril 1533, à prendre sur le présent quartier de janvier, février et mars [1534 n. s.].

28780. Au sʳ de Saint-Bonnet, capitaine de Bayonne, 2,000 livres pour sa pension de l'année finie le 31 décembre 1532, dont il avait été pareillement appointé sur ledit quartier d'avril 1533, à reporter sur ledit présent quartier.

28781. Au sʳ de Frécillon, capitaine de Dax, pour sa pension de ladite année 1532, 1,200 livres tournois d'abord assignées de même sur ledit quartier d'avril et reportées sur le présent quartier.

28782. A Henri Alaix, lancier, 1,504 livres pour son payement de six cent onze lances, d'une part, et de huit cent quatre-vingt-treize, d'autre, fournies pour le tournoi donné à Paris en février 1533 n. s., somme que le trésorier Laguette n'a pu lui bailler et que le roi lui assigne sur Jacques Bernard, à présent commis à la recette des finances extraordinaires et parties casuelles.

28783. A Jean Crosnier, trésorier de la marine de Provence, 54,375 livres pour la solde de vingt galères que le roi entretient à son service au port de Marseille, et ce pour le présent quartier de janvier, février et mars, à raison de 400 écus d'or par galère et par mois, l'écu compté 45 sous.

28784. Don à Jean Brinon, maître ordinaire des comptes du roi, de 1,000 livres pour ses services, sur l'amende à laquelle François Petit a été condamné récemment envers le roi par arrêt du Parlement de Paris.

28785. Mandement au changeur du trésor de payer aux gouverneurs de l'Hôtel-Dieu de Paris la somme de 75 livres des deniers provenant des amendes du Parlement, dont le trésorier de l'épargne avait adressé, le 3 février 1532 n. s., un ordre de payement à Nicolas Lecointe, alors changeur du trésor, ordre resté sans effet.

28786. Mandement au receveur de l'écurie de payer à Robert de Pommereul, premier écuyer d'écurie, 776 livres pour la passe et les dépenses extraordinaires des pages et chevaux de la petite écurie, durant l'année dernière.

28787. Don à Jean Chapelain, médecin ordinaire du roi, de 300 écus d'or soleil, outre ses gages accoutumés et autres bienfaits qu'il a eus ci-devant, et pour le récompenser de la dépense extraordinaire par lui faite l'an 1532, à la suite des ducs d'Orléans et d'Angoulême, et des filles du roi, qu'il accompagna, lorsqu'ils se séparèrent du roi, depuis Pont-Audemer jusqu'aux villes de Chartres, Tours et Nantes, parce qu'ils n'avaient point d'autre médecin, ladite somme à prendre sur les finances extraordinaires et parties casuelles.

(*Le même rôle contient encore les n°* 6796, 6797, 6800 à 6803 et 6814 du CATALOGUE, *datés des 1er et 3 mars 1534 n. s.*)

(*Arch. nat.*, J. 961⁸, n° 34, anc. J. 962, n° 164.)

Mandements à Jacques Bernard, maître de la chambre aux deniers, commis à la recette générale des finances extraordinaires et parties casuelles, de payer :

28788. Au sr d'Aubigny, 2,384 livres 10 sous tournois, complétant la somme de 4,000 livres, à prendre des deniers provenant de l'office de procureur du roi à la Cour des Aides de Paris, pour sa pension et son entretien au service du roi durant l'année finie en décembre 1531.

28789. Au même, 4,000 livres pour sa pension de l'année finie le 31 décembre 1533, à prendre sur les mêmes deniers et autres offices et parties casuelles.

(*Arch. nat.*, J. 961⁸, n° 35, anc. J. 962, n° 165.)

28790. Don à Adrien Tiercelin, sr de Brosses, de la somme de 1,250 livres tournois, moitié de l'amende qui lui avait été donnée entière le 29 novembre 1533 (n° 6528), la Chambre des Comptes ne l'ayant vérifiée que pour moitié et le roi voulant qu'il ait les 2,500 livres intégralement.

(*Arch. nat.*, J. 961⁶, n° 36, anc. J. 962, n° 166.)

Mandements aux trésorier de l'épargne et autres comptables de payer :

28791. A Jehannin Pichon, serviteur du duc palatin Frédéric, 45 livres tournois dont le roi lui a fait don pour son retour de Paris vers son maître, avec la réponse aux lettres qu'il avait apportées.

28792. A Nicolas de Vignol, serviteur du comte Guillaume de Furstenberg, 33 livres 15 sous tournois, dont le roi lui a fait don pour s'en retourner vers son maître, avec la réponse aux lettres qu'il avait apportées.

28793. A l'évêque de Paris, 1,350 livres tournois complétant la somme de 3,600 livres, en payement de cent quatre-vingts jours qu'ont duré ses voyages en Angleterre et à Rome pour les affaires du roi, à raison de 20 livres par jour.

28794. A Robert Albisse, à prendre sur le receveur des amendes et exploits du Parlement, 37 livres 10 sous complétant 75 livres, montant d'une amende à laquelle il avait été condamné par ladite cour, dont le roi lui avait fait remise complète et que la Chambre des Comptes n'avait vérifiée que pour moitié.

28795. A Matteo dal Nassaro, de Vérone, peintre, graveur et valet de chambre du roi, 300 écus d'or soleil dont le roi lui a fait don pour le dédommager en partie de la dépense qu'il avait faite aux réparations et appropriations des logis appelés les Étuves, au bout de l'île du Palais à Paris, qui lui ont été assignés pour demeure, ladite somme à prendre sur les deniers provenant de la vente de l'office de contrôleur du domaine de la vicomté de Falaise, nouvellement créé.

28796. A Guillaume Moynier, tapissier du roi, 260 livres 7 sous 9 deniers tournois en payement de la toile, corde, ruban et autres choses de son métier par lui fournies pour la garniture, doublure et pendants de diverses tapisseries du roi, à prendre sur les finances extraordinaires et parties casuelles.

28797. A Bertrand Defraux, palefrenier de l'écurie de Messeigneurs, et à Jacques Bariteau, valet des pages de ladite écurie, 39 livres tournois dont le roi leur a fait don, provenant des gages du 1ᵉʳ juillet au 31 décembre 1533 de Noël Douathine, naguère garde desdits pages, à présent prisonnier à Paris pour certain crime dont il se serait rendu coupable.

28798. A Pierre Groneau, payeur des œuvres de maçonnerie et charpenterie des ville, prévôté et vicomté de Paris, 300 livres tournois pour employer aux réparations urgentes des châteaux et bâtiments du Louvre et de Saint-Germain-en-Laye, suivant ce qui lui sera ordonné par Philibert Babou, trésorier de France.

28799. A Joachim Roulland, sculpteur de pierre et de bois, demeurant en l'hôtel du duc de Guise, 450 livres tournois, dont le roi lui a fait don, en récompense des voyages qu'il a faits et de ses peines et travaux pour accomplir la mission dont le roi l'a chargé d'aller chercher à Jaulges, près Tonnerre, des bois de différentes couleurs et de la pierre ayant la dureté du marbre, qui doivent être amenés par l'Yonne jusqu'à Fontainebleau et servir aux bâtiments du château dudit lieu.

28800. A Antoine Macault, notaire et secrétaire du roi, 450 livres tournois pour quatre-vingt-dix jours, commençant le 18 du présent mois [de juin 1534] et qui finiront le 15 septembre prochain, que durera le voyage qu'il va faire, sur l'ordre du roi, pour conduire au duc de Wurtemberg la somme de 50,000 écus soleil, complétant les 125,000 écus dont le roi est tenu envers lui à cause de l'acquisition du comté de Montbéliard et autres terres.

28801. Au même, 400 écus d'or, savoir 300 pour employer aux frais et dépenses à faire pour conduire ladite somme de 50,000 écus en Allemagne, et 100 écus pour les voyages que le s^r de Rabodanges lui ordonnera afin de faire parvenir au roi des nouvelles des ducs de Wurtemberg et de Bavière et du landgrave de Hesse, auprès desquels ledit de Rabodanges est accrédité en qualité d'ambassadeur.

28802. A Jean de Saint-Martin, commissaire ordinaire de l'artillerie, 270 livres tournois, et à Gilles Moreau, Jean Lemoyne, Fernand Boucher et Claude Choillier, canonniers ordinaires du roi, 540 livres pour accompagner ledit s^r de Rabodanges en Allemagne et faire ce qui leur sera ordonné de la part du duc de Bavière et du landgrave de Hesse.

28803. Mandement au trésorier de l'épargne de délivrer au roi de Navarre, sur les deniers du présent quartier d'avril, mai et juin, la somme de 8,267 livres 9 sous tournois pour le complément des 12,092 livres 9 sous que le feu s^r d'Albret, son aïeul, avait prêtés au roi, au mois d'octobre 1521, et remis entre les mains de Lambert Meigret, alors commis à l'extraordinaire des guerres.

28804. A Matteo dal Nassaro, de Vérone, 415 écus d'or soleil en payement de deux pièces de tapisserie d'or et de soie à verdure et petits personnages, représentant les histoires d'Actéon et d'Orphée, contenant ensemble vingt aunes trois quarts, mesure de Paris, qu'il a vendues au roi en ce présent mois de juin et remises entre les mains de Guillaume Meynier, son tapissier ordinaire.

28805. Au même, 4oo livres tournois qui restent de la somme de
8oo livres, montant d'un marché passé verbalement entre le roi et lui
pour la construction d'un moulin porté sur bateaux, en la rivière de
Seine, près la pointe du Palais à Paris, pour polir les diamants, émeraudes, agates et autres espèces de pierres.

28806. Au capitaine Claude Waley et au docteur Waltery, venus
d'Allemagne vers le roi, à Saint-Germain-en-Laye, en ce présent mois de
juin, porteurs de lettres de créance du duc de Wurtemberg et du landgrave de Hesse touchant certaines affaires importantes, 4oo écus d'or
soleil dont le roi leur a fait don, à prendre au coffre du Louvre, des deniers du présent quartier d'avril, mai et juin.

28807. A Jean Lebel, valet de chambre du feu sr Maximilien [Sforza],
2o livres 7 deniers qui lui reviennent sur 253 livres qui lui avaient été
ordonnées par les commissaires chargés par le roi de la liquidation des
dettes du défunt, pour reste de gages.

28808. A Jean Carie, marchand orfèvre demeurant à Rouen, la
somme de 1,125 livres tournois en payement de trois grandes tables de
diamant, enchâssées en trois anneaux d'or, que le roi a achetées le
3o juin 1534.

28809. A Louis de Laseigne, 1oo écus d'or pour employer à faire
essarter en la forêt de Senart les bois où le roi a ordonné de tracer des
routes et allées, afin de courir plus facilement les cerfs et bêtes noires.

(Sur le même rôle sont portés encore les nos 7162 et 7166 du CATALOGUE, datés du
18 juin 1534.)

(Arch. nat., J. 961⁸, n° 37, anc. J. 962, n° 167.)

Mandements au trésorier de l'épargne de payer :

28810. Aux héritiers de feu Jacques Mesnager, conseiller au Parlement de Paris, 265 livres tournois en remboursement de la vaisselle
d'argent qu'il prêta au roi, le 23 janvier 1522 n.s., et remit entre les
mains de Lambert Meigret, alors commis à l'extraordinaire des guerres.

28811. A Georges Vezeler, orfèvre demeurant à Anvers, 16,121 livres
16 sous 3 deniers tournois en payement de vaisselle vermeille, de l'argent et façon de Flandre, qu'il a fournie au roi, ladite vaisselle longue-
ment détaillée et décrite.

(Les nos 7164, 7165, 7167 à 7173, 7177 et 7178 du CATALOGUE, datés du 18 juin
1534, sont aussi portés sur ce rôle.)

(Arch. nat., J. 961⁸, n° 38, anc. J. 962, n° 168.)

28812. Lettres de naturalité avec permission de tester et de tenir des bénéfices en France et dans les pays de l'obéissance du roi, octroyées à Aymar d'Ancézune, s^r de Caderousse, visiteur général des galères en Languedoc, et à ses enfants, natifs de Caderousse et autres lieux du Comtat-Venaissin, sans payer aucune finance.

(Arch. nat., J. 961⁸, n° 39, anc. J. 962, n° 169.)

Mandements au trésorier de l'épargne de payer :

28813. A Louis d'Orléans, duc de Longueville, et à Marie de Lorraine, fille du duc de Guise, sa future épouse, la somme de 20,000 livres tournois dont le roi leur fait don à l'occasion de leur prochain mariage, outre les autres dons, gages, pensions et bienfaits qu'ils ont et pourront avoir, et ce sur les deniers du coffre du Louvre, du quartier d'avril, mai et juin dernier.

(Ici se trouve le n° 7220 du Catalogue, daté du 14 juillet 1534.)

28814. A Guillaume de Geys, grènetier de Marcilly, dépêché à Saint-Germain-en-Laye et envoyé en Espagne, vers le s^r de Vély, ambassadeur du roi, 250 écus d'or soleil à prendre sur ledit quartier, pour ledit voyage en poste, aller et retour.

28815. A Guillaume Quinette, receveur et payeur des gages des officiers de la Cour des Aides de Paris, 5,300 livres 12 sous 6 deniers tournois, montant des gages de ladite cour des quartiers d'avril, juillet et octobre 1529, dont les assignations qui lui avaient été données ci-devant n'avaient pu sortir effet, à prendre sur les deniers dus par Louis Racquet, receveur des tailles aux pays de la Marche, Combraille et Montaigut, par les héritiers de feu Martin Hérodes, receveur des impôts et fouages de Nantes, et par Nicolas Perdriel, receveur des amendes de ladite Cour des Aides.

28816. Mandement à la Chambre des Comptes de rétablir et allouer au compte d'Héluin Du Lin, receveur et payeur des gages des officiers du Parlement de Rouen, la somme de 120 livres qui lui a été rayée au chapitre de ses gages de l'année 1531, nonobstant que ladite somme eût été ordonnée, outre celle de 500 livres, en augmentation de gages à ses prédécesseurs, lors de la création d'un président et de huit nouveaux conseillers lais en ladite cour, l'an 1519.

28817. Mandement au trésorier de l'épargne, de payer à Alart Plomier, marchand lapidaire demeurant à Paris, la somme de 5,863 livres 10 sous en payement de ce qu'il a vendu au roi, en juin dernier, savoir une table de diamant enchâssé en un collier d'or, dessous lequel diamant est suspendue une grosse perle; un autre diamant enchâssé en un anneau auquel il y a aussi deux rubis; trois paires de patenôtres de jaspe d'Orient; une ceinture d'or, une paire de manchons, sept miroirs de cristal et trois douzaines de cuillers de nacre de perles, garnies d'argent doré.

(Arch. nat., J. 961⁸, n° 40, anc. J. 962, n° 170.)

Mandements au trésorier de l'épargne de payer :

28818. A M. du Fresnoy, capitaine de Thérouanne, pour sa pension dudit état de capitaine des années 1531, 1532, 1533, la somme de 4,200 livres tournois, à raison de 1,400 livres par an, à prendre sur les deniers revenant bons d'André Blondel, commis au payement de la compagnie du Dauphin, de Jean Hénard, commis au payement de la compagnie de M. de Vendôme, d'Alain Veau, commis au payement de la compagnie du sʳ de La Rochepot, et d'Audebert Catin, commis au payement de la compagnie de M. le Grand maître [Anne de Montmorency], des quartiers d'octobre et janvier derniers.

28819. A Pierre Dumoulin, ayant la charge et conduite de la haquenée qui porte les bouteilles de vin pour la bouche du roi, et à Claude Gauldry, chargé de l'autre haquenée qui porte celles du commun, 180 livres tournois pour l'entretien desdites haquenées qui ont suivi le roi, du 1ᵉʳ janvier au 30 juin 1534.

28820. A Louis de Charny, premier aumônier du Dauphin, qu'il a accompagné en Espagne, 120 livres dont le roi lui a fait don, à prendre sur le receveur des amendes du Parlement de Bretagne.

28821. A Thomas, messager de Saint-Nicolas, 22 livres 10 sous tournois dont le roi lui a fait don, parce qu'en ce présent mois de juillet il a apporté dudit lieu de Saint-Nicolas à Saint-Germain-en-Laye une lettre du capitaine [Rustici], dit « le Bossu », avertissant le roi de ce qu'il avait fait en Allemagne.

28822. A Étienne Martineau, commis au payement de l'extraordinaire de l'artillerie, 1,473 livres 16 sous tournois pour l'achat de toiles blanches et aux couleurs du roi, franges, mâts, banderolles, cuir, cordages, etc., destinés à faire trois tentes que le roi a commandé de lui tenir prêtes, ladite somme à prendre au coffre du Louvre, du quartier d'avril dernier.

28823. A François Malvault, receveur de l'écurie, 1,727 livres 10 sous pour employer au fait de son office, durant la présente année, particulièrement au payement des gages et habillements des officiers nouveaux de ladite écurie, commissionnés depuis que l'état de l'écurie a été arrêté, achat, entretien et conduite d'un chariot branlant pour mener une partie des femmes de chambre de la reine, livrée de deux chevaux qui servent à deux pages, dont le roi a donné la conduite à l'écuyer Perrot, et pour la crue de la dépense des hommes, chevaux et juments du haras du roi.

28824. A Louis Prévost, s' de Sansac, auquel le roi a donné l'état de grand fauconnier de la maison du Dauphin après le décès du s' de Boully (p.-ê. Brouilly), 309 livres 2 sous 11 deniers pour ses gages depuis le 18 mai, date de la mort de son prédécesseur, jusqu'au 31 décembre prochain, à raison de 500 livres par an, qui lui seront payés par Pierre Rousseau, commis au payement des gages des officiers de la maison de mondit seigneur.

28825. A Laurent Bouzot, chevaucheur d'écurie, pour un voyage en poste de Saint-Germain-en-Laye, d'où il part cejourd'hui 24 juillet [1534], allant à Rome porter des lettres du roi à l'évêque de Mâcon, son ambassadeur auprès du pape, et pour son retour en semblable diligence, 540 livres tournois à prendre sur les deniers ordonnés pour être distribués autour de la personne du roi.

(Arch. nat., J. 961⁸, n° 41, anc. J. 962, n° 171.)

28826. Mandement de payer à M. de Laval 3,452 livres pour la pension de feu son père, depuis le 1ᵉʳ janvier 1531 n. s., jusqu'au 20 mai suivant, date de son décès, à raison de 9,000 livres par an, sur les deniers revenant bons des quartiers d'octobre et janvier derniers des s⁺ˢ Jean Grossier, Jérôme Pajonet, Michel Cosson et Pierre François, dit « la Torrette », commis au payement des compagnies de MM. de Fleuranges, d'Annebaut, de Châteaubriant et de Créquy.

28827. A M. de Torcy, lieutenant de la compagnie de M. de Vendôme, 1,800 livres tournois pour sa pension de l'année 1533, sur les deniers revenant bons des payeurs des compagnies de MM. de la Roche-du-Maine, Du Biez, Du Fresnoy, de La Meilleraye et de Villebon, pour les quartiers dessusdits.

28828. A Pierre d'Aymer, dit « le Basque », concierge du château de Saint-Germain-en-Laye, 400 livres pour les réparations des murs du parc et de la Muette dudit lieu, nettoyage des immondices du château après le séjour qu'y a fait le roi, remise en état des portes et fenêtres, etc., ladite somme à prendre au coffre du Louvre, sur les deniers du quartier d'avril, mai et juin dernier.

(Le n° 7253 du Catalogue, daté du 24 juillet 1534, figure en outre sur ce rôle.)

(Arch. nat., J. 961⁸, n° 42, anc. J. 962, n° 172.)

28829. Don au chevalier Thomas de Cardi, écuyer d'écurie du roi, de l'office de notaire au Châtelet de Paris du nombre ancien, vacant par le décès de Pierre Pichon l'aîné, pour en disposer à son profit, lequel don lui avait été fait déjà par le roi étant à Morette, le 2 décembre dernier [1533].

28830. Don à Claude Gauldry, sommelier d'échansonnerie du roi, de l'office de sergent royal au bailliage de Thouars, vacant par le décès de Mathurin Laurens, pour en disposer à son profit.

28831. Don à Guyard Bouzon, chirurgien du roi, de l'office de grènetier de Capestang, vacant par le décès de Bernard Vernet, dont il avait eu ci-devant autres lettres de don, à condition qu'il n'en eût été fait état; mais le roi ordonne qu'elles lui soient expédiées sans aucune restriction.

(*Arch. nat.*, J. 961⁸, n° 43, anc. J. 962, n° 173.)

Mandements à Jacques Bernard, maître de la chambre aux deniers du roi, commis à la recette générale des finances extraordinaires et parties casuelles, de payer :

28832. Aux chevaucheurs d'écurie ci-dessous nommés, pour différents voyages, savoir 10 livres à René Tissart, parti de Paris le 11 juin 1534, allant à Angers porter un paquet de lettres missives et états à Robert Dauvet, conseiller au Parlement et second président de la Chambre des Comptes, touchant le recouvrement en partie des finances de la généralité de Languedoil; 6 livres 15 sous à François Delamare qui, le 28 mai précédent, alla de Paris à Becoiseau en poste porter à M. le Grand maître [Anne de Montmorency] trois lettres relatives aux affaires du roi; 25 livres à Thomas David qui, le 15 juin, se rendit à petites journées de Paris à Bordeaux, où il porta au premier président du Parlement des lettres patentes, révoquant le bail à ferme du quart et quint du sel de Cognac; 16 écus d'or au même David, parti de Paris en poste, le 24 juin, allant à Bourges porteur de lettres du roi adressées à Genton, prévôt des maréchaux en Berry, lui ordonnant de se transporter en Provence pour amener prisonniers à Paris certains personnages arrêtés audit pays, dont les noms ne doivent pas être déclarés; et 6 livres à René Ratin pour être allé au Maine, en compagnie d'Étienne Deschamps et de Jacques Richer, poursuivre un nommé Huguet de Roussy que l'on y disait réfugié, lequel voyage dura du 18 juin au 4 juillet.

28833. A Étienne Deschamps, sommelier ordinaire de paneterie, et à Jacques Richer, substitut du procureur général aux Eaux et forêts, 60 livres tournois, soit à chacun 30 livres, pour un voyage secret qu'ils ont fait sur l'ordre du roi.

28834. A Jean Gonnet, dit « la Plume », Thomas Savoureau, Robert Basse, Noël Mignon, Jean Paris et Louis Dumoulin, chevaucheurs d'écurie, 300 livres tournois, soit à chacun 50 livres, pour les voyages qu'ils vont faire vers les deux cents gentilshommes de la maison du roi, leur porter des lettres de Louis de Nevers et de M. de Canaples, leurs capitaines, concernant les affaires du roi, dont il ne doit être donné plus ample déclaration.

28835. A Genton, prévôt des maréchaux en Berry, 100 livres tournois pour un voyage qu'il va présentement faire en Provence, sur l'ordre du roi, pour amener prisonniers à Paris certains personnages arrêtés audit pays, dont les noms doivent être gardés secrets.

28836. A François Delamare, chevaucheur d'écurie, 45 livres tournois pour le voyage qu'il va présentement faire, partant de Saint-Germain-en-Laye, le 3 juillet, se rendant à Lyon, porteur de lettres du roi au gouverneur de ladite ville et au lieutenant du sénéchal, dont il rapportera la réponse, et de là « à Grésivaudan » (sic) remettre d'autres lettres au lieutenant du sénéchal de Viennois audit siège, puis à Aix en Provence, porter d'autres lettres du roi à l'évêque de Vence, président de la Chambre des Comptes d'Aix, et au procureur du roi près ladite Chambre, dont il doit aussi rapporter les réponses, le tout concernant certains droits du roi à l'encontre de M. de Savoie.

28837. Au capitaine Jean-Francisque Corbette, gentilhomme napolitain, 400 livres tournois pour sa pension et entretien durant la présente année 1534, et en considération de ce qu'il a perdu un œil au service du roi.

28838. A Pierre Rousselet, Menault Oudart, René Barillet, Jacques Blondeau, Pierre de Colons et Louis Jacob, sergents royaux au bailliage de Sens, 60 livres 3 sous 9 deniers tournois pour avoir, par commission du prévôt de Paris ou de Jean Morin, son lieutenant criminel, amené prisonnier, de Sens au Châtelet de Paris, Michel des Poessons, écuyer, coupable d'avoir détroussé des clercs des finances qui amenaient de l'argent au coffre du Louvre et d'autres crimes, dont les complices ont été exécutés.

(*Arch. nat.*, J. 961⁸, n° 44, anc. J. 962, n° 174.)

28839. Permission au sʳ de Montchenu, premier maître d'hôtel du roi, de résigner son office de bailli de Viennois au profit du sʳ de Châteauvieux, sans payer le quart de la finance, et ce en faveur du mariage dudit de Châteauvieux avec la fille dudit de Montchenu.

28840. Don aux sʳˢ de Maugiron, gentilhomme de la chambre, et de Dampierre, écuyer d'écurie, de l'un des greffes de la juridiction de l'archevêché de Lyon, appartenant au roi à cause de la suspension de ladite juridiction, vacant par suite du décès de François Faure, pour en disposer à leur profit.

28841. Lettres portant que les officiers du roi à Chauny prendront et lèveront par les mains du receveur ordinaire du lieu, sur les amendes, forfaitures et confiscations et autres droits et devoirs seigneuriaux, échus ou à échoir, la somme de 1,000 livres tournois, dont il sera fait état par le trésorier de l'épargne audit receveur, pour employer à la construction d'une maison, comprenant auditoire, chambre de conseil, prisons, chambre pour mettre les papiers, lettres et dénombrements des lieux tenus de ladite seigneurie, et grenier pour mettre les grains de la recette du domaine dudit Chauny.

28842. Don à Jean Tassin, secrétaire et contrôleur de la maison de la reine de Navarre, de la somme de 33 livres 6 sous 8 deniers, montant des saisine et droits de vente dus au roi à cause de l'acquisition faite par ledit Tassin de la moitié par indivis d'une maison sise à Paris, rue de la Mortellerie.

28843. Don à Jeanne Régnier, veuve de Charles Guedon, de 37 livres 10 sous tournois qui lui ont été retranchés, suivant l'ordonnance, par la Chambre des Comptes, en vérifiant les lettres du roi déchargeant ladite dame d'une amende de 75 livres prononcée contre elle par arrêt du Parlement de Paris.

28844. Don à Thomas de Jouyn, dit « Gallehaut », gentilhomme de la vénerie, de tous les biens de Bertrand Coquelet, confisqués au roi par arrêt du Parlement de Paris, pour les crimes et blasphèmes dont ledit Coquelet a été trouvé coupable.

(*Arch. nat.*, J. 961⁸, n° 45, anc. J. 962, n° 175.)

Mandements de payer :

28845. Au trésorier du feu sʳ Maximilien [Sforza], 1,500 livres tournois en déduction de 9,002 livres 4 sous à lui dus par ledit défunt, ainsi qu'il a été certifié par les commissaires chargés de la liquidation de ses dettes, ladite somme à prendre sur les amendes prononcées contre Bernard Marques, essayeur de la Monnaie de Toulouse, et Philippe Sachet, mercier et aiguilletier de Paris, et sa femme Marie Viguier, par les juges ordonnés pour la réformation des monnaies.

28846. A Jacques Bernard, maître de la chambre aux deniers, 1,500 livres tournois pour employer à l'achat de bois, toile et autres étoffes, payement de peintures et ouvriers, pour la construction d'une tribune et autres choses que le roi a ordonné de faire, tant en la grande cour du Louvre qu'en autres endroits dudit château, pour les préparatifs du festin et des noces de M. de Longueville avec la fille du duc de Guise, ladite somme à prendre au coffre du Louvre sur le quartier d'avril, mai et juin dernier.

28847. Lettres ordonnant que les douze commissaires des guerres, Louis de Lavardin, Jean d'Estourmel, Jacques Deschamps, s^r de Vaux, Bérart de La Foucaudière, Pierre de Troussebois, s^r de Ris, Guy Keruel, s^r de Bourran, Hector d'Availloles, Guichard de Thou, Lantheaume d'Oursières, Roger d'Ossun, Jean de La Pérye et François Chambellan, soient payés de leurs gages des quartiers de janvier, avril et juillet 1533, à raison de 400 livres tournois par an; Jean Breton, secrétaire et contrôleur général de la guerre, desdits trois quartiers, à raison de 1,200 livres par an, et ses treize commis ordinaires, dont les noms, à raison de 240 livres par an chacun; lesquels gages seront prélevés sur les deniers revenant bons des quartiers d'octobre 1533 et janvier 1534, nonobstant que la gendarmerie n'ait été payée pour lesdits trois quartiers, le tout montant à la somme de 6,840 livres tournois.

28848. A Jean Barbedor, pour le payement des cent gentilshommes de la maison du roi sous le commandement de Louis de Nevers, durant le quartier d'avril dernier [1534] seulement et en attendant que le roi y ait pourvu autrement, la somme de 10,425 livres tournois à prendre au coffre du Louvre sur ledit quartier d'avril.

(*Arch. nat.*, J. 961⁸, n° 46, anc. J. 962, n° 176.)

Mandements aux trésorier de l'épargne et autres comptables de payer :

28849. A Pierre Duval, 6,750 livres pour les menus plaisirs du roi, tant du mois de juillet, de ce présent mois d'août que de celui de septembre prochain, à raison de 1,000 écus à 45 sous pièce par mois, à prendre au coffre du Louvre des deniers de ce présent quartier de juillet, août et septembre.

28850. A Pierre Le Messier, serviteur de Mangot, orfèvre du roi, 221 livres 9 sous 1 denier tournois en payement d'une chaîne d'or, dont le roi a fait marché lui-même, pour en disposer à son plaisir, à prendre audit coffre sur le quartier d'avril, mai et juin dernier.

28851. A Baptiste d'Alvergne, tireur d'or, 97 livres 10 sous tournois en payement de trois chaînes d'argent revêtues d'or tiré, achetées par le roi pour en disposer à son plaisir, à prendre sur ledit quartier.

28852. A Odinet Turquet, joaillier de Paris, 6,000 écus d'or soleil en payement d'un carcan garni de onze grande tables de diamant, à
répartir sur le quartier d'avril dernier, le présent de juillet et sur les
trois suivants, des deniers de l'épargne, et 2,000 écus sur les parties
casuelles.

28853. A Claude Yon et Christophe Hérault, marchands de Paris,
3,000 livres tournois, soit à chacun 1,500 livres, en payement de deux
devants de cottes, l'un de toile d'argent et l'autre de satin cramoisi,
brodés d'or de Chypre et de grosse canetille d'or et de perles, et de cinq
paires de manchons de toile d'argent, velours et satin cramoisi avec
broderies de même, ladite somme à prendre audit coffre du Louvre sur
le quartier d'avril dernier.

28854. A Jean-Ambroise Cassui, milanais, marchand dudit lieu,
2,250 livres tournois, en payement d'une coupe d'émeraude à feuil-
lages, le pied et les bords dorés, achetée par le roi pour en disposer à
son plaisir, à prendre sur le même quartier.

28855. A Regnaud Danet et René Claveau, joailliers de Paris,
1,192 livres 10 sous tournois, en payement d'un carcan d'or où sont
enchâssés cinq diamants et six rubis, acheté par le roi pour en disposer
à son plaisir, à prendre sur ledit quartier.

28856. A Denis Poillot, président au Parlement de Paris, 300 livres;
à Jean Feu, président au Parlement de Rouen, 300 livres; à Durand
de Sarta, président au Parlement de Toulouse, 400 livres; et à Nicolas
Dupré, maître des Comptes à Paris, 250 livres, soit 1,250 livres, en
déduction de ce qui pourra leur être dû pour les journées qu'ils ont
vaqué et vaqueront à la commission qu'ils ont reçue du roi d'informer
des abus et concussions commis en Provence contre l'autorité royale et
à la charge des habitants dudit pays, outre 900 livres déjà payées
auxdits Poillot, Feu et Dupré, pour leur voyage, ladite somme à prendre
sur la recette générale de Provence du quartier d'avril dernier.

28857. A Jacques Bernard, maître de la chambre aux deniers du
roi, 1,500 livres tournois pour délivrer aux marchands bouchers,
pourvoyeurs de la maison du roi, en dédommagement des pertes et
dommages qu'ils ont subis l'année dernière, à cause de la cherté des vivres et des longs voyages qu'ils ont dû faire à la suite de la cour dans le
Lyonnais, l'Auvergne, le Languedoc, la Provence et le Dauphiné, ladite
somme à prendre sur les deniers revenant bons de Nicolas Hérouët,
commis au payement des quarante lances de la compagnie du sr d'Alègre.

28858. Au même, 4,326 livres 18 sous tournois, montant de la
passe de son office de maître de la chambre aux deniers, des quartiers

de janvier et avril derniers, à prendre des deniers revenant bons des payeurs des compagnies de MM. d'Albany, d'Aubigny, de Longueville et de Saint-André, des deux mêmes quartiers.

28859. A Jean Vàspre, Jacques de Pologne et Simon Allemant, pages mis hors de l'écurie du roi, à chacun 30 écus soleil, afin de les aider à se monter et équiper pour aller servir aux compagnies d'ordonnances, ladite somme à prendre au coffre du Louvre, sur le quartier d'avril dernier.

(*Les n°* 7267 *et* 7291 *du* CATALOGUE, *datés des* 2 *et* 11 *août* 1534, *figurent sur ce rôle.*)

(*Arch. nat.*, J. 961⁸, n° 47, anc. J. 962, n° 177.)

Mandements au trésorier de l'épargne de payer :

28860. A MM. le Légat, chancelier, Claude Gouffier, sʳ de Boisy, fils et principal héritier du feu sʳ de Boisy, grand maître de France, et à la veuve et aux enfants mineurs du feu sʳ de Bonnivet, amiral de France, la somme de 19,941 livres 19 sous 7 deniers tournois à répartir entre eux par tiers et à prendre au trésor du Louvre du présent quartier de juillet et du prochain de septembre, en remboursement de pareille somme que Jean Grolier, trésorier et receveur général de Milan, avait reçue audit duché du vivant du roi Louis XII, et dont François Iᵉʳ, lors de la première conquête du Milanais, fit don verbalement auxdits sʳˢ Légat et feu les grand maître et amiral, en récompense des services qu'ils lui rendirent pendant cette expédition.

28861. Mandement à la Chambre des Comptes, en procédant à la vérification et clôture du compte de Jean Laguette, receveur général des finances extraordinaires et parties casuelles, qu'il doit rendre de sadite charge pour l'année 1531, d'allouer en la dépense dudit compte la somme de 17,915 livres 17 sous tournois, qu'il a fournie aux sieurs des trois cantons de la Ligue grise et fait délivrer, à Coire, entre les mains du bourgmestre et des membres du conseil de ladite ville, le 18 mai audit an, sur l'aide qu'ils prétendaient leur être due par le roi, en vertu des traités, ladite somme provenant du prêt fait alors par Étienne Besnier, et remis entre les mains dudit Laguette.

28862. A Dominique Robine, serviteur du comte de Pontresina, 20 écus d'or dont le roi lui fait don pour l'aider à supporter les frais d'un voyage d'Italie auprès du roi.

28863. A Jean Raf, peintre de Flandre, 90 livres tournois pour une carte d'Angleterre dont il a fait présent au roi.

28864. A Guillaume de Pignan, capitaine du château de Dijon, pour la nourriture de Pierre Broyer, de « Romont » en Savoie, détenu prisonnier audit château durant deux cent trente-trois jours, à raison de 10 sous par jour, 116 livres 10 sous, dont trente jours lui ont été payés par un autre comptable, le reste, soit 101 livres 10 sous, à prendre au coffre du Louvre, sur le quartier d'avril dernier.

28865. A Pierre Le Messier, serviteur de Pierre Mangot, orfèvre du roi, 656 livres 3 sous 9 deniers tournois, en payement d'un grand collier de l'ordre que le roi a baillé au comte de Saint-Pol, au lieu d'un autre semblable qu'il lui avait demandé pour le sr « Canyn de Baugé » (aliàs Bagé), récemment créé chevalier de l'ordre, ladite somme à prendre audit coffre, sur le même quartier.

28866. A Gaspard de La Tour, page de l'écurie, que le roi envoie servir en ses ordonnances, don de 30 écus d'or valant 67 livres 10 sous, pour l'aider à se monter et équiper.

(Arch. nat., J. 961⁵, n° 48, anc. J. 962, n° 179.)

Mandements aux trésorier de l'épargne et autres comptables de payer :

28867. A Pierre Rousseau, commis à tenir le compte de l'argenterie de la maison du Dauphin et des ducs d'Orléans et d'Angoulême, 6,063 livres 7 sous 4 deniers tournois pour trois robes de velours noir, à bandes de broderie de canetille d'or tiré, accoutrements de masques, saies et caparaçons baillés auxdits princes, pour leur servir aux noces de M. de Longueville et au tournoi donné à cette occasion, ladite somme à prendre au coffre du Louvre, sur le présent quartier de juillet, août et septembre.

28868. A Dominique Ballarini, marchand vénitien, 900 livres tournois en payement de vaisselle de cristal de Venise que le roi a achetée de lui, pour en disposer à son plaisir, à prendre audit coffre, sur le quartier d'avril dernier.

(*Les deux articles suivants sont les n°ˢ 7318 et 7319 du* Catalogue, *datés du 19 août 1534.*)

28869. A Claude de Bombelles, valet de chambre du roi, 270 livres tournois pour aller en poste de Fontainebleau, partant le 19 août, à Bayonne, porter des lettres à divers officiers du lieu et s'enquérir de certaines affaires importantes, dont le roi lui a verbalement donné charge, et pour s'en revenir en pareille diligence.

28870. A André de Martel, 270 livres tournois pour un voyage qu'il va faire en poste, partant de Fontainebleau, le 19 août, à Marseille, porter au comte de Tende des lettres par lesquelles le roi lui mande que de la somme de 20,860 livres qu'il a naguère fait mettre entre les mains du trésorier de la marine, destinée à la solde de treize cents hommes de pied, tant pour le renfort des galères que pour la garde et sûreté de la ville de Marseille et de la tour d'If, il ne fasse aucun emploi pour le moment et la tienne en réserve jusqu'à plus ample avertissement.

28871. A Paul Belmissere, du pays d'Italie, 30 écus soleil ou 67 livres 10 sous tournois, dont le roi lui a fait don pour l'aider à supporter la dépense qu'il a faite en suivant la cour.

28872. A Guillaume Pinot, du pays de Bretagne, pareille somme de 67 livres 10 sous, dont le roi lui a fait don pour la dépense qu'il a faite en accompagnant la cour, avec mission d'indiquer les lieux où pourraient se trouver des sources pour y creuser des puits.

28873. Au sr de Saint-Bonnet, capitaine de la ville et du château de Bayonne, pour sa pension de l'année 1532, 2,000 livres à prendre sur les deniers revenant bons d'Étienne Trotereau et de Guillaume de Moraynes, commis au payement des compagnies des srs de Bonneval, de Barbezieux et de Montpezat, des quartiers d'octobre et janvier derniers.

28874. A François de Rigault, sr de Frécilion, capitaine de la ville et du château de Dax, pour sa pension de l'année 1532, 1,200 livres à prendre sur les deniers revenant bons dudit Guillaume de Moraynes.

28875. A Christophe de Harlay, conseiller au Parlement de Paris, remboursement de 6,000 livres tournois qu'il avait prêtées au roi, le 25 novembre 1530, et remises entre les mains de Pierre d'Apestigny, alors receveur général des finances extraordinaires et parties casuelles, ladite somme à prendre sur la recette des amendes et exploits de ladite cour.

28876. A Jean de Liège, gentilhomme de la vénerie du roi, la somme de 675 livres tournois, dont le roi lui a fait don en récompense des peines et travaux extraordinaires que sa charge lui a occasionnés.

28877. A Jean Grolier, trésorier de France, remboursement de 228 livres 3 sous 9 deniers tournois qu'au mois de septembre passé il avait avancés, par ordre du roi à lui transmis par M. de Montmorency, à certains marchands de Paris, pour fournitures de draps d'argent, soie et laine destinés à doubler deux grands manteaux de l'Ordre de Saint-Michel, que le sr de Castillon, alors envoyé comme ambassadeur en Angleterre, était chargé de remettre de la part du roi à Henri VIII.

28878. Mandement à la Chambre des Comptes et au trésorier de l'épargne de faire payer, des deniers du quartier d'octobre prochain du coffre du Louvre, à Anne de Houdetot, veuve de François de Hautbourdin, 1,200 livres tournois pour trois années (1532-1534) d'arrérages de 400 livres de rente, à elle promise au traité de son mariage par le feu roi Louis XII, et, à l'avenir, de lui faire servir ladite rente chaque année.

28879. Mandement à la Chambre des Comptes de Bretagne de rétablir sur le dernier compte rendu par feu Pierre Thierry de la commission qu'il avait eue du payement des dettes du feu duc François, 456 livres 17 sous 6 deniers tournois, portés en dépense sous le nom du feu président Barme, comme héritier de feu Jeanne Chaton, femme en premières noces de feu Étienne Prégent, auxquels ladite somme restait due par ledit feu duc et avait été tenue en souffrance, parce que le comptable n'avait pu alors justifier de sa quittance.

(Arch. nat., J. 961⁸, n° 50, anc. J. 962, n° 180.)

28880. Don à Antoine de Montfort, dit « Tricon », gentilhomme de la maison du roi, de 150 livres complétant les 300 livres d'amende à laquelle Antoine de La Guetière avait été condamné par le bailli de Touraine, et que le roi avait octroyées audit de Montfort, la Chambre des Comptes n'ayant vérifié le premier don que pour la moitié, suivant l'ordonnance.

28881. Don à Antoine de Civry de l'office de capitaine du château d'Argilly en Bourgogne, vacant par la résignation de Charles de Glenesse, dit « Bois-des-Moulins », sans payer le quart denier.

28882. Mandement refait sur les parties casuelles pour payer à François Du Peschin, naguère l'un des cent gentilshommes de la maison du roi, la somme de 400 livres tournois dont le roi lui a fait don en récompense de ses services et pour lui donner moyen de se retirer en sa maison, ledit mandement ayant été expédié d'abord sur l'épargne.

28883. Décharge à la requête du grand écuyer, en faveur de Jacques Asselin, palefrenier de l'écurie du roi, de 60 livres parisis d'amende à laquelle il avait été condamné par arrêt du Parlement de Paris.

28884. Don à la requête de M. de Guise, en faveur de Pierre de Haraucourt, son lieutenant, du revenu de la terre et seigneurie de Vaucouleurs au bailliage de Chaumont, durant quatre années.

(Arch. nat., J. 961⁸, n° 52, anc. J. 962, n° 182.)

Mandements aux trésorier de l'épargne et autres comptables de payer :

28885. A David Bethonne (Beaton, Betoun), abbé d'Arbroath, Thomas « Arstrin, chevalier, sʳ de Brechin », ambassadeurs du roi d'Écosse, et David Lucesan, roi d'armes dudit pays, savoir audit abbé, 600 écus d'or, audit chevalier, 250 écus, et audit hérault, 50 écus, dont le roi leur a fait don, ladite somme montant à 900 écus ou 2,025 livres tournois à prendre au coffre du Louvre des deniers du quartier d'avril, mai et juin dernier.

28886. A Bernardin de Tavora, ambassadeur du roi de Portugal, la somme de 500 écus d'or soleil, dont le roi lui a fait don sur ledit quartier.

28887. A Pierre Couyn, joaillier de Lyon, 3,150 livres tournois en payement de vingt tables de diamant, une grosse perle ronde, un coffre de nacre enrichi de perles et une améthiste que le roi a achetés de lui en ce présent mois d'août, pour en disposer à son plaisir.

28888. A Nicolas de Troyes, argentier du roi, la somme de 3,637 livres 7 sous 11 deniers, pour payer les draps de soie et de laine, fil d'or, futaine et autres choses ayant servi à faire des robes, cottes et habits donnés par le roi aux filles de MM. de Vendôme et de Guise et autres dames de la maison de la reine, pour les noces du duc de Longueville et de Mlle de Guise, qui ont été célébrées à Paris en ce présent mois d'août.

28889. Audit de Troyes, 2,350 livres 9 sous 2 deniers tournois pour les robes, cottes et habits de Mesdames, filles du roi, et autres dames et demoiselles de leur maison, dont le roi leur a fait don à la même occasion.

28890. Au roi de Navarre, 12,000 livres pour sa pension du 1er janvier au 30 juin 1534, à prendre au coffre du Louvre, sur le quartier d'avril dernier.

28891. A Françoise, duchesse de Vendôme, 3,000 livres tournois pour sa pension desdits six mois, à prendre de même, et 3,000 livres pour le dernier semestre de l'année 1534, à prendre moitié sur le présent quartier de juillet et moitié sur celui d'octobre prochain.

28892. A Jean Pierre, dit « Bergamin », courrier italien, 270 livres tournois ou 120 écus, savoir 20 écus dont le roi lui a fait don, suivant la promesse verbale qui lui en avait été faite par l'évêque de Mâcon, à présent ambassadeur du roi à Rome, outre la somme qui lui avait été remise pour le voyage qu'il le chargea de faire de Rome, d'où il partit le 25 juin dernier, à Paris où il vint apporter des lettres dudit ambassadeur, et 100 écus pour son retour en poste.

28893. A Edme de Courtenay, dit « Bléneau », 270 livres tournois pour aller en diligence, de Paris à Marseille, porter des lettres du roi aux capitaines de ses galères, leur ordonnant de les tenir prêtes à appareiller pour la destination qu'il leur indique.

28894. A Gallois Midorge, commissaire de l'artillerie, 100 livres tournois dont le roi lui a fait don pour le voyage qu'il a fait naguère de Paris en Picardie avec le s' de La Rochepot, afin de dresser l'inventaire des pièces d'artillerie et munitions qui se trouvent dans les places frontières de ce pays et l'état des réparations à faire auxdites places.

28895. A M. de Montmorency, grand maître de France, don et octroi du revenu du droit de gabelle de la chambre à sel de Fère-en-Tardenois, dépendant du grenier de Château-Thierry, y compris les amendes et confiscations, durant les deux années 1533 et 1534, à prendre sur le grènetier dudit lieu.

28896. Mandement à la Chambre des Comptes de rétablir au compte de Jean Sapin, naguère receveur général en la charge de Languedoïl, de l'année finie le 31 décembre 1519, la somme de 6,376 livres tournois, rayée et tenue en souffrance sous le nom de feu Florimond Robertet, qui avait prêté ladite somme au roi, dès le 11 février 1516 n. s., parce que l'ordonnance de remboursement adressée audit Sapin portait par erreur le nom de l'évêque d'Albi, frère dudit Robertet, au lieu de celui de Florimond.

28897. A Marie Péquineau, veuve d'Étienne Besnier, remboursement de 1,000 livres tournois qu'elle avait apportées comptant en dot à son mari, et ce sur les deniers que Jean Bazannier, commis au recouvrement des dettes actives dudit feu Besnier, peut devoir de sadite recette.

28898. A Louis de Perreau, s' de Castillon, 789 livres 15 sous tournois, savoir 540 livres complétant la somme de 4,400 livres pour son payement de deux cent vingt jours commencés le 9 septembre 1533, qu'il fut expédié à Avignon pour aller en Angleterre, et finis le 16 avril suivant, qu'il revint dudit pays, à raison de 20 livres par jour, et 239 livres 15 sous en remboursement de ce qu'il a payé, pour les postes anglaises jusqu'à Boulogne-sur-Mer, aux courriers qui ont apporté les lettres qu'il écrivait au roi, son maître.

28899. A l'évêque et au chapitre de Senlis, remboursement de 6,000 livres tournois que feu Jean Calluau, évêque dudit lieu, avait prêtées au roi en deux fois et remises entre les mains de Lambert Meigret, alors commis à l'extraordinaire des guerres, savoir 2,000 livres le 12 avril 1519 n. s., et 4,000 livres le 4 octobre 1521, desquelles sommes ledit Calluau, par son testament, légua 500 livres à son successeur et 5,500 livres audit chapitre, pour terminer les édifices qu'il avait commencés et aussi pour la fondation de son obit, à prendre au coffre du Louvre sur le quartier d'octobre prochain.

28900. A Pierre de Montfault, à présent président au Parlement de Rouen et naguère avocat du roi en ladite cour, remboursement de 4,000 livres tournois qu'il avait prêtées au roi, le 25 juin 1523, et remises entre les mains de Jean Prévost, alors commis au payement de l'extraordinaire des guerres, à prendre sur le receveur des exploits et amendes de ladite cour.

28901. A André de Fontville, remboursement de 4,000 livres par lui prêtées au roi, le 12 avril 1530 n. s., et remises entre les mains de Nicolas Picart, commis au payement des édifices de Fontainebleau et de Boulogne-lès-Paris, de laquelle somme il avait été assigné au coffre du Louvre sur le quartier de janvier dernier, et n'en ayant été payé alors, le roi veut qu'il le soit sur le présent quartier de juillet, août et septembre.

28902. Mandement à la Chambre des Comptes d'allouer aux comptes du trésorier de l'épargne la somme de 112,500 livres tournois pour la valeur de 50,000 écus d'or soleil qu'il a baillée, le 16 juin dernier, des deniers de l'épargne tirés des coffres du Louvre, du quartier de janvier précédent, à Antoine Macault, qui les a délivrés au duc de Wurtemberg pour le parfait payement de 125,000 écus d'or, montant de l'acquisition faite par le roi, tant en son nom qu'au nom de M. l'Amiral, du comté de Montbéliard et des seigneuries de Blamont, Passavant, etc.

(*A la fin de ce rôle se trouve le n° 7266 du* CATALOGUE, *daté du 1ᵉʳ août 1534.*)

(*Arch. nat.,* J. 961⁸, n° 53, anc. J. 962, n° 183.)

28903. Mandement au trésorier de l'épargne de délivrer à Bonnet de Moreau, pour la solde des soixante lances de la compagnie du duc de Lorraine, à raison de 45 livres à chaque homme d'armes et de 22 livres 10 sous à chaque archer, par quartier, 10,800 livres pour les quartiers d'octobre et janvier derniers; pour les gages du capitaine 360 livres, pour les autres officiers 1,100 livres, et pour le payeur 225 livres, durant les mêmes quartiers, en tout 12,485 livres tournois à prendre au coffre du Louvre des deniers de l'année dernière et du premier quartier de la présente [1534].

28904. Quatre mandements pour servir à Fleury Geuffroy, receveur de l'écurie du Dauphin et des ducs d'Orléans et d'Angoulême, validant les dépenses de ladite écurie portées sur quatre rôles, le premier pour le quartier de janvier 1531 n. s., montant à 2,271 livres 8 sous 5 deniers, le deuxième pour les trois autres quartiers de ladite année, montant à (*blanc*), le troisième pour l'année 1532, montant à 15,295 livres 1 sou 4 deniers, et le quatrième pour l'année 1533, montant à 14,950 livres 4 sous tournois, non compris les gages des officiers de ladite écurie.

28905. Lettres de validation d'un rôle signé le 25 mars dernier, contenant les dépenses faites par Pierre Rousseau, commis au payement de l'argenterie, des aumônes, dons, voyages, affaires de chambre et menus plaisirs de la maison du Dauphin et des ducs d'Orléans et d'Angoulême, par lui payées, de l'ordonnance de MM. d'Humières et de Châteaumorant, durant le dernier semestre de l'année 1533, montant à la somme de 12,710 livres 5 sous 3 deniers.

28906. Mandement au trésorier de l'épargne de payer, sur le quartier de juillet prochain, des deniers du coffre du Louvre, à M. de Barbezieux, gouverneur de Paris et de l'Île-de-France, 5,808 livres 2 sous 6 deniers, montant de ce qui lui est dû pour ledit état depuis le 20 juillet 1532, date de ses provisions, jusqu'au 31 décembre 1533, à raison de 4,000 livres tournois par an.

28907. A Guillaume Robert, partant de Paris, le 4 juin, pour aller à Dijon porter des lettres du roi à M. l'Amiral [Chabot], 10 écus soleil ou 22 livres 10 sous, et à Thomas, messager de Saint-Nicolas, partant le même jour et se rendant en Allemagne auprès du capitaine le Bossu [Nicolas de Rustici], aussi 10 écus soleil, le tout soit 45 livres tournois à prendre au coffre du Louvre des deniers du quartier de janvier dernier.

(*Le même rôle contient encore les n°s 7100, 7114, 7115, 7116 et 7126 du* Catalogue, *datés des 7, 9 et 10 juin 1534.*)

(*Arch. nat.*, J. 961⁸, n° 54, anc. J. 962, n° 184.)

Mandements aux trésorier de l'épargne et autres comptables de payer :

28908. A Nicolas Picart, commis au payement des édifices de Fontainebleau, Boulogne près Paris et Villers-Cotterets, la somme de 2,250 livres tournois pour l'achat de châlits, lits, matelas, couvertures, linge et autres objets d'ameublement destinés au logis du chenil de Fontainebleau, à prendre au coffre du Louvre des deniers du quartier d'avril dernier.

28909. A M. de Guise, gouverneur de Brie et Champagne, 9,000 livres tournois, savoir 6,000 livres pour sa pension et 3,000 livres pour sa charge de gouverneur du premier semestre de la présente année 1534, à prendre sur le même quartier.

28910. A M. de Canaples, 4,000 livres tournois pour sa pension de l'année 1533, à prendre au coffre du Louvre sur le quartier d'octobre 1534.

28911. A Georges de Foudras, lieutenant de la compagnie du s' de La Rochepot, 1,200 livres tournois pour sa pension des années 1532 et 1533, sur les deniers revenant bons de Girard Sayve, commis au payement de la compagnie de M. l'Amiral [Chabot], des quartiers d'octobre et janvier derniers.

28912. A Denis de Ripaille, marchand milanais, 90 livres tournois en payement de huit douzaines de « fers de cristal » garnis d'or servant à ferrer des aiguillettes que le roi a achetés de lui, pour en disposer à son plaisir.

28913. A Valentino Ceciliano, serviteur du chevalier « Waude Lasque », italien, 112 livres 10 sous tournois, dont le roi lui a fait don pour l'aider à supporter la dépense du voyage qu'il est venu faire de la part de son maître à Fontainebleau, en ce présent mois d'août, et pour lui reporter la réponse du roi.

28914. A Jean Crespin, joaillier de Paris, 855 livres tournois en payement d'une longue ceinture et de deux paires de patenôtres d'or et de perles, vendues au roi.

28915. Mandement à la Chambre des Comptes de permettre au trésorier de l'épargne de prendre au coffre du Louvre, sur les deniers du quartier d'avril dernier, la somme de 2,250 livres pour distribuer autour de la personne du roi, suivant les mandements qui lui en seront expédiés par ledit seigneur.

28916. Permission accordée, sur la requête du général de Normandie, à Jean Picart l'aîné, contrôleur de Bourgogne, de résigner son office de notaire et secrétaire du nombre des bourses, au profit de Jean Picart, son fils, sans payer le quart.

28917. Mandement au trésorier de l'épargne de payer à Jean Crosnier, trésorier de la marine de Provence, 20,860 livres tournois pour employer au payement, durant deux mois, de la solde de treize cents hommes de pied, embarqués sur les galères qui vont présentement faire le voyage de Rome, et aux autres dépenses imprévues de ladite expédition.

28918. A Jean de Vimont, trésorier de la marine en Normandie, 10,000 livres complétant la somme de 30,000 livres tournois promise à (blanc), pour mettre en état de prendre la mer la grande nef Françoise qui se trouve de présent au Hâvre-de-Grâce et doit se rendre dans le Levant, suivant les ordres et instructions du roi, ladite somme de

10,000 livres, destinée d'abord aux réparations des places fortes de frontière au duché de Normandie, devant être baillée par manière de prêt audit de Vimont qui la remboursera le 1ᵉʳ janvier prochain sur autres sommes qui lui ont été ci-devant assignées.

28919. A Françoise de Mailly, dame de la Flotte, 600 livres tournois dont le roi lui fit don verbalement, lors de son mariage avec le seigneur dudit lieu de la Flotte [Jean du Bellay], et dont elle n'a encore rien reçu.

28920. Au comte de Tende, 4,000 livres tournois pour sa pension de l'année 1533, à prendre au coffre du Louvre des deniers de ce présent quartier de juillet, août et septembre.

(Sur ce rôle figurent en outre les numéros 7310 à 7313 du CATALOGUE, datés du 18 août 1534.)

(Arch. nat., J. 961⁸, n° 55, anc. J. 962, n° 185.)

28921. Don au sʳ de Villequier, gentilhomme de la chambre, du revenu des terres et seigneuries de Saint-Sauveur-le-Vicomte et Nehou, sa vie durant, avec sa demeure au château dudit Saint-Sauveur et la capitainerie dudit lieu, nonobstant l'édit de réunion du domaine.

28922. Don à Toussaint Mancel, gentilhomme de la vénerie, de la somme de 242 livres tournois, moitié réservée par la Chambre des Comptes, suivant l'ordonnance, de la somme de 484 livres dont le roi lui avait fait don sur les lods et ventes provenant des acquisitions faites par Paulet Le Clerc, Jean Delacroix, Regnaut Danet et Jean Delatable de plusieurs maisons sises à Paris. *(Double sous la cote J. 961⁸, n° 66.)*

28923. Don à Hector « Hoston », archer du prévôt de l'hôtel, de la somme de 375 livres tournois sur l'amende prononcée contre un nommé Jean Hullin par arrêt du Parlement de Paris, et en considération de son mariage avec la fille de La Chatardière, demoiselle de chambre de Madame l'Amirale.

28924. Don à Antoine Thévenard, cordonnier du roi, de 66 livres 13 sous 4 deniers tournois, montant des lods et ventes dus par lui et sa sœur Jeanne Thévenard, à cause de l'acquisition qu'ils ont faite de deux maisons à Amboise, près « le Carrouer »..

28925. A Jacques Varouil, Louis Goddes et Jean Saussay, marchands de bois, remboursement sur les ventes faites en 1532 des bois du parc en la forêt de Rouvray, et de l'avis des gens du roi au bailliage de Rouen, de la somme de 450 livres 13 sous 4 deniers tournois qu'ils ont payée en trop au receveur ordinaire dudit lieu, pour le bois qu'ils ont acheté du maître particulier des Eaux et forêts de Normandie.

28926. Don au commandeur Villiers de l'office de contrôleur du grenier à sel de Selles en Berry, pour employer les deniers qui en proviendront à la chiourme des galères dont il a la charge.

28927. A l'archevêque et au chapitre d'Arles, remboursement de 1,600 livres, soit 1,000 à l'archevêque et 600 au chapitre, sommes qu'ils ont prêtées au roi.

28928. Mandement à Georges Hervoët (*aliàs* Hérouët), naguère trésorier des guerres, de payer à François Turpin et à François de Pis, hommes d'armes, et à Jean de La Coudraye, archer de la compagnie du s[r] de Barbezieux, leur solde des quartiers de juillet et octobre 1532, bien qu'ils n'aient pas été présents aux montres, un constat de M. de Barbezieux certifiant qu'ils étaient malades à cette époque.

28929. Don à Alexandre Bellanger, fils du capitaine Bizerets, de l'office de contrôleur des deniers communs de la ville du Mans, vacant par le décès de Pierre Gorreau.

28930. Don de 300 écus à Robert Du Gallet (*aliàs* de Gallais), veneur de M. de Châteaubriant. (Cf. la cote J. 961[8], n° 57, où le même don est porté de nouveau.)

(*Arch. nat.*, J. 961[8], n° 56, anc. J. 962, n° 186.)

28931. Mandement au trésorier de l'épargne de bailler à Jacques Bernard, maître de la chambre aux deniers, 3,750 livres tournois pour payement de linge, habillement des galopins, réparation de vaisselle et autres dépenses de l'hôtel du roi, des trois derniers quartiers de la présente année [1534].

28932. A Antoine Des Barres, panetier ordinaire du roi, 20 écus soleil ou 45 livres tournois pour un voyage de Saint-Maur, partant le 30 mai 1534, à la Fère-sur-Oise, où se trouvent le duc et la duchesse de Vendôme, pour leur porter des lettres du roi les invitant à assister aux noces du duc de Longueville avec la fille du duc de Guise, qui auront lieu à Paris à la fin de juin.

28933. A Isabeau d'Émery, femme de chambre de Mesdames, filles du roi, don de 500 livres tournois, outre ses gages, en récompense du service qu'elle fait ordinairement auprès desdites dames, à prendre sur les finances extraordinaires et parties casuelles.

(*Sur le même rôle figure en outre le n° 7089 du CATALOGUE, daté du 4 juin 1534.*)

(*Arch. nat.*, J. 961[8], n° 57, anc. J. 962, n° 187.)

28934. Mandement au trésorier de l'épargne de bailler à François

Malvault, receveur de l'écurie du roi, 19,745 livres 2 sous 10 deniers tournois pour le payement des journées des capitaines et hoquetons des archers de la garde du roi sous les s^rs de Nançay et d'Aubigny, fourriers et portiers de l'hôtel du roi et de son écurie, et des « plumaux » des Cent-Suisses de la garde, durant la présente année.

28935. A Pierre Plantavy, receveur de Béziers, commis aux réparations des places fortes de Languedoc, 10,000 livres à prendre sur ce que Martin de Troyes, commis à la recette générale de Languedoc, pourra devoir de ce présent quartier d'avril, mai et juin, complétant la somme de 20,000 livres que le roi a ordonnée pour les réparations susdites et que ledit Plantavy devra distribuer selon l'ordonnance du gouverneur de Languedoc.

28936. A Catherine Quetier, veuve de Sébastien de Mareau, maître de la chambre aux deniers, la somme de 6,905 livres 1 sou 6 deniers tournois, à prendre au coffre du Louvre, partie sur le quartier de juillet et partie sur le quartier d'octobre prochains, ladite somme provenant des comptes de son feu mari.

(*Les n°s 7098 et 7101 du* CATALOGUE, *datés des 5 et 7 juin 1534, sont portés aussi sur ce rôle.*)

(*Arch. nat.,* J. 961^8, n° 58, anc. J. 962, n° 188.)

28937. Don fait à la requête du cardinal de Tournon, en faveur de Gilbert, comte de Ventadour, et de Suzanne de Cornillon, dame de la Motte-sur-Beuvron, sa femme, de la somme de 750 livres tournois, moitié réservée par la Chambre des Comptes, suivant l'ordonnance, du montant des droits de rachat et revenus d'une année de la terre et seigneurie de la Motte-sur-Beuvron au duché d'Orléans, dont ils avaient obtenu la remise complète.

28938. Mandement au trésorier de l'épargne de bailler, des deniers des finances de Bourgogne du quartier de janvier, février et mars dernier, à Étienne Noblet, commis à la recette générale de Bourgogne, la somme de 2,900 livres tournois pour employer à la main-d'œuvre des vignes du roi à Dijon, Talant, Beaune et Germolles, durant la présente année, suivant les marchés passés et ordonnances qui seront faites par les gens de comptes de Dijon.

28939. Permission à Jean Caboche et à François Auxbœufs, plombiers, de faire mener par terre et par eau, francs de tous droits, de Rouen au port de Saint-Dié-sur-Loire, cent milliers de plomb destinés à la plomberie du château de Chambord.

28940. Mandement au s^r de La Maladière, naguère trésorier des guerres, de payer à Jean de Bonneval, homme d'armes de la compagnie du duc de Vendôme, ses gages et solde des quartiers de juillet et d'octobre 1532, bien qu'il n'ait pas assisté aux montres, un certificat constatant qu'il était alors malade.

(*Arch. nat.*, J. 961⁸, n° 59, anc. J. 962, n° 189.)

28941. Mandement aux trésoriers de France de faire payer, par le receveur ordinaire du comté de Montpensier, aux religieuses mendiantes de Sainte-Claire d'Aigueperse, la somme de 260 livres tournois, soit 130 livres pour chacune des années 1533 et 1534, somme qu'elles ont accoutumé de recevoir chaque année sur ladite recette pour subvenir à l'entretien de leur couvent et de leurs personnes, nonobstant l'ordonnance des coffres du Louvre et autres.

(*Arch. nat.*, J. 961⁸, n° 60, anc. J. 962, n° 190.)

28942. Mandement au trésorier de l'épargne de payer à Butement, fauconnier ordinaire du roi, 100 écus d'or soleil pour la récréation qu'il a donnée au roi des oiseaux dont il a la charge et pour les aller faire muer en sa maison, à prendre au coffre du Louvre, des deniers du quartier de janvier, février et mars dernier.

(*Le même rôle contient en outre les n°ˢ 7034 et 7054 à 7057 du* CATALOGUE, *datés du 23 mai 1534.*)

(*Arch. nat.*, J. 961⁸, n° 61, anc. J. 962, n° 191.)

Mandements au trésorier de l'épargne de payer :

28943. A Catherine de Rissé, veuve de Barthélemy Dupuis, dit « Servien », capitaine de la marine de Provence, pour le reste et complément de la solde de deux galions, une barque et un brigantin, appartenant au défunt, employés au service du roi en l'année 1524, la somme de 14,428 livres 15 sous tournois à prendre sur les deniers de la recette générale de Provence, en quatre portions égales, sur le présent quartier d'avril, mai et juin [1534] et sur les quartiers de juillet, octobre et janvier prochains.

28944. A Héluin Dulin, commis au payement des deniers qui ont été naguère portés en Suisse, la somme de 1,200 livres tournois, à prendre sur ce qu'Antoine Gondi, receveur ordinaire de Lyon, peut devoir de la vente des draps de soie saisis à Lyon sur des marchands génois et dont la confiscation appartenait au roi, pour délivrer, savoir 600 livres aux chevaucheurs d'écurie et autres personnes chargés des chevaux de poste de Lyon jusqu'en Suisse, sur ce qui leur est dû de leurs salaires, et 600 livres au sʳ de Boisrigault, à présent ambassadeur audit pays, pour ses voyages et vacations.

28945. A Hans Yoncre (Yoncker), lieutenant du sʳ de La Marck, capitaine des Cent-Suisses de la garde, pour sa pension de l'année finie le 31 décembre 1533, 300 livres à prendre au coffre du Louvre sur le quartier de janvier, février et mars dernier.

28946. A Stephen Kurich, messager à pied du landgrave de Hesse, en don et récompense du voyage qu'il est venu faire au présent mois de mai, pour apporter des lettres de son maître au roi, 10 écus d'or à prendre sur les deniers dudit quartier.

28947. A Jenyn, laquais de M. le Chancelier, 20 écus d'or en don pour lui et autres laquais de la cour, qui ont fait une revue au château du Louvre, le 17 de ce présent mois de mai, avec fifres, tambourins et autres instruments, pour le passe-temps et récréation du roi.

28948. Au sʳ de Warty, grand maître, enquêteur et réformateur général des Eaux et forêts, 4,000 livres tournois pour son état et charge de l'année finie le 31 décembre 1533, à prendre sur le présent quartier d'avril, mai et juin et sur ceux de juillet et octobre prochains des deniers du coffre du Louvre.

28949. Au maître d'hôtel Des Barres, capitaine de Pontorson, 2,400 livres tournois pour ladite capitainerie, des années 1532 et 1533, à prendre sur lesdits trois quartiers.

28950. A André Pillastron, l'un des peintres ordinaires du roi, 400 livres pour sa pension et ses gages de l'année 1533, omis sur l'état des peintres de la maison du roi, à prendre sur les finances extraordinaires et parties casuelles.

28951. A René Levroulle, neveu et principal héritier de feu Richard Levroulle [1], abbé d'Hérivaux, remboursement de 190 livres 2 sous 6 deniers tournois, que son oncle avait prêtés au roi et remis, le 31 août 1521, à Lambert Meigret, alors commis à l'extraordinaire des guerres, en quatorze marcs cinq onces de vaisselle d'argent.

28952. A Aymar Nicolaï, premier président de la Chambre des Comptes, et à Pierre Caron, comme exécuteurs du testament de feu Artus d'Aunoy, chanoine de la Sainte-Chapelle de Paris, 182 livres tournois en remboursement de la vaisselle d'argent que le défunt avait prêtée au roi et remise entre les mains dudit Meigret, le 31 août 1521.

---

[1] Richard Le Roullié, suivant la *Gallia christ.*, t. VII, col. 826.

28953. A Philibert de Vichy, s' de Charron, pour un voyage en diligence, partant de Paris le 17 du présent mois de mai, allant en Provence faire constituer prisonniers certains personnages qui ont conspiré contre la personne et l'autorité du roi, dont les noms doivent être tenus secrets, la somme de 200 écus d'or soleil, à prendre au coffre du Louvre sur le quartier de janvier, février et mars dernier.

28954. A James de Saint-Julien, écuyer d'écurie du roi, pour un voyage partant du Pont de Gournay le 19 dudit mois de mai, allant porter au duc de Lorraine et à la duchesse de Guise des lettres de créance du roi, les priant de venir le trouver à la fin du mois de juin, afin de parachever le mariage du duc de Longueville avec Mme de Guise, la somme de 40 écus d'or soleil.

28955. A Fleury Geuffroy, 23,878 livres 10 sous tournois pour employer au payement de l'écurie du Dauphin et des ducs d'Orléans et d'Angoulême, durant la présente année 1534, ladite somme à prendre au coffre du Louvre, en quatre parties égales, sur les quatre quartiers de ladite année.

(*Sur le même rôle figurent en outre les n°s 7042, 7047 à 7049 du CATALOGUE, datés des 17 et 18 mai 1534.*)

(*Arch. nat.*, J. 961^8, n° 62, anc. J. 962, n° 192.)

28956. Don à l'écuyer La Marck de 416 livres 13 sous 4 deniers tournois, moitié des droits et devoirs seigneuriaux échus au roi à cause de l'adjudication faite par décret audit La Marck de la terre et seigneurie de « Champerembault », mouvant du comté de Civray, dont il lui avait été fait remise entière mais que la Chambre des Comptes, suivant l'ordonnance, n'avait consenti à enregistrer que pour moitié. (*Double*, sous la cote J. 961^8, n° 66.)

28957. Don à Guillaume Loisel, le jeune, de l'office de second président en la Chambre des Comptes de Bretagne, vacant par la résignation du maître d'hôtel Commacre, sans avoir à payer le quart.

28958. Don à Marc-Antoine de Cusan, écuyer d'écurie du roi, de 500 écus d'or soleil, somme à laquelle a été taxé l'office d'huissier au Parlement de Toulouse, vacant par le décès de Jean Maligot, et ce en déduction de la somme de 5,200 livres dont il avait eu mandement, tant pour sa pension de l'année 1533 que pour le payement de sa rançon.

28959. Permission à Guillaume Millet, conseiller et médecin ordinaire du roi, de résigner son office d'élu en l'élection d'Angers au profit de telle personne capable que bon lui semblera, sans avoir à payer le quart.

28960. A M. de Longueville pour sa pension de deux années finies en décembre dernier, 8,000 livres tournois, à prendre sur tels deniers qu'il sera avisé.

28961. Don à Guyard Bouzon, chirurgien ordinaire du roi, de l'office de grènetier du grenier à sel de Capestang, vacant par le décès de Bernard Vernet, pourvu qu'il n'en ait été fait état.

28962. Don à François de Bracques, dit « le Luat », du quart denier advenu au roi à cause de la résignation de l'office de rapporteur en la chancellerie, faite par Claude Le Berger au profit d'Antoine Bourlon.

28963. Don à Nicolas de Varangues de l'office de sergent en la forêt d'Eawy et garde de Bellencombre, vacant par la forfaiture de Jean Grenier.

28964. Permission à Gaspard Bernard de résigner son office de garde du parc du bois de Vincennes en faveur de Jean Auboust, sans avoir à en payer le quart.

(*Arch. nat.*, J. 961⁸, n° 63, anc. J. 962, n° 193.)

Mandements aux trésorier de l'épargne et autres comptables de payer :

28965. A Jean de Vimont, trésorier de la marine, 1,500 livres tournois pour employer à la solde des mariniers et autres frais du voyage que le capitaine de Bizerets a naguère fait au Brésil, et aussi au transport de Honfleur à Paris des bois qu'il a rapportés dudit pays et fait charger sur le navire *le Saint-Philippe*, ladite somme à prendre au coffre du Louvre sur le quartier de janvier, février et mars derniers.

(*Ici se trouve le n° 7059 du* Catalogue, *daté du 25 mai 1534.*)

28966. A François d'Ambres, sénéchal de Rouergue, 135 livres tournois sur les deniers dudit quartier, pour son voyage de Paris, dont il partit le 25 mai, à Nevers, où il porta à la comtesse de Nevers des lettres du roi, l'invitant à venir à Paris pour assister aux noces du duc de Longueville avec la fille du duc de Guise.

28967. A Nicolas, frère du comte de Haguenau, 25 écus soleil en don pour l'aider à supporter la dépense d'un voyage qu'il est venu faire, porteur de lettres du landgrave de Hesse adressées au roi, à prendre sur ledit quartier.

28968. A Jacques d'Allonne, Jean de Hurtebie, Antoine de Villeneuve et Antoine de Chevrières, pages de l'écurie, à chacun 30 écus d'or dont le roi leur fait don pour les aider à se monter et à s'équiper dans les compagnies d'ordonnances où ils vont désormais servir.

28969. A François d'Escars, sr de La Vauguyon, pour sa pension de l'année 1531, 1,200 livres tournois à prendre sur les deniers que peut devoir Jean Bazannier, commis au recouvrement des dettes actives de feu Morelet de Museau, de laquelle somme il avait été appointé sans effet sur Jean Laguette.

28970. A Grégoire Coutant, retenu en l'état de sellier du roi, le 26 février 1533 n. s., par suite du décès de Jacques Garnier, pour ses gages jusqu'au 31 décembre suivant, 76 livres 10 sous, soit 7 livres 10 sous par mois, à prendre sur François Malvault, receveur de l'écurie, des deniers revenant bons de l'année dessusdite.

28971. A Nicolas Guesdon, retenu en l'état de charretier du chariot des offices de l'hôtel du roi, le 24 juillet 1533, en remplacement de Guillaume Colas décédé, pour ses gages jusqu'au 31 décembre suivant, à 10 livres par mois, 52 livres 6 sous 8 deniers à prendre sur ledit receveur de l'écurie, comme dessus.

28972. A Étienne Delainville, palefrenier de ladite écurie, dont le nom a été omis sur l'état de l'année 1533, 180 livres que lui payera le receveur de l'écurie sur les deniers revenant bons de ladite année.

28973. Mandement au trésorier de l'épargne de délivrer sans difficulté aux payeurs de la gendarmerie qui ont été nommés récemment, les sommes qui leur ont été appointées par mandements du roi sur les deniers du coffre du Louvre, tant de l'année passée que du quartier de janvier dernier, pour employer à la solde de ladite gendarmerie des quartiers d'octobre et janvier passés, quoiqu'ils n'aient pas baillé la caution prescrite par l'édit de leur création, le roi les en exemptant jusqu'à nouvel ordre, et leur imposant de prêter serment entre les mains du trésorier de l'épargne,

28974. A Héluin Dulin, commis à tenir le compte et faire le payement des sommes que le roi a naguère ordonné de porter en Suisse, pour le payement des pensions générales et particulières et la solde qui reste due aux Suisses qui ont servi durant les guerres d'Italie, 25,000 écus d'or ou 56,250 livres tournois, à prendre des mains d'Antoine Juge ou de ses commis qui sont audit pays, sur les 100,000 écus qui ont été délivrés à ce dernier l'année passée, au trésor du Louvre.

28975. A Jean Crespin, joaillier de Paris, la somme de 855 livres tournois en payement d'une longue ceinture et de deux paires de patenôtres, le tout d'or et de perles, que le roi a achetées de lui pour en disposer à son plaisir.

(*Arch. nat.*, J. 961⁸, n° 64, anc. J. 962, n° 194.)

28976. Mandement au trésorier de l'épargne de délivrer à Jean de
Vimont, trésorier de la marine, 15,000 livres tournois pour employer
au payement des gages des officiers de la marine durant la présente
année [1534], à prendre au coffre du Louvre, des deniers des quatre
quartiers de ladite année, soit 3,750 livres par quartier.

*(Ledit rôle porte en outre les n°⁸ 7060 à 7079 du Catalogue, datés du 25 mai 1534,
sauf que les mandements ordonnent le payement de l'année entière et non d'un seul
quartier.)*

(*Arch. nat.*, J. 961⁸, n° 65, anc. J. 962, n° 195.)

28977. Mandement à Thomas Rouillon, receveur des amendes des
Eaux et forêts, de bailler et délivrer, sur les deniers de sa recette, les
sommes que lui ordonnera le s² de Warty, grand maître, enquêteur et
réformateur général des Eaux et forêts, tant pour la dépense de bouche
de ceux qui seront employés aux ventes prescrites par le roi en diverses
forêts, que pour les frais extraordinaires de ces opérations, nonobstant
l'ordonnance des coffres du Louvre.

28978. Mandement portant que l'avocat du roi et le procureur général près le Parlement de Rouen seront payés de 250 livres d'augmentation de gages par an et non de 150, comme il est contenu en une précédente ordonnance de payement, et ce pendant dix ans consécutifs
à commencer du 11 avril 1534 dernier, nonobstant l'édit des coffres
du Louvre et autres à ce contraires, auxquels il est fait dérogation
expresse.

(*Arch. nat.*, J. 961⁸, n° 66, anc. J. 962, n° 196.)

28979. Mandement de payer, sur les amendes du Parlement de
Paris, à Claude Genton, prévôt des maréchaux en Berry, la somme de
1,172 livres 14 sous tournois à lui taxée par le président Du Bourg et
l'avocat Poyet, suivant l'ordonnance du Conseil privé, savoir 1,126 livres
4 sous pour avoir assisté, lui, ses lieutenant, archers et trompettes aux
Grands jours dernièrement tenus à Tours, et 46 livres 10 sous pour
leurs frais d'avoir pris et constitué prisonnier Jean d'Aubusson, prieur
de Blessac.

(Ici figure le n° 7025 du Catalogue, daté du 1ᵉʳ mai 1534.)

28980. Continuation de la pension de 30 livres tournois que le feu
duc Pierre de Bourbon et depuis feu Madame mère du Roi ont assignée
aux religieuses du couvent de Poissy, durant la vie de sœur Jeanne Layre,
sur le revenu des terres et seigneuries de Bonneuil et la Hérelle en Beau-

vaisis, avec dérogation expresse aux ordonnances contraires, clause qui avait été omise dans des lettres semblables expédiées précédemment et pour ce non valables.

(*Arch. nat.*, J. 961⁸, n° 67, anc. J. 962, n° 197.)

28981. Mandement à la Chambre des Comptes d'allouer aux comptes de Guy de La Maladière, naguère trésorier des guerres, la somme de 600 livres tournois qu'il a payée des deniers revenant bons de la solde de la gendarmerie, des quartiers de juillet et octobre 1532, à Jean Breton, sʳ de Villandry, secrétaire et contrôleur général de la guerre, pour ses gages dudit office desdits deux quartiers, lesquels gages avaient été assignés à feu Lambert Meigret, prédécesseur dudit Breton, sur les deux trésoriers des guerres, et nonobstant que ledit Breton n'ait été institué audit office que le 18 juin dernier.

28982. Don à la veuve de feu Philippe de Suze, sʳ de Coye, lieutenant au gouvernement de l'Île-de-France, au nom et comme tutrice de Marie et Madeleine de Suze, leurs enfants mineures, de la somme de 600 livres tournois, montant des droits de rachat et autres devoirs seigneuriaux échus au roi, par suite du décès de son mari, sur ladite terre et seigneurie de Coye, tenue et mouvant du Châtelet de Paris.

28983. Don à Jean-Francisque de « Feultre », dit « Moret », écuyer d'écurie du roi, de la somme de 200 écus soleil sur les deniers provenant de la résignation de l'office d'avocat du roi au Trésor, faite par Guillaume Maucourtois au profit de Claude Diguet.

28984. Don à Perrot de Ruthie de la somme de 13,000 livres tournois sur les deniers provenant de la vente et composition des offices de notaire et secrétaire à gages et de greffier criminel du Parlement de Toulouse, vacants par le décès de Jean Michaëlis, et ce en déduction de la somme de 20,000 livres dont ledit de Ruthie avait été ci-devant assigné sur les deniers des coffres du Louvre du quartier de janvier dernier, et qui ne lui a pas encore été payée.

28985. Lettres portant que la veuve de Frédéric [de Gonzague, marquis] de Bagé, prendra sur le revenu de la terre et seigneurie de Coucy et du grenier à sel dudit lieu, par les mains de François Viart, receveur ordinaire du comté de Blois, commis à la recette des domaine et grenier dudit Coucy, savoir la somme de 6,632 livres 9 sous tournois, d'une part, montant du revenu des terres et seigneuries de Montréal et de Châtel-Gérard et des greniers à sel d'Avallon et de Saulieu pour l'année commencée le 1ᵉʳ octobre 1531, dont ladite veuve jouissait par don du roi durant quatre années, et la somme de 1,460 livres tournois, d'autre part, qu'elle devait prendre sur une cinquième année dudit revenu, lesdites deux sommes montant à 8,092 livres 9 sous tournois restant à payer à ladite veuve sur 16,050 livres tournois que le roi devait à son feu mari.

(Arch. nat., J. 961⁸, n° 68, anc. J. 962, n° 198.)

28986. Mandement au maître de la chambre aux deniers, recéveur des parties casuelles, de bailler, sur les deniers de la vente de l'office de contrôleur du grenier à sel de Selles ou de l'office de greffier criminel du Parlement de Toulouse, vacants par mort, à la veuve de Jean de Montdoucet, valet de chambre du roi, décédé au service dudit seigneur, la somme de 300 écus d'or, dont le roi lui a fait don en récompense des services de son mari.

28987. Mandement et assignation sur les parties casuelles pour le sr de Haraucourt-Longueval, neveu du feu sr de Miraumont, de la somme de 400 livres tournois de pension par an, durant neuf années, dont il avait été appointé par autre mandement annulé sur le receveur de Nantes.

(Arch. nat., J. 961⁸, n° 69, anc. J. 962, n° 199.)

28988. Mandement à la Chambre des Comptes d'allouer aux comptes du trésorier de l'épargne la somme de 6,700 livres tournois tirée en deux fois, par le commandement du roi, des coffres du Louvre, pour être distribuée selon son bon plaisir, autour de sa personne, savoir 2,700 livres le 26 mars dernier, et 4,000 livres le 23 avril suivant, sur les deniers des quartiers de janvier, février et mars de la présente année [1534].

28989. Mandement au trésorier de l'épargne de payer à Pierre de Malignac, dit « Saladin », gentilhomme de la fauconnerie du roi, 112 livres 10 sous en don et pour l'aider à nourrir et entretenir les chiens et oiseaux dont le roi lui a confié la garde, outre son état ordinaire.

28990. A André «Phonbich», beau-frère du comte de Haguenau, qui a offert au roi, de la part dudit comte, un roncin de poil noir, 50 écus d'or valant 112 livres 10 sous, dont le roi lui fait don.

28991. A Guillaume de Geis, grènetier de Marcilly, dépêché à Longpont [1ᵉʳ mai 1534], et envoyé en Espagne vers le sr de Vély, ambassadeur du roi, 250 écus soleil ou 562 livres 10 sous pour ledit voyage et retour en poste.

28992. A Laurent Bouzot, chevaucheur d'écurie, dépêché audit

Longpont et envoyé à Rome vers l'évêque de Mâcon, ambassadeur près le Saint-Siège, 260 écus d'or pour ledit voyage et retour en poste.

28993. A Robert de La Basse, chevaucheur d'écurie, dépêché à Nantouillet et envoyé en Suisse vers les s^{rs} de Langey et de Boisrigault, 55 écus d'or pour aller en poste et revenir à ses journées.

28994. A Regnaut Danet, orfèvre, 70 livres 10 sous pour deux petits sceaux, l'un aux armes du roi, l'autre aux armes de M. l'Amiral, tant pour l'argent que pour la gravure, lesdits sceaux destinés au comté de Montbéliard et autres places acquises du duc de Wurtemberg.

28995. A Héluin Dulin, receveur du Parlement de Rouen, 100,000 écus d'or soleil qui lui ont été baillés comptant au Louvre des deniers du quartier de janvier dernier, pour porter en la ville de Soleure et distribuer ainsi qu'il lui sera ordonné par le s^r de Langey.

28996. Au même, pour les frais de son voyage et le port des 100,000 écus et autres dépenses, 2,000 écus d'or qui lui ont été baillés comptant au Louvre sur ledit quartier.

28997. A Adam Baffart, capitaine de la forêt de Brioudan près Romorantin, 120 livres, à chacun des quatre gardes 60 livres, et à chacun des quatre sergents 30 livres, soit en tout 480 livres, pour leurs gages de l'année 1533, à prendre au Louvre, des deniers de ladite année.

28998. A Héluin Dulin, 105,800 livres tournois pour employer ainsi qu'il suit : 105,000 livres sur ce qui peut être dû aux Cantons suisses pour leurs services pendant les guerres d'Italie, et 800 livres pour les frais de port de cette somme de Paris en Suisse, et le retour des conducteurs, à prendre au Louvre, sur le quartier de janvier dernier.

(*Le même rôle contient aussi le n° 7031 du* Catalogue, *daté du 11 mai 1534.*)

(*Arch. nat.*, J. 961^8, n° 70, anc. J. 962, n° 200.)

28999. Mandement à la Chambre des Comptes de passer au compte des héritiers de feu Jacques Charmolue, changeur du trésor, 231 livres 1 sou 8 deniers pour sa pension de quatre mois et trois jours qui lui restait due au jour de son décès.

29000. Mandement semblable pour passer aux comptes de Jean Testu, trésorier de Languedoc, et de Martin de Troyes, présentement commis à ladite recette générale, la somme de 3,600 livres qu'ils ont payée à Jean de Poncher, général en ladite charge, pour sa pension des années 1529, 1530 et de la présente finissant le 31 décembre 1532.

(*Le commencement de ce rôle comprend les n°s 5131 à 5144 du* Catalogue, *datés du 13 décembre 1532.*)

(*Arch. nat.*, J. 961⁸, n° 72, anc. J. 962, n° 202.)

29001. Mandement à Jean Laguette, trésorier et receveur général des finances extraordinaires et parties casuelles, de poursuivre et recouvrer de Nicole Robillart, vicomte et receveur ordinaire de Gisors, la somme de 9,036 livres tournois, arrêtée sur lui par ordre du roi, pour la valeur des ventes de bois de haute futaie que le trésorier ou autres officiers de la duchesse de Ferrare et de Chartres s'étaient indûment appropriées, quoique les deniers en appartinssent au roi.

29002. De la veuve et des héritiers de Jean Rousselet, trésorier de l'extraordinaire des guerres et commis au payement des pensions des Suisses de la Haute-Allemagne, la somme de 89,606 livres 8 sous 3 deniers que le défunt redevait sur ses comptes des années 1504 et 1505.

29003. De la veuve et des héritiers de René Clotet, commis aux réparations de Chambord, la somme de 4,914 livres 19 sous 5 deniers que ledit défunt redevait pour le règlement de son compte de ladite commission, arrêté l'an 1522.

29004. De la veuve et des héritiers d'André Le Roy, commis au payement d'un million d'écus pour les pensions des Ligues de la Haute-Allemagne, suivant le traité de Genève, la somme de 16,332 livres 9 sous 6 deniers, redue par lui sur ses comptes des années 1516 et 1517.

29005. De la veuve et des héritiers d'Olivier Barrault, commis à tenir le compte des maisons, pavillons, tentes et autres choses que le roi fit faire en la ville d'Angers, l'an 1491, et à faire le payement des pionniers, charpentiers, mariniers et autres employés par Charles VIII dans les élections d'Angers, Saumur, Chinon, Loudun et Tours, en 1487, la somme de 315 livres 13 sous 3 deniers, redue par ledit défunt à la clôture de ses comptes desdites commissions.

29006. De la veuve et des héritiers de Florimond Fortier, l'aîné, commis au payement de l'extraordinaire de l'artillerie, la somme de 10,876 livres 19 sous 7 deniers, que le défunt redevait à la clôture des comptes de l'artillerie de trois années entières finies en 1516.

29007. De Florimond Fortier [le jeune], naguère trésorier de l'artillerie, la somme de 63 livres 14 sous 11 deniers, par lui redue à la fin de son compte de ladite trésorerie de l'année 1527.

(*Arch. nat.*, J. 961⁸, n° 73, anc. J. 962, n° 203.)

Mandements au trésorier de l'épargne de payer :

29008. Au receveur de l'écurie du roi, 17,423 livres 10 sous pour employer au fait de son office durant le présent quartier d'avril, mai et juin [1532].

29009. A Charles de Moy, sʳ de la Meilleraye, vice-amiral, 700 livres pour sept mois de sa charge [de directeur] de la construction du Havre-de-Grâce, commencés le 1ᵉʳ avril dernier et qui finiront le 31 octobre prochain, ladite somme à recevoir de Claude Guyot, commis à tenir le compte de ladite construction.

29010. A Raoul de Rogy, contrôleur [de ladite construction], pour son contrôle durant les mêmes mois, 280 livres à prendre comme ci-dessus.

29011. A [*blanc*], pour les frais des procès jugés à la Tour carrée, qu'il devra payer par l'ordonnance du premier président et des deux plus anciens juges de ladite Tour, 12,000 livres à prendre sur ce qu'Antoine Juge a reçu ou recevra des dettes du feu sʳ de Semblançay.

29012. Commission à M. le grand maître de Montmorency, capitaine de Nantes et de Saint-Malo, et, en son absence, à ses lieutenants, pour ordonner des payements des réparations qui se font cette année et se feront à l'avenir auxdits places et châteaux.

(*Sur le même rôle sont portés les nᵒˢ 5002 à 5005 du CATALOGUE, datés du 6 novembre 1532.*)

(*Arch. nat.*, J. 961⁸, n° 74, anc. J. 962, n° 204.)

Mandements aux trésoriers des guerres, Jean Grolier et Georges Hervoët, de payer :

29013. A Paul de Termes, homme d'armes de la compagnie de M. l'Amiral, 57 livres, complément de ses gages et de la solde de son archer, montant à 67 livres 10 sous, du quartier d'avril 1527, pour les guets qu'ils ont faits en la ville d'Auxonne.

29014. Audit de Termes, pour ses gages et solde de son archer, du quartier d'avril 1528, 67 livres 10 sous; pour les quartiers de juillet et octobre 1529, 135 livres; et pour les quartiers de janvier et avril 1530, 135 livres.

29015. A François Ancelon, dit « Fontbaudry », homme d'armes de la compagnie du sʳ de la Roche-du-Maine, 45 livres tournois pour ses gages et solde du quartier de juillet 1529.

29016. A François de La Salle, homme d'armes, Jean de La Baurye et Guillaume de Bourran, archers de la compagnie de M. le Grand écuyer, 270 livres tournois pour leurs gages et solde des quartiers d'avril, juillet et octobre 1530.

29017. Validation d'une ordonnance du comte de Saint-Pol, lieutenant général du roi en Italie, pour payer à Jacques de Harnay, homme d'armes de la compagnie du feu marquis de Saluces, 90 livres tournois pour ses gages et solde des quartiers de juillet et octobre 1527.

29018. Validation d'une autre ordonnance du comte de Saint-Pol, pour payer à Élie de Gruaulx, homme d'armes de sa compagnie, 40 livres tournois, montant de ses gages, fixés à cette somme pour les lances nouvelles créées en l'année 1528, lors de l'expédition dudit de Saint-Pol en Italie.

29019. A feu André Le Roy, commissaire extraordinaire des guerres, pour ses gages de neuf mois finis le 30 septembre 1527, la somme de 300 livres tournois dont il n'a pu être payé par René Thizart, naguère trésorier des guerres.

29020. A Jean Laloyau, commis du contrôleur général des guerres, pour ses gages de l'année finie le 31 décembre 1527, la somme de 240 livres dont il n'a pu être payé par ledit Thizart.

29021. A Guillaume Delalande, autre commis du contrôleur général des guerres, pour ses gages des quartiers d'avril et juillet 1527, la somme de 120 livres dont il n'a pu être payé par ledit Thizart.

(Arch. nat., J. 961², n° 76, anc. J. 962, n° 206.)

29022. Mandement au trésorier Laguette de payer au sⁱ de Poilly, écuyer d'écurie du roi, 1,200 écus d'or, savoir 1,000 écus pour des chevaux et haquenées d'Allemagne qu'il est allé acheter, par ordonnance du roi, à Francfort, et qu'il a gardés longtemps en sa maison pour les dresser, et ensuite amenés à Villers-Cotterets, et 200 écus pour son entretien au service du roi jusqu'au 1ᵉʳ janvier prochain, ladite somme à prendre sur les deniers provenant de la vente de l'office de greffier des présentations du Parlement de Toulouse, que tenait feu Gilbert.

29023. Continuation pour trois ans aux religieuses, abbesse et couvent de Jouarre, de la réduction à 10 livres au lieu de 200 livres, de la somme que lesdites religieuses et les hommes et femmes de corps de ladite abbaye doivent chaque année à la recette ordinaire de Meaux.

29024. Don à Charles de Reims, écuyer de cuisine, Benoît Nouvellet, François Gillier, Laurent de Brou et Étienne Deschamps, sommeliers de paneterie du roi, de la somme de 5oo livres tournois à prendre sur les amendes prononcées au Parlement de Paris contre Renée de Bec, François et Jean de Conches, François Du Monceau, Claude de Rouvroy, Jacquette du Puy-du-Fou, etc.

29025. Continuation d'affranchissement des deux tiers de la taille en faveur des habitants de Bar-sur-Seine et de Landreville, pour les aider à supporter les logements, passages et fournitures de vivres des gens de guerre.

29026. Lettres données en faveur de Jean Gellinard, naguère maître des comptes de la Chambre d'Angoulême, pour être payé de ses gages dudit office sa vie durant, tels qu'il les recevait avant la suppression de ladite Chambre, jusqu'à ce que le roi l'ait pourvu d'autre état.

29027. Mandement à la Chambre des Comptes d'allouer aux comptes du receveur des aides de Châteaudun les gages de Denis Leprince, élu dudit Châteaudun, des années 1527 et 1528, durant lesquelles il était en Italie pour le service du roi, sous le feu marquis de Bagé, et ne put exercer sondit office.

29028. Don, tant qu'il plaira au roi, au sʳ de Poilly du revenu des terres de Verdun [-sur-le-Doubs], Saunière et Bragny en Bourgogne, valant de cinq à six cents livres par an, pour la nourriture des chevaux qu'il achètera chaque année pour le roi.

29029. Traite de cinquante pipes de vin accordée au capitaine de Concq en Bretagne pour sa provision.

(*Arch. nat.*, J. 961ᵃ, n° 78, anc. J. 962, n° 208.)

29030. Don au comte de Saint-Pol de 40,000 livres, tant en considération de son mariage que pour l'aider à payer ses dettes.

29031. Don au sʳ d'Annebaut, capitaine des toiles, de la coupe d'un arpent de bois de haute futaie au lieu dit Bois-Petit en la forêt de Pacy, tant pour son chauffage que pour l'aider à bâtir.

29032. Rabais et modération en faveur de Raymond Barbes, naguère fermier du droit appelé « le septrage » en la ville de Blois, de soixante muids de grains, moitié froment, moitié avoine, sur le total de ladite ferme.

29033. Continuation, aux quarante canonniers et arquebusiers de la ville de Saint-Quentin, de l'octroi de 6o livres tournois par an qu'ils ont coutume de prendre sur la recette de Picardie, pour l'entretien de la maison, jardin et butte, sis en ladite ville, où ils s'exercent au tir de l'arquebuse.

29034. Confirmation du don fait par feu Madame à Jacques Adam, son valet de chambre, des instruments, registres et protocoles de feu Huguenin Chappuis, notaire en Beaujolais.

29035. Confirmation d'autre don, fait par ladite dame à Thomas Oucheron, des instruments, registres et protocoles de feu Benoît Brisson, notaire en Beaujolais.

29036. Confirmation du don fait à la maréchale de Châtillon par feu Madame, mère du roi, des trois profits de fief et droits de reliefs de la baronnie, châtellenie, terre et seigneurie de Conty, dus par Charles, s^r de Roye, à cause de Madeleine de Mailly, sa femme.

29037. Don au s^r de Montchenu de 5o écus soleil sur la composition faite par Messieurs des Comptes des lettres de naturalité et autres semblables expéditions.

(*Arch. nat., J.* 961^b, n° 79, anc. J. 962, n° 209.)

29038. Permission à Christophe « Mertre », serviteur du roi d'Angleterre, d'acheter deux mille tonnes de pierre, tant à Saint-Leu-d'Esserent qu'ailleurs, deux mille muids de plâtre et cinquante caisses de verre, et de les faire transporter en Angleterre sans payer aucun droit de traite, pour être employés à divers bâtiments que le roi son maître fait édifier.

(*Le même rôle comprend les n°s 5085 à 5088 du* Catalogue, *datés du 28 novembre 1532, et le n° 5362, daté du 10 février 1533 n. s.*)

(*Arch. nat., J.* 961^b, n° 80, anc. J. 962, n° 210.)

29039. Octroi aux habitants de Nevers de 20 deniers tournois sur chaque minot de sel qui sera vendu et distribué au grenier à sel du lieu, outre ce qu'ils y prennent, le droit de gabelle et celui du marchand et autres charges, pour les sommes qui en proviendront être employées à terminer les ponts de ladite ville sur la Loire, pourvu que la plus grande partie desdits habitants y consente et que les deniers du roi ne soient retardés.

29040. Don à Hans Chaaler et à Jacques Colles, joueurs de flûte et de tabourin du roi, de tous les biens de feu Simon de Plaisance, joueur de « sacquebutte » dudit seigneur, déclarés appartenir au roi, à cause du droit d'aubaine, par sentence du prévôt de Paris, ledit Simon étant étranger non naturalisé.

29041. Continuation d'octroi pour (*blanc*) ans, en faveur des habitants de Saint-Saulge en Nivernais, savoir de 5o sous tournois sur chaque muid de sel vendu et distribué au grenier à sel de ladite ville, et 20 deniers sur chaque minot dudit sel que lesdits habitants ont coutume de prendre outre lesdits 5o sous, le droit de gabelle du roi et celui du marchand, et du douzième denier du vin qui sera vendu dans la ville et les faubourgs, pour employer le produit dudit octroi aux réparations, fortifications et remparts de ladite ville, à condition que la majeure partie des habitants y consente et que les impôts du roi ne soient retardés.

29042. Don à Alexandre Charruau, huissier du Conseil privé, outre ses gages et profits, de l'office de sergent royal au bailliage et prévôté d'Orléans, vacant par la forfaiture de Jean Delan, condamné à être pendu par sentence du prévôt de Paris.

29043. Mandement à Guillaume Prudhomme, trésorier de l'épargne, de payer des deniers des coffres du Louvre et des quartiers de juillet, octobre et janvier prochains, à Jacqueline Sigalle, veuve de Lanfranc Spinola [1], conseiller et maître d'hôtel du roi, la somme de 1,193 livres 18 sous 6 deniers tournois, restant de 1,593 livres 18 sous 6 deniers que le roi lui devait au jour de son décès, et avait, par lettres patentes du 8 mars 1529 n. s. [2], ordonné au changeur du trésor de payer à sa veuve et à ses héritiers, au moyen d'une pension annuelle de 100 livres, ladite pension n'ayant été payée que durant quatre années, à cause des ordonnances restrictives publiées depuis sur le fait des finances.

29044. Don à Alexandre Vertheuil, l'un des vingt-quatre archers du corps, de l'office de capitaine de Villaines-en-Duesmois, auquel il n'a encore été pourvu depuis la réunion dudit lieu au domaine.

(En tête de ce rôle figure le n° 20497 du CATALOGUE, daté du 9 décembre 1532.)

(Arch. nat., J. 961⁸, n° 82, anc. J. 962, n° 212.)

29045. Don au comte de Saint-Pol d'une amende de 2,000 livres parisis prononcée contre la dame d'Estouteville par les commissaires nommés pour juger un procès entre elle et ledit comte.

29046. Continuation pour huit ans, en faveur des habitants de la ville de Rennes, de leur affranchissement de toutes tailles, aides et subventions quelconques.

29047. Mandement au trésorier de l'épargne de payer, sur les deniers du quartier d'avril, mai et juin dernier, au sr de Pommereul,

---

[1] Cf. le n° 7157, sous la date du 17 juin 1534, où ce personnage est nommé Lucien Spinola.

[2] Lettres non mentionnées, à leur date, dans le Catalogue.

écuyer d'écurie du roi, la somme de 116 livres tournois à lui taxée par M. de Soissons et le président Du Bourg, suivant l'ordonnance du Conseil, pour ses vacations et dépenses pendant vingt-neuf jours à des ventes de bois dans les forêts de Lyons, d'Éawy et autres de Normandie.

29048. Don à Antoine de Proussac, s' de Saint-Bonnet, de l'office de commissaire ordinaire et général de la Rivière de Gênes et mer du Levant, naguère créé par le roi, aux gages de 400 livres tournois par an, qui lui seront payées par le trésorier de la marine.

(*Sur le même rôle figure le n° 7287 du Catalogue, daté du 7 août 1534.*)

(*Arch. nat.*, J. 961⁸, n° 83, anc. J. 962, n° 213.)

Mandements pour payer :

29049. A André Alciat, lecteur en droit à l'Université de Bourges, pour sa pension de l'année finie le 31 décembre dernier, 400 livres tournois.

29050. A Pierre Danès, lecteur en grec, 200 écus soleil pour sa pension de l'année finie à la Toussaint dernière.

29051. A Jacques Tousac, lecteur en grec, 200 écus soleil pour sa pension de ladite année.

29052. A Agathias Guidacerius, lecteur en hébreu, 200 écus soleil pour sa pension de ladite année.

29053. A François Vatable, aussi lecteur en hébreu, 200 écus soleil pour sa pension de ladite année.

29054. A Paule de Canosse, aussi lecteur en hébreu, 150 écus soleil pour sa pension de ladite année.

29055. A Oronce Finé, lecteur en mathématiques, 150 écus soleil pour sa pension de ladite année.

29056. Au même, en don, 200 écus soleil pour un livre de mathématiques par lui composé et qu'il présenta au roi, en sa ville de Rouen. (En février 1532 n. s., probablement.)

29057. Don à Étienne Guintier, traducteur de livres de médecine du grec en latin, de 120 écus soleil pour l'aider à se faire recevoir docteur.

(*Arch. nat.*, J. 961⁸, n° 84, anc. J. 962, n° 214.)

29058. Mandement à la Chambre des Comptes et aux trésoriers à

Paris de faire payer à François de Marcillac, premier président du Parlement de Rouen, sur les amendes de ladite cour, la somme de 1,500 livres, montant de la pension qui lui est due, outre ses gages, pour les années 1530, 1531 et 1532, à raison de 500 livres par an.

(Le même rôle contient aussi les n°s 5203, 5207, 5212, 5213, 5217 et 5218 du Catalogue, *datés des 28, 30 et 31 décembre 1532, et du 1er janvier 1533 n. s.)*

(Arch. nat., J. 961⁸, n° 85, anc. J. 962, n° 215).

29059. Mandement au trésorier de l'épargne de payer à Jean Laguette 3,715 livres 4 sous des deniers que Guy de La Maladière, trésorier des guerres, aura de bons sur les deux derniers quartiers de la présente année, à lui assignés pour la solde de la compagnie du feu maréchal Trivulce, pour ladite somme être délivrée par ledit Laguette, savoir à M. d'Albany 1,383 écus à 43 sous l'écu, en remboursement de ce qu'il a avancé à plusieurs courriers pour les affaires du roi, durant le temps qu'il était à Rome, et 345 écus à l'écuyer Francisque de Noceto pour un voyage qu'il fit en poste de Rome à Paris, où se trouvait le roi.

(Le même rôle contient aussi les n°s 5183, 5186 et 5204 du Catalogue, *datés des 23, 27 et 28 décembre 1532.)*

(Arch. nat., J. 961⁸, n° 86, anc. J. 962, n° 216.)

29060. Don à Jean de Wissel, Louis Faron, Jean Regnard et Rolland Burgensis, sommeliers de bouche, de 225 livres tournois pour les aider à supporter les frais et dépenses extraordinaires qu'ils ont dû faire au voyage de Languedoc, Provence et Dauphiné, par suite de la cherté des vivres dans lesdits pays.

(Sur le même rôle figurent les n°s 6644 à 6646 et 6652 du Catalogue, *datés des 23, 25 et 30 décembre 1533.)*

(Arch. nat., J. 961⁸, n° 87, anc. J. 962, n° 217.)

29061. Permission au s^r de La Chatière, lieutenant du château de Brest, de faire venir cette année, sans payer aucun droit de traite, cent pipes de vin, pour la provision dudit château.

29062. Don au s^r de Montfort, dit « Tricon », d'une amende de 300 livres prononcée contre le s^r de La Gibière.

29063. Lettres portant remise aux munitionnaires de la ville d'Auxonne, pour les dédommager des pertes qu'ils ont subies depuis six ans sur les blés, n'ayant pu jouir de la permission de transporter et vendre au dehors une partie de leur approvisionnement, d'une somme de 1,400 livres sur ce qu'ils doivent des sommes qu'ils sont tenus de payer au roi, soit 300 livres chaque année, par le marché passé avec M. l'Amiral, gouverneur de Bourgogne, ou ses députés.

29064. Mandement au receveur ordinaire de Paris de payer, des deniers recélés et qui auront pu être recouvrés en sa recette, aux deux notaires qui ont assisté à la confection du papier terrier de la censive du roi, à chacun 2 sous parisis pour chaque déclaration qu'ils auront à enregistrer, et aux sergents qui font les exploits, ajournements et commandements, à chacun 8 deniers par exploit.

29065. A Pignan, capitaine du château de Dijon, 400 livres tournois en dédommagement du don que le roi lui avait fait du revenu de Frontignan.

29066. Don à Bouglainval de la somme de 100 écus d'or soleil, à prendre sur la vente et composition qui se fera de l'office de sergent du guet à cheval de Paris, vacant par le décès de Pierre Hateur.

(*Le même rôle contient encore les n°s 6672 et 20666 du CATALOGUE, datés des 2 et 4 janvier 1534 n. s.*)

(*Arch. nat.*, J. 961^8, n° 88, anc. J. 962, n° 218.)

29067. Don aux habitants d'Auxonne de la somme de 400 livres tournois à prendre sur ce que doivent au roi les munitionnaires de ladite place aux termes de leur marché, soit 300 livres par an, pour employer aux réparations et à l'entretien de la chaussée de leur ville.

29068. Don aux mêmes, pour six ans, de la moitié du péage d'Auxonne, pouvant valoir de 100 à 120 livres tournois par an, pour employer aux réparations de ladite ville.

29069. Don aux deux avocats du roi au Parlement de Dijon de 150 livres tournois de pension à chacun, outre leurs gages qui sont de même somme, à prendre sur les amendes de ladite cour, à condition de ne point donner de consultations ni se charger de plaidoiries en aucune manière contre les droits du roi.

29070. Au procureur général près ladite cour, don de 100 livres par an de pension, outre ses 300 livres de gages, à prendre sur lesdites amendes, aux mêmes charges que dessus.

29071. A l'avocat du roi de la Chambre des Comptes de Dijon qui n'a point de gages, don de 100 livres par an sur les deniers restant des comptes de ladite Chambre.

29072. Don à Michel Vernay et à Montlouis, valets de fourrière du roi, de la somme de 50 écus d'or soleil sur les deniers qui proviendront de la résignation de l'office de contrôleur du grenier à sel de la Ferté-Milon.

29073. Don à René de Goulaines, fils du feu s' de Goulaines, des droits de rachat et autres devoirs seigneuriaux dus au roi, par suite du décès de son père, à cause des terres et seigneuries qu'il possédait en France et en Bretagne, mouvant de la couronne.

(Sur le même rôle figure le n° 6678 du Catalogue, daté du 5 janvier 1534 n. s.)

(Arch. nat., J. 961⁸, n° 89, anc. J. 962, n° 219.)

29074. Don à l'écuyer Perrot de Ruthie, gentilhomme de la chambre du roi, de la somme de 20,000 livres tournois sur les deniers de l'épargne, à l'occasion de son mariage.

29075. Don à Nagu d'une amende de 500 livres tournois à laquelle le s' de Chazelle a été condamné, nonobstant l'ordonnance du Louvre.

29076. Mandement pour faire payer à Guy de Breslay, conseiller au Grand conseil, ses gages dudit office des mois d'août et septembre derniers, nonobstant qu'il n'ait exercé durant ce temps.

29077. Don à François Cordon, contrôleur de la maison de Messeigneurs et élu d'Orléans, de la somme de 400 livres tournois sur la résignation qu'il entend faire de son office d'élu.

29078. Au s' de Lezay, pour son état de gentilhomme de la chambre de l'année 1532, la somme de 1,200 livres tournois sur les deniers provenant de la vente de l'office de receveur des tailles à Bayeux, vacant par le décès d'Artus de Contreville, en remplacement d'une autre assignation qui n'a pas eu d'effet.

29079. Octroi aux habitants de Beaucaire et permission de lever pendant huit ans, à partir du 1ᵉʳ janvier prochain, 5 deniers tournois sur le droit de gabelle par quintal de sel qui sera vendu au grenier de ladite ville, pour employer aux réparations des chaussées du Rhône, entre Beaucaire et Saint-Gilles.

29080. Don à Jean de Faverolles d'une amende de 1,790 livres tournois, en laquelle un nommé Blaisot Loubet a été condamné par les commissaires des eaux et forêts en Normandie.

29081. Mandement pour faire payer le s' de Tournon de la somme de 1,000 livres de pension sur le revenu de Beaucaire par le trésorier et receveur du lieu, suivant le don qui lui en a été fait ci-devant pour dix ans, et pour les années qui restent à échoir depuis la discontinuation de payement, et ce par dérogation à l'ordonnance de révocation des dons sur le domaine.

(Le même rôle contient encore les nᵒˢ 6586 et 6591 du CATALOGUE, datés du 10 décembre 1533.)

(Arch. nat., J. 961⁸, n° 91, anc. J. 962, n° 221.)

29082. Don à Charles Tiercelin, sʳ de la Roche-du-Maine, gentilhomme de la chambre, de 2,000 livres tournois sur la vente de l'office de receveur des tailles en l'élection de Bayeux, vacant par le décès d'Artus de Contreville, pour sa pension de l'année 1532 et de l'année 1533, qui finira le 31 du présent mois de décembre, nonobstant que cette somme ne soit portée sur l'état général.

29083. Permission à Charles de Hémart, évêque de Mâcon, ambassadeur près du pape, de tirer de son évêché, sans payer aucun droit, cent cinquante muids de blé et de les faire conduire, par la Saône et le Rhône, jusqu'à Aigues-Mortes, et de là, par mer, jusqu'à Rome.

29084. Lettres portant que les huit setiers de froment par an, octroyés aux religieuses de Sainte-Claire de Montbrison, par autres lettres du 2 juin précédent, leur seront fournis par le prévôt de Sury-le-Comtal ou autre commis à la recette des grains du domaine du comté de Forez, et non par le trésorier et receveur ordinaire dudit comté, comme il était contenu dans lesdites lettres du 2 juin.

29085. Lettres ordonnant que Jeanne de Gonzague, veuve de Frédéric [marquis] de Bagé, aura et prendra, sur le revenu de la terre et seigneurie de Coucy et du grenier à sel dudit lieu, jusqu'à concurrence de : 1° 6,632 livres 9 sous tournois, montant du revenu des terres et seigneuries de Montréal, Châtel-Gérard et Châteauvieux et des greniers à sel d'Avallon et de Saulieu, pour une année commencée au 1ᵉʳ octobre 1531, dont elle devait jouir, suivant le don que le roi lui en avait fait par lettres datées de Châteaubriant, le 12 juin 1532 [1], lequel revenu a été donné depuis à l'amiral Chabot, gouverneur de Bourgogne; 2° 1,460 livres mentionnées dans les mandements expédiés au profit de ladite veuve pour ladite année 1532.

29086. Don à François du Fou, échanson ordinaire du roi, de la somme de 400 livres pour ses gages dudit état de la présente année, sur les deniers revenant bons à cause des emplois vacants des officiers domestiques, nonobstant qu'il n'ait été porté sur les états de ladite année.

[1] Il n'y a point d'autre mention de ces lettres au *Catalogue*.

29087. Don au gentilhomme qui a apporté la nouvelle de la délivrance de Mme la duchesse de Chartres, de 400 écus soleil sur les fonds que M. le Légat avisera.

29088. Au s^r de Grignan, pour un semestre de son état de chevalier d'honneur de Mesdames, finissant le 31 de ce présent mois (décembre 1533), la somme de 500 livres tournois à prendre sur les deniers revenant bons à cause des offices vacants de la maison de mesdites dames.

29089. A M. de Lezay, pour son état de gentilhomme de la chambre, la somme de 1,200 livres tournois sur les deniers revenant bons à cause des offices vacants de la maison du roi, tant de la présente année que de la prochaine.

29090. Au s^r de Maugiron, pour tout ce qui peut lui être dû de sa pension depuis douze ans, la somme de 2,400 livres tournois sur les exploits et amendes du Parlement de Dauphiné, échus et à échoir, et sur les lods et ventes.

(Sur le même état figure le n° 6583 du CATALOGUE, daté du 9 décembre 1533.)

(Arch. nat., J. 961^8, n° 92, anc. J. 962, n° 222.)

29091. Mandement au trésorier de l'épargne de payer au bâtard du Fay pour la garde de la ville de Verdun, durant l'année finie le 31 décembre 1533, 500 livres, somme égale à ce que doivent au roi chaque année les bourgeois de ladite ville, à prendre des mains du receveur ordinaire de Vitry.

29092. Mandement au même de payer aux vicomte, maire et échevins de Dijon 2,500 livres par an, jusqu'au parfait payement de 12,500 livres restant des 25,000 livres qui leur furent ordonnées en dédommagement des pertes causées par l'incendie de leurs faubourgs, lors du siège de ladite ville par les Suisses, et dont ils avaient été appointés par autres mandements qui n'ont pu être effectués à cause des réductions sur les finances.

(Le même rôle contient aussi les n°s 6696, 6698 et 6699 du CATALOGUE, datés des 12 et 16 janvier 1534 n. s.)

(Arch. nat., J. 961^8, n° 93, anc. J. 962, n° 223.)

29093. Prorogation pour (blanc) ans de la jouissance des lettres par lesquelles le roi a baillé et amodié, au profit des habitants de Chalon-sur-Saône, la châtellenie et le péage du lieu, pour la somme de 800 livres par an, sur laquelle il leur permet de prendre, durant ledit temps, 400 livres chaque année pour les aider à parachever leur Hôtel-Dieu et le boulevard qu'ils font entre les deux rivières, pour la sûreté de leur ville.

29094. Mandement aux trésoriers de France et de l'épargne de faire payer, par le receveur ordinaire de Moulins, aux sœurs de Sainte-Claire dudit lieu, la somme de 150 livres tournois; par les receveurs de Verneuil, Beçay et Chantelle, ou celui d'entre eux qui le pourra porter en tout ou en partie, soixante-quinze setiers deux quartes de froment, mesure de Moulins; et par le receveur de Verneuil, dix tonneaux de vin, le tout rendu à leur couvent, dont le roi leur a fait don et aumône pour la présente année, suivant l'intention et volonté de feu Madame, sa mère.

(*Arch. nat.*, J. 961ᵉ, n° 94, anc. J. 962, n° 224.)

29095. Don à l'amiral Chabot du revenu du quint de la terre et seigneurie de Jarnac, à quelque valeur qu'il puisse monter, à prendre des mains du receveur du lieu, quoique ledit quint soit de l'ancien domaine de la couronne et nonobstant les ordonnances à ce contraires.

29096. Don et remise à Catherine Lobigeois, veuve de Jean Ryet, valet de chambre du feu roi Charles, de la somme de 160 livres qu'elle doit d'arrérages au roi et à ses receveurs de Moulins, de plusieurs années échues à la saint Jean dernière, à cause des cens et tailles de certains héritages qu'elle tient du roi en ladite recette.

29097. Don à Pierre de Frémary, sʳ des Vaux, gentilhomme de M. l'Amiral, des lods et ventes dus à cause de l'acquisition faite par Jean Juye de François Pot, sʳ de Chassingremont, et de l'acquisition, faite par Jean Bellucheau du sʳ de la Roche-Pozay, de la seigneurie de Cremault, lesdits lods et ventes montant à la somme de 300 livres.

(*Arch. nat.*, J. 961ᵉ, n° 95, anc. J. 962, n° 225.)

29098. Lettres de relief et de don, en tant que besoin, à Pierre Lelong, dit « Chenillac ». homme d'armes de la compagnie du sʳ d'Annebaut, de ses gages et solde des quartiers de juillet et octobre 1532, montant à 90 livres, qui lui avaient été retenus parce que, n'ayant été présent aux montres, il avait été porté absent, bien qu'il fût en congé régulier, par permission de sondit capitaine.

29099. Mandement refait pour l'exécution du don octroyé, le 18 mars 1531 n. s.[1], à Guillaume de Meaux, d'une amende de 60 livres parisis, à laquelle il avait été condamné par arrêt du Parlement de

---

[1] Il n'y a point d'autre mention de ces lettres au *CATALOGUE*.

Paris et que la Chambre des Comptes avait refusé d'allouer pour moitié, parce que les formules de dérogation aux ordonnances contraires avaient été omises dans les premières lettres.

29100. Continuation pour (*blanc*) années après l'expiration du dernier octroi, aux maires, échevins et conseillers de Saint-Jean-d'Angély, du revenu du droit de pavage qui se lève en ladite ville, dont les rois leur ont fait don, et qui leur est prorogé pour en employer le produit aux réparations des fortifications, murailles, tours, fossés, ponts et pavé de ladite ville, à la charge d'en rendre compte.

(*Arch. nat.*, J. 961⁸, n° 96, anc. J. 962, n° 226.)

Mandements au trésorier de l'épargne de payer au coffre du Louvre, des deniers du quartier de janvier, février et mars dernier :

29101. A Paule Belmissere, de « Pontreme », qui fait compositions, devis et harangues de plusieurs matières de diverses sciences « esquelles il croit estre bien expert » et dont il donne récréation au roi, 225 livres tournois en don, afin de l'aider à s'entretenir à la suite de la cour.

29102. A Jean de Lespine, du Pontalais, dit « Fougereux », qui a ci-devant suivi le roi avec sa bande et joué plusieurs farces devant lui, pour son passe-temps, 225 livres tournois en don.

29103. A Guillaume Trosse, anglais, qui a fait présent au roi de deux pièces de drap d'Angleterre, l'une rouge et l'autre blanche, en don 112 livres 10 sous.

29104. A Hans Yoncker, orfèvre, 1,462 livres 10 sous en payement de cinquante et une grosses perles que le roi en personne a achetées de lui et réservées pour en disposer à son gré.

29105. A Jean Dutier, en remboursement, 4 écus d'or soleil par lui avancés à deux chevaucheurs d'écurie expédiés de Saint-Germain-en-Laye, le 20 mars dernier [1534 n. s.], l'un pour aller à Chantilly vers le sʳ [de Montmorency], grand maître, l'autre à Paris vers l'amiral Chabot, et de là à Nantouillet, auprès de M. le Légat [Du Prat], porteurs de lettres du roi, leur annonçant le séjour qu'il comptait faire audit lieu de Saint-Germain à cause de la blessure de M. le Dauphin; et 2 écus aux deux notaires de Senlis qui ont reçu et passé les actes de ratification faite par M. l'Amiral des contrats d'acquisition des places que le roi a naguère fait acheter sur la frontière d'Allemagne.

29106. A Antoine de Hu, chevaucheur d'écurie, envoyé en diligence de Coucy à Noyon au-devant des ambassadeurs d'Angleterre, afin de les guider et conduire audit Coucy, et pour son voyage en poste dudit lieu

de Coucy à Boulogne-sur-Mer, afin de faire préparer les chevaux desti
nés auxdits ambassadeurs pour leur retour, 20 écus ou 49 livres 10 sous.
(Cf. le n° 7019 du *Catalogue*, 24 avril 1534.)

29107. A Côme Dario, capitaine albanais, 225 livres tournois pour
l'aider à vivre et s'entretenir au service du roi.

29108. A Charles Faure, venu en diligence de la Hougue à Coucy
apporter au roi des lettres du capitaine Biseretz, lui annonçant son
retour du Brésil où il était allé, par son ordre, avec le navire *le Saint-
Philippe*, lequel Faure est présentement renvoyé vers ledit capitaine,
porteur de lettres du roi, 15 écus soleil ou 33 livres 15 sous pour
ledit voyage aller et retour.

29109. A Henri de Chaligny, serviteur du landgrave de Hesse, qui
a apporté au roi des lettres de son maître et s'en retourne avec la réponse, 22 livres 10 sous pour l'aider à supporter ses frais de voyage.

(Arch. nat., J. 961², n° 98, anc. J. 962, n° 228.)

29110. Prorogation pour six ans en faveur des habitants de Saint-
Malo de l'affranchissement de l'aide de ladite ville, à quelque somme
qu'elle puisse monter, et de l'octroi de 480 livres tournois sur les deniers
provenant du billot de Bretagne, à prendre des mains du trésorier et
receveur général du duché, ou de son commis, et ce pour employer
aux réparations et fortifications de ladite ville, suivant l'ordonnance du
capitaine ou de son lieutenant, pourvu qu'ils rendent compte pour le
passé et pour l'avenir de l'emploi desdits deniers par-devant les gens des
comptes de Bretagne. (Cf. le n° 7039, en date du 17 mai 1534.)

29111. Don aux mêmes de la somme de 300 livres une fois payée
sur les deniers dudit billot, et à prendre de même, pour l'entretien de la
chaussée appelée le Sillon, par laquelle on arrive en ladite ville.

29112. A frère Pierre Thenaud, abbé de Mélinais, aumônier du
roi, la somme de 300 livres tournois pour son état durant la présente
année, à prendre sur les deniers revenant bons de la maison du roi,
nonobstant qu'il n'ait été porté sur les états.

29113. A Louis Caillaut, conseiller au Parlement de Paris, la
somme de 565 livres tournois pour sa pension d'une année, commencée
le 18 novembre dernier, en qualité de solliciteur des procès et affaires
du roi, ladite somme, semblable à celle qu'il a eue l'année d'avant pour
le même effet, à prendre sur les parties casuelles.

29114. A Étienne Ferron, procureur du roi en la maréchaussée de
France, la somme de 85 livres tournois à lui taxée par le président
Du Bourg et l'avocat du roi Poyet, suivant l'ordonnance du Conseil, sa-

voir 25 livres pour l'année 1527, 7 livres 10 sous pour chacune des années 1528 à 1530, 12 livres 10 sous pour l'année 1531 et 25 livres pour l'année 1532, pour les gages, salaires et vacations de sondit office jusqu'au 20 mars 1533 n. s.

29115. A Jean Gélinard et André Caluau, la somme de 522 livres 10 sous à eux taxée suivant l'ordonnance du Conseil, par le président Du Bourg et le maître des comptes Billon, pour avoir examiné les états des fermiers, receveurs et intermédiaires qui ont eu le maniement, du vivant de la feue reine Marie, du revenu de son douaire, et s'être transportés à cet effet à la Rochelle, à Angoulême et à Châteauneuf, où ils ont vaqué durant le temps de quatre-vingt-quinze jours entiers, à raison de 55 sous tournois par jour à chacun.

29116. A Jacques Auclerc, fermier pour l'année 1533 du gland et de la paisson de la forêt de Tronsay en Bourbonnais, rabais de 100 livres tournois sur le prix de ladite ferme, suivant l'avis des gens du Grand conseil, des trésoriers de France et des officiers du Bourbonnais.

(*Arch. nat.*, J. 961⁶, n° 99, anc. J. 962, n° 229.)

29117. A Michel Brandon, avocat général au pays d'Auvergne, Thomas Rappouel, notaire et secrétaire du roi, Jean Fragier, auditeur en la Chambre des Comptes de Paris, la somme de 1,656 livres tournois à eux taxée, suivant l'ordonnance du Conseil privé, par le président Du Bourg et l'avocat du roi Poyet, pour avoir vaqué à l'audition des comptes des receveurs particuliers des pays de Bourbonnais, Auvergne, Montpensier, comté-dauphiné de Clermont en Auvergne, la Marche haute et basse, vicomtés de Carlat et Murat, et autres affaires concernant le domaine desdits pays, ladite somme à prendre sur le trésorier du Bourbonnais, des deniers des années passées et de la présente.

29118. Résignation à survivance de l'office de capitaine du château et de la ville de Loudun obtenue par René du Rivau, porte-enseigne de la bande des archers de la garde du sr de Chavigny, au profit de François du Rivau, son fils, sans payer aucune finance.

29119. Prorogation pour six ans, suivant l'avis du Grand conseil, en faveur des habitants de Montargis, de l'affranchissement des tailles et de l'octroi de 4 deniers parisis par minot de sel vendu et distribué au grenier de ladite ville.

(*Arch. nat.*, J. 961⁸, n° 100, anc. J. 962, n° 230.)

Mandements au trésorier de l'épargne de payer :

29120. Aux capitaines, lieutenants et porte-enseignes des archers de

la garde du roi, la somme de 6,300 livres tournois pour leurs pensions
et entretien au service du roi, durant l'année finie le 31 décembre 1533,
savoir aux s^{rs} de Nançay et de Chavigny et au sénéchal d'Agénais, à
chacun 1,200 livres; à Jean Stuart, lieutenant de la garde écossaise,
600 livres; à Jean Bourdich, porte-enseigne de ladite bande, 300 livres;
à Jean Stuart le jeune, homme d'armes de ladite bande, 300 livres;
à Jacques de Cran, lieutenant du s^r de Nançay, 300 livres, et à son
porte-enseigne, 200 livres; à Louis de Charmazel, lieutenant sous le
sénéchal d'Agénais, 300 livres; à Raymond de Lisle, porte-enseigne de
ladite bande, 200 livres; à Louis de Thiville, lieutenant du s^r de Chavigny, 300 livres, et à René de Rivol, porte-enseigne de sa compagnie,
200 livres; le tout à prendre au coffre du Louvre, des deniers du présent quartier de juillet, août et septembre.

29121. A Jacques Colin, abbé de Saint-Ambroise, la somme de
900 livres tournois pour quatre-vingt-dix jours commençant le 22 du
présent mois d'août, que le roi l'a expédié à Fontainebleau, jusqu'au
19 décembre prochain, pour aller aux pays de Frise, de Gueldres et
autres lieux, porter à divers princes et personnages des lettres du roi
touchant certaines affaires importantes qui ne doivent être plus ample-
ment déclarées, ladite somme à prendre des deniers du quartier d'avril,
mai et juin dernier, au coffre du Louvre.

(*Ici se trouvent, avec plus de développement, les n°s 7326 et 7328 du CATALOGUE, datés des 21 et 22 août 1534.*)

29122. A Gervais Waïn, abbé de Cuissy, et au s^r de Beauvais, la
somme de 6,750 livres tournois pour porter en divers lieux d'Allemagne et distribuer à certains personnages, suivant les instructions du
roi qui ne veut nommer lesdits personnages ni spécifier les motifs, ladite
somme à prendre au Louvre, sur le même quartier d'avril.

29123. A Geoffroy Gilbert, dit « Cicero », valet de fourrière du roi,
225 livres tournois dont le roi lui fait don en récompense de ses services et pour l'aider à supporter la dépense de ses noces qui doivent
avoir lieu prochainement, et ce outre les gages de son état et autres
bienfaits qu'il a eus ci-devant, à prendre sur les deniers ordonnés pour
être distribués autour de la personne du roi.

(*Arch. nat.*, J. 961^8, n° 101, anc. J. 962, n° 231.)

29124. Don à Jacques d'Arson, gentilhomme de la vénerie du roi,
de la somme de 200 écus d'or soleil, sur l'office de greffier ordinaire de
la ville de Lyon, vacant par le décès de François Faure.

29125. Don à damoiselle Guillemine Ragueneau, veuve d'Étienne de La Loue, s' de Champgrand, de la somme de 70 livres tournois, montant du droit de rachat qu'elle pourra devoir au roi à cause de la terre et seigneurie des Arpentis, mouvant du château d'Amboise.

29126. Don, sur la requête de M. de Montejean, à René de Goulaines, fils du s' de Goulaines, de la somme de 1,500 livres tournois, moitié de la somme de 3,000 livres que le roi lui avait donnée ci-devant pour les droits de rachat et autres devoirs seigneuriaux dus par suite du décès dudit s' de Goulaines, lequel don ne lui a été vérifié par les gens des comptes que pour moitié, suivant l'ordonnance.

29127. Don à Louis Faron, sommelier de paneterie de bouche du roi, des offices de garennier des garennes à lièvres des châtellenies de Poitiers et de Niort, vacants par le décès de Pierre de La Mothe et de Jacques Mérin, pour les exercer sous son nom.

29128. Don à François et Artus de Marconnay, frères, gentils-hommes de la vénerie du roi, de l'office de procureur du roi sur le fait des aides, tailles et gabelles en l'élection de Bourbonnais, vacant par le décès de Nicolas du Chollet, pour en disposer à leur profit.

29129. Don, sur la requête du comte de Saint-Pol, à Hans Chaaler et Jacques Colles, joueurs de flûte et de tabourin du roi, de 70 écus d'or soleil, moitié des biens de feu Simon de Plaisance, joueur de « sacquebutte » du roi, à lui échus par droit d'aubaine, ledit défunt étant étranger non naturalisé, desquels biens le roi leur avait fait don entier qui n'a été vérifié par les gens des comptes que pour moitié, suivant l'ordonnance.

29130. Mandement au receveur ordinaire de Paris de payer, sur les deniers des lods et ventes et droits seigneuriaux dus au roi en ladite recette, aux enfants, héritiers et ayant cause de feu Pierre Leduc, la somme de 400 livres tournois à eux taxée par Jean Brinon, maître ordinaire, et Pierre Michon, auditeur en la Chambre des Comptes de Paris, pour treize mois et plus que ledit feu Leduc vaqua à l'expédition des comptes et états des officiers comptables et autres affaires du roi, dont il n'avait été payé.

29131. Mandement au trésorier de la vénerie de bailler à Jean de Serre, à présent gentilhomme de la vénerie, la somme de 142 livres 15 sous 7 deniers tournois pour ses gages depuis le 13 août dernier, date de la mort de Pierre de Saint-Aubin, son prédécesseur, jusqu'au 31 décembre prochain, à prendre sur les deniers revenant bons à cause du décès dudit de Saint-Aubin.

(*Arch. nat.*, J. 901⁸, n° 102, anc. J. 962, n° 232.)

Mandements au trésorier de l'épargne de payer :

29132. A M. [l'évêque] de Bayonne, pour son voyage dernièrement fait en Angleterre, la somme de 825 livres sur le quartier de juillet dernier.

29133. A Simon Gilles, orfèvre de Paris, 1,005 livres 2 sous pour une chaîne d'or dont le roi a fait présent au s⁻ de Balançon, gentilhomme de la chambre de l'Empereur.

29134. Au receveur de l'écurie de MM. les Dauphin, ducs d'Orléans et d'Angoulême, 2,500 livres pour employer au fait de sa commission durant le quartier de juillet dernier.

29135. A « Saxe de Bouysic », gentilhomme de la maison du duc de Bar, 200 livres en don, à cause du voyage qu'il est venu faire vers le roi, ladite somme à prendre sur le présent quartier d'octobre.

29136. A M. de Morette, 5,131 livres 14 sous, pour le reste de ses voyages près de l'Empereur, à prendre sur le premier quartier de l'année prochaine.

29137. Au même, pour sa pension de l'année dernière et de la présente, 1,200 livres tournois à raison de 600 livres par an, à prendre sur le premier quartier de l'année prochaine.

(*Arch. nat.*, J. 961⁸, n° 103, anc. J. 962, n° 233.)

29138. Mandements pour le payement des états et pensions de la maison de Sedan de l'année finie le 31 décembre 1531, savoir à M. de Sedan, 10,000 livres; à M. le maréchal de La Marck, 10,000 livres; à Jean de La Marck, s⁻ de Saulcy, 3,000 livres tournois; aux capitaines des maisons dudit s⁻ de Sedan, dont les noms suivent : à Petit Jean le Gascon, au lieu de Damien de Garrinas, 400 livres; à Guillaume Vandrinpel, 300 livres; à Jean Vaudichart, 300 livres; à Tasquin Biron, 100 livres; à François de La Taste, dit « Montferrant », 300 livres, et à Gabriel Turquet, 100 livres.

(*Arch. nat.*, J. 961⁸, n° 104, anc. J. 962, n° 234.)

Mandements à Jean Laguette, trésorier et receveur général des finances extraordinaires et parties casuelles, de payer :

29139. A Laurent Millet, chevaucheur d'écurie, la somme de 50 écus d'or soleil pour se rendre en poste à Paris, porteur de lettres et mémoires relatifs aux affaires du roi, adressés à MM. les commissaires touchant la réunion du domaine, au premier président du Parlement, à M. de Bonnes, au lieutenant criminel, aux prévôt des marchands et échevins, et aussi pour son séjour dans ladite ville, en attendant la dépêche du lieutenant criminel, et pour son retour en semblable diligence.

29140. A François Éveillard et Pierre Godemel, clercs de Gilbert Bayard, secrétaire des finances, la somme de 100 livres tournois sur ce qui leur sera taxé pour plusieurs expéditions de lettres patentes et missives, commissions, instructions, etc.

29141. A Simon Desplants, roi d'armes du nom et titre de Champagne, et à René Guéguen, roi d'armes du nom et titre de Bretagne, la somme de 100 écus d'or pour faire faire leurs cottes d'armes, le premier aux armes de France et le second aux armes de Bretagne, pour servir aux entrées du Dauphin dans les villes de Bretagne.

29142. A Jean Coëffier, notaire et secrétaire du roi, 238 livres tournois à lui dues de reste de la somme qui lui a été donnée par MM. d'Iverny et Du Bourg, maîtres des requêtes, pour avoir assisté aux procès de l'évêque de Paris et du feu sr de La Mare.

(*Arch. nat.*, J. 961⁸, n° 105, anc. J. 962, n° 235.)

Mandements à Jean Laguette, receveur général des finances extraordinaires et parties casuelles, de payer [mai-juin 1532] :

29143. A Stefano Colonna, chevalier, 3,000 livres pour sa pension et entretien au service du roi durant l'année finie le 31 décembre 1531.

29144. A Marc-Antoine de Cusan, chevalier, 1,500 livres pour sa pension et entretien au service du roi durant ladite année.

29145. A Jean de La Barre, sr de Véretz, prévôt de Paris, la somme de 17,000 livres tournois pour employer à l'achat de la terre de Chaluau [1] et autres que le roi l'a chargé d'acquérir en son nom au pays de Gâtinais, ladite somme redue par Jean Grolier sur son compte de la recette générale de Milan du premier semestre de l'année 1512.

29146. A Jean Briant, chevaucheur d'écurie, 8 livres tournois pour un voyage qu'il a fait, en février dernier, de Rouen à Orléans, porteur de lettres touchant les affaires du roi, adressées à un nommé Jean Duboys, et pour son retour à Rouen.

29147. Au sr de Bonnes, maître d'hôtel ordinaire du roi, 300 livres

[1] Ou Challeau, commune de Dormelles, canton de Moret (Seine-et-Marne). François Ier y fit bâtir un château pour la duchesse d'Étampes.

pour l'aider à supporter partie de la dépense de la commission dont il est chargé de faire rentrer plusieurs sommes dues au roi, tant comme restes de comptes, amendes et condamnations de la Tour carrée, à laquelle il vaqua depuis le commencement du mois de mars dernier.

29148. A Gabriel de Devant, dit le « Goujat », chevaucheur ordinaire d'écurie, 250 écus d'or soleil pour un voyage qu'il va présentement faire en poste de Châteaubriant en Suisse et autres lieux d'Allemagne, pour porter des lettres du roi à ses ambassadeurs.

29149. A David Lindge, héraut d'armes du roi d'Écosse, la somme de 100 écus d'or soleil dont le roi lui fait don pour l'aider à supporter les frais d'un voyage qu'il va présentement faire de Châteaubriant en Écosse.

29150. A Claude Halligre (aliàs Aligre), trésorier des menus plaisirs du roi, la somme de 3,690 livres pour employer au fait de son office et particulièrement pour bailler à Pierre Pennemarque, tapissier, demeurant à Bruxelles, en payement de partie de 7,500 écus d'or, prix convenu pour la tapisserie de fil d'or, d'argent et de soie que le roi lui a commandée.

(*Arch. nat.*, J. 961⁸, n° 106, anc. J. 962, n° 236.)

Mandements audit Jean Laguette de payer :

29151. A Philippot Duboys, gentilhomme de la fauconnerie, la somme de 200 écus d'or dont le roi lui fait don.

29152. A Gabriel Marcelin, 150 écus soleil pour un voyage par lui fait en Allemagne touchant certaines affaires secrètes du roi.

29153. A Ludovic de Bresse, armurier, 50 écus d'or soleil d'avance sur le prix de quelques harnais qui lui ont été commandés par le roi.

29154. A Claude Cochet, 50 écus d'or pour deux haquenées achetées de lui pour envoyer aux ducs d'Orléans et d'Angoulême, auxquels le roi en a fait don.

29155. A Pierre Lelong, chevaucheur d'écurie, 30 écus d'or pour un voyage qu'il a fait, le 22 mai [1532], de Châteaubriant à Paris, où il porta aux sieurs de Lamet, de Pontillault et Fraguier divers états et papiers concernant le fait de Suisse.

(*Arch. nat.*, J. 961⁸, n° 108, anc. J. 962, n° 238.)

29156. Mandement à la Chambre des Comptes, aux trésoriers de France et de l'épargne et aux généraux des finances, pour faire payer Pierre Le Maistre, l'un des greffiers de ladite Chambre des Comptes, de 12 sous parisis par jour, outre les gages ordinaires dudit office, ainsi que ses prédécesseurs en ont joui, et ce à commencer du jour de son institution.

29157. Mandement de payer à la veuve de Laurent Colin, commis au payement des Cent-Suisses de la garde, 166 livres 13 sous 4 deniers complétant la somme de 1,366 livres 13 sous 4 deniers à laquelle s'élevait le payement desdits Suisses du mois de juillet 1531, dont ledit Colin ne fut lors appointé que de 1,200 livres.

29158. Mandement pour faire payer par le receveur du Parlement de Rouen, au s^r Le Lieur, conseiller lai en ladite cour, ses gages dudit office, depuis le don que le roi lui en fit jusqu'au jour de sa réception.

(Le même rôle contient encore les n°s 5090 et 5157 à 5164 du CATALOGUE, datés des 4 et 20 décembre 1532.)

(*Arch. nat.*, J. 961⁸, n° 109, anc. J. 962, n° 239.)

Lettres de décharge à Jacques Bernard, maître de la chambre aux deniers et commis à la recette générale des finances extraordinaires, des sommes qu'il a payées, du commandement verbal du roi, savoir :

29159. A Jean Gonnet et Méry Chaulme, chevaucheurs ordinaires d'écurie du roi, 156 livres 15 sous tournois, soit au premier 134 livres 5 sous pour un voyage en poste que le roi l'envoya faire de Bar-le-Duc, le 24 janvier 1534 n. s., à Bordeaux, porteur de lettres adressées au premier président du Parlement de Bordeaux et au s^r de la Roche-beaucourt, pour bailler à ferme le quart et quint du sel de Cognac, la traite de 10 sous par tonneau de vin et 4 deniers pour livre du tablier de la ville et gouvernement de la Rochelle, et pour son retour vers le roi ; et 22 livres 10 sous audit Chaulme pour un voyage que le roi étant au Pavillon, le 2 février suivant, l'envoya faire en poste à Paris, porteur d'un paquet de lettres de M. le Légat, chancelier de France, aux Généraux sur le fait de la justice des aides, concernant certaines affaires qui ne doivent être déclarées.

29160. A Honoré Bourdin, s^r de Theuil, demeurant à Nice, 800 écus d'or pour un voyage qu'il va présentement faire en poste de Paris à « Monzo » en Provence, touchant « aucuns urgens et secretz affaires » du roi.

29161. A Guy Fleury, receveur des tailles de Meaux, 600 écus d'or soleil pour un voyage qu'il va présentement faire en poste de Paris en Allemagne, touchant « aucuns urgens et secretz affaires » du roi, dont plus ample déclaration ne doit être faite.

29162. A François Perrin, homme d'armes cassé, qui a perdu la vue au service du roi, 90 livres tournois pour sa pension de l'année finie le 31 décembre 1533, que le roi lui a ordonnée chaque année pour l'aider à vivre.

(*Arch. nat.*, J. 961³, nº 110, anc. J. 962, nº 240.)

29163. Don à Charles de Théligny, échanson du Dauphin, de la somme de 250 livres tournois sur l'amende de 500 livres prononcée contre Louis de Théligny, son frère, par arrêt des Grands jours tenus à Tours.

29164. Lettres ordonnant à François Regnard, marchand, chargé de la fourniture de boucherie de la maison de Messieurs les enfants du roi, une avance de 1000 livres tournois sur ladite fourniture qu'il doit faire durant trois années commencées le 1er janvier dernier.

29165. Don et quittance à Simon Le Cauchois, chirurgien de Mesdames, des droits et devoirs seigneuriaux par lui dus à cause de l'acquisition qu'il a faite dernièrement d'une maison à Romorantin, lesdits droits montant à 20 livres tournois.

29166. Don à Jean de Bailleux, dit « Renouart », de la somme de 50 écus soleil sur les deniers provenant de la vente de l'office de notaire royal à Tours, vacant par le décès de Jacques de Foussedoire.

29167. Don à Jacques Vaillart et à Lancelot Gosselin, tapissiers, de la somme de 100 écus d'or soleil sur les deniers provenant de la vente de l'office de prévôt de la Ferté-Alais, vacant par le décès de Noël Vourjon.

29168. Don à Claude Gauldry, sommelier d'échansonnerie du commun, de 140 livres tournois sur les amendes auxquelles Abel Francboucher et Gabrielle Truffet ont été condamnés par arrêt du Grand conseil.

29169. Don à Jean Rocquart, sommelier d'échansonnerie de bouche, de 200 livres tournois montant des lods et ventes de la terre et seigneurie de « Thomerat », acquise par le sr de Razes de Jacques de La Celle.

29170. Rabais, suivant l'avis du Grand conseil et du général de la charge, à Pierre Hermet, naguère fermier du huitième en l'élection de Rochefort, Dourdan et Authon pour une année finie à la saint Rémy 1532, de 192 livres 15 sous 10 deniers tournois, soit la moitié du prix de ladite ferme.

29171. Don à Guillaume Du Plessis, sr de Liancourt, valet tranchant ordinaire du roi et maître particulier des eaux et forêts du comté de

Clermont, pays de Beauvaisis et Picardie, de la somme de 4oo livres tournois de gages ordinaires pour sondit office de maître particulier, à prendre dorénavant chaque année des mains du receveur ordinaire dudit Clermont, à commencer du jour de saint Jean-Baptiste dernier, au lieu des gages et droits anciens, comme le droit de marteau et autres, dont il a joui ci-devant et qui lui ont été supprimés.

29172. Mandement à la Chambre des Comptes d'allouer aux comptes du grènetier du grenier à sel de Marle le revenu, profit et émolument dudit grenier, avec les amendes et confiscations, échus durant les années 1529 à 1532, dont le roi étant à Marseille dernièrement a fait don à la duchesse douairière de Vendôme.

(Arch. nat., J. 961⁸, n° 111, anc. J. 962, n° 241.)

29173. Mandement à Jacques Rivière, receveur des amendes du Grand conseil, de mettre entre les mains de Pierre Groneau, payeur des œuvres du roi, la somme de 10,000 livres tournois, montant de l'amende à laquelle Charles d'Aubusson a été condamné, pour employer au parachèvement de l'édifice de la chapelle du Bois de Vincennes.

29174. Mandement au trésorier de l'épargne de payer, des deniers du quartier d'octobre dernier et des restes des quartiers précédents, à Oronce Finé, lecteur ordinaire ès sciences mathématiques en l'Université de Paris, la somme de 4oo livres tournois pour sa pension de l'année passée dont il n'a été payé.

29175. Don et quittance au sr Clutin, abbé de Troarn, d'une amende de 5oo livres à laquelle il a été condamné à Rouen, et dont il lui avait été déjà fait remise de la moitié.

29176. Prorogation pour vingt ans après l'expiration du dernier octroi, en faveur des bourgeois et habitants d'Orléans, du privilège d'acquérir des fiefs, arrière-fiefs et francs-alleus, sans être tenus de s'en dessaisir jamais ni de payer au roi ni à ses successeurs aucune finance ou indemnité, à quelque valeur qu'elle puisse monter.

(Arch. nat., J. 961⁸, n° 112, anc. J. 962, n° 242.)

Mandements au trésorier de l'épargne de payer :

29177. A Louis Acarie, trésorier des offrandes, 6,000 livres pour employer au fait de son office durant la présente année commencée le 1er janvier 1534 n. s.

29178. A Florimond Le Charron, 214,510 livres pour le payement des officiers domestiques de la maison du roi durant ladite année.

29179. A Nicolas Vanderlaen, trésorier de la reine, pour la chambre aux deniers de ladite dame, durant le présent quartier de janvier, février et mars 1534, 842 livres 9 sous 1 denier complétant la somme de 16,250 livres, sur lesquelles il lui reste, des années 1532 et 1533, 15,407 livres 10 sous 11 deniers.

29180. Au même, pour les trois derniers quartiers de la présente année de ladite chambre aux deniers, 48,750 livres.

29181. Au même, 36,000 livres pour l'écurie de ladite dame durant la présente année.

29182. Au même, 73,696 livres pour le payement des officiers de l'hôtel de ladite dame durant ladite année.

29183. Au même, 12,000 livres pour les menus plaisirs de ladite dame durant la présente année.

29184. Au même, 6,000 livres pour la dépense ordinaire des menus de la chambre, y compris l'apothicairerie, durant ladite année.

29185. A Denis Poillot, président au Parlement de Paris, 300 livres par an à commencer du 1er janvier dernier, sur les deniers de la recette générale de Bourgogne qui seront apportées au coffre du Louvre, et ce pour le temps que durera la commission des députés au recouvrement des deniers du roi au pays de Bourgogne, après quoi il lui sera expédié autre provision pour être payé de ladite somme, ainsi qu'il avait accoutumé précédemment.

29186. Mandement à Jean Bazannier, commis au recouvrement des dettes actives de feu Morelet de Museau, de rendre au sr de Morette les cédules qui se sont trouvées en faisant l'inventaire dudit défunt, montant à 475 écus soleil, dont le roi a fait don audit de Morette.

29187. Don à Jean Brinon, maître des comptes, en récompense de plusieurs services rendus au roi, de 1,000 livres tournois sur l'amende à laquelle François Petit a été naguère condamné par arrêt du Parlement de Paris, nonobstant toute ordonnance contraire.

(*Le même rôle contient aussi les n°s 6811, 6863, 6864 et 6868 du* CATALOGUE, *datés des 3, 13 et 14 mars 1534 n. s.*)

(*Arch. nat.*, J. 961⁸, n° 113, anc. J. 962, n° 243.)

29188. Don à Artaud et Jean Menessier, gardes de la vaisselle de bouche du roi, de 30 écus d'or soleil, en récompense de leurs services et pour les aider à supporter la dépense extraordinaire à laquelle ils ont été tenus pendant le voyage que le roi a fait naguère en ses pays. d Au-

101.

vergne, Languedoc, Provence et Dauphiné, outre leurs gages ordinaires, à prendre sur la composition des offices.

29189. Mandement au trésorier de l'épargne de continuer le payement de 300 livres par an, dont le roi a fait don à la veuve d'Hugues de Loges, chevalier, s^r de la Boulaye, durant dix ans à commencer du 1er janvier 1531 n. s., la première année seule lui ayant été payée et les autres suspendues par suite des ordonnances récemment publiées touchant la réforme des finances.

29190. Mandement au trésorier de l'épargne de vérifier et mettre à exécution, quoique surannées, les lettres du 18 février 1531 n. s. [1], par lesquelles le roi a fait don à Simon Destrets, sommelier de la paneterie de bouche, d'une somme de 114 livres pour employer à l'achat de dix aunes de damas et huit aunes de velours, destinés à lui faire deux robes et une « saye ».

(Le même rôle contient en outre, avec plus de développement, les n°s 6658 à 6663, 6666, 6667, 6670, 6676, 6684 à 6692 et 6695 du Catalogue, *datés des 1er, 2, 4, 7 et 10 janvier 1534 n. s.)*

(*Arch. nat.*, J. 961⁸, n° 115, anc. J. 962, n° 245.)

29191. Mandement au trésorier et receveur général des finances extraordinaires et parties casuelles de payer à Jean Chapelain, médecin ordinaire du roi, 300 écus d'or soleil en don et récompense de ses services, et pour l'aider à supporter la dépense extraordinaire qu'il a dû faire pour accompagner le roi dans ses récents voyages en Auvergne, Languedoc, Provence et Dauphiné.

Mandements au trésorier de l'épargne de payer :

29192. A Alard Plomier, joaillier de Paris, 1,000 écus ou 2,250 livres en payement d'une sainte Catherine d'or dont la roue est de diamants et rubis, autour de laquelle il y a un arbre d'or, semé de grosses perles et de rubis, servant à soutenir ladite roue dans un parc d'or garni de rubis, diamants et perles, d'un dizain de lapis-lazuli enrichi d'or, d'un autre dizain de nacre orientale, garni d'or, et d'un chapelet rond de lapis-lazuli aussi enrichi d'or, que le roi a achetés de lui, en ce présent mois de janvier.

29193. A Jacques Doudet, autre joaillier, 450 livres en payement d'un dizain d'agate garni de « vazes » d'or, un autre dizain de saphir enrichi de « vazes » d'or, deux paires de patenôtres de jacinthes aussi

[1] Lettres non mentionnées ailleurs au *Catalogue*.

garnies d'or et deux collets de crêpe enrichis d'or, que le roi a achetés de lui à Joinville, en cedit mois de janvier.

(Sur le même rôle sont portés les n°° 6706, 6707 et 6710 du Catalogue, datés des 17 et 19 janvier 1534 n. s.)

(*Arch. nat.*, J. 961⁸, n° 116, anc. J. 962, n° 246.)

Mandements à Jacques Bernard, maître de la chambre aux deniers et commis à la recette générale des finances extraordinaires et parties casuelles, de payer :

29194. Aux chevaucheurs d'écurie envoyés par le roi porter aux archevêques et évêques de France des lettres pour la publication de la bulle du pape fulminée contre les Luthériens, 481 livres tournois, à raison de 20 sous par jour à chacun, savoir : à François Delamare, envoyé dans la province de Reims, 28 livres; à Jacques La Choque, dans la province de Rouen, 27 livres; à Louis Chenu, dans la province de Sens, 26 livres; à Étienne Bernard, dans la province de Narbonne, 39 livres; à Robert Basse, dans la province de Tours, 47 livres; à Jean Dumas, dans la province de Toulouse, 69 livres; à Mathurin Laurencin, en la province d'Auch, 74 livres; à Jean Gonnet, en la province de Bourges, 38 livres; à Étienne de Villiers, en la province de Lyon, 14 livres; à Jean Du Lude, en la province de Bordeaux, 39 livres; à Thomas Savoureau, en la province de Vienne et Embrun, 37 livres; à Jean Paris, en la province d'Aix et Arles, 43 livres.

29195. A Dominique de Roto, de Venise, « ouvrier en moresque », 1,050 livres tournois, savoir 450 livres pour trois quartiers de ses gages finis le 30 septembre 1531, et 600 livres pour ses gages de l'année finie le 31 décembre 1533.

29196. A Alexandre Charruau, ayant la charge et conduite des ustensiles servant au Conseil privé, la somme de 240 livres tournois pour ses gages de l'année présente commencée le 1ᵉʳ janvier 1534 n. s.

(*Arch. nat.*, J. 961⁸, n° 117, anc. J. 962, n° 247.)

29197. Don au capitaine Magdelon d'Ornezan, capitaine de la tour de Toulon, du château dudit lieu et de ce qui en dépend, pouvant valoir de dix à douze sous tournois de menus cens et rentes par an, ainsi que d'une place et masures non couvertes, qui lui sont fort nécessaires pour déposer ses antennes, arbres et autres munitions dont il a la garde pour le service du roi.

29198. Don à Thomas de Bourg-Achart, gentilhomme de la vénerie, de la somme de 350 livres sur les amendes adjugées au roi par les juges ordonnés pour connaître des abus et malversations commis au fait des eaux et forêts en Normandie, à laquelle somme ledit de Bourg-Achart a été condamné pour avoir malversé en son office de verdier des bois et buisson de Pacy, au bailliage d'Évreux.

29199. Don à Jean Terrasse, sommelier d'échansonnerie du commun, de la somme de 40 écus d'or soleil sur les deniers provenant de la résignation de l'office de maître des œuvres, engins et chemins de la Rochelle, que doit faire Étienne Pinet.

29200. Mandement à la Chambre des Comptes d'allouer aux comptes du receveur des tailles de Rethelois les sommes auxquelles montent les tailles, emprunts et autres subsides dont le roi a exempté et affranchi par ses lettres patentes les habitants de Mézières qui sont en frontière, tant pour le passé que pour l'avenir, nonobstant que lesdites lettres soient adressées seulement aux généraux des finances et aux élus du Rethelois, et non à ladite Chambre.

(*Arch. nat.,* J. 961⁸, n° 118, anc. J. 962, n° 248.)

29201. Don à Périgord, valet de chambre du roi, de la somme de 80 écus d'or soleil sur les deniers provenant de la vente de l'office de notaire royal à Péronne, vacant par le décès de Jean de Neuville.

(*Le même rôle porte aussi les n°⁵ 6716 à 6719 du* CATALOGUE, *datés du 24 janvier 1534 n. s.*)

(*Arch. nat.,* J. 961⁸, n° 130, anc. J. 962, n° 250.)

29202. Don au s⁵ de La Cotardaye, maréchal des logis, en récompense de ses services, de 1,125 livres ou 500 écus d'or, sur les deniers provenant des lods et ventes, rachats et autres droits seigneuriaux échus et à échoir au duché de Bretagne.

(*Le même rôle contient les n°⁵ 6513, 6514, 6516 et 6517 du* CATALOGUE, *datés du 25 novembre 1533.*)

(*Arch. nat.,* J. 961⁸, n° 122, anc. J. 962, n° 252.)

Mandements à Jean Laguette, receveur général des finances extraordinaires et parties casuelles, de payer :

29203. A Jean Delaperque, chevaucheur ordinaire d'écurie, 100 sous tournois pour être allé, le 17 septembre 1533, d'Arles à Montpellier, porter au gouverneur de ladite ville des lettres patentes ordonnant d'examiner les états des fermiers et receveurs du comté de Pézenas et autres lieux du ressort de la sénéchaussée de Carcassonne et du gouvernement de Montpellier, qui ont eu l'administration ou le maniement des deniers du domaine de la feue reine Marie, en son vivant, et de ceux qui, depuis son décès, y ont été commis par le roi, de dresser un état du tout et de l'envoyer au roi, afin de savoir ce qui lui est échu par suite du décès de ladite reine et ce qui appartient aux héritiers de celle-ci.

29204. A François Marcel, aussi chevaucheur d'écurie, 5o écus d'or soleil pour un voyage en poste d'Arles, d'où il partit le 19 novembre 1533, pour aller porter à Louis Caillaut, conseiller au Parlement, des lettres patentes et missives, mémoires et instructions concernant les affaires du roi.

29205. A Jean Proust, chevaucheur d'écurie, 8o écus soleil, pour un voyage en poste de Marseille, d'où il partit, le 29 dudit mois de septembre, en Suisse, vers les sᵣ de Lamet et de Boisrigault, ambassadeurs près les Ligues, leur porter 1,000 écus soleil pour employer aux affaires du roi.

29206. A Raoul Lepère, chevaucheur d'écurie, 45 écus pour un voyage de Marseille, d'où il partit, le 2 octobre 1533, à Paris, vers les premier et second présidents des comptes et autres commissaires sur le fait des finances du Louvre, leur porter des lettres du roi ordonnant d'envoyer promptement en Suisse une partie de 100,000 écus.

29207. A Jacques Desorties, dit « le Picart », pour être venu trois fois en diligence de Marseille à Marignane et à Gardane vers le roi, de l'ordonnance de M. le Chancelier, pour l'expédition de plusieurs lettres patentes et missives, 1o écus soleil.

29208. A Jean Delaperque, chevaucheur d'écurie, 1o écus soleil pour un autre voyage qu'il fait présentement de Marseille à Paris, porteur de lettres du roi adressées au premier président et autres commissaires sur le fait des finances du Louvre, touchant le rachat que le roi entend faire prochainement des terres de M. l'évêque de Béziers, vendues ci-devant à l'empereur pour partie de la rançon royale.

(*Arch. nat., J. 961⁸, n° 123, anc J. 962, n° 253.*)

29209. Don au sᵣ de Montpezat, gentilhomme de la chambre, de l'office de clerc des comptes à Paris, vacant par le décès du sᵣ Le Clerc, pour en disposer à son profit et le faire exercer par un personnage capable, et ce tant à cause des dépenses qu'il a faites à son dernier voyage en Angleterre que pour sa pension de la présente année.

29210. Don au grand écuyer [Galyot de Genouilhac], de la terre de Chizé, pour en jouir sa vie durant, à dater du jour du décès de feu Madame mère du roi, ainsi qu'il en jouissait du vivant de ladite dame:

29211. Don audit grand écuyer et au s^r de Sourdis de l'amende à laquelle a été condamné Jean de Sully, s^r de Romefort, par arrêt des Grands jours tenus à Tours, ainsi que de la maison de Romefort qui, aux termes dudit arrêt, devait être rasée.

29212. Don au s^r de Montejean des droits et devoirs seigneuriaux de rachat échus au roi pour la terre et seigneurie du Bois-Borasse, mouvant du château de Nantes, par suite de la mort de Renée de Montespedon, dame de la Jumelière.

29213. Lettres portant que François de La Chasserie, chevalier, s^r de la Cour-des-Bois, jouira des revenus de la terre et seigneurie d'Yèvre-le-Châtel au duché d'Orléans et de ses dépendances, durant trois ans, à dater du jour de la saisie qui en avait été faite par les commissaires chargés de la réunion des parties aliénées du domaine.

29214. Mandement à la Chambre des Comptes d'allouer aux comptes du receveur des aides et tailles de Berry les gages de Victor Brodeau, élu sur le fait desdites aides et tailles, depuis le jour de ses provisions jusqu'au 31 décembre prochain, nonobstant qu'il n'ait signé le bail des fermes de l'année 1531, ni exercé en personne ledit office durant ce temps.

29215. Don au s^r des Chênets, écuyer d'écurie du Dauphin, de la somme de 400 écus soleil, sur les deniers provenant du quart de la résignation de l'office de receveur des aides, taille et équivalent du Bourbonnais, que doit faire Simon Caille au profit d'Antoine Mignet.

29216. Don à Bastien Lot, l'un des gardes de la forêt de Moulière, d'une amende de 30 livres parisis, à laquelle il a été récemment condamné par le maître des Eaux et forêts, nonobstant l'ordonnance du Louvre.

(*Arch. nat.*, J. 961^8, n° 124, anc. J. 962, n° 254.)

29217. Mandement au trésorier de l'épargne de payer au comte Jean Trivulce, fils de feu Paul-Camille Trivulce, 400 livres tournois pour sa pension de l'année finissant le 31 décembre 1533.

(*Sur le même rôle se trouvent les* n^{os} *6521, 6522, 6534, 6551, 6563, 6564 et 6567 à 6571 du* CATALOGUE, *datés des 28 et 29 novembre, 1er et 8 décembre 1533.*)

(*Arch. nat.*, J. 961^8, n° 126, anc. J. 962, n° 256.)

Mandements au trésorier de l'épargne de payer :

29218. A Gonzague de Gonzague, pour sa pension des années finis-

sant au 31 décembre 1531, 1532 et 1533, à raison de 700 livres par
an, 2,100 livres à prendre au coffre du Louvre sur les quatre quartiers de l'année prochaine 1534.

29219. A Hippolyte de Gonzague, pour sa pension desdites trois
années, à raison de 500 livres par an, 1,500 livres tournois à prendre
comme dessus.

29220. A Jean Caraffa, prince de Melphe, pour sa pension de l'année courante finissant le 31 du présent mois de décembre 1533, la
somme de 10,000 livres, dont il faut déduire 2,000 livres qu'il recevra
sur le revenu du comté de Martigues, soit 8,000 livres à prendre, 4,000
sur le présent quartier d'octobre, novembre et décembre, et 4,000 sur
celui de janvier prochain.

(*Le même rôle contient les n°s 6587 à 6589 et 6627 du CATALOGUE, datés des 10
et 13 décembre 1533.*)

(*Arch. nat., J. 961⁸, n° 127, anc. J. 962, n° 258.*)

29221. Mandement au trésorier de l'épargne de payer au receveur
de l'écurie du roi 776 livres 1 sou tournois pour la passe de la dépense
des pages et chevaux de la petite écurie, durant l'année courante qui
finira le 31 du présent mois de décembre 1533.

(*Le même rôle contient les n°s 6617 à 6619 du CATALOGUE, datés du 12 décembre
1533.*)

(*Arch. nat., J. 961⁸, n° 129, anc. J. 962, n° 260.*)

29222. Mandement au trésorier de l'épargne de payer à Victor Barguin, trésorier de Mesdames, la somme de 1,000 livres tournois pour
employer à divers objets fournis pour le service de Mme la duchesse d'Orléans, tant pour sa personne que pour les filles et demoiselles de sa maison.

(*Le même rôle contient les n°s 6553, 6580 à 6583, 6616, 6623, 6624 et 6626
du CATALOGUE, datés des 29 novembre, 9, 11 et 12 décembre 1533.*)

(*Arch. nat., J. 961⁸, n° 130, anc. J. 962, n° 261.*)

29223. Assignation à Marie de Melun, maréchale de Chabannes, de
la somme de 10,000 livres tournois due aux enfants du feu maréchal
pour la pension de leur père, sur les sommes restant dues à feu Madame mère du roi, lors de son décès, à cause des terres et seigneuries
qu'elle tenait de la maison de Bourbon, et au besoin sur les autres
restes provenant des duchés d'Angoulême et d'Anjou et autres seigneuries.

29224. Don à Antoine de Rouen, apothicaire et valet de chambre

VII. 102

de M. l'Amiral, de 5o écus d'or soleil sur la vente de l'office de tabellion de Buxy au bailliage de Chalon, vacant par le décès de François
Soufflet.

29225. Don à Tardes de la somme de 100 écus d'or soleil sur la
vente de l'office de sergent à cheval au Châtelet de Paris, vacant par le
décès de Claude Jacquetel.

29226. Mandement à Étienne Noblet, commis à la recette générale
de Bourgogne, de payer des deniers de ladite recette aux Frères mineurs
de Dijon, la somme de 25 livres tournois que le roi leur a ordonnée pour
avoir chanté, en la Chambre des Comptes de Dijon, une messe quotidienne, suivant la coutume, durant l'année finie le 31 décembre dernier.

29227. Mandement au receveur général de Provence, ou à son commis, de payer à Louis Alamanni la somme de 400 livres tournois à lui
ordonnée par le roi, tant pour l'entretien de son jardin situé près les
murs de la ville d'Aix, que de la maison, durant l'année commencée le
premier du présent mois de janvier [1534].

29228. Don à Jean de Thais (Taix), seigneur dudit lieu, gentilhomme de la chambre, de la somme de 2,500 livres tournois sur les
deniers provenant de la confiscation prononcée contre François de Beaumont, s^r du Bois-de-Sanzay, condamné à avoir la tête tranchée pour
excès, port d'armes, force publique, rapts et vols, par arrêt des Grands
jours tenus à Tours, le 30 octobre 1533.

(*Sur le même rôle se trouve aussi le n° 6701 du* Catalogue, *daté du 17 janvier 1534
n. s.*)

(*Arch. nat., J. 961⁸, n° 131, anc. J. 962, n° 262.*)

Mandements aux trésorier de l'épargne et autres de payer :

29229. Au s^r de Lamet, pour son payement de trois cent huit jours
qu'il a vaqué l'année dernière au voyage par lui fait pour les affaires du
roi en Suisse, à raison de 10 livres par jour, 3,080 livres sur lesquelles
il a reçu des mains de Jean Bazannier 400 écus d'or soleil, soit 900 livres,
le reste montant à 2,180 livres tournois, à prendre au coffre du Louvre
sur les deniers du quartier de janvier dernier.

29230. Au même, en payement de quarante-cinq jours qu'il pourra
vaquer à un autre voyage en Suisse où le roi l'envoie de Paris, le 12 de
ce présent mois de mai [1534], 450 livres tournois à raison de 10 livres
par jour, à prendre comme dessus.

29231. A Jean Ravier, conseiller au Parlement de Paris, pour le
complément de 880 livres tournois, montant de son payement de deux

cent vingt jours, à raison de 4 livres par jour, du 10 juin 1533 au 15 janvier 1534 n. s., qu'il a vaqué en Suisse en la compagnie du sʳ de Lamet, pour les affaires du roi, dont il a reçu 200 livres du trésorier de l'épargne, le reste à prendre sur Jean Bazannier, commis au recouvrement des dettes actives de feu Morelet de Museau.

29232. Audit Jean Ravier, à recevoir dudit Bazannier, 1,320 livres tournois dont le roi lui a fait don, outre ses gages, en récompense de ses services.

29233. Aux religieux et Frères mineurs, dits « les Bons hommes », du couvent du Plessis-lès-Tours, 700 livres tournois, et à ceux du couvent d'Amboise, 300 livres tournois, sur les deniers du coffre du Louvre des quatre quartiers de la présente année 1534, à eux données et aumônées pour l'entretien des fondations, faites par le roi et ses prédécesseurs, des messes que lesdits religieux ont accoutumé et sont tenus de célébrer chaque année.

29234. Mandement à la Chambre des Comptes d'allouer aux comptes de Guillaume Prudhomme, trésorier de l'épargne, 3,621 livres 10 sous tournois qu'il a payés comptant à Jean Hotman, orfèvre de Paris, en payement de deux coupes d'or avec leurs couvercles et leurs étuis, dont le roi a fait présent aux sʳˢ de Rochford et Fitzwilliam, ambassadeurs du roi d'Angleterre.

29235. Mandement à la Chambre des Comptes de consentir un échange fait par Guillaume Prudhomme de sept quartiers de terre labourable dépendant de sa seigneurie de Fontenay, contre sept autres quartiers de terre appartenant au chapelain de la chapelle du château de Brie-Comte-Robert, avec amortissement et remise des droits.

29236. A Guillaume Pinot, du pays de Bretagne, homme habile à reconnaître les endroits où la terre recèle des sources et des carrières, 100 livres tournois, dont le roi lui a fait don en récompense de ce qu'il était venu vers lui de Bretagne.

29237. A Claude Guyot, pour employer au payement des réparations et fortifications des châteaux et places fortes de Normandie, 10,000 livres tournois, qu'il sera tenu de répartir suivant les instructions de l'amiral Chabot, lieutenant général au gouvernement dudit pays sous M. le Dauphin.

29238. A Jean Barbedor, 10,425 livres tournois pour le payement des gages des gentilshommes de la compagnie de Louis de Nevers, du quartier de janvier, février et mars dernier.

29239. A Pierre Poussin, chevecier de la Sainte-Chapelle du Palais, à Paris, 1,460 livres tournois pour employer, durant la présente année 1534, à la nourriture des maîtres et enfants de chœur de la Sainte-Chapelle, 600 livres, aux habillements desdits enfants de chœur, 500 livres, et 240 livres pour le pain du chapitre.

29240. Aux chanoines et chapitre de l'église Saint-Jean-Baptiste du Plessis-lès-Tours, 600 livres tournois pour l'entretien, durant la présente année, de leur fondation et célébrer le divin service en leur église.

29241. Aux chanoines et chapitre de la chapelle royale du Bois de Vincennes, 160 livres tournois, complétant les 1,500 livres de leur fondation, durant la présente année.

29242. A Regnaut Danet, orfèvre de Paris, 1,575 livres tournois, en payement de ce que le roi a acheté de lui, en ce présent mois de mai, savoir un chapelet de cristal vert en forme de glands, garni d'or, avec une houppe d'or et d'argent, une pomme de deux agates aussi garnie d'or, six anneaux d'or émaillés de vert, six rubis, etc.

29243. A René Claveau, marchand de Tours, 1,012 livres 10 sous tournois, en payement de ce que le roi a acheté de lui, en cedit mois de mai, savoir un carcan d'or garni de sept beaux saphirs et de six grosses perles, avec un camaïeu d'agate sur lequel est gravée la Nativité de Notre-Seigneur, etc.

29244. Au roi de Navarre, remboursement de 12,092 livres 9 sous tournois, que le feu sʳ d'Albret, son aïeul, prêta au roi lors de la prise de Fontarabie, l'an 1521, et fit remettre entre les mains de feu Lambert Meigret, commis au payement de l'extraordinaire des guerres, dont les quittances, suivant l'affirmation du roi de Navarre, furent perdues à la bataille de Pavie.

29245. A Jacques de Forges, dit «Barreneuve», et à Raoul de Coucy, fauconniers, à chacun 500 livres dont le roi leur a fait don en récompense des peines qu'ils ont prises à lui donner passe-temps avec les oiseaux dont ils ont la charge.

(Sur le même rôle se trouvent aussi les nᵒˢ 7030, 7032 et 7033 du CATALOGUE, datés du 11 mai 1534.)

(*Arch. nat.*, J. 961⁸, nᵒ 132, anc. J. 962, nᵒ 263.)

Mandements à Jacques Bernard, maître de la chambre aux deniers et commis à la recette générale des finances extraordinaires et parties casuelles, de payer :

29246. Aux chevaucheurs d'écurie du roi, qui ont porté des lettres dudit sieur à différentes personnes, savoir à Nicolas Lecointe, 16 écus soleil pour son voyage en poste de Paris à Langres, vers Jacques Godran, conseiller au Parlement de Bourgogne; à Jean Bourdelin, 20 livres tournois pour un voyage à Toulouse, vers Laurent de Serta, conseiller au Parlement de ladite ville; à Jean Delaperque, 8 écus soleil pour deux voyages de Nantouillet à Saint-Germain-en-Laye, où il porta des lettres de M. le Chancelier, la première fois à M. de Villandry et la seconde à M. l'Amiral, touchant l'acquisition faite par le roi du duc de Wurtemberg de certaines terres enclavées au duché de Bourgogne; et à Gencien Dunoyer, 5 écus soleil pour un voyage en poste de Fresnay à Paris, où il porta d'autres lettres de M. le Chancelier aux commissaires du Louvre et au général de Normandie.

29247. A Claude Lagrisle, Jacques La Choque, Pierre Fougère, Louis Dumoulin, Mathurin Laurencin et Raoul Lepore, chevaucheurs d'écurie, 300 livres tournois, soit à chacun 50 livres, pour cinquante journées à 20 sous par jour qu'ils pourront vaquer aux voyages qui leur ont été commandés pour porter aux deux cents gentilshommes de la maison du roi des lettres dudit seigneur et de MM. Louis de Nevers et de Canaples, leurs capitaines, les invitant à se tenir prêts au mois de mai prochain pour faire leurs montres.

29248. Au président Poillot et au s^r de Passy, maître des comptes, 500 livres tournois, dont 300 au premier et 200 au second, pour un voyage qu'ils vont faire en Provence avec commission de procéder à la réforme de certains abus.

29249. A Pierre Brochard, remboursement de 300 écus soleil, somme que, dès l'année 1528, il remit entre les mains de Pierre d'Apestigny, alors receveur général des parties casuelles, pour la résignation faite à son profit par Michel Trouvé, son beau-père, de l'office de greffier de l'élection de Poitiers, lequel office, à la suite d'un procès, fut adjugé à Louis Perrinet, auquel ledit Trouvé l'avait d'abord résigné à survivance.

29250. A Pierre Wandel, qui a fait les poursuites contre Guillaume Arsan, la somme de 300 écus dont le roi lui a fait don sur les deniers ordinaires et extraordinaires.

(*Arch. nat.*, J. 961^8, n° 133, anc. J. 962, n° 264.)

29251. Mandement au trésorier de l'épargne de payer, sur les sommes provenant des 12 deniers pour livre imposés l'année dernière, outre le principal de la taille, sur les élections et recettes des tailles de certaines généralités du royaume, 10,000 livres tournois complétant la somme de 20,000 livres ordonnée pour les réparations et fortifications du pays de Languedoc, à remettre entre les mains de Pierre Plantavy, receveur de Béziers, commis auxdites réparations et fortifications.

29252. Don et remise à François de Launay d'une amende de 200 livres parisis à laquelle il a été condamné par le prévôt forain de Senlis, nonobstant l'ordonnance du Louvre.

29253. Don à Jean de La Mothe, valet de chambre ordinaire du roi, de la somme de 200 écus soleil sur les parties casuelles.

29254. Don à Simon Le Cauchois, chirurgien de Mesdames, de la somme de 10 livres tournois que la Chambre des Comptes lui avait retranchée de celle de 20 livres, montant des droits seigneuriaux dus pour l'acquisition par lui faite d'une maison sise à Romorantin, dont le roi lui avait fait remise entière.

29255. Continuation et confirmation d'une pension annuelle et viagère de 30 livres tournois ordonnée à sœur Jeanne Layre, religieuse de Poissy, pour sa vêture, par le feu duc Pierre de Bourbon, et depuis à elle continuée par feu Madame.

(*Le même rôle contient aussi les n°s 7008 et 7009 du* CATALOGUE, *datés du 20 avril 1534.*)

(*Arch. nat.*, J. 961³, n° 134, anc. J. 962, n° 265.)

29256. Don et remise entière, nonobstant les ordonnances, à Mme la grande-maîtresse de Boisy, de la somme de 600 livres tournois qu'elle devra au roi pour les bois ténus dudit sieur en grurie et appartenant à ladite dame, à Baugy, Guivry et Maucourt, qu'elle a l'intention de faire couper cette année.

29257. Don à Thibaut de Gand, gentilhomme de la vénerie, de tous les biens de Thiénot Gando, étranger, adjugés au roi, en vertu du droit d'aubaine, par sentence du bailli de Touraine.

(*Arch. nat.*, J. 961³, n° 136, anc. J. 962, n° 267.)

29258. Mandement au trésorier de l'épargne de bailler comptant à Zacharie Chapelain, commis à tenir le compte des réparations et édifices des places de Bourgogne, la somme de 15,000 livres tournois pour employer, suivant l'ordonnance de M. l'Amiral, aux réparations, fortifications, achats de vivres, poudres et munitions, fonte d'artillerie, payement et entretien des capitaines et gens de guerre du comté de Montbéliard, Blamont et autres terres et seigneuries vendues au roi par le duc de Wurtemberg et le comte Georges, son frère, et pour la garde des villes, places et châteaux dudit comté, et autres dépenses nécessaires pour leur sûreté, qui seront ordonnées par ledit amiral ou celui qu'il y commettra pour son lieutenant, suivant le pouvoir que le roi lui a conféré en le nommant lieutenant général et gouverneur desdits comté, terres et seigneuries.

29259. Mandement au trésorier de l'épargne de payer comptant à l'amiral Chabot la somme de 5,800 livres tournois, savoir pour sa pension du quartier de janvier dernier, 3,000 livres; pour son état de gouverneur de Bourgogne dudit quartier, 1,500 livres, et 1,300 livres pour ses gages des amirautés de Guyenne et de Bretagne et de la capitainerie des ville et château de Brest, durant le même quartier.

29260. Mandement au gruyer de Bourgogne ou à son lieutenant de faire crier et mettre aux enchères, en présence de l'avocat et du procureur du roi, un bois de haute futaie sur la rivière de Saône, appartenant au roi et dépendant de la forêt d'Argilly, et d'en faire recevoir les deniers, aux termes qui seront avisés par M. l'Amiral, par le receveur de la grurie, qui en rendra compte au roi par les mandements et acquits qui lui en seront adressés sans être portés au coffre du Louvre, nonobstant l'ordonnance.

29261. Mandement au receveur de la grurie de Bourgogne en la recette d'Argilly de payer, des deniers de la vente dudit bois, au sr de Givry, ayant la garde des forêts du roi en Bourgogne, la somme de 500 livres tournois dont le roi lui a fait don en récompense de ses services, tant au fait de la guerre qu'à la garde et conservation desdites forêts.

29262. Mandement au trésorier de l'épargne de payer au sr de Pignan, capitaine du château de Dijon, 101 livres 10 sous tournois pour la nourriture et dépense d'un prisonnier nommé Pierre Brayer, de « Romont » en Savoie, enfermé par ordre du roi au château de Dijon, le 2 août dernier, jusqu'au 21 mars suivant, dont la dépense n'a été payée audit capitaine que jusqu'au 1er septembre, de sorte qu'il lui reste dû deux cent trois jours, à raison de 10 sous par jour.

29263. Mandement refait sur le receveur des parties casuelles (il avait été expédié d'abord sur le receveur de Nantes, le 5 juillet 1532), pour payer à Philippe de Longueval, sr de Haraucourt, neveu et héritier du feu sr de Miraumont, grand écuyer de la feue reine, la somme de 400 livres par an, durant neuf années qui restent à payer de dix ans pour lesquels ladite somme avait été ordonnée audit de Miraumont, pour les causes contenues aux précédents mandements.

29264. Mandement au trésorier de l'épargne de payer à Jean de la Ballue, sr de Gouaix, lieutenant du feu gouverneur et prévôt de Paris, la somme de 132 livres tournois, pour trente-trois journées, à raison de 4 livres par jour, qu'il a vaqué à deux voyages pour asseoir la garnison du sʳ Rance (Renzo de Cère) et mettre taux aux vivres dans les villes de Beauvais, Chauny, Pontoise et autres.

(*Sur le même rôle se trouve le nº 7028 du* Catalogue, *daté du 7 mai 1534.*)

(Arch. nat., J. 961⁸, nº 137, anc. J. 962, nº 268.)

29265. Don à Michel de Vaudray, l'un des gentilshommes de la maison du roi, de la somme de 600 écus soleil sur les deniers qui proviendront des droits de quint et requint dus au roi à cause de la vente de la terre et seigneurie de « Court-à-Regnort », qui fut aux héritiers de feu Guillaume Rippault, tenue et mouvant du roi à cause de la châtellenie de Torcy.

29266. Mandement de payer à Jean Chanteau, garde des sceaux de Bourbonnais, la somme de 182 livres 10 sous pour soixante-treize journées qu'il a vaqué aux affaires du roi en Bourbonnais, à raison de 50 sous par jour, dont les parties ont été vues et comptées par Thomas Rappouel et Jean Fragier, commissaires à ce ordonnés par lettres patentes du roi.

29267. Mandement de payer à René de La Chapelle, seigneur dudit lieu, enseigne de la compagnie de M. l'Amiral, que le roi envoie présentement à Montbéliard pour prendre possession du comté et autres terres achetées du duc de Wurtemberg et pourvoir à leur garde, la somme de 300 écus, savoir 200 écus pour son voyage, partant de Senlis le 7 avril 1534, et son séjour, et 100 écus pour distribuer aux gens de guerre qui se trouvent dans les places dudit comté, et autres frais nécessités par sa commission, et à Jean Le Fèvre, de Dijon, 25 écus soleil pour le voyage qu'il va faire présentement audit Montbéliard, pour annoncer aux députés du duc de Wurtemberg la prochaine arrivée du sʳ de La Chapelle, auprès duquel il demeurera pour l'aider dans sa commission; plus 10 écus soleil à un chevaucheur du landgrave de Hesse, pour retourner près de son maître et lui porter réponse à la lettre qu'il a écrite au roi, et 23 écus à un chevaucheur d'écurie du roi, envoyé de Senlis à Paris, porteur de lettres du chancelier de France à ceux qui ont la charge des deniers du Louvre, leur ordonnant d'envoyer au roi un état des sommes qui se trouvent actuellement dans lesdits coffres.

29268. Lettres autorisant la traite de cent pipes de vin pour le capitaine de Saint-Malo, et autant pour celui de Nantes.

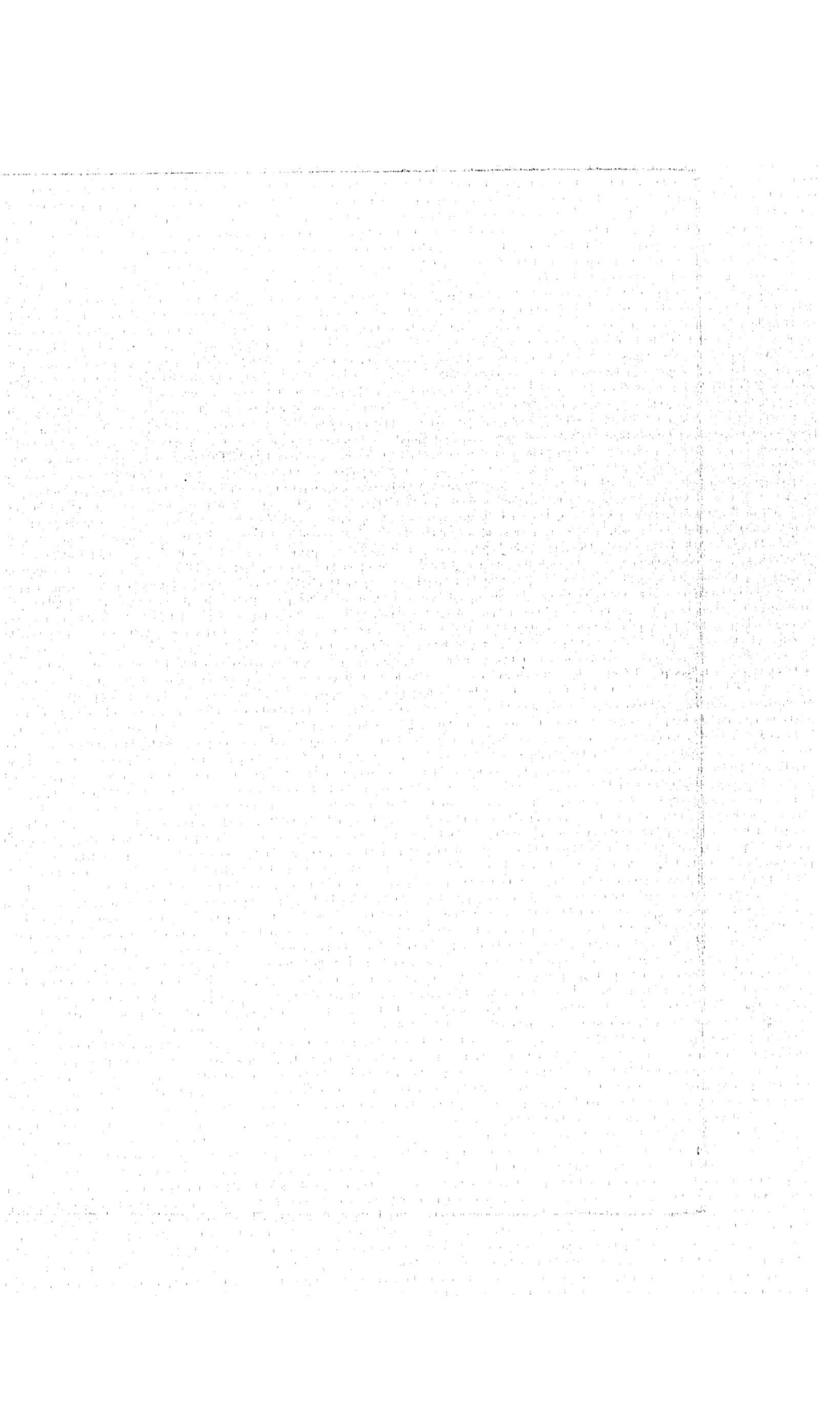

www.ingramcontent.com/pod-product-compliance
Lightning Source LLC
Chambersburg PA
CBHW052055230326
41599CB00054B/1706